Jost Fitschen · Gehölzflora

- Dagmar Waldeck -
LP '93
Schulberg 1a 06406 Bernburg

3. Standardisierte Angaben am Ende der Artbeschreibungen

Blütezeit:
I–XII = Januar–Dezember

Giftigkeit:
G! = giftig
G!! = sehr giftig

Standort:
Ⓚ = kalkunverträglich

Wuchsform:
HS = Halbstrauch
S = Strauch, und zwar:
- Sp = Spalier- oder Polsterstrauch
- Sz = Zwergstrauch
- Sk = Kleinstrauch (bis 2 m hoch)
- Sg = Großstrauch (über 2 m hoch)

B = Baum, und zwar (in Mitteleuropa erreichte Höhen):
- Bk = kleiner Baum (bis 10 m hoch)
- Bm = mittelgroßer Baum (10–20 m hoch)
- Bg = großer Baum (über 20 m hoch)

L = Liane
# = immergrün

Frostempfindlichkeit:
∧ = frostempfindlich, ab etwa −18 °C stärker geschädigt
∧∧ = sehr frostempfindlich, schon bei etwa −12 °C stärker geschädigt

Herkunft (Näheres hierzu S. A 48 ff.)
Nach einem Gedankenstrich steht die **Arealformel.** Aus ihr läßt sich das Heimatgebiet anhand der **Karte** (hintere Umschlaginnenseite) ersehen.
Wichtigste Teile der Formel sind der (die) **Großbuchstabe**(n) am Anfang und die **Zahl:** aus ihnen ergibt sich der Großraum, in dem die Pflanze zu Hause ist. Auch der erste **Kleinbuchstabe** bezieht sich auf in der Karte dargestellte Gebiete. Beispiele (vgl. die Karte!):

Tilia platyphyllos – Nh-3:
N-3: der Abschnitt der Nemoralen Zone **(N)** von W-Europa bis M-Asien **(3)**
Nh-3: von diesem Gebiet der humide (weiß gelassene, **h**) Bereich

Pinus ponderosa – Ns-1:
N-1: der Abschnitt der Nemoralen Zone in N-Amerika W der Rocky Mountains **(1)**
Ns-1: hiervon der semihumide (punktierte, **s**) Bereich

Beispiele mit zusätzlichen Zeichen (im einzelnen vgl. S. A 50):

Cornus florida – Nw-2
Im O-Abschnitt **(2)** der Nemoralen Zone in N-Amerika, humide und semihumide Bereiche, und zwar im sommerwärmeren **(w),** d. h. südlicheren Teil hiervon

Stranvaesia davidiana – Nhgm-4
Im humiden Bereich des ostasiatischen Abschnitts **(4)** der Nemoralen Zone, und zwar in Gebirgen **(g)** der wintermilden **(m),** d. h. südlichsten Teile hiervon

Cedrus libani – NGs-3
In einer semihumiden nemoralen Gebirgsstufe **(NG),** d. h. einer Gebirgsstufe mit nemoraler Vegetation innerhalb einer äquatornäheren Zone, hier der Meridionalen im mediterranen Bereich **(3).** In solchen Fällen sind meist die betr. Gebirge in Klammern beigefügt: (Taurus, Libanon).

Bei derartigen näheren geographischen Angaben bedeuten:
M = Mittel, N = Nord (bzw. nördlich usw.), O = Ost, S = Süd, W = West

Jost Fitschen

Gehölzflora

Ein Buch zum Bestimmen der in Mitteleuropa wildwachsenden und angepflanzten Bäume und Sträucher

Mit Früchteschlüssel

10., überarbeitete Auflage

Von Franz H. Meyer, Ulrich Hecker,
Hans Rolf Höster und Fred-Günter Schroeder

Quelle & Meyer Verlag Heidelberg · Wiesbaden

Prof. Dr. Franz H. Meyer
Fasanenstraße 11
30900 Wedemark

Dr. Ulrich Hecker
Institut für Spezielle Botanik
und Botanischer Garten
55099 Mainz

Prof. Dr. Hans Rolf Höster
Fachhochschule Anhalt
Strenzfelder Allee 28
06406 Bernburg

Prof. Dr. Fred-Günter Schroeder
Lehrstuhl für Pflanzensystematik
Systemat.-Geobotan. Institut
Untere Karspüle 2
37073 Göttingen

Die Deutsche Bibliothek – CIP-Einheitsaufnahme

Fitschen, Jost:
Gehölzflora : ein Buch zum Bestimmen der in Mitteleuropa wildwachsenden und angepflanzten Bäume und Sträucher / Jost Fitschen. – 10., überarb. Aufl. mit Früchteschlüssel / von Franz H. Meyer ... – Heidelberg ; Wiesbaden : Quelle und Meyer, 1994
(Quelle & Meyer Bestimmungsbücher)
ISBN 3-494-01221-0
NE: Meyer, Franz H. [Bearb.]

10., überarbeitete Auflage 1994

Zeichnungen: Anke Berg, Eberhard Göppert, Dr. Ulrich Hecker, Mainz
Einbandgestaltung: Klaus Neumann, Wiesbaden, auf der Grundlage einer Zeichnung von Eberhard Göppert
Gesamtherstellung: Allgäuer Zeitungsverlag GmbH, Kempten

Printed in Germany/Imprimé en Allemagne

ISBN 3-494-01221-0

Vorwort

Bäume und Sträucher sind wichtige Glieder unserer natürlichen Pflanzendecke. Sie tragen im Straßenbereich, in Garten, Park und Landschaft erheblich zur Steigerung der Lebensqualität bei. Gehölze können uns allein schon durch ihre Vielfalt an Formen und Farben bei Blatt, Blüte, Frucht, Stamm und Knospe erfreuen. Oft wird der Wunsch wach, nicht nur die Schönheit der Gehölze zu erleben, sondern mehr über sie zu erfahren, ihre Namen, Merkmale, Herkunft und Eigenschaften kennenzulernen. Dazu will das vorliegende Buch einen Beitrag leisten. Es wendet sich an alle Interessenten für Baum und Strauch. Natur- und Baumfreunde werden großen Nutzen aus der „Gehölzflora" ziehen. Für die berufliche Tätigkeit und das Studium im Bereich Biologie, Gartenbau, Forstwirtschaft, Landschaftspflege und Naturschutz ist es als Nachschlagwerk unentbehrlich.

Das Buch behandelt nicht nur die mittel- und nordeuropäische Gehölzflora, sondern auch die zahlreichen Importe aus Südeuropa, Asien (besonders Ostasien) sowie aus Nord- und Mittelamerika. Botaniker, Gärtner, Forstleute und Pflanzenliebhaber führten viele fremdländische Gehölze nach Mitteleuropa ein, teils wegen ihrer ansprechenden Blüten und Formen, teils wegen ihrer Widerstandskraft gegenüber extremen Standortbedingungen (Trockenheit, Bodenverdichtungen, Luftverunreinigungen u. a.), teils wegen ihres raschen Zuwachses, guter Holzeigenschaften sowie bodenverbessernder Wirkungen, aber auch aus reiner Neugierde und Freude am Experiment. Ohne die zahlreichen fremdländischen Gehölzarten wäre die Begrünung extremer Standorte in Industrie- und Ballungsgebieten nicht möglich. Sie tragen auch viel zu Schönheit, Vielfältigkeit und Erholungswert unserer Parks und Gärten bei. Durch das breite Spektrum fast aller in Mitteleuropa im Freien kultivierbarer Gehölzarten (nur einige seltener kultivierte Arten wurden nicht aufgenommen) unterscheidet sich die „Gehölzflora" von vielen Gehölzbüchern, die nur eine begrenzte Artenauswahl vorstellen.

Wichtigstes Anliegen der „Gehölzflora" ist es, den Benutzer in die Lage zu versetzen, den Namen eines ihm unbekannten Gehölzes zu ermitteln, das Gehölz zu „bestimmen". Dies erfolgt mit Hilfe von zahlreichen Bestimmungstabellen, die im wesentlichen morphologische Merkmale von Blatt, Zweig, Stamm, Blüte und Frucht enthalten und die durch 1052 Strichzeichnungen verdeutlicht werden. Der Bestimmungsgang führt in der Regel bis zum Artnamen eines Gehölzes. Wichtige Kultivare, die sich in Garten, Park und Landschaft bewährt haben, sind bei den jeweiligen Arten aufgelistet.

Die „Gehölzflora" enthält auch Angaben über die geographische Herkunft und wesentliche Klimabedingungen im Herkunftsareal eines Gehölzes, dargestellt als Arealformeln. Aus diesen Arealformeln ergeben sich auch

Hinweise für die ökologisch richtige Verwendung eines Gehölzes. Weitere Merkmale wie Blütezeit und Wuchsform sind in der Regel bei jeder Art aufgeführt. Ferner werden solche Gehölze gesondert gekennzeichnet, die im Kalkboden nicht gedeihen, also eines sauren Substrats bedürfen. Schließlich sind auch frostempfindliche Arten durch Symbole markiert, ebenso Gehölze, die giftführende Pflanzenteile (Blätter, Rinde, Blüten, Früchte) besitzen.
Die 10. Auflage ist in allen Teilen gründlich überarbeitet und durch die Aufnahme weiterer Abbildungen, Arten und Kultivare verbessert worden.
Die Autoren danken dem Verlag Quelle & Meyer, insbesondere der Lektorin Frau Claudia Huber, für die vertrauensvolle Zusammenarbeit. Unser Dank gilt auch zahlreichen Fachkollegen und Gehölzfreunden für wertvolle Anregungen und Verbesserungsvorschläge. Angesichts der Fülle des verarbeiteten Materials sind Unzulänglichkeiten nie ganz auszuschließen, und daher sind die Autoren auch weiterhin für Anregungen dankbar.
Möge die 10. Auflage eine ebenso gute Aufnahme und Verbreitung finden wie ihre Vorgänger und möge sie dazu beitragen, die Kenntnisse über Baum und Strauch zu vertiefen, unsere Umwelt zu bereichern und die Achtung vor den Schöpfungen der Natur zu festigen.

Wedemark, im Juni 1993 F. H. Meyer

Inhaltsverzeichnis

A Allgemeiner Teil

B Spezieller Teil

C Systematischer Teil – Schlüssel zum Bestimmen der Arten

D Anhang

Übersicht der in Teil C behandelten Familien

Nomenklatur und Systematik der Gehölze

1. Rangstufen im Pflanzensystem und ihre Benennung

Nach der abgestuften Ähnlichkeit ihrer Merkmale werden die Pflanzen zu systematischen Einheiten **(Sippen)** verschiedener Rangstufen mit definierter Begrenzung (**Taxa**, Einzahl **Taxon**) zusammengefaßt. Diese bilden ein hierarchisch aufgebautes System, das soweit möglich die Verwandtschaft widerspiegeln soll, die durch die gemeinsame Evolution gegeben ist **(Natürliches System)**. Doch ist diese Verwandtschaft häufig ungeklärt, was zur Folge hat, daß über die Umgrenzung, Einstufung und Einordnung (die **Taxonomie**) vieler Taxa unterschiedliche Meinungen bestehen.

Grundlegende Einheit der Systematik ist die **Art.** Man definiert sie gewöhnlich als eine Gruppe von Individuen (Population), die sich von entsprechenden anderen Gruppen in wesentlichen, erblich konstanten Merkmalen unterscheiden und diese Unterschiede auch auf Dauer beibehalten, da sie nur untereinander unbegrenzt fortpflanzungsfähig sind.

Gruppen von Arten, die sich durch bestimmte gemeinsame Merkmale von anderen Gruppen deutlich abheben, werden zu **Gattungen** zusammengefaßt. **Monotypisch** sind Gattungen, die nur eine einzige isolierte Art umfassen. Andererseits können Gattungen so vielgestaltig sein, daß man sie noch in Untereinheiten (Untergattungen, Sektionen) gliedert.

Für die Bildung der wissenschaftlichen, lateinischen Namen der Pflanzen gilt seit LINNÉ (Species Plantarum, 1753) das Prinzip der **binären Nomenklatur**. Danach ist der **Gattungsname** ein lateinisches (bzw. latinisiertes) Substantiv im Singular und wird stets groß geschrieben. Die Namen der Arten innerhalb der Gattung entstehen als **binäre Kombination** aus dem Gattungsnamen und einem zweiten Wort, dem **Artepithet,** das klein geschrieben wird. Dieses kann ein Substantiv oder ein Adjektiv sein; im letzteren Fall richtet es sich im Geschlecht nach dem Gattungsnamen. Dem Gattungsnamen bzw. dem binären Artnamen wird, meist in abgekürzter Form, der Name des **Autors** nachgesetzt, der den Namen in dieser Form aufgestellt hat, z. B. *Sorbus* L. (L. für LINNÉ), *Sorbus americana* MARSH. War der Name vorher schon in anderer Form vorhanden (z. B. das Artepithet unter anderem Gattungsnamen), so wird der Name des früheren Autors dem des definitiven in Klammern vorangestellt, z. B. *Sorbus torminalis* (L.) CRANTZ.

Als Aussprache der lateinischen Namen ist im deutschen Sprachraum die neulateinische üblich (c vor hellen Vokalen wie z); die Betonung geben wir durch Akzente an. (Wir weisen aber ausdrücklich darauf hin, daß diese Akzente nicht Bestandteile der durch die Nomenklaturregeln festgelegten Schreibweise der Namen sind!)

Untergattungen und **Sektionen** werden wie Gattungen benannt; doch erscheinen ihre Namen nicht in der binären Kombination. **Hybriden** (Bastarde) zwischen verschiedenen Gattungen oder Arten werden durch ein zwischen die Namen bzw. Epitheta der Eltern gesetztes × gekennzeichnet, z. B. *Corylus avellana* × *maxima.* Oft wird jedoch für die Hybride ein neues Epithet bzw. ein neuer Gattungsname geschaffen, dem dann das × vorgesetzt wird, z. B. *Larix* × *marschlinsii,* × *Sorbopyrus.* Pfropfhybriden (durch Pfropfung zweier verschiedener Arten vegetativ entstandene Mischungen) erhalten in entsprechender Form das Zeichen +, z. B. + *Laburnocytisus.*

Die Art ist zwar die Basis des Systems, doch ist die Variationsbreite der Merkmale oft so groß, daß sie noch weiter in niedere Rangstufen unterteilt werden kann: in **Unterarten, Varietäten** und **Formen.** Sie werden durch zusätzliche lateinische Epitheta bezeichnet, denen eine Abkürzung für die Rangstufe (ssp., var., f.) voran- und ebenfalls ein Autorname nachgestellt wird, z. B. *Pinus ponderosa* var. *scopulorum* ENGELM.

Gelegentlich stehen mehrere Arten einander so nahe, daß man sie auch als Untereinheiten einer einzigen, weiter gefaßten Art ansehen kann. Diese heißt dann **Aggregat** oder Sammelart, was beim Namen mit dem Zusatz aggr. gekennzeichnet wird; die enger gefaßten **Kleinarten** können den Zusatz s.str. (= im engeren Sinne) erhalten: zu *Rosa canina* L. aggr. z. B. gehören *Rosa canina* L. s.str., *Rosa corymbifera* BORKH. und weitere Kleinarten. Solche Aggregate sind entweder Sippenkomplexe, die z. Z. in starker Evolution begriffen sind, wobei die einzelnen Sippen noch keine wirksamen Kreuzungsbarrieren entwickelt haben; oder sie zeichnen sich durch **Apomixis** aus, d. h. durch das Fehlen geschlechtlicher Fortpflanzung (die Samenanlagen entwickeln sich ohne Bestäubung zu keimfähigen Samen), wodurch jede neu auftretende Mutation unvermischt weitervererbt wird. Beides führt zu einer starken Streuung, Überkreuzung und Vernetzung von Merkmalen, was zur Folge hat, daß sich oft viele Individuen keiner der unterschiedenen Kleinarten eindeutig zuordnen lassen.

Die bisher besprochenen Bezeichnungsweisen für Abänderungen im Artbereich gelten bei wildwachsenden Pflanzen. Anders werden die in gärtnerischer, land- oder forstwirtschaftlicher Kultur entstandenen oder als Auslese übernommenen, oft vegetativ vermehrten Abänderungen benannt, die **Sorten** (Kultursorten, Kultivare). Sie erhalten ein **Sortenepithet**, das groß geschrieben und zwischen zwei Apostrophe gesetzt wird; ein Autor wird nicht angegeben. Es darf aus bis zu 3 Wörtern bestehen und steht gewöhnlich nach dem lateinischen Artepithet, kann jedoch auch einem solchen gleichrangig sein, z. B. bei hybridogenen Sorten. Seit dem 1. 1. 1959 müssen neu gebildete Sortenepitheta aus einer lebenden Sprache stammen; doch werden ältere lateinische beibehalten. Beispiele: *Abies alba 'Pyramidalis', Acer platanoides 'Faassens Black', Populus 'Robusta'.*

Die wichtigsten höheren Rangstufen oberhalb der Gattung sind **Familie, Ordnung, Klasse** und **Abteilung.** Alle können noch weiter unterteilt werden; von den Zwischenkategorien werden in diesem Buch nur **Unterfamilie, Unterklasse** und **Unterabteilung** verwendet. Ihre Namen (stets in Pluralform) sind entweder allgemeine Bezeichnungen, die sich auf charakteristische Eigenschaften beziehen, oder sie sind von Gattungsnamen durch Anhängung bestimmter, für die Rangstufe festgelegter Endungen abgeleitet. Die Betonung richtet sich dabei oft nicht streng nach den lateinischen Regeln (so wird die in Familiennamen häufige Endung *-áceae* bei uns fast stets in der verdeutschten Form *-acéen* gebraucht). Als Beispiel hier die hierarchische Einordnung der Elsbeere:

Abteilung:	*Spermatophyta*
Unterabteilung:	*Angiospermae*
Klasse:	*Dicotyledoneae*
Unterklasse (Endung *-idae*):	*Rosidae*
Ordnung (Endung *-ales*):	*Rosales*
Familie (Endung *-aceae*):	*Rosaceae*
Unterfamilie (Endung *-oideae*):	*Maloideae*
Gattung:	*Sorbus* L.
Sektion:	*Aria* PERS.
Art:	*Sorbus torminalis* (L.) CRANTZ

Deutsche Namen gibt es für die meisten in diesem Buch behandelten Gehölzgattungen, abgesehen von wenigen, die nur als Raritäten in botanischen Gärten auftreten. Existieren mehrere deutsche Namen, so haben wir denjenigen in den Vordergrund gestellt, der uns am sinnvollsten erschien. Die Artbezeichnungen sind oft Übersetzungen der lateinischen Artepitheta.

2. Gültigkeit der Namen, Synonyme

Die Form der lateinischen Namen sowie die Prozedur bei ihrer Aufstellung und Anerkennung sind im Internationalen Code der botanischen Nomenklatur **(ICBN)** detailliert festgelegt. Für alle Rangstufen von der Gattung abwärts gilt der Grundsatz, daß ein Taxon nur einen einzigen gültigen Namen haben kann. Der ICBN unterscheidet drei Grade der Richtigkeit von Namen: Gültig veröffentlicht, Legitim, Korrekt.

Um **gültig veröffentlicht** zu sein, muß ein Name 1. den Regeln für die Form der Namen gemäß gebildet sein; 2. von einer lateinischen Beschreibung (oder dem Verweis auf eine solche) begleitet sein; 3. in gedruckter Form vorliegen in einer allgemein zugänglichen wissenschaftlichen Veröffentlichung. Ein Name, der diese Bedingungen nicht erfüllt, gilt für Nomenklaturfragen als nicht existent.

Darüber, ob ein gültig veröffentlichter Name **legitim** ist, entscheidet die **Prioritätsregel:** Legitim ist der erste gültig veröffentlichte Name eines Taxons, vorausgesetzt, daß er nicht schon früher für ein anderes Taxon veröffentlicht worden war. Zeitlicher Ausgangspunkt für Prioritätsfragen ist bei Höheren Pflanzen der 1. 5. 1753 (LINNÉs Species Plantarum); ältere Namen bleiben unberücksichtigt. Namen, die diese Bedingungen nicht erfüllen, sind illegitim **(nomenklatorische Synonyme).**

Ob ein legitimer Name auch **korrekt** ist, hängt nicht von formalen Kriterien ab, sondern von der wissenschaftlichen Auffassung über die Umgrenzung der Taxa, die sich ändern kann. Werden z. B. zwei früher getrennte Gattungen vereinigt, so tritt die Prioritätsregel ein, d. h. korrekter Name der neuen Gesamtgattung ist der ältere der beiden früheren korrekten Gattungsnamen (der andere ist zwar weiterhin nomenklatorisch legitim, aber taxonomisch inkorrekt, also ein **taxonomisches Synonym**).

Die gerade in den letzten Jahrzehnten so häufigen Namensänderungen haben also zwei verschiedene Gruppen von Ursachen:

Formale (nomenklatorische), bedingt durch konsequente Anwendung immer präziser gefaßter Regeln und Ausmerzung nicht gültig veröffentlichter und illegitimer Namen. Solche Änderungen sind endgültig, vorausgesetzt daß eine erschöpfende Auswertung der oft schwer zugänglichen Originalliteratur zugrundeliegt.

Sachliche (taxonomische), bedingt durch unterschiedliche Ansichten über die Umgrenzung oder Rangstufe der Taxa. Da Entscheidungen hierüber besonders in sog. kritischen Gruppen oft weitgehend subjektiv sind, kann jede Neubearbeitung der Gruppe Änderungen von Abgrenzungen und damit auch von Namen hervorrufen, die womöglich vom nächsten Bearbeiter erneut abgeändert oder rückgängig gemacht werden. Stabilität und Einheitlichkeit der Nomenklatur sind also in solchen Fällen grundsätzlich nicht zu erwarten.

Als vorwiegend der Praxis dienendes Buch muß die „Gehölzflora" in Fragen der Nomenklatur und Taxonomie so konservativ wie möglich sein. Wir haben daher taxonomisch begründete Änderungen nur dann übernommen, wenn sie von der großen Mehrheit der Spezialisten akzeptiert sind; in kontroversen Fällen wird hingegen das bisher Bekannte beibehalten.

3. Stellung der Gehölze im Pflanzenreich

Auch über die Einteilung des gesamten Pflanzenreiches gibt es sehr unterschiedliche Ansichten, auf die hier nicht eingegangen werden kann. Für praktische Zwecke ist eine Gliederung in 6 Gruppen gebräuchlich:

1. Prokaryonten (= *Schizophyta;* Bakterien und Blaualgen)
2. Algen *(= Phycophyta)*
3. Pilze *(= Mycophyta)*
4. Moose *(= Bryophyta)*
5. Farnpflanzen *(= Pteridophyta)*
6. Samenpflanzen *(= Spermatophyta).*

Die Gruppen 1–4, zu denen noch die durch eine Symbiose aus Algen und Pilzen entstandenen Flechten *(Lichenes)* hinzukommen, faßt man auch als **Niedere Pflanzen** zusammen; sie enthalten etwa 190000 Arten.

Ihnen werden die Farn- und Samenpflanzen als **Höhere Pflanzen, Gefäßpflanzen** oder **Kormophyten** gegenübergestellt. Sie unterscheiden sich von den Niederen Pflanzen durch die Gliederung ihres Körpers in die 3 Grundorgane (s. S. A 11) und den Besitz eines Wasserleitungssystems. Zu ihnen zählen auch sämtliche Gehölze.

Die ältesten Gehölze der geologischen Geschichte waren *Pteridophyta,* die z. B. im Karbon die Steinkohlenwälder bildeten. Heute enthält diese Gruppe unter ca. 15000 Arten nur noch wenige holzige Vertreter, die Baumfarne. Da diese in Mitteleuropa nicht winterhart sind, gehören alle von uns behandelten Gehölze zu den Samenpflanzen.

Das System der *Spermatophyta,* besonders in der Unterabteilung *Angiospermae,* ist in den letzten Jahrzehnten in starker Veränderung begriffen. Die lange Zeit allgemein übliche Anordnung nach ENGLER erwies sich an vielen Stellen als korrekturbedürftig; doch über das Wie der notwendigen Korrekturen gehen die Meinungen z. T. noch weit auseinander. Das von uns benutzte System basiert in den Grundzügen auf dem von TACHTADŽIAN. Es ist aber insofern nach den Ansichten anderer kompetenter Systematiker modifiziert, als in kontroversen Fällen möglichst der Meinung der Mehrheit gefolgt wurde; auch wurde vermieden, sinnvolle, seit langem allgemein gebräuchliche Namen durch formalistisch gebildete neue zu ersetzen. Wir geben hier einen Überblick bis zu den Familien, die wie im Systematischen Teil laufend durchnumeriert sind; Kurzcharakteristiken für diese siehe dort. (Abt. = Abteilung, U.-Abt. = Unterabteilung, Kl. = Klasse, U.-Kl. = Unterklasse, Ordn. = Ordnung.)

Abt. *Spermatophyta,* Samenpflanzen

Kormophyten mit Fortpflanzung durch Samen, in denen die Tochterpflanze bereits als vielzelliger, in die 3 Grundorgane gegliederter Embryo vorhanden ist. Der Same entsteht nach Bestäubung durch ein Blütenstaubkorn aus einer Samenanlage, in deren Innerem der eigentliche Befruchtungsvorgang stattfindet.

U.-Abt. *Gymnospermae,* Nacktsamer

Sämtlich Gehölze mit sekundärem Dickenwachstum. Fortpflanzungsorgane getrenntgeschlechtig, meist unscheinbar und durch den Wind bestäubt. Samenanlagen frei liegend, nicht in einen Fruchtknoten eingeschlossen. – Etwa 800 rezente Arten; aus früheren geologischen Perioden (vor allem Perm bis Jura) sind noch viele weitere bekannt. Die Verwandtschaft der einzelnen Klassen untereinander ist umstritten.

Kl. *Cycadopsida,* Palmfarne

Palmenähnliche Kleinbäume mit endständigen Blattschöpfen aus großen gefiederten Blättern. – Etwa 100 rezente Arten in tropischen und wintermilden Gebieten; bei uns nicht winterhart.

Kl. *Ginkgoopsida,* Ginkgoartige

Sommergrüner Baum mit flächigen, gabelnervigen Blättern. Heute monotypisch; vom Perm bis zur Kreide gab es zahlreiche weitere Arten.

Ordn. *Ginkgoales*
1. *Ginkgoaceae*

Kl. *Coniferae,* Nadelgehölze

Meist Bäume (selten Sträucher) mit normalem sekundärem Dickenwachstum. Blätter nadel- oder schuppenförmig, immer-, selten sommergrün. – Etwa 600 rezente Arten, überwiegend in den Extratropen.

Ordn. *Pinales*
2. *Pinaceae*
3. *Araucariaceae*
4. *Taxodiaceae*
5. *Cupressaceae*
6. *Cephalotaxaceae*
7. *Podocarpaceae*

Ordn. *Taxales*
8. *Taxaceae*

Kl. *Gnetopsida,* Gnetumartige

Niedrige Sträucher oder Lianen von sehr unterschiedlichem Habitus; in einigen Merkmalen den Angiospermen ähnelnd. – Etwa 80 Arten.

Ordn. *Ephedrales*
9. *Ephedraceae*

U.-Abt. *Angiospermae,* Blütenpflanzen

Gehölze, Stauden oder Kräuter. Fortpflanzungsorgane im Normalfall echte zwittrige Blüten mit ± auffallender Blütenhülle und Bestäubung durch Tiere. Samenanlagen stets im Innern eines Fruchtknotens liegend. – Etwa 240000 Arten.

Kl. *Dicotyledoneae,* Zweikeimblättrige, Dikotylen

Gehölze mit normalem sekundärem Dickenwachstum, Stauden oder Kräuter. Embryo mit 2 Keimblättern; Laubblätter meist fieder- oder handnervig. – 6 Unterklassen mit etwa 325 Familien, 10000 Gattungen und 180000 Arten. Hierzu die überwiegende Mehrzahl der Laubgehölze.

U.-Kl. *Polycarpicae* (= *Magnoliidae*)

Ordn. *Magnoliales*
10. *Magnoliaceae*
11. *Annonaceae*

Ordn. *Laurales*
12. *Calycanthaceae*
13. *Lauraceae*

Ordn. *Aristolochiales*
14. *Aristolochiaceae*
Ordn. *Illiciales*
15. *Schisandraceae*
Ordn. *Ranunculales*
16. *Lardizabalaceae*
17. *Menispermaceae*
18. *Ranunculaceae*
19. *Berberidaceae*

U.-Kl. *Centrospermae* (= *Caryophyllidae*)
Ordn. *Polygonales*
20. *Polygonaceae*
Ordn. *Plumbaginales*
21. *Plumbaginaceae*

U.-Kl. *Amentiferae* (= *Hamamelididae*)
Ordn. *Trochodendrales*
22. *Trochodendraceae*
23. *Tetracentraceae*
24. *Eupteleaceae*
25. *Cercidiphyllaceae*
Ordn. *Hamamelidales*
26. *Hamamelidaceae*
27. *Platanaceae*
Ordn. *Buxales*
28. *Daphniphyllaceae*
29. *Buxaceae*
Ordn. *Fagales*
30. *Fagaceae*
31. *Betulaceae*
Ordn. *Eucommiales*
32. *Eucommiaceae*
Ordn. *Urticales*
33. *Ulmaceae*
34. *Moraceae*
Ordn. *Myricales*
35. *Myricaceae*
Ordn. *Juglandales*
36. *Juglandaceae*

U.-Kl. *Dilleniidae*
Ordn. *Dilleniales*
37. *Paeoniaceae*
Ordn. *Theales*
38. *Theaceae*

39. *Clusiaceae* (= *Guttiferae*)
Ordn. *Violales*
40. *Flacourtiaceae*
41. *Stachyuraceae*
42. *Violaceae*
43. *Cistaceae*
44. *Tamaricaceae*
Ordn. *Salicales*
45. *Salicaceae*
Ordn. *Capparales*
46. *Cruciferae* (= *Brassicaceae*)
Ordn. *Columniferae* (= *Malvales*)
47. *Tiliaceae*
48. *Malvaceae*
Ordn. *Euphorbiales*
49. *Euphorbiaceae*
Ordn. *Thymelaeales*
50. *Thymelaeaceae*
Ordn. *Bicornes* (= *Ericales*)
51. *Actinidiaceae*
52. *Clethraceae*
53. *Ericaceae*
54. *Empetraceae*
Ordn. *Ebenales*
55. *Styracaceae*
56. *Symplocaceae*
57. *Ebenaceae*

U.-Kl. *Rosidae*
Ordn. *Rosales*
58. *Rosaceae*
Ordn. *Saxifragales*
59. *Escalloniaceae*
60. *Hydrangeaceae*
61. *Grossulariaceae*
Ordn. *Cornales*
62. *Nyssaceae*
63. *Cornaceae*
64. *Alangiaceae*
Ordn. *Myrtales*
65. *Punicaceae*
66. *Onagraceae* (= *Oenotheraceae*)
Ordn. *Elaeagnales*
67. *Elaeagnaceae*

Ordn. *Leguminosae* (= *Fabales*)
68. *Mimosaceae*
69. *Caesalpiniaceae*
70. *Papilionaceae* (= *Fabaceae* s. str.)
Ordn. *Sapindales*
71. *Staphyleaceae*
72. *Sapindaceae*
73. *Hippocastanaceae*
74. *Aceraceae*
75. *Anacardiaceae*
76. *Simaroubaceae*
77. *Meliaceae*
78. *Rutaceae*
79. *Coriariaceae*
Ordn. *Polygalales*
80. *Polygalaceae*
Ordn. *Araliales*
81. *Araliaceae*
Ordn. *Celastrales*
82. *Aquifoliaceae*
83. *Celastraceae*
Ordn. *Santalales*
84. *Loranthaceae*
Ordn. *Rhamnales*
85. *Rhamnaceae*
86. *Vitaceae*

U.-Kl. *Sympetalae* (= *Asteridae*)
Ordn. *Contortae* (= *Gentianales*)
87. *Rubiaceae*
88. *Apocynaceae*
89. *Asclepiadaceae*
Ordn. *Oleales*
90. *Oleaceae*
Ordn. *Solanales*
91. *Solanaceae*
Ordn. *Verbenales*
92. *Verbenaceae*
93. *Labiatae* (= *Lamiaceae*)
Ordn. *Personatae* (= *Scrophulariales*)
94. *Buddlejaceae*
95. *Scrophulariaceae*
96. *Bignoniaceae*

Ordn. *Dipsacales*
97. *Caprifoliaceae*
Ordn. *Synandrae* (= *Asterales*)
98. *Compositae* (= *Asteraceae* s. l.)

Kl. *Monocotyledoneae,* Einkeimblättrige, Monokotylen

Meist Stauden oder Kräuter. Embryo mit 1 Keimblatt; Laubblätter meist parallelnervig. – Etwa 60 Familien, 3000 Gattungen und 60000 Arten. Nur wenige Familien enthalten Gehölze (ohne normales sekundäres Dickenwachstum), die von normalen Laubbäumen im Habitus meist stark abweichen und bei uns nur in Ausnahmefällen winterhart sind.

Ordn. *Liliales*
99. *Liliaceae*
100. *Agavaceae*
Ordn. *Smilacales*
101. *Smilacaceae*
Ordn. *Graminales* (= *Poales*)
102. *Gramineae* (= *Poaceae*)

Morphologie der Gehölze

1. Grundbauplan der Kormophyten

Wie alle höheren Pflanzen sind die Gehölze nach einem einheitlichen Bauplan konstruiert. Ihr Körper setzt sich aus den **3 Grundorganen** zusammen, die schon der Embryo im Samen enthält: Blatt, Sproßachse und Wurzel *(1)*. Normalerweise sind die 3 Grundorgane in Gestalt und Funktion klar voneinander differenziert:

Blatt: grünes, flächiges Organ mit begrenztem Wachstum, Ort der Photosynthese.

Sproßachse: ± zylindrisches Organ mit unbegrenztem Spitzenwachstum, das die Blätter als seitliche Anhangsorgane trägt und dazu dient, sie in die richtige Position zum Licht zu bringen und sie mit Wasser und mineralischen Nährstoffen zu versorgen.

Sproßachse und Blätter bilden zusammen den oberirdischen Teil der Pflanze, den **Sproß** (bzw. durch Verzweigung das **Sproßsystem**).

Wurzel: ± zylindrisches, nicht grünes Organ mit unbegrenztem Spitzenwachstum, das niemals Blätter trägt (auch keine zurückgebildeten). Als verzweigtes **Wurzelsystem** unterirdischer Teil der Pflanze, der Befestigung im Boden sowie der Aufnahme von Wasser und Mineralstoffen dienend.

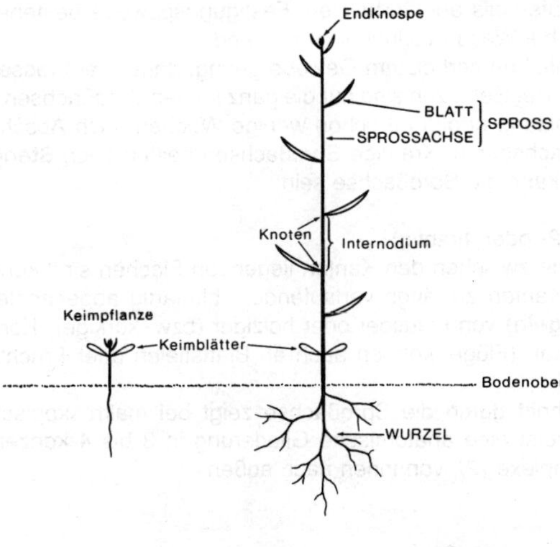

(1)

Die gesamte Formenvielfalt der höheren Pflanzen kann man letztlich auf Abwandlungen dieser 3 Grundorgane zurückführen, d.h. auf quantitative Veränderungen der Größen-, Zahlen- und Symmetrieverhältnisse im äußeren und inneren Bau der Organe und ihrer Teile. Diese „Einheit in der Vielfalt" hat schon GOETHE erkannt; man spricht auch vom Prinzip der variablen Proportionen.

Ist ein Organ so stark abgewandelt, daß es seine normale Gestalt und/oder Funktion verloren hat, so ist es **metamorphosiert.** Die morphologische Wertigkeit **(Homologie)** eines solchen Organs ist gewöhnlich an seiner Stellung im Gesamtorganismus zu erkennen; als Indizien können auch die oft auftretenden Übergänge zwischen normaler und metamorphosierter Ausbildung dienen.

Als metamorphosierte Organe sind auch die **Blüten** anzusehen: es sind Sprosse begrenzten Wachstums, deren Blätter im Dienste der sexuellen Fortpflanzung z.T. extrem stark verändert sind.

Im folgenden werden nur diejenigen Aspekte der Morphologie näher betrachtet, die bei der Bestimmung der Gehölze diagnostisch wichtig sind; wir behandeln zunächst die vegetativen, dann die generativen (Blüte und Frucht) Merkmale.

2. Die Sproßachse

In ihrer Längserstreckung ist die Sproßachse *(1)* gegliedert in:

Knoten (Nodi): die Stellen, an denen die Blätter ansetzen.

Internodien: die Abschnitte zwischen den Knoten.

Nach ihrer Konsistenz ist sie:

Holzig: größtenteils aus verholztem Festigungsgewebe bestehend, daher auch bei Wasserverlust nicht welkend.

Krautig: Anteil an verholztem Gewebe gering, daher bei Wasserverlust welkend. (Bei Gehölzen sind nur die ganz jungen Sproßachsen krautig, die Verholzung erfolgt oft schon wenige Wochen nach Abschluß des Längenwachstums). Krautige Sproßachsen heißen auch **Stengel.**

Im Umfang kann die Sproßachse sein:

Rund

Kantig (oft 2- oder 4kantig)

Gefurcht: die zwischen den Kanten liegenden Flächen sind konkav.

Geflügelt: Kanten zu längs verlaufenden, blattartig abgeflachten Säumen **(Flügeln)** von krautiger oder holziger (bzw. korkiger) Konsistenz ausgeweitet. (Flügel können auch an Blattstielen oder Früchten auftreten).

Ein Querschnitt durch die Sproßachse zeigt bei makroskopischer Betrachtung meist eine anatomische Gliederung in 3 bis 4 konzentrische Gewebekomplexe *(2)*, von innen nach außen:

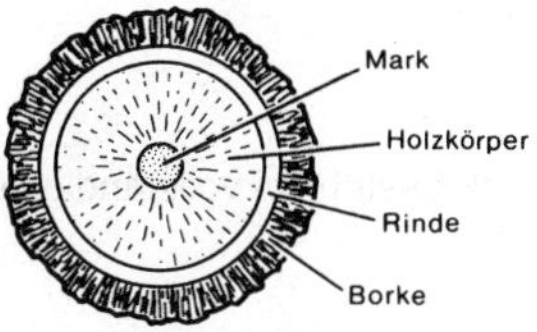

(2)

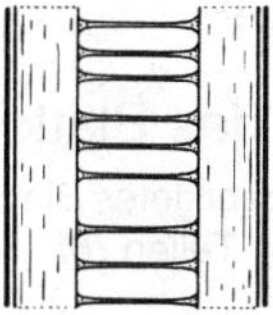

gekammertes Mark

(3)

Mark: meist weich, Zellen oft lufterfüllt und dadurch ± weiß aussehend. Das Mark kann auch ganz degenerieren, wodurch die Achse **hohl** wird. Gelegentlich ist es **gekammert** *(3)*, d.h. im Längsschnitt sieht man einen leiterartigen Wechsel von Markplättchen und Hohlräumen.

Holzkörper: hart, bei den meisten Gehölzen den größten Teil des Querschnittes einnehmend, durch sekundäres Dickenwachstum immer weiter vergrößert.

Rinde (i.w.S.): relativ weich, ± leicht ablösbar; an jungen Sproßachsen oft grün, aber meist schon bald durch Bildung von sekundärem Abschlußgewebe **(Periderm)** außen braun oder grau werdend; auf der Oberfläche treten dabei oft charakteristische pustel- oder warzenartige Erhebungen auf, die **Korkwarzen** (Lentizellen, *4*).

Borke: durch lange andauernde Peridermbildung entstandene dicke korkhaltige Außenschicht an älteren Sproßachsen, deren Dicke ein Vielfaches der weichen inneren Rinde betragen kann. Ihre äußersten Teile lösen sich meist in charakteristischer Form von der Achse ab: z.B. in ringsherum laufenden Streifen (**Ringelborke**, *5a*), quadratisch bis rechteckig (**Plattenborke,** *5b*), schalenförmig **(Muschelborke),** in Längsstreifen (**Streifenborke,** *5c*).

Metamorphosen der Sproßachse (s.S. A 24) beeinflussen gewöhnlich auch die Blätter.

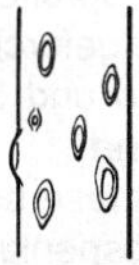

Korkwarzen

(4)

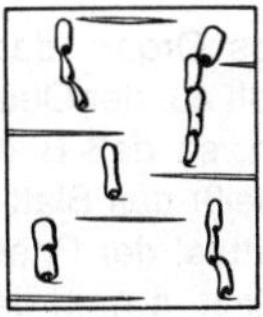

Ringelborke

(5a)

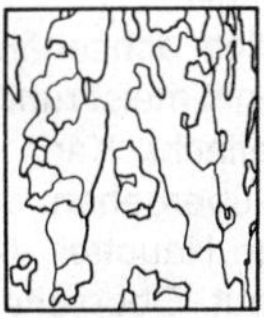

Plattenborke

(5b)

Streifenborke

(5c)

3. Das Blatt

a) Bauplan des Blattes

Ein typisch ausgebildetes Blatt (Laubblatt) besteht im vollständigsten Falle aus folgenden Teilen *(6)*:

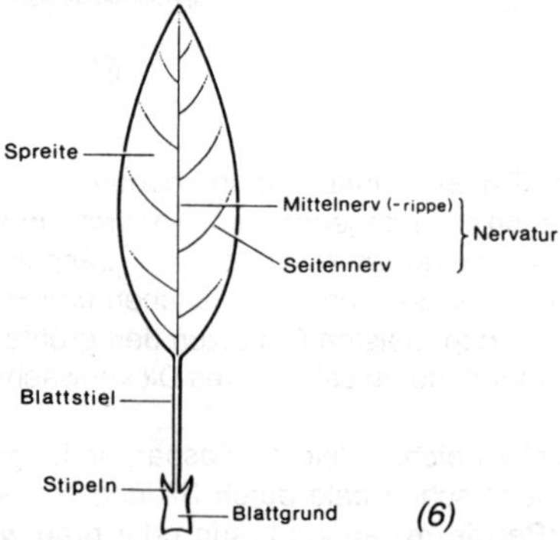

(6)

Blattgrund: der Teil, mit dem das Blatt an der Sproßachse ansetzt. Oft nur als basale Verbreiterung des Blattstiels erscheinend; gelegentlich auffälliger entwickelt und z.B. eine die Sproßachse umhüllende **Blattscheide** bildend.

Stipeln (Nebenblätter): 2 zipfelartige Anhängsel des Blattgrundes beiderseits des Blattstiels. Dienen oft dem Schutz der jüngeren, noch unentwickelten Teile des Blattes bzw. des ganzen wachsenden Sproßendes; oft fallen sie nach der vollen Entfaltung des Blattes ab. Sie können aber auch von vornherein fehlen; ihr Vorhandensein bzw. Fehlen ist für viele Familien charakteristisch. Ist der Blattgrund sehr kurz, sitzen sie scheinbar an der Sproßachse **(freie Stipeln).** Sie können auch zu einer **Stipularscheide** verwachsen, die die Sproßachse oberhalb des Blattabgangs umhüllt.

Blattstiel: gewöhnlich achsenähnliches Organ, das die Spreite (s.u.) trägt. Im Querschnitt meist rundlich, oft auf der Oberseite gefurcht oder auch etwas abgeflacht. Kann fehlen, so daß Blattgrund und Spreite direkt ineinander übergehen; dann heißt das Blatt **sitzend.**

Spreite: der flächige Hauptteil des Blattes, der Photosynthese betreibt. Dorsiventral gebaut, Oberseite (adaxial, d.h. in der Knospenlage der Achse zugekehrt) und Unterseite (abaxial) meist deutlich unterschieden. Auch innerhalb der Spreite können stielartige Abschnitte auftreten; danach ist sie (bzw. im üblichen Sprachgebrauch das Blatt):

Einfach: Spreite aus einer einzigen zusammenhängenden Fläche bestehend *(6)*, ohne stielartige Abschnitte; sie kann allerdings durch Einschnitte usw. gegliedert sein.

Zusammengesetzt: Spreite aus mehreren getrennten Teilflächen, den **Blättchen,** bestehend, die durch stielartige Abschnitte verbunden sind, und zwar in verschiedener Form:

Gefiedert: die Blättchen sind entlang einer Längsachse, der **Rhachis** (Spindel), aufgereiht, die den Blattstiel fortsetzt. Ist ein endständiges Blättchen vorhanden, so ist die Spreite **unpaarig gefiedert** *(7)*; fehlt es, ist sie **paarig gefiedert** *(8)* (hierbei brauchen die seitlichen Blättchen sich nicht paarweise gegenüberzustehen).

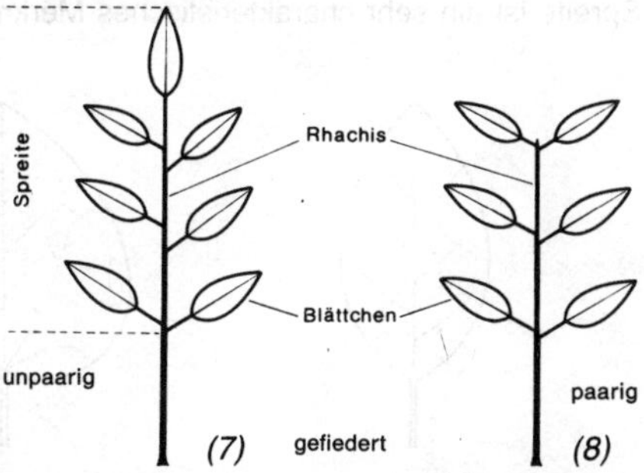

(7) *(8)*

Gefingert: die Blättchen (mindestens 4) entspringen alle aus einem Punkte (dem oberen Ende des Blattstiels) *(9)*.

Dreizählig: 3 Blättchen sitzen am Ende des Blattstiels.

Auch **doppelte** *(10)* und **mehrfache** Fiederung usw. kommt vor. In diesem Fall sind die Blättchen selbst wieder zusammengesetzt.

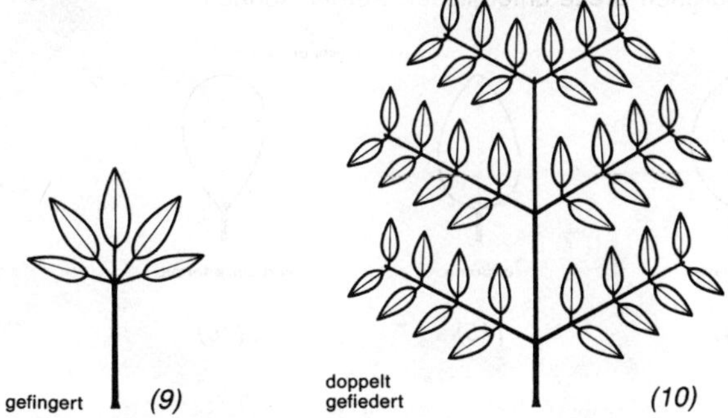

(9) *(10)*

Der Winkel zwischen der Blatt(stiel)oberseite und der Sproßachse ist die **Blattachsel.**

b) Detailmerkmale der Spreite (und der Blättchen)

Im üblichen Sprachgebrauch wird die Spreite als dessen charakteristischer Hauptteil oft mit dem Blatt gleichgesetzt. Das ist auch im vorliegenden Buch der Fall; die Angabe „Blätter eiförmig, 8–10 cm lang" bezieht sich also nur auf Form und Maße der Spreite. Doch verwenden wir den exakten Begriff Spreite immer dann, wenn es die Eindeutigkeit erfordert.

Nervatur

Der Verlauf der Blattnerven (Leitbündel, richtiger eigentlich als Adern bezeichnet) in der Spreite ist ein sehr charakteristisches Merkmal. Man unterscheidet:

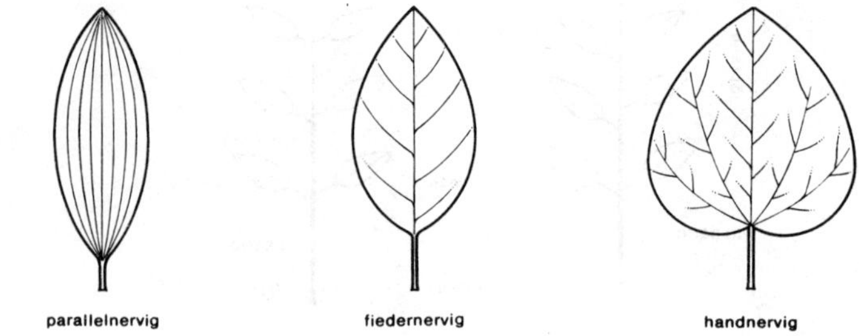

(11) *(12)* *(13)*

Umriß

Besonders häufig auftretende Umrißformen, die noch nach ihrer unterschiedlichen Breite untergliedert werden können:

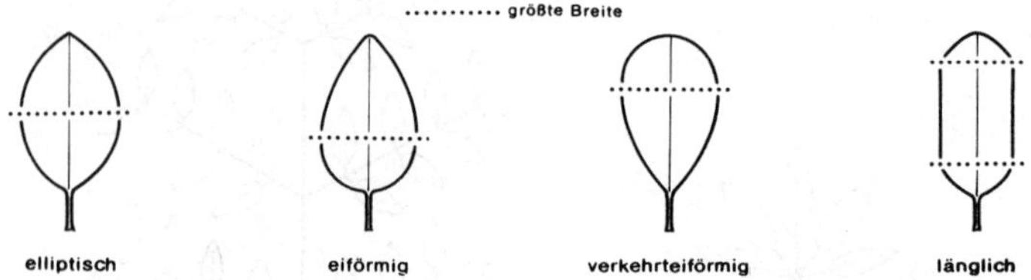

(14) *(15)* *(16)* *(17)*

Charakteristische Spezialformen:

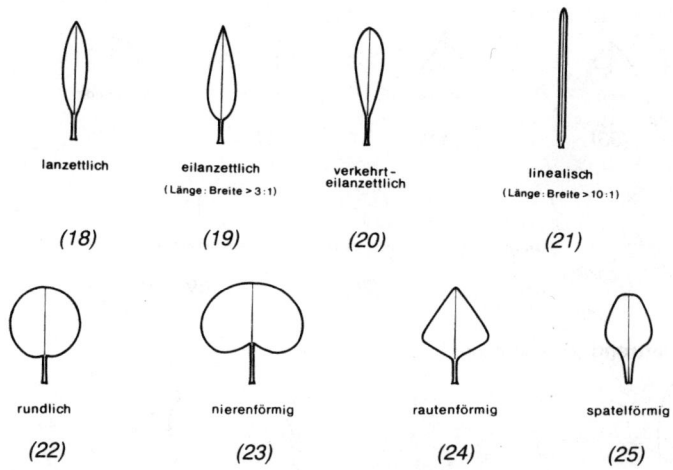

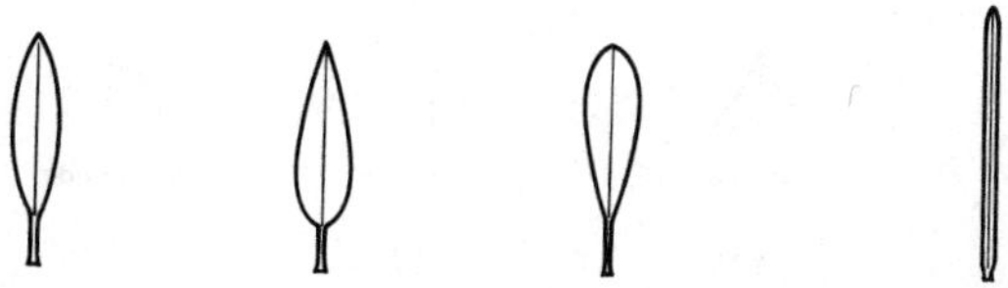

lanzettlich — eilanzettlich (Länge : Breite > 3 : 1) — verkehrt-eilanzettlich — linealisch (Länge : Breite > 10 : 1)

(18) (19) (20) (21)

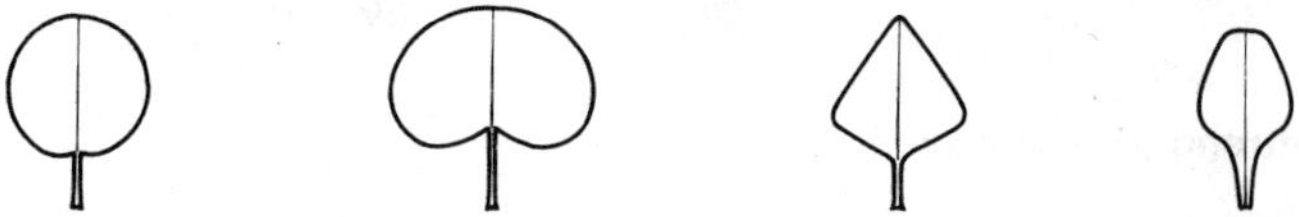

rundlich — nierenförmig — rautenförmig — spatelförmig

(22) (23) (24) (25)

Stärker gegliederte Spreitenformen (zu zusammengesetzten Spreiten überleitend, aber nicht damit zu verwechseln):

fiederig — handförmig — fiederig — handförmig

gelappt — eingeschnitten

(26) (27) (28) (29)

Dickliche, wegen starker Verholzung oft kaum welkende, sitzende Blätter:

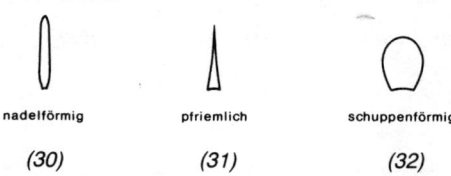

nadelförmig — pfriemlich — schuppenförmig

(30) (31) (32)

Form der Spitze:

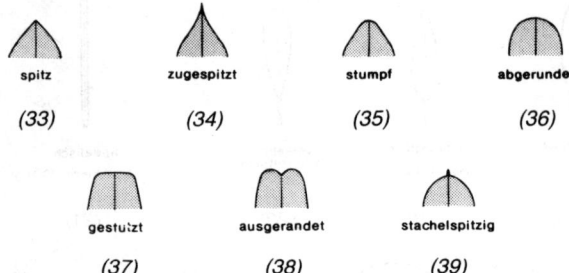

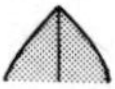
spitz
(33)

zugespitzt
(34)

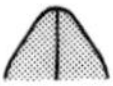
stumpf
(35)

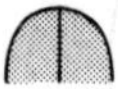
abgerundet
(36)

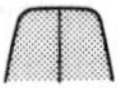
gestutzt
(37)

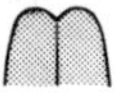
ausgerandet
(38)

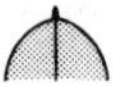
stachelspitzig
(39)

Blattrand (Feinstrukturen):

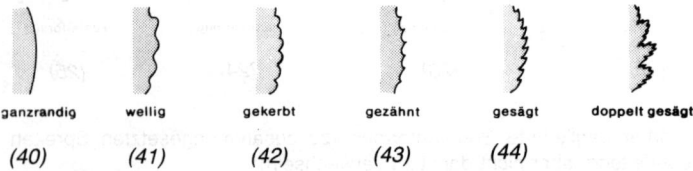

ganzrandig
(40)

wellig
(41)

gekerbt
(42)

gezähnt
(43)

gesägt
(44)

doppelt gesägt

Spreitenbasis (ungenau: Blattbasis; zu unterscheiden vom Blattgrund!):

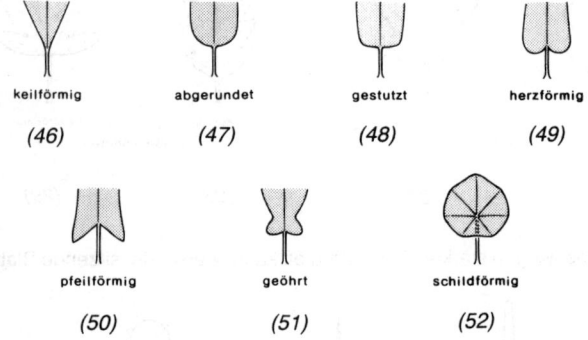

keilförmig
(46)

abgerundet
(47)

gestutzt
(48)

herzförmig
(49)

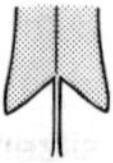
pfeilförmig
(50)

geöhrt
(51)

schildförmig
(52)

Blattgrund bei sitzenden Blättern (neben den für die Spreitenbasis (s. o.) angegebenen Formen):

(53) (54) (55)

c) Metamorphosierte Blätter

Die charakteristische Funktion und Gestalt eines Laubblatts sind bei metamorphosierten Blättern ganz oder teilweise verlorengegangen. Bei Gehölzen kommen vor:

Schuppenblätter (nicht zu verwechseln mit schuppenförmigen Laubblättern, s. *32*!): Gegenüber den Laubblättern meist sehr klein. Von ihnen dadurch abzuleiten, daß die Ausbildung des Blattstiels und meist auch der Spreite unterbleibt; sie bestehen also meist nur aus dem Blattgrund und/oder den Stipeln (nur ausnahmsweise liegt eine stark verkleinerte Spreite vor) *(56)*.

Schuppenblätter haben oft rudimentären Charakter, dann sind sie meist weich, gelblich, grünlich oder rötlich gefärbt und können sehr rasch abfallen; oder sie sind Schutzorgane, vor allem als **Knospenschuppen.** In diesem Fall sind sie fester, oft ± verholzt, und von brauner oder grauer Farbe.

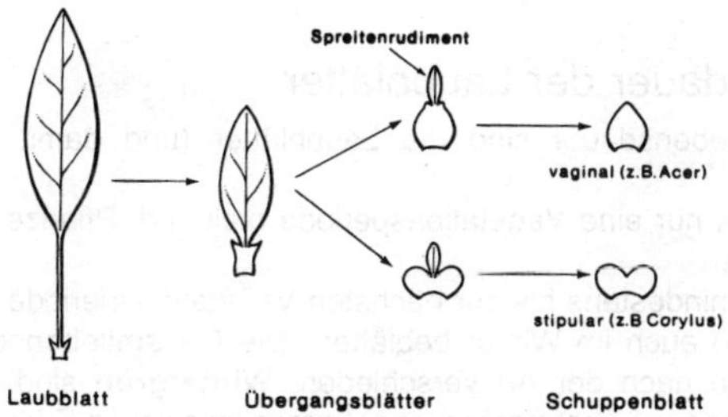

(56)

Blattdornen: Das gesamte Blatt ist in einen Dorn umgewandelt, d.h. in ein starres, stark verholztes, spitz-stechendes Gebilde *(57)*. Von **Dornblättern** *(58)* spricht man, wenn nur Teile des Blattes dornig sind (z.B. die Spitze, die Rhachis oder die Stipeln: **Stipulardornen**).

Blattranken: Das gesamte Blatt ist in eine Ranke umgewandelt, d.h. in ein fädiges Gebilde, das der Befestigung der Pflanze an einer Unterlage dient. Häufiger sind **Rankenblätter** *(59)*: nur Teile des Blattes sind rankenförmig.

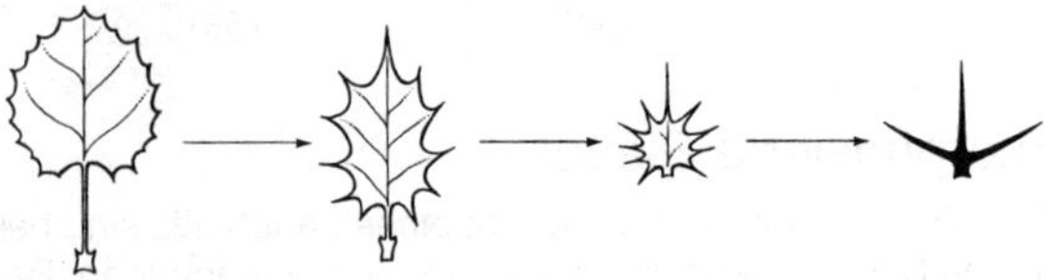

Übergang vom Laubblatt zum Blattdorn (Berberis)

(57)

Stipulardornen (Robinia)

(58)

Rankenblatt

(59)

d) Lebensdauer der Laubblätter

Nach ihrer Lebensdauer sind die Laubblätter (und damit auch die Pflanze):

Sommergrün: nur eine Vegetationsperiode bleibend, Pflanze daher im Winter kahl.

Immergrün: mindestens bis zur nächsten Vegetationsperiode bleibend, Pflanze also auch im Winter beblättert. Die Gesamtlebensdauer der Blätter ist je nach der Art verschieden. **Wintergrün** sind Pflanzen, deren Blätter zwar überwintern, aber bereits im zweiten Frühjahr abzufallen beginnen.

4. Der Sproß

a) Blattstellung

Unter Blattstellung versteht man die geometrische Verteilung der Blätter an der Sproßachse (d.h. sämtlicher Blattorgane, gleich ob sie normal ausgebildet oder metamorphosiert sind). Sie kann sein:

Wechselständig *(60)*: An jedem Knoten steht 1 Blatt. Dabei ist jedes Blatt gegenüber dem vorhergehenden um einen bestimmten Winkel versetzt. Ist dieser Winkel 180°, so bilden sich 2 einander gegenüberstehende Blattreihen aus, die Blätter stehen dann **zweizeilig.** Ist der Winkel kleiner, so stehen die Blätter **schraubig,** d.h. sie sind rings um die Achse verteilt.

Gegenständig *(61)*: An jedem Knoten stehen 2 Blätter einander gegenüber. Oft sind dabei die Blattpaare aufeinanderfolgender Knoten um 90° versetzt **(kreuzgegenständig).**

Wirtelig *(62)*: An jedem Knoten stehen mehr als 2 Blätter.

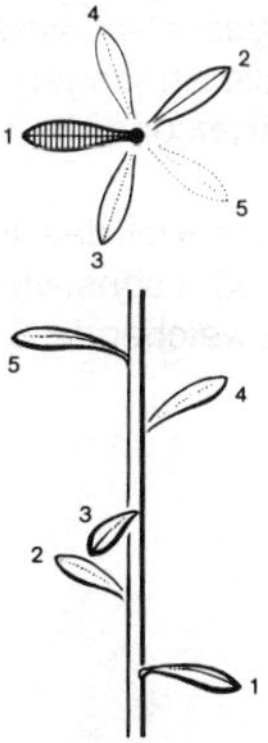

wechselständig

(60)

gegenständig

(61)

wirtelig

(62)

Für die einzelne Pflanzenart ist die Blattstellung ein charakteristisches Merkmal; sie kann allerdings im Laufe der Sproßentwicklung gesetzmäßig wechseln.

Als **gescheitelt** bezeichnet man Blätter, besonders an horizontalen Sprossen, deren Spreiten sich unabhängig von der eigentlichen Blattstellung so einstellen, daß sie 2 Reihen jederseits der Achse bilden (daß keine echte Zweizeiligkeit vorliegt, erkennt man an der Lage der Blattansätze).

b) Blattfolge

Blattfolge ist die gesetzmäßige Aufeinanderfolge verschieden ausgebildeter Gruppen von Blattorganen **(Blattformationen)** entlang der Längserstreckung eines Sprosses oder Jahrestriebes (innerhalb einer Vegetationsperiode entstandener Teilabschnitt des Sprosses). Im vollständigsten Fall treten folgende Blattformationen auf *(63)*:

Keimblätter: Die ersten (bei Dikotylen 2, Monokotylen 1, Gymnospermen oft mehrere) Blattorgane der jungen Pflanze, schon im Samen vorhanden. Meist von besonderer Gestalt; bei der Keimung teils ans Licht kommend, teils im Samen verbleibend.

Niederblätter: Am Grunde eines Sprosses oder Jahrestriebes, unterhalb der Laubblätter, stehende reduzierte, meist schuppenförmige Blattorgane. Besonders charakteristisch als **Knospenschuppen.**

Laubblätter: Die normalen, grünen, photosynthetisch tätigen Blattorgane. Gelegentlich sind die Laubblätter noch in zwei gestaltlich verschiedene Formationen untergliedert **(Heterophyllie)**: die an jungen, noch nicht blühfähigen Sprossen erzeugten **Jugendblätter** und die später erscheinenden **Altersblätter.**

Hochblätter (Brakteen): Im obersten, blütentragenden Teil des Sprosses, oberhalb der Laubblätter, stehende reduzierte oder sonstwie (z. B. durch auffällige Färbung) von den Laubblättern abweichende Blattorgane.

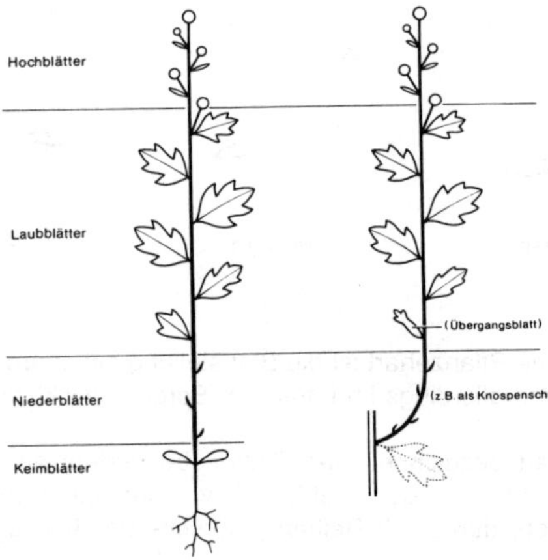

(63)

c) Verzweigung und Sproßsystem

Die Verzweigung aller Samenpflanzen ist seitlich-axillär, d.h. Seitensprosse entspringen stets aus den Blattachseln *(64)*.

Das Blattorgan (gleich welcher Gestalt), aus dessen Achsel ein Seitensproß hervorgeht, ist dessen **Tragblatt;** in bezug auf dieses heißt der Seitensproß **Achselsproß** (bzw. **Achselknospe,** wenn er zunächst im Ruhestadium bleibt).

Die beiden ersten Blattorgane eines Seitensprosses, die oft Besonderheiten aufweisen, heißen **Vorblätter** (bei Monokotylen nur in Einzahl vorhanden, bei Gymnospermen nicht unterscheidbar).

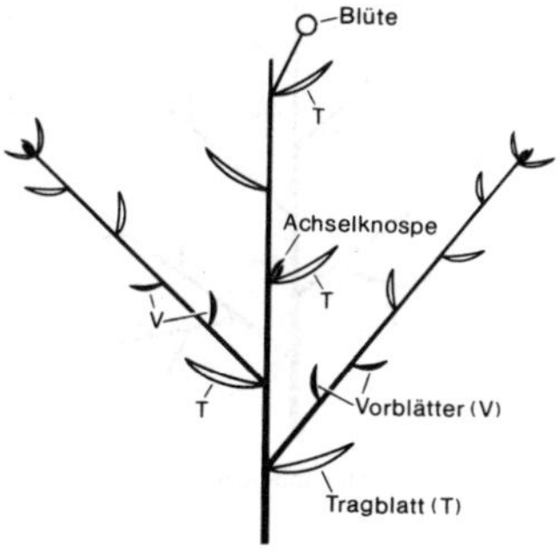

(64)

Im Normalfall kann jedes Blatt einen Achselsproß hervorbringen, doch wird die Anlegung nicht selten gehemmt. Auch wo Achselsprosse ausgebildet werden, können sie, je nach der relativen Förderung oder Hemmung des Wachstums in den einzelnen Blattachseln, sehr verschieden groß sein oder ihr Längenwachstum zu unterschiedlichen Zeiten beginnen. Manchmal entstehen in einer Blattachsel neben dem ersten noch weitere Seitensprosse, die **Beisprosse** (bzw. **Beiknospen**).

Das gesamte Sproßsystem einer Pflanze ist gewöhnlich nach einem der beiden folgenden Verzweigungsmodi konstruiert:

Monopodium *(65)*: Der Hauptsproß wächst dauernd an der Spitze fort und bildet eine kräftige, durchgehende Hauptachse aus mit untergeordneten, oft regelmäßig angeordneten Seitensprossen.

Sympodium *(66)*: Der jeweilige Hauptsproß stellt das Spitzenwachstum früh ein (z.B. infolge der Bildung einer endständigen Blüte oder eines Blütenstandes); die Fortsetzung des Sproßsystems wird von Seitensprossen übernommen. Auch hier kann es zur Bildung einer (scheinbar) durchgehenden Hauptachse kommen, wenn sich der oberste Seitensproß jeweils genau in die Richtung des alten Hauptsprosses einstellt.

(Abb. *65* und *66* s. folgende Seite.)

Bei Gehölzen unterscheidet man die Sprosse üblicherweise nach ihrer Dicke und Bedeutung als **Stamm, Äste** und **Zweige;** scharfe Abgrenzungen gibt es dabei nicht. Ein **Jahrestrieb** ist der Teilabschnitt eines Sprosses, der innerhalb einer Vegetationsperiode entstanden ist.

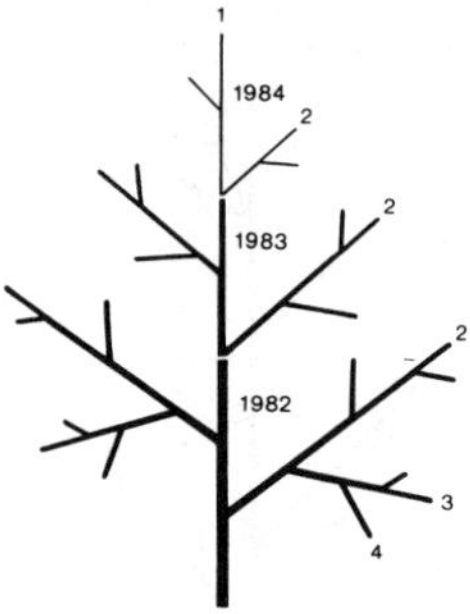

Monopodium

(65)

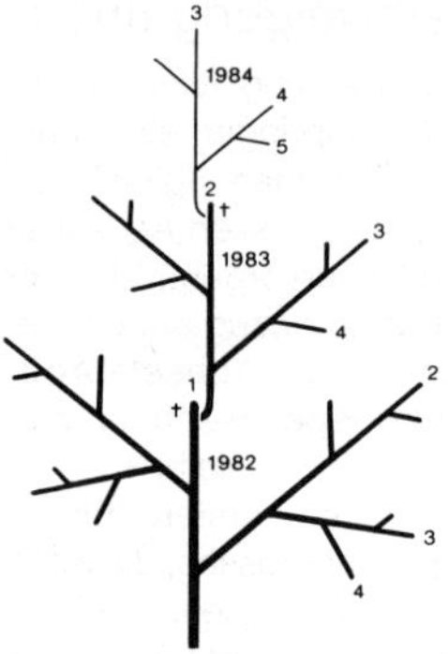

Sympodium

(66)

d) Abwandlungen des Sprosses

Gegenüber den Stauden (ausdauernde Pflanzen, deren Laubtriebe im Herbst absterben) zeichnen sich die Gehölze durch relativ seltenes Auftreten von Sproßmetamorphosen aus. Am häufigsten sind schwache Abwandlungen durch Variation der Internodienlänge: vor allem **Internodienstauchungen,** d.h. fehlendes Längenwachstum der Internodien, wodurch die Knoten mit den zugehörigen Blättern dicht beieinander liegen. Insgesamt kommen folgende Abwandlungen in Betracht:

Knospe: Von jungen Blättern und Blattanlagen, z.T. auch Niederblättern (Knospenschuppen) umgebenes Sproßende, dessen Internodien noch nicht gestreckt sind. Neben wachsenden gibt es **ruhende Knospen,** die sich zeitweilig in Ruhe befinden (z.B. Winterknospen); diese sind entweder **bedeckt** (mit Knospenschuppen, *67*) oder **nackt** (ohne diese, *68*). Knospen, die mehrere Jahre ruhen, heißen **schlafend.**

Rosette *(69)*: Am Ende eines Sprosses unterbleibt die Streckung zahlreicher Internodien auf Dauer, so daß ein dicht gedrängter Schopf von Laubblättern entsteht.

Scheinwirtel: Nur wenige Internodien sind gestaucht, so daß die zugehörigen Blätter sich in einem scheinbaren Kreis um die Achse gruppieren können; doch ist bei genauer Untersuchung meist erkennbar, daß mehrere Knoten beteiligt sind, also kein echter Wirtel vorliegt.

Sproßdimorphismus *(70)*: Bei vielen Gehölzen ist das Sproßsystem im Sinne einer Arbeitsteilung differenziert in

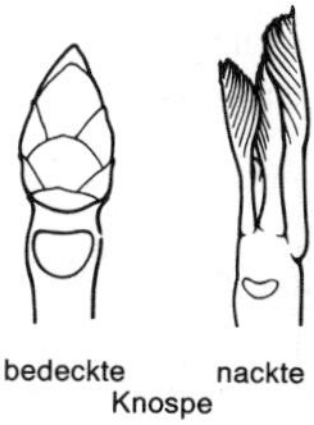

(67) (68)

(69)

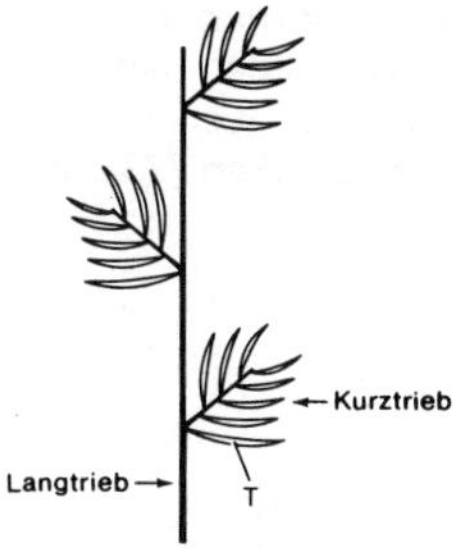

(70)

Langtriebe: mit gestreckten Internodien wachsende Sprosse, die dauernd erhalten bleiben und durch ihre Summierung das architektonische Gerüst der Pflanze aufbauen;
Kurztriebe: durch Internodienstauchung und/oder begrenzte Lebensdauer im Längenwachstum stark eingeschränkte, meist seitliche Sprosse, für die Gesamtarchitektur der Pflanze ohne Bedeutung (meist der Photosynthese oder der Blütenbildung dienend).
Lang- und Kurztriebe können sich zusätzlich durch verschiedene Ausbildung der Blätter unterscheiden. (Vgl. auch *Cedrus, 2/8, Pinus, 2/9, Berberis, 19/14.*)

Ausläufer (unterirdische, *71*): Horizontal im Boden kriechende Sprosse mit stark verlängerten Internodien, reduzierten Blättern (Niederblättern) und sproßbürtigen Wurzeln. Das Ende (oder auch Seitensprosse) richtet sich auf und bildet einen normalen oberirdischen Sproß. Der vegetativen Vermehrung dienend; einzige Form von unterirdischen Sprossen bei Gehölzen.

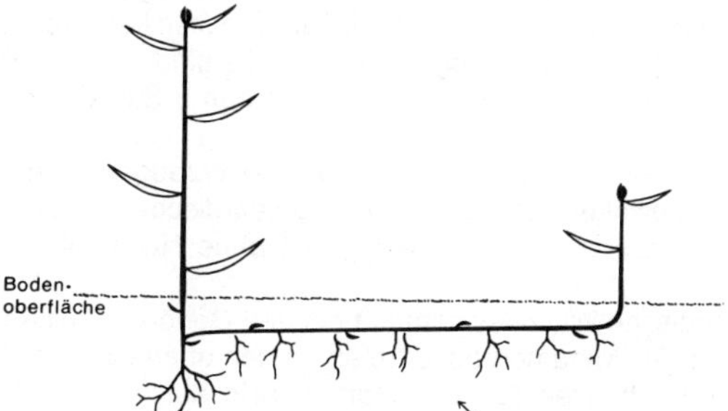

(71)

Sproßdornen *(72)*: In Dornen umgewandelte Kurztriebe (meist). Von Blattdornen dadurch zu unterscheiden, daß sie in Blattachseln stehen und oft auch selbst Blattorgane (oder deren Narben) tragen.
Sproßranken *(73)*: In fädige Ranken umgewandelte Sprosse.

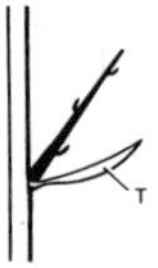

Sproßdorn (Crataegus)

(72)

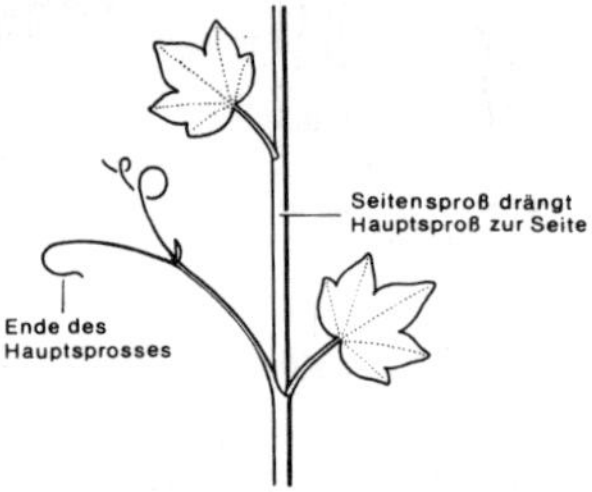

Sproßranke (Vitis)

(73)

Flachsprosse: Abgeflachte, verbreiterte, Photosynthese treibende Sprosse mit reduzierten Blättern. Man unterscheidet **Kladodien** (abgeflachte Langtriebe) und **Phyllokladien** (blattartige Kurztriebe, die an normal gebauten Langtrieben stehen, z. B. *Ruscus, 99/2*).

5. Die Wurzel

An der Keimpflanze *(1)* bildet die Keimwurzel die entgegengesetzte, nach unten gerichtete Fortsetzung des Keimsprosses. Als **Primärwurzel** dringt sie in den Boden ein und erzeugt durch seitliche Verzweigung das Wurzelsystem. Dabei kann sie zeitlebens als **Pfahlwurzel** dominierend bleiben; oft wird sie aber durch die Seitenwurzeln übergipfelt oder auf die Dauer ganz durch diese ersetzt. Auch die Sproßachse kann seitliche Wurzeln hervorbringen: **sproßbürtige Wurzeln.** Sie sind die Voraussetzung für die Möglichkeit vegetativer Vermehrung durch Stecklinge, Ableger usw.

Umgekehrt können Wurzeln auch Sprosse erzeugen, sog. **Wurzelsprosse.** Sie bewirken die gleiche Form unterirdischer Ausbreitung wie Ausläufer; welches von beiden vorliegt, ist ohne Nachgraben nicht zu entscheiden.

Das unterirdische Wurzelsystem hat bei den Gehölzen keinen diagnostischen Wert. Als Metamorphose treten an den oberirdischen Sprossen mancher Kletterpflanzen (Lianen) **Haftwurzeln** auf, sproßbürtige Wurzeln, die den Sproß an einer festen Unterlage befestigen, ohne in diese einzudringen.

6. Sonstige vegetative Merkmale

Von diagnostischer Bedeutung sind einige **Anhangsgebilde,** die auf der Oberfläche von Blatt und Sproßachse auftreten können, nämlich:

Haare: Einzellige, einzellreihige oder einzellschichtige Auswüchse der Oberhaut (Epidermis). Formen (zur Unterscheidung Lupe notwendig!):

Einfaches Haar

(74)

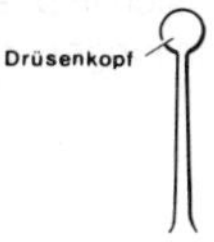

Drüsenhaar

(75)

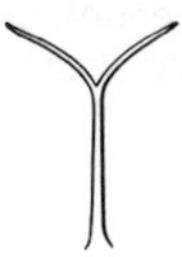

Gabelhaar

(76)

Bäumchenhaar

(77)

Sternhaar

(78)

Schildhaar
(Schülferhaar, Schuppenhaar)

(79)

Borstenhaare: Haare von ± fester, etwas kratzender Konsistenz.

Wimpern: Gerade, in gleichmäßigen Abständen am Blattrand, an Kanten und dgl. entlang aufgereihte Haare *(80)*.

Achselbärte: Haarbüschel, die auf der Blattunterseite im Winkel zwischen Mittelrippe und Seitennerven sitzen *(81)*.

Der Grad der **Behaarung** kann als **zerstreut, locker, dicht, seidig** (anliegend), **filzig, wollig** beschrieben werden.

gewimpert

(80)

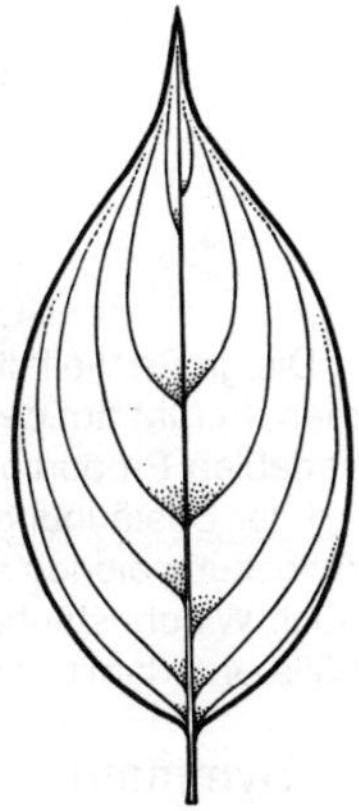

Achselbärte
(Cornus officinalis)

(81)

Stacheln: Dornartige, spitze, stechende, vielzellschichtige Gebilde, die nicht metamorphosierte Blätter oder Sprosse sind, sondern bloße Rindenauswüchse (Emergenzen).

Borsten: wie Stacheln, aber weniger hart und ± biegsam. **Drüsenborsten** sind Borsten, die an der Spitze ein rundes Drüsenköpfchen (vgl. Drüsenhaar, *75*) tragen.

Drüsen können auch unabhängig von Haaren und Borsten auftreten. Sie bilden entweder ± kugelige, einzellige Vorsprünge auf der Oberfläche des Pflanzenteils, oft auch an der Spitze von Blattzähnen, oder es sind größere Zellkomplexe, die dann oft schon mit bloßem Auge als andersfarbige oder durchscheinende **Drüsenpunkte** zu erkennen sind.

Manche Pflanzen enthalten **Milchsaft,** eine weiße oder farbige Flüssigkeit, die an der Luft meist gerinnt. Er befindet sich in besonderen Röhrensystemen (Milchröhren), und zwar vor allem in jungen, noch unverholzten Pflanzenteilen.

7. Die Blüte

a) Bauplan der Blüte

Auch die Blüte der Angiospermen (zu den Fortpflanzungsorganen der Gymnospermen vgl. S. A 43) ist nach einem einheitlichen Bauplan konstruiert. An einer meist stark gestauchten Blütenachse sitzen, i.d.R. in wirteliger Stellung, mehrere Formationen metamorphosierter Blattorgane immer in gleicher Reihenfolge übereinander:

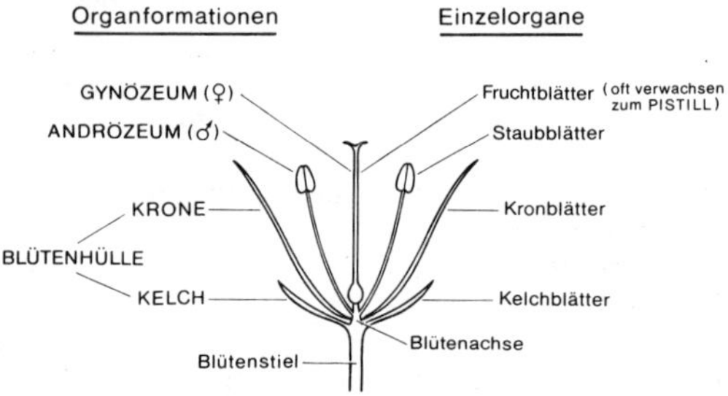

(82)

Die große Vielfalt der Blüten, Grundlage für das System der Angiospermen, beruht auf der Abwandlung dieses Bauplans nach dem Prinzip der variablen Proportionen, oft im Zusammenhang mit Anpassungen an die Art der Bestäubung. Diese wird im Normalfall von Tieren ausgeführt (zur Anlockung dienen auffallende Farben, Düfte, Nektar); doch kommt häufig auch Windbestäubung vor, verbunden mit starker Reduktion der Blütenhülle und damit der Auffälligkeit der Blüten.

b) Symmetrie

Nach der Anzahl der Symmetrieebenen, die man durch die Blüte legen kann, ist diese:

Radiär: mehr als 2 Symmetrieebenen *(83)*.
Bilateral: 2 Symmetrieebenen *(84)*.
Zygomorph: 1 Symmetrieebene *(85)*.
Dabei kommt es weniger auf mathematische Genauigkeit an als auf den Gesamteindruck, den die Blüte, vor allem die Blütenhülle, bietet.

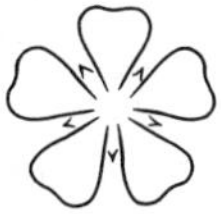

radiär

(83)

bilateral (schwach)

(84)

zygomorph

(85)

c) Vollständigkeit

Nach dem Vorhandensein der Organformationen ist die Blüte:

Vollständig, wenn Blütenhülle (Kelch und/oder Krone), Andrözeum und Gynözeum (Gesamtheit der Staub- bzw. Fruchtblätter) vorhanden sind.

Nackt, wenn die Blütenhülle fehlt.

Eingeschlechtig, wenn Andrözeum oder Gynözeum fehlt (funktionsunfähige Rudimente können noch vorhanden sein).

Steril, wenn Andrözeum und Gynözeum fehlen (oder funktionslos sind).

Eine Pflanzenart mit eingeschlechtigen Blüten ist:

Einhäusig (monözisch), wenn ♀ und ♂ Blüten auf demselben Individuum vorkommen.

Zweihäusig (diözisch), wenn ein Individuum nur ♀ oder nur ♂ Blüten erzeugt.

Polygam, wenn neben den eingeschlechtigen auch zwittrige Blüten vorhanden sind.

d) Gestalt der Blütenachse

Im Normalfall sitzen alle Blütenorgane dicht nebeneinander auf dem etwas verdickten oder abgeflachten Achsenende, dem **Blütenboden** *(86)*.

Durch Verlängerung kann die Blütenachse kegel- oder zapfenförmig *(87)* werden. Sie kann auch einzelne lange, stielartige Internodien ausbilden: ein **Gynophor** *(88)* zwischen Andrözeum und Gynözeum, oder ein **Androgynophor** zwischen Blütenhülle und Andrözeum.

Durch Verbreiterung entsteht ein ring- oder scheibenförmiger Wulst, der **Diskus** *(89)*, entweder unterhalb oder oberhalb des Andrözeums; er enthält oft Nektardrüsen.

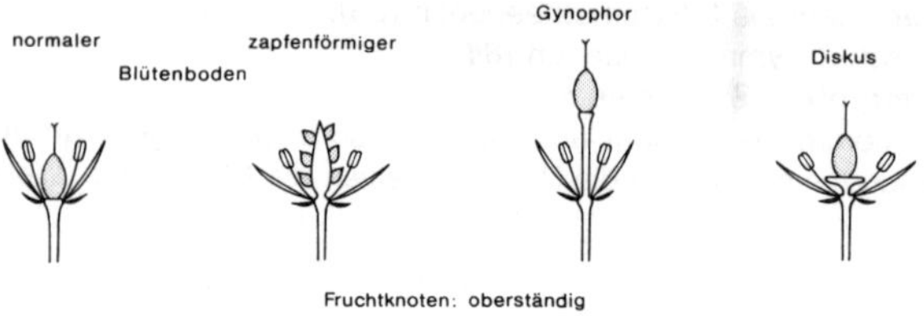

(86) *(87)* *(88)* *(89)*

Vertiefung des abgeflachten Achsenendes führt zur Bildung eines **Blütenbechers** *(90)*; das Gynözeum steht dann auf dessen Grund, die übrigen Organe ± auf dem Rande. Im Extremfall umschließt der Blütenbecher den unteren Teil des Gynözeums, den Fruchtknoten, völlig (oder teilweise) und verwächst mit diesem; der **Fruchtknoten** steht dann anscheinend unterhalb der übrigen Blütenorgane, er ist **unterständig** (*92,* vgl. auch *58/5, 61/1, 97/30*ff.) bzw. **halbunterständig** *(91)*, gegenüber **oberständig** im Normalfall, **mittelständig** bei offenem Blütenbecher. Der Blütenbecher kann auch weit über den mittel- bis unterständigen Fruchtknoten hinaus zu einer engen **Blütenröhre** *(93, 61/3)* verlängert sein.

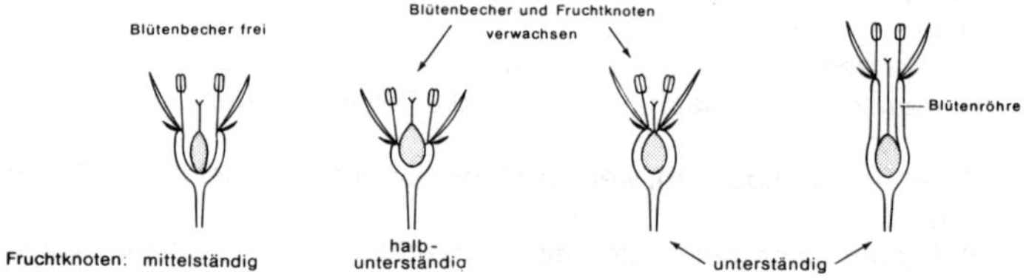

(90) *(91)* *(92)* *(93)*

e) Blütenhülle

Im Normalfall besteht die Blütenhülle aus 2 in Form und/oder Farbe verschiedenen Formationen **(doppelte Blütenhülle):**

Kelch: außen; **Kelchblätter** (Sepalen) oft grün, dem Schutz der inneren Blütenteile vor dem Aufblühen dienend, häufig auch nach dem Verblühen erhalten bleibend.

Krone: innen; **Kronblätter** (Petalen) meist farbig, der Anlockung von Bestäubern dienend, beim Verblühen gewöhnlich abfallend.

Kelch- und Kronblätter sind meist in gleicher Zahl vorhanden.

Ein **Perigon** ist eine Blütenhülle, die nur aus einer einheitlichen Blattformation besteht; dabei können die **Perigonblätter** (Tepalen) kelchblatt- oder kronblattähnlich sein (einfache Blütenhülle).

Kelch-, Kron- bzw. Perigonblätter können jeweils untereinander **frei** oder miteinander **verwachsen** sein. Bei Verwachsung *(94)* ist der betr. Teil der Blüte meist in (Kelch-, Kron-, Perigon-) **Röhre** und **Saum** gegliedert, wobei der Saum anhand seiner Zipfel die Zahl der verwachsenen Einzelorgane meist noch erkennen läßt. Vor allem die Verwachsung der Krone ist ein systematisch sehr wichtiges Merkmal; Blüten mit verwachsener Krone heißen **sympetal,** solche mit freier **choripetal.**

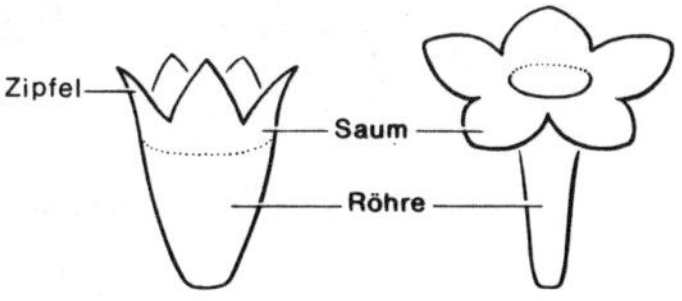

(94)

Sonderbildungen im Bereich der Blütenhülle:

Nektarblätter *(95)*: Kronblätter oder kronblattähnliche Gebilde, die am Grunde in einer Grube oder Röhre bzw. unter einer Schuppe eine Nektardrüse tragen.

Sporn *(96)*: eine langröhrige Aussackung an einem Blütenhüllblatt oder auch an der Kronröhre, ebenfalls Nektar erzeugend und diesen sammelnd.

Genageltes Kronblatt *(97)*: Kronblatt in einen stielartigen **Nagel** und eine spreitenartige **Platte** gegliedert; an der Grenze zwischen beiden kann als lappiges Anhängsel noch ein **Nebenkronblatt** sitzen.

Außenkelch *(48/3)*: Eine zweite Formation kelchartiger Blätter, die auf Krone und Kelch nach außen folgt.

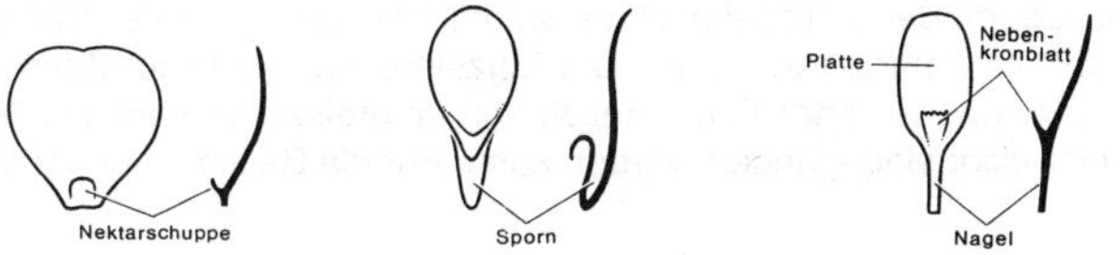

Nektarblätter

Genageltes Kronblatt

(95) *(96)* *(97)*

f) Andrözeum

Die ♂ Organe, die **Staubblätter,** zeigen einen sehr einheitlichen Bau *(98)*: der gewöhnlich stielartige **Staubfaden** trägt am Ende den **Staubbeutel,** der seinerseits aus einem sterilen Mittelteil, dem **Konnektiv,** und den 2 beiderseits daran sitzenden **Theken** besteht. Jede Theke enthält

2 **Pollensäcke** (selten nur 1), in denen der **Blütenstaub** (Pollen) erzeugt wird.

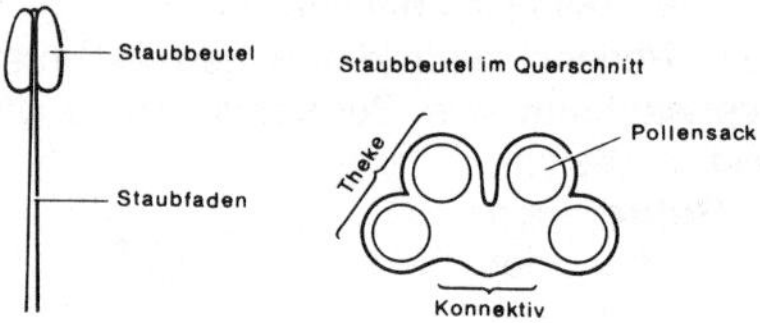

Staubblatt

(98)

Oft sind die Staubblätter in gleicher oder doppelter Anzahl wie die Kronblätter vorhanden; die Blüte ist dann **haplostemon** bzw. **diplostemon.**

Auch die Staubblätter können miteinander **verwachsen,** und zwar entweder im Bereich der Staubfäden oder der Staubbeutel, doch ist beides relativ selten. In sympetalen Blüten sind die Staubfäden oft mit der Kronröhre verwachsen.

Staminodien sind sterile Staubblätter, die keinen Blütenstaub erzeugen. Eine Sonderform sind die Nektarblätter (s. o.). Als Abnormität können einige oder alle Staubblätter in Kronblätter umgewandelt werden, die Blüte ist dann **gefüllt** (oft ist in gefüllten Blüten zugleich die Gesamtzahl der Staub- und Kronblätter, zuweilen auch der Fruchtblätter stark vermehrt).

g) Gynözeum

Das Gynözeum, der ♀ Teil der Blüte, steht immer am Ende der Blütenachse, d. h. im Zentrum der Blüte. Die Einzelorgane, die **Fruchtblätter,** sind meist in komplizierter Form in sich und untereinander verwachsen, worauf hier nicht eingegangen werden kann. Für die Bestimmung ist nur

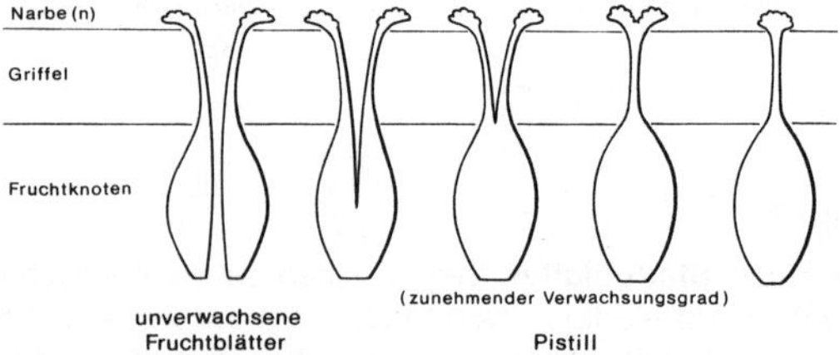

(99)

die Zahl der ohne genauere Untersuchung erkennbaren Organe wichtig *(99)*. Man sieht entweder

mehrere getrennte Organe, d. h. **unverwachsene Fruchtblätter** (vgl. *58/1, 58/2*); oder ein **einziges** Organ, das **Pistill** *(58/3, 90/13)*, das entweder einem einzelnen Fruchtblatt entspricht, oder, meistens, durch Verwachsung mehrerer Fruchtblätter entstanden ist.

Im ersten Fall ist das Gynözeum **chorikarp,** im Fall der Verwachsung **synkarp.**

Sowohl einzelne freie Fruchtblätter als auch ein Pistill zeigen gewöhnlich eine Längsgliederung in 3 Abschnitte *(99)*:

Narbe: der oberste Abschnitt, der dem Auffangen des Blütenstaubes dient.

Griffel: der stielartige Träger der Narbe. Kann fehlen, dann ist die Narbe sitzend.

Fruchtknoten: der untere, bauchige Abschnitt, der in inneren Hohlräumen die eigentlichen ♀ Teile, die **Samenanlagen** (in Ein- bis Vielzahl) enthält, die bei den Angiospermen (= Bedecktsamern, Name!) nie frei zugänglich sind.

Bei einem synkarpen Pistill kann die Verwachsung nur den Fruchtknoten betreffen, während Griffel und Narben (manchmal auch nur diese) unverwachsen bleiben *(99)*; ein Fruchtknoten trägt dann mehrere Griffel bzw. Narben (woraus man meist auf die Zahl der verwachsenen Fruchtblätter schließen kann).

Zur „Unterständigkeit" des Fruchtknotens s. S. A 30, zu seinem inneren Bau S. A 39.

8. Blütenstände

a) Allgemeines

Nur selten stehen die Blüten einzeln am Ende von vegetativen Sprossen; meist sind mehrere Blüten in einem besonderen Sproßsystem, dem **Blütenstand** (Infloreszenz), zusammengefaßt, der nach der Fruchtreife abstirbt und abfällt. Im Gegensatz zu den Stauden umfassen die Blütenstände bei den Gehölzen meist nur einen geringen Teil des Sproßsystems und sind vom vegetativen Bereich gut abgegrenzt. Auch im Blütenstand erfolgt die Verzweigung stets aus der Achsel von Tragblättern.

Je nach der morphologischen Ausbildung der Blätter kann der Blütenstand verschieden aussehen; er ist:

Frondos *(100)*, wenn die Blätter (oder deren auffallende Mehrzahl) normale Laubblätter sind.

Brakteos *(101)*, wenn nur metamorphosierte bzw. reduzierte Hochblätter (Brakteen) vorhanden sind.

Nackt *(102)*, wenn die Blätter ganz zu fehlen scheinen (sie werden zwar am Vegetationskegel angelegt, entwickeln sich aber nicht weiter).

(100)

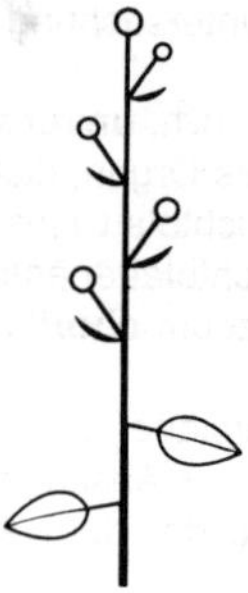

(101)

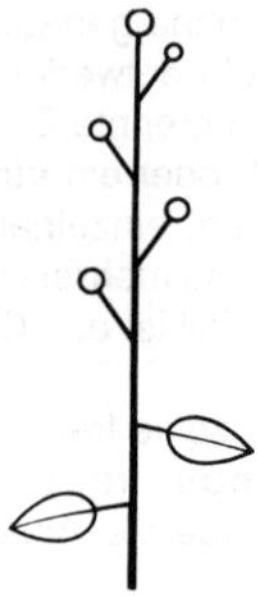

(102)

Tragblätter von Einzelblüten heißen auch **Deckblätter. Zwischenblätter** sind im Blütenstand befindliche Blattorgane, die kein Achselprodukt hervorbringen. Rosettenartige Gruppen von Hochblättern am Grund des Blütenstandes oder seiner Teile heißen **Involukrum**, die Einzelorgane sind die **Hüllblätter.**

Ein systematisch wichtiges Merkmal ist die Ausbildung einer Endblüte; danach ist der Blütenstand:

Geschlossen: die Hauptachse beschließt ihr Wachstum durch Erzeugung einer Endblüte.

Offen: es wird keine Endblüte ausgebildet; die Hauptachse wächst u. U. lange weiter und erzeugt immer neue Seitenzweige, bis ihre Spitze schließlich degeneriert.

Als **Blütentriebe** bezeichnet man bei den Gehölzen Jahrestriebe, die nur oder auch Blüten bzw. Blütenstände hervorbringen.

b) Formen des Blütenstandes

Rispe *(103)*: An einer durchgehenden Hauptachse stehen ± zahlreiche Seitenzweige, deren Verzweigung von der Spitze zur Basis immer stärker zunimmt, so daß jeder Seitenzweig in seinem Aufbau ungefähr dem oberhalb von ihm stehenden Teil der Gesamtrispe entspricht.

Schirmrispe *(104)*: eine Rispe, deren Seitenzweige jeden Grades so verlängert sind, daß alle Blüten ± auf einer Ebene oder Halbkugelfläche stehen.

Doldenrispe: ähnlich der Schirmrispe, aber zusätzlich sind Internodien der Hauptachse gestaucht, so daß mehrere bis viele Seitenzweige auf ± gleicher Höhe abgehen.

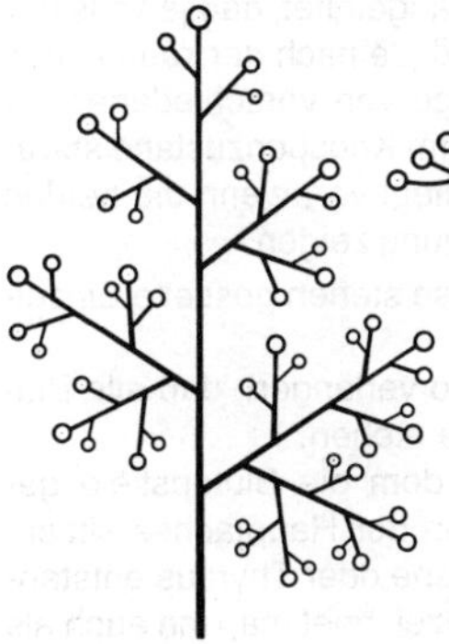

Rispe (103)

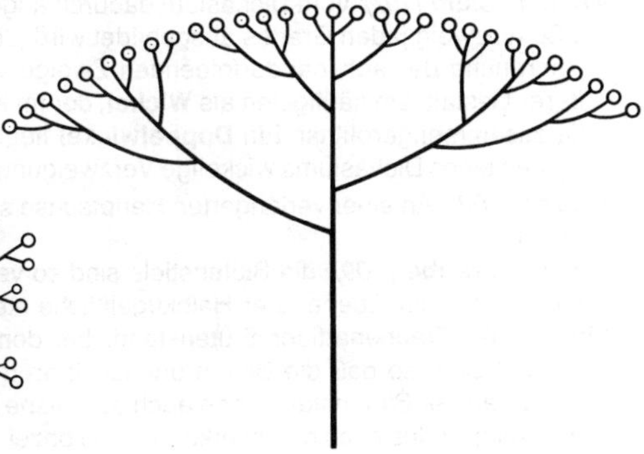

Schirmrispe (104)

Thyrsus *(105)*: Wie Rispe, aber sämtliche Seitenzweige besitzen unterhalb ihrer Endblüte als Blattorgane nur die beiden Vorblätter, so daß bei der weiteren Verzweigung jeweils nur (höchstens) 2 Seitenzweige des nächsthöheren Grades auftreten können. Die so konstruierten Seitenzweigsysteme, die einen sehr hohen Verzweigungsgrad erreichen können, heißen **Zymen.**

Der Schirmrispe und Doldenrispe entsprechende Abwandlungen kommen auch beim Thyrsus vor.

Dichasium *(106)*: Geschlossener Thyrsus, bei dem nur die beiden obersten Zymen unterhalb der Endblüte ausgebildet sind.

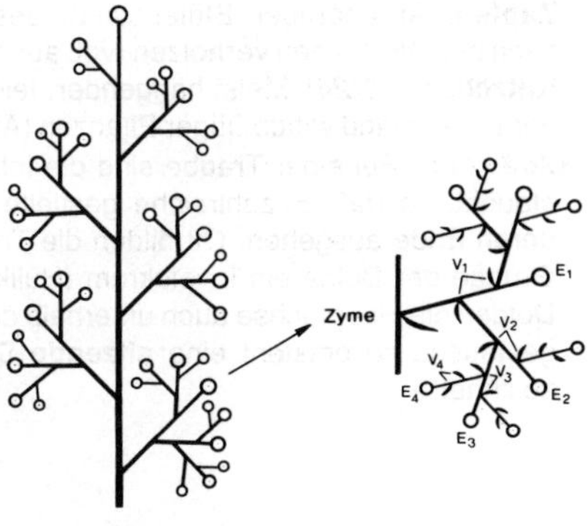

Thyrsus (105)

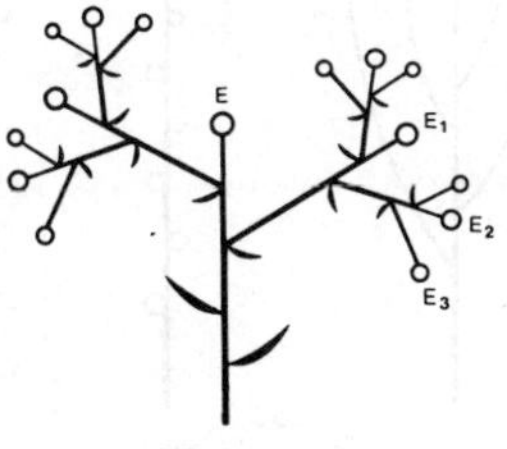

Dichasium (106)

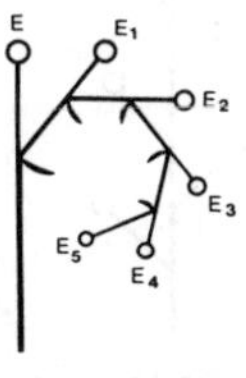

Monochasium (107)

Monochasium *(107)*: Vom Dichasium dadurch abgeleitet, daß jeweils nur 1 Seitenzweig jeden Grades ausgebildet wird. Je nach der räumlichen Anordnung der aufeinanderfolgenden Zweige von verschiedener äußerer Gestalt; am häufigsten als **Wickel,** der im Knospenzustand spiralig zusammengerollt ist. Ein **Doppelwickel** liegt vor, wenn die beiden Zymen eines Dichasiums wickelige Verzweigung zeigen.

Traube *(108)*: An einer verlängerten Hauptachse stehen gestielte Einzelblüten.

Schirmtraube *(109)*: die Blütenstiele sind so verlängert, daß alle Blüten ± auf einer Ebene oder Halbkugelfläche stehen.

Ähre *(110)*: Traubenartiger Blütenstand, bei dem die Blütenstiele gestaucht sind, so daß die Blüten ungestielt an der Hauptachse sitzen. Ein derartiger Blütenstand kann auch aus Rispe oder Thyrsus entstanden sein; ist das noch gut zu erkennen, so bezeichnet man ihn auch als **Scheinähre.**

Kolben: Ähre mit fleischig verdickter Achse und sehr dicht stehenden, meist kleinen Blüten.

Zapfen: Ährenartiger Blütenstand, dessen Achse und Blattorgane nach dem Verblühen verholzen (vgl. auch bei den Koniferen, S. A 44).

Kätzchen *(31/24)*: Meist hängender, leicht beweglicher, ♂ ährenartiger Blütenstand windblütiger Pflanzen (Ausnahme: *Salix*).

Dolde *(111)*: Bei einer Traube sind die Internodien der Hauptachse gestaucht, so daß ± zahlreiche gestielte Blüten von einem Punkt an deren Ende ausgehen. Oft bilden die Tragblätter der Einzelblüten am Grunde der Dolde ein Involukrum (Hüllkelch). Ist bei seitenständigen Dolden die Hauptachse auch unterhalb des Abgangs der Seitenachsen gestaucht, so entsteht eine **sitzende Dolde,** auch als **Büschel** bezeichnet.

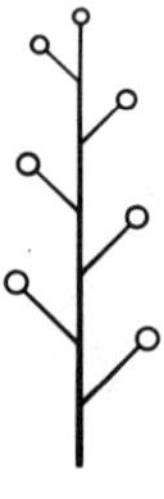

Traube

(108)

Schirmtraube

(109)

Ähre

(110)

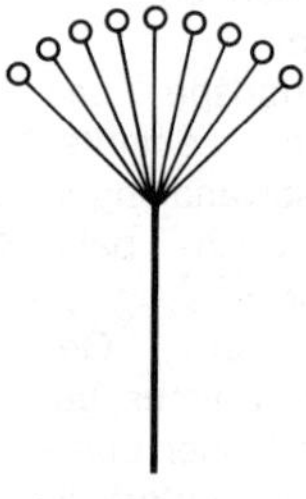

Dolde

(111)

Köpfchen

(112)

Köpfchen *(112)*: Sowohl die Haupt- als auch die Seitenachsen sind gestaucht, so daß alle Blüten dicht nebeneinander auf dem ± rundlich verdickten Achsenende sitzen.

Körbchen *(113)*: Köpfchen mit ± abgeflachter Achse (Körbchenboden), am Rande (unten) von einem Involukrum umgeben.

Knäuel: seitlich an der Hauptachse sitzender, köpfchenartiger Teilblütenstand.

Traube, Ähre und Dolde können auch zu komplexen Blütenständen zusammentreten, in denen dasselbe Bauprinzip mehrmals wiederholt wird **(Doppeltraube, -ähre, -dolde).**

c) Scheinblüten

Gelegentlich sind Blütenstände so geformt, daß sie äußerlich einer Einzelblüte ähneln. Solche **Scheinblüten** (Pseudanthien) erreichen in den Körbchen mancher Compositen *(113)* höchste Vollkommenheit: hier nimmt das Involukrum Aussehen und Funktion des Kelches an, während die stark vergrößerten Randblüten Kronblätter vortäuschen. Scheinblüten kommen auch in vielen anderen Pflanzenfamilien vor; Andeutungen in dieser Richtung sind z. B. schon die Doldenrispen von *Viburnum opulus* *(97/19)* mit ihren vergrößerten sterilen Randblüten.

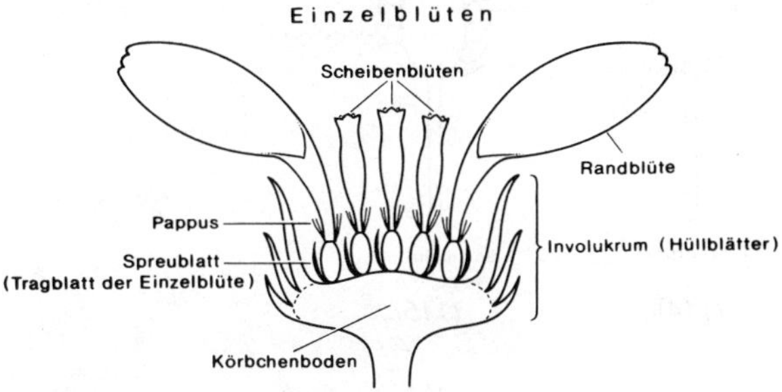

Scheinblüte (Körbchen) der Compositen

(113)

9. Die Frucht

a) Allgemeines

Die Frucht ist definiert als Blüte im Zustand der Samenreife.

Von den Blütenorganen ist notwendigerweise noch der (bzw. die) Fruchtknoten als Behälter der Samen vorhanden sowie die Blütenachse als dessen (deren) Träger. Alle übrigen Teile der Blüte sind nicht mehr notwendig und können fehlen; sie können aber auch in unterschiedlichem Ausmaße bis zur Fruchtreife erhalten bleiben (persistieren), was für die Bestimmung nach Fruchtmerkmalen wichtig ist. Besonders häufig persistiert der Kelch.

Je nach dem Bau des Gynözeums ist die Frucht eine

Einzelfrucht *(114):* aus einer Blüte mit einem einheitlichen Pistill, also nur einem Fruchtknoten, entstanden.

Sammelfrucht *(115, 10/5, 58/6):* aus einer Blüte mit mehreren unverwachsenen Fruchtblättern, also auch mehreren Fruchtknoten. Jeder von diesen liefert ein **Früchtchen.**

Einzelfrucht

(114)

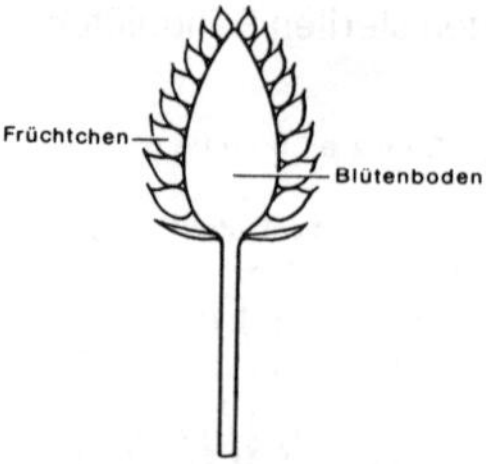

Sammelfrucht

(115)

Die Wandung des Fruchtknotens, die **Fruchtwand** (Perikarp), kann vom Material her einheitlich sein; oft ist sie aber in 2 oder 3 Schichten von unterschiedlicher Konsistenz differenziert (von außen nach innen: **Exokarp, Mesokarp, Endokarp**). Das hängt meist mit Funktionen bei der Öffnung bzw. bei der Verbreitung von Früchten und Samen zusammen: so trägt das Exokarp oft Haare, flügelartige oder hakenartige Anhängsel, die der Verbreitung durch den Wind bzw. im Fell von Tieren dienen; oder es ist auffallend gefärbt zur Anlockung von Tieren, denen ein saftig-fleischiges Mesokarp Nahrung bietet, während zugleich ein verholztes Endokarp dafür sorgt, daß die Samen geschützt und unverdaut wieder ausgeschieden

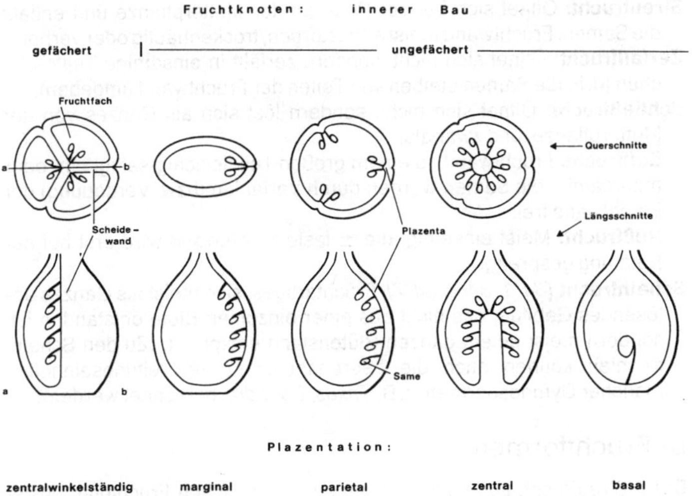

(116)

werden. Die Fruchtwand umschließt einen inneren Hohlraum, der entweder zusammenhängend **(ungefächert)** oder durch **Scheidewände** (Septen) in mehrere **Fächer** (meist entsprechend der Zahl der verwachsenen Fruchtblätter) aufgeteilt ist *(116)*. Dieser enthält 1 bis viele Samen (neben gut ausgebildeten finden sich oft infolge fehlender Befruchtung nicht weiter entwickelte, sehr kleine Samenanlagen), die an bestimmten Partien des Fruchtknoteninneren, den **Plazenten,** sitzen. Nach deren Anordnung unterscheidet man verschiedene Typen der **Plazentation** *(116)*. Die **Samen** sind meist mit einem dünnen Stielchen, dem **Funikulus**, an der Plazenta befestigt, der beim Abfallen auf dem Samenkörper eine als **Hilum** bezeichnete Narbe hinterläßt. Die Außenhülle des Samens, die **Samenschale** (Testa), zeichnet sich oft durch charakteristische Skulpturen oder Farbmuster aus. Sie kann ähnlich wie die Fruchtwand auffällige Anhängsel tragen, wie Haarschöpfe oder flügelartige Säume, oder in eine innere harte **(Sklerotesta)** und eine äußere fleischige Schicht **(Sarkotesta)** differenziert sein. Umgibt eine solche fleischige Hülle den Samen nicht vollständig, so wird sie als **Samenmantel** (Arillus) bezeichnet (vgl. *8/2*).

Unabhängig vom morphologischen Bau der Früchte unterscheidet man nach ihrem verbreitungsökologischen Verhalten, d.h. danach, welche Teile der Frucht (bzw. des Früchtchens) als Verbreitungseinheiten fungieren bzw. wie die Samen voneinander getrennt werden:

Streufrucht: Öffnet sich bei der Reife an der Mutterpflanze und entläßt die Samen. Fruchtwand meist abgestorben, trockenhäutig oder verholzt.

Zerfallfrucht: Öffnet sich nicht, sondern zerfällt in einsamige Teilfrüchtchen (d. h. die Samen bleiben von Teilen der Fruchtwand umgeben).

Schließfrucht: Öffnet sich nicht, sondern löst sich als Ganzes von der Mutterpflanze, und zwar als:

Saftfrucht: Fruchtwand zu einem großen Teil fleischig-saftig; ein- oder mehrsamig, die Samen werden durch Verfaulen (bzw. Verdauung) der Fruchtwand frei.

Nußfrucht: Meist einsamig; die ± feste Fruchtwand wird erst bei der Keimung gesprengt.

Scheinfrucht *(34/1, 34/4, 34/7):* Fruchtartiges, sich meist als Ganzes ablösendes Gebilde, das nicht aus einer einzelnen Blüte entstanden ist, sondern meist einem ganzen Blütenstand entspricht. (Zu den Scheinfrüchten können auch die beerenähnlichen Verbreitungseinheiten mancher Gymnospermen, z. B. *Taxus, Ephedra,* gerechnet werden).

b) Fruchtformen

Balg: Streufrucht, aus einem einzelnen, ± länglichen Fruchtblatt bestehend, dessen einzige Plazenta stets an der (nach oben gerichteten bzw. der Fruchtachse zugekehrten) Bauchnaht liegt. Öffnet sich im Normalfall **ventrizid,** d. h. durch einen Längsspalt in der Bauchnaht *(117),* nur ausnahmsweise **dorsizid** in der nach unten (außen) gekehrten Rückennaht **(Rückenbalg).** Meist als Balgfrüchtchen in Sammelfrüchten.

Hülse *(118)*: Wie ein Balg gebaut, aber Öffnung zugleich an Bauch- und Rückennaht, d. h. durch 2 Spalten in 2 langgestreckte Hälften aufgeteilt. Charakteristische Fruchtform der Leguminosen.

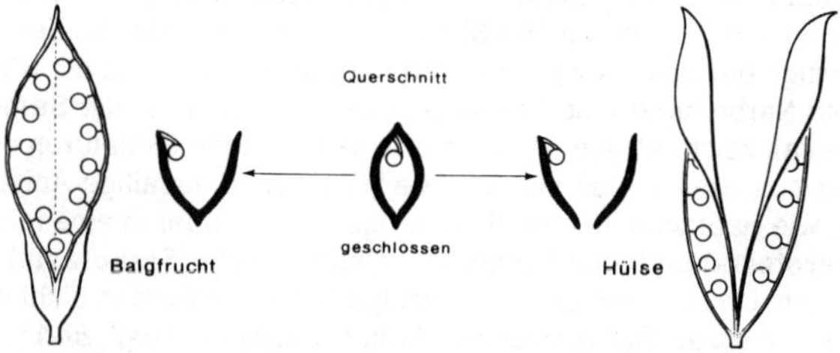

(117) *(118)*

Schote *(119)*: Streufrucht, meist langgestreckt und äußerlich der Hülse ähnelnd, aber aus 2 Fruchtblättern entstanden und mit 2 randlichen (parietalen), meist durch eine Scheidewand verbundenen Plazenten. Bei der Öffnung löst sich die Fruchtwand in 2 Klappen von den Plazenten ab, die als Rahmen stehen bleiben.

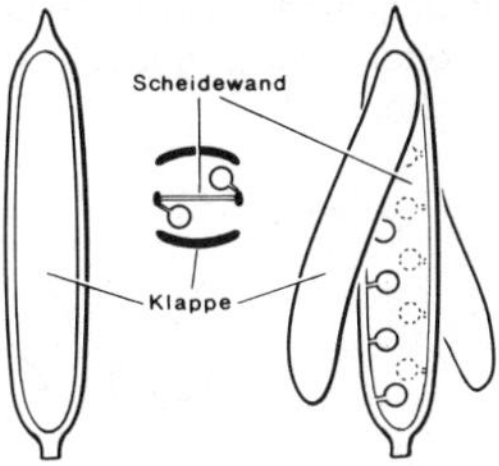

Schote *(119)*

Kapsel: Streufrucht, aus mehreren Fruchtblättern entstanden (wenn aus 2, dann sich nicht wie die Schote öffnend). Im Innern je nach Fruchtknotenbau gefächert oder ungefächert. Die Mechanismen der Öffnung (Dehiszenz) sind vielfältig *(120)*, z. B. durch Poren **(Porenkapsel)**, durch einen sich ablösenden Deckel **(Deckelkapsel)** oder, am häufigsten, durch Längsspalten **(Spaltkapsel).** Diese können sich über die ganze Länge der Frucht erstrecken oder nur über die mehr spitzenwärtigen Teile; nach ihrer Lage zu ggf. vorhandenen Scheidewänden ist die Spaltkapsel **lokulizid** (fachspaltig), **septizid** (scheidewandspaltig) oder **septifrag** *(121)*. Während bei den bisher genannten Kapselformen die Fruchtwand in ihrem Hauptteil zunächst an der Pflanze verbleibt, kann sie sich zuweilen auch völlig in getrennte Teile aufspalten, die zusammen mit den Samen abfallen **(Zerfallkapsel).**

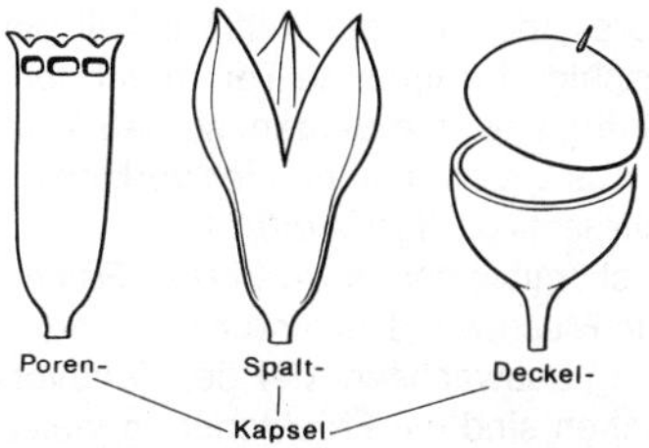

(120)

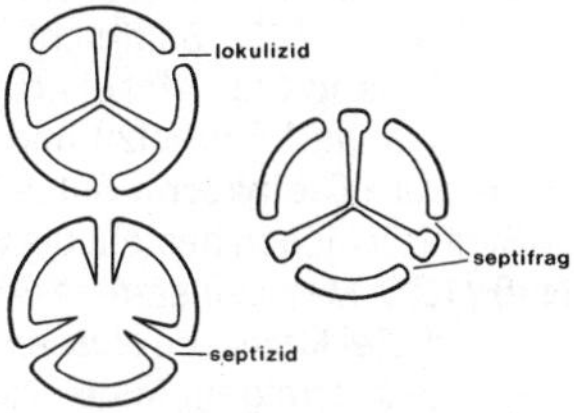

Spaltkapsel: Dehiszenz (Querschnitt)

(121)

Spaltfrucht *(122)*: Zerfallfrucht, durch regelmäßige Längsspaltung in mehrere Teilfrüchtchen zerfallend, die oft einem Fruchtblatt entsprechen. Ein Spezialfall ist die **Klausenfrucht** *(93/3)*, bei der die zur Reifezeit abgespaltenen einsamigen Teile **(Klausen)** meist schon von der Blütezeit an deutlich sichtbar sind.

Bruchfrucht *(123)*: Zerfallfrucht, langgestreckt, meist wie eine Hülse oder Schote gebaut, aber quer in einsamige Teilfrüchtchen zerbrechend.

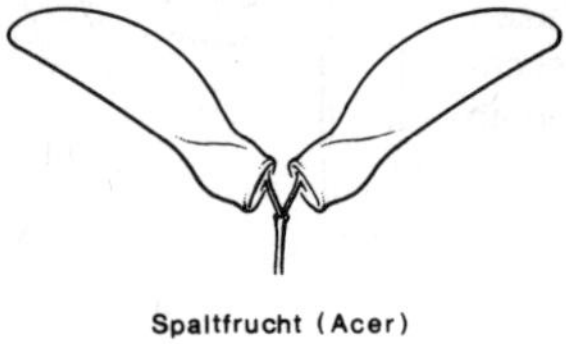

(122)

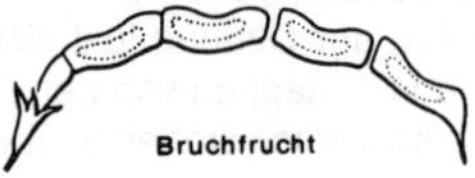

(123)

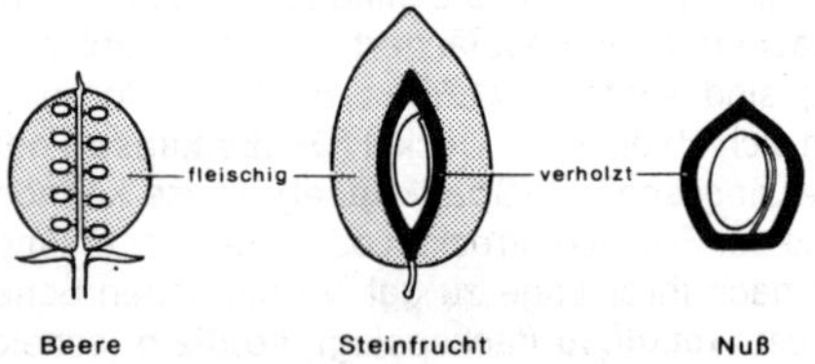

(124) *(125)* *(126)*

Beere *(124)*: Saftfrucht, bei der die Fruchtwand (abgesehen von einem dünnen, festeren Exokarp) völlig aus Fruchtfleisch besteht, in das die Samen (meist mehrere) eingebettet sind.

Steinfrucht *(125)*: Saftfrucht wie Beere, aber nur der mittlere Teil der Fruchtwand (das Mesokarp) ist fleischig, der innerste Teil (das Endokarp) ist hart (verholzt) und umgibt den bzw. die Samen, so daß 1 bis mehrere **Steinkerne** entstehen. – Aus vielen miteinander verklebten Steinfrüchtchen besteht die Sammelfrucht von *Rubus (58/6)*.

Nuß *(126)*: Meist einsamige Schließfrucht mit fester, oft verholzter Fruchtwand. Bei kleineren Nüssen kann die Fruchtwand zu einem einseitigen bis kreisförmigen, flügelartigen Saum auswachsen, der der Windverbreitung dient **(Flügelnuß).** – Nüßchen sind die Früchtchen in vielen Sammelfrüchten, z.B. bei *Clematis* sowie bei *Rosa* und *Fragaria* (das hier vorhandene Fruchtfleisch wird von der becher- bzw. kegelförmigen Blütenachse gebildet).

Apfelfrucht *(58/7, 58/8)*: Stark abgeleitete Sammelfrucht der Rosaceen-Unterfamilie Maloideae. Die Fruchtknoten der meist unverwachsenen Fruchtblätter sind in die fleischige Blütenachse eingesenkt und mit dieser verwachsen, so daß ein komplexer unterständiger Fruchtknoten entsteht.

10. Fortpflanzungsorgane der Gymnospermen

Während im vegetativen Bau zwischen Angiospermen und Gymnospermen keine prinzipiellen Unterschiede bestehen (selbst die bei den Koniferen anscheinend so charakteristischen Nadel- und Schuppenblätter treten in ähnlicher Form auch in verschiedenen Angiospermen-Gruppen auf), sind die Fortpflanzungsorgane der Gymnospermen stark abweichend. Sie können morphologisch (nicht phylogenetisch, denn es sind keine Vorfahren) als unvollkommene Vorstufen der Angiospermen-Blüten angesehen werden. Mit deren vorstehend besprochener Terminologie sind sie nur schlecht zu beschreiben; insbesondere sollte man die Begriffe Blüte und Frucht hier möglichst vermeiden (besser „Blütenorgane“ usw.).

Allen Gymnospermen gemeinsam ist, daß die Samenanlagen nie in einen durch Verwachsung von Fruchtblättern gebildeten Fruchtknoten eingeschlossen sind. Sie liegen vielmehr frei (Name!), können allerdings sekundär durch dicht zusammenschließende schuppenartige Blattorgane u. dgl. geschützt sein. Auch gibt es bei den rezenten Gymnospermen nie echte Zwitterblüten, vielmehr sind ♀ und ♂ Organe zumindest funktionell immer getrennt. Im übrigen bestehen große Unterschiede, weshalb die einzelnen Klassen getrennt behandelt werden.

Ginkgoopsida

Der einzige rezente Vertreter, *Ginkgo biloba*, ist zweihäusig; die Organe beider Geschlechter stehen deutlich sichtbar in den Achseln von jungen Laubblättern oder Knospenschuppen. Die ♂ Organe bestehen aus einer verlängerten, oft überhängenden Achse, die seitlich zahlreiche Staubblätter trägt *(127)*; im Aussehen erinnern sie an kätzchenartige Blütenstände.

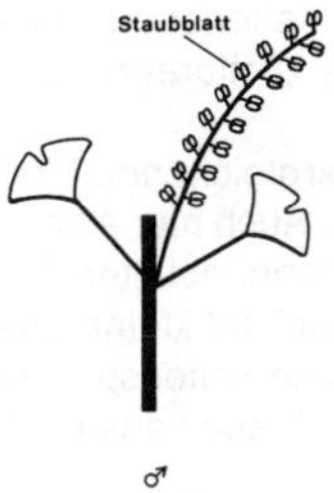

Ginkgo, Blütenorgane

Ephedra, Blütenorgane (schematisch)

(127) *(128)* *(129)* *(130)*

Bei den ♀ sitzen am Ende eines Stieles meist 2 (selten 1 oder 3) nackte Samenanlagen *(128)*. Aus diesen werden zur Reifezeit große, steinfruchtähnliche Samen (keine Früchte!) mit gelbfleischiger Sarkotesta und holziger Sklerotesta *(1/2)*.

Gnetopsida

Von dieser Gruppe ist für uns nur die Gattung *Ephedra* von Interesse. Hier befinden sich die meist zweihäusig verteilten Blütenorgane in kleinen endständigen, zapfenartigen, mit mehreren Paaren gegenständiger Schuppenblätter besetzten Aggregaten. Die ♂ Zäpfchen enthalten in den Achseln der Schuppen jeweils 1 Staubblatt (selten 2), das noch von einer besonderen, aus 2 Blattorganen bestehenden Hülle umgeben ist *(129)*. Bei den ♀ sitzen zwischen den beiden obersten Schuppen 1–3, ebenfalls jeweils von einer Hülle umgebene Samenanlagen, deren röhrenförmige Spitzen zwischen den Schuppenblättern hervorragen *(130)*. Zur Samenreife werden die Schuppenblätter (bei unseren Arten) fleischig und bilden eine Scheinfrucht *(9/1)*.

Coniferae

Der Name dieser für uns wichtigsten Gruppe, *Coniferae* = Zapfenträger, läßt an die auffallenden, großen verholzten Zapfen etwa von *Pinus* oder *Picea* denken. Hiermit haben aber bei vielen Koniferen die ♀ Organe zur Zeit der Samenreife kaum Ähnlichkeit. Trotzdem sind die Fortpflanzungsorgane beider Geschlechter im folgenden als Zapfen bezeichnet, da die Grundbaupläne doch jeweils relativ einheitlich sind.

Die ♂ Zapfen sind im Prinzip immer gleich gebaut. Sie bestehen aus einer Achse, die am Grunde meist einige sterile Schuppenblätter trägt, worauf mehrere bis viele Staubblätter folgen *(131)*. Diese sind von unterschiedlicher Gestalt und tragen, meist auf der Unterseite, 2 bis über 10 Pollensäcke. Die Zapfen sind meist einzeln blattachsel-, seltener endständig; zuweilen können sie auch zu mehreren an speziellen, infloreszenzartigen Trieben auftreten.

Der Bauplan der ♀ Organe ist komplexer; wie die vergleichende Morphologie zeigt, handelt es sich um verzweigte Systeme. Auch hier stehen am Grunde der Hauptachse meist mehrere sterile Schuppenblätter. Die darauf folgenden, die **Deckschuppen**, tragen in ihrer Achsel kleine Seitensprosse, an denen die Samenanlagen entstehen. Diese Seitensprosse sind bei den beiden Ordnungen der Koniferen sehr verschieden ausgebildet.

Bei den *Taxales*, wo sie nur in Ein- oder Zweizahl auftreten, bestehen sie aus einer Achse mit 2–3 Schuppenblattpaaren und einer endständigen Samenanlage *(132)*. (Da das knospenartige Gesamtorgan sehr klein ist und die Schuppenblätter der Haupt- und Nebenachse sich dicht dachziegelig überdecken, ist von der Verzweigung von außen nichts zu erkennen.) Nach dem Verblühen ändern die Schuppen ihre Größe nicht, nur der Same vergrößert sich und wird von einem aus einem basalen Ringwulst auswachsenden fleischigen Becher (Arillus) umgeben, der zur Reifezeit für das Aussehen des gesamten Organs bestimmend ist *(8/2)*.

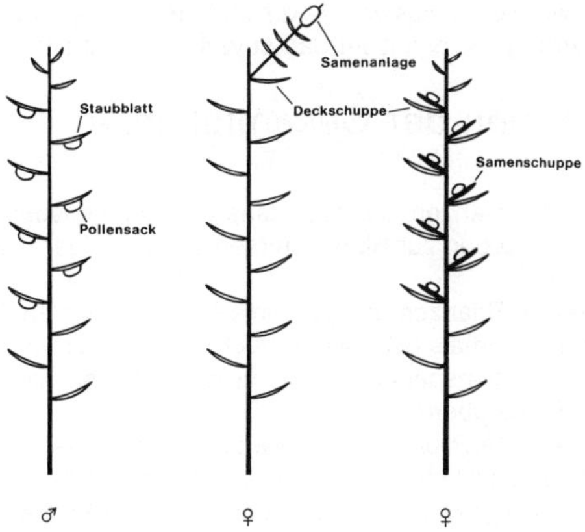

Coniferae, Blütenorgane (Bauplan)

(131) *(132)* *(133)*

Bei den *Pinales* ist der Sproßcharakter der Seitenorgane durch Verwachsungen und Reduktionen weitgehend verwischt. Im einfachsten Falle ist der Seitensproß zu einem blattartigen Gebilde geworden, der **Samenschuppe**, die in der Achsel der Deckschuppe sitzt und auf ihrer Oberseite 1 bis viele Samenanlagen trägt *(133)*. Dieser „Deckschuppen-Samenschuppen-Komplex" ist bei den *Pinaceen* meist gut zu erkennen; in den übrigen Familien kommt es aber zu starken Verwachsungen, so daß Deck- und Samenschuppe oft kaum noch zu trennen sind. Nach dem Verblühen wachsen die Deck- und/oder Samenschuppen bei den meisten Familien zu größeren verholzten Gebilden heran, wodurch die klassischen Koniferenzapfen mit zwischen den Schuppen verborgenen, oft geflügelten Samen entstehen. Anders bei den *Cephalotaxaceen* und *Podocarpaceen*, die jeweils nur sehr kleine Blütenzapfen mit wenigen Deckschuppen haben. Bei *Cephalotaxus*, wo die Samenschuppe weitgehend auf 2 in der Achsel der Deckschuppe stehende Samenanlagen reduziert ist, erreichen die Samen (oft nur 1–2 pro Zapfen) erhebliche Größe (mehrere cm) und sind über den winzigen Zapfenschuppen frei sichtbar *(6/2)*. Bei *Podocarpus* sind oft nur 1–2 Deckschuppen mit je 1 Samenanlage vorhanden (die Samenschuppe ist in eine häutige, die Samenanlage z.T. umgebende Hülle umgewandelt); zur Samenreife vergrößern sich nicht die Deckschuppen, sondern die Zapfenachse verdickt sich zu einem fleischig-saftigen Gebilde, das die Samen frei auf seiner Oberseite trägt *(7/2)* und ähnlich wie der Arillus von *Taxus* und die Schuppen von *Ephedra* Tieren zur Nahrung und damit der Samenverbreitung dient.

11. Wuchsformen der Gesamtpflanze

Kräuter: Unverholzte Pflanzen, die höchstens 2 Vegetationsperioden leben, nur einmal im Leben zur Blüte kommen und nach der Fruchtreife absterben.

Stauden: Unverholzte Pflanzen, die perennieren, d.h. mehrere bis viele Jahre leben und mehrmals blühen und fruchten. Ihre Sprosse sterben am Ende der Vegetationsperiode größtenteils ab, nur basale oder unterirdische Sproßteile überdauern.

Gehölze: Perennierende Pflanzen mit vorwiegend oberirdischen Sprossen, deren Achsen sämtlich verholzen und auf Dauer erhalten bleiben (abgesehen von den größenmäßig unbedeutenden Blütenständen), so daß das oberirdische Sproßsystem von Jahr zu Jahr an Größe zunimmt.

Innerhalb der Gehölze unterscheidet man:

Bäume: Pflanze von der Basis an einstämmig, Verzweigung erst weiter oben (Kronenbildung); hoch werdend (meist über 5 m).

Sträucher: Pflanze von der Basis an stark verzweigt, niedrig bleibend (höchstens 5–10 m). An Sonderformen sind hier zu nennen:

Zwergsträucher: Höhe unter 50 cm.

Spaliersträucher: Zweige waagerecht auf der Bodenoberfläche entlang wachsend (dabei z.T. auch wurzelnd).

Polstersträucher: Zwergsträucher, deren stark verzweigtes Sproßsystem ein dichtes, flach-rundes Polster bildet.

Lianen (Klettersträucher): Sprosse trotz Verholzung nicht von selbst aufrecht stehend, sondern mit Hilfe einer vertikalen Unterlage in die Höhe wachsend, und zwar durch

Winden: die Hauptachse windet sich selbst um die Unterlage.

Wickelranken: seitliche Anhangsorgane, die sich um die Unterlage winden.

Haftranken: seitliche Anhangsorgane, die sich mit Hilfe ihrer rauhen Oberfläche an der Unterlage befestigen (nur solche Lianen können ohne weitere Hilfsmittel an Hauswänden emporklettern!).

Zwischen Bäumen und Sträuchern gibt es alle Übergangsformen. Auch die Gehölze selbst sind von den anderen Wuchsformen nicht scharf abgegrenzt. Als **Halbsträucher** bezeichnet man Pflanzen, deren Achsen nur teilweise verholzen. Entweder ist nur der Basalteil des Jahrestriebes verholzt, der größte Teil bleibt krautig und stirbt im Herbst ab; oder der Jahrestrieb bleibt ganz erhalten, ist aber nur schwach verholzt, daher biegsam und welkend. Halbsträucher sind in die „Gehölzflora" nur ausnahmsweise aufgenommen.

Im Systematischen Teil werden die Wuchsformen der Gehölze – noch etwas mehr nach Wuchshöhen aufgegliedert – durch Buchstabensymbole angegeben (s. vordere Umschlaginnenseite).

Herkunftsgebiete der Gehölze; Arealformeln

Von den in der Gehölzflora erfaßten ca. 1700 Arten kommt nur ein kleiner Teil von Natur aus in Mitteleuropa vor; die meisten stammen von anderen Kontinenten. Das bedeutet, daß sie in Klimaten heimisch sind, die sich vom Klima Mitteleuropas oft erheblich unterscheiden.

Um das Wuchsverhalten der vielen fremden Arten richtig verstehen zu können, ist es daher erwünscht, nicht nur das geographische Herkunftsgebiet, sondern auch die dortigen Klimaverhältnisse zu kennen. Da die natürliche Vegetation der beste integrierte Klimaindikator ist, geben wir das Heimatgebiet **(Areal)** der Gehölze in Form der Vegetationsregionen an, in denen sie einheimisch sind.

1. Großgliederung der Vegetation der Erde

Zum Verständnis der Herkunftsbezeichnungen ist ein Überblick über die klimatisch bedingte Vegetationsgliederung der Erde notwendig. Zwei Komponenten des Klimas bestimmen diese Gliederung: Wärme und Feuchtigkeit. Dabei ist die Wärme der übergeordnete Faktor: sie ist die Ursache für die Ausbildung thermischer Vegetationszonen, die die Erde gürtelförmig umfassen. Auf der Grundlage der Vegetation immerfeuchter Bereiche kann man 7 **thermische Zonen** unterscheiden: die 2 Polarzonen jenseits der thermischen Waldgrenze, die Tropische Zone, und 4 extratropische (gemäßigte) Waldzonen. Ihre Abgrenzungen lassen sich ungefähr mit bestimmten Schwellenwerten der Sommerwärme und/oder der Winterminima verknüpfen. Von Norden nach Süden folgen aufeinander:

Arktische Zone: Sommer sehr kurz und kühl, kein Monat mit Temperaturmittel über +10 °C; Wärme für Waldwuchs nicht ausreichend, Vegetation Tundra.

Boreale Zone: Sommer kurz, nur 1–3 Monate mit Temperaturmittel über +10 °C; Winter mäßig bis sehr kalt mit Frösten unter −10, oft weit unter −20 °C.

Nemorale Zone: Sommer ziemlich lang, mindestens 4 Monate mit Temperaturmittel über +10 °C; Winter mäßig kalt bis kalt mit regelmäßig auftretenden Frösten unter −10 °C.

Meridionale Zone: Winter mild mit Frösten zwischen 0 und etwa −10 °C, meist nur relative Ruhezeit.

Tropische Zone: Frostfrei, ohne thermische Jahreszeiten, die den Pflanzenwuchs beeinflussen.

Australe Zone: Wie Meridionale Zone.
Antarktische Zone: Wie Arktische Zone.

Innerhalb der 5 Zonen, in denen Waldwuchs möglich ist (Boreal bis Austral), variiert die Vegetation je nach der Feuchtigkeit. Die Abstufung von immer feuchtem zu immer trockenem Klima läßt sich in 4 Humiditätsgrade einteilen:

Humid: Dauernd feucht, mit dem für die jeweilige thermische Zone charakteristischen Waldtyp.

Semihumid: Wechsel von Regen- und Trockenzeit; Feuchtigkeit für Waldwuchs ausreichend, aber Wald in Aussehen und/oder Zusammensetzung vom humiden Normaltyp wesentlich abweichend. In den extratropischen Zonen mit thermischen Jahreszeiten gibt es dabei noch Unterschiede je nach Lage der Regenzeit (Sommer-, Winterregen).

Semiarid: Wie semihumid, aber jenseits der hygrischen Waldgrenze, d.h. Feuchtigkeit für geschlossenen Waldwuchs nicht mehr ausreichend. Vegetation Offenwald, Trockenbusch oder Grasland.

Arid: Dauernd trocken, keine geschlossene Vegetationsdecke, d.h. Halbwüste und Wüste.

Die wichtigsten auf der Erde auftretenden natürlichen Vegetationsformationen, wie sie als Ergebnis der Kombination aus thermischen und hygrischen Klimabedingungen zu verstehen sind, zeigt Tabelle 1 (S. A 54f; vgl. auch die Karte auf der hinteren Umschlaginnenseite). Die meisten Vegetationsformationen treten auf der Erde auf mehreren Kontinenten auf, sofern die Klimabedingungen gegeben sind. Die oft weit voneinander entfernten, auch floristisch verschiedenen Teilvorkommen einer Formation bezeichnen wir als **Vegetationsregionen.**

Die **Höhenstufen** der Vegetation in den Hochgebirgen der gemäßigten Zonen bis in die Randtropen sind als modifizierte Auslieger der entsprechenden polnäheren Zonen anzusehen (**Boreale Stufe** usw.); die den Polarzonen analoge Stufe oberhalb der thermischen Waldgrenze heißt **Alpine Stufe.** Die gemäßigte (frostbeeinflußte) Waldstufe der höheren Gebirgslagen in den inneren Tropen ist die **Oreotropische Stufe.**

Neben dieser vegetationskundlichen Gliederung benutzt man in der Pflanzengeographie oft auch die Einteilung in **Florenreiche**, die durch die Verbreitung bestimmter Sippen (vor allem Familien) charakterisiert sind. Gewöhnlich werden deren 6 unterschieden. Die 4 nördlich-extratropischen thermischen Zonen, in denen fast alle von uns behandelten Gehölze einheimisch sind, entsprechen zusammen dem Florenreich der **Holarktis**, dessen Südgrenze mit der der Meridionalen Zone identisch ist. Im tropischen und südhemisphärischen Bereich besteht hingegen keine so gute Übereinstimmung zwischen den Abgrenzungen von Zonen und Florenreichen.

2. Darstellung der Vegetationsregionen durch Arealformeln

Als Kurzbezeichnungen für die Vegetationsregionen **(Arealformeln)** benutzen wir Kombinationen aus Buchstaben und Zahlen, aus denen thermische Zone, Humiditätsgrad und Erdteil direkt erkennbar sind; z. T. enthalten sie noch einige zusätzliche Informationen. Folgende Symbole werden (in dieser Reihenfolge) benutzt:

(1) Großbuchstaben für die Vegetationszonen und -stufen:

- PN = Arktische Zone (**N**ördliche **P**olarzone)
- B = Boreale Zone
- N = Nemorale Zone
- M = Meridionale Zone
- T = Tropische Zone
- A = Australe Zone
- PS = Antarktische Zone (**S**üdliche **P**olarzone)
- PG = Alpine Stufe (den **P**olarzonen analoge **G**ebirgsstufe)
- BG = Boreale Stufe (Gebirgsstufe in Nemoraler oder Meridionaler Zone)
- NG = Nemorale Stufe (in Meridionaler oder randlicher Tropischer Zone)
- MG = Meridionale Stufe (am Nordrand der Tropischen Zone)
- OT = Oreotropische Stufe (in innerer Tropischer Zone)
- AG = Australe Stufe (am Südrand der Tropischen Zone)

(2) Kleinbuchstaben für die Humiditätsgrade:

- h = humid
- s = semihumid
- a = semiarid und arid

(3) Weitere Kleinbuchstaben für gelegentliche zusätzliche Angaben (besonders in der Nemoralen Zone):

- k = sommerkühl (Mittel des wärmsten Monats unter +20 °C)
- w = sommerwarm (Mittel des wärmsten Monats über +20 °C)
- m = wintermild (Fröste kaum unter −15 °C)
- g = nur in gebirgigen Teilen der betr. Zone (zu unterscheiden von G, das eine Gebirgsstufe innerhalb einer anderen Zone andeutet)

(4) Zahlen für die Erdteile:

- 1 = Westliches Nordamerika
- 2 = Östliches Nordamerika
- 3 = Europa – Mittelmeergebiet – Vorderasien – Westsibirien
- 4 = Ostsibirien – Zentral-, Ost- und Südostasien
- 5 = Südamerika
- 6 = Afrika (südlich der Meridionalen Zone)

7 = Australien
8 = Ozeanien

Im Systematischen Teil werden die Arealformeln jeweils am Ende der Artbeschreibung nach einem Gedankenstrich angegeben, z.B. – Nh-3.

Weicht das Areal einer Art vom Umfang einer Vegetationsregion stark ab, so gilt folgendes:

Ist es erheblich kleiner, so kann in Klammern hinter der Formel der engere Bereich genannt werden, z.B.: Nhw-4 (S-China).

Greift es darüber hinaus, so ist der Schwerpunkt der Verbreitung maßgebend. Liegt dieser eindeutig in einer Region (andere werden nur durch sporadische Vorkommen berührt), so wird diese allein angegeben. Gleichwertige Vorkommen in mehreren Regionen werden durch Kombinationsformeln gekennzeichnet, z.B. Na-3/4, Mh/Nhm-2. Ist eine Art im humiden und semihumiden Bereich (d.h. im Waldgebiet) gleichmäßig verbreitet, so wird der Humiditätsgrad weggelassen, z.B. N-2 (eine gleichmäßige Verbreitung über sämtliche Humiditätsgrade kommt mindestens bei Gehölzen nicht vor).

Unnötig ist eine Angabe des Humiditätsgrades in der Arktischen und Antarktischen Zone. In den Waldzonen muß sie manchmal auch wegen unvollständiger Kenntnis des Areals unterbleiben.

3. Näheres zu den unterschiedenen Vegetationsregionen

Mitteleuropa liegt in der Nemoralen Zone, und dementsprechend ist die Mehrzahl der bei uns kultivierten Gehölze in dieser Zone zu Hause. Die übrigen stammen aus borealen und arktischen (bzw. alpinen) Regionen; außerdem gibt es eine kleine Anzahl meridionaler und australer Arten mit für diese Zonen überdurchschnittlicher Frosthärte. Nur für die Heimatgebiete der bei uns anbaufähigen Arten folgen hier noch einige nähere Angaben, geordnet nach den Vegetationszonen (vgl. Tabelle 1 auf S. A 54f und die Karte auf der hinteren Umschlaginnenseite).

PN – Arktische Zone
Klima, Vegetation und Flora rings um den Pol herum **(PN-1/2/3/4)** sind sehr gleichförmig. Winter meist sehr kalt (Minima unter −30 °C), aber andauernd geschlossene Schneedekke; daher können dort heimische Pflanzen bei uns in schneearmen Wintern Frostschäden erleiden.

PGh – Alpine Stufen mit humidem Klima
Je weiter das Gebirge von der Arktischen Zone entfernt liegt, um so mehr unterscheidet sich das Klima vom arktischen durch geringere Winterkälte und höhere Schneedecke; entsprechend nimmt die Frostempfindlichkeit der Pflanzen zu. Ebenso erhöht sich die Zahl der Arten, und die floristischen Unterschiede sind nicht nur zwischen den Regionen **(PGh-1/3/4),** sondern auch zwischen den einzelnen Gebirgsmassiven sehr groß. (Entsprechendes gilt, mutatis mutandis, auch für die übrigen Gebirgsstufen.)

PGs/a – Alpine Stufen mit semihumidem bis aridem Klima
Vor allem im Innern der Kontinente: Rocky Mountains **(PGs/a-1)**, Innerasien **(PGs/a-3/4).** Hierher stammende Pflanzen können bei uns unter winterlicher Nässe leiden (wie alle Pflanzen aus mehr ariden Gebieten).

Bh – Boreale Zone, humide Regionen
Bh-2: Von Nordalaska durch den ganzen Kontinent bis nach Neufundland in Klima und Flora sehr einheitlich. Winter sehr kalt (Minima überall zwischen −30 und −50 °C); Julitemperaturen (abgesehen vom nördlichen Randsaum) ähnlich wie oder nur wenig geringer als in Mitteleuropa.
Bh-3: In Nordskandinavien sommerkühl (Julimittel um 15 °C) mit Winterminima um −40 °C; nach Osten wird das Klima zunehmend extremer (Mittelsibirien Minima um −50 °C, Juli bis 20 °C). Flora in Skandinavien gegenüber dem Osten stark verarmt.
Bh-4: Winterkälte ähnlich wie in Mittelsibirien; Sommer durch den Monsuneinfluß sehr regenreich und relativ kühl.

Bs – Boreale Zone, semihumide Regionen (sämtlich mit Sommerregen)
Bs-2: Weichholz-Sommerwald aus Espen im Grenzsaum zwischen Taiga und Steppe (Prärie). Sommerwarm (Juli um 20 °C).
Bs-3: Entsprechend Bs-2, aber teils noch sommerwärmer.
Bs-4: Helle Taiga in extrem winterkaltem Klima (Minima bis −70 °C) auf Dauerfrostboden; Unterwuchs Gemisch aus Steppen- und Tundrenpflanzen.

BGh – Humide boreale Gebirgsstufen
BGh-1: Von Westalaska bis Mexiko in immer höhere Gebirgslagen aufsteigend, dabei Abnahme der Winterkälte (in Mexiko BGhm); im N sehr niederschlagsreich, nach S weniger und immer stärker in einzelne, von semihumiden Gebieten umgebene Inseln aufgelöst. Zahl der Gehölzarten besonders im Raum Kalifornien – Nordmexiko gegenüber Bh-2 deutlich erhöht.
BGh-2: Sehr kleinflächig und artenarm auf den höchsten Gipfeln der Appalachenkette. Winter mäßig kalt (nicht unter −30 °C).
BGh-3: Höhere Gebirge von den Pyrenäen bis zum Kaukasus, fragmentarisch noch im Tienschan. Winterkälte nach O zunehmend, aber jeweils geringer als in der Borealen Zone auf gleichem Längengrad. Niederschläge in Teilen der Alpen und des Kaukasus sehr hoch. Gehölzflora insgesamt reicher als in Bh-3, mit deutlichen Unterschieden zwischen den Gebirgsmassiven.
BGh-4: Von Hokkaido und Nordkorea bis in den Himalaja (hier sehr wintermild, BGhm); überall sehr niederschlagsreich. Besonders in S-China sehr artenreich.

BGs – Semihumide boreale Gebirgsstufen
Nur in Gebieten mit Winterregen. Vegetation von den angrenzenden Nemoralen Nadelwäldern kaum zu trennen bzw. nur als deren oberer Saum erscheinend **(BGs-1/3/4).**

BGa – Semiaride und aride boreale Gebirgsstufen
Ebenfalls nur den oberen Saum der entsprechenden nemoralen Regionen (Na-1/3/4, NGa-1/3/4) bildend.

Nh – Nemorale Zone, humide Regionen
Nh-2: Größter Teil der ostamerikanischen Sommerwaldregion. Außer einem nördlichen Randsaum sehr sommerwarm (Nhw, Julimittel bis 26 °C) und vor allem in der südlichen Hälfte bei hoher Niederschlagsmenge und mäßig kalten Wintern (Minima nicht unter −30 °C) sehr artenreich.

Nh-3: Europäisch-vorderasiatische Sommerwaldregion ohne die submediterranen und sarmatischen Randsäume. Überwiegend sommerkühl (Nhk, Julimittel in Mitteleuropa kaum über 18 °C; dabei Minima nicht unter −30 °C) und arm an Gehölzarten; sommerwarm und zugleich humid (Nhw-3) sind nur kleine isolierte Gebiete im Bereich des Schwarzen und Kaspischen Meeres. Im W wintermild (Nhm) mit Beimischung von Lorbeergehölzen.
Nh-4: Durch das semihumide Nordchina und das Japanische Meer in 3 floristisch differenzierte Teilregionen getrennt: Mandschurei/Korea (z. T. sehr winterkalt mit Minima unter −30 °C), Nordjapan (mäßig winterkalt) und S-Mittelchina (milder, teils Nhm). Die beiden nördlichen Teilregionen gehören größtenteils, die südchinesische (Julimittel bis 26 °C) völlig zu Nhw; letztere ist der günstigste, gehölzartenreichste Teil der ganzen Nemoralen Zone. Allen gemeinsam ist der Monsun-Klimatyp mit hohen Sommerniederschlägen und sehr plötzlichem Übergang vom Winter zum Frühling; daher leiden viele dortige Arten bei uns unter Spätfrösten und zu geringer Sommerfeuchte.

Ns – Nemorale Zone, semihumide Regionen
Ns-1: Küstengebiet, Talungen und untere Gebirgslagen von Alaska bis N-Kalifornien. Winterregengebiet mit sehr artenreichem und wüchsigem Nemoralem Nadelwald. Temperaturklima dem mitteleuropäischen sehr ähnlich (meist Nsk); im Küstenbereich Winter sehr mild (Nsm) und mit hohen Niederschlägen. Lokal, vor allem im nördlichen Küstenland, auch dauerhumid (Nh-1), was aber den Gesamtcharakter der Vegetation nicht ändert. In den trockneren Teilen in der Nähe der hygrischen Waldgrenze dominieren meist Kiefern.
Ns-2: Westsaum des Sommerwaldes gegen die Prärie. Frühsommerregen, Vegetation Trocken-Sommerwald („Oak-Hickory Forest"). Sommerwarm (Nsw).
Ns-3: Randsäume der europäischen Sommerwaldregion gegen das Mediterrangebiet („submediterran"; wintermild, Nsm) und die Steppe („sarmatisch"; winterkälter). Frühsommer- bis Frühjahrs- (auch Herbst-)regen; Vegetation Trocken-Sommerwald. Wärmer als Nh-3 (Nsw).
Ns-4: N- und M-China, heute auf Lößböden größtenteils baumlos. Hochsommerregen, natürliche Vegetation Trocken-Sommerwald. Sommer sehr warm (Julimittel bis 28 °C), Winter kalt (Minima bis unter −30 °C), winterliche Trockenzeit bis weit ins Frühjahr hinein andauernd.

Na – Nemorale Zone, semiaride und aride Regionen
Na-1: Trockengebiete im westamerikanischen Gebirgsraum, anschließend an Ns-1; Winterregengebiet mit Wacholder- und Kiefern-Offenwäldern im semiariden Bereich. Sommer warm, Winter mäßig kalt.
Na-2: Trockengebiete im Mittleren Westen. Frühsommerregen, natürliche Vegetation im semiariden Bereich (der den größten Teil umfaßt) Steppe (Prärie, heute meist durch Ackerland ersetzt). Sommer warm, Winter mäßig kalt bis (im N) sehr kalt.
Na-3: Trockengebiete von der Ukraine bis zum Altai und Tienschan. Im nördlichen, semiariden Randsaum mit Frühsommerregen natürliche Vegetation Steppe; größter Teil jedoch arid. Sommer warm, Winter mäßig kalt bis (im NO) sehr kalt.
Na-4: Trockengebiete von der Dsungarei bis ins Amurland. Hochsommerregen mit Steppe im semiariden nördlichen Teil der Mongolei; sonst meist arid. Sommer warm, Winter sehr kalt (Minima oft weit unter −30 °C).

NGh – Humide nemorale Gebirgsstufen
In der Meridionalen Zone nur in S-China und S-Japan **(NGh-4)**; Vegetation und Flora sehr ähnlich den entsprechenden Teilen von Nh-4. Im Randtropenbereich bei sehr milden Wintern fragmentarisch in O-Mexiko **(NGhm-2)**, sowie im O-Himalaja und auf Taiwan **(NGhm-4)**.

Humiditätsgrad → Thermische Zone ↓	**Humid**	**Semihumid** Sommerregen	**Semihumid** Winterregen	**Semiarid** Sommerregen	**Semiarid** Winterregen	**Arid**
Arktisch	**Tundra** Baumfreie Bestände aus Klein- und Zwergsträuchern, Stauden, Gräsern, Moosen u. Flechten.	Nicht-humide Gebiete fehlen (außer in alpinen Gebirgsstufen, wo bei stärkerer Trockenheit der Anteil an Dornpolster-Zwergsträuchern immer mehr zunimmt)				
Boreal *nur in Borealen Gebirgsstufen, nicht in der Zone selbst	**Borealer Nadelwald** (= **Dunkle Taiga**) Schattige, mittelhohe Wälder aus immergr. Nadelbäumen. Sommergr. (Lärchen, Weich-Laubhölzer) an Sonderstandorten und als Pionierhölzer.	**Helle Taiga, Weichholz-Sommerwald** Niedrige, meist lichte Wälder aus Lärchen bzw. sommergrünen Weich-Laubhölzern (Espen, Birken).	***Borealer Trocken-Nadelwald** Von der Dunklen Taiga kaum zu unterscheiden; bei sehr geringen Niederschlägen aber zunehmend lichter.	***Steppe** (wie nemoral)	***Nadel-Offenwald** (wie nemoral)	*
Nemoral	**Sommergrüner Laubwald** (= **Sommerwald**) Schattige, hohe Wälder aus sommergrünen Laubbäumen. Nadelbäume nicht fehlend, aber nur an Sonder- und Extremstandorten.	**Trocken-Sommerwald** Wie humider Sommerwald, aber nur mittelhoch bis niedrig und ± licht, meist reich an Eichen und mit vielen Kleinbäumen und Sträuchern.	**Nemoraler Nadelwald** Je nach Regenmenge hohe, schattige bis niedrige, lichtere Wälder aus immergrünen Nadelbäumen, artenreicher als der Boreale Nadelwald. Sommergrüne Bäume nur an Sonderstandorten.	**Steppe** Geschlossene Bestände aus hochwüchsigen Gräsern und Stauden, auch mit Kleinsträuchern (z. B. Spiräen). **Sommergrüne Baumflur** Offene Bestände aus sommergrünen Kleinbäumen (unter bestimmten Klima- und Bodenverhältnissen).	**Nadel-Offenwald** Offene Bestände aus Klein-Nadelbäumen (Wacholder, Kiefern), darunter Kleinsträucher, Stauden, Gräser, Kräuter.	**Halbwüste** Offene Bestände von Klein- und Zwergsträuchern sowie nur kurze Zeit oberirdisch sichtbaren Stauden und Kräutern; südlich der Nemoralen Zone oft auch niedrige Sukkulenten.

Meridional	**Lorbeerwald** Schattige, hohe Wälder aus immergrünen Laubbäumen. Immergrüne Nadelbäume nicht selten beigemischt oder an Sonderstandorten. Hier und als Pionierhölzer gelegentlich auch Laubwerfende.	**Lorbeerwald** mit **Laubwerfenden** Meist hochwüchsige, überwiegend immergrüne Wälder mit wechselndem Anteil an Laubwerfenden.	**Hartlaubwald** Wie Lorbeerwald, aber oft nur mittelhoch bis niedrig, jedoch meist ebenso schattig; seltener hochwüchsig, aber lichter.	**Offenwald,** gelegentlich auch **Steppe**	**Offenwald, Trockenbusch** (ähnlich tropisch, aber z. T. mit Nadelbäumen).	**Wüste** Vegetation wie Halbwüste, aber nur an lokal besser wasserversorgten Stellen; Normalstandorte pflanzenleer (kontrahierte Vegetation).
Tropisch	**Tropischer Regenwald** Schattige, hohe Wälder aus immergrünen Laubbäumen, meist sehr hohe Artenzahl. Nadelbäume fehlend.	**Regengrüner Wald** Je nach Regenmenge hohe, schattige bis niedrige, lichtere Wälder aus laubwerfenden Laubbäumen, in der Trockenzeit kahl stehend. Durch natürliche oder vom Menschen gelegte Brände leicht in Grasland (**Savanne**) umgewandelt.		**Offenwald, Trockenbusch** Offene Bestände (ohne Kronenschluß) aus oft dornigen Klein-Laubbäumen (immer- oder regengrün), auch Sukkulenten; oder dichtere Bestände aus entsprechenden Sträuchern; ± lückiger Unterwuchs aus Stauden, Gräsern und Kräutern.		
Austral	**Lorbeerwald**	**Lorbeerwald** mit **Laubwerfenden**	**Hartlaubwald**	**Offenwald, Steppe**	**Offenwald, Trockenbusch**	
	(entsprechend wie in der Meridionalen Zone)					
Antarktisch	**Antarktische Tundra** Gegenüber der arktischen Tundra hohe Anteile an Polsterpflanzen und Horstgräsern.	Nicht-humide Gebiete fehlen				

Tabelle 1: Übersicht über die Vegetationsformationen der Erde nach Vegetationszonen und Humiditätsgraden

NGs – Semihumide nemorale Gebirgsstufen

NGs-1: Gebirgslagen von N-Kalifornien und Colorado bis Mexiko (hier NGsm); südliche, im Ganzen wenig abweichende Fortsetzung von Ns-1.

NGs-3: Gebirge des südlichen Mittelmeergebietes von Atlas und Sierra Nevada bis Taurus und Libanon. Winterregengebiet mit Nemoralem Nadelwald, der aber gegenüber seiner Optimalausbildung in Ns-1 sehr verarmt und reliktär erscheint.

NGs-4: W-Himalaja von O-Afghanistan bis Kaschmir, ebenfalls Winterregengebiet mit Nemoralem Nadelwald.

NGa – Semiaride und aride nemorale Gebirgsstufen

NGa-1: Nur südliche Ausläufer von Na-1 und hiervon nicht zu trennen.

NGa-3: Gebirge vom Atlas bis W-Afghanistan; semiaride Bereiche im W bei Winterregen mit Wacholder-Offenwäldern, in der Mitte und im O bei weniger festgelegter Regenzeit Offenwälder aus Sommergrünen oder Wacholderarten, seltener Steppe.

NGa-4: Semiarider Bereich im W-Himalaja bei Winterregen Wacholder-Offenwald, am SO-Rand des tibetanischen Hochlandes bei Sommerregen überwiegend Steppe.

M – Meridionale Zone und **A – Australe Zone**

Aus den beiden Zonen der Lorbeer- und Hartlaubwälder sind bei uns nur wenige Arten bedingt anbaufähig. Sie stammen aus folgenden Regionen:

Mh-2: Kleinflächig und recht artenarm in N- und M-Florida. Sommer sehr warm.

Mh-4: Vom ausgedehnten, sehr artenreichen Zentrum in S-China zum M-Himalaja, nach S-Korea und S-Japan reichend. Sommer sehr warm.

Ms-1: Größter Teil von Kalifornien sowie kleinere Teile von Arizona und New Mexico. Sommer warm; Winterregengebiet mit Hartlaubwald.

Ms-3: Mediterrane Hartlaubwaldregion im Winterregengebiet rings um das Mittelmeer. Sommer warm.

Ms-4: Randbereiche des W-Himalajas und O-Afghanistans, der mediterranen Hartlaubwaldregion sehr nahestehend.

Ah-5: W-Patagonien, nach S bis an die polare Waldgrenze auf Feuerland. Sommer, außer im nördlichsten Randbereich, kühl (Ahk). Stellenweise, vor allem am östlichen Andenrand, etwas winterkälter (bis um −15 °C) und mit sommergrünen *Nothofagus*(Südbuchen)-Arten.

Ah-8: Neuseeland, ebenfalls überwiegend Ahk. Nur im Bereich des Gebirges auf der Südinsel kommen etwas stärkere Fröste vor (um −10 °C).

Hinweise für die Gehölzverwendung

1. Frosthärte

Für den Anbau in Mitteleuropa kommen nur Gehölze der außertropischen Gebiete in Betracht. Ihre Frosthärte unterliegt einem jahreszeitlichen Wandel: Sinkende Temperaturen und abnehmende Tageslängen im Herbst erhöhen die Frosthärte, Anstieg der Temperaturen und Zunahme der Tageslängen im Frühjahr mindern sie. Bei Experimenten erlitten z.B. Nadeln von *Cedrus atlantica* im Winter bei −16 °C Schäden, im Sommer bereits bei −7 °C.

Die Angaben zur Frosthärte in dieser „Flora" gelten für wiederkehrende Kälteperioden im Winter, nicht dagegen für gelegentlich auftretende kurzfristige Kälte außerhalb des Winters, insbesondere für Spätfröste im April und Mai. Derartige Fröste schädigen oft junges, gerade gebildetes Gewebe, das über unzureichende Frosthärte verfügt. Spättreibende Arten oder Rassen entgehen daher der Gefährdung durch Spätfröste. Desgleichen können sich Frühfröste im Spätsommer oder Frühherbst negativ auswirken, wenn sie junges, noch nicht ausgereiftes Gewebe treffen. Deshalb sollte bei empfindlichen Arten für eine möglichst frühzeitige Beendigung des Triebwachstums Sorge getragen werden (Vermeidung von Stickstoffüberdüngung und Stickstoffgaben ab Juli).

Manche Ausfälle im Winter sind nicht auf eine direkte Einwirkung des Frostes auf das pflanzliche Gewebe zurückzuführen, sondern sind indirekte Folgen der Kälte. Ist der Boden gefroren und sind die oberirdischen Pflanzenteile stärkerer Sonneneinstrahlung ausgesetzt, so kann u.U. der Wasserverlust aus dem Zweigsystem nicht ersetzt werden, und es kommt zur Trocknis. Derartige, in erster Linie in schneearmen Lagen auftretende Schäden lassen sich besonders bei Jungbäumen durch Mulchen der Baumscheibe, Wässern im Herbst und Beschattung der südexponierten Kronenteile minimieren. Empfindliche Immergrüne sollten zur Vermeidung von Frosttrocknis bevorzugt im Schatten oder Halbschatten kultiviert werden. Kalte, austrocknende Ost- oder Nordwinde verschärfen die Frostwirkung, empfindliche Gehölze sollten daher in einem allseits windgeschützten Garten- oder Parkraum kultiviert werden.

Bei Frosttemperaturen bildet sich zunächst in den Interzellularen Eis. Dieses entzieht bei weiter sinkenden Temperaturen dem Zellsaft benachbarter Zellen so lange Wasserdampf, bis sich ein Dampfdruckgleichgewicht zwischen dem Eis und dem mit gelösten Stoffen angereicherten

Zellsaft eingestellt hat. Eine zu starke Entwässerung der Zellen und damit ein toxisch wirkender Anstieg der Konzentration an Salzionen und organischen Säuren in der verbleibenden Restlösung inaktiviert oder gar denaturiert die Enzymsysteme. Ferner besteht die Gefahr, daß Eiskristalle zu mechanischer Beschädigung der Zellstrukturen führen. Auch bei einem zu schnellen Auftauen gefrorener Pflanzenteile kann die Zelle irreversiblen Schaden erleiden. Gefrorene Baumschulsendungen sollten daher nur ganz allmählich aufgetaut werden.

Die Resistenz der Pflanzenzellen gegenüber Winterkälte beruht u.a. auf folgenden Gegebenheiten:

1. Schutzstoffe (z.B. bestimmte Aminosäuren oder Zucker) schirmen die Plasmamembranen ab und verhindern ihre Denaturierung bei zu starker Entwässerung.
2. Herabsetzung des Gefrierpunktes des Zellsaftes durch bestimmte osmotisch wirksame Stoffe.

Über den Erfolg beim Anbau frostgefährdeter Arten entscheiden oft die jeweiligen kleinklimatischen Gegebenheiten; so sind z.B. Muldenlagen ungünstig für den Anbau gefährdeter Arten, Hang- oder Seelagen wesentlich günstiger. Auch der Witterungsverlauf zur Zeit der herbstlichen Abhärtungsphase sowie Schneehöhe, Dauer der Schneebedeckung, Beginn, Dauer und evtl. Unterbrechung der Frostperioden sind von großer Bedeutung.

Das Ertragen bestimmter winterlicher Temperaturminima ist ein wichtiger Faktor für die Verbreitung von Gehölzen und damit auch ein Kriterium für ihre Anbauwürdigkeit außerhalb ihres natürlichen Areals. Zur Aufstellung von „Winterhärtezonen“, in denen bestimmte Baumarten noch mit hinreichendem Erfolg kultivierbar sind, erwies sich das Mittel aus den jährlichen Temperaturminima als einigermaßen geeignet.

In der „Gehölzflora“ werden die frostempfindlichen Pflanzen zwei Kategorien zugeordnet, nämlich:

1. Besonders empfindliche Gehölze, die nur in mildesten Lagen aushalten mit einem Mittel der Temperaturminima bis −12 °C (Symbol: ∧∧).
2. Empfindliche Gehölze, die noch in Gebieten mit einem Mittel der Temperaturminima bis −18 °C zu gedeihen vermögen (Symbol: ∧).

Bei der oben genannten Einordnung ist aber zu bedenken, daß innerhalb einer Art oft erhebliche, genetisch fixierte Unterschiede in der Frostresistenz bestehen. Rassen aus kühleren Bereichen eines Areals oder aus größeren Höhenlagen sind oft imstande, größere Winterkälte zu ertragen, ein gleiches gilt für viele trockenresistentere *'Glauca'*-Rassen, z.B. *Cedrus atlantica 'Glauca'*, während gelblaubige Formen oft empfindlicher sind. Die Selektion kälteresistenterer Rassen ist daher für manchen Gehölzfreund eine reizvolle Aufgabe und hat in einigen Fällen schon zu beachtlichen Erfolgen geführt.

2. Standortansprüche

In ihrem natürlichen Verbreitungsgebiet sind die Gehölze in der Regel auf ganz bestimmte Standorte angewiesen und zeigen hinsichtlich der auf Dauer besiedelbaren Standorte meistens eine enge Amplitude. Dieses ist u.a. auf die Konkurrenz der Pflanzen untereinander zurückzuführen. In unseren Parkanlagen und Gärten mindern wir die Konkurrenz durch einen relativ weiten Pflanzabstand. Das hat zur Folge, daß die meisten Gehölze in einem Boden mit neutraler bis schwach saurer Reaktion, wie er in vielen Gärten und Parkanlagen vorliegt, gut zu gedeihen vermögen. Wenn darüber hinaus Bodenverbesserungen (Lockerung, Humusanreicherung, Düngung, evtl. Bewässerung) erfolgen, wird die Auswahlmöglichkeit noch größer. Nur extreme Standorte bieten Schwierigkeiten. Ein stark vernäßter Standort muß drainiert werden, damit die sauerstoffbedürftigen Wurzeln sich entfalten können, ein zu saurer Boden (pH-Wert unter 3,5) sagt selbst vielen Rhododendren nicht mehr zu und sollte daher leicht aufgekalkt werden. Ein stark bis schwach alkalischer Boden mit anstehendem Kalkgestein begrenzt die Auswahlmöglichkeiten für Gehölze. Zwar lassen sich lokal Ansäuerungen durch Torfmull, Schwefelblume oder Eisensulfat erreichen, aber das basenreiche Milieu läßt sich nur schwer unterdrücken und gelangt immer wieder zur Dominanz (basenreiches Gießwasser, Vordringen der Baumwurzeln in größere Tiefen). Daher sind kalkunverträgliche Gehölze für basenreiche Standorte nicht geeignet. Der Grund für ihr Versagen dürfte u.a. in ihrer spezifischen Mykorrhiza liegen. Die meisten Gehölze leben nämlich im Wurzelbereich in Symbiose mit Pilzen unter Bildung einer „Pilzwurzel" (= Mykorrhiza). Die verschiedenen Gehölze beherbergen in ihren Wurzeln unterschiedliche Pilzpartner; und einige der Mykorrhizapilze vermögen sich im alkalischen Bereich nicht zu entfalten und schließen damit auf derartigen Standorten die gesunde Entwicklung der auf die Pilzpartner angewiesenen Gehölze aus. Sichtbar wird die Empfindlichkeit der Gehölze gegenüber Kalkstandorten oft an ihrer gelbgrünen Blattfärbung (Kalkchlorose), zurückzuführen auf wenig verfügbares Eisen. Bei hohem Kalkgehalt liegt das für die Bildung von Blattgrün wichtige Eisen in weitgehend unlöslicher Form vor, Mykorrhizapilze sind imstande, es in Komplexbindung aufzunehmen und der Pflanze zuzuführen.

Die kalkunverträglichen Gattungen und Arten sind in der „Gehölzflora" durch das Symbol Ⓚ gekennzeichnet.

3. Giftpflanzen

Als oberstes Gebot zur Vermeidung von Vergiftungen durch Pflanzen gilt: Keine unbekannten Pflanzen oder Pflanzenteile essen! Dieser Grundsatz sollte auch Kindern möglichst frühzeitig nahegelegt werden. Um die Möglichkeiten einer Vergiftung zu minimieren oder gar ganz auszuschalten, sollten Gehölze mit giftigen Früchten oder Blättern besser bekannt sein und dort, wo sich kleine Kinder unbeaufsichtigt aufhalten, vermieden werden. Auf derartige Gehölze ist bei der jeweiligen Gattungs- bzw. Artbeschreibung besonders hingewiesen worden. In der „Gehölzflora" werden nur solche Gehölze gekennzeichnet, bei denen besondere Vorsicht geboten ist, sei es wegen auffälliger Früchte, die evtl. Kinder zum Probieren verleiten können, sei es wegen ihres überdurchschnittlich hohen Giftgehaltes. Der Übergang von stark giftigen Pflanzen (G!!) zu schwach giftigen (G!) ist gleitend. Darüber hinaus gilt die bereits von Paracelsus geäußerte Regel: „Dosis sola facit venenum." Das bedeutet, daß bei vielen Arten mit mäßigem Giftgehalt die Einnahme von einem Blatt bzw. ein oder zwei Früchten unbedenklich ist oder nur zu geringem Unwohlsein führt, der Verzehr größerer Mengen jedoch Komplikationen auslösen kann. Da die Giftwirkung in Relation zum Körpergewicht steht, ist bei Kindern stets Vorsicht geboten. Weiterhin ist zu bedenken, daß der Giftgehalt innerhalb einer Art variieren kann (unterschiedliche Rassen) und daß Standort und Reifezustand der Früchte ebenfalls das Ausmaß der Giftigkeit beeinflussen können.

Mögliche Allergien (z.B. Ausschlag nach reichlichem Genuß von Erdbeeren oder Tomaten bzw. nach Berühren bestimmter Primel-Arten) bleiben hier ebenso unberücksichtigt wie Unwohlsein nach Verzehr unreifen Obstes (z.B. Äpfel oder Stachelbeeren).

Ein beachtlicher Teil der zu Speisezwecken genutzten Pflanzen ist in bestimmten Teilen giftig. So enthält die Kartoffelpflanze in allen grünen Teilen giftige Alkaloide. Auch in der Kartoffelknolle treten diese Giftstoffe auf, allerdings in unbedenklichen Mengen, zudem werden sie größtenteils mit der Kartoffelschale und dem Kochwasser abgeführt. In vielen Schmetterlingsblütlern kommen toxische Eiweiße und Alkaloide vor. Bei unserer Gartenbohne z.B. können nach Verzehr roher Bohnen die toxischen Eiweißkörper zu Vergiftungen führen. Erhitzen denaturiert die schädlichen Eiweißkörper, womit die Giftwirkung aufgehoben wird. Auch der Genuß roher Holunderbeeren sollte vermieden werden. Bei vielen Rosaceen finden sich Glykoside, aus denen Blausäure freigesetzt werden kann. Derartige cyanogene Glykoside (Amygdalin) sind z.B. charakteristisch für die Samen der Bittermandeln, Aprikosen, Marillen, Pfirsiche, Pflaumen, Zwetschgen und Äpfel sowie der Trauben-Kirschen und Lorbeer-Kirschen.

Neben der Aufnahme der Gifte durch den Magen-Darm-Trakt des Menschen kommen auch Verätzungen der Haut durch giftige Pflanzen vor. Einer derartigen Einwirkung von Giften sind besonders Gärtner ausgesetzt, die bei Pflegemaßnahmen intensiven Kontakt mit den Pflanzen bzw. deren Säften haben. Rötung der Haut, Blasenbildung oder gar schmerzhafte Hautentzündungen sind die Symptome nach äußerlicher Gifteinwirkung. So führt z.B. der Kontakt mit Säften des Diptams oder des Riesen-

Bärenklaus und anschließende Belichtung der betroffenen Hautpartien bei empfindlichen Personen zu Rötungen und Entzündungen (starke Erhöhung der Lichtempfindlichkeit der Haut). Auch Säfte des Efeus, der Waldrebe *(Clematis)* oder des Weihnachtssternes *(Euphorbia pulcherrima)* verursachen u. U. eine Kontaktdermatitis.

Besonders gefährliche Inhaltsstoffe kennzeichnen die Gift-Sumach-Arten. In den USA tragen jährlich etwa 2 Millionen Menschen Hauterkrankungen durch Einwirkungen der Gift-Sumach-Arten davon. Nach Kontakt mit den toxischen Inhaltsstoffen sollen die betroffenen Hautpartien sofort intensiv mit Seife abgewaschen werden. Bei auftretenden Schädigungen wird Waschen mit alkoholischer Bleiazetatlösung empfohlen.

Die Anmerkungen über Giftpflanzen sollen zur Vorsicht anregen, aber nicht die Freude am schönen Aussehen der Gehölze oder ihrer Früchte vergällen; denn ernste Vergiftungsfälle durch Pflanzen sind im Vergleich zu solchen durch Arzneimittel, Haushaltschemikalien oder Alkohol sehr selten.

Furcht vor Giftpflanzen soll auch nicht zur Einschränkung der Artenvielfalt führen, denn oft ist ein Ausweichen auf ungefährliche Arten oder Formen leicht möglich. So kann z. B. *Viburnum opulus* durch *V. opulus 'Roseum'* mit sterilen Blüten und daher fehlenden Früchten ersetzt werden. Das Ausweichen auf giftfreie Gehölze könnte manchen Arten, die sonst seltener gepflanzt werden, wieder zu stärkerer Verbreitung verhelfen.

Tabelle 2: Giftige Gehölze

1. Stark giftige Gehölze (G!!)

Name	Giftführende Pflanzenteile	Giftige Inhaltsstoffe (nach FROHNE und PFÄNDER 1982)
Daphne-Arten	alle Pflanzenteile	Daphnetoxin, Mezerein
Evonymus-Arten	Blätter, Früchte	Digitaloide, Alkaloide
Juniperus sabina	Blätter	Ätherische Öle – Terpenderivate (Sabinen, Sabinylacetat)
Laburnum-Arten	alle Pflanzenteile	Chinolizidin-Alkaloide (Cytisin), Pyrrolizidin-Alkaloide (Laburnin, Laburnamin)
Lycium-Arten	Blätter, Früchte	N-haltige Glykoside
Prunus dulcis var. *amara*	Samen	cyanogene Glykoside (Amygdalin)

Name	Giftführende Pflanzenteile	Giftige Inhaltsstoffe (nach FROHNE und PFÄNDER 1982)
Rhus radicans *Rhus toxicodendron* *Rhus verniciflua* *Rhus vernix*	alle Pflanzenteile	Brenzkatechinderivate (Urushiole)
Taxus-Arten	alle Pflanzenteile (außer dem roten Arillus)	Pseudoalkaloide (Taxine)

2. Giftige Gehölze (G!)

Berberis-Arten	Rinde	Isochinolin-Alkaloide
Buxus sempervirens	Blätter	Steroid-Alkaloide (z. B. Cyclobuxin)
Clematis-Arten	Blätter, junge Zw.	Protoanemonin
Colutea-Arten	Blätter, Früchte	?
Cytisus-Arten	alle Pflanzenteile	Chinolizidin-Alkaloide (Spartein)
Genista-Arten	alle Pflanzenteile	Chinolizidin-Alkaloide (Cytisin)
Hedera-Arten	alle Pflanzenteile	Saponine (Hederasaponin)
Ilex aquifolium	Früchte	Saponine, Terpene
Kalmia-Arten	Blätter	Diterpene (Acetylandromedol)
Ledum-Arten	alle Pflanzenteile	Ätherische Öle – Sesquiterpenalkohole (Ledol, Palustrol)
Ligustrum vulgare	Früchte	? Lignanglykoside, Saponine und Bitterstoffe
Lonicera-Arten	Früchte	Glykoalkaloide (Xylostosidin)
Pachysandra-Arten	Blätter	Alkaloide
Pernettya mucronata	Blätter	Diterpene (Acetylandromedol)
Pieris-Arten	Blätter	Diterpene (Acetylandromedol)
Prunus-Arten	Samen	cyanogene Glykoside (Amygdalin)
Prunus laurocerasus	Blätter	cyanogene Glykoside
Rhamnus-Arten	Früchte	Anthranolderivate

Name	Giftführende Pflanzenteile	Giftige Inhaltsstoffe (nach FROHNE und PFÄNDER 1982)
einige *Rhododendron*-Arten	Blätter, Blüten, Früchte	Diterpene (Acetylandromedol)
Robinia pseudacacia	Rinde, Samen	Robin
Sambucus-Arten	grüne Früchte, Blätter	harzartige Stoffe, ?
Sarcococca humilis	Blätter	Alkaloide
Solanum dulcamara	alle grünen Pflanzenteile	Steroid-Alkaloide (Soladulcidin)
Symphoricarpos-Arten	Früchte	Saponine
Thuja occidentalis *Thuja orientalis*	Blätter	ätherische Öle – Monoterpene (Thujon)
Ulex-Arten	alle Pflanzenteile	Chinolizidin-Alkaloide
Viburnum-Arten	Rinde, Blätter	Cumarine, Diterpene
Viburnum opulus	Früchte	?
Vinca-Arten	alle Pflanzenteile	Indolalkaloide (Vincamin u.a.)
Wisteria-Arten	Samen, Blätter	Glykoside (Wistarin), Lectine

Hinweise zur Benutzung der Bestimmungsschlüssel

Zur Bestimmung der Gehölze dienen dichotome Bestimmungsschlüssel, d.h. Schlüssel, die vergleichbar sind mit einer Aufeinanderfolge von „Weggabelungen". Diesen entsprechen durchnumerierte Fragen, die jeweils nur 2 Alternativen als Antwort zulassen. Die erste Alternative wird durch eine halbfett gedruckte Zahl, die zweite durch einen Strich (–) links vor den Fragen gekennzeichnet. Man muß sich also in jedem Falle für eine der beiden erfragten Möglichkeiten entscheiden und daher die dargestellten Unterscheidungskriterien (Merkmale von Sproß, Blatt, Blüte, evtl. auch Wuchsform u.ä.) an der Pflanze genau studieren. In vielen Fällen leistet dabei eine Lupe von 6–10facher Vergrößerung gute Dienste (z.B. bei Fragen nach dem Vorkommen von Haaren oder Drüsen). Trifft eine der beiden Alternativen zu, so ist die dazugehörige Punktlinie bis zum rechten Seitenrand zu verfolgen. Dort steht entweder das Ergebnis (meistens der Gattungs- oder Artname) oder eine halbfett gedruckte Zahl. Diese weist auf ein neues Fragenpaar hin. In der Regel gelangt man erst über mehrere Fragenpaare (d.h. über mehrere „Weggabelungen") zum Ziel. Bei den Alternativen (Nummer und dazugehöriger Strich am linken Seitenrand) stehen die wichtigsten Merkmale meistens zu Beginn. Falls Blüten oder Früchte in der Bestimmungstabelle als Unterscheidungskriterien angeführt sind und nicht zur Verfügung stehen, kann die Bestimmung Schwierigkeiten bereiten. In solchen Fällen empfiehlt sich, die betr. Nummer des Schlüssels zu notieren (wie überhaupt für einen Anfänger die schriftliche Aufzeichnung der Nummernfolge des Bestimmungsweges vorteilhaft ist) und von dieser Gabelung aus den einen und den anderen Weg zu verfolgen. Führt der eine Weg nicht zum Ziel bzw. sind die dort gestellten Fragen „abwegig", so muß bis zur fraglichen Weggabel zurückgegangen und der alternative Weg verfolgt werden.

Anhand eines Beispiels (*Picea omorika*, Serbische Fichte) soll die Benutzung der Bestimmungstabellen kurz erläutert werden. Der Anfänger beginnt in der Regel mit dem Synoptischen Gruppenschlüssel auf Seite B 1. Da es sich um ein Nadelgehölz handelt, kommen wir zu Gruppe I auf Seite B 2 (die Seitenzahlen stehen in Normalschrift). Hier trifft bei Fragenpaar 1 die untere Alternative zu, womit wir zu Fragenpaar 2 kommen. Von dort führt der Weg, da immergrüne Nadeln vorliegen, zu Fragenpaar 6. Hier steht hinter der 6 eine 2 in Klammern, was bedeutet, daß wir von Frage 2 zu Frage 6 gelangt sind. (Dadurch läßt sich, wenn mehrere Fragenpaare übersprungen wurden, der Bestimmungsweg leicht zurückverfolgen.) Von Frage 6 kommen wir, da die Nadeln stets einzeln angeordnet sind, zu Nummer 9. Hier müssen wir uns wegen der schraubig (spiralig) gestellten Nadeln für Nummer 12 entscheiden. Da die Nadeln unserer Beispielspflanze an der Basis nicht 1–2 cm breit und 2,5–5 cm lang sind, werden wir auf Nummer 13 verwiesen. Hier wird nach der Rindenfarbe zweijähriger Zweige gefragt. Diese ist bräunlich, und außerdem sind die Nadeln deutlich vom Zweig abgegliedert, so daß wir weitergehen müssen zu Fragenpaar 14. Jetzt gilt es zu entscheiden, ob die Nadeln direkt auf der Zweigoberfläche sitzen oder auf einem kleinen Blattkissen, das ähnlich gefärbt ist wie die Rinde. Im ersten Fall sind die Zweige nach dem Abfallen der Nadeln glatt, im zweiten deutlich rauh. Die Entscheidung wird durch Abbildungshinweise erleichtert; *(2/1)* bedeutet die erste Abbildung der 2. Familie und *(2/7, 2/9)* die siebte und neunte Abbildung der 2. Familie. (Da in den Schlüsseln zum Bestimmen der Arten am Kopf einer jeden Seite Familiennummer und Familienname aufgeführt sind, lassen sich die Abbildungen leicht finden.) Wie die Pflanzennamen, so stehen auch die Abbildungsnummern stets in kursiver Schrift. Da Blattkissen vorhanden sind, werden wir auf Fragenpaar 15 verwiesen. Dort entscheiden wir uns für *Picea* (Fichte), da die Nadeln in fast voller Breite dem Blattkissen aufsitzen und am Grunde nicht zu einem Stielchen verschmälert sind. Die Zahl hinter *Picea* bedeutet, daß auf Seite 2–10 der Bestimmungsschlüssel für die einzelnen Arten der Gattung *Picea* beginnt. Das erste Fragenpaar für die Gattung *Picea* bezieht sich auf die weißlichen Spaltöffnungslinien. Kommen diese nur auf der nach unten gekehrten Seite der Nadel vor und ist die Nadel deutlich abgeflacht oder tragen alle vier Seiten der Nadel Spaltöffnungslinien und ist die Nadel im Querschnitt mehr oder weniger vierkantig? Da die erste Alternative zutrifft, gelangen wir zu Nummer 21. Dort wird nach den Seitenzweigen gefragt, und da sie nicht auffällig schlaff und lang von den Ästen herunterhängen, fällt die Entscheidung zugunsten von Nummer 23. Hier müssen wir jetzt ergründen, ob die jungen, einjährigen Zweige kahl oder behaart sind. Zur sicheren Beantwortung dieser Frage ist eine Lupe erforderlich. Mit ihrer Hilfe erkennen wir deutlich Haare, außerdem sind die Nadeln auf der Zweigoberseite nach vorne gerichtet. Unser Weg führt also zu Fragenpaar 24. Nunmehr gilt es zu entscheiden, ob die jungen Zweige hell rotbraun und die Nadeln 12–25 mm lang oder die jungen Zweige gelbgrau und die Nadeln 5–12 mm lang sind. Die erste Möglichkeit trifft zu, und damit lautet unser Ergebnis *Picea omorika*, die Serbische Fichte.

Bezüglich der Maßangaben in der „Gehölzflora" ist noch ein Hinweis erforderlich. Die Maße stellen Durchschnittswerte dar. Da die Größe vieler Pflanzenorgane aufgrund der genetischen Konstitution des betreffenden Individuums und insbesondere aufgrund unterschiedlicher Umweltbedingungen variieren kann, sollten zur Bestimmung nach Möglichkeit mehrere Zweige hinzugezogen werden oder zumindestens ein für das betreffende Individuum „charakteristischer" Zweig.

Schlüssel zum Bestimmen der Gattungen nach vegetativen Merkmalen

Achtung: Bei Pflanzen mit gut entwickelten Blüten oder Früchten kann die Bestimmung über den **Blütenschlüssel** (S. B 45) bzw. **Früchteschlüssel** (S. B 63) schneller zum Ziel führen!

Synoptischer Gruppenschlüssel

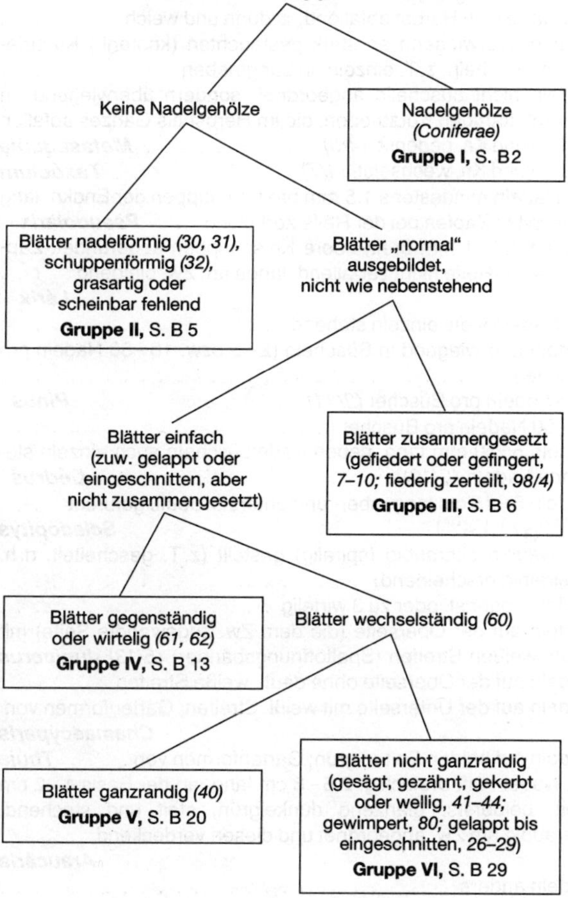
Keine Nadelgehölze
Nadelgehölze (Coniferae) Gruppe I, S. B 2
Blätter nadelförmig (30, 31), schuppenförmig (32), grasartig oder scheinbar fehlend Gruppe II, S. B 5
Blätter „normal" ausgebildet, nicht wie nebenstehend
Blätter einfach (zuw. gelappt oder eingeschnitten, aber nicht zusammengesetzt)
Blätter zusammengesetzt (gefiedert oder gefingert, 7–10; fiederig zerteilt, 98/4) Gruppe III, S. B 6
Blätter gegenständig oder wirtelig (61, 62) Gruppe IV, S. B 13
Blätter wechselständig (60)
Blätter ganzrandig (40) Gruppe V, S. B 20
Blätter nicht ganzrandig (gesägt, gezähnt, gekerbt oder wellig, 41–44; gewimpert, 80; gelappt bis eingeschnitten, 26–29) Gruppe VI, S. B 29

Gruppe I
Nadelgehölze *(Coniferae)*

Bestehen Zweifel, ob eine Konifere vorliegt (insbesondere bei Klein- und Zwergsträuchern), oder läßt sich die Pflanze hier nicht bestimmen, so beginne man bei **Gruppe II** (S. B 5).

1. Bl. schuppenf. oder wenigstens teilweise schuppenf. *(5/2–5/4, 5/7)* **25**
– Bl. alle nadelf. **2**
2. Nadeln immergrün, ± hart **6**
– Alle Nadeln im Herbst abfallend, ± dünn und weich **3**
3. Nadeln überwiegend an stark gestauchten (knotenf.) Kurztrieben in Büscheln, z. T. einzeln an Langtrieben **5**
– Nadeln nicht büschelig angeordnet, sondern überwiegend an fiederblattartigen Kurztrieben, die im Herbst als Ganzes abfallen **4**
4. Nadeln und Kn. gegenst. *(4/5)* . . . . ***Metasequóia*** 4–3
– Nadeln und Kn. wechselst. *(4/7)* . . . . ***Taxódium*** 4–4
5 (3). Nadeln mindestens 1,5 mm breit; Schuppen der Endkn. lang zugespitzt; Zapfen bei der Reife zerfallend . . ***Pseudólarix*** 2–19
– Nadeln 0,5–1 mm breit; obere Kn.schuppen abgerundet; Zapfen bei der Reife nicht zerfallend, lange am Zw. bleibend . . . . ***Lárix*** 2–20
6 (2). Nadeln stets einzeln stehend **9**
– Nadeln überwiegend in Büscheln (2–5 bzw. 10–50 Nadeln pro Büschel) **7**
7. 2–5 Nadeln pro Büschel *(2/11)* . . . . ***Pínus*** 2–22
– 10–50 Nadeln pro Büschel **8**
8. Nadeln 5–50 mm lang, neben Nadelbüscheln auch einzeln stehende Nadeln *(2/10)* . . . . ***Cédrus*** 2–18
– Nadeln 5–15 cm lang, ober- und untersts. deutl. gefurcht . . . .
Doppelnadel
Sciadópitys 4–4
9 (6). Nadeln schraubig (spiralig) gestellt (z. T. gescheitelt, d. h. zweireihig erscheinend) **12**
– Nadeln gegenst. oder zu 3 wirtelig **10**
10. Nadeln auf der Oberseite (die dem Zw. zugewandte Seite) mit deutl. weißen Streifen (Spaltöffnungsbänder) *(5/13)* ***Juníperus*** 5–9
– Nadeln auf der Oberseite ohne deutl. weiße Streifen **11**
11. Nadeln auf der Unterseite mit weißl. Streifen; Gartenformen von ***Chamaecýparis*** 5–3
– Nadeln auf beiden Seiten grün; Gartenformen von . . . . ***Thúja*** 5–7
12 (9). Nadeln eif.-dreieckig, 2,5–5 cm lang, an der Basis 1–2 cm breit, beidersts. glänzend dunkelgrün, steif und stechend, schraubig am Zw. angeordnet und diesen verdeckend . . . . . ***Araucária*** 3–1
– Nadeln anders **13**

13. Rinde zweij. Zw. grünl.; Nadeln weniger deutl. vom Zw. abgegliedert **18**
– Rinde zweij. Zw. bräunl., gelbl. oder rötl.; Nadeln deutl. vom Zw. abgegliedert **14**
14. Nadeln direkt der Zw.oberfläche anhaftend *(2/1)*, Zw. daher nach dem Abfallen der Nadeln ± glatt **17**
– Nadeln auf einem Bl.kissen sitzend, Zw. daher nach dem Abfallen der Nadeln deutl. rauh *(2/7, 2/9)* **15**
15. Nadeln am Grunde nicht stielartig verschmälert, in fast voller Breite dem Bl.kissen aufsitzend *(2/8)* . . . . ***Pícea*** 2–10
– Nadeln am Grunde deutl. zu einem Stielchen verschmälert . . . **16**
16. Stielchen der Nadeln am Zw. anliegend *(2/9)*, Nadeln 1–2,5 cm lang; Kn. klein, rundl. . . . . ***Tsúga*** 2–17
– Stielchen der Nadeln schräg vom Zw. abgewinkelt, Nadeln 2–3,5 cm lang *(2/5)*; Kn. spindelf., zugespitzt, bis 1 cm lang, glänzend rotbraun . . . . ***Pseudotsúga*** 2–9
17 (14). Nadeln an der Basis diskusf. verbreitert, nach dem Abfallen eine ± runde Narbe auf dem Zw. hinterlassend; Kn. meistens ± stumpf, nicht stechend . . . . ***Ábies*** 2–2
– Nadeln an der Basis stielartig verschmälert, nach dem Abfallen eine ovale Narbe (quer zur Längsrichtung des Zw.) hinterlassend *(2/4)*; Kn. lang zugespitzt, fast stechend . ***Pseudotsúga*** 2–9
18 (13). Nadeln ungestielt, d. h. nicht sichtbar vom Sproß abgegliedert und allmähl. in diesen übergehend **22**
– Nadeln gestielt **19**
19. Nadelunterseite mit zwei auffälligen blau- bis grauweißen Spaltöffnungsstreifen **21**
– Nadelunterseite mit wenig auffälligen Spaltöffnungsstreifen, Nadeln daher unterst s. nur heller grün gefärbt als obersts. **20**
20. Nadeloberseite mit erhabener Mittelrippe . . . . ***Táxus*** 8–2
– Nadeloberseite mit vertiefter Mittelrippe *(7/1)* . ***Podocárpus*** 7–1
21 (19). Spaltöffnungsbänder breiter als die grünen Randstreifen und der Mittelstreifen *(6/1)* . . . . ***Cephalotáxus*** 6–1
– Spaltöffnungsbänder schmaler als die grünen Streifen ***Torrēya*** 8–1
22 (18). Nadeln schraubig (spiralig) um den Zw. angeordnet **24**
– Nadelansatzstellen schraubig, Nadeln aber an den Seitenzw. zweizeilig ausgerichtet (gescheitelt) **23**
23. Nadeln 3–7 cm lang, sich zur scharf stechenden Spitze allmähl. verjüngend . . . . ***Cunninghámia*** 4–1
– Nadeln 6–20 mm lang . . . . ***Sequóia*** 4–3
24 (22). Nadeln in 5 Längsreihen schraubig um den Zw. angeordnet, 6–20 mm lang, meist sichelf. zum Zw. hin gekrümmt *(4/1)*, daher nicht stechend; Zapfen 1–3 cm lang . . . ***Cryptoméria*** 4–1

– Nadeln in 3 Längsreihen schraubig um den Zw. angeordnet, 3–8 mm lang, nicht gekrümmt, scharf zugespitzt *(4/3)*, stechend; Zapfen 5–8 cm lang . . . . ***Sequoiadéndron*** 4–2

25 (1). Junge Zw. abgeflacht (im Querschnitt z. T. fast rhombisch), flächenst. Schuppenbl. daher anders geformt (flach) als die kantenst. Schuppenbl. (gekielt) **27**

– Junge Zw. rundl. (im Querschnitt z. T. fast quadratisch), Schuppenbl. aller Flanken daher gleich **26**

26. Verholzter kugeliger Zapfen mit 6–12 schildf. Zapfenschuppen; Bl. alle schuppenf. (selten angepflanzt) . . . . . . ***Cupréssus*** 5–2

– Fleischiger, kugeliger (beerenartiger) Zapfen, entstanden durch Verwachsung von 3 oder 6 fleischigen Schuppen *(5/14)*; Bl. entweder alle schuppenf. oder z. T. schuppen-, z. T. nadelf. . . . . . ***Juníperus*** 5–9

27 (25). Jüngste Zw. 4–8 mm breit, obersts. glänzend grün, untersts. mit auffälligen weißen Spaltöffnungsstreifen ***Thujópsis*** 5–7

– Jüngste Zw. schmaler als 4 mm **28**

28. Spitzen der kanten- und flächenst. Schuppenbl. in gleicher Höhe, Ränder der kantenst. Schuppenbl. sich nicht berührend *(5/7)* ***Calócedrus*** 5–6

– Spitzen der flächenst. Schuppenbl. die der kantenst. meist überragend, Ränder der kantenst. Schuppenbl. berühren sich im unteren Teil *(5/2, 5/4)* **29**

29. Niederliegender Kleinstrauch (unter 50 cm hoch), ohne deutl. Hauptstamm; Schuppenbl. mit lang ausgezogener Spitze . . . . ***Microbióta*** 5–9

– Aufrechte Bäume (auch zwergwüchsige Gartenformen meistens mit Hauptstamm) **30**

30. Zw.enden wenig deutl. abgeflacht; flächenst. Schuppenbl. meist wie die kantenst. deutl. gekielt; großer Baum . . . . × ***Cupressocýparis*** 5–3

– Zw.enden deutl. und stark abgeflacht; flächenst. und kantenst. Schuppenbl. stark verschieden (einige Gartenformen können abweichen) **31**

31. Gipfeltriebe meistens peitschenartig überhängend; Zapfen kugelig, seine schildf. Schuppen berühren sich nur mit den Rändern *(5/5)* . . . . ***Chamaecýparis*** 5–3

– Gipfeltriebe steif aufgerichtet; Zapfen längl. bis eif., seine flachen Schuppen greifen dachziegelartig übereinander *(5/11)* . . ***Thúja*** 5–7

Gruppe II
Blätter nadelförmig, schuppenförmig, grasartig oder scheinbar fehlend

1. Bl. nadel- oder schuppenf. oder scheinbar fehlend **3**
– Bl. grasartig, mit Parallelnervatur **2**
2. Halme meist ausdauernd und verholzt, verzweigt, hohl, nur im Knotenbereich massiv; Bl.spreiten der Seitenzw. von denen der Halme verschieden, sehr lang und schmal ***Gramíneae*** 102–1
– Stammlose oder kurzstämmige Rhizompfl.; Bl. rosettig, lang-linealisch . . . . ***Yúcca*** 100–1
3 (1). Bl. nadel- oder schuppenf. **6**
– Bl. scheinbar fehlend oder zu kleinen nichtgrünen Schuppen reduziert **4**
4. Zw. als Dornen endend, Bl.stiele zu grünen Dornen umgewandelt (Phyllodien), Bl.spreite fehlt *(70/2)* . . . . ***Úlex*** 70–12
– Zw. dornenlos, rutenartig **5**
5. Zw. gerieft; Bl. gegenst. oder wirtelig, schuppenf., meist ± scheidenartig verwachsen . . . . ***Éphedra*** 9–1
– Zw. rund, fein gestreift, kahl, meist bl.los, da Bl. nur kurzlebig ***Spártium*** 70–11
6 (3). Bl. schuppenf. oder wenigstens teilweise schuppenf. . . . **17**
– Bl. sämtl. nadelf. **7**
7. Bäume oder Großsträucher *(Coniferae)* . . . . . . **Gruppe I** B 2
– Zwerg- oder Kleinsträucher, selten höher als 1 m **8**
8. Nadeln auf der Oberseite mit weißen oder grünen Spaltöffnungsstreifen, stets gegenst. oder zu 3 wirtelig *(Coniferae)* . . ***Juníperus*** 5–9
– Nadeln auf der Oberseite ohne Spaltöffnungsstreifen, gegenst., wirtelig oder wechselst. **9**
9. Bl. gegenst. oder wirtelig **12**
– Bl. wechselst. **10**
10. Bl.rand nach unten eingerollt, daher unterste. tief gefurcht erscheinend, mit Drüsenhaaren . . . . ***Émpetrum*** 54–1
– Bl.rand nicht nach unten eingerollt **11**
11. Bl.rand spärlich gewimpert . . . . ***Fumána*** 43–2
– Bl.rand fein gezähnt . . . . ***Phyllódoce*** 53–15
12 (9). Bl. nadelf. erscheinend, da Bl.rand meist stark eingerollt (Rollblatt) **14**
– Bl.rand nadelf., Bl.rand nicht oder kaum eingerollt, Bl. zu 4–6 wirtelig **13**
13. Bl. 4–10 mm lang . . . . ***Eríca*** 53–24
– Bl. 10–20 mm lang . . . . ***Hyperícum (córis)*** 39–1

14 (12). Bl. 20–40 mm lang, dicht mit Sternhaaren besetzt, daher teilweise weißfilzig . . . . ***Lavándula*** 93–2
– Bl. 2–8 mm lang, kahl oder schwach behaart **15**
15. Bl. mit Drüsenhaaren, stachelspitzig; an derselben Pflanze können Bl. teils gegenst., teils wirtelig oder schraubig angeordnet sein . . . . ***Bruckenthália*** 53–25
– Bl. ohne Drüsenhaare, kahl oder Blattrand gewimpert **16**
16. Niederliegender Spalierstrauch, reich verzweigt ***Loiseleúria*** 53–14
– Zwerg- oder Kleinsträucher . . . . ***Eríca*** 53–24
17 (6). Bl. kreuzgegenst. oder wirtelig **20**
– Bl. wechselst. **18**
18. Zwergstrauch, Bl. nicht deutl. 4reihig ***Cassíope (hypnoídes)*** 53–17
– Kleinsträucher, Großsträucher oder kleine Bäume, rutenf. kleinere Verzweigungen im Herbst mit den schuppenf. Blättern abfallend **19**
19. Kleinstrauch, Bl. schuppenf. . . . . ***Myricária*** 44–2
– Großsträucher oder kleinere Bäume, Bl. lanzettl., seltener schuppenf. . . . . ***Támarix*** 44–1
20 (17). Bäume oder Großsträucher . . . . ***Cupressáceae*** 5–1
– Niedrige Klein- oder Zwergsträucher **21**
21. Kräftigere Kleinsträucher mit mehr oder weniger horizontalen oder kriechenden Ästen, deren Hauptachsen mehrere cm stark werden können . . . . ***Juníperus*** 5–9
– Zwergsträucher mit mehr oder weniger aufrechten Zweigen, oder aufrechte Zweige aus dünnen (unter 5 mm), dem Boden aufliegenden Kriechtrieben entspringend, Bl. häufig in 4 Reihen, dachziegelig angeordnet **22**
22. Bl. 8–25 mm lang, wenn erhebl. kürzer, dann schuppenf. ***Hébe*** 95–2
– Bl. 1–5 mm lang, lanzettl. bis eif.-längl. **23**
23. Bl. untersts. deutl. gefurcht . . . . ***Cassíope*** 53–16
– Bl. untersts. nicht gefurcht . . . . ***Callúna*** 53–23

Gruppe III
Blätter zusammengesetzt (gefiedert, gefingert oder fiederig zerteilt)

1. Bl. fein fiederig zerteilt **96**
– Bl. gefiedert oder gefingert **2**
2. Bl. aus 4 oder meist mehr Blch. zusammengesetzt **29**
– Bl. aus 3 Blch. zusammengesetzt (selten 5) **3**
3. Bl. gegenst. **23**
– Bl. wechselst. **4**

4. Blch.rand wellig, gesägt oder gezähnt **16**
— Blch. ganzrandig oder am Rand nur undeutl. gesägt **5**
5. Blch. durchscheinend punktiert . . . . ***Ptélea*** 78–4
— Blch. nicht durchscheinend punktiert **6**
6. Zw. scharfkantig, grün **15**
— Zw. rund oder nur schwach kantig, selten scharfkantig, dann aber nicht grün **7**
7. Mittelblch. etwa 2–3mal so groß wie die beiden seitl. Blch. *(91/1)* . . . . ***Solánum*** 91–1
— Mittelblch. nicht oder nur wenig größer als die beiden seitl. Blch. **8**
8. Bl. mit Milchsaft (Pfl. verletzen) . . . . ***Rhús*** 75–2
— Bl. ohne Milchsaft **9**
9. Sproß windend **14**
— Sproß nicht windend **10**
10. Zw. mit Dornen . . . . ***Erinácea*** 70–11
— Zw. dornenlos **11**
11. Mittl. Blch. deutl. länger gestielt als die seitl. *(70/6)* . . . . . . ***Lespedéza*** 70–19
— Blch. ± gleichlang gestielt **12**
12. Bl. ohne Stipeln . . . . ***Labúrnum*** 70–6
— Bl. mit Stipeln **13**
13. Blch. 5 (davon 2 als Stipeln zu deuten), linealisch, 8–20 mm lang, Rhachis meist sehr kurz oder fehlend . . ***Dorýcnium*** 70–19
— Blch. 3, verkehrteif. bis elliptisch, 2,5–6 cm lang *(70/9)* . . . . ***Pettéria*** 70–11
14 (9). Blch. beidersts. angedrückt weich behaart und gewimpert . ***Puerária*** 70–20
— Blch. kahl, untersts. blaugrün; junge Zw. und Bl.stiele rötl. bereift *(16/5)* . . . . ***Sinofranchétia*** 16–2
15 (6). Blch. zerstreut anliegend behaart, obere Bl. einfach; Zw. rutenf. . . . . ***Cýtisus*** 70–6
— Blch. nur am Rand etwas behaart, bis 2 cm lang ***Jasmínum*** 90–2
16 (4). Blch. durchscheinend punktiert, Bl.stiel geflügelt; Zw. dunkelgrün, mit bis zu 4 cm langen, grünen Sproßdornen . . . . . ***Poncírus*** 78–6
— Blch. nicht durchscheinend punktiert, Bl.stiel nicht geflügelt; Zw. ohne Dornen **17**
17. Blch. mit stechenden Zähnen *(19/2)* . . . . ***Mahónia,* × *Mahobérberis*** 19–1, 19–3
— Blch. ohne stechende Zähne **18**
18. Blch. bis 3 cm lang, sitzend, verkehrteif. bis längl.-spatelf. . . . . ***Onónis*** 70–19
— Blch. länger **19**

19. Sproß windend; Blch. breit eif., Blch.spitze ausgerandet *(16/4)*. ***Akébia*** 16–1
– Sproß nicht windend **20**
20. Zw. ohne Ranken **22**
– Zw. mit Ranken **21**
21. Enden der Ranken ohne tellerf. Haftscheiben ***Ampelópsis*** 86–4
– Enden der Ranken mit tellerf. Haftscheiben *(86/17)*, selten fehlend ***Parthenocíssus*** 86–5
22 (20). Bl. mit Milchsaft (Pfl. verletzen) . . . . ***Rhús*** 75–2
– Bl. ohne Milchsaft **71**
23 (3). Pfl. kletternd; Bl.stiele zu Ranken umgebildet ***Clématis*** 18–2
– Pfl. nicht kletternd **24**
24. Zw. vierkantig oder gefurcht **28**
– Zw. rund **25**
25. Bl. immergrün, durchscheinend punktiert, aromatisch duftend ***Chóisya*** 78–4
– Bl. sommergrün, nicht durchscheinend punktiert **26**
26. Mittelblch. auffallend größer als die beiden seitl. Blch. *(90/4)*; junge Zw. mit gekammertem Mark oder mit Ausnahme der Knoten hohl . . . . ***Forsýthia*** 90–3
– Mittelblch. nicht auffallend größer als die beiden seitl. Blch. . . **27**
27. Blch. sehr fein gezähnt; Zw. kahl . . . . ***Staphyléa*** 71–1
– Blch. grob und ungleich gezähnt, zuweilen gelappt oder fast ganzrandig bis leicht gezähnt *(74/49)* . . . . ***Ácer*** 74–2
28 (24). Blch. ganzrandig, 2–3 cm lang; Zw. vierkantig, grün *(90/2)* . . . . ***Jasmínum*** 90–2
– Blch. gezähnt, größer; Zw. gefurcht . . . . ***Clématis*** 18–2
29 (2). Pfl. kletternd oder mit mehr als meterlangen Zw. flach dem Boden aufliegend **89**
– Pfl. nicht kletternd, aufrecht oder mit kurzen, kriechend aufsteigenden Zw. **30**
30. Bl. gegenst. **79**
– Bl. wechselst. **31**
31. Pfl. dicht drüsig-klebrig und aromatisch duftend; Blch. tief fiederschnittig bis nochmals gefiedert *(58/12)* . ***Chamaebatiária*** 58–8
– Pfl. nicht dicht drüsig-klebrig **32**
32. Bl. sämtl. oder z. T. doppelt oder mehrfach gefiedert **72**
– Bl. nicht doppelt oder mehrfach gefiedert **33**
33. Blch. gesägt, gezähnt oder gelappt **53**
– Blch. ganzrandig oder an der Basis der Spreite mit 1–4 Zähnen **34**
34. Blch. im Mittel über 8 cm lang **49**
– Blch. kleiner oder nur an üppigen Trieben über 8 cm lang . . . **35**

35. Oberste Seitenblch. der Rhachis breit angewachsen, mit herablaufendem grünem Saum *(58/97)*, untere Blch. frei . . . . . . ***Potentílla*** 58–44
– Blch. alle frei **36**
36. Bl. paarig gefiedert **48**
– Bl. unpaarig gefiedert **37**
37. Endblch. ± lang gestielt **39**
– Endblch. ± ungestielt **38**
38. Bl. mit 11–25 Blch., eif. oder rundl. . . . . ***Calóphaca*** 70–18
– Bl. mit 7–9 Blch., verkehrteif. . . . . ***Coronílla*** 70–18
39 (37). Bäume **46**
– Sträucher **40**
40. Sträucher über 1,5 m hoch werdend **43**
– Sträucher nur bis 1,5 m hoch werdend **41**
41. Zwergsträucher, bis etwa 50 cm hoch . . . . . . ***Amórpha*** 70–13
– Kleinsträucher, bis etwa 1,5 m hoch **42**
42. Blch. 17–35, durchscheinend punktiert . . ***Hedýsarum*** 70–18
– Blch. 5–21 *(70/10)*, nicht durchscheinend punktiert . . . . . . ***Indigófera*** 70–12
43 (40). Zw. mit Dornen **45**
– Zw. dornenlos **44**
44. Blch. 11–25 . . . . ***Amórpha (fruticósa)*** 70–13
– Blch. 7–13 . . . . ***Colútea*** 70–15
45 (43). Blch. 13–19 . . . . ***Sophóra (davídii)*** 70–5
– Blch. 7–15, Stipeln als Dornen ausgebildet . . . ***Robínia*** 70–14
46 (39). Zw. mit verdornten Stipeln . . . . ***Robínia*** 70–14
– Zw. dornenlos **47**
47. Junge Zw. fein behaart, später kahl . . . . ***Mā̄ackia*** 70–5
– Junge Zw. kahl, dunkelgrün . . . . ***Sophóra*** 70–4
48 (36). Blch. meist 4 *(70/7)*, anfangs dicht anliegend seidig behaart, später ± kahl, graugrün . . . . . ***Halimodéndron*** 70–16
– Blch. 2–18, an Kurztrieben oft rosettig, nicht dicht anliegend behaart, untersts. grün oder grau . . . . ***Caragána*** 70–16
49 (34). Blch. an der Basis der Spreite beidersts. mit 1–2 (–4) großen Zähnen, untersts. mit je einer Drüse *(76/1)* ***Ailánthus*** 76–1
– Blch. ganzrandig **50**
50. Bl. paarig gefiedert . . . . ***Tōōna*** 77–1
– Bl. unpaarig gefiedert **51**
51. Junge Zw. mit gekammertem Mark . . . . ***Júglans*** 36–2
– Junge Zw. ohne gekammertes Mark **52**
52. Blch. 7–13, ± wechselst. . . . . ***Cladrástis*** 70–5
– Blch. 13–25, gegenst. *(16/1)* . . . . ***Decā̄isnea*** 16–1
53 (33). Bl. ohne oder mit freien, kaum dem Bl.stiel angewachsenen Stipeln **55**

– Unterer Teil des Bl.stiels durch die an ihn angewachsenen Stipeln auffallend flügelartig verbreitert **54**
54. Pfl. meist bestachelt; freie Spitzen der Stipeln stets deutl. vom Bl.stiel abstehend . . . . ***Rósa*** 58–45
– Pfl. stets stachellos, Stipeln oft ohne freie Spitzen; Pfl. meist unter 1 m hoch . . . . ***Potentílla*** 58–44
55 (53). Bl. untersts. ± weiß . . . . ***Rúbus*** 58–39
– Bl. untersts. nicht weiß **56**
56. Bl. 3–7zählig gefingert **71**
– Bl. gefiedert **57**
57. Bl. nur an der Basis der Spreite mit je 1–2 freien Blch., sonst nur gelappt *(58/140)* . . . . ***Sórbus*** 58–69
– Bl. bis zur Bl.spitze gefiedert **58**
58. Bl.stiele mit hakigen Stacheln . . . . ***Rúbus*** 58–39
– Bl.stiele ohne hakige Stacheln **59**
59. Junge Zw. mit vollem Mark **61**
– Junge Zw. mit gekammertem Mark **60**
60. Kn. sitzend oder kurz gestielt; Steinfr. . . . . ***Júglans*** 36–2
– Kn. deutl. gestielt, meist nackt; Nußfr. . . . . ***Pterocárya*** 36–1
61 (59). Blch. jedersts. mit 3–6–9 stechenden Zähnen, immergrün, glänzend, ältere Blch. lederartig, steif . . . .
Mahónia, × ***Mahobérberis*** 19–1, 19–3
– Blch. ohne stechende Zähne, sommergrün **62**
62. Zw. dicht unterhalb der Bl. mit paarig angeordneten Stacheln, Blch. durchscheinend punktiert . . . . ***Zanthóxylum*** 78–2
– Zw. ohne Stacheln; Blch. nicht durchscheinend punktiert **63**
63. Blch. mit entfernt stehenden, undeutl. Zähnen *(77/1)* ***Tōóna*** 77–1
– Blch. stets deutl. gezähnt oder gesägt **64**
64. Blch. ± tief eingeschnitten oder gelappt, z. T. doppelt gefiedert **70**
– Blch. nicht tief eingeschnitten **65**
65. Bl. mit Milchsaft (Pfl. verletzen) . . . . ***Rhús*** 75–2
– Bl. ohne Milchsaft **66**
66. Blch. 5–17, im Mittel deutl. über 8 cm lang . . . . . ***Cárya*** 36–4
– Blch. 7–21, kürzer **67**
67. Bl. mit fadenf. Stipeln **69**
– Bl. ohne Stipeln **68**
68. Blch. 4–10 cm lang, längl.-eif., fein kerbig gesägt, obersts. glänzend grün . . . . ***Picrásma*** 76–1
– Blch. 3–5 cm lang, lanzettl., scharf gesägt, obersts. stumpfgrün . . . . ***Xanthóceras*** 72–2
69 (67). Bl. etwas schlaff, Blch. grob gezähnt mit feinspitzigen Zähnen . . . . ***Sorbária*** 58–7
– Bl. derber, Blch. weniger grob gezähnt . . . . . . ***Sórbus*** 58–69

70 (64, 74). Blch. 3–7, Bl. einfach gefiedert, Innenrinde gelb; Strauch . . . . ***Xanthorhiza*** 18–1
– Blch. 7–15, Bl. einfach oder doppelt gefiedert oder eingeschnitten gelappt *(72/1, 72/2)*; Innenrinde nicht gelb; Baum . . ***Koelreutéria*** 72–1
71 (22, 56). Stipeln fadenf.; Zw. ± mit Stacheln, selten ohne Stacheln; Sammelsteinfrucht . . . . ***Rúbus*** 58–39
– Stipeln fehlen, Bl. meist 3–5zählig; Zw. unterhalb der Bl. mit 1–3 kräftigen Stacheln oder dicht bzw. schwach mit Stacheln besetzt; Beerenfrucht . . . . ***Eleutherocóccus*** 81–3
72 (32). Blch. alle oder z.T. 3–5lappig, mit ganzrandigen Lappen ***Paeónia*** 37–1
– Blch. ganzrandig oder gesägt oder gelappt, dann aber die Lappen gesägt **73**
73. Zw. mit zahlreichen Stacheln; Bl. 0,5–1 m lang . . ***Arália*** 81–4
– Zw. ohne Stacheln, z.T. mit 3- oder mehrteiligen Dornen **74**
74. Blch. grob gesägt bis gelappt; Zw. ohne Dornen **70**
– Blch. ganzrandig oder kaum gezähnt **75**
75. Bl. immergrün, (2)–3fach gefiedert, lederig, elliptisch-lanzettl.; Zw. ohne Dornen . . . . ***Nandína*** 19–1
– Bl. sommergrün; Zw. oft mit Dornen **76**
76. Bl. am gleichen Baum sowohl einfach als auch doppelt gefiedert, Blch. unregelmäßig gekerbt **78**
– Bl. sämtl. doppelt gefiedert **77**
77. Zw. kahl, kantig; Bl. 20–30 cm lang, mit 10–25 Fiedern, jede mit 40–60 Blch. . . . . ***Albízia*** 68–1
– Zw. anfangs behaart, weißblau bereift, kräftig; Bl. 30–75 cm lang, mit 3–7 Fiederpaaren . . . . ***Gymnócladus*** 69–2
78 (76). Zw. mit verzweigten Dornen . . . . ***Gledítsia*** 69–1
– Zw. dornenlos . . . . . ***Gledítsia triacánthos*** f. ***inérmis*** 69–1
79 (30). Blch. sehr lang gestielt, Stiele oft länger als Spreite . . . . ***Clématis*** 18–2
– Blch. sitzend oder kurz gestielt **80**
80. Bl. gefiedert **82**
– Bl. 5–9zählig gefingert **81**
81. Blch. gesägt . . . . ***Aesculus*** 73–1
– Blch. ganzrandig oder etwas fiederschnittig, aber nicht gesägt *(92/2)* . . . . ***Vítex*** 92–2
82 (80). Seitenadern der Blch. nicht bis zum Rand durchgehend **84**
– Seitenadern der Blch. bis zum Rand in die Bl.zähne laufend . . **83**
83. Blch. 3–5(–7) . . . . ***Ácer*** 74–2
– Blch. 7–15 . . . . ***Dipterónia*** 74–1

84. (82). Blch. durch breite, an der Rhachis herablaufende grüne Säume verbunden *(90/14)*; einj. Zw. mit je 2 Furchen an den Internodien . . . . **Syrínga** 90–11
– Blch. nicht durch an der Rhachis herablaufende grüne Säume verbunden; einj. Zw. ohne Furchen **85**
85. Junge Zw. mit sehr weitem Mark, nur von dünnem Holzzylinder umgeben (Querschnitt!) **88**
– Junge Zw. mit engem Mark **86**
86. Blch. nicht durchscheinend punktiert; Kn. groß, 2–4 Kn.schuppen sichtbar; Fr. einsamige Nüsse mit lang ausgezogenem Flügel . . . . **Fráxinus** 90–5
– Blch. deutl. durchscheinend punktiert; Kn. kleiner, verborgen oder frei **87**
87. Kn. im Bl.stiel verborgen bzw. von Bl.narbe umgeben; Steinfr. **Phellodéndron** 78–5
– Kn. frei, Fr. eine Kapsel . . . . **Evódia** 78–3
88 (85). Blch. dicht und fein gezähnt; junge Zw. glatt **Staphyléa** 71–1
– Blch. entfernt und gröber gezähnt; junge Zw. rauh (Lentizellen), später rissig . . . . **Sambúcus** 97–2
89 (29). Bl. gegenst. **94**
– Bl. wechselst. **90**
90. Bl. gefingert **92**
– Bl. gefiedert **91**
91. Blch. 7–19, ganzrandig, Stipeln hinfällig; Bltn. in hängenden Trauben . . . . **Wistéria** 70–13
– Blch. 5–9, meist gesägt, Stipeln vorhanden, z.T. mit Bl.stiel verwachsen; Zw. ± stark stachelig; Bltn. einzeln oder in Doldenrispen . . . . **Rósa** 58–45
92 (90). Pfl. windend; Blch. ganzrandig, Spitze ausgerandet *(16/4)* **Akébia** 16–1
– Pfl. mit Ranken **93**
93. Enden der Ranken ohne tellerf. Haftscheiben, Bl. gefingert oder sehr tief 3–5teilig mit ± fiederteiligem Mittellappen . . . . **Ampelópsis** 86–4
– Enden der Ranken mit tellerf. Haftscheiben *(86/17)*, Bl. 5–7zählig gefingert . . . . **Parthenocíssus** 86–5
94 (89). Blch.stiele windend, sehr lang, im Herbst nicht abfallend (Blch.stielklimmer) . . . . **Clématis** 18–2
– Blch.stiele nicht windend, sehr kurz oder Blch. sitzend **95**
95. Blch. 7–11; Zw. mit Querlinien an der Ansatzstelle der Bl., Pfl. mit Haftwurzeln kletternd . . . . **Cámpsis** 96–2
– Blch. 5–7 *(90/3)*; Zw. ohne Querlinien, aber längs gestreift; Pfl. ohne Haftwurzeln kletternd . . . . **Jasmínum** 90–2
96 (1). Bl. immergrün **98**

– Bl. sommergrün **97**
97. Bl. wechselst., einfach bis mehrfach fiederteilig . ***Artemísia*** 98–2
– Bl. gegenst., fiederschnittig *(93/4)* . . . . ***Perόvskia*** 93–2
98 (96). Bl. 1–4(–6) cm lang, fein fiederschnittig bis kammförmig aufgeteilt . . . . ***Santolína*** 98–2
– Bl. 6–12 cm lang, doppelt fiederteilig, durchscheinend punktiert . . . . ***Rúta*** 78–4

Gruppe IV
Blätter einfach, gegenständig oder wirtelig

1. Bl. ganzrandig oder Bl.rand nur etwas wellig, z. T. Basis der Bl.spreite herzf., selten etwas lappig **51**
– Bl.rand gesägt, gezähnt, gekerbt oder gelappt **2**
2. Sproß windend oder mit Haftwurzeln kletternd oder dem Boden aufliegend (nur Bltn.zw. aufrecht) **46**
– Sproß nicht windend oder kletternd, stets aufrecht **3**
3. Bl. gelappt **43**
– Bl. nicht gelappt **4**
4. Von der Basis der Bl.spreite 3–5 ± starke Adern ausgehend (handnervig) **39**
– Von der Basis der Bl.spreite nur eine starke Mittelader ausgehend, von der schwächere Seitenadern abzweigen (fiedernervig) **5**
5. Seitenadern bis in die Bl.zähne verlaufend **35**
– Seitenadern entweder vor dem Bl.rand nach oben umbiegend und bogenf. mit den nächsten Seitenadern verbunden oder vor Erreichen des Bl.randes sich in feinere Adern auflösend, die z. T. in die Bl.zähne gehen **6**
6. Bl. untersts. mit feinen goldgelben oder schwarzen Drüsen (Lupe!) **33**
– Bl. untersts. ohne Drüsen **7**
7. Bl.stiele der gegenst. Bl. an der Basis durch eine (meist fühlbare) Querlinie verbunden oder mit ihren Ansatzstellen winklig zusammenstoßend **22**
– Bl.stiele der gegenst. Bl. an der Basis nicht durch eine Querlinie verbunden und sich mit ihren Ansatzstellen nicht berührend **8**
8. Seitenadern ± zum Bl.rand verlaufend, z. T. undeutl. **10**
– Seitenadern auffallend bogig zur Bl.spitze verlaufend **9**
9. Bl. derb, nicht duftend, Seitenadern ohne auffällige Anastomosen *(85/7)* . . . . ***Rhámnus*** 85–2
– Bl. weich, stark duftend, Seitenadern mit deutl. Anastomosen *(92/4)* . . . . ***Clerodéndrum*** 92–3

10 (8). Zw. vierkantig oder wenigstens vierseitig, oder wenn rund, dann dicht mit dunkelbraunen Warzen bedeckt **17**
– Zw. rundl. oder etwas abgeplattet, niemals dicht warzig **11**
11. Bl.spreite im oberen Drittel am breitesten, untere Hälfte ganzrandig *(45/26)* . . . . ***Sálix*** 45–7
– Bl.spreite in oder unterhalb der Mitte am breitesten **12**
12. Bl.stiel 3–4 cm lang . . . . ***Fráxinus*** 90–5
– Bl.stiel bis 1,5 cm lang **13**
13. Bl.spreite an beiden Enden scharf zugespitzt, Bl.rand entfernt und schwach gezähnt, im unteren Teil ganzrandig *(90/19)* . . . ***Forestiéra*** 90–18
– Bl.spreite nicht scharf zugespitzt, Basis der Bl.spreite abgerundet oder verschmälert **14**
14. Bl. immergrün, lederig, grob dornig gezähnt *(90/18)* . . . . . . ***Osmánthus*** 90–17
– Bl. sommergrün, oder wenn immergrün, dann nicht grob dornig gezähnt **15**
15. Junge Zw. meist mit 2 Haarleisten, selten kahl . ***Wéigela*** 97–26
– Junge Zw. ohne Haarleisten **16**
16. Bl. fein und gleichmäßig gezähnt, nicht duftend . ***Evónymus*** 83–1
– Bl. grob und unregelmäßig kerbig gesägt *(92/7)*, aromatisch duftend . . . . ***Caryópteris*** 92–3
17 (10). Zw. hohl, nur an den Knoten Mark vorhanden oder Mark gekammert; Bl.rand grob gezähnt, im unteren Drittel stets ganzrandig *(90/4)* . . . . ***Forsýthia*** 90–3
– Zw. mit vollem Mark, nicht gekammert **18**
18. Höhere Sträucher oder Bäume **21**
– Niedrige Sträucher oder aromatisch duftende Halbsträucher, bis etwa 1 m hoch **19**
19. Immergrüne Zwergsträucher, bis 50 cm hoch; Bl. klein, ganzrandig bis fein gesägt . . . . ***Pachístima*** 83–6
– Sommergrüne Halbsträucher **20**
20. Bl. 3–6 cm lang, ungleichmäßig grob gesägt *(93/6)* . . . . . . ***Peróvskia*** 93–2
– Bl. 1–3 cm lang, gekerbt, Bl.untersts. grüngrau, nicht weißfilzig, Seitenadern deutl. hervortretend . . . . . . ***Teúcrium*** 93–1
21 (18). Bl. an der Spitze abgerundet, ganzrandig oder Bl.rand undeutl. gezähnt, Bl.stiel 1,5–4 cm lang; Zw. scharf vierkantig . ***Fráxinus*** 90–5
– Bl. zugespitzt, selten stumpf oder abgerundet und dann Bl.rand deutl. gezähnt, Bl.stiel bis 1,5 cm lang; Zw. stumpf vierkantig . ***Evónymus*** 83–1
22 (7). Bl.rand jederstS. mit 1–10 deutl., meist zieml. entfernten Zähnen **29**

– Bl.rand jedersts. mit mehr als 10 Zähnen, meist fein gezähnt, z. T. aber undeutl. 23
23. Bl. stark aromatisch duftend, dicht graufilzig; Sproß vierkantig; Pfl. meist 50–80 cm hoch . . . . ***Sálvia*** 93–2
– Bl. nicht stark duftend; Pfl. meist höher 24
24. Bl. beidersts. mit weißen sternf. verzweigten Haaren *(78)*, sehr deutl. auf Bl. oberseite sichtbar (Lupe!) . . . . . . ***Deútzia*** 60–7
– Bl. ohne oder mit braunen sternf. verzweigten Haaren 25
25. Bl. untersts. graufilzig, obersts. dunkelgrün, bald kahl, eilanzettl. *(94/3)*; Zw. vierkantig . . . . ***Buddléja*** 94–1
– Bl. untersts. nicht graufilzig 26
26. Bl. im Mittel 5–6 cm lang, Bl.stiel etwa 2 cm lang, junge Bl. mit bräunl. Achselbärten, z. T. auf den Adern behaart, einzelne Bl. an der Basis der Bl.spreite etwas gelappt . . . . ***Ácer*** 74–2
– Bl. meist länger, anders gestaltet 27
27. Zw. rund, ohne deutl. Längskanten; Bl. oft zu 3 wirtelig . . . . . ***Hydrángea*** 60–10
– Zw. mit deutl. Längskanten, die von der Ansatzstelle der Bl. nach unten verlaufen (Lupe!) 28
28. Seitenadern nicht auffällig zur Spitze gekrümmt, Bl.stiel 1–2,5 cm lang . . . . ***Vibúrnum*** 97–3
– Seitenadern auffällig zur Spitze gekrümmt, Bl.stiel bis 1 cm (selten bis 1,5 cm) lang; Zw. außerdem mit kräftigen Längskanten, die zwischen den Ansatzstellen der Bl. nach unten verlaufen . . . . ***Diervílla*** 97–26
29 (22). Bl. immergrün, sehr dick, lederig, beidersts. glatt und glänzend, oft weiß oder gelb gefleckt . . . . ***Aucúba*** 63–1
– Bl. sommergrün, selten wintergrün, dünn, nie weiß oder gelb gefleckt 30
30. Bl. wirtelig, meist zu 3 32
– Bl. gegenst. 31
31. Kn. nicht sichtbar, unter den Bl.narben verborgen . . . . ***Philadélphus*** 60–2
– Kn. sichtbar, sehr klein, mit zahlreichen Kn.schuppen . . . . . ***Kolkwítzia*** 97–28
32 (30). Bl. obersts. glänzend grün, untersts. nur Mittelader hervortretend *(97/62)* . . . . ***Abélia*** 97–30
– Bl., obersts. matt hellgrün, oft purpurn getönt, in den Bl.achseln meist kurze bltn.tragende Seitenzw. *(66/1)* . . . . ***Fúchsia*** 66–1
33 (6). Bl. immergrün, lederartig . . . . ***Phillýrea*** 90–18
– Bl. sommergrün, untersts. mit goldgelben Drüsen oder Sternhaaren 34
34. Zw. rund; Bl. nicht duftend, untersts. ± drüsig und sternhaarig *(92/1)*; Kn. nackt . . . . ***Callicárpa*** 92–1

– Zw. ± vierkantig; Bl. aromatisch duftend, untersts. dicht drüsig behaart *(93/10)*; Kn. mit Kn.schuppen . . . . . ***Elsholtzia*** 93–5

35 (5). Bl. an Kurztrieben scheinbar gegenst., an Langtrieben wechselst., oft 3–4eckig, Bl.stiele der Bl.paare an der Basis nicht durch eine Querlinie verbunden . . . . ***Bétula*** 31–5

– Bl. stets gegenst., Bl.stiele der Bl.paare an der Basis zusammenstoßend oder durch eine Querlinie verbunden **36**

36. Bl.spreite jedersts. mit mehr als 16 Seitenadern *(74/8)* ***Ácer*** 74–2

– Bl.spreite jedersts. mit weniger als 16 Seitenadern **37**

37 (41). Bl.rand sehr fein und scharf gesägt, Bl. lang zugespitzt *(58/84)*, untersts. weichhaarig; Zw. kahl, grün ***Rhodótypos*** 58–38

– Bl.rand gröber gesägt oder sonst Zw. filzig behaart **38**

38. Bl.stiel zur Basis keilf. verbreitert *(60/7)* . . . . . . ***Jamésia*** 60–6

– Bl.stiel zur Basis nicht keilf. verbreitert . . . . . ***Vibúrnum*** 97–3

39 (4). Bl. mit Milchsaft (Bl. verletzen), im Mittel über 10 cm breit, Bl.stiel 4–11 cm lang *(34/5)* . . . . ***Broussonétia*** 34–3

– Bl. ohne Milchsaft, schmaler **40**

40. Bl.stiel im Mittel über 2 cm lang **42**

– Bl.stiel höchstens bis 2 cm lang **41**

41. Seitenadern bogenf. miteinander verbunden *(60/4–60/6)* . . . ***Philadélphus*** 60–2

– Seitenadern in die Bl.zähne verlaufend **37**

42 (40). Bl. nicht immer gegenständig, rundl.-herzf. bis eif.-elliptisch, Bl.rand leicht wellig und kerbig gesägt *(25/1)* . . . . . . ***Cercidiphýllum*** 25–1

– Bl. stets gegenständig, ± tief gelappt oder eingeschnitten, selten ungelappt, dann aber zugespitzt . . . . ***Ácer*** 74–2

43 (3). Bl.adern gabelig verzweigt, vom Bl.stiel fächerf. ausgehend, ohne Anastomosen *(1/1)* . . . . ***Gínkgo*** 1–1

– Bl.adern stets mit Anastomosen **44**

44. Bl. nur an üppigen Trieben gelappt, sonst ungelappt und ganzrandig *(97/61)* . . . . ***Symphoricárpos*** 97–29

– Bl. sämtl. gelappt oder sonst die ungelappten Bl. gezähnt . . . **45**

45. Bl.stiel mit Drüsenhöckern *(97/22)* oder Bl. untersts. sehr fein schwarz punktiert . . . . ***Vibúrnum*** 97–3

– Bl.stiel ohne Drüsenhöcker, Bl. untersts. nie punktiert ***Ácer*** 74–2

46 (2). Sproß fadenf., auf dem Boden kriechend; Bl. höchstens 1,5 cm breit . . . . ***Linnǣa*** 97–31

– Sproß kräftiger, windend oder mit Luftwurzeln kletternd; Bl. breiter **47**

47. Sproß windend; Bl. ganzrandig, z. T. gelappt . . ***Lonícera*** 97–13

– Sproß kriechend oder mit Luftwurzeln kletternd **48**

48. Bl. immergrün . . . . ***Evónymus*** 83–1

– Bl. sommergrün **49**

49. Borke an 2j. Zw. nicht abblätternd, an älteren Zw. längsrissig . **Schizophrágma** 60–13
– Borke an 2j. Zw. abblätternd **50**
50. Bl.rand im oberen Drittel mit 3–5 Zähnen, Bl.stiel 1–2 cm lang **Decumária** 60–9
– Bl.rand fein und gleichmäßig gesägt, Bl.stiel bis 10 cm lang *(60/13)* . . . . **Hydrángea (petioláris)** 60–10
51 (1). Bäume und Sträucher **53**
– Auf Bäumen wachsende Halbparasiten mit grünen Bl., durch Senkersprosse (Haustorien) mit den Ästen der Bäume verbunden **52**
52. Zw. dunkelbraun; Bl. dünn, sommergrün . . . . . **Loránthus** 84–1
– Zw. gelbgrün; Bl. dicker, wintergrün *(84/1)* . . . . **Víscum** 84–1
53 (51). Bl. nicht nadelf. **55**
– Bl. nadelf., bis 3 mm breit **54**
54. Nadeln sommergrün, mit Kurztrieben abfallend *(4/5)* . . . . **Metasequóia** 4–3
– Nadelf. Bl. immergrün . . . . **Hypericum (córis)** 39–1
55 (53). Bl. im Mittel weit über 10 cm breit **95**
– Bl. unter 10 cm breit **56**
56. Kleine Sträucher, bis etwa 1 m hoch; Sproß z.T. nur an der Basis verholzend, z.T. windend **80**
– Höhere Sträucher oder kleine Bäume **57**
57. Sproß windend **78**
– Sproß nicht windend **58**
58. Bl. zumindest untersts. und junge Zw. durch Schuppenhaare silbergrau (silberschülfrig) . . . . **Shephérdia** 67–3
– Bl. und Zw. nicht silberschülfrig **59**
59. Bl. meist nicht über 2 cm lang, jedersts. mit zahlreichen (bis 20) undeutl. Seitenadern . . . . **Búxus** 29–1
– Bl. größer, Seitenadern ± deutl. sichtbar **60**
60. Sproß scharf 6rippig . . . . **Clématis** 18–2
– Sproß rundl., 4kantig oder flügelkantig, niemals 6rippig **61**
61. Sproß etwas flügelkantig, oft verdornend; Bl. meist gegenst., an Langtrieben auch wechselst., eilanzettl., 3–8 cm lang, steif, hellgrün, ohne Stipeln . . . . **Púnica** 65–1
– Sproß rundl. oder 4kantig **62**
62. Bl.stiele der Bl.paare an der Basis zusammenstoßend oder durch eine Querlinie ± verbunden **73**
– Bl.stiele der Bl.paare an der Basis nicht zusammenstoßend und nicht durch eine Querlinie verbunden **63**
63. Bl. obersts. glatt **65**
– Bl. obersts. rauh **64**

64. Bl.rand zieml. glatt, im Sommer blühend . . . ***Calycánthus*** 12–1
– Bl.rand durch vorwärts gerichtete Borstenhaare sehr rauh *(12/3)*; Bltn. vor den Bl. erscheinend . . . ***Chimonánthus*** 12–2
65 (63). Zw. rundl. oder nur schwach kantig **68**
– Zw. scharf vierkantig **66**
66. Von der Basis der Bl.spreite 3 fast gleichstarke Adern ausgehend, außerdem oft noch 2 schwächere Adern *(79/1)* . . . . ***Coriária*** 79–1
– Von der Basis der Bl.spreite nur eine starke Mittelader ausgehend, unterste Seitenadern viel schwächer **67**
67. Bl. lanzettl. ***Fontanésia*** 90–3
– Bl. eielliptisch, nächstjährige Bltn.stände schon im Sommer voll ausgebildet *(90/8)* . . . . ***Abeliophýllum*** 90–5
68 (65). Bl. groß, bis 20 cm lang und 9 cm breit, Basis der Bl.spreite spitzkeilig *(90/17)* . . . . ***Chionánthus*** 90–16
– Bl. kleiner oder Basis der Bl.spreite nicht so spitzkeilig **69**
69. Junge Zw. mit deutl. Längslinien, die an beiden Seiten der Bl.stielbasis beginnen und bis zum nächstunteren Bl.paar herablaufen, Basis der Bl.spreite breitkeilig, abgerundet oder herzf. . . . . ***Syrínga*** 90–11
– Junge Zw. ohne oder mit nur sehr schwachen Längslinien, die nicht bis zum nächstunteren Bl.paar herablaufen **70**
70. Bl. lang zugespitzt, meist ganzrandig oder schwach gezähnt . . ***Dipélta*** 97–28
– Bl. nicht oder kaum zugespitzt **71**
71. Bl. meist etwas derb, aber nicht ausgesprochen lederartig, Bl.stiel sehr kurz . . . . ***Ligústrum*** 90–15
– Bl. lederartig (ähnlich *Rhododendron*), zuweilen zu 3–4 wirtelig **72**
72. Bl. untersts. mit nicht abwischbaren feinen schwarzen Punkten ***Phillýrea*** 90–18
– Bl. untersts. entweder ohne Punkte oder mit abwischbaren schwärzl. Resten abgebrochener Drüsenhaare ***Kálmia*** 53–14
73 (62). Bl. obersts. dicht mit Öldrüsen besetzt, aromatisch duftend, immergrün; von der Basis der Bl.spreite etwa 3 gleichstarke Adern abgehend *(43/1)* . . . . ***Cístus*** 43–1
– Bl. ohne Öldrüsen **74**
74. Seitenadern auffällig bogig zur Bl.spitze verlaufend *(63/5)*, Bl. untersts. oft weißl. . . . . ***Córnus*** 63–1
– Seitenadern nicht auffällig bogig zur Bl.spitze hin verlaufend . . **75**
75. Bl. obersts. auf der Mittelader und untersts. mit bräunl. Schuppen (sehr deutl. an jungen Bl.), Bl.rand zur Bl.spitze hin meist undeutl. gezähnt . . . . ***Vibúrnum*** 97–3
– Bl. ohne bräunl. Schuppen, Bl.rand völlig ganzrandig **76**

76. Kn. in den Bl.achseln nicht sichtbar, im Bl.stiel verborgen; Bl. an Langtrieben oft zu 3 wirtelig . . . . ***Cephalánthus*** 87–1
– Kn. in den Bl.achseln sichtbar **77**
77. Bl. immergrün, 4–12 cm lang, untersts. durch dicht anliegende Seidenhaare weißl.-blaugrün . . . . ***Carpentéria*** 60–2
– Bl. sommergrün, seltener immergrün, dann aber entweder unter 4 cm lang oder untersts. mindestens auf der Mittelader steifhaarig . . . . ***Caprifoliáceae*** 97–1
78 (57). Sproß hohl, engröhrig; oberstes Bl.paar oft miteinander verwachsen . . . . ***Lonícera*** 97–13
– Sproß mit Mark **79**
79. Sproß rund, mit Milchsaft; Kn. nicht sichtbar, unter den Bl.narben verborgen; Bl. mit zahlreichen Seitenadern *(89/1)* . . . . .
Periplóca 89–1
– Sproß vierkantig, gefurcht, ohne Milchsaft; Kn. deutl. sichtbar, klein; Bl. mit wenigen Seitenadern *(90/1)* . . . .
Jasmínum (beesiánum) 90–2
80 (56). Bl. meist durchscheinend punktiert (Ölbehälter); Bltn. gelb .
Hyperícum 39–1
– Bl. nicht durchscheinend punktiert **81**
81. Bl. über 8 mm lang **83**
– Bl. 3–8 mm lang, sehr schmal **82**
82. Bl.rand umgerollt, Bl. untersts. bläul.weiß . . . ***Loiseleūria*** 53–14
– Bl.rand nicht umgerollt, Bl. untersts. hellgrün ***Leiophýllum*** 53–14
83 (81). Bl.paare an der Basis der Bl.stiele nicht durch eine Querlinie verbunden **90**
– Bl.paare an der Basis der Bl.stiele durch eine Querlinie verbunden **84**
84. Vegetative Sprosse liegend, blühende aufrecht, Bl. 2–7 cm lang, eif. bis eielliptisch, lederartig, kahl; Bltn. blau ***Vínca*** 88–1
– Sprosse liegend oder aufrecht; Bl. kleiner und meist schmaler **85**
85. Sproß rund; Bl. nicht aromatisch duftend . . . ***Penstémon*** 95–1
– Sproß vierkantig; Bl. aromatisch duftend **86**
86. Bl.rand deutl. umgerollt **88**
– Bl.rand nicht umgerollt, Bl. lanzettl.-linealisch **87**
87. Junge Zw. fast kahl; Bl. lederig, glänzend, Bl.rand gewimpert .
Saturéja 93–3
– Junge Zw. kurzflaumig bis samtig behaart; Bl. derb, beidersts. mit Öldrüsen . . . . ***Hyssópus*** 93–4
88 (86). Bl. untersts. graufilzig oder schwach behaart . . . . . .
Thýmus 93–3
– Bl. untersts. weißfilzig **89**
89. Seitenadern auf Bl.unters. deutl. sichtbar, Bl. 1–2 cm lang . . .
Teūcrium 93–1

– Seitenadern auf Bl.unters. schwach sichtbar, Bl. 2–4 cm lang . ***Lavándula*** 93–2
90 (83). Bl. stark behaart, untersts. graufilzig ***Heliánthemum*** 43–2
– Bl. kahl oder schwach behaart **91**
91. Bl. nicht immergrün; Sproß 6rippig . . . . ***Clématis*** 18–2
– Bl. immergrün **92**
92. Junge Zw. 4kantig . . . . ***Búxus*** 29–1
– Junge Zw. rund oder 2kantig **93**
93. Außer der Mittelrippe kaum Adern zu erkennen und auch nur wenige vorhanden . . . . ***Hébe*** 95–2
– Seitenadern vorhanden **94**
94. Bl.rand nach unten gebogen . . . . ***Kálmia*** 53–14
– Bl.rand nicht nach unten gebogen . . . . ***Lonícera*** 97–13
95 (55). Junge Zw. mit gekammertem Mark; Bl. meist gegenst. . . . ***Paulównia*** 95–1
– Junge Zw. höchstens an den Knoten mit gekammertem Mark **96**
96. Bl. oft zu 3 wirtelig; Endkn. nicht vorhanden . . . ***Catálpa*** 96–1
– Bl. nur gegenst.; Endkn. vorhanden . . . ***Clerodéndrum*** 92–3

Gruppe V
Blätter einfach, wechselständig, ganzrandig

1. Normale Laubbl. vorhanden **3**
– Bl.artige Kurztriebe (Phyllokladien) in der Achsel kleiner schuppenf. Bl. stehend **2**
2. Bl.artige Kurztriebe derb, starr, mit feiner stechender Spitze *(99/2)* . . . . ***Rúscus*** 99–2
– Bl.artige Kurztriebe weich, biegsam, nicht stechend *(99/1)* . . ***Dánaë*** 99–1
3 (1). Bl.spreite höchstens 3 cm lang **91**
– Bl.spreite länger **4**
4. Bl. (vor allem jüngere) untersts. weiß, grauweiß, bräunl. oder rostrot, nie rein grün **73**
– Bl. hellgrün, dunkelgrün oder blaugrün bis bläul. **5**
5. Von der Basis der Bl.spreite 3 oder mehr ± gleichstarke Adern abgehend (handnervig) **64**
– Von der Basis der Bl.spreite geht nur die Mittelader ab, die Seitenadern sind schwächer (fiedernervig) **6**
6. Bl.spreite und Bl.stiel zusammen mindestens 10 cm lang . . . **49**
– Bl.spreite und Bl.stiel zusammen nur ausnahmsweise bis 10 cm lang **7**
7. Bl.stiel bei größeren Bl. bis 4 cm lang, z. T. auch länger **47**

– Bl.stiel viel kürzer **8**
8. Bl. oberhalb der Bl.mitte am breitesten **37**
– Bl. in oder unterhalb der Bl.mitte am breitesten **9**
9. Bl. untersts. mit feinen schwarzen oder gelben Punkten oder mit bräunl. Schuppen oder durchscheinend punktiert **32**
– Bl. untersts. weder mit schwarzen oder gelben Punkten noch mit bräunl. Schuppen, nicht durchscheinend punktiert **10**
10. Bl.rand mit abstehenden Haaren **31**
– Bl.rand höchstens bei jungen Bl. behaart **11**
11. Bl. 4–6mal so lang wie breit **29**
– Bl. weniger als 4mal so lang wie breit **12**
12. Sproßabschnitte scheinbar tütenartig ineinander gesteckt, Zw. sehr biegsam . . . . ***Dírca*** 50–3
– Sproßabschnitte nicht tütenartig ineinander gesteckt **13**
13. Zw. mit Dornen **27**
– Zw. ohne Dornen **14**
14. Seitenadern nur ausnahmsweise verzweigt (aber durch feine Queradern verbunden), stark hervortretend, dicht vor dem Bl.rand umbiegend **24**
– Seitenadern entweder verzweigt oder schwach hervortretend **15**
15. Zw. überhängend, lang und dünn **23**
– Zw. nicht überhängend **16**
16. Junge Zw. ohne Mark, hohl, ± 3kantig; Bl. meist herzf.; im Gebüsch etwas kletternd . . . . ***Solánum*** 91–1
– Junge Zw. mit Mark **17**
17. Junge Zw. mit gekammertem Mark . . . . . . ***Osmarónia*** 58–22
– Junge Zw. ohne gekammertes Mark **18**
18. Bl.stiel 1–5 cm lang, Seitenadern sehr fein, kaum fühlbar ***Pýrus*** 58–67
– Bl.stiel kürzer **19**
19. Bl.spreite allmähl. in den Bl.stiel übergehend *(50/1)*, 2–3mal so lang wie breit . . . . ***Dáphne*** 50–1
– Bl.spreite deutl. vom Bl.stiel abgesetzt **20**
20. Bl. steif, einzelne am Bl.rand stachelig und stechend gezähnt, Adernetz untersts. wenig deutl. . . . . ***Ílex*** 82–1
– Bl. nicht steif **21**
21. Bl. untersts. mit ± deutl. Adernetz *(29/4)*, Bl.rand leicht wellig, immergrün; Zw. grün; Bltn.kn. schon im Herbst voll entwickelt, Bltn. unscheinbar . . . . ***Sarcocócca*** 29–2
– Bl. untersts. stets mit deutl. Adernetz **22**
22. Bl. immergrün *(58/152)*, untersts. kahl, Bl.stiel häufig gerötet . ***Stranvǽsia*** 58–75
– Bl. immergrün oder sommergrün, untersts. meist behaart *(58/165)* . . . . ***Cotoneáster*** 58–81

23 (15). Zw. ungleich 4kantig, etwas übergebogen; Bl. etwas bläul.-grün . . . . **Securínega** 49–2
– Zw. nicht 4kantig, stark überhängend oder liegend, oft dornig; Bl. graugrün . . . . **Lýcium** 91–1
24 (14). Seitenadern ± geradlinig dem Bl.rand zulaufend, erst kurz vor Erreichen des Bl.randes nach oben umbiegend . . . **Fágus** 30–2
– Seitenadern nicht ± geradlinig dem Bl.rand zulaufend, sondern deutl. gebogen **25**
25. Mittelader jederststs. mit höchstens 6 Seitenadern, die bogig zur Bl.spitze gekrümmt sind . . . . **Córnus** 63–1
– Mittelader wenigstens bei größeren Bl. jederststs. mit mehr als 6 Seitenadern **26**
26. Sproß ± windend; Bl. meist unterhalb der Mitte am breitesten **Berchémia** 85–2
– Sproß nicht windend; Bl. in oder oberhalb der Mitte am breitesten *(85/3)* . . . . **Rhámnus** 85–2
27 (13). Bl. 4–10 cm lang, 2–5 cm breit, Bl.stiel 1,5–4 cm lang; Zw. mit achselst., bis zu 3 cm langen Sproßdornen *(34/3)* . . . . . **Maclúra** 34–2
– Bl. kleiner, kürzer gestielt **28**
28. Zw. stark kantig, mit 1–3teiligen Bl.dornen, in deren Achsel Kurztriebe stehen mit büschelig angeordneten Bl. *(19/14)* . . . **Bérberis** 19–3
– Zw. nicht stark kantig, entweder überhängend oder niederliegend, schlank rutenf., mit kräftigen Dornen . . . . . . **Lýcium** 91–1
29 (11). Bl. 1–4 cm lang, beiderststs. anliegend behaart **Dáphne** 50–1
– Bl. 6–20 cm lang **30**
30. Junge Zw. mit gekammertem Mark; Bl. lanzettl.-elliptisch *(58/49)*, bl.achselst. Dornen . . . . . . **Prinsépia (sinénsis)** 58–23
– Junge Zw. ohne gekammertes Mark; Bl. schmal-lanzettl. *(30/10)* . . . . **Quércus** 30–5
31 (10, 37). Bl. bis 4 cm lang, anliegend seidig behaart **Dáphne** 50–1
– Bl. im Mittel über 4 cm lang, borstig behaart, Bl.rand steif gewimpert *(53/4)* . . . . **Rhododéndron** 53–3
32 (9). Bl. mit goldgelben Harzdrüsen, im oberen Drittel kerbig gesägt *(35/2)* . . . . **Myríca** 35–1
– Bl. ohne goldgelbe Harzdrüsen **33**
33. Bl. unterststs. mit feinen schwarzen oder braunen Punkten oder auf den stark hervortretenden Adern behaart, 3–8 cm lang . . **Lyónia** 53–18
– Bl. unterststs. mit gelben Punkten oder andersfarbigen Schuppen oder durchscheinend punktiert **34**

34. Bl.rand entweder abstehend behaart und untersts. gelb punktiert oder untersts. oder beidersts. bräunl. schuppig oder untersts. andersfarbig schuppig *(53/4, 53/5)* . ***Rhododéndron*** 53–3
– Bl.rand nicht abstehend behaart, nicht gelb punktiert oder schuppig **35**
35. Bl. meist nicht über 3 cm lang . . . . ***Andrómeda*** 53–17
– Bl. über 3 cm lang **36**
36. Bl.rand gewimpert, obere Hälfte z. T. gekerbt, Bl. untersts. dunkel punktiert . . . . ***Píeris*** 53–17
– Bl.rand glatt, Bl. durchscheinend punktiert *(78/4)* . ***Skímmia*** 78–5
37 (8). Bl.rand dicht abstehend behaart **31**
– Bl.rand nicht oder nur anfangs abstehend behaart, z. T. gewimpert **38**
38. Bl. obersts. rotbraun oder leicht angedrückt behaart, untersts. schwach behaart . . . . ***Menziésia*** 53–13
– Bl. obersts. nicht rotbraun behaart **39**
39. Bl. untersts. mit bräunl. oder andersfarbigen Schuppen *(53/5)* ***Rhododéndron*** 53–3
– Bl. untersts. ohne Schuppen **40**
40. Bl. bis etwa 4 cm lang **46**
– Bl. länger **41**
41. Bl.spreite allmähl. in den Bl.stiel übergehend, Seitenadern untersts. undeutl. **44**
– Bl.spreite deutl. vom Bl.stiel abgesetzt, Seitenadern untersts. stark hervortretend **42**
42. Bl. deutl. verkehrteif. und an der Spitze z. T. leicht gelappt *(30/9)* ***Quércus*** 30–5
– Bl. elliptisch-eif., zugespitzt **43**
43. Seitenadern meist unverzweigt *(85/6)* . . . . . . ***Rhámnus*** 85–2
– Seitenadern ± verzweigt *(63/3)* . . . . ***Nýssa*** 62–2
44 (41). Bl. etwa 4mal so lang wie breit, breitkeilig dem Sproß aufsitzend *(58/45)* . . . . ***Sibiraēa*** 58–21
– Bl. meist nicht über 3mal so lang wie breit **45**
45. Bltn. groß, weiß, nicht duftend, 5zählig, Bltn.stand eine Traube ***Exochórda*** 58–6
– Bltn. kleiner, gelbl.grün oder rosarot, seltener weiß, stark duftend, 4zählig, Bltn. in Köpfchen oder Büscheln . . ***Dáphne*** 50–1
46 (40). Bl. kahl oder schwach behaart . . . . ***Spiraēa*** 58–10
– Bl. stärker behaart oder kahl und dann sehr derb . ***Dáphne*** 50–1
47 (7). Pfl. windend; junge Zw. kantig gestreift; Basis der Bl.spreite herzf. bis pfeilf., z. T. undeutl. gezähnt . . . . . . ***Polýgonum*** 20–2
– Pfl. nicht windend **48**

48. Bl. kahl, elliptisch bis längl.-verkehrteif. . . . . ***Cótinus*** 75–1
– Bl. zumindest anfangs weißfilzig behaart, später vor allem obersts. ± kahl, schmal-elliptisch, elliptisch oder längl.-verkehrteif. . . . . ***Pýrus*** 58–67
49 (6). Zw. an der Ansatzstelle des Bl.stiels mit zweigumfassender Linie *(10/7)*; Bl. meist sehr groß, z.T. bis 40 cm lang . . . . . ***Magnólia*** 10–1
– Zw. ohne zweigumfassende Linie **50**
50. Zw. mit Dornen *(34/3)* . . ***Maclúra***, × ***Macludránia*** 34–2, 34–3
– Zw. dornenlos **51**
51. Zw. ohne Mark; im Gebüsch kletternd; Bl. lang zugespitzt, die oberen oft 3zählig *(91/1)* . . . . ***Solánum*** 91–1
– Zw. mit Mark **52**
52. Sproß windend, Knoten röhrig umschlossen von trockenhäutiger Stipularscheide . . . . ***Polýgonum*** 20–2
– Sproß nicht windend, ohne Stipularscheide **53**
53. Bl. ganzrandig und 1–3lappig *(13/2–13/4)* . . . ***Sássafras*** 13–2
– Bl. stets ganzrandig, selten (× *Crataemespilus*) leicht gelappt **54**
54. Bl. im Mittel über 5 cm breit, wenn schmaler, dann immergrün **58**
– Bl. schmaler, sommergrün **55**
55. Bl. untersts. weichhaarig, nicht selten Bl.rand fein gezähnt . . ***Méspilus*** 58–87
– Bl. bald kahl werdend oder nur untersts. Mittelader etwas behaart **56**
56. Bl. durchscheinend punktiert, beim Zerreiben aromatisch duftend, verkehrteif., jedersts. bis 9 Seitenadern *(78/2)* . ***Oríxa*** 78–3
– Bl. nicht durchscheinend punktiert **57**
57. Bl. mehr als 2mal so lang wie breit, Bl. jedersts. mit 15–20 Seitenadern *(30/10)* . . . . ***Quércus*** 30–5
– Bl. höchstens doppelt so lang wie breit; Bl. beim Zerreiben aromatisch duftend . . . . ***Líndera*** 13–1
58 (54). Bl. durchscheinend punktiert, Basis der Bl.spreite allmähl. verschmälert *(11/1)* . . . . ***Asímina*** 11–1
– Bl. nicht durchscheinend punktiert **59**
59. Bl. in Scheinwirteln gebüschelt, längl. schmal-eif., kahl, jedersts. mit 12–18 Seitenadern . . . . . . ***Daphniphýllum*** 28–1
– Bl. nicht in Scheinwirteln gebüschelt **60**
60. Bl.rand etwas umgerollt, Bl. kahl, glänzend, derb, zuweilen entfernt gesägt, immergrün *(58/59)* . . . . ***Prúnus*** 58–23
– Bl.rand nicht umgerollt **61**
61. Bl. immergrün, elliptisch-lanzettl., 5–10 cm lang, obersts. dunkelgrün, untersts. hellgrün . . . . . . ***Kálmia (latifólia)*** 53–15
– Bl. sommergrün **62**

62. Junge Zw. kahl; Bl. schmal-oval bis längl.-eif., Bl.spitze und Basis der Bl.spreite etwas zugespitzt *(30/11)* . . . . ***Quércus*** 30–5
– Junge Zw. behaart **63**
63. Bl. in oder oberhalb der Mitte am breitesten, Basis der Bl.spreite ± schmalkeilig *(62/3)* . . . . ***Nýssa*** 62–2
– Bl. in oder unterhalb der Mitte am breitesten, Basis der Bl.spreite abgerundet oder breitkeilig . . . . . . ***Dióspyros*** 57–1
64 (5). Bl.stiel mit 2 Ranken (Rankenbl.); Zw. meist stachelig *(101/3)* . . . . ***Smílax*** 101–1
– Bl.stiel ohne Ranken **65**
65. Knoten röhrig umschlossen von trockenhäutiger Stipularscheide; Bl. oft schwach gezähnt, Bl.stiel etwa 3–4 cm lang; Pfl. windend . . . . ***Polýgonum*** 20–2
– Knoten ohne Stipularscheide **66**
66. Von der Basis der Bl.spreite gehen 3 etwa gleich starke Adern ab, Bl.stiel bis 2,5 cm lang **72**
– Von der Basis der Bl.spreite gehen mehr als 3 Adern ab, Bl.stiel meist länger **67**
67. Basis der Bl.spreite keilf., Bl. lederartig; Sproß liegend oder mit Haftwurzeln an Bäumen oder Mauern kletternd . . ***Hédera*** 81–1
– Basis der Bl.spreite herzf. oder gestutzt **68**
68. Pfl. windend **70**
– Pfl. nicht windend, aufrecht; Bl. rundl. **69**
69. Von der Basis der Bl.spreite meist 7 Adern ausgehend *(69/4)*, Bl.stiel an beiden Enden verdickt . . . . ***Cércis*** 69–3
– Von der Basis der Bl.spreite meist nur 5 kräftige Adern ausgehend *(26/8)*, Bl.stiel ohne Verdickungen an den Enden . . . . . ***Disánthus*** 26–6
70 (68). Bl. ganzrandig, meist über 10 cm lang *(14/1)* . . . . . . ***Aristolóchia*** 14–1
– Bl. wenigstens teilweise gelappt **71**
71. Bl. ± schildf., 3–7lappig, selten ungelappt *(17/3, 17/4)* . . . . . ***Menispérmum*** 17–1
– Bl. nicht schildf., ganzrandig bis leicht 3lappig . ***Cócculus*** 17–1
72 (66). Bl.rand in der oberen Hälfte wellig und am breitesten, Bl. jederstS. mit 5–6 deutl. hervortretenden Seitenadern, Bl.stiel 2–6 mm lang *(26/5)* . . . . ***Parrótia*** 26–5
– Bl. ganzrandig, in oder unterhalb der Bl.mitte am breitesten; Bl. jederstS. mit 6–12 undeutl. Seitenadern, Bl.stiel 1–2,5 cm lang . . . . ***Berchémia*** 85–2
73 (4). Zw. an der Ansatzstelle des Bl.stiels mit zweigumfassender Linie *(10/7)*; Bl. sehr groß . . . . ***Magnólia*** 10–1
– Zw. ohne zweigumfassende Linie **74**

74. Bl. untersts. mit kleinen bräunl. oder silberfarbenen Schuppen oder filzig behaart **86**
– Bl. untersts. ohne Schuppen, kahl oder behaart **75**
75. Bl.rand ± umgerollt **85**
– Bl.rand flach oder gewellt **76**
76. Bl. meist über 10 cm lang; immergrün, lederartig . . . . ***Rhododéndron*** 53–3
– Bl. meist unter 10 cm lang **77**
77. Bl.stiel meist länger als 1,5 cm **83**
– Bl.stiel meist kürzer als 1,5 cm **78**
78. Bl. beidersts. mit büschelig verzweigten Haaren, besonders deutl. auf der Bl.obers. zu erkennen; Bl.stiel meist nicht über 5 mm lang . . . . ***Elaeágnus*** 67–1
– Bl. kahl oder mit unverzweigten Haaren **79**
79. Bl. 5–10mal so lang wie breit **82**
– Bl. weniger als 5mal so lang wie breit **80**
80. Bltn. ohne Bltn.hülle (Kbl. und Krbl. fehlen) . . . . ***Sálix*** 45–7
– Bltn. mit Bltn.hülle **81**
81. Bltn. meist über 2 cm breit, stets einzeln, endst. an beblätterten Zw.; Bl. 5–10 cm lang, 3,5–7,5 cm breit, Basis der Bl.spreite z. T. herzf. *(58/116)* . . . . ***Cydónia*** 58–56
– Bltn. meist unter 2 cm breit, meist in Schirmrispen oder -trauben, selten einzeln; Bl. meist kleiner, Basis der Bl.spreite nicht herzf. . . . . ***Cotoneáster*** 58–81
82 (79). Junge Zw. dicht weißgraufilzig; Bl.stiel im Mittel 1 cm lang . . . . ***Pýrus*** 58–67
– Junge Zw. nicht weißgraufilzig; Bl.stiel kürzer . . . . ***Sálix*** 45–7
83 (77). Bl. jedersts. mit 5–6 unverzweigten Seitenadern, bogenf. zur Bl.spitze gekrümmt *(63/5)* . . . . ***Córnus*** 63–1
– Bl. jedersts. mit mehr als 5–6 Seitenadern, nicht bogenf. zur Bl.spitze gekrümmt **84**
84. Bl. untersts. mit schwach hervortretenden Seitenadern, kaum fühlbar, Bl.stiel z. T. bis 3 cm lang . . . . ***Pýrus*** 58–67
– Bl. untersts. mit stark hervortretenden Seitenadern, Bl.stiel kürzer . . . . ***Sálix*** 45–7
85 (75). Bl. meist über 2,5 cm breit, wenn schmaler, dann höchstens 3mal so lang wie breit . . . . ***Rhododéndron*** 53–3
– Bl. schmaler, 5–12mal so lang wie breit . . . . ***Sálix*** 45–7
86 (74). Bl. untersts. silberweiß durch Schuppen oder Sternhaare oder weißfilzig **88**
– Bl. untersts. rostrot-filzig oder rostbraun-filzig behaart **87**
87. Bl. linealisch bis eif., 2–5 cm lang . . . . ***Lédum*** 53–3
– Bl. längl. bis elliptisch, meist über 10 cm lang . . . . ***Rhododéndron*** 53–3

88 (86). Bl. 1–4 cm breit . . . . ***Elaeágnus*** 67–1
– Bl. meist unter 1 cm breit, lanzettl. **89**
89. Bltn. gelb . . . . ***Alýssum*** 46–1
– Bltn. violett oder unscheinbar **90**
90. Bl. obersts. locker schuppig behaart, untersts. dichter schuppig; sehr dornig . . . . ***Hippóphae*** 67–2
– Bl. obersts. kahl, glänzend dunkelgrün, untersts., weißfilzig *(94/2)* . . . . ***Buddléja (alternifólia)*** 94–1
91 (3). Bl. seltener einfach, meist 3zählig; Zw. lang rutenf., grün . ***Cýtisus*** 70–6
– Bl. sämtl. einfach **92**
92. Bl.rand nicht lang abstehend behaart, z. T. mit wenigen Zähnen **94**
– Bl.rand lang abstehend behaart **93**
93. Bl. untersts. gelb oder andersfarbig punktiert . . . . ***Rhododéndron*** 53–3
– Bl. untersts. nicht punktiert . . . . ***Rhodothámnus*** 53–14
94 (92). Zw. mit 1–3teiligen Bl.dornen, in deren Achsel Kurztriebe mit büschelig angeordneten Bl.stehen *(19/14)* . . ***Bérberis*** 19–3
– Zw. ohne Bl.dornen, z. T. aber mit Sproßdornen **95**
95. Bl. an den Zw.enden nicht büschelig gehäuft oder stark zusammengedrängt **97**
– Bl. an den Zw.enden büschelig gehäuft oder stark zusammengedrängt **96**
96. Bl. immergrün, 5–20 mm lang, 2–5 mm breit, ± lederig . . . . ***Dáphne*** 50–1
– Bl. sommergrün, lanzettl., bis 3 cm lang . . . ***Aethionéma*** 46–2
97 (95). Zw. ohne Sproßdornen **100**
– Zw. mit Sproßdornen **98**
98. Bl. dicht silbrig-sternhaarig . . . . ***Alýssum*** 46–1
– Bl. nicht sternhaarig **99**
99. Bl. eif.-verkehrteif. bis rundl., Bltn. radiär, rosa . ***Atrapháxis*** 20–1
– Bl. lanzettl. bis elliptisch-lanzettl., Bltn. zygomorph, gelb bis goldgelb . . . . ***Genísta*** 70–9
100 (97). Bl. über 2 mm breit **102**
– Bl. 1–2 mm breit, nadelf. **101**
101. Niederliegender Halbstrauch, 5–20 cm hoch . . . ***Fumána*** 43–2
– Hoher Baum mit zweizeilig gestellten nadelartigen Bl. an den Kurztrieben, die im Herbst abfallen . . . . ***Taxódium*** 4–4
102 (100). Bl. untersts. fein punktiert oder mit kleinen bräunl. Schuppen **121**
– Bl. untersts. nicht fein punktiert und ohne bräunl. Schuppen . . **103**
103. Zw. nicht fadenf. dünn **105**
– Zw. fadenf. dünn, etwa 1 mm ∅, kriechend **104**
104. Bl. eif.-längl., Bl.rand ± umgerollt; Bltn. rötl. . ***Vaccínium*** 53–22

– Bl. ± rundl., Bl.rand nicht umgerollt; Bltn. grünl. . . . . **Muehlenbéckia** 20–2
105 (103). Bl. etwa 3 mm breit **118**
– Bl. breiter **106**
106. Junge Zw. stark behaart **115**
– Junge Zw. kahl oder nur schwach behaart **107**
107. Bl.rand umgerollt, Bl. unterststs. weißl., derb . **Andrómeda** 53–17
– Bl.rand flach, selten umgerollt und dann nicht weißl. **108**
108. Bl.spitze abgerundet oder stumpf, oberhalb der Bl.mitte oft am breitesten **112**
– Bl.spitze zugespitzt oder mit kurzer Stachelspitze, selten oberhalb der Bl.mitte am breitesten **109**
109. Bl. mit kurzer stechender Spitze, derb lederig; Bltn. gelb . . . . **Polýgala** 80–1
– Bl. ohne stechende Spitze, nicht derb lederig **110**
110. Zw. fein gefurcht; Seitenadern zur Bl.spitze gerichtet . . . . . . **Genísta** 70–9
– Zw. nicht gefurcht; Seitenadern zum Bl.rand gerichtet **111**
111. Junge Zw. dünn; Kn. mit mehreren Kn.schuppen **Andráchne** 49–1
– Junge Zw. dicker; Kn. stets nur mit einer Kn.schuppe . **Sálix** 45–7
112 (108). Sproß niederliegend, stark verästelt; Bl. beiderststs. vertieft netzaderig, oberststs. glänzend, lederartig . . . . **Arctostáphylos** 53–22
– Sproß aufrecht **113**
113. Zw. sehr dicht beblättert, dick und starr; Bl. dick, an der Spitze abgerundet und etwas eingekerbt . . . . **Hymenánthera** 42–1
– Zw. lockerer beblättert; Bl. nicht dick **114**
114. Bl. unterststs. auffallend netzaderig; Zw. rötl. oder bräunl. . . . . **Vaccínium** 53–22
– Bl. unterststs. nicht auffallend netzaderig . . . . . . **Spiraēa** 58–10
115 (106). Bl. mit Sternhaaren, unterststs. weißfilzig . . **Alýssum** 46–1
– Bl. ohne Sternhaare **116**
116. Zw. mit mehreren deutl. Längsfurchen, z. T. dem Boden aufliegend; Bltn. gelb . . . . **Genísta** 70–9
– Zw. ohne Längsfurchen **117**
117. Bl. etwa 2mal so lang wie breit, meist um ca. 2 cm lang, unterststs. graufilzig . . . . **Spiraēa** 58–10
– Bl. nicht bis 2mal so lang wie breit oder sonst kleiner oder unterststs. schneeweiß *(58/167)* . . . . **Cotoneáster** 58–81
118 (105). Bl. unterststs. kahl **120**
– Bl. unterststs. dicht anliegend seidenhaarig **119**
119. Zw. mit Längsfurchen, liegend, sehr ästig . . . . . **Genísta** 70–9
– Zw. ohne Längsfurchen, glatt, rotbraun; Bl. drüsenhaarig, Bl.rand nach unten umgebogen . . . . **Daboécia** 53–15

120 (118). Junge Zw. behaart; Bl. derb lederartig . . . . . ***Dáphne*** 50–1
– Junge Zw. kahl; Bl. etwas dick, aber nicht lederartig . ***Ibéris*** 46–1
121 (102). Bl. untersts. braun schuppig . . . ***Chamaedáphne*** 53–19
– Bl. untersts. fein punktiert **122**
122. Bl.rand etwas umgerollt, Seitenadern sichtbar . . . .
Vaccínium (vítis-idaēa) 53–23
– Bl.rand flach, Seitenadern nicht sichtbar; Bl. oft gegenst. . . . .
Leiophýllum 53–14

Gruppe VI
Blätter einfach, wechselständig, nicht ganzrandig (gelappt bis eingeschnitten, oder Blattrand wellig, gekerbt, gezähnt, gesägt oder gewimpert)

1. Bl.rand wellig oder Bl. gelappt oder eingeschnitten **162**
– Bl.rand gekerbt, gezähnt, gesägt oder gewimpert **2**
2. Von der Basis der Bl.spreite 3–5 ± kräftige Adern strahlenf. abgehend (handnervig) **137**
– Von der Basis der Bl.spreite nur eine kräftige Mittelader abgehend, von der schwächere Seitenadern oberhalb abzweigen (fiedernervig) **3**
3. Zw. mit Dornen **133**
– Zw. ohne Dornen oder nur die Zw.spitzen dornig **4**
4. Seitenadern sämtl., zumindest aber die oberen, unmittelbar in die Bl.zähne verlaufend, niemals bogig miteinander verbunden **92**
– Seitenadern nicht unmittelbar in die Bl.zähne verlaufend, entweder bogig miteinander verbunden oder sich vor dem Bl.rand verlierend, z.T. undeutl. (von den Bogen gehen feinere Adern in die Bl.zähne) **5**
5. Bl. untersts. bleibend (nicht abwischbar) gelb oder dunkel punktiert **86**
– Bl. untersts. nicht punktiert (z.T. mit abwischbaren, punktf. Überresten schwärzl. Drüsenhaare) **6**
6. Bl. bis 2 cm lang **89**
– Bl. länger **7**
7. Bl. untersts. weißl. oder bläul.weiß **74**
– Bl. heller grün bis graugrün, z.T. etwas bläul. **8**
8. Bl.stiel meist über 2 cm lang **64**
– Bl.stiel kürzer, selten bis 2 cm lang **9**
9. Bl. lederartig, sehr derb, steif, immergrün **59**
– Bl. nicht lederartig **10**
10. Bl. bis etwa 10 cm breit **12**
– Bl. breiter **11**

11. Bl. ± eif., Bl.rand gezähnt . . . . ***Pterostýrax*** 55–2
– Bl. eirundl., Bl.rand nur in der oberen Bl.hälfte gezähnt *(55/4)*, Bl. unterstS. dicht behaart . . . . ***Stýrax (obássia)*** 55–2
12 (10). Sproß nicht windend oder kletternd **15**
– Sproß windend oder kletternd **13**
13. Zw. dicht warzig mit Lentizellen; Bl.stiele meist gerötet, Bl. breit-elliptisch bis eif. *(83/11)* . . . . ***Tripterýgium*** 83–6
– Zw. ohne auffällige Lentizellen, glatt **14**
14. Junge Zw. rund, Bl. nicht durchscheinend punktiert . . . . . . ***Celástrus*** 83–5
– Junge Zw. etwas kantig, Bl. durchscheinend punktiert (Lupe!) ***Schisándra*** 15–1
15 (12). Zw. ± kantig **57**
– Zw. nicht kantig **16**
16. Junge Zw. mit vollem Mark **19**
– Junge Zw. mit gekammertem Mark **17**
17. Bl. enthalten guttaperchaähnl. Substanz, die z. B. beim vorsichtigen Zerreißen der Bl. als weiße Fäden sichtbar wird . . . . . ***Eucómmia*** 32–1
– Bl. ohne guttaperchaähnl. Substanz **18**
18. Bl. unterstS. sowie Kn. und junge Zw. sternhaarig *(55/1)* . . . . ***Halésia*** 55–1
– Bl. unterstS. nur auf den Adern etwas behaart, Kn. und junge Zw. kahl *(59/3)* . . . . ***Ítea*** 59–1
19 (16). Bl.spreite zur Basis stärker verschmälert als zur Spitze, meist oberhalb der Bl.mitte am breitesten **44**
– Bl.spreite zur Spitze stärker verschmälert als zur Basis oder nach beiden Seiten ± gleichmäßig schmaler werdend **20**
20. Junge Zw. mit grünl. Mark; Bl.rand gezähnt *(30/3)* oder leicht buchtig gekerbt . . . . ***Fágus*** 30–2
– Junge Zw. nicht mit grünl. Mark **21**
21. Bl.stiel der größeren Bl. 1–2 cm lang **37**
– Bl.stiel selten über 8 mm lang **22**
22. Bl.rand nur im oberen Drittel mit einigen größeren Zähnen *(58/31)* . . . . ***Spiraéa*** 58–10
– Bl.rand entweder eingeschnitten oder fein gesägt oder im oberen Drittel fein gezähnt **23**
23. Bl. mit rundl., meist gezähnten Stipeln, diese bald abfallend (nur bei den jüngsten Zw. vorhanden) . . . . ***Sálix*** 45–7
– Bl. ohne oder mit längl. Stipeln **24**
24. Bl. unterstS. kahl oder schwach behaart, höchstens auf der Mittelader stärker behaart **28**
– Bl. unterstS. stark behaart, vor allem jüngere Bl. **25**

25. Bl. obersts. auf der Mittelader mit schwärzl. Drüsen, Bl.rand fein kerbig gesägt *(58/151)* . . . . ***Arónia*** 58–74
– Bl. ohne schwärzl. Drüsen **26**
26. Bl. 8–12 cm lang und 4–5 cm breit, untersts. filzig behaart, Bl.rand meist nur im oberen Drittel gezähnt . . . ***Méspilus*** 58–87
– Bl. kleiner oder wenigstens schmaler **27**
27. Junge Zw. dünn (kaum über 1 mm ∅), anfangs weichhaarig; Bl. etwa 2,5–3 cm lang, an beiden Enden zugespitzt, Bl.rand fein gesägt *(58/22)* . . . . ***Spiraēa*** 58–10
– Junge Zw. dicker . . . . ***Sálix*** 45–7
28 (24). Bl. bis etwa 2,5 cm breit **31**
– Größere Bl. stets breiter **29**
29. Bl.stiel mit etwa 4–5 Drüsen . . . . ***Sálix*** 45–7
– Bl.stiel ohne Drüsen oder mit 1–2 Drüsen **30**
30. Bl.rand sehr fein und spitz gesägt, daher beim Herabstreichen rauh . . . . ***Photínia*** 58–76
– Bl.rand gesägt, aber nicht oder nur wenig rauh *(58/67)* . . . . ***Prúnus*** 58–23
31 (28). Zw. kantig, ± niederliegend bis aufsteigend; Bl.rand undeutl. entfernt gezähnt oder ganzrandig ***Evónymus (nánus)*** 83–1
– Zw. nicht kantig **32**
32. Borke vorjähriger oder älterer Zw. nicht abblätternd; Bl.rand oft so fein gezähnt, daß er ganzrandig erscheint **34**
– Borke vorjähriger oder älterer Zw. abblätternd **33**
33. Borke plattenartig (wie bei Platanen) abblätternd; Bl.rand entfernt gesägt *(38/1)* . . . . ***Stewártia*** 38–1
– Borke nicht plattenartig abblätternd; Bl.rand fein gezähnt oder mit gröberen Einschnitten . . . . ***Spiraēa*** 58–10
34 (32). Bl. über 6mal so lang wie breit, lanzettl. oder linealisch-lanzettl. *(45/22)* . . . . ***Sálix*** 45–7
– Bl. weniger als 6mal so lang wie breit **35**
35. Bl. untersts. grau oder bläul.grün, Bl.rand entfernt gezähnt, z. T. auch ganzrandig . . . . ***Sálix*** 45–7
– Bl. untersts. grün **36**
36. Bl.rand dicht gesägt . . . . ***Ericáceae*** 53–1
– Bl.rand in der oberen Bl.hälfte entfernt gesägt *(55/5)* . . . . . . ***Stýrax (japónica)*** 55–3
37 (21, 46). Bl. deutl. zugespitzt, eif.-lanzettl. *(53/20)*, obersts. glänzend grün . . . . ***Leucóthoe*** 53–19
– Bl. nicht zugespitzt **38**
38. Seitenadern dicht vor dem Bl.rand umbiegend und ± parallel zum Bl.rand verlaufend, meist unverzweigt . . . ***Rhámnus*** 85–2
– Seitenadern anders verlaufend, meist verzweigt **39**

39. Seitenadern in der Nähe des Bl.randes bogig verbunden, die oberen oft deutl. in die Bl.zähne verlaufend, Bl.spitze oft abgerundet, Bl. untersts. anfangs filzig behaart, später meist kahl **_Amelánchier_** 58–77

– Seitenadern meist in einiger Entfernung vom Bl.rand bogig verbunden, nicht in die Bl.zähne verlaufend, Bl. stets zugespitzt **40**

40. An der Basis der Bl.spreite oder am oberen Ende des Bl.stiels meist 2–3 Drüsenhöcker *(58/68)* . . . . **_Prúnus_** 58–23

– Bl. ohne Drüsenhöcker **41**

41. Bl. längl.-elliptisch, nicht zugespitzt, 10–20 cm lang . . . . . . **_Oxydéndrum_** 53–19

– Bl., elliptisch-eif., zugespitzt **42**

42. Bltn. auf der Mittelader der Bl.oberseite (epiphylle Infloreszenz); Bl.rand grannig gesägt *(63/7)* . . . . . . **_Helwíngia_** 63–5

– Bltn. hängend in Schirmtrauben oder in starr abwärts gerichteten Ähren; Bl.rand gesägt **43**

43. Bl. deutl. zugespitzt, 6–14 cm lang *(41/1)* . . **_Stachyúrus_** 41–1

– Bl. kaum zugespitzt, 3–7 cm lang *(53/16)* . . **_Enkiánthus_** 53–16

44 (19). Bl. untersts. weichfilzig behaart, sehr fein gezähnt *(58/169)*, im Mittel über 10 cm lang und 4–6 cm breit; Bl.stiel meist nicht über 5 mm lang, filzig behaart; junge Zw. zottig filzig . . . **_Méspilus_** 58–87

– Bl. untersts. kahl oder wenig behaart, selten stärker behaart, dann jedoch kleiner oder länger gestielt **45**

45. Bl.rand nur im oberen Drittel mit einigen größeren Zähnen, sonst ganzrandig **55**

– Bl.rand in der oberen Hälfte mit vielen Zähnen oder am ganzen Bl.rand gezähnt oder gesägt **46**

46. Basis der Bl.spreite deutl. abgerundet, vom Bl.stiel scharf abgesetzt **37**

– Basis der Bl.spreite nicht scharf abgesetzt **47**

47. Basis der Bl.spreite keilf., Bl. längl.-elliptisch, 2–7 cm lang, gesägt, untersts. ± behaart . . . . **_Leucóthoë_** 53–19

– Basis der Bl.spreite allmähl. in den Bl.stiel übergehend **48**

48. Zw. mit Dornen **54**

– Zw. ohne Dornen **49**

49. Junge Zw. ± rauh, graufilzig; Bl.rand nur in oberer Bl.hälfte gesägt, Bl. untersts. mit Sternhaaren auf Adern . . **_Cléthra_** 52–1

– Junge Zw. glatt, ± behaart, aber nicht graufilzig **50**

50. Bl.rand entfernt gesägt; Bl. 12–15 cm lang, obersts. grün glänzend, untersts. behaart **_Franklínia_** 38–2

– Bl.rand fein gesägt; **51**

51. Bl. auffällig runzlig, obersts. mit tief eingesenktem, untersts. mit deutl. hervortretendem Adernetz . . . . ***Sýmplocos*** 56–1

– Bl. nicht auffällig runzlig **52**

52. Bl. im Mittel 3–3,5 cm breit, an Bltn.zw. auch schmaler, plötzl. kurz zugespitzt . . . . ***Arónia*** 58–74

– Bl. im Mittel nicht über 2,5 cm breit **53**

53. Bl. ± lang zugespitzt, Bl.rand fein gesägt, dadurch rauh, Bl.stiel 3–5 mm lang . . . . ***Photínia*** 58–76

– Bl. allmähl. kurz zugespitzt, Bl.rand nicht oder nur wenig rauh, Bl.stiel über 5 mm lang . . . . ***Prúnus*** 58–23

54 (48). Seitenadern zur Bl.spitze gerichtet, die oberen ± parallel zur Mittelader, Basis der Bl.spreite stark keilig verschmälert ***Rhámnus*** 85–2

– Seitenadern ± zum Bl.rand gerichtet, Basis der Bl.spreite nicht stark verschmälert . . . . ***Prúnus*** 58–23

55 (45). Bl. bis 4 cm lang, Bl.stiel meist bis 1 cm lang ***Spiræ̃a*** 58–10

– Bl. wesentl. länger, Bl.stiel über 1 cm lang **56**

56. Bl. 5–7 cm lang, Bl.rand zur Bl.spitze hin kerbig gesägt oder ganzrandig . . . . ***Exochórda*** 58–6

– Bl. bis 16 cm lang, grob gezähnt oder ganzrandig ***Nýssa*** 62–2

57 (15). Zw. etwas kantig, kahl; Bl. verkehrteif. bis schmaloval, 2–7 cm lang, entfernt gezähnt, an Bltn.zw. aber ganzrandig, Bl. beidersts. harzig-klebrig . . . . ***Báccharis*** 98–1

– Zw. deutl. kantig **58**

58. Zw. ± 5kantig-riefig; Bl. bis 3,5 cm lang, sehr kurz gestielt ***Vaccínium*** 53–22

– Zw. scharf 8kantig; Bl. über 3 cm lang, fein gewimpert, sitzend bis fast sitzend, Basis der Bl.spreite lang keilf. *(21/1)* . . . . . ***Ceratostígma*** 21–1

59 (9). Bl. im Mittel nicht über 2 cm lang, fast ganzrandig, deutl. netzaderig; Sproß niederliegend, Seitenzw. sich aufrichtend ***Arctostáphylos*** 53–22

– Bl. im Mittel über 2 cm lang **60**

60. Bl. fein gezähnt **62**

– Bl. jederstS. mit 1–8 großen stechenden Zähnen **61**

61. Bl. dick, lederig, alle einfach *(82/2)*, ... ***Ílex*** 82–1

– Bl. dünner, an Kurztrieben meist noch gefiederte Bl., Bl.rand der Blch. fein gezähnt . . . . × ***Mahobérberis*** 19–3

62 (60). Bl. über 10 cm lang, 3–8 cm breit, lederig, glatt, glänzend, Bl.rand zieml. entfernt gesägt, leicht umgerollt, immergrün . . . ***Prúnus (laurocérasus)*** 58–26

– Bl. kleiner **63**

63. Sproß niederliegend, kahl, oder aufrecht, dann aber zottig behaart . . . . ***Gaulthéria*** 53–20

– Sproß aufrecht, kahl oder fein behaart, Bl.rand in der unteren Bl.hälfte meist ganzrandig, Basis der Bl.spreite stark keilig verschmälert *(53/19)* . . . . ***Píeris*** 53–17
64 (8). Sproß windend **72**
– Sproß nicht windend **65**
65. Bl. im Mittel über 6 cm breit, 3eckig oder schief 4eckig, Bl.stiel 3–12 cm lang . . . . ***Pópulus*** 45–1
– Bl. nur selten über 5 cm breit, dann aber kürzer gestielt und nicht eckig **66**
66. Bl.spitze abgerundet, Bl. 2–4 cm lang, anfangs unterst. filzig behaart (abwischbar) . . . . ***Amelánchier*** 58–77
– Bl.spitze zugespitzt **67**
67. Bl.stiel und unterer Bl.rand mit 1–3 bräunl. Drüsenhöckern *(58/68)* . . . . ***Prúnus*** 58–23
– Bl.stiel und unterer Bl.rand ohne Drüsenhöcker **68**
68. Kn. gestielt . . . . ***Álnus*** 31–1
– Kn. nicht gestielt **69**
69. Bl. verkehrt-eif. bis rhombisch-eif., lederig, immergrün, ohne Stipeln *(22/1)* . . . . ***Trochodéndron*** 22–1
– Bl. ± elliptisch, rundl. oder lanzettl., Stipeln meist vorhanden (z.T. früh abfallend) **70**
70. Bl. mit zahlreichen feinen Seitenadern, diese schwach fühlbar ***Pýrus*** 58–67
– Bl. mit kräftigen Seitenadern, diese deutl. fühlbar **71**
71. Bl.spreite in der unteren Hälfte meist mit 2 stärkeren Seitenadern . . . . ***Málus*** 58–58
– Bl.spreite in der unteren Hälfte mit mehr als 2 stärkeren Seitenadern . . . . ***Prúnus*** 58–23
72 (64). Basis der Bl.spreite deutl. herzf. oder pfeilf., Bl.rand undeutl. gezähnt *(20/2)* . . . . ***Polýgonum*** 20–2
– Basis der Bl.spreite abgerundet bis keilf. oder leicht herzf., Bl.rand deutl. gezähnt oder gekerbt **73**
73. Junge Zw. mit gekammertem Mark (Ausnahme *A. polygama*) . ***Actinídia*** 51–1
– Junge Zw. ohne gekammertes Mark . . . . . ***Schisándra*** 15–1
74 (7). Bl. im Mittel 2 cm lang, 6–8 mm breit, Bl.rand grob gekerbt *(58/99)*; Sproß niederliegend, kriechend . . . . . . ***Drýas*** 58–45
– Bl. länger, Sproß aufrecht **75**
75. Bl. unterst. nicht filzig behaart **77**
– Bl. unterst. filzig behaart **76**
76. Bl. unterst. nur anfangs filzig behaart (abwischbar), später kahl oder fast kahl; obere Seitenadern z.T. in Blattzähne verlaufend . . . . ***Amelánchier*** 58–77

— Bl. untersts. bleibend filzig behaart, nur in oberer Bl.hälfte gesägt . . . . ***Cléthra*** 52–1

77 (75). Junge Zw. mit gekammertem Mark . . . . . ***Halésia*** 55–1

— Junge Zw. ohne gekammertes Mark **78**

78. Bl.stiel über 2 cm lang . . . . ***Pópulus*** 45–1

— Bl.stiel höchstens 2 cm lang **79**

79. Bl. im Mittel über 8 cm breit . . . . ***Pterostýrax*** 55–2

— Bl. nur selten bis 8 cm breit **80**

80. Zw. ± scharfkantig . . . . ***Pópulus*** 45–1

— Zw. rund **81**

81. Bl. untersts. stark behaart, meist weichfilzig **85**

— Bl. untersts. kahl oder schwach behaart **82**

82. Bl.rand in der oberen Hälfte grob gesägt, sonst ganzrandig, Bl.spitze meist abgerundet, Basis der Bl.spreite keilig verschmälert, Bl.stiel etwa 1 cm lang . . . . ***Exochórda*** 58–6

— Bl.rand fein gesägt, schwach gekerbt oder ganzrandig **83**

83. Bl.rand schwach gekerbt bis ganzrandig *(53/17)*, Bl. untersts. weißl.-bläul. bereift . . . . ***Zenóbia*** 53–17

— Bl.rand fein gesägt bis ganzrandig **84**

84. Basis der Bl.spreite keilig verschmälert, allmähl. in den Bl.stiel übergehend; Bl.spreite oberhalb der Mitte am breitesten und nur hier fein gesägt, Bl.stiel im Mittel nicht unter 1 cm lang ***Prúnus*** 58–23

— Basis der Bl.spreite abgerundet oder keilig verschmälert, dann aber Adernetz auf Bl.unterseite stark hervortretend oder Bl. kürzer gestielt . . . . ***Sálix*** 45–7

85 (81). Bl. untersts. reinweiß, etwas über 2mal so lang wie breit, Bl.rand scharf gesägt, Stipeln klein, linealisch . . . . ***Prúnus (incána)*** 58–33

— Bl. untersts. bläul.weiß, wenn reinweiß, dann Bl. über 3mal so lang wie breit; Stipeln rundl. . . . . ***Sálix*** 45–7

86 (5). Bl.rand drüsenzähnig, Bl. untersts. mit zerstreuten, glänzenden Drüsen . . . . ***Escallónia*** 59–2

— Bl.rand nicht drüsenzähnig **87**

87. Bl. kaum über 2(–3) cm lang, untersts. dunkel punktiert, lederig, immergrün, Bl.rand undeutl. gezähnt . . . . ***Vaccínium (vítis idaéa)*** 53–23

— Bl. meist länger **88**

88. Bl. untersts. gelb punktiert (goldgelbe Harzdrüsen), Bl.rand nur im oberen Teil grob gezähnt *(35/2)* . . . . ***Mýrica*** 35–1

— Bl. untersts. dunkel punktiert, Bl.rand fein gezähnt . . . . ***Ericáceae*** 53–1

89 (6). Bl. untersts. dicht graufilzig behaart . . . . ***Prúnus (prostráta)*** 58–34

– Bl. beidersts. grün **90**
90. Bl. länger als breit, mit stechender Spitze *(53/24)* . . . . ***Pernéttya*** 53–21
– Bl. etwa so lang wie breit, rundl. **91**
91. Junge Zw. dicht behaart . . . . ***Bétula*** 31–5
– Junge Zw. kahl . . . . ***Sálix*** 45–7
92 (4). Bl. untersts. weiß oder graufilzig **131**
– Bl. untersts. grün oder grau **93**
93. Seitenadern unmittelbar vor Erreichen des Bl.randes zur Bl.spitze umbiegend, nur scheinbar in die Bl.zähne verlaufend . **130**
– Wenigstens die oberen Seitenadern in die Bl.zähne verlaufend **94**
94. Mittelader jedersts. mit meist mehr als 10 kräftigen Seitenadern, die sämtl. in die Bl.zähne verlaufen **122**
– Mittelader jedersts. mit höchstens 10 Seitenadern **95**
95. Bl. untersts. gelb punktiert (goldgelbe Harzdrüsen) ***Mýrica*** 35–1
– Bl. untersts. nicht gelb punktiert **96**
96. Zw. grün (auch vorjährige), fein gestreift, dünn; Bl. lang zugespitzt *(58/83)* . . . . ***Kérria*** 58–38
– Zw. nicht oder nur anfangs grün **97**
97. Bl. wenigstens z. T. ± deutl. 3lappig, lang zugespitzt *(58/77)* . ***Prúnus (tríloba)*** 58–34
– Bl. nicht 3lappig, nicht lang zugespitzt **98**
98. Bl.stiel 3–8 mm lang **115**
– Bl.stiel länger, bei großen Bl. mindestens 1 cm lang **99**
99. Basis der Bl.spreite auffallend asymmetrisch, seltener symmetrisch, dann aber klein und obersts. sehr rauh **114**
– Basis der Bl.spreite nicht oder wenig asymmetrisch **100**
100. Zw. kantig; Basis der Bl.spreite schwach herzf., Bl.rand fein gesägt *(58/82)* . . . . ***Neviúsia*** 58–37
– Zw. 3kantig bis rund **101**
101. Basis der Bl.spreite allmähl. in den Bl.stiel übergehend **112**
– Basis der Bl.spreite abgerundet oder herzf., z. T. etwas keilig, aber stets deutl. vom Bl.stiel abgesetzt **102**
102. Nur die oberen Seitenadern in die Bl.zähne verlaufend **111**
– Alle Seitenadern in die Bl.zähne verlaufend, höchstens an der Basis der Bl.spreite jedersts. eine Seitenader, die den Bl.rand nicht erreicht **103**
103. Bl.rand etwas gelappt, Bl. untersts. hellgrün, blau- bis graugrün oder gelbgraufilzig behaart **109**
– Bl.rand ungelappt, seltener etwas tiefer eingeschnitten, dann aber Bl. untersts. grün **104**
104 (178). Borke von Stamm und Ästen weiß oder rötl., papierartig abblätternd, an älteren Stämmen schwarzrissig; Zw. rund, meist schlank, rutenf., sehr biegsam, junge Zw. meist braun

oder rötl., oft mit Harzdrüsen; Bl. meist 3- oder 4eckig, an Kurztrieben scheinbar gegenst. *(31/10)* . . . . **Bétula** 31–5

– Borke meist grau oder schwarz, niemals weiß oder rötl. und nicht papierartig abblätternd; junge Zw. oft ± kantig **105**

105. Basis der Bl.spreite keilig, selten ausgerandet, dann aber Bl. fein gesägt und unterhalb der Bl.mitte am breitesten sowie Adern untersts. wenig fühlbar *(31/2–31/6)* . . . . . **Álnus** 31–1

– Basis der Bl.spreite herzf. oder gestutzt **106**

106. Zw. mit Sternhaaren **108**

– Zw. mit einfachen Haaren oder Drüsenhaaren oder kahl **107**

107. Bl. meist oberhalb der Mitte am breitesten, Bl.rand ungleich und meist doppelt gezähnt, Bl. und junge Zw. mit einfachen Haaren und Drüsenhaaren *(31/28)* . . . . **Córylus** 31–12

– Bl. in der Mitte oder unterhalb der Mitte am breitesten, Bl.rand grob gezähnt *(62/1)*, Bl. untersts. kahl oder seltener seidenhaarig; Zw. stets kahl . . . . **Davídia** 62–1

108 (106). Bl. groß, 10–18 cm lang, Basis der Bl.spreite breit-keilf. bis schwach herzf., Bl.rand gleichmäßig fein grannig gezähnt *(26/3)* . . . . **Sinowilsónia** 26–3

– Bl. kleiner, 5–8 cm lang, Basis der Bl.spreite gestutzt bis schwach herzf., Bl.rand deutl. gezähnt, ohne Grannen *(26/7)* **Parrotiópsis** 26–6

109 (103). Bl. untersts. gelbgraufilzig behaart, Bl.lappen meist ± abgerundet . . . . **Sórbus** 58–69

– Bl. untersts. hellgrün, blau- oder graugrün, Bl.lappen spitz . . . **110**

110. Bl. eirundl.-rundl., plötzl. zugespitzt mit lang ausgezogener Spitze *(24/1)* . . . . **Euptélea** 24–1

– Bl. eif.-elliptisch, wenn rundl., dann nur schwach zugespitzt **Álnus** 31–1

111 (102). Bl. bis 5,5 cm breit . . . . **Amelánchier** 58–77

– Bl. meist über 6 cm breit . . . . **Álnus** 31–1

112 (101). Bl.rand im oberen Drittel mit etwa 1–6 Zähnen, sonst ganzrandig, Bl. 2–3mal so lang wie breit, untersts. ± hellgrau; Zw. hell gelbbraun . . . . **Exochórda** 58–6

– Bl.rand in der oberen Hälfte reichl. gezähnt oder am ganzen Rand eingeschnitten **113**

113. Bl.zähne gleich oder fast gleich, Bl. über 2mal so lang wie breit, Bl. jedersts. mit 7–10 Seitenadern, die nur undeutl. in die Bl.zähne verlaufen; junge Zw. fein behaart . . . . . **Cléthra** 52–1

– Bl.zähne (wenigstens an größeren Bl.) ungleich, Bl. nicht über 2mal so lang wie breit, nicht selten etwas gelappt; Stipeln vorhanden, oft aber nur an den jüngsten Zw. . . **Cratāégus** 58–88

114 (99). Bl.rand wellig *(26/4)* . . . . **Hamamélis** 26–3

– Bl.rand dicht gesägt . . . . ***Úlmus*** 33–1

115 (98). Bl. im Mittel 6–10 cm breit, ± rundl. *(31/27)* ***Córylus*** 31–12

– Bl. schmaler **116**

116. Bl. untersts. weichfilzig behaart, sehr fein gezähnt (Lupe!), größere Bl. über 10 cm lang *(58/169)* . . . . ***Méspilus*** 58–87

– Bl. untersts. nicht weichfilzig behaart **117**

117. Einjährige Zw. mit warzigen Drüsen; Bl. selten über 3 cm lang, jedersts. mit 4–5 Seitenadern, Basis der Bl.spreite meist abgerundet . . . . ***Bétula*** 31–5

– Einjährige Zw. ohne warzige Drüsen **118**

118. Bl.rand stark wellig, Bl. 1–2(–3) cm lang, unregelmäßig gekerbt und leicht gelappt *(30/7)*; Zw. mit weißen Lentizellen . . . ***Nothofágus*** 30–4

– Bl.rand nicht wellig **119**

119. Bl.rand zumindest in der oberen Bl.hälfte fein gesägt, Bl.spitze abgerundet oder kaum zugespitzt, Bl. etwa 3–6 cm lang . . . . ***Sórbus (chamaeméspilus)*** 58–70

– Bl.rand stets grob gesägt **120**

120. Bl. ohne Stipeln; Zw. gelb- oder rotbraun; Borke später meist abblätternd . . . . ***Spirǽa*** 58–10

– Bl. mit Stipeln, die allerdings oft früh abfallen, im oberen Teil von Langtrieben aber meist mindestens in Resten noch vorhanden sind **121**

121. Bl. breit eif. bis rundl., 3–5 cm lang, kurz zugespitzt, Basis der Bl.spreite abgerundet, Bl. untersts. auf den Adern dicht weichhaarig, auf der Fläche der Bl.spreite locker behaart, Bl.rand grob einfach (bis doppelt) gesägt mit kurz zugespitzten Bl.zähnen . . . . ***Prúnus (tomentósa)*** 58–34

– Bl. nicht mit diesen Merkmalen, Bl. meist größer, Basis der Bl.spreite oft keilf. . . . . ***Cratǽgus*** 58–88

122 (94). In jeden Bl.zahn eine kräftige Seitenader verlaufend . . . **127**

– Nicht in jeden Bl.zahn eine Seitenader verlaufend, Bl.rand ± fein gesägt **123**

123. Basis der Bl.spreite stark asymmetrisch . . . . . . ***Úlmus*** 33–1

– Basis der Bl.spreite nicht oder nicht auffallend asymmetrisch . **124**

124. Bl. untersts. graugrün, Bl.rand etwas gelappt *(31/6)* ***Álnus*** 31–1

– Bl. untersts. nicht graugrün **125**

125. Seitenadern beim Eintritt in die Bl.zähne zur Bl.spitze gebogen, Bl. zuweilen scheinbar gegenst., nicht gefaltet . . . ***Bétula*** 31–5

– Seitenadern beim Eintritt in die Bl.zähne nicht oder nur selten etwas gebogen (zuweilen zur Basis), Bl. gefaltet **126**

126. Bl. jedersts. mit 9–15 Seitenadern, diese meist etwas verzweigt, Bl. im Mittel 5–10 cm lang, Bl. untersts. leicht behaart *(31/25)* . . . . ***Óstrya*** 31–11

– Bl. jedersts. mit 10–24 Seitenadern, diese sehr oft unverzweigt, Bl. im Mittel 5–8 cm lang, Bl. untersts. nur auf Adern behaart *(31/23)* . . . . **Cárpinus** 31–10

127 (122). Kn. am Ende von Langtrieben gehäuft; Bl.zähne mit kurzer borstiger Granne oder Knorpelspitze *(30/11–30/14)* . . . **Quércus** 30–5

– Kn. am Zw.ende einzeln **128**

128. Bl. etwa 8–25 cm lang, Bl.zähne grannenartig *(30/1)* . . . . . **Castánea** 30–1

– Bl. nur bis etwa 10 cm lang **129**

129. Kurztriebe verdornend . . . . **Hemiptélea** 33–5

– Kurztriebe nicht verdornend . . . . **Zélkova** 33–5

130 (93). Junge Zw. mit grünl. Mark; Bl.rand schwach gezähnt, leicht buchtig gekerbt oder schwach wellig bis ganzrandig, Bl. jedersts. mit 5–8 Seitenadern . . . . **Fágus** 30–2

– Junge Zw. ohne grünes Mark; Bl.rand gezähnt, Bl. jedersts. oft mit mehr als 5–8 Seitenadern *(85/6)* . . . . . . **Rhámnus** 85–2

131 (92). Bl. 0,5–2 cm lang; Sproß niederliegend mit etwa 10 cm hohen Seitenzw. *(58/99)* . . . . **Drýas** 58–45

– Bl. größer, Sproß stets aufrecht **132**

132. Bl.stiel etwa 0,5 cm lang, Bl. bis etwa 3 cm breit, im unteren Drittel ganzrandig, oft nur an der Bl.spitze gezähnt **Spiraēa** 58–10

– Bl.stiel im Mittel länger *(58/137)* . . . . **Sórbus**, × **Sorbopýrus** 58–69, 58–68

133 (3). Zw. mit einfachen oder dreiteiligen Bl.dornen *(19/14)*, in deren Achsel sich Kurztriebe mit büschelig angeordneten Bl. befinden . . . . **Bérberis** 19–3

– Zw. mit Sproßdornen, Bl. und Stipeln (oft abfallend) unterhalb der Dornen **134**

134. Junge Zw. mit gekammertem Mark, Sproßdornen 0,5–1 cm lang *(58/49)* . . . . **Prinsépia** 58–22

– Junge Zw. mit vollem Mark **135**

135. Bl. meist bis 1,5 cm breit, längl.; sparrige, selten bis 3 m hohe Sträucher . . . . **Pyracántha** 58–80

– Bl. (wenigstens die größeren) über 1,5 cm breit **136**

136. Bl. sehr fein und gleichmäßig gekerbt oder gesägt, Stipeln neben dem Bl.stiel angewachsen *(58/118)* . . **Chaenoméles** 58–57

– Bl. mehr ungleichmäßig gezähnt; Stipeln am Bl.stiel angewachsen . . . . **Crataēgus** 58–88

137 (2). Bl. ohne Stipulardornen **139**

– Bl. mit 2 Stipulardornen **138**

138. Bl. eif. bis rundl., schwach gesägt bis ganzrandig **Paliúrus** 85–1

– Bl. elliptisch bis eilanzettl., kerbig gesägt . . . . . **Zízyphus** 85–2

139 (137). Bl.stiel im Mittel mindestens 3 cm lang **155**

– Bl.stiel nur selten bis 3 cm lang 140
140. Bl.rand wellig, fein grannig oder buchtig gezähnt oder nur in der oberen Bl.hälfte grob gezähnt 151
– Bl.rand nicht wellig, Bl. gezähnt oder gesägt 141
141. Bl. etwa 1 cm lang, fast kreisrund, untersts. stark netzaderig *(31/15)* . . . . **Bétula (nána)** 31–7
– Bl. länger 142
142. Seitenadern sehr deutl. in die Bl.zähne verlaufend 149
– Seitenadern vor Erreichen des Bl.randes bogig verbunden; in die Bl.zähne verlaufen höchstens die oberen Seitenadern oder sonst feinere Verzweigungen 143
143. Bl. mit 3 von der Basis der Bl.spreite bis zur Spitze durchlaufenden Hauptadern, unterhalb der Bl.mitte ganzrandig, Bl. bis etwa 4 cm lang und 2,5 cm breit . . . . **Spiræ̃a** 58–10
– Bl. mit anders verlaufenden Hauptadern, Bl. größer 144
144. Bl. breit-eif., seltener elliptisch 147
– Bl. längl.-eif., seltener breit-eif. 145
145. Bl. abgerundet bis schwach zugespitzt *(85/10)*, fein gesägt, dunkelgrün . . . . **Ceanóthus** 85–5
– Bl. deutl. zugespitzt 146
146. Basis der Bl.spreite abgerundet, Bl.stiel oft gerötet . . . . **Prúnus** 58–23
– Basis der Bl.spreite meist asymmetrisch *(33/13)*, handnervig (3 Adern) . . . . **Céltis** 33–6
147 (144). Pfl. ohne Milchsaft, Bl. handnervig (5 Adern) *(23/1)* . . . **Tetracéntron** 23–1
– Pfl. mit Milchsaft; Bl. eif. bis 2–5lappig 148
148. Fr.stand längl.-eif. bis zylindrisch, weiß, rot bis schwarzrot . . . **Mórus** 34–1
– Fr.stand kugelf., orangerot bis rot . . . . **Broussonétia** 34–3
149 (142). Bl. buchtig gezähnt, mit deutl. Grannenspitze *(26/1, 26/2)* **Corylópsis** 26–2
– Bl. z. T. scharf gesägt, ohne Grannenspitze 150
150. Bl. jedersts. mit 9–15 Seitenadern, Bl. eif. bis längl. *(31/25)* . . **Óstrya** 31–11
– Bl. jedersts. mit meist weniger als 8 Seitenadern, Bl. ± rundl. *(31/27)* . . . . **Córylus** 31–12
151 (140). Bl.rand in der oberen Bl.hälfte grob gezähnt 154
– Bl.rand grannig oder buchtig gezähnt 152
152. Bl.rand gleichmäßig fein grannig gezähnt *(26/3)* . . . . **Sinowilsónia** 26–3
– Bl.rand buchtig gezähnt 153
153. Bl. kurz zugespitzt, Basis der Bl.spreite asymmetrisch *(26/4)* . . **Hamamélis** 26–3

– Bl.spitze abgerundet, Basis der Bl.spreite abgerundet bis schwach herzf. *(26/5)* . . . . ***Parrótia*** 26–5

154 (151). Bl. wintergrün bis sommergrün, Bl.rand in oberer Bl.hälfte mit 2–4 groben Zähnen . . . . ***Pachysándra*** 29–3

– Bl. sommergrün, im oberen Drittel mit einigen großen Zähnen, Sproß mit Sternhaaren *(26/6)* . . . . ***Fothergílla*** 26–5

155 (139). Bl. mit Milchsaft, 5–20 cm lang, 7–12 cm breit *(34/5)*, von der Basis der Bl.spreite 3 starke Adern ausgehend . . . . . ***Broussonétia*** 34–3

– Bl. ohne Milchsaft **156**

156. Von der Basis der Bl.spreite 3 ± starke Adern ausgehend . . . **159**

– Von der Basis der Bl.spreite mehr als 3 ± starke Adern ausgehend **157**

157. Basis der Bl.spreite meist asymmetrisch . . . . ***Tília*** 47–1

– Basis der Bl.spreite nicht asymmetrisch **158**

158. Basis der Bl.spreite mit 3 oder 5 Adern . . . . ***Poliothýrsis*** 40–2

– Basis der Bl.spreite mit 5–6 Adern, Bl.stiel mit auffälligen Nektarien *(40/1)* . . . . ***Idésia*** 40–1

159 (156). Seitenadern deutl. in die Bl.zähne verlaufend **161**

– Seitenadern nicht in die Bl.zähne verlaufend **160**

160. Bl.stiele abgeplattet, wenn rundl., dann Bl. untersts. weißl. . . . ***Pópulus*** 45–1

– Bl.stiele rundl., Bl. untersts. grün . . . . ***Hovénia*** 85–5

161 (159). Bl.rand leicht eingeschnitten gelappt *(31/27)* . . . . . . ***Córylus*** 31–12

– Bl.rand nicht gelappt, Bl.zähne in die Seitenadern verlaufend, deutl. länger als die übrigen *(31/17)* . . . . ***Bétula*** 31–5

162 (1). Zw. ohne Ranken **165**

– Zw. mit Ranken **163**

163. Zw. mit braunem Mark, ohne Lentizellen; Bl. gelappt, seltener handf. *(86/1–86/6, 86/8* u. *86/9)* . . . . ***Vítis*** 86–1

– Zw. mit weißem Mark, Lentizellen vorhanden **164**

164. Enden der Ranken ohne tellerf. Haftscheiben ***Ampelópsis*** 86–4

– Enden der Ranken mit tellerf. Haftscheiben *(86/17)* . . . . ***Parthenocíssus*** 86–5

165 (162). Bl.adern gabelig verzweigt, ohne Anastomosen, Bl. meist 2lappig *(1/1)* . . . . ***Gínkgo*** 1–1

– Bl.adern nicht gabelig verzweigt **166**

166. Von der Basis der Bl.spreite 3–5 ± starke Adern ausgehend oder Bl. schildf. **182**

– Von der Basis der Bl.spreite geht nur die Mittelader aus, von der die untersten Seitenadern etwas höher abzweigen **167**

167. Bl. linealisch, regelmäßig tief fiederig gelappt *(35/4)* . . . . . . ***Comptónia*** 35–2

– Bl. nicht linealisch **168**

168. Zw. an der Ansatzstelle des Bl.stiels mit zweigumfassender Linie **181**

– Zw. ohne zweigumfassende Linie **169**

169. Bl. eingeschnitten oder gelappt, z. T. auch ganzrandig **171**

– Bl.rand leicht wellig **170**

170. Bl. längl.-lanzettl., 0,5–3 cm lang, graugrün . ***Atrapháxis*** 20–1

– Bl. elliptisch-eif., 5–10 cm lang, grün . . . . ***Fágus*** 30–2

171 (169). Bl.spreite eingeschnitten (Buchten spitz), wenn Buchten etwas stumpf, dann Bl. unter 6 cm lang **173**

– Bl.spreite gelappt (Buchten stumpf), Bl. über 6 cm lang **172**

172. Bl.spreite mit jederststs. einer Bucht *(13/3)*, aber auch einlappig oder ganzrandig; junge Zw. grün . . . . ***Sássafras*** 13–2

– Bl.spreite jederststs. mit mehr als einer Bucht *(30/16–30/31, 30/33–30/37, 30/39* u. *30/40)* . . . . ***Quércus*** 30–5

173 (171). Bl.spreite ± 3lappig, lang zugespitzt *(58/77)* . . . . . . ***Prúnus (tríloba)*** 58–34

– Bl.spreite nicht zugleich 3lappig und lang zugespitzt **174**

174. Zw. mit Dornen; Stipeln meist rundl., gezähnt, später abfallend ***Cratǣ́gus*** 58–88

– Zw. ohne Dornen **175**

175. Bl.lappen nur an der Spitze etwas gezähnt, sonst ganzrandig *(58/46)*, Bl. beiderststs. weichhaarig, unterststs. grau . . . . . . ***Holodíscus*** 58–21

– Bl.lappen nicht mit diesen Merkmalen **176**

176. Bl.stiel bis 1,5 cm lang **179**

– Bl.stiel meist über 1,5 cm lang **177**

177. Bl. in der unteren Hälfte jederststs. mit 2, seltener mit 3 Seitenadern, unterststs. grün, Bl.stiel meist ¼ bis ½ so lang wie die Bl.spreite . . . . ***Málus*** 58–58

– Bl. in der unteren Hälfte jederststs. mit 3 und mehr Seitenadern, unterststs. grau, blaugrün oder weiß; wenn grün, dann Bl. an Kurztrieben scheinbar gegenst. **178**

178. Bl. unterststs. bläul.-grün oder grün **104**

– Bl. unterststs. weiß, grauweiß oder gelbgrau; wenn grün, dann untere Blatteinschnitte mindestens bis zu einem Drittel der Bl.spreitenhälfte *(58/141)* . . . . ***Sórbus*** 58–69

179 (176). Bl. bis 6 cm lang und breit, niedrige oder bis 2 m hohe Sträucher; Zw. dünn, gelb oder rotbraun; Borke meist abblätternd . . . . ***Spirǣ́a*** 58–10

– Bl. größer **180**

180. Bl. ± rundl., meist oberhalb der Mitte am breitesten, Basis der Bl.spreite herzf., Bl. und junge Zw. meist drüsenhaarig . . . . . ***Córylus*** 31–12

– Bl. meist eif.-längl., ± lang zugespitzt, im unteren Drittel am breitesten, mit 2 Seitenlappen; Bl. und junge Zw. kahl **Neíllia** 58–9

181 (168). Bl.spitze gestutzt, Bl. mit sattelf. Mittellappen und 2 großen Seitenlappen *(10/9)* . . . . ***Liriodéndron*** 10–5

– Bl. deutl. zugespitzt, mit 3–7 Bl.lappen *(27/1)* . . ***Plátanus*** 27–1

182 (166). Bl.rand wellig, Bl. nicht gelappt **140**

– Bl.rand nicht wellig **183**

183. Bl. ganzrandig bis leicht 3lappig . . . . ***Cócculus*** 17–1

– Bl. deutl. gelappt **184**

184. Bl.lappen ganzrandig oder leicht wellig gebuchtet **196**

– Bl.lappen gezähnt **185**

185. Basis der Bl.spreite keilf. bis abgerundet **195**

– Basis der Bl.spreite herzf. oder gestutzt **186**

186. Bl. mit Milchsaft, Bl.spreite sehr verschieden von einfach bis unregelmäßig gelappt . . . . ***Mórus*** 34–1

– Bl. ohne Milchsaft, Bl.spreite stets gelappt **187**

187. Bl. immergrün, derb, untersts. weißfilzig; Pfl. kriechend oder kletternd . . . . ***Rúbus*** 58–39

– Bl. sommergrün **188**

188. Zw. ohne Stacheln, oder wenn bestachelt, dann Bl. unter 10 cm breit **190**

– Zw. reichl. bestachelt; Bl. 10–30 cm breit **189**

189. Nur Zw. bestachelt; Bl. ohne Stacheln . . . . . ***Kalópanax*** 81–2

– Zw. und Bl. bestachelt . . . . ***Oplópanax*** 81–3

190 (188). Sträucher, nicht über 3 m hoch **192**

– Bäume, Bl. 10–20 cm breit **191**

191. Zw. an Ansatzstelle des Bl.stiels mit zweigumfassender Linie; Stamm durch Abblättern der Borkenplatten scheckig . . . . . ***Plátanus*** 27–1

– Zw. ohne Ringlinie, oft mit Korkleisten; Bl. gerieben aromatisch duftend . . . . ***Liquidámbar*** 26–7

192 (190). Bl. im Mittel über 15 cm breit, wenn unter 10 cm breit, dann aber Bltn. meist einzeln und über 4 cm breit . ***Rúbus*** 58–39

– Bl. meist nicht über 10 cm breit; Bltn. unter 1,5 cm breit und in vielbltg., selten nur 1–3bltg. Bltn.ständen **193**

193. Stipeln vorhanden, lange bleibend; Bl. breit eif. bis 3eckig, eingeschnitten gelappt und grob gesägt *(58/16, 58/17)* . . . . . . ***Stephanándra*** 58–10

– Stipeln fehlend oder nur anfangs vorhanden, bald abfallend . . **194**

194. Zw. mit deutl. Längslinien, die an der Ansatzstelle der Bl.stiele entspringen; Stipeln bald abfallend; ohne Stacheln; hohe Sträucher . . . . ***Physocárpus*** 58–8

– Zw. ohne oder mit sehr schwachen Längslinien; Stipeln fehlen; z. T. mit Stacheln; niedrige Sträucher . . . . ***Ríbes*** 61–1

195 (185). Mittellappen der Bl. deutl. länger als die seitl. Lappen *(48/1)*; Bl. unterstš. deutl. heller; Zw. ohne Stacheln ***Hibíscus*** 48–1

– Mittellappen der Bl. nicht oder nur wenig länger als die seitl. Lappen, Bl. beiderstš. glänzend grün; Zw. oft mit Stacheln . . . ***Ríbes*** 61–1

196 (184). Basis der Bl.spreite schildf. *(17/4)*; Sproß windend . . . ***Menispérmum*** 17–1

– Basis der Bl.spreite nicht schildf. **197**

197. Kletternde oder niederliegende Sträucher; Bl. unterstš. grün, glatt, derb ledrig . . . . ***Hédera*** 81–1

– Aufrechte Sträucher und Bäume **198**

198. Bl.lappen abgerundet, wellig gebuchtet, 3–5lappig *(34/7)*, Bl. unterstš. rauh behaart, nicht filzig, grün oder graugrün ***Fícus*** 34–4

– Bl.lappen zugespitzt **199**

199. Bl. oberstš. glatt, unterstš. weiß- oder graufilzig . . ***Pópulus*** 45–1

– Bl. oberstš. anfangs behaart, später verkahlend, unterstš. mit kleinen Achselbärten . . . . ***Alángium*** 64–1

Schlüssel zum Bestimmen der Familien vorwiegend nach Blütenmerkmalen

1. Blütenorgane unübersichtl., entw. erst bei genauerer Untersuchung als Komplexe ± gut voneinander abgegrenzter Einzelbltn. erscheinend (Bltn.stand), oder überhaupt nicht (auch nicht ihre Teile) dem typischen Bauplan der Blüte entsprechend **156**

– Typische Bltn. mit der charakteristischen Organfolge (Blütenhülle/Andrözeum/Gynözeum; nicht immer alle vorhanden) sofort erkennbar und, wenn in Mehrzahl vorhanden, klar voneinander abgegrenzt **2**

2. Bltn. unterschiedl. angeordnet, aber nicht auf Laubbl. stehend . **4**

– Bltn. klein, gestielt, eingschl., einzeln oder zu mehreren auf der Oberseite grüner Laubbl. stehend **3**

3. Bl. fiedernervig; Bltn. meist 4zählig, ♂ mit meist 4 Stbl., ♀ mit unterst. Frkn. . . . . ***Cornaceae: Helwíngia*** 63–5

– Bl. (in Wirklichkeit Phyllokladien) parallelnervig; Bltn. 6zählig, ♂ mit 3 Stbl., ♀ mit oberst. Frkn. . . . . ***Liliaceae: Rúscus*** 99–2

4 (2). Bltn.hülle nur aus einer Sorte ± gleichartiger Organe bestehend (Perigonbl., diese kbl.- oder krbl.artig), oder ganz fehlend **113**

– Bltn.hülle aus Kelch und Krone bestehend, d. h. zwei in Form und/oder Farbe deutl. verschiedene Sorten von Bltn.hüllbl. vorhanden **5**

5. Krbl. verwachsen (zuw. nur ganz am Grunde, aber auch dann Kr. als Ganzes abfallend) **86**

– Krbl. frei (zuw. läßt sich das erst nach Aufreißen eines verwachsenen K. feststellen) **6**

6. Frkn. unterst. bis mittelst. *(90–93, 58/2–58/5)*, d. h. am Grunde des becherf. bis röhrenf. vertieften Bltn.bodens stehend, dabei mit diesem Bltn.becher völlig, teilweise oder gar nicht verwachsen; die übrigen Bltn.organe auf dem Rande des Bltn.bechers, deutl. oberhalb des/der Frkn. oder zumindest seiner/ihrer Basis inseriert (in Zweifelsfällen Blüte längs schneiden!) **68**

– Frkn. oberst. *(86–89)*, d. h. am Ende der etwas verbreiterten oder verlängerten Bltn.achse, deutl. oberhalb der übrigen Bltn.organe inseriert (zuw. erst nach Aufreißen einer Kbl.- oder Staubfadenröhre sichtbar) **7**

7. Frkn. mehrere, frei (selten an der Basis etwas verwachsen), jeder mit eigener Narbe und ggf. Gr. (freie Frbl., *87, 58/1*) . . . **58**

– Frkn. 1, mit 1 oder mehreren Narben bzw. Gr.; oder mehrere scheinbar freie Frkn., die aber durch einen gemeinsamen Gr. vereinigt sind **8**

8. Bltn. zygomorph **53**
– Bltn. radiär (oder zuw. bilateralsymmetrisch) **9**
9. Bl. schuppenf., mit verbreitertem Grunde sitzend, meist unter 5 mm lang, im Herbst zusammen mit den sie tragenden Zweiglein abfallend; Bltn. rosa bis weiß, Kbl. und Krbl. 4–5, Stbl. 4–12 . . . . ***Tamaricaceae*** 44–1
– Bl. größer, normal flächig; oder selten nadelf., aber dann zum Grunde verschmälert **10**
10. Stbl. mehr als 10; Bltn. meist 5zählig **47**
– Stbl. höchstens 10 . . . . **11**
11. Stbl. mehr als Krbl. **37**
– Stbl. so viele wie oder weniger als Krbl. **12**
12. Stbl. 2; Krbl. 2, 4 oder 6; Kbl. 4 . . . . ***Oleaceae*** 90–1
– Stbl. mehr als 2 . . . . **13**
13. Stbl., Krbl. und Kbl. je 3; Bltn. meist eingschl.; Bl. nadelf. . . . . ***Empetraceae*** 54–1
– Stbl. mehr als 3 . . . . **14**
14. Stbl. 6; Krbl. 6, alle oder 3 von ihnen mit Nektarien; Kbl. 6, 9 oder viele, krbl.ähnl.; Bltn. zwittrig; Frkn. einheitl. (neben den 6zähligen zuw. auch 5- oder 4zählige Bltn. vorhanden) . . . . ***Berberidaceae*** 19–1
– Stbl. 4 oder 5 (nur ausnahmsweise mehr und dann Bltn. meist eingschl. oder Frkn. gelappt); Krbl. und Kbl. meist ebenso viele **15**
15. Pfl. kletternd, mit den Bl. gegenüberstehenden, verzweigten Rankensystemen; Bl. wechselst., einfach oder zusammengesetzt . . . . ***Vitaceae*** 86–1
– Pfl. nicht oder auf andere Weise (durch Winden oder mit Haftwurzeln) kletternd **16**
16. Bl. einfach **22**
– Bl. zusammengesetzt **17**
17. Bl. gefingert; Kbl. röhrig verwachsen . ***Hippocastanaceae*** 73–1
– Bl. gefiedert oder 3zählig **18**
18. Bl. ± durchscheinend drüsig punktiert, meist auffallend riechend (reiben!), gegenst. oder wechselst.; Bltn. unscheinbar, eingschl. oder polygam . . . . ***Rutaceae*** 78–1
– Bl. nicht drüsig punktiert **19**
19. Bl. gegenst.; Bltn. zwittrig, weiß . . . . . . ***Staphyleaceae*** 71–1
– Bl. wechselst. **20**
20. Bl. paarig gefiedert; Bltn. zwittrig, ± weiß . . . ***Meliaceae*** 77–1
– Bl. unpaarig gefiedert oder 3zählig; Bltn. polygam, meist unscheinbar **21**
21. Frkn. aus 2–5 getrennten, einsamigen Fächern bestehend, die durch den in der Mitte stehenden Gr. zusammengehalten werden; Bl. gefiedert . . . . . . ***Simaroubaceae: Picrásma*** 76–1

– Frkn. einheitl., mit 1 einsamigen Fach; Bl. gefiedert oder 3zählig; Pfl. oft mit Milchsaft; Vorsicht, z. T. sehr giftig, hautreizend! . ***Anacardiaceae: Rhus*** 75–2

22 (16). Bl. wechelst. **24**

– Bl. gegenst. **23**

23. Bl. oft gelappt; Frkn. mit 2 ± geflügelten, oberhalb des Diskus deutl. sichtbaren Fächern; Bltn. polygam; oft Bäume . . . . . . ***Aceraceae: Ácer*** 74–2

– Bl. nie gelappt; Frkn. ± in einen breiten Diskus eingesenkt, die 2–5 Fächer von außen höchstens andeutungsweise sichtbar . ***Celastraceae*** 83–1

24 (22). Stbl. über den Krbl. stehend . . . . . . ***Rhamnaceae*** 85–1

– Stbl. über den Kbl. stehend (mit den Krbl. abwechselnd) **25**

25. Hoch windende Kettersträucher . . . . ***Celastraceae*** 83–1

– Pfl. nicht windend **26**

26. Bltn. einzeln oder in kleineren, brakteosen *(94)* Bltnst. seitl. in den Achseln von Laubbl., Kn.schuppen oder am alten Holz . . **31**

– Bltn. in mehr- bis vielbltg., brakteosen Bltnst. am Ende beblätterter Triebe **27**

27. Bltn. in lang gestreckten vielbltg. Trauben, weiß . . . . ***Escalloniaceae: Ítea*** 59–1

– Bltnst. Schirmtrauben oder Rispen **28**

28. Bl. sommergrün; Bltnst. Rispen **30**

– Bl. immergrün; Bltn. weiß **29**

29. Bltnst. Schirmtraube, anfangs mit zahlreichen braunen Kn.schuppen am Grunde; Bl. unterstss. rostbraun filzig . . . . . ***Ericaceae: Lédum*** 53–3

– Bltnst. ± rispig, ohne Kn.schuppen am Grunde; Bl. durchscheinend drüsig punktiert . . . . ***Rutaceae: Skímmia*** 78–5

30 (28). Bl. ganzrandig; Rispe mit zahlreichen sterilen, reduzierten, früh abfallenden Bltn. . . ***Anacardiaceae: Cótinus*** 75–1

– Bl. kerbig gesägt; Rispe ohne sterile Bltn. . . . . ***Celastraceae: Tripterýgium*** 83–6

31 (26). Bltn. zu zweien sitzend auf einem, unten mit Schuppenbl. umgebenen Stiel, dunkel rotviolett, im Oktober . . . . ***Hamamelidaceae: Disánthus*** 26–6

– Bltn. anders **32**

32. Bl. sommergrün **35**

– Bl. immer- oder wintergrün **33**

33. Bltn. bräunl.; Bltnst. oft länger als die benachbarten Bl., meist 3bltg.; Bl. linealisch; niedriger, kriechender Strauch . . . . . ***Celastraceae: Evónymus*** 83–1

– Bltn. weißl. bis grünl.; Bltnst. bzw. Bltn.stiele meist wesentl. kürzer als die benachbarten Bl. **34**

34. Bl. dickl., 1–2,5 cm lang, ganzrandig; Frkn. 1fächerig; niedriger, sparriger, dickzweigiger Strauch, sehr selten . . . . . . ***Violaceae*** 42–1

– Bl. 1,5–12 cm lang, Rand oft gekerbt, gesägt oder stachelzähnig; Frkn. mehrfächerig . . . . ***Aquifoliaceae*** 82–1

35 (32). Bltn. am alten Holz erscheinend, die ♂ in Trauben, die ♀ einzeln; Bl. durchscheinend drüsig punktiert . . . . ***Rutaceae: Oríxa*** 78–3

– Bltn(st). in den Achseln von Laubbl., seltener in den Achseln abgefallener Kn.schuppen am Grunde diesj. Zw.; Bl. nicht drüsig punktiert **36**

36. Bltn. mit Nektarschuppen oberhalb der Krbl.; Frkn.fächer 3, Narben 6 . . . . ***Euphorbiaceae: Andráchne*** 49–1

– Bltn. ohne Nektarschuppen; Frkn.fächer 4–8, Narben höchstens ebenso viele . . . . ***Aquifoliaceae*** 82–1

37 (11). Krbl. 2–3, Kbl. 2–3, Stbl. 6–8; Bltn. klein, rosa, weißl. oder grünl. . . . . ***Polygonaceae*** 20–1

– Krbl. und Kbl. je mehr als 3 . . . . **38**

38. Frkn. mit 2 Fächern, diese von oben deutl. unterscheidbar, ± seitl. zusammengedrückt, gekielt bis geflügelt; Narben 2, deutl. getrennt; Krbl. und Kbl. 4–5, Stbl. 4–10; Bltn. meist polygam; Bl. gegenst., einfach (oft gelappt) oder zusammengesetzt . . . . ***Aceraceae*** 74–1

– Pfl. nicht mit dieser Merkmalskombination **39**

39. Bl. zusammengesetzt; Krbl. und Kbl. 5, seltener 4 oder 6, Stbl. 8–10 . . . . **44**

– Bl. einfach **40**

40. Krbl. und Kbl. 5, Stbl. meist 10 . . . . **42**

– Krbl. und Kbl. 4 . . . . **41**

41. Stbl. 6, davon 2 kürzer und 4 länger; niedrige Zwerg- und Halbsträucher . . . . ***Cruciferae*** 46–1

– Stbl. 8; Sträucher . . . . ***Stachyuraceae*** 41–1

42 (40). Gr. 3, völlig frei; Bl. gegenst., sommergrün . . . . ***Hydrangeaceae: Jamésia*** 60–6

– Gr. 1, an der Spitze mit 2–5 nicht immer deutl. getrennten Narben **43**

43. Bl. sommergrün, wechselst.; Narben 3, deutl. getrennt . . . . . ***Clethraceae*** 52–1

– Bl. immergrün, wechselst. oder gegenst.; Trennung der 2–5 Narben oft undeutl. . . . . ***Ericaceae*** 53–1

44 (39). Bl. gefingert, gegenst.; K. röhrig verwachsen . . . . ***Hippocastanaceae*** 73–1

– Bl. 3zählig oder gefiedert **45**

45. Bl. auf ganzer Fläche durchscheinend drüsig punktiert, wech-

selst. oder gegenst. . . . . ***Rutaceae*** 78–1
– Bl. nicht oder nur in Randzähnen mit Drüsen, unpaarig gefiedert, wechselst. **46**
46. Bltn. grünl., unter 1 cm breit . ***Simaroubaceae: Ailánthus*** 76–1
– Bltn. weiß, etwa 2 cm breit . . ***Sapindaceae: Xanthóceras*** 72–2
47 (10). Bltnst. mit einem flügelartigen, im unteren Teil seiner Achse angewachsenen Hochbl. *(47/7)*; Bltn. 3–15, gelbl. bis grünl.; Bäume . . . . ***Tiliaceae*** 47–1
– Bltnst. ohne solches Hochbl. oder Bltn. einzeln **48**
48. Kbl. entw. 3, oder 3 größere und 2 kleinere; Bl. gegenst. oder wechselst. ***Cistaceae*** 43–1
– Kbl. 5 (selten 4 oder 6), alle ± gleich groß **49**
49. Bl. wechselst., sommergrün **51**
– Bl. gegenst. oder wirtelig **50**
50. Bltn. weiß; Stbl. gleichmäßig verteilt; Bl. immergrün . . . . . . ***Hydrangeaceae: Carpentéria*** 60–2
– Bltn. gelb; Stbl. oft in 3 oder 5 Bündeln; Bl. immer- oder sommergrün . . . . ***Clusiaceae*** 39–1
51 (49). Stbl. zu einer den Gr. umgebenden Röhre verwachsen; Bltn. ± rosa bis violett . . . . ***Malvaceae*** 48–1
– Stbl. frei oder mit den Krbl. verwachsen; Bltn. weiß **52**
52. Narben (und evtl. freie Gr.) 7 bis viele; Stbl. frei . . . . ***Actinidiaceae*** 51–1
– Narben (und evtl. Gr.) 5; Stbl. ± mit den Krbl. verwachsen . . . ***Theaceae*** 38–1
53 (8). Kbl. und Krbl. je 4, frei; Stbl. 6, 2 kürzere und 4 längere; niedrige Zwerg- und Halbsträucher . . . . . . ***Cruciferae*** 46–1
– Kbl. 5 oder (scheinbar) 3, frei oder verwachsen **54**
54. Kbl. deutl. röhrig verwachsen **56**
– Kbl. ± frei; Bltn. gelb bis rötl. **55**
55. Kbl. 5, alle klein und unscheinbar; Krbl. 4, frei; Stbl. 5–8, frei; Bl. gefiedert, sommergrün . ***Sapindaceae: Koelreutéria*** 72–1
– Kbl. scheinbar nur 3, die 2 übrigen groß und krbl.artig; Krbl. 3, röhrig verwachsen; Stbl. meist 8, untereinander und meist auch mit der Kr. verwachsen; Zwergstrauch mit einfachen, immergrünen Bl. . . . . ***Polygalaceae*** 80–1
56 (54). Stbl. 5–8, frei; Bl. gegenst., gefingert . . . . ***Hippocastanaceae*** 73–1
– Stbl. 10, frei oder verwachsen; Bltn. meist schmetterlingsf. . . . **57**
57. Stbl. frei; Bl. einfach; Bltn. am alten Holz erscheinend . . . . . ***Caesalpiniaceae: Cércis*** 69–3
– Staubfäden entw. alle oder 9 von ihnen zu einer den Frkn. umgebenden Röhre verwachsen; selten ± frei, dann aber Bl. gefiedert und Bltn. nicht am alten Holz . . ***Papilionaceae*** 70–1

58 (7). Bltn. klein, unscheinbar, meist unter 1 cm breit, oft eingschl. und zu vielen **63**
– Bltn. groß, auffällig, meist über 2 (oft über 4) cm breit, zwittrig, oft einzeln; Stbl. viele **59**
59. Kbl. 4–8 . . . . **61**
– Kbl. 3; Krbl. 6 bis viele **60**
60. Frbl. zahlreich, schraubig an der zapfenf. Bltn.achse stehend; Samenanlagen 2 je Frbl. . . . . ***Magnoliaceae*** 10–1
– Frbl. 3–15, meist in einem Kreis am Ende der Bltn.achse; Samenanlagen viele je Frbl. . . . . ***Annonaceae*** 11–1
61 (59). Kbl. 4, groß, meist blau; Krbl. mehrere, viel kleiner, gelbl.; Frbl. viele . . . . ***Ranunculaceae: Clématis*** 18–2
– Kbl. und Krbl. je in gleicher Zahl (selten abweichend und dann Kbl. nicht 4); Kbl. meist grün und Krbl. farbig **62**
62. Bltn. sehr groß, 5 bis über 15 cm breit, zuw. gefüllt; Frbl. 2–5, mehrsamig; Bl. meist doppelt 3zählig, die Blch. oft nochmals fiederschnittig . . . . ***Paeoniaceae*** 37–1
– Bltn. meist nicht über 5 cm breit; Frbl. viele (selten nur 4–8), einsamig; Bl. ungeteilt oder einfach 3zählig, gefingert oder gefiedert . . . . ***Rosaceae*** 58–1
63 (58). Bl. wechselst. **65**
– Bl. gegenst.; Kbl., Krbl. und Frbl. meist 4–5 . . . . **64**
64. Bl. einfach (jedoch regelmäßig 2zeilig angeordnet, so daß die Zw. insgesamt wie gefiederte Bl. aussehen); Stbl. 10 . . . . . ***Coriariaceae*** 79–1
– Bl. gefiedert; Stbl. 4–5 . . . . ***Rutaceae: Evódia*** 78–3
65 (63). Bl. zusammengesetzt; Bltn. meist 5zählig, zwittrig **67**
– Bl. einfach (aber oft handf. gelappt); Bltn. eingschl. **66**
66. Bltn. zu sehr vielen in dichten kugeligen Köpfchen; Bäume . . . ***Platanaceae*** 27–1
– Bltn. in traubigen Bltnst.; windende Lianen . . . . ***Menispermaceae*** 17–1
67 (65). Kbl. bräunl., Krbl. sehr klein, becherf. (Nektarbl.); Stbl. und Frbl. meist 5–10 . . . ***Ranunculaceae: Xanthorhíza*** 18–1
– Kbl. meist grün, Krbl. normal flächig, weiß bis rosa; Stbl. und Frbl. viele . . . . ***Rosaceae: Rúbus*** 58–39
68 (6). Kbl. 8–14, blaßgelbl., nach außen in Kn.schuppen, nach innen in die 4–10 kürzeren, dunkelrot gefleckten Krbl. übergehend; Stbl. meist 6, die zahlreichen Gr. verbergend; Bltn. einzeln, duftend, vor Laubausbruch . . . . ***Calycanthaceae: Chimonánthus*** 12–2
– Kbl. und Krbl. je (3–)4–5; selten mehr und dann ohne Übergänge untereinander **69**
69. Stbl. mehr als Krbl. **77**

– Stbl. so viele wie Krbl.; Frkn. 1 . . . . **70**

70. Kbl. viel größer als die Krbl., diese mit den 5 Stbl. abwechselnd; Bltn.becher meist tellerf., schüsself. oder röhrenf. über den unterst. Frkn. hinaus verlängert *(61/1–61/3)*; Bltn. meist in Trauben; Bl. meist handf. gelappt . . . . . ***Grossulariaceae*** 61–1

– Kbl. kleiner als die Krbl. oder wenn ebenso groß bis größer, dann die Stbl. über den Krbl. stehend **71**

71. Bl. einfach und ungelappt; Pfl. nie mit Haftwurzeln kletternd . . **73**

– Bl. zusammengesetzt oder handf. gelappt (zuw. nur an nicht blühenden Trieben und dann Pfl. mit Haftwurzeln kletternd) . . **72**

72. Bltn. in wenigbltg., bl.achselst. Trauben oder Rispen, weiß, 4–10zählig; Bl. handf. gelappt . . . . ***Alangiaceae*** 64–1

– Bltn. in ± halbkugeligen Dolden (zuw. Bltn.stiele sehr kurz und Dolden köpfchenähnl.), diese oft zu mehreren bis vielen in großen Gesamtbltnst.; Bltn. (4–)5zählig; Bl. gelappt (bei *Hedera* nur an nicht blühenden Zw.), gefingert oder mehrfach gefiedert ***Araliaceae*** 81–1

73 (71). Stbl. 4–5, mit kleinen flachen oder pfrieml. Staminodien abwechselnd; Krbl. gelb bis rötl.; Gr. 2, ± bis zum Grunde frei . ***Hamamelidaceae*** 26–1

– Keine Staminodien zwischen den Stbl. **74**

74. Stbl. über den Krbl. stehend, diese oft kleiner als die Kbl. . . . . ***Rhamnaceae*** 85–1

– Stbl. mit den Krbl. abwechselnd; Gr. 1 . . . . **75**

75. Kbl., Krbl. und Stbl. 4 . . . . ***Cornaceae*** 63–1

– Kbl., Krbl. und Stbl. 5 . . . . **76**

76. Bltn. auffällig, weiß bis rot, zwittrig, in Trauben oder Rispen . . ***Escalloniaceae: Escallónia*** 59–2

– Bltn. unscheinbar, klein, grünl., eingschl., in gestielten dolden- oder köpfchenartigen Bltnst. oder einzeln . . . . ***Nyssaceae: Nýssa*** 62–2

77 (69). Bltn. ziegelrot, etwa 3 cm breit, 5–8zählig, Stbl. viele; Bl. ganzrandig, teils wechselst., teils gegenst. . . . . ***Punicaceae*** 65–1

– Nicht zugleich Bltn. ziegelrot und Bl. ganzrandig **78**

78. Frkn. 1, unterst. oder halbunterst. **80**

– Frkn. mittelst., 1 bis mehrere frei in offenem (selten röhrigem) Bltn.becher stehend **79**

79. Bl. gefiedert (oft doppelt); Frkn. 1, Kbl. und Krbl. je 3–5, Stbl. 6–10; Bäume . . . . ***Caesalpiniaceae*** 69–1

– Nicht zugleich Bl. gefiedert und Frkn. 1 . . . . ***Rosaceae*** 58–1

80 (78). Bl. wechselst. **82**

– Bl. gegenst. **81**

81. Stbl. 8; Kbl. und Krbl. je 4, farbig; Bltn.becher farbig, über den

Frkn. hinaus verlängert . . . . ***Onagraceae*** 66–1

– Stbl. 10 bis viele; Kbl. und Krbl. je 4–10; Bltn.becher nicht über den Frkn. hinaus verlängert . . . . ***Hydrangeaceae*** 60–1

82 (80). Kbl. und Krbl. je 4, Stbl. 8; niedrige, immergrüne Zwergsträucher . . . . ***Ericaceae: Vaccínium*** 53–22

– Nicht zugleich Krbl. 4 und Stbl. 8 . . . . **83**

83. Bltn. eingschl., klein, unscheinbar, in gestielten dolden- oder köpfchenartigen Bltnst. oder einzeln; Gr. und Narbe 1; Stbl. 5–20 . . . . ***Nyssaceae: Nýssa*** 62–2

– Bltn. zwittrig, meist auffällig **84**

84. Stbl. (6–)10 bis viele, weder miteinander noch mit den Krbl. verwachsen; Gr. meist mehrere, ganz frei oder ± weit verwachsen, selten nur die Narben frei . . . . . ***Rosaceae*** 58–1

– Stbl. am Grunde entw. miteinander oder mit den Krbl. verwachsen; Gr. 1, höchstens an der Spitze in mehrere Narben aufgeteilt; Bltn. weiß **85**

85. Stbl. 10, sämtl. oder mindestens einige am Grunde miteinander verwachsen . . . . ***Styracaceae: Pteróstyrax*** 55–2

– Stbl. 15–30, am Grunde mit den Krbl. verwachsen . . . . ***Symplocaceae*** 56–1

86 (5). Krbl. 5, an der Spitze verwachsen, am Grunde frei, beim Aufblühen kapuzenartig abfallend . . . . ***Vitaceae: Vítis*** 86–1

– Krbl. am Grunde verwachsen, gewöhnl. erst beim Verblühen abfallend **87**

87. Stbl. so viele wie oder weniger als Krbl. **94**

– Stbl. mehr als Krbl. **88**

88. Stbl. 5–20, frei (selten mit der Kr. verwachsen und dann Bl. nadelf.); Bltn. radiär, selten schwach zygomorph; Frkn. oberst. oder unterst. . . . . ***Ericaceae*** 53–1

– Stbl. am Grunde miteinander und/oder mit der Kr. verwachsen; Bl. nicht nadelf. **89**

89. Bltn. radiär; Frkn. oberst. bis unterst. **91**

– Bltn. zygomorph; Frkn. oberst. **90**

90. Kbl. 5, verwachsen; Stbl. 10; Staubfadenröhre von der Kr. frei . ***Papilionaceae*** 70–1

– Kbl. scheinbar nur 3, frei, die 2 übrigen groß und krbl.artig; Stbl. 8, Staubfadenröhre meist auch mit den 3 eigentl. Krbl. verwachsen . . . . ***Polygalaceae*** 80–1

91 (89). Bl. doppelt gefiedert; Bltn. zu vielen in kugelf. Köpfchen, ihre vielen Stbl. weit herausragend . . . . . ***Mimosaceae*** 68–1

– Bl. einfach **92**

92. Bltn. eingschl.; Stbl. viele . . . . ***Ebenaceae*** 57–1

– Bltn. zwittrig **93**

93. Stbl. 8–16, selten bis 20 . . . . ***Styracaceae*** 55–1

– Stbl. 20–30 oder mehr . . . . ***Symplocaceae*** 56–1
94 (87). Frkn. unterst. (vgl. **6**) **110**
– Frkn. oberst. **95**
95. Stbl. 4–5, selten mehr **99**
– Stbl. 2, meist an die Kr. angewachsen **96**
96. Bltn. sehr stark zygomorph; neben den 2 fertilen Stbl. meist noch 2 kleine Staminodien vorhanden; meist Halb- bis Kleinsträucher . . . . ***Labiatae*** 93–1
– Bltn. radiär bis ± zygomorph, ohne oder aber mit 3 Staminodien **97**
97. Bltn. deutl. zygomorph, mit 5 Kr.zipfeln und 3 kleinen Staminodien; Bäume mit großen, oft in Dreierwirteln stehenden Bl. . . . ***Bignoniaceae: Catálpa*** 96–1
– Bltn. radiär oder schwach zygomorph, meist 4zählig, ohne Staminodien; Bl. meist gegenst. **98**
98. Bltnst. vielbltg., eif. bis verlängerte Trauben (selten wenigbltg. und dann alle Bl. schuppenf.) mit wechselst. Bl.stellung, Bl. an vegetativen Zw. hingegen gegenst.; immergrüne Zwerg- bis Kleinsträucher; Bltn. weiß, rosa oder bläul. . . . . ***Scrophulariaceae: Hébe*** 95–2
– Nicht mit dieser Merkmalskombination . . . . . . ***Oleaceae*** 90–1
99 (95). Stbl. frei . . . . ***Ericaceae*** 53–1
– Stbl. an die Kr. angewachsen **100**
100. Fertile Stbl. 4 (daneben zuw. 1 Staminodium), Kr.zipfel 5 (oder bei stark zygomorpher Kr. mindestens K.zipfel 5); Bltn. meist zygomorph **106**
– Stbl., Kr.zipfel und Kbl. in gleicher Zahl (je 4 oder je 5) vorhanden; Bltn. radiär **101**
101. Verwachsener Teil der Krbl. nicht röhrig, sondern mit den 4–5 Zipfeln zusammen eine ± ebene bis schwach trichterf. Fläche bildend; Bltn. weiß . . . . ***Aquifoliaceae*** 82–1
– Verwachsener Teil der Krbl. lang oder kurz röhrig (zuw. durch zurückgeschlagene Kr.zipfel oder den ebenfalls röhrigen K. verdeckt) **102**
102. Bltn. 4zählig, mit langer Kr.röhre, zu vielen in großen, oft walzenf. oder kugelf. Bltnst. . . . . ***Buddlejaceae*** 94–1
– Bltn. 5zählig **103**
103. Bl. gegenst. **105**
– Bl. wechselst. (zuw. in Kurztrieben gebüschelt) **104**
104. Bltn. mit langer, enger Kr.röhre und breiten, oft ausgerandeten Zipfeln; Gr. mit 5 deutl., ± fiedrig gelappten Narbenästen . . ***Plumbaginaceae*** 21–1
– Bltn. trichterf. bis glockenf., oder mit kurzer Röhre und langen, spitzen, abstehenden bis zurückgerollten Zipfeln; Gr. mit 1

oder mit 2–4 wenig voneinander abgesetzten Narben . . . . . ***Solanaceae*** 91–1

105 (103). Bltn. mit einer auffallenden Nebenkrone aus 5 hakig gebogenen Anhängseln, die an einem durch die Verwachsung von Stbl. und Kr.röhre gebildeten Wulst sitzen . . . . ***Asclepiadaceae*** 89–1

– Bltn. ohne solche Nebenkrone . . . . ***Apocynaceae*** 88–1

106 (100). Mit Haftwurzeln kletternde Liane; Bltn. groß, orangerot; Bl. gefiedert . . . . ***Bignoniaceae: Cámpsis*** 96–2

– Pfl. nicht kletternd **107**

107. Hochwüchsiger Baum mit großen gegenst. Bl. und blauen, glockigen Bltn. in Rispen . . . . ***Scrophulariaceae: Paulównia*** 95–1

– Nicht zugleich Pfl. baumf. und Bltn. blau **108**

108. Außer den 4 Stbl. ein etwa ebenso langes Staminodium mit bürstenf. behaartem Endabschnitt vorhanden; niedrige Halb- bis Kleinsträucher . . . ***Scrophulariaceae: Penstémon*** 95–1

– Bltn. ohne Staminodium **109**

109. Frkn. durch 2 gekreuzte Linien tief in 4 Teile (Klausen) gefurcht, zwischen denen der Gr. in einer Vertiefung entspringt; Halb- bis Kleinsträucher . . . . ***Labiatae*** 93–1

– Frkn. einheitl. (höchstens schwach 4kantig oder 4furchig), der Gr. an seiner Spitze stehend . . . . ***Verbenaceae*** 92–1

110 (94). Bltn. sitzend in vielbltg., dichten, kugelf. oder körbchenf. Bltnst., radiär **166**

– Bltn. nicht zugleich radiär und in solchen Bltnst. **111**

111. Bl. gegenst.; Kr. verwachsen, radiär bis stark zygomorph . . . ***Caprifoliaceae*** 97–1

– Bl. wechselst.; Kr. radiär, nur scheinbar verwachsen (die scheinbare Kr.röhre durch die locker verklebten Nägel der eigentl. freien Krbl. gebildet) **112**

112. Bl. handf. gelappt . . . . ***Alangiaceae*** 64–1

– Bl. ungelappt, nur gesägt . . ***Escalloniaceae: Escallónia*** 59–2

113 (4). Auf anderen Bäumen wachsende Halbparasiten . . . . . . ***Loranthaceae*** 84–1

– Pfl. normal im Boden wurzelnd **114**

114. Alle oder ein Teil der Bltn. (die ♂) in Kätzchen, d.h. in längl.-linealischen, meist ± hängenden und unscheinbar gefärbten, ährenähnl. Bltnst. **178**

– Alle Bltn. nicht in solchen Kätzchen **115**

115. Frkn. 1, oberst. bis unterst. **125**

– Frkn. mehrere, frei (zuw. ± in einem Bltn.becher verborgen) (vgl. **7**) **116**

116. Bl. einfach (bei *Coriaria* kann die 2zeilige Bl.stellung Fiederbl.

vortäuschen), zur Blütezeit zuw. noch nicht sichtbar **119**
– Bl. zusammengesetzt **117**
117. Bl. gefiedert, durchscheinend drüsig punktiert; Zw. oft stachelig
Rutaceae: Zanthóxylum 78–2
– Bl. nicht drüsig punktiert; Zw. ohne Stacheln **118**
118. Frbl. 10 bis viele (selten nur 5); Perigonbl. meist 4 oder 5, seltener 6–8 . . . . ***Ranunculaceae*** 18–1
– Frbl. 3–6; Perigonbl. 3 oder 6; Bl. wechselst. . . . .
Lardizabalaceae 16–1
119 (116). Perigonbl. 5 bis viele, kbl.- oder krbl.artig **121**
– Perigonbl. fehlend, Bltn. nackt, mit vielen Stbl. und 5 bis vielen Frbl. **120**
120. Bl. immergrün; Bltn. gelbgrün, in Trauben . . . .
Trochodendraceae 22–1
– Bl. sommergrün; Bltn. in sitzenden Dolden, vor Laubausbruch .
Eupteleaceae 24–1
121 (119). Perigonbl. 5, meist grün, kbl.- oder laubbl.ähnl.; Stbl. viele, weiß . . . . ***Rosaceae: Neviúsia*** 58–37
– Perigonbl. 9 und mehr **122**
122. Bltn. ± unscheinbar, in Trauben am Ende gegenst. beblätterter Zw.; Perigonbl. und Stbl. 10, Frbl. 5–10 . . ***Coriariaceae*** 79–1
– Bltn. auffällig, anders angeordnet; Perigonbl. krbl.artig, 9 bis viele; Stbl. und Frbl. meist viele **123**
123. Bl. gegenst.; Bltn. meist einzeln am Ende beblätterter Zw. oder seitl. am alten Holz; Frbl. in Bltn.becher verborgen . . . .
Calycanthaceae 12–1
– Bl. wechselst.; Frbl. an ± kegelf. Bltn.achse, deutl. sichtbar . . **124**
124. Pfl. aufrecht; Bltn. zwittrig, einzeln endst. an beblätterten Zw. .
Magnoliaceae: Magnólia 10–1
– Pfl. windend; Bltn. eingschl., meist zu mehreren am Grunde diesj. Zw. . . . . ***Schisandraceae*** 15–1
125 (115). Bltn. meist sitzend, zu vielen (selten nur zu 2–10) in dichten Ähren oder eif. bis kugelf. Köpfchen (hier zuw. gestielt und dann eingschl.); oder in wenigbltg., sitzenden Bltnst., deren Basis oft zwischen Kn.schuppen verborgen ist **159**
– Bltn. anders angeordnet, oft gestielt (zuw. in halbkugelf. Dolden, die infolge zieml. kurzer Bltn.stiele als Köpfchen erscheinen, und dann zwittrig) **126**
126. Perigonbl. vorhanden, kbl.- oder krbl.artig **129**
– Perigonbl. fehlend (mindestens bei den ♂ Bltn.), Bltn. nackt, eingschl. oder polygam **127**
127. Bltn. einzeln in den Achseln von Laubbl. oder Kn.schuppen am Grunde diesj. Zw.; Stbl. 4–10; Bl. sommergrün, einfach . . . .
Eucommiaceae 32–1

– Bltn. in bl.losen, seitenst. Trauben oder Rispen **128**

128. Bl. immergrün, einfach; Stbl. 6–12 . . ***Daphniphyllaceae*** 28–1

– Bl. sommergrün, meist gefiedert; Stbl. 2 . . . . ***Oleaceae: Fráxinus*** 90–5

129 (126). Perigonbl. mehr als 10, in mehreren Wirteln zu je 2 oder 3 stehend (an Endbltn. zuw. nur 2 Wirtel zu je 5), weiß oder gelb . . . . ***Berberidaceae*** 19–1

– Perigonbl. weniger als 10, oder selten 10 und dann unscheinbar grünl. **130**

130. Frkn. oberst. **138**

– Frkn. unterst. oder mittelst. (vgl. **6**) **131**

131. Perigonbl. 3, zu einer mehrere cm langen gekrümmten Röhre verwachsen; Pfl. windend . . . . . . ***Aristolochiaceae*** 14–1

– Perigonbl. 4–10, selten 2 . . . . **132**

132. Bl. und Zw. mit zahlreichen auffälligen silbrigen und/oder bräunl., sternf. Schildhaaren; Perigonbl. 2 oder 4, Stbl. doppelt so viele . . . . ***Elaeagnaceae*** 67–1

– Pfl. ohne solche auffälligen Schildhaare; Stbl. meist so viele wie Perigonbl. **133**

133. Frkn. mittelst., d.h. frei in einem offenen Bltn.becher, auf dessen Rand die je 6–10 Stbl. und Perigonbl. stehen . . . . . . ***Caesalpiniaceae: Gledítsia*** 69–1

– Frkn. unterst. oder halb unterst. (mit dem Bltn.becher verwachsen) **134**

134. Perigonbl. (eigentl. Krbl.) mindestens am Grunde miteinander verwachsen; Bltn. in Schirm- oder Doldenrispen . . . . ***Caprifoliaceae*** 97–1

– Perigonbl. frei **135**

135. Bltn. meist 5zählig, stets in halbkugelf. Dolden, die meist zu größeren, traubigen oder rispigen Gesamtbltnst. zusammentreten; Bl. wechselst., meist zusammengesetzt oder mindestens handf. gelappt . . . . ***Araliaceae*** 81–1

– Bltnst. nicht so; Bl. stets einfach und nicht handf. gelappt **136**

136. Bltnst. Schirmrispen bis Rispen, endst. an beblätterten Zw.; Bltn. 4zählig; Bl. oft gegenst. . . . . ***Cornaceae*** 63–1

– Bltnst. seitenst. in den Achseln von Laubbl. oder Kn.schuppen diesj. Zw. **137**

137. Bltn. eingschl., die ♀ einzeln oder zu wenigen sitzend auf langem Stiel, die ♂ zu vielen in ± rundl. Schirmtrauben . . . . . . ***Nyssaceae: Nýssa*** 62–2

– Bltn. zwittrig, selten eingschl., aber auch dann Bltnst. alle gleichartig, meist wenigbltg. Büschel, Trauben oder Dolden . . ***Rhamnaceae: Rhámnus*** 85–2

138 (130). Stbl. so viele wie oder weniger als Perigonbl. **144**
– Stbl. mehr als Perigonbl. **139**
139. Perigonbl. sehr klein im Vergleich zu Stbl. bzw. Frkn., kaum sichtbar; Bltn. meist eingschl.; Stbl. 6–12 . . . . ***Daphniphyllaceae*** 28–1
– Perigonbl. deutl. sichtbar, mehr als halb so lang wie Stbl. bzw. Frkn. **140**
140. Stbl. weit mehr als 10; Perigonbl. meist 5; Bltn. meist eingschl. . ***Flacourtiaceae*** 40–1
– Stbl. höchstens 10 . . . . **141**
141. Perigonbl. 6, Stbl. 9; Bltn. meist eingschl. . . . . ***Lauraceae*** 13–1
– Perigonbl. 4–5, Stbl. 6–10 . . . . **142**
142. Perigonbl. meist 4, zu einer deutl. Röhre verwachsen, an die die meist 8 Stbl. angewachsen sind; Bltn. zwittrig . . . . ***Thymelaeaceae*** 50–1
– Perigonbl. frei oder jedenfalls nicht röhrig; Stbl. frei; Bltn. zwittrig oder eingschl. **143**
143. Bäume oder Großsträucher; Bl. gegenst. . . . . ***Aceraceae: Ácer*** 74–2
– Klein- bis Zwergsträucher oder Lianen; Bl. wechselst. . . . . . ***Polygonaceae*** 20–1
144 (138). Pfl. mit Milchsaft (Pfl. verletzen) in allen krautigen Teilen, meist baumf.; Bl. wechselst.; Bltn. eingschl. . ***Moraceae*** 34–1
– Pfl. ohne Milchsaft (selten etwas Milchsaft im Bl.stiel und dann Bl. gegenst.) **145**
145. Perigonbl. und Stbl. 3; Bltn. eingschl.; immergrüner Zwergstrauch . . . . ***Empetraceae*** 54–1
– Perigonbl. und Stbl. nicht 3 . . . . **146**
146. Perigonbl. 2, 4 oder 6; Stbl. 2; meist Bäume . . . . ***Oleaceae: Fráxinus*** 90–5
– Perigonbl. (bzw. -zipfel) und Stbl. je 4 oder mehr **147**
147. Perigonbl. und Stbl. nicht 6 . . . . **151**
– Perigonbl. und Stbl. 6 . . . . **148**
148. Pfl. kletternd (windend oder rankend); Bltn. eingschl. . . . . . . ***Smilacaceae*** 101–1
– Pfl. nicht kletternd **149**
149. Bltn. eingschl.; seltener zwittrig und dann Pfl. hohe Bäume mit fiedernervigen Bl. **151**
– Bltn. zwittrig; niedrige Sträucher oder Kleinbäume mit parallelnervigen Bl. **150**
150. Vielzweigiger Kleinstrauch; Bl. (in Wirklichkeit Phyllokladien) 4–10 cm lang; Bltn. klein, rundl., Perigonbl. verwachsen . . . . ***Liliaceae: Dánaë*** 99–1

– Dickstämmige Kleinbäume (Stamm zuw. vorwiegend unterirdisch); Bl. weit über 20 cm lang; Bltn. groß, glockig; Perigonbl. frei . . . . **Agavaceae** 100–1

151 (147, 149). Pfl. mit zahlreichen auffälligen silbrigen und/oder bräunl., sternf. Schildhaaren; Perigonbl. 4, röhrig verwachsen, die 4 Stbl. an die Röhre angewachsen . . **Elaeagnaceae** 67–1

– Pfl. ohne solche Schildhaare; Perigonbl. frei oder verwachsen . **152**

152. Mit Wickel- oder Haftranken kletternde Lianen . **Vitaceae** 86–1

– Pfl. nicht kletternd **153**

153. Bl. immergrün, gegenst. oder wechselst.; Bltn. eingschl.; Perigonbl. und Stbl. oft 4, seltener 6 . . . . **Buxaceae** 29–1

– Bl. sommergrün; Bltn. meist 4–5zählig **154**

154. Bl. gegenst.; Bltn. polygam . . . . **Aceraceae: Ácer** 74–2

– Bl. wechselst. **155**

155. Kleinerer Strauch; Bltn. eingschl., 5zählig, Perigonbl. frei . . . **Euphorbiaceae: Securinéga** 49–2

– Bäume oder Großsträucher; Bltn. zwittrig oder polygam, 4–5(–9)zählig; Perigonbl. oft verwachsen . . **Ulmaceae** 33–1

156 (1). Schachtelhalmähnl. Rutenstrauch mit reduzierten, häutigschuppigen, gegenst. Bl. . . . . **Ephedraceae** 9–1

– Pfl. nicht schachtelhalmartig **157**

157. Bl. nadelf. oder schuppenf.; Bltn.organe getrenntgeschlechtig, die ♂ kleine Zäpfchen mit ± zahlreichen Stbl., die ♀ unterschiedl. gestaltet ***(Coniferae)*** **187**

– Bl. normal flächig, nicht nadelf. oder schuppenf. **158**

158. Alle oder einige (die ♂) Bltnst. kätzchenf., d. h. längl.-linealisch ährenf., meist ± hängend und unscheinbar gefärbt **178**

– Alle Bltnst. (auch die mit Stbl.) nicht kätzchenf. **159**

159 (125, 158). Bltnst. ohne auffällige Hochbl. **162**

– Bltnst. durch große, weiße oder rötl., krbl.ähnl. Hochbl. auffallend **160**

160. Bltnst. hängend, kugelf.; Hochbl. 2, weiß, ungleich groß . . . . **Nyssaceae: Davídia** 62–1

– Bltnst. aufrecht **161**

161. Hochbl. 4 oder 6, gleich, weiß bis rosa; Bltnst. kugelf. oder breiter als hoch; Bl. gegenst. . . . . **Cornaceae: Córnus** 63–1

– Hochbl. ungleich groß, weiß oder z. T. grünl., mit Übergängen zu Kn.schuppen; Bltnst. höher als breit; Bl. wechselst. . . . . . **Hamamelidaceae: Parrotiópsis** 26–6

162 (159). Bltnst. unscheinbar, grünl. oder bräunl. (höchstens die Staubbeutel oder Gr. auffallender gefärbt) **168**

– Bltnst. als Ganzes auffallend weiß, gelb oder rosa **163**

163. Alle Bltnst. aus Zwitterbltn. bestehend **165**

– Bltnst. entw. eingschl. oder im oberen Teil ♂, im unteren ♀ . . **164**

164. Bltnst. durch Perigonbl. und Stbl. weißl. gefärbt, aufrecht, im oberen, rutenf. Teil ♂, am Grunde mit Gruppen von ♀ Bltn. . . . ***Fagaceae: Castánea*** 30–1

– Bltnst. durch an Tragbl. sitzende Haare weißl. gefärbt, eingschl., eif. bis längl.; Bltn. nackt . . ***Salicaceae: Sálix*** 45–7

165 (163). Bltnst. mit auffällig weit herausragenden, zahlreichen Stbl. **167**

– Stbl. nicht herausragend (höchstens die Gr.) **166**

166 (110, 165). Bltnst. kugelf., weiß, die Gr. mit der 1 keulenf. Narbe ringsherum weit herausragend . . . . ***Rubiaceae*** 87–1

– Bltnst. meist eif. bis konisch, am Grunde mit einem Involukrum aus schuppigen Hüllbl.; Bltn. ± gelb, mit 5 verwachsenen Staubbeuteln; Gr. mit 2 Narben, meist nur wenig herausragend ***Compositae*** 98–1

167 (165). Bltnst. kugelf., rosa bis violett (gelb bei vielen, nicht winterharten *Acacia*-Arten); Stbl. der Einzelbltn. am Grunde verwachsen; Bl. doppelt gefiedert . . . . ***Mimosaceae*** 68–1

– Bltnst. eif., weiß; Stbl. der Einzelbltn. frei; Bl. einfach . . . . . . ***Hamamelidaceae: Fothergílla*** 26–5

168 (162). Bltnst. deutl. gestielt, seltener ungestielt, aber auch dann nicht zwischen Kn.schuppen verborgen, oft vielbltg. **171**

– Bltnst. ± sitzend seitl. an vorj. oder älteren Zw., oft teilweise zwischen Kn.schuppen verborgen, meist wenigbltg.; oft vor der Bl.entfaltung blühend **169**

169. Bl. (und Bltnst.) wechselst.; Bltn. zwittrig, mit Perigon, Stbl. 5–7 . . . . ***Hamamelidaceae: Parrótia*** 26–5

– Bl. und Bltnst. meist gegenst. **170**

170. Bltn. nackt, eingschl., die ♂ aus 8 und mehr Stbl., die ♀ aus 1 Frbl. in der Achsel eines häutigen Tragbl. bestehend . . . . . . ***Cercidiphyllaceae*** 25–1

– Bltn. meist mit Perigon, seltener nackt, polygam, Stbl. 4–6, Frkn. 1 . . . . ***Oleaceae: Forestiéra*** 90–18

171 (168). Bl. parallelnervig; Bltnst. in Rispen stehende „Ährchen" mit 2zeilig stehenden schuppigen Hochbl. (Spelzen), zwischen denen die zwittrigen Bltn. verborgen sind . . . ***Gramineae*** 102–1

– Bl. fieder- oder handnervig, oder zur Blütezeit noch nicht entfaltet **172**

172. Krautige Teile der Pfl. mit weißem Milchsaft; Bltnst. kugelf. oder ährenf., oder krugf. mit den Bltn. im Innern . . ***Moraceae*** 34–1

– Pfl. ohne Milchsaft **173**

173. Bltnst. überwiegend aus Zwitterbltn. mit je 5 verwachsenen Staubbeuteln bestehend, am Grunde mit einem Involukrum aus schuppigen Hochbl. . . . . ***Compositae*** 98–1

– Bltn. eingschl.; Staubbeutel frei **174**

174. Bltnst. meist sitzende, ± aufrechte Ähren, eif. bis längl., vielbltg.; Einzelbltn. nackt . . . . ***Myricaceae*** 35–1

– Bltnst. ± rundl., einzeln oder zu mehreren auf meist deutl. verlängerten Stielen **175**

175. Bltnst. alle kugelf. und vielbltg., meist zu mehreren auf einem Stiel; Bl. handf. gelappt **177**

– Bltnst. einzeln, die ♀ mit 1–6 sitzenden Bltn., die ♂ mit 3–12 oft ± gestielten Bltn.; Frkn. unterst.; Bl. nicht handf. gelappt . . **176**

176. ♀ Bltn. zu 2–3, von einer gemeinsamen Hülle (Kupula) umgeben, mit je 3 Narben; Bltn. meist mit 6 Perigonbl. . . . . ***Fagaceae*** 30–1

– ♀ Bltn. zu 1–6, ohne gemeinsame Hülle, mit je 1 Narbe; Perigonbl. 5 . . . . ***Nyssaceae: Nýssa*** 62–2

177 (175). ♀ Köpfchen meist am Grunde des Gesamtbltnst., ihre nackten Einzelbltn. mit 1 Frkn. und 2 hakig gekrümmten Gr. . . ***Hamamelidaceae: Liquidámbar*** 26–7

– ♀ und ♂ Köpfchen meist in getrennten Gesamtbltnst.; die ♀ Einzelbltn. mit 3–8 getrennten Frbl. . . . . . ***Platanaceae*** 27–1

178 (114, 158). Bl. gefiedert . . . . ***Juglandaceae*** 36–1

– Bl. einfach (zuw. gelappt) **179**

179. Kätzchen aus Zwitterbltn. bestehend, diese 4zählig . . . . . . ***Tetracentraceae*** 23–1

– Bltnst. eingschl., die ♀ nicht immer kätzchenf. **180**

180. ♂ Kätzchen nur aus einer Achse mit daran sitzenden Stbl. bestehend (eigentl. keine Bltnst.); ♀ Organe mit meist 2 nackten Samenanlagen auf einem Stiel; Bl. gabelnervig . . . . . . ***Ginkgoaceae*** 1–1

– ♂ Kätzchen außer mit Stbl. auch mit schuppigen Bl.organen . **181**

181. ♀ Bltnst. vegetativen Winterkn. ähnl., die roten Gr. zwischen den Kn.schuppen herausragend . . ***Betulaceae: Córylus*** 31–12

– ♀ Bltnst. nicht knospenartig **182**

182. ♀ Bltnst. auffallend kugelf., vielbltg.; Einzelbltn. mit sehr langem Gr.; Pfl. mit Milchsaft . . ***Moraceae: Broussonétia*** 34–3

– ♀ Bltnst. kaum kugelf.; Pfl. ohne Milchsaft **183**

183. ♀ Bltnst. mit je 2–3 Bltn. unter jedem primären (direkt an der Achse sitzenden) Tragbl., von den ♂ meist deutl. verschieden ***Betulaceae*** 31–1

– ♀ Bltnst. mit nur 1 Blüte je Tragbl. **184**

184. Einzelbltn. ohne echtes Perigon, aber meist mit 1–2 Schuppen oder einem becherf. Ringwulst am Grunde **186**

– Einzelbltn. mit kleinen Perigonbl. auf dem unterst. Frkn. oder am Ende einer Bltn.röhre **185**

185. ♀ Bltn. in vielbltg., aufrechten Ähren am Ende beblätterter Zw., mit verlängerter, von 5 Perigonbl. gekrönter Bltn.röhre . . . . . . ***Hamamelidaceae: Sinowilsónia*** 26–3

– ♀ Bltn. in meist wenigbltg. (zuw. zu sitzenden Einzelbltn. reduzierten) Ähren aus den Bl.achseln, der unterst. Frkn. an der Spitze mit kleinen Perigonbl., außerdem am Grunde von einer schuppigen Hülle (Kupula) umgeben . . . . ***Fagaceae: Quércus*** 30–5

186 (184). ♀ Bltn. mit 2 Vorbl. seitl. (transversal) neben dem stets sitzenden Frkn., dieser mit nur 1 Samenanlage . . . . ***Myricaceae*** 35–1

– Bltn. am Grunde mit 1 dem Tragbl. gegenüber (median) stehenden Nektarschuppe oder einem becherf. Ringwulst; der oft gestielte Frkn. mit zahlreichen Samenanlagen . . . . ***Salicaceae*** 45–1

187 (157). Alle Bl.organe, sowohl die Laubbl. (diese oft schuppenf.) als auch die Zapfenschuppen, streng kreuzgegenst. oder zu 3 wirtelig; ♀ Bltn.zapfen meist zieml. klein und mit nur wenigen Schuppenwirteln . . . . ***Cupressaceae*** 5–1

– Laubbl. nadelf., wechselst. (zuw. büschelig oder scheinwirtelig gehäuft); wenn ausnahmsweise gegenst., dann an Seitentrieben deutl. gescheitelt **188**

188. Bltn.zapfen sehr groß, ♂ 8–12 cm lang, zylindrisch, ♀ 6–10 cm, eif., mit 1 Samenanlage je Schuppe; Pfl. zweihäusig . . ***Araucariaceae*** 3–1

– Bltn.organe wesentl. kleiner (wenn ausnahmsweise von vergleichbarer Größe, dann 2 Samenanlagen je Schuppe und Pfl. einhäusig) **189**

189. Pfl. zweihäusig; ♀ Bltn.organe sehr klein und unauffällig (ihr Durchmesser meist unter 5 mm), seitl. in der Achsel einer Nadel oder Kn.schuppe stehend **191**

– Pfl. einhäusig; ♀ Bltn.zapfen zieml. groß und gut sichtbar, mit vielen, meist schraubig stehenden Schuppen, meist am Ende normal beblätterter Lang- oder kräftiger Kurztriebe **190**

190. Deckschuppe und Samenschuppe am ♀ Zapfen deutl. unterscheidbar, nur am Grunde verwachsen, letztere jeweils mit 2 Samenanlagen . . . . ***Pinaceae*** 2–1

– Deckschuppe und Samenschuppe zu einem einheitl. Gebilde verwachsen, letztere nur als ein die 2–9 Samenanlagen tragender „Samenwulst“ erscheinend . . . . . . ***Taxodiaceae*** 4–1

191 (189). Bestimmung ♂ Pfl. **194**

– Bestimmung ♀ Pfl. **192**

192. ♀ Bltn.organe unterhalb der 2 kurzen, je eine Samenanlage tragenden Schuppen fleischig-angeschwollen, in der Achsel einer Nadel stehend . . . . ***Podocarpaceae*** 7–1

– Nicht mit dieser Merkmalskombination **193**

193. ♀ Organe zäpfchenf., ungestielt, in der Achsel einer Nadel stehend, mit 1 (selten 2) endst. Samenanlage, deren Spitze zur Blütezeit zwischen den obersten der 6 bis vielen Schuppenbl. sichtbar ist . . . . ***Taxaceae*** 8–1

– ♀ Organe rundl.-kopff., gestielt, meist zu mehreren beieinander in den Achseln von Kn.schuppen stehend, mit je 2 Samenanlagen in den Achseln weniger, kreuzgegenst. Deckschuppen ***Cephalotaxaceae*** 6–1

194 (191). Aus der Achsel einer Nadel entspringt eine kurze Seitenachse, die in der Achsel von Schuppenbl. mehrere bis viele kleine ♂ Zapfen trägt, insgesamt einen rundl. Stand bildend ***Cephalotaxaceae*** 6–1

– Nur wenige (1–4) ♂ Zapfen in der Achsel einer Nadel stehend **195**

195. ♂ Zapfen stets einzeln; Stbl. mit 3–6 Pollensäcken . . . . . . ***Taxaceae*** 8–1

– ♂ Zapfen zu 1–4; Stbl. mit 2 Pollensäcken ***Podocarpaceae*** 7–1

Früchteschlüssel

Zur Erläuterung der im Früchteschlüssel verwendeten Fachausdrücke sei auf die einleitenden Kapitel (7. Blüte; 8. Blütenstände und vor allem 9. Frucht) verwiesen. Die Begriffe sind dort jeweils definiert und meist auch durch Abbildungen veranschaulicht.
Hinsichtlich der Fruchtöffnung (Dehiszenz) bei Streufrüchten seien hier noch einmal die Möglichkeiten zusammengestellt:

dorsicid = rückenspaltig; Öffnung der Frucht im Bereich des Mittelnerves
ventricid = bauchspaltig; Öffnung der Frucht im Bereich der Verwachsungsnaht der Fruchtblattränder
lokulicid = fachspaltig; Fruchtöffnung im Bereich der Fruchtfächer (Lokulamente)
septicid = scheidewandspaltig; Fruchtöffnung im Bereich der Scheidewände (Septen)
septifrag = scheidewandbrüchig; Trennung der Scheidewände von der Fruchtwand (Perikarp)

Ein Organ ist „persistierend", wenn es, anstatt nach der Blüte (postfloral) abzufallen, bis zur Fruchtreife, auch im abgestorbenen und ausgetrockneten Zustand, erhalten bleibt (z. B. Kelchblätter, Blütenblätter, Staubblätter, Griffel usw.).
Neu eingeführt wird der Begriff „Ule". Man versteht darunter eine ‚Narbe' die nach dem Abfallen oder Abbrechen eines hinfälligen Organes (Kelchblatt, Blütenblatt, Griffel und dergl.) auf dem Fruchtkörper entsteht. Durch Anwendung dieses Begriffes bei den Fruchtbeschreibungen sollen Verwechslungen mit der Narbe (Stigma) des Fruchtknotens vermieden werden.

Früchtehauptschlüssel

1. Samen frei heranwachsend, weder von einem Frkn. noch von Zapfenschuppen umschlossen, zuw. aber von einem Samenmantel (Arillus) umgeben *(8/2)* oder ganz eingehüllt *(8/1)* . . . . **Gruppe I, Nacktsamen** B 66
– Samen von einem Frkn. oder von Zapfenschuppen umschlossen heranwachsend **2**
2. Samen bzw. Fr. in Zapfen oder zapfenähnl. Ständen; Zapfenschuppen verholzt und zur Reife spreizend oder klaffend oder zerfallend oder miteinander verwachsen und zur Reife ± fleischig werdend . . . . **Gruppe II, Zapfen** B 67
– Samen und Fr. nicht in Zapfen oder zapfenähnl. Ständen **3**

3. Fr. zur Reife geschlossen bleibend, mitunter jedoch in Teilfr. zerfallend, dabei die Samen jedoch niemals frei werdend, sondern stets allseitig von der Fr.wand umhüllt (Schließfrucht) . . . **8**

– Fr. zur Reife geöffnet und die Samen entlassend (Streufrucht) . **4**

4. Fr. bei der Öffnung zerfallend; Samen bisweilen an Teilen der Fr. festhaftend (Zerfallkapsel) . . **Gruppe III, Zerfallkapseln** B 72

– Geöffnete Fr. nicht zerfallend **5**

5. Fr. aus 2 oder mehreren miteinander verwachsenen Frbl. hervorgehend. Fr. entweder gefächert oder ungefächert, im letzteren Fall sind die Samen nicht in einer einzigen Längsreihe angeordnet **7**

– Fr. aus einem oder mehreren freien, nicht miteinander verwachsenen Frbl. bestehend oder diese nur am Grunde ± weit miteinander verbunden. Samen an einer längs der Bauchnaht verlaufenden Plazenta ansitzend **6**

6. Frch. (Bälge) sich einseitig durch einen Längsspalt bauchseitig (ventricid) (Balgfrucht, *117*), selten nur rückenseitig (dorsicid) öffnend (Scheinbalg); Fr.wand zur Zeit der Öffnung meist ausgetrocknet, selten noch fleischig oder fleischig werdend ('Saftbalg') . . . . . . **Gruppe IV, Balgfrüchte** B 73

– Fr. sich bauch- und rückenseitig öffnend (Hülse, *118*), die beiden Fr.hälften häufig ± tordiert . . . . . . **Gruppe V, Hülsen** B 78

7 (5). Fr. stets aus 2 Frbl. gebildet, mit 2 randl., durch eine Scheidewand verbundenen Plazenten. Bei der Öffnung löst sich die Fr.wand in 2 Klappen (Valven) von den Plazenten ab, die als Rahmen (Replum) stehen bleiben (Schote, *119*) . . . .
Gruppe VI, Schoten B 83

– Fr. aus mehreren Frbl. entstanden (wenn aus 2, dann sich nicht wie eine Schote öffnend!), gefächert oder ungefächert; Öffnung durch Poren (Porenkapsel), einen sich lösenden Deckel (Deckelkapsel) oder durch ± weit nach unten reichende Spalten (Spaltkapsel), oft unter Bildung von 2 oder mehr, ± stark spreizenden Klappen (Kapselfrucht, *120*) . . . . **Gruppe VII, Kapseln** B 83

8 (3). Fr.artiges, sich als Ganzes ablösendes Gebilde, das nicht aus einer einzigen Blte. entstanden ist, sondern einem ganzen Frst. entspricht. Einzeln bl.achselst., sitzend bzw. kurz gestielt oder endst. und lang gestielt. Frst.achse kugelf., längl., oder krugf. *(34/8)*. Zur Reife saftig-fleischig werdend oder doch von einem saftig-fleischigen Teil umgeben (Scheinfrucht) . . . . . .
Gruppe VIII, Scheinfrüchte B 98

– Stets nur aus einer (selten 2) Blte. hervorgehende Fr. **9**

9. Fr. zur Reife nicht in Teilfr. zerfallend **12**

– Fr. zur Reife in einzelne Teilfr. zerfallend **10**

10. Fr. aus 2 Frbl. hervorgehend und bei der Reife in 4 1samige, gleichgeformte Teilfr. (Klausen) zerfallend, die bereits getrennt heranwachsen (Klausenfrucht) **Gruppe IX, Klausenfrüchte** B 99
– Teilfr. aus 1 oder mehreren miteinander zu einem Stempel (Pistill) verwachsenen Frbl. hervorgehend und vereint heranwachsend **11**
11. Fr. durch regelmäßige Längsspaltung in 2 oder mehrere Teilfr. aufspaltend, die meist einem Frbl. entsprechen (Spaltfrucht, *122*) . . . . **Gruppe X, Spaltfrüchte** B 101
– Fr. aus einem Frbl. gebildet, wie eine Hülse gebaut, aber zur Reife quer in einsamige Teilfr. zerbrechend (Bruchfrucht, Gliederhülse, *123*) **Gruppe XI, Bruchfrüchte, Gliederhülsen** B 101
12 (9). Frbl. 1, wenn mehrere, dann miteinander zu einem Stempel verwachsen oder in die fleischige Bltn.achse eingesenkt und mit dieser verwachsen **15**
– Frbl. meist viele, frei, nicht miteinander verwachsen, wenn in eine Bltn.achse eingesenkt, dann nicht mit dieser vereinigt, sondern getrennt heranwachsend **13**
13. Wand der Frch. gleichmäßig verfestigt, ± stark verholzt (Nüßchen). Frch. einer kugeligen, verlängerten *(115)* oder krugf. eingesenkten Fr.achse ansitzend . . **Gruppe XII, Nüßchen** B 101
– Wand der Frch. nicht gleichmäßig verfestigt, sondern ganz oder teilweise fleischig werdend **14**
14. Wand der Frch. in einen äußeren, fleischigen (Mesokarp) und einen inneren, den Samen bergenden, ± stark verholzten Teil (Endokarp) differenziert (Steinfrüchtchen) . . . .
Gruppe XIII, Steinfrüchtchen B 104
– Wand der Frch. homogen fleischig werdend (Beerchen) . . . .
Gruppe XIV, Beerchen B 106
15 (12). Frkn. der unverwachsenen Frbl. in eine fleischige Bltn.achse eingesenkt und mit ihr verwachsen, so daß ein komplexer, unterst. Frkn. entsteht, aus dem eine fleischige Apfelfrucht hervorgeht. Samen entweder in einem lederig-pergamentartigen Kerngehäuse *(58/8)* (Kernapfel) oder von einem Steinkern *(58/9)* umhüllt (Steinapfel) . . . . . **Gruppe XV, Apfelfrüchte** B 107
– Fr. anders **16**
16. Fr.wand zur Reife homogen fleischig werdend, einen oder mehrere Samen einschließend (Beere, *124*), selten mit lederiger Fr.wand und innerem Weichkörper . **Gruppe XVI, Beeren** B 110
– Fr.wand ganz oder zu einem Teil ± stark verholzt **17**
17. Fr.wand einheitl. ± stark verholzt (Nuß, *126*); Fr. jedoch mannigfaltig geformt und Fr.wand zuw. nur derb lederig . . . .
Gruppe XVII, Nüsse B 120

– Innerer Teil der Fr.wand (um den oder die Samen) ± stark verholzt (Endokarp), äußerer Teil (Mesokarp) saftig-fleischig oder fleischig-lederig. Steinfrucht *(125)* mit 1 oder mehreren Steinkernen . . . . **Gruppe XVIII, Steinfrüchte** B 128

Gruppe I
Nacktsamen

1. Samen von einer roten, saftigen Hülle umgeben *(8/2)* oder einem roten fleischigen „Fuß" aufsitzend *(7/2)* **4**

– Samen ohne rote Hülle oder roten Fuß **2**

2. Samen zu 1–2 einem 3–5 cm lang gestielten Wulst aufsitzend. Samen kugelf.–rundl.-eif., ca. 2,5 cm ∅. Äußere Samenschale (Sarcotesta) orangegelb, saftig-fleischig, ranzig duftend, innere Samenschale (Sclerotesta) verholzt, einen Steinkern vortäuschend, eif., 2–2,5 cm lang, 2kantig (selten 3kantig), gelbl.-weiß, glatt *(1/2)*. Samenreife im 1. Jahr . . . . ***Gínkgo*** 1–1

– Samen pflaumen- oder olivenähnl., außen von einer weichen, harzig-aromatisch duftenden Hülle umgeben **3**

3. Samen einzeln oder zu zweit einem 1–2 cm lang gestielten, mit verwachsenen Schuppenbl. umgebenen Kopf ansitzend *(6/2)*; Stiel kahl; Samen 2–3 cm lang, bis 1,5 cm dick, zugespitzt, am Grunde ohne Schuppenblattpaare. Äußere Samenschale später ± eintrocknend und Längsfalten bildend, sich aber nicht ablösend, innere Samenschale verholzt, längl.-elliptisch, zugespitzt, 2–2,5 cm lang, leicht abgeflacht, fast glatt, zuw. mit 2 kleinen Längskanten, braun. Samenreife im 2. Jahr . ***Cephalotáxus*** 6–1

– Samen meist zu mehreren dicht beieinander, sitzend, am Grunde mit 2–3 dem Samen anliegenden, kreuzgegenst. Schuppenbl.paaren *(8/1)*; Samen 2–4 cm lang, 1,5–2,5 cm dick, die weiche, äußere Schicht ist ein Samenmantel (Arillus), der den Samen allseitig umgibt und nur an der Spitze eine winzige Öffnung hat. Arillus zur Samenreife von unten her aufplatzend und mit dem Samen abfallend; Samenschale dick, verholzt, fein längsriefig, gelbbraun. Samenreife im 2. Jahr . . . . ***Torrēya*** 8–1

4 (1). Samen einzeln, eif., 3,5–5,5 mm lang, oben stumpf zugespitzt, einen bl.achselst., 3 mm langen Seitensproß krönend und einem roten, fleischigen „Fuß" aufsitzend, der breiter als der Samen ist *(7/2)*. Samen im 1. Jahr reifend . . . . ***Podocárpus*** 7–1

– Samen nicht einem Fuß aufsitzend, sondern von einem fleischigen Mantel umgeben **5**

5. Samen einzeln bl.achselst., untersts. an vorj. Zw., kurz gestielt, Stiel mit Schuppen umkleidet; Samen eif., oben etwas abgeflacht oder 3kantig, zugespitzt, 5–7 mm lang *(8/2)*, 3–5 mm ∅; Samenmantel becherf., saftig-fleischig, bis 8 mm lang, 1 cm ∅, nur am Grunde mit dem Samen verbunden. Samen im 1. Jahr reifend . . . . ***Táxus*** 8–2

– Samen einzeln oder in Paaren, an kurzen, zuw. stielartig verlängerten Seitensprossen, längl.-eif., zugespitzt, 5–6 mm lang, von 2–3 Paaren kreuzgegenst., saftig-fleischiger Schuppenbl. umhüllt *(9/1)*, das oberste Paar zu ⅓–¾ miteinander verwachsen, den oder die Samen bis auf die Spitze einhüllend. Samenreife im 1. Jahr . . . . ***Éphedra*** 9–1

Gruppe II
Zapfen

1. Zapfen eif.–kugelf., 5–12(–15) mm ∅, bei *J. drupácea* 1,5–2,5 cm ∅; Zapfenfläche ± glatt, nur an der Spitze oder seitl. mit kleinen, oft stumpfen Schuppenspitzchen *(5/14)*; Zapfenschuppen 3 oder 6, miteinander verwachsen, bis zur Reife im 1., 2. oder 3. Jahr geschlossen bleibend ± fleischig werdend („Beerenzapfen"), hell- bis rotbraun oder blauschwarz, meist bereift; Samen eif.–rundl., 1–3, selten 6–12, verholzt . ***Juníperus*** 5–9

– Zapfen zur Reife nie fleischig werdend **2**

2. Zapfenschuppen spiralig angeordnet. **10**

– Zapfenschuppen gegenst. **3**

3. Zapfen aus mindestens 3 Paaren kreuzgegenst. Schuppen bestehend. **5**

– Zapfen aus 1–2 Schuppenpaaren bestehend, wenn 3 Paare, dann diese in einer Ebene gegenst. stehend **4**

4. Zapfenschuppen 1(–2) Paar, zur Reife weit spreizend; geöffneter Zapfen ca. 5 mm breit, mit einem, zentral stehenden, eif., 3 mm langen, ungeflügelten Samen *(5/12)*, der im 1. Jahr reift . ***Microbióta*** 5–9

– Zapfen längl.-eif., aus 3, in einer Ebene stehender Schuppenpaare gebildet, 1,5–2,5 cm lang *(5/8)*. Nur das mittlere Schuppenpaar fertil, zur Reife weit spreizend, innerstes Paar zu einer flachen Platte verwachsen, unterstes Paar sehr klein. Samen je Schuppe 2, 10–18 mm lang, ungleichseitig, vor allem oben dünn geflügelt. Samenkörper mit Harzkammer; im 1. Jahr reifend . . . . ***Calócedrus*** 5–6

5 (3). Zapfen ± kugelf., die dicken Schuppen stark verholzt, sich meist nur an den Rändern berührend, starr, zur Reife infolge Austrocknung klaffend **8**

— Zapfen längl.-eif.–breit-eif., die Schuppen dachziegelartig angeordnet, bei Austrocknung des Zapfens ± stark spreizend **6**

6. Zapfen 7–20 mm lang, geöffnet bis 1 cm breit, aus 4–6 Schuppenpaaren gebildet; unreif grün; Zapfenschuppen nur mäßig dick, lederig-holzig, löffelf., auf der Rückseite ohne oder nur mit kleinen Hornbildungen, zur Reife spitzwinkelig spreizend *(5/11)*. Jede Schuppe mit 2 längl.-elliptischen, stark abgeflachten, 5–6 mm langen, 1–1,5 mm breiten, beidseitig längsgeflügelten Samen. Im 1. Jahr reifend . . . . ***Thúja*** 5–7

— Unreife Zapfen blau bereift, Zapfenschuppen dick, nicht löffelf., getrocknet stark spreizend, starr; Samen nicht längl.-elliptisch; Zapfen im Umriß breit-eif., 1,5–2 cm lang **7**

7. Zapfen mit 3–4 Schuppenpaaren, Schuppen unreifer Zapfen bis zur Spitze anliegend, trockene Schuppen rückseitig mit hornf., zurückgebogenen Fortsätzen *(5/10)*. Je Schuppe mit 2(–3) eif., ungeflügelten, 5–6(–7) mm langen, 3 mm breiten Samen. Im 1. Jahr reifend . . . . ***Thúja orientális*** 5–7

— Zapfen mit 3–4(–5) Schuppenpaaren, Schuppen unreifer Zapfen fast bis zur Hälfte der Länge frei und gerade vorgestreckt; Schuppenrückseiten ohne Fortsätze, Spitzen abgeflacht aber dick, zurückgeschlagen *(5/9)*. Je Schuppe 3–5 Samen, diese stark abgeflacht, ± eif., 5 mm lang, beidseitig längsgeflügelt. Im 1. Jahr reifend . . . . ***Thujópsis*** 5–7

8 (5). Zapfen mit 4–10 Schuppen *(5/5, 5/6)*, 4–12 mm ∅, je Schuppe 2–3(–5) Samen, diese abgeflacht, ungleich geformt, ± rundl.-eif., 2–4 mm lang, seitl. ± breit geflügelt. Samen von *Ch. nootkatensis* im 2. Jahr, die der anderen Arten im 1. Jahr reifend . . . . ***Chamaecýparis*** 5–3

— Zapfen größer **9**

9. Zapfen kugelig-eif., 2–4 cm ∅ *(5/1)*, mit 3–7 Schuppenpaaren, Schuppen schildf., hart verholzt, je Schuppe mit 8–20 rundl.-eif.–elliptischen, abgeflachten, 4–5 mm langen, 1–1,5 mm breiten Samen mit umlaufendem, bis 1 mm breitem Flügel. Samen im 2. Jahr reifend; Zapfen meist noch jahrelang am Zweig haftend . . . . ***Cupréssus*** 5–2

— Zapfen kugelig-eif., 2–2,5 cm lang, 1,5–2,5 cm breit, mit 10–15 Schuppenpaaren, unterste und oberste 2–3 Paare steril. Fertile Schuppen mit je 5–8 Samen, diese rundl.-eif., 5 mm lang, 4 mm breit, schmal längsgeflügelt. Im 1. Jahr reifend, Zapfen später mit den Kurztrieben abfallend *(4/6)* . . . . . ***Metasequóia*** 4–3

10 (2). Zapfen nach der Reife nicht zerfallend **16**

– Zapfen nach der Reife zerfallend 11

11. Zapfen 6–8 cm lang, schmal-kegelf., 1,5–2 cm lang gestielt, strohfarben, „Schuppen“ linealisch *(10/10)*, 2,5–3,5 cm lang, 6–8 mm breit, pergamentartig, nur unten verdickt und stärker verholzt, kantig, im Inneren mit 1–2 Samen . ***Liriodéndron*** 10–5

– Zapfen anders 12

12. Zapfen spreizend oder überhängend, kugelf.–rundl.-eif., 2–2,5 cm lang, stark verholzt, mit 10–12 Schuppen; Schuppen mit unregelmäßig 4seitiger Außenfläche, jeweils mit 2 Samen, diese unregelmäßig 3kantig, 8–15 mm groß. Im 1. Jahr reifend . . . . ***Taxódium*** 4–4

– Zapfen größer, nie kugelf., stets aufrecht stehend 13

13. Zapfen eif., 5–7 cm lang, 4–5 cm breit; Deckschuppen am Grunde mit der Samenschuppe verwachsen, etwa ⅓ so lang wie die bis 3 cm lange, lederig-holzige, längl.-3eckige, auf der Rückseite fein längsgestreifte, zur Reife spitzwinklig spreizende Samenschuppe. Je Schuppe 2 Samen, diese mit 2,5–3 cm langem, bis 1 cm breitem, asymmetrischem, die Samenschuppen überragendem Flügel; Samenkörper ca. 8 mm lang, einseitig am Grunde des Flügels in einer offenen Tasche eingefügt. Im 1. Jahr reifend . . . . ***Pseudólarix*** 2–19

– Zapfen und Schuppen anders gestaltet. 14

14. Zapfen breit-eif.–kugelf., 10–12 cm groß; Schuppen zahlreich, dick, scharf zugespitzt, 2–4,5 cm lang. Je Schuppe 1 Samen, dieser mit der Schuppe zu einem längl.-eif.–keilf., rotbraunen, ungeflügelten Komplex verwachsen. Samen im 2. oder 3. Jahr reifend . . . . ***Araucária*** 3–1

– Samen nicht mit der Schuppe verwachsen, Zapfen anders geformt, je Samenschuppe 2 Samen 15

15. Zapfen kurz aber dick gestielt, am Ende benadelter Kurztriebe; faßf., längl.-eif. oder zylindrisch, oben meist eingedellt, 5–10 cm lang, 3,5–6 cm breit, Samenschuppen fest aufeinander liegend, sehr breit, gerundet; Deckschuppen am geschlossenen Zapfen nicht sichtbar. Samen 8–18 mm lang, mit Harztaschen, 1,5–3 cm lang, asymmetrisch, fast 3eckig geflügelt. Im 2. oder 3. Jahr reifend . . . . ***Cédrus*** 2–18

– Zapfen auf der Oberseite benadelter Zw., nie endst., sitzend, walzenf., oft beidendig verschmälert *(2/3)*; Deckschuppen schmal, von den breiten, gerundeten Samenschuppen geborgen oder diese ± weit überragend, häufig mit grannenartiger, oft umgebogener Spitze, Samen mit Harztaschen, 3eckig geflügelt; Flügel fest mit dem Samenkörper verbunden, den Samen tütenf. umfassend. Im 1. Jahr reifend . . . . ***Ábies*** 2–2

16 (10). Zapfen kugelf.–zylindrisch, mit dachziegelartig sich dekkenden, dünnen und elastischen Schuppen; wenn Schuppen dick, dann zu hygroskopischen Bewegungen fähig und je Schuppe 2 Samen **20**
– Zapfen kugelf., eif., elliptisch oder tonnenf., mit zur Reife dick verholzten, starren, klaffenden Schuppen **17**
17. Zapfen eif. oder elliptisch, 1–2,5 cm lang, zu mehreren beieinander in gestielten Ständen *(31/7)*; Zapfenschuppen am Ende schwach 5lappig (Lupe!); je Schuppe mit 2 abgeflachten, eif.–rundl.-eif., dickl., 2–5 mm langen, bis 1 mm breit geflügelten Fr., die an der Spitze 2 fädige, persistierende Gr. tragen . . . ***Álnus*** 31–1
– Zapfenschuppen anders gestaltet, Zapfen nie mit Fr., die Narben tragen, sondern stets mit Samen. **18**
18. Zapfen eif.–tonnenf., 4–6(–8) cm lang, 4–5 cm breit, mit sehr dicker Zapfenachse und 25–40 Schuppen *(4/4)*; Schuppenschilde rhombisch, mit zentraler Vertiefung, radiär gestreift; je Schuppe 3–8 Samen, diese eif.-elliptisch, stark abgeflacht, beidseitig längsgeflügelt, 3–6 mm lang. Im 2. Jahr reifend . . . . . . ***Sequoiadéndron*** 4–2
– Zapfen kleiner, kugelf.–breit-eif., je Schuppe mit 2–5 Samen . . **19**
19. Zapfen am Ende ± langer Kurztriebe, übergebogen oder hängend, elliptisch, eif.–kugelf., 1,5–3 cm lang, bis 2 cm breit, mit 12–20 Schuppen; Schuppenschilde breit-rhombisch, in der Mitte etwas vertieft, ± runzelig, weder gezähnt noch mit Dorn; Samen breit-eif., abgeflacht, 1,5–3 mm lang, beidseitig längs geflügelt, Flügel so breit wie der Samenkörper; Zapfen mit den Kurztrieben abfallend. Im 1. Jahr reifend . . . . ***Sequóia*** 4–3
– Zapfen am Ende sehr kurzer Zw., kugelig–breit-eif., 1,5–3 cm lang, 2–2,5 cm breit, mit (15–)20–30 Schuppen *(4/2)*; Schuppenaußenfläche 4–5eckig, Oberrand unregelmäßig 2–6zähnig, Fläche mit rückwärts gebogenem, stachelf. Fortsatz; Samen eif.–elliptisch, 5–6 mm lang, abgeflacht, beidseitig schmal längsgeflügelt. Im 1. Jahr reifend . . . . ***Cryptoméria*** 4–1
20 (16). Zapfenschuppen mit je 2, einendig breit geflügelten Samen **22**
– Zapfenschuppen mit mindestens 3, schmal längsgeflügelten Samen. **21**
21. Zapfen abwärts geneigt, kugelig-eif., 2,5–4,5 cm lang, ca. 3 cm breit; Schuppen flach und dünn, am Rücken gekielt, in eine kurze, stechende Spitze auslaufend, Rand fein gesägt; pro Schuppe 3 elliptische, 6–7 mm lange, 5–6 mm breite, abgeflachte Samen. Im 1. Jahr reifend . . . . . . ***Cunninghámia*** 4–1
– Zapfen aufrecht, längl.-eif.–fast zylindrisch, 7–12 cm lang, 4–7 cm breit, Schuppen bis 2,5 cm breit, oben gerundet, flach aber

nicht dünn; Deckschuppe bzw. ihr wulstiger Rand deutl. sichtbar, kürzer als die Samenschuppe; je Schuppe 7–9 eif., 10–12 mm lange, stark abgeflachte, beidseitig längsgeflügelte Samen. Im 2. Jahr reifend . . . . ***Sciadópitys*** 4–4

22 (20). Zapfen sitzend oder gestielt, einzeln oder zu mehreren beieinander, aufrecht, spreizend oder hängend, gerade oder gekrümmt, kugelf., eif. oder walzenf., sich zur Reife meist öffnend; Zapfenschuppen nicht in Deck- und Samenschuppen differenzierbar, dick, stark verholzt, oft sehr ungleich groß, meist mit deutl. abgesetztem Endabschnitt, dem Schild, dem ein (oft bedornter) Nabel aufsitzt; Samen geflügelt oder ungeflügelt, mit dünner oder dicker, verholzter Schale. Im 2. oder 3. Jahr reifend ***Pínus*** 2–22

– Zapfen mit dünnen und elastischen Deck- und Samenschuppen. Im 1. Jahr reifend **23**

23. Samen mit Harzblasen; Zapfen endst. an vorj. kurzen Seitenzw. hängend, kugelf. oder eif., 1,5–3,5 cm lang; Deckschuppen viel kleiner als die zur Reife spitzwinkelig bis rechtwinkelig spreizenden, zuw. sogar zurückgebogenen Samenschuppen. Samen 1–3 mm lang, mit 4–8 mm langem Flügel. Samenkörper am Flügel einseitig konvex, einseitig plan; Zapfen meist noch lange am Baum hängend . . . . ***Tsúga*** 2–17

– Samen ohne Harzblasen, Samenschuppen zur Reife meist weniger spreizend **24**

24. Zapfen ungestielt, endst. an vorj. Zw. hängend, längl.-eif.–walzenf., 2–18 cm lang, zur Spitze hin meist verschmälert; Samenschuppen stets länger als die (nicht in Erscheinung tretenden) Deckschuppen, gerundet oder zugespitzt, ganzrandig oder gezähnt-gekerbt, glatt oder gewellt; Samenflügel dünn, den Samen unten löffelartig aufsitzend und sich leicht vom Samenkörper lösend; Zapfen (mit Ausnahme der untersten Schuppen) als Ganzes abfallend . . . . ***Pícea*** 2–10

– Zapfen deutl. gestielt **25**

25. Zapfen endst. an mehrj., benadelten Kurztrieben, Zapfenstiel stark gekrümmt; Zapfen kugelf., eif., kegelf. oder kurz zylindrisch, 1–5 cm lang; Deckschuppen kürzer oder länger als die Samenschuppen; Oberrand der Samenschuppen oft umgeschlagen; Samen 2–5 mm lang, 6–10 mm lang geflügelt. Im 1. Jahr reifend, Zapfen aber meist noch Jahre am Zweig bleibend bzw. erst mit den Zw. abfallend . . . . ***Lárix*** 2–20

– Zapfen hängend, endst. an kürzeren Seitenzw., 1–2 cm lang gestielt, längl.-eif.–zylindrisch-konisch, 5–10 cm lang, geöffnet 2–4 cm breit; Deckschuppen bandf., 3zipfelig, mit langem Mittelzipfel, die Samenschuppen deutl. überragend, viel dünner und weicher als die breiten Samenschuppen *(2/6)*; Samen 5–7 mm lang, mit 7–12 mm langem, 4–6 mm breitem Flügel. Im 1. Jahr reifend, Zapfen mit dem Stiel abfallend **_Pseudótsuga_** 2–9

Gruppe III
Zerfallkapseln

1. Fr. unter 2 cm groß **3**

– Fr. mindestens 2 cm groß. **2**

2. Fr.wand dick, zur Samenreife noch fleischig oder gerade auszutrocknen beginnend; Fr. dick gestielt, in aufrechten, bis 30 cm langen, endst. Thyrsen, kugelig–rundl.-eif., bis 7 cm groß, grün oder braun, rauh und unbewehrt *(73/2)* oder stachelig; Fr. (meist) 3fächerig, 1–3samig; Samen rundl., oft 1seitig abgeflacht, asymmetrisch, bis 4 cm groß, glatt oder gefurcht, braun–rotbraun, meist glänzend, mit großem, rundem, 8–25 mm breitem, hellem Hilum . . . . **_Aésculus_** 73–1

– Fr. gestielt, in großen, bis 35 cm langen, reichverzweigten Rispen; Kapsel 3fächerig, eif.–längl.-eif., blasig, 3,5–5 cm lang, kahl, mit feinem Netzmuster; Fr.wand pergamenten-trockenhäutig; Fr. sich loculicid öffnend und später in die 3 Klappen zerfallend, Samen an den Klappen haften bleibend *(72/3)*, je Fach 1–2 Samen, im unteren Drittel inseriert; Samen kugelf., 7–8 mm groß, schwarz-glänzend . . . . **_Koelreutéria_** 72–1

3 (1). Fr. einzeln bl.achselst., am Grunde mit Kn.schuppen und K.resten; Kapsel ± eif., 7–12 mm lang, runzelig genetzt, mit 3 freien, 2–3 mm langen, spreizenden, hornartigen Narben *(29/1)*; Fr. 3fächerig, mit je 2 Samen, sich bis zum Grunde loculicid öffnend und in 3 Teile zerfallend, Klappen (durch Aufspaltung der Narben) 2hörnig *(29/1)*, in einen äußeren, hornig-lederigen, und einen inneren, hornigen, sich einrollenden Teil aufspaltend und dabei die Samen wegschleudernd, die verholzte, 3kantige Mittelsäule (Columella) stehen bleibend; Samen längl., 3kantig, 5–6 mm lang, schwarz-glänzend . . . . **_Búxus_** 29–1

– Fr. kugelf.. . . . . **4**

4. Fr. 5–7 mm lang dünn gestielt in end- oder seitenst., zu Rispen oder Ähren vereinigten Dolden; Fr. 3fächerig, oben abgeflacht, 5–6 mm ∅, unten mit breit-kreiself.–tellerf. K. *(85/11)*, K.zipfel sehr kurz; Fr. bei der Öffnung in 3 Teile zerfallend, äußerer Teil der Fr.wand abbröckelnd *(85/12)*, innerer, horniger Teil sich längs aufspaltend, einrollend und die rundl.-eif., 2 mm langen, dunkelbraun-glänzenden Samen ausschleudernd . . . . **_Ceanóthus_** 85–5

– Fr. einzeln bl.achselst., abgeflacht, in 3 Teile zerfallend; Kbl. frei; Gr. persistierend; Fr.stiele fädig **5**

5. Fr. 1,5–3 cm lang gestielt, 4–8 mm ∅; Kbl. etwas ungleich groß, ½ so lang wie die Fr., abspreizend; K. und Mittelsäule (Columella) bleibend; Gr. 3, fast bis zum Grunde geteilt, spreizend *(49/1)*; Samen eif., gekielt, 3 mm lang . . ***Andráchne*** 49–1

– Fr. 1–1,5 cm lang gestielt, 5 mm ∅; Kbl. ungleich lang, der Fr. anliegend, etwa ⅓ so lang wie diese; Gr. 3, aufrecht, nur oben aufspaltend, fast rechtwinklig abstehend *(49/2)*; K. und Mittelsäule bleibend; Fr.wand in einen äußeren lederigen und einen inneren hornartigen Teil aufspaltend, innerer Teil sich einrollend und die Samen wegschleudernd; Samen eif., gekielt, 2 mm lang, glänzend-braun . . . . ***Securínega*** 49–2

Gruppe IV

Balgfrüchte

1. Fr.wand zur Zeit der Samenreife austrocknend. **4**

– Fr.wand zur Zeit der Samenreife fleischig oder lederig-fleischig . **2**

2. Fr. sitzend, in 20–50 cm langen, einfachen oder doppelten, hängenden Trauben, hängend; Bälge 1–3, walzenf. *(16/2)*, 5–10 cm lang, kobaltblau, kahl, Fr.wand lederig-fleischig; Samen in 2 Längsreihen, von einer durchscheinenden Gallerte umgeben, eif., 9–10 mm lang, abgeflacht, schwarz-glänzend; Fr. häufig geschlossen bleibend, sich aber schon bei leichtem Druck öffnend . . . . ***Decaīsnea*** 16–1

– Fr. niemals walzenf. **3**

3. Fr. 2–3 cm lang gestielt, in hängenden, wenigbltg. Trauben; Bälge meist einzeln, seltener 2–4, längl.-eif. *(16/3)*, 6–8 cm lang, fleischig, hell purpurn–violett; Samen zahlreich, in mehreren Längsreihen, bei der Fr.öffnung einen sich von der Wand lösenden, walzenf. Körper bildend; Samen eif., 5–6 mm lang, glatt, schwarzbraun-glänzend . . . . ***Akébia*** 16–1

– Fr. 1–2 mm lang gestielt, spreizend, in 25–40 cm langen, hängenden Trauben; Bälge nur am Grunde etwas miteinander verbunden *(16/6)*, saftig-fleischig, (1–)2–3(–4), eif.–elliptisch, 1–2 cm lang, hellrosa–blaßviolett; Samen jeweils in 2 Längsreihen, eif., abgeplattet, 6–7 mm lang, schwarz, in eine durchscheinende Gallerte eingebettet; Fr. meist geschlossen bleibend, jedoch schon bei leichtem Druck aufplatzend . . . . ***Sinofranchétia*** 16–2

4 (1). Bälge sich ventricid öffnend (zuw. auch ± weit dorsicid) . . . **6**

– „Bälge“ sich nur dorsicid öffnend (Scheinbälge) **5**

5. Fr. 3–12 cm lang, längl.-eif., elliptisch oder zylindrisch-kegelf., zu mehreren bis vielen allseitig einer Fr.achse ansitzend *(10/5, 10/6, 10/8)*; Frch. gerundet und wenig erhaben oder abspreizend und ± lang geschnäbelt, 1–2 cm lang; reife Frch. sich bis zum Grunde öffnend; Samen ± abgeflacht, bis 1 cm groß, braun oder schwarz, allseitig von einem roten oder scharlachroten, fleischigen Samenmantel (Arillus) umgeben; Samen oft an einem „Faden" aus dem Scheinbalg heraushängend . . . . . .
Magnólia 10–1

– Fr. nur aus einem Scheinbalg bestehend, 6–12 cm lang, riemenf., am Grunde mit 2–5 mm langem Gynophor, stark abgeflacht, die Fr.flanken sich in den samenfreien Teilen berührend, lederig, braun–rotbraun, längs der Bauchnaht 2 mm breit geflügelt *(69/5)*; Samen abgeflacht, elliptisch, 5–6 mm lang, braun; Fr. meist geschlossen den Winter über am Gehölz hängen bleibend . . . . **Cércis** 69–3

6 (4). Bälge niemals lang hornf. und in Paaren **8**

– Bälge paarig, am Grunde miteinander verbunden, schmalzylindrisch, hornf., zugespitzt **7**

7. Bälge 1,5–5 cm lang, aufrecht, ± spreizend, je Balg 2–3 walzenf., grobwarzige Samen mit Längsfurche *(88/3)*; Samen 6–9 mm lang, stets ohne Haarschopf . . . . **Vínca** 88–1

– Bälge 10–15(–18) cm lang, hängend, leicht gebogen und an der Spitze etwas miteinander verbunden *(89/2)*, fein gefurcht, vielsamig, Samen abgeflacht, 12–15 mm lang, 2–4 mm breit, mit einem 3–4 cm langen, weiß-glänzenden, seidigen Haarschopf . . . . **Períploca** 89–1

8 (6). Fr. stets einzeln, in aufrechten, bis 25 cm langen, endst. Trauben, längl.–linealisch, 15–25 cm lang, bis 5 cm hoch, mit bis zu 1 cm langem, hornartigem Gr. *(69/2)*; abgeflacht, dickwandig, Kanten verdickt, rotbraun, grau überlaufen, 4–8samig; Samen breit-eif., 1,5–2 cm lang, dunkel- bis schwarzbraun; Fr. sich nur zögernd öffnend, den Winter über geschlossen am Baum hängend; Innenwand der Fr. von einer schmierseifenartigen Masse umgeben . . . . **Gymnócladus** 69–2

– Bälge unter 5 cm lang, oft zu mehreren **9**

9. Samen ungeflügelt **11**

– Samen geflügelt **10**

10. Bälge frei, sitzend in 5 mm lang gestielten Köpfchen, diese einzeln an Kurztrieben; Bälge 1,5–2,5 cm lang, leicht oder sichelf. gebogen *(25/2)*, an der Spitze in einen 2–3 mm langen, fädigen Gr. verschmälert, lederig, braun, kahl; Samen zahlreich, 5–6 mm lang, ein- oder beidendig dünn geflügelt *(25/3)* . . . .
Cercidiphýllum 25–1

– Fr. sitzend oder bis 5 mm lang gestielt; Fr.stiel gleich der Fr. dick und verholzt; Fr. aufrecht in endst., 5–10bltg., bis 10 cm langen Trauben, rundl.-eif., kreiself. oder fast kugelig, 8–15 mm lang; Bälge meist 5, aufrecht, in der Mitte durch einen Achsenfortsatz miteinander verbunden, seitl. und oben frei, den Eindruck einer geflügelten Kapsel machend *(58/11)*; Frch. sich meist 2klappig (an der Bauchnaht und an der Rückenseite) öffnend, 1–2samig, Samen stark abgeflacht, schief-eif.–schief-elliptisch, ringsum geflügelt, 6–8 mm lang, braun ***Exochórda*** 58–6

11 (9). Fr. in endst., 3–8 cm langen, lockeren Trauben, 3–7 mm lang gestielt; Bälge 1–2, völlig vom persistierenden, dünnhäutigen, drüsig-behaarten, ca. 1 cm langen, zylindrischen oder glokkigen, mit 5 2–3 mm langen K.zipfeln versehenen Bltn.becher eingeschlossen; Bälge ca. 5 mm lang, Frch.wand dünn, mit 5–7 mm langem, persistierendem Gr.; Samen 1–3(–5), eif.–rundl., ca. 2 mm lang, glatt und glänzend . . . . ***Neíllia*** 58–9

– Bälge nicht vom persistierenden Bltn.becher eingeschlossen . **12**

12. Bälge 2–mehrsamig **15**

– Bälge stets nur 1samig (mehrere Bälge untersuchen!) **13**

13. Fr. 2–4 mm lang gestielt, in bis 10 cm langen, aufrechten oder spreizenden, achselst. Trauben; Bälge 5–10, sitzend, keulenf., etwas gebogen *(18/2)*, ca. 3 mm lang, kahl oder kurz abstehend behaart, blasig-dünnhäutig; Samen nach außen durchscheinend, eif., 1 mm groß, glänzend-braun; Bälge mitunter geschlossen bleibend . . . . ***Xanthorhíza*** 18–1

– Frch.wand nicht blasig-dünnhäutig, sondern hart und dick, Balgwand sich bei der Öffnung in ein lederiges Exokarp und ein hornartiges Endokarp aufspaltend **14**

14. Fr. ca. 1 cm lang gestielt, einzeln seitenst. an vorj. oder älteren Zw., ca. 18 mm ∅; Bälge meist 4, schief-elliptisch, eif. oder rundl., ca. 8 mm lang, etwas abgeflacht, quergestreift, braun, an der Rückenseite schwach gekielt; geöffnete Bälge sternartig ausgebreitet, Endokarp 2spitzig; Samen fast kugelf., 4 mm groß, schwarz, im geöffneten Endokarp bleibend . . . . . . ***Oríxa*** 78–3

– Fr. 2–5 mm lang gestielt in ca. 5 cm großen, sitzenden oder sehr kurz gestielten, end- oder seitenst. Rispen oder Büscheln; Bälge 1–5, schief-eif.–rundl., 6–8 mm lang, rot oder schwarz, schwach runzelig; Samen eif.–kugelf., 5 mm lang, schwarzglänzend mit feinem Punktmuster, völlig exponiert, nur noch an der hochgewölbten Plazenta haftend . . . . ***Zanthóxylum*** 78–2

15 (12). Fr. einzeln, endst., lang gestielt; Bälge 2–5, sitzend, spreizend oder sternf. ausgebreitet *(37/1)*, längl.-elliptisch, 2–4,5 cm lang, kahl oder behaart; die persistierenden Kbl. ungleich groß, zurückgeschlagen; Balgwand dick-lederig; Samen zu mehreren, oft ungleich geformt, rundl.-eif., bis 1 cm groß, dunkelbraun oder schwarz, kahl, meist glänzend . . . . **Paeónia** 37–1

– Bälge kleiner, Fr. nicht einzeln stehend. **16**

16. Balgwand sich bei der Öffnung nicht flächig aufspaltend **18**

– Balgwand sich bei der Öffnung in ein lederiges Exokarp und ein hornartiges Endokarp aufspaltend; Bälge stets 2samig **17**

17. Fr. 1–2,5 cm lang gestielt, in 3–6bltg., seitenst. Zymen am Sproßende; Bälge 5–2, am Grunde etwas miteinander verbunden; Gr.basis persistierend, dem Balg seitenst. etwa in der Mitte oder darunter ansitzend; Samen gleich groß, eif.–nierenf., netzig-gemustert . . . . **Chōisya** 78–4

– Fr. 2–7 mm lang gestielt, in endst., lang gestielten und reichverzweigten, 5–18 cm breiten Rispen oder Schirmrispen, Bälge sitzend, frei, längl.-elliptisch, längl. oder verkehrt-eif., 2–8 mm lang, vor der Reife aufrecht und zusammenneigend, später sternf. ausgebreitet, grünl.-purpurn–rot; Gr. endst., 1–2 mm lang, sich bei der Balgöffnung spaltend, dadurch die Fr.klappen gehörnt; Samen im Endokarp verbleibend, ungleich groß (!), 1–3,5 mm lang, elliptisch, schwarz-glänzend, der größere derbwandig, deutl. exponiert, der kleinere dünnwandig, steril, vom Endokarp ± verdeckt . . . . **Evódia** 78–3

18 (16). Frch. sich nur einseitig an der Bauchnaht öffnend. **21**

– Fr. sich an der Bauchnaht bis zum Grunde und ± weit auch rückenseitig öffnend **19**

19. Frst. und K. drüsig-behaart; Fr. kurz gestielt, in bis 15 cm langen, endst. Rispen; Frch. meist 5, am Grunde miteinander verbunden, aufrecht, längl., zugespitzt, ca. 5 mm lang, behaart; Bltn.becher persistierend, kreiself., ca. 2 mm lang mit 5 lanzettl., ca. 3 mm langen Kbl.; Samen längl., beidendig zugespitzt, ca. 2,5 mm lang, gelbl. . . . . **Chamaebatiária** 58–8

– Frst. und K. nicht drüsig behaart **20**

20. Fr. 1,5–3 cm lang dünn gestielt, in endst., vielbltg. Schirmtrauben; Frch. 1–5, frei oder bis zu ⅔ miteinander vom Grunde an verwachsen; reife Frch. aus dem persistierenden, flach-schüsself. Bltn.becher herausragend *(58/13)*; Kbl. persistierend, 1,5–4 mm lang, so lang oder länger als der Bltn.becher; Frch. kahl oder behaart, längl.-eif., 1–wenigsamig; Gr. meist persistierend, fädig-dünn, endst.; Frch. ± deutl. gekielt, blasig vergrößert, 6–10 mm lang, dünnwandig; Samen eif.–längl.-eif., 1,5–2 mm lang, glänzend-strohfarben . . . . **Physocárpus** 58–8

– Fr. 1,5–3 mm lang gestielt, in endst., 7–12 cm langen Doppeltrauben; Frch. 5, ca. 4 mm lang, ± zur Hälfte im 2 mm langen, persistierenden Bltn.becher geborgen; Frch. und K. kahl, Frch.

2–3samig, Samen schmal-längl., ± abgeflacht, 2,5–3 mm lang, braun . . . . **Sibiraéa** 58–21

21 (18). Bälge stets einzeln, Fr. 3–5 mm lang gestielt, spreizend, in 2–10 cm langen Rispen; Bälge rundl.-eif., ca. 2 mm lang, vom endst. oder subterminalen, 1,5 mm langen persistierenden Gr. gekrönt, dicht und fein behaart; Bltn.becher persistierend, mit 5, 1–2 mm langen, eif. Kbl. besetzt; Bälge dünnwandig aber fest, braun, Bauchnaht verdickt und etwas wulstartig erhöht; Samen meist 2, kugelig-eif., 1,5 mm lang, braun, glänzend . . . . **Stephanándra** 58–10

– Bälge stets zu mehreren **22**

22. Fr. sitzend, in 8–15 cm langen, hängenden Ähren, 4eckig, 4 mm lang, Bälge 4, seitl. miteinander verwachsen, Narben hornartig, 1–1,5 mm lang, am Unterrand des Frch. sitzend und nach unten gerichtet *(23/2)*; K. persistierend, 4teilig, breit-3eckig; Bälge sich von oben bis zur Narbe öffnend, 4–6samig, Samen spindel- oder feilspanf., 2–2,5 mm lang, braun, Samenschale mit Netzwabenmuster, weit größer als der längl., 1–1,5 mm große, durch die Samenschale hindurchscheinende Embryo . . **Tetracéntron** 23–1

– Fr. nicht sitzend, Frch. nicht stets 4, Frst. anders **23**

23. Fr. 2–2,5 cm lang gestielt, in 5–13 cm langen, endst., aufrechten Trauben; Bltnst.achse schüsself. verbreitert, am Grunde mit 2–5 Ulen abgefallener Hochbl.; Bälge 4–11, am Grunde mit der Bltn.achse, seitl. miteinander verwachsen *(22/2)*; Gesamtfr. 6–10 mm breit, Narben persistierend, spreizend; Fr. von oben her betrachtet sternf. aussehend, die Öffnungen aller Bälge in der Mitte vereinigt; Bälge vielsamig, Samen elliptisch, spindel- oder feilspanf., 1,5–2 mm lang, Samenschale dünn, braun, mit feinem Wabenmuster, Embryo sehr klein . **Trochodéndron** 22–1

– Fr. nicht sternf., Bälge meist 5, Frst. anders, stets reichfrüchtiger **24**

24. Fr. 3–5 mm lang gestielt, in 10–30 cm langen, endst. Rispen; Bltn.becher schalenf., Bälge 5, am Grunde miteinander verwachsen, längl.-eif.–längl.-elliptisch, 2,5–5 mm lang, kahl oder behaart; Gr. persistierend, zurückgeschlagen oder spreizend, endst. bzw. subterminal, 1–2 mm lang; K. persistierend, freibl., schmal 3eckig, 1–1,5 mm lang, meist zurückgeschlagen; Frch. vielsamig, Samen spindel- oder feilspanf., 2–4 mm lang, braun, mit feinem Wabenmuster . . . . **Sorbária** 58–7

– Fr. deutl. aber unterschiedl. lang gestielt, in Rispen, Schirmrispen oder Dolden; Bälge 5, frei oder zuw. basal miteinander verwachsen, in einem schalen- oder glockenf. Bltn.becher sitzend, meist 2–3 mm lang, kahl oder behaart, den Bltn.becher deutl. überragend; K. freibl., 5zählig, abstehend oder zurückgeschlagen; Gr. meist persistierend, endst. oder subterminal, aufrecht oder spreizend; Bälge aufgerichtet nebeneinanderstehend oder spreizend, 2- oder mehrsamig; Samen spindelf., seltener längl.-elliptisch, 1,5–2 mm lang, oft leicht gebogen, Schale mit feinem Wabenmuster . . . . ***Spiraéa*** 58–10

Gruppe V
Hülsen

1. Fr. stets nur aus einer Hülse bestehend, jede Hülse daher einzeln einem Kelch entspringend **6**

– Fr. stets aus (1–)2–5 freien oder am Grunde ± weit miteinander verwachsenen Frch. bestehend **2**

2. Fr. kurz gestielt, in 1–3bltg., achselst., ca. 2 cm lang gestielten Zymen, fast bis zum Grunde in 1–2(–4) schmal-eif., ca. 6–8 mm lange, hellrote Teilfr. gegliedert, die sich 2klappig ± bis zur Basis öffnen; Samen jeweils am Grunde inseriert, elliptisch, 4–6 mm lang, ganz von einem fleischigen, orangeroten Arillus umkleidet . . . . ***Evónymus alátus*** 83–2

– Samen ohne Samenmantel. **3**

3. Fr. aufrecht in endst., bis 10 cm langen Trauben, sitzend oder bis 5 mm lang gestielt, Fr.stiel dick und gleich der Fr. stark verholzt; Fr. rundl.-eif., kreiself. oder fast kugelf., 8–15 mm lang, Frch. 5, aufrecht, in der Mitte durch einen Achsenfortsatz untereinander verbunden, seitl. und oben frei, den Eindruck einer geflügelten Kapsel machend *(58/11)*; Frch. sich 2klappig öffnend, 1–2samig, Samen schief-eif.–schief-elliptisch, stark abgeflacht, ringsum geflügelt, 6–8 mm lang, braun ***Exochórda*** 58–6

– Samen ungeflügelt, Fr. anders gestaltet, nicht stark verholzt; Frch. in einem vom K. gekrönten Bltn.becher stehend **4**

4. Frch. (1–)2–5, fast frei oder bis zu ⅔ miteinander verwachsen, längl.-eif., ± deutl. gekielt *(58/13)*, blasig vergrößert, dünnwandig, 6–10 mm lang, meist mit persistierendem, endst., fädigem Gr.; Frch. sich bauchspaltig bis zum Grunde öffnend, jedoch nur im oberen Teil rückenspaltig aufplatzend, 1–wenigsamig, Samen eif.–längl.-eif., 1,5–2 mm lang, glänzend-strohfarben . . . ***Physocárpus*** 58–8

– Frch. nicht blasig vergrößert, meist 5 . . . . **5**

5. Fr. in bis 15 cm langen, drüsig-behaarten Rispen; K. persistierend, mit ca. 3 mm langen, drüsig behaarten Zipfeln; Frch. ca. 5 mm lang, sich bauchspaltig bis zum Grunde, rückenseitig nur im oberen Teil öffnend; Frch. mehrsamig, Samen längl., beidendig zugespitzt, ca. 2,5 mm lang, gelbl. . . . ***Chamaebatiária*** 58–8

– Fr. in 7–12 cm langen, kahlen Doppeltrauben, 4 mm lang, ± zur Hälfte im 2 mm langen Bltn.becher geborgen; Frch. und K. kahl; Frch. sich bis zum Grunde bauchspaltig und mindestens im oberen Drittel rückenseitig aufspaltend, 2–3samig, Samen schmal-längl., ± abgeflacht, 2,5–3 mm lang, braun . . . ***Sibirǣa*** 58–21

6 (1). Hülse gefächert, Trennwände dünn; Fr. zylindrisch, 3–5,5 cm lang, starr, mit wenigen Gabelhaaren bekleidet, 1–2 mm lang gestielt, sich 2klappig öffnend, die Fr.hälften spiralig einrollend, Samen 5–10, rundl.-eif.–elliptisch, 2–3 mm lang, braun . ***Indigófera*** 70–12

– Fr. nicht gefächert, wohl aber zuw. zw. den Samen verengt oder zusammengedrückt **7**

7. Samen ohne Nabelwulst **9**

– Samen mit Nabelwulst *(70/3)* **8**

8. Hülse längl.-eif., nur wenig abgeflacht, 1–2 cm lang, dicht filzig behaart, ± weit vom 10–12 mm langen, eingetrockneten, behaarten, 2lippigen K. geborgen; Samen rundl.-eif., etwas abgeflacht, 2–3 mm lang, glänzend-braun . . . . ***Úlex*** 70–12

– Hülse ± stark abgeflacht, längl.-linealisch–riemenf., 1,5–5,5 cm lang, 4–10 mm hoch, kahl oder behaart, Samen eif.–rundl.-eif., ± abgeflacht, 2–3,5 mm lang, gelb–dunkelbraun, matt oder glänzend . . . . ***Cýtisus*** 70–6

9 (7). Hülse abstehend dunkelbraun zottig-behaart, längl.-linealisch, abgeflacht, 4–5(–9) cm lang, 6–8 mm hoch ***Puerária*** 70–20

– Hülse kahl oder behaart, aber nicht braun-zottig **10**

10. Fr. zw. den Samen eingeschnürt, perlschnurartig, 3–8 cm lang, stielrund oder abgeflacht, bis 1 cm lang geschnäbelt, mit 7–10 mm langem Karpophor, olivgrün–violett-braun oder braungelb; Fr. meist geschlossen bleibend, lederig oder lederig-fleischig, 1–6samig, Samen elliptisch–breit-eif., 4–7 mm groß, gelb oder dunkelbraun . . . . ***Sophóra*** 70–4

– Hülse zwar mitunter zw. den Samen verengt aber nicht regelmäßig eingeschnürt **11**

11. Hülse drüsig-warzig (nicht drüsenhaarig!), 0,5–3 mm lang gestielt, in aufrechten, 5–15 cm langen, endst. Trauben; Fr. längl.-eif.–zylindrisch, gerade oder gebogen, 4–9 mm lang, ± abgeflacht, kahl oder behaart, K. persistierend, die Fr. zu ¼–½ umhüllend; Fr. geschlossen bleibend, 1samig, Samen längl.-nierenf.–walzl., 2–5 mm lang . . . . ***Amórpha*** 70–13

– Hülse nicht drüsig-warzig. **12**

12. K. persistierend, die Fr. aber nicht bis zur Hälfte bergend **14**

– Fr. mindestens bis zur Hälfte im K. geborgen. **13**

13. Hülse schmal-längl., 12–20 mm lang, drüsig-zottig, weiß behaart, im 1–1,5 cm langen, 2lippigen, zur Samenreife aufgeblasenem K. ± zur Hälfte geborgen . . . . ***Erinácea*** 70–11

– Hülse rundl.-eif., 3–5 mm lang, kahl, von 3–4 mm langen, anliegend-behaarten K. mit ungleichen Zähnen fast ganz geborgen; Fr. 1samig, sich öffnend, die Fr.hälften nicht spiralig einrollend . ***Dorýcnium*** 70–19

14 (12). Fr. nicht drüsenhaarig oder drüsenborstig **17**

– Fr. drüsenhaarig und/oder drüsenborstig **15**

15. Fr. schmal-längl. oder riemenf., 5–10 cm lang, stark abgeflacht, die Fr.flanken sich berührend bzw. die Fr. zw. den Samen eingedellt; Fr. oft dicht borstig und rotbraun gefärbt, sich 2klappig öffnend, die Fr.hälften nicht einrollend; Samen lange haftend (!), schief-eif.–nierenf., 4–5 mm lang, dunkelbraun, matt oder glänzend . . . . ***Robínia*** 70–14

– Fr. kleiner, wenn über 5 cm lang, dann die Fr.hälften sich bei der Öffnung spiralig einrollend, Fr. nicht borstig **16**

16. Fr. 2–5 mm lang gestielt in drüsig behaarten, endst., 6–8 cm langen Doppeltrauben, Hülse zylindrisch, 2–2,5 cm lang, 5–6 mm ∅, meist 4samig, Samen 2,5–3 mm groß, schief-eif.–birnf., braun, glanzlos, fein runzelig . . . . ***Onónis*** 70–19

– Fr. 2–9 mm lang gestielt in seitenst., aufrechten Trauben; Hülse linealisch-zylindrisch, 2–5,5 cm lang, behaart und drüsenhaarig, 1- bis mehrsamig, Samen nierenf., 3–4 mm lang, braun oder längl.-eif. und 7–9 mm lang . . . . ***Calóphaca*** 70–18

17 (14). Fr. abgeplattet oder zylindrisch, aber nicht aufgeblasen . . **19**

– Fr. deutl. blasig vergrößert, Samen viel kleiner als der Innendurchmesser der Fr. **18**

18. Hülse längl.-eif.–kurz zylindrisch, zum Grunde hin kurz, fast stielartig verschmälert, 1,5–3 cm lang, 8–12 mm ∅, etwas querrunzelig; Fr.wand hart, lederig, graubraun; Fr. sich erst spät öffnend, Samen fast nierenf., 4–5 mm groß, olivgrün-glänzend . ***Halimodéndron*** 70–16

– Hülse blasig, beidendig verschmälert, Gynophor ± 5 mm lang; Fr. im ersten Drittel unten gekielt, oben längs der Bauchnaht auf ganzer Länge eingedellt, 3,5–8 cm lang, bis 3 cm dick, Fr.wand pergamentartig dünn, silbrig, oft rötl. oder violettpurpurn überlaufen; Fr. geschlossen bleibend oder sich nur an der Spitze mit einem Spalt öffnend, Samen angeheftet bleibend, rundl.–breitnierenf., abgeflacht, 3–4 mm lang, dunkelbraun, schwach glänzend . . . . ***Colútea*** 70–15

19 (17). Fr. ungeflügelt. **23**

– Fr. einseitig (längs der Bauchnaht) schmal geflügelt **20**

20. Fr. fein und kurz anliegend-behaart, in 10–20 cm langen, aufrechten, zu rispenartigen Ständen formierten Trauben; Hülse längl.-elliptisch–linear, 3,5–5 cm lang, 1 cm hoch, stark abgeflacht, die Fr.flanken in den samenfreien Teilen sich berührend, dünnwandig, zum Grunde hin allmähl. verschmälert, Samen nierenf.–zylindrisch, 6 mm lang, hellbraun-glänzend . ***Mäăckia*** 70–5
– Fr. kahl, in hängenden Ständen **21**
21. Fr. meist lange geschlossen bleibend, sich dann scheinbalgartig (dorsicid!) öffnend, bisweilen tordiert, in armbltg. Trauben an älteren Zw. und Ästen (stammblütig); Fr. 6–12 cm lang, stark abgeflacht, riemenf., am Grunde mit 2–5 mm langem Gynophor, lederig, braun–rotbraun, Flügel ca. 2 mm breit *(69/5)*; Samen abgeflacht, elliptisch, 5–6 mm lang, braun . . . ***Cércis*** 69–3
– Fr. sich an Bauch- und Rückenseite öffnend, Fr.hälften nicht einrollend, Samen lange an den Fr.klappen haften bleibend . . . **22**
22. Hülsen linealisch, 4–5 cm lang, 8–10 mm hoch, stark abgeflacht, die Flanken sich in den samenlosen Teilen berührend; Fr.wand ± dünn, pergamentartig, hellbraun; Samen ei-nierenf., 4 mm lang, braun, mattglänzend . . . . ***Labúrnum alpínum*** 70–6
– Hülsen riemenf., 5–10 cm lang, 1–1,5 cm hoch, stark abgeflacht, die Flanken sich zw. den Samen berührend; Fr.wand pergamentartig-lederig, dunkelbraun; Fr. sich erst bauchseitig, später auch rückenseitig öffnend; Samen ei-nierenf., 5 mm lang, abgeflacht, matt dunkelbraun, oft gescheckt . . . .
Robínia pseudacácia 70–14
23 (19). Fr. bis 12 cm lang, meist deutl. kleiner **27**
– Fr. 12–40 cm lang, wenn nur 10–15 cm, dann graufilzig. **24**
24. Fr. 10–15 cm lang, bis 3 cm hoch, lanzettl. oder linealisch, zum Grunde hin lang keilig verschmälert, abgeflacht, derbwandig, samtig grau behaart, 1–2,5 cm lang gestielt in 15–50 cm langen, hängenden Trauben; Fr. wenigsamig, zw. den Samen deutl. verengt aber nicht eingeschnürt, Samen abgeplattet, fast kreisf., rotbraun, 12–15 mm ∅; Hülsen erst im Spätwinter sich explosionsartig öffnend . ***Wistéria floribúnda*** u. ***sinénsis*** 70–14
– Fr. kahl, meist größer **25**
25. Fr. 12–40 cm lang, riemenf., oft sichel- oder säbelf. gebogen und ± tordiert, 2–3 cm breit, kurz zugespitzt, derb lederig, rot- bis dunkelbraun; einzeln endst. oder zu wenigen an einer bis 10 cm langen Bltst.achse, sitzend, durch ein 2–4 cm langes Gynophor scheinbar gestielt *(69/1)*; Samen 8–25, abgeflacht, 6–9 mm groß, glatt; Fr. lange am Baum hängen bleibend und (meist) ungeöffnet abfallend . . . . ***Gledítsia*** 69–1
– Fr. anders gestaltet **26**

26. Fr. 2 cm lang gestielt, linealisch, 12–15 cm lang, 2 cm breit, zw. den Samen quer eingedellt *(68/1)*, strohfarben, Samen 8–12, elliptisch, stark abgeflacht, ca. 8 mm groß, auf beiden Seiten mit zum Hilum hin offenem, hufeisenf. Signum . . . . . ***Albízia*** 68–1

– Fr. in aufrechten, bis 25 cm langen, endst. Trauben, nach unten gerichtet, längl., 15–25 cm lang und bis 5 cm hoch, mit bis 1 cm langem Gr., derb lederig, starr, abgeflacht, rotbraun, grau überlaufen, Kanten verdickt; Fr. 4–8samig, sich nur zögernd bauchseitig öffnend, bis zum Frühjahr am Baum hängend; Innenwand der Fr. mit schmierseifeartiger Masse bekleidet; Samen breit-eif., abgeflacht, 1,5–2 cm lang, dunkel- bis schwarzbraun *(69/2)* . . . . ***Gymnócladus*** 69–2

27 (23). Hülse zylindrisch, starr, stielrund oder nur schwach abgeflacht, 2–5,5 cm lang, 3–5(–7) mm ∅, sich zur Reife explosionsartig öffnend, die Fr.hälften spiralig einrollend; Fr. mehrsamig, Samen eif., schief-elliptisch oder längl.-nierenf., 2–5 mm lang . . . . ***Caragána*** 70–16

– Hülsen ± deutl. abgeflacht oder kleiner **28**

28. Hülse 1samig, verkehrt-eif.–längl. oder breit-elliptisch, geschlossen bleibend, 5–13 mm lang, 4–7 mm hoch, stark abgeflacht und durch den persistierenden Gr. geschnäbelt, angedrückt fein behaart, Fr.wand genetzt, Samen nierenf., 3 mm lang, marmoriert . . . . ***Lespedéza*** 70–19

– Hülsen mehrsamig **29**

29. Hülsen 1–2,5 cm lang, 2,5–5 mm hoch, ± abgeflacht, eif., längl.-eif.–elliptisch, kahl oder unterschiedl. dicht behaart, zugespitzt oder geschnäbelt; Samen 1–6, rundl.-eif., ± abgeflacht, 1,5–3,5 mm lang, hell- bis schwarzbraun, matt oder glänzend . . . . ***Genísta*** 70–9

– Hülsen 3–12 cm lang. **30**

30. Hülsen 1,5–2,5 cm lang gestielt, hängend in 30–40 cm großen, endst. Doppeltrauben, stark abgeflacht, die Fr.flanken sich zw. den Samen berührend; Fr. riemenf., 5–8 cm lang, 10–12 mm hoch, dünnwandig, fein genetzt; Fr.hälften nicht spiralig einrollend; Samen nierenf., 6–7 mm lang, hellbraun . ***Cladrástis*** 70–5

– Fr. kürzer gestielt, fester, Frst. anders gestaltet **31**

31. Fr. in aufrechten Trauben, schräg aufrecht oder waagerecht abstehend, nie hängend; Fr. sich explosionsartig öffnend, Fr.hälften ± spiralig einrollend und die Samen ausschleudernd **33**

– Fr. in 15–40 cm langen, hängenden Trauben, hängend **32**

32. Fr. kahl, riemenf. oder längl.-lanzettl., 7–12 cm lang, meist etwas tordiert, derbwandig, Fr.hälften sich ± stark spiralig einrollend und die Samen wegschleudernd, Samen linsenf., abgeplattet . . . . ***Wistéria macrostáchya*** 70–13

– Fr. fein anliegend behaart, längsstreifig, riemenf., oft leicht gebogen, 4–6 cm lang, 5–7 mm breit; Fr.wand lederig, nur mäßig dick; Fr.hälften nur wenig spiralisierend, Samen lange haften bleibend (!), Fr. meist den Winter über am Gehölz hängend; Samen ei-nierenf., 4–5 mm lang, schwarz . . . . **Labúrnum anagyroídes** 70–6

33 (31). Hülsen linealisch oder schwach gebogen, 5–10 cm lang, 6–7 mm hoch, stark abgeflacht, zw. den 10–20 Samen verengt, schwarzbraun; Samen ± eif., 4 mm lang, glänzend-rotbraun . . . . **Spártium** 70–11

– Hülsen linealisch, gerade, 3–5 cm lang, 6–8 mm hoch, stark abgeflacht, graubraun; Samen eif.–rundkantig-rechteckig, 5 mm groß, abgeflacht, hell- bis orangebraun, glänzend . . . . . **Pettéria** 70–11

Gruppe VI
Schoten

1. Schote in der Ebene der Scheidewand abgeflacht (latiseptat), Scheidewand daher groß und dünn; Fr. rundl.–verkehrt-eif., ungeflügelt, um den persistierenden Gr. nicht eingekerbt oder eingebuchtet *(46/2)*, bis 6 mm groß; je Fr.fach 1 oder 2 Samen, diese geflügelt . . . . **Alýssum** 46–1

– Schote senkrecht zur Scheidewand abgeflacht, Scheidewand klein und dick (angustiseptat); Fr. geflügelt und im Gr.bereich kerbig eingeschnitten *(46/3)*; Fr. meist größer, Fr.fächer 1samig . **2**

2. Fr. 3–6 mm lang dünn gestielt, eif., herz-eif. oder herzf., 6–10 mm lang, 1–3 mm breit geflügelt, Flügel dünn, zumindest am Rand weich und ± ausgenagt; Narbe sitzend oder fast sitzend, d.h. Gr. fehlend oder nur sehr kurz . . . . **Aethionéma** 46–2

– Fr.stiel dick und ± starr, 3–10 mm lang; Fr. verkehrt-eif.–herz-eif., 5–8 mm lang, vom Grunde an schmal geflügelt *(46/1)*, Flügel ganzrandig und fest; Gr. 0,7–2 mm lang . . . . . **Ibéris** 46–1

Gruppe VII
Kapseln

1. Kapsel mit geflügelten Samen **31**

– Samen ungeflügelt **2**

2. Samen mit Samenmantel (Arillus) **42**

– Samen ohne Samenmantel **3**
3. Samen mit Haarschopf oder Haarkranz **45**
– Samen ohne Haarschopf oder Haarkranz **4**
4. Kapsel stark verholzt und dickwandig, mindestens 7 mm lang, sich klappig öffnend; Samen mindestens 4 mm groß **22**
– Kapsel nicht dick verholzt, wenn dick, dann kleiner **5**
5. Kapseln blasig, ± dünnwandig-pergamenten, netzig gemustert, mindestens 2 cm groß **49**
– Kapsel nicht blasig-dünnwandig, wenn dünnwandig, dann kleiner **6**
6. Kapsel 1–2 mm lang, 4fächerig, völlig von der persistierenden Bltn.hülle geborgen und ± weit überragt **20**
– Kapsel nicht völlig von einer persistierenden Bltn.hülle geborgen und überragt **7**
7. Kapseln einzeln bl.achselst., bis 7 cm lang gestielt, hängend, zylindrisch, 6kantig *(14/2)*; 5–8 cm lang, 2–3 cm dick, 6fächerig, sich zur Reife 6klappig öffnend, Fr.wand dabei häufig abfallend, die Scheidewände jedoch bleibend; Samen in den Fächern geldrollenartig dicht liegend, stark abgeflacht, 3eckig-breit-eif., zugespitzt, 7–10 mm lang . . . . . . ***Aristolóchia*** 14–1
– Kapsel sich nicht 6klappig öffnend **8**
8. Fr. aufrecht, in dichten, köpfchenartigen, end- oder seitenst. Ähren; Kapsel vom persistierenden, 15 mm langen K. bzw. dessen 5 grannenartigen Zähnen, der trockenhäutigen Bltn.hülle und 2 gekielten Vorbl. umgeben *(21/2)*; Kapsel dünnwandig, 1samig, sich unten ringförmig öffnend und nach oben 5klappig aufreißend . . . . ***Ceratostígma*** 21–1
– Kapsel anders gestaltet und mit anderer Öffnung **9**
9. Kapsel längl.-eif.–spitz-eif., 5–7 mm lang, dünnwandig, seitl. abgeflacht, oben von 2 dachartig stehenden, 1,8–2,5 cm langen, papierdünnen, unten von einem kleineren Hochbl. umgeben und völlig verdeckt; K. persistierend, 5zählig, linear–pfrieml., 4–8 mm lang, der Kapsel aufsitzend; Kapsel 4fächerig, nur 2 Fächer fertil mit je einem Samen . . . . ***Dipélta*** 97–28
– Kapsel nicht von 3 Hochbl. verdeckt **10**
10. Fr. in 8–15 cm langen, hängenden Ähren, aus 4 seitl. miteinander verwachsenen Frbl. gebildet, 4eckig, 4 mm lang, am Grunde mit 4teiligem, persistierendem K. *(23/2)*; Narben am Unterrand der Fr. stehend, hornartig, 1–1,5 mm lang, nach unten gerichtet. Fr. (d.h. die einzelnen miteinander verwachsenen Bälge!) an den Kanten von oben her bis zu den Narben spaltf. sich öffnend; Samen spindelf.–feilspanf., 2–2,5 mm lang, Samenschale genetzt; je Fr.teil 4–6 Samen . . . . ***Tetracéntron*** 23–1

– Fr. und Frst. anders gestaltet **11**

11. Fr. urnen- oder krugf., derb-lederig **21**

– Fr. nicht so gestaltet **12**

12. Fr. in 5–13 cm langen, endst. Trauben, 2–2,5 cm lang gestielt; Bltn.achse schüsself. verbreitert; Fr. aus 4–11, meist 7–8, seitl. miteinander und am Grunde mit der Bltn.achse verwachsenen Frbl. gebildet *(22/2)*, 6–10 mm ∅; Narben persistierend, spreizend; geöffnete Fr. sternf.; Fr.teile (Bälge!) sich so öffnend, daß alle Öffnungen zentral miteinander verbunden sind; Fr. vielsamig, Samen elliptisch–feilspanf., 1,5–2 mm lang, Samenschale wabenartig strukturiert . . . . ***Trochodéndron*** 22–1

– Fr. anders gestaltet **13**

13. Fr. 5–20 mm lang dick gestielt, Stiele drüsig, in langgestielten Thyrsen oder Rispen; Kapsel 4–5hörnig (freier Teil der Frbl.!), kugelig oder abgeflacht-kugelig, 6–8 mm ∅; Fr.wand mit zahlreichen, eingesenkten Drüsen (!), Fr. am Grunde mit 4–5 lanzettl., persistierenden Kbl.; Kapsel mehrsamig, sich im freien Teil der Frbl. ventricid öffnend; Samen abgeflacht, nierenf., runzelig, 2–2,5 mm lang, schwarz . . . . ***Rúta*** 78–4

– Fr.wand nicht mit eingesenkten Drüsen, Kapsel mit anderer Öffnung **14**

14. Fr. aufrecht, 2,5–5 mm lang, 3–5 mm lang gestielt, in reichbltg., 10–30 cm langen, endst. Rispen; Fr. aus 5 längl.-eif.–längl.-elliptischen, in einem Bltn.becher stehenden Frbl. (Bälgen) bestehend, die am Grunde und im Zentrum ± weit miteinander verwachsen sind, bei der Reife sich bauch- und später auch rückenseitig öffnen und eine Kapsel vortäuschen; Gr., K. und Stbl. eingetrocknet persistierend; Gr. 1–2 mm lang, spreizend oder zurückgeschlagen; Kbl. 1–1,5 mm lang, nach unten umgeschlagen; Samen zahlreich, feilspanf., 2–4 mm lang . . . . . . ***Sorbária*** 58–7

– Fr. anders gestaltet **15**

15. Fr. meist kurz gestielt in vielbltg., endst. Rispen oder Schirmrispen, oft mit persistierenden, sterilen, zur Reife umgeschlagenen Randbltn.; Kapsel aus einem halbunterst. oder unterst. Frkn. hervorgehend, kugel-, ei- oder urnenf., 1–8 mm groß; Gr. persistierend, 2–5 mm lang, nur basal miteinander verwachsen, aufrecht oder spreizend; K. persistierend oder hinfällig, dann aber einen Ring in der Kapselmitte oder am Oberende hinterlassend; Fr. unterhalb des K. 10rippig oder -streifig; Kapsel 2–5fächerig, oben mit zentraler Öffnung; Samen zahlreich, rundl.–elliptisch, 0,5–1 mm lang oder feilspanf. und 2–3 mm lang, mit netzstreifiger Oberfläche . . . . ***Hydrangéa*** 60–10

– Kapsel sich anders öffnend **16**

16. Kapsel aus einem ± unterst. Frkn. hervorgehend, sich zur Reife unterhalb eines K.ringes zw. Fr.rippen öffnend **19**

– Kapsel sich fach- oder scheidewandspaltig öffnend **17**

17. Kapsel sich scheidewandspaltig (septicid) öffnend **50**

– Kapsel sich fachspaltig (loculicid) öffnend **68**

19 (16). Fr. in vielbltg. Rispen oder Schirmrispen, lang gestielt, aus einem halbunterst. Frkn. hervorgehend; Kapsel kreisel- bis urnenf., 6–10 mm lang, nach oben in einen dicken Gr. mit kopfiger Narbe verschmälert; Kbl. persistierend, 7–10, 3eckig, sehr klein, in der Fr.mitte inseriert; Kapsel 7–10fächerig; Samen zahlreich, linealisch–keulenf., sehr klein . . . . ***Decumária*** 60–9

– Fr. in überhängenden, zuletzt zusammenneigenden Schirmrispen, deren randl., sterile Bltn. ein langes Kbl. tragen; Kapsel kreiself.–verkehrt-eif., 1–3 mm lang gestielt, mit persistierendem Gr. und Narbe, 6–8 mm lang, aus einem unterst. Frkn. hervorgehend; Kbl. klein, 3eckig, am Oberrand der Fr. inseriert; Kapsel unterhalb des K. 10rippig; jeweils parallel zu Rippen und K. aufspaltend; Samen zahlreich, feilspanf.–linealisch, 4–5 mm lang . . . . ***Schizophrágma*** 60–13

20 (6). Fr. 1–2 mm lang gestielt in reichbltg. Doppeltrauben; Bltn.hülle 4zählig; K. fast bis zum Grunde freibl., trockenhäutig, ca. 4 mm lang, Krone 1–2 mm lang, Krbl. zu ⅔ miteinander verwachsen; Kapsel behaart, ca. 1,5 mm lang; Fr.wand sich von den Scheidewänden lösend (septifrag), Scheidewände mit der Mittelsäule verbunden bleibend; Samen zahlreich, eif.–elliptisch, 0,2–0,3 mm lang . . . . ***Callúna*** 53–23

– Fr. 2–8 mm lang gestielt in Trauben, Doppeltrauben, seltener in bl.achselst. Paaren oder einzeln; Kapsel kugelf.–zylindrisch, 1–2 mm lang, kahl oder behaart; Krone meist viel länger als der freibl. K.; Kapsel sich fachspaltig öffnend, Klappen meist spreizend, die Scheidewände sich dabei von der Mittelsäule lösend; Samen elliptisch–spindelf., 0,2–0,9 mm lang . . . . ***Eríca*** 53–24

21 (11). Fr. seitenst. an vorj. Zw., gestielt, hängend, 5–7 cm lang, krugf., im oberen Drittel stark röhrenf. verengt, nach unten allmählich in den Stiel verschmälert *(12/4)*; Fr. außen mit spiralig stehenden, schuppenf. Hochbl., kurzfilzig; im Inneren mit mehreren, längl.-elliptischen–zylindrischen, 12–18 mm langen, 5 mm breiten rotbraunen Nüßch., die Samen vortäuschen, und der krugf. Bltn.achse, nicht jedoch einer Fr.wand ansitzen . . . .
Chimonánthus 12–2

– Fr. endst. an jungen Zw., aufrecht; Fr. urnenf. mit großer Öffnung oder birnenf. mit fast geschlossener Öffnung *(12/1, 12/2)*, 5–7 cm lang. „Fr.wand" ist die grob längsgestreifte, urnenf.

Bltn.achse, in der nicht Samen, sondern längl.-elliptische–zylindrische, behaarte, 10–12 mm lange, 5 mm breite Nüßch. ansitzen . . . . ***Calycánthus*** 12–1

22 (4). Kapsel 2- oder 3fächerig, sich 2–4klappig öffnend **24**

– Kapsel 5fächerig, sich 5klappig öffnend **23**

23. Fr. fast sitzend, einzeln bl.achselst., ± kugelf., 1,5–2 cm ∅, K. persistierend, Kbl. ungleich groß; Fr. sich von oben her fachspaltig öffnend *(38/3)* und von unten her scheidewandspaltig aufreißend (!); je Fach bis 8 kantige, ca. 1 cm große Samen . . . ***Franklínia*** 38–2

– Fr. einzeln achselst., 5–30 mm lang gestielt, eif., kegelf. oder konisch, 1–2 cm lang, 10–12 mm ∅, deutl. 5kantig, kahl oder behaart; K. persistierend, 5zipfelig *(38/2)*; 2 mm lang, der Fr. anliegend oder mit 5 freien, bis 12 mm langen, runden, silbrig-seidig behaarten Kbl., Kapsel sich von oben her fachspaltig öffnend, Samen stark abgeflacht, schief-eif., 5–10 mm groß . . . . ***Stewártia*** 38–1

24 (22). Fr. kurz und dick gestielt, in aufrechten, 10–15 cm langen Trauben, rundl., stumpf-dreikantig, 4–6 cm groß, fein runzelig-rauh, kurz behaart, 3fächerig, sich bis zum Grunde 3klappig fachspaltig öffnend *(72/4)*; Samen je Fach 1–wenige, rundl.-eif., 1 cm groß, dunkel- bis schwarzbraun, mit großem hellem Hilum . ***Xanthóceras*** 72–2

– Kapsel sitzend oder fast sitzend, kleiner, 2fächerig, sich 2(–4)klappig öffnend, Fr.wand sich dabei ± weit in holzig-lederiges Exokarp und ein holzig-knorpeliges Endokarp aufspaltend **25**

25. Fr. in langen oder gedrungenen, 3–mehrfr. Trauben oder Ähren **27**

– Fr. in 2–3fr., kurz gestielten Köpfchen **26**

26. Kapseln zu 2 achselst., herzf., kurz gestielt, 1,5 cm lang; Gr. hinfällig; je Fach meist mehrere Samen; Kapsel sich etwa bis zur Mitte fachspaltig öffnend, die beiden Klappen an der Spitze scheidewandspaltig aufreißend; Samen längl.-elliptisch, 5 mm lang, schwarz-glänzend, erst im 2. Jahr reifend . ***Disánthus*** 26–6

– Kapseln zu 1–3 in bis zu 1 cm lang gestielten Köpfen, endst. an seitl., unbebl. Kurztrieben, Fr. ei- bis tonnenf., oben gestutzt, 2–4teilig gefeldert; Gr. persistierend, hornartig zurückgebogen, 1–2 mm lang; K. persistierend, sein verwachsener Teil etwa ½ so lang wie die Fr. und mit ihr fest verbunden, filzig-behaart, die 4 K.zipfel eif.–stumpflängl.-3eckig, spreizend oder zurückgeschlagen, 2–3 mm lang; Kapsel von oben her bis zur K.röhre fachspaltig aufplatzend, die Klappen zu ¼–⅓ ihrer Länge scheidewandspaltig aufreißend; Samen 2, längl.-elliptisch–längl.-eif., 8–10 mm lang, schwarzbraun-glänzend, schwach längskantig . ***Hamamélis*** 26–3

27 (25). Fr. in aufrechten Ständen, 2samig **29**
– Fr. in hängenden oder spreizenden Ständen, 2samig **28**

28. Fr. allseitig waagerecht spreizend, sitzend, in 3–5 cm lang gestielten, 10–15 cm langen, starr hängenden, endst., vielbltg. Ähren; Kapsel breit-eif., ca. 1 cm lang, borstig braun-behaart, ganz von der persistierenden K.röhre umhüllt; Öffnung 2klappig fachspaltig, die Klappen oben scheidewandspaltig aufreißend; Samen längl.-elliptisch, 8 mm lang, dunkelbraun-glänzend . . . ***Sinowilsónia*** 26–3
– Fr. ± sitzend, aufrecht oder spreizend an ± waagerecht abstehenden, meist einseitswendigen, 1–4 cm langen Ähren oder Trauben, end- oder seitenst. an kurzen Zw.; Fr. kahl–filzig behaart, eif., zuw. oben seitl. abgeflacht, 7–10 mm lang; K. persistierend, deutl. abgesetzt (!), die becherf. Röhre die Fr. ± bis zur Mitte umhüllend; Gr. 2, persistierend, spreizend, bis 8 mm lang, mit verholzter Basis, bei der Kapselöffnung aufspaltend; Kapsel sich bis zum K. 2klappig öffnend, die Klappen oben nur kurz scheidewandspaltig aufreißend (!); Samen eif.–längl.-eif., 4–6 mm lang, schwarz-glänzend . . . . ***Corylópsis*** 26–2

29 (27). Fr. sitzend, allseitig schräg aufrecht stehend in 3–8 cm langen Ähren, eif., 1–1,5 cm lang; Gr. und K. persistierend; Gr. 2, spreizend, bis 10 mm lang, mit verholzter Basis, bei der Kapselöffnung aufspaltend; K. die Fr. ½–⅔ fest umschließend, filzig und borstenhaarig; Kapsel mit braunen Borsten besetzt, sich fachspaltig bis über die Mitte 2klappig öffnend, die Klappen sich fast ebensoweit scheidewandspaltig spaltend, K. bei der Öffnung aufreißend (!); Samen längl.-elliptisch, ca. 8 mm lang, hellbraun-glänzend . . . . ***Fothergílla*** 26–5
– Fr. in gestauchten Trauben, fast sitzend, schräg aufrecht stehend **30**

30. Kapseln zu 2–5, eif., 10–15 mm lang, durch feine Büschelhaare filzig; Gr. und K. persistierend; Gr. 2, 2–4 mm lang; K. mit nur 1–2 mm langer Röhre (!), die Fr. nur zu etwa ⅙ umschließend; Kbl. eif., 3–4 mm lang; Kapsel sich 2klappig fachspaltig bis zur K.röhre öffnend, scheidewandspaltig im Exokarp nur gering, im Endokarp tief aufreißend; Samen längl.-eif.–elliptisch, 8–9 mm lang, glänzend-braun . . . . ***Parrótia*** 26–5
– Kapseln zu mehreren, bis zu 8, eif., ca. 1 cm lang; K., Gr. und Stbl. eingetrocknet persistierend; K. die Fr. bis zur Hälfte umhüllend, die 5–7 K.zipfel sehr klein; Gr. 5–7 mm lang, basal verholzend, Kapsel dadurch 2hörnig, bei der Öffnung aufspaltend, Klappen dadurch 2hörnig; Kapsel bis zum K. 2klappig fachspaltig und ± ebensoweit scheidewandspaltig aufreißend; Samen

längl.-eif.–elliptisch, 5–6 mm lang, braun-glänzend . . . . . . ***Parrotiópsis*** 26–6

31 (1). Samen ringsum geflügelt **36**

– Samen einseitig, einendig oder beidendig, nicht aber ringsum geflügelt **32**

32. Kapsel hängend, zylindrisch, gerade oder etwas gebogen, 20–40 cm lang, 4–12 mm ∅, rund oder schwach abgeflacht, 2fächerig, sich 2klappig fachspaltig-septifrag öffnend; Plazenta groß, von Fr.länge, abgeflacht; Samen je Fach zahlreich, bandf., 2–5 cm lang, 2–7 mm breit, beidendig geflügelt, Flügel haarig ausfransend *(96/1)* . . . . ***Catálpa*** 96–1

– Samenflügel nicht ausfransend **33**

33. Kapsel hängend, zylindrisch, schwach sichelf. gebogen, 8–15 cm lang, geschnäbelt oder stumpfendig, beidseitig längs scharf gekielt; Kapsel 2fächerig, sich 2klappig, fachspaltig-septifrag öffnend; Plazenta groß, von Fr.länge; Samen je Fach zahlreich, rundl., abgeplattet, dünn, 12–15 mm lang, 5–6 mm breit, mit 2 seitl., dünnhäutigen Flügeln *(96/2)* . . . . ***Cámpsis*** 96–2

– Fr. kürzer, Samen nicht beidseitig geflügelt **34**

34. Samen spindelf., 5–7 mm lang, sehr ungleich abgeflacht, 2- oder 3seitig, einseitig schmal längsgeflügelt; Kapsel gestielt, aufrecht, stark verholzt, breit oder schmal-eif., etwas abgeflacht, zugespitzt oder schnabelf. verlängert, 1–1,5 cm lang, 2fächerig, sich 2klappig fachspaltig öffnend, Klappen ± stark zurückgebogen . . . . ***Forsýthia*** 90–3

– Samen einendig geflügelt (Samara) **35**

35. Fr. sitzend, in 3–5 cm lang gestielten, hängenden, kugeligen, 2–3 cm dicken Köpfen; Kapseln 2fächerig, im unteren Teil untereinander verwachsen; Gr. persistierend, 5–6 mm lang, Kapseln dadurch geschnäbelt; Fr. sich 2klappig öffnend, Klappen durch Griffelspaltung spitz; Fr. 1–2samig; Samen abgeflacht, 4–5 mm lang, glänzend . . . . ***Liquidámbar*** 26–7

– Kapseln in 20–50 cm langen, hängenden Rispen, 5fächerig, verkehrt-eif.–längl.-eif. *(77/2)*, 2–3,5 cm lang, sich 5klappig scheidewandspaltig öffnend, Klappen von der längl.-elliptischen, dicken, 5kantigen Plazenta abspreizend *(77/3)*; je Fach meist 1–3 längl., 10–12 mm lange Samen . . . . . . ***Tōōna*** 77–1

36 (31). Fr. aufrecht, sitzend oder bis 5 mm lang gestielt in aufrechten, bis 10 cm langen Trauben; Fr. im Umriß rundl.-eif., kreiself. oder fast kugelig, aus 5 Frbl. bestehend, die nur in der Mitte miteinander verbunden sind, eine 5flügelige Kapsel vortäuschend *(58/11)*; die einzelnen Frch. 1–2samig, sich 2klappig öffnend; Samen schief-eif.–schief-elliptisch, 6–8 mm lang, braun . ***Exochórda*** 58–6

– Fr. nicht 5flügelig **37**
37. Fr. 1–3fächerig **39**
– Fr. 5fächerig **38**
38. Fr. eif. oder längl., sich 5klappig scheidewandspaltig öffnend, Samen meist klein, Samenschale mit Netzmuster . . . . ***Rhododéndron*** 53–3
– Fr. eif., kegelf. oder konisch, 1–2 cm lang, 10–12 mm ∅, deutl. 5kantig, kahl oder behaart; K. persistierend, entweder 5zipfelig, 2 mm lang, der Fr. anliegend, oder Kbl. frei, bis 12 mm lang, rundl., seidig behaart, spreizend; Kapsel sich 5klappig öffnend, der Gr. dabei in 5 Teile aufspaltend *(38/2)*; Samen schief-eif., stark abgeflacht, 5–10 mm groß, ringsum schmal geflügelt . . . ***Stewártia*** 38–1
39 (37). Fr. 2fächerig, sich 2klappig fachspaltig öffnend; Fr. in langen, aufrechten Rispen **41**
– Fr. 1- oder 3fächerig **40**
40. Fr. 1fächerig, deutl. gestielt, in 10–20 cm langen, endst. Rispen; Kapsel längl.-eif., 1,5–2 cm lang, sich 3–4klappig öffnend *(40/4)*, außen fein filzig-braun behaart; Fr. sich bei der Öffnung in zwei Schichten aufspaltend, die innere stark verholzt; Samen zahlreich, längl.-elliptisch, ca. 1 cm lang; Embryo zentral, aber einseitig den Rand erreichend . . . . ***Poliothýrsis*** 40–2
– Fr. 3fächerig oder unvollständig 6fächerig, deutl. gestielt, in großen endst. Rispen, aufrecht, längl.-eif., 6kantig, 3–7 cm lang, 2–3,5 cm breit, Fr.wand dick pergamentartig; Kapsel sich fachspaltig öffnend, Samen je Fach in 2 Längsreihen, dicht gepackt, abgeplattet, schief-eif.–halbkreisf., 6–10 mm groß, schwarz, schmal geflügelt . . . . ***Yúcca*** 100–1
41 (39). Kapsel längl. oder längl.-eif., zugespitzt, 8–20 mm lang, stielrund oder ± abgeflacht, selten 4kantig; je Fach 2, 6–12 mm lange, längl. abgeflachte, braune Samen . . . . . ***Syrínga*** 90–11
– Kapsel eif., schnabelartig zugespitzt, 3–4,5 cm lang, klebrig (!), braun, mit hellen Korkwarzen, am Grunde mit 5 großen schmalen, dickl. Kbl.; die beiden eif., bis 2 cm langen, dicken Plazenten lösen sich zur Reife; Kapselfächer vielsamig, Samen ± elliptisch, ca. 4 mm lang, ringsum asymmetrisch, radiärstreifig geflügelt; Samenkörper ca. 1,5 mm lang, mehrfach fein längs flügelleistig *(95/1)* . . . . ***Paulównia*** 95–1
42 (2). Samenmantel weiß oder hell, Kapsel 1- oder 2fächerig, je Fach 1–2 Samen; Kapsel sich fachspaltig öffnend **44**
– Samenmantel orangefarben oder rot, Kapsel 3–5fächerig, je Fach 1–2 Samen; Kapsel sich fachspaltig öffnend **43**
43. Kapsel 4- bis 5fächerig, kugelf. oder abgeflacht kugelf., meist 4–5flachbuchtig, -kantig oder markant bis 1 cm lang geflügelt,

sich 4–5klappig öffnend; Kanten bzw. Flügel sich bei der Öffnung spaltend, 6–25 mm ∅, grünl.-weiß, rosa oder rot; Samen eif., elliptisch oder längl., weiß, grau, rötl., braun oder schwarz, völlig, selten nur teilweise von einem orangeroten–roten, fleischigen Samenmantel umgeben; Samen nach der Fr.öffnung einzeln exponiert . . . . **Evónymus** 83–1

– Kapsel 3fächerig, ± kugelf., 8–10 mm ∅, gelb oder orangegelb, sich 3klappig fachspaltig-septifrag öffnend; Samen nach der Fr.öffnung exponiert aber zusammenhaftend, eif.–elliptisch, 4–6 mm groß, braun–schwarzbraun, völlig von einem roten Samenmantel umhüllt . . . . **Celástrus** 83–5

44 (42). Kapsel eif.–längl.-eif., etwas abgeflacht, zugespitzt, 4–8 mm lang, 1fächerig, 1–2samig; Samen am Grunde von einem zerschlitzten, dünnen, weißen Samenmantel umgeben . . . . . **Pachístima** 83–6

– Kapsel verkehrt herz-eif.–rundl., stark abgeflacht, ringsum ca. 1 mm breit geflügelt, die Narbenregion V-förmig ausgespart *(80/1)*, 6–7 mm lang, 2fächerig, je Fach 1samig; Samen längl.-eif., 3–5 mm lang, mit ungleich gelapptem, hellem Samenmantel; Samenschale behaart . . . . **Polýgala** 80–1

45 (3). Samen nierenf., einendig verschmälert, abgeflacht, 5 mm ∅, braun, auf der konvexen Seite mit weißem Haarkranz *(48/2)*; Kapsel einzeln bl.achselst., 1–1,5 cm lang gestielt, eif., 2–3 cm lang, starnhaarig, 5fächerig, vom persistierenden K. und einem kleineren Außenk. am Grunde umhüllt; Kapsel sich 5klappig lokulizid öffnend, Klappen gerade, lang zugespitzt . **Hibíscus** 48–1

– Samen mit silbrigem Haarschopf, den Samenkörper weit überragend, Kapsel 1fächerig, sich fachspaltig öffnend **46**

46. Haarschopf an der Spitze des Samens; Kapsel schmal-kegelf., aus 3 Frbl. gebildet, sich 3–5klappig öffnend **48**

– Haarschopf am Grunde des Samens; Kapsel ei-kegelf., lederig, aus 2 Frbl. gebildet, sich 2klappig öffnend **47**

47. Kapsel ± lang gestielt, 3–12 mm lang, am Grunde mit becherf. oder krugf., eingetrockneter Nektarscheibe (Discus); Samen 1–1,5 mm lang, keulen- bis birnf., elliptisch oder längl., Samenschale mit Netzmuster *(45/11)* . . . . **Pópulus** 45–1

– Kapsel meist nur kurz gestielt oder sitzend, 3–10 mm lang, am Grunde ohne Nektarscheibe *(45/43, 50)*; Samen 0,5–2,5 mm lang *(45/44)*, Samenschale ohne oder nur mit schwachem Netzmuster . . . . **Sálix** 45–7

48 (46). Kapsel bis 12 mm lang; K. 5zählig, 3 mm lang, Kbl. lanzettl., gleich der Krone persistierend; Kapsel sich 3klappig öffnend; Samenkörper längl., 1–1,5 mm lang, mit gestielt aufsitzendem, 6 mm langem Haarschopf *(44/3)* . . . . **Myricária** 44–2

– Kapsel 3–10 mm lang *(44/1)*, sich 3–5klappig öffnend; K., zuw. auch die Krone persistierend, Kbl. eif.–zugespitzt-eif., Samenkörper längl., 1 mm lang, mit ungestielt aufsitzendem Haarschopf *(44/2)* . . . . ***Támarix*** 44–1

49 (5). Fr. 1–1,5 cm lang gestielt, in 5–12 cm langen, langgestreckten, hängenden, endst. Rispen, kugelf.–längl.-eif., gerundet, 2- oder 3kantig, 2–8 cm lang, in die 2–3 persistierenden Narben ± lang zipfelartig ausgezogen *(71/1, 2)*; Kapsel 2–3fächerig, je Fach 1–2, zentralwinkelst., sitzende Samen; Samen birn- oder eif., 2–12 mm groß, sehr hart, gelbbraun, glatt und glänzend; Kapsel sich erst spät unterhalb der Zipfel öffnend, den Winter über am Strauch bleibend . . . . ***Staphyléa*** 71–1

– Fr. deutl. gestielt, in bis 35 cm großen, reichverzw. Rispen, eif.–längl.-eif., 3,5–5 cm lang, etwas zugespitzt, kahl, 3fächerig, je Fach 1(–2) kugelf., 7–8 mm große schwarz-glänzende Samen; Fr. sich fachspaltig 3klappig öffnend *(72/3)*, bei der Öffnung oder später in die 3 Klappen zerfallend; Samen an den Klappen haftend . . . . ***Koelreutéria*** 72–1

50 (17). Fr. deutl. gestielt, am Ende kurzer, seitenst. bebl. Zw. in Trauben, Rispen oder Schirmrispen; Kapsel ± kugelf. oder abgeflacht kugelf., ohne den persistierenden Gr. 3–7 mm groß, aus einem unterst. Frkn. hervorgehend; K. persistierend oder hinfällig und einen markanten Ring hinterlassend, am Oberende der Fr.; Gr. 3–5, so lang oder länger als die Fr., fädig (!); Kapsel 3–5fächerig, oben eine zentrale, runde oder sternf. Öffnung bildend, von unten her 3–5klappig scheidewandspaltig aufplatzend (!); Samen zahlreich, längl.-elliptisch–feilspanf., 1–1,5 mm lang . . . . ***Deutzia*** 60–7

– Fr. mit anderer Öffnungsweise **51**

51. Fr. gestielt in vielbltg., endst. Trauben, Rispen oder Schirmrispen, eif.–konisch, ca. 4 mm lang, abstehend behaart, aus einem oberst. Frkn. hervorgehend; Gr. und K. persistierend; Gr. 6–7 mm lang; K.zipfel 5, längl.-eif., aufrecht, ± so lang wie die Kapsel, etwas unterhalb der Fr.mitte inseriert; Samen zahlreich, winzig, schmal-längl., beidendig geschwänzt, netzig gestreift . . ***Jamésia*** 60–6

– Fr. anders gestaltet **52**

52. Fr. einzeln endst. oder in armbltg.–mehrbltg. Thyrsen, deutl. gestielt, eif., zugespitzt oder geschnäbelt oder rundl., 4–30 mm lang, kaum oder nur schwach verholzend, aus einem oberst. Frkn. hervorgehend, kahl, K. und Gr. persistierend; K. 5zählig, Kbl. eif.–längl.-3eckig, kürzer oder länger als die Fr., zuw. fast laubig und am Rand mit Drüsen besetzt, kahl; Gr. 3 oder 5, frei oder am Grunde ± weit miteinander verwachsen, fädig, bis 1 cm lang; Kapsel 1fächerig oder unvollkommen 3–5fächerig, sich 3- oder 5klappig öffnend *(39/3)*; Samen zahlreich, walzenf., ca. 1 mm lang, braun . . . . ***Hypericum*** 39–1

– Fr. anders **53**

53. Fr. 5–6 mm lang gestielt, Stiel 4kantig, drüsig, in endst., aufrechten, 1,5–2 cm langen Trauben; Kapsel eif., ± lang zugespitzt, 2–3 mm lang, fein drüsenhaarig; K. und Gr. persistierend; Gr. etwa so lang wie die Fr., K. 5zählig, ½ so lang wie die Kapsel, kahl; Kapsel 2–3(–5)fächerig, sich (2–)4(–5)klappig öffnend; Samen zahlreich, eif.–elliptisch, bis 0,5 mm lang . . ***Leiophýllum*** 53–14

– Fr. anders **54**

54. Kapsel aus einem oberst. Frkn. hervorgehend, 5fächerig, sich 5klappig öffnend, vielsamig **63**

– Kapsel 2–4fächerig **55**

55. Kapsel aufrecht, 4fächerig, aus einem oberst. Frkn. hervorgehend und sich 4klappig öffnend; Gr. und K. persistierend, Fr. vielsamig **67**

– Kapsel 2–3fächerig **56**

56. Kapsel aus einem oberst. Frkn. hervorgehend, K. am Grunde der Fr., persistierend oder hinfällig und dann deutl. Ulen hinterlassend **59**

– Kapsel aus einem unterst. Frkn. hervorgehend, K. am Oberende der Fr., persistierend oder hinfällig und dann einen deutl. Ring hinterlassend **57**

57. Fr. ± sitzend oder deutl. gestielt, in 1–3bltg. Zymen an kleinen Seitensprossen, die vorj. Zw. ansitzen; Fr. schmal-zylindrisch, kahl oder behaart, oben oft ± lang schnabelf. verschmälert, 1,5–3 cm lang, 2–3(–6) mm ∅; K. hinfällig und eine ringf. Ule hinterlassend oder persistierend, 5zipfelig, 1 cm lang *(97/55)*; Kapsel 2fächerig, sich so 2klappig von oben her öffnend, daß eine geschnäbelte Mittelsäule stehenbleibt; Samen je Fach zahlreich, zylindrisch, 3kantig oder ± linsenf. . . . ***Wéigela*** 97–26

– Fr. bzw. Fruchtstand stets an jungen Zw., K. stets persistierend . **58**

58. Fr. sitzend oder kurz gestielt in Thyrsen, die aus mehrbltg. Zymen zusammengesetzt sind, längl.-eif.–längl.-elliptisch, geschnäbelt, 6–15 mm lang, von einem 5zipfeligen, 1–2 mm langen ± spreizenden K. gekrönt; Kapsel dünnwandig, rund oder kantig, kahl oder behaart, 2fächerig; Samen zahlreich, eif., ± abgeflacht, ca. 1 mm groß, graubraun . . . . . . ***Diervílla*** 97–26

– Fr. gestielt in end- oder seitenst., 3–7 cm langen Trauben oder Rispen, kugelf.–verkehrt-eif., 8–10 mm lang; Kelch schalenf., mit 5 schmalen, 3eckigen Zipfeln *(59/2)*, behaart und oft drüsenhaarig; Gr. persistierend, ca. 1 cm lang, mit kopfiger Narbe;

Kapsel sich 2–3klappig öffnend, vielsamig, Samen schmal-längl. . . . . ***Escallónia*** 59–2

59 (56). Fr. 2–4 mm lang gestielt in end- oder seitenst., 5–15 cm langen, oft einseitswendigen Trauben; Kapsel schmal-kegelf., seitl. etwas abgeflacht und längsgefurcht *(59/1)*, 6–8 mm lang, abstehend behaart, in einem schüsself. Bltn.becher stehend, der randl. 5 K.ulen aufweist; Gr. persistierend, mit kopfiger Narbe, 1,5–2 mm lang, starr; Fr. sich 2klappig öffnend, Samen zahlreich, längl., 1 mm lang, glänzend . . . . ***Ítea*** 59–1

– K. persistierend, meist 4zählig **60**

60. Fr. aufrecht, 3–10 mm lang gestielt in 2–5bltg. Schirmtrauben, rundl.-eif., ± zugespitzt, 3–4 mm lang, rötl., Kbl. 5, frei, 2 mm lang, der Kapsel anliegend; Kapsel 2–3fächerig, sich 2–3klappig bis zur Mitte öffnend, die Klappen oben oft gespalten; Samen zahlreich, rundl.-eif., ca. 0,5 mm lang, braun . . ***Loiseleúria*** 53–14

– Fr. anders, Samen größer **61**

61. Fr. in aufrechten, kahlen oder drüsig behaarten, lockeren Thyrsen, 10–15 mm lang gestielt, längl.-elliptisch, zugespitzt, mit persistierender Gr.basis, 7–15 mm lang, von einem gleich langen oder etwas kürzeren K. mit lanzettl., geschwänzten Zähnen umhüllt *(95/2)*; Kapsel sich 2klappig öffnend, die Klappen im oberen Drittel aufgespalten, ± spreizend; Plazenta als zentrale Säule stehenbleibend; Samen zahlreich, ungleichförmig, 1–mehrkantig, 1–1,5 mm lang, ± hautrandig . . . ***Penstémon*** 95–1

– Frst. dichter, Fr. kürzer gestielt, meist deutl. kleiner **62**

62. Fr. aufrecht, in dichten, end- oder seitenst., verlängerten oder gestauchten, spreizenden oder waagerecht stehenden Rispen, ± kurz gestielt, eif.–längl.-elliptisch *(94/4)*, 3–10 mm lang, mit einf. oder Sternhaaren bekleidet, sich 2klappig öffnend; Samen zahlreich, eif.–längl.-eif. oder feilspanf., 1,5–5 mm lang . . . .
Buddléja 94–1

– Fr. in mehr- bis vielbltg., end- oder seitenst. Ähren oder Trauben, sitzend oder ± deutl. gestielt; Kapseln eif.–längl.-eif., oft abgeflacht, 2,5–10 mm lang, kahl; K. 4zählig, der Kapsel anliegend *(95/3)*, Zipfel oft bewimpert, 1–5 mm lang; Samen rundlich–eif., glatt, abgeflacht, ca. 1 mm lang . . . . ***Hébe*** 95–2

63 (54). Kapseln übergebogen hängend, 1–1,5 cm lang dünn gestielt, in endst., aufrechten, gedrungenen, 10–15 mm langen Trauben; Kapseln 3–6 mm lang, eif., Gr. persistierend, ± starr, K. verwachsenbl., 5lappig, fein drüsig, 1 mm ∅; Kapsel sich vom Grunde her (d. h. am Fr.stiel), durch die hängende Lage jedoch oben öffnend und körbchenartig am Fr.stiel hängend (!); Samen feilspanf., bis 1,5 mm lang . . . . ***Lédum*** 53–3

– Kapseln aufrecht oder nickend **64**

64. Fr. 12–20 mm lang gestielt, in 1–3bltg. endst. Ständen, Fr.stiele rötl., drüsenhaarig; Fr. kugelf., 3 mm ∅, schwach behaart; Kbl. 5, frei, lanzettl., 5–7 mm lang, drüsig behaart, spreizend; Gr. persistierend, 10–12 mm lang, mit kopfiger Narbe; Fr.klappen sich oben ½–1 mm lang aufspaltend; Samen zahlreich, eif., braun, ca. 0,5 mm lang . . . . ***Rhodothámnus*** 53–14

– Fr. und Frst. anders **65**

65. Fr. 2–4 cm lang gestielt, Fr.stiele drüsig, einzeln oder zu wenigen achselst. am Sproßende; Kapsel kugelf.–eif., 3–4 mm ∅, meist drüsenhaarig; K. persistierend, freibl., Kbl. längl.-eif. oder linealisch-lanzettl., ± so lang wie die Kapsel, meist drüsig behaart; Gr. hinfällig; Kapsel sich bis über die Mitte öffnend, die Klappen oben 2zähnig; Samen eif.–elliptisch, ca. 0,7 mm lang, mit winzigen Längsflügeln . . . . ***Phyllódoce*** 53–15

– Fr. und Frst. anders gestaltet **66**

66. Fr. 1–4 cm lang gestielt, Fr.stiele drüsig, in end- oder seitenst. Schirmrispen oder Schirmtrauben am Zw.ende; Kapseln abgeflacht-kugelig–rundl.-eif., 3–8 mm ∅, kahl oder drüsig behaart; K. persistierend, Kbl. ½ so lang wie die Fr., breit-eif.–längl.-lanzettl., am Grunde miteinander verbunden; Gr. persistierend, 5–18 mm lang; Kapsel sich bis zum Grunde öffnend, die Klappen oben oft gespalten; Samen spindelf.–feilspanf., 0,5–1 mm lang, glänzend; Samenschale dem Samenkörper nur lose aufliegend, netzig-gestreift . . . . ***Kálmia*** 53–14

– Fr. unterschiedl. lang aber deutl. gestielt in endst. Schirmtrauben oder Doldentrauben, selten einzeln stehend; Fr. mitunter bis 20fächerig; Kapseln in allen Merkmalen sehr vielgestaltig; K. hinfällig oder persistierend; Kbl. meist längl.-lanzettl.; Kapsel sich meist bis zum Grunde öffnend, die Klappen ± weit spreizend, Mittelsäule dadurch deutl. sichtbar; Gr. meist persistierend, bei der geöffneten Kapsel der Mittelsäule aufsitzend; Samen zahlreich, unterschiedlich klein . . . . ***Rhododéndron*** 53–3

67 (55). Fr. 1–3 cm lang gestielt, Fr.stiele drüsig, in endst. Büscheln am Ende vorj. Zw.; Kapsel eif. oder längl.-elliptisch, 3–7 mm lang, Fr.wand dick-lederig, drüsig behaart; K. klein, die bewimperten K.lappen ca. 1 mm lang; Gr. ca. 1 mm lang; Samen spindelf.–feilspanf., 2–2,5 mm lang, Samenschale mit Netzmuster . . . . ***Menziésia*** 53–13

– Fr. 8–10 mm lang gestielt, Fr.stiele drüsenhaarig, in 7–14 cm langen, behaarten Trauben; Kapsel eif., 5–7 mm lang, drüsig behaart, sich nur im oberen Teil zentral öffnend; Kbl. 4, frei, spreizend, halb so lang wie die Kapsel; Gr. fädig, 5–6 mm lang, mit kopfiger Narbe; Samen eif.–elliptisch, mit rauher Oberfläche, ca. 0,7 mm lang . . . . ***Daboécia*** 53–15

68 (17). Fr. lang gestielt, zu wenigen in endst. Trauben oder Schirmrispen; Kapsel breit-kegelf., abrupt in den persistierenden Gr. verschmälert, 10–12 mm lang, lederig; Kbl. persistierend, (4–)5–7, lanzettl., 10–12 mm lang, spreizend oder zurückgeschlagen; Kapsel (4–)5–7fächerig; Gr. bei der Fr.öffnung aufspaltend; Samen zahlreich, längl.-elliptisch, beidendig lang zugespitzt, 1 mm lang, Samenschale häutig, genetzt . . . . . ***Carpentéria*** 60–2

– Kapsel, 3-, 4- oder 5fächerig, nicht aber 5–7fächerig **69**

69. Kapsel 3- oder 5fächerig, sich 3- oder 5spaltig öffnend **72**

– Kapsel 4fächerig, sich 4spaltig öffnend **70**

70. Fr. in bis 9bltg. Trauben, Rispen oder Schirmrispen, zuw. auch einzeln; endst. an bebl. kurzen Seitenzw.; Kapsel kreiself., eif. oder rundl., 5–10 mm lang, aus einem halbunterst. oder unterst. Frkn. hervorgehend; K. und Gr. persistierend; Gr. 4, zumindest im oberen Teil frei, kürzer oder länger als die Fr.; K. mit 3eckigen Zipfeln, im oberen Drittel der Fr. oder am Oberrand inseriert; Kapsel sich bis zum Grunde öffnend; Samen zahlreich, längl.–feilspanf., mit häutiger, dem Embryo locker anliegender Samenschale; Samen oft geschwänzt oder mit schuppen- bzw. fransenf. Anhängsel . . . . ***Philadélphus*** 60–2

– Kapsel kleiner, aus einem oberst. Frkn. hervorgehend, der persistierende K. am Grunde der Kapsel; Gr. persistierend **71**

71. Fr. einzeln, end- oder seitenst., 1–2,5 cm lang dünn gestielt; Kapsel kugelf.–breit-eif., 3–4 mm groß; Kbl. frei, eif.–längl.-eif., rot oder rötl., 2–2,5 mm lang, kürzer als die Kapsel; Samen zahlreich . . . . ***Cassíope*** 53–16

– Fr. 5–6 mm lang gestielt, in 2–3 cm langen, dichten, endst., aufrechten Trauben; Kapsel fast kugelf.–verkehrt-eif., 2–2,5 mm lang, kahl, sich nur im obersten Drittel öffnend; K. ca. 1,5 mm lang; Gr. 2–3 mm lang, meist deutl. länger als die Kapsel; Samen zahlreich, elliptisch, ca. 0,7 mm groß ***Bruckenthália*** 53–25

72 (69). Kapsel 5fächerig, sich 5klappig öffnend **76**

– Kapsel 3fächerig, sich 3klappig öffnend, aus einem oberst. Frkn. hervorgegangen, K. persistierend **73**

73. Kbl. gleich groß **75**

– Kbl. ungleich groß, die beiden äußeren klein und schmal, die beiden inneren breit, so lang oder länger als die Fr., Kapsel abwärtsgebogen, 5–8 mm lang gestielt, 5–6 mm groß **74**

74. Fr. einzeln bl.achselst., eif., 3kantig, kahl und glänzend, nur an der Spitze mit sehr kurzen Haaren; Fr.klappen stark spreizend; Samen eif., stumpfkantig, graubraun, 2–3 mm lang, Samenstielchen (Funiculus) oft am Samen bleibend . . . ***Fumána*** 43–2

– Fr. in endst. Wickeln, behaart; Fr.klappen wenig spreizend; Samen braun, 2 mm lang, abgelöste Samen ohne Samenstielchen **_Heliánthemum_** 43–2

75 (73). Fr. 1–8 mm lang gestielt, in 5–20 cm langen, endst. Trauben oder Rispen; Kapsel kugelf. oder abgeflacht-kugelf., 3–5 mm ∅; Gr. persistierend, starr, länger als die Kapsel *(52/2)*, mit 3(–4) Narbenlappen; Samen zahlreich, ca. 1 mm lang, längl.-eif., Samenschale durchscheinend, genetzt, viel größer als der Embryo . . . . **_Cléthra_** 52–1

– Fr. zu wenigen, sitzend oder sehr kurz gestielt in kleinen Trauben am Grunde von Hauptsprossen; Kapsel kugelf., mit 3 großen, stark spreizenden, persistierenden Gr. und Narben, insgesamt 1,5–2 cm lang; Gr. meist deutl. länger als die Kapsel; je Fach 1–2 Samen; Samen eif., glatt und glänzend, 3–4 mm lang, mit hellem ringf. Nabelwulst . . . . **_Pachysándra procúmbens_** 29–3

76 (72). Kapseln 2–3 cm lang, dick gestielt, am Grunde mit 3 persistierenden, geschwänzt-zugespitzten, die Kapsel überragenden Kbl.; Kapsel 8–10 mm groß, dicht filzig behaart, mehrsamig, Samen eif., 2 mm lang, braun, glanzlos . . . . **_Cístus_** 43–1

– Kbl. 5, nicht filzig behaart **77**

77. Gr. persistierend **79**

– Gr. hinfällig **78**

78. Fr. in 5–15 cm langen Doppeltrauben, 3–4 mm lang gestielt; Kapsel eingedrückt-kugelf., 5–6 mm ∅, mit 5 abgerundeten Kanten; Kbl. eif. oder breit-lanzettl., 2,5–3 mm lang, der Kapsel anliegend; Fr. sich bis zum Grunde öffnend; Samen zahlreich, feilspanf., ca. 3 mm lang, glatt und glänzend, mit feinem Netzmuster . . . . **_Píeris_** 53–17

– Fr. in achselst. Trauben oder endst. Doppeltrauben, ca. 5 mm lang gestielt; Kapsel eingedrückt-kugelf., kugelig-eif. oder eif.-pyramidal, 3–9 mm lang; Fr.wand dick, die Verwachsungsnähte verdickt, an der geschlossenen Fr. als helle Streifen auffallend; K.zipfel 3eckig oder lanzettl., so lang oder kürzer als die Kapsel; Samen zahlreich, feilspanf. oder längl.-elliptisch, 1–1,5 mm lang . . . . **_Lyónia_** 53–18

79 (77). Fr. einzeln, end- oder seitenst., 1–2,5 mm lang dünn gestielt, Kapsel kugelf.–breit-eif., 3–4 mm groß; Kbl. kürzer als die Kapsel, oft rötl., Samen zahlreich, sehr klein . **_Cassíope_** 53–16

– Fr. nicht einzeln stehend, Samen zahlreich **80**

80. Gr. kürzer als die Kapsel, Fr. aufrecht **83**

– Gr. länger als die Kapsel **81**

81. Fr. 1–3 cm lang gestielt, hängend (!) in achselst. Büscheln; Kapsel ± kantig-gelappt, abgeflacht-kugelf., 6–7 mm ∅, blaugrün; K. ± so lang wie die Kapsel, ihr anliegend; Fr. sich nur im oberen Teil öffnend; Samen rundl.-eif., unter 1 mm groß . . . . . ***Zenóbia*** 53–17

– Fr. 2–5 mm lang gestielt, Kapsel sich bis zum Grund öffnend . . **82**

82. Kapsel abgeflacht-kugelf., 3–4 mm ∅, in einseitswendigen, ± horizontalen oder spreizenden, endst., 4–12 cm langen Trauben; Kbl. 2–3 mm lang, eif.–lanzettl., mit braunen Schuppen bekleidet (!), am Rand kraus-flaumig; Fr.wand bei der Öffnung in 2 Lagen aufspaltend, die innere 10klappig, die äußere 5klappig; Samen eif., abgeflacht, 1 mm lang . . . . ***Chamaedáphne*** 53–19

– Fr. in achsel- oder endst., 2–8 cm langen spreizenden Trauben; Kapsel abgeflacht-kugelf., 1,5–3,5 mm lang, 4–6 mm ∅; Kbl. eif.–eif.-lanzettl., 2–3 mm lang, kahl; Fr.wand bei der Fr.öffnung nicht aufspaltend; Samen kantig-abgeflacht, 0,7–1,4 mm lang, Samenschale genetzt, glänzend . . . . . ***Leucóthoë*** 53–19

83 (80). Fr. 3–8 mm lang gestielt, Fr.stiele behaart, in einseitswendigen, 5–15 cm langen Trauben, die zu 10–25 cm langen, überhängenden rispenartigen Doppeltrauben angeordnet sind; Kapsel längl.-eif.–eikegelf., 5–7 mm lang, fein grau behaart; K. ca. ¼ so lang wie die Kapsel; Fr. sich bis über die Mitte öffnend; Samen spindelf.–feilspanf., 2 mm lang, netzstreifig . . . . ***Oxydéndrum*** 53–19

– Kapsel und Fr.stiele kahl **84**

84. Fr. ca. 1–2,5 cm lang gestielt in 2–8bltg., endst. Schirmtrauben; Kapsel abgeflacht-kugelf., kugelf. oder eif., 5–6 mm lang, sich im oberen Teil öffnend; Kbl. 3eckig–eilanzettl., etwa ⅓ so lang wie die Kapsel; Samen eif.-elliptisch, 1,2–1,5 mm lang, braun-glänzend . . . . ***Andrómeda*** 53–17

– Fr. 7–20 mm lang gestielt, in endst. Dolden oder Trauben; Kapsel elliptisch–längl., 5–8 mm lang; Kbl. breit- bis lineallanzettl., ± geschwänzt, 2–3 mm lang; Kapsel sich bis zum Grunde öffnend; je Fach meist nur wenige 3–5kantige Samen . . . . **Enklánthus** 53–16

Gruppe VIII
Scheinfrüchte

1. Frst. kugelf., end- oder bl.achselst. **3**

– Frst. längl. oder birnf., einzeln bl.achselst. **2**

2. Frst. kurz gestielt, birnf., 5–8 cm groß *(34/8)*, anfangs grün, später braun–braunviolett, oft bereift; Fr. zu vielen an der Innenwand einer krug- oder urnenf. Blst.achse, die zur Reife saftigfleischig wird, sitzend; Fr. ist eine Steinfr. mit dünner, äußerer

Schicht und einem eif., 1–1,5 mm langen Steinkern; Steinfr. von der fleischig werdenden Bltn.hülle umgeben . . . . . . ***Fícus*** 34–4

– Frst. ca. 1 cm lang gestielt, hängend, längl.–walzenf., 1–3 cm lang, bis 2 cm dick, weiß, rot, dunkelpurpurn oder schwarzrot; Einzelfr. dicht beieinander stehend *(34/1)*, die eif., 2–2,5 mm langen, ± abgeflachten Nüsse mit den persistierenden Narbenästen werden zur Reife von der persistierenden, 4teiligen, fleischig-saftigen Bltn.hülle eingeschlossen . . . . . . ***Mórus*** 34–1

3 (1). Frst. sitzend, einzeln bl.achselst., 8–10(–14) cm groß, runzelig, anfangs grün, später gelbgrün–gelbl., Milchsaft führend; persistierende Bltn.hüllen zur Reife saftig-fleischig, dicht aneinandergepreßt und die einzelnen Fr. allseitig einschließend *(34/4)*; Narben persistierend, fädig; Fr. eine Nuß, diese längl.-elliptisch, abgeflacht, ca. 1 cm lang, 4–5 mm breit, fein längsstreifig, 1samig; Samen ca. 8 mm lang . . . . ***Maclúra*** 34–2

– Frst. gestielt **4**

4. Frst. einzeln bl.achselst., ca. 1 cm lang gestielt, 1–2,5 cm ∅; Fr. dicht beieinanderstehend; Bltn.hülle röhrig, persistierend, die zahlreichen behaarten kleinen Hochbl. dem Frst. einen Filz verleihend, aus dem die fädigen Narben herausragen *(34/4)*; Einzelfr. sich bei der Reife mit einem fleischigen Gynophor aus der Bltn.hülle herausschiebend; Fr. längl., 7–10 mm lang, orangerot, saftig-fleischig, mit einem 2 mm langen, hartschaligen Steinkern . . . . ***Broussonétia*** 34–3

– Frst. endst., aufrecht, 5–10 cm lang gestielt, 1–1,5(–2,5) cm ∅, trübrot–rot, homogen saftig-fleischig, aus 20–30 miteinander verwachsenen Steinfr. gebildet, nur oberste Fr.teile frei, jeweils mit deutl. Perianthringule, die eine endst. Vertiefung umgibt, aus der die persistierende Gr.basis etwas herausragt; Steinkerne eif., schwach asymmetrisch, 5–6 mm lang, fast glatt, mit einigen Längsriefen . . . . ***Córnus koūsa*** 63–5

Gruppe IX
Klausenfrüchte

1. Fr. aufrecht, 2–4 mm lang gestielt in reichbltg. Thyrsen; K. trichterf.-glockig, 5–7 mm lang, ± bis zur Mitte in 5 gleiche Zipfel aufgespalten; Klausen pergamentartig-häutig, spatelf., sichelf. gebogen und zusammenneigend, 3kantig, mit 2 schmalen Längsflügeln *(92/8)*, 3–4 mm lang, 2,5–3 mm breit, Samen durch einen Längsspalt sichtbar, längl.-eif., 2 mm lang . . . . . ***Caryópteris*** 92–3

– Klausen fester, anders geformt, nicht geflügelt **2**

2. K.zähne gleich oder fast gleich, K. nicht 2lippig ausgebildet . . . **5**

– K. deutl. 2lippig, Oberlippe (fast) ungegliedert oder 3zähnig, meist deutlich kleiner als die 2zähnige Unterlippe **3**

3. K. glockig, mit weiter Öffnung *(93/3)*, 10–12 mm lang, 15rippig, außen deutl. behaart und mit Drüsen besetzt, innen kurzhaarig oder kahl; Klausen eif.–kugelf., 3 mm groß, glatt, glanzlos . . . ***Sálvia*** 93–2

– Fr. kleiner **4**

4. K. röhrig–röhrig-glockig, 5–6 mm lang, an der Mündung ohne Haarring, außen dicht mit ästigen Haaren bekleidet und dadurch weißfilzig *(93/5)*; Klausen spitz-eif.–längl.-eif., 2–2,5 mm lang, braun, mit feinen Längsstreifen . . . . ***Peróvskia*** 93–2

– K. röhrig-glockig, 2,5–5 mm lang, abstehend behaart aber nicht filzig, K.zähne bewimpert, Zähne der Oberlippe 3eckig, viel kürzer als die grannenartigen Zähne der Unterlippe *(93/8)*, Mündung des K. durch einen dichten, weißen Haarkranz geschlossen. Klausen rundl.-eif.–fast kugelf., glatt, braun . ***Thýmus*** 93–3

5 (2). K. zylindrisch-glockig, 5–7 mm lang, die 4 unteren und seitl. K.zipfel kurz und stumpf, der obere mediane mit markantem verkehrt-herzf. Anhang; K.röhre innen kahl, außen graufilzig; Klausen längl.-elliptisch, 2 mm lang, glatt, schwarzbraun-glänzend *(93/2)*. ***Lavándula*** 93–2

– K. und Klausen anders gestaltet **6**

6. K.röhre zylindrisch, 15nervig, K. 5–8 mm lang, K.zähne geschwänzt-zugespitzt, 2–3 mm lang *(93/9)*; Klausen längl.-eif., 2 mm lang, graubraun, fein gekörnelt . . . . . . ***Hyssópus*** 93–4

– K. 10nervig **7**

7. K.röhre zylindrisch, K. 4–5 mm lang, fein filzig behaart, K.zähne stark spreizend *(93/11)*, zugespitzt aber nicht grannenartig; Klausen längl.-elliptisch, 3kantig, 1,5–2 mm lang ***Elshóltzia*** 93–5

– K. röhrig-glockig, nicht filzig behaart; Klausen rundl.-eif.–kugelf. **8**

8. K. 6–9 mm lang, Mündung der Röhre ohne Haarring; K.zähne kurz begrannt *(93/1)*, K. ± dicht behaart und drüsig, Klausen fast kugelf., 1,5–2 mm ∅, mit undeutlichem, feinem Netzmuster . . ***Teúcrium*** 93–1

– K. 3,5–6 mm lang, K.röhre an der Mündung mit weißem Haarring, K.röhre dicht drüsig *(93/7)*, auf den Rippen kurz behaart, K.zähne deutl. begrannt, Klausen rundl.-eif., 1 mm lang . . . . . ***Saturéja*** 93–3

Gruppe X
Spaltfrüchte

1. Frkn. unterst., Fr. ungeflügelt, sitzend, in kugelf., 2–3 cm großen Köpfen *(87/1)*; Fr. 4–5 mm lang, vom persistierenden K. gekrönt, in 2 Teilfr. aufspaltend, je eine Teilfr. mit und eine ohne K.krone . . . . ***Cephalánthus*** 87–1

– Frkn. oberst., Fr. und Frst. größer und anders gestaltet, Fr. stets geflügelt **2**

2. Teilfr. 2, fast kreisrund, ringsum geflügelt *(74/4)* . ***Dipterónia*** 74–1

– Teilfr. 2, mitunter 3 oder 4, einseitig propellerartig geflügelt (Samara) *(74/5–7)*, bisweilen nur eine Teilfr. entwickelt *(A. saccharínum)* . . . . ***Ácer*** 74–2

Gruppe XI
Bruchfrüchte, Gliederhülsen

1. Fr. zylindrisch, im Querschnitt rund oder nur schwach abgeflacht, 5–10 cm lang, Oberfläche längsgestreift bis netznervig strukturiert, zw. den Samen kaum oder nur wenig eingeschnürt, Glieder ungleich lang, aber stets deutl. länger als breit . . . . . ***Coronílla*** 70–18

– Fr. abgeflacht, zw. den Samen eingeschnürt, Fr. dadurch deutl. gegliedert, meist 2–3gliedrig, Glieder etwa so lang wie breit, mit markanten Querrippen und Stacheln; Bltn.hülle trockenhäutig persistierend, die Fr. ± einhüllend . . ***Hedýsarum*** 70–18

Gruppe XII
Nüßchen

1. Nüßch. geflügelt **11**

– Nüßch. ungeflügelt **2**

2. Nüßch. mit (meist federartigem) grannenartigem Fortsatz **10**

– Nüßch. ohne grannenartigen Fortsatz **3**

3. Nüßch. in einer festen oder fleischigen, urnenf. Bltn.achse (Bltn.becher) geborgen **13**

– Nüßch. frei sichtbar **4**

4. Nüßch. keulenf., ± 4kantig *(27/2)*, ca. 1 cm lang, am Grunde mit fast 1 cm langem, gelbem Haarschopf, oben kurzhaarig, mit 3–5 mm langem, starrem Gr.; Nüßch. nicht ganz geschlossen, sondern mit schmalem Längsspalt, 1samig, Samen lang und schmal; Nüßch. in 2–3,5 cm dicken, kugeligen Köpfchen vereint, die zu 1–6 in 15–20 cm langen Frst. angeordnet sind und den Winter über am Baum hängen . . . . ***Plátanus*** 27–1

– Fr. nicht in kugeligen Köpfchen zusammengefaßt **5**

5. Fr. ohne persistierenden K., 2–4 mm lang gestielt, Frch. zu mehreren (–10) sitzend, längl.-elliptisch–linealisch, schwach gebogen, dünnwandig, mit nach außen durchscheinendem, im Spitzenbereich inseriertem Samen und seitl., im oberen Drittel inserierter, persistierender Narbe *(18/2)*; Frch. 1samig, Samen eif., 1 mm lang, braun . . . . ***Xanthorhíza*** 18–1

– K. persistierend **6**

6. Persistierender K. über 6 mm lang **8**

– K. kleiner **7**

7. Fr. einzeln oder zu wenigen endst. an Kurztrieben, 2,5–4 cm lang gestielt; Nüßch. 5(–8), rundl.-eif., etwas abgeflacht, 4–5 mm lang, kahl, schwarzbraun-glänzend, dickwandig; Kbl. frei, fast laubbl.artig, 4–5 mm lang, rundl.-eif., kahl, fein drüsig gewimpert . . . . ***Kérria*** 58–38

– Fr. 1–1,5 mm lang gestielt in endst., 3–20 cm langen, aufrechten oder übergebogenen, reichverzw. Rispen; Nüßch. 5, schief-eif., ca. 1,5 mm lang, abgeflacht, braun, an den Kanten lang, auf den Flächen kurz behaart; Gr. persistierend, 1 mm lang; K. 5zählig, die 1,5–2 mm langen Zipfel sternf. ausgebreitet . . . . ***Holodíscus*** 58–21

8 (6). Fr. 1,5–4 cm lang gestielt, in endst. Trauben oder Dolden an Kurztrieben; Nüßch. 2–4, schief.-eif., schwach nach innen gebogen, 3–5 mm lang, anliegend weiß behaart; K. laubbl.artig, spreizend, 8–10 mm lang, ± 5 mm breit, gesägt; Gr. persistierend, fädig, ca. 5 mm lang; Nüßch. dünnwandig aber festschalig ***Neviúsia*** 58–37

– K. nicht laubbl.artig, von einem ebenfalls 5zähligen Außenk. umgeben **9**

9. Fr. einzeln oder zu wenigen bis vielen in end- oder seitenst. Thyrsen, 1–2 cm lang gestielt, aufrecht; Nüßch. zahlreich, mit der Basis einer flachen, behaarten Bltn.achse aufsitzend, eif.–längl.-eif., 2 mm lang, weiß behaart; Gr. persistierend, keulenf., am Grunde des Nüßch. inseriert; Kbl. 3eckig, 7–10 mm lang; Außenk. nur wenig kleiner aber schmalblättriger . . . . . ***Potentílla fruticósa*** u. ***salesoviána*** 58–44

– Fr. 1–3 cm lang gestielt, aufrecht, in wenigbltg., langgestreckten Ständen; Nüßch. kahl, rundl.-eif., 1–1,5 mm lang, braun–rötl., glänzend, einer kegelf.-kopfigen, 7–10 mm großen, schwammig-fleischigen Bltn.achse seitl. (!) ansitzend; Kbl. eif.-lanzettl.,

10–15 mm lang, rot; Außenk. schmal-lanzettl., 3–5 mm lang . . ***Potentílla palústris*** 58–45

10 (2). Fr. einzeln bl.achselst. oder in end- bzw. seitenst. Zymen oder Rispen, meist lang gestielt; K. hinfällig; Nüßch. meist zahlreich, sitzend (!), einer kugelig-verdickten Bltn.achse ansitzend, eif.-elliptisch, derb lederig oder stark verholzt, ± deutl. abgeflacht; Gr. persistierend, zu einer fädig ausgezogenen, elastischen Granne auswachsend, die meist mehrfach länger als das Nüßch. ist; Gr. kahl oder federig, meist spreizend behaart *(18/10, 18/13, 18/14)* . . . . ***Clématis*** 18–2

– Fr. einzeln, bis 18 cm lang gestielt, aufrecht; K. persistierend, 8bl., Kbl. linealisch–lanzettl., 6–8 mm lang, behaart und drüsigbehaart; Stbl. vertrocknet persistierend; Nüßch. gestielt (!), Stiele an der Fr.achse bleibend; Nüßch. seitl. abgeflacht, spindelf., behaart; Frch.körper ca. 3 mm lang, Frch. mit Granne 2,5–4 cm lang, Granne dünn und geschlängelt, federig behaart . . . . . . ***Drýas*** 58–45

11 (1). Fr. zapfenartig, 6–8 cm lang, zylindrisch, einzeln, endst., 2–2,5 cm lang gestielt *(10/10)*; Nüßch. zahlreich, einer langen, verholzten Bltn.achse (Spindel) spiralig und sich dachziegelartig deckend ansitzend, später spreizend und einzeln abfallend; Nüßch. linealisch, 2,5–3,5 cm lang, längs geflügelt, 6–8 mm breit, am Grunde verdickt, kantig, 1–2samig; Spindel stehenbleibend, Nüßch. erst spät abfallend . . . . ***Liriodéndron*** 10–5

– Fr. nicht zapfenartig, Flügel der Nüßch. nicht verholzt **12**

12. Fr. rosettig an Kurztrieben stehend, 8–10 mm lang gestielt, mit je 8–20 Frch. *(24/2)*; Nüßch. am Grunde keilf. verschmälert oder deutl. gestielt, stark abgeflacht, breit asymmetrisch, dünnhäutig geflügelt, 1–2 cm lang, meist 1samig, Samen im Zentrum *(24/3)* ***Eupteléa*** 24–1

– Fr. in 10–20 cm großen, endst. Rispen, 5–10 mm lang dünn gestielt, mit (1–)5–6 sitzenden Frch.; Nüßch. längl.–schmalelliptisch, ringsum dünn pergamentartig geflügelt, 3,5–5 cm lang, 10–15 mm breit, stark abgeflacht, Flügel am Oberende gedreht *(76/2)*, Samen im Zentrum liegend, Flügel in Höhe des Samens einseitig eingekerbt; Nüßch. lange am Baum bleibend . ***Ailánthus*** 76–1

13 (3). Fr.becher zur Reife völlig ausgetrocknet, Nüßch. rotbraun . . **15**

– Fr.becher saftig oder lederig-fleischig, geschlossen bleibend . . **14**

14. Fr. aufrecht, spreizend oder hängend, deutl. gestielt, einzeln oder in Rispen, Schirmrispen bzw. Schirmtrauben; Nüßch. zahlreich, im Fr.becher am Grunde oder auch seitl. inseriert, Mündung des Fr.bechers durch die aufrechten, verlängerten Gr. (Sect. *Synstylae*) *(58/100)* oder ein flaches bzw. halbkugeliges

Polster bildenden, verdickten Narben verschlossen *(58/4)*; Kbl. eif.–lanzettl., oft geschwänzt und gefiedert, häufig ungleich, persistierend oder hinfällig; Hagebutte kahl, behaart, drüsig oder stachelig; kugelf., eif., birnf. oder abgeflacht-kugelf., bis 7 cm lang und 3 cm breit, oft jedoch viel kleiner; orangerot–rot–schwarz, ± fleischig; Nüßch. ± eif. oder längl., 3–6 mm lang, unregelmäßig kantig, verholzt, 1samig; Fr. nicht abfallend . . . . **Rósa** 58–45

– Fr. einzeln endst. an Seitenzw., bis 1,5 cm lang gestielt; Hagebutte rundl.-abgeflacht, 3–4 cm groß, grün, borstig-stachelig, Kbl. persistierend, spreizend, grün, laubbl.artig, ± so lang wie die Fr., z.T. gefiedert; Nüßch. zahlreich, rundl.-eif., 4–5 mm lang, steinhart; Fr. schon bald grün abfallend (!) . . . . **Rósa roxbúrghii** 58–49

15 (13). Fr. einzeln bl.achselst. an vorj. Zw., deutlich gestielt, hängend, längl.-krugf., 5–7 cm lang, im oberen Drittel röhrig eingeschnürt, nach unten zu allmählich verschmälert *(12/4)*; Wand des Fr.bechers derb-lederig, fein längsstreifig, kurzfilzig, gelbbraun, mit spiralig angeordneten, schuppenf. Hochbl.; Becheröffnung durch nach außen gebogene (!) Staminodien verschmälert, diese Gr. vortäuschend; Nüßch. im unteren Drittel des Fr.bechers inseriert, längl.-elliptisch–zylindrisch, 12–18 mm lang, 5 mm ∅, schwach abgeflacht, nur im unteren Teil behaart, mit erhabenem, längst umlaufendem Band . . . . **Chimonánthus** 12–2

– Fr. endst. an jungen Zw., aufrecht oder hängend, urnenf. und mit großer Öffnung *(C. occidentális)* oder längl.-birnf. und oben fast geschlossen *(12/1, 12/2)*, Staminodien nur kurz aus der Öffnung herausragend, gerade; Fr.becher unten ± plötzl. verschmälert, Becherwand lederig, grob längsstreifig, behaart; Nüßch. längl.-elliptisch–zylindrisch, allseitig behaart, mit einem erhabenen, längs umlaufenden Band . . . . **Calycánthus** 12–1

Gruppe XIII
Steinfrüchtchen

1. Fr. einzeln, endst., mit 4bl., 2–2,5 cm langem persistierendem K., Frbl. meist 4, seltener 5–6; Steinfrch. rundl.-eif.–schief-elliptisch *(58/85)*, ca. 8 mm lang, seitl. etwas abgeflacht, schwarzbraun–schwarz, glänzend; Mesokarp dünn, trocken, Steinkerne sehr hart, Fr. den Winter über meist am Zweig bleibend . . . . . **Rhodótypos** 58–38

– Mesokarp saftig-fleischig **2**

2. Fr. mit persistierender Bltn.hülle, in seitenst., 1–10 cm langen, bis 15 cm breiten Rispen; Frch. ringf. angeordnet, eif.–kugelf., 6–7 mm lang, mit kurzem stielartigem Abschnitt; Mesokarp dünn, Frch. anfangs grün, später rot . . . . ***Picrásma*** 76–1

– Frst. und Fr. anders gestaltet **3**

3. Frch. pflaumenf. oder kugelf., zu 1–6 . . . . **5**

– Frch. meist zu vielen, kugelig-eif., 2–5 mm groß, mit eif., 2–4 mm großem, seitl. ± abgeflachtem, wabig-netzig-grubig strukturiertem Steinkern; Mesokarp saftig-fleischig; Fr. stets vom persistierenden K. umgeben *(58/6)* **4**

4. Frch. einer meist festen, kegelf. Bltn.achse ansitzend und sich mit dieser (!) zur Reife als Ganzes lösend; Frch. meist schwarzglänzend oder blau-bereift (Brombeeren) . . . .
Rúbus Subgenus ***Rúbus*** 58–40

– Frch. einer kegelf., halbkugeligen oder flachen Bltn.achse aufsitzend, sich zur Reife als Ganzes von der Achse ablösen lassend; Frch. nicht miteinander verwachsen aber durch feine Haare miteinander verbunden; Fr. gelb, orangefarben, rot, selten schwarz (Himbeeren) . . . . ***Rúbus*** 58–39

5 (3). Fr. 5–10 mm lang gestielt, in lockerbltg., 3–10 cm langen, hängenden Trauben, endst. an seitl. Kurztrieben; Fr.stiel zur Fr.reife rot gefärbt (!); Steinfrch. meist zu 1–3, am Grunde vom persistierenden, wulstigen Rand des hinfälligen Bltn.bechers umgeben; Frch. pflaumenartig, 8–15 mm lang, blauschwarz, bereift; Mesokarp dünn; Gr.ule seitl. an der Frch.spitze; Steinkern 7–11 mm lang, seitl. abgeflacht, ± gekielt, braun, glatt . .
Osmarónia 58–22

– Frch. kugelf., mit 4–8 mm großem, halbmondf. Steinkern **6**

6. Fr. 2–3 mm lang gestielt, in hängenden, reichbltg., 6–12 cm langen Rispen; Frch. 1–3, sitzend, leicht asymmetrisch, dunkel- bis schwarzblau, schwach bereift, 8–10 mm ∅; Narbenulen seitl. in der Mitte der Frch.; Steinkerne rundl., abgeflacht, 7–8 mm ∅, mit gekieltem, 3kantigem Randwulst, der ein flaches, planes Mittelfeld umschließt *(17/2)*; Einkerbung im Randwulst deutl., etwa ¼–⅕ des Umfanges ausmachend . . . .
Menispérmum 17–1

– Fr. 3–5 mm lang gestielt, in wenigbltg., spreizenden Trauben oder Rispen; Frch. 1–6, am Grunde 0,5–1 mm lang stielartig verschmälert, 6–8 mm ∅, rot; Narbenulen nahe der Frch.basis; Steinkern 4–5 mm ∅, abgeflacht, mit rundem radiär gestreiftem Randwulst, der ein kleines, nabelartiges Zentrum umschließt *(17/1)*; Einkerbung im Randwulst kleiner als ⅕ des Steinkernumfanges . . . . ***Cócculus*** 17–1

Gruppe XIV
Beerchen

1. Fr. ährenartig, dem Frst. einer Roten Johannisbeere ähnelnd, 5–15 cm lang, einzeln bl.achselst. *(15/2)*, Frch. durch Streckung der Fr.achse ± entfernt stehend, kugelig, 8–10 mm ∅, saftig-fleischig, scharlachrot, 1–2samig, Samen nierenf., 4 mm lang, hellbraun-glänzend . . . . ***Schisándra*** 15–1

– Frch. nicht leuchtendrot **2**

2. Fr. einzeln, seitenst. an vorj. Zw., fast sitzend oder zu 1–5 endst. an jungen Seitensprossen, 1–1,5 cm lang dünn gestielt; Fr. eine 2teilige Beere, aus 2 am Grunde nur kurz miteinander verwachsenen, 8–10 mm großen kugeligen Fr.teilen bestehend, schwarz-glänzend, oft nur eine Fr.hälfte entwickelt; jede Fr.hälfte mit 2 halbkugeligen, 5–6 mm großen Samen; K. persistierend, 4zipfelig, mit schmal-linealischen oder grannenartigen Zipfeln . . . . ***Jasmínum*** 90–2

– Frch. größer, anders gefärbt **3**

3. Fr. 1–2 mm lang gestielt, in 25–40 cm langen, hängenden Trauben; Frch. (1–)2–3(–4), nur am Grunde etwas miteinander verbunden *(16/6)*, eif.–elliptisch, 1–2 cm lang und fast so breit, hellrosa–blaßviolett, glatt, saftig-fleischig; Frch.wand 1,5–2 mm dick, Samen 3–5, jeweils in 2 Längsreihen, eif., abgeplattet, 6–7 mm lang, schwarz, in einer durchscheinenden Gallerte eingebettet . . . . ***Sinofranchétia*** 16–2

– Frch. größer, anders gestaltet **4**

4. Fr. ca. 1 cm lang gestielt, Stiel rotbraun behaart, seitenst. an vorj. Zw.; Frch. meist 1–2, elliptisch oder unregelmäßig zylindrisch, 4–10 cm lang, 1,5–4 cm dick *(11/2)*, anfangs grün, später braun, saftig-fleischig, 1–mehrsamig; Samen stark abgeflacht, asymmetrisch, 2–2,5 cm lang, glänzend-braun, schwach querrunzelig . . . . ***Asímina*** 11–1

– Fr. sitzend in 20–50 cm langen, hängenden, einfachen oder doppelten Trauben, hängend; Frch. 1–3, walzenf. *(16/2)*, 5–10 cm lang, kobaltblau, kahl; fleischig, Samen in 2 Längsreihen, von einer durchscheinenden Gallerte umgeben, eif., abgeflacht, 9–10 mm lang, schwarz-glänzend . . . . ***Decāisnea*** 16–1

Gruppe XV
Apfelfrüchte

1. Fr. mit pergamentartigem–lederigem Kerngehäuse (Kernapfel) **5**
– Fr. mit Steinkernen (Steinapfel) **2**
2. Fr. 5–10 mm lang gestielt, einzeln endst., breit kreiself., 2–3 cm, bei Kulturformen bis 4 cm ∅, fein behaart, rauh, braun, von 5 aufrechten oder spreizenden, lineal-lanzettl., 2–3 cm langen Kbl. gekrönt; Oberende der Fr. plan oder ± eingesenkt; Fr.fleisch sehr fest; Steinkerne schief-eif., 8–10 mm lang, seitl. abgeflacht, 3kantig, unregelmäßig längsrippig, sehr hart, hellbraun *(58/9)* . . . . ***Méspilus*** 58–87
– Fr. in Ständen, wenn einzeln, dann kleiner **3**
3. Fr. 3–15 mm lang gestielt in vielbltg., bis 4 cm breiten Schirmrispen, kugelf.–abgeflacht-kugelf., 5–7 mm ∅, leuchtend rot, orangefarben oder gelb; Fr.fleisch mehlig-fleischig; Steinkerne 5, dicht beieinanderliegend, etwa bis zur Hälfte am Rücken mit dem Fr.becher verwachsen, 3kantig, mit 2 planen und einer konvexen Seite, 2,5–3 mm lang, im verwachsenen Teil rauh, sonst glatt und glänzend; Kbl. breit-3eckig, zusammenneigend, ca. 1 mm lang, das Griffelumfeld bzw. den oberen, freien, wollig behaarten Kernteil nicht völlig verdeckend . . . ***Pyracántha*** 58–80
– Steinkern größer, oft ± längsgefurcht, Griffelumfeld verdeckt oder frei **4**
4. Fr. fast sitzend oder bis 1 cm lang gestielt, zu 1–3(–5) seiten- oder endst. an kurzen Seitenzw., meist unter 1 cm groß, kugelf. oder elliptisch, rot, selten schwarz, ± behaart oder kahl, ohne Korkwarzen; Steinkerne 2–3(–5), auf der Rückseite mit dem Fr.becher verwachsen, oben frei, 2–3kantig, auf der oder den planen Seiten warzig–glatt und glänzend, eif., 4–5 mm lang, braun; Gr. persistierend, von den 5 3eckigen, 1–2 mm langen, etwas fleischigen Kbl. dicht umgeben, Gr.umfeld somit verdeckt . . . . ***Cotoneáster*** 58–81
– Fr. 1–2 cm lang gestielt in mehrbltg. Schirmtrauben oder Rispen, selten einzeln; endst. an Kurztrieben; Fr. rot, gelb, braun oder schwarz; rundl., eif., birnf. oder breit-elliptisch, 1–2,5 cm lang, mit wenigen oder vielen Korkwarzen (!); Fr.fleisch mehlig oder fleischig-hart; Gr. persistierend, 1–5, aus einem trichterf., freien (!) Gr.umfeld hervorragend; Kbl. 3eckig–lanzettl., 1–10 mm lang, meist spreizend oder zurückgeschlagen, selten zusammenneigend oder hinfällig, dann eine deutl. Ule hinterlassend; Steinkerne 1–5, stielrund oder kantig, oft 3kantig, mit 2 planen und einer konvexen, längsgefurchten Seite, 6–9 mm lang, allseitig rauh, nie glänzend . . . . ***Cratǽgus*** 58–88

5 (1). Fr. durch zusätzliche Scheidewände in 10 1samige Fächer aufgeteilt, meist jedoch nicht alle Fächer mit entwickelten Samen; Fr. rundl.–kugelf., 5–15 mm ∅, rot–blauschwarz und bereift; K. persistierend, die 5 Kbl. 3–5 mm lang, 3eckig–lanzettl., meist spreizend; Fr.fleisch mehlig-fleischig, Samen ca. 4 mm lang, seitl. abgeflacht, glänzend . . . . ***Amelánchier*** 58–77

– Fr. nie 10fächerig **6**

6. Fr. einzeln endst., ± sitzend, apfel- oder birnf., 4–12 cm lang, gelb, graufilzig; Kbl. persistierend, laubbl.artig, ca. 1 cm lang *(58/7)*, drüsig gefranst; Samen zahlreich, schief-eif.–birnf., 7–8 mm lang, ungleichkantig abgeflacht, hellbraun, nicht glänzend, Fr.fleisch hart, mit vielen vor allem um das Kerngehäuse liegenden, hart-körnigen Einschlüssen (Steinzellennestern) . . . . . .
Cydónia oblónga 58–57

– Fr. nicht gelb und graufilzig **7**

7. Fr. fast sitzend, Samen je Fach 2reihig, abgeflacht, dicht gepackt, Fr.fleisch dick, sehr fest, K. hinfällig **13**

– Fr. deutl. gestielt, Samen nicht 2reihig und dicht gepackt **8**

8. Fr. 1–3 cm lang dick gestielt, einzeln oder zu wenigen in Schirmtrauben; Fr. rundl.–birnf., 2–4(–8) cm lang, grün, gelb oder braun, Fr.fleisch dick, bis unmittelbar vor der Reife hart, später meist saftig, gleichmäßig dicht mit hartkörnigen Einschlüssen versehen; Kbl. 5, (bei unseren Arten) persistierend, 2–5 mm lang, meist spreizend; Samen je Fach 1–2, ± eif., zugespitzt, unregelmäßig abgeflacht, 6–10 mm lang, schwarz oder schwarzbraun, oft glänzend . . . . ***Pýrus*** 58–67

– Fr. nicht mit dieser Merkmalskombination **9**

9. Fr. in wenigbltg. Schirmtrauben oder einzeln, 1–5 cm lang gestielt, rundl., selten birnf., 0,5–10 cm dick, glatt, oft mit wachsartigem Überzug, grün, gelb, oft rotbackig oder einfarbig rot; K. häufig persistierend *(58/122)*, wenn hinfällig, dann eine ringf. Ule hinterlassend *(58/119)*; Fr.fleisch saftig-fleischig, ohne (nur bei *M. tschonóskii* mit wenigen) hart-körnige Einschlüsse; Kerngehäuse pergamentartig, je Fach meist 2 Samen *(58/8)*; Samen eif., zugespitzt, 4–8 mm lang ± stark abgeflacht, hellbraun–braun, meist mit fein längsstreifiger Oberfläche, dadurch ± seidig-glänzend oder matt . . . . ***Málus*** 58–58

– Fr. anders **10**

10. Fr. 2–12 mm lang gestielt, in vielbltg. Schirmrispen, eif., birnf., elliptisch oder fast kugelf., 6–15 mm lang (bei *S. doméstica* 2–3 cm lang), rot, gelb, bräunl., blaßrosa oder weiß, Fr.fleisch mehlig-fleischig, Fr.wand meist derb und mit wenigen oder vielen Korkwarzen versehen; Kbl. 5, 3eckig, 1–2(–4) mm lang; Kerngehäuse 2–5, oben frei, vom K. verdeckt; Samen je Fach 1–2, längl., eif.-zugespitzt oder beidendig zugespitzt, oft 3kantig, rotbraun (!), 3–6 mm lang (bei *S. doméstica* 8–10 mm lang) . . . . ***Sórbus*** 58–69

– Fr. anders, meist ohne Korkwarzen **11**

11. Fr. 5–15 mm lang gestielt, in 3–5 cm langen behaarten Trauben oder bis über 15 cm breiten, kahlen Rispen; Fr.stiele warzig oder ± glatt; Kernapfel rundl. oder elliptisch, 5–8 mm lang, rot; K. persistierend, die 5 Kbl. 1 mm lang, zusammenneigend; Gr. 2 (!), selten 3–5; Samen eif.–elliptisch, 3–4 mm lang, gerundet oder ± einseitig abgeflacht . . . . ***Photínia*** 58–76

– Fr. anders, Gr. 5 . . . . **12**

12. Fr. 5–20 mm lang gestielt, in Schirmrispen; Fr.stiele meist mit 2 markanten Vorbl.ulen (!); Fr. ± kugelf., 4–10 mm ∅, kahl oder behaart, schwarz-glänzend oder rot–schwarzpurpurn und kaum glänzend; Gr.umfeld flockig behaart–weißwollig, meist vom K. verdeckt; Samen je Fach 2, elliptisch, 3 mm lang, mit 2 abgeflachten Seiten, braun . . . . ***Arónia*** 58–74

– Fr. 2–5 mm lang gestielt, in behaarten Schirmrispen, Fr.stiele rot, behaart, ohne Vorbl.ulen; Kernapfel kugelig, 6–8 mm ∅, karminrot, ± weiß behaart; K. persistierend, Kbl. 1 mm lang, zusammenneigend, das Gr.umfeld nicht deckend; Samen je Fach 2, längl.–schief-elliptisch, 4 mm lang, seitl. abgeflacht, braun . . . . ***Stranvǣ́sia*** 58–75

13 (8). Fr. ± sitzend, an kurzen, meist bl.losen Zw., die älteren Langtrieben ansitzen, meist mehrere beieinander oder doch genähert; Fr. fast kugelf., eif.-elliptisch–elliptisch, 3–15 cm lang, gelb, gelbgrün oder olivbraun, häufig heller punktiert, Fr.fleisch ohne hart-körnige Einschlüsse; Samen eif., zugespitzt oder spitz-birnf., abgeflacht, 7–19 mm lang, dunkelbraun–dunkelrotbraun, glänzend, zahlreich, pro Fach in 2 Längsreihen . . . . . ***Chaenoméles*** 58–57

– Fr. ± sitzend, einzeln endst. an bebl. Zw., längl.-elliptisch–elliptisch, 10–15 cm lang, 4–7 cm ∅, dunkelgelb; Fr.fleisch dick, fest, fast holzig, um das Kerngehäuse mit dicht liegenden, körnig-harten Einschlüssen; Samen je Fach in 2 Reihen dicht gepackt, eif., ± zugespitzt, stark abgeflacht, 6–7 mm groß, hellbraun, glanzlos . . . . ***Cydónia sinénsis*** 58–57

Gruppe XVI
Beeren

1. Weichkörper der Fr. vor allem oder ausschließlich aus der Fr.wand (Mesokarp) oder unter Beteiligung des Bltn.bechers hervorgehend **4**

– Weichkörper der beerenähnl. Fr. vom K., der gesamten Bltn.hülle oder von Vorbl. gebildet **2**

2. „Fr." einzeln bl.achselst., bis 5 mm lang gestielt, hängend, pflaumenähnl., 10–15 mm lang, dunkelblau, bereift, am Oberende mit 2 mm langem, schmalem Querspalt; Fr.fleisch grünl.-gelbl., mit mehreren, eif., 2,5–3 mm langen Samen; Fr. eine Doppelfr., aus 2 Beeren gebildet, die mit den röhrenf. verwachsenen, saftig-fleischigen Vorbl. verbunden und oben im Querspalt zu sehen sind *(97/41)*; Beeren selbst relativ saftarm und dünnwandig ***Lonícera caerúlea*** 97–23

– Weichkörper der Fr. anders **3**

3. Fr. einzeln bl.achselst. oder in verlängerten, seiten- oder endst. Trauben, nickend, 3–8 mm lang gestielt; Frkn. oberst., 5fächerig, je Fach vielsamig; K. persistierend, 5zählig, mit 3eckigen Zähnen, bei der Fr.reifung sich vergrößernd und saftig-fleischig werdend, die weichwandige Kapsel ± umschließend und so eine Beere vortäuschend *(53/21)*; Fr.fleisch weiß, fleischig-schaumig; Fr. ± kugelf., 6–13 mm ∅, weiß, rosa, leuchtendrot oder (blau)schwarz; Samen 1–1,2 mm lang, seitl. abgeflacht, hellbraun; Fr. oft den Winter über hängen bleibend . . . . ***Gaulthéria*** 53–20

– Fr. 5–15 mm lang gestielt, in end- oder seitenst., 2,5–20 cm langen Trauben, bis 12 mm ∅; Frbl. frei, 5–10, der Bltn.achse ringförmig ansitzend; K. persistierend, 5zählig, mit rundl. Lappen; Krbl. 5, sich bei der Fr.reifung stark vergrößernd, saftig-fleischig werdend und die sich aus den Frbl. bildenden, schief-eif.–bohnenf., 3–5 mm langen, seitl. abgeflachten, gekielten, schwarz-glänzenden Nüßch. überragend, völlig umschließend und auch zwischen sie eindringend *(79/2)*; Fr. braunrot, rot, dunkelviolett–schwarz . . . . ***Coriária*** 79–1

4 (1). Blte. mit nur 1 Frbl., das zu einer Beere wird, oder mehrere Frbl. zu einem einheitl. Frkn. verwachsen, der zur Reife zu einer Beere auswächst **8**

– Frbl. ganz frei oder nur am Grunde etwas miteinander verbunden, zur Reife isolierte Frch. bildend, die einen Beerenfrst. vortäuschen **5**

5. Fr. ährenartig, dem Frst. einer Roten Johannisbeere ähnelnd *(15/2)*, 5–15 cm lang, einzeln bl.achselst., Frch. durch Streckung der Fr.achse ± entfernt stehend, kugelf., 8–10 mm ∅, saftig-fleischig, scharlachrot, 1- bis 2samig; Samen nierenf., 4 mm lang, hellbraun-glänzend . . . . ***Schisándra*** 15–1

– Frch. größer, nicht leuchtendrot **6**

6. Fr. 1–2 mm lang gestielt, in 25–40 cm langen, hängenden Trauben; Frch. (1–)2–3(–4), nur am Grunde etwas miteinander verwachsen, eif.–elliptisch *(16/6)*, 1–2 cm lang und fast so breit, hellrosa–blaßviolett, glatt, saftig-fleischig; Fr.wand 1,5–2 mm dick, Samen 3–5, jeweils in 2 Längsreihen, eif., abgeplattet, 6–7 mm lang, schwarz, in einer durchscheinenden Gallerte eingebettet . . . . ***Sinofranchétia*** 16–2

– Frch. größer, anders gestaltet **7**

7. Fr. ca. 1 cm lang gestielt, Stiel rotbraun behaart, seitenst. an vorj. Zw.; Frch. meist 1–2, elliptisch oder unregelmäßig zylindrisch *(11/2)*, 4–10 cm lang, 1,5–4 cm dick, anfangs grün, später braun, saftig-fleischig, 1–mehrsamig, Samen stark abgeflacht, asymmetrisch, 2–2,5 cm lang, glänzend-braun, schwach querrunzelig . . . . ***Asímina*** 11–1

– Fr. sitzend, in 20–50 cm langen, hängenden, einfachen oder doppelten Trauben, hängend; Frch. zu 1–3, walzenf. *(16/2)*, 5–10 cm lang, kobaltblau, kahl; Fr.wand fleischig, Samen in 2 Längsreihen, von einer durchscheinenden Gallerte umgeben, eif., abgeflacht, 9–10 mm lang, schwarz-glänzend . . . . ***Decāisnea*** 16–1

8 (4). Fr.fleisch saftig-fleischig, nicht zäh-klebrig **10**

– Fr.fleisch zäh-klebrig (viscos) **9**

9. Fr. sitzend in einf. oder zusammengesetzten Trauben, birnf.–kugelf., 8–10 mm lang, oben mit persistierendem eingetrocknetem Gr., gelb, Fr. 1samig . . . . ***Loránthus*** 84–1

– Fr. sitzend, zu 1–3 endst., kugelf.–kugelig-eif., ca. 8 mm ∅, weiß–gelbl.-weiß; Fr. oben mit punktf. Griffelule und 4 dunklen, kleinen Blütenhüllulen; Samen abgeflacht, grün, ca. 5 mm groß, in einem silbrigen, festen Mantel eingebettet; Fr. aus einem unterst., in den Bltn.becher eingesenkten und mit ihm verwachsenen Frkn. hervorgehend; Innenschicht des Bltn.bechers verschleimend, die dünne, eigentl. Fr.wand, die den Samen umgibt, umhüllend . . . . ***Víscum*** 84–1

10 (8). Fr.wand zur Reife fleischig **13**

– Fr.wand zur Reife lederig **11**

11. Fr. meist einzeln, seltener zu 2–3, achselst., kurz gestielt, kugelf. oder abgeflacht-kugelf., 6–8 cm ∅, mit gelber, roter oder rotbrauner Fr.wand; K. persistierend, die Fr. krönend *(65/1)*, mit 0,5–1 cm langer Röhre und ca. 1 cm langen, 3eckigen, ± stark spreizenden K.zipfeln; Fr. in 2 Etagen 9fächerig, Samen zahlreich, kantig, 8–10 mm lang, von unterschiedl. Form mit äuße-

rer saftiger und innerer hornartig fester Schale . . . ***Púnica*** 65–1
– Fr. kleiner, ohne krönenden K. **12**
12. Fr. sitzend, einzeln bl.achselst., kugelf., 3–5 cm ∅, Fr.wand dick, filzig-behaart, goldgelb; Fr. im Querschnitt deutl. radiär gefeldert, in 6 Sektoren gegliedert; Saftzotten von der Fr.wand in die Fächer wachsend; Samen zahlreich, ± eif., leicht abgeflacht, fast weiß, 8–12 mm lang . . . . ***Poncírus*** 78–6
– Fr. 1–2 mm lang gestielt in achselst., starr nach unten gerichteten, 5–10 cm langen, vielbltg. Trauben; Beeren kugelf., glatt oder schwach gerippt, 6–8 mm ∅, grün, oft rot überlaufen, an der Spitze mit 1 mm langem, kegelf., persistierendem Gr. und kopfiger Narbe *(41/5)*; Fr.wand lederig, später eintrocknend; Plazenten scheidewandartig vergrößert, Fr. dadurch 4fächerig, je Fach 3 Reihen dicht liegender, eif., unregelmäßig abgeflachter Samen, 1,5–1,8 mm lang, hellbraun-glänzend, von einem dünnen, gallertigen Samenmantel umgeben . . . . ***Stachyúrus*** 41–1
13 (10). Fr. aus einem unterst. Frkn. hervorgehend, am Oberende der Fr. ein persistierender K., K.rest oder Ulen der Bltn.hülle, insbesondere des K. **15**
– Fr. nicht aus einem unterst. Frkn. hervorgehend **14**
14. Fr. aus einem oberst. Frkn. hervorgegangen, am Grunde der Fr. ein persistierender K., K.reste oder K.ulen **30**
– Bei der Fr. ist nicht eindeutig feststellbar, ob sie aus einem unter- oder oberst. Frkn. hervorgegangen ist; Fr. ca. 3 mm lang gestielt, zu 3–4 in kleinen, achselst. Doldenrispen; Beere längl.-elliptisch, 1 cm lang, scharlachrot, Fr.wand dünn, am Oberende mit kleinem, persistierendem Gr. oder Gr.rest *(13/1)*; 1samig, Same eif.–elliptisch, 8–9 mm lang, grau und braun marmoriert . ***Líndera bénzoin*** 13–1
15 (13). Fr. sitzend, in bis zu 5 cm lang gestielten, bl.achselst. Paaren; benachbarte Fr. ± vollkommen miteinander verwachsen und so eine 5–10 mm große, rundl.-kugelf. Doppelbeere bildend, die oben durch die beiden dicht beieinanderliegenden K. auch gut als Doppelfr. erkennbar ist *(97/38–40)*; Fr. rot, dunkelblau oder schwarz; Samen zu mehreren, 3–5 mm groß, eif.-elliptisch oder rundl., stark abgeflacht, hell . . . . ***Lonícera*** (Subgenus *Chamaecerasus*) 97–21
– Fr. stets getrennt, auch wenn dicht beieinanderliegend **16**
16. Fr. fast sitzend, zu 1–3 auf der Oberfläche eines Laubbl. *(63/7)*; beerenähnl. Steinfr. rundl., 6–7 mm ∅, schwarz, mit 1–4 längl., 5–6 mm großen Steinkernen mit Netzmuster . . ***Helwíngia*** 63–5
– Fr. nicht einem Laubbl. aufsitzend **17**
17. Fr. sitzend, in (4–)6zähligen Wirteln in der Achsel 1,5–3,5 cm großer, purpurvioletter Tragbl. in hängenden, 3–10 cm langen,

seiten- oder endst. Ähren; Beeren rundl.-eif., 1 cm lang, purpur- bis schwarzrot, dicht mit weiß gestielten, rotköpfigen Drüsen bekleidet; K. persistierend, rot, mit kurzer Röhre und 5 ungleich großen, 1–5 mm langen, drüsig-bewimperten Zipfeln; Samen zahlreich, eif., 1 mm lang, hellbraun . . . . . ***Leycestéria*** 97–13

– Fr. kahl oder borstig, auch drüsenborstig, wenn drüsig behaart, dann K. mit gleich großen Zipfeln **18**

18. Fr. 1–4 cm lang, fädig gestielt, Fr.stiel kahl oder behaart, einzeln bl.achselst. am Sproßende oder am Beginn eines neuen Jahrestriebes, zu 2–5 genähert; Beeren 4fächerig, kugelf. oder eif.–birnenf., 1–2 cm ∅, rötl. oder rot, glänzend, dem Boden aufliegend; K. persistierend, weniger als 1 mm lang; Beeren mehrsamig, Samen 1,5–2,5 mm lang, eilängl.–spindelf., meist etwas gebogen und ± 2seitig abgeflacht . . . .
Vaccínium macrocárpon u. ***oxycóccos*** 53–23

– Fr. nicht fädig gestielt und nicht dem Erdboden aufliegend **19**

19. Fr. in reichbltg., 10–15 cm breiten Schirmrispen oder 4–7 cm breiten, kugelf.–längl.-eif. Rispen, sitzend oder bis 10 mm lang gestielt; Fr. 3- bis 5fächerig, ± kugelf. oder breit-eif., 3–7 mm ∅, blau und bereift, schwarz-glänzend oder scharlachrot-glänzend, selten gelbl. oder grünl.; beerenähnliche Steinfr. mit 3–5 (2–)3–4 mm langen, ± 3kantigen, runzeligen, eif. oder elliptischen, unterschiedl. stark abgeflachten Steinkernen; K. persistierend, sehr klein, mit 5 zusammenneigenden Zipfeln . . . . .
Sambúcus 97–2

– Fr. nicht in Rispen oder Schirmrispen **20**

20. Fr. in Dolden oder Doppeldolden, die mitunter zu rispenartigen Ständen zusammengefaßt sind **26**

– Fr. nicht in Dolden oder Doppeldolden **21**

21. Fr. sitzend oder fast sitzend in end- oder seitenst., oft fast köpfchenartig verkürzten Ähren; Frkn. 4fächerig, nur 2 Fächer fertil; beerenartige Steinfr., kugelf.–elliptisch, 10–15 mm ∅ weiß oder 4–6 mm ∅ und weißl.-rötl. oder rosarot; K. persistierend, kurzröhrig mit 5 kleinen Zipfeln, 1 mm lang; Fr.fleisch schwammig, weiß, Steinkerne 2, elliptisch, einseitig abgeflacht, mit der planen Seite dicht beieinanderliegend, 2–5 mm lang, weißl. . .
Symphoricárpos 97–29

– Fr. und Frst. anders **22**

22. Fr. sitzend in 2–30 mm lang gestielten, bl.achselst. Paaren, 2–3(–5)fächerig; Beeren am Grunde mit 2 Paaren sehr unterschiedl. gestalteter, ± kleiner, bisweilen verwachsener und die Fr. basal umgebender Vorbl. *(97/31, 35–37)*; Beeren kugelf. oder breit-eif., 5–10 mm ∅, kahl oder behaart, rot, orangefarben oder schwarz glänzend oder blau und bereift, selten weißl. und

durchscheinend; Samen meist zu mehreren, rundl.-eif.–elliptisch, ± abgeflacht, 3–5 mm lang, hellbraun oder schwarz . . .
Lonícera (Subgenus *Chamaecerasus*) 97–21

– Fr. nicht in paarigen Teilbltnst. **23**

23. Fr. sitzend in 3bltg. Zymen in der Achsel von Laubbl., kleinen Hochbl. oder verwachsenen, tellerf. Hochbl., zu mehreren kopfig genähert, oft einen köpfchenartigen Thyrsus bildend *(97/51–52)*; Frkn. 2–3(–5)fächerig; Beeren kugelf. oder eif., 5–10 mm groß, rot oder orangefarben; K. meist persistierend, sehr klein, am Grunde röhrig, oft mit 5 freien kleinen Zähnchen; Samen zu mehreren, rundl.-eif., ± stark abgeflacht, oft etwas gewellt, hell . . . . . ***Lonícera*** (Subgenus *Periclymenum*) 97–23

– Bltn. einzeln bl.achselst. oder in, zuw. doldenartig verkürzten, Trauben **24**

24. Fr. einzeln, 2,5–3 cm lang gestielt, hängend, längl., 1–2 cm lang, 4–5 mm ∅, 4fächerig, saftig-weichfleischig, schwarzrot–schwarz, oben mit deutl. Bltn.becherule *(66/2)*; Samen zahlreich je Fach, in Längsreihen zu vielen, ca. 1 mm lang, ± abgeflacht, glatt, braun . . . . ***Fúchsia*** 66–1

– Fr. kürzer gestielt **25**

25. Fr. 3–10 mm lang gestielt, hängend, spreizend oder abwärtsgekrümmt, kugelf.–breit-elliptisch, 6–10 mm ∅, blauschwarz und bereift oder leuchtendrot-glänzend; Fr.fleisch saftig- oder mehlig-fleischig; Fr. oben von einem persistierenden K.ring oder den K.resten gekrönt; Beere meist 5fächerig, Samen zahlreich, 1–1,5 mm lang, leicht gebogen, ungleichförmig kantig abgeflacht oder gerundet, einendig verschmälert, braun, netzstreifig .
Vaccínium 53–22

– Fr. einzeln oder in bis 25(–50)bltg. Trauben, meist deutl. gestielt oder am Grunde stielartig verschmälert; Fr. aus 2 Frbl. gebildet, 1fächerig mit 2 wandst. Plazenten; Beere kugelf., eif., elliptisch oder kugelf.-abgeflacht, 5–15 mm lang, meist von persistierender, eingetrockneter Bltn.hülle gekrönt *(61/4, 7, 8, 10)*, wenn Bltn.hülle hinfällig, eine markante Ule hinterlassend; Fr. ± saftig-fleischig, gelb, grün, rot, purpurn oder schwarz, zuw. bereift, häufig behaart, drüsenborstig oder mit Stachelborsten bekleidet; Samen zahlreich, sehr unterschiedl. geformt, meist längl., zuw. mit fleischigem Samenmantel oder verschleimender Samenschale . . . . ***Ríbes*** 61–1

26 (20). Fr. gestielt in Dolden von 1–2 cm ∅, diese zu 20–40 cm breiten, reichverzweigten Rispen angeordnet; Frst. und Fr.stiele kraus behaart; beerenähnl. Steinfr. kugelf., 3–6 mm ∅, schwarz, kahl, 5fächerig mit 5 fädigen, ca. 1 mm langen, persistierenden, trockenen ± spreizenden Gr. *(81/8)*; Steinkerne

2–5, abgeflacht, dünnwandig . . . . ***Arália*** 81–4
– Fr. und Frst. anders **27**

27. Fr. 7–10 mm lang gestielt in endst., 20–30 cm großen Doppeldolden, kugelf., 4–5 mm ∅, schwarzblau, von einem dünnen, 1,5–2 mm langen, persistierenden Gr. mit gabeliger Narbe gekrönt *(81/4)*; K. 5zählig, sehr klein; beerenähnl. Steinfr. mit 2(–3) seitl. abgeflachten Steinkernen; Steinkerne außenseitig gerippt, innenseitig glatt, seitl. gefurcht . . . . ***Kalópanax*** 81–2
– Frst. kleiner, Fr. größer **28**

28. Fr. 8–10 mm lang gestielt, zu 15–30 in endst., gestielten Dolden von 3 cm ∅ oder Doppeldolden; Fr.stiele filzig behaart; beerenähnl. Steinfr. kugelf. oder abgeflacht-kugelf., 8–10 mm ∅, blauschwarz bis schwarz, oft bereift, zerstreut sternhaarig; Kbl. persistierend, am Oberende der Fr. ringf. angeordnet, eine heller gefärbte Drüsenscheibe (Diskus) umgebend *(81/1)*; Gr. persistierend, ca. 1 mm lang; Fr. mit 5–2 eif., pergamentartig-dünnwandigen, glatten Steinkernen, 6–7 mm lang, 3seitig; Fr.fleisch mehlig-fleischig; Fr. erst im folgenden Frühjahr reifend ***Hédera*** 81–1
– Fr. anders, Gr. 2–7 . . . . **29**

29. Fr. 3–10 mm lang gestielt in endst., 8–15 cm langen Doppeldolden; beerenähnl. Steinfr. rundl.-eif.–breit-elliptisch, etwas abgeflacht, 8 mm lang, scharlachrot-glänzend, kahl; Gr. persistierend, 2, 1–2 mm lang; K. unscheinbar; Fr. 2fächerig, Steinkerne 2, abgeflacht . . . . ***Oplópanax*** 81–3
– Fr. in endst., bis 10 cm lang gestielten, meist einzeln stehenden Dolden an jungen Langtrieben oder seitl. Rosettensprossen, fast sitzend oder bis 2 cm lang gestielt, kugelf.–breit-elliptisch, 6–14 mm lang, schwarz; Gr. und K. persistierend *(81/7)*; K. sehr klein, Gr. 2–7, bis zur Mitte oder oben verwachsen, mit ± spreizenden Enden; beerenähnl. Steinfr. mit 5(–7) Steinkernen . . . ***Eleutherocóccus*** 81–3

30 (14). Beere einzeln auf einem Flachsproß sitzend, kugelf., 10–15 mm ∅, am Grunde mit den Resten der 6teiligen Bltn.hülle, oben mit kurzem Gr.rest, leuchtend rot; Samen 1–2, kugelf. oder einseitig abgeflacht, 5–7 mm ∅, gelbl.-weiß, durchscheinend, mit großem, kreisrundem Samennabel . . . ***Rúscus*** 99–2
– Fr. nicht auf einem Flachsproß inseriert **31**

31. Fr. einzeln, seitenst. an vorj. Zw., fast sitzend oder zu 1–5 endst. an jungen Seitensprossen, 1–1,5 cm lang dünn gestielt; Fr. eine zweiteilige Beere, aus 2 am Grunde nur kurz miteinander verwachsenen, 8–10 mm großen kugeligen Fr.teilen bestehend, schwarz-glänzend, oft nur eine Fr.hälfte entwickelt; jede Fr.hälfte mit 2 halbkugeligen, 5–6 mm großen Samen; K. persistierend, 4zipfelig, mit schmal-linealischen oder grannenartigen Zipfeln . . . . **Jasmínum** 90–2

– Fr. nicht aus 2 Teilbeeren bestehend **32**

32. Fr. in hängenden, 20–30 cm langen Rispen, 1,5–2,5 cm lang gestielt; Beeren kugelf. oder angeflacht-kugelf., 7–10 mm ∅, orangerot, mit deutl., hervorragender Gr.ule; Fr.fleisch mehligfleischig, hellgelb, Samen zahlreich, eif., 2 mm lang, graubraun, einseitig zugespitzt, unten mit hellem, aufwärtsgebogenem, wurmf. Anhang (Arillus) *(40/2)* . . . . **Idésia** 40–1

– Samen ohne Anhangsgebilde **33**

33. Fr. in bl.achselst., mehrbltg. Zymen, hängend, deutl. gestielt, am Grunde mit eingetrockneten Resten der Bltn.hülle, oben mit persistierenden, spreizenden Gr. und Narben; Beeren elliptisch oder tonnenf., zuw. seitl. etwas abgeflacht, kahl oder behaart *(A. chinénsis)*, olivgrün, grün oder rötl., 1,5–5 cm lang, Fr.haut dünn oder lederig; Beere saftig-fleischig, in viele, ebenmäßige Sektoren unterteilt (!), je Sektor mit zahlreichen, eif.–eif.-elliptischen 2–2,5 mm langen, dunkelbraunen Samen mit feinem Wabenmuster *(51/3)* . . . . **Actinídia** 51–1

– Beere nicht radiär gefächert **34**

34. Fr. 1–5samig, wenn mehrsamig, dann größer als 2 cm **37**

– Fr. vielsamig, unter 15 mm groß **35**

35. Fr. einzeln bl.achselst., ca. 1 cm lang gestielt, nickend und nach unten gerichtet; Beere kugelf., 8–12 mm ∅, weiß, oft rötl. überlaufen–dunkelpurpurn; K. persistierend, 5zählig, K.zipfel schmal-3eckig, 2–2,5 mm lang, der Fr. unten sternf. anliegend; Beere 5fächerig, Samen zahlreich, eif., 2seitig abgeflacht, 1 mm lang, hell- bis rotbraun, mit feingenetzter Oberfläche; Fr. oft den Winter über an der Pflanze bleibend (Wintersteher) . . . . . . **Pernéttya** 53–21

– Fr. zu mehreren in Ständen, rot, niemals weiß **36**

36. Fr. zu 1–3 an gestauchten, rosettig beblätterten Kurztrieben; 5–12 mm lang gestielt, eif.–elliptisch, selten fast rundl., 1–2,5 cm lang, scharlachrot, wachsartig glänzend; K. persistierend, zur Fr.reife noch grün, unregelmäßig 2–5zipfelig *(91/3)*; Samen rundl., flach, ca. 2 mm ∅, mit feinem Wabenmuster, durch die Fr.wand nicht hindurchscheinend; überreife Fr. kaum schrumpfend . . . . **Lýcium** 91–1

– Fr. ca. 1 cm lang gestielt in mehrfr. seitl. Wickeln; Beeren eif., 8–10 mm lang, 5–8 mm ∅, dunkelrot; K. persistierend *(91/2)*, zur Fr.reife absterbend; Samen durch die Fr.wand hindurchscheinend, rundl., 2 mm ∅, mit feinem Wabenmuster; Beeren überreif eintrocknend und schrumpfend . . . . . . **Solánum** 91–1

37 (34). Fr. (3–)5–10 mm lang gestielt in Dolden, kugelf.–elliptisch, (3–)5–11 mm ∅, dunkelgrün, rot oder blauschwarz, glatt und glänzend, an der Spitze mit kleiner aber deutl. Gr.ule *(101/4)*; Fr.fleisch saftig, Samen 1–3, kugelf. oder abgeflacht, mit deutl. Nabel . . . . **Smílax** 101–1

– Fr. nicht in Dolden **38**

38. Fr. mit persistierendem K. oder Bltn.hülle **41**

– Fr. ohne persistierenden K. bzw. Bltn.hülle, an der Spitze mit sitzender oder fast sitzender, kopfiger oder knopff. Narbe; Samen mit eingesenktem Nabel bzw. ± deutl. Kragen oder kleinem Wulst um den Nabel **39**

39. Fr. einzeln, in Büscheln oder Trauben an seitl. Kurztrieben (!), hängend, deutl. dünn gestielt; Fr. kugelf.–längl.-elliptisch *(19/12)*, kahl, rot, dunkelblau oder blauschwarz, glänzend oder bereift, am Grunde der Fr. mit Ulen der Bltn.hülle; Samen 1 bis wenige, längl.-eif.–elliptisch oder birnf., oft asymmetrisch, braun oder schwarzbraun, fein punktiert und glänzend . . . . . **Bérberis** 19–3

– Fr. in vielblt. Trauben oder Rispen, nicht jedoch an seitl. Kurztrieben **40**

40. Fr. 5–20 mm lang dünn gestielt in aufrechten oder spreizenden, den Achseln von Kn.schuppen entspringenden, 3–20 cm langen, kahlen Trauben oder Rispen; Beeren kugelf., eif. oder längl.-elliptisch, 7–10 mm lang, dunkelblau–blauschwarz, selten rot oder weißl., oft bereift, saftreich; Samen wenige, längl., 5–6 mm lang, glänzend-braun, unregelmäßig kantig, oft mit 2 flachen und einer konvexen Seite; Fr. beim Eintrocknen schrumpfend . . . . **Mahónia** 19–1

– Fr. in endst., aufrechten, reich verzweigten, 20–35 cm langen Rispen, kurz gestielt; Beeren kugelf. *(19/1)*, 6–8 mm ∅, leuchtendrot oder purpurn, selten weiß; Gr. persistierend, 1–1,5 mm lang, mit 3–4lappiger Narbe; Samen 2, unregelmäßig rundl., 3–4 mm lang, ein- oder beidseitig mit grubiger Vertiefung; Fr. ausgetrocknet nicht schrumpfend . . . . **Nándina** 19–1

41 (38). Fr. 2–5 mm lang gestielt, in endst., nickenden oder aufrechten, 2- bis 8zähligen Trauben oder Büscheln, Fr.stiele kahl oder behaart; Fr. eine beerenartige Steinfr., kugelf.–abgeflacht-kugelf., 5–10 mm ∅, glänzendrot, braun oder blauschwarz–schwarz, glänzend; Kbl. 5, am Grunde miteinander verwachsen, Zipfel dreieckig-rundl.–zugespitzt, 1–1,5 mm lang, der Fr. anliegend; Fr. 4- bis 10fächerig, meist mit 5 Steinkernen, diese fast nierenf., seitl. abgeflacht, 3–4 mm lang; Fr.fleisch saftig oder mehlig-fleischig . . . . **Arctostáphylos** 53–22

– Fr. und Frst. anders **42**

42. Fr. in Rispen oder rispenartigen Ständen **45**

– Fr. in Trauben oder bl.achselst. Büscheln oder einzeln **43**

43. Fr. einzeln bl.achselst. oder in achselst. Büscheln, wenn in Trauben, dann Fr. 5samig **50**

– Fr. in Trauben, Beeren 1–3samig **44**

44. Fr. 2–3 mm lang gestielt in endst., überhängenden Trauben; Beeren kugelf. oder rundl., 8–13 mm ∅, am Grunde mit scheibenf. Rest der Bltn.hülle, orangerot, Samen 1–2, kugelf. oder 1seitig abgeflacht, 3–6 mm ∅, gelbl.-weiß, hornartig, durchscheinend . . . . ***Dánaë*** 99–1

– Fr. 5–10 mm lang gestielt, in bl.achselst. oder endst., aufrechten Trauben zu 1–3; Beeren eif., 7–10 mm lang, kahl und glatt, dunkelrot–schwarz, mit 2 markanten, aufrechten, spitzenwärts gekrümmten Gr. *(29/5)*; K. zur Fr.reife grün, 4zählig, der Fr. anliegend; Fr.wand fleischig-lederig, Fr.fleisch weiß, gallertig, Samen 1–3, eif., 5–6 mm lang, schwarzbraun-glänzend, einseitig ± abgeflacht . . . . ***Sarcocócca*** 29–2

45 (42). Rispen spreizend oder hängend, den Zw. seitl. ansitzend . **48**

– Rispen stets am Zw.ende, aufrecht oder überhängend **46**

46. Fr. 8–10 mm lang gestielt, in 5–8 cm langen, aufrechten Rispen, eif. oder verkehrt-eif.–kugelf., 8–10 mm groß, leuchtendrot, am Grunde mit 1,5 mm langem, 3eckig gezipfeltem K.; beerenartige Steinfr. mit 2–4 weißen Steinkernen von 6–8 mm Länge . . . . ***Skímmia*** 78–5

– Fr. nicht rot **47**

47. Fr. 1–5 mm lang gestielt, Fr.stiele dick; in ca. 10 cm großen, gestreckten, reichverzw., lockeren Rispen oder Schirmrispen, Fr. kugelf., ca. 1 cm ∅, schwarz; Fr.fleisch der beerenähnl. Steinfr. eintrocknend, durch die 5 flachen Steinkerne dadurch ± 5rippig; Steinkerne mit dünner, hornartiger Schale, Samen eif.–elliptisch, 4–5 mm lang . . . . ***Phellodéndron*** 78–5

– Fr. kurz gestielt in ± dichten Rispen, fast kugelf. oder eif., selten elliptisch, 4–10 mm lang, blauschwarz und bereift oder schwarz-glänzend; K. glockenf., kahl oder behaart, ca. 1 mm groß; beerenartige Steinfr., saftig-fleischig oder mehlig, mit 1–4 dünnwandigen, 3–8 mm großen Steinkernen . ***Ligústrum*** 90–15

48 (45). Fr. 2–3 mm lang gestielt, Fr.stiele dick; Rispen meist breiter als lang, locker; Fr. fast kugelf.–abgeflacht-kugelf. oder birnf., 6–8 mm ∅, blauschwarz–schwarz, bereift (!), mit persistierendem kurzem Gr. oder heller, punktf. Gr.ule; am Grunde mit schalenf., ungleichmäßig gegliedertem, 5zähligem K.; Samen meist 2–3(–4), verkehrt-eif.–breit-eif., zugespitzt, 5 mm lang, mit 2 planen und 1 konvexen Seite, hier mit einem, durch eine Vertiefung umgrenzten, zentralen, rundl. Feld *(86/14)* . . .
Parthenocíssus 86–5

— Fr. nicht stark bereift, Samen mit anderer Markierung **49**

49. Fr. 3–8 mm lang gestielt, Stiele oft mit Korkwarzen, ± verdickt; Beeren elliptisch–kugelf., (5–)7–10(–20) mm lang, gelbgrün, blauviolett, schwarzpurpurn oder schwarz, oft etwas bereift, am Grunde mit tellerf., kleinem K.; Samen 2–4, meist deutl. birnf., mit schnabelartiger Basis, 5–8 mm lang, meist ungleich, mit einer flachen Bauch- und einer konvexen Rückenseite; Flachseite mit 2 deutl. Gruben oder Furchen, konvexe Seite mit abgesetzter, spatelf. Skulptur *(86/7)* . . . . ***Vítis*** 86–1

— Fr. 2–5 mm lang gestielt, Stiele nur mäßig dick, mit oder ohne Korkwarzen; in lockeren, deutl. gestielten Rispen; Beeren kugelf. oder breit kreiself., 6–8 mm ∅, weißl., gelbl., bläul., violett oder schwarz, glänzend (!), oft mit punktf. Warzen (!), am Grunde mit kleiner K.scheibe; Samen 1–2(–4), kugelf. oder breit verkehrt-eif., entweder mit je einer abgeflachten und einer konvexen Seite oder mit 2 flachen und einer konvexen Seite, glatt, konvexe Seite mit medianer, spatelf. Markierung *(86/11)* . . . . ***Ampelópsis*** 86–4

50 (43). Fr. einzeln bl.achselst., nach unten gerichtet, kurz gestielt–fast sitzend, kugelf. oder abgeflacht kugelf., 1–7 cm ∅, mit saftig-weichem Fr.fleisch, im Querschnitt mit 8strahlig-sternf. Muster, leicht bereift oder glänzend, gelbgrün oder orangefarben; K. groß, 4lappig *(57/1)*, bis zur Fr.reife grün (!); Samen 0–8, schief-eif., abgeflacht, 1–2 cm lang, braun . . . ***Diospýros*** 57–1

— K. bedeutend kleiner, Samen kleiner **51**

51. Fr. fast sitzend oder sehr kurz gestielt, einzeln bl.achselständig, kugelf., 5–8 mm ∅, schwarz-glänzend, am Grunde mit 2- bis 3teiligem K. *(54/1)*, Kbl. gerundet, 1 mm lang, der Fr. anliegend; beerenähnl. Steinfr. mit mehreren, keilf., abgeplatteten, 2 mm langen, dickwandigen, braunen Steinkernen . . ***Émpetrum*** 54–1

— Fr. anders **52**

52. Fr. kurz gestielt, zu 1–3 bl.achselst., fast kugelf., 4–6 mm ∅, oben mit kurzem, persistierendem Gr. und 2lappiger Narbe *(42/2)*, weiß, oft purpurn getönt; Samen 2, fast kugelf., glatt . . . . . ***Hymenanthéra*** 42–1

— Fr. nicht weiß, größer und mehrsamig **53**

53. Fr. einzeln oder zu wenigen, fast sitzend oder bis 15 mm lang gestielt, ± kugelf., 6–10 mm ∅, rot, selten schwarz, am Grunde mit 4–8teiligem K., oben mit knopfiger, 4teiliger Narbe *(82/3)*; beerenähnl. Steinfr. mit 2–8 holzigen, längl.-eif., ± 3kantigen, 4–7 mm langen, glatten, längsgerippten oder genetzten Steinkernen; Fr.fleisch saftig- bis mehlig-fleischig . . . . ***Ílex*** 82–1

— Fr. zu 2–5(–18), selten einzeln, in Dolden, Trauben oder Büscheln, Fr.stiel kürzer oder länger als die Frucht; Frkn. frei im

Bltn.becher, 2–4fächerig; Fr. eine beerenähnl. Steinfr., kugelf., kreiself. oder rundl.-eif., 5–10 mm ∅, meist schwarz oder schwarzviolett (unreif grün oder rot), kahl, glänzend, am Grunde mit tellerf., persistierendem Rest des Bltn.bechers (!) *(85/5)*, oben mit persistierendem Gr. oder Gr.rest; Steinkerne 2–4, eif., glatt, ± abgeflacht, oft 2kantig, zuw. gekielt und schmal gefurcht, 2–6 mm lang; Fr.fleisch saftig-fleischig . . ***Rhámnus*** 85–2

Gruppe XVII
Nüsse

1. Bltn.hülle bleibend, mit der Nuß abfallend **23**
– Bltn.hülle hinfällig oder nur der K. persistierend **2**
2. Fr. nur 1–2 mm lang, stets 1samig, aus einem unterst. Frkn. hervorgegangen (Achäne), mit oder ohne Haarkranz (Pappus) . **6**
– Fr. größer, wenn nur 1–2 mm groß, dann geflügelt und nicht zylindrisch **3**
3. Fr. nicht vom persistierenden K. gekrönt, wenn K. persistierend, dann nicht einem unterst. Frkn. aufsitzend **8**
– Fr. aus einem unterst. Frkn. hervorgehend, von einem persistierenden K. gekrönt **4**
4. Fr. sitzend, in 5–7 cm breiten, wenig verzw., thyrsisch-rispigen Ständen, die aus 1–1,5 cm lang gestielten, 2bltg. Teilständen aufgebaut sind; Fr. elliptisch-eif., 7–10 mm lang, dicht mit ca. 2 mm langen Borstenhaaren besetzt und mit 2–3 kleinen Hochbl. versehen, in einen ca. 3 mm langen Schnabel verjüngt, der von einem ca. 3 mm langen K. mit pfrieml., spreizenden Zipfeln gekrönt ist; benachbarte Fr. schief seitl. am Grunde miteinander verwachsen; Fr. 3fächerig, nur 1 Fach fertil . . . . . . ***Kolkwítzia*** 97–28
– Fr. nicht borstig behaart, benachbarte Fr. nicht verwachsen . . . **5**
5. Fr. 0,5–2 cm lang gestielt, in 2bltg., 3–8 cm lang gestielten, aufrechten Ständen am Ende bebl. Kriechsprosse; Fr. eif., 3 mm lang, kurz behaart, am Grunde von einem 2wirteligen, 4bl. Hochbl.paar umgeben; ein Hochbl.paar etwa so lang wie die Fr., dicht drüsig behaart und die Fr. fast ganz einhüllend, das zweite Bl.paar wesentl. kleiner und schmaler. Fr. von einem 5zähligen, pfrieml., 3 mm langen K. gekrönt . . . . ***Linnǽa*** 97–31
– Fr. einzeln bl.achselst. oder in thyrsisch-rispigen Ständen an jungen Seitensprossen, 1–5 mm lang gestielt; Fr. schmal zylindrisch, oben verjüngt, 1 cm lang, vom persistierenden K. gekrönt; Kbl. fast laubbl.artig, 8–20 mm lang, eif.–lanzettl., entweder 2 oder 2–5 (an der gleichen Pflanze) . . . . . ***Abélia*** 97–30

6 (2). Fr. 1 mm lang, mit einem 8 mm langen, seidigen Haarkranz *(98/2)*. Fr. in 4–6 mm langen und 5 mm breiten Köpfen, diese zu großen bebl. Rispen vereint . . . . ***Báccharis*** 98–1
– Fr. ohne Haarkranz **7**
7. Fr. fast zylindrisch, 4–5kantig, 1–2 mm lang, fein längsrillig, in wenigbltg., 2–8 mm breiten Köpfen *(98/9)*, die zu reichverzw., bebl. Rispen, Trauben oder Köpfen angeordnet sind . . . . . ***Artemísia*** 98–2
– Fr. ± abgeflacht, 3–4kantig *(98/3)*, 1–2 mm lang, in 1–2 cm breiten, einzeln stehenden, sehr lang gestielten Köpfen . . . . . ***Santolína*** 98–2
8 (3). Fr. geflügelt oder Fr. ungeflügelt, aber einem geflügelten Frst. oder Hochbl.komplex fest anhaftend und mit ihm verbreitet **29**
– Fr. oder Frst. ungeflügelt **9**
9. Fr. ± vollständig von einem verholzten oder stachelig bewehrten Fr.becher (Cupula) umhüllt **25**
– Fr. frei oder nur am Grunde von einem Fr.becher umgeben; wenn ganz in einer Hülle geborgen, dann diese nicht verholzt oder stachelig bewehrt **10**
10. Fr. vollkommen von einer oben fast geschlossenen, niemals jedoch verholzten, stachelig bewehrten oder fädigen Hülle umschlossen **27**
– Fr. frei oder nur am Grunde von einem Fr.becher, einer fädigen Hülle oder oben weit geöffnetem Hochbl.becher umgeben . . . **11**
11. Fr. in einem ± langen, oben stets weit offenen Fr.becher oder Hochbl.tüte sitzend, jedoch nicht von fädigen Hochbl. eingehüllt **28**
– Fr. stets ohne Hochbl.becher oder sie umgebenden, fädigen Hochbl. **12**
12. Fr. pergamentartig dünnwandig, blasig vergrößert, 3,5–8 cm lang, bis 3 cm dick, silbrig, oft rötl.–purpurn überlaufen, mit mehreren Samen; Samen rundl.–breit nierenf., abgeflacht, 3–4 mm lang . . . . ***Colútea*** 70–15
– Fr. anders geformt **13**
13. Fr. 3–8 cm lang, zw. den Samen stark eingeschnürt, perlschnurartig, lederig-fleischig (1–)mehrsamig, braungelb–rötl. oder grün–violettgrün; Samen elliptisch–breit längl.-eif., 4–7 mm groß . . . . ***Sophóra*** 70–4
– Fr. nicht perlschnurartig **14**
14. Fr. in aufrechten, 5–15 cm langen, endst. Trauben, längl.-eif.–zylindrisch, seitl. abgeflacht, 4–9 mm lang, zu ¼–½ vom persistierenden K. eingehüllt; Fr.wand lederig, drüsig-runzelig (!); Fr. 1samig, Samen längl.-nierenf.–walzenf., 2–5 mm lang . . . . . ***Amórpha*** 70–13
– Fr. nicht drüsig-runzelig **15**

15. Fr. in 3–20 cm langen, bl.achselst. Trauben, verkehrt-eif.–breit-elliptisch, 5–13 mm lang, 4–7 mm breit, stark abgeflacht, durch den persistierenden Gr. geschnäbelt, Oberfläche genetzt, angedrückt weiß behaart; Samen 1, nierenf., ca. 3 mm lang . . . . . . **Lespedéza** 70–19

– Fr. mit anderen Merkmalen **16**

16. Fr. sitzend oder fast sitzend, einzeln endst. oder zu wenigen an einer bis 10 cm langen, hängenden Traube (deren andere Bltn. abgefallen sind), riemenf., stark abgeflacht *(69/1)*, 12–40 cm lang, 2–3 cm breit, sichel- bis säbelf. gebogen und ± tordiert, derb lederig, mit 2–4 cm langem, einen Stiel vortäuschenden Gynophor, rotbraun–dunkelbraun; Samen 8–25, breit-eif., 6–9 mm lang, abgeflacht . . . . **Gledítsia** 69–1

– Fr. kleiner **17**

17. Fr. in reichbltg., end- oder seitenst. Zymen, kugelig, 3fächerig, 7–8 mm ∅; Fr.wand hart-lederig, kahl; Fr.stiele dünn, Frst.achsen tordiert, verdickt und ± fleischig werdend (!) *(85/9)*; Samen eif.–rundl.-eif., 4–5 mm groß, abgeflacht, 3kantig, dunkelbraun-glänzend, in der trockenen Fr. klappernd . . **Hovénia** 85–5

– Frst.achsen nicht fleischig-verdickt, Fr. anders **18**

18. Fr. in endst. Thyrsen, 1,5–3 cm lang gestielt, aufrecht, kugelig–breit-eif., 7–8 mm groß, unreif rot, später schwarzpurpurn; K. persistierend, 5zipfelig *(39/2)*, Kbl. eif., ca. 1 cm lang, spreizend oder zurückgeschlagen; Gr. 3, fädig, persistierend, 5–6 mm lang; Fr.wand lederig-fleischig–lederig; Fr. 1fächerig, vielsamig; Samen längl.-walzl., ca. 1 mm lang, braun . . . . **Hypericum androsaēmum** 39–1

– Fr. anders gestaltet **19**

19. Fr. sitzend, in kugeligen–eif., 8–25 mm großen, sitzenden Köpfen, einem Klettenfrst. ähnelnd; Nuß eif., 3–5 mm lang, glänzend olivbraun, am Grunde von 8 fädigen Hochbl. umgeben, diese die Fr. 3–5 mm lang überragend . . . . **Comptónia** 35–2

– Fr. nicht von fädigen Hochbl. umgeben; Frst. nicht klettenartig . **20**

20. Fr. 1–2 cm lang dünn gestielt, in reichverzw., 10–20 cm langen, endst. Rispen; Fr.stiel flaumig und locker behaart, auch Stiele der sterilen (und abgefallenen) Bltn. bleibend und flaumig; Fr. schief verkehrt-eif.–asymmetrisch nierenf., ± abgeflacht, 3–5 mm lang, mit genetzter Oberfläche. Nußartige Steinfr., bei der die äußere Fr.wand dünn ist und sich nicht vom festeren Steinkern löst; Fr. 1samig . . . . **Cótinus** 75–1

– Fr.stiele nie flaumig behaart, Fr. anders gestaltet **21**

21. Fr. einzeln bl.achselst., sitzend oder kurz gestielt, schief-eif. oder schief-herzf., kahl oder schwach behaart, 4–5 mm groß, aus einem oberst. Frkn. hervorgehend; am Grunde mit eingetrocknetem K.; Fr. mit 2 schwach erhabenen Längskanten und Netzmuster *(33/11)*. Nußähnl. Steinfr. mit dünner, äußerer eingetrockneter Fr.wand, die fest mit dem harten, 1samigen Steinkern verbunden bleibt . . . . **Zélkova** 33–5

– Fr. und Frst. anders gestaltet **22**

22. Fr. sitzend in seitenst., 1–1,5 cm langen, zylindrischen Ähren; Ährenachse verholzt; Fr. 2–3 mm lang, am Grunde seitl. mit 2 persistierenden Vorbl. verwachsen, 3eckig-spitz; Fr. mit gelbl., rundl. Drüsen bekleidet *(35/1)*. Nußartige Steinfr. mit eif., abgeflachtem, 2kantigem, hartem, 2 mm langem Steinkern und eingetrocknetem, mit dem Steinkern fest verbunden bleibender äußerer Fr.wand . . . . **Myríca gále** 35–1

– Fr. fast sitzend in 12–25 cm langen, hängenden, behaarten Rispen; Fr. dicht gelbl.-silbern borstenhaarig *(55/3)*, verkehrteif.–keulenf., ca. 1 cm lang, mit 10 schmalen Längsrippen (Lupe!); K. 5zählig, persistierend, 1 mm lang; Gr. persistierend, fädig, 7–10 mm lang. Nußähnl. Steinfr. mit dünner, korkiger äußerer Fr.wand, die fest mit dem Steinkern verbunden bleibt; Steinkern 6 mm lang, 2fächerig; Fr. 1–2samig . . . . **Pteróstyrax híspida** 55–2

23 (1). Fr. in achsel- oder endst. Trauben; Fr.stiele dickl., Bltn.hülle 5zählig, ihre Teile fast gleich lang, zu ⅓–½ miteinander verwachsen *(20/4)*, im unteren Teil zur Fr.reife mitunter etwas fleischig werdend; Nuß eif., 2–3 mm lang, so lang oder länger als die Zipfel der Bltn.hülle . . . . **Muehlenbéckia** 20–2

– Bltn.hüllbl. ungleich lang, Fr.stiele fädig-dünn **24**

24. Fr. in aufrechten Trauben, hängend; Bltn.hülle 4- bis 5zählig, äußere Bltn.hüllbl. kleiner als innere und zurückgeschlagen, bis zum Grunde frei, die 2 oder 3 inneren, geraden die Fr. bergend *(20/1)*; Nuß eif., 4 mm lang, 2- oder 3kantig, glänzend-braun, die Kanten fast flügelartig ausgezogen . . . . . . **Atrapháxis** 20–1

– Fr. in großen, reichverzw. Rispen; Bltn.hülle 5zählig, dünnhäutig, allmähl. in den Fr.stiel auslaufend; die 3 äußeren Bltn.hüllbl. die Nuß überragend, deutl. geflügelt und viel größer als die 2 inneren, ungeflügelten *(20/3)*; Nuß 3kantig geflügelt, 5 mm lang; Flügel stumpf und dick . . . . **Polýgonum** 20–2

25 (9). Fr. meist (1–)2–3(–5), sitzend, in einem stachelig-bewehrten, sitzenden, 2,5–10 cm breiten, rundl. oder abgeflachten Fr.becher *(30/2)*; Cupulae zu 1–3 achselst. am Zw.ende; Fr. eif.–kugelf., meist etwas zugespitzt, 1–3 cm groß, mit lederiger, dunkelbrauner Fr.wand, oft einseitig abgeflacht, am Grunde mit großer, rundl. Ule, oben mit persistierenden Gr.ästen bzw. mit 5–8 Narben . . . . **Castánea** 30–1

– Fr.becher nicht stachelig bewehrt **26**

26. Fr. zu 2 in einer stark verholzten, 4teiligen Cupula sitzend, die außen mit 1–6 mm langen fädigen oder linealisch-bl.artigen Bildungen versehen ist und ± dicht behaart ist *(30/6)*. Cupulae einzeln bl.achselst., 3–70 mm lang gestielt, an jungen Zw., die Nüsse ganz bergend, 6–25 mm lang; Nüsse 3kantig, eif. oder längl.-eif., 1–2 cm lang, die Kanten zuw. fast flügelartig verschmälert, kahl oder kurz behaart; Cupula zur Reife 4klappig spreizend oder die Klappen ± stark zurückgebogen . ***Fágus*** 30–2

– Fr. zu (1–)3 in einer ca. 1 mm lang gestielten, verholzten, eif., 6–7 mm langen Cupula geborgen; Cupulae einzeln bl.achselst. an seitl. Zw., bis zum Grunde 4teilig, jeder Teil mit einer Längsreihe sich dachziegelartig deckender, bewimperter Schuppen bedeckt *(30/8)*; Cupulaklappen zur Reife spreizend; Nüsse eif., 3–4 mm lang, in einer Reihe stehend, die beiden äußeren 3kantig, mit 1 mm breitem Längsflügelsaum, die mittlere angeplattet, 2flügelig; Nüsse 1samig . . . . ***Nothofágus*** 30–4

27 (10). Fr. sitzend, einzeln oder zu 2–3(–5) in bis zu 2 cm lang gestielten Ständen am Zw.ende. Nuß stark verholzt, mit dicker, spröder Wand, von einer röhrenf., den Fr.körper weit überragenden, 1,5–4 cm langen Hochbl.hülle geborgen *(31/30, 31/31)*; Röhre dicht und fein, z.T. borstig behaart, am Ende stark verschmälert, die Nuß auch zur Reife nicht entlassend; Nuß eif.–breit-eif., 12–18 mm lang, am Grunde mit großer, heller Ule . . ***Córylus cornúta*** u. ***sieboldiána*** 31–14

– Fr. sitzend oder fast sitzend in hängenden, endst., 1–2 cm lang gestielten, 5–6 cm langen, ährenartigen Ständen an Seitensprossen; Nuß eif.–längl.-eif. oder spindelf., 5–8 mm lang; Bltn.hülle fest mit der Fr.wand verwachsen, die Fr. oben ringf. krönend; Nuß von einer 15–25 mm langen, längl.-eif., blasigsackartigen, pergamentenen Hülle umgeben *(31/26)* und am Grunde fest mit ihr verbunden; Nuß 1samig . . . . ***Óstrya*** 31–11

28 (11). Fr. sitzend, zu ⅓–½, selten bis zu ¾ ihrer Länge von einer runden, napf-, teller- oder becherf. Cupula umgeben *(30/32, 30/38)*; Fr. einzeln stehend oder zu mehreren in sitzenden oder gestielten Ständen in den Bl.achseln junger Sprosse, bei einigen Arten erst im 2. Jahr reifend und daher an 2jährigen Sprossen stehend; Cupulae außen mit sich dachziegelartig deckenden Schuppen bekleidet; Schuppen klein, fädig verlängert, mit flachen, linealischen Fortsätzen versehen oder zu konzentrischen Ringen miteinander verwachsen; Nuß kugelf., eif., längl. oder zylindrisch, 1–3,5 cm lang, zugespitzt oder verschmälert, unten mit großer, kreisf. Ule; Fr.wand derb lederig-verholzt . . . ***Quércus*** 30–5

– Fr. sitzend, einzeln oder zu 2–3(–8) in unterschiedl. lang gestielten, köpfchenartigen–kugeligen Ständen am Zw.ende; Nuß stark verholzt, mit spröder, dicker Wand, von einer vielgestaltigen, oben zerschlitzten, gesägten oder schlauchartigen Hochbl.hülle umgeben *(31/29)*, diese so lang oder viel länger als die Nuß, oft drüsig; Nuß eif., stumpf-kegelf. oder fast kugelig, oben meist seitl. abgeflacht, 1,5–2 cm lang, am Grunde mit großer, heller Ule, 1- bis 2samig . . . . ***Córylus*** 31–12

29 (8). Nuß ungeflügelt, aber einem geflügelten Frst. oder Hochbl.komplex fest anhaftend **36**

– Fr. geflügelt **30**

30. Fr. ringsum geflügelt, Nuß daher ± scheibenf. **39**

– Fr. anders geflügelt **31**

31. Fr. mit 2 seitl., mitunter nur schmalen Flügeln **37**

– Fr. anders gestaltet **32**

32. Fr. mit 2–4 Längsflügeln **34**

– Fr. nur an einem Ende oder an einer Seite geflügelt **33**

33. Fr. 2 mm lang gestielt, zu 1–4 in der Achsel von Bl. und Kn.schuppen; Nuß asymmetrisch, schief-eif., stark abgeflacht, 6 mm lang, vor allem im oberen Teil einseitig kammartig, dünn geflügelt *(33/10)*; Samenkörper ± nierenf. . . . . ***Hemiptélea*** 33–5

– Fr. dünn gestielt, hängend, in end- oder seitenst. Rispen; Nuß längl.-eif., längl.-elliptisch oder lanzettl., ± stark abgeflacht, einendig geflügelt, Flügel am Ende gerundet oder ausgerandet; Fr. (1–)2,5–4,5 cm lang, ± längsstreifig; Samen basal, längl.-walzl.–abgeflacht, ca. 1 cm lang . . . . ***Fráxinus*** 90–5

34 (32). Fr. in 2–6bltg., achselst. Büscheln, 1,5–2 cm lang gestielt, aus einem unterst. Frkn. hervorgehend; Flügel fest, Fr. verkehrt-eif., 2–5 cm lang, 2flügelig *(H. díptera)* oder 4flügelig *(55/2)* (*H. carolína* u. *montícola*); Gr. bleibend, pfriemf., starr, 5 mm lang. Nußartige Steinfr. mit korkiger äußerer Fr.wand, die sich nicht vom dicken, 2–4fächerigen Steinkern löst; Fr. 1–4samig . . . ***Halésia*** 55–1

– Fr. mit 5 schmalen Längsflügeln oder Flügel dünn **35**

35. Fr. in 8–12 cm langen Rispen, sehr kurz gestielt, verkehrt-eif., 8–12 mm lang, mit 5 schmalen Längsflügeln; kurz sternhaarig-filzig; Gr. persistierend oder als Rest vorhanden, pfriemf., 2–3 mm lang. Nußartige Steinfr. mit dünner, sich nicht ablösender äußerer Fr.wand . . . . ***Pteróstyrax corymbósa*** 55–2

– Fr. 5–8 mm lang dünn gestielt, in endst., bis 20 cm langen, reichverzweigten, aufrechten oder überhängenden Rispen; Nuß aus einem oberst. Frkn. hervorgehend, schief-elliptisch, 1,2–1,8 cm lang, grünl.-weiß oder hellbraun, mit 3 dünnen, pergamentartigen, bis 10 mm breiten, fein quergestreiften Längsflügeln; Flügel am Grunde geöhrt und schwach propellerartig gedreht *(83/12);* Nuß 1samig, Samen 6–7 mm lang, 3kantig, schwarzbraun . . . . **Tripterýglum** 83–6

36 (29). Frst. hängend, lang gestielt; Frst.achse mit markantem, im unteren Teil mit der Frst.achse verwachsenem, im oberen Teil freiem und spreizendem, 5–10 cm langem, 1–2 cm breitem, pergamentartigem Flügel *(47/7)*; Nuß deutl. gestielt, eif.–elliptisch, 5–15 mm lang, stark verholzt, meist kurzfilzig, ± deutl. 5rippig oder 5kantig; 1–3samig . . . . **Tília** 47–1

– Fr. sitzend oder fast sitzend, zu mehreren in 1 bis 4 cm lang gestielten, endst., bis 15 cm langen, ährenartigen Ständen an Seitensprossen. Nuß eif., ± abgeflacht, 3–10 mm lang, glatt, mit der persistierenden, 6–10zähnigen Bltn.hülle verwachsen, die die Fr. krönt, dadurch längsrippig erscheinend; Nuß am Grunde mit einem planen oder muschelf. Hochbl.komplex (Tragbl. und Vorbl. sind miteinander verwachsen) verbunden und sich mit ihm von der Frst.achse lösend *(31/21, 31/22)*; Flügel stets viel größer als die Nuß; Fr. 1samig . . . . **Cárpinus** 31–10

37 (31). Fr. sitzend, in 20–40 cm langen, hängenden, endst., vielbltg. Ähren; Fr.körper ± kegelf., ca. 1 cm lang, mit der Bltn.hülle verwachsen; Narben persistierend, 1–2 mm lang, um sie herum 4 kurze, oft ungleich große Bltn.hüllzipfel; Fr. am Grunde mit 2 seitl., 1–2 cm langen, 6–15 mm breiten, starren, lederigholzigen Flügeln mit netzig-längsstreifigem Muster verwachsen *(36/1)*; Flügel halb-herzf.–längl.-lanzettl. oder rhombisch; Nuß 1samig . . . . **Pterocárya** 36–1

– Fr. und Flügel kleiner und zierlicher **38**

38. Fr. sitzend in verholzten, vielschuppigen, ovalen oder elliptischen, 1–2,5 cm langen, zapfenartigen Ständen; Zapfen zu mehreren beieinander, sitzend oder gestielt *(31/7)*; Zapfenschuppen spiralig stehend, am Ende schwach 5lappig (Lupe!), beim Austrocknen klaffend; je Schuppe 2 abgeflachte, dickl., 2–5 mm lange Fr., die mit seitl., bis 1 mm breiten Flügeln versehen sind; Fr. 1samig, mit 2 persistierenden, fädigen Gr. **Álnus** 31–1

– Fr. sitzend in 0,5–3(–6) cm langen, sitzenden oder gestielten, zylindrischen oder eif., selten fast kugeligen, aufrechten oder hängenden, kätzchenartigen Ständen von 5–20 mm ∅ *(31/11)*; in der Achsel einer meist 3teiligen Schuppe mit vergrößertem Mittellappen *(31/9, 12)* je 3 Fr.; Schuppen sich von der Frst.spindel lösend und mit den Fr. abfallend; Nüsse 1samig, eif.–elliptisch, abgeflacht, mit 2 deutl. Narbenresten, ohne Flügel 1,5–3 mm groß, Flügel sehr dünn, bis 2,5 mm breit . . . . . **Bétula** 31–5

39 (30). Fr. aufrecht, 10–15 mm lang dünn gestielt, Fr.stiel abgewinkelt; Fr. in der Längsachse scheibenf. abgeflacht, 2–3,5 cm breit, hart-lederig–hart-verholzt; Flügel konzentrisch gestreift; Fr. oben mit 3 verholzten Narbenresten *(85/1)*; Nuß 2–3fächerig, je Fach 1 rundl.-eif., 3–4 mm großer Samen, in der Fr. klappernd . . . . ***Paliúrus*** 85–1

– Fr. parallel zur Längsachse abgeflacht, Flügel nur schwach verholzt **40**

40. Fr. kreisrund–eif. **43**

– Fr. längl. **41**

41. Fr. in 10–20 cm großen, endst. Rispen, 5–10 mm lang dünn gestielt; Frbl. frei, sitzend, oft auf 1 reduziert; Nuß bzw. Nüßchen längl.–schmal elliptisch, 3,5–5 cm lang, 10–15 mm breit, abgeflacht, Flügel dünn, pergamentartig, Samenkörper im Zentrum, Flügel in Höhe des Samens einseitig eingekerbt, am Oberende gedreht *(76/2)*; Fr. lange am Baum bleibend . . . ***Ailánthus*** 76–1

– Fr. anders gestaltet **42**

42. Fr. 8–10 mm lang gestielt, rosettig an Kurztrieben stehend, Frbl. zu 8–20 *(24/2)*, ganz frei, einen Frst. vortäuschend; Nüßch. am Grunde keilf. verschmälert–gestielt, oben breit asymmetrisch geflügelt, 1–2 cm lang *(24/3)*; Frch. meist 1samig, Samen im Zentrum . . . . ***Euptélea*** 24–1

– Fr. 5–7 mm lang gestielt, einzeln bl.achselst., hängend; Nuß längl.-elliptisch, besonders am Grunde asymmetrisch *(32/2)*, 3 cm lang, 1 cm breit, braun, schwach glänzend; Samen zentral; Flügel an der Spitze V-förmig eingekerbt (Narbe!); Nuß dick lederig, beim Zerbrechen weiße Fäden ziehend (Guttapercha) . ***Eucómmia*** 32–1

43 (40). Fr. 1samig, fast sitzend oder bis 3,5 cm lang dünn gestielt, hängend, an seitl. Kurztrieben, den Achseln von Kn.schuppen entspringend; Fr. eif., breit-elliptisch oder kreisf., 1–2,5 cm groß, stark abgeflacht und breit geflügelt; Flügel pergamentartig, sehr dünn, kahl oder bewimpert, oben mit V-förmiger Narbenkerbe *(33/3, 5)*; Samenkörper zentral oder nach oben verschoben und die Narbenkerbe erreichend . . . . ***Úlmus*** 33–1

– Fr. 2–4samig, in Trauben oder Rispen **44**

44. Fr. 1–4 mm lang fädig gestielt, in kleinen, seitenst. Trauben oder 3–5 cm langen, endst. Rispen; Nuß eif.–kreisf. oder elliptisch, 6–8 mm lang, stark abgeflacht, grün–rotbraun; Gr. persistierend, dünn, 1,5 mm lang; K. persistierend, 4teilig, 0,5–1 mm lang mit pfrieml. Zipfeln; Flügel dünnhäutig, Nuß 2fächerig, je Fach mit 2 längl., 1,5–3 mm langen, dunkelbraunen Samen . . ***Fontanésia*** 90–3

— Fr. größer, 2samig **45**

45. Fr. hängend, 2–3 mm lang gestielt, in seitenst., wenigbltg., 2–5 cm langen, aufrechten Trauben an vorj. Zw.; Nuß kreisf. oder rundl.-herzf., 2–2,5 cm breit, oben ausgerandet oder kerbig eingeschnitten, hellbraun; Fr. unten sehr kurz stielartig verschmälert, 2fächerig, je Fach 1 Samen . . . . . . ***Abeliophýllum*** 90–5

— Fr. hängend, 1–1,5 cm lang dünn gestielt, in endst., 4–10 cm breiten, überhängenden Rispen; Nuß stark abgeflacht, breit-eif., fast herzf. oder nahezu kreisrund, 2–2,5 cm ∅, hellbraun, netzig geadert; Flügel pergamentartig, fest; Nuß 2fächerig, je Fach 1 längl., schwarzer, 6 mm langer Samen mit feinem Punktmuster; Fr. lange am Strauch hängend . . . . ***Ptélea*** 78–4

Gruppe XVIII
Steinfrüchte

1. Fr. und Fr.stiel mit Schildhaaren **15**

— Fr. und Fr.stiel ohne Schildhaare **2**

2. „Fr." 3–5 cm lang gestielt an bebl. Kurztrieben, zu 1–2, kugelf.–rundl.-eif., ca. 2,5 cm ∅, am Grunde einem kleinen Wulst aufsitzend *(1/2)*. „Fr." ist ein steinfr.ähnlicher Same mit saftig-fleischiger, orangegelber, ranzig duftender äußerer Samenschale und stark verholzter, gelbl.-weißer, glatter, kernartiger innerer Samenschale von 2–2,5 cm Länge, 2kantig (selten 3kantig) . . . . ***Gínkgo*** 1–1

— Fr. nicht unangenehm nach Buttersäure duftend **3**

3. Fr. unterschiedl. gestaltet, wenn pflaumenähnl., dann nicht harzig-aromatisch duftend **5**

— Fr. pflaumenähnl., harzig-aromatisch duftend **4**

4. „Fr." zu 1–2 an einem 1–2 cm lang gestielten, mit verwachsenen Schuppenbl. umgebenem Kopf ansitzend *(6/2)*; „Fr." ist ein steinfr.ähnlicher, 2–3 cm langer, bis 1,5 cm breiter Samen mit grüner, zuletzt purpurn getönter fleischiger äußerer Samenschale und stark verholzter, mitunter leicht abgeflachter, mit 2 kleinen Längskanten versehener innerer Samenschale. Äußere Samenschale zur Reife eintrocknend und Längsstreifen bildend, sich nicht ablösend; Samen im 2. Jahr reifend . . . . ***Cephalotáxus*** 6–1

— „Fr." meist zu mehreren, ± dicht beieinander, sitzend, am Grunde mit 2–3 dem Samen anliegenden, kreuzgegenst. Schuppenbl.paaren *(8/1)*; „Fr." ist ein steinfr.ähnl., verholzter, 2–4 cm langer, 1,5–2,5 cm dicker, eif.–längl.-eif. Samen, den ein Samenmantel völlig umhüllt und nur an der Spitze eine kleine Öffnung (Lupe!) frei läßt; Samenmantel mehlig-fleischig, 3–4 mm dick, grün mit purpurnen Flecken bzw. rötlicher Tönung oder fast rotbraun, zur Reife vom Grunde her aufplatzend und mit dem Samen abfallend; Samenreife im 2. Jahr . . . . ***Torrēya*** 8–1

5 (3). Fr. fast sitzend, zu 1–3 auf der Spreite eines Laubbl.; Steinfr. 3–4fächerig, rundl., 6–7 mm ∅, schwarz-glänzend, mit 1–4 längl., 5–6 mm langen, netzig-gemusterten Steinkernen . . . . ***Helwíngia*** 63–5

– Fr. nicht auf der Spreite eines Laubbl. sitzend **6**

6. Fr. in 5–10 cm langen, bl.achselst. 2–3früchtigen Trauben, 2,5–4 cm lang gestielt, Fr.stiel nahe der Fr. kragenartig erweitert *(13/5)* und fleischig verdickt (!), leuchtendrot; Steinfr. eif.–olivenf., 1–1,5 cm lang, blauschwarz, bereift, Fr.fleisch dünn, Steinkern ca. 1 cm groß, dünn aber festschalig, einsamig . . . . . ***Sássafras*** 13–2

– Fr.stiel nicht verdickt und rot **7**

7. Fr. sitzend, an seitenst., wenigfr., ca. 1 cm langen Ähren, die vorj. Zw. ansitzen, kugelf., 3–5 mm ∅, warzig, dunkel aber dicht mit Wachsabscheidungen bedeckt *(35/3)*, dadurch weiß (!); äußere Fr.schicht sich als Kügelchen ablösend; Steinkern verholzt, 2–4 mm groß, warzig, 1samig . . . . ***Myríca cerífera*** u. ***pensylvánica*** 35–1

– Steinfr. nicht mit weißer, granulierter Außenwand **8**

8. Fr. sitzend, an seitenst., 1–1,5 cm langen, zylindrischen, sitzenden Ähren, die vorj. Zw. ansitzen; Ährenachse verholzt; Steinfr. 2–3 mm lang, am Grunde seitl. mit 2 persistierenden Vorbl., die basal mit der Fr. verwachsen, im oberen Teil 3eckig-spitz sind und spreizen *(35/1)*; Fr. mit gelbl. Drüsen besetzt (!), die beiden Narben eingetrocknet persistierend; Steinkern eif., abgeflacht, 2kantig, 2 mm lang, sehr hart, von einer ausgetrockneten, mehlig-fleischigen Außenschicht umgeben . . . . . ***Myríca gále*** 35–1

– Fr. ohne gelbl. Drüsen **9**

9. Fr. endst. an seitl. Kurztrieben, 4–6 cm lang gestielt hängend; Fr.stiel unmittelbar unterhalb der Fr. markant verdickt und warzig; Steinfr. tonnenf. *(62/2)*, 3–3,5 cm lang, 2,5–3 cm breit, olivgrün, mit schwachen, stumpfen Längsrippen, sonnenseits rötl.braun, durch Korkwarzen rauh, an der Spitze leicht eingedellt und mit 1–2 mm langem Gr.rest; Fr.fleisch 4–6 mm dick, eintrocknend, lederig-fleischig, sich nicht vom Steinkern lösend; Steinkern dick verholzt, 2,5–3 cm lang, bis 18 mm dick, unregelmäßig längsfurchig, mit (1–)3–5 Samen . . . . . ***Davídia*** 62–1

– Fr. anders **10**

10. Fr. ca. 1 cm lang gestielt, zu wenigen an seitenst., 3–5 mm lang gestielten Frst.achsen; Fr.stiel dick, fast verholzt; Fr. ± kugelf., ca. 1,5 cm ∅, gelb oder rötl.braun, mit kleinen Korkwarzen; Mesokarp zur Reife unregelmäßig in 5–6 Teile aufspaltend und den gelbbraunen Steinkern exponierend . ***Líndera praēcox*** 13–1

– Fr. nicht in dieser Art aufspaltend **11**

11. Fr. sitzend in endst., in 2–10bltg. Ähren, eif., verkehrt-eif. oder elliptisch, 2–6 cm lang, glatt oder mit 4 Flügelkanten *(36/4)*; Gr. meist persistierend, mit dicker, wulstiger, 2lappiger Narbe; Mesokarp dick-lederig, grün bis braun, sich zur Reife ± regelmäßig in 4 Teile aufspaltend und ablösend; Steinkern glatt oder runzelig, oft 2- oder 4kantig, 2–5 cm lang, eif. oder abgeflacht-eif.–elliptisch, durch den persistierenden, verholzten (!) Gr. (mit Narbe) meist zugespitzt; Steinkern 1samig, am Grunde 4fächerig, oben 2fächerig, Embryo gefurcht und gelappt . . ***Cárya*** 36–4

– Fr. anders, Mesokarp nicht ± regelmäßig 4teilig aufspaltend . . **12**

12. Fr. in endst., wenig- bis reichfrüchtigen Ähren oder Trauben, selten einzeln, sitzend oder sehr kurz gestielt, kugelf., eif. oder längl.-eif. *(36/3)*, 1,5–8 cm lang, Fr.wand kahl und glatt oder drüsig behaart; Mesokarp meist dick lederig-fleischig, eintrocknend oder verfaulend; Steinkern mit runzeliger, ± scharf gerippter, selten fast glatter Oberfläche, eif.–elliptisch, ± lang zugespitzt oder beidendig gerundet, 1,5–7 cm lang, hartwandig, 1samig, innen mit unvollständiger Fächerung, Embryo stark gefurcht und gelappt . . . . ***Júglans*** 36–2

– Fr. anders gestaltet, wenn ähnlich, dann Mesokarp zur Reife aufplatzend **13**

13. Fr. zu 1–2(–4) endst. in kurz gestielten Ähren, kugelf.–elliptisch, oft leicht seitl. abgeflacht, 3–5 cm lang, ± kahl, grün mit hellen, feinen Flecken; Mesokarp dick lederig-fleischig, zur Reife aufplatzend und den Steinkern entlassend; Steinkern mit 2 ± wulstartig verdickten, umlaufenden Nähten, unregelmäßig netzig-gefurcht . . . . ***Júglans régia*** 36–2

– Fr. anders gestaltet **14**

14. Steinfr. aus einem unterst. Fr.knoten hervorgehend, am Oberende der Fr. ein persistierender K., K.rest oder Ulen der Bltn.hülle, insbesondere des K. **17**

– Fr. aus einem oberst. Frkn. hervorgehend, am Grunde der Fr. ein persistierender K., K.reste oder Ulen der Bltn.hülle, insbesondere des K.; hierzu auch Fr., die aus einem mittelst. Frkn. hervorgegangen sind und bei denen am Grunde Reste des Bltn.bechers persistieren oder Ulen hinterlassen haben **35**

15 (1). Fr. 2–3 mm lang gestielt in wenigfr. Trauben, meist dicht beieinander, elliptisch, eif. oder kugelf., 7–8 mm lang, bis 6 mm ∅, orangefarben, glänzend, mit einigen, vor allem spitzenwärts gehäuften Schildhaaren; Fr.haut dünn aber derb; K. eingetrocknet persistierend, 2zählig (!), den persistierenden Gr. oder Gr.rest umgebend; Fr.fleisch wässerig-fleischig; „Kern" (Samen!) etwas asymmetrisch, schwach abgeflacht, längl.-eif. *(67/3)*, schwarzbraun-glänzend. Fr.fleisch aus der persistierenden K.röhre gebildet, eigentl. Fr.wand dünn, den Samen umhüllend . **Hippóphaë** 67–2

– K. 4zählig, Fr. fast sitzend oder 5–25 mm lang gestielt **16**

16. Fr. einzeln bl.achselst. oder in kleinen Ähren bzw. Trauben, sitzend oder sehr kurz gestielt, eif.–fast kugelf., 4–6(–10) mm lang, orangefarben–orangerot, Schildhaare vor allem im oberen Fr.teil; K. persistierend, ca. 1 mm lang, die Zipfel aufrecht oder spreizend; Fr.fleisch saftig, aus der K.röhre hervorgegangen; „Kern" (Samen!) eif., asymmetrisch *(67/4)*, 3–5 mm lang, schwach abgeflacht, hell- oder schwarzbraun, glänzend, von dünner Haut umgeben . . . . **Shephérdia** 67–3

– Fr. zu 1–3, selten zu 4–6 an jungen Zw. bl.achselst., 5–25 mm lang gestielt, meist hängend, elliptisch oder kugelig-eif., 6–15 mm lang, meist rot, aber auch gelbl. oder silbern, fast stets dicht mit Schildhaaren bedeckt, schwach glänzend oder glanzlos; Fr.fleisch saftig oder mehlig-fleischig, zuw. trocken-mehlig; Kern längl.-elliptisch, längl.-eif., birnf. oder fast kugelf., 5–10 mm lang, häufig längsstreifig, längsgerieft oder längsrippig; K.zipfel abfallend *(67/2)* oder persistierend *(67/1)*. Kern und Fr.fleisch aus verschiedenen Gewebeschichten der persistierenden K.röhre hervorgegangen . . . . **Elaeágnus** 67–1

17 (14). Fr. 1kernig **24**

– Fr. 2–mehrkernig **18**

18. Fr. sitzend oder fast sitzend in end- oder seitenst., oft köpfchenartig verkürzten Ähren; Frkn. 4fächerig, nur 2 Fr.fächer fertil; Steinfr. kugelf.–elliptisch, 10–15 mm ∅, weiß, oder 4–6 mm ∅, weißl.-rötl. oder rot, Fr.fleisch schwammig, weiß, Steinkerne 2, einseitig abgeflacht, 2–5 mm lang, weißl., mit den Flachseiten dicht beieinanderliegend; K. persistierend, die Fr. krönend, kurzröhrig mit 5 kleinen Zipfeln, ca. 1 mm lang . . . . **Symphoricárpos** 97–29

– Fr.fleisch nicht schwammig und weiß **19**

19. Fr. in reichbltg., 10–15 cm breiten Schirmrispen oder in 4–7 cm breiten kugelf. oder eif.–längl.-eif. Rispen, fast sitzend oder bis 10 mm lang gestielt; Fr. 3–5fächerig, kugelf. oder breit-eif., 3–7 mm ∅, blau-bereift, schwarz-glänzend oder scharlachrot-glänzend, selten gelbl. oder grünl.; K. persistierend, sehr klein, mit 5 zusammenneigenden Zipfeln um den kurzen persistierenden Gr. angeordnet; Steinkerne 3–5, (2–)3–4 mm lang, 3kantig, unterschiedl. stark abgeflacht, eif. oder elliptisch, runzelig . **Sambúcus** 97–2

– Fr. in Dolden, die zuw. zu rispenartigen Ständen angeordnet sind **20**

20. Fr. 3–10 mm lang gestielt in endst., 8–15 cm langen Doppeldolden, rundl.-eif.–breit-elliptisch, etwas abgeflacht, 8 mm lang, scharlachrot-glänzend; Steinfr. 2fächerig, Steinkerne 2, abgeflacht; Gr. 2, persistierend, 1–2 mm lang; K. unscheinbar . . . . **Oplópanax** 81–3

– Fr. schwarzblau oder schwarz **21**

21. Fr. in Dolden von 1–2 cm ∅, die zu 20–40 cm breiten, reichverzweigten rispenartigen Ständen angeordnet sind; Fr.stiel und Frst. kraus behaart; Fr.stiel kürzer oder so lang wie die kugelf., 3–6 mm große, schwarze Steinfr.; Gr. persistierend, 1 mm lang, spreizend *(81/8)*; Fr. 5fächerig, Steinkerne 2–5, abgeflacht, dünnwandig mit gestreifter u. gekörnelter Oberfläche . . . **Arália** 81–4

– Dolden nicht zu großen, reichverzweigten Rispen zusammengefaßt **22**

22. Fr. in endst., 20–30 cm großen Doppeldolden, 7–10 mm lang gestielt, kugelf., 4–5 mm ∅, schwarzblau, von einem persistierenden, dünnen, 1,5–2 mm langen Gr. mit gabeliger Narbe gekrönt *(81/4)*; K. persistierend, 5zählig, sehr klein; Steinkerne 2(–3), außenseitig gerippt, innenseitig glatt, seitl. gefurcht . . . **Kalópanax** 81–2

– Frst. kleiner, Fr. größer **23**

23. Fr. 8–10 mm lang gestielt, zu 15–30 in endst., gestielten Dolden von 3 cm ∅ oder Doppeldolden; Fr.stiele filzig behaart; Steinfr. kugelf. oder abgeflacht-kugelf., 8–10 mm ∅, blauschwarz–schwarz, oft bereift, zerstreut sternhaarig; K. und Gr. persistierend; Kbl. am Oberende der Fr. ringf. angeordnet, eine heller gefärbte Drüsenscheibe (Diskus) umgebend *(81/1)*; Gr. ca. 1 mm lang; Steinkerne 5–2, eif., 6–7 mm lang, pergamentartig-dünnwandig, glatt; Fr.fleisch mehlig-fleischig; Fr. erst im folgenden Frühjahr reifend . . . . **Hédera** 81–1

– Fr. fast sitzend oder bis 2 cm lang gestielt, in endst., kugelf., bis 10 cm lang gestielten, meist einzeln stehenden Dolden an jungen Langtrieben oder seitl. Rosettensprossen; Steinfr. kugelf.–breit-elliptisch, 6–14 mm lang, schwarz, saftig, Steinkerne (2–)5(–7); K. und Gr. persistierend; K. sehr klein; Gr. 2–7, bis zur Mitte oder oben verwachsen, mit ± spreizenden Enden *(81/7)* . . . . **Eleutherocóccus** 81–3

24 (17). Steinkern von einem saftig-fleischigen Mesokarp umgeben **27**

– Mesokarp zu Fr.reife eingetrocknet **25**

25. Fr. kahl, 1,5–2 cm lang gestielt in 2–6früchtigen, achselst. Büscheln, 2–5 cm lang, verkehrt-eif. mit 2 *(H. díptera)* oder 4 *(55/2)* (*H. carolína* u. *montícola*) breiten Längsflügeln; Gr. persistierend, pfriemf., starr, 5 mm lang; Mesokarp fest-korkig, sich nicht vom Steinkern lösend; Steinkern dick, 2- bis 4fächerig mit 1–4 längl. Samen . . . . **Halésia** 55–1

– Fr. nur kurz gestielt, behaart, nur schmal geflügelt oder gerippt . **26**

26. Fr. fast sitzend, hängend, in 12–25 cm langen, hängenden, behaarten Rispen an seitl. Kurztrieben; Fr. dicht gelbl.-silbern borstig (!) behaart *(55/3)*, Haare spreizend; Fr. verkehrt-eif.–keulenf., ca. 1 cm lang, mit 10 schmalen Längsrippen (Lupe!); K. und Gr. persistierend; K. 5zählig, 1 mm lang; Gr. fädig, 7–10 mm lang; Mesokarp dünn, korkig, fest mit dem Steinkern verbunden; Steinkern 6 mm lang, 2fächerig, 1–2samig, Samen längl.–zylindrisch . . . . **Pteróstyrax híspida** 55–2

– Fr. sehr kurz gestielt, in 8–12 cm langen Rispen, verkehrt-eif., 8–12 mm lang, mit 5 schmalen Längsflügeln, kurz sternhaarig-filzig (!); Gr. oder allein die Gr.basis persistierend, pfriemf., 2–3 mm lang . . . . **Pteróstyrax corymbósa** 55–2

27 (24). Steinkern 2kammerig und meist 2samig **33**

– Steinkern 1kammerig, 1samig **28**

28. Fr. in endst., ± dichten, 5–8 cm langen Rispen, 2–5 mm lang gestielt; Frst. locker behaart; Fr. elliptisch, 1–2 cm lang, 1 cm ∅, scharlachrot-glänzend, oben mit deutl. K.ringule und persistierender, sitzender, knopff. Narbe; Steinkern längl., unregelmäßig längsgefurcht . . . . **Aūcuba** 63–1

– Fr. mit persistierendem K., wenn scharlachrot, dann kleiner . . . **29**

29. Fr. in 4–8 cm langen, endst. Rispen, kurz gestielt, elliptisch–rundl.-eif., 5–8 mm lang, blau; Mesokarp dünn; Steinkern birnenf., ca. 5 mm lang, rotbraun, fein längsgefurcht, seitl. etwas abgeflacht, vom 1 mm langen Kelchzipfelring gekrönt *(56/1)* . . **Sýmplocos** 56–1

– Steinkern nicht birnenf., Fr. anders **30**

30. Fr. fast sitzend oder bis 1 cm lang gestielt, in 5–15 cm breiten, aufrechten oder überhängenden Schirmrispen, rundl.–kugelf., eif. oder elliptisch, bisweilen abgeflacht, (6–)8–10(–15) mm lang, rot, purpurn, schwarz-glänzend oder dunkelblau-bereift; K. sehr klein, die Zipfel der Fr. anliegend oder den persistierenden, kurzen Gr. umsäumend; Fr. kahl, seltener behaart oder sternhaarig; Steinkern stark verholzt, glatt oder gerippt bzw. gefurcht, ± stark abgeflacht oder abgeplattet, eif., elliptisch oder fast herzf., 3–9 mm lang, mitunter zugespitzt . . . . **Vibúrnum** 97–3

– Fr. nicht in Schirmrispen, meist deutl. länger gestielt **31**

31. Fr. in wenigbltg., kahlen, langgestreckten, bl.achselst., hängenden Thyrsen, 1–2,5 cm lang gestielt, eif.–rundl., 8–10 mm lang, seitl. etwas abgeflacht, dunkelblau-glänzend, am Oberende mit kleinem K.ring; Mesokarp dünn, saftig-fleischig; Steinkern breit-eif., einseitig schwach abgeflacht *(64/2)*, deutl. längsriefig, 6–7 mm lang . . . . ***Alángium*** 64–1

– Fr. meist größer, an der Spitze mit kleinem Nektarscheibenwulst, der vom K. umgeben ist; Steinkern schwach oder deutl. gerippt **32**

32. Fr. einzeln achselst., 2–3 cm lang gestielt, Fr.stiele behaart; Fr. am Grunde mit 2–4 kleinen Hochbl., längl.-eif.–verkehrt-eif., 2–4 cm lang, purpurn, Mesokarp dünn, saftig-fleischig; Steinkern 2–3 cm lang, mit 8–10 Rippen . . . . ***Nýssa aquática*** 62–2

– Fr. sitzend an achselst., 1–3,5 cm langen, behaarten Frst.achsen, zu 2–3 *(62/4)*; Fr. am Grunde mit kleinen, behaarten Hochbl.; Steinfr. eif., 8–15 mm lang, dunkelblau–blauschwarz; Mesokarp saftig-fleischig, dünn, Steinkern schwach 10–12längsrippig, 7–12 mm lang . . . . ***Nýssa sylvática*** 62–2

33 (27). Fr. 5–10 mm lang gestielt, in aufrechten Schirmrispen oder Rispen; Fr.stiele und Frst.achsen zur Fr.reife meist rötl. gefärbt; Steinfr. kugelf. oder eif., 5–8(–10) mm groß, weiß, bläul. oder blauschwarz, nur matt glänzend, kahl oder fein angedrückt behaart; K. 4zählig, sehr klein, persistierend oder hinfällig und einen Ulenring am Oberende der Fr. hinterlassend; Nektarscheibe ± deutl., den persistierenden Gr. oder die Gr.ulen umgebend; Mesokarp saftig-fleischig; Steinkern stark verholzt, kugelf. oder eif., oft abgeflacht, glatt oder gefurcht, 2kammerig, meist 2samig . . . . ***Córnus*** 63–1

– Fr. nicht in Rispen, einzeln oder zu wenigen seitenst. oder in endst. Köpfen **34**

34. Fr. 1–1,5 cm lang gestielt, einzeln oder zu wenigen an kurzen Seitensprossen, längl.-elliptisch, 1,5–2 cm lang, scharlachrot-glänzend, kahl; Steinkern elliptisch–längl., 12–16 mm lang, 5–7 mm ∅, hell gefärbt, glatt und mit 2 kürzeren Furchen; Mesokarp fleischig-saftig, wohlschmeckend . . . .
Córnus mas u. ***officinális*** 63–4

– Fr. sitzend, in aufrechten, 2–4 cm lang gestielten endst. Köpfen, elliptisch, 10–12 mm lang, orangerot–leuchtendrot, ± stark glänzend, fein anliegend behaart; K. 4zählig, gleich dem Gr. persistierend; Kbl. sehr klein, 3eckig, der Fr. krönchenartig aufsitzend, dunkel gefärbt, Zipfel meist nach innen gekrümmt; Gr. den K. überragend; Steinkern stark verholzt, eif.–elliptisch, 6–8 mm lang, mit umlaufendem kleinem Längsstreifen; Mesokarp dünn, mehlig-fleischig . . . . . ***Córnus flórida*** u. ***nuttállii*** 63–4/5

35 (14). Fr. mit 2 oder mehreren Steinkernen **58**

– Fr. mit einem Steinkern **36**

36. Steinkern 1samig **39**

– Steinkern 2–mehrfächerig, meist 2–mehrsamig **37**

37. Fr. sehr kurz gestielt, in end- oder seitenst., gestielten, 8–18 cm langen, filzig-behaarten Rispen, rundl.-eif., 2–4 mm lang, kahl, schwärzl.-braun, längsgerieft; K. persistierend, glockig *(92/3)*, ca. 2 mm lang, filzig-behaart; Mesokarp dünn, weich, später eintrocknend; Steinkern hart, 4fächerig, 4samig . . . . . ***Vítex*** 92–2

– Steinkern 2fächerig, meist 2samig **38**

38. Fr. 2–5 mm lang gestielt in reichbltg., end- oder seitenst., bis 25 cm langen Rispen, eif.–längl.-eif., 5–8 mm lang, glatt, anfangs rot, zur Reife blauschwarz–schwarz, unten mit Bltn.hüllulenring, oben mit Gr.ule; Mesokarp fleischig-lederig, Steinkern 1–2samig (mehrere Samen untersuchen!) . . . ***Berchémia*** 85–2

– Fr. 3–5 mm lang dünn gestielt, zu 2–3 in seitenst. Zymen, breiteif.–breit-elliptisch, 12–25 mm lang, kahl, rotbraun–schwarzbraun, glänzend; am Grunde mit Bltn.hüllulenring *(85/2)*, oben mit Gr.ule; Mesokarp fleischig–lederig, Steinkern stark verholzt, 10–15 mm lang, 2(selten 4)fächerig, 1–2samig; Samen abgeflacht, 7–8 mm lang, rotbraun . . . . ***Zíziphus*** 85–2

39 (36). Fr. zu 1–4 seitl. oder in 10–20 cm langen, mehrfr. Trauben, 1 oder 3,5 cm lang gestielt; Steinfr. rundl.-eif., 12–20 mm lang, stachelspitzig, kahl oder behaart; K. persistierend, schüsself., kahl oder behaart, ± undeutl. 5–9zählig; Mesokarp lederig, dünn, von oben her aufreißend und den Steinkern freilegend *(55/6)*; Steinkern 10–12(–15) mm lang, hell- oder dunkelbraun, hartschalig, rund oder schwach längs 3kantig, am Grunde mit großer Ule, von der 2–3 kleine Längsfurchen ausgehen . ***Stýrax*** 55–2

– Mesokarp sich nicht ablösend oder wenn ablösend nicht dünn, sondern dick lederig-filzig und Steinkern nicht rundl.-eif. **40**

40. Mesokarp zur Fr.reife eingetrocknet, fest oder mehlig-fleischig, sich nicht vom Steinkern lösend **52**

– Mesokarp zur Fr.reife ± saftig-fleischig oder dick lederig- filzig und sich vom Steinkern lösend **41**

41. Fr. deutl. gestielt, wenn sitzend, dann über 1 cm lang **43**

– Fr. sitzend oder nur sehr kurz gestielt, bis 10 mm lang **42**

42. Fr. fast sitzend in wenigbltg., end- oder seitenst., oft stark gestauchten Trauben, zuw. scheinbar einzeln achselst., kugelf., längl.-eif. oder elliptisch, 4–10 mm lang, mit knopff., oft etwas eingesenkter Narbe; Steinfr. gelbl., grün, rot oder fast schwarz, kahl oder anliegend behaart; Mesokarp saftig- oder lederig-fleischig; Steinkern sich leicht vom Mesokarp lösend, von einem dünnen Häutchen umgeben, kugelf.–elliptisch, oft zugespitzt; Fr. am Grunde mit kleinem scheibenf. persistierendem K. . . . . **Dáphne** 50–1

– Fr. fast sitzend, zu 2–3 in 5–10 mm lang gestielten Ständen seitl. an vorj. Zw., elliptisch, zugespitzt, 6–8 mm lang, grün, eingetrocknet rötl., Steinkern dick, schwarz-glänzend . **Dírca** 50–3

43 (41). Fr. 1–2 cm lang gestielt, in endst., 10–25 cm langen Rispen; K. persistierend, etwas fleischig werdend, mit 5 längl.-3ekkigen, 1,5 cm langen, purpurroten (!) Zipfeln *(92/5)*; Fr. kugelf., 6–8 mm ∅, stahlblau, saftig-fleischig; Steinkern stark verholzt, 5–6 mm lang, mit einer konvexen, genetzten und einer planen, glatten Seite mit Längsspalt; Samen längl., 4 mm lang . . . . . **Clerodéndrum** 92–3

– K. wenn persistierend kleiner und nicht rot und fleischig **44**

44. Fr. 7–15 mm lang gestielt in endst., hängenden, wenigfr., 6–20 cm langen Rispen, elliptisch, 1–2 cm lang, dunkelblau–blauschwarz, bereift; K. persistierend, 4zählig, K.zipfel 3eckig–pfrieml., 1 mm lang, der Fr. anliegend; Steinkern stark verholzt, längl.-elliptisch, 8–15 mm lang, weißl., glatt oder fein längsstreifig . . . . **Chionánthus** 90–16

– Fr. nicht in endst. Rispen **45**

45. Fr. 3–15 mm lang gestielt, hängend zu 1–3 in sitzenden Dolden an seitl. Rosettensprossen, kugelf.–rundl.-eif., 1–1,5 cm lang, seitl. zuw. etwas abgeflacht, rot, oft ± bereift; Gr. persistierend, am Grunde der Fr. (!), nahe dem ebenfalls persistierenden Bltn.becher; Mesokarp saftig-fleischig, Steinkern schief-eif., abgeflacht, mit Netzmuster . . . . **Prinsépia** 58–22

– Persistierender Gr. oder Gr.ule an der Fr.spitze **46**

46. Fr. auf einer Seite mit ± deutl. Längsnaht **49**

– Fr. ohne Längsnaht **47**

47. Fr. 5–12 mm lang gestielt, hängend, einzeln oder in achselst. Büscheln, eif.–rundl.-eif., 10–15 mm lang, blauschwarz, bereift, Steinkern stark verholzt, eif. . . . . . . **Osmánthus** 90–17

– Fr. in achselst., z.T. stark gestauchten Trauben **48**

48. Fr. 8–10 mm lang gestielt, in 4–8 cm langen, hängenden Trauben, elliptisch–längl., 1 cm lang, kahl, dunkelblau–schwarz, bereift . . . . **Daphniphýllum** 28–1

– Fr. 2–15 mm lang gestielt in gestauchten Trauben an vorj. Zw.abschnitten, kugelf. oder längl.-eif., 6–15 mm lang, dunkelpurpurn oder blauschwarz; K. und Gr. persistierend; K. 4teilig,

0,5 mm lang; Gr. meist kurz; Steinkern stark verholzt, dünnwandig . . . . **Phillýrea** 90–18

49 (46). Fr. 3–25 mm lang gestielt, in vielbltg., aufrechten oder hängenden, 4–25 cm langen Trauben, 5–10 mm groß, kugelf., eif. oder elliptisch, schwarz, selten dunkelpurpurn oder dunkelrot; Mesokarp nur mäßig dick, saftig-fleischig; Steinkern fast kugelf., eif. oder eif.-zugespitzt, 5–10 mm lang, nicht oder nur schwach abgeflacht, glatt, runzelig oder gerippt . . . . **Prúnus** Subgenus *Padus* und *Laurocerasus* 58–24

– Fr. nicht in gestreckten Trauben **50**

50. Fr. 6–35 mm lang gestielt, einzeln oder in 2–5früchtigen Schirmtrauben oder Dolden, rundl.-eif., 6–12(–25) mm lang, rot, schwarz-rot oder schwarz; Mesokarp saftig-fleischig, Steinkern kugelf., eif. oder elliptisch, glatt, runzelig oder gerippt, 5–12 mm lang . . . . **Prúnus** Subgenus *Cerasus* 58–27

– Fr. und Steinkern anders **51**

51. Fr. in sitzenden Dolden oder einzeln, deutl. aber unterschiedl. lang gestielt, rundl. oder längl., 1–3 cm lang, kahl, gelb, rot oder schwärzl.-blau, oft bereift; Fr.fleisch sich mitunter nur schwer vom Steinkern lösend; Steinkern meist abgeflacht, runzelig . . . **Prúnus** Subgenus *Prunus* 58–35

– Fr. ± sitzend, einzeln oder zu 2–3, rundl., 2–3 cm lang, behaart, gelb oder grünl.-gelb, Mesokarp saftig-fleischig, dick oder lederig-fleischig und sich zur Reife vom Steinkern lösend; Steinkern ± abgeflacht, tief gefurcht oder fast glatt und grubig-löcherig . . . . **Prúnus** Subgenus *Amygdalus* 58–33

52 (40). Fr. 1–2 cm lang gestielt, in reichverzweigten, endst., 10–20 cm großen Rispen; Fr.stiele dünn, auch die der sterilen Bltn. nicht abfallend, sich verlängernd und flaumig behaart (!); Fr. schief eif.–fast nierenf., ± abgeflacht, 3–5 mm lang, mit genetzter Oberfläche; Mesokarp dünn, lederig; K. und Gr. persistierend, K. 5zählig, 0,5 mm lang, Gr.äste 3, sehr kurz . . . . . . **Cótinus** 75–1

– Fr.stiele nicht flaumig behaart, Fr. anders geformt **53**

53. Fr. in Trauben oder Rispen **55**

– Fr. einzeln bl.achselst. **54**

54. Fr. 1–2,5 cm lang gestielt, eif.–rundl., 7–12 mm ∅, orangerot–dunkelpurpurn, am Grunde mit Resten der Bltn.hülle oder deren Ulen *(33/14)*; Gr. hinfällig, eine deutl. Ule hinterlassend; Mesokarp lederig oder mehlig-fleischig-lederig; Steinkern 4–8 mm lang, mit genetzter Oberfläche oder 4 schwach erhabenen Längsleisten . . . . **Céltis** 33–6

– Fr. sehr kurz gestielt oder fast sitzend, nach unten gerichtet, schief-eif. oder schief-herzf., kahl oder schwach behaart, 4–5 mm lang, am Grunde mit persistierendem, 4–5zipfeligem, der Fr. anliegendem K., an der Spitze mit V-förmiger, behaarter Narbe; Fr. mit 2 schwachen Längskanten und Netzmuster *(33/11)*; Mesokarp dünn; Fr. mit den beblättert bleibenden Kurztrieben abfallend . . . . ***Zélkova*** 33–5

55 (53). Fr. 0,5–1,5 mm lang gestielt, in aufrechten, endst., dichten, oft zapfenf. Rispen, kugelf., 2–4 mm lang, oft abgeflacht, ± dicht behaart oder kahl, z.T. drüsig behaart, scharlachrot, orangerot oder karminrot; K. und Gr. persistierend, K. klein, ± freibl., der Fr. anliegend; Mesokarp dünn, lederig-mehlig, Steinkern hornig, dünn . . . . ***Rhus chinénsis, glábra, týphina*** 75–2

– Fr. in seitenst. Trauben oder lockeren, überhängenden seitenst. Rispen **56**

56. Fr. sehr kurz gestielt in aufrechten, ca. 10 cm langen achselst. Trauben oder in lockeren, 10–25 cm großen, seitenst. überhängenden Rispen, ± kugelf., bisweilen ± abgeflacht, 5–7 mm ∅, kahl oder behaart, weiß, gelb oder gelbbraun; K. und Gr. sehr klein, persistierend; Mesokarp dünn, Steinkern dünnwandig . . ***Rhus*** 75–2

– Fr. in kurzen Ähren, Trauben oder Rispen **57**

57. Fr. sitzend oder 2–4 mm lang gestielt in 5–20 mm langen, seitenst. Ähren oder Trauben, diese einzeln oder an den Zw.enden zu rispenartigen Ständen zusammengefaßt; Fr. fast kugelf., 6 mm ∅, rot, dicht behaart; Mesokarp und Steinkern dünn . . . . ***Rhus aromática*** und ***trilobáta*** 75–3

– Fr. 3–7 mm lang gestielt in 1–2 cm langen, seitenst. Trauben an vorj. Zw.abschnitten, schmal-längl.–elliptisch, oft etwas gebogen, 12–15 mm lang, dunkelpurpurn–schwarz, Mesokarp dünn, trockenfleischig . . . . ***Forestiéra*** 90–18

58 (35). Fr. in Rispen **64**

– Fr. einzeln oder zu mehreren blattachselst. oder in wenigfr. Trauben, Dolden oder Büscheln **59**

59. Fr. fast sitzend oder sehr kurz gestielt, einzeln bl.achselst., kugelf., 5–8 mm ∅, schwarz-glänzend, am Grunde mit persistierendem, 2–3teiligem K. *(54/1)*, 1 mm lang, der Fr. anliegend, an der Spitze mit kleiner aber deutl. Gr.ule; Steinkerne 6–9, dickwandig, keilf., abgeplattet, 2 mm lang, hell- bis gelbbraun, mit rauher Oberfläche . . . . ***Émpetrum*** 54–1

– Fr. größer, wenn nur 5–8 mm lang und einzeln bl.achselst., dann länger gestielt und mit weniger Steinkernen **60**

60. Fr. fast sitzend oder bis 15 mm lang gestielt, einzeln bl.achselst. oder in wenigfr. Zymen, ± kugelf., 6–10 mm ∅, rot, seltener schwarz, meist glänzend, am Grunde mit persistierendem 4–8teiligem K., an der Spitze mit knopff., 4teiliger Narbe *(82/3)*;

Mesokarp saftig-fleischig, Steinkerne stark verholzt, 2–8, längl.-eif., ± 3kantig, 4–7 mm lang, glatt, längsrippig oder genetzt . . ***Ílex*** 82–1

– Fr. anders gestaltet **61**

61. Fr. unterschiedl. lang gestielt, zu 2–5, bisweilen zu vielen bl.achselst. in Büscheln, Dolden oder Trauben; Fr. kugelf., kreiself. oder rundl.-eif., 5–10 mm lang, unreif grün oder rot, später schwarzviolett oder schwarz, kahl, glänzend, am Grunde mit persistierendem, tellerf., basalem Rest des Bltn.bechers *(85/5)*, an der Spitze mit persistierendem Gr. und Narbenästen oder Gr.rest; Fr. 2–4fächerig, mit 2–4, ± eif., glatten, ± abgeflachten, oft 2kantigen, zuw. gekielten und schmal gefurchten Steinkernen von 2–6 mm Länge . . . . ***Rhámnus*** 85–2

– Fr. unten ohne basalen Rest des Bltn.bechers **62**

62. Fr. in endst. nickenden oder aufrechten Trauben oder Büscheln zu 2–8, 2,5 cm lang gestielt, kugelf. oder abgeflacht kugelf., 5–10 mm ∅, rot, braun oder blauschwarz–schwarz, meist glänzend; K. persistierend, 5zählig, Kbl. basal verwachsen, die Zipfel 1–1,5 mm lang, der Fr. anliegend; Mesokarp saftig- oder mehlig-fleischig; Steinkerne meist 5, schwach nierenf., seitl. abgeflacht, 3–4 mm lang . . . . ***Arctostáphylos*** 53–22

– Fr. andersfarbig, in seitenst. Zymen oder endst. Trauben **63**

63. Fr. 3 mm lang gestielt in aufrechten, endst., 3–5 cm langen Trauben, eif., 1–1,5 cm lang, weißl., kahl, die 2–3 Gr. persistierend, die Fr. dadurch gehörnt (!); Kbl. frei, persistierend; Steinkerne eif., 5 mm lang . . . . ***Pachysándra terminális*** 29–3

– Fr. in seitenst., vielfr., bis 3 cm breiten Zymen, 2–3 mm lang gestielt, fast kugelf., 3–4 mm ∅, leuchtend hellviolett–lila; K. persistierend, teller- oder scheibenf., Mesokarp mehlig-fleischig, weiß; Steinkerne 2–4, schwach sichelf. gebogen, flach, ca. 2,5 mm lang, cremefarben . . . . ***Callicárpa*** 92–1

64 (58). Fr. 8–10 mm lang gestielt, in 5–8 cm langen, aufrechten, endst. Rispen, eif. oder verkehrt-eif.–kugelf., 8–10 mm ∅, leuchtend rot; Mesokarp saftig-fleischig; K. und Gr.basis persistierend, Kbl. ca. 1,5 mm lang; Steinkerne 2–4, 6–8 mm lang, weiß . . . . ***Skímmia*** 78–5

– Fr. schwarz oder blauschwarz **65**

65. Fr. kurz gestielt, in endst., ± dichten Rispen, fast kugelf. oder eif., selten elliptisch, 4–10 mm lang, blauschwarz und bereift oder schwarz-glänzend; K. persistierend, ± glockenf., etwa 1 mm groß, kahl oder behaart; Mesokarp saftig-fleischig oder mehlig, oft nur dünn; Steinkerne (1–)2–4, 3–8 mm lang, dünnwandig . . . . ***Ligústrum*** 90–15

– Fr. 1–5 mm lang gestielt, in lang gestielten, ca. 10 cm breiten, endst., reichverzweigten, lockeren Rispen oder Schirmrispen, kugelf. oder abgeflacht-kugelf., ca. 1 cm ∅, schwarz, Mesokarp später im Winter eintrocknend, die Fr. dadurch ± gerippt; Steinkerne 5, abgeflacht, Endokarp dünn, hornig, 2teilig; Samen eif.–elliptisch, 4–5 mm lang, dunkelbraun–schwarz . . . . . . **_Phellodéndron_** 78–5

Unterabteilung: ***Gymnospérmae,*** Nacktsamer

Klasse: ***Ginkgoópsida,*** Ginkgoartige

Ordnung: ***Ginkgoáles***

1. Familie: ***Ginkgoáceae,* Ginkgogewächse**

Nur 1 rezente Gattung mit 1 rezenten Art. Hauptentfaltungszeit im Jura bis Unterkreide mit ca. 17 Gattungen.

Gínkgo L., **Ginkgobaum**

Sommergrün, Bl. an Lang- und Kurztrieben, flächig, derb ledrig, fächerf., vorne oft ± tief ausgerandet bis 2lappig, lang gestielt, parallel- und gabelnervig *(1/1)*; Bltn. zweihäusig, ♂ Bltn. in Kätzchen, ♀ Bltn. einzeln, lang gestielt, mit 2 Samenanlagen; Samen mit gelbfleischiger Schale und hartem Kern *(1/2)*. Bg – Nhw-4 (M-China). **Gínkgobaum, *G. bíloba*** L.

***'Péndula'*, Zw. hängend.**
***'Fastigiáta'*, Krone säulenf.**
***'Autumn Gold'*, Bm, kegelf. Wuchs; besonders leuchtende goldgelbe Herbstfärbung.**

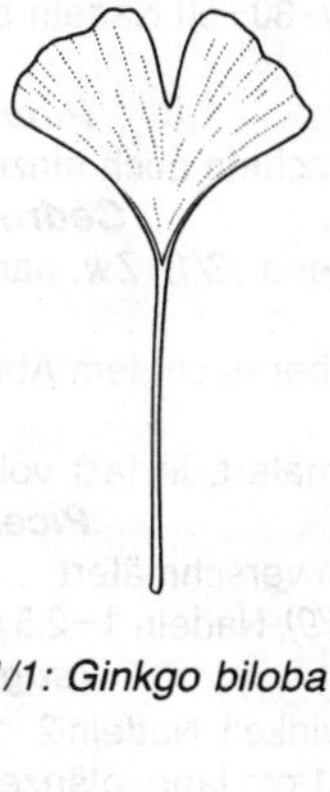

1/1: Ginkgo biloba

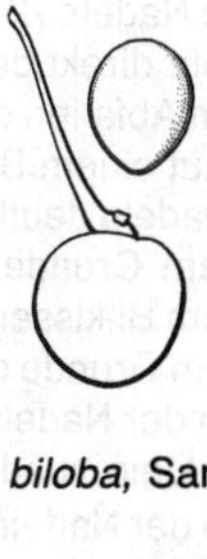

1/2: G. biloba, Samen

Klasse: *Coníferae,* Nadelgehölze

Ordnung: *Pinàles*

2. Familie: *Pinàceae,* Kieferngewächse

Überwiegend Bäume, selten Sträucher. Bl. schraubig stehend, nadelf., meistens immergrün; ♂ Bltn. mit zahlreichen, schraubig angeordneten Stbl. mit je 2 Pollensäcken, Pollenkörner mit 2 Luftblasen (außer *Pseudotsuga* und *Larix*), ♀ Bltnst. (Zapfen) mit zahlreichen an der Zapfenspindel schraubig gestellten Deckschuppen, an deren Oberseite sich die Samenschuppen mit je 2 Samenanlagen befinden, Blütezeit V oder VI mit Massenproduktion an Pollen („Schwefelregen"), abweichende Blütezeit bei *Cedrus* IX–X; Zapfen bei der Reife verholzend, beim Heranwachsen des Zapfens bleiben die Deckschuppen meistens klein oder verkümmern *(Pinus)*, bei *Pseudotsuga*, einigen *Abies*- und *Larix*-Arten wachsen auch die Deckschuppen weiter und ragen aus dem reifen Zapfen heraus; Samen meistens einseitig geflügelt; Mykorrhiza obligat; Holz oft harzhaltig.
9 Gattungen mit ca. 250 Arten über die Nordhemisphäre verbreitet, südwärts bis zu den Philippinen.

1. Nadeln immergrün, ± hart **3**
– Alle Nadeln im Herbst abfallend, ± dünn und weich **2**
2. Nadeln mindestens 1,5 mm breit; Schuppen der Endkn. lang zugespitzt; Zapfen bei der Reife zerfallend . . . . ***Pseudólarix*** 2–19
– Nadeln 0,5–1 mm breit; obere Kn.schuppen abgerundet; Zapfen bei der Reife nicht zerfallend, lange am Zw. bleibend . ***Lárix*** 2–20
3 (1). Nadeln stets einzeln stehend **5**
– Nadeln überwiegend in Büscheln (2–5 bzw. 30–50 Nadeln pro Büschel) **4**
4. 2–5 Nadeln pro Büschel *(2/11)* . . . . ***Pínus*** 2–22
– 30–50 Nadeln pro Büschel, neben Nadelbüscheln auch einzeln stehende Nadeln *(2/10)* . . . . ***Cédrus*** 2–18
5 (3). Nadeln direkt der Zw.oberfläche anhaftend *(2/1)*, Zw. daher nach dem Abfallen der Nadeln ± glatt **8**
– Nadeln auf einem Bl.kissen sitzend, Zw. daher nach dem Abfallen der Nadeln deutl. rauh *(2/7, 2/9)* **6**
6. Nadeln am Grunde nicht stielartig verschmälert, in fast voller Breite dem Bl.kissen aufsitzend *(2/8)* . . . . ***Pícea*** 2–10
– Nadeln am Grunde deutl. zu einem Stielchen verschmälert . . . **7**
7. Stielchen der Nadeln dem Zw. anliegend *(2/9)*, Nadeln 1–2,5 cm lang; Kn. klein, rundl. . . . . ***Tsúga*** 2–17
– Stielchen der Nadeln schräg vom Zw. abgewinkelt, Nadeln 2–3,5 cm lang *(2/5)*; Kn. spindelf., zugespitzt, bis 1 cm lang, glänzend rotbraun . . . . ***Pseudotsúga*** 2–9

8 (5). Nadeln an der Basis diskusf. verbreitert, nach dem Abfallen eine ± runde Narbe auf dem Zw. hinterlassend *(2/1)*; Kn. meistens ± stumpf, nicht stechend . . . . ***Ábies*** 2–2

– Nadeln an der Basis stielartig verschmälert, nach dem Abfallen eine ovale Narbe (quer zur Längsrichtung des Zw.) hinterlassend *(2/4)*; Kn. lang zugespitzt, fast stechend . ***Pseudotsúga*** 2–9

1. *Ábies* Mill., Tanne

Nadeln schraubig angeordnet, oft ± gescheitelt (2reihig in einer Ebene stehend), kurz oberhalb der Basis etwas zusammengezogen und mit verbreiterter runder Basis dem Zweig aufsitzend, Bl.narben kreisrund, keine Bl.kissen (Zw. nach dem Abfallen der Nadeln daher fast stets glatt) *(2/1)*, helle Spaltöffnungsbänder meistens nur auf der Nadelunterseite, bei einigen Arten Stomata (Spaltöffnungen) auf Nadelober- und -unterseite; Zapfen *(2/3)* aufrecht stehend, bei der Reife fallen die Deck- und Samenschuppen sowie die Samen herunter, während die Zapfenachse (Spindel) noch mehrere Jahre am Zw. stehen bleibt. Etwa 40 Arten, vorwiegend in den Gebirgen der Nordhemisphäre.

2/1: Abies alba, entnadelter Zweig

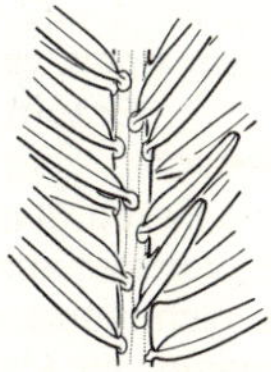

2/2: A. alba, Zweig mit Nadeln

2/3: A. koreana, Zapfen

1. Nadeln obersts. ohne oder nur an der Spitze mit Spaltöffnungslinien **6**

– Nadeln obersts. mit Spaltöffnungslinien, die als ± breite Streifen bis zur Nadelbasis hinabgehen[1] **2**

2. Nadeln 8–20 mm lang, allseitig rechtwinklig bürstenf. vom Zw. abstehend, starr, fast 4eckig, am Grunde auffallend verbreitert; Zw. kahl; Kn. eif., harzig; Zapfen 10–15 cm lang, 4–5 cm dick, mit verborgenen Deckschuppen. Bm ∧ – NGsm-3 (S-Spanien).
Spanische T., *A. pinsápo* Boiss.

'Glāūca', Nadeln auffallend blaugrün; frosthärter als die Art.

---

[1] *A. balsámea, A. cephalónica* und *A. fráseri* kommen zuweilen mit herablaufenden Spaltöffnungslinien auf der Oberseite der Nadeln vor und könnten dann hier gesucht werden.

A.* × *insignis CARR. ex BAILLY ist ein Bastard *A. nordmanniána* × *pinsápo,* in Wuchs und Nadelstellung mehr *A. nordmanniána* ähnelnd; Gestalt der Nadeln und Zapfen dagegen wie bei *A. pinsápo*; wüchsiger Baum, gelegentl. zu finden.
A.* × *vilmorínii MAST. (= *A. pinsápo* × *cephalónica*), Nadeln 2–3 cm lang, Spaltöffnungsstreifen auf der Nadeloberseite unvollständig.

– Nadeln länger **3**

3. Mehrzahl der Nadeln 4–7 cm lang, beidersts. blau- bis graugrün, besonders auf der Zw.oberseite leicht bogig aufwärts und nach vorne gekrümmt; junge Zw. gelb- bis graugrün; Kn. stark harzig; Zapfen 8–13 cm lang, 3,5–5 cm dick, Deckschuppen verborgen. Bg – Ns-1.
Kolorado-T., *A. cóncolor* (GORD.) HILDEBR.

'Violácea', Nadeln auffällig blau- bis silberweiß.
var. ***lowiána*** (GORD.) LEMM., Nadeln annähernd 2reihig, so daß auf der Zw.-oberseite eine V-förmige Rinne bleibt, Äste steifer und regelmäßiger wirtelst.

– Nadeln im Mittel unter 4 cm lang **4**

4. Nadeln im Querschnitt schief viereckig, beidersts. gekielt, dick, steif, 1,5–4 cm lang, 1,5 mm breit, die Oberseite des Zw. dicht bedeckend; Kn. wenig harzig, am Grunde von langgespitzten Schuppen umgeben; Zapfen 15–22 cm lang, 7–9 cm dick, mit eingeschlossenen Deckschuppen, vor der Reife grünl. Bg Ⓚ – Ngs-1. **Pracht-T., *A. magnífica*** A. MURR.

– Nadeln flach, obersts. gefurcht **5**

5. Nadeln mit ihren unteren Teilen dem Zw. dicht anliegend, mit einer sichelf. Krümmung von ihm abbiegend, am Grunde kaum schildf. verbreitert, sehr dicht gedrängt, die Zw.oberseite ganz verdeckend, dunkelblaugrün, im Mittel 2,5 cm lang, 1,5 mm breit; an den jungen Zw. kurze, rotbraune Haare; Kn. kaum harzig, die Spitzen der unteren Kn.schuppen nicht anliegend; Zapfen 16–25 cm lang, 7–8 cm dick, mit weit vorragenden, zurückgeschlagenen Deckschuppen. Bm – Nhg-1. (*A. nóbilis* (D. DON) LINDL.). **Edle Tanne, *A. procéra*** REHD.

'Glaúca', Nadeln prachtvoll blauweiß.

– Blaugrüne Nadeln, mit ihren unteren Teilen dem Zw. nicht dicht anliegend; junge Zw. aschgrau, meistens kurz behaart; Kn. stark harzig; Zapfen purpurn, 5–10 cm lang, Deckschuppen verborgen. Bg – BGh-1. (*A. subalpína* ENGELM.).
Rocky-Mountains-T., *A. lasiocárpa* (HOOK.) NUTT.

var. ***arizónica*** (MERRIAM) LEMM., mit dicker, korkiger, gelbgrauer, elastischer Borke (daher Kork-Tanne); Nadeln auffällig weißblau, mehr 2reihig angeordnet und an der Zw.oberseite nach vorn gerichtet.
'Compácta', Bk, Nadeln silberblau, z. T. schräg nach vorne und aufwärts gerichtet.

6 (1). Zw. mit Längsfurchen **33**

– Zw. nicht gefurcht, glatt **7**
7. Diesj. Zw. behaart **17**
– Diesj. Zw. kahl **8**
8. Mehrzahl der Nadeln über 4 cm lang; sehr empfindl. Arten, die nur im Süden des Gebietes aushalten **16**
– Mehrzahl der Nadeln unter 4 cm lang **9**
9. Nadeln stumpf oder ausgerandet, zuw. 2spitzig **11**
– Nadeln scharf 1spitzig, stechend **10**
10. Nadeln 1,4–3 cm lang, 2 mm breit, meist allseitig vom Zw. abstehend; Kn. harzig; Zapfen 15–20 cm lang, 3–6 cm dick, mit vorragenden, zurückgeschlagenen Deckschuppen. Bg – NGs-3 (Griechenland). **Griechische T., *A. cephalónica*** LOUD.

var. ***apóllinis*** (LINK) BEISSN., Zw. gelbl., Nadeln obersts. dichter stehend, unterstS. nur einzelne abwärts oder vorwärts gerichtet.

'Meyers Dwarf', Nadeln nur 8–15 mm lang; Wuchs breit und niedrig, ohne Gipfeltrieb.

Nahe verwandt: ***A. borísii-régis*** MATTF., Merkmale zwischen *A. cephalónica* und *A. álba*. Bg – Nhg-3 (N-Griechenland, S-Bulgarien).

– Nadeln 3–4 cm lang, 1,5–2 mm breit, gescheitelt *A. holophýlla* s. Nr. 28
11. (9). Nadeln auffallend weich, 1–2,7 cm lang, 1–1,3 mm breit, stark duftend, an jungen Zw. dicht die Oberseite des Zw. bedekkend *A. sibírica* s. Nr. 19
– Nadeln derber, breiter **12**
12. Nadeln untersts. hellgrün (die Spaltöffnungsstreifen heben sich farbl. nur undeutl. ab), 2–3(–4) cm lang, 2,5–3 mm breit, sehr steif, an der Spitze ausgerandet, an jungen fruchtbaren Zw. scharf 2spitzig, obersts. an den Spitzen z. T. mit Spaltöffnungslinien, nach beiden Seiten abstehend, so daß auf der Zw.oberseite eine breite V-förmige Rinne bleibt; Zw. hellgraugelb bis hellzimtfarben, anfangs oft fein behaart; Zapfen vor der Reife grün, 8–15 cm lang, 3,5–5 cm dick, mit vorragenden, aufrechten Deckschuppen. Bg ⓚ – Mh/Nhw-4 (Japan). **Momi-T., *A. fírma*** SIEB. et ZUCC.
– Nadeln (wenigstens die jüngeren) untersts. mit weißen Streifen . **13**
13. Nadeln im Mittel bis 1,5 cm, an üppigen Zw. bis 2(–2,5) cm lang, etwa 2,5 mm breit, dickl., steif, obersts. an der Spitze fast immer mit Spaltöffnungen, bürstenf. aufwärts gerichtet, den Zw. verdeckend, an älteren Pfl. auch 2reihig; Kn. nicht oder wenig harzig; Zapfen 16–20 cm lang, 4–6 cm dick, mit eingeschlossenen Deckschuppen. Bm – NGsm-3 (Algerien). **Numidische T., *A. numídica*** DE LANNOY ex CARR.
– Nadeln im Mittel über 2 cm lang **14**

14. Nadeln alle streng gescheitelt, d.h. beidseitig des Zw. in einer Ebene ausgebreitet und kammf. angeordnet; Kn. harzig *A. grándis* s. Nr. 30

– Nadeln nicht oder wenig deutl. gescheitelt, jedenfalls nicht nach beiden Seiten flach abstehend **15**

15. Kn. spitz mit abstehenden Schuppenspitzen, nicht oder nur sehr wenig harzig; Nadeln 2–3,5 cm lang, 1,5–2 mm breit, am Grunde stark gedreht, an älteren Trieben meist etwas gescheitelt, zuw. obersts. mit einigen Spaltöffnungslinien an der Spitze; Zapfen 16–28 cm lang, 4–6 cm dick, mit versteckten Deckschuppen. Bg – NGs-3 (Taurus, Libanon).
Cilicische T., *A. cilícica* (Ant. et Kotschy) Carr.

– Kn. stumpf, mit anliegenden Schuppen, harzlos; Nadeln 2–3,5 cm lang, 2–2,5 mm breit, stark glänzend, die Oberseite der jüngeren Zw. meistens ganz verdeckend, obersts. stets ohne Spaltöffnungen; Zapfen bis 15 cm lang und 5 cm dick, mit vorragenden, umgebogenen Deckschuppen. Bg – Nhg/BGh-3 (Kaukasien). Häufig angepflanzt.
Nordmanns T., *A. nordmanniána* (Stev.) Spach

Sehr nahe verwandt: ***A. bornmülleriána*** Mattf., Kn. etwas harzig. Bg – Nhg-3 (N-Anatolien, westl. an das Areal von *A. nordmanniána* anschließend).

A. équi-troiáni Aschers. et Sint., zwischen *A. nordmanniána* und *A. cephalónica* stehend. Bg – Nhg-3 (Kaz-Daği, NW-Anatolien).

16 (8). Nadeln gescheitelt, 3–5,5 cm lang, 2,5–3 mm breit, sehr steif, scharf zugespitzt, untersts. mit weißen Streifen; Kn. lang spindelf., 1,2–2 cm lang, blaßgelb, nicht harzig; Zapfen 8–10 cm lang, 4,5–5 cm dick, mit langen grannenartigen, vorragenden Deckschuppen. Bm ∧ – NGsm-1. (*A. venústa* (Dougl.) K. Koch). **Grannen-T., *A. bracteáta*** (D. Don) Nutt.

– Nadeln ungescheitelt, 3–6(–9) cm lang, 1,5–2 mm breit, zieml. weich, untersts. hellgrün; Kn. sehr dick, lang kegelf., harzig; Zapfen bis 18 cm lang und 5 cm dick, Deckschuppen im Zapfen eingeschlossen. Bm ∧∧ – NGhm-4 (Himalaya).
Himalaya-T., *A. píndrow* Royle

17 (7). Nadeln, 1–3 cm lang, 1–1,6 mm breit, relativ weich, auf der Oberseite in Spitzennähe oft mit Spaltöffnungslinien, gerieben stark aromatisch duftend; beharzte Kn. klein und rundl. **18**

– Nadeln breiter oder länger **20**

18. Zapfen mit weit hervorragenden und zurückgeschlagenen Deckschuppen, 3–5 cm lang, 2 cm dick; Jungtriebe dicht mit rötl., kurzen Haaren besetzt; Kn. weniger harzig (die Umrisse der Schuppen noch erkennbar); Nadeln auf der Unterseite mit breiten kreideweißen Spaltöffnungsbändern (je Band 7–12 Stomatalinien). Bm ⓚ – BGh-2.

Frasers T., *A. fráseri* (PURSH.) POIR.

– Zapfen mit verborgenen oder nur wenig hervorragenden Deckschuppen, 5–9 cm lang, 2–4 cm dick; Jungtriebe grau, schwach behaart; Kn. stark harzig (daher glasig und die Umrisse der Schuppen nicht erkennbar); Nadeln auf der Unterseite mit schmalen Spaltöffnungsbändern (je Band 4–8 Stomatalinien) **19**

19. Nadeln 1–1,3 mm breit, an jungen Zw. die Zw.oberseite dicht bedeckend, Spaltöffnungsbänder weißgrau; Deckschuppen verborgen. Bg – Bh-3. **Sibirische T., *A. sibírica*** LEDEB.

– Nadeln 1,3–1,6 mm breit, an jungen Zw. auf der Oberseite eine V-förmige Rinne bildend oder fast gescheitelt, Spaltöffnungsbänder weiß; Deckschuppen verborgen oder wenig vorragend. Bm – Bh-2 **Balsam-T., *A. balsámea*** (L.) MILL.

'Nána', Zwergform mit flachkugeligem Wuchs, Nadeln kürzer und allseitig vom Zw. abstehend.

20 (17). Jungtriebe nicht dicht rostrot behaart **22**

– Jungtriebe dicht rostrot behaart **21**

21. Nadeln auf der Zw.oberseite gedrängt und diese bedeckend, 1,5–2,2 cm lang, 2 mm breit; Kn. harzig, halbkugelig; Zapfen jung violettpurpurn, später dunkelbraunrot, walzl. oder tonnenf., 8–10 cm lang, 4–5 cm dick, mit verborgenen Deckschuppen. Bm – BGh-4 (Japan). **Maries' T., *A. mariésii*** MAST.

– Nadeln unregelmäßig in 2 Reihen abstehend, daher auf der Zw.oberseite eine breite V-Furche bildend, 1–3,5 cm lang, 2–3 mm breit; Zapfen lange purpurviolett bleibend, tonnenf., 6–7 cm lang, Deckschuppen kurz herausragend und nach oben gebogen. Bm – BGh-4 (W-China). (*A. faxoniána* REHD. et WILS.).

Faxons T., *A. delaváyi* FRANCH. var. ***faxoniána*** A. B. JACKS.

22 (20). Nadeln gescheitelt **28**

– Nadeln nicht gescheitelt (bei *A. cilícica* zuweilen etwas gescheitelt) **23**

23. Nadeln 1–2 cm lang, in der oberen Hälfte meistens breiter als in der unteren, vorne abgerundet oder ausgerandet, an jüngeren Pfl. zugespitzt, obersts. glänzend grün, an der Basis auffällig gelbgrün, untersts. mit 2 breiten weißl. Bändern; Kn. abgerundet, ± beharzt; Zapfen vor der Reife violettpurpurn, 5–7 cm lang, 2,5 cm dick, Deckschuppen nur wenig vorragend. Bm – BGh-4 (S-Korea). **Koreanische T., *A. koreána*** WILS.

'Horstmanns Silberlocke', Nadeln aufwärts gebogen, so daß ihre prächtig silberweißen Stomatabänder sichtbar werden.

– Nadeln 1,2–4 cm lang **24**

24. Jungtriebe dicht behaart; Nadeln gerieben deutl. nach Orangen duftend, 2–3,5 cm lang, an der Zw.oberseite dicht gedrängt und nach vorn gerichtet (Zw.oberseite ganz verdeckend); Kn. klein, rundl., stark verharzt; Borke jüngerer Bäume silbrig weiß, glatt, später etwas dunkler und gefurcht; Zapfen vor der Reife dunkelpurpurn, 11–14 cm lang, 5,5–7 cm dick, Deckschuppen verborgen. Bg – Nhg/BGh-1. **Purpur-T., *A. amábilis*** (DOUGL.) FORBES

– Jungtriebe schwach behaart; zerriebene Nadeln nicht nach Orangen duftend **25**

25. Kn. zugespitzt *A. cilícica* s. Nr. 15

– Kn. abgerundet **26**

26. Kn. harzlos *A. nordmanniána* s. Nr. 15

– Kn. stark harzig, klein, halbkugelig **27**

27. Kn. rötl.; Nadeln 1,2–3 cm lang, etwa 2 mm breit, oft bürstenf. aufgerichtet, so daß die kreideweißen Unterseiten zu sehen sind, an der Spitze wie abgeschnitten; Zw. grau oder gelegentl. rötlichbraun behaart; Stamm sehr glatt; Zapfen vor der Reife violettpurpurn oder (var. *olivácea* SHIRAS.) grün, 6–7 cm lang, 2,5–3 cm dick, mit kaum vorragenden Deckschuppen. Bg ㊍ – BGh-4 (Japan). **Veitchs T., *A. veítchii*** LINDL.

– Kn. bläul.; Nadeln 3–4 cm lang, etwa 1,5 mm breit; Zw. grau oder rötlichgrau behaart; Stamm glatt, fast weiß; Zapfen vor der Reife grünpurpurn, 5–7,5 cm lang, 2,5–3 cm dick, mit vorragenden, zurückgeschlagenen Deckschuppen. Bg – Bh-4. **Sachalin-T., *A. sachalinénsis*** (FR. SCHMIDT) MAST.

28 (22). Nadeln scharf einspitzig, 3–4 cm lang, 1,5–2 mm breit, gescheitelt; Kn. fast weiß, harzig; Zapfen mit eingeschlossenen Deckschuppen; sehr selten angepflanzt. Bm – BGh-4 (Mandschurei). ***A. holophýlla*** MAXIM.

– Nadeln stumpfspitzig ausgerandet oder 2spitzig **29**

29. Nadeln untersts. hellgrün (die Spaltöffnungsstreifen heben sich farbl. nur undeutl. ab), sehr starr, an unfruchtbaren Trieben scharf 2spitzig *A. fírma* s. Nr. 12

– Nadeln untersts. mit weißen Spaltöffnungsstreifen, die mit dem bloßen Auge wahrzunehmen sind (an stark beschatteten Zw. und älteren Nadeln weniger deutl.), niemals stechend **30**

30. Junge Zw. fein behaart oder kahl, dünn; Nadeln 1,7–2,5 mm breit, auf der Oberseite der Zw. meist 2 cm, auf der Unterseite 2,5–5,5 cm lang, alle sehr deutl. gescheitelt, die Zw. daher einem Kamm mit ungleichen Zähnen ähnl., zerrieben stark riechend; Kn. harzig; Zapfen 7–10 cm lang, 4 cm dick, vor der Reife grünl., mit versteckten Deckschuppen. Bg – N-1. **Riesen-** oder **Küsten-T., *A. grándis*** (DOUGL.) LINDL.

– Junge Zw. reichl. behaart; Nadeln bis 3 cm lang **31**

31. Kn. harzlos; Nadeln 1–3 cm lang, 1,8–2,3 mm breit, deutl. glänzend; Zapfen 10–16 cm lang, 3–5 cm dick, vor der Reife grünl., ± braunrot überlaufen, mit vorragenden Deckschuppen. Bg – Nhg/BGh-3. (*A. pectináta* DC.).
Weiß- oder **Edel-T.,** ***A. álba*** MILL.

'Columnáris', Wuchs schlank säulenf.
'Pyramidális', Wuchs schmal kegelf.
'Péndula', Äste herabhängend.

– Kn. stark harzig; Nadeln kaum glänzend **32**

32. Nadeln 1,5–3 cm lang, untersts. mit 2 weißen, schmalen Spaltöffnungsbändern mit je 4–8 Spaltöffnungslinien, obersts. an der Spitze fast immer mit einigen Spaltöffnungen, am Grunde wenig schildf. verbreitert, zerrieben stark duftend; Kn. stark verharzt, wie glasiert, die Umrisse der Schuppen nicht erkennen lassend; Zapfen 6–9 cm lang, 2,5 cm dick, mit eingeschlossenen oder leicht vorragenden Deckschuppen *A. balsámea* s. Nr. 19

– Nadeln 1,2–2(–2,2) cm lang, untersts. mit 2 breiten, kreideweißen Spaltöffnungsbändern mit je 6–12 Spaltöffnungslinien, obersts. meist mit Spaltöffnungslinien, die zuw. bis zum Grunde herablaufen; Kn. etwas weniger harzig, die Umrisse der Schuppen noch erkennen lassend; Zapfen 3–5 cm lang, Deckschuppen weit vorragend *A. fráseri* s. Nr. 18

33 (6). Nadeln untersts. hellgrün, die Spaltöffnungsstreifen heben sich farbl. nur undeutl. ab *A. fírma* s. Nr. 12

– Nadeln untersts. mit kreide- bis silberweißen Streifen **34**

34. Zw. in den Furchen behaart, rotbraun, dick; Kn. stark verharzt, sehr dick; Nadeln 3–5 cm lang, 2,5–3,5 mm breit, untersts. silberweiß, ± gescheitelt; Zapfen etwa 16 cm lang und 6 cm dick, vor der Reife violettblau mit eingeschlossenen Deckschuppen. Bk ∧∧ – MGh/NGhm-4 (Himalaya). (*A. webbiána* LINDL.).
Webbs T., ***A. spectábilis*** (D. DON) SPACH

– Zw. ganz kahl, hell ockerfarben; Kn. harzig; Nadeln sehr dicht stehend, zieml. steif, 1–3 cm lang, 1,5–2 mm breit, schräg aufwärts gerichtet, eine Furche zwischen sich freilassend oder auch den Zw. ganz bedeckend, untersts. kreideweiß; Zapfen 8–9 cm lang, 3–3,5 cm dick, mit versteckten Deckschuppen, vor der Reife purpurviolett, seltener grün (= var. *umbelláta* (MAYR) WILS.). Bg – Nhg/BGh-4 (Japan). (*A. brachyphýlla* MAXIM.). **Nikko-T.,** ***A. homólepis*** SIEB. et ZUCC.

2. ***Pseudótsuga*** Carr., **Douglasie**

Nadeln an der Basis in ein Stielchen verschmälert, dieses schräg vom Zw. abstehend *(2/5)*; Bl.kissen klein, elliptisch *(2/4)*; Zapfen hängend, mit weit herausragenden, dreispitzigen Deckschuppen. Ca. 7 Arten.

2/4: Pseudotsuga menziesii, entnadelter Zweig

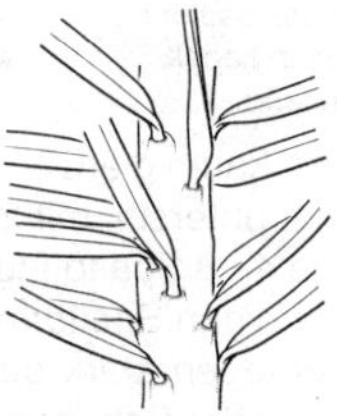

2/5: P. menziesii, Zweig mit Nadeln

2/6: P. menziesii var. *menziesii*, Zapfen

Nadeln meist 2reihig, 1,9–3,5 cm lang, 1–1,5 mm breit, obersts. grün bis grau- oder blaugrün, untersts. mit 2 weißl. Bändern, gerieben etwas würzig duftend; Kn. spindelf., zugespitzt, bis 1 cm lang, glänzend rotbraun; Zapfen 5–10 cm lang, 3–4 cm dick. Bg – N-1. (*P. douglásii* (Lindl.) Carr., *P. taxifólia* (Poir.) Britt. ex Sudworth). ***P. menziésii*** (Mirb.) Franco

In der Heimat in zahlreichen Klimarassen vorkommend, die sich in 3 Groß-Varietäten eingliedern lassen:

var. ***menziésii*** (var. *víridis* Franco), Küstendouglasie, Westhänge der Küstengebirge; hoher, raschwüchsiger Baum; Äste anfangs ± waagerecht abstehend; Nadeln groß, rein grün; Zapfen *(2/6)* groß, bis 10 cm lang, Deckschuppen anliegend; dies ist die forstl. für uns allein wichtige, viel angebaute Form.

var. ***glaúca*** (Beissn.) Franco, Colorado-Douglasie, Var. aus den Rocky-Mountains; Wuchs langsamer als vorige, kompakter, Äste etwas aufgerichtet; Nadeln kürzer, ± blaugrün; Zapfen bis 7 cm lang, Deckschuppen abstehend, zuletzt zurückgeschlagen.

'Fletscheri', Zwergform mit flachkugeligem Wuchs.

var. ***caésia*** (Schwer.) Franco, Nadeln bläul. bereift, zwischen var. *menziésii* und var. *glaúca* stehend.

'Péndula', Äste und Zw. hängend.

3. ***Picea*** A. DIETRICH, **Fichte**

Nadeln auf allen Flächen mit Spaltöffnungen und ± 4kantig *(2/8)* oder Nadeln flach und Spaltöffnungsreihen nur auf der Unterseite (= morphologische Oberseite; Nadeln an der Basis gedreht, dadurch wird die mit Spaltöffnungen besetzte morphologische Oberseite zur Unterseite); die Fichtennadel stellt die Bl.spreite dar, der Bl.grund ist nicht grün gefärbt, sondern mit dem Zw. verwachsen (Bl.kissen) und weist dessen Rindenfärbung auf, durch diese herablaufenden Bl.kissen ist der Zw. gefurcht und nach dem Abfallen der Nadeln (Bl.spreiten) rauh *(2/7)*; Zapfen an vorj. Zw. zuerst aufrecht oder seitl. abstehend, später hängend, nach der Reife als Ganzes abfallend, Deckschuppen stets kürzer als die Samenschuppen. Etwa 40 Arten auf der Nordhemisphäre.

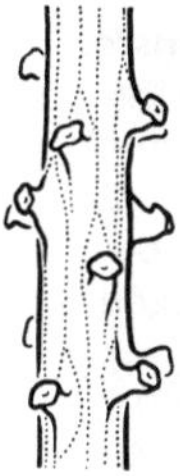

2/7: Picea abies, entnadelter Zweig

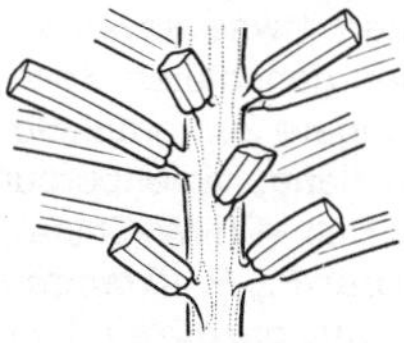

2/8: P. abies, Zweig mit Nadeln

1. Nadeln auf der nach oben gerichteten Seite glänzend, rein grün, stets ohne weiße Spaltöffnungsreihen, untersts. mit silberweißen Spaltöffnungsreihen, deutl. abgeflacht **21**

– Nadeln auf allen vier Seiten mit Spaltöffnungsreihen, obersts. die Spaltöffnungsreihen zuw. unvollständig, im Querschnitt meistens ± vierkantig **2**

2. Nadeln auf allen Seiten ± gleichfarbig, auf der nach unten gerichteten Seite zuw. blaugrün **5**

– Nadeln deutl. zweifarbig, d. h. die nach oben gerichtete Seite ± grün, die abwärts gerichtete Seite ± weißl. **3**

3. Nadeln etwas abgeflacht, nur wenig breiter als hoch, steif, stechend, ± gekrümmt, 1–2 cm lang, blaugrün, auf der nach oben gerichteten Seite mit je zwei nicht unterbrochenen Spaltöffnungsreihen, auf der nach unten gerichteten Seite mit je 5–6 Spaltöffnungsreihen, die Unterseite erscheint dadurch deutl. heller als die Oberseite (daher das Epithet *bícolor*); junge Zw. kahl oder gelegentl. in den Furchen etwas behaart; Kn. fast harzlos; Zapfen 6–12 cm lang, zuerst purpurn, reif zimtbraun, Schuppen angedrückt oder am Rande etwas zurückgebogen und gezähnelt. Bm – BGh-4 (Japan). (*P. alcockiána* CARR.).

Alcock-F., *P. bícolor* (MAXIM.) MAYR

– Nadeln stark abgeflacht, im Querschnitt viel breiter als hoch, auf der nach oben gerichteten Seite grün mit 1–2 unterbrochenen Spaltöffnungsreihen; Zw. behaart, Kn. harzig **4**

4. Nadeln auf der Zw.oberseite nach vorn gerichtet, die seitlichen abstehend, 8–15 mm lang, auf der nach oben gerichteten Seite mit 1–2, seltener 3–4 unterbrochenen Spaltöffnungsreihen; junge Zw. hell- bis braungelb, ± behaart, später z.T. kahl; Zapfen 5–8 cm lang, ± zylindrisch, Samenschuppen rhombisch-eif., am Rande gewellt und wie ausgefressen. Bm – BGh-4 (SW-China).
Likiang-F., *P. likiangénsis* (FRANCH.) PRITZ. var. ***likiangénsis***

– Nadeln auf der Zw.oberseite nach vorn gerichtet, dem Zw. dicht aufliegend, die seitlichen etwas abwärts gerichtet, 5–12 mm lang, auf der nach oben gerichteten Seite ohne oder mit 1–2 Spaltöffnungsreihen; jüngere Zw. graugelb, dicht braungelb behaart; Zapfen 4–6 cm lang, violettpurpurn, Samenschuppen rhombisch-längl. Bg – BGh-4 (NW-China).
Purpur-F., *P. likiangénsis* (FRANCH.) PRITZ. var. ***purpúrea*** (MAST.) DALLIM. et JACKS.

5 (2). Junge Zw. kahl **13**

– Junge Zw. behaart (Lupe!) **6**

6. Nadeln sehr stumpf, dicht gedrängt stehend, glänzend dunkelgrün, 5–10 mm lang; Zw. hellbraun bis gelb, glänzend, kurzhaarig, bes. in den Furchen; Zapfen 5–8 cm lang, 2 cm dick, Zapfenschuppen lederartig, fast kreisrund, längsstreifig. Bg – BGh-3 (Kaukasien). **Kaukasus-F., *P. orientális*** (L.) LINK

'Áurea' (f. *aureospicáta* BEISSN.), Austrieb goldgelb, später aber vergrünend. *'Early Gold'*, wie *'Áurea'*, aber langsamer wachsend und länger goldgelb bleibend.

– Nadeln ± zugespitzt **7**

7. Endkn. auffällig groß, 8–15 mm lang, kegelf. zugespitzt, Schuppen an der Spitze der Kn. abstehend, oft ± zurückgerollt; Zw. mit einfachen Haaren, selten kahl, gelbl. bis rotbraun; Nadeln 1,2–1,8 cm lang, 1 mm dick, steif und stechend, allseitig abstehend und nach vorn gerichtet, matt bläul.grün, auf relativ großen, abstehenden Bl.kissen sitzend; Zapfen längl.-zylindrisch, 8–10 cm lang, Samenschuppen abgerundet, ganzrandig; Äste an der Spitze bogenf. sich aufrichtend; starkwüchsig. Bg – BGh-4 (W-China). **Rauhe F., *P. asperáta*** MAST.

var. ***notábilis*** REHD. et WILS., Nadeln bis 2 cm lang; Zapfen 9–14 cm lang, Samenschuppen zur Spitze hin verschmälert.

– Endkn. unter 8 mm lang **8**

8. Junge Zw. mit einfachen Haaren, ohne Drüsenhaare **11**

– Junge Zw. auch mit feinen Drüsenhaaren (Lupe!) **9**

9. Nadeln matt- bis dunkelgrün, 1–1,8 cm lang, allseitig mit je 2–4 Spaltöffnungsreihen, nach vorn gerichtet, an der Zw.unterseite etwas gescheitelt; Zw. hell rotbraun bis gelbgrün, ± drüsig behaart, selten kahl; Kn. kegelf., rotbraun, nicht harzig, ihre Schuppen fest anliegend, die unteren oft mit pfriemf. Spitze; Zapfen 6–8 cm lang, braun, Schuppen dünn und biegsam, breit abgerundet, ganzrandig (nicht gekerbt oder ausgerandet wie bei *P. ábies*); ähnlich *P. ábies*. Bg – B-3/4. (*P. ábies* (L.) KARST. ssp. *obováta* (LEDEB.) HULT). **Sibirische F., *P. obováta*** LEDEB.

– Nadeln grau- bis blaugrün **10**

10. Nadeln 1,5–2,5 cm lang, zieml. weich, dünn und biegsam, gerade oder leicht gekrümmt, nach vorn gerichtet, zerrieben unangenehm riechend; Zw. hell braungelb; Kn. kegelf., gelbbraun, etwas harzig, Schuppen anliegend, an der Spitze der Kn. ± zurückgebogen; Zapfen 4–7 cm lang, 3–3,5 cm breit, vor der Reife rotbraun, reif hellbraun, Schuppen zur Spitze hin verschmälert und nach vorn abgestutzt, Ränder gezähnelt. Bg Ⓚ – Bg-1. **Engelmanns F., *P. engelmánnii*** PARRY ex ENGELM.

'Argéntea', Nadeln silbergrau.

'Glāūca', Nadeln stahlblau.

– Nadeln 7–12 mm lang, mit weißl. Schimmer, dünn, sehr dicht stehend, zerrieben etwas nach schwarzen Johannisbeeren riechend (wie auch *P. glāūca*); junge Zw. drüsig behaart; Zapfen 2–3,5 cm lang, 1,5–1,8 cm dick, jung violett. Bm – Bh-2. (*P. nígra* LINK). **Schwarz-F., *P. mariána*** (MILL.) B.S.P.

'Bēissneri', Wuchs gedrungen, breit kegelf., dem Boden aufliegende Zw. sich bewurzelnd und aufrichtend; Nadeln ± stahlblau; in Deutschland bekannt als „Wilhelmshöher Schwarzfichte".

'Douméttii'. Wuchs sehr dicht, breit kegelf. aufstrebend.

'Nána', Zwergform, Nadeln nur 5–7 mm lang, mit sehr deutlichen Stomatalinien.

11 (8). Untere Schuppen der Endkn. nicht oder nur mit vereinzelten pfriemf. Spitzen; Zw. meist wenig behaart; Nadeln grün, allmähl. scharf zugespitzt; Formen von *P. ábies,* häufiger angepflanzt, s. Nr. 15

– Untere Schuppen der Endkn. mit langen pfriemf. Spitzen, welche die Kn. überragen; weniger häufig angepflanzt **12**

12. Zw. dicht kurzborstig behaart; Nadeln 1,2–1,5 cm lang, auffallend glänzend, ± sichelf. gebogen, mit aufgesetzter gelbl. Knorpelspitze, auf allen vier Flanken mit 3–5 Spaltöffnungsreihen; Zapfen 3–4 cm lang, 1,5–2 cm breit, glänzend rot (Name) und zieml. harzig. Bm Ⓚ – Bgh-2. (*P. rúbra* (DU ROI) LINK). **Rot-F., *P. rúbens*** SARG.

– Zw. nur in den Furchen dicht behaart; Nadeln 6–15 mm lang, obersts. frischgrün mit nur 1–2 undeutl. Spaltöffnungsreihen, untersts. mattgrün mit 3–5 deutl. Spaltöffnungsreihen; Zapfen 5–8 cm lang, 2–2,5 cm breit, jung violett, reif bräunl. Bm – Bh-4. **Sachalin-F., *P. gléhnii*** (FR. SCHMIDT) MAST.

13 (5). Nadeln stumpf, 1–1,8 cm lang, graugrün bis (*'Caerúlea'*) prächtig silbergrau, zerrieben etwas nach schwarzen Johannisbeeren riechend; Zw. hell gelbgrau, oft leicht bereift; Kn. harzlos; Zapfen 3–6 cm lang, bis 2 cm dick, reif hellbraun, mit dünnen, biegsamen Schuppen. Bg – Bh-2. (*P. canadénsis* (MILL.) B.S.P., *P. álba* LINK).

Kanadische F., Schimmel-F., *P. glaūca* (MOENCH) VOSS

var. ***albertiána*** SARG., hoher, schmalkroniger Baum aus dem nordwestl. Kanada; Nadeln länger, Zapfen kleiner als bei der Art.

'Cónica', sehr langsam wüchsige Sorte, eine sehr dichte, regelmäßige Kegelkrone bildend, Nadeln radial gestellt, hellgrün, bis 1 cm lang; häufig als „Zukkerhutfichte" in den Gärten.

'Alberta Globe', aus *'Cónica'* entstanden, Wuchs aber mehr kugelig.

'Nána', bis 2 m hoch.

'Echinifórmis', halbkugelige Zwergform, bis 50 cm hoch.

– Nadeln spitz **14**

14. Nadeln allseitig um den Zw. gestellt, an der Zw.unterseite spärlicher vorhanden, aber nie gescheitelt, ± senkrecht abstehend . . **16**

– Nadeln auf der Unterseite des Zw. gescheitelt, kammf. nach rechts und links abstehend, den Zw. freilassend; Kn. harzlos . . **15**

15. Zw. rotbraun bis braun oder gelbl., meistens kahl, bei einigen Formen auch leicht behaart; Kn. schlank kegelf., zugespitzt, hell- bis rotbraun, obere Schuppen anliegend oder Ränder etwas zurückgebogen, untere ± gekielt; Nadeln 1–2(–2,5) cm lang, 1 mm dick, zugespitzt, dunkelgrün, meist glänzend; Zapfen 10–16 cm lang, zylindrisch, 3–4 cm dick, (*f. chlorcárpa* TH. FRIES, vor der Reife grün; *f. erythrocarpa* REHD., vor der Reife violettpurpurn) reif braun, Samenschuppen dünn, rhombisch, am Rand gewellt und ausgefressen gezähnelt. Bg – Bh/BGh-3 (N- und M-Europa, Alpen, Pyrenäen, Karpaten). (*P. excélsa* (LAM.) LINK). **Gemeine F., Rottanne, *P. ábies*** (L.) KARST.

a) Starkwüchsige Sorten:

'Cincinnáta', Lockenfichte; Äste etwas hängend, junge Triebe an der Spitze „lockig" verzweigt, Nadeln relativ lang und ± aufwärts gekrümmt.

'Columnáris', Säulenfichte; dichte, schmale Säulen bildend, Äste kurz, reich verzweigt.

'Cupréssina', säulenf. zugespitzt, einer etwas breiten Säulenzypresse im Wuchs ähnl.

'Pyramidáta', schlank kegelf. wachsend, Äste spitzwinklig aufsteigend.

b) In der Nadelfärbung abweichende Sorten:

'Argenteospíca', Nadeln im Austrieb z.T. weiß, später vergrünend.

'Finedonénsis', Nadeln im Austrieb hellgelb, später in bronzebraun und schließl. in grün übergehend.

Noch weitere buntnadelige Sorten vorkommend.

c) Hängeformen:
'Invérsa', sog. Trauerfichte, Äste senkrecht abwärts wachsend, dicht dem Stamm anliegend, Zw. schlaff herabhängend.
'Péndula', Äste und die wenig verzweigten Seitenzw. lang und schlaff herabhängend. – Ähnlich ist
'Péndula Májor', Wuchs unregelmäßiger.
'Viminális', Baum bis 20 m hoch, Äste ± waagerecht abstehend, Zw. dünn, wenig verzweigt, sehr lang werdend, schlaff herabhängend.
'Virgáta', Schlangenfichte, Stamm senkrecht wachsend, spärl. beastet; Äste schlangenartig, zuerst aufgerichtet, später sich senkend und herabhängend, fast ohne Seitenzw.; Nadeln bis 3 cm lang, dick.

d) Buschförmig mit ± kegeligem Wuchs:
'Acrocóna', Wuchs breit kegelig, bis 4 m hoch und mehr, sowohl an den Seitenzw. wie den Astspitzen zahlreiche, einzeln stehende Zapfen bildend; an den Zapfenenden oft ein Nadelbüschel.
'Bárryi', kräftig wachsende, bis 2,5 m hohe Kegelform mit dicken Ästen und stark abstehenden, kurzen Zw.; Endkn. auffällig groß, von einem Nadelbüschel umgeben.
'Ellwangeriána', Wuchs kräftig, breit kegelf., etwas locker gebaut, Nadeln glänzend dunkelgrün, etwa 2 cm lang.
'Mérkii', Wuchs breit kegelf., bis 2 m hoch, Zw. fein gelbl.weiß; Nadeln grasgrün, sehr dünn, glänzend, stark gescheitelt.
'Ohlendórffii', Wuchs unregelmäßig-kegelf., bis über 4 m hoch, dicht abstehend beastet, Zw. ± büschelig ausgebreitet; Nadeln 9–12 mm lang, dünn, dicht die Zw.oberseite bedeckend, unterst s. gescheitelt; häufig.
'Pygmǣa', Wuchs sehr dicht, stumpf kegelf., langsam wachsend, bis 1 m; Äste und Zw. ansteigend; Nadeln glänzend grün, dick stumpfspitzig, 8–10 mm lang.
'Remóntii', Wuchs kegelig bis eif., regelmäßig und dicht, bis 2 m hoch; Äste spitzwinklig abstehend; Nadeln fein und dünn, gelbl.grün, sehr ungleich lang (an demselben Zw.) von 3–10 mm.

e) Buschförmig mit ± abgerundetem bis halbkugeligem Wuchs:
'Clanbrassiliána', Wuchs ± rundl. abgeflacht, kaum über 1,2 m hoch werdend; Äste und Zw. sehr zahlreich, kurz bleibend, junge Zw. glänzendweiß; Nadeln radiär abstehend, oft unterst s. nicht gescheitelt, 8–10 mm lang, dünn, in der Mitte am breitesten; häufig.
'Compácta', Kugelfichte, Wuchs rundl. sehr gedrungen, dicht bezweigt, bis 1,5 m hoch; Nadeln bis 9 mm lang, glänzend grün.
'Gregoryána', Wuchs halbkugelig bis kissenf., langsam; ältere Pfl. auffällig ungleich bultig; bis 0,6 m hoch; Nadeln allseits abstehend, 6–12 mm lang, graugrün.
'Maríae Órffiae', Wuchs äußerst langsam, fast kugelig; Nadeln 4–8 mm lang, frischgrün; erst 1941 gefunden.
'Pseudomaxwéllii', Wuchs flach halbkugelig mit gebüschelter, kurzer Bezweigung; Nadeln abstehend oder unterst s. gescheitelt, stechend, frischgrün.
'Nidifórmis', Nestfichte, Wuchs halbkugelig, abgeflacht, oben meist nestf. vertieft, bis 3 m hoch werdend, sehr dicht bezweigt, Zw. dünn, biegsam; Nadeln bis 1 cm lang, graugrün.
'Little Gem', Habitus wie *'Nidifórmis'*, aber noch schwächer wachsend und Nadeln kürzer (< 6 mm).
'Púmila', Wuchs plattrund, bis 1 m hoch werdend; Zw. sehr dicht stehend, steif; Nadeln 7–10 mm lang, stumpfspitzig, hellgrün.

'Púmila Glaúca', Nadeln etwas blaugrün.

f) Mit flachem, ± kriechendem Wuchs:

'Procúmbens', Wuchs flach ausgebreitet, Äste und Zw. dem Boden aufliegend; Nadeln 8–12 mm lang, gelbl.grün.

'Répens', Wuchs breit kriechend, höchstens bis 0,5 m hoch werdend; Äste und Zw. ± neben- und übereinander wachsend, dadurch sehr dicht werdend; Nadeln allseits abstehend und nach vorn gerichtet, sehr dünn, grün.

'Tabulifórmis', Tafelfichte, Äste ± dem Boden anliegend, Zw. rechtwinklig abstehend, dünn und biegsam; Nadeln 6–12 mm lang, stumpfspitzig, gelbl.grün.

– Zw. gelbl. bis grauweiß, kahl; Kn. dick, breit stumpfkegelig, glänzend kastanienbraun; Nadeln an der Zw.oberseite sehr dicht stehend und ± nach vorn gerichtet, die seitl. rechtwinklig abspreizend, einzelne Nadeln nach unten abstehend, 1,2–2,2 cm lang, Spitze stechend, flach zusammengedrückt, 1 mm breit, dunkelgrün, die nach oben gerichtete Seite mit 2–3, die nach unten gerichtete Seite mit 3–4 Spaltöffnungsreihen; Zapfen 4–6 cm lang, zylindrisch, hellbraun, Samenschuppen abgerundet. Bg – BGh-4 (N-, NW-China).
Wilsons Fichte, *P. wilsónii* MAST.

16 (14). Mehrzahl der Nadeln über 1,8 cm lang **18**

– Nadeln bis 1,8 cm lang **17**

17. Nadeln ± rechtwinklig vom Zw. abstehend, 1–1,5 cm lang, scharf stechend, an älteren Bäumen mehr stumpfspitzig, dunkelgrün; Zw. gelbl.braun, mehrj. weißl.grau; Kn. rundl., stark verharzt; Zapfen 3–6 cm lang, vor der Reife grün, reif glänzendbraun, Samenschuppen abgerundet, ganzrandig. Bm – BGh-4 (Japan). **Maximowiczs F., *P. maximowíczii*** REG. ex MAST.

– Nadeln abstehend und ± nach vorn gerichtet, 1,2–1,8 cm lang, stechend, grau- oder bläul.grün *P. asperáta* s. Nr. 7

18 (16). Nadeln relativ weich, nicht stechend, sehr lang (2,5–4,5 cm); junge Zw. hellgrau bis glänzend hellbraun, deutl. hängend; Zapfen 12–17 cm lang, 3–5 cm dick. Bg ∧ – BGm-4 (Himalaya). (*P. morínda* LINK).
Himalaya-F., *P. smithiána* (WALL.) BOISS.

– Nadeln sehr starr, stechend, im Mittel unter 3 cm lang **19**

19. Nadeln auf der Zw.oberseite nach vorn gerichtet, 2,0–3,5 cm lang (im Mittel 2,5 cm); junge Zw. grau bis graugelb, etwas glänzend, leicht hängend; Zapfen 7–9 cm lang, 2,5–3 cm dick. Bg – BG-3 (Tienschan).
Schrenks F., *P. schrenkiána* FISCH. et MEY.

– Nadeln fast senkrecht vom Zw. abstehend **20**

20. Nadeln frischgrün glänzend, 1,5–2,5 cm lang, 2 mm dick; junge Zw. kurz, dick, glänzend hellgelbbraun; Kn.schuppen fest anliegend; Zapfen 8–12 cm lang, 3–3,5 cm dick. Bm – Nhg-4 (Japan). **Tigerschwanz-F., *P. políta*** (SIEB. et ZUCC.) CARR.

– Nadeln dunkelmattgrün bis silbergrau oder prächtig blauweiß, 1,8–2,7 cm lang, 1,5 mm dick; junge Zw. etwas bläul., zuletzt orangebraun; Kn.schuppen locker anliegend, vorne zurückgebogen; Zapfen 6–10 cm lang, 3 cm dick. Bg – BG-1. **Stech-F., *P. púngens*** ENGELM.

In den Gärten zahlreiche blaugraue Sorten, die sich durch verschiedene Nadelfärbungen unterscheiden (z. B. *'Koster'*, *'Hoopsii'*, *'Moerheim'*, *'Spek'*, *'Thomsen'*).

'Péndula', Hängeform.

Zwergformen: *'Glaúca Globósa'*, *'Glaúca Procúmbens'*.

21 (1). Seitenzw. nicht auffällig schlaff und lang von den Ästen herunterhängend **23**

– Seitenzw. (zumindest die älteren) schlaff und lang herunterhängend, Äste oft ± horizontal stehend und in ihrem vorderen Teil aufwärts gekrümmt **22**

22. Nadeln 2–2,7 cm lang, stumpf, untersts. grau, fast rechtwinklig vom Zw. abstehend; junge Zw. behaart, rötl.braun; Bl.kissen auffallend lang; Zapfen 6–12 cm lang. Bm – N/BGh-1 (Siskiyou-Gebirge). **Siskiyou-F., *P. breweriána*** S. WATS.

– Nadeln 1–2 cm lang, kurz zugespitzt, untersts. auffallend kreide- bis silberweiß, auf der Zw.oberseite zur Zw.spitze gerichtet; junge Zw. kahl oder dünn behaart, hellgelb bis orange; kleine Bl.kissen; Zapfen 7–14 cm lang. Bm – BGh-4 (W- und M-China). Wird als eine der schönsten Fichten angesehen. **Silber-F., *P. brachýtyla*** (FRANCH.) PRITZ.

23 (21). Junge Zw. kahl **25**

– Junge Zw. behaart, Nadeln auf der Zw.oberseite auffällig nach vorne gerichtet **24**

24. Junge Zw. hell rotbraun; Nadeln 1,2–2,5 cm lang, zieml. stumpf; Kn. harzfrei; Zapfen 4–6 cm lang, 2–2,5 cm dick; Wuchs schmal kegelf., schräg herunterhängende Äste, die in ihrem Spitzenbereich wieder leicht aufgerichtet sind (ähnl. Ski-Sprungschanze). Bg – Nhg/BGh-3 (Serbien, Bosnien). **Serbische F., *P. omórika*** (PANČIČ) PURKYNE

'Nána', Zwergf. bis 2 m hoch; Nadeln 7–8 mm lang, weißl. Spaltöffnungsbänder besonders ausgeprägt.

'Gnom', niedriger als *'Nána'*; Nadeln 10–15 mm lang.

P. × ***mariórika*** BOOM (*P. mariána* × *P. omórika*), ähnelt *P. omórika*, Nadeln aber schmaler und Zapfen kleiner.

– Junge Zw. gelbgrau; Nadeln 5–12 mm lang, etwas zugespitzt; Kn. harzig *P. likiangénsis* var. *purpúrea* s. Nr. 4

25 (23). Nadeln kaum 1 mm breit, 1,5–2,5 cm lang, scharf zugespitzt und stechend, steif, untersts. stark gekielt, obersts. zuw.

mit 1–2 unvollständigen Spaltöffnungsreihen; Zw. glänzend gelb; Kn. zugespitzt; Zapfen 5–8 cm lang, 2,5–3 cm dick, blaßgelb. BG – Nh-1. **Sitka-F., *P. sitchénsis*** (BONG.) CARR.

– Nadeln breiter als 1 mm, 1–1,8 cm lang, nicht so scharf stechend wie bei voriger, beidersts. schwach gekielt; junge Zw. gelbl.braun; Kn. stumpf; Zapfen 3–5(–8) cm lang. Bm – Bh-4. (*P. ajanénsis* FISCH.).
Ajan-F., *P. jezoénsis* (SIEB. et ZUCC.) CARR.

var. ***hondoénsis*** (MAYR) REHD., Hondo-Fichte, unterscheidet sich durch kürzere, dunkler blaugrüne Nadeln und stärker geschwollene Bl.kissen.

4. *Tsúga* (ANT.) CARR., Hemlock, Schierlingstanne

Immergrün; Nadeln bis 2,5 cm lang, meist flach und nur unterst. mit Spaltöffnungsbändern, deutl. gestielt, Stielchen dem Zw. anliegend und auf deutl. Bl.kissen sitzend *(2/9)*; Zapfen meist klein, stets am Zw.ende, Deckschuppen nur etwa halb so lang wie die Samenschuppen. Etwa 14 Arten.

1. Nadeln ± radiär abstehend, blaugrün, auch obersts. im vorderen Teil mit Spaltöffnungen, 1–2,5 cm lang; Zw. dicht behaart; Zapfen 5–7,5 cm lang. Bg – BGh-1. (*T. pattoniána* (A. MURR.) (ENGELM.). **Berg-H., *T. mertensiána*** (BONG.) CARR.

'Blue Star' und *'Glaúca'*, Nadeln auffallend blaugrün.

– Nadeln an den Seitenzw. ± gescheitelt, dunkelgrün bis gelbgrün, nur unterst. mit Spaltöffnungsbändern **2**

2. Nadeln ganzrandig **4**

– Nadeln sehr fein gezähnt **3**

3. Nadeln 5–16 mm lang, verschmälern sich in der vorderen Hälfte sehr deutl., obersts. glänzend dunkelgrün, unterst. mit relativ schmalem, grauweißem Mittelstreifen (der Mittelstreifen ist etwa so breit wie die beiden grünen Randstreifen zusammen); Zapfen 1,3–2,3 cm lang, kurzgestielt; obere Seitenäste in Stammnähe schräg ansteigend; breit kegelf. Krone. Bg – Nhk-2.
Kanadische H., *T. canadénsis* (L.) CARR.

'Albospíca', Nadeln an den Zw.spitzen z.T. weiß oder weiß gefleckt, später vergrünend.

'Jeddeloh', gedrungene, fast halbkugelige Zwergform.

'Parvifólia', Wuchs zierl., Nadeln nur 5–8 mm lang.

'Microphýlla', sehr ähnl. *'Parvifólia'*.

'Péndula', Hängeform, buschig und niedrig bleibend, oft breiter als hoch, Zw. herabhängend.

– Nadeln 6–20 mm lang, verschmälern sich in der vorderen Hälfte nicht oder nur sehr wenig, obersts. glänzend grün, unterst. mit breitem, grünl.weißem Mittelstreifen (der Mittelstreifen ist wesentl. breiter als die beiden grünen Randstreifen); Zapfen 2–2,5

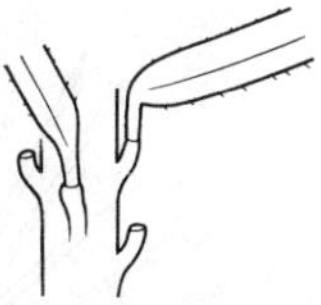

2/9: *Tsuga heterophylla*

cm lang, ungestielt; obere Seitenäste in Stammnähe horizontal abstehend; schmal kegelf. Krone. Bg – N-1.

Westliche H., *T. heterophýlla* (RAF.) SARG.

4 (2). Nadeln vorne abgerundet, untersts. mit 2 auffälligen weißen Bändern, oberststs. dunkelgrün, 1–2 cm lang; junge Zw. glänzend hellrotbraun, spärl. behaart in den Furchen; Zapfen relativ groß, 2–3,5 cm lang, eilängl., Schuppen beim reifen Zapfen weit auseinander spreizend. Bm – Nhg-2.

Carolina-H., *T. caroliniana* ENGELM.

– Nadeln vorne deutl. ausgerandet **5**

5. Junge Zw. kahl, grau- bis gelbbraun; Kn. zugespitzt, rötl.gelb; Nadeln 7–23 mm lang, 1,5–2,5 mm breit, obersts. glänzend grün, untersts. mit wenig auffallenden, mattweißen Bändern; Zapfen 2–2,5 cm lang, eif. Bm – Nhw-4 (Japan).

Araragi-H., *T. siebóldii* CARR.

– Junge Zw. kurz behaart (Lupe!), hellorange bis rotbraun; Kn. abgerundet, dunkelrotbraun; Nadeln relativ kurz, 5–15 mm lang, 2–2,5 mm breit, obersts. dunkelgrün, stark glänzend, untersts. mit kreideweiß glänzenden Bändern; Zapfen 1,5–2 cm lang, eif. Bk/Sg – Nhg/BGh-4 (Japan).

Japanische H., *T. diversifólia* (MAXIM.) MAST.

5. *Cédrus* TREW, Zeder

Immergrün; Nadeln gewöhnl. 3seitig, zugespitzt und stechend, an den Langtrieben locker schraubig stehend, an den Kurztrieben zu 30–50 gebüschelt *(2/10)*, 3–6 Jahre alt werdend; ♂ Bltn. kätzchenartig, aufrecht stehend, ca. 5 cm lang, ♀ Bltn. st. eif. purpurn; Zapfen aufrecht stehend, ei- oder tonnenf., bei der Reife im 2. oder 3. Jahr zerfallend, Samenschuppen sehr breit, dicht dachziegelig aneinandergepreßt. 4 Arten.

1. Nadeln 3–5 cm lang, weich, grün bis blaugrün, zu etwa 30 im Büschel; Krone in der Jugend pyramidal, Spitzen der Zw. und Gipfeltrieb peitschenartig überhängend, junge Zw. dicht besetzt mit kurzen Haaren; Zapfen 8–12 cm lang, 5–6 cm dick, oben abgerundet (konvex), jung bläul. bereift, später rostbraun, Rükken der Samenschuppen meist kahl. Bg ∧∧ – NGsm-4 (W-Himalaya).

Deodar-Z., Himalaya-Z., *C. deodára* (D. DON) G. DON

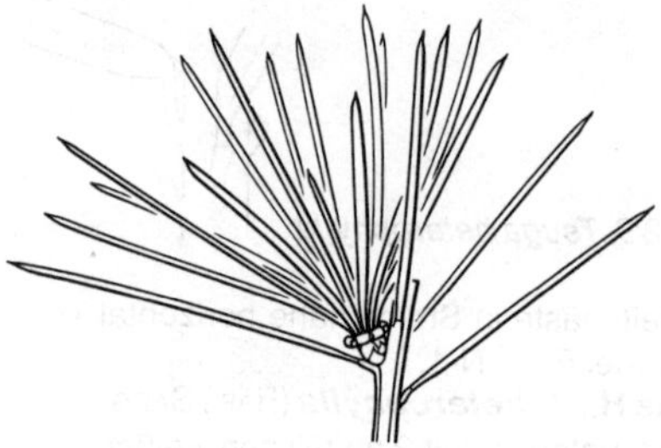

2/10: Zweigstück von *Cedrus libani* mit Lang- und Kurztriebsnadeln

'Karl Fuchs', graublau bereifte Nadeln; größere Winterhärte (∧).
'Kashmir', mit silbergrauer Benadelung und größerer Winterhärte (∧).

– Nadeln nicht über 3,5 cm lang; Zapfen oben abgeflacht und etwas vertieft (konkav) 2

2. Nadeln 5–12 mm lang, etwas gekrümmt, kurzspitzig, blaugrün; Zapfen bis 7 cm lang und 4 cm dick, mit kurzem Nabel in der eingedrückten Spitze. Bk ∧ – NGs-3 (Cypern).
Kurznadelige Z., *C. brevifólia* (HOOK. f.) HENRY

– Nadeln länger, bis 3,5 cm 3

3. Seitenäste steil aufgerichtet, Gipfeltrieb (von alten Bäumen abgesehen) aufrecht; junge Zw. stets schwach behaart (sehr kurze, zerstreut angeordnete Haare – Lupe!); Mehrzahl der Nadeln 1,8–2,5 cm lang; am Kurztrieb oft 40–50, teils sogar über 50 Nadeln; Zapfen 5–8 cm lang, 3,5–5 cm breit. Bg ∧ – NGsm-3 (Atlas). **Atlas-Z., *C. atlántica*** (ENDL.) MANETTI

'Gla̅uca', Nadeln graublau gefärbt, frosthärter als die grünnadeligen Formen.
'Aurea', junge Nadeln goldgelb, im 2. Jahr vergrünend.
'Péndula', Äste mähnenartig herunterhängend.

– Seitenäste weniger steil ansteigend, Gipfeltrieb oft schräg zur Seite gebogen; junge Zw. kahl oder nur äußerst schwach behaart; Mehrzahl der Nadeln 2–2,8 cm lang; Zapfen 8–10 cm lang, 4–6 cm breit. Bg ∧ – NGs-3 (Taurus, Libanon).
Libanon-Z., *C. líbani* A. RICHARD

'Gla̅úca', Nadeln blaugrün bis silbergrau.
var. ***stenócoma*** (Schwarz) Davis, mit schmaler, fast säulenf. Krone (Name).

6. *Pseudólarix* GORD., Goldlärche

Nur 1 Art.

Sommergrün; ± horizontal abstehende Äste, Krone breit kegelig; Nadeln 3–7 cm lang, 1,5–2,5 mm breit, spitz, weich, hellgrün, untersts. bläul., im Herbst goldgelb, an den Langtrieben schraubig, an Kurztrieben zu 15–30 gehäuft, schirmartig ausgebreitet; Zapfen 5–7 cm lang, 4–5 cm dick, rötl.braun, Samenschuppen bei der Reife abfallend. Bm ⓚ – Nhw-4 (O-, M-China). (*P. kāēmpferi* GORD.). ***P. amábilis*** (NELS.) REHD.

7. *Lárix* MILL., Lärche

Sommergrün; Nadeln an den Langtrieben schraubig, an den Kurztrieben zu 15–50 in Büscheln; Zapfen eif. bis kugelig, z. T. auch fast zylindrisch, nicht zerfallend, meist lange am Zw. haftend. Etwa 10 Arten in den kühleren Regionen der Nordhemisphäre.

1. Deckschuppen kürzer als die Samenschuppen, nicht oder nur etwas aus dem reifen Zapfen herausragend **4**

– Deckschuppen lang zugespitzt, weit aus dem reifen Zapfen herausragend **2**

2. Zapfen eif., 2,5–3,5 cm lang, 2,5–3 cm breit; junge Zw. gelbl. bis hell orangebraun, anfangs mit einzelnen langen Haaren in den Furchen, bald verkahlend; Kn. glänzend dunkelbraun, etwas harzig; Nadeln obersts. flach, untersts. gekielt, 2,5–4,5 cm lang, steif scharf zugespitzt, hell graugrün; Wuchs schlank kegelf. Bg – BG-1.
Westamerikanische Lärche, *L. occidentális* NUTT.

– Zapfen lang eif. bis fast zylindrisch, 3,5–5 cm lang, 2 cm breit; Nadeln beidersts. deutl. gekielt **3**

3. Samenschuppen reifer Zapfen nach außen umgebogen; junge Zw. dicht grau bis graubraun behaart; Kn. rund, Schuppen behaart. Bk – BG-1. **Rocky-Mountains-L., *L. lyálii*** PARL.

– Samenschuppen reifer Zapfen anliegend; junge Zw. schwach behaart, glänzend orangebraun; Kn. harzig. Bm – BG-4 (W-China). **Chinesische L., *L. potanínii*** BATAL.

4 (1). Samenschuppen bei der Reife ± anliegend, nicht rosettig nach außen gebogen oder auseinanderspreizend **6**

– Samenschuppen bei der Reife nach außen gebogen oder auseinanderspreizend **5**

5. Samenschuppen bei der Reife im oberen Teil rosettig nach außen gebogen, Zapfen 2–3 cm lang, rundl.; junge Zw. rötl.-braun bis orangerot, oft bereift; Äste ± horizontal abstehend, breitkegelige Krone; Nadeln 2–3,5 cm lang, bläul.grün, zu 40–50 im Büschel. Bg – BG-4 (Japan). (*L. leptólepis* (SIEB. et ZUCC.) GORD.). **Japanische L., *L. kāēmpferi*** (LAMB.) CARR.

'Péndula', Äste zunächst ansteigend, dann überhängend.

'Blue Ball', ***'Blue Dwarf'*** und ***'Little Blue Star'***, Zwergformen mit blaugrünen Nadeln.

L. × ***marschlínsii*** COAZ (*L.* × *eurólepis* HENRY), Bastard zwischen *L. kāēmpferi* und *L. decídua,* im Wuchs der *L. kāēmpferi* sehr ähnl., doch Krone schmaler und Äste an der Spitze mehr aufstrebend, Jungtriebe mehr gelbl. und weniger bereift als bei *L. kaēmpferi*; Zapfen größer als bei den Eltern, Samenschuppen nur im vorderen Teil leicht nach außen umgebogen.

– Samenschuppen bei der Reife weit auseinanderklaffend, zu 10–35, kahl, fast flach, glänzend braun, Zapfen 1,5–3 cm lang; junge Zw. gelbl. (im Winter sich oft rötl. verfärbend); Kn. zuerst gelbbraun, dann von der Basis her dunkler werdend; Nadeln 1,5–3 cm lang, unterstz. deutl. graugrüne Spaltöffnungsbänder. Bg – Bs-4. (*L. dahúrica* (Loud.) Turcz. ex Trautv.).

Dahurische L., *L. gmelínii* (Rupr.) Kuzeneva

var. ***japónica*** (Maxim. et Reg.) Pilg., Kurilenlärche, Zw. braunrot bis violett; Nadeln im Büschel ganz flach ausgebreitet.

var. ***príncipis-ruprέchtii*** (Mayr) Pilger, Zapfen bis 3,5 cm lang, langgestielt.

var. ***olgénsis*** (Henry) Ostenf. und Larsen, Zw. dicht rotbraun behaart.

6 (4). Nadeln im Mittel über 3 cm lang (2,5–4 cm), relativ dünn, schmal und weich, obersts. dunkelgrün, unterstz. hellgrün, zu 15–30 im Büschel; Zapfen kegelf., kurz gestielt, 2,5–4 cm lang; 30–40 muschelf. Samenschuppen, außen flaumig braun behaart; schmale, kegelf. Krone. Bg – B-3. (*L. rússica* (Endl.) Sabine). **Sibirische L., *L. sibírica*** (Muenchh.) Ledeb.

– Nadeln im Mittel unter 3 cm lang **7**

7. Zapfen 1–1,8 cm lang (der kleinste Zapfen aller Lärchenarten), 12–20 Samenschuppen, Rand leicht einwärts gekrümmt und fein gezähnelt, Rücken gestreift; junge Zw. bereift, gelbbraun bis rotbraun; Nadeln 2–3 cm lang, zu 12–30 pinselartig aufgerichtet, unterstz. gekielt, hell blaugrün. Bm – B-2. (*L. americána* Michx.).

Amerikanische L., Tamarack, *L. larícina* (Du Roi) K. Koch

L. × ***péndula*** Salisb. soll ein in Kultur entstandener Bastard *L. decídua* × *L. larícina* sein; Zapfen zwischen den Eltern stehend, 1,9–2,3 cm lang mit 20–30 Samenschuppen; infolge des Namens „*péndula*" oft irrtüml. als „Trauerbaum" beschrieben.

– Zapfen 2,5–4 cm lang; Samenschuppen zu 40–50, gerade vorgestreckt, anliegend, am Rande etwas wellig, kahl oder nur im unteren Teil kurz behaart, Deckschuppen im unteren Zapfenteil etwas hervorragend; Zw. relativ dünn, gelbl., kahl; Nadeln 2–3 cm lang, zu 30–40 im Büschel, hellgrün; Krone kegelig, im Alter unregelmäßig. Bg – BG-3. (*L. europāēa* DC.).

Europäische Lärche, *L. decídua* Mill.

'*Péndula*', Äste und Zw. herabhängend und niedergebogen.

var. ***polónica*** (Racib.) Domin, Zapfen kleiner und Samenschuppen mehr gerundet, außen oft behaart; gilt als intermediäre Form zwischen *L. decídua* und *L. sibírica*.

8. *Pínus* L., Kiefer, Strobe, Zirbe

Immergrüne Bäume, seltener Sträucher; Bl. an den Langtrieben zu trockenhäutigen Schuppen reduziert, in deren Achseln Kurztriebe aus 2–5 Nadeln entstehen, diese am Grunde von einer häutigen, oft hinfälligen Scheide umgeben, der Querschnitt eines Nadelbündels ist an seiner Basis kreisf., wobei die einzelnen Nadeln Kreissektoren (3 bzw. 5 Nadeln im Bündel) oder Halbkreise (2 Nadeln im Bündel) darstellen (Abb. *2/12*), an den radialen Flächen befinden sich stets Spaltöffnungsreihen, an den Außenflächen größtenteils; Zapfen gerade oder gekrümmt, kugelig bis walzenf. im 2. oder 3. Jahr reifend, meist sich öffnend, selten geschlossen bleibend, Samenschuppen mit verdicktem, zuw. dornigem Schuppenschild. Mehr als 90 Arten.

2/11

Zweigstück einer zweinadeligen Kiefer

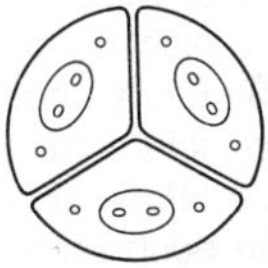

2/12

Nadelbüschel einer dreinadeligen Kiefer, quer

1. Kurztriebe aus 2–3 Nadeln bestehend **19**
– Kurztriebe aus 5 Nadeln bestehend **2**

2. Nadeln am Rande mit sehr kleinen, meistens nach vorne gerichteten Zähnen (Lupe mit 10facher Vergrößerung!), Nadeln fühlen sich daher beim Rückwärtsstreichen etwas rauh an **9**
– Nadeln ohne Zähne, daher ganz glatt **3**

3. Nadeln auf allen 3 Flächen mit weißl. Spaltöffnungsreihen (die Zahl der Reihen an den Außenflächen meistens geringer als an den radialen Flächen) **7**
– Nadeln auf den Außenflächen ohne weißl. Spaltöffnungsreihen, an den radialen Innenflächen mit 3 oder mehr weißl. Spaltöffnungsreihen (Lupe) **4**

4. Nadeln mit auffälligen weißl. Harzkörnchen bedeckt (an Wollläuse erinnernd), 2–5 cm lang, dem Zw. relativ dicht anliegend; Jungtriebe meistens behaart; Zapfen 6–10 cm lang, 4 cm dick, ungestielt, Nabel der Schuppen mit einem etwa 8 mm langen grannenf. Dorn. Bk – BGs-1. **Grannen-K., *P. aristáta*** Engelm.

P. longǣva D. K. Bailey, nahe verwandt, Schuppen mit langem Dorn, Nadeln aber ohne Harzkörnchen; Exemplare mit einem Alter von weit über 4000 Jahre sind von dieser Art bekannt. Bk – BGs-1 (Nevada).

– Nadeln ohne weißl. Harzkörnchen **5**

5. Nadeln 3–4 cm lang, wie auch bei *P. aristáta* dem Zw. dicht anliegend und bis zu 14 Jahre am Zw. bleibend, Zw. erscheinen daher fuchsschwanzähnl. (Name); Zapfen 7–12 cm lang, 4 cm dick, kurzgestielt, Schuppenschild mit kurzem Dorn. Bk – BGs-1 (Kalifornien). **Fuchsschwanz-K., *P. balfouriána*** A. MURR.

– Nadeln über 4 cm lang **6**

6. Nadeln 7–10 cm lang *P. peúce* s. Nr. 12

– Nadeln 4–8 cm lang *P. púmila* s. Nr. 13

7 (3). Junge Zw. äußerst biegsam (sie können stark gebogen werden, ohne zu brechen), gelbgrün, kurz behaart (z. T. Drüsenhaare) oder kahl; Nadeln 4–9 cm lang, am Zw.ende gedrängt, nach vorne gerichtet; Zapfen 8–14 cm lang, 4–6 cm dick. Bm – Bg-1. **Biegsame K., *P. fléxilis*** JAMES

'Gláuca', Nadeln blaugrün.

– Junge Zw. nicht auffällig elastisch **8**

8. Nadeln 3–6 cm lang; junge Zw. gelbbraun, kahl oder leicht behaart; Kn. scharf zugespitzt; Zapfen 4–8 cm lang, 4–6 cm dick, Schuppen öffnen sich bei der Reife nicht, so daß die Zapfen mit den darin noch enthaltenen eßbaren flügellosen Samen abfallen; Borke hell; selten in Kultur. Bm – BG-1.
Weißstämmige K., *P. albicáulis* ENGELM.

– Nadeln 7–11 cm lang; Zapfen 30–50 cm lang
P. lambertiána s. Nr. 16

9 (2). Junge Zw. behaart **13**

– Junge Zw. kahl **10**

10. Nadeln im Mittel unter 10 cm lang **12**

– Nadeln im Mittel über 10 cm lang **11**

11. Nadeln schlaff, 13–20 cm lang, größtenteils bogig herunterhängend, einzelne Nadeln im unteren Drittel geknickt; Zapfen 2–5 cm lang gestielt, 15–27 cm lang, 3–6 cm dick, bananenf., Zapfenschuppen oft mit Harztropfen besetzt; Samen geflügelt. Bg ∧ – NG-4 (Himalaya). (*P. excélsa* WALL., *P. griffíthii* (MCCLELL.).
Tränen-K., *P. wallichiána* A. B. JACKS.

P.* × *schwerínii FITSCHEN (*P. stróbus* × *P. wallichiána*) ähnelt im Wuchs und der Benadelung *P. wallichiána* sehr, Zapfen in Größe und Form mehr *P. stróbus* ähnelnd, Schuppenschild jedoch wie bei *P. wallichiána* längs gestreift; durch die silberblauen Nadeln sehr auffallend.

– Nadeln 9–15 cm lang, meist hängend und etwas geknickt; Zw. zuw. leicht drüsig; Zapfen gestielt, 10–18 cm lang, 4–7 cm dick, faßf., Samen ungeflügelt. Bm – BGh/Nhg-4 (N-, W-, SW-China).
Armands K., *P. armándii* FRANCH.

12 (10). Jungtriebe relativ dick und fest, stets kahl, grünl.; Nadeln 7–10 cm lang, steif, pinself. nach vorne gerichtet; Äste in der Peripherie der Krone leicht bogig nach oben gekrümmt; schmale, dichte Krone; Zapfen gelbbraun, 8–13 cm lang, 3–4 cm dick. Bm – Nhg/BGh-3 (SO-Europa).

Rumelische K., *P. peūce* GRISEB.

– Zw. relativ dünn und biegsam, grünl., zuerst besonders unter den Ansatzstellen der Nadeln kurz behaart, bald verkahlend; Nadeln 5–14 cm lang, sehr dünn, biegsam; Äste horizontal abstehend; breite Krone; Zapfen braun, 9–20 cm lang, 3–4 cm dick. Bg – Nh-2. **Weymouths K., Strobe, *P. stróbus*** L.

13 (9). Wuchs strauchig, mit niederliegenden, an der Spitze aufstrebenden Ästen; Jungtriebe kurz und dicht behaart; Nadeln 4–8 cm lang, blaugrün; Kn. glänzend rotbraun; ♂ Bltn. auffallend dunkelrot; Zapfen 3–5 cm lang, 2–3 cm dick, Samen ungeflügelt. Sg/Bk – Bhg-4.

Ostasiatische Zwerg-K., *P. púmila* (PALL.) REG.

– Wuchs baumartig **14**

14. Behaarung spärl. **16**

– Behaarung dicht, rot- bis gelbbraun **15**

15. Nadeln dunkelgrün, zieml. steif, dem Zw. anliegend (pinselartige Büschel an den Zw.enden), 5–10 cm lang; Endkn. 6–10 mm lang, eif., lang zugespitzt; von alten Bäumen abgesehen mit dichter, pyramidenf. Krone; Zapfen eif., 5–8 cm lang, 5 cm dick, Samen ungeflügelt. Bm – Bh/BGh-3. **Zirbe, Arve, *P. cémbra*** L.

P. sibírica DU TOUR (*P. cémbra* var. *sibírica* (DU TOUR) LOUD.), nahe verwandt, Nadeln kürzer, Zapfen länger und walzenf. Bm – Bh-3 (W-Sibirien).

– Nadeln heller grün und etwas weicher, von den Zw. mehr abspreizend, 6–14 cm lang; Endkn. 1–1,8 cm lang, fast zylindrisch, mit kurzer aufgesetzter Spitze; Krone lockerer mit weiter ausladenden Ästen; Zapfen 9–14 cm lang, 5–7 cm dick, Samen ungeflügelt. Bm – Bh-4.

Korea-K., *P. koraiénsis* SIEB. et ZUCC.

'Gláuca', mit dickeren, auffallend bläulichen Nadeln.

16 (14). Nadeln 1,5–2 mm breit, 7–11 cm lang, recht steif, etwas gedreht, dunkelgrün, scharf zugespitzt; junge Zw. zieml. dick, Behaarung schokoladenfarbig; Kn. harzig; Stamm glatt, hellbraun; Zapfen 30–50 cm lang, 8–11 cm dick, mit lederartigen Schuppen; Samen 15 mm lang, geflügelt; selten angepflanzt. Bg ∧ – NG-1. **Zucker-K., *P. lambertiána*** DOUGL.

– Nadeln 0,5–1 mm breit **17**

17. Nadeln 3–7 cm lang, leicht bogig, an den Zw.enden pinself. gehäuft, Innenflächen der Nadeln auffällig blauweiß; Zapfen eif., 4–8 cm lang, 3–4 cm breit, oft in Wirteln zu 3 oder 4 angeordnet, sich weit öffnend, mehrere Jahre am Baum bleibend. Bm – Nhg-4 (Japan). (*P. pentaphýlla* MAYR).

Mädchen-K., *P. parviflóra* SIEB. et ZUCC.

'Adcock's Dwarf', Zwergform mit nur 15–25 mm langen Nadeln.
'Glaúca', Nadeln silbrig blaugrün.

– Nadeln über 7 cm lang **18**

18. Jungtriebe gleichmäßig flaumig behaart, bräunl.; Nadeln 7–12 cm lang; Zapfen 14–22 cm lang, 3–5 cm dick, etwas gekrümmt, dünnschuppig. Selten angepflanzt. Bm – N-1.
Westliche Weymouths K., *P. montícola* D. DON

'Ammerland', starkwüchsiger Klon mit relativ dicken Zw. und blaugrünen Nadeln.

– Jungtriebe vorwiegend unter den Nadelbüscheln behaart, bald verkahlend, grünl. *P. stróbus*. s. Nr. 12

19 (1). Kurztriebe 2-, nur ausnahmsweise 3nadelig **26**

– Kurztriebe vorwiegend 3nadelig **20**

20. Nadelscheiden im 1. Jahr ganz abfallend, Nadeln 7–9 cm lang, 2 mm breit, sehr steif, hellgrün, auf dem Rücken wenig gerundet; Nadelbüschel entfernt stehend; junge Zw. graugrün, kahl; Kn. harzlos, spindelf., mit freien Schuppenspitzen; Borke älterer Stämme platanenartig abblätternd und dadurch buntscheckig; Zapfen 5–6 cm lang, 4–5 cm dick. Bg – Ng-4 (N-, NW-China).
Bunges K., *P. bungeána* ZUCC. ex ENDL.

– Nadelscheiden bleibend, zuw. als gespaltene Lappen zurückbleibend **21**

21. Nadeln im Mittel 7–8 cm lang, auf dem Rücken flach, steif, am Rande zieml. stark rauh, jung hellgrün; junge Zw. erst hellgrün, dann orangebraun; Zapfen 5–10 cm lang, 3,5–6 cm dick, sehr lange am Zw. bleibend, Schuppen mit kurzem Dorn; ausgezeichnet durch das Erscheinen junger Triebe am alten Holz und durch Stockausschlag an abgeholzten Stämmen. Bm ⓚ – Nh-2. **Pech-K., *P. rígida*** MILL.

– Nadeln im Mittel über 10 cm lang **22**

22. Junge Zw. weißblau bereift **24**

– Junge Zw. nicht bereift, glänzend braun bis rotbraun **23**

23. Nadeln zu 3, steif, 12–25 cm lang, 1,5 mm breit, vom Zw. abspreizend, dunkelgrün, glänzend; junge Zw. bräunl. oder grünl., die älteren schwärzl.grau; Zapfen 8–11 cm lang, 3,5–5 cm dick, mit stark bedornten Schuppen; Stamm schon in der Jugend sehr rauh, Borke später tiefrissig, rot- bis schwarzbraun. Bg – Ns-1. **Gelb-K., *P. ponderósa*** DOUGL. ex P. et C. LAWSON

– Nadeln sowohl zu 2 als auch zu 3 im Büschel, 8–16 cm lang, 1,5–2 mm breit, gedreht, hin und her gekrümmt; Kn. schwach harzig oder fast harzlos; Zapfen 6–8 cm lang, 3–5 cm dick. Bm.
P. ponderósa DOUGL. var. ***scopulórum*** ENGELM.

22 (22). Nadelscheiden anfangs 1,5 cm lang; Kn. ganz harzlos; Nadeln graugrün, nicht glänzend, 10–20 cm lang, bis 2 mm

breit; junge Zw. beim Zerschneiden nach Orangen duftend, im 2. Jahr graubraun; Zapfen 8–25 cm lang, 4,5–8 cm dick; Stamm anfangs glatt, erst spät borkig, aber viel weniger als bei *P. ponderósa*. Bg – NGs-1.
Jeffreys K., *P. jéffreyi* GREV. et BALF. ex A. MURR.

– Nadelscheiden anfangs über 2 cm lang; Kn. verharzt **25**

25. Nadeln ± schlaff hängend, hell blaugrün, 15–30 cm lang, 1,5 mm dick; junge Zw. mäßig dick, schlanker und biegsamer als bei folgender Art; Kn. spitz, bis 2 cm lang; Zapfen 15–25 cm lang, 10–15 cm dick, Schuppen mit starkem, dickem Dorn. Bg ∧ – Ms-1. **Diggers K., *P. sabiniána*** DOUGL.

– Nadeln steif abstehend, teils zu 4–5, blaugrün, 20–25(–30) cm lang, bis über 2 mm breit; junge Zw. dick; Kn. dick, eif., bis zu 4 cm lang; Zapfen 25–35 cm lang, 10–12 cm dick, Schuppen mit bis über 2 cm langem, einwärts gekrümmtem, stechendem Dorn. Bm ∧ – Ms/NGs-1. **Coulters K., *P. cōulteri*** D. DON

26 (19). Mehrzahl der Nadeln höchstens 7 cm lang **33**

– Mehrzahl der Nadeln über 7 cm lang **27**

27. Oberfläche der 3–6j. Zw. durch Furchen in regelmäßig angeordnete rhombische Felder gegliedert („schlangenhautartig"), auffallend weiß- bis aschgrau; Nadeln 6–10 cm lang, steif, stechend, glänzend grün, zum Zw. hin leicht gekrümmt, an den Zw.enden schopfig gehäuft; Kn. harzfrei, scharf zugespitzt; Zapfen 6–8 cm lang, 3 cm breit, anfangs schwarzblau, später stumpfbraun, Schilder der unteren Schuppen pyramidenf. erhöht. Bm – Ng-3 (SO-Europa). (*P. heldrēichii* CHRIST var. *leucodérmis* (ANT.) MARKGR. ex FRITSCH).
Schlangenhaut-K., *P. leucodérmis* ANT.

'Aureospicata', langsamwüchsig, breit kegelf.; Nadelspitzen gelb („Meckikiefer").

'Compact Gem', Zwergform mit dunkelgrünen Nadeln.

P. heldréichii CHRIST, diese Art ist selten zu finden; sie ist kenntl. an den flachen Schuppenschildern und den an den Zw.spitzen nicht schopfig gehäuften Nadeln. Bg – Ng-3 (SO-Europa).

– Oberfläche der jungen Zw. zwar durch Schuppen rauh, an den 3–6j. Zw. aber nicht regelmäßig gefeldert, bräunl., gelbl. oder grünl. gefärbt, aber nicht weißgrau **28**

28. Nadeln starr, über 1 mm breit **30**

– Nadeln flexibel, 1 mm breit oder schmaler **29**

29. Nadeln 6–11 cm lang; Zw. zuerst grün, bereift, später orangegelb bis graubraun; Borke zuerst rotbraun, in dünnen Schuppen abblätternd, später graubraun; Zapfen eif., 3–5 cm lang, 2–3 cm breit, die oberen Schuppen mit einer kurzen, scharfen Spitze. Bm – Nh-4.
Japanische Rot-K., *P. densiflóra* SIEB. et ZUCC.

'Óculus-dracónis', jede Nadel mit zwei gelben Flecken.

'Umbraculífera', Tanyosho-K., sehr langsam wachsende Buschform, Krone rundl., im Alter schirmf., bis 3 m hoch; Nadeln frischgrün.

– Nadeln 11–17 cm lang, um ihre Längsachse gedreht, dicht stehend; junge Zw. orange- bis rotbraun, nicht bereift; Borke alter Stämme rotbraun; Zapfen eif., 4–6 cm lang, 3–4 cm breit, Nabel der Schuppen stumpf. Bg – Nhk/Bh-2.
Amerikanische Rot-K., *P. resinósa* AIT.

30 (28). Kn. harzig, besonders in der lang ausgezogenen scharfen Spitze; Nadeln 8–15 cm lang, 1–2 mm breit, dunkelgrün; Zapfen 4–8(–10) cm lang, 2,5–3 cm dick, obere Schuppen oft kurz dornig; Stamm schwarzgrau bis graubraun, tiefrissig. Bg – Ng/Ms-3. **Schwarz-K., *P. nígra*** ARNOLD

Eine sehr variable Art, von der vier geographische Unterarten unterschieden werden, wobei die erste mit dem Typus der Art identisch ist.

ssp. ***nígra*** (var. *austríaca* (HOESS) BADOUX), Österreich, Schwarz-K., breiteif. Krone, in der Jugend regelmäßig kandelaberf. wachsend; Nadeln 8–10 cm lang, dunkelgrün, steif, sehr dicht stehend, dem Zw. zugekrümmt; Zapfen 4–7 cm lang, Schuppenschilder strahlig gestreift; SO-Europa.

ssp. ***pallasiána*** (D. DON) HOLMBOE (var. *caramánica* (LOUD.) REHD.), Taurische K., aufsteigende Zw., junge Zw. schmutzig gelb; Nadeln 8–10 cm lang, sehr starr, dunkelgrün; Zapfen bis über 10 cm lang, Schuppenschilder stumpf gekielt; Klein-Asien, Krim.

ssp. ***larício*** (POIR.) MAIRE (var. *calábrica* (LOUD.) SCHNEID.), Korsische K., schmalere, locker durchsichtige Krone, Äste aufgerichtet; junge Zw. rötl.braun; Nadeln 10–14 cm lang, graugrün, weicher und wellig hin- und hergebogen; Zapfen 5–7 cm lang, Schuppenschilder stumpf gekielt; Süditalien, Korsika.

ssp. ***salzmánnii*** (DUN.) FRANCO (var. *cebennénsis* (GODR.) REHD.), Pyrenäen-K.; mittelhoch; junge Zw. orangegelb bis rötl.; Nadeln dünn, bis 16 cm lang, nicht wellig gebogen, an der Zw.spitze pinselig gehäuft; Zapfen 5–6 cm lang; S-Frankreich, Pyrenäen.

– Kn. harzlos oder fast harzlos. Seltener angepflanzte Arten . . . **31**

31. Junge Zw. anfangs blaugrau bereift, später hellbraun; Nadeln 8–16 cm lang, scharf zugespitzt, Nadelscheiden 6 mm lang; Kn. 12–20 mm lang, schmal eif., zugespitzt, hellbraun; Zapfen 5–8 cm lang, jung hellgelbbraun, später dunkelbraun, mehrere Jahre am Baum bleibend; Borke rissig, dunkelgrau mit rötlichen Tönen. Bm – BGh-4 (N-, M-China).
Chinesische K., *P. tabulifórmis* CARR.

– Junge Zw. nicht bereift **32**

32. Nadeln 12–20 cm lang, 2–2,5 mm breit, derb, Nadelscheiden 2–2,5 cm lang; Kn. 25–30 mm lang, zylindrisch; Zapfen 10–20 cm lang, 5–8 cm dick, glänzend braun; Borke rotgrau und braunrot. Bk ∧ ∧ – Ms-3. (*P. marítima* LAM. non MILL.).
Strand-K., *P. pinåster* AIT.

– Nadeln 6–13 cm lang, 1,5–2 mm breit, sehr steif, abstehend; Nadelscheiden 1,2–1,5 cm lang; Kn. 12–18 mm lang, eif., mit kurzer aufgesetzter Spitze; Zapfen 5–6 cm lang, 3–4 cm dick. Bg – Nhw/Mh-4 (Japan). **Thunbergs K., *P. thunbérgii*** PARL.

33 (26). Nadeln im Mittel unter 4 cm lang, stark hin und her gekrümmt und um ihre Achse gedreht, oft auffällig spreizend; junge Zw. anfangs grünl., später braunrot; Kn. stark harzig, mit fest anliegenden, hellbraunen Schuppen; Borke junger Stämme rötl., später dunkelgrau; Zapfen 4–5 cm lang, 2–3 cm dick, oft gekrümmt, lange am Baum geschlossen bleibend. Bk – Bh-2.
Banks K., *P. banksiána* LAMB.

– Nadeln im Mittel über 4 cm lang **34**

34. Nadeln auffallend blau-graugrün, um ihre Längsachse gedreht; junge Zw. grünl., im 2. Jahr graubraun; Kn. rötl.braun, harzfrei oder etwas harzig, eif. oder lang eif.; Borke zunächst fuchsrot, später graubraun; Zapfen 2,5–7 cm lang, 2–3,5 cm dick, 2–5 mm lang gestielt, hängend, Schuppenschilder an der dem Zw. zugewandten Zapfenseite oft kleiner. Bg – B/N-3.
Gemeine K., Föhre, *P. sylvéstris* L.

'Fastigiáta', straff säulenf. Wuchs.
'Hibérnica', Zwergform mit kürzeren Nadeln und auffallend rötlichen Kn.
'Watereri', rundl. Buschform, bis 3 m.

– Nadeln dunkelgrün; Kn. stärker harzig, vorwiegend zylindrisch . **35**

35. Nadeln sehr steif, 2–3 mm dick, scharf zugespitzt und stechend, um die Längsachse gedreht; junge Zw. glänzend rotbraun; Zapfen 6–9 cm lang, 4–6 cm dick, Nabel mit einem hakenf. gekrümmten, dicken, stechenden Dorn; schon junge Bäume tragen Zapfen, Zapfen viele Jahre am Baum bleibend. Bk – Nhg-2.
Stech-K., *P. púngens* LAMB.

– Nadeln weniger steif und dick, nur wenig zugespitzt und kaum stechend; Zapfen 3–5 cm lang **36**

36. Zw. oft auffällig hin und her gebogen; Nadeln um ihre Längsachse gedreht; Jahreszuwachs am Haupttrieb oft mit 2 Astwirteln; Zapfen meistens etwas gebogen, unsymmetrisch, Schuppen mit einem schmalen, leicht abbrechenden Dorn. Bk – N/BG-1.
Dreh-K., *P. contórta* DOUGL. ex LOUD.

'Frisian Gold', Nadeln goldgelb.
Mit verschiedenen geographischen Varietäten wie:
var. ***latifólia*** WATS.,
var. ***murrayána*** (BALF.) ENGELM.

– Zw. nicht auffällig hin und her gebogen. Nadeln nicht oder nur wenig um die Längsachse gedreht; Jahreszuwachs am Haupttrieb mit nur einem Astwirtel **37**

37. Zapfen ± symmetrisch, 3–5 cm lang, Schuppenschild ohne Dorn. Sg – BGh-3. (*P. montána* MILL).
Latsche, Berg-K., Krummholz-K., *P. múgo* TURRA

ssp. ***múgo***, Nabel im Zentrum des Schuppenschildes.

ssp. ***pumílio*** (HAENKE) FRANCO, Nabel exzentrisch, dem unteren Rand des Schuppenschildes genähert.
'Kissen', Zwergform mit nur 10 mm langen Nadeln.
'Mops', halbkugelige Zwergform mit dichter Verzweigung.

– Zapfen deutlich unsymmetrisch, 4–7 cm lang, Schuppenschild mit dornenförmigem Haken. Bm/Bk – BGh-3. (*P. múgo* var. *rostráta* (ANT.) HOOPES).

Haken-K., Berg-Spirke, *P. uncináta* MILL. ex MIRB.

ssp. ***rotundáta*** (LINK) JANCH. et NEUM. Moor-K., Moor-Spirke. Bis 10 m hoher, oft mehrstämmiger Baum; Haken der Schuppenschilder weniger deutlich ausgeprägt.

3. Familie: ***Araucariáceae,*** **Araukariengewächse**

Immergrüne Bäume; Bl. schraubig, entweder breit und flach, lanzettl. bis eif. mit zahlreichen Parallelnerven oder schmal, nadelf. bis pfrieml. mit 1 Nerven; ♂ Bltn. mit zahlreichen schraubig angeordneten Stbl., ♀ Bltnst. mit zahlreichen Deckschuppen in schraubiger Stellung; Zapfen groß, holzig, aus den vergrößerten Deckschuppen aufgebaut, im 2. bis 3. Jahr reifend, dann zerfallend. 2 Gattungen mit ca. 35 Arten auf der Südhemisphäre.

Araucária JUSS., **Araukarie**

Samenanlagen in den Schuppen eingesenkt und mit ihnen verwachsen. Etwa 15 Arten in der Südhemisphäre.

Äste wirtelartig zu 5–7, fast waagerecht abstehend (die oberen leicht ansteigend, die unteren etwas hängend); Zw. dicht mit 3eckigen, steifen und stechenden, sich dachziegelartig überdekkenden, 2,5–5 cm langen, an der Basis bis 2 cm breiten Bl. besetzt, die die Zw. völlig verdecken und sehr lange haften bleiben; meistens zweihäusig, ♂ Bltn. zylindrisch, 8–12 cm lang; Zapfen rundl., 14–20 cm ∅, Samen 3–4 cm lang; VI–VII. Bm ∧∧ – Ahg-5. (*A. imbricáta* PAV.).

Andentanne, *A. araucána* (MOL.) K. KOCH

4. Familie: *Taxodiáceae*, Sumpfzypressengewächse

Meistens hohe Bäume; Bl. fast stets schraubig gestellt, pfrieml., schuppen-, nadel- oder sichelf.; ♂ Bltn. mit meistens schraubig angeordneten Stbl., Stbl. mit 2–9 Pollensäcken, Pollenkörner ohne Luftsäcke, ♀ Bltnst. mit zahlreichen Schuppen mit einseitigem Samenwulst (Verwachsung von Samen- mit Deckschuppe); reife Zapfen verholzt. 8 oft monotypische Gattungen (nur jeweils eine Art enthaltend – Relikte einer in der Kreide und im Tertiär weit verbreiteten Gruppe).

1. Nadeln immergrün, ± hart **3**
– Alle Nadeln im Herbst abfallend, ± dünn und weich **2**
2. Nadeln und Kn. gegenst. *(4/5)* . . . . ***Metasequóia*** 4–3
– Nadeln und Kn. wechselst. *(4/7)* . . . . ***Taxódium*** 4–4
3 (1). Nadeln wirtelartig zu 20–40 an den Zw.enden, 5–15 cm lang ***Sciadópitys*** 4–4
– Nadeln nicht wirtelartig angeordnet, unter 7 cm lang **4**
4. Nadeln schraubig (spiralig) um den Zw. angeordnet **6**
– Nadelansatzstellen schraubig, Nadeln aber an den Seitenzw. 2zeilig ausgerichtet (gescheitelt) **5**
5. Nadeln 3–7 cm lang, sich zur scharf stechenden Spitze allmähl. verjüngend . . . . ***Cunninghámia*** 4–1
– Nadeln 6–20 mm lang . . . . ***Sequóia*** 4–3
6 (4). Nadeln in 5 Längsreihen schraubig um den Zw. angeordnet, 6–20 mm lang, meist sichelf. zum Zw. hin gekrümmt *(4/1)*, daher nicht stechend; Zapfen 1–3 cm lang *(4/2)* . ***Cryptoméria*** 4–1
– Nadeln in 3 Längsreihen schraubig um den Zw. angeordnet, 3–8 mm lang, nicht gekrümmt, scharf zugespitzt *(4/3)*, stechend; Zapfen 5–8 cm lang *(4/4)* . . . . ***Sequoiadéndron*** 4–2

1. *Cunninghámia* R. Brown ex L. C. M. Rich., Spießtanne

3 Arten (Taiwan, China).

Immergrün; Nadeln schraubig gestellt, an Seitenzw. gescheitelt, derbledrig, linealisch-lanzettl., zur Spitze verschmälert, 3–7 cm lang, Rand schwach gesägt, scharf stechend; Zapfen eilängl., 3–4 cm lang, mit dachziegeligen, wenig verholzten Schuppen, gewöhnl. zu 3 an den Zw.spitzen stehend. Bk ∧∧ – Mk/Nhm-4 (M-, S-China). (*C. sinénsis* R. Brown). ***C. lanceoláta*** (Lamb.) Hook.

2. *Cryptoméria* D. Don, Sicheltanne, Sugi

Nur 1 Art.

Immergrün; Nadeln 5reihig-schraubig, pfrieml., 6–20 mm lang, sichelartig dem Zw. zugekrümmt herablaufend, obersts. stumpf, untersts. scharf gekielt *(4/1)*; Zapfen *(4/2)* kugelig, 1–3 cm dick, 20–30 Schuppen, im 1. Jahr reifend; XI–III. Bm – Nh/Mh-4. ***C. japónica*** (L. f.) D. Don

'Bandai-sugi', S. bis 2 m; Zw. z. T. monströs verformt.

'Compácta', Zw. dicht gestellt; Nadeln 10–15 mm lang, kegelf. Krone, bis 12 m hoch.

4/1

Cryptomeria japonica

4/2

C. japonica, Zapfen

'Cristáta', Zw. oft mit hahnenkammartigen Verbänderungen.
'Dacrydioídes', lange, wenig verzweigte Äste; bis 2 m hoch.
'Élegans', meist strauchig bleibend; Nadeln weich, 1,5–2,5 cm lang, bläul.grün, im Winter bronzerot; mit geringer Winterhärte.
'Lóbbii', säulenf. Wuchs, bis 20 m hoch, dicht verzweigt; Nadeln glänzend dunkelgrün, dicht stehend, 1 cm lang, nur 2 mm breit.
'Winter Bronce', breit pyramidaler, kompakter S.; Nadeln 8–10 mm lang, im Winter rotbraun.

3. ***Sequoiadéndron*** BUCHHOLZ, **Mammutbaum, Bigtree**

Nur 1 Art.

Immergrün; Nadeln in 3 Reihen schraubig stehend, 3–8, an Haupttrieben bis 12 mm lang, etwas abstehend oder an jungen Zw. anliegend *(4/3)*, am Zw. herablaufend, pfrieml. mit scharfer Spitze, untersts. konvex, obersts. fast flach, beidersts. mit je 2 schmalen Spaltöffnungsstreifen; Stamm zur Basis hin stark verbreitert (abholzig), mit schwammiger, sehr dicker, zimtbrauner Borke; Zapfen *(4/4)* 5–8 cm lang, bis 5 cm dick, Schuppen keilf. mit je 3–9 Samen, Schuppenschilder rhombisch, in der Mitte etwas vertieft. Bg – NG-1 (Sierra Nevada). (*Wellingtónia gigantéa* LINDL., *Sequóia gigantéa* (LINDL.) DECNE). ***S. gigantéum*** (LINDL.) BUCHH.

'Compáctum', Wuchs sehr schlank, geschlossen, blaugrün.
'Gláucum', Nadeln blaugrün.
'Péndulum', Zw. abwärts wachsend, dicht dem Stamm anliegend.

4/3

Sequoiadendron giganteum

4/4
S. giganteum,
Zapfen

4. ***Sequóia*** ENDL., **Küstenmammutbaum, Redwood**

Nur 1 Art.

Immergrün; Nadeln ungestielt, 6–20 mm lang, an Seitenzw. gescheitelt; Zapfen eif., aufrecht, 2–2,5 cm lang, im 1. Jahr reifend, Schuppenschild breit-rhombisch, in der Mitte etwas vertieft. Bg/m ∧ ∧ – Nm/M-1.

S. sempérvirens (D. DON) ENDL.

5. ***Metasequóia*** MIKI ex HU et CHENG, **Chinesisches Rotholz**

Nur 1 Art.

Sommergrün; Nadeln und Kn. gegenst. *(4/5)*, Nadeln an seitl. Kurztrieben in einer Ebene stehend, 1–3 cm lang; Kurztriebe werden im Herbst als Ganzes abgeworfen; Stamm an der Basis älterer Bäume stark verdickt und mit grubenartigen Vertiefungen; Zapfen *(4/6)* langgestielt, 2–2,5 cm lang, fast kugelig, dunkelbraun, im 1. Jahr reifend; 1941 in China, Provinz Szechuan, entdeckt und 1948 in die Kultur eingeführt; Wuchs in der Jugend sehr schnell. Bg – Nhw-4 (M-China).

M. glyptostroboídes HU et CHENG

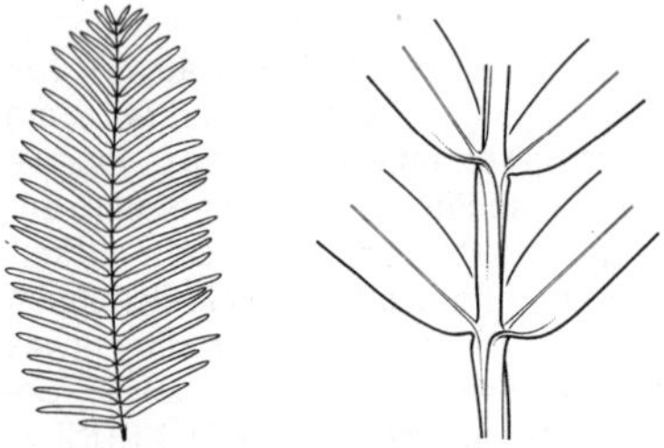

4/5: Metasequoia glyptostroboides, Kurztrieb mit gegenständigen Nadeln

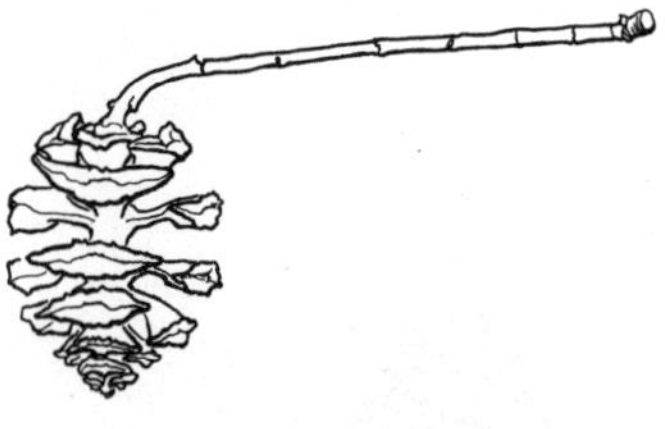

4/6: M. glyptostroboides, Zapfen

6. *Taxódium* L. C. M. Rich., **Sumpfzypresse**

Sommergrün; Nadeln und Kn. wechselst.; Kurztriebe fallen im Herbst als Ganzes ab; Stammbasis oft stark verdickt; Zapfen kurzgestielt, bis 2,5 cm lang, fast kugelig. 3 Arten.

1. Nadeln lineal-lanzettl. zugespitzt, 8–15 mm lang, an Kurztrieben gescheitelt *(4/7)*, an bleibenden Zw. schraubig, hellgrün, im Herbst rostbraun; Äste horizontal abstehend; auf nassen Standorten negativ geotrope „Atemwurzeln" entwickelnd. Bg – Nw-2.
Zweizeilige S., *T. dístichum* (L.) L. C. M. Rich.

– Nadeln pfrieml., 5–10 mm lang, schraubig, dem Zw. anliegend; Seitenzw. kurz, ± aufstrebend; selten. Bm – Nhw/Mh-2.
Aufsteigende S., *T. ascéndens* Brongn.

'Nútans', Zw. dicht gedrängt, zuerst aufrecht stehend, später nickend; Nadeln nur 5 mm lang.

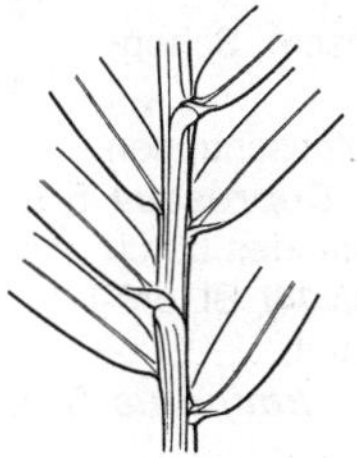

4/7: Taxodium distichum,
Kurztriebabschnitt mit wechselständigen Nadeln

7. *Sciadópitys* Sieb et Zucc., **Schirmtanne**

Nur 1 Art.

Immergrün; Krone schmalkegelig; Bl. an den Langtrieben klein, schuppenartig, an den Zw.enden dichter stehend, aus den Achseln Kurztriebe bildend, die einnadelig erscheinen, aber aus der Verwachsung von 2 Nadeln entstanden sind, diese 5–15 cm langen „Doppelnadeln" stehen zu 20–40 wirtelartig an den Zw.enden; Zapfen eilängl., 6–10 cm lang, Schuppen dick, breitrund, holzig, Reife im 2. Jahr. Bm ⓚ– Nhg-4 (Japan). ***S. verticilláta*** (Thunb.) Sieb. et Zucc.

5. Familie: *Cupressáceae*, Zypressengewächse

Aufrechte oder niederliegende, reichverzweigte immergrüne Bäume und Sträucher; Bl. kreuzgegenst. oder zu 3, selten zu 4 wirtelig angeordnet, meist schuppenf., ± anliegend, sich mit den Kanten berührend oder überdeckend, seltener nadelf., frei stehend; Zw. oft abgeflacht, dann Kantenbl. von den Flächenbl. verschieden; ♂ Bltn. zapfenf., klein, meist einzeln endständig an kurzen Zw., ♀ Bltnst. zapfenf., mit wenigen kreuzgegenst. Paaren oder Wirteln von fertilen, z.T. sterilen Deckschuppen; reife Zapfen mit holzigen, lederigen oder derbfleischigen Schuppen (Deckschuppe mit Samenwulst), Schuppen dachig, klappig oder schildf. deckend, reif spreizend; bei *Juníperus* werden die Schuppen fleischig und verwachsen zu einem beerenartigen Zapfen, der sich nicht öffnet. 15 Gattungen z.T. auf der Südhemisphäre, z.T. auf der Nordhemisphäre.

1. Bl. alle nadelf. **9**
– Bl. schuppenf. oder wenigstens teilweie schuppenf. *(5/2–5/4, 5/7)* **2**
2. Junge Zw. abgeflacht (im Querschnitt z.T. fast rhombisch), flächenst. Schuppenbl. daher anders geformt (flach) als die kantenst. Schuppenbl. (gekielt) **4**
– Junge Zw. rundl. (im Querschnitt z.T. fast quadratisch), Schuppenbl. aller Flanken daher gleich **3**
3. Verholzter kugeliger Zapfen mit 6–14 schildf. Zapfenschuppen *(5/1)*; Bl. alle schuppenf. (selten angepflanzt) . . . ***Cupréssus*** 5–2
– Fleischiger, kugeliger (beerenartiger) Zapfen, entstanden durch Verwachsung von 3 oder 6 fleischigen Schuppen *(5/14)*; Bl. entweder alle schuppenf. oder z.T. schuppen-, z.T. nadelf. . . . . . . ***Juníperus*** 5–9
4 (2). Jüngste Zw. 4–8 mm breit, obersts. glänzend grün, untersts. mit auffälligen weißen Spaltöffnungsstreifen . . . . ***Thujópsis*** 5–7
– Jüngste Zw. schmaler als 4 mm **5**
5. Spitzen der kanten- und flächenst. Schuppenbl. in gleicher Höhe, Ränder der kantenst. Schuppenbl. sich nicht berührend *(5/7)* ***Calócedrus*** 5–6
– Spitzen der flächenst. Schuppenbl. die der kantenst. meist überragend, Ränder der kantenst. Schuppenbl. berühren sich im unteren Teil *(5/2, 5/4)* **6**
6. Niederliegender Kleinstrauch (unter 50 cm hoch), ohne deutl. Hauptstamm; Schuppenbl. mit lang ausgezogener Spitze . . . . ***Microbióta*** 5–9
– Aufrechte Bäume (auch zwergwüchsige Gartenformen meistens mit Hauptstamm) **7**
7. Zw.enden wenig deutl. abgeflacht; flächenst. Schuppenbl. meist wie die kantenst. deutl. gekielt; großer Baum . . . . × ***Cupressocýparis*** 5–3
– Zw.enden deutl. und stark abgeflacht; flächenst. und kantenst. Schuppenbl. stark verschieden (einige Gartenformen können abweichen) **8**

8. Gipfeltriebe meistens peitschenartig überhängend; Zapfen kugelig, seine schildf. Schuppen berühren sich nur mit den Rändern *(5/5)* . . . . **Chamaecýparis** 5–3
– Gipfeltriebe steif aufgerichtet; Zapfen längl. bis eif., seine flachen Schuppen greifen dachziegelartig übereinander *(5/11)* . . **Thúja** 5–7

9 (1). Nadeln auf der Oberseite (die dem Zw. zugewandte Seite) mit deutl. weißen Streifen (Spaltöffnungsbänder) . **Juníperus** 5–9
– Nadeln auf der Oberseite ohne deutl. weiße Streifen **10**

10. Nadeln auf der Unterseite mit weißl. Streifen; Gartenformen von **Chamaecýparis** 5–3
– Nadeln auf beiden Seiten grün; Gartenformen von . . . . **Thúja** 5–7

1. *Cupréssus* L., Zypresse

Immergrün; Zw. 4kantig oder rund, dicht mit ± angepreßten, schuppenf. Bl. besetzt; Zapfen aus 6–14 schildf. Schuppen bestehend, ± kugelig, jede Deckschuppe mit zahlreichen Samen *(5/1)*. Etwa 20 Arten vorwiegend in der meridionalen Zone.

1. Junge Zapfen grün, 8–14 Zapfenschuppen; Schuppenbl. dem Zw. dicht anliegend, stumpf (bei jungen Pfl. abstehend und zugespitzt!) **3**
– Junge Zapfen blaugrün, 6–8 Zapfenschuppen; Schuppenbl. dem Zw. nicht dicht anliegend, ± zugespitzt **2**

2. Zw. graugrün; reifer Zapfen 2–3 cm Durchmesser, dunkelbraun, blau bereift. Bk ∧ ∧ – Ms/Nsm-1.
Arizona-Z., *C. arizónica* Greene

'Compacta', langsamwüchsig, fast kugelig, Schuppenbl. dichter anliegend.

– Zw. dunkel- bis blaugrün, reifer Zapfen 1,2–2 cm Durchmesser, grau. Bk ∧ ∧ – Ms/Ns-1. **Modoc-Z., *C. bákeri*** Jeps.

3. Junge Zw. 1,0–1,5 mm breit; reife Zapfen 2,5–3,5 cm Durchmesser, kastanienbraun. Bk ∧ ∧ – Ms-1.
Monterey-Z., *C. macrocárpa* Hartw.
– Junge Zw. 0,7–1,0 mm breit; reife Zapfen 2–3 cm Durchmesser, gelbgrau *(5/1)*. Bk ∧ ∧ – Ms-3.
Mittelmeer-Z., *C. sempérvirens* L.

var. ***horizontális*** (Mill.) Gord., Äste horizontal.
var. ***sempérvirens*** (var. *stricta* Ait., var. *fastigiáta* Hansen), mit säulenf. Krone.

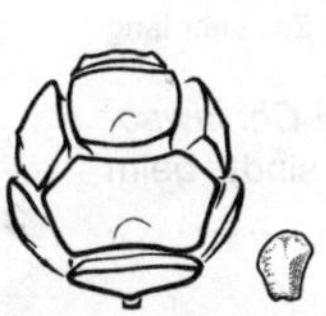

5/1: Cupressus sempervirens, Zapfen und Samen

× ***Cupressocýparis*** DALL. **Bastardzypresse**

Hybride zwischen *Cupréssus macrocárpa* und *Chamaecýparis nootkaténsis*; Zw. wenig abgeflacht, fast vierkantig; kantenst. Schuppen stark, flächenst. schwach gekielt; kompakte, meist säulenf. Krone; rasch wachsend. Bg.

× ***C. leylándii*** (JACKS. et DALL.) DALL.

'Castlewellan Gold', mit goldgelber Belaubung.
'Leighton Green', gelbgrün gefärbt.
'Haggerston Grey', graugrün gefärbt.

2. *Chamaecýparis* SPACH, Scheinzypresse

Immergrün; Bl. kreuzgegenst., meistens schuppenf., flächen- und kantenst. Bl. verschieden; ± abgeflachte, gewöhnl. fächerf. verzweigte junge Triebe; Zapfen ± kugelig, klein, aus 6–8 Schuppen bestehend, Deckschuppen mit 2–3(–5) Samen, Schuppen schildf., nur mit den Rändern sich berührend, bei der Reife auseinanderklaffend. 6 Arten in N-Amerika und O-Asien.

1. Zw. kaum 1,3 mm breit, nicht in einer Ebene stehend, beim Reiben stark würzig riechend; Bl. sehr klein, die flächenst. auf dem Rücken mit deutl. rundl. Drüsenhöcker; Zapfen sehr zahlreich, 4–6 mm dick, Zapfenschuppen 5–6, strahlig gerillt, höckrig oder mit aufwärts gebogener Spitze. Bm Ⓚ – Nhw-2. (*C. sphaeroídea* SPACH). **Weißzeder, *C. thyoídes*** (L.) B.S.P.

'Andelyénsis', Bl. teils nadelf., zu 3 wirtelig, teils schuppenf., gegenst.; Wuchs schlank kegelf., bis 2,5 m hoch.

– Zw. 1,5–3 mm breit; flächenst. Bl. auf dem Rücken teils mit ± deutl. Drüsenfurche **2**

2. Zw. untersts. grün, ohne weiße Striche und Flecken, zerrieben unangenehm riechend (ähnl. wie *Juníperus sabína*); Bl. scharf zugespitzt, die kantenst. im oberen Teil abstehend, Drüsen meistens fehlend; Zapfen 8–10 mm dick, Zapfenschuppen 4–6, braunrot, bläul. bereift, unter der Mitte mit starker, höckerf. Spitze. Bg – N-1. (*Ch. nutkaénsis* LINDL. et GORD.).

Nootka-Sch., *Ch. nootkaténsis* (D. DON) SPACH

'Āurea', Bl. im Austrieb hellgelb, später hellgrün; Krone schlank, kegelf.
'Compácta', gedrungen kugelig wachsende Buschform.
'Glāūca', Zw. stark überhängend, Zw.lein auffällig blaugrün gefärbt.
'Péndula', Äste lockerer und unregelmäßig am Stamm stehend; Zw. sehr lang und schlaff herabhängend.

– Zw. untersts. mit weißen Flecken oder Linien (die bei *Ch. lawsoniána* und einigen Formen etwas verschwommen sind), beim Reiben nicht unangenehm riechend **3**

5/2

Chamaecyparis obtusa

5/3

Ch. pisifera

3. Kantenst. Bl. fest anliegend, sehr dicht stehend, stumpf, vorne leicht einwärts gekrümmt *(5/2)*, meistens drüsenlos; Zw. untersts. mit sehr deutl., feinen, silberweißen Linien, oft die Form eines Y bildend; Zapfen 1 cm dick, Zapfenschuppen 8–10, in der Mitte mit kurzer, aufwärts gebogener Spitze. Bm – NhG-4 (Japan). **Hinoki, Feuer-Sch., *Ch. obtúsa*** (SIEB. et ZUCC.) ENDL.

a) Hochwüchsige Sorten:

'Críppsii', etwas überhängend bezweigt, Bl. blaß- bis goldgelb.

'Filicoídes', Verzweigung flach-farnwedelartig; Bl. etwas kraus, 4reihig, dachziegelig, glänzend dunkelgrün.

b) Niedrig bleibende Sorten:

'Hage', bis 1 m hoch, Zw. fächerf. bis trichterf. dicht gedrängt beisammen stehend.

'Lycopodioídes', bis 2 m hoch, ungleichmäßig beastet, Zw. dickl., Spitzen hahnenkammartig gekraust; Bl. spiralig oder undeutl. 4reihig stehend.

'Lycopodioídes Āūrea', nur bis 1 m hoch; Bl. blaßgelb.

'Nána', sehr schwachwüchsig, bis etwa 0,6 m hoch werdend; Zw. kurz, fächerartig zusammengesetzt, dunkelgrün.

'Nána Grácilis', höher werdend, bis zu 2 m, unregelmäßig kegelig; Zw. unregelmäßig muschelf. bis tütenf.; Bl. heller grün; häufig angepflanzt.

'Rigid Dwarf', dunkelgrüne Zwergform mit steif aufrechten Ästchen und fingerf. abstehenden Seitenzw.

'Tetragóna Āūrea', bis 2 m hoch, kegelf.; Zw.chen auffällig 4kantig mit 4 Reihen sich dachziegelartig deckender Bl.chen, goldgelb.

– Kantenst. Bl. im vorderen Drittel nicht fest anliegend, sondern abstehend, zugespitzt *(5/3)* **4**

4. Zw. untersts. mit längl. weißen Flecken; die kantenst. Bl. mit je einem, die flächenst. mit je 2 breiten Flecken, scharf zugespitzt, die kantenst. mit ihren Spitzen ± weit abstehend, daher beim Rückwärtsstreichen sich deutl. rauh anfühlend; Zapfen etwa erbsengroß, 6 mm dick, gelbbraun, Zapfenschuppen runzelig, schwach gekerbt, über der Mitte mit glattem, 3eckigem Höcker; Stamm rauhschuppig. Bm – Nhg-4 (Japan).

Erbsenfrüchtige Sch., Sawara-Sch., *Ch. pisífera* (SIEB. et ZUCC.) ENDL.

'Aūrea', goldgelb gefärbt.

'Boūlevard', Wuchs kegelf., silber- bis graublau.

'Filífera', Äste ± horizontal abstehend; Zw. dünn, fadenf. verlängert und herabhängend; Bl. pfriemf., scharf zugespitzt, entfernt voneinander stehend.

'Filífera Aūrea', im Austrieb goldgelb.

'Filífera Nána', Zwergform von *'Filífera'*.

'Golden Mop', wie *'Filífera Nána'*, aber beständig goldgelb.

'Plumósa', Äste aufstrebend, Wuchs kegelf., dicht; junge Zw. federartig verzweigt; Bl. pfrieml., 2–3 mm lang, zugespitzt, ± abstehend.

'Plumósa Aūrea', Bezweigung goldgelb.

'Squarrósa', bis 15 m hoch, Wuchs oft etwas unregelmäßig; jüngere Sprosse sehr stark verzweigt, wie Moosbüschel; Bl. nadelartig, 6 mm und länger, zieml. weich, oft gewellt, obersts. blaugrün, untersts. silbriggrau.

'Squarrósa Sulphúrea', im Sommer schwefliggelb, im Winter silbriggrau.

– Zw. untersts. mit verwaschener, wenig auffälliger weißer Zeichnung; Bl. nicht so scharf zugespitzt *(5/4)*, daher Zw. weniger rauh, flächenst. Bl. meistens mit deutl. Öldrüse; Zapfen 8 mm dick, Zapfenschuppen mit einem zusammengedrückten Höcker *(5/5, 5/6)*, Samen fast kreisrund; Stamm glatt; sehr veränderl. Bg – Ng-1 (Oregon).

Lawsons Sch., *Ch. lawsoniána* (A. MURR.) PARL.

a) Kegel- und Säulenformen von geschlossenem Wuchs:

'Alúmii', Wuchs schmal säulenf., Äste aufstrebend, zieml. dicht bezweigt, blau bis blaugrau bereift.

'Columnáris Glaūca', Zw. sehr dicht stehend, stahlblau bis blaugrün; gute Heckenpfl.

'Eréсta Víridis', Wuchs schlank säulenf., vom Boden an dicht aufrecht beastet, Zw. in vertikalen Ebenen stehend, frischgrün.

'Fráseri', Wuchs etwas breiter als *'Alúmii'*; dunkelblaugrün.

'Glaūca Argéntea', Wuchs kegelf., Nadeln blaugrün, auffallend blauweiß bereift.

'Green Hedger', junge Zw. auffallend frischgrün; geeignet für regelmäßigen Schnitt.

'Golden Wonder', Wuchs säulen- bis kegelf.; Zw. ober- und untersts. tief goldgelb.

'Láne', Wuchs säulenf.; Zw. obersts. goldgelb, untersts. gelbgrün.

'Monumentális Glaūca', Wuchs dicht säulenf.; Zw.chen flach, dunkelblaugrün, bereift, Spitzen gelbl.

'Silver Queen', Wuchs breit kegelf.; Äste aufstrebend abstehend; Zw.chen gelbgrün, marmoriert, Spitzen silberweiß.

'Spek', Äste relativ dick; Zw. graublau.

'Stewártii', Wuchs schlank kegelf., Zw.chen goldgelb bis gelbgrün.

'Wissélii', Wuchs schmal kegelf.; Äste und Zw. aufgerichtet, Zw.chen allseitig, farnartig bis hahnenkammf. verzweigt, glänzend dunkelgrün.

'Yoūngii', Wuchs schlank kegelf.; Äste und Zw. aufstrebend, Zw.chen verlängert; Bl. dick, glänzend dunkelgrün.

b) Locker verzweigte Sorten:

'Intertéxta', Wuchs aufrecht, locker beastet; Zw. schwer überhängend mit weit gestellten, dickl., blaugrünen Zw.chen.

5/4

5/5

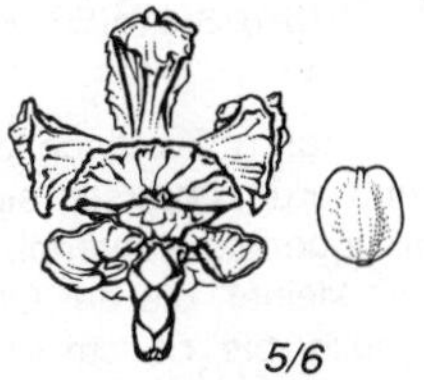

5/6

Ch. lawsoniana

Ch. lawsoniana, geschlossener Zapfen

Ch. lawsoniana, geöffneter Zapfen und Samen

'Triomf van Boskoop', Wuchs locker kegelf.; Äste abstehend, Enden übergeneigt; Zw. lockerer gestellt, überhängend, blaugrün, silbrig bereift.

c) Niedrigbleibende Sorten:

'Ellwōōdii', Wuchs regelm. kegelf., dicht, 2–3 m hoch; Zw.spitzen etwas nickend, Zw.chen kurz, dünn, blaugrün.

'Flétcheri', Wuchs kegelf. bis säulenf., bis 2,5 m hoch; Bl. z.T. pfriemf., z.T. schuppenf., blaugrün.

'Forsteckénsis', Wuchs ± breit halbkugelig, bis über 1 m hoch; kurz und dicht geknäult bezweigt; Bl. sehr klein, graublau.

'Mínima Glāūca', Wuchs gedrungen breitkegelf., bis über 1 m; Zw.chen muschelf., mattblau bereift.

'Tharandténsis Cāēsia', Wuchs zuerst halbkugelig, später breit kegelf., bis 2 m hoch; Zw.chen kraus, blau bereift.

3. ***Calócedrus*** KURZ, **Rauchzypresse** (*Libócedrus* ENDL. p.p.)

Immergrün; Krone schmal säulenf.; Zw. auffällig in einer Ebene verzweigt, stark abgeflacht, beidersts. fast gleichfarbig, glänzendgrün; kanten- und flächenst. Bl. gleichlang, Ränder der kantenst. Bl. sich nicht berührend *(5/7)*, Spitzen frei, vom Zw. abstehend; Zapfen längl., bis 2,5 cm lang, aus 3 Schuppenpaaren bestehend, wovon nur das mittlere fruchtbar ist, das innere zu einer flachen Platte verwachsen, Reife im 1. Jahr, unter jeder Schuppe 2 ungleichseitig geflügelte Samen *(5/8)*. Bg – Ns-1. (*Libócedrus decúrrens* TORR.). ***C. decúrrens*** (TORR.) FLORIN

5/7

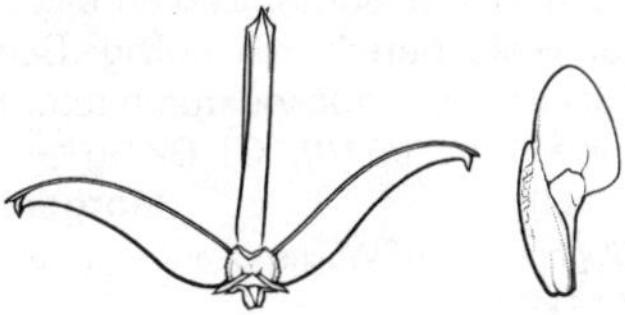

5/8

Calocedrus decurrens

C. decurrens, Zapfen und Samen

4. *Thujópsis* Sieb. et Zucc., **Hiba**

Nur 1 Art.

Immergrün; Zw. flach fächerf. ausgebreitet, 4–8 mm breit, obersts. glänzend grün, untersts. auffällig silbrigweiß gefleckt mit grünen Bl.rändern; Bl. gegenst., Kantenbl. kahnf., abstehend, 4–6 mm lang, Flächenbl. etwas kleiner, die der Oberseite mit schmaler Drüsenfurche; Zapfen fast kugelig, bis 1,5 cm ∅ mit 6–10 dicken, verholzenden, an der Spitze zurückgebogenen Schuppen, Samen zu 3–5 unter jeder Schuppe *(5/9)*. Bm/Sg – Nhg-4 (Japan). ***T. dolabráta*** (L. f.) Sieb. et Zucc.

var. ***hóndai*** Makino, N-Japan, dort bis 30 m hoher Waldbaum; geschlossener beastet; Bl. kleiner und flacher als bei der Art.

'Nána', schwachwüchsig, kaum bis 1 m hoch werdend; Zw. zierlicher als bei der Art.

'Variegáta', Bl. der Zw.spitzen oft fast weiß.

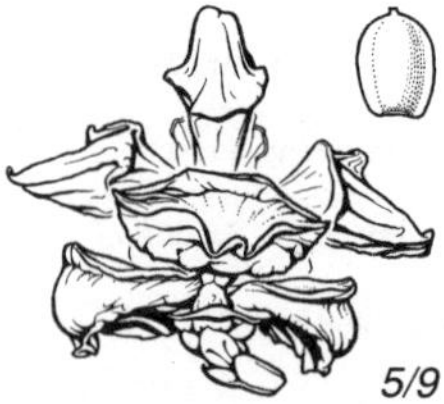

5/9

Thujopsis dolabrata, Zapfen und Samen

5/10

Thuja orientalis, Zapfen und Samen

5/11

T. plicata, Zapfen

5. *Thúja* L., **Lebensbaum**

Immergrüne Bäume, seltener Sträucher; Zw. abgeflacht; Bl. schuppenf. kreuzweise gegenst., dem Zw. angedrückt; Zapfen klein, lederig, eif. oder längl. mit 4–6 Schuppenpaaren in dachziegelartiger Anordnung, die mittleren fruchtbar, Samen ungeflügelt oder ringsum geflügelt, zu 2–3 je Deckschuppe, Zapfen reif auseinanderklaffend. 6 Arten in N-Amerika und O-Asien.

1. Zw. in senkrechten Ebenen stehend, beiderststs. gleichfarbig, frisch- bis gelbgrün; Zapfen eif., bis 1,5 cm lang, fleischig, vor der Reife bereift, reif holzig; Schuppen gewöhnl. 6, auf dem Rücken mit zurückgekrümmtem, hornartigem Fortsatz, Samen ungeflügelt *(5/10)*. G! Bk/Sg – Ns-3/4. (*Bióta orientális* (L.) Endl.). **Morgenländischer L., *T. orientális*** L.

'Elegantíssima', Wuchs gedrungen säulenf., im Frühjahr goldgelb, später grünl.gelb.

'Semperaūrea', niedrig bleibend, eikegelig, beständig goldgelb.

'Stricta', hohe Säulenform, Zw. straff aufrecht.

– Zw. nicht in senkrechten Ebenen stehend; Fr. ohne Hörner an den Schuppen, Samen geflügelt **2**

2. Zw. obersts. matt dunkelgrün, untersts. blasser grün, aber ohne weißl. Zeichnung; Bl. an den abgeflachten Leittrieben entfernt stehend, an den seitl. Zw.chen dichter, Flächenbl. auf dem Rükken meist mit Öldrüse; Zapfen längl., mit 8–10 sich dachziegelartig deckenden, zur Reife klaffenden Schuppen, 7–10 mm lang. G! Bm – Nhk/Bh-2.

Abendländischer L., *T. occidentális* L.

a) Säulenförmiger Wuchs:

'Colúmbia', schlank säulenf., Benadelung blaugrün, Zw.chen namentl. im Winter mit weißen Spitzen.

'Colúmna', schmale, regelmäßige Säulenform mit horizontal abstehenden Ästen; Benadelung dunkelgrün.

'Fastigiáta', breit säulenf., Äste ± aufrecht abstehend; Benadelung hellgrün.

'Rosenthálii', langsamwüchsige, regelmäßige Säulenform; Äste dicht stehend, aufrecht; Benadelung glänzend dunkelgrün.

b) Breit kegelförmiger Wuchs:

'Bódmeri', schwachwüchsige, lockere Kegelform; Äste unregelmäßig stehend, dick; Zw.chen 4kantig, dickl., dunkelgrün.

'Ellwangeriána', ± breit kegelf., oft mehrstämmig; Zw. dicht, fein, zierl.; Bl. z. T. schuppenf., z. T. auch nadelf., frischgrün.

'Ellwangeriána Āurea', goldgelb bis bronzefarbig.

'Europe Gold', goldgelb, im Winter orangegelb.

'Holmstrup', Zw. etwa 2 mm breit, tiefgrün, in senkrechter Ebene stehend.

'Smaragd', Wuchs kegelf.; auch im Winter frischgrün; gute Heckenpfl.

'Sunkist', goldgelb.

'Wareána', kegelf., dicht gedrungen, dicht fächerf. bezweigt, graublau.

c) Niedrige Büsche:

'Dánica', kompakte Zwergform; Zw. glänzend grün, im Winter bronzegrün.

'Globósa', Wuchs fast kugelig, bis 2 m hoch; grün, im Winter graugrün.

'Hóveyi', Wuchs eirundl., bis 1,5 m hoch; hellgrün.

'Recúrva Nána', Wuchs breit halbkugelig, bis 1,5 m; Zw. aufrecht abstehend; grün, im Winter bräunl.

'Umbraculífera', flachrund, abgeflacht, bis 1,5 m; Zw.spitzen etwas überhängend, blaugrün.

– Zw. untersts. mit ± deutl. weißer Zeichnung **3**

3. Zw. untersts. schneeig weiß, obersts. glänzend grün, stark abgeflacht, obersts. und untersts. mit deutl. Drüsen; Bl. der seitl. Zw.chen rhombisch-3eckig. Sk – Nhg-4 (NO-China, Korea).

Korea-L., *T. koraiénsis* NAKAI

– Zw. untersts. nicht schneeig weiß, sondern nur mit strichf. oder 3eckigen weißgrauen Flecken, z. T. verwaschen und wenig auffallend, Drüsen meist nur undeutl. erkennbar oder fehlend . . . **4**

4. Zw. gerieben stark, aber angenehm aromatisch duftend, obersts. glänzend dunkelgrün (bei *T. occidentális* matt!), untersts. mit verwaschenen, undeutl. weißl. Flecken; Bl. der Leittriebe in eine lange, abstehende Spitze ausgezogen, auf dem

Rücken mit undeutl. Drüse, Bl. der seitl. Zw.chen kurz zugespitzt, meist ohne Drüse; Zapfen 1–1,2 cm lang mit 10–12 Schuppen, unmittelbar unter der Spitze der Schuppe ein etwa 1 mm langer, 3eckiger dornartiger Fortsatz *(5/11)*. Bg – N-1. (*T. gigantéa Nutt.)*. **Riesen-L., *T. plicáta*** D. DON

'Atróvirens', Wuchs kräftig, glänzend dunkelgrün belaubt.

'Excélsa', Wuchs säulenf., Äste waagerecht abstehend; junge Zw. derb, glänzend dunkelgrün.

'Fastigiáta', Wuchs schmal säulenf.

'Zebrína', Zw. goldgelb, zebraartig gestreift.

– Zw. gerieben wenig angenehm nach Terpentin duftend, rundl., obersts. bleich gelbgrün, etwas glänzend, untersts. blaugrün mit wenig auffälligen weißl. Flecken; Drüsen nur schwer zu erkennen; Bl. an Leittrieben kurz- und stumpfspitzig, an seitl. Zw.chen eif., stumpf, kantenst. Bl. mit kurzer, einwärts gebogener Spitze; Zapfen eif., bis 1 cm lang mit 10–12 Schuppen. Bk – Nhg-4 (Japan). **Japanischer L., *T. standíshii*** (GORD.) CARR.

6. ***Microbióta*** KOMAR., **Zwerglebensbaum**

Nur 1 Art.

Immergrün; Zw. niederliegend, Zw.spitzen überhängend, Zw. wenig abgeflacht; Schuppenbl. kreuzweise gegenst., zugespitzt, am Rande mit weißl. Saum, die flächenst. mit deutl. Drüse; Zw.oberseiten verfärben sich im Winter kupferbraun. Sp – Bhg-4 (Sichote-Alin).

Sibirischer Z., *M. decussáta* KOMAR.

7. ***Juníperus*** L., **Wacholder**

Immergrüne Bäume und Sträucher; Bl. kreuzweise gegenst. oder zu 3 wirtelig, nadelf. *(5/13)* oder schuppenf., zuw. nadel- und schuppenf. Bl. gleichzeitig vorhanden; Bltn. ein- oder zweihäusig, seiten- oder endst., ♂ Bltn. in Kätzchen; ♀ Zapfen aus 3 Schuppen (Sektion *Oxýcedrus*) oder 6 Schuppen (Sektion *Sabína*) bestehend, die zu einem etwas fleischigen, oft bereiften Beerenzapfen verwachsen *(5/14)*, Reife im 1., 2. oder 3. Jahr, 1–12 Samen im Zapfen. Etwa 60 Arten in der Nordhemisphäre.

1. Entw. sämtl. Bl. schuppenf. oder Bl. teils schuppenf., teils nadelf. **9**

– Sämtl. Bl. stets nadelf., zu 3 wirtelig **2**

2. Nadeln am Grunde nicht deutl. vom Zw. abgegliedert, sondern Nadelbasis ein Stückchen am Zw. herablaufend **5**

– Nadeln am Grunde vom Zw. abgegliedert **3**

3. Weißes Spaltöffnungsband auf der Nadeloberseite breiter als die grünen Randstreifen, Nadeln obersts. schwach rinnig, untersts. gekielt, 1–2,5 mm breit, bis 1,5 cm lang, stechend; Zapfen 5–8 mm ∅, schwarzblau, bereift. Sg/Bk – B/N-2/3/4.

Gemeiner W., *J. commúnis* L.

5/12

Microbiota decussata, Zapfen

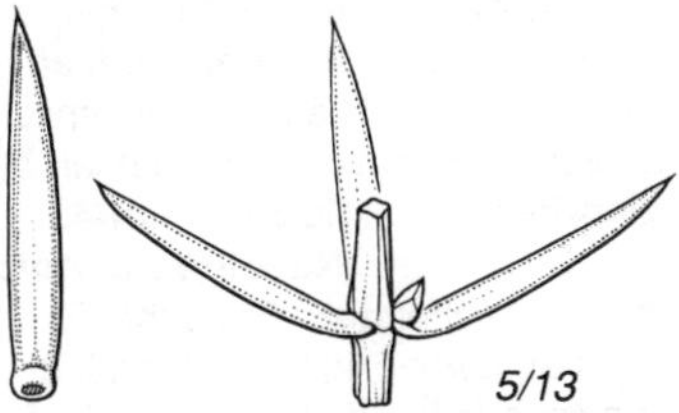

5/13

Juniperus communis, Blatt und Blattwirtel

5/14

J. communis, Zapfen

a) Niedrig bleibende Büsche:

ssp. ***nána*** Syme (*J. nána* Willd., *J. commúnis* var. *montána* Ait., *J. sibírica* Burgsdf.), Alpen-W.; Äste ± niederliegend, dicht stehend; Zw. kurz und dick; Höhe zwischen 20 und 50 cm schwankend, je nach Standort; Bl.wirtel an den Zw. dichtgedrängt stehend, Bl. 4–8 mm lang, 1–2 mm breit, zum Zw. hin aufwärts gekrümmt, plötzl. zugespitzt, aber nicht stechend, obersts. kreideweiß, untersts. glänzend grün, kaum gekielt; Zapfen größer als bei der Art; arktische Gebiete und Hochgebirge in Europa und N-Amerika.

'Repánda', flachrunde Kissenform, bis 1,5 m ∅, Höhe bis 0,3 m; Zw. allseitig abstehend, kurz und dick; Bl. 5–8 mm lang, weich, nicht stechend, nach vorn zum Zw. gekrümmt, so daß die weiße Oberseite wenig auffällt, untersts. dunkelgrün; aus Irland stammend.

'Hornibrōōkii', flach kriechend, bis 2 m breit werdend; Spitzen etwas aufgerichtet, bis 0,3 m hoch werdend; Bl. 5–6 mm lang, sehr dicht stehend, etwas vorwärts gerichtet, obersts. silberweiß, untersts. grün, im Winter bräunl. werdend.

ssp. ***depréssa*** (Pursh) Franco, niedriger, breitflächiger, 0,3 bis 1 m hoch, Äste aufsteigend; Nadeln kürzer und breiter als bei der Art; kanadische Gebirge; hierzu:

'Depréssa Aúrea', Bl. an den Zw.spitzen auf der äußeren Seite ± bronzefarbig.

b) Säulenförmiger Wuchs:

'Hibérnica', (*J. commúnis stricta* Carr., var. *hibérnica* Gord.), Irischer Säulen-W., schmal säulenf.; Zw. steif aufrecht stehend, Zw.spitzen aufrecht; Bl. dunkelgrün, kürzer als bei der folgenden, weniger abstehend.

'Suécica', Schwedischer Säulen-W., breit säulenf., bis über 10 m hoch werdend; Zw. aufrecht, Spitzen überhängend; Bl. länger und breiter als bei voriger, rechtwinklig vom Zw. abstehend.

'Compréssa', sehr langsam wachsend, zierl., ganz schmale Säulen bildend, im Alter bis 1 m hoch; Zw. sehr dicht stehend; Bl. 3–6 mm lang, dunkelgrün.

c) Mit hängenden Zweigen:

'Oblónga Péndula', Wuchs unregelmäßig breit säulenf.; Äste zuerst aufrecht; Zw. lang und dünn, zierl. hängend, nur locker beblättert; Bl. dünn, scharf zugespitzt, bis 1,8 cm lang.

– Weißes Mittelband schmaler als die grünen Randstreifen, Nadeln obersts. mit tiefer Mittelrinne, untersts. gekielt, 1 mm breit oder schmaler **4**

4. Aufrechter Strauch oder kleiner Baum mit ± überhängenden Ästen und dünnen, ± lang herabhängenden Zw.; Bl. 1,5–2,5 cm lang, kaum 1 mm breit, scharf zugespitzt, ± rechtwinklig abstehend; Zapfen 6–8 mm ∅, schwarzblau bis braunschwarz, bereift; sehr zierl. im Wuchs. Sg/Bk ∧ – N-4.
Nadel-W., *J. rígida* Sieb. et Zucc.

– Niederliegender, kriechender Strauch; Bl. dicht gedrängt, nach vorn gerichtet, Zw. völlig verdeckend, 8–15 mm lang, zugespitzt, aber nicht stechend, frischgrün; Zapfen gehäuft, 8–12 mm ∅, dunkelblau, bereift. Sp – Nh-4 (Japan). (*J. litorális* Maxim.).
Ufer-W., *J. conférta* Parl.

'Emerald Sea', Nadeln smaragdgrün, im Winter gelblich-grün; salzverträglich.

5 (2). Nadeln 3–4 mm breit, 1,5–2,5 cm lang, starr und stechend, obersts. leicht rinnig mit grünem Mittelstreifen zwischen 2 weißen Bändern; Zapfen bläul. bereift, 1,5–2,5 cm ∅. Bk/Sg ∧ – Ms/NGs-3.
Syrischer W., *J. drupácea* Labill

– Nadeln unter 2 mm breit und unter 12 mm lang, Zapfen 6–10 mm ∅ **6**

6. Bl. frischgrün, beidersts. fast gleichfarbig, Spaltöffnungsstreifen obersts. grünl., Bl. 6–12 mm lang, nach vorn gerichtet, mit hellen Rändern und heller, lang ausgezogener Spitze, sich sehr weich anfühlend; mäßig verzweigt, Zw. zierl. überhängend; Zapfen eif., 8–10 mm lang, dunkel purpurbraun. Sg ∧ – NG/M-4 (Himalaya). (*J. cóxii* Jacks.).
Cox' W., *J. recúrva* Buch.-Ham. ex D. Don var. ***cóxii*** (Jacks.) Melv.

– Bl. deutl. zweifarbig **7**

7. Bl. anliegend, 6–8 mm lang, allmähl. scharf zugespitzt, obersts. rinnig mit 2 blaugrünen Streifen und grüner Mittellinie, untersts. gewölbt, blaugrün, mit 2 kleinen weißen Flecken an der Basis und 2 bläul. Linien auf dem herablaufenden Bl.kissen; Zapfen ± kugelig, 8–9 mm ∅. Sp – Nh-4 (Japan).
Japanischer Kriech-W., *J. procúmbens* (Endl.) Miq.

'Nána', kompakter und schwachwüchsiger als die Art.

– Bl. auf der Außenseite grün oder bläul., doch ohne weiße Flekken an der Basis und ohne bläul. Linien auf dem Bl.kissen . . . **8**

8. Niederliegender Strauch mit langen Zw. und aufgerichteten kurzen Seitenzw.; Bl. 4–6 mm lang, etwas nach innen gekrümmt, nach vorn gerichtet bis schräg abstehend, obersts. kahnf. ausgehöhlt mit 2 blaugrünen Streifen, untersts. reingrün, gekielt; Zapfen 6–8 mm ∅, rotbraun bis purpurschwarz; an älteren Zw.teilen viele braungewordene Nadeln. Sp – BG/NGs-4.
Schuppen-W., *J. squamáta* D. Don

'Blue Carpet', silbrigblau; bis 40 cm hoch; guter Bodendecker.

– Aufrechte Sträucher von verschiedenem Wuchs; Varietäten und Sorten von ***J. squamáta*** D. DON:

var. ***fargésii*** REHD. et WILS., aufrecht ausgebreitete Äste, überhängende Zw.; Bl. bis 8 mm lang, schmal, blaß- oder blaugrün.

'Blue Star', Zw.mutation von *'Méyeri'*, aber kompakter und kleiner.

'Méyeri', aufrechter oder ausgebreiteter Strauch; Bl. sehr dicht gestellt an zahlr. Seitenzw., nach vorn gerichtet, leicht gekrümmt, bis 8 mm lang, obersts. schneeig weiß, untersts. grün bis blaugrün; durch die Zweifarbigkeit der Bl. und den oft bizarren Wuchs auffallend; ältere Nadeln braun und lange haften bleibend.

'Wilsónii', aufrechter, ± dicht geschlossener, vielstämmiger Strauch; Zw.chen sehr dicht gestellt, ihre Spitzen fast hakig gekrümmt; Bl. pfriemf., 3–5 mm lang, an den gekrümmten Zw.spitzen anliegend, sonst ± rechtwinklig abstehend, obersts. blauweiß mit bis zur Bl.mitte reichender, grüner Mittellinie, untersts. grün mit schmalen hellen Rändern und heller Kiellinie; im Inneren der Sträucher viele trockene, braune Nadeln; unverkennbar an den hakig umgebogenen Zw.spitzen.

'Lóderi', ist ähnl.

J. morrisonícola HAYATA (Sg ∧ – BGhm-4 (Taiwan)) ähnelt in Bezweigung und Benadelung *J. squamáta* var. *fargésii*.

9 (1). Schuppenf. Bl. stumpf, kreuzweise gegenst., dem Zw. dicht anliegend, 1,5–2 mm lang, grün mit helleren Rändern und vertiefter Drüse; nadelf. Bl. scharf zugespitzt, abstehend, meist zu 3 wirtelig, teils aber auch zu 2 gegenst. (insbesondere bei vielen unten genannten Formen), obersts. mit 2 Spaltöffnungsbändern und einem grünen Mittelstreifen, 8–12 mm lang; Bltn. vorwiegend zweihäusig; Zapfen 6–8 mm ∅, zunächst blauweiß, bei der Reife braun, mehlig bereift, im 2. Jahr reifend. Bk/Sg – N-4.

Chinesischer W., *J. chinénsis* L.

'Keteléerii', dicht säulenf., bis 10 m; Zw. sehr fein; Bl. schuppenf., grün, leicht bereift; Frucht 5–9 mm ∅, blauweiß, zuletzt grün, häufig in großer Zahl.

'Mas', schmal säulenf., bis über 10 m; Bl. meist nadelf., gewöhnl. zu 3 wirtelig, scharf zugespitzt, an bltn.tragenden Zw. meist schuppig, gelbl.-grün.

'Pyramidális', schmal kegelf.; Bl. meist nadelf., steif, blaugrün, ♂ Form.

'Obelisk', unregelmäßig schmal säulenf.; sehr dicht verzweigt; Bl. nadelf., 1–1,5 cm lang, 1,5–2 mm breit, sehr steif und scharf stechend, obersts. auffällig blauweiß.

var. ***sargéntii*** HENRY, breitwüchsig, bis 0,6 m hoch; Zw. aufstrebend, Zw.chen dick; Bl. nadelf., sehr dicht stehend, dachziegelig, bläul.grün oder grün (var. *sargéntii 'Víridis'*), an schwächeren Seitenzw. auch schuppenf.

J. × pfitzeriana (SPÄTH) P. SCHMIDT (*J. chinensis* × *J. sabina*) (*J.* × *media* VAN MELLE), Sg, Sk.

'Pfitzer', breitbuschig mit horizontal abstehenden Ästen, bis 4 m hoch und ebenso breit; Spitzen der Äste und Zweige überhängend; Verzweigung sehr dicht, Zw.chen dünn, z.T. Spitzen überhängend; Bl. vorwiegend schuppenf., blaugrün, im Inneren der Pfl. häufig nadelf., scharf zugespitzt, obersts. blaugrün; häufig angepflanzt.

'Pfitzer Compacta', kleiner und kompakter als *'Pfitzer'*.

'Pfitzer Aurea', nur durch die lichtgelbe bis gelbgrüne Färbung abweichend.

'Old Gold', wie *'Pfitzer Aurea'*, aber bronzegelbe Färbung bleibt auch im Winter.

'Hétzii', von *'Pfitzer'* durch die mehr blaue Belaubung unterschieden.

'Blaauw', Hauptäste meist nach einer Seite stehend, feine, federige Verzweigung; Bl. schuppenf., sich dachziegelig dicht deckend, graublau; ähnlich wie *'Plumósa'*.

'Plumósa', buschig, bis 1 m hoch; Verzweigung flächig-federig; Bl. schuppenf., dunkelgrün.

'Plumósa Áurea' (*J. c. procúmbens aurea* Beissn., *J. japónica aurea* Carr.), breit aufrechter Strauch, bis 2 m hoch, mit dichter und kurzer Bezweigung; Bl. schuppenf., zuerst goldgelb, im Winter bronzegelb.

'Variegáta', kegelf., dicht verzweigt, bis 2,5 m hoch; Bl. nadelf. abstehend, blaugrün; einzelne Zw.chen weiß oder weißbunt.

– Schuppenf. Bl. stets zugespitzt, nadelf. Bl. meist zu 2 gegenst. . **10**

10. Zw. beim Zerreiben stark unangenehm riechend, Verzweigung dicht buschig; nadelf. Bl. scharf zugespitzt, 4 mm lang, schuppenf. Bl. 1–3 mm lang, meist mit Drüse auf der Außenseite; Zapfen 5–7 mm ∅, bereift, an kurzen, beschuppten, hakenf. zurückgebogenen Zw.chen endst. G!! Sk – Ns/a/BG-3.

Sadebaum, Stink-W., *J. sabína* L.

'Blue Danube', graublau.

'Cupressifólia', niederliegender, gedrungener Strauch mit ausgebreitet-aufstrebenden Ästen; Zw. dickl.; Bl. schuppenf., angedrückt, dunkelgrün, sehr häufig.

'Hícksii', mit schräg aufsteigenden Ästen, alle Zw.chen scharf nach vorn gerichtet; Bl. nadelf., bis 5 mm lang, graugrün.

'Tamariscifólia', niedriger, sich weit ausbreitender Strauch, bis 1 m; Äste horizontal abstehend, sich stets aufrichtend; Bl. stets nadelf., scharfspitzig, hellgrün; sehr häufig angepflanzt.

– Zw. gerieben ± aromatisch, aber nicht stark unangenehm duftend **11**

11. Zapfen an zurückgekrümmten stielartigen Zw.chen sitzend; niederliegender, oft weithin kriechender, teppichartig wachsender Strauch mit dichter, meist kurzer Verzweigung; Bl. häufig nadelf., 2–6 mm lang, etwas abstehend, blaugrün bis stahlblau, schuppenf. Bl. schmal längl. mit dem Zw. nicht anliegender Grannenspitze, oft mit Drüse auf der Außenseite. Sp – B-1/2.

Nordamerikanischer Kriech-W., *J. horizontális* Moench.

a) Sorten mit überwiegend nadelf. Bl.:

'Andorra Compact', dichtere Verzweigung als bei 'Plumósa'.

'Plumósa', Teppiche von über 2 m ∅ bildend, in der Mitte bis 0,5 m hoch werdend; Zw.spitzen schräg aufgerichtet; stark federig verzweigt; Bl. schmal linealisch, bis 6 mm lang, scharf zugespitzt, lichtgrün, im Winter bronzepurpurn; durch die Winterfärbung und die federige Verzweigung leicht kenntl.

'Prostráta', dicht dem Boden aufliegend, weithin kriechend, dicht bezweigt, Spitzen etwas purpurn; Bl. blaugrün, an den Zw.spitzen schuppenf.; meist fälschl. als *J. sabína prostráta* zu finden.

'Víridis', niedriger, kaum kriechender Strauch mit etwas aufstrebenden, stark verzweigten Ästen; Verzweigung stark federig; Bl. hellgrün.

b) Sorten mit überwiegend schuppigen Bl.:
'Douglásii', stark und flach kriechend, aufgerichtete Seitenzw.; Färbung stahlblau, im Winter silbrig bereift mit rötl. Schimmer.
'Glaūca', stark kriechend, große, ganz flache Teppiche bildend, auch Zw.spitzen flach aufliegend, Seitenzw.chen dagegen bogig aufgerichtet; Färbung intensiv blau.
'Hughes', Zw. graublau.
'Húmilis', im Wuchs mehr *'Douglásii'* ähnelnd, teppichbildend; Äste sehr lang, liegend; Seitenzw.chen auffällig kurz, 3–5 cm lang, aufgerichtet; Färbung rein grün.

– Zapfen aufrecht sitzend oder nickend, aber nicht an zurückgekrümmten Zw.chen endständig; Bäume oder aufrecht wachsende Sträucher (nur einige var. niedrig bleibend und kriechend) . . **12**

12. Zapfen im 1. Jahr reifend, 4–6 mm dick, blau bereift; Zw.chen dünn, unter 1 mm breit, etwas vierkantig; Bl. bei der Art meist schuppenf., 1–2 mm lang, Spitze abstehend, mit oder ohne Drüse; Bl. z.T. auch nadelf., 5–6 mm lang, obersts. rinnig, weißl., gegenst. oder an üppigen Zw. zu 3 wirtelig; einhäusig; Wuchs schmal- bis breitkegelig. Bm/Sg – N-2.
Virginische Rotzeder, Virginischer W., *J. virginiána* L.

a) Säulen- und kegelförmiger Wuchs:
'Búrkii', dicht und gleichmäßig kegelf., bis über 3 m; Bl. nadelf., ± abstehend, schmal feinspitzig, stechend, 5–7 mm lang, graugrün, im Winter purpurfarbig.
'Canāértii', schlank säulenf., bis 5 m, dicht bezweigt; Bl. an jungen Zw. schuppenf., an älteren nadelf., dunkelgrün; sehr reich fruchtend, Zapfen klein, stark weiß bereift.
'Fastigiáta', schmal säulenf.; Zw. sehr dünn; Bl. nur schuppenf., sehr klein, grün.
'Gláuca', üppig wachsende blaugrüne Säulenform, Zw.spitzen seitl. herausragend; Bl. fast nur schuppenf.
'Schóttii', kegelf., 2–3 m hoch werdend, Zw. sehr dünn, Bl. nur schuppenf., hell-gelbgrün.
'Skyrocket', sehr schmale Säule, blaugrau.

b) Lockerwüchsig:
'Chamberlāýnii', Wuchs breit mit übergebogenen Ästen und hängenden Zw.; Bl. meist nadelf., graugrün.
'Grey Owl', Wuchs *J.* × *pfitzeriána 'Pfitzer'* ähnelnd, schön blau bereift, Zw.spitzen im Winter teilweise purpurn angelaufen.
'Kósteri', Wuchs unregelmäßig, breit, bis 1,5 m; Zw.spitzen purpurn getönt; Bl. pfriemf., grün.
'Tripartíta', Wuchs unregelmäßig breit, bis 2 m; dicht und kurz bezweigt; Bl. nur nadelf., blaugrün bis grün.

c) Kriechend:
'Réptans' (*J. v. horizontális* Hornibr.), bis etwa 0,5 m hoch, Wuchs stark in einer Richtung; Bl. schuppenf., angedrückt, blaugrün.

d) Buntnadelig:
'Elegantíssima', zierl. Kegelform, bis 3 m; jüngere Zw. goldgelb, ältere grün.
(Die genaue Zugehörigkeit einiger Formen ist noch umstritten.)

– Zapfen im 2. Jahr reifend, 6–12 mm dick **13**

13. Zapfen mit 4–6 Samen, 7–12 mm dick; Zw.chen 0,6–0,8 mm dick, Schuppenbl. dem Zw.chen fest angepreßt, Spitze der Schuppenbl. einwärts gekrümmt. Bm/Sg – NG-3 (bes. Kleinasien). **Kleinasiatischer Baum-W., *J. excélsa*** M. BIEB.

– Zapfen mit 1–3 Samen **14**

14. Zw.chen 0,5–0,9 mm dick, Bl. stets schuppenf., rhombisch-eif., dicht angepreßt, undeutl. drüsig, dunkel- oder gelbl.grün; Zapfen 6 mm dick. Bk/Sg – Ns/a-1.
Westliche Rotzeder, *J. scopulórum* SARG.

'Chandlers Silver', Wuchs locker kegelf.; Bl. pfriemf., sehr schmal, dicht angedrückt, obersts. silberblau.

– Zw.chen 1–1,2 mm dick. Spitze der Schuppenbl. dem Zw.chen nicht fest angepreßt; Zapfen 7–12 mm dick. Bm/Sg ∧ – NGs-3.
Stinkender Baum-W., *J. foetidíssima* WILLD.

6. Familie: ***Cephalotaxáceae*, Kopfeibengewächse**

Immergrüne Bäume und Sträucher; Bl. schraubig gestellt, nadelf., meistens ähnl. wie bei Táxus, jedoch länger und auf der Unterseite mit zwei auffälligen blau- bis grauweißen Spaltöffnungsbändern *(6/1)*; meist zweihäusig; ♂ Bltn. in achselsts., kugeligen Köpfchen mit wenigen Stbl., ♀ Bltnst. klein, mit wenigen kreuzgegenst. Paaren kurzer, fleischiger Deckschuppen, zu 1–3 an der Basis letztjähriger Sprosse; Samen groß, etwa 2,5 cm lang (aufrecht, harzig), mit fleischiger grünl. bis bräunl. Hülle, innen mit harter Steinschale *(6/2)*. 1 Gattung mit ca. 6 Arten im Himalaya und Ostasien.

Cephalotáxus SIEB. et ZUCC. ex ENDL., **Kopfeibe**

1. Bl. 5–8 cm lang, 4 mm breit, in 2 ± horizontal ausgebreiteten Reihen, allmähl. fein zugespitzt, obersts. glänzendgrün, untersts. mit 2 blassen Spaltöffnungsbändern, aus 18–22 Linien bestehend. Sg ∧ – Mhg/Nhg-4 (China).

Fortunes K., *C. fortúnei* HOOK.

– Bl. nicht über 5 cm lang und 2–3 mm breit, oft sichelf. aufwärts gebogen, zieml. plötzl. fein zugespitzt, obersts. glänzend, untersts. mit 2 Spaltöffnungsbändern, aus 13–15 Linien bestehend; Zw. abstehend, oft etwas überhängend; Samen zu 3–5 zusammenstehend. Sg – Nh-4. (*C. drupácea* var. *pedunculáta* (SIEB. et ZUCC.) MIQ., *C. pedunculáta* SIEB. et ZUCC.).

Harringtons K., *C. harringtónia* (FORBES) K. KOCH

var. ***drupácea*** (SIEB. et ZUCC.) Koidz. (*C. drupácea* SIEB. et ZUCC.), Bl. 2–4,5 cm lang, zweizeilig, beidersts. schräg aufwärts gerichtet, zwischen sich ein V freilassend; Zw. nicht überhängend.

'Fastigiáta' (*C. drupácea fastigiáta* PILGER., *C. pedunculáta fastigiáta* CARR.), Wuchs ± breit säulenf., mit vielen rutenf. aufrechten Ästen; Bl. nicht zweizeilig, sondern in dichten Spiralen um den Zw. stehend, zuerst aufgerichtet, später horizontal abstehend oder leicht zurückgekrümmt.

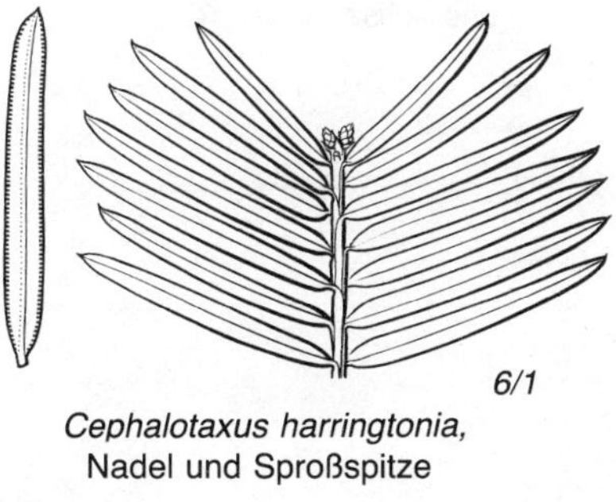

6/1

Cephalotaxus harringtonia, Nadel und Sproßspitze

6/2

C. harringtonia, Samen

7. Familie: ***Podocarpáceae*, Steineibengewächse**

Immergrüne Bäume oder Sträucher; Bl. schraubig angeordnet, schuppen- oder nadelf. oder lanzettl. bis eif., selten Phyllokladien; ♂ Bltn. endständig oder axillär, meist mit zahlreichen Stbl. mit je 2 Pollensäcken, Pollen meist mit Luftsäcken, ♀ Bltnst. mit 1 bis zahlreichen Deckschuppen, in ihren Achseln je 1 Samenanlage, nicht verholzend, Samenwulst der Deckschuppen entwickelt sich bei der Reife zu einer einseitigen, fleischigen Samenhülle. 7 Gattungen in den Tropen und Subtropen der Südhemisphäre, besonders in den Gebirgswäldern.

Podocárpus L'HERIT. ex PERS., **Steineibe**

Die einseitige Samenhülle und der damit verwachsene Same ähneln einem Fußabdruck (daher der Name *Podocárpus* = Fußfrucht) *(7/2)*. Mehr als 100 Arten meistens in Regenwäldern der subtropischen und tropischen Zone der Südhemisphäre.

Rinde junger Zw. grünl.; Bl. schraubig angeordnet, untersts. etwas heller grün als obersts., 5–15 mm lang, 2–4 mm breit, sich zu einem sichelf. gebogenen, kurzen Stiel verjüngend, mit kurzer aufgesetzter Spitze *(7/1)*. Sk ∧ – PG-8. ***P. nivális*** HOOK.

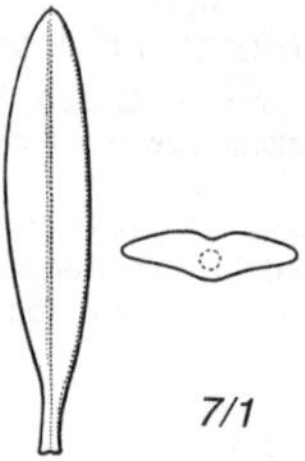

7/1

Podocarpus nivalis, Nadel und Nadelquerschnitt

7/2

P. nivalis, Same auf angeschwollener Samenhülle und Achse

Ordnung: *Taxáles*

8. Familie: *Taxáceae,* Eibengewächse

Reich verzweigte immergrüne Sträucher und kleine Bäume; Bl. nadelf., schraubig angeordnet, oft gescheitelt; junge Zw. grün; meist zweihäusig; ♂ Bltn. bl.achselst., einzeln oder in kurzen Ähren mit schuppenartigen Hüllbl. und schildf. Stbl. mit 6–8 Pollensäcken, ♀ Bltn. einzeln an kurzen seitenst., beschuppten Zw.chen; Same hartschalig, mit dickfleischigem Samenmantel (Arillus). 5 Gattungen mit ca. 15 Arten vor allem in der Nordhemisphäre.

1. Nadelunterseite mit wenig auffälligen Spaltöffnungsstreifen, Nadeln daher untersts. nur heller grün gefärbt als obersts.; Arillus oben becherförmig offen bleibend *(8/2)*, meistens leuchtend scharlachrot, Samen unter 1 cm lang . . . . ***Táxus*** 8–2

– Nadelunterseite mit zwei auffälligen blau- bis grauweißen Spaltöffnungsstreifen; Arillus umhüllt den über 2 cm langen Samen völlig *(8/1)* . . . . ***Torrēýa*** 8–1

8/1

Torreya nucifera,
Samen mit Samenmantel

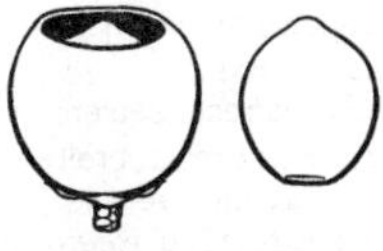

8/2

Taxus baccata,
Samen mit und ohne Samenmantel

1. *Torrēýa* Arn., Nußeibe, Stinkeibe

Nadeln relativ starr, stechend, untersts. mit vertieft liegenden blau- bis grauweißen, meist auffälligen Spaltöffnungsbändern (diese schmaler als die grünen Streifen); Samen groß, über 2 cm lang, Arillus (Samenmantel) umwächst die Samen völlig. 5 Arten.

1. Nadeln 3–7 cm lang, etwa 3 mm breit, lang zugespitzt, obersts. glänzend dunkelgrün, untersts. gelbgrün mit zwei grauweißen Spaltöffnungsbändern beidersts. der Mittelrippe, beim Zerreiben scharf aromatisch riechend; Samen mit Samenmantel pflaumenähnl., 3–4 cm lang, grün mit purpurroten Flecken; IV–V. Bk/Sg ∧ – M/Nm-1. **Kalifornische N., *T. califórnica*** Torr.

– Nadeln 1,5–3 cm lang **2**

2. Nadeln gerieben unangenehm riechend, 2–3 cm lang, plötzl. zugespitzt, oft etwas sichelf. gebogen, obersts. gewölbt und dunkelgrün, untersts. mit deutl. sichtbaren schmalen Spaltöff-

nungsbändern; Samen mit Samenmantel 2,5–3 cm lang, grün mit rötl. Anflug *(8/1)*; IV–V. Bk/Sg – Mh/Nhw-4 (Japan).
Japanische N., *T. nucífera* (L.) SIEB. et ZUCC.

– Nadeln ohne besonders unangenehmen Geruch, 1,5–2,5 cm lang, steif, gerade, obersts. gefurcht und dunkelgelbgrün, unterst. mit wenig deutl. Spaltöffnungsbändern; Samen mit Samenmantel 2–2,5 cm lang, rotbraun. Bk/Sg ∧ – Nhw-4 (SO-, M-, SW-China). **Chinesische N., *T. grándis*** FORT.

2. *Táxus* L., Eibe 2 jähr. Zw grün!

Kleinere, stark verzweigte Bäume oder Sträucher; Nadeln schraubig, an Seitenzw. oft gescheitelt, Spaltöffnungsbänder auf der Nadelunterseite wenig auffällig, Nadeln daher unterst. nur heller grün als obersts.; Samen klein, unter 1 cm lang, Arillus (Samenmantel) meistens leuchtend scharlachrot, oben becherf. offen bleibend *(8/2)*; G!! außer Arillus. Etwa 8 Arten.

1. Nadeln allmähl. zugespitzt *(8/3)*, 1–3 cm lang, 2–2,5 mm breit, obersts. glänzend dunkelgrün, untersts. mit 2 blaßgrünen Bändern; Kn.schuppen eif. abgerundet, fest anliegend; Krone ± rundl.; III–IV. G!! Bk/Sg – Nh-3. **Gemeine Eibe, *T. baccáta*** L.

Sehr variable Art und in sehr vielen Sorten angepflanzt. Bestimmung der Sorten meist schwierig.

a) Wuchs aufrecht-säulenf.:

'Adpréssa Erécta', breit säulenf., bis 3 m; Äste aufsteigend; Nadeln bis 1,5 cm lang, bis 3 mm breit, tiefgrün.

'Fastigiáta', (*T. b. hibérnica* HOOK.; *T. b. strícta* LAWS.), Irische E., Säulen-Eibe, Äste und Zw. steif aufrecht, mehrstämmig, auch ± breitkegelig, bis 5 m; Nadeln schraubig gestellt, schwärzl. grün.

'Fastigiáta Aureomarginata', Nadeln goldgelb berandet.

'Fastigiáta Robústa', Nadeln frischgrün; Wuchs kompakter als bei 'Fastigiáta'; sehr frosthart.

b) Wuchs ± breitbuschig:

'Adpréssa', unregelmäßig breitbuschig, bis 3 m; Äste aufsteigend; Nadeln nur 5–9 mm lang, 2–4 mm breit, stumpf- bis blaugrün.

'Nissens Corona', Äste flach ausgebreitet, Zw. schräg aufsteigend, Zw.spitzen herabgebogen.

'Overeÿnderi', sehr regelmäßig breitbuschig, aufrecht verästelt und dicht bezweigt, bis 2,5 m; Nadeln bis 2 cm lang, 2 mm breit, obersts. dunkelgrün; läßt sich leicht zu regelmäßigen Formen schneiden.

'Washingtonii', Nadeln grüngelb, mit schmalem, gelbem Rand, im Winter bronzegelb; Äste locker stehend, weit ausladend, bis 3 m hoch.

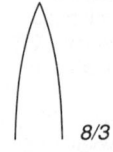

8/3

Taxus baccata

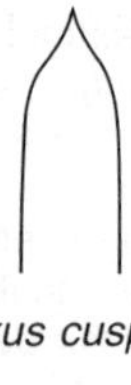

8/4

Taxus cuspidata

c) Hängende Zw.:

'Dovastoniána', Wuchs aufrecht mit horizontal abstehenden Ästen und zierl. hängenden Zw.; Nadeln 2–3,5 cm lang und 3 mm breit, oft sichelf. gekrümmt, obersts. fast schwarzgrün.

'Dovastoniana Aurea', wie *'Dovastoniana',* aber schwächer wachsend, junge Zw. und Nadeln goldgelb austreibend.

'Grácilis Péndula', Wuchs breit verzweigt, Zw. zierl. überhängend; Nadeln sehr dicht stehend, 2,5 cm lang, 3 mm breit, obersts. dunkelgrün; zierlicher als vorhergenannte Form.

d) Niedrig bleibende Sorten:

'Repándens', kaum über 0,6 m hoch werdend, Äste waagerecht ausgebreitet; Nadeln 2–3 cm lang, sichelf. nach vorn und oben gerichtet, dunkelgrün.

Weiterhin in den Gärten zahlreiche Sorten mit gelben, gelb- oder weißbunten Nadeln sowie mit gelbem Arillus (Samenmantel).

– Nadeln plötzl. zugespitzt, mit kleiner aufgesetzter Stachelspitze *(8/4),* Kn.schuppen z.T. etwas dreieckig und weniger fest anliegend **2**

2. Nadeln 1,5–2,5 cm lang, 2–3 mm breit, in ein deutl. gelbl. Stielchen zusammengezogen, unregelmäßig zweizeilig gestellt, obersts. meist dunkelgrün mit deutl. vorgewölbter Mittelrippe, untersts. gelbl.grün; III–IV. G!! Sg – Nhg-4 (NO-China, Korea, Japan). **Japanische E., *T. cuspidáta*** Sieb. et Zucc.

'Nana', Wuchs langsam, in der Jugend sehr dicht geschlossen, später mehr auseinandergehend; 1–2 m hoch werdend; Nadeln ± schraubig gestellt, stark nach vorn gerichtet, bis 2 cm lang, kurz zugespitzt, dunkelgrün.

– Nadeln gescheitelt, bis 2 cm lang, 1,5–2 mm breit, sehr kurz gestielt, obersts. dunkelgrün, Mittelrippe erhaben, untersts. mit 2 blaßgrünen Bändern, im Winter rotbraun werdend; oft niederliegend; selten angepflanzt; III–IV. G!! Sk – Nhk/B-2. **Kanadische E., *T. canadénsis*** Marsh.

'Pyramidális', Wuchs mehr aufrecht, bis 2 m hoch; Nadeln zu den Zw.spitzen hin auffällig kürzer werdend; gelegentl. angepflanzt.

T. × média Rehd. (*T. baccáta* L. × *T. cuspidáta* Sieb. et Zucc.) steht in seinen Merkmalen zwischen den Eltern.

Unter den verschiedenen Sorten erscheinen wertvoll:

'Hatfíeldii', Wuchs breitbuschig aufstrebend, bis 1,5 m hoch; Nadeln 2–3,5 cm lang, 3–4 mm breit, obersts. nicht gescheitelt, größere sichelf. nach oben gerichtet, frischgrün, untersts. deutl. gescheitelt, olivgrün.

'Hícksii', Wuchs schmal säulenf., ähnl. *baccáta 'Fastigiáta',* doch etwas lockerer, bis 2 m; Nadeln schraubig gestellt, an jüngeren Zw. stark aufwärts gerichtet, 2–2,5 cm lang, 2–3 mm breit, obersts. stark gekielt, dunkelgrün, untersts. mit 2 olivgrünen Streifen.

Klasse: ***Gnetópsida,*** Gnetumartige

Ordnung: ***Ephedráles***

9. Familie: ***Ephedráceae,* Meerträubelgewächse**

Rutensträucher; Sproßachsen aufrecht, niederliegend oder etwas kletternd, stark verzweigt, grün, gerieft; Bl. gegenst. oder wirtelig, klein, schuppenf., meist ± scheidenartig miteinander verwachsen (schachtelhalmartiges Aussehen); Bltn. vorwiegend zweihäusig, endst. an Kurztrieben, mit zweiteiliger Bltn.hülle, ♀ Bltn. mit nur 1 Samenanlage und 1 Röhren-Integument; reifer Same von der verholzenden oder fleischig werdenden Bltn.hülle umschlossen *(9/1)*. 1 Gattung mit ca. 40 Arten in Trockengebieten der Nordhemisphäre und Südamerikas.

Éphedra L., **Meerträubel**

1. ♀ Bltn. einzeln; 1–2 m hoch werdend, aufrecht, reich verzweigt; Zw. dunkelgrün, fein gestreift, 1–1,5 mm dick; Internodien etwa 2 cm lang; Schuppenbl. 1–3 mm lang, zu ½ bis ⅔ verwachsen. ∧ – Ms/a-3/4. ***E. májor*** Host

ssp. ***procéra*** (Fisch. et C. A. Mey.) Markgraf, weicht ab durch glatte Triebe; häufiger in Kultur als die Art.

– ♀ Bltn. meist zu 2; stets unter 1 m hoch bleibend 2

2. Sproßachsen ± niederliegend; Zw. meist steif aufrecht, bis 50 cm hoch, dunkelgrün, fein gestreift, etwa 2 mm dick; Internodien bis 5 cm lang; Schuppenbl. bis 2 mm lang, ringsum trockenhäutig, Mitte grün, zu ⅔ verwachsen. ♂ Bltn.stand längl. eif., mit 8–16 Bltn. Ns/a/Ms/a-3. ***E. distáchya*** L.

ssp. ***helvética*** (C. A. Mey.) Aschers. et Graebn. bleibt etwas niedriger bei sehr dichtem Wuchs. Schweiz: Wallis.

– Sproßachsen niederliegend; Zw. kaum über 5 cm ansteigend, dunkelgrün, 1,5–2 mm dick; Internodien bis 2 cm lang; Schuppenbl. 2 mm lang, zu ½ verwachsen. ♂ Bltn.stand kugelig bis eiförmig, mit 6–8 Bltn. NGs/a-4. ***E. gerardiána*** Wall. et Stapf

var. ***sikkiménsis*** Stapf, robuster im Wuchs, bis etwa 15 cm hoch.

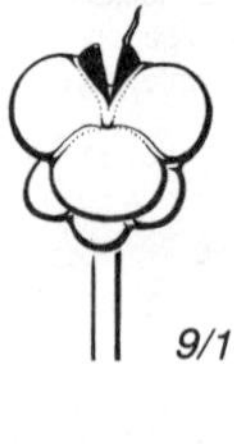

9/1 *Ephedra* spec., Samen, umgeben von angeschwollenen Schuppenbl.

Unterabteilung: ***Angiospermae,*** Blütenpflanzen

Klasse: ***Dicotyledoneae,*** Zweikeimblättrige

Unterklasse: ***Polycarpicae***

Ordnung: ***Magnoliáles,*** Magnolienartige

10. Familie: ***Magnoliáceae,*** **Magnoliengewächse**

Sommer- oder wintergrüne Bäume und Sträucher; Bl. wechselst., einfach, ungeteilt und ganzrandig oder gelappt, Stipeln vorhanden; Bltn. einzeln, endst., zwittrig, Bltn.hülle doppelt, ihre Elemente wirtelig stehend, Kbl. 3, Krbl. meist 6 in 2 Kreisen, zuw. auch mehr, Stbl. und Frbl. zahlreich, schraubig einer verlängerten, spindelf. Bltn.achse ansitzend; Frbl. sich meist zu balgähnl. Frch. oder Nüßchen entwickelnd. 7 Gattungen mit 215 Arten, vorwiegend in S- und O-Asien, Indomalesien sowie im östl. N-Amerika und S-Amerika.

1. Bl. einfach, ungeteilt, spitz oder zugespitzt; Frch. sich zur Reife rückenspaltig öffnend . . . . ***Magnólia*** 10–1

– Bl. gelappt, an der Spitze quer gestutzt; Fr. zapfenähnlich, aus vielen geflügelten Nußfrch. zusammengesetzt . . . . ***Liriodéndron*** 10–5

1. *Magnólia* L., Magnolie

Sommer- oder immergrüne Bäume und Sträucher; Winterkn. groß, von einer Schuppe umhüllt; Bl. gestielt, einfach, ungeteilt, Stipeln am Grund mit dem Bl.stiel verbunden, tütenförmig miteinander verwachsen und die Sproßspitze ringf. umschließend; Bltn. einzeln, endst., groß, Kbl. 3, oft krbl.artig, Krbl. 6(–15); Frch. 1–2samig, sich zur Reife an der Rückenseite öffnend, Samen ganz von einem Arillus (Samenmantel) umhüllt, oft an einem Arillusfaden aus dem Frch. heraushängend. Etwa 125 Arten im östl. N- und M-Amerika, O-Asien und Himalaja.

1. Bl. immergrün, eif. bis längl.-eif., am Grunde verschmälert, 15–25 cm lang, oberststs. dunkelgrün, glänzend; untersts. rostbraun. Bltn. 20–25 cm ∅, rahmweiß; V–VIII. ∧ ∧ # Bm – Mh-2. **Großblütige M., *M. grandiflóra*** L.

– Bl. sommergrün **2**

2. Bltn. vor der Bl.entfaltung erscheinend; Fr. walzl., oft ungleichmäßig gestaltet und gekrümmt **12**

– Bltn. mit den Bl. oder nach deren Entfaltung erscheinend; Fr.zapfen gleichmäßig ausgebildet **3**

3. Bltn. weiß oder weißl. **5**

– Bltn. grünl. oder gelbl., stets glockig **4**

4. Bltn. grünl., Krbl. 6–8 cm lang, längl.-eif., Kbl. viel kürzer, lanzettl., sich zurückrollend; Bl. elliptisch bis eilängl., 10–25 cm

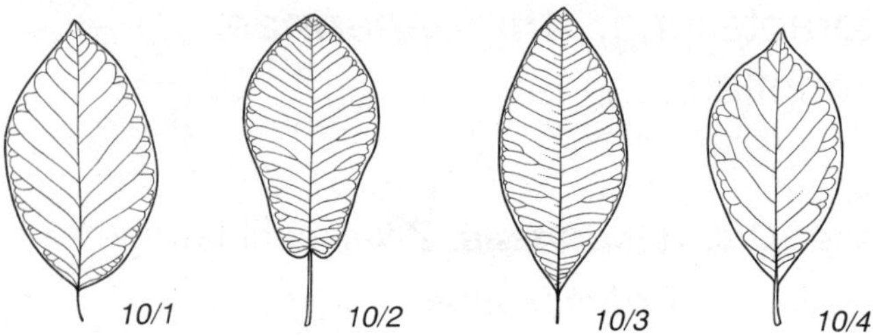

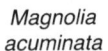

10/1 *Magnolia acuminata* — *10/2* *M. fraseri* — *10/3* *M. tripetala* — *10/4* *M. × soulangiana*

lang, plötzlich zugespitzt, an der Basis keilf. bis gerundet *(10/1)*, untersts. hellgrün, weich behaart; Fr. 5–8 cm lang; VI–VII. Bm – Nh-2. **Gurken-M., *M. acumináta*** L.

– Bltn. kanariengelb, Krbl. 4–5 cm lang, sonst ähnl. voriger Art; Bl. 8–15 cm lang, 6–11 cm breit, eif. bis elliptisch, an der Basis gerundet *(10/1)*, untersts. blaugrün, behaart; V–VI. Sg/Bk – Nhw-2. (*M. acumináta* L. var. *subcordáta* (SPACH) DANDY). **Gelbblütige Gurken-M., *M. cordáta*** MICHX.

5 (3). Bl.basis keilf. *(10/3, 10/4)* **7**

– Bl.basis herzf.-geöhrt *(10/2)* **6**

6. Kn. und junge Zw. behaart; Bl. 30–80 cm lang, untersts. bläul., fein behaart; Bltn. schalenf., 25–30 cm ∅, rahmweiß, duftend; Krbl. 6, 14–18 cm lang, über der Mitte zurückgebogen, am Grunde rosa gefärbt; V–VI. Bk – Nhw-2. **Großblättrige M., *M. macrophýlla*** MICHX.

– Kn. und junge Zw. kahl; Bl. verkehrt-spateleif., 20–50 cm lang, untersts. bläul., kahl *(10/2)*; Bltn. schalenf., 20–25 cm ∅, rahmweiß, duftend, Krbl. 6–9, 8–10 cm lang; Kbl. klein, hinfällig; VI. Bk ⊛ – Nhg-2. **Berg-M., *M. fráseri*** WALT.

7 (5). Bl. 7–18 cm lang **9**

– Bl. 20–60 cm lang **8**

8. Bl. verkehrt-eilängl., 25–60 cm lang, zur Basis allmählich keilf. verschmälert, längl. eif. *(10/3)*, hellgrün, untersts. anfangs behaart; Bltn. 20–25 cm ∅, stark duftend, Krbl. 6–9, 8–12 cm lang, weiß, Kbl. viel kürzer, grünl., Staubfäden etwa die Hälfte der Stbl.länge einnehmend, purpurn, Frbl. blaßpurpurn, Gr. weißl.; V–VII. Bm ⊛ – Nhw-2. **Schirm-M., *M. tripétala*** L.

– Bl. verkehrt-eif., 20–40 cm lang, an der Basis breit keilf. bis gerundet, untersts. bläul., behaart; Bltn. becherf., 14–16 cm ∅, Krbl. 6–9, weiß, etwas lederig, Kbl. ähnlich aber kürzer, außen

10/5

Magnolia tripetala, Frucht

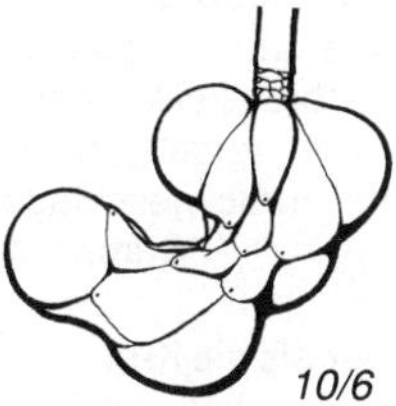

10/6

M. kobus, Frucht

10/7

M. kobus, Sproßabschnitt mit Blattansatz

manchmal rosa getönt, Staubfäden etwa ⅓ der Stbl.länge einnehmend, karminrot, Griffel blaßpurpurn; V–VI. Bk/Sg ⊛ – Nhg-4. (*M. obováta* THUNB.). **M. hypoleūca** SIEB. & ZUCC.

9 (7). Krbl. und die krbl.ähnl. Kbl. weiß oder rahmfarben **11**

– Kbl. krbl.ähnlich aber rosa gefärbt, Bltn. schalenf. **10**

10. Bltn. nickend, 7–10 cm ∅, von weiß in rahmfarbig übergehend, duftend, Kbl. ½ bis ⅔ so lang wie die 6 Krbl.; Bltn.stiel 3–6 cm lang, dünn und behaart; Stbl. und Frbl. karmin; Fr. 3–4 cm lang *(10/8)*; Bl. breit-elliptisch bis breit verkehrt-eilängl., 6–15 cm lang, an der Basis breit keilf. bis gerundet, untersts. bläul., zerstreut behaart, mit 6–10 Paar Seitennerven; VI. Sg ⊛ – Nhg-4 (Japan, Korea). (*M. parviflóra* SIEB. & ZUCC.).
Siebolds M., *M. siebóldii* K. KOCH

– Bltn. aufrecht, 10–15 cm ∅, rahmfarbig mit karminfarbiger Mitte, stark duftend, Bltn.stiele kräftig, 2–3 cm lang; Bl. verkehrt-eif., 10–18 cm lang, untersts. mit 10–15 Paar Seitennerven, bläul.; Fr. größer; VI–VII. Sg ⊛. (*M. hypoleūca* × *siebóldii*).
M.* × *watsónii HOOK. f.

11 (9). Bl. sommergrün, eilängl., 6–12 cm lang, zugespitzt, an der Basis gerundet bis schwach herzf., untersts. seidig behaart;

10/8: M. sieboldii, Frucht

Bltn. schalenf., hängend, 10–12 cm ∅, duftend, Krbl. 6; VI. Sg/Bk ∧ – Nhg-4 (W-China). **Hängeblütige M., *M. wilsónii*** REHD.

– Bl. sommer- oder halbimmergrün, elliptisch bis längl.lanzettl., 8–15 cm lang, an der Basis breit keilf., obersts. glänzend-grün, untersts. blauweiß bereift; Bltn. kugelig, 5–7 cm ∅, rahmweiß, duftend, Krbl. 9–12, die Kbl. zurückgeschlagen; VI–IX. Sg ∧ – Nhw/Mh-2. **Sumpf-M., *M. virginiána*** L.

12 (2). Kbl. krbl.artig gestaltet **15**

– Kbl. viel kleiner und schmaler als die Krbl. **13**

13. Bltn. außen purpurn gefärbt, innen weiß, glockenf., Krbl. 6, 8–10 cm lang, Kbl. 3–4 cm lang, gelbl.grün, hinfällig; Bl. 8–18 cm lang, verkehrt-eif., plötzlich kurz zugespitzt, an der Basis breit keilf., untersts. auf den Nerven fein behaart; V–VI. Sg ⓚ – Nhw-4 (M-China). (*M. purpúrea* CURT.).
Purpur-M., *M. liliiflóra* DESR.

'Nígra', Bltn. bis 12 cm lang, außen dunkel-, innen hellpurpurn.

– Bltn. reinweiß **14**

14. Bl.kn. seidig behaart, Bl. verkehrt-eif., 10–18 cm lang, 5–10 cm breit, über der Mitte am breitesten, plötzl. zugespitzt, an der Basis keilförmig, untersts. hellgrün und auf den Nerven behaart; Bltn. mit 6–9 flatterigen, d. h. aufrechten bis ungleich zurückgeschlagenen Krbl., Kbl. 1–1,5 cm lang, schmal längl.dreieckig, bis 0,5 cm breit; Fr. bis 10 cm lang *(10/6)*; IV. Bk – Nh-4 (Japan).
Kobushi-M., *M. kóbus* DC.

var. *boreális* SARG., Bl. und Bltn. etwas größer, Wuchs kräftiger.

– Bl.kn. kahl; Bltn.kn. behaart; Bl. ähnl. voriger Art aber meist unterhalb der Mitte am breitesten; untersts. bläul., zerstreut angedrückt behaart, meist nur bis 5 cm breit; Krbl. 6 (zuw. mehr) eilängl., 5–6 cm lang, 17–25 mm breit, spreizend, Kbl. ½ so lang wie die Krbl. und nur bis 7 mm breit, weißl. bis grünl.; IV. Sg/Bk ⓚ – Nhg-4 (Japan).
Weidenblättrige M., *M. salicifólia* (SIEB. & ZUCC.) MAXIM.

15 (12). Kbl. und Krbl. gleichgestaltet: Tepalen 12–18, bis 6 cm lang, 1–1,5 cm breit, spreizend-flatterig, d. h. ungleichartig zurückgeschlagen; Bl. schmal verkehrt-eif. bis breit lanzettl., 5–10 cm lang, 1–3 cm breit, obersts. tiefgrün, untersts. hellgrün, kahl oder schwach behaart, an der Spitze stumpf oder abgerundet, Basis keilf.; III–IV. Sk/Sg – Nhg-4 (Japan).
Stern-M., *M. stelláta* (SIEB. & ZUCC.) MAXIM.

'Rósea', Bltn. außen zartrosa überhaucht.

M.* × *lōēbneri KACHE (*M. kóbus* × *stelláta*), unterscheidet sich von *M. stellata* durch etwas größere, verkehrt-eif. Bl. und etwas größere Blüten mit 12 Krbl.; Wuchs kräftiger.

– Krbl. und Kbl. gleichgestaltet: Tepalen 9, stets über 2 cm breit **16**

16. Bltn. weiß bis rahmweiß, 12–15 cm ∅, Tepalen anfangs glockig zusammenneigend, später breit schalenf. sich öffnend, duftend; Bl. verkehrt-eif. bis längl., kurz zugespitzt, an der Basis verschmälert, 10–15 cm lang, 5,5–8 cm breit, beidseitig schwach behaart; IV–V. Bk ㉿ – Nhw-4 (China). (*M. conspícua* SALISB., *M. yúlan* DESF.). **Yulan-M., *M. denudáta*** DESR.

– Bltn. außen ± rosa bis purpurn überlaufen, innen weiß, äußere Tepalen oft etwas kürzer und schmaler, Tepalen 8–10 cm lang, Bltn. glockig; Bl. verkehrt-eif., zur Spitze verschmälert, 15–20 cm lang *(10/4)*, unterstс. ± behaart; IV–V. Bk. (*M. denudáta* × *liliiflóra*). **Tulpen-M., Garten-M., *M.* × *soulangiána*** SOUL.-BOD.

Von den zahlreichen Kulturformen seien hier nur einige häufig angepflanzte genannt:

'Alexandrína', Bltn. außen zartrosa, innen weiß.

'Brozzónii', raschwüchsig und schon jung blühend; Bltn. groß, außen zartrosa, innen weiß.

'Lénnei', Bltn. außen dunkel purpurrot, innen weiß.

'Lénnei Alba', Bltn. reinweiß.

'Rústica Rúbra', ähnlich *'Lénnei'*, außen aber rosarot.

2. *Liriodéndron* L., Tulpenbaum

Sommergrüne Bäume; Bl. wechselst., lang gestielt, gelappt; Stipeln groß; Bltn. endständig, einzeln, Kbl. 3, Krbl. 6, frei, Stbl. und Frbl. zahlreich; Frbl. zu geflügelten Nüßchen auswachsend, einer verholzten, spindelförmigen Bltn.achse ansitzend und so eine zapfenähnliche Sammelfr. bildend. Je 1 Art im östl. N-Amerika und China.

Bl. mit sattelf. Mittellappen und 2 großen Seitenlappen *(10/9)*, 8–15 cm lang und breit, Basis gerundet oder gestutzt, obersts. frischgrün, unterstс. schwach bläul., Herbstfärbung goldgelb, 5–10 cm gestielt; Bltn. tulpenf., Kbl. hellgrün, zurückgeschlagen, Kr. 4–5 cm lang, grünl.gelb, innen mit einem orangefarbenen Band nahe dem Grunde; Fr. 6–8 cm lang, Frch. 2,5–3,5 cm lang *(10/10)*; V–VI. Bg – Nhw-2. ***L. tulipífera*** L.

'Integrifólium', Blätter ohne seitliche Lappen.

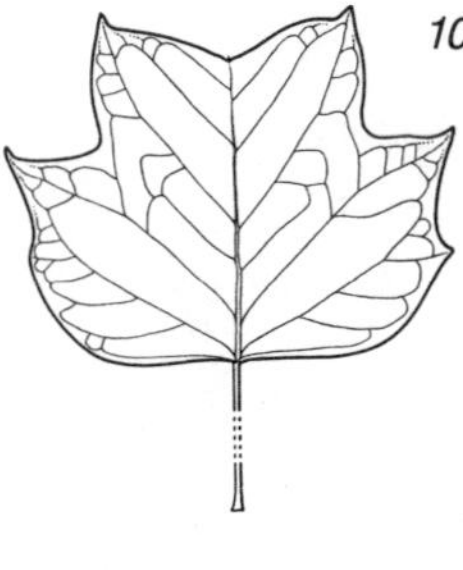

10/9: Liriodendron tulipifera

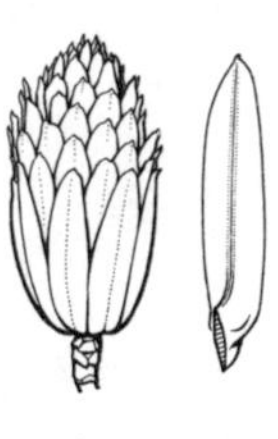

10/10: L. tulipifera, Frucht u. Früchtchen

11. Familie: ***Annonáceae*, Flaschenbaumgewächse**

Bäume, Sträucher oder Lianen; Bl. 2zeilig stehend, einfach, ganzrandig, Stipeln fehlend; Bltn. radiär, einzeln oder in Ständen, häufig stammbltg., Bltn.hülle doppelt, 3zählig, freiblättrig, Stbl. zahlreich, Frbl. frei, meist zahlreich; Sammelfr. vielgestaltig. Etwa 120 Gattungen mit 2100 Arten, vorwiegend tropisch.

Asímina ADANS., **Papau**

Immer- oder sommergrüne Sträucher, seltener Bäume; Bltn. einzeln oder in wenigbltg. Ständen; Frbl. 3–15, Frch. 1–3, fleischig, mit mehreren abgeflachten Samen. 8 Arten im östl. N-Amerika.

Zw. anfangs rostbraun behaart, später kahl, braun; Bl. einfach, ganzrandig, verkehrt-eilängl., 15–25 cm lang, kurz zugespitzt, keilf. in einen ca. 10 mm langen Stiel verschmälert, fein durchscheinend punktiert *(11/1)*; Bltn. einzeln, nickend, 3–4 cm ∅, Kbl. 3, hinfällig, Krbl. 6, schmutzig-purpurn; Frch. flaschenf., 5–7 cm lang *(11/2)*, anfangs grünl.gelb, reif braun, bei uns selten reifend; IV–V. Sg/Bk – Nhw-2. ***A. tríloba*** (L.) DUN.

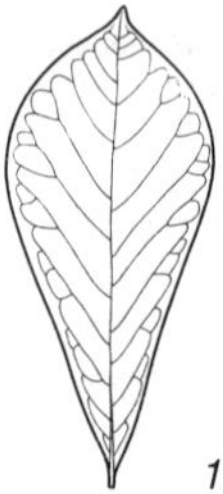

11/1

Asimina triloba

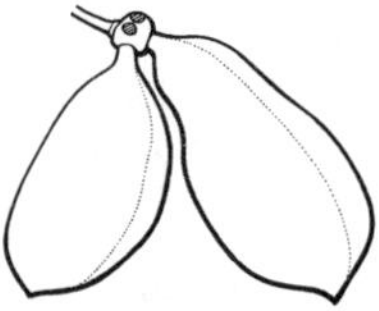

11/2

A. triloba, Frucht

Ordnung: ***Lauráles,*** Lorbeerartige

12. Familie: ***Calycantháceae,*** **Gewürzstrauchgewächse**

Sommergrüne Sträucher; Bl. gegenst., einfach, ganzrandig, Stipeln fehlend; Bltn. einzeln am Ende von seitl. Sprossen, zwittrig, Bltn.hülle einfach, Tepalen zahlreich, wie auch die Stbl. und Frbl. schraubig angeordnet, Stbl. 5 bis mehrere, Frbl. zahlreich, frei, im Inneren einer krug- oder becherf. Bl.achse stehend, diese außen mit Schuppenbl. besetzt; Frch. zu Nüßchen ausreifend, von der eingetrockneten Bl.achse umhüllt. 3 Gattungen mit 11 Arten in N-Amerika und Ostasien.

1. Stbl. 5–6, Bltn. gelblich, bereits im zeitigen Frühjahr vor den Bl. erscheinend . . . . ***Chimonánthus*** 12–2
– Stbl. 10–30, Bltn. rotbraun, am Ende beblätterter Seitensprosse, im Sommer blühend . . . . ***Calycánthus*** 12–1

1. ***Calycánthus*** L., **Gewürzstrauch, Nelkenpfeffer**

Sommergrüne Sträucher; Bltn. endst. an beblätterten Seitensprossen, rotbraun, Bltn.achse an der Mündung verengt oder becher- bis glockenf. 4 Arten in Nordamerika.

1. Kn. deutlich sichtbar, nackt, schwärzlich; Bl. eif. bis längl.-lanzettl., 8–20 cm lang, zugespitzt, Spreitengrund gerundet, obersts. und untersts. gleichfarbig grün, untersts. kahl oder schwach behaart; Bltn. 5–7 cm ∅, braunrot, Spitzen der Tepalen sich bald gelbbraun verfärbend, duftend; Fr. becherf., am Rand nicht verengt *(12/1)*; VI–VII. Sg ∧ – Ng-1 (Kalifornien).
Westlicher G., *C. occidentális* Hook. & Arn.
– Kn. in den Zw. verborgen, nicht deutlich sichtbar; Bl. untersts. heller als obersts. **2**
2. Bl. untersts. graugrün und dicht behaart, eif.-elliptisch, 5–12 cm lang, beidendig ± gleichmäßig verschmälert bzw. am Grunde keilf. bis abgerundet; Bltn. 5 cm ∅, dunkelrotbraun, stark duftend; Fr. 5–7 cm lang, an der Spitze deutlich verschmälert *(12/2)*; V–VII. Sg – Nhw-2. **Karolina-Nelkenpfeffer, *C. flóridus*** L.

12/1

Calycanthus occidentalis, Frucht und Nüßchen

12/2

C. floridus, Frucht und Nüßchen

– Bl. unterststs. bläulich, kahl oder spärl. behaart, eielliptisch, 6–15 cm lang, zugespitzt, Basis abgerundet; Bltn. 3,5–5 cm ∅, grünl.-purpurn bis rotbraun, schwach duftend; Fr. 5–7 cm lang, an der Spitze verengt; V–VII. Sg – Nhw-2. (*C. glaūcus* WILLD.).
Fruchtbarer G., *C. fértilis* WALT.

var. ***férax*** REHD. (*C. laevigátus* WILLD.), Bl. untersts. grün, längl.-elliptisch.

2. *Chimonánthus* LINDL., Winterblüte

Sommer- oder immergrüne Sträucher; Bl. kahl; Bltn. vor den Bl. erscheinend, Stbl. 5–6; Fr. an der Mündung stark eingeschnürt. 6 Arten in China.

Bl. elliptisch-eif. bis eilanzettlich, 7–15 cm lang, lang zugespitzt, kahl *(12/3)*; Bltn. bis 2,5 cm ∅, abwärts geneigt, stark duftend, der kurze Bltn.stiel von kleinen braunen Schuppenbl. umhüllt, äußere Tepalen hellgelb, innere kleiner, unregelmäßig braunrot gestreift bis gefleckt, Stbl. zusammenneigend; Fr. 5–7 cm lang, Nüßchen 1,5–2 cm lang, längl. rotbraun *(12/4)*; II–III. Nhw-4 (China). (*Calycánthus prāécox* L., *Merátia prāécox* REHD. & WILS., *Chimonánthus frágrans* LINDL.). ***C. prāécox*** (L.) LINK

'Grandiflórus', Bl. bis 20 cm lang; Bltn. etwas größer, einfarbig gelb, weniger stark duftend.

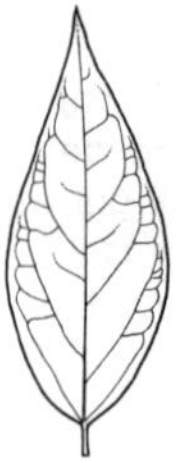

12/3

Chimonanthus praecox

12/4

C. praecox,
Frucht und Nüßchen

13. Familie: ***Lauráceae,*** **Lorbeergewächse**

Sommer- oder immergrüne Gehölze; Bl. wechselst., meist einfach, oft lederig, Stipeln fehlend; Bltn. klein, in meist seitenst. Rispen, 3-, seltener 2zählig, zwittrig oder eingeschl., oft zweihäusig verteilt, Perigonbl. 4, 6 (9) oder fehlend, Stbl. meist 9, Frbl. 1; Fr. eine einsamige Beere oder Steinfr.; Pfl. meist reich an ätherischen Ölen. 49 Gattungen mit 2200 Arten, vorwiegend in tropischen und subtropischen Wäldern.

1. Bl. stets einfach, ungelappt; Bltn. polygam in Doldenrispen, mit 4blättriger, abfälliger Hülle; Beeren ± rundl., gelb, rot oder rotbraun . . . . ***Líndera*** 13–1

– Bl. einf., ungelappt, eif. bis elliptisch oder 1–3lappig; Bltn. in wenig verzweigten Rispen, eingeschl.; Steinfr. eif., schwarzblau ***Sássafras*** 13–2

1. ***Líndera*** THUNB., **Fieberstrauch**

Sommer- oder immergrüne Bäume und Sträucher; Bl. einfach; Bltn. unscheinbar, polygam oder eingeschl., oft zweihäusig verteilt, in achselst. Doldenrispen, Perigonbl. 6, Stbl. 9, ♀ Bltn. mit Staminodien; Beeren oder Steinfr. 80 Arten, vorwiegend in O- und S-Asien; 2 Arten in N-Amerika.

1. Bl. verkehrt-eif., meist kurz zugespitzt, 7–12 cm lang, obersts. frischgrün, untersts. heller, Herbstfärbung hellgelb, Bl.stiel 0,5–1,5 cm lang; Bltn. 4–5 mm ∅, hellgelb, kurz gestielt, zu 3–4 in Doldenrispen von 7–10 mm ∅, vor den Bl. erscheinend; Beere längl. *(13/1)*, ca. 10 mm lang, scharlachrot; III–IV. Sg – Nhw-2. **Wohlriechender F., *L. bénzoin*** (L.) BL.

– Bl. eif. bis elliptisch, 4–9 cm lang, untersts. bläul., Bl.stiel 1,5–2,5 cm lang; Bltn. in Doldenrispen von ca. 1,5 cm ∅; Steinfr. rundl., ca. 1,5 cm ∅, gelb oder rotbraun; III–IV. Sg Ⓚ∧ – Nhg-4. (*Parabenzoin p.* (SIEB. & ZUCC.) NAKAI
Frühzeitiger F., *L. prǽcox* (SIEB. & ZUCC.) BL.

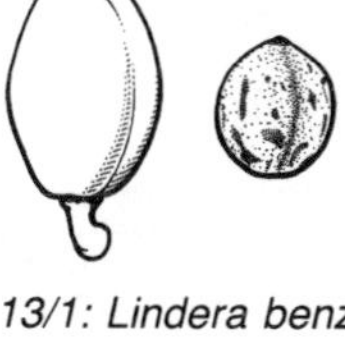

13/1: Lindera benzoin, Frucht und Samen

2. ***Sássafras*** Nees & Eberm., **Sassafras**

Sommergrüne Bäume; Bl. ganzrandig oder 1–3lappig *(13/2–13/4)*; Bltn. zwittrig oder eingschl., ein- oder zweihäusig verteilt in mehrbltg., wenig verzweigten Rispen, vor den Bl. erscheinend, Perigonbl. 6, Stbl. 9, ♀ Bltn. mit Staminodien; Steinfr. eif., Fr.stiel fleischig verdickt. Je eine Art in China, Taiwan und N-Amerika.

Junge Zw. grün, kahl und bereift; Bl. eif. bis elliptisch, 8–12 cm lang, stumpf oder zugespitzt mit keilf. Grund, obersts. frischgrün, untersts. blaugrün, Bl.stiel 1,5–3 cm lang *(13/2–13/4)*, Herbstfärbung orange; Bltn. gelb, 7 mm ∅, in 3–5 cm langen Rispen; Steinfr. eif., 1 cm lang, blauschwarz, bereift, Fr.stiel fleischig verdickt, leuchtend rot *(13/5)*; IV–V. Sg/Bk Ⓚ – Nw-2. (*S. officinále* Nees & Eberm. var. *álbidum* Blake).

S. álbidum (Nutt.) Nees

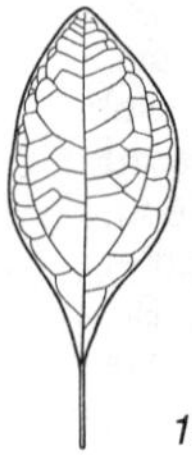

13/2

Sassafras albidum, ungeteiltes Blatt

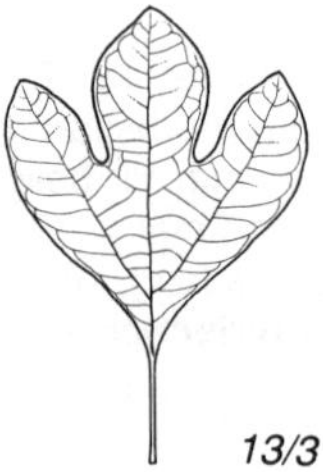

13/3

S. albidum, Blatt mit gegliederter Spreite

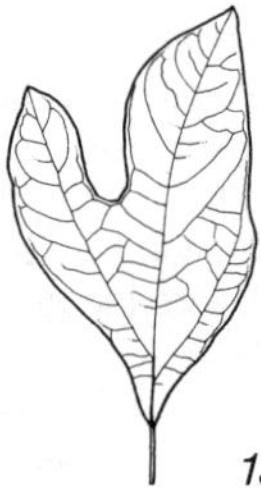

13/4

S. albidum, asymmetrisches Blatt

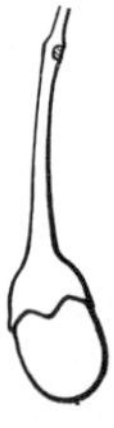

13/5

S. albidum, Frucht

Ordnung: ***Aristolochiáles,*** Osterluzeiartige

14. Familie: ***Aristolochiáceae,*** **Osterluzeigewächse**

Ausdauernde Kräuter, Sträucher oder Lianen mit wechselst. Bl., Stipeln fehlend; Bltn. zwittrig, mit meist einfacher, verwachsenblättriger, 3zähliger Hülle, Stbl. zahlreich, frei oder mit dem Gr. zu einer Gr.säule (Gynostemium) verwachsen, Frbl. 6–4, verwachsen; Fr. eine 4–6fächerige, meist hängende, vielsamige Kapsel. 7 Gattungen mit rund 400 Arten, mit Ausnahme Australiens weltweit verbreitet.

Aristolóchia L., **Pfeifenwinde**

Sommer- oder immergrüne Sträucher oder Lianen, oft mit bizarren, zygomorphen Bltn., vielfach mit Aasgeruch; Perigon mit pfeifenartig gebogener, am Grunde bauchig erweiterter Röhre und tellerartig ausgebreitetem Saum, Stbl. 6, mit der Gr.säule verwachsen; Kapsel hängend, sich am Grunde oder an der Spitze öffnend *(14/2)*. In Kultur nicht immer fruchtend. Unsere Arten sommergrün, mit ganzrandigen Bl. Ca. 350 Arten, vor allem in den Tropen.

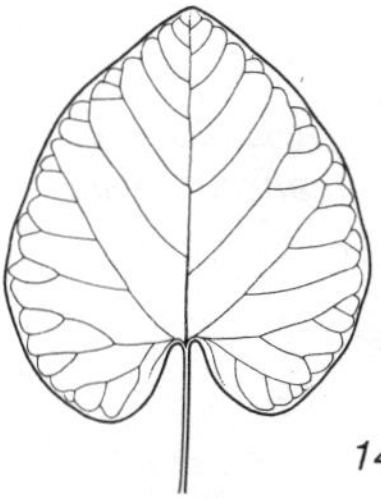

14/1

Aristolochia macrophylla

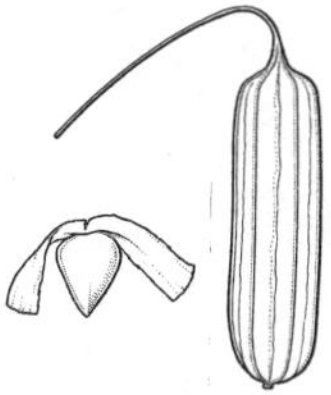

14/2

A. macrophylla,
Samen und Frucht

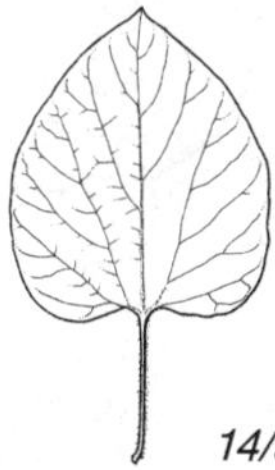

14/3

A. tomentosa

1. Zw. kahl; Bl. langgestielt, herznierenf., 10–30 cm lang, obersts. dunkelgrün, untersts. hellgrün *(14/1)*; Bltn. gelbgrün bis bräunl. mit 3lappigem, braunrotem, punktiert-gestreiftem Mund *(14/5)*; V. L – Nhw-2. (*A. sípho* L'HERIT., *A. dúrior* HORT.).
Amerikanische P., *A. macrophýlla* LAM.

– Zw. und Bl. ± behaart **2**

2. Zw. filzig, Bl. rundl.-eif., 10–16 cm lang, Spitze gewöhnl. abgerundet, Stiel 3–7 cm lang *(14/3)*; Bltn. außen filzig, Mund weinrot, Mundfläche gelb bis gelbgrün, kahl und glänzend *(14/6)*; VI. L – Nhw-2. **Filzige P., *A. tomentósa*** SIMS

– Zw. nicht filzig **3**

3. Zw. dicht seidenhaarig; Bl. breit-eif., 7–12 cm lang, gewöhnl. zugespitzt, Stiel 2–5 cm lang; Bltn. ca. 3,5 cm lang, außen grün, Mund gelb, rötl. gepunktet; VI. L – Nh-4 (W-China).
Chinesische P., *A. moupinénsis* Franch.

– Zw. zumindest jung behaart; Bl. untersts. behaart; Bltn. ca. 5 cm lang, gelb, oft rötl. überlaufen, Mundfläche purpurbraun, bis 3 cm breit *(14/4)*; VI. L – Nh-4.
Mandschurische P., *A. manshuriénsis* Komar.

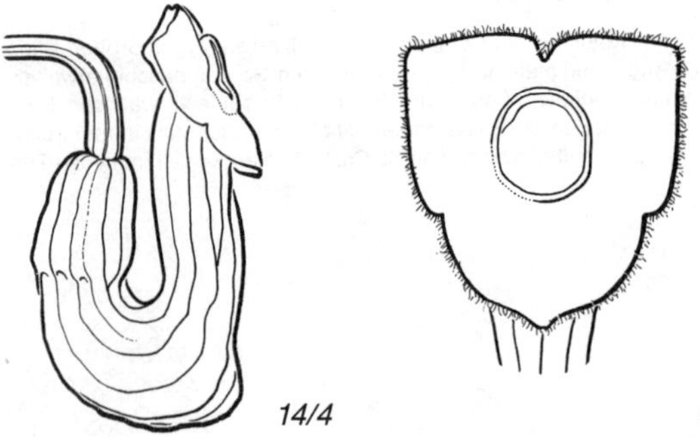

14/4 *Aristolochia manshuriensis*

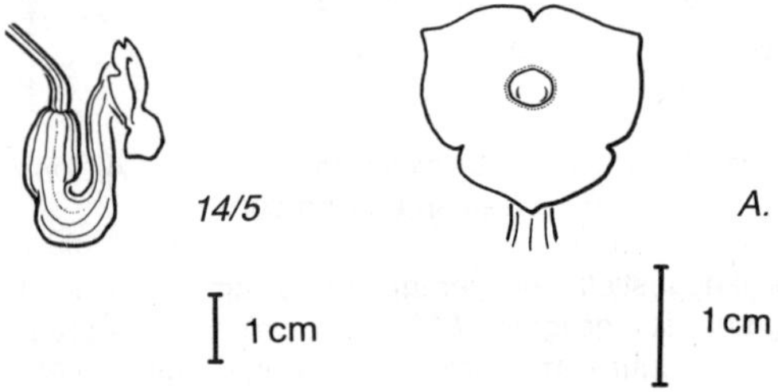

14/5 *A. macrophylla*

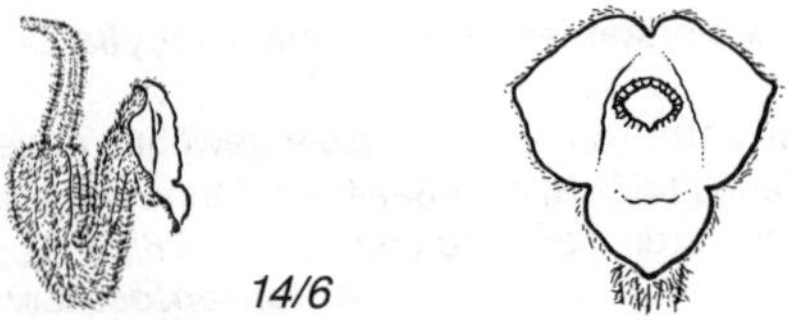

14/6 *A. tomentosa*

Blüten in Seitenansicht

Kronsaum mit Röhrenöffnung

Ordnung: ***Illiciáles***

15. Familie: ***Schisandráceae***

Immergrüne oder sommergrüne Lianen mit wechselständigen, einfachen Bl., Stipeln fehlend; Bltn. radiär, eingschl., einzeln oder in wenigbltg. Ständen, Bltn.hülle freiblättrig, Perigon 7–15zählig; Stbl. meist zahlreich, Filamente am Grunde ± miteinander verwachsen, Frbl. zahlreich, frei; Sammelfr. mit 2–mehrsamigen Beerenfrch. 2 Gattungen mit 47 Arten in O- und S-Asien sowie im östl. N-Amerika.

Schisándra MICHX.

Zweihäusige, immer- oder sommergrüne Lianen; Bl. ganzrandig oder gezähnt; Perigon 7–12zählig, Stbl. 5–15; Frch. an einer verlängerten, hängenden Fr.achse stehend. 24 Arten in O- und S-Asien, 1 Art im östl. N-Amerika.

Zweige braun; Bl. dicklich, breitelliptisch-eif., 5–10 cm lang, bis 5 cm breit, kurz zugespitzt, am Grunde abgerundet bis keilf., obersts. glänzend, dunkelgrün, untersts. heller, oft bläulich, Bl.stiel 1,5–3 cm lang *(15/1)*; Bltn. etwa 1,5 cm ∅, weiß, oft gelblich bis rötlich getönt, duftend, Stbl. 5; Fr. 3–10 cm lang *(15/2)*; Frch. scharlachrot; V–VI. L – Nhg-4.

S. chinénsis (TURCZ.) BAILL.

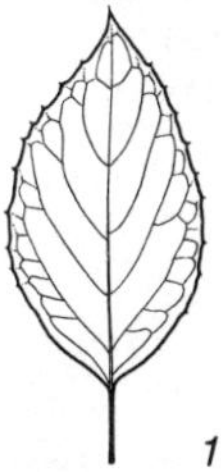

15/1

Schisandra chinensis

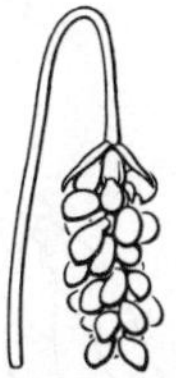

15/2

S. chinensis, Frucht

Ordnung: ***Ranunculáles,*** Hahnenfußartige

16. Familie: ***Lardizabaláceae,* Fingerfruchtgewächse**

Lianen, selten Sträucher; Bl. wechselst., gefiedert, gefingert oder 3zählig, Stipeln fehlend; Bltn. einzeln, in Trauben oder Ähren, zwittrig oder eingschl., Bltn.hülle (Perigon) 3- oder 6-teilig, freiblättrig; Stbl. 6, in ♀ Bltn. Staminodien; Frbl. 3, frei; Sammelfr. mit zur Reife fleischigen, vielsamigen Frch. 8 Gattungen mit 32 Arten vom Himalaya bis O- u. SO-Asien; 2 Gattungen mit 3 Arten in Chile.

1. Aufrechter Strauch mit gefiederten Bl. . . . . . . ***Decāisnea*** 16–1
– Linkswindende Lianen mit gefingerten oder 3zähligen Bl. **2**
2. Blch. 3–5, alle deutl. gestielt; Perigon 3teilig; Bltn. eingschl., in wenigbltg. Trauben . . . . ***Akébia*** 16–1
– Blch. 3, die seitl. fast sitzend; Perigon 6teilig, Bltn. eingschl. oder zwittrig, in vielbltg. Trauben . . . . ***Sinofranchétia*** 16–2

1. ***Decāisnea*** HOOK. f. & THOMS., **Blaugurke**

Sommergrüne, nur wenig verzw. Sträucher mit großen, unpaarig gefiederten, wechselst. Bl., Blch. ganzrandig; Bltn. polygam, Perigon 6teilig, freibl., Stbl. 6, Frbl. 3, frei; Frch. zur Reife fleischig, aufplatzend, mit zahlreichen, schwarz-glänzenden Samen. 2 Arten in O-Asien.

Bl. bis 60 cm lang; Blch. 15–25, eilängl., ± lang zugespitzt, 6–14 cm lang *(16/1)*; Bltn. glockenf., grünl., in 25–50 cm langen einfachen oder doppelten Trauben; Frch. walzenf., 5–10 cm lang, kobaltblau, bereift *(16/2)*; V–VI. Sg – Nhw-4 (W-China).
D. fargésii FRANCH.

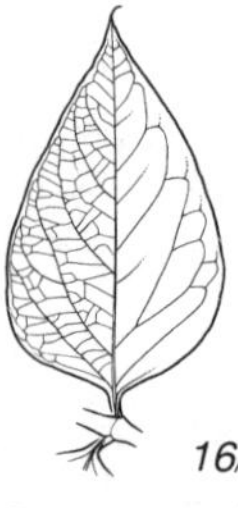

16/1

Decaisnea fargesii, Blättchen

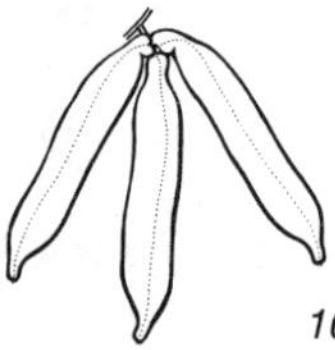

16/2

D. fargesii, Frucht

2. ***Akébia*** DECNE., **Akebie**

Sommergrüne oder halbimmergrüne Lianen; Bl. gefingert, Blch. deutl. gestielt; Bltn. eingschl., lang gestielt, in achselst. Trauben, untere Bltn. ♀, obere ♂, deutl. kleiner als die ♀, Perigon 3teilig, purpurn bis braunrot, Stbl. 6, Frbl. 3(–5); Frch. nur selten ausgebildet, längl.-eif. bis walzl., 6–8 cm lang, sich zur Reife balgartig öffnend *(16/3)*. 5 Arten in O-Asien.

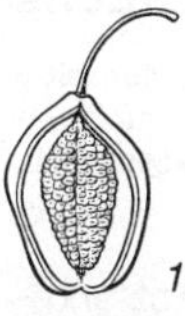

16/3

Akebia quinata,
Frucht

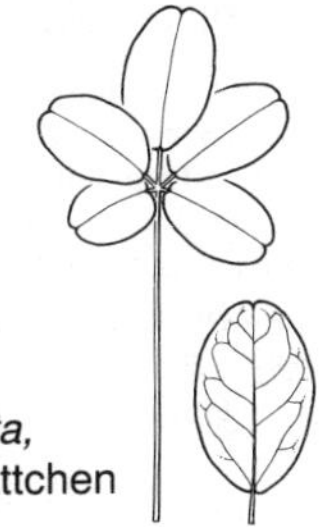

A. quinata,
Blatt und Blättchen

16/4

1. Bl. 5fingerig, Blch. eielliptisch, 3–6 cm lang, ganzrandig, Spitze ausgerandet, untersts. bläulich *(16/4)*; V. L – Nhw-4.
Fingerbl. A., *A. quináta* (HOUTT.) DECNE.

– Bl. 3zählig, Blch. breit eif., 5–10 cm lang, Spitze ausgerandet, Bl.ränder gewöhnlich wellig oder buchtig gezähnt; V. L – Nh-4. (*A. lobáta* DECNE.).
Kleeblättrige A., *A. trifoliáta* (THUNB.) KOIDZ.

3. *Sinofranchétia* HEMSL.

Monotypische Gattung.

Sommergrüne Liane; Bl. 15–20 cm lang, gestielt, kahl, 3zählig, seitl. Blch. mit schiefem Grund, kurz gestielt, Endblch. länger gestielt, symmetrisch, 6–10 cm lang, 4–6 cm breit, zugespitzt, eif., untersts. bläul. *(16/5)*; Bltn. meist eingschl., bis 1 mm lang gestielt, in 10–30 cm langen, zur Bl.zeit aufgerichteten, später hängenden, achselst. Trauben, Perigonbl. 6, frei, ca. 10 mm ∅, Stbl. 6, in den ♀ Bltn. als Staminodien, Nektarbl. 6, Frbl. 3, frei; Beerenfrch. bis 2 cm lang, rundl.-eif. *(16/6)*, rosaviolett; V. L – Nhg-4 (W-China). ***S. chinénsis*** (FRANCH.) HEMSL.

16/5

Sinofranchetia chinensis

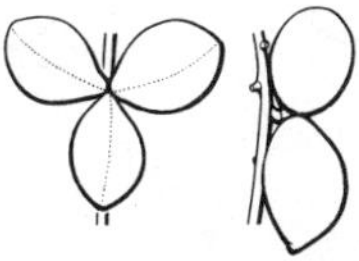

16/6

S. chinensis, Früchte

17. Familie: ***Menispermáceae*,** **Mondsamengewächse**

Sommer- oder wintergrüne Lianen, seltener Sträucher, Bäume oder Kräuter mit wechselst., meist einfachen Bl., Stipeln fehlend; Bltn. unscheinbar, stets eingschl. und zweihäusig verteilt, in Rispen oder Trauben, oft stammblütig, ♀ Bltn. mit Staminodien. Frbl. 3–6. frei; Sammelfr. mit fleischigen Steinfrch., Steinkern gekrümmt, oft markant strukturiert. 73 Gattungen mit ca. 520 Arten, überwiegend tropisch.

1. Bl. nicht schildf., ganzrandig bis 3lappig, eif.; Stbl. 6–9, Kbl. und Krbl. je 6 . . . . ***Cócculus*** 17–1

– Bl. ± schildf., 3–7lappig, Stbl. 12–18 (24), Kbl. 4–10, Krbl. 6–9 . ***Menispérmum*** 17–1

1. ***Cócculus*** DC.

Sommer- oder immergrüne Lianen oder Sträucher; Bl. einfach oder gelappt; Bltn. in achselst. Trauben oder Rispen, Bltn.hülle doppelt, Stbl. 6–9, Frbl. 3–6; Steinfrch. mit abgeflachtem, gekrümmtem Steinkern *(17/1)*. 11 Arten in Asien, Afrika und Nordamerika.

1. Bl. herzf. bis eif., ungeteilt oder schwach 3lappig, 5–10 cm lang, unterst. bläul., behaart, oberst. verkahlend, Bl.stiel 1,5–10 cm lang; Frch. rundl., 6–8 mm groß; rot; VII–VIII. L. ∧ – Nw-2. ***C. carolínus*** (L.) DC.

– Bl. eif. bis längl. eif., ungeteilt oder schwach 3lappig, 4–10 cm lang, beiderst. behaart, Bl.stiel 1–3 cm lang; Frch. rundl., 6–7 mm groß, schwarz, bereift; VII–VIII. L – N/M-4. ***C. trílobus*** (THUNB.) DC.

2. ***Menispérmum*, Mondsame**

Sommergrüne, zweihäusige Lianen; Bl. lang gestielt, schildf., 3–7lappig; Bltn. gelbgrün in gestielten, achselständigen Trauben oder Rispen, ♀ Bltn. mit 6–12 Staminodien, Frbl. 2–4; Steinfrch. 2–3, mit nieren- oder hufeisenf., abgeflachtem, strukturiertem Steinkern *(17/2)*. 3 Arten in O-Asien, dem östl. Nordamerika und Mexico.

17/1

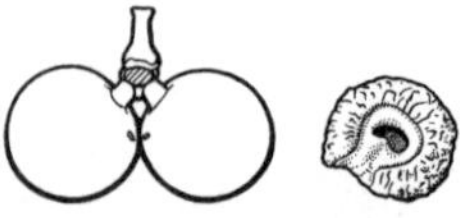

Cocculus trilobus, Frucht und Steinkern

17/2

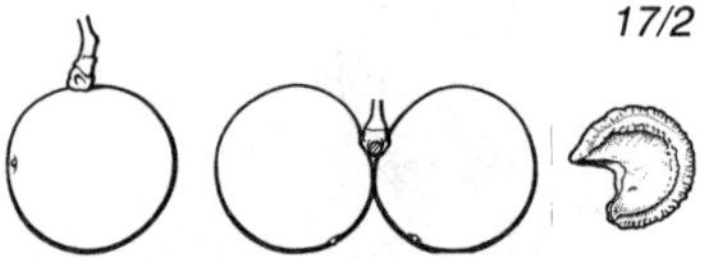

Menispermum dauricum, Früchte und Steinkern

1. Junge Zw. fein behaart; Bl. unterst s. anfangs behaart, 10–20 cm lang, einfach oder seicht stumpflappig *(17/3)*, Bl.stiel 5–15 cm lang, nahe dem Blattrand inseriert; Frch. 8 mm ∅, blauschwarz; V–VI. L – N-2. **Amerikanischer M., *M. canadénse*** L.

– Junge Zw. kahl; Bl. ähnlich, aber stets kahl, nur 6–12 cm lang, ausgeschweift gelappt, selten ungelappt, Bl.stiel 3–12 cm lang, vom Bl.rand entfernt inseriert *(17/4)*, d.h. Blatt deutlich schildf.; Frch. 10 mm ∅, schwarz; VI. L – N-4.
Dahurischer M., *M. daúricum* DC.

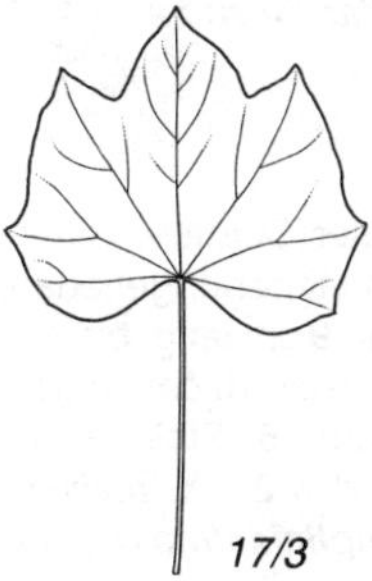

17/3

Menispermum canadense

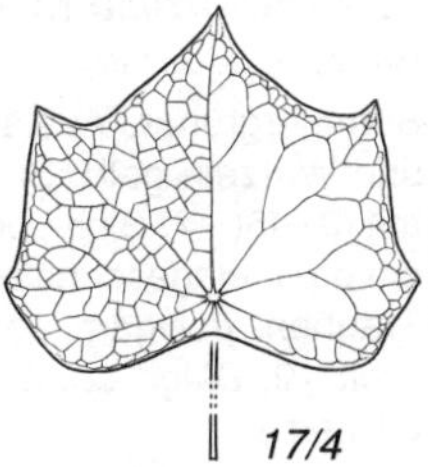

17/4

M. dauricum

18. Familie: ***Ranunculáceae,*** **Hahnenfußgewächse**

Stauden und Kräuter, seltener Halbsträucher, Sträucher oder Lianen; Bl. wechselst. oder grundst., selten gegenst. oder wirtelig, einfach oder zusammengesetzt, Stipeln fehlend; Bltn. zwittrig, selten polygam, meist radiär, einzeln oder in Trauben, Rispen oder Zymen, vielgestaltig, neben Kbl. und Krbl. bzw. Tepalen oft noch Nektarbl., Krbl. bisweilen fehlend, die einzelnen Bltn.elemente schraubig oder wirtelig angeordnet, Stbl. zahlreich, frei, Frbl. 1 bis viele, frei; Fr. mannigfaltig, Frch. als Bälge, Nüßchen, Beerchen oder Steinfrch. 52 Gattungen mit fast 2000 Arten, weltweit verbreitet, überwiegend auf der N-Hemisphäre.

1. Bl. gegenst.; Bltn. groß; Pfl. meist mit Bl. rankende Lianen . . . . ***Clématis*** 18–2

– Bl. wechselst.; Bltn. klein, unscheinbar; Pfl. nie kletternd . . . . ***Xanthorhíza*** 18–1

1. *Xanthorhíza* MARSH., Gelbwurz

Monotypische Gattung.

Sommergrüner, Ausläufer bildender, kaum verzweigter Strauch; Rinde und Wurzeln gelb; Bl. langgestielt, an den Zw.enden stehend, gefiedert mit (3–)5(–7) Blch., bis 30 cm lang, Blch. längl.-eif., 3–9 cm lang, bis 4,5 cm breit, eingeschnitten gesägt bis 3teilig *(18/1)*; Bltn. in 5–10 cm langen Trauben, polygam, rotbraun, 4 mm ∅, Kbl. 5, Nektarbl. 5, Stbl. 5–10, Frbl. 10; Bälge ca. 3 mm lang *(18/2)*; IV–V. Sk – Nhw-2. (*X. apiifólia* L'HERIT.). ***X. simplicíssima*** MARSH.

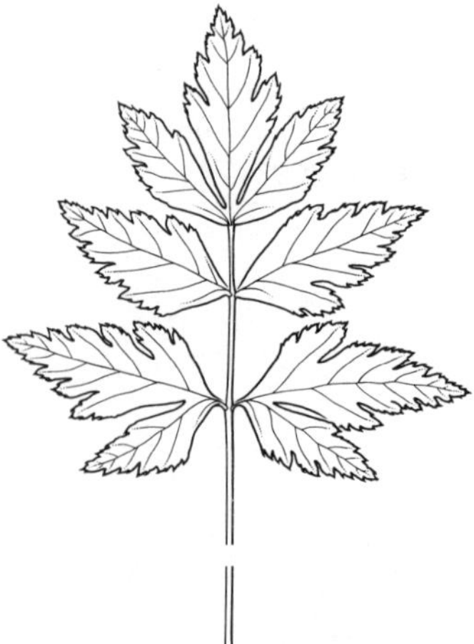

18/1

Xanthorhiza simplicissima

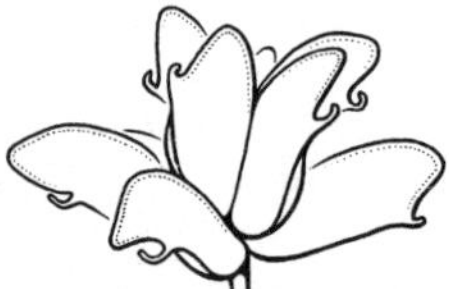

18/2

X. simplicissima, Frucht

2. ***Clématis*** L., **Waldrebe**

Mit Bl. rankende Lianen oder Stauden; Bl. gegenständig, 3zählig oder unpaarig gefiedert, unregelmäßig zusammengesetzt oder einfach; Bltn. einzeln, in Zymen oder endst. bzw. seitenst. Rispen, zwittrig, zuw. eingschl. und zweihäusig verteilt, Tepalen meist 4, Nektarien an den Stbl., Staminodien oder fehlend, Staminodien zuw. kronblattähnl., Stbl. und Frbl. zahlreich; Frbl. zu Nüßchen mit bleibendem und häufig federig behaartem Gr. auswachsend. Rund 250 Arten, vorwiegend in der nemoralen und meridionalen Zone auf der N-Hemisphäre.

1. Bltn. gelb oder gelbl. **22**
– Bltn. andersfarbig **2**
2. Tepalen flach ausgebreitet **9**
– Tepalen ± aufgerichtet bzw. zusammenneigend, ihre Spitzen häufig zurückgebogen oder spreizend, Bltn. röhren-, krug- oder glockenf., blau, violett bis purpurn, selten weißl. **3**
3. Krbl.ähnl. Staminodien fehlend **5**
– Krbl. ähnl. Staminodien mit Nektarien vorhanden **4**
4. Bltn. einzeln, nickend, 4–12 cm lang gestielt, Tepalen 3–4 cm lang, violettblau *(18/3)*; Staminodien ½ so lang wie die Tepalen; Bl. meist doppelt 3zählig, Blch. eif. bis eilanzettl., 2–5 cm lang, lang zugespitzt, grob gesägt *(18/4)*, untersts. schwach behaart, oft glänzend; V–VII. G! L – BGh-3. (*Atrágene alpína* L.).
Alpen-W., *C. alpína* (L.) MILL.
– Ähnlich vorheriger aber Tepalen 4–5 cm lang, blauviolett, Staminodien fast so lang wie die Tepalen, länger als die Stbl., zugespitzt, deutl. heller als die Tepalen; Blch. ± eingeschnitten-gesägt und gelappt; V–VI. G! L – Bh-4.
Großblütige Alpen-W., *C. macropétala* LEDEB.
5. Blch. gesägt oder gezähnt; Bltn. in Zymen oder zu 1–3 achselst. **8**
– Blch. ganzrandig, manchmal gelappt; Bltn. stets einzeln **6**

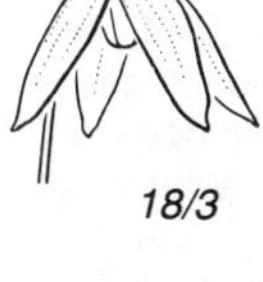

18/3

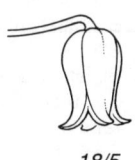

Clematis alpina, Blüte

18/4

C. alpina

18/5

C. texensis, Blüte

6. Blch. 4–8, Endblch. gewöhnl. in eine Ranke umgewandelt, Blch. breit-eif., 3–8 cm lang, stumpf, manchmal gelappt, Basis leicht herzf., blaugrün, derb; Bltn. krugf., oben verschmälert, 2–3 cm lang, karmin- oder scharlachrot *(18/5)*; VII–IX. L – Nw-2.
Texas-W., *C. texénsis* BUCKL.

– Blch. 3–5–7, Endblch. nicht in eine Ranke umgebildet **7**

7. Bltn. glockig, nickend, rosa bis violett, nach Orangen duftend, Tepalen 2–4 cm lang, obere Hälfte mit breitem, welligem Rand, zurückgebogen; Blch. 3–7, eif.-lanzettl., 4–8 cm lang, manchmal gelappt oder 3zählig; VI–IX. G! L – Nw-2.
Krause W., *C. críspa* L.

– Bltn. krugf., nickend, schmutzig purpurviolett bis braun, Tepalen 2,5–3 cm lang, dickl., außen behaart, Spitzen stark zurückgebogen *(18/6)*; Blch. 5–7, eif., 3–8 cm lang, ganzrandig oder gelappt und manchmal 3zählig, kahl, dunkelgrün; V–VII. G! L – Nw-2. **Braunblütige W., *C. viórna*** L.

8. Aufrechter, bis 1 m hoher HS; Bl. 3zählig, sehr groß, Blch. breit-eif., Endblch. bis 15 cm lang und 10 cm breit, an der Basis abgerundet, seitl. Blch. bis 11 cm lang und 8 cm breit, Basis breit keilf., ungleich grob gesägt, oft etwas gelappt, schwach behaart *(18/7)*; Bltn. in reichbltg. Zymen, röhrig, 2–2,5 cm lang, blaßblau, außen behaart; VIII–IX. G! HS – N-4 (O-China).
Großblättrige W., *C. heracleifólia* DC.

var. ***davidiána*** (DECNE. ex VERLOT) HEMSL., etwas höher werdend; Blch.basis mehr keilf.; Bltn. eingschl., Pfl. zweihäusig, Bltn. indigoblau, duftend, Tepalen spreizend, nur am Grund röhrig.

– Junge Zw. klebrig; Pfl. kletternd; Bl. doppelt gefiedert mit 3–7 Blch., diese meist 3teilig oder 3lappig, Blch. eif. bis lanzettl., 3–8 cm lang, zugespitzt, scharf gesägt, hellgrün; Bltn. zu 1–3 achselst., 3–7 cm lang gestielt, glockig, 1,5–2 cm lang, weißl., ± violett getönt, außen fast kahl, Spitzen der Tepalen zurückgebogen, Staubfäden zottig behaart; VIII–X. G! L – Nh-4 (M-China).
Zottige W., *C. lasiándra* MAXIM.

9 (2). Bltn. in mehrbltg. Rispen oder Zymen, klein, nicht über 3 cm ∅, meist weniger **17**

– Bltn. achsel- oder endst. zu 1–3(–5), stets über 3 cm ∅ **10**

10. Bltn. stets über 6 cm ∅ **13**

– Bltn. 3–6, ausnahmsweise bis 8 cm ∅ **11**

11. Bl. stets 3zählig, an Kurztrieben rosettig stehend, Blch. eif., 3–10 cm lang, eingeschnitten gezähnt, ausnahmsweise ganzrandig, meist kahl *(18/8)*; Bltn. zu 1–5 beisammen, langgestielt, 2–5 cm ∅, weiß, z.T. rosa überlaufen, Staubfäden gelb; V. G! L – NGh-4 (Himalaja).
Berg-W., *C. montána* BUCH.-HAM. ex DC.

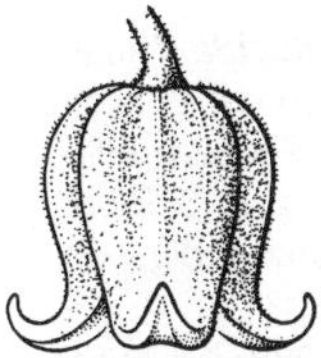

18/6

Clematis viorna, Blüte

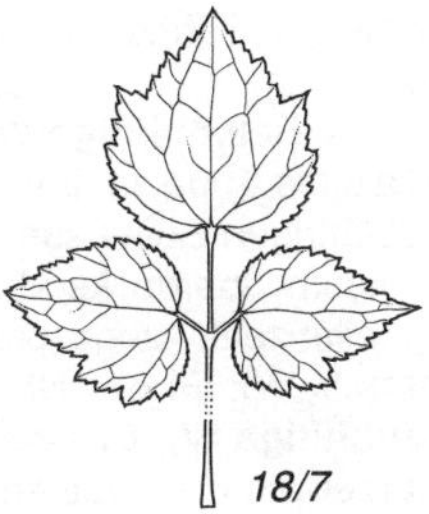

18/7

C. heracleifolia

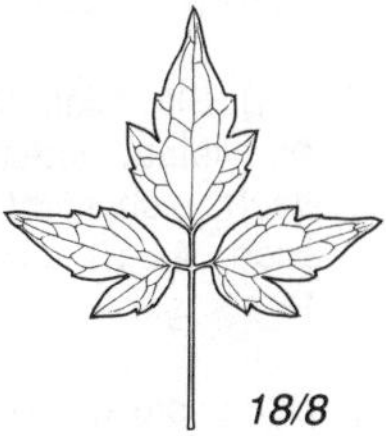

18/8

C. montana

'Grandiflóra', Bltn. weiß, 5–8 cm ∅.
'Rúbens', Bltn. rosarot, 5–6 cm ∅; Bl. anfangs purpurn.

– Bl. gewöhnl. doppelt gefiedert **12**

12. Bltn. meist mit 6 Tepalen, 3,5–5 cm breit, 7–18 cm lang gestielt; Bl. mit 5–7 Fiederblch., die unteren Blch. 3blättrig, Blch. 2–5 cm lang, eif., unregelmäßig eingeschnitten gesägt und gelappt, schwach seidig behaart; VI–IX. G! L – N-4 (China).
Farges W., *C. fargésii* FRANCH.

– Tepalen stets 4, flach ausgebreitet, purpurrosa bis weinrot *('Kermesiana')*, 3–5 cm ∅; Bl. gewöhnl. mit 5–7 Blch., die unteren Blch. 3blättrig, Blch. 1,5–4 cm lang, eif., ganzrandig oder 3-lappig, kahl; VI–VIII. G! L – Nw-3.
Italienische W., *C. viticélla* L.

13 (10). Bl. stets einfach, 8–12 cm lang, eif., Basis breit keilf. bis schwach herzf., fast kahl; Bltn. lang gestielt, dunkelviolettblau, 8–12 cm ∅, Tepalen meist 4, ausgebreitet und zurückgebogen; VI–IX. G! HS. *(C. integrifólia × jackmánii)*.
C.* × *durándii KUNTZE

– Bl. gefiedert oder 3zählig **14**

14. Tepalen 6–8 . . . . **16**

– Tepalen 4–6 . . . . **15**

15. Bltn. lang gestielt, gewöhnl. zu 3, violettpurpurn, 10–14 cm ∅, Tepalen 4, selten 6, verkehrt-eif., flach ausgebreitet; Bl. gefiedert, die oberen oft einfach, Blch. eif., untersts. schwach behaart; VII–IX. G! L. *(C. lanuginósa × viticélla)*.
C.* × *jackmánii T. MOORE

– Bltn. lang gestielt, einzeln, rahmweiß, untersts. mit grünem Band, 5–8 cm ∅, Tepalen 4–6, eif., ausgebreitet, Staubfäden purpurn, Bltn.stiele in der Mitte mit 1–2 laubbl.artigen Brakteen; Bl. meist doppelt 3zählig, Blch. 2–5 cm lang, ganzrandig oder

mit 1–2 Lappen oder einigen Zähnen; bisweilen ± wintergrün; VI–VII. G! L ∧ – N-4 (China).
Reichblütige W., *C. flórida* THUNB.

16 (14). Bltn.stiele länger als die Tepalen, Bltn. 10–15 cm ∅, weiß bis violett, endst. an 2blättrigen Seitensprossen, Tepalen elliptisch, sich nicht oder kaum überdeckend; Bl. mit 3–5 Blch., Blch. 4–10 cm lang, eilanzettl., zugespitzt, ganzrandig, untersts. schwach behaart; V–VI. G! L – Nh-4.
Offenblütige W., *C. pátens* MORR. & DECNE.

– Bltn.stiele gewöhnl. kürzer als die Tepalen, wie die Kn. wollig behaart, Bltn. 10–20 cm ∅, weiß bis hellila, Tepalen eif. oder elliptisch, außen wollig, sich ± überdeckend; Bl. 3teilig oder einfach, eilanzettl., 6–12 cm lang, unterststs. wollig; VII–IX. G! L – N-4 (China). **Wollige W., *C. lanuginósa*** LINDL.

Aus den Arten *C. flórida, lanuginósa, pátens, viticélla* (und einigen weiteren) sind eine große Anzahl von Hybriden gewonnen worden. Sie zeichnen sich durch große, teilweise auch gefüllte Blüten in mannigfachen Farbtönen aus. Die reinen Arten sind durch diese „Großblumigen *Clématis*-Hybriden" aus den Gärten fast ganz verdrängt worden. Je nach der Elternart, die sich in den einzelnen Hybriden am deutlichsten wiedererkennen läßt, spricht man vom *Flórida*-Typ, *Jackmánii*-Typ, *Lanuginósa*-Typ usw. Von den zahlreichen Hybriden seien hier nur einige wichtige und häufig angepflanzte aufgeführt.

Flórida-Typ: *'Duchess of Edinburgh'*, weiß, gefüllt.

Jackmánii-Typ: *'Colette Deville'*, violettrot; *'Duke of Edinburgh'*, violettpurpurn; *'Gipsy Queen'*, samtig purpurn; *'Jackmánii Supérba'*, dunkelviolett.

Lanuginósa-Typ: *'Crimson King'*, weinrot; *'Lady Caroline Nevill'*, blaßlila; *'Nelly Moser'*, blaßlila mit rotem Mittelband.

Pátens-Typ: *'The President'*, blauviolett; *'Lasurstern'*, dunkelpurpurblau.

Viticélla-Typ: *'Ville de Lyon'*, karminrot.

17 (9). Bl. und Blch. gesägt oder gezähnt, nur selten fast ganzrandig **19**

– Bl. ganzrandig oder auch gelappt, aber nicht gesägt oder gezähnt; Bltn. klein, weiß **18**

18. Bl. 3zählig oder gefiedert, Blch. 3–5, lang gestielt, breit-eif., 3–7 cm lang, Basis herzf. oder gerundet, kahl *(18/9)*; Bltn. 3 cm ∅, duftend, in vielbltg. end- oder seitenst. Rispen; IX–X. G! L – N-4. (*C. paniculáta* THUNB. non J. F. GMEL.).
Rispenblütige W., *C. maximowicziána* FR. & SAV.

– Bl. doppelt-, zuw. nur einfach-gefiedert, Blch. gewöhnlich 5, die unteren oft 3blättrig oder gelappt, eilanzettl., 1,5–4 cm lang, Basis keilf. oder abgerundet, kahl; Bltn. 2–2,5 cm ∅, nach bitteren Mandeln duftend, in vielbltg. Rispen; VII–IX. G! L (HS) ∧ – Nsm-3.
Mandel-W., *C. flámmula* L.

19 (17). Bl. gefiedert oder doppelt gefiedert **21**

– Bl. 3zählig oder doppelt 3zählig; Bltn. mattweiß **20**

20. Bltn. zwittrig, 1,5–2 cm ∅, in achselst. Rispen; Bl. gewöhnl. 3-zählig, gelegentlich doppelt 3zählig, Blch. eif., 4–7 cm lang,

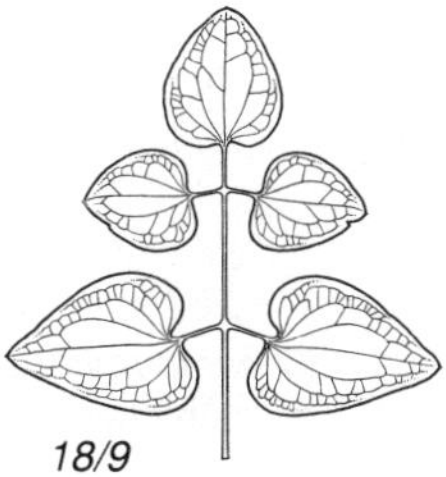

18/9

Clematis maximowicziana

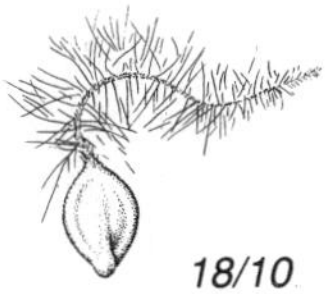

18/10

C. flammula, Früchtchen

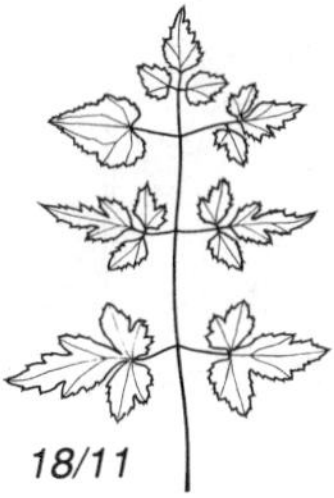

18/11

C. rehderiana

grob gezähnt und oft gelappt, fast kahl; IX–X. G! L ∧ – Nw-4. **Sellerieblättrige W., *C. apiifólia*** DC.

– Bltn. polygam oder eingschl. und Pfl. zweihäusig, Bltn. 2–3 cm ∅, in achselst., beblätterten Rispen; Bl. 3zählig, selten auch gefiedert mit 5 Blch., Blch. eif., 5–9 cm lang, zugespitzt, grob gesägt; VIII/IX. G! L – N-2. **Virginische W., *C. virginiána*** L.

21. Bltn. weiß, etwa 2 cm ∅, schwach duftend, in end- und seitenst. Rispen, Tepalen beidseitig filzig; Bl. mit 5 Blch., das untere Blch.-Paar oft 3blättrig, Blch. eif. bis eilanzettl., 3–10 cm lang, grob gezähnt oder ganzrandig; Frch. mit langen federigen Gr.; VII–IX. G! L – N-3. **Gemeine W., *C. vitálba*** L.

– Bltn. bläul.weiß, sich nach blaßlila verfärbend, 2,5–3 cm ∅, in end- oder seitenst. Rispen, Tepalen untersts. filzig; Bl. meist mit 5 Blch., Blch. eif., 5–10 cm lang, grob gesägt; VIII–X. G. L/HS. (*C. heracleifólia* var. *davidiána* × *vitálba*). ***C.* × *jouiniána*** Schneid.

22 (1). Bltn. glockig, etwa 1,5 cm lang, nickend, an aufrechten, 8–12 cm langen Rispen, duftend; Bl. gefiedert, mit 7–9 Blch., Blch. breit-eif., 4–6 cm lang, eingeschnitten gezähnt und meist 3lappig, beidersts. ± behaart *(18/11)*; VIII–X. G! L – N-4 (China). **Rehders W., *C. rehderiána*** Craib.

– Bltn. nicht glockig **23**

23. Bl. einfach, lanzettl., 3–8 cm lang, gesägt, an der Basis auch fiederschnittig; Bltn. gelbl.weiß, 2–2,5 cm ∅, in endst. Rispen, 2–4 cm lang gestielt; VIII–IX. G! HS – Nh-4 (Korea). **Songarische W., *C. songárica*** Bunge

– Bl. doppelt gefiedert oder doppelt 3zählig **24**

24. Blch. gesägt, reingrün; Bltn. 5–8 cm ∅, meist einzeln, lang gestielt **26**

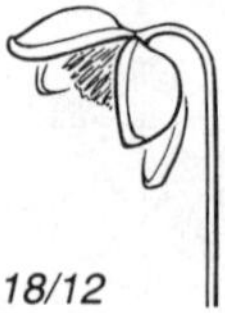

18/12

Clematis orientalis, Blüte

18/13

C. serratifolia, Früchtchen

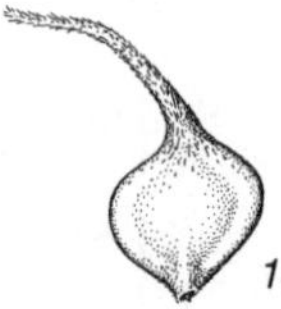

18/14

C. campaniflora, Früchtchen

– Blch. ganzrandig oder gelappt, blau- oder graugrün; Bltn. 3–5 cm ∅, meist zu mehreren **25**

25. Blch. eif. bis lanzettl., 1,5–5 cm lang; Tepalen spreizend und schließlich zurückgebogen, obersts. flaumfilzig *(18/12)*; VIII–IX. G! L – NG-4 (Himalaja). **Orientalische W., *C. orientális*** L.

– Blch. elliptisch bis lanzettl., 1,5–5 cm lang, 2–3lappig, auffällig blaugrün; Bltn. anfangs glockig, Tepalen später spreizend aber nicht zurückgebogen, beidseitig kahl; VIII–IX. G! L – Ns-4. **Blaugrüne W., *C. glaūca*** WILLD.

26 (24). Bl. doppelt 3zählig, Blch. eilanzettl., Bl.zähne nach vorn gerichtet, zuw. 2- bis 3lappig; Bltn. 4–6 cm ∅, lang gestielt, anfangs breitglockig, Tepalen später spreizend, Staubfäden purpurn; VIII–IX. G! L – Nh-4 (Korea). **Koreanische W., *C. serratifólia*** REHD.

– Bl. gefiedert oder doppelt gefiedert, Blch. längl.-lanzettl., 3–8 cm lang, Bl.zähne abstehend, oft tief 2–3lappig; Bltn. 8–15 cm lang gestielt, Tepalen 3–5 cm lang, leuchtend gelb, beidseitig kahl, lang zugespitzt, Bltn. anfangs breitglockig, Tepalen später ± spreizend; Fr. durch die langen, federartigen Gr. silbrig schimmernd; VI–VII u. IX–X. G! L – Ns-4. **Mongolische W., *C. tangútica*** (MAXIM.) KORSH.

19. Familie: ***Berberidáceae*, Berberitzengewächse**

Immer- oder sommergrüne Sträucher sowie Stauden; Bl. wechselst., bei Stauden auch grundst., einfach oder zusammengesetzt, Stipeln meist fehlend; Bltn. zwittrig, gewöhnl. in Trauben, Rispen oder einzeln, Bltn.hülle einfach (Perigon) oder in K. und Kr. gegliedert, in mehreren 3zähligen, selten 2- oder 4zähligen Kreisen, Nektarbl. oft vorhanden, Stbl. 18–4, Staubfäden oft reizbar, Frbl. 1, oberst.; Fr. eine Beere, seltener eine Balgfr. 18 Gattungen mit rund 650 Arten, vorwiegend in der nördl. gemäßigten Zone, in Afrika und SO-Asien auch in der tropischen Zone, in S-Amerika bis weit nach Süden vordringend.

1. Bl. stets einfach, sommer- oder immergrün; Pfl. meist dornig bewehrt . . . . ***Bérberis*** 19–3
– Bl. zusammengesetzt, immergrün; Pfl. dornenlos **2**
2. Bl. sehr groß, 3fach gefiedert, Blch. ganzrandig; Bltn. weiß ***Nandína*** 19–1
– Bl. einfach gefiedert, Blch. gewöhnl. gezähnt; Bltn. gelb . . . . . ***Mahónia*** 19–1

1. *Nandína* Thunb.

Monotypische Gattung.

Pfl. mehrstämmig, kaum verzweigt, kahl; Bl. wechselst., am Sproßende rosettig genähert, 30–50 cm lang und breit, (2–)3fach gefiedert, Blch. fast sitzend, lederig, elliptisch-lanzettl., 3–7 cm lang, 1–2,5 cm breit, lang zugespitzt, ganzrandig, obersts. frischgrün, untersts. heller, Herbstfärbung purpurn, Stipeln fehlend; Rispen 20–35 cm lang, aufrecht, Bltn. weiß, 6 mm ∅, Kbl. zahlreich, Krbl. 3 oder 6; Beere rot, 2samig, 6–8 mm ∅ *(19/1)*; VI–VII. Sk # ∧∧ – Mh/Nhw-4. ***N. doméstica*** Thunb.

19/1

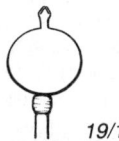

Nandina domestica, Frucht

2. *Mahónia* Nutt., Mahonie

Immergrüne, unbewehrte Sträucher, seltener kleine Bäume; Bl. wechselst., unpaarig gefiedert, seltener 3zählig, Blch. lederig, dornig gezähnt, die seitl. sitzend, Stipeln klein, pfrieml.; Bltn. gelb, in vielbltg. Trauben oder Rispen, den Achseln der Kn.schuppen entspringend, Kbl. 9, Krbl. 6, Stbl. 6; Fr. eine wenigsamige, meist dunkelblaue, bereifte Beere. Rund 100 Arten in N- und M-Amerika sowie O- und S-Asien.

19/2

Mahonia aquifolium, Blättchen

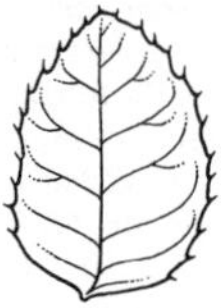

19/3

M. repens, Blättchen

1. Bl. 30–40 cm lang, mit 9–15 dick-lederigen Blch., diese handnervig, Rand tief buchtig, dornenartig gezähnt; Pfl. ohne Ausläufer **3**

– Bl. 15–25 cm lang, mit 3–9 dünn-lederigen Blch., diese fiedernervig, Rand nur leicht gebuchtet, fein stachelzähnig; Pfl. Ausläufer bildend **2**

2. Blch. 5–9, eif.–eilängl., 3,5–8 cm lang, obersts. glänzend dunkelgrün, untersts. heller, nicht papillös, Bl.rand ± stark gewellt, Stachelzähne abstehend *(19/2)*; Bl. im Winter ± bronzerot gefärbt; Trauben aufrecht, dicht stehend, 5–8 cm lang; Fr. elliptisch, ca. 8 mm lang; IV–V. Sk # – N-1.

Gewöhnliche M., *M. aquifólium* (PURSH) NUTT.

– Blch. 3–7, breit-eif. bis eif., 3–6 cm lang, Rand nicht gewellt, langbuchtig gezähnt, Zähne nach vorn gerichtet, zuw. fast ganzrandig, obersts. matt blaugrün, untersts. papillös (Lupe!), im Winter grün bleibend *(19/3)*; Trauben dicht stehend, 3–7 cm lang; Fr. rundl.-elliptisch, 7–8 mm lang; IV–V. Sk # ∧ – N-1.

Kriechende M., *M. répens* (LINDL.) G. DON

***M. aquifólium* × *répens*,** in Größe, Wuchsform und Bl.gestalt zw. den Eltern stehend.

3 (1). Blch. eif.–eilängl., 5–12 cm lang, ± blasig gewölbt, seitl. Blch. mit schief-herzf. Grund, sich oft etwas überdeckend, jederstS. mit 2–5 großen, dornartigen Zähnen, obersts. dunkelgrün, bläul. überlaufen, untersts. blaugrün bis gelbgrün *(19/4)*; Bltn. in ± aufgerichteten bis überhängenden, 8–20 cm langen Trauben, Tragbl. der Bltn. 6–7 mm lang, den Bltn.stiel nicht überragend; II–V. Sk # ∧ – Nhw-4 (China).

Beals M., *M. bealei* (FORT.) CARR.

– Blch. längl.-eif., 4–10 cm lang, nur schwach gewölbt, seitl. Blch. am Grunde weniger schief, sich selten überdeckend, obere Blch.hälfte mit 2–4, die untere mit 5–7 Zähnen *(19/5)*, obersts. grün, untersts. auffällig gelbgrün; Bltn. in ± nickenden, 10–20

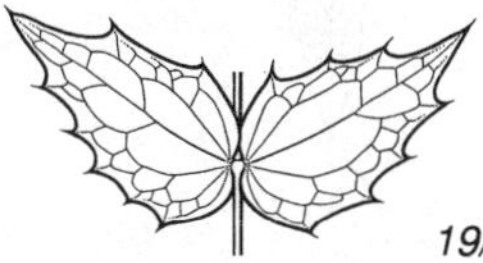

19/4

Mahonia bealii, Blättchenpaare

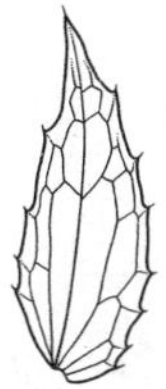

19/5

M. japonica, Blättchen

cm langen Trauben, Tragbl. der Bltn. ± 1 cm lang, meist länger als die Bltn.stiele; II–V. Sk # ∧ – Nhw-4 (China).
Japanische M., *M. japónica* (THUNB.) DC.

In Botanischen Gärten sind gelegentl. noch andere Arten wie ***M. nervósa*** (PURSH) NUTT. oder ***M. pinnáta*** (LAG.) FEDDE aus dem westl. N-Amerika zu finden.

× ***Mahobérberis neubértii*** (BAUM. ex LEM.) SCHNEID., Bastardmahonie, Gattungsbastard zw. *Bérberis vulgáris* und *Mahónia aquifólium* ist in den meisten Botanischen Gärten angepflanzt. Bl. an Langtrieben lederig, einfach, eif. bis eilängl., 3–5 cm lang, Bl.rand stark gebuchtet mit 5–7 langen Stachelzähnen an jeder Seite, Bl. an Kurztrieben teils einfach, eif. ungestielt, teils 3zählig, 2–3 cm lang gestielt, Rand fein borstig gezähnt. Sk #.

3. *Bérberis* L., Berberitze

Sommer- oder immergrüne, bewehrte Sträucher, selten kleine Bäume; Bl. wechselst., einfach, ganzrandig, gezähnt oder grannig-gezähnt, fiedernervig, Bl. der Langtriebe in (1–)3teilige Bl.dornen umgewandelt, Bl. der Kurztriebe rosettig stehend; Bltn. hellgelb–orangegelb, an Kurztrieben in Trauben, Doldentrauben, Rispen oder einzeln, Kbl. 6, Krbl. 6, mit 2 Nektarien am Grunde, Stbl. 6, Frkn. oberst., Gr. kurz oder fehlend; Beere 1–wenigsamig *(19/12)*; rot bis schwarz, Rinde giftig! Fr. nicht. Rund 500 Arten, die meisten in O- und M-Asien sowie in S-Amerika.

1. Bl. sommergrün **16**
– Bl. immergrün **2**
2. Bl.rand stets mit einigen bis vielen, oft stacheligen Zähnen . . . **6**
– Bl. ganzrandig, aber stachelspitzig, nur im oberen Bl.drittel manchmal mit 1–3 feinen, nicht stechenden Zähnen **3**
3. Bl. elliptisch bis verkehrt-eif., 1–2,5 cm lang, sitzend oder kurz gestielt, Spreitengrund keilf., Bl.dornen einfach oder 3teilig, bis 1,5 cm lang; Bltn. zu 1–2, orangegelb, nickend an 2–2,5 cm langen Stielen; Fr. rundl., dunkelpurpurn, 6 mm lang; V. G! Sk # – Ak-5. **Buchsblättrige B., *B. buxifólia*** LAM. ex POIR.

'Nána', Wuchs dicht buschig, nur 30–50 cm hoch werdend; Bl. sehr ungleich groß, teils sitzend, teils bis zu 2,5 cm lang gestielt, oft mit 1–2 Zähnen im oberen Bl.drittel, Bl.dornen fehlend; blüht nicht.

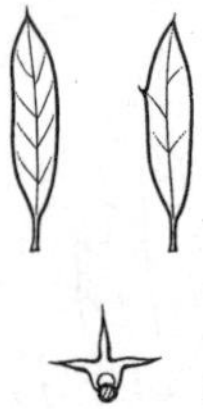

19/6

Berberis linearifolia, Blätter, Blattdorn

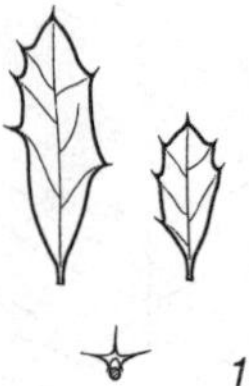

19/7

B. × *lologensis,* Blätter, Blattdorn

– Bl. linealisch oder lanzettl. **4**

4. Bl. linealisch, 5–20 mm lang, lebhaft grün, Bl.ränder nach unten eingerollt und sich berührend, Bl.dornen 3teilig oder einfach, 5–15 mm lang; Bltn. einzeln oder zu zweit, hellgelb, 5–10 mm lang gestielt; Fr. blauschwarz, rundl., 6–7 mm ∅; V. G! Sk # ∧ – Ahk-5. **Krähenbeerblättrige B., *B. empetrifólia*** Lam.

– Bl. breiter, Ränder nur soweit nach unten umgerollt, daß die auffällig hellgrüne Bl.unterseite ± sichtbar bleibt, gelegentl. ein Zahn am Bl.rand **5**

5. Einj. Zw. rundl., sehr kurz behaart, Zw. rotbraun, lang überhängend; Bl. schmal-lanzettl. bis lanzettl., 1,5–2,5 cm lang, dunkelgrün, Ränder stark umgerollt, Bl.unterseite dazwischen nur als weißl.-grüner Streifen sichtbar, Bl.dornen meist 3teilig, 3–7 mm lang; Bltn. 1 cm ∅, in 2–6bltg. Doldentrauben, goldgelb; Fr. rundl., 6–7 mm ∅, blauschwarz; V. G! Sk # ∧. *(B. darwínii* × *empetrifólia).* **Schmalblättrige B., *B.* × *stenophýlla*** Lindl.

'Irwínii', in Wuchs und Bl.form sehr *B. darwínii* ähnelnd; Bl. im oberen Drittel mit je 1–2 Zähnen.

– Einj. Zw. kräftig, kantig gefurcht; Bl. linealisch bis schmalelliptisch, 2–4(–5) cm lang, mit aufgesetzter Stachelspitze und gelegentl. einem Zahn am Rand, Bl.ränder nur wenig umgebogen, Bl.dornen 3teilig, bis 1,5 cm lang, etwas krallig gebogen *(19/6)*; Bltn. 1,5 cm ∅, in 3–6bltg. Doldentrauben, Kbl. außen karmin getuscht, Krbl. goldorange; Fr. elliptisch, 8–10 mm lang, schwarzblau; V. G! Sk # ∧ – Ah-5. ***B. linearifólia*** Philippi

6 (2). Bl. mindestens dreimal so lang wie breit, 3–12 cm lang, an den Rändern mit 2–5, selten mit nur 1–2 Zähnen je cm **12**

– Bl. nur 1–3, selten 4–5 cm lang, an den Rändern mit 1–4, an größeren Bl. auch mit 5–12 Zähnen **7**

7. Bl. untersts. ± blauweiß **9**

– Bl. untersts. grün bis hellgrün **8**

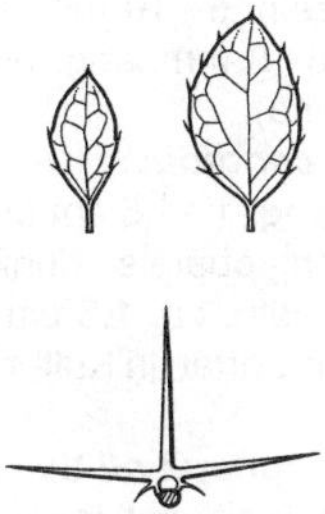

19/8

Berberis verruculosa, Blätter, Blattdorn

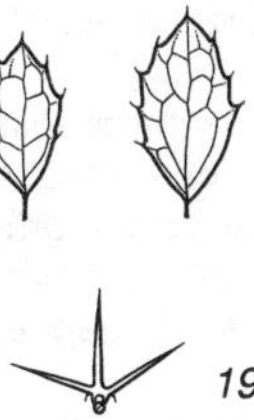

19/9

B. candidula, Blätter, Blattdorn

8. Bl. verkehrt-eif., 1–3 cm lang, spärl. gezähnt und an der Spitze gewöhnl. mit 3 Stachelzähnen, obersts. dunkelgrün, glänzend, untersts. matt hellgrün, Bl.dornen 3–7teilig, 3–7 mm lang; Bltn. in vielbltg., hängenden, 1–6 cm langen Trauben, goldgelb bis orangegelb, außen rot getuscht; Fr. rundl., blau bereift, 6–7 mm ∅; III–VI. G! Sk # ∧ ∧ – Ah-5.

Darwins B., *B. darwínii* Hook.

– Bl. rhombisch-elliptisch, 1–4,5 cm lang, bis 1,3 cm breit, Spreitengrund schmal keilf., außer der Stachelspitze an jeder Seite mit 1–4(–5) ungleichmäßig verteilten, abstehenden Stachelzähnen, Rand meist stark wellig, ausgebuchtet und etwas umgebogen, obersts. glänzend dunkelgrün, untersts. blaugrün, Bl.dornen 3teilig, 3–5 mm lang *(19/7)*; Bltn. zu 3–9 in hängenden Doldentrauben, orangegelb, 1,5 cm ∅; Kn. außen rötl.; V–VI. G! Sk # ∧. (*B. darwínii* × *linearifólia*).

Lolog-B., *B.* × *lologénsis* Sandwith

'Highdown', im Wuchs breiter und niedriger; Bl.dornen stärker krallenförmig gebogen; Bltn. gelb.

9 (7). Bl. 2–6 cm lang, Zw. ± glatt **11**

– Bl. elliptisch, 1,5–3 cm lang; Zw. ± warzig **10**

10. Einj. Zw. dicht mit braunen, später schwärzl. Warzen besetzt (Lupe!); Bl. ± stark gewellt, 1,5–3 cm lang, Ränder etwas umgebogen, obersts. glänzend dunkelgrün, untersts. weißl.-blau, Bl.dornen 3teilig, 1–2 cm lang, braun *(19/8)*; Bltn. einzeln oder zu zweit, bis 1,5 cm ∅, hellgelb; dichtwüchsig; V. G! Sk # – Nhg-4 (W-China). **Warzige B., *B. verruculósa*** Hemsl. & Wils.

– Einj. Zw. nur locker mit schwärzl. Warzen besetzt; Bl. flach, Ränder etwas umgebogen, obersts. glänzend dunkelgrün, untersts. fast schneeigweiß, 1,5–3 cm lang, Bl.dornen 3teilig,

1,5–2 cm lang, hellbraun *(19/9)*; Bltn. einzeln, 5–10 mm lang gestielt, 1,5 cm ∅, hellgelb; Fr. elliptisch, 8–9 mm lang, blauschwarz, bereift; V. G! Sk # – Nhg-4 (M-China).

Schneeige B., *B. candídula* SCHNEID.

11 (9). Bl. schmal elliptisch-lanzettl., 2–6 cm lang, 1–1,5 cm breit, mit 3–6(–10) abstehenden Stachelzähnen, obersts. dunkelgrün, untersts. grünl.-weißl. bereift *(19/10)*; Bltn. ca. 1,5 cm ∅; Fr. elliptisch, 7 mm lang, blaubereift; in vielen Sorten in Kultur; V. G! Sk #. (*B. gagnepāinii* × *verruculósa*).

B.* × *hýbrido-gagnepāinii SURING.

– Bl. schmal-oval, 3–5 cm lang, 7–10 mm breit, mit jedersts. 3–12 Stachelzähnen, untersts. blauweiß; Zw. etwas warzig; V. G! Sk #. (*B.* × *chenāúltii* CHEN.).

B.* × *hýbrido-gagnepāinii SURING. *'Chenāúlt'*

12 (6). Bl. derblederig, fest **15**

– Bl. dünnlederig, biegsam **13**

13. Bl. untersts. ± blauweiß, undeutl. netzaderig, elliptisch–lanzettl., 3–7 cm lang, 1–3 cm breit, mit 2–3 vorwärts gerichteten Zähnen je cm, obersts. dunkelgrün, Bl.dornen 3teilig, 1,2–3 cm lang; Bltn. in stark verkürzten Doldentrauben zu 2–6, 1,5–1,8 cm ∅, gelbgrün; Fr. längl., 1,2–1,5 cm lang, schwarzpurpurn; V–VI. G! Sk # – NGh-4 (Himalaja).

Hookers B., *B. hōókeri* LEMAIRE

Die als ***B. hōókeri*** LEM. var. ***latifólia*** BEAN bezeichnete Form ist ***B. manipurána*** AHRENDT.

– Bl. untersts. grün **14**

14. Bl. schmal-lanzettl., 3–10 cm lang, 8–20 mm breit, je cm 2–5 vorwärts gerichtete Stachelzähne; obersts. stumpfgrün, untersts. ± glänzend-grün, Bl.dornen 3teilig, 1–2 cm lang, bräunl. *(19/11)*; Bltn. in stark verkürzten Doldentrauben zu 3–10, 1 cm ∅, lebhaft gelb; Fr. eif., 8–10 mm lang, blauschwarz, bereift *(19/12)*; V–VI. G! Sk # – Nhg-4 (W-China).

Gagnepains B., *B. gagnepāinii* SCHNEID.

Sehr formenreiche Art. Die bei uns kultivierten Pfl. sind wohl der var. ***lanceifólia*** AHRENDT zuzurechnen.

– Bl. lanzettl., 6–12 cm lang, 1–3 cm breit, mit 1–2(–3) abstehenden Sägezähnen je cm, obersts. dunkelgrün, untersts. hell- oder gelbgrün, matt glänzend, Bl.dornen 3teilig, 2–4 cm lang, gelbl.braun; Bltn. in stark verkürzten Doldentrauben zu 4–8, 1 cm ∅, blaßgelb; Fr. elliptisch, ca. 9 mm lang, schwarzblau, bereift; V–VI. G! Sk # – Nhg-4 (W-China).

Veitchs B., *B. vēitchii* SCHNEID.

15 (12). Einj. Zw. etwas kantig, gerieft, bräunl.gelb; Bl. längl.-verkehrt-eif. bis linealisch, (3–)6–8 cm lang, 8–20 mm breit, Spit-

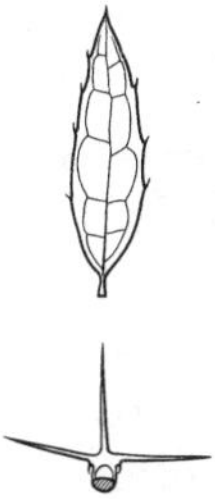

Berberis × hybrido-gagnepainii, Blatt, Blattdorn

B. gagnepainii, Blatt, Blattdorn

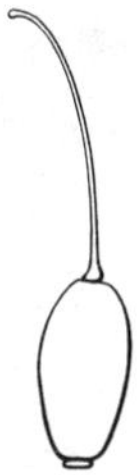

B. gagnepainii, Frucht

ze stumpf, meist mit Stachelspitze, mit 3–4 etwas abstehenden, begrannten Sägezähnen je cm, obersts. glänzend dunkelgrün, untersts. heller, ± deutl. netznervig, Bl.dornen 3teilig, 1–4 cm lang *(19/13)*; Bltn. in stark verkürzten Doldentrauben zu 8–15 (–20), 6–7 mm ∅, reingelb; Fr. elliptisch, bis 8 mm lang, blauschwarz, bereift; IV–VI. G! Sk # – Nhg-4 (W-China).
Julianes B., *B. juliánae* SCHNEID.

– Einj. Zw. rund, auffallend rötl. bis zinnoberrot gefärbt; Bl. längl.-elliptisch bis längl.-lanzettl., 4–10 cm lang, 1,5–2,5 cm breit, beidendig spitz, mit 2–4 feinen, fast anliegenden Zähnen je cm, untersts. gelbl.grün, deutl. netznervig, Bl.dornen 3teilig, 3–4,5 cm lang, scharfspitzig; Bltn. in stark verkürzten Doldentrauben zu 2–6, etwa 1 cm ∅, hellgelb; Fr. eif., 7–8 mm lang, schwarzblau, bereift; V–VI. G! Sk # – Nhg-4 (W-China).
Sargents B., *B. sargentiána* SCHNEID.

16 (1). Bltn. in mehr- bis vielbltg. traubigen oder rispigen Bltnst. . . **24**

– Bltn. einzeln oder zu wenigen in Dolden, gestauchten Dolden bzw. Doldentrauben („gebüschelt") oder in sehr kurzen, dichten Rispen **17**

17. Bl. gezähnt oder zum Teil ganzrandig **19**

– Bl. sämtl. ganzrandig, klein **18**

18. Einj. Zw. kahl, stark kantig und gerieft, ± braunrot; Bl. sehr ungleich groß, verkehrt-eif. bis lang-spatelf., 1–3 cm lang, obersts. hellgrün, untersts. bläul.-grün, Bl.dornen meist einfach, 5–15 mm lang; Bltn. einzeln oder zu 2–4 beieinander, 8–10 mm ∅, gelb, außen ± gerötet; Fr. elliptisch, 1 cm lang, scharlachrot. Pfl. dicht verzweigt mit gelber oder roter Herbstfärbung; V. G! Sk – Nhw-4 (Japan). **Thunbergs B., *B. thunbérgii*** DC.

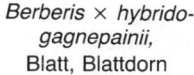

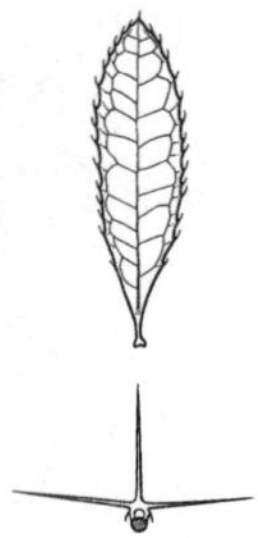

19/13

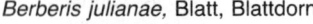

Berberis julianae, Blatt, Blattdorn

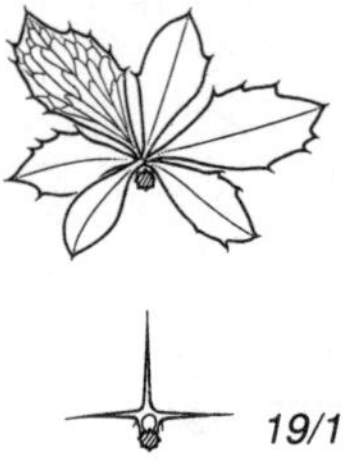

19/14

B. wilsoniae, Kurztrieb in Aufsicht, Blattdorn

'Atropurpúrea', Bl. tiefrot.
'Atropurpúrea Nána', Bl. tiefrot; Pfl. nur bis 0,5 m hoch.
var. ***maximowíczii*** REG., sehr kleinblättrige Form, Bl. untersts. grün; Bltn. meist einzeln.

– Einj. Zw. gefurcht, anfangs etwas flaumhaarig, ± braunrot; Internodien nur etwa 1 cm lang; Bl. verkehrt-lanzettl., 0,7–2,5 cm lang, 3–8 mm breit, Spitze meist abgerundet, obersts. dunkelgrün, untersts. bläul., auffallend netznervig, Bl.dornen 3teilig, 1–2 cm lang, sehr dünn *(19/14)*; Bltn. zu 2–6 in gestauchten Dolden („gebüschelt") oder in bis 1,5 cm langen Rispen, 7 mm ∅, goldgelb; Fr. rundl., bis 6 mm ∅, lachs- bis korallenrot; sehr dichtbuschig mit roter Herbstfärbung; V. G! Sk – Nhg-4 (W-China). **Wilsons B., *B. wilsóniae*** HEMSL. & WILS.

var. ***stapfiána*** (SCHNEID.) SCHNEID., einj. Zw. kahl; Bl. verkehrt-eif., stachelspitzig; Bltn. zu 4–7; Fr. elliptisch, 4–5 mm lang.
var. ***subcaulialáta*** (SCHNEID.) SCHNEID., einj. Zw. kahl, scharfkantig; Bl. längl.-eif., zuw. mit 1 oder einigen Zähnen nahe der Spitze, untersts. weißl.; Bltn. zu 6–8; Beeren rundl., 6 mm ∅.

19 (17). Junge Zw. gewöhnl. blauweiß bereift, später rotbraun; Bl. verkehrt-eif., bis 2,5 cm lang, ganzrandig oder stachelzähnig, obersts. glänzend-grün, netznervig, untersts. kalkigweiß, Bl.dornen (1–)3teilig, 0,5–1,5 cm lang; Bltn. einzeln, 1,5 cm ∅, 5–7 mm lang gestielt, hellgelb; Fr. eif., 10–12 mm lang, rot, bereift; V. G! Sk – NGh-4 (W-China).

Netzblättrige B., *B. dictyophýlla* FRANCH.

var. ***epruinósa*** SCHNEID., junge Zw. rotbraun, nicht bereift; Bl. untersts. grün.

– Junge Zw. nicht so **20**

20. Bltn. stets einzeln, 1,5 cm ∅, orangegelb, an 1–2,5 cm langen, geröteten Stielen, nickend; Fr. rundl.-elliptisch, 1–1,2 cm lang, rot; Bl. längl.-eif., ganzrandig oder mit 1–3 Zähnen an jeder Seite, 1–4 cm lang, 6–15 mm breit, frischgrün; Zw. kantig; V. G! Sk – NG-4 (Himalaja).

Kantige B., *B. angulósa* WALL. ex HOOK. f. & THOMS.

– Bltn. zu 1 bis mehreren **21**

21. Bltn. zu mehreren **23**

– Bltn. zu 1–2 . . . . **22**

22. Zw. gefurcht; Bl. verkehrt-eif., 1–3,5 cm lang, entfernt stachelzähnig, obersts. frischgrün, untersts. weißl., Bl.dornen 3teilig, 1–2 cm lang; Bltn. 1,5 cm ∅, goldgelb; Fr. längl., 1,3–1,6 cm lang, rot; V. G! Sk – NGh-4 (Himalaja).

Gefällige B., *B. concínna* HOOK. f. & THOMS.

– Zw. stark gefurcht; Bl. ellipt.-eif., 2–4,5 cm lang, etwas lederig, beidersts. mit einigen Stachelzähnen; Bltn. hellgelb; Fr. trübrot; V. G! Sk (#). (*B. juliánae* × *thunbérgii*). ***B.*** × ***mentorénsis*** AMES

23 (21). Bltn. in 2–5bltg. Dolden, 1,5 cm ∅, tiefgelb, Fr. elliptisch, 1–1,2 cm lang, rot, etwas bereift; Bl. verkehrt-eif., 2–3,5 cm lang, bis 1,5 cm breit, stachelzähnig, obersts. dunkel-graugrün, untersts. bläul. und netznervig, Bl.dornen 3teilig, 1–2 cm lang; Herbstfärbung scharlachrot; V. G! Sk – Ns-4 (NW-China).

Durchsichtige B., *B. diáphana* MAXIM.

– Bltn. zu 2–6 in gestauchten Dolden („gebüschelt"), 7 mm ∅; Bl. bei Varietäten gezähnt. *B. wilsóniae* s. Nr. 18

24 (16.) Bltn. in Trauben oder Dolden **26**

– Bltn. in Rispen **25**

25. Junge Zw. stark kantig, behaart; Bl. verkehrt-eif., 1–2,5 cm lang, meist stachelzähnig, obersts. dunkel-gelbgrün, untersts. bläul., Bl.dornen 3teilig, 1–2 cm lang, dünn; Bltn. in 1–4 cm langen, sitzenden Rispen, 6 mm ∅, hellgelb; Fr. rundl., 6–7 mm ∅, rot, bereift; VI. G! Sk – N-4 (W-China).

Knäuelfrüchtige B., *B. aggregáta* SCHNEID.

var. ***prátti*** SCHNEID.; (*B. prátti* SCHNEID.); Bl. etwas größer, oft ganzrandig, beidseits deutlich netznervig; Rispen 3–6(–10) cm lang.

var. ***recurváta*** SCHNEID., Fruchtstiele zurückgekrümmt.

– Junge Zw. rundl. oder doch nur schwach kantig; Bl. eilanzettl., 3–7 cm lang, 1,2–3 cm breit, 1–3 cm lang gestielt, Rand ungleichmäßig sägezähnig, beidseitig schwach glänzend, Bl.dornen meist einfach, bis 2,5 cm lang; Bltn. in 5–12 cm langen, hängenden Rispen, 8 mm ∅; Fr. eif.-elliptisch, bis 12 mm lang, scharlachrot; V. G! Sk/g – N-4 (W-China).

B. francísi-ferdinándii SCHNEID.

26 (24). Bl. gesägt oder gezähnt **30**

– Bl. ganzrandig **27**

27. Bltn. meist in 5–vielbltg. Dolden oder Doldentrauben; *B. thunbérgii* im Bl. sehr ähnl., Wuchs kräftiger und Zw. gelbbraun; V. Sk. *(B. thunbérgii × vulgáris).* ***B. × ottawénsis*** SCHNEID.

– Bltn. stets in Trauben **28**

28. Bltn. in kurzen, bis 5bltg. Trauben, hellgelb; Bl. 1–2 cm lang, längl.-lanzettl. bis längl.-eif., ganzrandig oder mit 4–6 Stachelzähnen, untersts. blaugrün; Fr. eif., bis 1,5 cm lang, rot; VI. G! Sk. (*B. aggregáta?* × *wilsóniae*). ***B. × rubrostílla*** CHITTENDEN

– Trauben vielbltg. . . . . . : **29**

29. Trauben sehr dicht, 3–4 cm lang, Bltn. 1–3 mm lang gestielt, 3–5 mm ∅, gelb; Fr. rundl., 4 mm ∅, hellrot; Bl. sehr ungleich groß, spatelig-lanzettl., 1–3 cm lang, bis 1 cm breit, kahl, hellgrün, Dornen meist einfach, 1,5–2(–3) cm lang; V. G! Sk – Ns-4 (NW-China). ***B. vérnae*** SCHNEID.

– Trauben lockerer, Bltn. 3–5 mm lang gestielt, 6 mm ∅, leuchtend gelb; Fr. längl., 9 mm lang, rot; Bl. schmal-lanzettl., 1,5–4 cm lang, frischgrün, Bl.dornen meist einf., 4–9 mm lang oder fehlend; V. G! Sk – Ns-4. **Poirets B., *B. poirétii*** SCHNEID.

30 (26). Bl. 1–2 cm lang, gezähnt oder ganzrandig. *B. × rubrostílla* s. Nr. 28

– Bl. über 2 cm lang **31**

31. 2j. Zw. grau **33**

– 2j. Zw. gelb- oder dunkelbraun **32**

32. 2j. Zw. gelbbraun, rund; Bl. verkehrt-eif. bis elliptisch, 2,5–6 cm lang, Bl.dornen einfach oder 3teilig, bis 3 cm lang; Bltn. in 5–10 cm langen 10- bis 25bltg. Trauben, lebhaft gelb, außen oft gerötet, 10–14 mm ∅; Fr. eif. bis längl.-eif., etwa 1 cm lang, rot, bereift; V. G! Sk/g – NGs-4 (W-Himalaja). **Begrannte B., *B. aristáta*** DC.

– 2j. Zw. dunkelbraun, gefurcht; Bl. verkehrt-eif. bis elliptisch, 2,5–7 cm lang, Spreitenbasis keilf., dicht gesägt mit grannenartigen, kurzen Zähnen, untersts. blaugrün, Bl.dornen einfach bis 3teilig, abgeflacht, oft mehrspitzig, 5–10 mm lang; Bltn. gelb, 1 cm ∅, in 2–3,5 cm langen Trauben; Fr. rundl., 7–8 mm ∅, leuchtend rot; Herbstfärbung tiefrot; V. G! Sk – Nh-4 (Korea). **Koreanische B., *B. koreána*** PALIB.

33 (31). Bltn.trauben 2–4,5 cm lang, Bltn. 5–6 mm ∅, 5–10 mm lang gestielt, leuchtend gelb; Fr. elliptisch, 8–9 mm lang, scharlachrot; Bl. eif.-längl., 2–5 cm lang, mit stumpfer Spitze, untersts. grauweiß, Nervatur undeutl., ganzrandig bis entfernt schwach grannig gezähnt, Herbstfärbung scharlachrot, Bl.dornen 3teilig, bis 1,2 cm lang; V–VI. G! Sk – Ns-2. **Kanadische B., *B. canadénsis*** MILL.

– Bltn.trauben 4–10 cm lang 34

34. Trauben 4–6 cm lang, Bltn. 6–9 mm ∅, gelb, Krbl. an der Spitze gerundet; Fr. längl.-elliptisch, 1–1,2 cm lang, rot; Bl. verkehrt-eif. bis längl.-elliptisch, 2–7 cm lang, obersts. dunkelgrün, untersts. etwas heller, schwach netznervig, Bl.dornen meist 3teilig, 1–2 cm lang; V. G! Sk/g – Ns-3.
Gewöhnliche B., *B. vulgáris* L.

'Atropurpúrea', Bl. purpurn gefärbt.

– Trauben bis 10 cm lang, Bltn. 7–8 mm ∅, Krbl. an der Spitze ausgerandet, gelb; Bl. elliptisch bis längl. verkehrt-eif., spitzenwärts gerundet, grannenartig gesägt, obersts. hellgrün, untersts. bläul., Bl.dornen 1- bis 3teilig, 1–2 cm lang; Fr. längl., bis 10 mm lang, rot; V. G! Sg – N-4. **Amur-B., *B. amurénsis*** RUPR.

Unterklasse: ***Centrospermae***

Ordnung: ***Polygonáles***

20. Familie: ***Polygonáceae*, Knöterichgewächse**

Kräuter, Stauden, seltener Sträucher oder Bäume; Bl. meist wechselst., meist ganzrandig, seltener gelappt oder fiederschnittig; Sproßinternodien an der Basis häufig röhrig umschlossen von häutiger oder fleischiger Bl.scheide (Ochrea); Sproßachse meist knotig gegliedert; Bltn. zwittrig od. eingschl., klein, meist 3-, selten 5zählig, meist in zusammengesetzten Bltn.ständen mit dichasial-wickeligen Teilbltn.ständen; Fr. eine Nuß. Etwa 30 Gattungen mit über 1000 Arten, vor allem in der Nordhemisphäre. Die Polygonaceae sind taxonomisch eine sehr isolierte Familie.

1. Windende Kletterpfl. mit großen Bl.; Bltn. in großen Rispen, weiß oder rosa . . . . ***Polýgonum*** 20–2

– Kleinsträucher oder Zwergsträucher, aufrecht, kriechend oder kletternd, mit kleinen Bl.; Bltn. in kleinen Ähren oder Trauben . . **2**

2. Aufrechte Kleinsträucher, 30–60 cm hoch . . . ***Atrapháxis*** 20–1

– Kriechende Zwergsträucher, z. T. kletternd . ***Muehlenbéckia*** 20–2

1. ***Atrapháxis*** L., **Bocksweizen**

Sommergrüne Sträucher mit z. T. dornigen Zweigen; Bl. wechselst., klein; Bltn. klein, weiß oder hellrosa, einzeln oder zu mehreren in Bl.achseln zu endst. Trauben vereinigt, Perianth (Bltn.hülle) 4–5teilig, deutlich geadert, die inneren umschließen später die Nußfrucht. 18 Arten in den Steppen Mittelasiens, Westasiens, Südrußlands und im Mediterrangebiet.

1. Zw. aufrecht, dünn, kahl, grauweiß, ohne Dornen; Bl. längl.-lanzettl. bis elliptisch, 0,5–3 cm lang, graugrün, am Rand wellig; Bltn. weiß, zu 2–5 in kleinen Büscheln, die endst. Trauben bilden; Fr. dreikantig, 6 mm breit *(20/1)*; VIII–IX. Sk – Na-3.
Kleinstrauchiger B., *A. frutéscens* (L.) K. Koch

– Zw. starr, kahl, weißlich, sehr dornig; Bl. eif.-verkehrteif. bis rundl., 0,6–1,5 cm lang, kahl, blaugrün; Kbl. 4, die beiden inneren rundlich, lange Zeit rosa bleibend; Fr. 2flügelig; VIII. Sk – Na-3. **Dorniger B., *A. spinósa*** L.

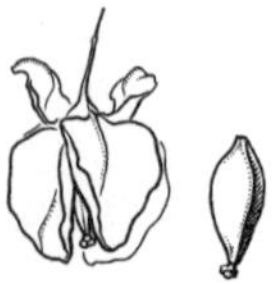

20/1: Atraphaxis frutescens, Frucht mit und ohne Fruchthülle

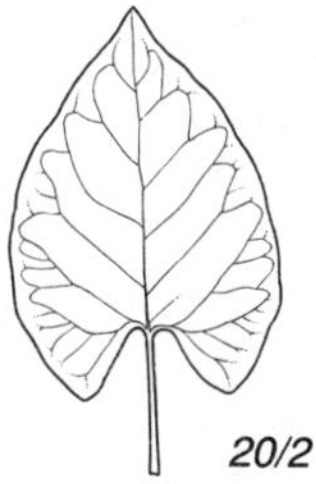

20/2

Polygonum baldschuanicum

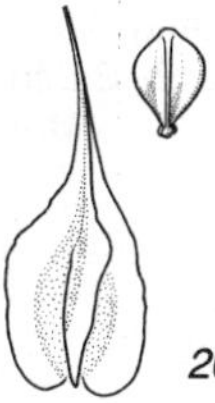

20/3

P. aubertii, Frucht mit und ohne Fruchthülle

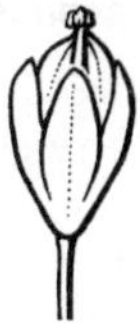

20/4

Muehlenbeckia complexa, Frucht

2. *Polýgonum* L., Knöterich

Kräuter, Stauden oder Sträucher, oft windend und kletternd; Bl. wechselst., meist ganzrandig; Bltn. meist in Scheintrauben bzw. Scheinähren oder in achselst. Bltn.knäueln, selten einzeln, Perianth (Bltn.hülle) meist 5teilig, zur Fr.zeit nur wenig vergrößert; Fr. von Bltn.hülle eingeschlossen. Etwa 200 Arten. Kosmopoliten.

1. Bltn. anfangs weiß, später rosa, Achsen der Bltn.stände fast kahl; Bl. breit-eif. oder eif., Basis der Bl.spreite herzf. oder spießf., Bl. 4–10 cm lang, 2,5–6 cm breit, kahl, blaßgrün, Bl.stiel 1–3,5 cm lang *(20/2)*; sehr kräftig wachsende, windende Kletterpfl., z. T. verholzend, bis über 10 m hoch windend; VII–X. Sg/L – Ns-3/4. (*Bilderdýkia baldschuánica* (REG.) D. A. WEBB.).
Bucharischer K., *P. baldschuánicum* REG.

– Bltn. weiß, Achsen der Bltn.stände fein rauhhaarig; Fr. eine 3kantig geflügelte Nuß *(20/3)*; Bl. längl.-eif., Basis der Bl.spreite spießf., Bl.rand meist gewellt, im Austrieb rötlich, Bl. 4–9 cm lang; Bl.stiel 3–5 cm lang; sehr kräftig wachsend, Jahrestriebe bis 8 m lang, weniger verholzend; VII–X. Sg/L – Nhg-4 (W-China). (*Bilderdýkia aubértii* (L. HENRY) MOLDENKE).
Chinesischer K., *P. aubértii* L. HENRY

3. *Muehlenbéckia* MEISSN.

Kleine aufrechte oder kletternde Sträucher, oft niederliegend; Bl. wechselst., meist klein, gestielt; Bltn. klein, grünl. bis weißl., z. T. zweihäusig, Perianth (Bltn.hülle) tief 5lappig, Stbl. 8; Fr. 3kantiges Nüßchen, von fleischig werdendem Perianth umgeben *(20/4)*. Etwa 15 Arten in Australien und Südamerika.

1. Junge Zw. fein behaart, fadendünn; Bl. eif. bis rund, 3–8 mm lang, kahl; Bltn. klein, grünl., zu 1–2 in Bl.achseln; V–VI. Sz ∧ – Ahg-8. ***M. axilláris*** (HOOK. f.) WALP.

– Junge Zw. warzig; Bl. sehr variabel in Größe und Gestalt (z. T. an derselben Pfl.), eif. bis verkehrt-eif. oder kreisrund, etwas zugespitzt, 4–20 mm lang, kahl; Bltn. grünl.weiß, in achsel- oder endst. Ähren, oft nur 2–3 Bltn.; V–VI. Sz/Sk ∧ ∧ – Ah-8.
M. compléxa (A. CUNN.) MEISSN.

Ordnung: *Plumbagináles*

21. Familie: *Plumbagináceae,* Grasnelkengewächse

Sträucher, häufiger Halbsträucher und Stauden; Bl. wechselst., ungeteilt, ganzrandig; Bltnst. ährig, kopfig oder rispig, Bltn. 5zählig, zwittrig, K. oft trockenhäutig, gefärbt und bleibend, K.röhre längs gefaltet; Fr. eine Kapsel oder Nuß. – Ca. 12 Gattungen mit 450 Arten, meist Halophyten (Salzpflanzen).

Ceratostígma BUNGE, Hornnarbe

Bl. gewimpert; Triebe kantig; Bltn. in achsel- oder endst. Büscheln, Kr. tellerf. mit langer Röhre, Gr. mit 5 hornartig gebogenen Narbenästen; Fr. eine vom K. umhüllte Kapsel *(21/2)*. Etwa 8 Arten in Afrika und Asien.

1. Durch unterirdische Ausläufer sich ausbreitend; Bl. verkehrt-eif., lang keilf. *(21/1)*, fast sitzend, 3–7 cm lang, obersts. sattgrün, untersts. graugrün, im Spätsommer und Herbst sich leuchtend rotbraun verfärbend; Bltn. etwa 2 cm ∅, tiefblau; IX–X. HS – Ns/a-4. (*Plumbágo larpéntae* LINDL.).
Kriechende H., *C. plumbaginoídes* BUNGE

– Aufrecht wachsend; Bl. lanzettl., sitzend, 3–5 cm lang, beidersts. striegelhaarig; Bltn. blau mit rosa Röhre, Bltn.büschel von steifen, lanzettl. Hochbl. umgeben; VIII–X. Sk ∧ – Ng-4 (SW-China, SO-Tibet). **Willmotts H., *C. willmottiánum*** STAPF

21/1

Ceratostigma plumbaginoides

21/2

C. plumbaginoides, Frucht

Unterklasse: ***Amentíferae***

Ordnung: ***Trochodendráles,*** Radbaumartige

22. Familie: ***Trochodendráceae,*** **Radbaumgewächse**

Monotypische Familie.

Trochodéndron SIEB. & ZUCC., **Radbaum**

Immergrüner Baum; Bl. wechselst., einfach, lederig, kahl, an den Zw.enden stehend, verkehrt-eif. bis rhombisch-eif., 6–12 cm lang, 2–7 cm breit, stumpf oder zugespitzt, am Grunde abgerundet bis keilf., 3–7 cm lang gestielt, obersts. dunkelgrün, glänzend, untersts. heller *(22/1)*, Stipeln fehlend; Bltn. in endst., schwach verzweigten Rispen oder Trauben, zwittrig, Bltn.hülle fehlend, Stbl. zahlreich, Frbl. 5–10, seitl. miteinander verwachsen; Fr. 7–10 mm ∅, vielsamig *(22/2)*; V–VI. Sg # ㊍ ∧ – Mhg-4 (Japan, Korea). ***T. aralioídes*** SIEB. & ZUCC.

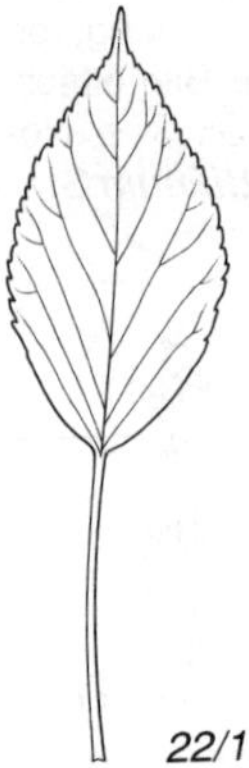

22/1

Trochodendron aralioides

22/2

T. aralioides, Frucht

23. Familie: ***Tetracentráceae***

Monotypische Familie.

Tetracéntron OLIV.

Sommergrüner Baum; Bl. wechselst., einfach, eif. bis elliptisch; 7–12 cm lang, zugespitzt, gleichmäßig stumpf gesägt, handnervig, am Grunde schwach herzf., lang gestielt *(23/1)*, Stipeln scheidig mit dem Bl.stiel verwachsen; Bltn. klein, zwittrig, gelblich, 4zählige, sitzende Blütenknäuel zu 8–16 cm langen, dünnen kätzchenartigen Ähren vereinigt, 4zählig, Bltn.hülle einfach, Tepalen eif., Stbl. vor den Tepalen stehend, Frbl. seitl. miteinander verwachsen; Fr.kapsel 4 mm groß *(23/2)*, mehrsamig, sich fachspaltig öffnend; VI–VII. Bk – NGh-4 (SW-China). ***T. sinénse*** OLIV.

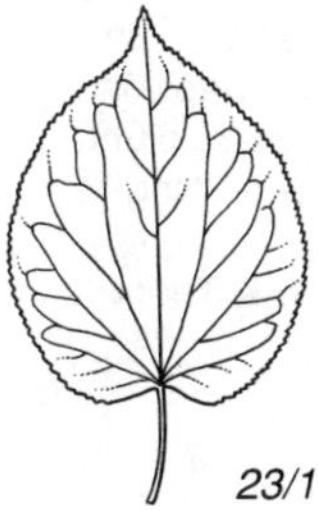

23/1

Tetracentron sinense

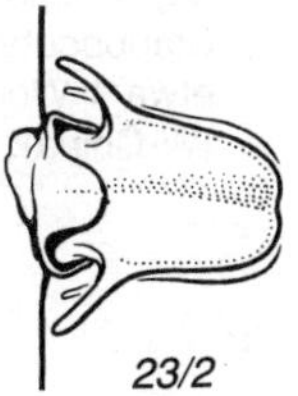

23/2

T. sinense, Frucht

24. Familie: ***Eupteleáceae***

Einzige Gattung:

Euptélea SIEB. & ZUCC.

Sommergrüne Holzgewächse mit wechselst., einfachen, gestielten Bl., ohne Stipeln; Bltn. vor dem Laubaustrieb erscheinend, einzeln in der Achsel der Knospenschuppen stehend, zwittrig, Bltn.hülle fehlend, Stbl. 8–12, Frbl. 8–20, frei, zu 1(–3)samigen, asymmetrischen, geflügelten Nüßchen heranreifend; oft erst im Spätwinter abfallend (Wintersteher). 3 Arten in Ostasien.

1. Bl. eirundl., allmählich zugespitzt, 6–10 cm lang, unregelmäßig gezähnt, mit einigen größeren Zähnen, untersts. hellgrün *(24/1)*, Staubbeutel rot; Frch. 10–20, 1–1,5 cm lang *(24/2)*; III–IV. Sg/Bk – Nhg-4 (Japan).
Vielmännige E., *E. polyándra* SIEB. & ZUCC.

– Bl. eirundl.–rundlich, plötzlich zugespitzt, 6–12 cm lang, ± unregelmäßig gezähnt, untersts. grau bis bläulichgrün, papillös; Staubbeutel orangerot; Frch. 8–15, 1,5–2 cm lang *(24/3)*; blüht etwa 1 Woche später als *E. polyándra*, III–IV. Sg/Bk – Nhg-4 (W-China). (*E. franchétii* VAN TIEGH.).
Franchets E., *E. pleiospérma* HOOK. f. & THOMS.

24/1

Euptelea polyandra

24/2

E. polyandra, Frucht

24/3

E. pleiosperma, Früchtchen

25. Familie: ***Cercidiphylláceae*, Kuchenbaumgewächse**

Einzige Gattung:

Cercidiphýllum SIEB. & ZUCC., **Kuchenbaum**

Sommergrüne Bäume; Sproßsystem in Lang- und stark gestauchte Kurztriebe gegliedert; Bl. einfach, handnervig, an Langtrieben gegenst., an Kurztrieben stets einzeln, Stipeln klein, fadenf., am Grunde miteinander und mit dem Bl.stiel verwachsen; Bltn. in Köpfchen am Ende der Kurztriebe, eingschl., zweihäusig verteilt, vor den Bl. erscheinend, Bltn.hülle fehlend, Stbl. 8–13, Antheren rot, Frbl. 1, Gr. mit langen, purpurroten Narbensäumen; Balgfr. mit zahlreichen, geflügelten Samen. 2 einander sehr ähnliche Arten in Ostasien.

1. Bl. 3–8 cm lang, fein und flach kerbig-gesägt *(25/1)*, Bl. an Langtrieben ± eif.-elliptisch, zur Spitze deutl. verschmälert, stumpf, Bl. der Kurztriebe rundl.-herzf. mit deutl. herzf. Grund; Fr. schwach gebogen, 1,5 cm lang; Samen 5–6,5 mm lang, einseitig geflügelt *(25/2)*; Bäume meist mehrstämmig; III–IV. Bm – Nh-4. ***C. japónicum*** SIEB. & ZUCC.

var. ***sinénse*** REHD. & WILS., meist nur einstämmig; Bl. untersts. auf den Adern behaart, Bl.stiel und Nerven gerötet.

– Bl. 7–10 cm lang, Bl.rand deutl. kerbig-gesägt, schwach gewellt, Bl. an Langtrieben ± herzf., an Kurztrieben fast kreisrund mit herzf. Grund *(25/4)*; Fr. bis 2,5 cm lang, stärker gebogen; Samen zweiseitig geflügelt, 6–7 mm lang *(25/3)*; blüht 2–3 Wochen später; IV. Bm – Nhg-4 (Japan). ***C. magníficum*** (NAKAI) NAKAI

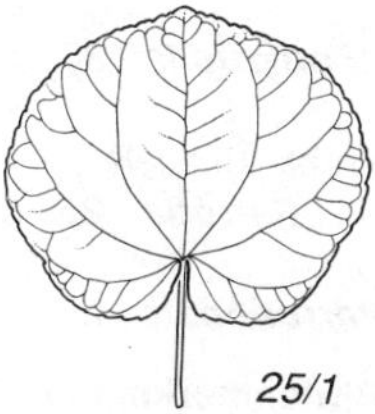

25/1

Cercidiphyllum japonicum, Kurztriebsblatt

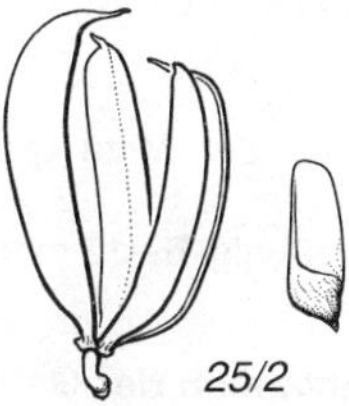

25/2

C. japonicum, Frucht und Samen

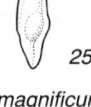

25/3

C. magnificum, Samen

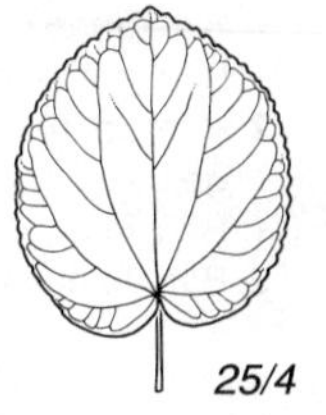

25/4

C. magnificum, Langtriebsblatt

Ordnung: ***Hamamelidales,*** Zaubernußartige

26. Familie: ***Hamamelidáceae,* Zaubernußgewächse**

Sommer- oder immergrüne Sträucher und Bäume; Bl. wechselst., einfach, seltener handförmig gelappt, Stipeln vorhanden; Bltn. in Trauben, Ähren oder Köpfchen, zwittrig oder eingschl., Pfl. einhäusig, Bltn.hülle meist doppelt, 4–5zählig, Krbl. zuw. fehlend, Stbl. 4–24, Staminodien bisweilen vorhanden, Frbl. 2, miteinander verwachsen, Frkn. meist oberst.; Fr. eine verholzte, 2fächerige Kapsel, sich 2–4klappig öffnend, Samen meist 2, längl.-elliptisch, glänzend. 29 Gattungen mit rund 100 Arten in Nord- und Mittelamerika, O- und S-Afrika, Malesien, W-Asien; Mannigfaltigkeitszentrum in Ostasien.

Schlüssel zur Bestimmung der Gattungen nach Blatt- und Knospenmerkmalen

1. Bl. handf., meist 5lappig, lang gestielt . . . . ***Liquidámbar*** 26–7
– Bl. einfach, nur ± gekerbt, gesägt oder ganzrandig **2**
2. Bl. mit 5–7 handf. vom Spreitengrund ausgehenden Nerven, Bl.stiel über 2 cm lang . . . . ***Disánthus*** 26–6
– Bl. fiedernervig, Bl.stiel unter 2 cm lang **3**
3. Bl. ± kerbig gezähnt, ohne eine deutliche Grannenspitze **5**
– Bl. ± scharf gezähnt, Zähne mit deutlicher, grannenartiger Spitze **4**
4. Bl. groß, 10–18 cm lang, fein und gleichmäßig gezähnt, Seitennerven zum Rand hin reich verzweigt . . . . . ***Sinowilsónia*** 26–3
– Bl. nur mittelgroß, 3–12 cm lang, buchtig gezähnt, Seitennerven nicht oder nur die oberen mit wenigen Verzweigungen . . . . . . ***Corylópsis*** 26–2
5 (3). Kn. nackt, ohne Kn.schuppen, dicht sternhaarig . . . . ***Hamamélis*** 26–3
– Kn. mit Kn.schuppen **6**
6. Kn. ungestielt . . . . ***Fothergílla*** 26–5
– Kn. gestielt **7**
7. Bl. längl.-eif., über der Mitte grob buchtig gekerbt, Bl.stiele 2–6 mm lang . . . . ***Parrótia*** 26–5
– Bl. rundl., ± spitzzähnig, 6–12 mm lang gestielt . . . . ***Parrotiópsis*** 26–6

Schlüssel zum Bestimmen der Gattungen nach Blütenmerkmalen

1. Bltn. ohne oder mit unscheinbaren Krbl. **4**
– Bltn. mit ± ansehnlichen Krbl. **2**
2. Bltn. in hängenden Ähren, die 5 Krbl. verkehrt-eif., genagelt, gelb . . . . ***Corylópsis*** 26–2
– Bltn. in 2- oder mehrbltg. Köpfchen, Krbl. schmal **3**
3. Bltn. 5zählig, in 2bltg. Köpfchen, Krbl. schmal, dunkelpurpurn . . ***Disánthus*** 26–6

– Bltn. 4zählig in mehrbltg. Köpfchen, Krbl. lang und schmal, gelb **Hamamélis** 26–3
4 (1). Bltn. eingschl., Pfl. einhäusig; ♂ Bltn. in endst. Ähren, ♀ Bltn. in langgestielten, hängenden, bl.achselst. Köpfchen . . . . **Liquidámbar** 26–7
– Bltn. vorwiegend ☿ 5
5. Bltn. mit 15–24 Stbl. 7
– Bltn. mit 5–14 Stbl. 6
6. Bltn. in kleinen Köpfchen, Kbl. 5–7, braunfilzig, wesentl. größer als die unscheinbaren, grünen Krbl., Staubbeutel rot. . . . . . . **Parrótia** 26–5
– Bltn. unscheinbar, in langen, schmalen, hängenden Ähren. . . . **Sinowilsónia** 26–3
7 (5). Bltn. in endst., dichten aufrechten Ähren, Stbl. 15–24, weiß, Staubfäden am Oberende verdickt . . . . **Fothergílla** 26–5
– Bltnst. köpfchenf., von 4–6 großen, anfangs weißen Hochbl. umgeben, Stbl. etwa 15, Staubfäden dünn . . . **Parrotiópsis** 26–6

1. *Corylópsis* Sieb. & Zucc., Blumenhasel

Sommergrüne Sträucher mit sternhaarigen Sprossen; Bl. einfach, deutlich fiedernervig, Spreitengrund ± schief, Stipeln hinfällig; Bltn. vor den Bl. erscheinend, zwittrig, gelb, in hängenden, achselst. Ähren, Bltnst. mit dünnen, konkaven Tragbl., die unteren meist vergrößert, Bltn.hülle doppelt, 5zählig, K. unscheinbar, bleibend, Krbl. 5, genagelt, Stbl. 5, Staminodien ebenfalls 5, Frkn. halboberst. bis oberst., Griffel bleibend, die Frucht dadurch gehörnt; Kapsel verholzt, sich 2–4klappig öffnend, 2samig. Etwa 12 Arten im Himalaja und in Ostasien.

1. Junge Zw. und Bl. gewöhnl. kahl 3
– Junge Zw., Bl.stiele und die Bl. untersts. behaart 2
2. Bl. eif. bis längl.-eif.; Ähren 4–5 cm lang, 10–18bltg., Staubbeutel gelb, Tragbl. locker silbrig-behaart; III–IV. Sg. – Nhw-4 (M-China). **Chinesische B., *C. sinénsis*** Hemsl.
– Bl. herz-eif. bis verkehrt-eif. *(26/1)*; Ähren 2–4 cm lang, 7–10bltg., Staubbeutel rotbraun, Tragbl. außen kahl; III–IV. Sk – Nhg-4 (Japan). **Ähren-B., *C. spicáta*** Sieb. & Zucc.
3 (1). K. und Tragbl. behaart, Bltn. primelgelb, in vielbltg. 2,5–5 cm langen Ähren; Bl. eif. bis längl.-eif., 5–12 cm lang, anfangs untersts. behaart, bald verkahlend; III–IV. Sk – Nhg-4 (W-China). **Veitchs B., *C. veitchiána*** Bean
– K. und Tragbl. außen kahl 4
4. Bltnst. 2–3bltg.; Bl. 3–7 cm lang, Zähne mit kurzen Borsten besetzt *(26/2)*; III–IV. Sk – Nhg-4 (Japan). **Armblütige B., *C. pauciflóra*** Sieb. & Zucc.
– Bltnst. mehr als 3bltg. 5

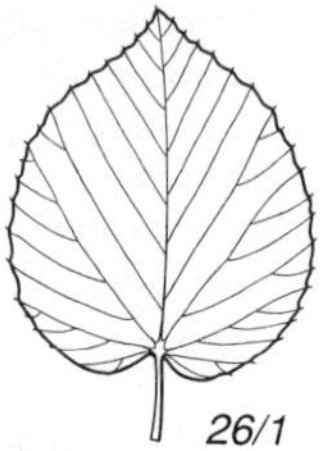

26/1

Corylopsis spicata

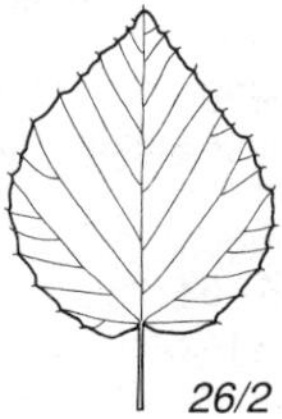

26/2

C. pauciflora

5. Bltn. blaßgelb, in dichten, vielbltg., 5–7 cm langen Ähren, Bltnst.achse zottig behaart, Krbl. 3–4 mm lang, Bl. eif. bis rundl.-eif., zugespitzt, 3–8 cm lang; III–IV. Sg – Nhg-4 (W-China). **Willmotts B., *C. willmóttiae*** REHD. & WILS.

– Bltn. hellgelb, in 2–3,5 cm langen Ähren, Bltst.achse ± kahl, Krbl. 7–8 mm lang; Bl. herz-eif., 3–8 cm lang, plötzl. zugespitzt; IV. Sg – Nhg-4 (Japan). **Kahle B., *C. glabréscens*** FRANCH. & SAV.

2. *Sinowilsónia* HEMSL.

Monotypische Gattung.

Sommergrüner, weit ausladender Strauch mit ± waagerechten Zw., Sprosse sternhaarig; Bl. breit-eif. bis elliptisch, kurz zugespitzt, am Grunde abgeschnitten, breit-keilf. bis schwach herzf., 10–18 cm lang, gleichmäßig fein grannig-gezähnt, anfangs beidseitig behaart, obersts. ± verkahlend, Bl.stiel ca. 1 cm lang, Stipeln linealisch, bis 2 cm lang und 3 mm breit, hinfällig *(26/3)*; Bltn. eingschl., Pfl. einhäusig, Ähren kätzchenartig, endst., die ♂ an beblätterten oder unbeblätterten seitl. Kurztrieben, 5–6 cm lang, Kbl. 5, Krbl. fehlend, Stbl. 5, ♀ Bltnst. stets an beblätterten Kurztrieben, 3–5 cm lang, zur Fr.reife bis 15 cm lang, Bltn. mit 5 Staminodien, Gr. frei; Kapsel verholzt, vom bleibenden Kelch umgeben, 2samig, sich 2–4klappig öffnend, Samen längl.-elliptisch, glänzend dunkelbraun; IV–V. Sg – Nhw-4 (M-China). ***S. hénryi*** HEMSL.

3. *Hamamélis* L., Zaubernuß

Sommergrüne Sträucher oder kleine Bäume mit sternhaarigen Sprossen; Winterkn. nackt, gestielt; Bl. buchtig gezähnt, kurz gestielt, Spreitenbasis schief, Stipeln groß, hinfällig; Bltn. in kurzgestielten achselst. Köpfchen, zwittrig, 4zählig, mit doppelter Bltn.hülle, K.lappen spreizend, außen dicht behaart, Krbl. bandförmig bis fädig, in der Knospe gerollt, Stbl. und Staminodien je 4; Kapsel stark verholzt, 2samig, sich meist 2klappig öffnend, Samen längl.-elliptisch, schwarz-glänzend. 6 Arten in Nordamerika und Ostasien.

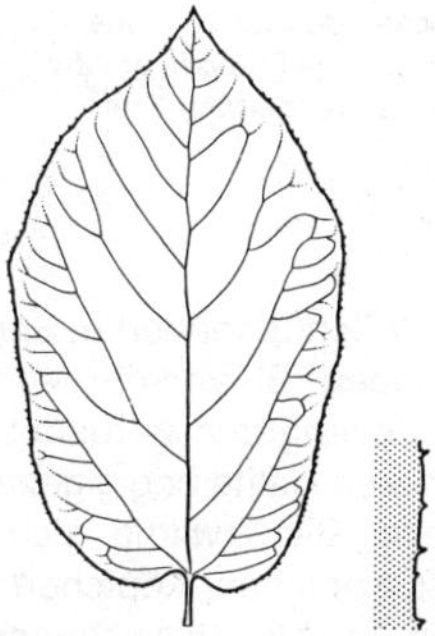

26/3

Sinowilsonia henryi

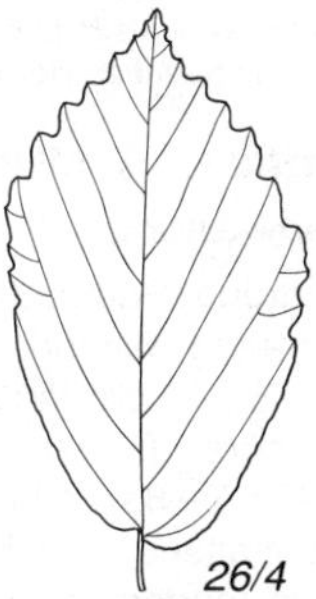

26/4

Hamamelis virginiana

1. Bl. beidseitig weichhaarig, untersts. dicht filzig, grau behaart, rundl.-verkehrteif., kurz zugespitzt, am Grund ± schief herzf., 8–16 cm lang, 6–12 cm breit, 5–10 mm lang gestielt; Kbl. gerade oder etwas zurückgeschlagen, außen graubraun, innen wie auch die Stbl. und Gr. weinrot, Krbl. 1,5–2 cm lang, goldgelb, an der Basis rötl.; I–III. Sg – Nhw-4 (M-China).

Chinesische Z., *H. móllis* OLIV.

'Brevipétala', Krbl. nur bis 1,5 cm lang, gelb, Bltnst. sehr dicht stehend.

– Bl. kahl oder doch bald verkahlend **2**

2. Bltn. im Herbst erscheinend, Krbl. rein gelb; Bl. untersts. grün, verkehrt-eif. bis elliptisch, kurz zugespitzt *(26/4)*; IX–X. Sg – Nh-2. **Virginische Z., *H. virginiána*** L.

– Bltn. im Spätwinter oder zeitigen Frühjahr erscheinend **3**

3. Pfl. mit Ausläufern; Bl. verkehrt-eilängl., 6–12 cm lang, untersts. schwach blaugrün, Mittelrippe etwas sternhaarig; Bltn. wenig auffällig, schwach duftend, Krbl. 1–1,5 cm lang, oft viel kürzer, gelb, ± orangerot getönt; II–III. Sk – Nw-2.

Frühlings-Z., *H. vernális* SARG.

– Pfl. ohne Ausläufer, größer; Bl. rundl.-eif., 5–10 cm lang, oben etwas zugespitzt oder stumpf, am Grunde abgerundet bis schwach herzf., untersts. hellgrün, bis auf die Nerven kahl; K. innen rötl. bis braunrot, K.zipfel oberhalb der Mitte zurückgeschlagen, Krbl. bis 2 cm lang, gelb, bis zum Verblühen geknittert bleibend, aber gestreckt; I–III. Sg – Nh-4 (Japan).

Japanische Z., *H. japónica* SIEB. & ZUCC.

var. ***flávo-purpuráscens*** (MAK.) REHD., Krbl. meist nur bis 1,5 cm lang, Basis rötlich.

'Zuccariniána', Krbl. zitronengelb, Kbl. innen grünl.

H.* × *intermédia REHD. (*H. japónica* × *móllis*), zwischen den Eltern stehend, starkwüchsiger als *H. japonica*; abgestorbene Bl. z. T. bis zum Frühjahr am Zw. haftend; in Kultur zahlreiche Formen mit goldgelben bis orangeroten Krbl.

4. *Parrótia* C. A. MEYER, Eisenholz

Monotypische Gattung.

Sommergrüner Baum; Stämme mit abblätternder Schuppenborke; Sprosse sternhaarig; Winterkn. gestielt, mit Kn.schuppen; Bl. verkehrt-eif. bis elliptisch, 6–10 cm lang, Spitze gerundet, Spreitengrund gerundet bis schwach herzf., Bl. beidseitig behaart, in der oberen Hälfte bogig gezähnt *(26/5)*, Stiel 2–6 mm lang, Stipeln groß, hinfällig; Bltn. zwittrig, sich vor den Bl. entfaltend, in dichten, meist 5bltg. endst. Köpfchen, Köpfchen von 1–1,5 cm langen, außen tiefbraun behaarten Hochbl. (Kn.schuppen!) umgeben, Kbl. 5–7, 1–1,5 mm lang, grün, an der Spitze braunfilzig, Krbl. fehlend, Stbl. 14, Staubfäden bis 1,5 cm lang hängend, Staubbeutel rot; Kapsel 2samig, sich 2- bis 4klappig öffnend, Samen längl.-elliptisch, hellbraun glänzend; Herbstfärbung leuchtend gelb, orange oder orangerot; III–IV. Bk – Nhw-3 (S-Kaspien). ***P. pérsica*** (DC.) C. A. MEYER

5. *Fothergílla* L., Federbuschstrauch, Flaschenbürstenstrauch

Sommergrüne Sträucher; Winterkn. mit sternhaarigen Kn.schuppen; Sprosse sternhaarig; Bl. verkehrt-eif. bis elliptisch, in der oberen Hälfte grob gezähnt, Stipeln vorhanden, hinfällig; Bltn. zwittrig, in endst., aufrechten Ähren, K. 5–7lappig, Krbl. fehlend, Stbl. ca. 24, Staubfäden weiß, oberwärts deutlich verdickt, Staubbeutel gelb; Kapsel 2samig, sich meist 2klappig öffnend, Samen glänzend-braun. 4 Arten im südöstl. N-Amerika.

1. Bl. verkehrt-eif. bis längl., 2–5 cm lang, obersts. sternhaarig; Bltn. vor den Bl. erscheinend, Ähren 2–3 cm lang; IV–V. Sk – Nhw-2. (*F. alnifólia* L. f.). **Erlenblättriger F., *F. gardénii*** MURR.

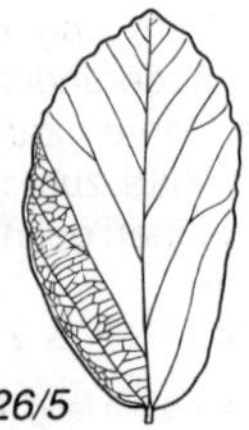

26/5

Parrotia persica

26/6

Fothergilla major

– Bl. 5–12 cm lang, obersts. kahl oder verkahlend; Bltn. mit den Bl. erscheinend, Ähren 3–6 cm lang **2**

2. Bl. untersts. blaugrün, ± sternhaarig, 5–10 mm lang gestielt *(26/6)*; V. Sg – Nhw-2. **Großer F., *F. májor*** (SIMS) LODD.

– Bl. untersts. grün, nur spärl. behaart, 8–15 mm lang gestielt; V. Sk – Nhw-2. **Berg-F., *F. monticola*** ASHE

6. *Parrotiópsis* (NIEDENZU) SCHNEID.

Monotypische Gattung.

Straff aufrechter, sommergrüner Strauch; Sprosse sternhaarig; Winterkn. gestielt, mit 2 Kn.schuppen; Bl. verkehrt-eif. bis rundl., 5–8 cm lang, deutl. gezähnt, anfangs beidseitig behaart, bis auf den 5–12 mm langen Bl.stiel und die Nerven untersts. ± verkahlend *(26/7)*, Stipeln eif., 3–5 mm lang, meist hinfällig; Bltn. zwittrig, mit den Bl. erscheinend, Köpfchen endst., mehrbltg., von mehreren weißen, 1,5–2 cm großen, untersts. ± dicht braun-sternhaarigen Hochbl. umgeben, K. unscheinbar, Krbl. fehlend, Stbl. 15; Fr. 2samig, sich 4klappig öffnend, Samen längl.-elliptisch, hellbraun-glänzend; IV–V. Sg ∧ – NG-4 (W-Himalaja).

P. jacquemontiána (DECNE.) REHD.

7. *Disánthus* MAXIM., Doppelblüte

Monotypische Gattung.

Sommergrüner, kahler Strauch; Winterkn. mit 5–6 Kn.schuppen; Bl. 5–6 cm lang gestielt, Spreite herzf. bis herzeif., 5–12 cm lang und mindestens ebenso breit, ganzrandig, kahl, obersts. blaugrün, untersts. heller *(26/8)*, Stipeln hinfällig; Bltn. zwittrig, dunkelrot, in 3–10 mm lang gestielten, paarigen achselst. Köpfchen, Bltn.hülle doppelt, 5zählig, K. mit kurzen zurückgebogenen Zipfeln, Krbl. lineal-lanzettl., geschwänzt, Stbl. 5, kürzer als der K., Frkn. oberst.; Kapsel mehrsamig, sich 4klappig öffnend, Samen längl.-elliptisch, schwarz-glänzend; X. Sk – Nhw-4 (Japan).

D. cercidifólius MAXIM.

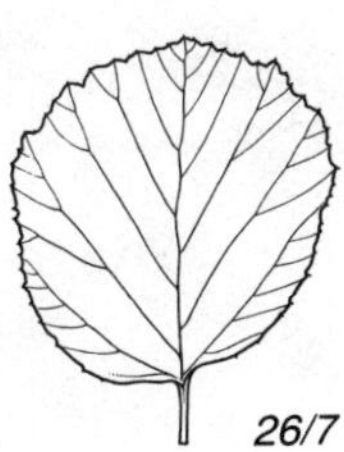

26/7

Parrotiopsis jacquemontiana

26/8

Disanthus cercidifolius

8. ***Liquidámbar*** L., **Amberbaum**

Sommergrüne Bäume; Winterkn. mit 5–6 Schuppen; Bl. lang gestielt, handf. gelappt, gesägt, Stipeln klein, hinfällig; Bltn. in getrenntgeschlechtigen Bltn.ständen, Pfl. einhäusig, ♂ Bltn. in traubig angeordneten Köpfchen, ohne Bltn.hülle, ♀ Bltn. ohne Krbl., in kugelf. Köpfchen; Fr.kapseln verholzt, im unteren Teil miteinander verwachsen, 1–2samig, sich 2klappig öffnend; Samen geflügelt. 6 Arten in N-Amerika, W- und O-Asien.

1. Bl. meist 5(–7)lappig, die Abschnitte längl.-3eckig, geschwänzt-zugespitzt, fein gesägt, Spreite 10–18 cm lang und breit, obersts. dunkelgrün, glänzend, kahl, untersts. mit Achselbärten, Stiel 6–12 cm lang *(26/9)*; Zw. oft mit unregelmäßigen, auffälligen Korkleisten; Frst. 3–3,5 cm ∅; V. Bk/m – Nw-2.
Amerikanischer A., *L. styraciflua* L.

– Bl. 5lappig, zumindest die 3 inneren Abschnitte nochmals mit (meist jedersts.) einem 3eckigen Lappen, kurz zugespitzt, Spreite 4–5 cm lang, 5–8 cm breit, beidseitig ganz kahl, nur schwach gesägt, Stiel 4–6 cm lang *(26/10)*; Frst. 2–2,5 cm ∅; IV–V. Bk ∧∧ – M/Nm-3 (S-Anatolien).
Orientalischer A., *L. orientális* MILL.

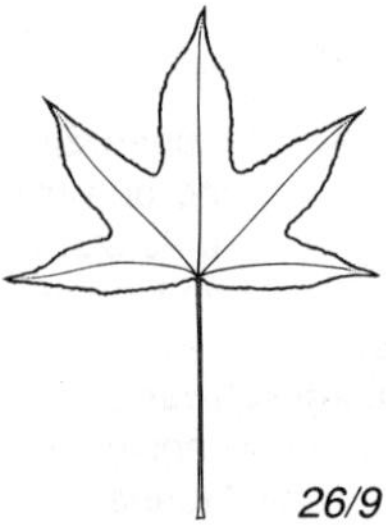

26/9

Liquidambar styraciflua

26/10

L. orientalis

27. Familie: ***Platanáceae*, Platanengewächse**

Einzige Gattung:

Plátanus L., **Platane**

Sommergrüne Bäume; Borke gelb-graubraun, sich in ± großen Platten lösend; Kn. mit nur 1 kappenf. Schuppe, anfangs in der Bl.stielbasis verborgen; Bl. wechselst., lang gestielt, 3–7lappig, lederig, handnervig, Stipeln verwachsen, den Zw. kragenartig umschließend; Bltn. unscheinbar, in eingschl. kugeligen Teilbltn.ständen, einhäusig verteilt, ♂ Bltn. mit kleiner Bltn.hülle und 3–4 Stbl., ♀ Bltn. mit 5–9 freien, oberst. Frbl., die zu am Grunde lang behaarten Nüßchen mit ± bleibendem Gr. *(27/2)* ausreifen; Frst. den Winter über am Baum bleibend. Je eine Art in Kleinasien und Indochina, 8 Arten in N-Amerika.

1. Fr.kugeln zu 3–6 in lockeren Ständen; Rinde sich in größeren Platten ablösend; Bl. 15–30 cm breit, tief 5–7lappig, Lappen länger als am Grunde breit, ganzrandig oder grob buchtig-gezähnt, stark kahlend; Nüßchen ± spitz-3eckig, Gr. bleibend; V. Bg. ∧ – Nw/Ms-3. **Morgenländische P., *P. orientális*** L.

– Fr.kugeln zu 1–2, selten zu 3 oder mehr **2**

2. Fr.kugeln meist zu 2, gelegentl. auch 3 oder mehr; Borke sich in größeren Platten ablösend; Bl. 12–25 cm breit, 3–5lappig, Lappen ± breit 3eckig, der mittlere etwa ebenso lang wie breit, Buchten spitz oder gerundet bis etwa ⅓ der Spreitenlänge reichend, Lappen ganzrandig oder wenig gezähnt, kahlend *(27/1)*; Nüßchen stumpfrundl., nur ein Gr.rest bleibend; Ursprung unbekannt, wird als Hybride *P. occidentális* × *orientális* angesehen (*P. hýbrida* Brot., *P.* × *acerifólia* (Ait.) Willd.); V. Bg. **Ahornbl. P., *P.* × *hispánica*** Münchh.

– Fr.kugeln gewöhnlich einzeln; Borke sich in kleinen Platten ablösend; Bl. 10–22 cm breit; 3-, seltener 5lappig, Lappen breit 3eckig, breiter als lang, ganz oder spärlich gezähnt, Buchten flach, untersts. auf den Nerven behaart bleibend; Nüßchen mit gestutzter oder stumpfer Spitze mit kurzem Griffel; V. Bg – Nw-2. **Amerikanische P., *P. occidentális*** L.

Platanus × *hispanica*

27/1

P. × *hispanica*, Frucht

27/2

Ordnung: ***Buxáles***

28. Familie: ***Daphniphylláceae***

Immergrüne Sträucher oder kleine Bäume; Bl. wechselst., z.T. gebüschelt in Scheinwirteln, ungeteilt, unterstс. meist blaugrün, ohne Stipeln; Blüten eingschl., Krbl. 3–6, frei, verwachsen oder fehlend, Stbl. 6–12, Frbl. 2(–4); 1samige Steinfr. Nur 1 Gattung mit etwa 35 Arten, überwiegend in Ostasien und dem malayischen Archipel.

1. ***Daphniphýllum*** Bl.

Immergrüner Strauch, sehr dicht verzweigt; junge Zw. kahl, blaugrün, oft rötlich; Bl. rhododendronartig, längl. bis schmal-eif., 8–20 cm lang, kahl, obersts. dunkelgrün, untersts. blaugrün, jedersts. mit 12–18 Seitenadern, Stiel 2,5–4 cm lang, oft rötlich wie die Mittelader; Bltn. klein, blaßgrün; Steinfr. schwarz, 1 cm lang; V–VI. Sg # ∧∧ – Mh-4.

D. macrópodum Miq.

29. Familie: ***Buxáceae,* Buchsbaumgewächse**

Sträucher oder Stauden, seltener Bäume; Bl. meist immergrün, gegenst., seltener wechselst., lederig, ganzrandig, ohne Stipeln; Bltn. eingeschl., seltener zwittrig, Kbl. 4–6, z.T. 4–12teilig, Krbl. fehlen, Stbl. 4–6 oder zahlreich, Frbl. 3; Fr. ist eine Kapsel oder Steinfr. oder Beere. 5 Gattungen mit etwa 60 Arten, Verbreitung in Extratropen.

1. Bl. gegenst.; Bltn. grünl., in achselst. Köpfchen, Fr. eine 3klappige Kapsel . . . . ***Búxus*** 29–1
– Bl. wechselst.; Bltn. weißl. od. rosaweiß **2**
2. Bl. ganzrandig; Bltn. in kurzen Trauben oder Knäueln; Fr. eine Beere . . . . ***Sarcocócca*** 29–2
– Bl. grob gezähnt; Bltn. in aufrechten Ähren; Fr. eine Kapsel oder Steinfr. . . . . ***Pachysándra*** 29–3

1. ***Búxus*** L., Buchsbaum

Immergrüne Sträucher oder kleine Bäume; Bl. gegenst., klein, kurzgestielt, lederartig; Bltn. eingeschl., unscheinbar, ♀ Bltn. im Bltn.st. endst., 6 Kbl. und 3 Gr., ♂ Bltn. achselst., 4 Kbl. und 4 Stbl.; Fr. eif. Kapsel, 3hörnig, fachspaltig aufspringend *(29/1).* Etwa 30 Arten.

1. Junge Zw. anfangs etwas behaart, später kahl, leicht vierkantig; Bl. elliptisch bis eif. oder längl., an der Bl.spitze eingekerbt, 1,2–2,5 cm lang, etwa halb so breit, obersts. dunkelgrün, untersts. heller, beidersts. glänzend, Bl.stiel sehr kurz, feinhaarig; Bltn. blaßgrün mit gelben Stbl., unscheinbar; IV–V. G! Sg/Bk # – Ns/Ms-3. **Gewöhnlicher B., *B. sempérvirens*** L.

In der Belaubung sehr variabel, viele Gartenformen, u.a.
'Suffruticósa', **Zwergbuchs,** niedrig bleibende Form, kaum über 1 m hoch werdend; Bl. eif., 1–2 cm lang; nur aus Kultur bekannt, sehr häufig als Weg- und Beeteinfassung gepflanzt.
'Angustifólia', Bl. schmal-längl., 2,5–3,5 cm lang.
'Bulláta', Bl. groß, bis 3,5 cm lang, bis 2 cm breit, breit eif. bis verkehrt-eif., blasig aufgetrieben.
'Handsworthénsis', Bl. groß, bis 4 cm lang, breit eirund, Bl.rand etwas kahnartig nach oben stehend.
'Myrtifólia', Bl. schmallängl. bis rhombisch, 6–18 mm lang, 4–8 mm breit; niedriger Wuchs, 1–1,2 m hoch werdend.
'Rotundifólia', Bl. rundl. bis breit eif., bis 2,5 cm lang, bis 1,5 cm breit.

29/1: Buxus sempervirens, Früchte

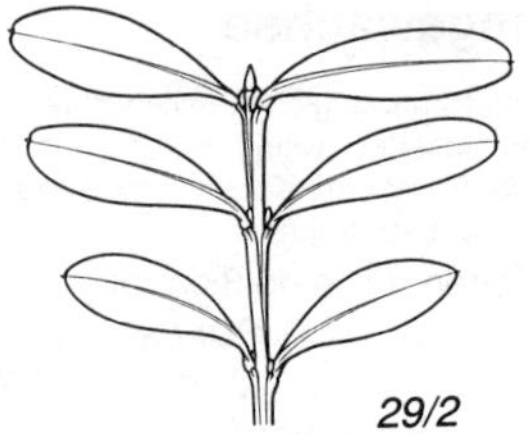

29/2

Buxus microphylla, Sproß mit Blättern

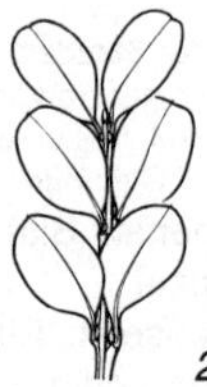

29/3

B. microphylla var. *japonica,* Sproß mit Blättern

– Junge Zw. kahl, scharf 4kantig; Bl. verkehrt-eif. bis lanzettl.-eif., 0,8–2,5 cm lang, 0,3–0,8 cm breit, Bl.spitze abgerundet oder etwas eingekerbt *(29/2),* Bl. sehr dünn, obersts. dunkelgrün, untersts. frischgrün; Bltn. an Zw.spitzen gedrängt; Wuchsform gedrungen, dicht- und feinzweigig; IV–V. Sz/Sk # – Nhg-4 (Japan). **Kleinblättriger B., *B. microphýlla*** Sieb. et Zucc.

var. ***japónica*** (Muell.-Arg.) Rehd. et Wils., **Japanischer B.,** Bl. verkehrt-eif. bis rundl. verkehrt-eif., 1–2 cm lang, fast ebenso breit, Bl.spitze deutl. eingekerbt, nur selten abgerundet *(29/3),* Bl. obersts. hellgrün, untersts. gelbl.grün, im Winter ± rostfarbig; Wuchsform sparrig; IV–V. Sk – Japan.

var. ***koreána*** Nakai, junge Zw. etwas behaart; Bl. 0,6–1,5 cm lang, obersts. auf Mittelader behaart; Wuchsform dichtzweigig, bis 0,6 m hoch werdend; Korea.

2. *Sarcocócca* Lindl., Fleischbeere

Immergrüne Sträucher; Bl. wechselst., gestielt, lederig; Bltn. eingschl., sehr klein, ♀ Bltn. unterhalb der ♂ Bltn. im Bltn.stand, ♀ Bltn. mit 4–6 Kbl. und 2–3 Gr., ♂ Bltn. mit 4 Kbl. und 4 Stbl.; eif. bis rundl. Steinfr. Etwa 15–20 Arten.

1. Bl. elliptisch-eif., 2,5–6 cm lang, 1,2–3 cm breit, lang zugespitzt, Basis der Bl.spreite breitkeilig oder abgerundet, Bl.rand leicht wellig, Bl. obersts. glänzend dunkelgrün, untersts. heller, kahl, Adernetz nicht sichtbar, Bl.stiel 3–6 mm lang; Bltn. milchig weiß, duftend; Fr. rundl., 6 mm ∅, karmesinfarben; Samen schwarz; II–III, selten schon ab XI. Sz # ∧∧ – Mh-4 (M-, SW-, S-China). **Mäusedornblättrige F., *S. ruscifólia*** Stapf

– Bl. schmal-elliptisch bis schmal-lanzettl., 3–8 cm lang, 1–2 cm breit, lang zugespitzt, Basis der Bl.spreite schmalkeilig, Bl.rand nicht gewellt, Bl. obersts. glänzend grün, kahl, untersts. heller, kahl, Adernetz deutlich hervortretend *(29/4),* Bl.stiel 6–8 mm lang; Bltn. weiß, stark duftend; Fr. rundl., 6 mm ∅, blauschwarz

Sarcococca humilis

29/4

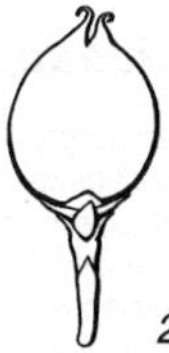

S. humilis, Frucht

29/5

(29/5); II–III, selten schon ab XI. Bl. G! (Alkaloide) Sz # ∧ – Nhg-4 (W-China). (*S. hookeriána* BAILL. var. *húmilis* REHD. et WILS.). **Niedrige F., *S. húmilis*** STAPF

3. ***Pachysándra*** MICHX.

Immergrüne oder wintergrüne kriechende Halbsträucher; Zw. schwach verholzend; Bl. wechselst., grob gezähnt, an Triebenden gehäuft; Bltn. eingschl., in aufrechten Ähren, ♂ Bltn. zahlreich mit 4 Kbl. und 4 Stbl., ♀ Bltn. nur wenige, an der Basis der Ähren, mit 4–6 Kbl. und 3 Gr.; Fr. ist eine 3hörnige Kapsel oder Steinfr. Etwa 5 Arten in Ostasien und dem östl. Nordamerika. Bl. enthalten Alkaloide. G!

1. Junge Zw. kahl; Bltn.ähren endst., 3–5 cm lang, Bltn. weiß; Bl. #, etwas lederig, verkehrt-eif., 5–8 cm lang, 1,5–3 cm breit, in der oberen Bl.hälfte beidersts. mit 1–3 groben Zähnen, Basis der Bl.spreite schmalkeilig, deutl. 3adrig, Bl. obersts. glänzend grün, Bl.stiel 1–2 cm lang; Fr. eine Steinfr.; IV–V. Sz # – Nh-4. **Japanische P., *P. terminális*** SIEB. et ZUCC.

'Variegáta', Bl. unregelmäßig weiß gerandet und gestreift.

– Junge Zw. fein behaart; Bltn.ähren an unbeblätterter Sproßbasis, aufrecht, 5–10 cm lang, Bltn. weißl.-bräunl.; Bl. wintergrün, breit-eif., verkehrt-eif. oder rhombisch, 5–8 cm lang, oft fast so breit, in der oberen Bl.hälfte sehr grob gezähnt, Basis der Bl.spreite breitkeilig, Bl.stiel 1,5–4 cm lang; Fr. eine Kapsel. III–V. Sz # – Nhw-2. **Amerikanische P., *P. procúmbens*** MICHX.

Ordnung: ***Fagáles***

30. Familie: ***Fagáceae*, Buchengewächse**

Bäume und Sträucher, sommergrün oder immergrün; Bl. wechselst., ganzrandig, gezähnt oder fiederspaltig; Bltn. meist eingschl., einhäusig, selten zweihäusig *(Nothofagus)*, selten zwittrig, Perigonbl. 4–7, oft unscheinbar, ♂ Bltn. mit 4–7(–40) Stbl., ♀ Bltn. mit 3, selten 6 *(Castanea)* Frbl., Bltn.stände kätzchenartig als Thyrsen *(Castanea)*, Ähren *(Quercus)* oder büschelartig als Dichasien *(Fagus, Nothofagus)*, anemogam, selten entomogam *(Castanea)*, ♀ Bltn.stände umschlossen von becherf., verholzender Achsenwucherung (Cupula); Fr. eine 1samige Nuß. 7 Gattungen mit etwa 800 Arten; Kosmopoliten (mit Ausnahme des tropischen und südl. Afrika).

1. ♂ Bltn. in verlängerten kätzchenartigen Thyrsen bzw. Ähren, Cupula nicht oder 4klappig aufreißend, 2 oder mehr Fr. **2**

– ♂ Bltn. in fast kugeligen, langgestielten Büscheln, Cupula 4klappig aufreißend, außen mit schmalen Hochbl. besetzt, 2 Fr. . **3**

2. ♂ Bltn. in Knäueln an aufrechten Thyrsen; Fr. zu 1–3 in einer mit Stacheln besetzten Cupula . . . . ***Castánea*** 30–1

– ♂ Bltn. einzeln in hängenden Ähren; Fr. einzeln in becherförmiger Cupula sitzend . . . . ***Quércus*** 30–5

3. Fr. von schuppiger Cupula umgeben; Bl. sehr klein . . . . ***Nothofágus*** 30–4

– Fr. von meist stacheliger Cupula umgeben; Bl. größer . . . . . . ***Fágus*** 30–2

1. ***Castánea*** MILL., **Kastanie**

Bäume mit rauher, netzartiger Borke, seltener hohe Sträucher; sommergrün; Bl. wechselst., an aufrechten Trieben schraubig, an abstehenden ± 2zeilig, Bl.rand meist grob gezähnt; ♂ Bltn. zu mehreren knäuelig in aufrechten Thyrsen angeordnet, Perigon 6spaltig, 8–12 Stbl., ♀ Bltn. einzeln oder zu 2–3 an eigenen Bltnst. oder an der Basis ♂ Bltnst., Perigon 5–8spaltig, Frkn. 6(5–8)fächrig mit 5–8 Narben, jedes Fach mit 2 Samenanlagen; Cupula stachlig, 4klappig oder unregelmäßig aufreißend, umschließt Fr. völlig, Fr. halbkugelig, braun, zugespitzt *(30/2)*; Bestäubung erfolgt durch Käfer. 12 Arten in der gemäßigten Zone der nördl. Hemisphäre.

1. Bl. kahl oder nur anfangs ± behaart **2**

– Bl. unterseits. filzig behaart oder zumindest auf den Hauptadern bleibend behaart **3**

2. Bl. schmal-längl., 15–25 cm lang, 5–6 cm breit, Bl.spitze und Basis der Bl.spreite spitz zulaufend, Bl.rand grob gezähnt, grannenartig *(30/1)*; Bl. obersts. mattgrün, untersts. hellgrün, stets kahl. Bg ⓚ – Nh-2. (*C. americána* RAF.).
Amerikanische K., *C. dentáta* (MARSH.) BURKH.

– Bl. längl., 12–23 cm lang, 5–9 cm breit, Bl.spitze lang auslaufend, Basis der Bl.spreite abgerundet bis leicht herzf., Bl.rand grob gezähnt, grannenartig, Bl. obersts. dunkelgrün, mattglän-

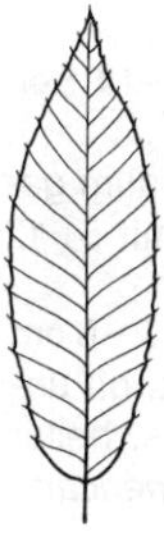

30/1

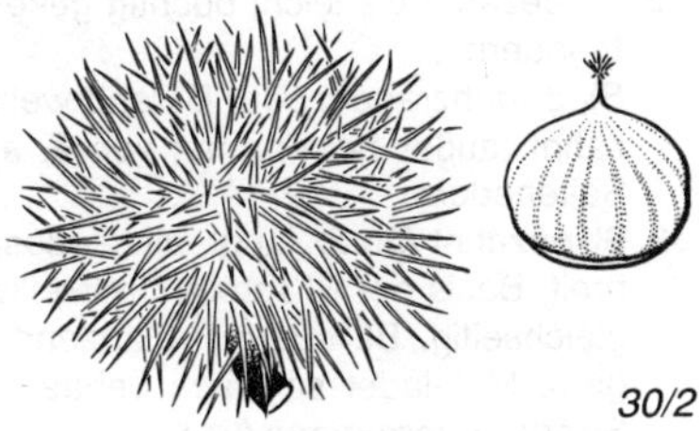

30/2

Castanea dentata — *C. sativa*, Cupula, Frucht

zend, unterstś. grün, nur anfangs ± behaart; VI–VII (Fr. IX–X). Bg Ⓚ – Nw-3. (*C. vésca* GAERTN.). **Eßbare K., *C. satíva*** MILL.

'Asplenifólia', Bl. lineal-lanzettl., 1,2 cm breit, sehr variabel in Form und Länge, unregelmäßig gezähnt.

3. Bl. längl.-eif. bis verkehrt-eif., 8–13 cm lang, 3–5 cm breit, Basis der Bl.spreite keilf. bis rundl., Bl.rand grob gezähnt mit borstigen abstehenden Zähnen, Bl. oberstś. dunkelgrün, unterstś. bleibend grauweiß filzig behaart. Sg/Bk/Bm – Nw-2. **Chinquapin, *C. púmila*** (L.) MILL.

– Bl. längl.-lanzettl., lang zugespitzt, 8–18 cm lang, 3–5 cm breit, Basis der Bl.spreite herzf.-rundl., Bl.rand gezähnt, Zähne oft borstig, Bl. oberstś. glänzend dunkelgrün, unterstś. anfangs graufilzig, später zumindest auf Hauptadern bleibend behaart. Sg/Bk – Nh-4. **Japanische K., *C. crenáta*** SIEB. et ZUCC.

2. *Fágus* L., Buche

Bäume mit glatter Rinde; Bl. wechselst., an aufrechten Trieben schraubig, an abstehenden ± 2zeilig, ganzrandig, leicht buchtig gekerbt, wellig gebuchtet oder fein gezähnt; ♂ Bltn. mit 5–7spaltigem Perigon und 4–15 Stbl. in hängenden dichten Büscheln, ♀ Bltn. mit 6spaltigem, haarigem Perigon und 3fächerigem Frkn. in aufrechten 2bltg. Dichasien; die Cupula ist 4klappig und umschließt 2 Fr. *(30/6)*. 10 Arten in der gemäßigten Zone der nördl. Hemisphäre.

1. Bl. unterstś. blaugrün, elliptisch-eif., 5–10 cm lang, 2,5–5,5 cm breit, jederstś. mit 10–14 Seitenadern, Bl. unterstś. auf Adern behaart, Bl.rand etwas wellig, Bl.stiel 6–12 mm lang; häufig mehrstämmig. Bm – Nh-4 (SW-, M-, O-China). **Englers B., *F. engleriána*** SEEM.

– Bl. unterststs. nicht blaugrün **2**

2. Bl. gezähnt bis leicht buchtig gekerbt, jedersts. mit 10–14 Seitenadern **3**

– Bl. ± ganzrandig oder Bl.rand wellig gebuchtet, aber kaum gezähnt (außer bei Formen von *F. sylvática*), jedersts. mit 5–12 Seitenadern **4**

3. Bl. gezähnt *(30/3)*, längl.-eif., zugespitzt, 5–12 cm lang, 2–6 cm breit, Basis der Bl.spreite breitkeilig bis schwach herzf., oft ungleichseitig, Bl. obersts. glänzend dunkelgrün, untersts. heller grün, Mittelader schwach behaart. Bg – Nh-2. (*F. americána* Sweet, *F. ferrugínea* Ait.).
Amerikanische B., *F. grandifólia* Ehrh.

– Bl. buchtig gekerbt bis fast ganzrandig, breit eif., zugespitzt, 5–10 cm lang, 2,5–4,5 cm breit, Basis der Bl.spreite keilig bis abgerundet, Bl. obersts. mattgrün, untersts. gelbl.grün, Mittelader schwach behaart, sonst ± kahl; häufig mehrstämmig. Bg – Nhg-4 (Japan). **Japanische B., *F. japónica*** Maxim.

4. Bl. elliptisch-verkehrt-eif. *(30/4)*, jedersts. mit 8–12 Seitenadern, 6–11 cm lang, 3–5 cm breit, Basis der Bl.spreite abgerundet, oft schief, Bl.rand stark wellig-buchtig, Bl. obersts. glänzend dunkelgrün, untersts. heller, Hauptadern untersts. und Bl.stiel seidig behaart. Bg – Nh-3 (Vorderasien).
Orient-B., *F. orientális* Lipsky

– Bl. eif. *(30/5)*, jedersts. mit 5–9 Seitenadern, 5–10 cm lang, 4–7 cm breit, Basis der Bl.spreite keilförmig bis abgerundet, oft schief, Bl.rand ± wellig-buchtig bis leicht gekerbt, Bl. beidersts. grün, Hauptadern untersts. und Bl.stiel nur schwach behaart; Cupula 4klappig, stachelig; Fr. (Buchecker) 3kantig, Seitenwände konkav *(30/6)*. Bg – Nh-3. **Rotbuche, *F. sylvática*** L.

Viele Cultivare und Formen, u. a.

'Dáwyck' Hesse, **Säulen-B.,** Wuchs säulenf. bis schmal kegelf.; ähnliche Wuchsformen als *'Fastigiáta'* bezeichnet. Bg.

'Péndula', **Hänge-** oder **Trauer-B.,** Äste bogig abwärts gerichtet; Zw. herabhängend.

'Bornyénsis' Simon-Louis, **Hänge-B.,** aufrechter Stamm, breit säulenf.; Äste gleichmäßig bogig herabhängend.

'Purpúrea Péndula', **Hänge-** oder **Trauer-Blut-B.,** schwachwüchsige Zwergform; Zw. bogig herabhängend; Bl. purpurn.

var. ***suenteléensis*** Schelle *('Tortuósa')*, **Süntel-B.,** Äste und Zw. knickwüchsig bis schlangenf. gewunden, Zw.spitzen herabhängend.

'Laciniáta', **Farnblättrige B.,** Bl. ± schmal-elliptisch bis ± fiederspaltig, ähnlich *'Asplenifólia'* und *'Quercifólia'*.

'Cristáta', **Hahnenkamm-B.,** Bl. zusammengedrängt, hahnenkammartig gekraust und gelappt.

'Rohánii', Bl. monströs zerschlitzt und gelappt, braunpurpurn.

f. *purpúrea* (Ait.) Schneid. *('Atropunícea')*, **Blut-B.,** von der Rotbuche durch die ± purpur-, dunkel- bis schwarzrote Färbung der Bl. unterschieden.

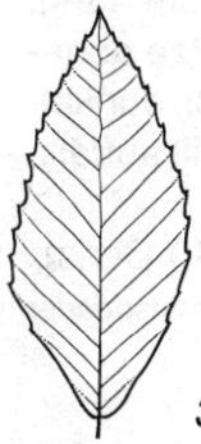

30/3

Fagus grandifolia

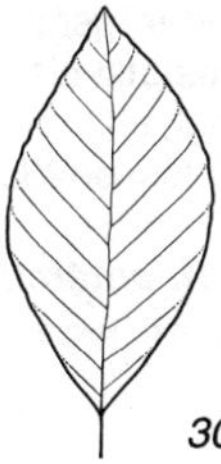

30/4

F. orientalis

30/5

F. sylvatica

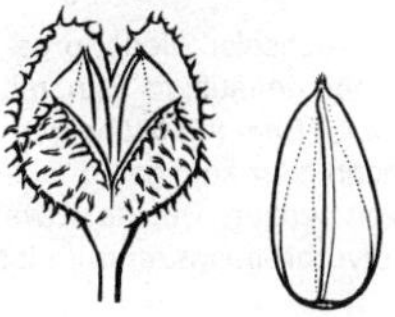

30/6

F. sylvatica, Cupula mit Früchten, Frucht

'Purpúrea Trícolor', Bl. schmaler als normal, ± purpurn mit unregelmäßig rosa gefärbten Rändern.
'Zlátia', **Gold-B.**, Bl. anfangs gelb, allmählich ergrünend, im Herbst leuchtend gelb.

3. *Nothofágus* Bl., Südbuche

Immergrüne oder sommergrüne Bäume, selten Sträucher; Bl. wechselst., sehr klein, dicht gedrängt und kurz gestielt; ♂ Bltn. einzeln oder zu 2–3, sitzend oder kurz gestielt; ♀ Bltn. meist zu 3, aus jeder entwickelt sich eine Fr., Cupula mit Schuppen besetzt. Etwa 45 Arten in der gemäßigten Zone der südl. Hemisphäre (Australien, Neuseeland, Südamerika) oder in den Tropen (Neuguinea, Neukaledonien).

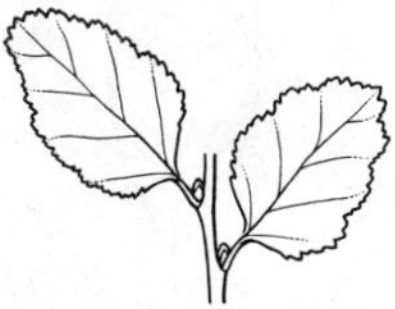

30/7

Nothofagus antarctica

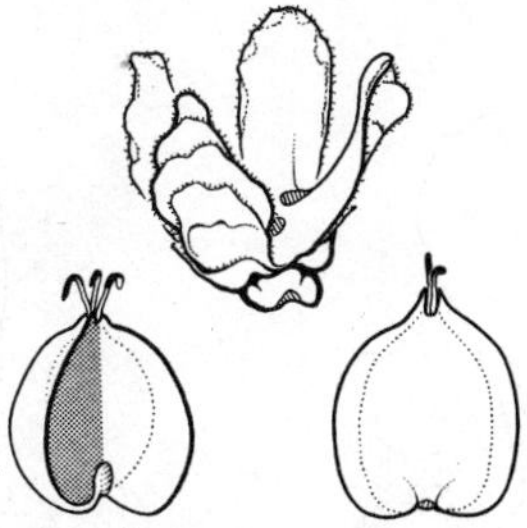

30/8

N. antarctica, Cupula und Früchte

Bl. auffällig 2zeilig und einander genähert, 1,5–3 cm lang, breit-eif., Basis der Bl.spreite gestutzt bis herzf., Bl.spitze abgerundet, Bl.rand gekerbt bis gesägt, stark wellig *(30/7)*, Bl. dunkelgrün; Fr.becher tief 4teilig mit 3 Nüssen *(30/8)*; Borke mit auffälligen Lentizellenbändern. Bk Ⓚ – A-5.

N. antárctica (FORST. f.) OERST.

var. ***uliginósa*** A. DC., Bl. beidsts. mit kurzer, feiner aufrechtstehender Behaarung.

4. *Quércus* L., Eiche

Sommergrüne oder immergrüne Bäume, seltener Sträucher; Bl. wechselst., fiederig gelappt, selten ganzrandig oder gezähnt; Kn. am Ende von Langtrieben gehäuft; ♂ Bltn. mit 6–8teiligem Perigon und 6–10 Stbl., einzeln in hängenden Ähren, ♀ Bltn. mit 6zähnigem Perigon und 3fächerigem Frkn., einzeln oder zu 1–5 in ährenartigen oder kopfigen ± aufrechten Bltn.ständen; Fr. eine eif. oder rundl. Nuß, ± umgeben von becherf. Cupula. Etwa 600 Arten in der gemäßigten Zone der nördl. Hemisphäre, Hauptverbreitungszentrum ist Nordamerika.

1. Bl. ganzrandig oder ± gleichmäßig gezähnt, nur ausnahmsweise auch etwas gelappt **2**

– Bl. fiederig gelappt, Bl.hälften meist ± asymmetrisch **9**

2. Bl. stets ganzrandig, z. T. etwas gelappt **3**

– Bl.rand gezähnt **5**

3. Bl. verkehrteif.-rautenf., z. T. auch längl.-eif., sehr variabel, ganzrandig bis leicht gelappt, Basis der Bl.spreite keilf. *(30/9)*, Bl. 4–10 cm lang, 1,5–5 cm breit, Bl. beidersts. blaßgrün, kahl, untersts. Achselbärte, Bl.stiel 3–6 mm lang; Fr. meist einzeln, eif., 1–1,5 cm lang, zu einem Drittel vom Becher umgeben. Bg ∧ – Nhw/Mh-2. (*Q. aquática* WALT.). **Wasser-E., *Q. nígra*** L.

– Bl. schmal-lanzettl. bis längl.-eif. **4**

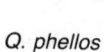

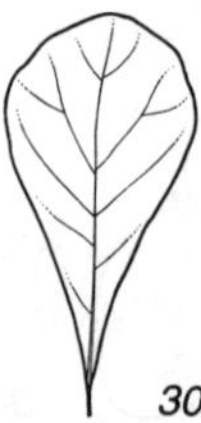

30/9

Quercus nigra

30/10

Q. phellos

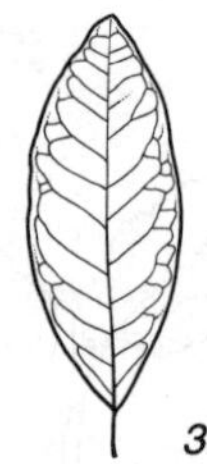

30/11

Q. imbricaria

30/12

30/13

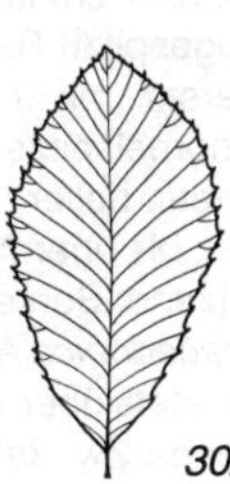

30/14

Quercus acutissima *Q. libani* *Q. pontica*

4. Bl. schmal-lanzettl. (weidenartig), Bl.spitze und Basis der Bl.spreite ± gleichmäßig zugespitzt, 5–12 cm lang, 1–2,5 cm breit *(30/10)*, Bl. obersts. glänzend grün, untersts. hellgrün, anfangs behaart, später kahl; Fr. etwa 1 cm lang, auf flachem, kurzgestieltem Becher sitzend. Bg Ⓚ – Nw-2.

Weiden-E., *Q. phéllos* L.

– Bl. schmal-oval bis längl.-eif., Bl.spitze und Basis der Bl.spreite zugespitzt, 10–18 cm lang, 3–8 cm breit *(30/11)*, Bl. obersts. glänzend dunkelgrün, untersts. blaßgrün und etwas behaart; Fr. einzeln, etwa 1 cm lang, fast bis zur Hälfte vom Becher umgeben, kurz gestielt. Bg – Nw-2.

Schindel-E., *Q. imbricária* Michx.

5. Bl.zähne mit kurzer borstiger Granne **6**

– Bl.zähne ohne borstige Granne, höchstens mit kurzer Knorpelspitze **7**

6. Bl. längl.-lanzettl., 8–18 cm lang, 3–6 cm breit, Basis der Bl.spreite breitkeilig bis abgerundet, jedersts. mit 12–16 ± parallelen Seitenadern, die in Bl.zähne münden, an diesen 5 mm lange Grannen *(30/12)*, Bl. obersts. glänzend grün, untersts. hellgrün, Bl.stiel 1,5–3 cm lang; Fr. sitzend, zu ⅔ von halbkugeligem Becher eingeschlossen. Bm – N-4. (*Q. serráta* Sieb. et Zucc., non Thunb.).

Seidenraupen-E., *Q. acutíssima* Carruthers

– Bl. längl.-lanzettl., 5–10 cm lang, 1,5–3 cm breit, Basis der Bl.spreite rund, jedersts. mit 9–12 ± parallelen Seitenadern, die in Blattzähne münden, mit kurzer Granne *(30/13)*, Bl. obersts. dunkelgrün, untersts. heller, ± behaart, Bl.stiel 1–1,5 cm lang; Fr. 1–2, kurz gestielt, breit-eiförmig, bis 2,5 cm ∅, zu ⅔ in dicht beschupptem Becher eingeschlossen. Bk – Nsg-3 (Vorderasien). **Libanon-E., *Q. líbani*** Oliv.

var. ***angustifólia*** Dipp., Bl. schmaler, lanzettlich.

7. Bl. 3–7 cm lang, 1,5–3 cm breit, derb, längl.-eif., Bl.spitze kurz zugespitzt, Basis der Bl.spreite abgerundet bis leicht herzf., jedersts. mit 9–12 Seitenadern, die in einen kurzen Zahn mit Knorpelspitze münden, Bl. obersts. glänzend dunkelgrün, untersts. heller, anfangs sternhaarig, Bl.stiel 3–4 mm lang; Fr. 1, eif., bis über 3 cm lang, über ½ in großem, beschupptem Becher sitzend; Borke dick, korkig. Sg/Bk ∧ – Nsm-3 (SO-Europa). (*Q. macedónica* A. DC.). **Mazedonische E., *Q. trojána*** WEBB

– Bl. stets über 7 cm lang **8**

8. Junge Zw. kahl; Bl. breit-oval bis verkehrt-eif., 10–16 cm lang, 4,5–9 cm breit, Bl.spitze kurz zugespitzt, Basis der Bl.spreite abgerundet, oft etwas schief, jedersts. mit meist 16–17 parallelen Seitenadern, scharf gezähnt *(30/14)*, Bl. obersts. grün mit gelbl. Mittelader, untersts. blaugrün, auf den Hauptadern locker behaart, Bl.stiel 0,5–1,5 cm lang, gelb, anfangs schwach behaart, sonst kahl; Fr. eif., 2 cm lang, ½ vom Becher umgeben; Herbstfärbung dunkelgelb. Sg/Bk – Nhg-3 (Kaukasien). **Pontische E., *Q. póntica*** K. KOCH

– Junge Zw. filzig behaart; Bl. schmal-oval bis verkehrt-eif., 8–18 cm lang, 3–8 cm breit, Basis der Bl.spreite keilf. bis abgerundet, jedersts. mit 10–12 Seitenadern, kurze Knorpelzähne, Bl. obersts. dunkelgrün, untersts. heller, ± sternhaarig, Bl.stiel 1–2,5 cm lang, wollig behaart; Fr. 1–2(–5), eif., 2–3 cm lang, zu ⅓ bis ½ vom Becher umgeben. Bg – Nw-3 (Vorderasien). **Kastanienblättrige E., *Q. castaneifólia*** C. A. MEY.

9 (1). Bl.lappen mit längerer haarf. Granne, Bl.stiel meistens über 2 cm lang, Bl. im Herbst lebhaft scharlach- bis gelbrot (Roteichen) oder ± braun (Schwarzeichen und einige Hybrideichen) **26**

– Bl.lappen ohne Granne oder mit sehr kurzen, höchstens 1 mm langen Stachelspitzen **10**

10. Bl. untersts. stets behaart oder wenigstens auf den stärkeren Adern deutl. behaart (Lupe!) **11**

– Bl. untersts. sehr früh kahl werdend oder nur auf der Mittelader schwach behaart **24**

11. Kn. mit bleibenden fadenf. Stipeln *(30/15)*, Bl. längl.-oval, nach beiden Enden verschmälert, unregelmäßig und tief gelappt, jedersts. mit 4–9 Bl.lappen, die in eine Stachelspitze münden, 6–12 cm lang, 3–8 cm breit *(30/16)*, obersts. dunkelgrün mit Sternhaaren, untersts. mattgrün und behaart; junge Triebe kahl oder nur schwach behaart; Fr. 1, sitzend oder sehr kurzgestielt, Fr.becher mit pfriemlichen zurückgeschlagenen Schuppen umgeben. Bg – Ns-3. **Zerr-E., *Q. cérris*** L.

'Laciniáta', Bl. tief fiederspaltig, spitzlappig.

– Kn. ohne bleibende fadenf. Stipeln **12**

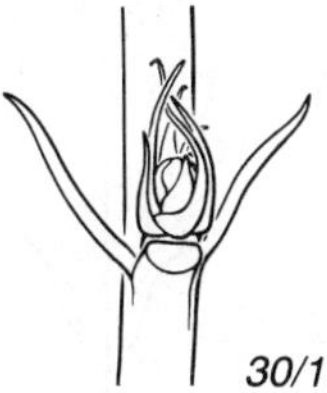

30/15

Quercus cerris, fädige Stipeln

30/16

Q. cerris

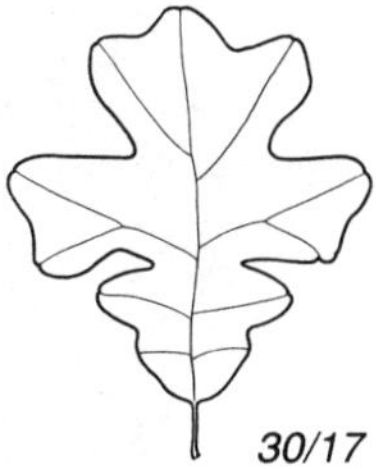

30/17

Q. stellata

12. Bl. jedersts. mit 4 oder mehr Bl.lappen **14**
– Bl. jedersts. mit 2–3(–4) Bl.lappen, der mittlere sehr viel größer **13**
13. Junge Zw. weich behaart, später kahl werdend; Bl. verkehrt-eif., 14–20 cm lang, unregelmäßig fiederig gelappt, jedersts. mit 3–4 Bl.lappen, an Bl.spitze meist 3lappig, obersts. dunkelgrün, kahl, untersts. weißfilzig bis weichhaarig; Fr. sitzend oder kurz gestielt, kugelig bis eif., 1,5–2,5 cm ∅, fast ganz im Becher eingeschlossen. Bg – Nw-2. **Leierblättrige E., *Q. lyráta*** WALT.
– Junge Zw. braunfilzig behaart; Bl. verkehrt-eif. mit jedersts. 2–3 großen stumpfen Bl.lappen, 10–20 cm lang, 8–13 cm breit *(30/17)*, obersts. dunkelgrün, rauh, untersts. graugrün mit Sternhaaren; Fr. 1–2, sitzend, breit-eif., 2–2,5 cm lang, ⅓ vom Becher umgeben. Bm – Nw-2. (*Q. mínor* (MARSH.) SARG.).
Pfahl-E., *Q. stelláta* WANGENH.
14 (12). Bl. auffällig tief gelappt, mittl. Bl.lappen ± parallelrandig . . **22**
– Bl. flach gelappt, Bl.lappen 3eckig bis rundl. **15**
15. Bl. ± wintergrün, jedersts. mit 4–6 abgerundeten Bl.lappen, die auffällig parallel zur Mittelader gerichtet sind, Bl. schmal-elliptisch bis verkehrt-eif., 6–12 cm lang, 2–4,5 cm breit, Basis der Bl.spreite stark verschmälert *(30/18)*, Bl. obersts. dunkelgrün, kahl, untersts. zumindest auf den Bl.adern behaart; Fr. gestielt, eif., etwa 2 cm lang, zur Hälfte vom filzigen Becher umgeben; vermutlich *Q. ílex* × *Q. róbur*. Bm ∧.
Wintergrüne E., *Q.* × *túrneri* WILLD. **'Pseudotúrneri'**
– Bl. nicht wintergrün, Bl.lappen nicht auffällig parallel zur Mittelader gerichtet **16**
16. Junge Zw. filzig behaart **20**
– Junge Zw. kahl oder nur anfangs behaart, später kahl werdend **17**
17. Bl. jedersts. mit 6–13 Seitenadern, unterer Teil der Bl.spreite nicht gelappt **18**

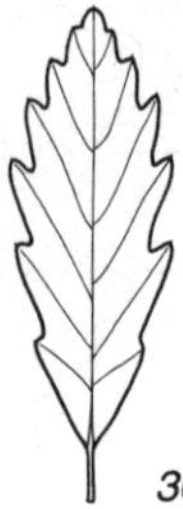

30/18

Quercus × turneri

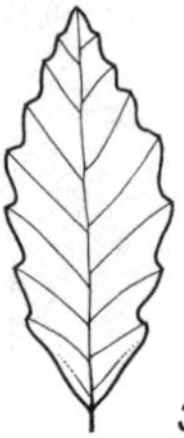

30/19

Q. muehlenbergii

30/20

Q. bicolor

– Bl. jedersts. mit 10–16 Seitenadern, unterer Teil der Bl.spreite ± gelappt **19**

18. Bl. schmal-elliptisch bis verkehrt-eif., 10–16 cm lang, zugespitzt, Basis der Bl.spreite keilf. bis abgerundet, jedersts. 8–13 Bl.lappen, mit kurzen Zähnen *(30/19)*, Bl. obersts. ± gelbgrün, untersts. weißfilzig, Bl.stiel 2–4 cm lang; Fr. 1, fast sitzend, breit-eif., 2 cm lang, etwa zur Hälfte vom Becher umgeben. Bm/Bg – N-2. **Gelb-E., *Q. muehlenbérgii*** ENGELM.

– Bl. verkehrt-eif., 8–18 cm lang, 4–10 cm breit, Basis der Bl.spreite spitz zulaufend, jedersts. 6–8 flache abgerundete Bl.lappen *(30/20)*, Bl. obersts. glänzend dunkelgrün, untersts. graugrün, samtartig bis weißgraufilzig, Mittelader und Bl.stiel gelbl., Bl.stiel 1–2 cm lang; Fr. 2, lang gestielt (5–8 cm), längl.-eif., zu einem Drittel vom Becher umgeben. Bm/Bg Ⓚ – N-2. (*Q. platanoídes* SUDW.). **Sumpf-Weiß-E., *Q. bícolor*** WILLD.

19. Bl. breit-verkehrt-eif., Basis der Bl.spreite spitzkeilig-rundl., Bl. 10–16 cm lang, 5–8 cm breit *(30/21)*, obersts. glänzend dunkelgrün, untersts. graufilzig-samtig, Bl.stiel 1,5–3,5 cm lang; Fr. sitzend bis kurz gestielt, 3–4 cm lang, zu einem Drittel vom Becher umgeben; Borke hell, schuppig ablösend. Bg – Nhw-2. (*Q. prínus* auct.). **Korb-E., *Q. michaū́xii*** NUTT.

– Bl. elliptisch-verkehrt-eif., Basis der Bl.spreite breitkeilig-rundl., Bl. 8–18 cm lang, 4–9 cm breit *(30/22)*, obersts. glänzend gelbgrün, untersts. heller, anfangs behaart, später meist kahl, Bl.stiel 1,5–3 cm lang; Fr. 1–2, sitzend bis kurz gestielt, eif., 3–3,5 cm lang, zu einem Drittel bis zur Hälfte von warzigem Becher umgeben; Borke dunkel, breit und tief gefurcht, nicht ablösend. Bg Ⓚ – Nh-2. (*Q. montána* WILLD.). **Kastanien-E., *Q. prínus*** L.

20 (16). Bl. meist 5–10 cm lang, 2,5–5 cm breit, meist verkehrt-eif. bis elliptisch, aber sehr variabel, jedersts. 4–8 abgerundete Bl.lappen *(30/23)*, obersts. dunkelgrün, anfangs grau behaart,

30/21

Quercus michauxii

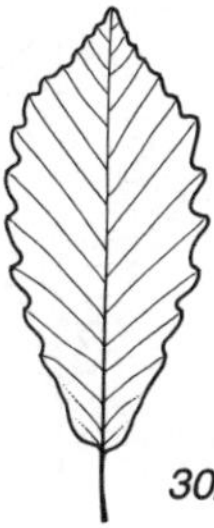

30/22

Q. prinus

30/23

Q. pubescens

später kahl, unterststs. graugrün filzig behaart, Bl.stiel 6–19 mm lang; Fr. 1–4, sitzend oder kurz gestielt, zur Hälfte vom Becher umgeben. Bm – Ns-3. (*Q. lanuginósa* THUILL.).

Flaum-E., *Q. pubéscens* WILLD.

Extreme Formen häufig auch als Hybriden gedeutet, z.B. *Q. petrǣa* × *Q. pubéscens.*

– Bl. meist über 10 cm lang **21**

21. Bl. 6–15 cm lang, 5–10 cm breit, verkehrt-eif., jederststs. mit 7–11 abgerundeten Bl.lappen *(30/24)*, oberststs. dunkelgrün, kahl, unterststs. graufilzig, Bl.stiel 12–16 mm lang; junge Zw. dick, stark graufilzig, erst im 2. Jahr allmählich kahl; Kn. mit bleibenden fadenf. Stipeln, behaart; Fr. 1–4, sitzend, 2 cm lang, zur Hälfte vom Becher umgeben. Bm – Ng-3 (Kaukasien).

Persische E., *Q. macranthéra* FISCH. et MEY.

– Bl. 10–30 cm lang, 6–18 cm breit, verkehrt-eif., jederststs. 5–9 abgerundete Bl.lappen oder nur wellig buchtig, oberststs. dunkelgrün, nur anfangs behaart, unterststs. gelbgrün, weichhaarig; junge Zw. sehr dick und graufilzig; Fr. meist in Büscheln, sitzend, eif., 2 cm lang, zur Hälfte vom Becher umgeben, Fr.becher am oberen Rand mit abstehenden, langen, fransenartigen Schuppen. Bm/Bg – N-4. (*Q. dǟimio* K. KOCH).

Japanische Kaiser-E., *Q. dentáta* THUNB.

22 (14). Bl.stiel 2–3 cm lang, Bl. 10–30 cm lang, 8–15 cm breit, verkehrt-eif., jederststs. 5–7 Bl.lappen, im mittleren Teil meist mit tiefen Buchten, Bl.größe und -gestalt sehr variabel *(30/25)*, Bl. oberststs. dunkelgrün, unterststs. hellgrün, mit Sternhaaren; junge Zw. dick, anfangs dicht behaart; Fr. fast sitzend, breit eif., 2–4 cm lang, zur Hälfte vom Becher umgeben, Fr.becher am oberen Rand mit langen, krausen, fransenartigen Schuppen. Bg – Ns-2.

Klettenfrüchtige E., *Q. macrocárpa* MICHX.

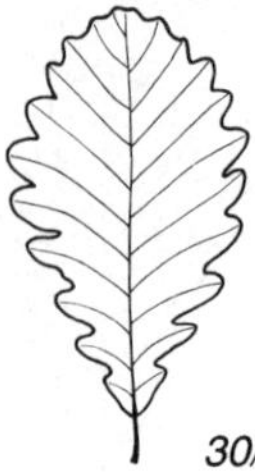

30/24

Quercus macranthera

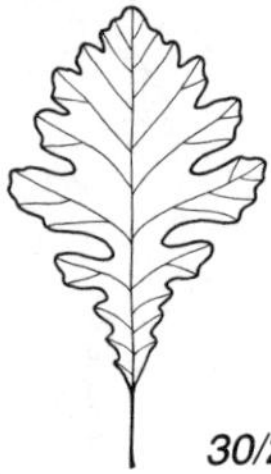

30/25

Q. macrocarpa

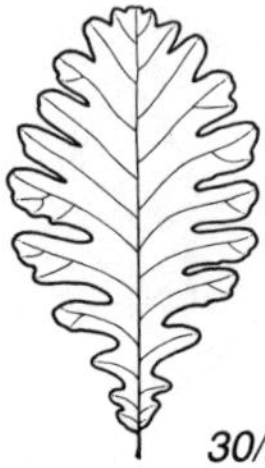

30/26

Q. frainetto

– Bl.stiel bis 1,5 cm lang **23**

23. Bl. verkehrt-eif., 8–20 cm lang, 4–12 cm breit, tief gelappt mit jedersts. 6–10 längl. Bl.lappen, jeweils meist wieder 3lappig und gezähnt, Basis der Bl.spreite geöhrt *(30/26)*, Bl. obersts. dunkelgrün, bald kahl, untersts. graugrün mit Sternhaaren, Bl.stiel 5–10 mm lang; junge Zw. nur anfangs behaart; Fr. 2–4, fast sitzend, eif., 1,2–1,9 cm lang, bis zur Hälfte vom Becher umgeben. Bg – Ns-3. (*Q. confèrta* Kit., *Q. hungárica* Hub.).

Ungarische E., *Q. frainétto* Ten.

– Bl. längl.-verkehrt-eif., 8–23 cm lang, 4–11 cm breit, sehr variabel, tief gelappt mit jedersts. 4–7 Bl.lappen, gezähnt, Basis der Bl.spreite keilf., rund bis geöhrt *(30/27)*, Bl. obersts. dunkelgrün bis graugrün, anfangs behaart, untersts. gelblich filzig behaart, Bl.stiel 6–15 mm lang; junge Zw. gelblich filzig; Fr. 2–4, 1–3 cm gestielt, eif., 1,5–3 cm lang, zur Hälfte vom Becher umgeben. Bm – Ns-3 (SW-Europa). (*Q. tóza* DC.).

Pyrenäen-E., *Q. pyrenáica* Willd.

'Pendula', Zw. hängend, Bl. schmaler.

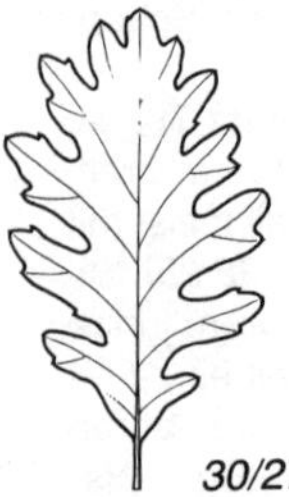

30/27

Quercus pyrenaica

30/28

Q. alba

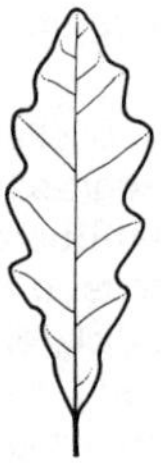

30/29

Q. alba 'Elongata'

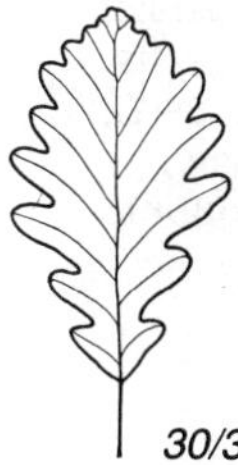

30/30

Quercus petraea

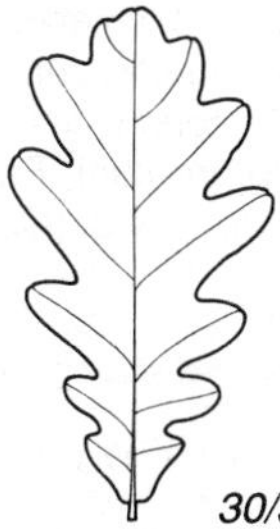

30/31

Q. robur

30/32

Q. robur, Frucht

24 (10). Bl. 12–23 cm lang, 6–12 cm breit, verkehrt-eif., jedersts. mit 3–4 Bl.lappen, Basis der Bl.spreite keilf. verschmälert *(30/28)*, Bl. in der Form sehr variabel, obersts. dunkelgrün, untersts. blaugrün, nur anfangs behaart; Borke hellgrau, plattenartig abblätternd; Fr. 1–2, sitzend oder kurz gestielt, etwa 2 cm lang. Bg ⓚ – N-2. **Weiß-E., *Q. álba*** L.

'Elongáta', Bl. schmaler, Bl.lappen ± löffelf. gewölbt *(30/29)*; Herbstfärbung purpurviolett.

f. *repánda* (Michx.) Trel., Bl.lappen ± dreieckig-eif., Bl.buchten flacher.

– Bl. kleiner, nur an Lohdentrieben über 14 cm lang; Borke dunkel, rissig, nicht abblätternd **25**

25. Bl.stiel 1–3 cm lang, Bl. schwach verkehrt-eif., 8–12 cm lang, kurz und rund gelappt, meist symmetrisch, Basis der Bl.spreite gestutzt bis breit keilf. *(30/30)*, Bl. obersts. glänzend grün, untersts. Mittelader und Seitenadern behaart; Fr. mehrere, 0–20 mm lang gestielt; meist regelmäßiger Kronenaufbau mit bis zum Wipfel durchgehender Stammachse. Bg – N-3. (*Q. séssilis* Ehrh., *Q. sessiliflóra* Salisb.).

Trauben-E., *Q. petrǣa* (Matt.) Liebl.

Viele Cultivare und Formen, u. a.

'Colúmna', säulenf., Bl. sehr schmal und lang, kaum gelappt.

'Péndula', Zw. hängend.

'Cochleáta', Bl. löffelartig gewölbt.

'Insecáta', Bl. der Frühjahrstriebe sehr lang und schmal, z.T. 20–25 cm lang, 2–3 cm breit, sehr unregelmäßig gelappt, oft fadenf., Bl. der Sommertriebe ± normal ausgebildet.

'Laciniáta', Bl. ± tief eingeschnitten gelappt.

'Mespilifólia', Bl. der Frühjahrstriebe lanzettl. bis schmal-längl., ± ganzrandig, Bl.spreite beidsts. zugespitzt, Bl. der Sommertriebe ± normal ausgebildet.

'Muscaviénsis', Bl. der Frühjahrstriebe schmal-längl., leicht gelappt; Bl. der Sommertriebe ± normal ausgebildet.

– Bl.stiel 2–8 mm lang, Bl. längl. bis verkehrt-eif., meist 5–10 cm lang, 2–6 cm breit, unregelmäßig rund gelappt mit jedersts. 3–6 Bl.lappen, Basis der Bl.spreite geöhrt *(30/31)*, Bl. obersts. dunkelgrün, untersts. graugrün, kahl; Fr. 1 bis mehrere, 5–12 cm lang gestielt (!) *(30/32)*. Bg – N-3. (*Q. pedunculáta* EHRH.). **Stiel-E., *Q. róbur*** L.

Sehr viele Cultivare, u. a.
'Fastigiáta', **Säulen-E.,** Wuchs schmal-säulenf., Seitenzw. aufrecht.
'Péndula', Seitenzw. herabhängend.
'Aspleniifólia', Bl. sehr schmal, unregelmäßig gelappt.
'Cucculláta', Bl. schmal, löffelförmig gewölbt.
'Pectináta', **Kamm-E.,** Bl. schmal und tief eingeschnitten.
'Filicifólia', Bl. schmal und noch tiefer (bis zur Mittelader) eingeschnitten, Bl.rand gekräuselt.
'Fennéssii', Bl. sehr vielgestaltig, z. T. lang und schmal, kaum oder nicht gelappt, z. T. tief eingeschnitten, aber nicht so regelmäßig wie bei *'Filicifólia'* (*'Heterophýlla'*).
'Argenteomarginata', Bl. klein, verkehrt-eif., Basis der Bl.spreite keilf., Bl.rand unregelmäßig, aber durchgehend weiß.
'Argenteovariegáta', Bl.form ± normal, Bl.spreite weißbunt gescheckt.
'Atropurpúrea', **Blut-E.,** junge Bl. purpurn, später bräunl.; Baum sehr langsam wachsend. Bk/Bm.
'Concórdia', **Gold-E.,** Bl.form normal, Bl.spreite goldgelb.
'Fürst Schwarzenberg', schwachwüchsig; Bl. der Frühjahrstriebe normal grün, Bl. der Sommertriebe zunächst fast ganz weiß, später grün mit weißen Flecken.

26 (9). Bl. stets fiederig gelappt **28**
– Bl. sowohl fiederig gelappt als auch fast oder völlig ganzrandig (oftmals am gleichen Zw.) **27**

27. Ganzrandige Bl. schmal-lanzettl. (weidenartig; vgl. *Q. phéllos* unter 4.), alle übrigen längl.-lanzettl., 6–12 cm lang, 3–4 cm breit, häufig asymmetrisch, jedersts. 1–3–5 Bl.lappen mit borstenf. Grannen oder Bl.rand wellig, Bl. obersts. glänzend grün, kahl, untersts. meist bis auf Achselbärte kahlend, Bl.stiel 4–15 mm lang. Bm/Bg. (*Q. palústris* × *Q. phéllos*, entstanden im Wörlitzer Park). ***Q.* × *schochiána*** DIECK
– Ganzrandige Bl. schmal-oval bis längl.-eif. (vgl. *Q. imbricária* unter 4–), alle übrigen breit-längl., Bl. 8–18 cm lang, 3–7 cm breit, Bl.hälften häufig asymmetrisch, Bl.rand wellig oder mit 1–3 Bl.lappen mit kleinen borstenf. Grannen, Bl. obersts. glänzend grün, untersts. locker sternhaarig, Basis der Bl.spreite abgerundet, Bl.stiel 15–20 mm lang. Bm/Bg. (*Q. imbricária* × *Q. velutína*). ***Q.* × *leána*** NUTT.

Weitere Hybriden, die gelegentlich anzutreffen sind:
Q. × *heterophýlla* MICHX. f. (= *Q. phéllos* × *Q. rúbra*).
Q. × *exácta* TREL. (= *Q. imbricária* × *Q. palústris*).

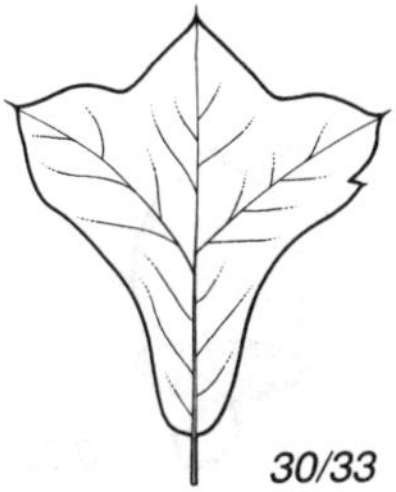

30/33

Quercus marilandica

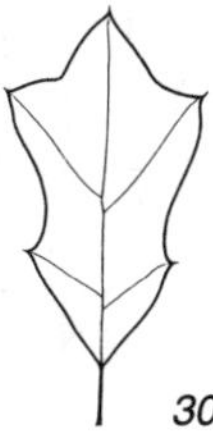

30/34

Q. ilicifolia

30/35

Q. velutina

28. Bl.lappen abgerundet oder stumpf, meist mit Grannen **29**

– Bl.lappen spitz, in eine Granne auslaufend **31**

29. Bl. breit-verkehrt-eif., im oberen Drittel 3–5lappig , Bl.lappen abgerundet, oft mit kurzen borstigen Grannen, Basis der Bl.spreite abgerundet *(30/33)*, Bl. 5–18 cm lang und im oberen Drittel ebenso breit, obersts. glänzend dunkelgrün, anfangs mit Sternhaaren, untersts. heller und braun behaart, Bl.stiel 6–13 mm lang; Fr. 1–2, an kurzem, dickem und behaartem Stiel, 2 cm lang, zu ⅓ bis ⅔ vom Becher umgeben. Bk – Nw-2.

Black Jack, *Q. marilándica* Muenchh.

Als Hybride gelegentlich anzutreffen:
Q. × ***búshii*** Sarg. (= *Q. marilándica* × *Q. velutína*) Ⓚ

– Bl. elliptisch bis verkehrt-eif., Bl.lappen stumpf **30**

30. Bl. 5–10 cm lang, 3–7 cm breit, jedersts. mit 2–3(–5) stumpfen Bl.lappen mit kurzer Granne, Bl.basis breit keilf. *(30/34)*, Bl. obersts. dunkelgrün, kahl, untersts. dicht weißgrau filzig behaart, Bl.stiel 6–15 mm lang; Fr. 1–2, kurz gestielt, eif., 1 cm lang, zur Hälfte vom Becher umgeben. Bk – N-2.

Busch-E., *Q. ilicifólia* Wangenh.

– Bl. 12–30 cm lang, 8–20 cm breit, jedersts. mit 3–4 stumpfen bis zugespitzten Bl.lappen mit Granne, meist tiefer gelappt *(30/35)*, obersts. glänzend dunkelgrün, untersts. blaßgrün, zerstreut behaart, vor allem in den Achselbärten; junge Zw. rostbraun filzig; Bast gelb; Fr. 1–2, kurz gestielt, eif., 2 cm lang, meist zur Hälfte vom Becher umgeben. Bg Ⓚ – N-2. (*Q. tinctória* Michx.).

Färber-E., *Q. velutína* Lam.

31. Bl. jedersts. mit 1–2 schmalen, sichelf. zurückgekrümmten Bl.lappen, Mittellappen stark verlängert *(30/36)*, Bl. 10–18 cm lang, 9–13 cm breit, obersts. glänzend dunkelgrün, untersts. graufilzig behaart, Bl.stiel 2–4 cm lang; junge Zw. rostbraun

30/36

Quercus falcata

30/37

Q. rubra

30/38

Q. rubra, Frucht

behaart; Fr. sehr kurz gestielt, fast kugelig, 1–1,5 cm ∅, Fr.becher sehr flach. Bg – Nw-2. (*Q. digitáta* SUDW.).
Sichelblättrige E., *Q. falcáta* MICHX.

– Bl. doppelt fiederig gelappt **32**

32. Bl. höchstens bis zur Mitte gelappt, jederststs. 3–5 Bl.lappen, breiter als die Buchten *(30/37)*, Bl. 10–23 cm lang, 10–15 cm breit, obersts. dunkelgrün, kahl, untersts. blaßgrün bis grau mit braunen Achselbärten, im Herbst orangerot bis scharlach, Bl.stiel 2,5–5 cm lang; Fr. kurz gestielt, eif., 2–3 cm lang, von flachem Becher umgeben *(30/38)*. Bg ⓚ – N-2. (*Q. boreális* var. *máxima* (MARSH.) ASHE.). **Rot-E., *Q. rúbra*** L.

– Bl. tiefer gelappt **33**

33. Bl. verkehrt-eif., jedersts. mit 2–4 fast waagerecht abstehenden Bl.lappen, 8–15 cm lang, fast ebenso breit *(30/39)*, beidsts. glänzend grün, kahl, nur untersts. Achselbärte, grauhaarig, im Herbst rötlich, Bl.stiel bis 5 cm lang; Fr. sitzend bis kurz gestielt, 1,5 cm lang, von flachem Becher umgeben. Bg ⓚ – N-2.
Sumpf-E., *Q. palústris* MUENCHH.

– Bl. verkehrt-eif. bis elliptisch, jedersts. mit 3–4 abstehenden Bl.lappen, 8–15 cm lang, 6–11 cm breit *(30/40)*, obersts. dunkelgrün, kahl, untersts. heller, kahl bis auf braune Achselbärte, im Herbst leuchtend scharlachrot, Bl.stiel 4–6 cm lang; Fr. meist einzeln, bis 2,5 cm lang, zu ⅓ bis ½ vom Becher umgeben. Bg – N-2. **Scharlach-E., *Q. coccínea*** MUENCHH.

30/39

Quercus palustris

30/40

Q. coccinea

31. Familie: ***Betuláceae,*** **Birkengewächse**

Sommergrüne Bäume oder Sträucher; Bl. wechselst., schraubig oder 2zeilig gestellt, rundl. bis eif., seltener längl.-lanzettl., meist gesägt oder gezähnt; Bltn. klein, meist eingschl., einhäusig, Perigon vorhanden oder fehlend, ♂ Bltn. 1–3 in Achsel von Tragbl. in hängenden Kätzchen, Vorbl. vorhanden oder fehlend, Stbl. 2–4, z. T. tief geteilt, ♀ Bltn. 2–3 in Achsel von Tragbl. in Büscheln, Ähren oder Kätzchen, 2–6 Vorbl., Bltn. anemogam; Fr. einsamige Nuß, Tragbl. mit Vorbl. verwachsen oder oft eine Hülle bildend. 6 Gattungen mit etwa 120 Arten, überwiegend in der nördl. Hemisphäre.

1. Nuß von grüner bl.artiger Hülle umgeben; ♂ Bltn. 1 in Achsel jedes Tragbl. in hängenden Kätzchen, Perigon fehlt, ♀ Bltn. 2 in Achsel jedes Tragbl., Perigon klein, unregelmäßig gelappt . . . **3**

– Nuß abgeflacht, oft geflügelt, ohne grüne bl.artige Hülle; ♂ Bltn. 3 in Achsel jedes Tragbl. in hängenden Kätzchen, Perigon vorhanden, ♀ Bltn. 2–3 in Achsel jedes Tragbl. in aufrechten Kätzchen, Perigon fehlt **2**

2. Fr.kätzchen zylindrisch bis schmal-eif., Deckschuppen 3lappig, mit der Fr. abfallend; ♂ Kätzchen während des Laubaustriebs blühend, Stbl. 2; Kn. ungestielt . . . . ***Bétula*** 31–5

– Fr.kätzchen eif., zapfenartig, Deckschuppen 5lappig, dick, verholzend, mit Fr. nicht abfallend; ♂ Kätzchen meist vor dem Laubaustrieb blühend, nackt überwinternd *(31/1)*, Stbl. 4; Kn. meist gestielt . . . . ***Álnus*** 31–1

3. Kn. stumpf-eif.; Bl. jedersts. mit meist weniger als 8 Seitenadern; ♂ Kätzchen vor dem Laubaustrieb blühend; Fr. in Büscheln zu 1–4, groß mit ± zerschlitzter Hülle . . . . ***Córylus*** 31–12

– Kn. längl. zugespitzt; Bl. jedersts. mit 9 oder mehr Seitenadern; ♂ Kätzchen während des Laubaustriebs blühend; Fr. zahlreich in hängenden Ähren, Fr. klein mit 3lappigem Flugorgan oder sackartiger Hülle **4**

4. Borke glatt, grau; Bl. einfach gesägt; ♂ Kätzchen erst im Frühjahr ausgebildet; Fr.hülle 3lappig *(31/19)* oder gezähnt . . . . . ***Carpínus*** 31–10

– Borke rauh und schuppig, braun; Bl. meist doppelt gesägt; ♂ Kätzchen bereits im Herbst ausgebildet, nackt überwinternd; Fr.hülle sackartig . . . . ***Óstrya*** 31–11

1. ***Álnus*** Mill., **Erle**

Bäume oder Sträucher, ♂ Bltn. zu 3 in Achsel von Tragbl. in hängenden Kätzchen, Perigon meist 4spaltig, seltener verwachsen, Stbl. 4, ♀ Bltn. zu 2 in Achsel von Tragbl., ohne Perigon, Vorbl. 4, mit Tragbl. zu verholzender Fr.schuppe verwachsend, zur Fr.reife nicht abfallend; Fr.kätzchen zapfenartig, Fr. einsamige geflügelte oder ungeflügelte Nuß. Etwa 30 Arten.

31/1

Alnus incana,
♂ und ♀ Kätzchen

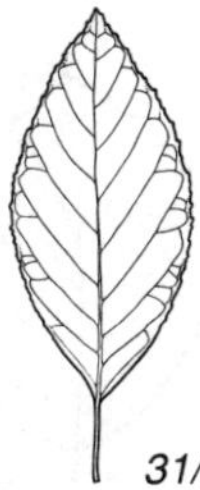

31/2

A. japonica

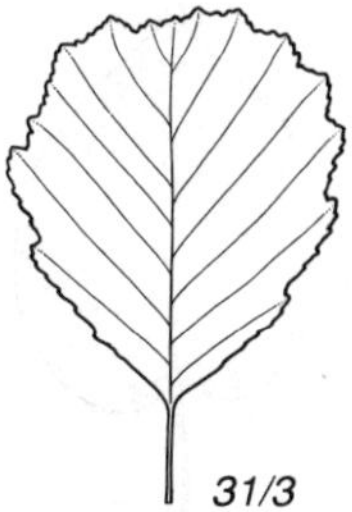

31/3

A. glutinosa

1. Junge Zw. behaart **9**
– Junge Zw. kahl oder nur anfangs behaart oder ± rostbraun behaart **2**
2. Junge Zw. stets kahl, z. T. klebrig **6**
– Junge Zw. anfangs behaart, später kahl **3**
3. Bl. obersts. dunkelgrün, leicht behaart, breit-eif. bis fast rundl., 6–13 cm lang, fast ebenso breit, leicht gelappt, doppelt gesägt, Bl. untersts. blaugrün, rötl.braun behaart, vor allem auf den Adern, jedersts. 9–12 Seitenadern, Bl.stiel 2,5–4 cm lang; Fr.zapfen 3–4, kurzgestielt bis sitzend. Bm/Bg – Nh/Bh-4. (*A. tinctória* SARG.). **Färber-E., *A. hirsúta*** (SPACH) RUPR.
– Bl. obersts. kahl **4**
4. Bl. lanzettl. bis schmal-eif., beidsts. zugespitzt, 5–13 cm lang, 2–5 cm breit, lederartig derb, scharf und fein gesägt *(31/2)*, obersts. glänzend dunkelgrün, kahl, untersts. heller, schwach achselbärtig, Bl.stiel 1,3–2,5 cm lang, behaart; Fr.zapfen 2–6, gestielt, bis 2,5 cm lang. Bm/Bg – Nh-4. **Japanische E., *A. japónica*** SIEB. et ZUCC.
– Bl. verkehrt-eif. bis breit-elliptisch **5**
5. Junge Zw. kahl oder ± rostbraun behaart; Bl. elliptisch bis breit-eif., 4–10 cm lang, Bl.spitze abgerundet oder spitz, Bl. doppelt gesägt, z. T. leicht gelappt, obersts. kahl, untersts. kahl oder leicht behaart; ♀ Kätzchen zur Blüte aufrecht; Fr.zapfen 4–10, obere sitzend, untere gestielt. Sg/Bk – Bh/Nhk-2. **Runzelblättrige E., *A. rugósa*** (DU ROI) SPRENG.
– Junge Zw. kahl oder bald kahl, Bl. verkehrt-eif., 5–9 cm lang, Bl.spitze kurz, stumpf, Basis der Bl.spreite keilf., Bl. gleichmäßig fein gesägt, obersts. kahl, untersts. Achselbärte; Fr.zapfen 3–4, meist sehr kurz gestielt. Sg/Bk – N-2. **Hasel-E., *A. serruláta*** (AIT.) WILLD.

31/4

Alnus cordata

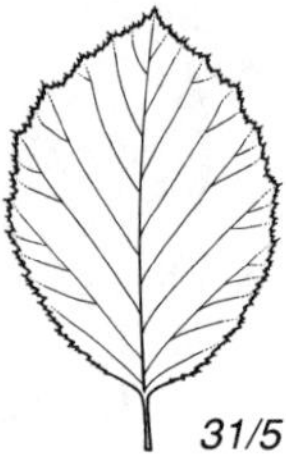

31/5

A. viridis

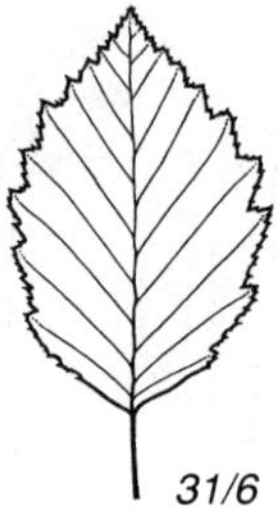

31/6

A. incana

6 (2). Bl. zugespitzt **7**

– Bl.spitze abgerundet mit Einkerbung; junge Zw. dicht drüsig und klebrig, sonst kahl; Bl. breit verkehrt-eif. bis rundl. *(31/3)*, 4–10 cm lang, 3–7 cm breit, jedersts. mit 6–8 Seitenadern, grob doppelt gesägt, obersts. glänzend dunkelgrün, kahl, klebrig, untersts. bis auf Achselbärte kahl, Bl.stiel 1,3–2,5 cm lang; Fr.zapfen 3–5, deutl. gestielt. Bg – N-3.

Schwarz-E., Rot-E., *A. glutinósa* (L.) GAERTN.

'Pyramidális', Wuchs schmal säulenf.

'Āurea', Wuchs schwach; Bl. gelb, viel kleiner als beim Typus.

'Imperiális', Bl. tief fiederspaltig, lineal. gelappt.

'Laciniáta', Bl. regelmäßig und tief gelappt, Bl.lappen zugespitzt und meist gezähnt.

'Quercifólia', Bl. eichenbl.artig, unregelmäßig gelappt.

'Incísa', (= A. gl. 'Oxyacanthifólia'), Bl. sehr klein, tief eingeschnitten, rundl. gelappt, ähnlich *Cratāegus laevigáta.*

7. Basis der Bl.spreite keilf. **8**

– Basis der Bl.spreite herzf., junge Zw. ± klebrig, Bl. rundl. bis eif.-längl., 4–10 cm lang, 3–8 cm breit, zugespitzt *(31/4)*, fein gesägt, obersts. glänzend dunkelgrün, kahl, untersts. bis auf bräunl. Achselbärte kahl, Bl.stiel 1,3–3,8 cm lang, kahl; Fr.zapfen 1–3, gestielt. Bm – Nw-3 (Italien).

Herzblättrige E., *A. cordáta* (LOISEL.) DESF.

8. Kn. sitzend; junge Zw. meist kahl, klebrig; Bl. breit-eif. bis rundl.-eif., 2,5–9 cm lang, 2–8 cm breit, zugespitzt, Basis der Bl.spreite abgerundet bis breit-keilf., Bl. scharf doppelt gesägt *(31/5)*, obersts. dunkelgrün, kahl, untersts. auf den Adern behaart, Bl.stiel ca. 0,8 cm lang; Fr.zapfen 3–5, in Trauben; mehrstämmiger Strauch; IV–VI. Sk/Sg – BGh-3. (*A. alnobétula* HARTIG).

Grün-E., *A. víridis* (CHAIX) DC.

Im Wuchs und in Form und Größe der Bl. sehr variabel.

– Kn. gestielt; junge Zw. kahl, anfangs klebrig, dunkelrot; Bl. eif. bis elliptisch, 8–15 cm lang, 5–10 cm breit, leicht gelappt, doppelt gesägt, jedersts. 10–15 Seitenadern, parallel verlaufend, rötlich gefärbt, Bl. obersts. dunkelgrün, kahl, untersts. anfangs grau behaart, später nur auf den Adern, Bl.stiel 1,3–2,5 cm lang; ♀ Kätzchen rot; Fr.zapfen 5–8, kurz gestielt; IV. Bg – N-1. (*A. oregóna* NUTT.). **Oregon-E.,** ***A. rúbra*** BONG.

9 (1). Junge Zw. grau, behaart; Bl. eif. bis elliptisch, 5–10 cm lang, 3–6 cm breit, kurz zugespitzt, schwach gelappt, doppelt gesägt *(31/6)*, obersts. grün, anfangs behaart, untersts. grau behaart oder kahl, keine Achselbärte, Bl.stiel 1,3–2 cm lang; Fr.zapfen *(31/7)* 4–8, sitzend bis kurz gestielt; Borke hellgrau; III–IV. Bk/Bm – Bh/Nhk-3. **Weiß-E., Grau-E.,** ***A. incána*** (L.) MOENCH.

Sehr variabel; viele Cultivare, u.a.

'Péndula', Zw. hängend.

'Āurea', Bl. gelbgrün, untersts. behaart; Zw. über Winter rotgelb; ♂ Kätzchen lachsfarbig.

'Laciniáta' (var. *acumináta* REG.), Bl. tief fiederspaltig mit lanzettl. gesägten Bl.lappen.

– Junge Zw. weich behaart; Bl. eif. bis elliptisch, 8–15 cm lang, 5–10 cm breit, kurz zugespitzt, oft doppelt und unregelmäßig gesägt, obersts. dunkelgrün, kahl, untersts. vor allem auf Adern behaart, schwach achselbärtig, Bl.stiel 2–2,5 cm lang; Fr.zapfen 1–4, nickend; IV. Bm – Nw-3 (Vorderasien). **Kaukasische E.,** ***A. subcordáta*** C. A. MEY.

Bastarde:

A. × ***kōehnei*** CALL. = *A. subcordáta* × *A. incána*, Bl. elliptisch, 6–9 cm lang, obersts. kahl, untersts. auf Adern behaart.

A. × ***spāethii*** CALL. = *A. subcordáta* × *A. japónica*, raschwüchsig, Bl. im Austrieb braunpurpurn bis dunkelviolett.

31/7: Alnus incana, Fruchtstand und Frucht

2. *Bétula* L., Birke

Bäume oder Sträucher; ♂ Bltn. zu 3 in Achsel von Tragbl. in langen hängenden Kätzchen, Perigon 4blättrig, klein, Stbl. 2, ♀ Bltn. zu 2–3 in Achsel von Tragbl., ohne Perigon, Vorbl. 2, mit Tragbl. zu 3lappiger, nicht verholzender Fr.schuppe verwachsend, bei Fr.reife abfallend; Fr. einsamige, zweiflügelige Nuß. Etwa 40 Arten.

1. Bl. jedersts. mit mehr als 7 Seitenadern **11**
– Bl. jedersts. mit 2–7 (selten bis 10) Seitenadern **2**
2. Sträucher; Bl. klein, höchstens 4–5 cm lang, jedersts. mit 2–6 Seitenadern (Sect. *Nánae*) **8**
– Bäume; Bl. meist größer, jedersts. mit 5–10 Seitenadern; Borke ± weiß (Sect. *Álbae*) **3**
3. Junge Zw. mit warzigen Drüsen, nicht oder kaum behaart **4**
– Junge Zw. ohne warzige Drüsen, behaart; Bl. breit-eif., 4–6 cm lang, 2,5–5 cm breit, kurz zugespitzt, doppelt gesägt *(31/8)*, obersts. anfangs spärlich behaart, untersts. auf den Adern behaart, z.T. auch auf gesamter Bl.spreite, Achselbärte, Bl. jedersts. mit 5–7 Seitenadern; Bl.stiel ± behaart, 1–2 cm lang; Borke weiß, in dünnen Streifen abrollend, am Stammfuß rauh und schwarz; Fr.kätzchen etwa 2,5 cm lang, zuletzt meist hängend, Mittellappen der Fr.schuppen etwas länger als Seitenlappen *(31/9)*; IV–V. Bm/Bg – Bh/Nhk-3. (*B. álba* L. p.p.).
Moor-B., *B. pubéscens* Ehr.

Sehr variabel, viele Formen beschrieben, u.a.
ssp. ***carpática*** (Willd.) Aschers. et Graebn., junge Zw. kahl oder fast kahl; Bl. meist unter 3 cm lang, ältere Bl. mit Achselbärten; Borke cremefarbig bis rosa oder rötlichbraun. Bk.
ssp. ***pubéscens,*** junge Zw. behaart; Bl. 3–4 cm lang. Sg/Bk.
ssp. ***tortuósa*** (Ledeb.) Nyman, Zw. gewunden, behaart; Bl. bis 3 cm lang. Sg.
'Urticifólia', Bl. unregelmäßig eingeschnitten oder gelappt.

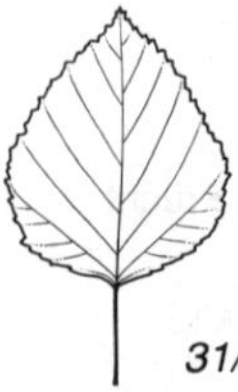

31/8

Betula pubescens

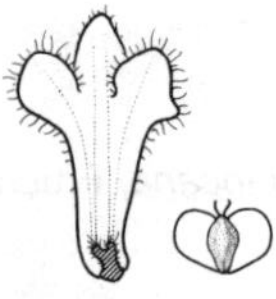

31/9

B. pubescens, Fruchtschuppe und Frucht

31/10

B. pendula

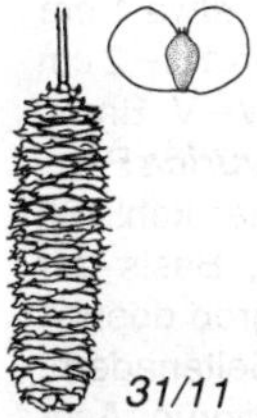
31/11

Betula pendula, Fruchtstand und Frucht

31/12

B. pendula, Fruchtschuppe

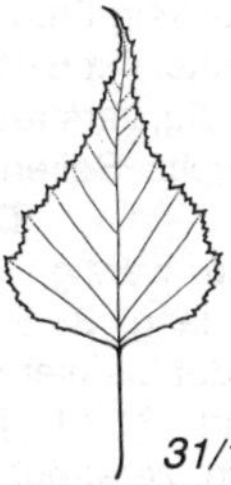
31/13

B. populifolia

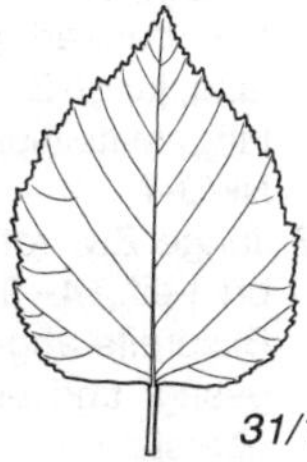
31/14

B. papyrifera

4. Bl. rautenf. bis 3eckig, 2,5–6 cm lang, 2–4 cm breit, lang zugespitzt, Basis der Bl.spreite breit keilf. oder gestutzt, Bl. doppelt gesägt *(31/10)*, kahl, beidersts. drüsig, jedersts. mit 6–7 Seitenadern, Bl.stiel 1,3–2 cm lang; junge Zw. dünn, kahl, stark warzig, hängend; Borke weiß, abblätternd, im Alter schwarz, rauh und rissig; Fr.kätzchen 2–3 cm lang, walzl., Fr. 1samige 2flügelige Nuß *(31/11)*, Mittellappen der Fr.schuppen sehr klein, spitz, Seitenlappen größer und abstehend *(31/12)*; IV–V. Bm/Bg – Nk/Bh-3. (*B. álba* sensu COSTE, *B. verrucósa* EHRH.).

Sand-B., Warzen-B., *B. péndula* ROTH

Sehr variabel in Wuchsform und Blattgestalt, u. a.

'Fastigiáta', **Säulenbirke,** Wuchs fast säulenf.; Zw. oft etwas gewunden.

'Dalecárlica' (var. *laciniáta* WAHLB.), Bl. zerschlitzt mit unregelmäßig gesägten Abschnitten.

'Grácilis' (var. *laciniáta grácilis* hort.), Zw. fadenf. herabhängend; Bl. fast fadenf. zerschlitzt.

'Yóungii', Äste bogenf. herabwachsend; Zw. lang herabhängend.

'Purpúrea', Austrieb dunkelrot, Bl. später oliv-bronzefarben.

– Bl. ± eif. bis eif.-3eckig **5**

5. Bl. auffallend lang zugespitzt, breit-eif. bis 3eckig, 5–9 cm lang, 3–6 cm breit *(31/13)*, beidersts. kahl und glänzend, obersts. drüsig, jedersts. mit 6–9 Seitenadern, Bl.stiel 1,9–2,5 cm lang, drüsig; junge Zw. dünn, biegsam, kahl, stark warzig; Borke grauweiß, nicht abrollend, im Alter schwarz und rissig; Fr.kätzchen etwa 3 cm lang, walzl., Fr.schuppen behaart, Mittellappen spitz, kleiner als rundl. Seitenlappen; V. Bm – Nhk/Bh-2.

Grau-B., Pappelblättrige B., *B. populifólia* MARSH.

– Bl. nicht auffallend lang zugespitzt **6**

6. Borke weiß **7**

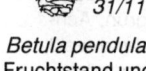

– Borke graubraun bis grau, in kräuselnden Fetzen ablösend; Bl. eif., 5–10 cm lang, 4–8 cm breit, zugespitzt, ungleich grob gesägt, obersts. dunkelgrün, kahl, untersts. entlang der Mittelader behaart, jedersts. mit 6–8 Seitenadern, Bl.stiel etwa 1 cm lang; junge Zw. warzig, zerstreut behaart; Fr.kätzchen 1,5–2 cm lang, Mittellappen spitz, Seitenlappen abgerundet; IV–V. Bm – Nk/B-4. **Dahurische B., *B. davúrica*** PALL.

7. Junge Zw. rotbraun, warzig, anfangs behaart, später kahl; Bl. breit-eif., 4–9 cm lang, 3–6 cm breit, zugespitzt, Basis der Bl.spreite abgerundet bis nierenf., Bl. etwas derb, grob doppelt gesägt und behaart *(31/14)*, jedersts. mit 6–10 Seitenadern, obersts. dunkelgrün, zerstreut behaart, untersts. hellgrün, Achselbärte, drüsig, Bl.stiel bis 2,5 cm lang; Borke blendend weiß und sehr glatt, papierartig abblätternd; Fr.kätzchen hängend, bis 4 cm lang, walzl., Fr.schuppen meist kahl, Seitenlappen meist breiter als Mittellappen; sehr oft mehrstämmig; IV–V. Bg – Bh-2. (*B. papyrácea* AIT.). **Papier-B., *B. papyrífera*** MARSH.

– Junge Zw. dunkelgrau, warzig, kahl oder kaum behaart; Bl. 3eckig bis eif., 4–8 cm lang, kurz zugespitzt, Basis der Bl.spreite keilf., Bl. jedersts. mit 5–7 Seitenadern, grob gesägt, obersts. kahl, untersts. drüsig, Achselbärte; Austrieb oft 3 Wochen vor anderen Birken; Fr.kätzchen 3 cm lang, Mittellappen der Fr.schuppen 3eckig, kleiner als die breiteren Seitenlappen. Bm – BGh/Nhk-4. (*B. mandshúrica* (REG.) NAKAI).
Mandschurische B., *B. platyphýlla* SUKATCHEV

var. ***japónica*** (MIQ.) HARA, Bl. untersts. meist fein behaart, Achselbärte; Fr.kätzchen bis 5 cm lang.

8 (2). Bl. annähernd kreisrund, jedersts. mit 2–4 Seitenadern, 0,5–1,5 cm lang, dick, grob gekerbt *(31/15)*, obersts. glänzend dunkelgrün, kahl, untersts. deutl. netzaderig, kahl, Bl.stiel 2 mm lang; junge Zw. fein behaart, nicht warzig; Fr.kätzchen aufrecht, 0,8 cm lang; V. Sz – PN/Bh-3. **Zwerg-B., *B. nána*** L.

– Bl. elliptisch bis eif.-elliptisch, jedersts. mit 4–6 Seitenadern . . **9**

9. Junge Zw. nicht warzig, aber dicht filzig behaart; Bl. elliptisch bis verkehrt-eif., 1–4 cm lang, grob gesägt, obersts. ± behaart, untersts. meist dicht behaart, grauweiß, deutl. netzaderig, jedersts. mit 5–6 Seitenadern; Fr.kätzchen aufrecht, 1,5–2,5 cm lang; IV–V. Sk/Sg – Bh-2. **Kleine B., *B. púmila*** L.

– Junge Zw. mit warzigen Drüsen, nur anfangs behaart, bald kahl . **10**

10. Bl. jedersts. mit 4–5 Seitenadern, elliptisch, eif. oder verkehrteif., 1–4 cm lang, ungleich grob gesägt *(31/16)*; beidersts. grün, kahl, Bl.stiel bis 7 mm lang; Fr.kätzchen aufrecht, 5–15 mm lang, Fr.schuppen mit 3 gleichgroßen Lappen; IV–V. Sk – Bh-3.
Strauch-B., *B. húmilis* SCHRANK

– Bl. jedersts. mit 5–6 Seitenadern, eif. bis breit-elliptisch, 2–5 cm lang, fein und regelmäßig gesägt, untersts. auf Mittelader

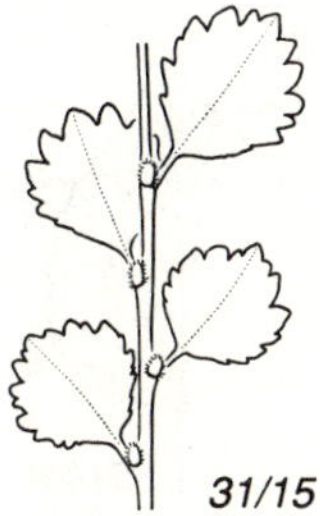

31/15

Betula nana,
beblätterter Sproß

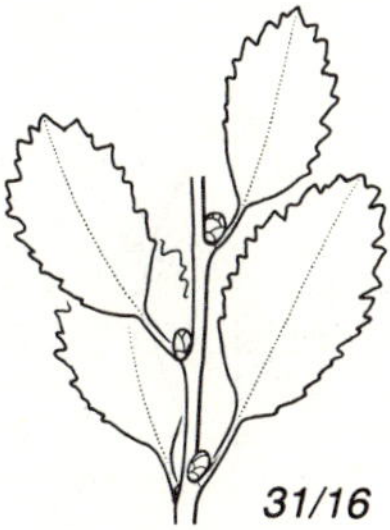

31/16

B. humilis,
beblätterter Sproß

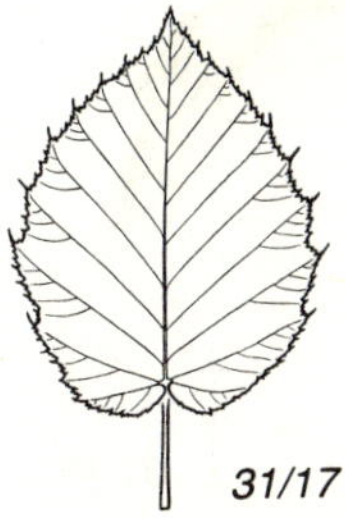

31/17

B. maximowicziana

behaart; Mittellappen der Fr.schuppen kleiner als Seitenlappen. Sk – B-4. **Strauchige B., *B. fruticósa*** PALL.

11 (1). Bl. sehr groß, 8–15 cm lang, 5–11 cm breit, breit-herzf., zugespitzt, doppelt gesägt *(31/17)*, jedersts. mit 10–12 Seitenadern, Spitzen den Bl.rand überragend, obersts. dunkelgrün, anfangs behaart, später kahl, untersts. Achselbärte, Bl.stiel 1,5–4,5 cm lang, Bl. im Herbst goldgelb; Fr.kätzchen zu 3–4 in Büscheln, 5–6 cm lang, walzl., Mittellappen der Fr.schuppen die Seitenlappen überragend; junge Zweige kahl, braun, warzig; Borke anfangs orangebraun, später grau bis weißl. mit rosa Farbschimmer, dünn abrollend; V. Bg – Nhk-4 (Japan). **Maximowiczs B., *B. maximowicziána*** REG.

– Bl. kleiner, Adern auf der Bl.obers. ± eingesenkt, Bl.fläche dadurch geriffelt; Fr.kätzchen einzeln (Sect. *Costatae*) **12**

12. Junge Zw. kahl oder nur anfangs behaart **14**

– Junge Zw. deutl. behaart **13**

13. Borke gelbgrau bis glänzend graubraun, abrollend (Ringelborke); Bl. eif. bis längl.-eif., 6–11 cm lang, 3–6 cm breit, scharf gesägt, mattgrün, beidersts. auf den Adern behaart, jedersts. 9–12 Seitenadern, Herbstfärbung gelb; junge Zw. behaart; Rinde beim Zerreiben aromatisch duftend, bitterer Geschmack; Fr.kätzchen 2–3 cm lang, 2 cm dick, aufrecht; V. Bg – Nhk/Bh-2. (*B. alleghaniénsis* BRITT.). **Gelb-B., *B. lútea*** MICHX.

– Borke rotbraun bis gelbbraun, dicht und kraus aufgerollt, nicht ablösend; Bl. rautenf. bis eif., 4–9 cm lang, 2–6 cm breit, zugespitzt, Basis der Bl.spreite keilf., Bl. doppelt gesägt oder schmal gelappt *(31/18)*, obersts. glänzend grün, untersts. blaugrün, nur Mittelrippe und Hauptadern behaart, später obersts. kahl, jedersts. mit 6–9 Seitenadern, Bl.stiel behaart, etwa 1 cm lang; junge Zw. dicht grauzottig; Rinde beim Zerreiben nicht aroma-

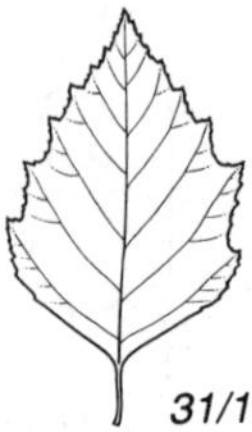

31/18

Betula nigra

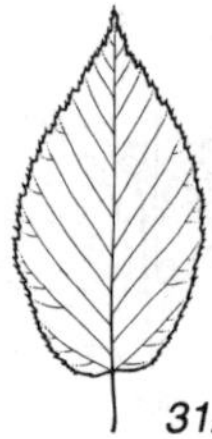

31/19

B. lenta

31/20

B. ermanii

tisch duftend; Fr.kätzchen 2,5–4 cm lang, 1,5 cm dick, aufrecht; meist mehrstämmig; V. Bm/Bg – Nhw-2.

Schwarz-B., *B. nígra* L.

14 (12). Borke dunkelrotbraun bis schwärzl., stark rissig, aber nicht abrollend (Schuppenborke); Bl. längl.-eif. bis eif., 6–15 cm lang, 4–9 cm breit, zugespitzt, scharf doppelt gesägt, jedersts. mit 10–13 Seitenadern *(31/19)*, obersts. glänzend grün, kahl, untersts. blaßgrün, auf den Adern seidenhaarig, Bl.stiel 0,6–2,5 cm lang, behaart, Herbstfärbung goldgelb; junge Zw. purpurbraun, kahl, beim Ankratzen der Rinde aromatisch duftend, süßer Geschmack; Fr.kätzchen fast sitzend, aufrecht, 2–3,5 cm lang, 1,3 cm dick; Fr.schuppen kahl; V. Bg – Nh-2.

Zucker-B., *B. lénta* L.

– Borke orange bis gelbl., abrollend **15**

15. Bl. eif. bis längl.-eif., lang zugespitzt, 5–8 cm lang, 2,5–4 cm breit, ungleich doppelt gesägt, jedersts. mit 9–14 Seitenadern, anfangs behaart zwischen den Adern, später kahl, Bl.stiel 0,6–1,3 cm lang, zunächst seidenhaarig; junge Zw. drüsig behaart, zuletzt braun und kahl; Borke orange bis rotorange, ganz dünn abrollend; Fr.kätzchen meist einzeln, 2,5–4 cm lang, 0,8 cm dick; Fr.schuppen kahl; V. Bm/Bg – Bgh/Nh-4 (W-, M-, N-China). **Chinesische B., *B. albo-sinénsis*** Burk.

var. ***septentrionális*** Schneid., Bl. mehr längl.-eif., untersts. seidenhaarig auf den Adern, Achselbärte; junge Zw. stärker drüsig.

– Bl. breit-eif. **16**

16. Bl. jedersts. mit 7–11 Seitenadern, lang zugespitzt, 5–8 cm lang, 4–6 cm breit, Basis der Bl.spreite gestutzt bis herzf., grob gesägt *(31/20)*, Bl. beidersts. drüsig, nur auf den Adern behaart, untersts. Achselbärte, Bl.stiel 1,5–2,5 cm lang, warzig; junge Zw. kahl, aber mit drüsigen Warzen; Borke gelbweiß, abrollend, junge Äste orangebraun; Fr.kätzchen eif., aufrecht, 2–3 cm lang, 1,5 cm dick; V. Bm – Bh/Nhk-4.

Ermans B., *B. ermánii* Cham.

– Bl. jedersts. mit 10–14 Seitenadern, stark rippenartig, 5–8 cm lang, lang zugespitzt, derb lederig, fein und doppelt gesägt, obersts. oft etwas behaart, untersts. drüsig, Bl.stiel 0,8–1,5 cm lang; junge Zw. anfangs behaart, drüsig, braun; Borke hellgelb bis graugelb, papierdünn abrollend, im Alter schuppiger; Fr.kätzchen elliptisch bis kugelig, 2 cm lang. Bg – Nh-4 (N-, NO-China). **Gerippte B., *B. costáta*** Trautv.

3. *Carpínus* L., Hainbuche

Bäume oder Sträucher; ♂ Bltn. einzeln in Achsel eif. Tragbl. in hängenden Kätzchen, ohne Perigon, ohne Vorbl., ♀ Bltn. zu 2 in Achsel eif. hinfälliger Tragbl. in lockeren Kätzchen, Perigon unscheinbar, Bltn. mit ovalem oder 3lappigem Vorbl., die sich später zu eif. oder 3teiliger, deutlich geaderter Fr.hülle umbilden; Fr. einsamige flach-eif. Nuß. Etwa 26 Arten.

1. Bl. jedersts. mit 15–24 Seitenadern; Fr.hülle nicht gelappt *(31/22)* **4**

– Bl. jedersts. mit bis zu 15 Seitenadern; Fr.hülle dreilappig *(31/21)* **2**

2. Bl. klein, 2,5–5 cm lang, 1,3–2,5 cm breit, eif., scharf und doppelt gesägt, Bl. obersts. glänzend dunkelgrün, beidersts. auf der Mittelader fein behaart, Bl.stiel bis 0,6 cm lang, behaart; Fr.kätzchen 3–6 cm lang, Fr.hülle eif., grob und unregelmäßig gesägt. Sg – Ns-3. (*C. duinénsis* Scop.).

Orientalische H., *C. orientális* Mill.

– Bl. größer, 4–10 cm lang, 2,5–5 cm breit **3**

3. Bl. elliptisch bis spitz-eif., 5–10 cm lang, gleichmäßig scharf und doppelt gesägt, obersts. schwach behaart, untersts. Mittelader behaart, Achselbärte, Bl.stiel 0,6–1,3 cm lang, behaart; Fr.kätzchen 8 cm lang, Fr.hülle 3lappig, Seitenlappen kleiner, ungleich, oft nur einseitig gesägt. Bk – Nhw-2. (*C. americána* Michx.).

Amerikanische H., *C. caroliniána* Walt.

– Bl. elliptisch bis eif., 4–9 cm lang, zugespitzt, Basis der Bl.spreite abgerundet bis herzf., Bl. ungleichmäßig oder doppelt gesägt, jedersts. mit 10–13 Seitenadern, obersts. dunkelgrün, anfangs auf Mittelader behaart, untersts. auf den Adern behaart, später kahl, Bl.stiel 0,6–1,3 cm lang; Fr.kätzchen 7–14 cm lang, Fr.hülle 3lappig, Mittellappen 2,5–4 cm lang, ganzrandig oder schwach gesägt; Stamm deutlich spannrückig. Bm/Bg – N-3.

Gemeine H., *C. bétulus* L.

'Fastigiáta', Wuchs regelmäßig schwach kegelf.
'Columnáris', Wuchs schmal säulenf.

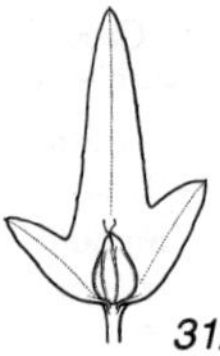

31/21

Carpinus betulus, Frucht mit Fruchthülle

31/22

C. japonica, Frucht mit Fruchthülle

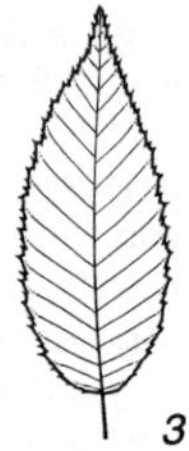

31/23

C. japonica

'Péndula', Zw. ± überhängend.
'Incísa', Bl. ± tief gelappt, Lappen meist zugespitzt, ganzrandig.
'Quercifólia', Bl. zieml. klein, ± tief gelappt, Bl.lappen breiter abgerundet und gesägt, oft einzelne Zw. mit normalen Bl.
'Purpúrea', Bl. anfangs ± rötlichgrün.

4 (1). Bl. jedersts. mit 15–20 Seitenadern, breit-eif., zugespitzt, Basis der Bl.spreite herzf., Bl. 6–14 cm lang, 4–8 cm breit, ungleich oder doppelt gesägt, beidersts. auf der Mittelader behaart, Bl.stiel 1,3–2 cm lang; Fr.kätzchen 6–8 cm lang, Fr.hülle 2,5–3 cm lang, an der Basis eingerollt, an der Spitze gesägt, die Fr. umschließend. Bk/Bm – Nh-4. **Herzblättrige H., *C. cordáta*** BLUME

– Bl. jedersts. mit 20–24 Seitenadern, längl.-eif., 5–11 cm lang, 2–4,5 cm breit, scharf und oft doppelt gesägt *(31/23)*, obersts. dunkelgrün, nur auf der Mittelader behaart, Adern tief eingesenkt, untersts. auf Adern behaart, Achselbärte, Bl.stiel 0,6–1,3 cm lang, behaart; Fr.kätzchen 5–6 cm lang, Fr.hülle 1,5–2 cm lang, an der Basis eins. umgeschlagen *(31/22)*, die Fr. umschließend. Bm – Nh-4 (Japan). **Japanische H., *C. japónica*** BLUME

4. *Óstrya* SCOP., Hopfenbuche

Bäume oder Sträucher; ♂ Bltn. einzeln in Achsel von eif. Tragbl. in hängenden Kätzchen *(31/24)*, ohne Perigon, ohne Vorbl., ♀ Bltn. zu 2 in Achsel lanzettl. hinfälliger Tragbl. in lockeren Kätzchen, unscheinbares Perigon, mit 1 Vorbl., das sich später zu sackf. Fr.hülle umbildet; Fr. einsamige Nuß. Etwa 10 Arten.

1. Bl. jedersts. mit 9–12 Seitenadern, eif., lang zugespitzt, 8–15 cm lang, 4–7 cm breit, unregelmäßig scharf doppelt gesägt, beidersts. weich behaart; Nuß eif., 5–6 mm lang, an der Spitze kahl. Bm/Bg – N-4. **Japanische H., *O. japónica*** SARG.

– Bl. jedersts. mit 11–15 Seitenadern, eif., zugespitzt, 5–12 cm lang, 3–5 cm breit, meist schwächer behaart **2**

31/24

Ostrya carpinifolia, ♂ Kätzchen

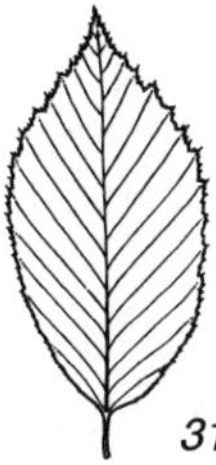

31/25

O. carpinifolia

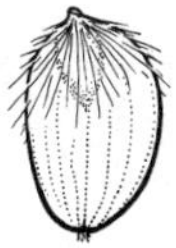

31/26

O. carpinifolia, Frucht mit Fruchthülle

2. Basis der Bl.spreite abgerundet, Bl.rand fein doppelt gesägt *(31/25)*, Bl. oberststs. dunkelgrün, glatt, zwischen den Adern anliegend behaart, unterststs. blaßgrün, schwach behaart auf den Adern; Nuß eif., 6–10 mm lang, an der Spitze mit Haarbüschel *(31/26)*, Bm/Bg – Nw-3. **Gemeine H., *O. carpinifólia*** Scop.

– Basis der Bl.spreite leicht herzf., Bl. scharf gesägt, oberststs. dunkelgrün, auf der Mittelader und zwischen den Adern leicht behaart, unterststs. blaßgrün, behaart; Nuß spindelf., 6–8 mm lang, an der Spitze kahl. Bm/Bg – N-2. (*O. virgínica* Spach.). **Virginische H., *O. virginiána*** (Mill.) K. Koch

5. *Córylus* L., Hasel

Sträucher oder seltener Bäume; Bltn. an vorjährigen Zw., ♂ Bltn. einzeln in Achsel breiteif. Tragbl., in hängenden Kätzchen, ohne Perigon, mit 2 eif. Vorbl., vor dem Laubaustrieb blühend, ♀ Bltn. zu 2 in Achsel hinfälliger Tragbl. in kurzen kn.artigen Bltn.ständen, Perigon unscheinbar, 1 Vorbl., das sich später zu becherf. Fr.hülle umbildet; Fr. einsamige hartschalige Nuß, von ± schlauchf. gezähnter oder geschlitzter Hülle umgeben. 15 Arten.
Die *Corylus*-Arten unterscheiden sich nur wenig in den Blattmerkmalen, so daß Früchte zur sicheren Bestimmung unbedingt notwendig sind (vor allem die Fruchthülle).

1. Baum mit stumpfkegelf. Krone; junge Zw. anfangs drüsenhaarig, später rauhe, korkige Borke; Bl. breit-eif., 6–15 cm lang, 5–12 cm breit, doppelt gesägt, etwas gelappt, oberststs. dunkelgrün, unterststs. auf den Adern behaart, Bl.stiel 1,5–3 cm lang *(31/27)*; ♂ Kätzchen bis 12 cm lang; Fr. in Büscheln; Nuß bis 1,5 cm lang, dickschalig, eßbar, von drüsiger Hülle aus tief zerteilten Zipfeln umgeben; guter Straßenbaum. Bm – Nw-3/4. **Baum-H., *C. colúrna*** L.

– Sträucher, manchmal baumartig, Borke stets glatt, nie korkig; Fr.hülle nicht zerschlitzt **2**

31/27

Corylus colurna

31/28

C. avellana

31/29

C. avellana, Frucht mit Fruchthülle

2. Fr.hülle bildet eine Röhre, in der die Nuß eingeschlossen ist, Röhre höchstens einseitig gespalten **5**

– Fr.hülle besteht aus 2 getrennten oder nur teilweise verwachsenen Lappen **3**

3. Fr.hülle etwa doppelt so lang wie die Nuß, unregelmäßig lappig; Bl. breit-eif., 5–12 cm lang, 4–9 cm breit, kurz zugespitzt, unregelmäßig doppelt gesägt, unterststs. weich behaart; Fr. meist zu 2–6, gebüschelt. Sg – N-2.

Amerikanische H., *C. americána* WALT.

– Fr.hülle nicht oder nur wenig über die Nuß hinausragend **4**

4. Fr.hülle etwa so lang wie die Nuß, Lappen der Fr.hülle gesägt *(31/29)*; Bl. rundl. bis breit-eif., 5–10 cm lang, 4–8 cm breit, kurz zugespitzt, doppelt gesägt, etwas gelappt, jederststs. mit 6–7 Seitenadern *(31/28)*, beiderststs. ± weichhaarig; ♂ Kätzchen 3–7 cm lang; Fr. zu 1–4. Sg – N-3. **Haselnuß, *C. avellána*** L.

'Fuscorúbra' (f. *atropurpúrea* KIRCHN.), **Blut-Hasel,** Bl. purpurrot bis braunrot.

'Áurea', Bl. im Austrieb gelb, später gelbgrün; Zw. im Winter gelb.

'Heterophýlla' (var. *laciniáta* KIRCHN., var. *urticifólia* D.C.), Bl. tief eingeschnitten, spitzlappig.

'Péndula', Zw. bogenf. überhängend und abwärts wachsend.

'Contórta', **Korkenzieher-Hasel,** Zw. gedreht-gewunden, fast schraubig wachsend.

Außerdem zahlreiche Fr.sorten, z. T. auch Hybriden mit *C. máxima.*

– Fr.hülle meist etwas länger als die Nuß, samthaarig, mit 6–9 3eckig-eif., ± ganzrandigen Zipfeln; Bl. verkehrt-eif. bis eirundl., 5–10 cm lang, plötzlich zugespitzt, unregelmäßig gesägt, ± gelappt, oberststs. kahl, unterststs. auf Adern behaart; Fr. zu 1–3. Sg – N-4. **Mongolische H., *C. heterophýlla*** TRAUTV.

5 (2). Fr.hülle behaart, doppelt so lang wie Nuß, sich wenig verengend; Bl. rund-eif. bis verkehrt-eif., 5–12 cm lang, 4–10 cm breit, Basis der Bl.spreite herzf., Bl. doppelt gesägt, leicht gelappt; ♂ Kätzchen 5–7 cm lang; Fr. zu 1–3. Sg – Nw-3. (*C. tubulósa* WILLD.). **Lambertsnuß, *C. máxima*** MILL.

'Purpúrea' (var. *atropurpúrea* BEAN.), **Blut-Lambertsnuß,** Bl. schwarz-purpurn, glänzend.

Außerdem zahlreiche Fr.sorten.

– Fr.hülle borstig, oberhalb der Nuß zu einer engen Röhre zusammengezogen **6**

6. Bl.stiel 15–25 mm lang, Bl. elliptisch-eif., zugespitzt, 8–10 cm lang, doppelt gesägt, oftmals mit roten Flecken in der Mitte der Bl.spreite; Fr.hülle mit einer sehr langen und engen Röhre *(31/30)*; Antheren rötl. Sg – Nh-4 (Japan). **Japanische H., *C. sieboldiána*** BLUME

var. ***mandshúrica*** (MAXIM. et RUPR.) SCHNEID., Bl. stärker gelappt, herzf.; Fr.hülle bis 5 cm lang.

– Bl.stiel 6–12 mm lang, Bl. eif. bis verkehrt-eif., gesägt, kaum gelappt, 4–12 cm lang, 3–8 cm breit; Fr.hülle etwas weiter, an der Spitze zipfelig *(31/31)*; Antheren gelbl. Sg – N-2. (*C. rostráta* AIT.). **Schnabelnuß, *C. cornúta*** MARSH.

31/30

Corylus sieboldiana, Frucht

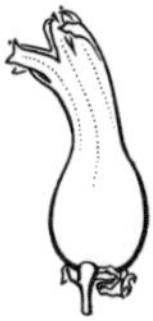

31/31

C. cornuta, Frucht

Ordnung: ***Eucommiáles***

32. Familie: ***Eucommiáceae***

Sommergrüne Bäume; Mark der Zw. gekammert; Bl. wechselst., einfach; Bltn. eingschl., zweihäusig, ohne Perianth, ♂ Bltn. gestielt mit 4–12 Stbl., ♀ Bltn. kurzgestielt mit 2 Frbl. (nur 1 fertil), anemogam; Fr. geflügelt, einsamig, nicht aufspringend *(32/2)*.
Blätter, Rinde, Mark und Früchte enthalten in Saftschläuchen eine guttaperchaähnliche Substanz. Die systematische Zugehörigkeit dieser Familie mit einer monotypischen Gattung ist noch ungeklärt, verwandtschaftliche Beziehungen bestehen zu den *Hamamelidáles* und den *Urticáles*.

Eucómmia Oliv., **Guttaperchabaum**

Bl. wechselst., elliptisch bis längl.-eif., zugespitzt, 8–20 cm lang, gezähnt *(32/1)*, obersts. anfangs behaart, später kahl und runzlig, untersts. schwach behaart, Bl.stiel 1,5–2,5 cm lang; einziger winterharter Baum, der guttaperchaähnliche Substanz enthält, die z.B. beim Zerreißen der Blätter als weiße Fäden sichtbar wird; IV. Bm – Nhw-4 (M-China).

E. ulmoídes Oliv.

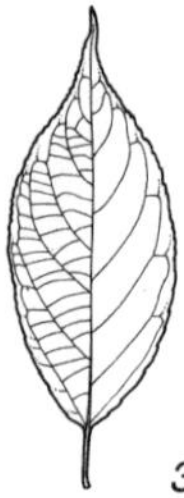

32/1

Eucommia ulmoides

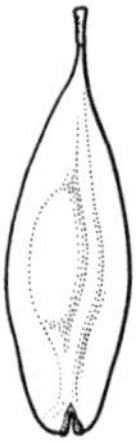

32/2

E. ulmoides, Frucht

Ordnung: ***Urticáles***

33. Familie: ***Ulmáceae,* Ulmengewächse**

Sommer- und immergrüne Bäume, seltener Sträucher; Bl. wechselst., meist 2zeilig, oft ungleichseitig; Bltn. zwittrig oder eingschl., Perigon 4–5zählig, Stbl. meist 4–5, Gr. meist 2; Fr. ist eine oft geflügelte Nuß *(Úlmus, Hemiptélea)* oder eine Steinfr. *(Céltis, Zélkova)*. Etwa 18 Gattungen mit 150 Arten, vor allem in den Tropen Asiens und Amerikas.

1. Bl.spreite mit paarig angeordneten Seitenadern (fiedernervig), die ± parallel in die Bl.zähne verlaufen **2**

– Bl.spreite an der Basis mit 3 kräftigen Adern *(33/12)*, Seitenadern nicht paarig angeordnet, vor dem Bl.rand umbiegend und miteinander anastomosierend . . . . ***Céltis*** 33–6

2. Sparriger Strauch bis kleiner Baum, mit verdornenden Kurztrieben . . . . ***Hemiptélea*** 33–5

– Bäume, ohne verdornende Kurztriebe **3**

3. Basis der Bl.spreite meist deutl. schief, Bl.hälften ungleich *(33/4)*; Flügelfr. . . . . ***Úlmus*** 33–1

– Basis der Bl.spreite kaum schief, Bl.hälften ± gleich *(33/12)*; Steinfr. . . . . ***Zélkova*** 33–5

1. ***Úlmus*** L., **Ulme**

Sommergrüne Bäume, seltener Sträucher; Bl. wechselst. 2zeilig, fiedernervig, mit gesägtem Bl.rand, meist asymmetrisch; Bltn. zwittrig in Doppelwickeln oder Dichasien, meist vor den Bl. erscheinend, Perigon glockig verwachsen, Antheren purpurrot; Fr. einsamige Nuß, geflügelt, Flügelsaum oben eingeschnitten. Etwa 20 Arten in der nördl. temperierten Zone und in den Gebirgen des tropischen Asiens. Für eine sichere Bestimmung sind stets Früchte notwendig, da Blattmerkmale allein häufig nicht ausreichen.

1. Bltn. kurzgestielt, aufrecht, in dichten Büscheln; Fr.flügel am Rand nicht gewimpert **3**

– Bltn. langgestielt, hängend, in dichten Büscheln; Fr.flügel am Rand gewimpert **2**

2. Junge Zw. dicht weichhaarig; Bl. verkehrt-eif., 6–13 cm lang, etwas mehr als halb so breit, zugespitzt, scharf und doppelt gesägt, Basis der Bl.spreite z. T. stark asymmetrisch, Bl. obersts. grün glänzend, kahl, untersts. dicht grau behaart, jedersts. bis 18 Seitenadern, Bl.stiel 4–6 mm lang *(33/1)*; Fr. 1–1,4 cm lang, rundl. bis breit-eif.; Samen etwa in der Mitte, den Flügeleinschnitt nicht berührend; III–IV. Bg – N-3. (*U. effúsa* Willd.).

Flatter-U., *U. lǽvis* Pall.

– Junge Zw. anfangs behaart, später kahl; Bl. längl.-eif. bis elliptisch, lang zugespitzt, 10–15 cm lang, 3–8 cm breit, Basis der Bl.spreite asymmetrisch, doppelt gesägt, Bl. obersts. dunkelgrün, kahl, rauh, untersts. flaumig behaart, jedersts. mit etwa 18

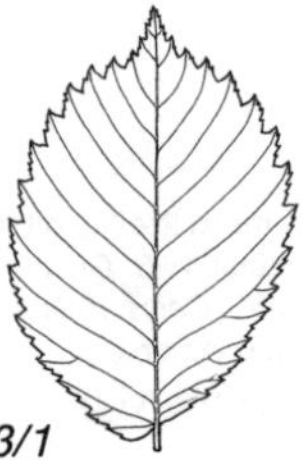

33/1
Ulmus laevis

33/2
U. pumila var. arborea

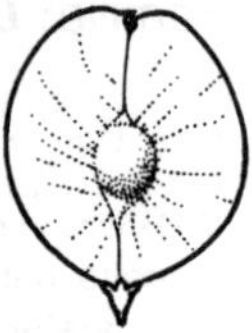

33/3
U. glabra, Flügelfrucht

Seitenadern, Bl.stiel 5–8 mm lang; Fr. 1 cm lang, elliptisch; Flügeleinschnitt bis zum Samen reichend; III–IV. Bg – N-2.

Weiß-U., *U. americána* L.

3. Junge Zweige rauh behaart, rotbraun; Fr. in der Mitte rostbraun behaart; Bl. längl.-eif., 8–20 cm lang, etwa halb so breit, plötzlich zugespitzt, Basis der Bl.spreite asymmetrisch, Bl. doppelt gesägt, obersts. sehr rauh, untersts. behaart, Bl.stiel 6–8 mm lang; Fr. breit elliptisch bis rundl., 1–2 cm lang; III–IV. Bm/Bg – N-2. (*U. fúlva* MICHX.). **Rot-U., *U. rúbra*** MUEHLENB.

– Junge Zw. glatt, kahl oder behaart; Fr. kahl **4**

4. Basis der Bl.spreite fast symmetrisch, Bl.rand nahezu einfach gesägt, Bl. elliptisch bis eif.-lanzettl., spitz bis zugespitzt, 2–6 cm lang, 1–3 cm breit, obersts. dunkelgrün, kahl, untersts. schwach behaart, Achselbärte, Bl.stiel 2–4 mm lang; Fr. rundl., 1–1,5 cm lang; IV. Bk/Bm – Ns/a-3/4.

Sibirische U., *U. púmila* L.

var. ***arbórea*** LITV., Wuchs in der Jugend kegelf., später Zw. ± überhängend; Bl.zähne meist mit 1 oder 2 kleinen Zähnchen, Bl. obersts. glatt *(33/2)*. Bg

– Basis der Bl.spreite z.T. stark asymmetrisch, Bl.rand doppelt gesägt **5**

5. Junge Zw. behaart, Bl. obersts. rauh, untersts. weichhaarig . . . **6**

– Junge Zw. kahl oder nur zerstreut behaart, Bl. obersts. ± glatt, untersts. kahl oder spärl. behaart, drüsig **7**

6. Fr. rundl., etwa 1,3 cm breit, Samen unterhalb des Flügeleinschnittes; Bl. 5–9 cm lang, 3–6 cm breit, Basis asymmetrisch, Bl. scharf gesägt, obersts. dunkelgrün und rauh, untersts. gleichmäßig behaart mit weißen Achselbärten, jedersts. mit 10–12 Seitenadern, Bl.stiel 4–6 mm lang, behaart; junge Zw. behaart; III–IV. Bg – N-3. (*U. campéstris* MILL., non L.).

Englische U., *U. procéra* SALISB.

'Argénteo–Variegáta', Bl. weißbunt gefleckt und gestreift.
var. ***āūrea*** REHD., Bl. klein, bis 6 cm lang, gelb.
'Berárdii', Bl. einfach gezähnt, nur 2–3 cm lang; Zw. dünn.
'Purpuráscens' (var. *myrtifólia purpúrea* DESMET), Bl. 2–3 cm lang, purpurrot, später ergrünend.
'Vanhōūttei', Bl. goldgelb.
'Viminális' (*U. antárctica* KIRCHN.), Bl. schmal-elliptisch, eingeschnitten, 2–6 cm lang, doppelt gesägt, Seitenzw. hängend.

– Fr. breit-elliptisch, 2–2,5 cm lang, Samen in der Mitte *(33/3)*; Bl. 8–18 cm lang, 4–10 cm breit, elliptisch bis verkehrt-eif., plötzlich zugespitzt, manchmal 3lappig an der Bl.spitze, Basis der Bl.spreite sehr asymmetrisch, Bl.stiel 3–6 mm lang, Bl. doppelt gesägt, obersts. dunkelgrün, sehr rauh, untersts. heller und behaart, jedersts. mit 14–20 Seitenadern; Stammborke lange glatt bleibend; III–IV. Bg – Nhk-3. (*U. scábra* MILL., *U. montána* STOKES). **Berg-U., *U. glábra*** HUDS.

'Camperdównii' (*U. montána péndula* KIRCHN.), **Hänge-U.**, Zw. senkrecht herabhängend, Krone rundl.
'Exoniénsis' (*U. montána fastigiáta* LOUD.), **Säulen-U.**, Wuchs säulenf.; Bl. gekräuselt, unregelmäßig grob gesägt.
'Péndula' (*U. montána horizontális* KIRCHN., *U. montána péndula* LOUD.), **Schirm-U.**, Äste schirmf. ausgebreitet, Zw. lang herabhängend, Krone abgeflacht.
'Atropurpúrea', Bl. dunkelpurpurn, später tiefgrün.
'Cornúta', Bl. verkehrt-eif., oft an der Bl.spitze am breitesten, mit 3–5 zugespitzten Lappen.
'Lutéscens', Bl. gelb.

7. Bl. 4–19 cm lang, 2,5–5 cm breit, obersts. glänzend grün, kahl, untersts. bis auf Mittelader und Achselbärte kahl; elliptisch bis eif., doppelt gesägt, Basis der Bl.spreite sehr stark asymmetrisch, Bl. jedersts. mit 10–13 Seitenadern, Bl.stiel 6–13 mm lang *(33/4)*, meist behaart; Fr. elliptisch bis verkehrt-eif., Samen unterhalb des geschlossenen Flügeleinschnittes *(33/5)*; III–IV.

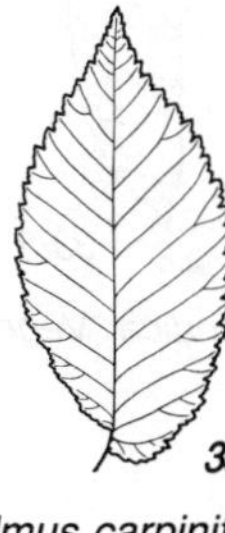

33/4

Ulmus carpinifolia

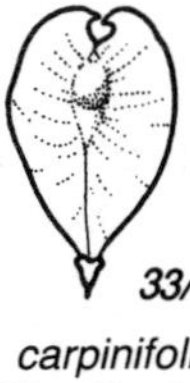

33/5

U. carpinifolia, Flügelfrucht

33/6

U. carpinifolia 'Dampieri'

Bg – N-3. (*U. campéstris* auct. non L., *U. foliácea* GILIB., *U. nítens* MOENCH., *U. glábra* MILL. non HUDS., *U. mínor* MILL.).

Feld-U., *U. carpinifólia* GLED.

var. ***cornubiénsis*** (WEST.) REHD., Zw. aufstrebend, Krone ± schmal-pyramidal.

var. ***sarniénsis*** (LODD.) LOUD., ähnl. voriger, Zw. steif aufgerichtet.

'Dampiéri', Krone schmal-pyramidal; Bl. tief doppelt gezähnt und gekerbt *(33/6)*, an den seitl. Zw. dicht gedrängt stehend.

'Koopmánnii', Buschform, hochstämmig veredelt, eif., regelmäßige, dichtzweigige Krone bildend.

'Umbraculífera', Buschform, hochstämmig veredelt, breitkugelige, regelmäßige, feinzweigige Krone bildend.

'Péndula', Hängeform.

var. ***suberósa*** REHD., **Kork-U.**, einj. oder mehrj. Zw. ± stark korkflügelig.

'Propéndens', Hängeform.

'Wrédei', Bl. stets gelb.

– Bl. 6–13 cm lang, 4–8 cm breit, obersts. dunkelgrün, kahl, untersts. bis auf Mittelader und Achselbärte kahl, Basis der Bl.spreite stark asymmetrisch, Bl. jedersts. mit 10–14 Seitenadern, Bl.stiel 6–10 mm; Fr. eif. bis verkehrt-eif., 2–2,5 cm lang, Samen oberhalb der Mitte, an den Flügeleinschnitt grenzend; als Hybride *U. carpinifólia* × *glábra* angesehen; III–IV.

Holländische U., *U.* × *hollándica* MILL.

Viele Formen:

'Bea Schwarz', soll widerstandsfähiger gegenüber dem Ulmensterben sein *(33/7)*.

'Bélgica', **Belgische U.**, mit breitrundl. Krone.

'Commelin', Krone dicht, breit kegelf.

'Supérba', **Pracht-U.**, Krone schmal-kegelf.

'Végeta', **Húntingdon-U.**, *(33/8)*, Krone kegelf., Stamm häufig gegabelt.

33/7

Ulmus × hollandica 'Bea Schwarz'

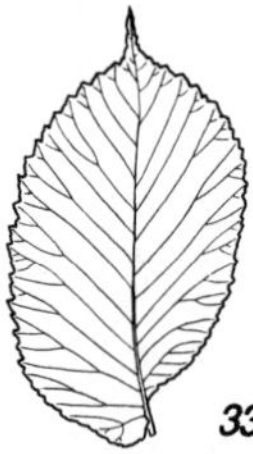

33/8

U. × hollandica 'Vegeta'

33/9

Hemiptelea davidii

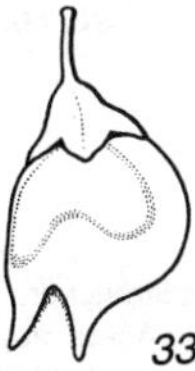

33/10

H. davidii, Frucht

33/11

Zelkova carpinifolia, Frucht

33/12

Z. serrata

2. *Hemiptélea* Planch., Dornulme

Monotypische Gattung.

Sommergrüner Strauch bis kleiner Baum, sehr dicht verzweigt, sparrig, mit 2–10 cm langen verdornten Kurztrieben; junge Zw. behaart; Bl. wechselst., 2zeilig, elliptisch-längl., 4–7 cm lang, 2,5–3 cm breit, jedersts. mit 7–15 eingesenkten Seitenadern, grob gesägt *(33/9)*, Basis der Bl.spreite nicht schief, abgerundet bis schwach herzf., Bl. obersts. dunkelgrün, anfangs spärl. behaart, untersts. kahl mit Ausnahme der Hauptadern, Bl.stiel 1–3 mm lang; Fr. klein, ulmenartig, einseitig geflügelt *(33/10)*; V. Sg/Bk – N-4.

Davids Dornulme, *H. davídii* (Hance) Planch.

3. *Zélkova* Spach, Zelkove

Sommergrüne Bäume oder Sträucher; Bl. wechselst., kurzgestielt, einfach, fiedernervig, symmetrisch, gesägt; Bltn. zwittrig oder eingschl., einhäusig, achselst. in kleinen Büscheln, Perigon 4–5teilig, Stbl. 2–5; Fr. eine kurzgestielte Steinfr. *(33/11)*. 4 Arten in Kreta, Iran, östl. Kaukasus und in Ostasien.

1. Bl. jedersts. mit 7–11 Seitenadern, die in grobe Bl.zähne verlaufen, Bl. elliptisch bis eif., 3–8 cm lang, 2–4 cm breit, Basis der Bl.spreite abgerundet bis leicht herzf., Bl. obersts. dunkelgrün, zerstreut behaart, etwas rauh, untersts. auf den Adern behaart, Bl.stiel 2–3 mm lang; Fr. 5 mm ∅; V. Bg – Nw-3 (Kaukasien). (*Z. crenáta* Spach, *Z. ulmoídes* Schneid.).

Kaukasische Z., *Z. carpinifólia* (Pall.) K. Koch

– Bl. jedersts. mit 6–13 Seitenadern, die in scharf zugespitzte Bl.zähne verlaufen, Bl. elliptisch bis eilängl., 5–12 cm lang, 2–5 cm breit, Basis der Bl.spreite abgerundet bis leicht herzf. *(33/12)*, Bl. obersts. dunkelgrün, behaart, rauh, untersts. kahl, Bl.stiel 3–6 mm lang; Fr. 4 mm ∅; meist mehrstämmig; V. Bg –

Nhw/Mh-4. (*Z. acumináta* (LINDL.) PLANCH., *Z. kéaki* (SIEB.) MAXIM.). **Japanische Z., *Z. serráta*** (THUNB.) MAKINO

4. *Céltis* L., Zürgelbaum

Sommergrüne oder immergrüne Bäume, seltener Sträucher, z.T. mit axillären Dornen; Bl. wechselst., an der Basis der Bl.spreite mit 3 starken Adern, asymmetrisch, ganzrandig oder gesägt; Bltn. zwittrig oder eingschl., einhäusig, Perigon 4–6teilig, Stbl. 4–6; Fr. eine kugelige oder eif. Steinfr. mit fleischigem Exokarp, bei einigen Arten eßbar. Etwa 70 Arten, überwiegend in gemäßigten und tropischen Zonen.

1. Junge Zw. zumindest anfangs behaart **2**

– Junge Zw. kahl; Bl. eif., zugespitzt, Basis der Bl.spreite rund bis herzf., Bl. 3–7 cm lang, stumpf gezähnt oberhalb der Bl.mitte, bläul.grün bis graugrün, ± behaart; Fr. orangegelb, 8 mm ∅, Fr.stiel 1 cm lang. Bk – Ns-3. **Tourneforts Z., *C. tournefórtii*** LAM.

2. Bl. unterstS. zumindest auf den Adern behaart **3**

– Bl. unterstS. kahl bis auf winzige Borsten auf den Adern (Lupe!), oberstS. dunkelgrün, rauh durch kleine Warzen, schief-eif., 3–7 cm lang, 1,5–4 cm breit, Bl.rand fast bis zur Basis grob gesägt, Bl.zähne auffällig einwärts gekrümmt; junge Zw. anfangs behaart; Fr. rotbraun, 4 mm ∅, Fr.stiel 1–2,5 cm lang. Bk/Sg – Ns-3 (Vorderasien). **Kahler Z., *C. glabráta*** PLANCH.

3. Bl. oberstS. dunkelgrün, mit kurzen steifen Haaren, rauh, unterstS. graugrün, weichhaarig, elliptisch-längl., lang zugespitzt, derb, scharf gesägt, 5–12 cm lang, 1,5–4 cm breit; junge Zw. behaart; Fr. kugelig, 1–1,2 cm ∅, anfangs gelbl.weiß, später violettbraun, eßbar, süßlich schmeckend; Fr.stiel 2,5 cm lang; IV–V. Bg ∧ – Nsm-3. **Südlicher Z., *C. austrális*** L.

– Bl. oberstS. glänzend grün, glatt, unterstS. blaßgrün, kahl, nur auf den Adern behaart, lanzettl.-eif. bis breit-eif., kurz zugespitzt, nicht derb, bis fast zur Basis scharf gesägt *(33/13)*, 5–12 cm lang; junge Zw. ± behaart; Fr. 7–10 mm ∅, orange bis dunkelpurpurn, fade schmeckend; Fr.stiel 2 cm lang *(33/14)*; IV–V. Bg – N-2. **Nordamerikanischer Z., *C. occidentális*** L.

33/13

Celtis occidentalis

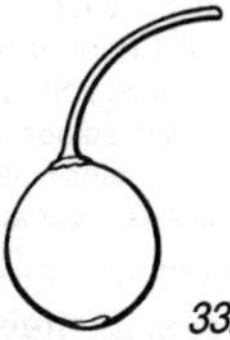

33/14

C. occidentalis, Frucht

34. Familie: ***Moráceae,*** **Maulbeergewächse**

Sommergrüne oder immergrüne Bäume, Sträucher, Lianen, seltener Kräuter; Bl. wechselst. oder gegenst., Stipeln meist groß, tütenf. verwachsen; Bltn. eingschl., einhäusig oder zweihäusig, meist 4 Perigonbl., 4 Stbl. und 2 Gr., Bltn. klein, meist in axillären, cymösen oder racemösen Bltn.st., oft zu Köpfchen verkürzt oder scheiben- bis becherf. oder kugelige bis hohlkugelige Bltn.stände bildend, Bltn. anemogam, seltener entomogam *(Fícus)*; Fr. eine Steinfr., seltener eine Nuß, oft in Scheinfrüchten; sehr häufig Milchsaft. Etwa 40 Gattungen mit über 1000 Arten, vor allem in Tropen und Subtropen.

1. Bltn. innerhalb eines fleischigen krugf. bis hohlkugeligen Bltn.standes; Bl. meist handf. gelappt, seltener ungelappt *(34/7)* . ***Fícus*** 34–4
– Bltn. in Ähren oder Köpfchen **2**
2. Zw. mit kurzen Dornen in den Bl.achseln; Bl. ganzrandig *(34/3)* . ***Maclúra*** 34–2
– Zw. ohne Dornen; Bl. ganzrandig, gesägt, gezähnt oder gelappt **3**
3. Scheinfrucht eif. bis zylindrisch, weiß, rot bis schwarzrot . . . . ***Mórus*** 34–1
– Scheinfrucht kugelig, orangerot bis rot . . . . ***Broussonétia*** 34–3

1. ***Mórus*** L., **Maulbeere**

Sommergrüne Bäume oder Sträucher mit Milchsaft; Bl. wechselst., ungeteilt oder gelappt, gesägt oder gezähnt; Bltn. eingschl., einhäusig oder zweihäusig, in gestielten, hängenden Ähren; Fr. eine Nuß, wird von fleischig werdendem Perigon umhüllt, Fr. des gesamten Bltn.standes bleiben in Scheinfrucht vereinigt *(34/1)*. Etwa 12 Arten der nördl.-temperierten bis subtropischen Zone.

1. Bl. obersts. sehr rauh, glänzend dunkelgrün, untersts. heller, behaart, breit-eif. bis 2–5lappig, grob gesägt, kurz zugespitzt, Basis der Bl.spreite herzf., Bl. 6–12(–20) cm lang. Bl.stiel bis 2,5 cm lang; junge Zw. behaart; Scheinfrüchte 2–2,5 cm lang, Fr. dunkelrot bis schwarzrot, süß schmeckend; seit alters in Kultur; V. Bk – Nsm-3. **Schwarze M., *M. nígra*** L.

34/1

Morus nigra, Scheinfrucht

34/2

M. alba

– Bl. obersts. schwach rauh oder glatt, untersts. weichhaarig oder nur auf den Adern behaart **2**

2. Bl. untersts. weichhaarig, obersts. etwas rauh, breit-eif. bis rundl., z. T. 2–3lappig, 8–13 cm lang, kurz zugespitzt, Basis der Bl.spreite herzf., Bl.rand scharf gesägt, Bl.stiel 1,5–2,5 cm lang; Fr.stände 2–3 cm lang, Fr. anfangs rot, zuletzt dunkelpurpurn, süß schmeckend; V. Bm – Nw-2. **Rote M., *M. rúbra*** L.

– Bl. untersts. nur auf den Adern behaart, obersts. glatt oder nur schwach rauh, hellgrün, breit-eif. oder 3lappig, 8–20 cm lang (Bl.länge sehr variabel), zugespitzt, Basis der Bl.spreite herzf., Bl.rand grob gezähnt *(34/2)*, Bl.stiel 1–2,5 cm lang; junge Zw. anfangs behaart, später ± kahl; Scheinfrüchte 1,5–2,5 cm lang, Fr. weiß oder rosa, süß, aber fade schmeckend; Bl. dienen als Futter für die Seidenraupenzucht; V. Bk/Bm – Nw-4. **Weiße M., *M. álba*** L.

var. ***tatárica*** Ser., Bl. 4–8 cm lang; Fr. 1 cm lang, dunkelrot. Sg/Bk.
'Constantinopolitána', Wuchs gedrungen, dickästig, Bl. breit-eif. bis herzf., derb; Fr. walzenf., gelbl.
'Péndula', Zw. herabhängend, dünn; Bl. meist gelappt; Fr. dunkelpurpurn.

2. *Maclúra* Nutt., Milchorange

Sommergrüne Bäume oder Sträucher mit Milchsaft; achselst. Dornen; Bl. wechselst., einfach, ganzrandig; Bltn. eingeschl., zweihäusig, ♂ Bltn. in kurzen Ähren oder Trauben, ♀ Bltn. in dichten Köpfchen; Fr. eine Nuß, zu großen kugeligen, runzligen Scheinfrüchten vereinigt. 12 Arten pantropisch und Nordamerika.

Zw. mit bis zu 3 cm langen Dornen, junge Zw. anfangs behaart, später kahl; Bl. eif. bis längl.-lanzettl., 4–10 cm lang, 2–5 cm breit, zugespitzt, Basis der Bl.spreite abgerundet *(34/3)*, Bl.

34/3

Maclura pomifera, Sproßstück mit Dorn und Blatt

obersts. dunkelgrün, kahl, untersts. blaßgrün, behaart vor allem auf den Adern, Bl.stiel 1,5–4 cm lang; Scheinfrucht 5–10 cm ∅, orangenartig, gelbgrün; Fr. eine Nuß, ca. 1 cm lang, Samen ca. 8 mm lang *(34/4)*; V–VI. Bk/Bm – Nsm-2. (*Lóxylon pomíferum* RAF., *M. aurantíaca* NUTT.). ***M. pomífera*** (RAF.) SCHNEID.

× ***Macludránia hýbrida*** ANDRÉ (= *Cudránia tricuspidáta* × *Maclúra pomífera 'Inérmis'*), Zw. dunkelbraun mit kurzen Dornen; Bl. eif., lang zugespitzt, bis 15 cm lang, bis 7 cm breit, kahl, untersts. violett. ∧.

3. *Broussonétia* L'HÉRIT. ex VENT., Papiermaulbeere

Sommergrüne Bäume und Sträucher mit Milchsaft; Bl. wechselst., ganzrandig, gesägt oder gelappt, Stipeln klein, abfallend; Bltn. eingeschl., zweihäusig, ♂ Bltn. in hängenden Ähren, ♀ Bltn. in krugf. Bltn.ständen; Fr. eine Steinfr., zu kugeligen Scheinfrüchten vereinigt *(34/4)*. 7 Arten in Ostasien und Polynesien.

1. Bl. untersts. anfangs schwach behaart, später kahl, obersts. sehr rauh, Bl.stiel 1–2 cm lang, Bl. eif., z.T. 2–3lappig, lang zugespitzt, Basis der Bl.spreite abgerundet bis leicht herzf., deutlich 3aderig, Bl. sehr variabel in der Größe, 5–20 cm lang, 7–12 cm breit, Bl.rand fein gesägt; junge Zw. purpurrot, anfangs behaart, später kahl; Fr. rot, behaart. Sk/Sg ∧ ∧ – Mh/Nhw-4. ***B. kazinoki*** SIEB. et ZUCC.

– Bl. untersts. dicht wollig behaart bis zum Bl.fall, obersts. rauh, dunkelgrün, Bl.stiel 2,5–10 cm lang, Bl. eif. oder 3lappig, zugespitzt, Basis der Bl.spreite abgerundet, deutlich 3aderig, Bl. sehr variabel in Form und Größe, 7–20 cm lang *(34/5–6)*; junge Zw. stark behaart; Fr. 2 cm ∅, orangerot bis rot; V. Sg/Bk ∧ – T/Mh/Nhw-4. ***B. papyrífera*** (L.) VENT.

Aus dem Bast der in Ost- und Südostasien bis 15 m hoch werdenden Bäume wird feinstes Papier (Kōdzōpapier) hergestellt.

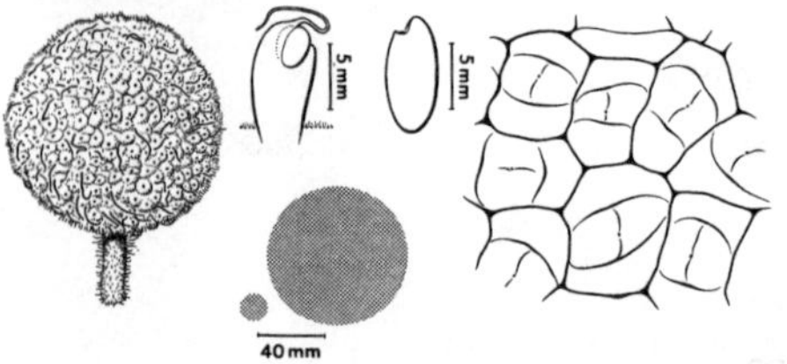

34/4: Broussonetia papyrifera, Scheinfrucht und Einzelfrucht (links); *Maclura pomifera*, Oberflächenausschnitt von Scheinfrucht, Einzelfrucht (rechts); Raster: Größenverhältnisse von *Broussonetia* und *Maclura*.

34/5

Broussonetia papyrifera

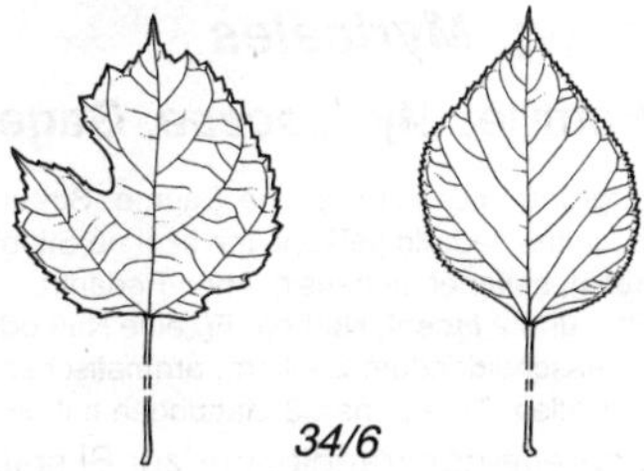

34/6

B. papyrifera, asymmetrische Blätter

4. *Fícus* L., **Feige**

Sommergrüne und immergrüne Bäume oder Sträucher, Lianen und Epiphyten, mit Milchsaft, oft mit Luftwurzeln; Bl. meist wechselst. ungeteilt oder gelappt; Bltn. eingschl., einhäusig oder seltener zweihäusig, sehr klein, ♂ und ♀ Bltn. meist in sehr großer Zahl innerhalb krugf. bis hohlkugeliger Bltn.stände; Steinfr. zu Scheinfrucht vereinigt. Etwa 700 Arten in den Tropen, seltener in den Extratropen.

Bl. tief 3–5lappig, Bl.lappen ± verkehrt-eif., stumpf *(34/7)*, selten ungeteilt, Bl. 10–20 cm lang und breit, unregelmäßig gezähnt, beidersts. rauh, besonders aber oberst., Bl.stiel 2,5–10 cm lang; Fr. sind grünl. oder braunviolette wohlschmeckende Feigen *(34/8)*. Sg/Bk ∧ ∧ – Ms-3. ***F. cárica*** L.

34/7

Ficus carica

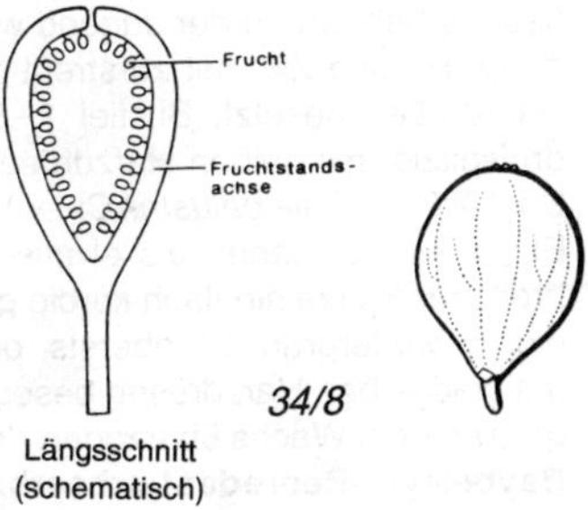

34/8

Längsschnitt
(schematisch)

F. carica, Scheinfrucht

Ordnung: ***Myricáles***

35. Familie: ***Myricáceae*, Gagelgewächse**

Sommergrüne oder immergrüne Bäume, Sträucher oder Halbsträucher; Bl. wechselst., einfach, selten fiederig gelappt, meist ohne Stipeln; Bltn. klein und unscheinbar, eingschl., zweihäusig, seltener einhäusig, ohne Perianth, ♂ Bltn. mit 2–20, meist 4–8 Stbl., ♀ Bltn. mit 2 Frbl. und 2 fadenf. Narben; Fr. eine Nuß oder Steinfr. mit sehr hartem Endokarp und Wachs ausscheidendem Exokarp; aromatischer Duft durch Vorkommen von ätherischen Ölen (vor allem Triterpene). 3 Gattungen mit 56 Arten.

1. Bl.spreite ganzrandig, nur zur Bl.spitze hin entfernt gesägt, ohne Stipeln; Steinfr. . . . . ***Myríca*** 35–1

– Bl.spreite linealisch, auf der gesamten Länge fiederig gelappt, mit 2 großen Stipeln; Fr. eine Nuß . . . . ***Comptónia*** 35–2

1. ***Myríca*** L., **Gagel**

Sommergrüne oder immergrüne, aromatisch duftende Bäume oder Sträucher; Bl. wechselst., einfach, ganzrandig, gezähnt oder gekerbt, mit Harzdrüsen, Stipeln fehlen; Bltn. meist mit 2–8 Stbl. in dichten Kätzchen; Fr. eine kugelige Steinfr., oft mit Wachsüberzug. ㊍. 54 Arten, überwiegend aus den Subtropen.

1. Bl. sommergrün oder wintergrün **2**

– Bl. immergrün, schmal verkehrt-eif. bis verkehrt-lanzettl., 4–8(–11) cm lang, 0,8–1,9 cm breit, Basis der Bl.spreite keilf., Bl. zur Spitze hin weit entfernt gesägt, obersts. glänzend grün, kahl, untersts. hellgrün, auf der Mittelader behaart, mit goldgelben Harzdrüsen, Bl.stiel 3–6 mm lang; Fr. 2–3 mm dick, mit weißem Wachs überzogen. Bk/Bm ⧺ ㊍ ∧ – Nhw/Mh-2.
Wachsmyrte, *M. cerífera* L.

2. Bl. verkehrteif.-längl. bis lanzettl., 2,5–6 cm lang, 0,8–1,9 cm breit, Basis der Bl.spreite keilf., Bl. zur Spitze hin entfernt gesägt, obersts. glänzend dunkelgrün, kahl, untersts. blaßgrün, ± flaumig behaart, in der Jugend weich, später derber, zuletzt lederig, Bl. und Zw. mit zerstreut angeordneten goldglänzenden Harzdrüsen besetzt, Bl.stiel 1–5 mm lang; nußartige Steinfr. dreispitzig, mit gelben Harzdrüsen *(35/1)*; IV–V. Sk ㊍ – Nhk/Bh-1/2/3/4. (*Gale palústris* Chev.). **Torf-G., *M. gále*** L.

– Bl. verkehrteif.-längl. bis elliptisch, 4–10 cm lang, 1,5–4 cm breit, zur Spitze hin flach kerbig gesägt *(35/2)* oder Bl. ganzrandig, ± wintergrün, Bl. obersts. dunkelgrün, beidersts. behaart, mit goldgelben Harzdrüsen besetzt; Fr. kugelig, 3–4 mm ∅, mit grauweißem Wachs überzogen *(35/3)*; III–IV. Sk ㊍ – Nh-2.
Bayberry (= Beere des Lorbeerbaumes), *M. pensylvánica* Lois.

35/1

Myrica gale, Frucht

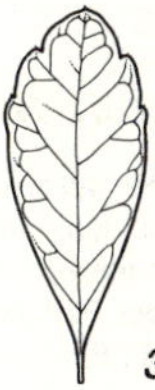

35/2

M. pensylvanica

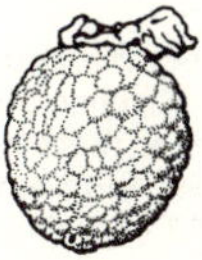

35/3

M. pensylvanica, Fruchtstand

2. ***Comptónia*** L'HÉRIT. ex AIT., **Farnmyrte**

Monotypische Gattung.

Sommergrüner Strauch; Bl. linealisch, regelmäßig tief fiederig gelappt mit rundl.-eif. Lappen *(35/4)*, 5–10 cm lang, 0,8–1,6 cm breit, obersts. glänzend dunkelgrün, untersts. behaart, Bl.stiel 3–6 mm lang, mit 2 großen Stipeln; Fr. eif., bis 5 mm lang, braunoliv; Ausläufer bildend; IV–V. Sk ㊉ – N-2. ***C. peregrína*** (L.) COULT.

35/4

Comptonia peregrina

Ordnung: ***Juglandáles***

36. Familie: ***Juglandáceae,* Walnußgewächse**

Sommergrüne Bäume, selten Sträucher mit wechselst., selten gegenst., unpaarig gefiederten Bl., ohne Stipeln; Bltn. eingschl., klein und unscheinbar, meist in hängenden vielbltg. Ähren (Kätzchen), ♂ Bltn. z.T. in aufrechten, wenigbltg. Ähren, anemogam, ♂ Bltn. mit meist 4 Perigonbl. und 2 Vorbl. oder Perigonbl. fehlen, meist 5–40 Stbl., ♀ Bltn. mit meist 4 Perigonbl., 2 Vorbl. und 2 Frbl.; Fr. sind Steinfr. oder Nußfr. 8 Gattungen mit 58 Arten.

1. Junge Zw. mit vollem Mark; Steinfr. springt 4klappig auf, Endokarp (Steinkern) glänzend, dünn- und glattschalig, oft mit 4 Rippen längs überzogen, stets Bäume . . . . ***Cárya*** 36–4

– Junge Zw. mit gekammertem Mark *(3)* **2**

2. Seitenst. Kn. sitzend oder selten kurz gestielt; Steinfr. mit fleischig-faserigem Exokarp, bei der Reife aufspringend, und holzigem, netzig-runzligem Endokarp (Steinkern), meist Bäume . . . ***Júglans*** 36–2

– Seitenst. Kn. stets deutl. gestielt; Fr. als geflügelte Nüsse in sehr langen vielfr. Kätzchen angeordnet; meist mehrstämmige Bäume . . . . ***Pterocárya*** 36–1

1. ***Pterocárya*** Kunth, **Flügelnuß**

Sommergrüne Bäume; Zw. mit gekammertem Mark; Bl. wechselst., unpaarig gefiedert; Bltn. einhäusig, in hängenden Kätzchen, an den ♀ Bltn. Tragbl. und Vorbl. sich nach Befruchtung zu Fr.flügeln vergrößernd, Fr. ist eine Nuß (Flügelnuß). 11 Arten in Vorderasien und Ostasien.

1. Rhachis der Bl.spreite rund **2**

– Rhachis der Bl.spreite im Bereich der Blch. geflügelt, Bl. 20–40 cm lang, Blch. 11–21, schmal-längl., 5–13 cm lang, 0,8–5 cm breit, Blch.rand fein gesägt, Blch. obersts. frischgrün, untersts. heller, im Bereich der Adern leicht behaart, deutl. Achselbärte, Flügelleisten der 2–3 mm breiten Rhachis meist gesägt; Fr.stände 20–30 cm lang, Flügel der Fr. lanzettl. nach vorn gerichtet, 1,5–2 cm lang. Bm/Bg – Nw-4 (China).
Chinesische F., *P. stenóptera* C. DC.

2. Bl. 20–45(–60) cm lang, Blch. 7–27, eif. bis längl.-lanzettl., zugespitzt, 5–12 cm lang, 2–5 cm breit, gesägt, obersts. glänzend dunkelgrün, kahl, untersts. heller, Sternhaare im Bereich der Mittelader; Kn. nackt, rostbraun; Fr.stände 20–45 cm lang, Fr. mit 2 deutl. halbkreisf. Flügeln, 1,5–2 cm lang *(36/1)*; meist vielstämmig. Bm – Nhw-3 (Kaukasien). (*P. caucásica* C. A. Mey.). **Kaukasische F., *P. fraxinifólia*** (Lam.) Spach

'Dumósa', stets strauchig bleibend; 1j. Zw. und Blch. gelbgrün. Sg/Bk.

– Bl. 20–30 cm lang, Blch. 11–21, eif.-längl. bis lanzettl., sehr fein gleichmäßig gezähnt, untersts. mit Sternhaaren im Bereich der Mittelader und Seitenadern; Achselbärte; Kn. mit 2–3 großen Schuppenbl.; Zw. anfangs fein behaart; Fr.stände 20–30 cm lang, Fr. mit breit rhombischen Flügeln, 2–2,5 cm breit. Bm/Bg – Nh-4 (Japan). **Japanische F., *P. rhoifólia*** SIEB. et ZUCC.

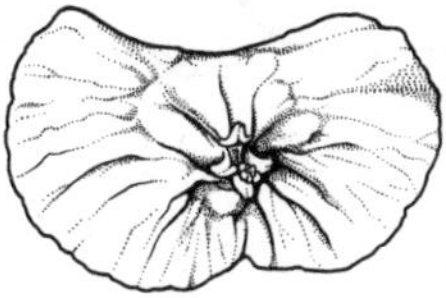

36/1

Pterocarya fraxinifolia, Frucht

2. *Júglans* L., Walnuß

Sommergrüne Bäume, seltener Sträucher; Zw. mit gekammertem Mark; Bl. wechselst., unpaarig gefiedert; Bltn. einhäusig, ♂ Bltn. in seitenst. reichbltg. hängenden Kätzchen, ♀ Bltn. in endst. wenigbltg. Ähren; Fr. eine Steinfr., Endokarp netzartig runzelig. Etwa 15 Arten von Südeuropa bis Ostasien sowie Nord- und Südamerika.

1. Blch. 5–9, fast ganzrandig, beidersts. kahl, untersts. achselbärtig, elliptisch bis eif., 6–12 cm lang, Endblch. am größten, Blch. gerieben stark würzig riechend; junge Zw. kahl; Fr. kugelig, kahl, grün, 4–5 cm lang, reif bräunlich; Steinkern runzlig, mit 2 wulstigen Kanten. Bg – Nw-3. **Walnuß, *J. régia*** L.
   'Praepatúriens', **Strauch-W.**, strauchiger Wuchs, bereits sehr früh fruchtend; Bk.
   'Péndula', **Hänge-W.**, Zw. abwärts hängend.
   'Laciniáta', Blch. tief eingeschnitten.
   'Heterophýlla', Blch. lang, schmal, unregelmäßig gelappt.
   'Monophýlla', oft nur noch großes Terminalblch. vorhanden, manchmal noch ein Paar kleiner Seitenblch.

– Blch. 9–25, gesägt, wenigstens untersts. auf der Mittelader behaart **2**

2. Blch. 13–20(–23), 3–8 cm lang, 1–2 cm breit, eilanzettl., lang zugespitzt, fein gesägt, Basis der Blch.spreite ungleich, abgerundet *(36/2)*, Blch. obersts. nur anfangs leicht behaart, untersts. etwas behaart, zuletzt nur Hauptadern behaart, Bl. 15–30 cm lang; junge Zw. anfangs filzig, später gelbgrau behaart; Fr. kugelig, 1,5–2 cm ∅, Steinkern längsrinnig, glatt. Bk – Ns-2. (*J. rupéstris* ENGELM.). **Felsennuß, *J. microcárpa*** BERL.

– Blch. 5–18 cm lang, 2–6 cm breit **3**

36/2

Juglans microcarpa

36/3

J. nigra, Frucht

3. Blch. 7–18 cm lang, Bl. 45–60(–90) cm lang **5**
– Blch. 5–13 cm lang, Bl. 25–60 cm lang **4**
4. Blch. obersts. kahl, etwas glänzend, untersts. flaumig behaart, Blch. 11–23, Endblch. oft fehlend, Blch. eif.-längl. zugespitzt, unregelmäßig gesägt, Bl. 30–60 cm lang; junge Zw. flaumig behaart; Fr. kugelig, 3–5 cm ∅, Exokarp rauh, dick, kahl, Steinkern grob und unregelmäßig gefurcht *(36/3)*. Bg – Nw-2.
Schwarznuß, *J. nígra* L.
– Blch. obersts. anfangs behaart, vor allem auf Mittelader untersts. mit weichen Sternhaaren, Blch. 9–19, längl.-lanzettl., fein und regelmäßig gesägt, Bl. 25–50 cm lang; Bl.stiel drüsig behaart; vorjährige Zw. rotbraun, anfangs drüsig behaart; Fr. 3–5, eilängl., 4–7 cm lang, Exokarp klebrig drüsig behaart, Steinkern unregelmäßig tief gefurcht, mit rauhen und scharfkantigen Rippen. Bg – N-2. **Butternuß, *J. cinérea*** L.
5. Steinkern ± kugelig, zugespitzt, mit 2 dickwulstigen Kanten, ± glatt, 3 cm lang; Blch. obersts. anfangs flaumig behaart, später fast kahl, untersts. dicht flaumig behaart, Blch. 11–17, längl., zugespitzt, fein gesägt, 7–18 cm lang, 4–5 cm breit, Bl. 45–60 (–90) cm lang; junge Zw. und Rhachis der Bl.spreite mit Drüsenhaaren; Exokarp der Steinfr. drüsig behaart. Bm/Bg – Nh-4 (Japan). (*J. sieboldiána* MAXIM.).
Siebolds W., *J. ailantifólia* CARR.

var. ***cordifórmis*** (MAXIM.) REHD., **Herzfrüchtige W.,** Steinkern herzf., stark zusammengedrückt, scharf 2kantig zugespitzt, fast glatt. Bm. (*J. cordifórmis* MAXIM.).

– Steinkern eif. bis walzenf.-längl. **6**
6. Blch. 11–19, von gleicher Größe, 7–18 cm lang, 3–6 cm breit, längl., zugespitzt, fein gesägt, obersts. anfangs flaumig behaart, zuletzt kahl, untersts. dicht flaumig behaart, Bl. 45–60(–90) cm lang; junge Zweige und Rhachis der Bl.spreite mit braunen Drü-

senhaaren; Fr. rundl.-eif., bis 5 cm lang, Exokarp drüsig behaart. Bg – N-4 (Mandschurei).

Mandschurische W., *J. mandshúrica* MAXIM.

– Endblch. wesentlich größer (20–25 cm lang, bis 12 cm breit) als übrige Blch., Blch. längl., grob gesägt, weniger dicht behaart, sonst ähnlich voriger Art; Steinkern walzenf.-längl., zugespitzt. Bm – N-4. **Schmalfrüchtige W., *J. stenocárpa*** MAXIM.

3. *Cárya* NUTT., Hickorynuß

Sommergrüne Bäume; Zw. mit vollem Mark; Bl. wechselst., unpaarig gefiedert; Bltn. einhäusig, ♂ Bltn. in hängenden Kätzchen, ♀ Bltn. in Ähren; Fr. ist eine Steinfr., Endokarp glänzend, glatt. Etwa 28 Arten in Nordamerika und China.

1. Blch. 11–15, längl.-lanzettl., zugespitzt, meist ± stark sichelf. gekrümmt, 5–15 cm lang, 3–4,5 cm breit, gesägt, obersts. dunkelgelbgrün, kahl, untersts. blaßgelbgrün, anfangs filzig behaart, drüsig punktiert, später kahl; junge Zw. und Kn. behaart; Fr. 3–10, spitz-längl., 3–8 cm lang, Exokarp 2–3 mm dick, bis zum Grunde sich 4spaltig öffnend; Steinkern glatt, hellbraun, dünnschalig, Samen süß schmeckend. Bg ∧ – Ns-2. (*Júglans illinoénsis* WANGENH., *C. olivaefórmis* NUTT.).

Pekannuß, *C. illinoénsis* (WANGENH.) K. KOCH

– Blch. 5–9 . . . . **2**

2. Rhachis der Bl.spreite behaart **4**

– Rhachis der Bl.spreite kahl oder nur anfangs behaart **3**

3. Blch. 5, selten 7, Bl. 20–30 cm lang, Endblch. ± verkehrt-eif., viel größer (13–18 cm lang, 5–8 cm breit) als übrige Blch. (unterstes Paar nur ⅓ der Größe), diese mehr eif.-lanzettlich, zugespitzt, deutlich gesägt, obersts. und untersts. kahl, anfangs auf den Hauptadern schwach behaart, Rhachis der Bl.spreite und Bl.stiel kahl; junge Zw. kahl; Fr. kugelig bis birnf., etwa 2–3 cm lang, Exokarp bis zur Mitte aufspaltend, glatt, Steinkern bräunlich ohne Kanten, dünnschalig, Samen bitter schmeckend, adstringierend. Bg – Nw-2. (*Júglans glábra* MILL., *C. porcína* NUTT.). **Ferkelnuß, *C. glábra*** (MILL.) SWEET

– Blch. 7 (selten 5), lanzettl. bis verkehrt-eilanzettl. und verkehrt-eif., Endblch. bis 15 cm lang, übrige Blch. bis 8 cm lang, fein gesägt, anfangs schorfig und flaumig behaart wie junge Zw., später kahl; Fr. rundl. bis elliptisch, 2–3 cm lang, schwach kantig, allmähl. bis zur Basis aufspringend, Steinkern etwas abgeflacht, an der Spitze abgerundet, manchmal etwas kantig, braun, dünnschalig, Samen süß schmeckend. Bg – N-2. (*Júglans ovális* WANGENH., *C. microcárpa* NUTT. pro parte).

Rote Hickory, *C. ovális* (WANGENH.) SARG.

4 (2). Blch. 5, drei Endblch. verkehrt-eilanzettl., 13–18 cm lang, 5–8 cm breit, basales Blch.paar eif. bis lanzettl.-eif., weniger als halb so groß, Blch. gesägt und dicht gewimpert, obersts. kahl, untersts. drüsig behaart, später kahl, Bl. 20–35 cm lang, Herbstfärbung goldgelb; Fr. 1–2, kugelig, 3–5 cm ∅, 4furchig, Exokarp 5–8 mm dick, bis zur Basis aufspringend, Steinkern rundl. bis 4kantig, dünnschalig, weiß, Samen süß schmeckend; Borke älterer Bäume schindelartig ablösend. Bg – Nw-2. (*Júglans ováta* MILL., *C. álba* NUTT.).

Shagbark-H., Schindelborkige H., *C. ováta* (MILL.) K. KOCH

– Blch. 7, nur ausnahmsweise 5 oder 9 . . . . **5**

5. Junge Zw. stark filzig behaart; Bl. 20–30(–50) cm lang, Endblch. 13–20 cm lang, 5–12 cm breit, verkehrt-eif., basales Blch.paar oft nur 4–5 cm lang, eif., zugespitzt, Blch. gesägt, gerieben sehr aromatisch duftend, obersts. dunkelgrün, Mittelader behaart, untersts. gelbl., filzig und drüsig behaart, Bl.stiel mit Sternhaaren; Fr. kugelig bis birnf., 3–5 cm lang, 4furchig, Exokarp sehr dick, nicht ganz bis zur Basis aufspringend, Steinkern etwas abgeflacht, kantig, kurz zugespitzt, hellbraun, dickschalig; Samen klein, süß schmeckend. Bg – Nw-2. (*Júglans tomentósa* POIR., *C. álba* K. KOCH, non NUTT.).

Spottnuß, *C. tomentósa* (POIR.) NUTT.

– Junge Zw. kahl oder nur anfangs behaart **6**

6. Endkn. goldgelb, mit Drüsenschuppen; Bl. 15–25(–40) cm lang, Endblch. 5–15 cm lang, 2–6 cm breit, basales Blch.paar wesentl. kleiner, Blch. schmal-elliptisch, längl. oder verkehrt-eif., beidersts. zugespitzt, deutlich gesägt, obersts. kahl, untersts. anfangs behaart, vor allem an den Hauptadern; Bl.stiel und Rhachis der Bl.spreite behaart, später kahl; Fr. 2–3, rundl. bis birnf., 2–4 cm lang, Exokarp 1 mm dick, bis etwas über die Mitte aufspringend, Steinkern rundl., zugespitzt, fein gerillt, Samen bitter schmeckend *(36/4)*. Bg – Nw-2. (*Júglans cordifórmis* WANGENH., *C. amára* NUTT.).

Bitternuß, *C. cordifórmis* (WANGENH.) K. KOCH

36/4

Carya cordiformis, Frucht

– Endkn. braungrün; Bl. 30–55 cm lang, Endblch. 10–20 cm lang, 4–6 cm breit, obere 3 Blch. verkehrt-eif., übrige oval und nur ⅓ bis ¼ der Größe, zugespitzt, deutlich gesägt und gewimpert, obersts. glänzend, kahl, untersts. behaart; junge Zw. dick und steif, orange, anfangs behaart, später kahl; Fr. kugelig bis längl., 5–8 cm lang, Exokarp bis 1 cm dick, fast bis zur Basis aufspringend, Steinkern undeutl. vierkantig, dickschalig, gelb oder rötl., Samen süß schmeckend; Borke sich muschelartig ablösend. Bg – Ns-2. (*Júglans laciniósa* MICHX. F., *C. sulcáta* NUTT.).
Shellbark Hickory, Königsnuß, *C. laciniósa* (MICHX. f.) LOUD.

Unterklasse: ***Dilleniídae***

Ordnung: ***Dilleniáles***

37. Familie: ***Paeoniáceae*, Pfingstrosengewächse**

Einzige Gattung:

Paeónia L., **Pfingstrose**

Stauden, seltener schwach verzweigte Sträucher; Bl. wechselst., lang gestielt, Spreite mehrfach geteilt, Stipeln fehlend; Bltn. ansehnlich, zwittrig, einzeln oder zu wenigen achselst., radiär, freiblättrig, Kbl. 5, ungleichartig, Krbl. 5–8, Stbl. zahlreich, Frbl. 2–5, mit sitzender Narbe, zu mehrsamigen, lederigen, abwärts gekrümmten Bälgen auswachsend *(37/1)*; Samen schwarz, glänzend. 33 Arten in Eurasien und dem westl. N-Amerika.

1. Bltn. 10–25 cm ∅, einzeln endst., aufrecht, weiß, rosa bis purpurn; Bälge behaart; Bl. meist doppelt 3zählig, bis über 35 cm lang, Blch. eif. bis längl., ganzrandig oder 2–3lappig, bis 10 cm lang; Stämme nur wenig verzweigt; V–VI. Sk – Ng-4 (W-China). (*P. arbórea* Donn). **Strauch-P., *P. suffruticósa*** Andrz.

In Kultur befinden sich zahlreiche Gartenformen, die sich durch unterschiedliche Bltn.farbe oder Gefülltblütigkeit auszeichnen.

– Bltn. 5–10 cm ∅, einzeln oder zu mehreren, ± nickend, becherf.; Frbl. kahl; Bl. fast fiederartig zerteilt, bis 35 cm lang, Abschnitte eif. bis eilängl., 5–10 cm lang, flügelartig am Stiel herablaufend, Bl. obersts. dunkelgrün, untersts. weißl. bis bräunl.; Stämme nahezu unverzweigt **2**

2. Bltn. gelb, 6–10 cm ∅, meist einzeln; Pfl. kaum Ausläufer bildend; V. Sk – NGh-4 (SW-China). **Gelbe P., *P. lútea*** Franch.

– Bltn. dunkelkarminrot, 5–7 cm ∅, meist zu mehreren; Pfl. Ausläufer bildend; V. Sk – NGh-4 (SW-China). **Delavays P., *P. delavāýi*** Franch.

In Gärten sind bisweilen Bastarde anzutreffen:

P.* × *lemōínei Rehd. (*P. lútea* × *suffruticósa*), in der Tracht an *P. suffruticósa* erinnernd; Bltn. gelb, größer als bei *P. lútea.*

***P. delavāýi* × *P. lútea*,** Bltn. karminrot mit gelbl. Einschlag, 5–7 cm ∅.

37/1: Paeonia lutea, Frucht

Ordnung: ***Theáles***

38. Familie: ***Theáceae,*** **Teestrauchgewächse**

Sommer- oder immergrüne Bäume oder Sträucher; Bl. wechselst., oft lederig, einfach, ganzrandig oder gesägt, Stipeln fehlend; Bltn. zwittrig, radiär, meist einzeln bl.achselst., Bltn.hülle doppelt; Kbl. 7–4, meist bis zur Fr.reife bleibend, Krbl. zahlreich bis 4, frei oder am Grund verwachsen, Stbl. zahlreich, Frkn. oberst.; Fr. eine sich fachspaltig öffnende Kapsel oder trockene Steinfr. 35 Gattungen mit rund 600 Arten, vorwiegend tropisch und subtropisch.

1. Bltn. deutlich gestielt; junge Zw. kahl; Bl. 6–12 cm lang; Samen schmal geflügelt . . . . ***Stewártia*** 38–1

– Bltn. fast sitzend; junge Zw. seidig behaart; Bl. 12–15 cm lang; Samen ungeflügelt . . . . ***Franklínia*** 38–2

1. ***Stewártia*** L., **Sommerkamelie**

Sommergrüne Sträucher oder Bäume; Bl. kurz gestielt, gesägt; Bltn. zwittrig, 5zählig, einzeln, becherf., K. bis zur Fr.reife bleibend, Krbl. weiß, außen seidig behaart, am Grund miteinander verwachsen; Fr. eine Kapsel. 10 Arten in Ostasien und dem östl. N-Amerika.

1. Gr. frei; Bl. eif. bis längl.-eif., am Grund abgerundet, 6–12 cm lang, zugespitzt, entfernt gezähnt, untersts. spärlich behaart und graugrün; Bl.stiel 3–15 mm lang; Bltn. 6–7 cm ∅, Staubfäden weiß; Kapsel 1,5–2 cm lang, scharf 5kantig, zugespitzt, behaart; VII–VIII. Sg ⓚ – Nhw-2. ***S. ováta*** (Cav.) Weatherby

var. ***grandiflóra*** Weatherby, Bltn. 8–10 cm ∅, Krbl. bisweilen 6–8, Stb.fäden purpurn.

– Gr. verwachsen, mit 5köpfiger Narbe **2**

2. Zw. graubraun, kahl; Bl. elliptisch, verkehrt-eif.-elliptisch oder längl.-elliptisch, 3–8 cm lang, lang zugespitzt, am Grund keilf., entfernt kerbig-gesägt, frischgrün, untersts. hellgrün, kahl oder mit einzelnen längeren Haaren, Bl.stiel 3–10 mm lang *(38/1)*; Bltn. 5–7 cm ∅, 1–3 cm lang gestielt; Kapsel eif., 5kantig, ca. 2 cm lang; VII–VIII. Sg ⓚ – Nhg-4 (Japan).
S. pseudocamélliа Maxim.

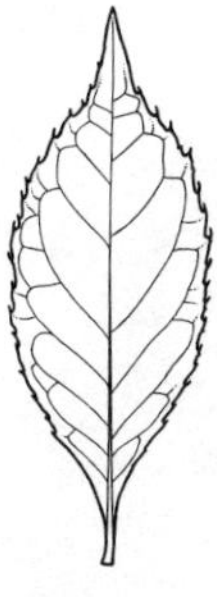

38/1: Stewartia pseudocamellia

– Zw. zumindest anfangs deutlich behaart **3**

3. Bltn. 3–6 mm lang gestielt, 3,5–6 cm ∅, cremefarben; Stbl. am Grunde frei, Kbl. 12–18 mm lang; Fr. 2 cm lang; Frkn. und Frucht kahl; VI–VII. Sg ⓚ – Mh/Nhw-4 (Japan). ***St. serrata*** MAXIM.

– Bltn. 6–10 mm lang gestielt, 2–3 cm ∅, weiß, außen rötlich; Stbl. am Grunde verwachsen; Kbl. 4–7 mm lang; Fr. 1 cm lang; Frkn. und Frucht behaart; VII–VIII. Sg ⓚ – Nhg-4 (Japan). ***St. monadelpha*** SIEB. et ZUCC.

2. *Franklínia* MARSH.

Monotypische Gattung.

Junge Zw. silbrig behaart; Bl. sommergrün, verkehrt-längl.-eif., 12–15 cm lang, zugespitzt, am Grund schmal-keilf., entfernt gesägt, obersts. frischgrün, glänzend, untersts. behaart; Bltn. einzeln achselst., Bltn.hülle 5zählig, Bltn. becherf., 7–8 cm ∅, weiß, Krbl. rundl.-eif., Stbl. zahlreich; Fr. rundl., 1,5–2 cm ∅, Samen ungeflügelt, Kapsel oben und unten aufspringend, mit bleibender Mittelsäule *(38/3)*; IX–X. Sg – Nhw-2 (Georgia). ***F. alatamáha*** MARSH.

Seit 1790 nicht mehr wild wachsend gefunden, nur noch in Kultur vorhanden.

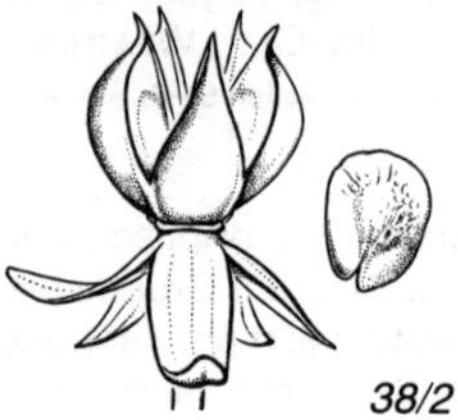

38/2

Stewartia serrata, Frucht und Samen

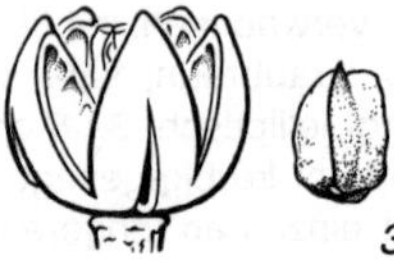

38/3

Franklinia alatamaha, Frucht und Samen

39. Familie: ***Clusiáceae***

Bäume, Sträucher oder Kräuter; Bl. einfach, gegenst. oder quirlig, zuw. auch wechselst., Stipeln meist fehlend; Bltn. zwittrig, polygam, auch eingschl. und zweihäusig verteilt, in Thyrsen oder einzeln, Bltn.hülle doppelt 5–4zählig, Stbl. zahlreich, meist in Bündeln, Frkn. oberst.; Fr. eine Kapsel, Steinfr. oder Beere; Pfl. mit Öldrüsen. Rund 50 Gattungen mit 900 Arten, weltweit verbreitet.

Hypericum L., **Johanniskraut, Hartheu**

Kräuter oder Sträucher; Bl. gegenst., bisweilen quirlig, kurz gestielt oder sitzend, Nebenbl. fehlend; Bltn.hülle 5zählig, Stbl. einzeln oder in 3- bzw. 5zähligen Bündeln. 400 Arten, vor allem auf der N-Hemisphäre, auch in trop. Gebirgen.

1. Stbl. nicht verwachsen **7**
– Stbl. am Grund in 5 oder 3 Bündeln verwachsen **2**
2. Gr. 5 . . . . **4**
– Gr. 3 . . . . **3**
3. Bl. nadelf., 1–2 cm lang, 1–3 mm breit, in Quirlen zu 4–6 stehend; Bltn. goldgelb, 2 cm ∅, in endst. Thyrsen, Kbl. drüsig gezähnt; VII–VIII. HS/Sz – Ns/Ms-3. **Nadel-J., *H. córis*** L.
– Bl. gegenst., eif. bis eilängl., 5–10 cm lang, untersts. weißl., derb *(39/1)*; Bltn. einzeln oder in 3–9bltg. Thyrsen, 2–2,5 cm ∅, hell- bis goldgelb; Fr. beerenartig, vor der Reife rot, reif fast schwarz, von bleibendem Kelch umgeben *(39/2)*; VI–IX. Sk # ∧ – Nm/M-3. **Mannsblut, *H. androsǣmum*** L.
4. Niedrige, kaum 40 cm hohe Sträucher oder Halbsträucher . . . **6**
– Höhere Sträucher **5**
5. Bl. lanzettl. bis eif., 2–4 cm lang, 1–2 cm breit; Bltn. goldgelb, schalenf., 4–6 cm ∅, Kbl. aufrecht, breit-eif. und stumpf, Stbl. ½ so lang wie die Krbl., Staubbeutel gelb; VII–VIII. Sk – N-4. (*H. pátulum* var. *forréstii* CHITT., *H. pátulum* var. *hénryi* hort. p.p. non BEAN). **Forrests J., *H. forréstii*** (CHITT.) N. ROBSON

'Hidcote', Bltn. 7–8 cm ∅, Stbl. nur ⅓ so lang wie die Krbl., Staubbeutel orange, häufig in Kultur; VII–X.

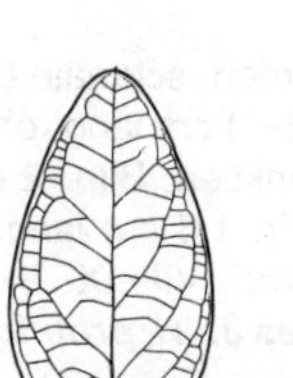

39/1

Hypericum androsaemum

39/2

H. androsaemum, Frucht

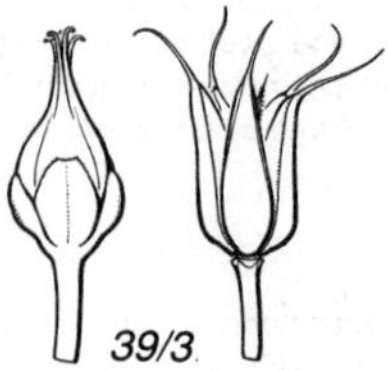

Hypericum kouytchense, Früchte *H.* × *moserianum,* Blüte

– Bl. eif., 4–6 cm lang, 1,5–2,5 cm breit; Bltn. hellgoldgelb, bis 6 cm ∅, Kbl. aufrecht-abstehend, lanzettl. bis eilanzettl., spitz, Stbl. ¾ so lang wie die Krbl; VI–X. Sk ∧ – Nh-4 (W-China). (*H. pátulum* var. *grandiflórum* hort., *H. pátulum* var. *forréstii* hort. non Chitt.). ***H. kouytchénse*** Lév.

6. Sich durch unterirdische Ausläufer stark ausbreitender HS; Zw. vierkantig, grün, später braun; Bl. eilängl., 5–10 cm lang, 2–4 cm breit, dunkelgrün, mattglänzend, untersts. bläul.grün, lederig; Bltn. einzeln oder seltener zu 2–3, leuchtend gelb, 7–8 cm ∅, Staubbeutel rötl.; VII–IX. HS # ∧ – Nm-3 (SO-Europa). **Immergrünes J., *H. calýcinum*** L.

– Buschiger Strauch ohne Ausläufer, Zw. rötlich; Bl. eif., 4–5 cm lang; Bltn. *(39/4)* zu 1–5 endst., 5–6 cm ∅, etwas schalenf., goldgelb, Krbl. breitrund, Staubbeutel rötl., Kbl. groß, eif. bis längl.; VII–VIII. HS ∧ *(H. calýcinum × pátulum).* **Bastard J., *H.* × *moseriánum*** André

7 (1). Gr. 5, Bltn. 1,5–2,5 cm ∅, goldgelb, in 3bltg. Thyrsen; Bl. lineal-längl., 2,5–5 cm lang, obersts. blaugrün, untersts. bläul.; Fr. geschnäbelt; Stämme 4kantig mit 2kantigen Zw.; VIII. Sk # – N-2. **Kalms J., *H. kalmiánum*** L.

– Gr. 3 . . . . **8**

8. Bltn. in wenigbltg., end- oder achselst. Zymen, schmale beblätterte Thyrsen bildend; Bl. schmal-längl., 3–8 cm lang, obersts. glänzend dunkelgrün, durchscheinend punktiert; Bltn. 2 cm ∅, hellgelb, Gr. an der Basis verwachsen; Fr. 1,5 cm lang, nicht gefurcht; Zw. zweikantig, Rinde abblätternd; VII–IX. Sk # – Nw-2. **Sprossendes J., *H. prolíficum*** L.

– Bltn. einzeln oder in endst. Thyrsen **9**

9. Bltn. 3–5 cm ∅, goldgelb, einzeln oder zu wenigen endst., Stbl. zahlreich, Kbl. ungleich groß; Bl. eilängl., 3–6 cm lang, stachelspitzig, blaugrün, durchscheinend punktiert; Fr. 1 cm lang, nicht gefurcht; Rinde rötl., dünn abblätternd; VII–VIII. Sk – Nw-2. (*H. aūreum* BARTR.). **Gold-J., *H. frondósum*** MICHX.

– Bltn. 1–1,5 cm ∅, in dichten, vielbltg. Thyrsen, goldgelb, Kbl. ungleich, längl.-elliptisch; Bl. lineal-lanzettl., 1–5 cm lang, Rand eingerollt; Fr. 4–6 mm lang, schwach 3lappig; Zw. 2kantig; VII–IX. Sk – Nw-2. **Dichtblütiges J., *H. densiflórum*** PURSH

Ordnung: ***Violáles,*** Veilchenartige

40. Familie: ***Flacourtiáceae***

Immergrüne oder sommergrüne Bäume und Sträucher, selten Lianen; Bl. wechselständig, oft zweizeilig, einfach, Stipeln klein, kurzlebig; Bltn. klein, in Trauben, Thyrsen oder Rispen, selten einzeln, zwittrig oder eingschl., radiär, Kbl. 6–3, Krbl. 6–3–0; Stbl. meist zahlreich, Frbl. 5–3, verwachsen, Frkn. oberst.; Fr. eine Beere, Kapsel oder Steinfr. Etwa 90 Gattungen mit 1250 Arten, vorwiegend tropisch.

1. Bl. 6–15 cm lang gestielt, Spreite am Grund mit 5–6 Nerven, ± herzf.; Pfl. zweihäusig; Fr. eine Beere . . . . ***Idésia*** 40–1

– Bl. 3–5 cm lang, gestielt, Spreite am Grund mit 3–5 Nerven, gerundet oder keilf.; Pfl. einhäusig; Fr. eine Kapsel ***Poliothýrsis*** 40–2

1. ***Idésia*** MAXIM., **Orangenkirsche**

Monotypische Gattung.

Zw. quirlig, ± waagerecht abstehend; Rinde glatt, grau-weiß; Bl. wechselst., 6–15 cm lang gestielt, Stiel mit 1–8 auffälligen Nektarien, Spreite herzeif. bis breit-eif., zugespitzt, 12–25 cm lang, mit deutlicher Nervatur *(40/1)*, entfernt kerbig gesägt, obersts. dunkelgrün, untersts. blaugrün, achselbärtig; Bltn. meist eingschl. und zweihäusig verteilt, seltener polygam, grünlichgelb in 10–25 cm langen, hängenden, endst. Rispen, ♂ Bltn. 1,5 cm ∅, ♀ Bltn. 8 mm ∅, mit Staminodien, Gr. spreizend; Fr. eine mehrsamige, rundliche, 7–8 mm ∅ große orangerote Beere; V–VI. Bk ∧ – Nhw/Mh-4. ***I. polycárpa*** MAXIM.

40/1

Idesia polycarpa

40/2

I. polycarpa, Samen

2. *Poliothýrsis* Oliv.

Monotypische Gattung.

Junge Zw. behaart; Bl. wechselst., 2–4 cm lang gestielt, eif. bis längl.-eif., zugespitzt, 8–16 cm lang, am Grund gerundet oder abgeschnitten, vom Grund aus 3nervig *(40/3)*, gezähnt, obersts. tiefgrün, untersts. weichhaarig bis fast kahl; Bltn. eingschl., einhäusig, grünlichweiß, sich nach gelb verfärbend, in 10–20 cm langen, endst. Rispen, 6–8 cm ∅, Krbl. fehlend, ♂ Bltn. mit zahlreichen Stbl., ♀ Bltn. mit Staminodien. Gr. 3; Fr. eine vielsamige, sich 3–4klappig öffnende, 2 cm lange Kapsel, Samen ringsum geflügelt *(40/4)*; VII. Bk ∧ – Nhw-4 (M-China).

P. sinénsis Oliv.

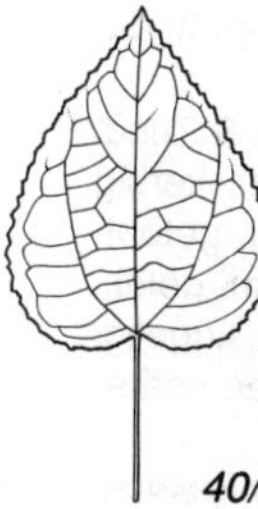

40/3

Poliothyrsis sinensis

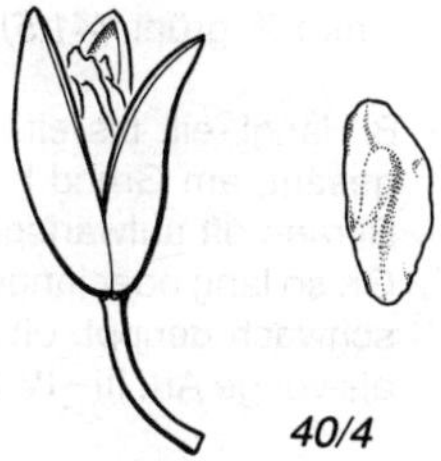

40/4

P. sinensis, Frucht und Samen

41. Familie: ***Stachyuráceae,*** **Perlschweifgewächse**

Einzige Gattung:

Stachyúrus Sieb. & Zucc., **Perlschweif**

Sommer- oder immergrüne Bäume und Sträucher; Bl. wechselst., einfach, gezähnt, deutlich gestielt, Stipeln lineal-lanzettl., hinfällig; Bltn. der sommergrünen Arten vor dem Laubaustrieb entfaltet, bereits im Spätsommer des Vorjahres angelegt und nackt überwinternd, zwittrig oder polygam, 4zählig, in achselständigen, starr abwärts gerichteten Ähren, Kr. glockig, Stbl. 8, Frbl. verwachsen, Frkn. oberst.; Fr. eine lederige, vielsamige Beere. 10 Arten in O-Asien.

1. Bl. elliptisch-eif., zugespitzt, am Grund gerundet bis schwach herzf., 7–14 cm lang, deutl. gesägt, obersts. kahl, untersts. entlang der Nerven behaart *(41/1)*; Bltnst. 5–8 cm lang, Bltn. gelbl., ca. 8 mm lang, Gr. kürzer als die Kr. *(41/3)*; Fr. kugelig, glatt, ca. 8 mm ∅, grünl. *(41/5)*; III–IV. Sg ∧ – Nhg-4 (Japan).
Japan. P., *S. prāécox* Sieb. & Zucc.

– Bl. längl.-eif. bis eif., allmählich geschwänzt zugespitzt, kerbig gesägt, am Grund herzf., 6–12 cm lang *(41/2)*, oft rötl. getönt, Bl.rand oft aufwärtsgebogen; Bltnst. 5–10 cm lang, Bltn. gelbl., Gr. so lang oder länger als die Kr. *(41/4)*; Fr. 6–7 mm ∅, kugelig, schwach gerippt, oft rot überlaufen; blüht ca. 2 Wochen später als vorige Art; III–IV. Sg ∧∧ – Nhw-4 (M-China).
Chinesischer P., *S. chinénsis* Franch.

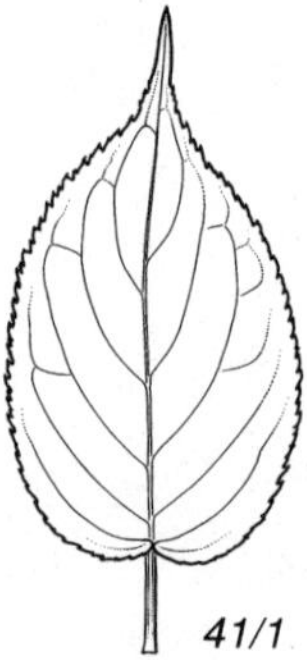

41/1

Stachyurus praecox

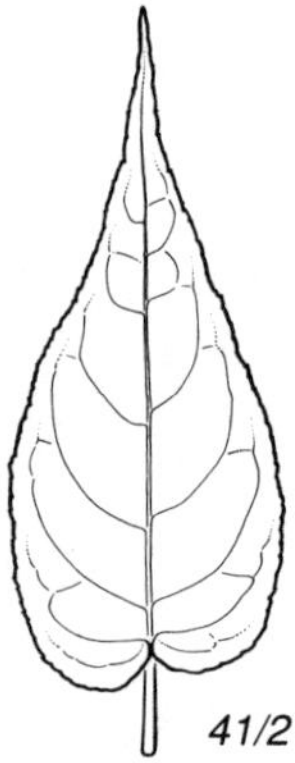

41/2

S. chinensis

41/3

Stachyurus praecox, Blüte

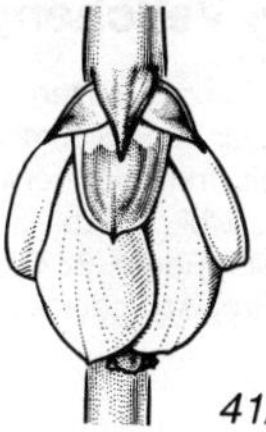

41/4

S. chinensis, Blüte

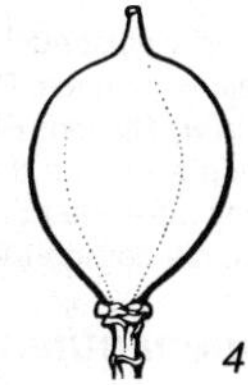

41/5

S. praecox, Frucht

42. Familie: ***Violáceae*, Veilchengewächse**

Kräuter, Halbsträucher, Sträucher, Bäume, selten Lianen; Bl. wechselst., meist einfach, Stipeln vorhanden; Bltn. zwittrig, radiär oder zygomorph, einzeln bl.achselst. oder in Trauben bzw. Rispen; Bltn.hülle doppelt, frei oder verwachsenbl., das mittlere Krbl. oft am Grunde ausgesackt oder gespornt, Stbl. 5, Frbl. meist 3; Fr. eine einfächerige, sich 3-klappig öffnende Kapsel, seltener eine Beere. 22 Gattungen mit 900 weltweit verbreiteten Arten; die holzigen Vertreter meist tropisch oder subtropisch.

Hymenanthéra R. Br.

Immergrüne oder halbimmergrüne Sträucher oder kleine Bäume; Bl. wechselst., einfach, klein, ganzrandig oder gezähnt, Stipeln hinfällig; Bltn. klein, bl.achselst., einzeln oder zu mehreren, Bltn.hülle 5zählig, Stbl. verwachsen; Fr. eine 1–2samige Beere. 7 Arten in Australien, Neuseeland u. den Norfolk-Inseln.

Pfl. dicht verzw. mit stechenden, anfangs behaarten Zw.; Bl. dickl., halbimmergrün, kurz gestielt, verkehrt-eif. *(42/1)*, 1–2 cm lang, spitzenwärts gerundet oder schwach ausgerandet, kahl; Bltn. gelbl.weiß oder bräunl., 4 mm ∅; Fr. ellipt., weiß, 6 mm ∅ *(42/2)*; V. Sk # ∧∧ – Ah-8. ***H. crassifólia*** Hook. f.

42/1

Hymenanthera crassifolia

42/2

H. crassifolia, Frucht

43. Familie: ***Cistáceae*, Zistrosengewächse**

Kräuter, Halbsträucher oder Sträucher; Bl. gegenst., zuw. wechselst., Stipeln vorhanden oder fehlend; Bltn. zwittrig, ansehnlich, einzeln oder in Zymen bzw. Wickeln, Bltn.hülle doppelt, meist 5zählig, Kbl. oft ungleich groß, Krbl. meist zerknittert, sehr kurzlebig, Stbl. zahlreich, Frkn. oberst., mit 1 Gr.; Fr. eine vielsamige Kapsel. 8 Gattungen mit rund 200 Arten, vor allem im Mittelmeergebiet und N-Amerika.

1. Bl. wechselst., nadelf.; niederliegender Zwergstrauch . . . . . . ***Fumána*** 43–2

– Bl. wenigstens zum größeren Teil gegenst., nicht nadelf. **2**

2. Reich verzw. Halbsträucher; die unteren Bl. stets gegenst., die oberen manchmal wechselst.; K. mit 2 kleineren äußeren und 3 größeren inneren Kbl. . . . . ***Heliánthemum*** 43–2

– Aufrechte Sträucher mit immergrünen, 3rippigen Bl.; K. bei unserer Art nur 3blättrig . . . . ***Cístus*** 43–1

1. ***Cístus*** L., **Zistrose**

Immergrüne oder halbimmergrüne Sträucher; Bl. gegenst., einfach, Stipeln fehlend; Bltn. groß, end- oder seitenst.; Fr. eine vielsamige, sich 5- oder 10klappig öffnende Kapsel. 20 Arten auf den Kanar. Inseln und im Mittelmeergebiet.

Junge Zw. behaart und klebrig; Bl. lederig, eilanzettl., 3,5–10 cm lang, zugespitzt, Basis abgerundet, Bl. obersts. dunkelgrün, untersts. graufilzig und klebrig *(43/1)*; Bltn. zu 3–8 in gestielten Wickeln, 5–7 cm ∅; Krbl. weiß, an der Basis mit gelbem Fleck; VI–VIII. Sk # ∧∧ – Ms/Nsm-3.

Lorbeerblättrige Z., *C. laurifólius* L.

43/1: Cistus laurifolius

2. ***Heliánthemum*** Mill., **Sonnenröschen**

Immergrüne oder halbimmergrüne Zwergsträucher oder Kräuter; Bl. meist gegenst., ± stark behaart, einfach, Stipeln vorhanden oder fehlend; Bltn. in Wickeln, Kbl. 5, 2 äußere kleinere und 3 innere größere; Kapsel sich 3klappig öffnend, Samen zahlreich. Rund 100 Arten, vor allem im Mittelmeergebiet, N-Afrika und W-Asien.

1. Bl. mit Stipeln **4**

– Bl. ohne Stipeln **2**

2. Bl. untersts. grau- bis weißfilzig; Bltn. dunkelgelb; V–VI. HS ⋕ – Ns/Ms-3. **Graues S., *H. cánum*** (L.) Baumg.

– Bl. beidersts. grün, auf beiden Seiten spärl. striegelhaarig oder kahl **3**

3. Wickel 6–20bltg., meist an Seitensprossen diesj. Triebe, Krbl. 3–6 mm lang, gelb; V–VII. HS ⋕ – Ns/Ms-3. **Italienisches S., *H. itálicum*** (L.) Pers.

– Wickel 2–10bltg., meist an der Spitze vorj. Triebe, Krbl. 5–10 mm lang, gelb; VI–VIII. HS ⋕ – Ng/PG-3. **Alpen-S., *H. alpéstre*** (Jacq.) DC.

4 (1). Stipeln linealisch-pfrieml., die unteren und mittleren so lang wie die Bl.stiele, die oberen länger; Krbl. weiß, am Grunde zitronengelb, selten rosa (var. *róseum* (Jacq.) Schneid.); Zw. und Bl. beiderseits grau behaart bis weißfilzig oder obersts. grün; Zw. niederliegend-aufgerichtet; V–VII. HS ⋕ – Ns/Ms-3. **Apenninen-S., *H. apennínum*** (L.) Mill.

– Stipeln lanzettl.-linealisch, sämtlich länger als Bl.stiele; Bltn. gelb; Bl. obersts. grün, untersts. ± graufilzig; Zw. aufstrebend; V–IX. HS ⋕ – N/Ms-3. (*H. chamaecístus* Mill., *H. vulgáre* Gaertn.). **Gemeines S., *H. nummulárium*** (L.) Mill.

H. nummulárium ist eine formenreiche Art, die in mehrere Kleinarten aufgegliedert wird. In den Gärten werden zahlreiche Kulturformen angepflanzt, die sich vor allem durch unterschiedliche Bltn.farbe auszeichnen; viele von ihnen dürften Hybriden sein.

3. ***Fumána*** (Dunal) Spach, **Heideröschen**

Zwergsträucher; Bl. wechselst., selten auch gegenst., klein, eif.-lanzettl. bis nadelf., Stipeln vorhanden oder fehlend; die beiden äußeren Kbl. klein, die 3 inneren groß, Krbl. gelb, äußere Stbl. steril; Kapsel sich 3klappig öffnend. 15 Arten im Mittelmeergebiet, SO-Europa und SW-Asien.

Zw. niederliegend oder aufstrebend; Bl. nadelf., dunkelgrün, in den Bl.achseln oft sehr kurze Bl.büschel; Bltn. einzeln achselst. oder in endst. Wickeln; VI–VIII. Sz/Sp ⋕ – Ns/Ms-3. (*Heliánthemum procúmbens* Dun., *F. vulgáris* Spach). ***F. procúmbens*** (Dun.) Gren. & Godr.

44. Familie: ***Tamaricáceae,* Tamariskengewächse**

Bäume und Sträucher, selten Kräuter; Bl. wechselst., sitzend, meist schuppen- oder nadelf., Stipeln fehlend; Bltn. zwittrig, einzeln oder in Ähren bzw. einfachen bis doppelten Trauben, Bltn.hülle doppelt 5–4zählig, Stbl. 4 bis zahlreich, einem Diskus aufsitzend, Frkn. oberst.; Fr. eine Kapsel, Samen meist mit Haarschopf. 5 Gattungen mit 120 Arten von Europa und dem Mittelmeergebiet bis O-Asien; viele Steppen- und Wüstenpflanzen.

1. Stbl. 4–5, Staubfäden frei, Gr. deutlich . . . . . . ***Támarix*** 44–1

– Stbl. 10, Staubfäden ⅓ bis ½ miteinander verwachsen, Narbe sitzend . . . . ***Myricária*** 44–2

1. ***Támarix*** L., **Tamariske**

Sommergrüne Bäume oder Sträucher; kleinere Verzweigungen sehr schlank, rutenf., im Herbst mit den Bl. abfallend; Bl. schuppenf.; Bltn. in dichten Trauben oder Doppeltrauben, klein, kurz gestielt oder fast sitzend; Fr. eine sich 3–5klappig öffnende Kapsel *(44/1)*, Samen mit ungestieltem Haarschopf *(44/2)*. 54 Arten vom Mittelmeergebiet bis O-Asien.

1. Bltn. in Doppeltrauben, endst. an diesjährigen Zw., 5zählig, Sommerblüher **3**

– Bltn. in kleinen Trauben, seitenst. am vorjährigen Holz, Bltn. unserer Arten 4zählig, Frühjahrsblüher **2**

2. Zw. dunkelpurpurn; Bl. schuppenf., eif., zugespitzt, halbstengelumfassend, Spitze trockenhäutig; Bltn. in 2–4 cm langen, schmalen Trauben, rosa, Krbl. unter 2 mm lang, Gr. 3, Tragbl. kaum länger als die Bltn.stiele; IV–V. Sg/Bk – Ns/Ms-3.
Kleinblütige T., *T. parviflóra* DC.

– Zw. fast schwarzrindig; Bl. eilanzettl., zur Basis verschmälert, Rand durchscheinend; Bltn. in 4–5 cm langen ± büscheligen Trauben, rosa, Krbl. über 2 mm lang, Gr. 3 oder 4, Tragbl. deutl. länger als die Bltn.stiele; IV–V. Sg/Bk – Ns/a/Ms/a-3.
Viermännige T., *T. tetrándra* Pall.

3 (1). Krbl. nach dem Verblühen abfallend, Staubfäden dem Rand des Diskus aufsitzend, an der Basis etwas verdickt, Bltn. rosa, in 3–5 cm langen, dichten, zylindrischen Trauben, Tragbl. doppelt so lang wie die Bltn.stiele; Bl. dunkel- bis bläul.grün; Wuchs ± aufrecht; VII–IX. Bk – Nm/M-3.
Französische T., *T. gállica* L.

– Krbl. nach dem Verblühen bleibend, Staubfäden auf dem Diskus aufsitzend, an der Basis nicht verdickt **4**

4. Tragbl. eilanzettl., zugespitzt, etwas länger als die Bltn.stiele, Bltn. dunkelrosa, in Doppeltrauben, aus 3–8 cm langen, lockeren Trauben zusammengesetzt, Diskus 10lappig; Bl. lanzettl., bläul. oder blaßgrün; die roten Zw. überhängend; VII–IX. Sg/Bk – Ns/a-3. **Fünfmännige T., *T. pentándra*** Pall.

'Rúbra', Bltn. dunkelrot.

– Tragbl. pfrieml., länger als die Bltn.stiele, Bltn. hellrosa, in Doppeltrauben, aus 3 cm langen, lockeren Trauben zusammengesetzt, Diskus 5lappig, Lappen gerundet, Gr. oft 4; Bl. lanzettl. bis pfrieml., graugrün; VII–IX. Sg – Na-3. (*T. odessána* STEV.).
Kaspische T., *T. ramosíssima* LEDEB.

2. ***Myricária*** DESV., **Rispelstrauch**

Sommergrüne Sträucher oder Halbsträucher; Bl. schuppenf.; Bltn. in end- oder seitenst. Trauben bzw. Doppeltrauben, klein, weiß bis rosa, Bltn.hülle 5zählig, Stbl. 10, Staubfäden ± weit miteinander verwachsen; Kapsel sich 3klappig öffnend, Samen mit gestieltem Haarschopf *(44/3)*. 10 Arten in Eurasien.

Zw. aufrecht, rutenf., kleinere seitl. Verzweigungen im Herbst mit den Bl. abfallend; Bl. am Hauptsproß 4–7 mm lang, pfrieml., lang zugespitzt, an den Seitensprossen nur 1,5–2 mm lang, lineal., dicklich, wie die Sproßachsen blaugrau bereift, der Achse dicht dachig anliegend; Bltn. meist 5zählig; hellrosa, in 10–20 cm langen Trauben oder Doppeltrauben, Tragbl. häutig gesäumt, lang zugespitzt; 5 längere und 5 kürzere Stbl., Staubbeutel rot; VI–VIII Sk–N-3.
Deutscher R., *M. germánica* (L.) DESV.

44/1

Tamarix tetrandra, Frucht

44/2

T. tetrandra, Samen

44/3

Myricaria germanica, Samen

Ordnung: ***Salicáles***

45. Familie: ***Salicáceae*, Weidengewächse**

Sommergrüne Bäume und Sträucher, z.T. Zwerg- und Spaliersträucher; Bl. wechselst., sehr selten fast gegenst., ungeteilt, selten gelappt, Stipeln vorhanden oder fehlend; Bltn. klein, eingschl., zweihäusig, in kätzchenartigen Bltn.ständen, Perianth fehlt oder reduziert, ♂ Bltn. mit 2–30 Stbl., ♀ Bltn. mit 2blättrigem Frkn., anemogam oder sekundär entomogam *(Salix)*; Fr. ist eine Kapsel, Samen mit Haarschopf. 2 Gattungen mit etwa 350 Arten, überwiegend in der nördl.-temperierten und subarktischen Zone.

1. Tragbl. der Bltn. gezähnt oder zerschlitzt; Kätzchen stets schlaff herabhängend; Bltn. ohne Honigdrüsen; mehr als 4 Kn.schuppen sichtbar; Bl. 3eckig, eif. bis rhombisch, z.T. gelappt, meist lang gestielt . . . . ***Pópulus*** 45–1

– Tragbl. der Bltn. ganzrandig; Kätzchen meist aufrecht, selten hängend; Bltn. mit Honigdrüsen; nur eine Kn.schuppe sichtbar; Bl. meist ± lanzettl. bis eif., meist kurz gestielt . . . ***Sálix*** 45–7

1. ***Pópulus*** L., **Pappel, Espe**

Sommergrüne Bäume, meist schnellwüchsig; Kn. von mehreren, meist sehr harzreichen Schuppen umhüllt; Bl. wechselst., meist lang gestielt, 3eckig, eif. bis rhombisch, z.T. gelappt, Stipeln hinfällig; Bltn.stände sind Kätzchen, hängend, stets vor den Bl. erscheinend, anemogam, Tragbl. der Bltn. gezähnt oder zerschlitzt, kahl oder bewimpert, Bltn. ohne Nektarien, aber mit einfachem becherartigem Perianth, ♂ Bltn. mit 8–30 Stbl., selten 4–7, ♀ Bltn. mit 2blättrigem Frkn.; Fr. eine Kapsel, zahlreiche Samen, mit Haarschopf. Etwa 40 Arten.

1. Bl. der Lang- und Kurztriebe untersts. nicht oder nur anfangs schwach filzig behaart; Kn. kahl **3**

– Bl. der Langtriebe untersts. dicht filzig behaart, jene der Kurztriebe locker filzig behaart bis fast kahl; Kn. ± filzig behaart **2**

2. Junge Zw. weißfilzig; Kn. dicht weißfilzig; Bl. der Langtriebe handf. 3–5lappig *(45/1)*, Bl.lappen grob gezähnt, Bl. 6–12 cm lang, obersts. dunkelgrün, kahl, untersts. weißfilzig; Bl. der Kurztriebe eif. bis längl. elliptisch, Bl.rand unregelmäßig wellig, gezähnt *(45/2)*, Bl. untersts. graufilzig; Borke weißgrau; Kätzchen 5–8 cm lang; III–IV. Bg – Ns/a-3. **Silber-P., *P. álba*** L.

'Nívea', Jugendform; junge Zw., Bl.stiel und Bl. untersts. schneeweiß-filzig behaart.

'Pyramidális' (= *P. álba* var. *bolleána*), Wuchs schmal säulenf.; Bl. an Kurztrieben etwas gröber gezähnt, untersts. oft kahl werdend.

– Junge Zw. gelbl.grau; Kn. locker graufilzig; Bl. der Langtriebe nur schwach gelappt, 3eckig bis eif., unregelmäßig gezähnt, 6–12 cm lang, obersts. dunkelgrün, untersts. graufilzig behaart, Bl. der Kurztriebe rundl. bis eif., untersts. anfangs graufilzig,

45/1

Populus alba,
Blatt am Langtrieb

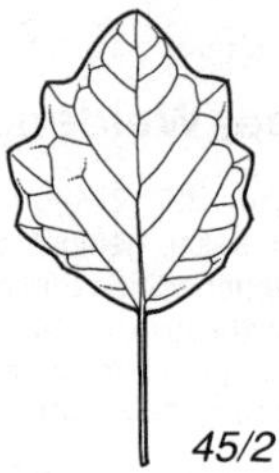

45/2

P. alba,
Blatt am Kurztrieb

45/3

P. tremula

später kahl, hellgrün; Kätzchen 5–10 cm lang; ähnlich *P. álba,* aber Austrieb etwas später; III–IV. Bg – N-3.
Grau-P., *P. canéscens* (AIT.) SM.

P. canéscens wird oft als Hybride zwischen *P. álba* und *P. trémula* angesehen.

3 (1). Bl. mit deutl. durchsichtigem Bl.rand (Schwarz-Pappeln) . . . **18**
– Bl. ohne durchsichtigen Bl.rand **4**
4. Bl.stiel rund **6**
– Bl.stiel seitl. zusammengedrückt (Zitter-Pappeln) **5**
5. Bl. ungleichmäßig buchtig gezähnt, rundl. bis breit-eif., abgerundet oder leicht zugespitzt *(45/3)*, 3–8 cm lang, an starkwüchsigen Langtrieben bis 15 cm lang, untersts. blaugrün; junge Zw. kahl; Kn. kahl, leicht klebrig; Borke gelbl.grau und glatt, später schwarzgrau und rissig; Kätzchen 5–10 cm lang; III–IV. Bg – B/Nk-3. **Zitter-P., Espe, *P. trémula*** L.

'Péndula', Zw. hängend.
P.* × *hýbrida BIEB. (= *P. canéscens* × *P. trémula*) z.T. in Kultur; ferner z.T. angepflanzt ***P. trémula* × *P. tremuloídes.***

– Bl. gleichmäßig fein gesägt, rundl.-eif., meist kurz zugespitzt *(45/4)*, 3–7 cm lang, an starkwüchsigen Langtrieben größer, Bl.rand anfangs fein behaart, Bl. obersts. dunkelgrün, glänzend, untersts. matt blaßgrün, beidersts. kahl; junge Zw. rötl.braun, kahl; Kn. leicht klebrig; Kätzchen 5–8 cm lang; III–IV. Bg – B/Nk-2. **Amerikanische Zitter-P., *P. tremuloídes*** MICHX.

'Péndula', Zw. hängend, länger und zierl. als bei *P. trémula.*

6 (4). Basis der Bl.spreite abgerundet oder breit-keilf.; Kn. sehr klebrig, intensiv aromatisch duftend (Balsam-Pappeln) **8**
– Basis der Bl.spreite herzf.; Kn. etwas klebrig (Großblatt-Pappeln) **7**
7. Junge Zw. dichtfilzig behaart, dick, später gelbbraun, kahl; Bl. 15–25 cm lang, 10–20 cm breit, herzeif., obersts. anfangs be-

haart, später kahl, Mittelader und Seitenadern rot, unterstS. behaart, vor allem auf den Adern, Bl.rand drüsig gesägt, Bl.stiel rot, 5–10 cm lang; ♂ Kätzchen 8–10 cm lang, Fr.kätzchen 15–20 cm lang bei der Reife; relativ kurzlebig; IV–V. Bm – Nhw-4 (M-, W-, SW-China). **Großblatt-P., *P. lasiocárpa*** Oliv.

– Junge Zw. kahl, dick, anfangs rötl., später grün bis graubraun; Bl. 8–22 cm lang, 6–18 cm breit, Bl.rand fein gesägt, wellig, Bl. breit-herzeif., oberstS. stumpf grün, unterstS. graugrün, beiderstS. bald ganz kahl, Bl.stiel bis 15 cm lang; Kätzchen 8–15 cm lang; IV–V. Bm/Bg – Nhw-4 (NW-, M-, SW-China). **Wilsons Großblatt-P., *P. wilsónii*** Schneid.

8 (6). Bl. unterstS. weißl. **9**

– Bl. unterstS. hellgrün, lanzettl.-eilanzettl., 5–12 cm lang, 1,5–3,5 cm breit, allmählich zugespitzt, Bl.rand fein drüsig gesägt, umgerollt, Bl.stiel 1,5 cm lang; ♂ Kätzchen 4–6 cm lang, Fr.kätzchen 5–10 cm lang bei der Reife; IV–V. Bm/Bg – Ns-1. **Schmalblättrige Balsam-P., *P. angustifólia*** James

9. Junge Zw. gelbl.grau bis orangegelb **14**

– Junge Zw. braun **10**

10. Junge Zw. behaart (bei *P. trichocárpa* z. T. auch kahl) **13**

– Junge Zw. ± kahl **11**

11. Bl. eif. bis breit-eif. **12**

– Bl. rhombisch-elliptisch bis verkehrt-eif., 4–12 cm lang, 3–8 cm breit, kurz zugespitzt, Basis der Bl.spreite breit-keilig bis abgerundet *(45/5)*, Bl.rand gesägt, Bl. oberstS. dunkelgrün, unterstS. hellgrün, beiderstS. kahl, Bl.stiel 1–2 cm lang; junge Zw. kahl, stark kantig, leicht geflügelt, rotbraun; Kätzchen 2–3 cm lang; schmalkronig; Austrieb sehr früh. Bm – Ns-4 (China, Korea). **Simons P., *P. simónii*** Carr.

'Fastigiáta', säulenf. Wuchs; Bl. kleiner, Basis der Bl.spreite lang keilf., Bl.-oberfläche gewellt.

12. Junge Zw. rund, Bl. eif. bis breit-eif., zugespitzt, Basis der Bl.spreite abgerundet bis leicht herzf., Bl. 5–12 cm lang, 3–8 cm breit, Bl.rand kerbig gesägt und fein gewimpert, Bl. oberstS. dunkelgrün, kahl, unterstS. leicht behaart, Bl.stiel 2–5 cm lang; ♂ Kätzchen 5–8 cm lang, ♀ Kätzchen 10–12 cm lang. Bg – B-1/2. (*P. tacamaháca* Mill.). **Balsam-P., *P. balsamífera*** L.

var. *subcordáta* Hyland, **Ontarlo-P.**, Bl. breit-eif. bis 3eckig, 12–16 cm lang, kurz zugespitzt *(45/6)*, unterstS. weißl.grün, besonders auf den Adern behaart; junge Zw. etwas kantig, schwach behaart. Bg.

– Junge Zw. ± kantig; Bl. eif. bis längl.-eif., im Austrieb rötl., an kräftigen Trieben 18–30 cm lang, 12–20 cm breit, sonst 8–10 cm lang, 5–6 cm breit, zugespitzt, Basis der Bl.spreite abgerundet bis schwach herzf., Bl.rand drüsig gezähnt, Bl. oberstS. dun-

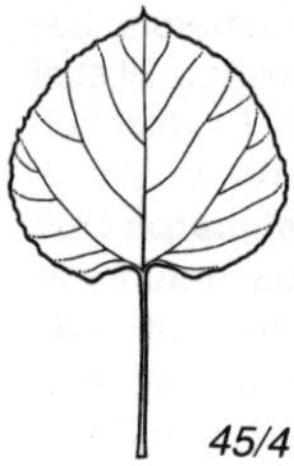

45/4

Populus tremuloides

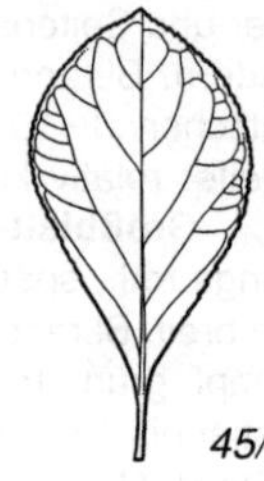

45/5

P. simonii

45/6

P. balsamifera var. *subcordata*

kelgrün, untersts. blaßgrün, auf den Adern behaart, Bl.adern und Bl.stiel rot. Bg – Nhg-4 (W-China).
Chines. Balsam-P., *P. szechuánica* SCHNEID.

13 (10). Junge Zw. leicht kantig, anfangs schwach behaart, später kahl, hellbraun; Bl. eif. bis rhombisch-längl., 8–12 cm lang, an kräftigen Trieben bis 25 cm lang, bis 9 cm breit, zugespitzt, Basis der Bl.spreite gestutzt bis abgerundet, Bl.rand fein kerbig gesägt *(45/7)*, derb lederig, Bl. obersts. dunkelgrün, untersts. weißl., deutl. netzaderig, Bl.stiel 3–5 cm lang; ♂ Kätzchen 6–8 cm lang, ♀ Kätzchen bis 15 cm lang. Bg – BG/N-1.
Westl. Balsam-P., *P. trichocárpa* HOOK.

– Junge Zw. rund, behaart, dunkelrotbraun; Bl. längl.-eif. bis fast 3eckig, 7–12 cm lang, bis 5 cm breit, lang zugespitzt, Basis der Bl.spreite abgerundet bis schwach herzf., derb, Bl.rand kerbig gesägt und gewimpert, Bl. obersts. dunkelgrün, untersts. weißl., auf den Adern behaart, Bl.stiel 1,5–4 cm lang, Bk – Ns/a-3 (M-Asien). **Dunkelblättrige P., *P. trístis*** FISCH.

14 (9). Junge Zw. rund **16**

– Junge Zw. ± kantig **15**

15. Junge Zw. dünn, scharfkantig, graugelb, apikal behaart; Bl. der Langtriebe lanzettl. bis eif.-lanzettl., an Kurztrieben elliptisch bis eif., zugespitzt, Basis der Bl.spreite abgerundet, Bl.rand fein drüsig gesägt, Bl. 5–12 cm lang, 2–5 cm breit *(45/8)*, obersts. dunkelgrün, kahl, untersts. leicht behaart, graugrün, deutl. netzaderig, Bl.stiel 1–3 cm lang, behaart. Bm – B/Ns-4.
Lorbeer-P., *P. laurifólia* LEDEB.

– Junge Zw. etwas kantig, gelbbraun, ± behaart; Bl. eif. bis rhombisch-eif., lang zugespitzt, Basis der Bl.spreite abgerundet bis keilig, Bl.rand kerbig gesägt, oft wellig und durchscheinend, Bl.

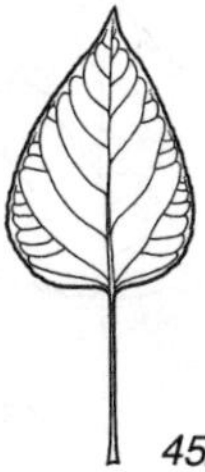

45/7

Populus trichocarpa

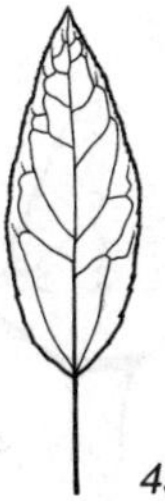

45/8

P. laurifolia

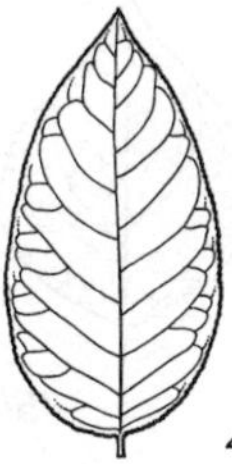

45/9

P. koreana

oberststs. dunkelgrün, unterststs. blaßgrün bis weißl., beiderststs. bald kahl, Bl.stiel rund, zerstreut behaart; Kätzchen 4–7 cm lang; nur ♂ Exemplare bekannt; Wuchs ± säulenf.; vor 1870 im Botanischen Garten Berlin entstanden als Hybride (*P. laurifólia* × *P. nígra 'Itálica'*). Bg.

Berliner Lorbeer-P., *P.* × *berolinénsis* Dipp.

16 (14). Junge Zw. kahl oder nur an den Nodien schwach behaart . **17**

– Junge Zw. dicht behaart, anfangs rötl., später grau; Bl. derb, eif. bis breit-elliptisch, sehr plötzl. kurz zugespitzt mit verdrehter Bl.spitze, Basis der Bl.spreite abgerundet bis schwach herzf., 6–12 cm lang, 5–10 cm breit, Bl.rand drüsig gesägt und gewimpert, Bl. oberststs. dunkelgrün, runzlig, unterststs. weißl., beiderststs. auf den Adern fein behaart, Bl.stiel 2–4 cm lang; ♂ Kätzchen 5–10 cm lang, ♀ Kätzchen bis 25 cm lang; breitkronig; Borke grau, tiefrissig. Bg – Bh-4.

Maximowiczs Balsam-P., *P. maximowíczii* Henry

17. Junge Zw. anfangs klebrig, kahl; Kn. glänzend grün, klebrig, duftend; Bl. der Langtriebe eif. bis elliptisch *(45/9)*, 8–15 cm lang, 4–8 cm breit, Bl. der Kurztriebe schmaler, 4–10 cm lang, Bl. zugespitzt, Basis der Bl.spreite keilig bis abgerundet, Bl.rand fein drüsig gesägt, Bl. oberststs. dunkelgrün, kahl, runzlig, ± gewölbt, unterststs. weißl., kahl, Mittelader oft rötl., Bl.stiel 0,5–1,5 cm lang, anfangs behaart, Bl.austrieb sehr früh (März); Borke hellgrau; Wuchs kegelf. bis breit säulenf. Bg – Nh-4 (Korea).

Koreanische Balsam-P., *P. koreána* Rehd.

– Junge Zw. nicht klebrig, nur an den Knoten schwach behaart; Kn. braun, klebrig; Bl. derb, längl.-elliptisch, sehr plötzl. zugespitzt, oft mit kurzer verdrehter Spitze *(45/10)*, 5–12 cm lang, 2,5–6 cm breit, oberststs. dunkelgrün, etwas runzlig, unterststs.

45/10

Populus suaveolens

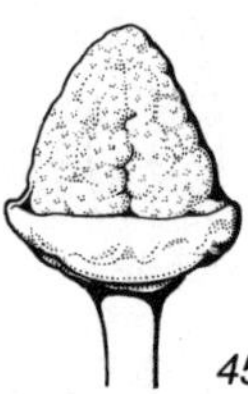

45/11

P. deltoides, unreife Frucht

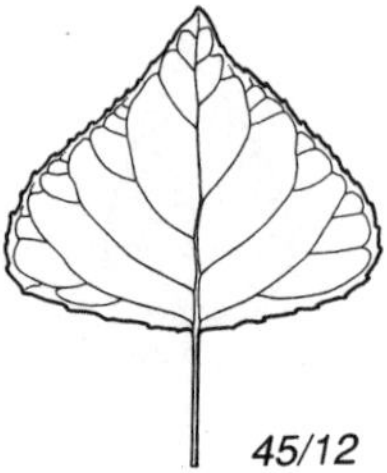

45/12

P. nigra

weißl., behaart, Bl.stiel 1–4 cm lang. Bg – Bh/Nhk-4.
Sibirische Balsam-P., *P. suavéolens* Fisch.

18 (3). Junge Zw. stark kantig, dick, kahl, gelbbraun; Kn. grünl., etwas klebrig; Bl. eif. bis breit-eilängl., bis 18 cm lang und 12 cm breit, plötzl. kurz zugespitzt, Basis der Bl.spreite gestutzt oder herzf. mit 2 oder mehr Drüsen, Bl.rand kerbig gesägt und gewimpert, Bl. obersts. glänzend dunkelgrün, untersts. hellgrün. Bg – Nhw-2. **Karolina-P., *P. anguláta*** Ait.

'Cordata', Bl. größer, Basis der Bl.spreite mehr herzf.; nur ♂ bekannt.

– Junge Zw. ± rund, z. T. etwas kantig **19**

19. Bl.rand nicht oder nur kurz gewimpert **20**

– Bl.rand dicht gewimpert, Bl. 3eckig bis breit-eif., 8–12 cm lang und ebenso breit, plötzlich zugespitzt, Basis der Bl.spreite gestutzt bis schwach herzf., mit 2–3 Drüsen am Übergang zum Bl.stiel, Bl.rand grob kerbig gesägt mit eingekrümmten Spitzen, an der Bl.spitze ganzrandig, Bl. obersts. glänzend grün, untersts. heller, beidersts. kahl, Bl.stiel 6–10 cm lang; Kn. braun, klebrig, lang und scharf zugespitzt; ♂ Kätzchen 5–10 cm lang; breitkronig, schnellwüchsig. Bg – N-2. (*P. monilífera* Ait.).
Cottonwood, Kanadische Schwarz-P., *P. deltoídes* Marsh.

20. Bl.rand nicht gewimpert, ohne Drüsen an der Basis der Bl.spreite, Bl. sehr variabel, rhombisch-eif. bis dreieckig, lang zugespitzt, Basis der Bl.spreite gestutzt bis abgerundet, Bl. 5–10 cm lang, 4–8 cm breit, Bl.rand fein kerbig gesägt *(45/12)*, Bl. beidersts. grün, kahl, Bl.stiel 2–6 cm lang; junge Zw. rund, gelbbraun, kahl; Kn. rotbraun, klebrig, an der Spitze auswärtsgebogen; alte Borke tiefgefurcht; ♂ Kätzchen 5–8 cm lang; breitkronig. Bg – N-3. **Schwarz-P., *P. nígra*** L.

'Itálica' (= var. *pyramidalis* Spach, var. *fastigiáta* Desf.), **Säulen-P., Pyramiden-P.,** Wuchs schmal säulenf., Äste in spitzem Winkel aufstrebend; Austrieb etwa 3 Wochen vor der Art; Bl. etwas kleiner, häufig angepflanzt.

'Plantierénsis', im Wuchs ähnlich wie *'Itálica'*, aber etwas breiter; junge Zw. und Bl. behaart.
var. ***betulifólia*** (PURSH.) TORR., junge Zw. anfangs behaart, braunorange; Bl. kleiner, allmählich zugespitzt, Spreite und Stiel anfangs behaart, später kahl.

– Bl.rand zumindest anfangs gewimpert, meist mit 1–2 Drüsen an der Basis der Bl.spreite, Bl. ± 3eckig, lang zugespitzt, 7–10 cm lang, Bl.rand kerbig gesägt; junge Zw. rund bis leicht kantig, kahl, seltener etwas behaart; meist breitkronig. Bg. (*P.* × *euramericána* GUINIER), Hybride von *P. nígra* × *P. deltoídes*.
Kanadische P., *P.* × *canadénsis* MOENCH

Viele Cultivare, die meist forstlich bedeutsam sind, vor allem
'Serótina', nur ♂ bekannt; breitkronig; junge Zw. kahl, braun; Kn. spitz, kahl, klebrig; Bl. ± dreieckig, 7–10 cm lang, obersts. dunkelgrün; Borke dick und tief gefurcht; Austrieb sehr spät (Mitte Mai). Bg.
'Serótina de Selys', säulenf. Wuchs.
'Regeneráta', nur ♀ bekannt; Wuchs breit pyramidal, Äste ± quirlig stehend; junge Zw. fein behaart; Austrieb mittelfrüh, bräunl. Bg.
'Marilándica', nur ♀ bekannt; breitkronig und vielästig, Äste stumpfwinklig am Stamm; Austrieb mittelfrüh, braun; Bl. rhombisch-eif., hellgrün, Basis der Bl.spreite keilf. Bg.
'Gélrica', nur ♂ bekannt; schnellwüchsig; Austrieb mittelfrüh, rotbraun; Bl. ± dreieckig, glänzend grün, grob gezähnt, beidersts. kahl; Rinde fast weiß, früher Laubfall. Bg.
'Robústa', nur ♂ bekannt; Äste quirlig abstehend, junge Zw. fein behaart; Austrieb früh, rotbraun. Bg.
Eine genaue Bestimmung der Klone kann nur im Absteckverfahren an der jungen Pflanze erfolgen (vgl. MÜLLER, R., Die Pappel-Altsorten (Sektion Aigeiros) in der Bundesrepublik Deutschland. Mitt. Dtsch. Dendrol. Ges. 67, 14–23, 1974).

2. *Sálix* L., Weide

Sommergrüne Bäume, Sträucher, Spalier- oder Zwergsträucher; Kn. kapuzenartig von einer Kn.schuppe umgeben; Bl. wechselst., meist kurz gestielt, ungeteilt, lanzettl., linealisch, eif. oder elliptisch, Stipeln bleibend, hinfällig oder fehlend; Bltn.stände Kätzchen, vor den Bl. oder gleichzeitig mit diesen erscheinend, Bltn. mit Nektarien, entomogam, Tragbl. der Bltn. ganzrandig, Perianth fehlt, ♂ Bltn. meist mit 2, selten 3–5(–12) Stbl., ♀ Bltn. mit 2blättrigem, 1fächerigem Frkn.; Fr. eine Kapsel, zahlreiche Samen, mit Haarschopf. Etwa 300 Arten.

Anmerkung: Die Bestimmung der Weiden allein nach vegetativen Merkmalen ist schwierig, da diese Merkmale oft sehr veränderlich sind und eine Bastardierung bei der Gattung *Salix* wesentlich häufiger auftritt als bei anderen Gehölzgattungen. Für eine sichere Bestimmung sollten daher auch die Blütenmerkmale herangezogen werden. Im ersten Schlüssel erfolgt die Bestimmung nach vegetativen Merkmalen und Merkmalen ♂ Blüten, im zweiten Schlüssel vorwiegend nach Merkmalen ♀ Blüten (hier empfiehlt sich hinsichtlich der vegetativen Merkmale stets ein Vergleich mit den Angaben im ersten Schlüssel). Ausführliche Artbeschreibungen der europäischen Weiden und Angaben über ihre Nutzung finden sich bei CHMELAR, J. & MEUSEL, W., Die Weiden Europas. Die neue Brehm-Bücherei, Bd. 494, A. Ziemsen Verlag, Wittenberg Lutherstadt, 1979.

Schlüssel zur Bestimmung nach vegetativen Merkmalen und nach Merkmalen der männlichen Blüten

1. Bltn. mit 2 Stbl. (z. T. Staubfäden bis zur Spitze verwachsen und dann scheinbar nur ein Stbl.); Zw. zur Blütezeit z. T. noch unbelaubt **6**

– Bltn. mit 3–12 Stbl.; Zw. zur Blütezeit schon belaubt **2**

2. Kätzchenschuppen an der Spitze gezähnt, Stbl. 5–9; junge Zw. anfangs behaart; Bl. lanzettl. bis eilanzettl., 10–12 cm lang, 1,5–2,5 cm breit, sehr lang zugespitzt *(45/13)*, Bl.rand fein drüsig gezähnt, Bl. obersts. dunkelgrün, glänzend, Mittelader oft gelb, untersts. blaugrün und anfangs behaart, Bl.stiel mit Drüsen; V. Bm – B/N-1. **Zottige W., *S. lasiándra*** Benth.

– Kätzchenschuppen ganzrandig **3**

3. Stbl. 3; junge Zw. kahl oder nur anfangs behaart, rotbraun; Bl. lanzettl., 5–10 cm lang, 1,5–2,5 cm breit, kurz zugespitzt, Basis der Bl.spreite keilf. bis abgerundet, Bl.rand fein gesägt, Bl. obersts. dunkelgrün, untersts. grün oder blaugrün, beidersts. kahl, Stipeln groß, nierenf. bis halbherzf., nicht abfallend; Borke in Platten ablösend; wichtige Weide für Korbflechterei; IV–V. Sg/Bk – N-3. (*S. amygdalína* L.). **Mandel-W., *S. triándra*** L.

ssp. ***triándra,*** Bl. untersts. blaßgrün.

ssp. ***díscolor*** (Koch) Arcangeli, Bl. untersts. blaugrün oder weißl.

– Stbl. 4–12, meist 5 . . . . **4**

4. Bl.stiel ohne Drüsen; junge Zw. anfangs behaart, gelbl., später graubraun; Bl. lanzettl. bis lineal-lanzettl., 8–12 cm lang, 0,5–2 cm breit, zugespitzt, Basis der Bl.spreite keilf., Bl.rand fein gesägt, Bl. grün, fast kahl mit Ausnahme der Bl.adern, Stipeln breit halbherzf.; Borke dunkelbraun, rauh; IV–V. Bg – N-2.
Schwarze W., *S. nígra* Marsh.

var. ***falcáta*** (Pursh.) Rehd., Bl. sichelf. gekrümmt, nur 4–6 mm breit *(45/14)*.

– Bl.stiel unterhalb der Bl.spreite mit Drüsen; junge Zw. glänzend, kahl, gelbbraun oder braungrün **5**

5. Bl. auffällig lang zugespitzt *(45/15)*, Basis der Bl.spreite abgerundet, Bl. eif. bis lanzettl., 8–12 cm lang, 2–3 cm breit, Bl.rand drüsig gesägt, Bl. obersts. dunkelgrün, glänzend, untersts. hellgrün, beidersts. kahl, nur auf den Adern schwach behaart, Stipeln halbherzf., sehr drüsig; junge Zw. glänzend, gelbbraun; V. Sg/Bk – B/Nk-2. **Glanz-W., *S. lúcida*** Muehlenb.

– Bl. kurz zugespitzt, Basis der Bl.spreite abgerundet bis herzf., Bl. elliptisch-eif., 5–12 cm lang, 2–5 cm breit, Bl.rand fein drüsig gesägt, Bl. obersts. dunkelgrün, glänzend, untersts. heller, beidersts. kahl, Mittelader gelb, Stipeln oft klein, längl.-eif.; Bor-

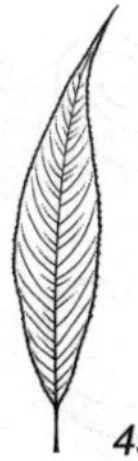

45/13

Salix lasiandra

45/14

S. nigra var. *falcata*

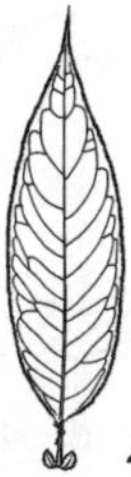

45/15

S. lucida

ke grau, rissig; V–VI. Sg/Bk/Bm – B/N-3.

Lorbeer-W., *S. pentándra* L.

6 (1). Kätzchenschuppen 2farbig, an der Spitze dunkelbraun bis schwärzl., an der Basis heller **19**

– Kätzchenschuppen einfarbig, meist gelbgrün, seltener gelb oder bräunl. **7**

7. Spaliersträucher oder Zwergsträucher **15**

– Höhere Sträucher oder Bäume **8**

8. Bl. dick, lederig (ähnlich *Magnolia*), elliptisch bis verkehrt-eif., 10–20 cm lang, 8–10 cm breit, plötzl. kurz zugespitzt, Basis der Bl.spreite abgerundet, ganzrandig *(45/16)*, Bl. obersts. graugrün, untersts. heller, Mittelader und Bl.stiel rötl.; junge Zw. dick, anfangs purpurn, später rot; Kätzchen 10–18 cm lang; V. Sg – Nhg-4 (W. China). **Pracht-W., *S. magnífica*** HEMSL.

– Bl. nicht lederig, schmaler, ± lanzettl. **9**

9. Bl.rand entfernt gesägt, Bl. untersts. grün, Bl. linealisch-lanzettl., 8–14 cm lang, 0,5–1 cm breit, zugespitzt, Basis der Bl.spreite keilf., Bl. obersts. hellgrün, deutl. geadert, untersts. anfangs seidig behaart, später kahl, Stipeln sehr klein oder fehlend; junge Zw. orange bis rötl., kahl; Ausläufer bildend; IV–V. Sk/Sg/Bk – B/N-1/2. (*S. longifólia* MUEHLENB.).

Sandbank-W., *S. intérior* (ROWLEA) MUEHLENB.

– Bl.rand dicht gesägt, Bl. untersts. meist blaugrün oder graugrün . **10**

10. Zw. ± lang herabhängend **13**

– Zw. ± aufrecht, nur an älteren Bäumen etwas überhängend . . . **11**

11. Bl.stiel unterhalb der Bl.spreite mit 2 Drüsen; junge Zw. an der Ansatzstelle mit knackendem Geräusch leicht abbrechend, kahl, olivbraun; Bl. lanzettl. bis schmal-lanzettl., 6–15 cm lang, 1,5–4 cm breit, lang zugespitzt, Basis der Bl.spreite keilf., Bl.rand fein gesägt, Bl. kahl, obersts. glänzend, dunkelgrün, untersts. blau-

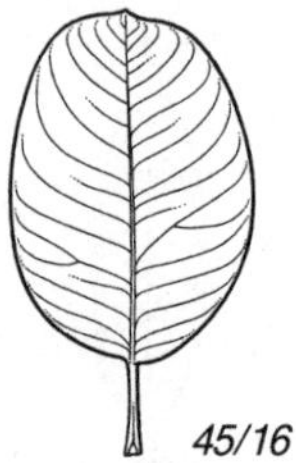

45/16

Salix magnifica

45/17

S. alba

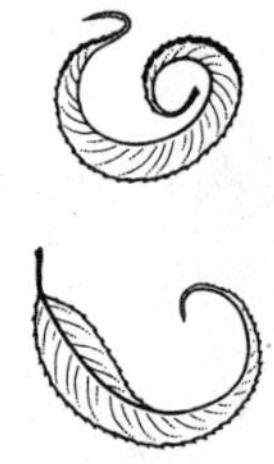

45/18

S. babylonica 'Crispa'

grün bis hellgrün, Stipeln halbherzf., gesägt, bald abfallend; Kätzchen zylindrisch, 3–7 cm lang, erscheinen mit den Bl., Stbl. 2, frei, Antheren gelb; IV–V. Sg/Bm – N-3.

Bruch-W., Knack-W., *S. frágilis* L.

'Bulláta', **Kugel-W.,** Wuchs gedrungen, buschig, halbkugelig, bis etwa 3 m hoch.

– Bl.stiel ohne Drüsen; junge Zw. nicht leicht abbrechend **12**

12. Bl. anfangs beidersts. ± dicht anliegend, seidenhaarig (silberweiß), später obersts. kahl, grün, untersts. blaugrün, bleibend behaart, selten ganz kahl, schmal-lanzettl., 5–10 cm lang, 6–15 mm breit, Bl.rand dicht und fein gesägt *(45/17)*, Stipeln lanzettl., abfallend; junge Zw. anfangs seidenhaarig, später kahl, olivbraun; Kätzchen zylindrisch, 4–6 cm lang, dichtblütig, erscheinen mit den Bl., Stbl. 2, frei, Antheren gelb; Borke längsrissig; raschwüchsig; IV–V. Bk/Bm/Bg – N-3.

Silber-W., *S. álba* L.

Sálix álba ist die häufigste und stattlichste der einheimischen Weiden; sie ist als Kopfweide (der Stamm wird etwa alle 2–3 Jahre geköpft) viel häufiger als *Sálix frágilis* zu finden.

S. × ***rúbens*** Schrank (= *S. álba* × *S. frágilis*), **Kopf-W.,** im Wuchs sehr veränderl., Äste und Zw. mehr hängend, weniger leicht brüchig; Bl. lanzettl., etwas steif, 8–15 cm lang, obersts. frischgrün, untersts. anfangs seidenhaarig, später kahl.

'Coerúlea' (= var. *cálva* C. F. W. Meyer, ssp. *coerúlea* (Sm.)Rech. f.), **Cricket-W.,** Zw. aufrecht abstehend, dunkelbraun; Bl. blaugrün; Holz für Schlaghölzer zum Cricketspiel verwendet.

'Chermesina', Zw. im Winter leuchtend orangerot, gute Nutzweide.

'Liempde', Krone relativ schmal, straff aufrecht wachsend.

'Serícea' (= f. *argéntea* Wimm.), **Silber-W.,** Bl. beidersts. silbrig behaart.

'Trístis' (= var. *vitellína péndula* Rehd.), **Hänge-Dotter-W.,** junge Zw. gelb, dünn, senkrecht herabhängend; Bl. untersts. ± seidig behaart; sehr häufig angepflanzt. Bm.

'Vitellína' (= var. *vitellína* (L) Arc.), **Dotter-W.,** Zw. lebhaft gelb; häufig als Kopfweide gepflanzt.

– Bl. anfangs locker seidig behaart, bald kahl, obersts. frischgrün, untersts. bläul. oder weißl., schmal-lanzettl., 5–10 cm lang, 1–2 cm breit, lang zugespitzt, Basis der Bl.spreite stumpf bis abgerundet, Bl.rand scharf drüsig gesägt, Stipeln lanzettl., drüsig gesägt, oft fehlend; junge Zw. anfangs fein behaart, bald kahl, olivgrün bis gelbl., später graubraun; Kätzchen 1–1,5 cm lang; Stbl. 2, Filamente an der Basis behaart; IV–V. Bm – N-4.

Chines. Baum-W., *S. matsudána* KOIDZ.

'Péndula', Zw. hängend.

'Tortuósa', **Korkenzieher-W.**, Zw. und Bl. verdreht-gewunden.

13 (10). Junge Zw. gelb, dünn; Bl. untersts. ± behaart. Bm.

Hänge-Dotter-W., *S. álba* L. ***'Trístis'***

– Junge Zw. olivgrün bis rotbraun, Bl. kahl **14**

14. Bl.stiel 3–5 mm lang, Bl. untersts. graugrün, deutlich netzaderig, kahl, lanzettl. bis lineal-lanzettl., 8–16 cm lang, 0,8–1,5 cm breit, lang zugespitzt, Basis der Bl.spreite spitzkeilig, Bl.rand fein gesägt, Stipeln halblanzettl., etwas eingerollt; Äste bogenf. abstehend; Kätzchen 2–4 cm lang, gekrümmt; IV–V. Bk ∧ – Ns/a-3/4. (*S. péndula* MOENCH).

Chines. Hänge-W., *S. babylónica* L.

'Críspa' (= f. *annuláris* ASCHERS.), Bl. ringartig eingerollt *(45/18)*, irrtümlich Napoleonweide genannt.

– Bl.stiel 1–1,5 cm lang, Bl. untersts. blaugrün, lanzettl., 8–15 cm lang, 1–2 cm breit, lang zugespitzt, Bl.rand scharf gesägt, Stipeln halbherzf.; junge Zw. lang herabhängend; Kätzchen bis 5 cm lang; vermutlich Hybride *S. babylónica* × *S. frágilis.*

Bastard-Hänge-W., *S.* × *elegantíssima* K. KOCH

S.* × *blánda ANDERSS., gilt gleichfalls als Hybride von *S. babylónica* × *S. frágilis*; Bl. breit-lanzettl., lang zugespitzt, 10–15 cm lang; junge Zw. an der Ansatzstelle leicht abbrechend.

15 (7). Kätzchen etwa 3 cm lang, vor den Bl. erscheinend; Bl. breit-lanzettl. bis eirund oder verkehrt-eif., plötzl. zugespitzt, 5–7 cm lang, 1,5–2 cm breit, obersts. anfangs leicht behaart, später kahl, netzaderig, untersts. kahl, tiefgrün bis blaugrün, das Adernetz ± deutl. hervortretend, Bl.rand drüsig gesägt, Bl. jedersts. mit 5–7 Seitenadern, Bl.stiel 5 mm lang, Stipeln breit-elliptisch bis halbnierenf.; selten über 1 m hoch, Zw. aufsteigend; IV–V. Sz – Bh/Nh-3. (*S. lívida* WAHL.).

Bleiche W., *S. starkeána* WILLD.

– Kätzchen kleiner, bis etwa 2 cm lang, an der Spitze beblätterter Sprosse **16**

16. Bl. obersts. runzlig, dunkelgrün, untersts. blaugrün-weißl., das Adernetz deutl. hervortretend, kahl oder ± lang seidig behaart, meist zu 2–4 an jedem Zweig, 1–4,5 cm lang, rund, rundl.-eif.

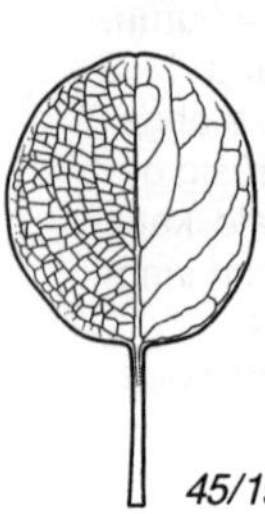
45/19

Salix reticulata

45/20

S. retusa,
Sproß mit Blättern

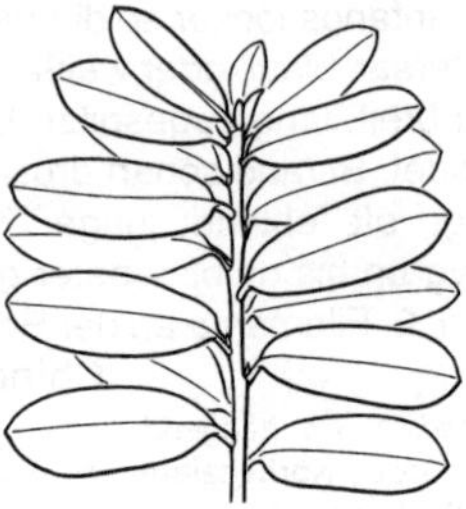
45/21

S. bockii,
Sproß mit Blättern

bis breit verkehrt-eif. *(45/19)*, ganzrandig, jedersts. mit 2–5 Seitenadern, Bl.stiel 5–15 mm lang, Stipeln fehlen; Kätzchen 1,2–2,5 cm lang, walzl., lang gestielt, im Gebirge erst VII–VIII blühend; 10–40 cm hoch; Sp – PN/PG-1/2/3/4.
Netz-W., *S. reticuláta* L.

– Bl. obersts. nicht runzlig, beidersts. ± gleichfarbig **17**

17. Bl. rundl.-eif. bis fast kreisrund, 8–20 mm lang, 7–20 mm breit, Bl.rand kerbig gesägt, Bl. beidersts. glänzend grün, ± kahl, untersts. deutl. netzaderig, Bl.stiel bis 5 mm lang, Stipeln fehlen; Zw. fadenf., bis 5 cm hoch, anfangs leicht behaart, später kahl; Kätzchen 0,5–1,5 cm lang, 2–12bltg., Stbl. 2, Antheren gelb; im Gebirge erst VI–VIII blühend; 1–8 cm hoch, kriechend. Sz – PN/PG-1/2/3/4. **Zwerg-W., *S. herbácea*** L.

S.* × *simulátrix F. B. White (= *S. formósa* × *S. herbácea*), kriechender Zwergstrauch; Bl. eirund, bis 1,5 cm lang, ganzrandig bis schwach gekerbt, beidersts. glänzend dunkelgrün; Kätzchen zahlreich, vielbltg.

– Bl. verkehrt-eif. bis längl.-eif. **18**

18. Bl. 8–20 mm lang, 5–8 mm breit, längl. bis breit verkehrt-eif., an der Spitze oft eingekerbt *(45/20)*, sonst ganzrandig oder mit wenigen kleinen Zähnen, beidersts. grün, untersts. nur anfangs auf den Adern behaart, Bl.stiel etwa 1 mm lang; Kätzchen bis 2 cm lang, gestielt, rasenbildender Spalierstrauch, bis 30 cm hoch; VII–VIII. Sp – PG-3. **Stumpfblättrige W., *S. retúsa*** L.

S.* × *cottétii Kern. (= *S. nígricans* × *S. retúsa*), niedriger, kriechender Strauch; Bl. elliptisch-längl.; 2–4 cm lang, Spitze stumpf oder zugespitzt, Bl.rand gesägt; Kätzchen kurz zylindrisch.

– Bl. 4–10 mm lang, 2–4 mm breit, spatelf., an den Sproßenden fast rosettenartig gedrängt, jedersts. mit 2–4 Seitenadern, ganzrandig; Kätzchen kugelf., 0,5 cm ∅, 3–8bltg., nach den Bl. erscheinend; flach dem Boden angeschmiegte Polster bildend.

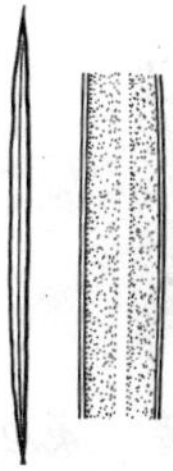

45/22

Salix elaeagnos, Blatt und Ausschnitt der Bl.unterseite

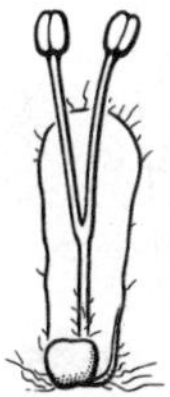

45/23

S. elaeagnos, ♂ Blüte

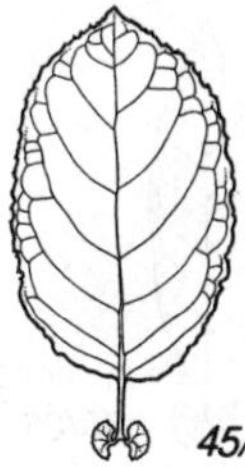

45/24

S. aegyptiaca

Sz – Pg-3 (Alpen). (*S. retúsa* L. var. *serpyllifólia* (SCOP.) SER.).
Quendelblättrige W., *S. serpyllifólia* SCOP.

19 (6). Staubfäden bis zur Basis getrennt oder nur in einzelnen Bltn. verwachsen **25**

– Staubfäden im unteren Teil oder bis zur Spitze verwachsen . . . **20**

20. Bltn.kätzchen erst im Hochsommer in den Bl.achseln erscheinend; junge Zw. dicht grauhaarig; Bl. sehr dicht stehend, längl. bis verkehrt-eif., 6–18 mm lang, 4–7 mm breit, Bl.rand ganzrandig oder spärl. gezähnt, etwas zurückgerollt, Bl. obersts. dunkelgrün, untersts. silbrig durch seidige Behaarung, Bl.stiel 1–2 mm lang, Bl. ± senkrecht vom Sproß abstehend *(45/21)*; in Kultur nur ♀ bekannt; Kätzchen ca. 3 cm lang; Frkn. wollig; sparrig verzweigt; VIII–X. Sg ∧ – N-4.
Chines. Myrten-W., *S. bóckii* SEEM.

– Bltn.kätzchen stets im Frühjahr erscheinend **21**

21. Junge Zw. kahl, glänzend **24**

– Junge Zw. anfangs behaart, später ± kahl **22**

22. Bl. längl.-eif. bis elliptisch, untersts. etwas behaart **23**

– Bl. lanzettl. bis lineal-lanzettl., untersts. weißfilzig, obersts. anfangs behaart, später kahl, dunkelgrün, 5–15 cm lang, 0,3–2,2 cm breit, Spitze und Basis der Bl.spreite zugespitzt, Bl.rand eingerollt *(45/22)*, Stipeln meist fehlend, Bl.stiel 4–8 mm lang; Kätzchen bis 3 cm lang, an kurzen beblätterten Zw.; Staubfäden bis zur Hälfte ihrer Länge verwachsen *(45/23)*; IV–V. Sg/Bk – N-3. (*S. incána* SCHRANK). **Grau-W., *S. elaeágnos*** SCOP.

23. Junge Zw. bis zum 2. Jahr filzig behaart, später kahl; Bl. elliptisch-längl., zugespitzt, 5–12 cm lang, 3–5 cm breit, Bl.rand ± wellig, unregelmäßig gezähnt, Bl. beidersts. anfangs behaart,

45/25
Salix rigida

45/26
S. purpurea

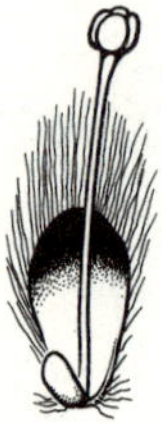
45/27
S. purpurea, ♂ Blüte

später obersts. kahl, glänzend grün, untersts. etwas behaart, blaugrün, deutl. netzaderig, Stipeln groß, halbherzf., Bl.stiel 1–2 cm lang *(45/24)*; Kätzchen bis 5 cm lang, sitzend; Staubfäden etwa bis zur Hälfte ihrer Länge verwachsen, an der Basis behaart; III–IV. Sg – Ns/a-3. (*S. medémii* BOISS.).
Persische W., *S. aegyptíaca* L.

– Junge Zw. nur anfangs behaart, bald kahl; Bl. längl.-eif., zugespitzt, Basis der Bl.spreite herzf. oder abgerundet, Bl. 8–15 cm lang, 2–4 cm breit, Bl.rand scharf gesägt, Bl. obersts. dunkelgrün, untersts. hellgrün, etwas behaart, Stipeln sehr groß, nierenf., Bl.stiel 0,5–1,5 cm lang *(45/25)*; Kätzchen 2–5 cm lang; IV–V. Sg – N-2. (*S. cordáta* MUEHLENB.).
Herzblättrige W., *S. rígida* MUEHLENB.

24 (21). Bl. linealisch, lanzettl. bis verkehrt-eilanzettl., 5–10 cm lang, 0,5–1,5 cm breit, zugespitzt, Basis der Bl.spreite keilf. bis abgerundet, Bl.rand im oberen Drittel gezähnt *(45/26)*, Bl. obersts. glänzend dunkelgrün, untersts. bläul. bis blaugrün, meist kahl, Stipeln fehlen, Bl.stiel 2–8 mm lang; junge Zw. kahl, glänzend, purpurn; Bl. scheinbar gegenst.; Kätzchen schlank, 1,5–4,5 cm lang, sitzend; Staubfäden ganz verwachsen *(45/27)*, Staubbeutel anfangs purpurn, später schwärzl.; III–IV. Sg – B/N-3/4. **Purpur-W., *S. purpúrea*** L.

var. ***lambertiána*** (SM.) KOCH, Bl. fast bis zur Basis der Bl.spreite gezähnt; Wuchs kräftiger; Zw. dicker; Bl. bis 2 cm breit.

'Grácilis' (= *'Nána'*), Zwergform, dicht verzweigt, Zw. dünn, glänzend rotbraun; Bl. linealisch, silbrig grau.

'Péndula', Zw. dünn, herabhängend; wird häufig auf Stämmen von *S. daphnoídes* als Hängebaum veredelt.

– Bl. elliptisch bis verkehrt-eif., 2–4 cm lang, 1–2 cm breit, zugespitzt, seltener stumpf, Basis der Bl.spreite breit keilf., Bl. ganzrandig, beidersts. völlig kahl, obersts. dunkelgrün, untersts. bläul., Stipeln klein, Bl.stiel 2–3 mm lang; junge Zw. kahl, glän-

45/28

Salix silesiaca

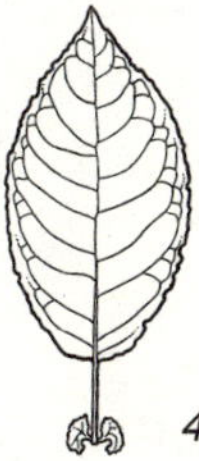

45/29

S. caprea

zend braun; Kätzchen nur 1 cm lang, an kurzem beblättertem Zw.; Staubfäden ganz oder bis zur Mitte verwachsen, Staubbeutel violett; V. Sk – BGh-3. **Blaugrüne W., *S. cáesia*** VILL.

25 (19). Staubfäden kahl **33**

– Staubfäden an der Basis behaart **26**

26. Staubbeutel gelb **28**

– Staubbeutel purpurn oder violett **27**

27. Bl. breit-elliptisch bis verkehrt-eif., 4–6 cm lang, 1,5–2,5 cm breit, stumpf bis zugespitzt, Basis der Bl.spreite keilf. bis abgerundet, Bl. beidersts. kahl, sehr dick, obersts. glänzend dunkelgrün, untersts. blaugrün, Bl.rand deutl. gezähnt; junge Zw. dick, kahl, rotbraun; Kätzchen bis 7 cm lang; V–VII. Sk – PGh-3 (Alpen). **Kahle W., *S. glábra*** SCOP.

– Bl. lanzettl., 5–12 cm lang, kurz zugespitzt, Bl.rand unregelmäßig drüsig gesägt, Bl. obersts. kahl, untersts. grauweiß, seidig behaart, später kahl, Bl.stiel 2–8 mm lang; junge Zw. etwas behaart, bald kahl, dunkelbraun bis olivgrün; Kätzchen 2–3 cm lang, vor den Bl. erscheinend; IV–V. Sg/Bk – N-4. **Rehders W., *S. rehderiána*** SCHNEID.

28 (26). Junge Zw. dicht kurz grauflaumig oder filzig behaart, auch im 2. Jahr meist noch schwärzl. filzig **32**

– Junge Zw. kahl oder nur kurz grauhaarig, im 2. Jahr stets kahl . . **29**

29. Bl. untersts. bleibend behaart **30**

– Bl. untersts. nur anfangs behaart, bald kahl, elliptisch bis verkehrt-eif., grün, im Austrieb rötl., 4–10 cm lang, 2–5 cm breit, Bl.rand kerbig gesägt, Basis der Bl.spreite breit keilf. *(45/28)*, Stipeln halbherzf., Bl.stiel 6–12 mm lang; Kätzchen kurz vor den Bl. erscheinend; V–VI. Sg – BG-3. **Schlesische W., *S. silesíaca*** WILLD.

30. Bl. sehr runzelig, mit stark hervortretendem engmaschigem Adernetz **31**

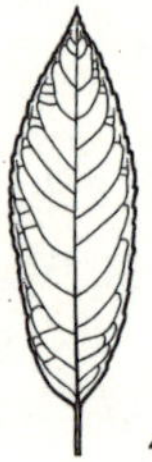

45/30

Salix × smithiana

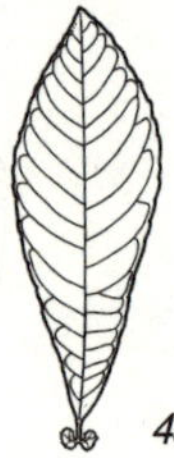

45/31

S. appendiculata

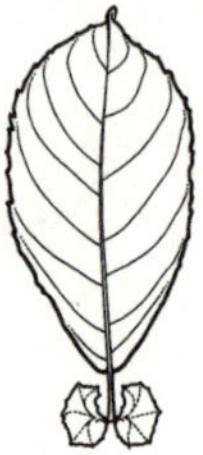

45/32

S. aurita

– Bl. ± runzelig, mit weitmaschigem Adernetz, sehr variabel von rundl.-elliptisch oder elliptisch-lanzettl. bis verkehrt-eif., 6–10 cm lang, 2,5–6 cm breit, zugespitzt, ganzrandig oder etwas wellig gezähnt *(45/29)*, Bl. obersts. graugrün und anfangs leicht behaart, später kahl, unterst. dicht graufilzig, Stipeln oft vorhanden, schief nierenf., Bl.stiel 0,8–2 cm lang; Zw. dick, zuerst grau behaart, später kahl und glänzend rotbraun; Kätzchen bis 4,5 cm lang; seit alters in Kultur, sehr wichtige Bienenweide; III–IV. Sg/Bk – B/N-3. **Sal-W., *S. cáprea*** L.

'Péndula', Zw. steif, in kurzem Bogen herabhängend, meist hochstämmig veredelt.

S. × ***erdíngeri*** KERN. (= *S. cáprea* × *S. daphnoídes*), Zw. anfangs behaart, später kahl, rotbraun; Bl. elliptisch bis verkehrt-eif., bis 8 cm lang, anfangs seidig behaart, obersts. später kahl, glänzend, untersts. graugrün; in Kultur nur ♀; III–IV. Sg.

S. × ***smithiána*** (= *S. cáprea* × *S. viminális*), Zw. anfangs behaart, später kahl; Bl. längl.-lanzettl. bis eif.-lanzettl., 6–12 cm lang *(45/30)*, obersts. bald kahl, untersts. grau, weichhaarig bleibend; in Kultur nur ♂; sehr häufig als frühe Kätzchen- und Bienenweide („Kübler-Weide" der Imker).

31. Bl. groß, 5–18 cm lang, 3–5 cm breit, verkehrt-eif. bis verkehrt-eilanzettl., ganzrandig bis grob gezähnt *(45/31)*, obersts. sehr runzelig durch vertiefte Aderung, untersts. erhaben netzaderig, Stipeln herz- oder nierenf., Bl.stiel 1 cm lang; Kätzchen 3 cm lang; V. Sg – BGh/PGh-3. (*S. grandifólia* SER.). **Großblättrige W., *S. appendiculáta*** VILL.

– Bl. kleiner, 2,5–5 cm lang, 1–3 cm breit, verkehrt-eif. bis verkehrt-eilanzettl., plötzl. zugespitzt, wellig gesägt *(45/32)*, obersts. sehr runzelig, dunkelgrün, untersts. bläul.grün, filzig grauhaarig, später kahl, mit stark hervortretendem Adernetz, Stipeln groß, nierenf., gezähnt; Zw. dünn, anfangs weich behaart, später kahl, etwas glänzend, rotbraun; Kätzchen 0,5–2,5 cm lang; IV–V. Sg – B/Nk-3. **Ohr-W., *S. auríta*** L.

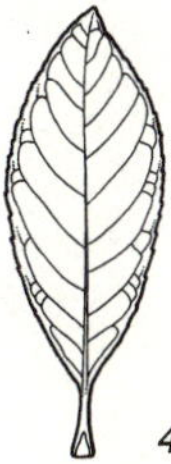

45/36

Salix phylicifolia

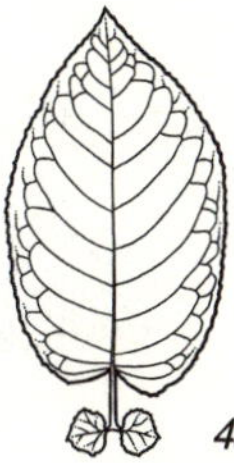

45/37

S. cordata

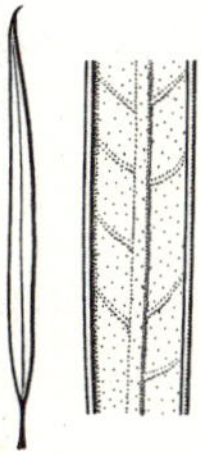

45/38

S. viminalis,
Blatt und Ausschnitt der Bl.unterseite

rundl.; junge Zw. anfangs weißfilzig behaart, später kahl und etwas glänzend; Kätzchen kurz vor den Bl. erscheinend, 3–5 cm lang; V–VI. Sk – PGh-3 (Alpen). (*S. lappónum* var. *helvética* (Vill.) Anderss.). **Schweizer W., *S. helvética*** Vill.

– Bl. beiderststs. bleibend dicht grauseidig behaart, eif., plötzl. zugespitzt, Basis der Bl.spreite herzf. bis abgerundet, Bl. 4–7 cm lang, 2–3 cm breit, Bl.rand sehr fein gezähnt, z.T. drüsig, Stipeln meist vorhanden, auffällig groß *(45/37)*, Bl.stiel 3–8 mm lang; Zw. dicht seidig behaart; Kätzchen 2–4 cm lang; sparriger Wuchs; in Kultur nur ♀ Pflanzen; V. Sg – B/Nhk-2. (*S. adenophýlla* Hook. **Pelz-W., *S. cordáta*** Michx.

41 (33). Zw. bläul. bereift, abwischbar **50**

– Zw. unbereift **42**

42. Niedrige, bis 1 m hohe Sträucher mit unterirdisch kriechendem Hauptstamm und dünnen schlanken Seitenzw.; Kätzchen meist nicht über 1,5 cm lang, kurz vor oder mit den Bl. erscheinend . . **47**

– Höhere Sträucher; Kätzchen länger, meist vor den Bl. erscheinend **43**

43. Bl. lanzettl. **44**

– Bl. elliptisch-längl. bis verkehrt-eif., beide Enden spitz, Bl.rand kerbig gesägt bis fast ganzrandig, 5–12 cm lang, 1,5–2,5 cm breit, beiderststs. anfangs behaart, später kahl, oberststs. hellgrün, untersts. bläul., stark netzaderig, Bl.stiel 6–25 mm lang; Kätzchen bis 3,5 cm lang, vor den Bl. erscheinend; IV. Sg/Bk – B/N-1/2. **Verschiedenfarbige W., *S. díscolor*** Muehlenb.

44. Bl. untersts. nur anfangs seidig behaart, später kahl **46**

– Bl. untersts. bleibend seidenhaarig **45**

45. Bl. ganzrandig, Bl.rand etwas umgerollt, Bl. schmal-lanzettl., 10–25 cm lang, 0,6–1,5 cm breit, allmählich zugespitzt, Basis der Bl.spreite abgerundet *(45/38)*, Bl. oberststs. dunkelgrün, kahl,

45/39

Salix petiolaris

45/40

S. acutifolia

untersts. seidig silbergrau behaart, Stipeln schmal-lanzettl., Bl.stiel 3–12 mm lang; junge Zw. anfangs dicht grau behaart, später kahl; Kätzchen 2,5 cm lang, vor den Bl. erscheinend; schlankrutig, in zahlreichen Rassen als Bindeweide in Kultur; III–IV. Sg – B/N-3/4. **Hanf-W., Korb-W., *S. viminális*** L.

– Bl.rand fein gesägt, Bl. lanzettl. bis verkehrt-eilanzettl., 4–10 cm lang, 1,3–2,5 cm breit, zugespitzt, obersts. nur anfangs seidenhaarig, später dunkelgrün, glänzend, untersts. bleibend seidenhaarig, Stipeln lanzettl., sehr klein, Bl.stiel bis 12 mm lang; junge Zw. anfangs seidig weichhaarig, später kahl, braun; Kätzchen etwa 2 cm lang, vor den Bl. erscheinend; IV. Sg – N-2. **Seidige W., *S. serícea*** MARSH.

46 (44). Junge Zw. dünn, anfangs seidig behaart, später kahl und tief purpurn; Bl. schmal-lanzettl., 4–10 cm lang, 0,6–1,6 cm breit, lang zugespitzt, Basis der Bl.spreite keilf., Bl.rand fein gesägt *(45/39)*, Bl. beidersts. anfangs seidenhaarig, bald kahl, untersts. bläul., Stipeln klein, bald abfallend, Bl.stiel 6–10 mm lang; Kätzchen 1–2 cm lang, an kurzen beblätterten Zw.; wichtige Nutzweide; IV. Sk – Nk-2. **Stiel-W., *S. petioláris*** SM.

– Junge Zw. dick, samtfilzig behaart; Bl. lanzettl., 10–24 cm lang, 2–4 cm breit, spitz, Bl.rand kerbig gesägt, Bl. anfangs beidersts. dicht seidenfilzig, später nur noch auf den Adern behaart, sonst kahl, untersts. blaugrau, Stipeln groß, lanzettl., Bl.stiel 1–2 cm lang; Kätzchen 3–6 cm lang, vor den Bl. erscheinend; Hybride, möglicherweise *S. cáprea* × *S. cinérea* × *S. viminális*. **Bandstock-W., *S.* × *dasýclados*** WIMMER

Ähnlich ist ***S.*** × ***stipuláris*** SMITH, Bl. schmaler, untersts. dünn graufilzig mit deutl. Seidenglanz, Stipeln groß; vielleicht Hybride aus *S. cinérea* × *S. viminális*.

47 (42). Bl. untersts. kahl, blaugrün, deutl. netzaderig, obersts. dunkelgrün, längl.-elliptisch bis verkehrt-eif., plötzl. zugespitzt, 1–4

cm lang, 0,4–2 cm breit, ganzrandig, seltener entfernt gezähnt; Stamm unterirdisch kriechend, Seitenzw. aufrecht, bis 50 cm hoch, anfangs etwas behaart, später kahl; Kätzchen 1–1,5 cm lang, an beblätterten Zw.; V. Sk – Bh/Nhk-3.

Moor-W., *S. myrtilloídes* L.

– Bl. untersts. bleibend dicht seidenhaarig **48**

48. Vorjährige Zw. dick, dunkel, behaart; Bl. verkehrt-eif., Bl.rand entfernt drüsig gezähnt, Bl. beidersts. dicht und lang seidig behaart, jedersts. mit 5–8 Seitenadern, Stipeln oft vorhanden; Stamm unterirdisch kriechend, Seitenzw. aufrecht; Kätzchen eif.; V. Sk – N-3. **Sand-W., *S. arenária*** L.

– Vorjährige Zw. dünn, hell, kahl oder schwach behaart; Stipeln fehlen, Bl. elliptisch bis eif. oder linealisch, später obersts. ± kahl, untersts. seidenhaarig **49**

49 (36, 48). Bl. elliptisch bis eif., meist 1–2 cm lang, 0,5–1 cm breit, ganzrandig, Bl.rand z. T. umgerollt, drüsig, Bl. anfangs beidersts. seidenhaarig, später obersts. kahl, untersts. bleibend behaart, jedersts. mit 4–6 Seitenadern; Stamm unterirdisch kriechend, Seitenzw. aufrecht, bis 1 m hoch, junge Zw. anfangs weich behaart, später kahl, braun; Kätzchen zylindrisch, 1–1,5 cm lang, kurz vor oder mit den Bl. erscheinend; IV–V. Sk – B/N-3.

Kriech-W., *S. répens* L.

– Bl. linealisch-lanzettl., lang zugespitzt, 2–5 cm lang, 0,2–0,8 cm breit, ganzrandig oder leicht gebuchtet, fein drüsig, anfangs beidersts. seidenhaarig, später obersts. kahl, dunkelgrün, untersts. bleibend behaart, jedersts. mit 10–12 Seitenadern; Stamm unterirdisch kriechend, Seitenzw. aufrecht, schwach behaart; Kätzchen kugelig; V. Sk – N-3.

Rosmarinblättrige W., *S. rosmarinifólia* L.

50 (41). Junge Zw. dick, steif, anfangs behaart, später kahl, blau bereift; Bl. längl. bis lanzettl., spitz, 4–12 cm lang, 1–2,5 cm breit, Bl.rand fein drüsig gesägt, etwas lederig, Bl. jedersts. mit 8–12 Seitenadern, obersts. glänzend dunkelgrün, kahl, untersts. blaugrün, Stipeln halbherzf., Bl.stiel 4–12 mm lang; Kätzchen 2,5–5 cm lang, vor den Bl. erscheinend, dicht weißl. seidenhaarig; wertvolle Kätzchenweide; III–IV. Bm/Bg – N-3.

Reif-W., *S. daphnoídes* Vill.

var. ***pomeránica*** (Willd.) Koch, meist nur strauchig; Bl. schmaler, lanzettl., bis 12 cm lang; Kätzchen schlanker, bis 8 cm lang; ♂ Pflanzen häufig als Kätzchenweide angepflanzt.

– Junge Zw. dünn, biegsam **51**

51. Junge Zw. im Winter stark bläul. bereift, kahl, dunkelrotbraun; Bl. lanzettl., lang zugespitzt, 6–12 cm lang, 1–2 cm breit, Bl.rand fein drüsig gesägt, Bl. jedersts. mit mehr als 15 Seitenadern, beidersts. kahl, obersts. dunkelgrün, glänzend, untersts. blaugrün, Stipeln lanzettl. *(45/40)*; Kätzchen vor den Bl. erscheinend, dicht weißl. behaart; III–IV. Sg – B/Nk-3. (*S. daphnoídes* var. *acutifólia* DOELL.). **Kaspische W., *S. acutifólia*** WILLD.

'Pendulifólia', Zw. sehr schlank, im großen Bogen überhängend; Bl. lineal-lanzettl., 8–12 cm lang, 1–2 cm breit, lang zugespitzt.

– Junge Zw. im Winter weiß bereift, kahl, purpurrot; Bl. längl. bis schmal-lanzettl., 6–10 cm lang, zugespitzt, Bl.rand entfernt gesägt bis fast ganzrandig, Bl. beidersts. kahl, obersts. glänzend grün, untersts. blaugrün; Kätzchen zylindrisch, vor den Bl. erscheinend; nur ♂ Pflanzen in Kultur; III–IV. Sg – Nw-2. **Amerikan. Reif-W., *S. irroráta*** ANDERSS.

Schlüssel zur Bestimmung vorwiegend nach Merkmalen der weiblichen Blüten

Die Längenangaben für die Blütenteile treffen nur während der Blütezeit zu; bei der Fruchtreife können sich Veränderungen ergeben. Die Nummern in Klammern hinter den Artnamen verweisen auf die Punkte, unter denen die betr. Arten in Schlüssel I näher beschrieben sind.

1. Frkn. behaart **27**
– Frkn. kahl oder nur an der Basis spärl. behaart **2**
2. Kätzchenschuppen an der Spitze dunkler **20**
– Kätzchenschuppen einfarbig **3**
3. Frkn.stiel kürzer als Nektardrüse **12**
– Frkn.stiel so lang oder länger als Nektardrüse **4**
4. Kätzchenschuppen gezähnt *(45/41)* ***S. lasiándra*** BENTH. (2)
– Kätzchenschuppen ganzrandig **5**
5. Bl. untersts. weißfilzig; Kätzchen gekrümmt, mit gelben oder bräunl. Schuppen ***S. elaeágnos*** SCOP. (22–)
– Bl. untersts. nicht weißfilzig **6**
6. Kleine Sträucher bis 1,5 m hoch, oft Zwergsträucher **11**
– Höhere Sträucher und Bäume **7**
7. Frkn.stiel ½ bis fast so lang wie der Frkn., 3–5mal so lang wie die Nektardrüse ***S. triándra*** L. (3)
– Frkn.stiel höchstens bis ¼ so lang wie der Frkn., bis 3mal so lang wie die Nektardrüse **8**
8. Frkn.stiel 2–3mal so lang wie die Nektardrüse *(45/42)* ***S. frágilis*** L. (11)
– Frkn.stiel höchstens 2mal so lang wie die Nektardrüse **9**
9. Bl.stiel ohne Drüsen ***S. nígra*** MARSH. (4)
– Bl.stiel unterhalb der Bl.spreite mit Drüsen **10**
10. Bl. auffällig lang zugespitzt *(45/15)* ***S. lúcida*** MUEHLENB. (5)

45/41

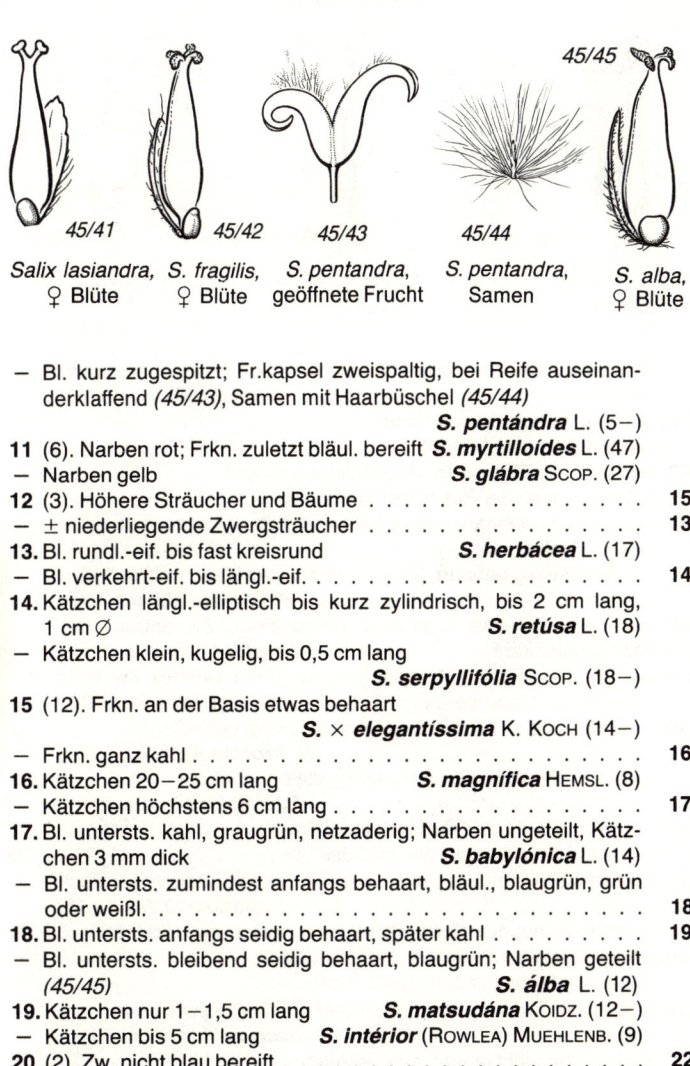

Salix lasiandra, ♀ Blüte

45/42

S. fragilis, ♀ Blüte

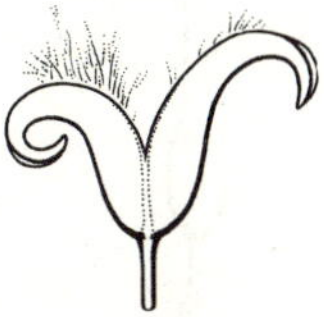

45/43

S. pentandra, geöffnete Frucht

45/44

S. pentandra, Samen

45/45

S. alba, ♀ Blüte

– Bl. kurz zugespitzt; Fr.kapsel zweispaltig, bei Reife auseinanderklaffend *(45/43)*, Samen mit Haarbüschel *(45/44)* **S. pentándra** L. (5–)

11 (6). Narben rot; Frkn. zuletzt bläul. bereift **S. myrtilloídes** L. (47)

– Narben gelb **S. glábra** Scop. (27)

12 (3). Höhere Sträucher und Bäume **15**

– ± niederliegende Zwergsträucher **13**

13. Bl. rundl.-eif. bis fast kreisrund **S. herbácea** L. (17)

– Bl. verkehrt-eif. bis längl.-eif. **14**

14. Kätzchen längl.-elliptisch bis kurz zylindrisch, bis 2 cm lang, 1 cm ∅ **S. retúsa** L. (18)

– Kätzchen klein, kugelig, bis 0,5 cm lang **S. serpyllifólia** Scop. (18–)

15 (12). Frkn. an der Basis etwas behaart **S. × elegantíssima** K. Koch (14–)

– Frkn. ganz kahl **16**

16. Kätzchen 20–25 cm lang **S. magnífica** Hemsl. (8)

– Kätzchen höchstens 6 cm lang **17**

17. Bl. untersts. kahl, graugrün, netzaderig; Narben ungeteilt, Kätzchen 3 mm dick **S. babylónica** L. (14)

– Bl. untersts. zumindest anfangs behaart, bläul., blaugrün, grün oder weißl. **18**

18. Bl. untersts. anfangs seidig behaart, später kahl **19**

– Bl. untersts. bleibend seidig behaart, blaugrün; Narben geteilt *(45/45)* **S. álba** L. (12)

19. Kätzchen nur 1–1,5 cm lang **S. matsudána** Koidz. (12–)

– Kätzchen bis 5 cm lang **S. intérior** (Rowlea) Muehlenb. (9)

20 (2). Zw. nicht blau bereift **22**

– Zw. blau bereift **21**

21. Frkn.stiel etwa ½ so lang wie der Frkn., Tragbl. etwa so lang wie der Frkn. **S. daphnoídes** Vill. (50)

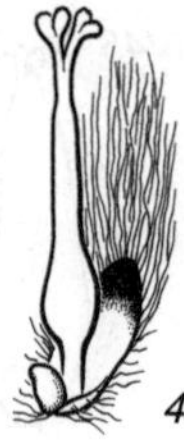
45/46

Salix nigricans, ♀ Blüte

45/47

S. silesiaca, ♀ Blüte

45/48

S. discolor, ♀ Blüte

– Frkn.stiel etwa ⅓ so lang wie der Frkn., Tragbl. etwa ½ so lang wie der Frkn. ***S. acutifólia*** Willd. (51)

22 (20). Griffel kurz oder fehlend **26**

– Griffel verlängert *(45/46)* **23**

23. Kätzchen vor Beginn der Bl.entfaltung blühend **25**

– Kätzchen nach der Bl.entfaltung blühend **24**

24. Zw. anfangs behaart, später kahl, rotbraun; Kätzchenschuppen lang, zottig kraushaarig ***S. hastáta*** L. (38)

– Zw. dicht seidig behaart, Kätzchenschuppen klein, weißwollig ***S. cordáta*** Michx. (40–)

25 (23). Frkn.stiel etwa ⅓ so lang wie der Frkn.; Zw. anfangs behaart, später kahl ***S. rígida*** Muehlenb. (23–)

– Frkn.stiel etwa ½ bis ⅔ so lang wie der Frkn. *(45/46)*; Zw. filzig behaart, spät kahl werdend ***S. nígricans*** Sm. (32–)

26 (22). Kätzchen 1–2 cm lang; Frkn. sehr kurz gestielt ***S. irroráta*** Anderss. (51–)

– Kätzchen bis 4 cm lang; Frkn. lang gestielt *(45/47)* ***S. silesíaca*** Willd. (29–)

27 (1). Frkn.stiel kürzer als die Nektardrüse **40**

– Frkn.stiel länger als die Nektardrüse **28**

28. Kätzchenschuppen an der Spitze grünl.gelb, selten schwach bräunl. ***S. starkeána*** Willd. (15)

– Kätzchenschuppen an der Spitze dunkelbraun oder schwärzl. . **29**

29. Zw. bleibend grau behaart **39**

– Zw. nur anfangs behaart, später kahl **30**

30. Narbenäste fadenf. aufgespalten *(45/48)*, Griffel sehr kurz ***S. díscolor*** Muehlenb. (43–)

– Narbenäste nicht fadenf. aufgespalten **31**

31. Griffel bis ⅓ so lang wie die Frkn., Frkn.stiel 2–4mal länger als die Nektardrüse ***S. phylicifólia*** L. (38–)

– Griffel sehr kurz oder fehlend **32**

45/49

45/50

45/51

Salix caprea, ♀ Blüte *S. caprea,* Frucht *S. cinerea,* ♀ Blüte

32. Kätzchen meist nicht länger als 2 cm **35**
– Kätzchen meist über 2 cm lang **33**
33. Narbenäste aufrecht *(45/49)*, Kätzchen 2–3 cm dick, bis 7 cm lang; Fr. lang kegelig gestreckt *(45/50)* ***S. cáprea*** L. (30–)
– Narbenäste abstehend; Kätzchen bis 1,5 cm dick **34**
34. Kätzchen an der Basis mit 1–3 Schuppenbl. ***S. appendiculáta*** Vill. (31)
– Kätzchen an der Basis mit 4–7 Schuppenbl. ***S. aurita*** L. (31–)
35 (32). Bl. untersts. nur anfangs seidenhaarig, später kahl; Frkn. kegelf., gestielt, Narben sitzend ***S. petioláris*** Sm. (46)
– Bl. untersts. bleibend seidenhaarig **36**
36. Niedrige Sträucher mit unterirdisch kriechendem Hauptstamm und aufrechten Seitenzw. **37**
– Höherer Strauch; Frkn. eif., kurz gestielt, Narben sitzend ***S. sericea*** Marsh. (45–)
37. Vorjährige Zw. dick, dunkel, behaart; Kätzchen eif.; Narben kurz, kugelig ***S. arenária*** L. (48)
– Vorjährige Zw. dünn, hell, kahl oder schwach behaart **38**
38. Kätzchen eif.-längl. bis zylindrisch; Bl. eif.-elliptisch ***S. répens*** L. (49)
– Kätzchen kugelig; Bl. linealisch-lanzettl. ***S. rosmarinifólia*** L. (49–)
39 (29). Frkn.stiel etwa ⅓ so lang wie der graufilzig behaarte Frkn. *(45/51)* ***S. cinérea*** L. (32)
– Frkn.stiel etwa ½ so lang wie der nur schwach behaarte Frkn. ***S. aegyptíaca*** L. (23)
40 (27). Bltn. erst im Hochsommer erscheinend ***S. bóckii*** Seem. (20)
– Bltn. stets im Frühjahr erscheinend **41**
41. Bltn. vor den Bl. erscheinend **47**
– Bltn. mit den Bl. oder später erscheinend **42**

42. 10–40 cm hoher Spalierstrauch mit runzeligen, unterststs. stark netzaderigen Bl. ***S. reticuláta*** L. (16)
– Höhere Sträucher **43**
43. Bl. ± kahl **46**
– Bl. anfangs filzig oder seidig behaart, später kahl **44**
44. Bl. unterststs. weißfilzig behaart **45**
– Bl. nur anfangs seidenhaarig; Kätzchen bis 5 cm lang; Frkn. anfangs behaart, später kahl ***S. myrsiníes*** L. (35–)
45. Kätzchen sitzend bis kurz gestielt; Frkn. fast sitzend, dichtseidig behaart ***S. lappónum*** L. (39)
– Kätzchen gestielt, während der Reife länger werdend; Frkn. kurzgestielt, schwach behaart ***S. helvética*** VILL. (40)
46 (43). Bl. beiderststs. völlig kahl, ganzrandig, oberststs. dunkelgrün, unterststs. bläul. ***S. cǣsia*** VILL. (24–)
– Bl. oberststs. kahl, grün, unterststs. schwach anliegend behaart, blaugrün, Bl.rand drüsig gesägt ***S. formósa*** WILLD. (35)
47 (41). Griffel sehr kurz, Frkn. sitzend ***S. purpúrea*** L. (24)
– Griffel lang **48**
48. Narben kurz, gespalten **50**
– Narben zieml. lang und dünn **49**
49. Bl. unterststs. bleibend seidenhaarig ***S. viminális*** L. (45)
– Bl. unterststs. nur anfangs seidig behaart, später nur noch auf den Adern behaart ***S. × dasýclados*** WIMMER (46–)
50. Frkn. nur spärl. seidig behaart; Griffel etwa ½ so lang wie der Frkn. ***S. rehderiána*** SCHNEID. (27–)
– Frkn. dicht seidig behaart; Griffel etwa ¼ so lang wie der Frkn. ***S. × erdíngeri*** KERN. (30–)

Ordnung: ***Capparáles***

46. Familie: ***Crucíferae,* Kreuzblütler**

Überwiegend krautige Pflanzen, selten Halbsträucher oder Sträucher; Bl. wechselst., Stipeln fehlend; Bltn. meist in tragbl.losen Trauben, zwittrig, Bltn.hülle doppelt, Kelchbl. in 2 zweizähligen Kreisen, Krbl. 4, kreuzweise angeordnet, Stbl. 6, 2 kürzere und 4 längere, Frbl. 2, zu einem oberst., 2fächerigen Frkn. verwachsen; Frucht eine sich 2klappig öffnende Schote, Gliederschote oder Nuß. 375 Gattungen mit rund 3200 Arten, besonders artenreich in den außertropischen Bereichen der N-Hemisphäre.

1. Bltnbl. ungleich groß, die beiden äußeren vergrößert, weiß . . . ***Ibéris*** 46–1

– Bltnbl. alle gleich groß **2**

2. Pfl. mit Sternhaaren an Bl. und Sproßachse; Bltnbl. gelb oder weiß . . . . ***Alýssum*** 46–1

– Pfl. ohne Sternhaare; Bltnbl. rosa oder purpurrot . . . . ***Aethionéma*** 46–2

1. ***Ibéris*** L., **Schleifenblume**

Ein- oder mehrj. Kräuter, selten Halbsträucher; Bltn. in Trauben oder Doldentrauben, Krbl. weiß, rosa oder purpurn, die beiden äußeren auffällig größer als die inneren; Schote stark abgeflacht und ± geflügelt, Griffel lang *(46/1)*, je Fr.fach 1 Samen. 30 Arten in Europa und Asien.

1. Trauben seitenst., 2–3 cm ∅; Bltn. weiß, im Verblühen rosa angehaucht; Bl. lanzettl., 1,5 cm lang, 2,5–5 mm breit, lederig, stumpf, ganzrandig, kahl; V. HS # – Ms/Nsm-3. **Immergrüne S., *I. sempérvirens*** L.

– Doldentrauben endst. 1,5–2 cm breit, sich zur Fruchtzeit ± verlängernd; Bl. linealisch, etwas fleischig, 1(–1,5) cm lang, 1–2 mm breit, etwas zugespitzt, am Rand oft gewimpert; V. HS # – Ms/Nsm-3. **Felsen-S., *I. saxátilis*** L.

2. ***Alýssum*** L., **Steinkraut**

Ein- oder mehrj. Kräuter, selten Halbsträucher oder Sträucher; Pfl. ± mit Sternhaaren oder verzw. Haaren bekleidet; Staubfäden der längeren Stbl. meist geflügelt, die kürzeren mit einem Fortsatz; Fr. eine kurze Schote mit kurzem Gr. *(46/2)*, Samen je Fr.fach 1–2, selten mehr, mitunter geflügelt. Rund 165 Arten, vom Mittelmeergebiet bis M-Asien.

1. Reich verzw., polsterartiger Strauch mit stechend verdornenden Bltnst.achsen; Bl. verkehrt-eif. bis lanzettl., wie die Zw. dicht silbrig-sternhaarig; Bltn. klein, weiß bis blaßrosa in kurzen Trauben, Krbl. allmählich in den Nagel verschmälert; Schoten 4–6 mm lang, Gr. ebenso lang, Samen breit geflügelt; V–VI. Sz – Ns/Ms-3. (*Ptilótrichum spinósum* (L.) Boiss.). **Dorn-S., *A. spinósum*** L.

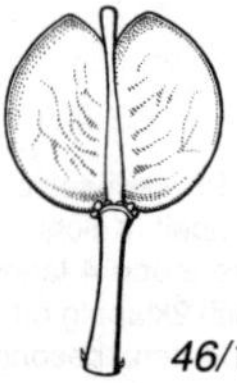

46/1

Iberis sempervirens, Frucht

46/2

Alyssum saxatile, Frucht

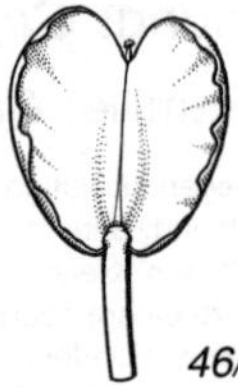

46/3

Aethionema grandiflorum, Frucht

– Bltnst.achsen nicht verdornend; Wuchs nicht polsterartig **2**

2. Zw. oft erst niederliegend, bogig aufsteigend, verzweigt, dick; Bl. lanzettl.-spatelf., 3–6 cm lang, hellgrau-filzig, an den Zweigenden rosettig genähert; Bltn. in dichten, verzweigten Trauben, Krbl. 3–6 mm lang, gelb; Fr. ± kahl; IV–V. HS – Ns-3.
Felsen-S., *A. saxátile* L.

Zahlreiche Sorten mit unterschiedlicher Farbintensität; z.T. auch gefülltblütig.

– Zw. dünn, ± steif aufgerichtet, Seitenzw. nur kurz; blühende Sprosse spitzenwärts fast doldig verzw., Bltn.trauben tragend; Bl. lanzettl.-spatelf., rauh, obersts. graugrün, untersts. weißfilzig, 1–2 cm lang; Krbl. gelb, 2–3,5 mm lang; Fr. behaart; V–VII. HS – Ns/a-3. **Silbriges S., *A. muràle*** WALDST. & KIT.

3. *Aëthionéma* R. BR., Steintäschel

Ein- oder mehrj. Kräuter, seltener Halbsträucher; Bltn. rosa bis rötl., selten weiß; Kbl. am Grund ausgesackt, innere Stbl. mit geflügelten Staubfäden; Schote abgeflacht *(46/3)* mit 1–4 Samen pro Fach, mitunter nur 1fächerig und geschlossen bleibend. 70 Arten vorwiegend im Mittelmeergebiet und Orient.

1. Zw. dicklich; Bl. an den Zw.spitzen gedrängt, längl.-linealisch, 1–2 cm lang; Bltn. lilarosa in kurzen und dichten Trauben, Krbl. ca. 1–3mal so lang wie der Kelch; V. HS – NGs-3 (Taurus, Libanon). **Zierliches S., *A. cordifólium*** DC.

– Zw. nicht dickl., ± ohne Seitenzw., nur an der Basis verzweigt; Bl. lanzettl., 2–3 cm lang, blaugrün; Bltn. rosa in dichten Doldentrauben, Bltnst. sich zur Fr.reife streckend, Krbl. 2–3mal so lang wie der Kelch; VI–VII. HS – NGs/a-3 (Vorderasien).
Großblütiges S., *A. grandiflórum* BOISS. & HOHEN.

Ordnung: *Columníferae*

47. Familie: *Tiliáceae*, Lindengewächse

Bäume und Sträucher, selten krautige Pflanzen; Bl. wechselständig oder 2zeilig, einfach, ungeteilt oder gelappt, Stipeln meist hinfällig; Bltn. radiär, zwittrig, zuw. eingschl., in vielgestaltigen Ständen, Bltn.hülle doppelt 5–4zählig, freiblättrig, Stbl. zahlreich, frei oder am Grunde zu Bündeln vereinigt, Staminodien mitunter vorhanden, Frbl. 2–zahlreich, verwachsen; Fr. vielgestaltig, meist eine Kapsel oder Nuß. 45 Gattungen mit 400 Arten, weltweit verbreitet.

Tília L., Linde

Sommergrüne Bäume; Zw. ohne Endkn.; Bl. 2zeilig angeordnet, lang gestielt, Spreite ± herzf., mit asymmetrischem Grund, fein bis grob gesägt, untersts. mit oder ohne Achselbärte; Bltn. in hängenden, langgestielten Zymen, Bltnst.achse ± bis zur Hälfte mit einem flügelartigen, im freien Teil abspreizenden Hochbl. *(47/7)* verwachsen (Vorbl. des Bltn.sprosses), Bltn.hülle 5zählig, freiblättrig, Stbl. frei oder zu 5 Bündeln vereinigt, Staminodien vorhanden oder fehlend; Fr. eine Nuß mit 1–3 Samen. 50 Arten in Nordamerika und Eurasien.

1. Bl. untersts. weiß- oder grauweißfilzig, Behaarung aus Büschel- oder Sternhaaren bestehend; Bltn. stets mit Staminodien **9**

– Bl. untersts. grün oder bläul.-grün, kahl, wenn behaart, dann Haare stets einfach; Staminodien vorhanden oder fehlend . . . **2**

2. Bltn. mit Staminodien **7**

– Bltn. ohne Staminodien **3**

3. Bl.zähne mit aufgesetzter Grannenspitze *(47/1)*, Bl. untersts. nur achselbärtig, sonst kahl, Bl. an Stockausschlägen ± spärlich behaart **6**

– Bl.zähne ohne aufgesetzte Grannenspitze **4**

4. Bl. kahl, untersts. blaugrün, bräunl. achselbärtig, bis 10 cm lang; Bltnst. 5–7(–11)bltg.; Fr. schwach kantig; VII. Bg – N-3. (*T. parvifólia* Ehrh. ex Hoffm.).

Winter-L., Stein-L., *T. cordáta* Mill.

– Bl. größer, untersts. kurzhaarig **5**

5. Bl. plötzl. zugespitzt, untersts. weißl. achselbärtig; Bltnst. meist 3bltg.; Fr. dickwandig verholzt, deutl. 5kantig; VI. Bg – Nh-3. (*T. grandifólia* Ehrh.).

Sommer-L., Großblättrige L., *T. platyphýllos* Scop.

'Laciniáta', Bl. unregelmäßig tief gelappt, oft bis zur Mittelrippe eingeschnitten, Lappen z. T. sehr schmal.

– Bl. ähnl. voriger Art, aber untersts. graugrün, Achselbärte gelbl. oder weißl.; Bltnst. 3–7bltg.; Fr. undeutl. kantig, kreisrund; *T. cordáta × platyphýllos*; VI. Bg. (*T. europǽa* L. p. p.; *T. holländica* K. Koch; *T. intermédia* DC.).

Holländische L., *T. × vulgáris* Hayne

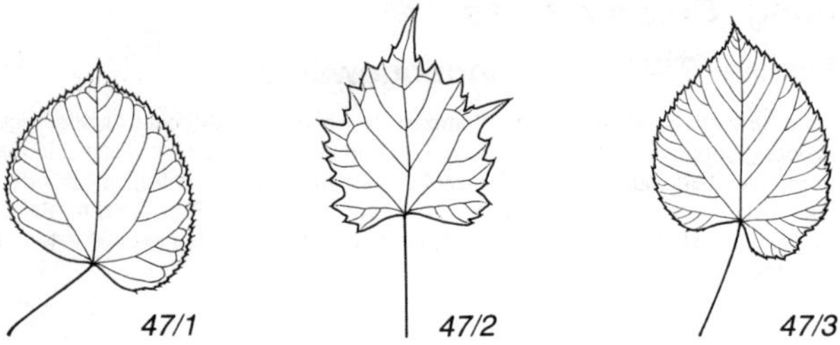

47/1 Tilia × euchlora

47/2 T. mongolica

47/3 T. americana 'Dentata'

'Pállida', „Kaiser-Linde", Wuchs kräftig, Krone kegelf., Bl. untersts. gelbl. bis blaugrün.

6 (3). Bl. im Mittel bis etwa 10 cm lang, obersts. auffallend dunkelgrün und glänzend *(47/1)*, Achselbärte rotbraun; junge Zw. anfangs kurzhaarig; Kn. gelbgrün; Bltnst. 3–7bltg.; *T. cordáta* × *dasýstyla*; VII. Bm. **Krim-L.**, *T.* × ***euchlóra*** K. KOCH

– Bl. im Mittel länger, obersts. glänzend, untersts. weißl. achselbärtig, 8–16 cm lang, Grannenspitze der Bl.zähne leicht abbrechend; Bltnst. 3–7bltg.; Fr. ± deutlich kantig, dickwandig verholzt; junge Zw. purpurrot; VI. Bm – N-3. **Kaukasische** L., ***T. dasystýla*** STEV.

7 (2). Junge Zw. rötl.; Bl. rundl. bis eif., 4–7 cm lang, meist deutl. 3lappig und grob gezähnt, im Austrieb rötl., obersts. glänzend dunkelgrün, untersts. bläul., Stiel 2–3 cm lang, gerötet *(47/2)*; Bltnst. 6–20bltg.; Bltn. mit 5 Staminodien; Fr. rundl., dickwandig verholzt; VII. Bk – Ns/B-4. **Mongolische L.,** ***T. mongólica*** MAXIM.

– Junge Zw. olivgrün oder bräunl.; Bl. größer, nicht lappig gezähnt **8**

8. Bl. bis über 20 cm lang, breit-eif., am Grund oft kaum schief; Bltnst. 5–mehrbltg., Bltn. mit 5 Krbl. und stets mit 5 krbl.artigen Staminodien, Stbl. deutl. kürzer als Krbl.; Fr. dickwandig verholzt, ohne Rippen; VI–VII. Bg – N-2. (*T. glábra* VENT.). **Amerikanische L.,** ***T. americána*** L.

'Dentáta', Bl. groß, Rand grob und unregelmäßig gesägt *(47/3)*.

– Bltnst. meist 3bltg., Stbl. so lang wie die Krbl., Staminodien nur teilweise vorhanden; Bl. am Grund meist deutl. schief; *T. americána* × *platyphýllos*; VII. Bg. ***T.*** × ***fláccida*** HOST

9 (1). Bl.stiele meist weniger als ½ so lang wie die Bl.spreite **11**

– Bl.stiele im Mittel mindestens ½ so lang wie die Bl.spreite . . **10**

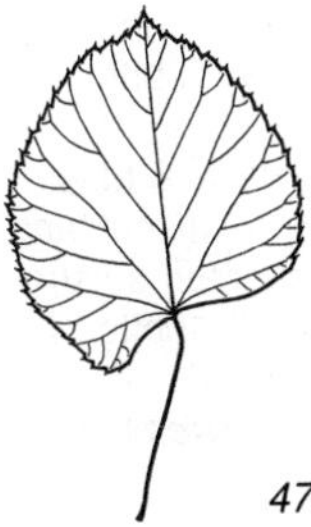

47/4

Tilia petiolaris

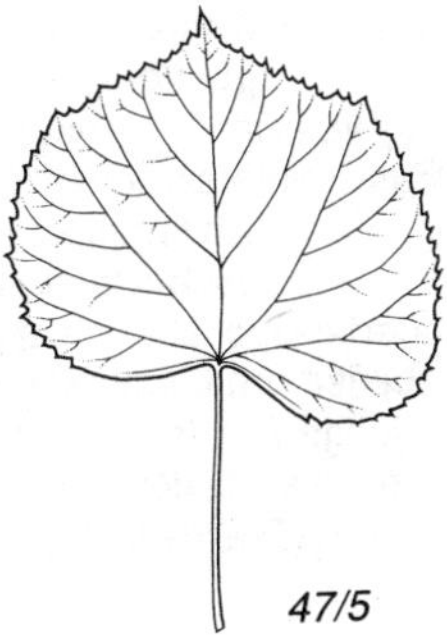

47/5

T. mandshurica

10. Bl. untersts. silbergrau, ± hängend *(47/4)*; Bltn.stiel und einj. Sprosse feinfilzig; Bltnst. 5–10bltg.; Fr. gefurcht, mit 5 deutlichen Rippen; Äste ± überhängend; VII. Bg – Nw-3. (*T. tomentósa* Moench var. *petioláris* Kirchn.).

Hänge-Silber-L., *T. petioláris* DC.

– Bl. untersts. graugrün, Bl.stiel und einj. Sprosse kahl; Bltnst. 7–10bltg., Fr. 5furchig; *T. americána* × *petioláris*; VII. Bg.

Moltkes L., *T.* × ***móltkei*** Spaeth

11 (9). Einjährige Zw. wie die Bl.stiele kahl oder fast kahl; Krone pyramidal; Bl. rundl. oder längl.-eif., fein und kurz gesägt, 10–20 cm lang, die Stiele nur 3–4 cm, Bl. untersts. dicht weißfilzig, zuw. auch bräunl., Achselbärte rotbraun; Bltnst. 6–15(–20)bltg.; Fr. rundl. bis elliptisch, glatt, rostbraun behaart; VI–VII. Bg – Nhw-2.

Verschiedenblättrige L., *T. heterophýlla* Vent.

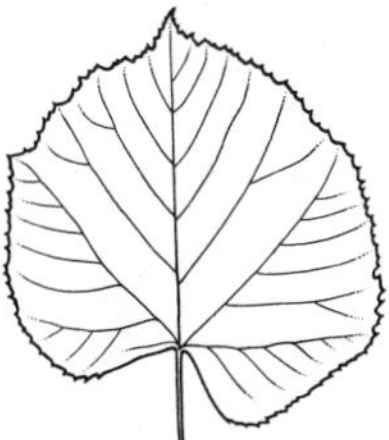

47/6

Tilia tomentosa

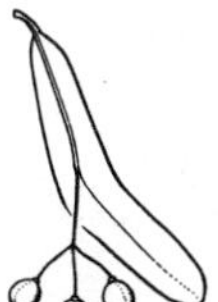

47/7

T. tomentosa, Fruchtstand

– Einj. Zw. und Bl.stiele filzig behaart **12**

12. Bl.zähne ± grannenspitzig *(47/5)*; junge Zw. und Kn. dicht gelbl.-graufilzig; Bl. groß, 6–15(–20) cm lang, breit eif. bis fast kreisrund, untersts. dicht grauweiß-filzig; Bltnst. 5–12bltg.; Fr. rundl., ± deutlich 5rippig; VII. Bm – N-4.

Mandschurische L., *T. mandshúrica* Rupr. & Maxim.

– Bl. scharf gesägt aber nicht grannenspitzig *(47/6)*; 7–10 cm lang und ebenso breit, untersts. dicht silbrig-filzig; Äste steif aufstrebend, junge Zw. fein graufilzig bis grünl.; Bltnst. 5–10bltg.; Fr. rundl.-eif. bis eif., deutlich zugespitzt und gerippt *(47/7)*; VII–VIII. Bg – Nw-3. (*T. argéntea* DC.). **Silber-L., *T. tomentósa*** Moench

48. Familie: ***Malváceae,* Malvengewächse**

Kräuter, Sträucher und Bäume, Bl. wechselst., oft gelappt, Stipeln vorhanden; Bltn. zwittrig, radiär, 5zählig, Bltn.hülle doppelt, unterhalb des K. häufig ein sog. Außenk., Bltn. einzeln oder in Thyrsen, Krbl. oft asymmetrisch, frei, Stbl. zahlreich, zu einer die Griffel umgebenden Röhre verwachsen, Frbl. zahlreich; Frl. eine Kapsel oder Spaltfrucht. 119 Gattungen mit 1500 Arten, von den Tropen bis in die gemäßigten Zonen.

Hibíscus **L., Eibisch**

Kräuter, Sträucher oder kleine Bäume; Bltn. ansehnlich, meist einzeln in den Blattachseln junger Triebe, K. verwachsenblättrig mit 5 Zähnen, Krbl. 5, frei; Fr. eine sich 5klappig öffnende Kapsel. Ca. 300 Arten, überwiegend tropisch und subtropisch.

Bl. sommergrün, anfangs behaart, obersts. verkahlend, unterssts. mit vereinzelten Sternhaaren, rhombisch-eif., ± 3lappig, 5–10 cm lang, handnervig, grob gezähnt *(48/1)*, Zähne spitz oder stumpfl., Bl. am Grund breit keilf. oder gerundet; Außenkelch mit schmallinealischen Zipfeln; Bl.stiel 5–15 mm lang; Bltn. kurz gestielt, 6–10 cm ∅, violett; VIII–IX. Sg ∧ – Nw-4.
Strauch-E., *H. syríacus* L.

Zahlreiche gärtnerische Kulturformen mit weißen, rosa, purpurnen, violetten, blauen, gefleckten, auch gefüllten Bltn.

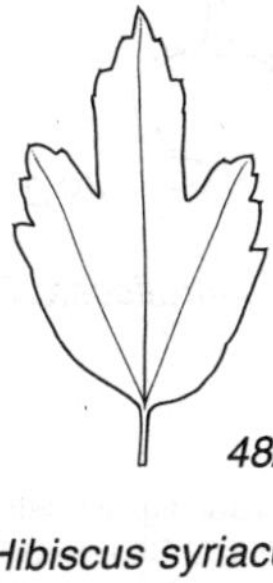

48/1

Hibiscus syriacus

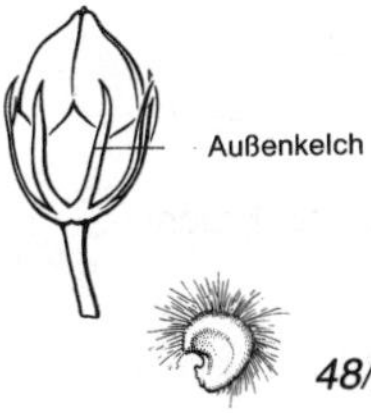

48/2

H. syriacus, Frucht und Samen

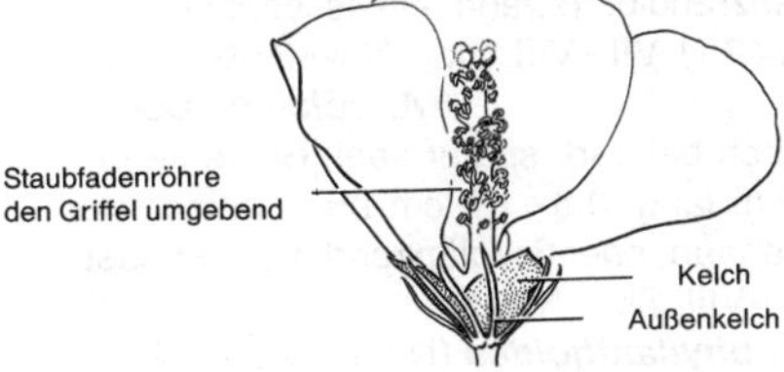

48/3: H. syriacus, Blüte (2 vordere Kronblätter entfernt)

Ordnung: *Euphorbiáles*

49. Familie: *Euphorbiáceae*, Wolfsmilchgewächse

Bäume, Sträucher, seltener Kräuter; Bl. wechselst., seltener gegenst., meist einfach, aber auch gelappt oder zusammengesetzt, meist mit Stipeln; im vegetativen Bau sehr vielgestaltig (extreme Formen, z. B. Stammsukkulente mit kakteenähnl. Habitus, Lianen, Rutensträucher, Pflanzen mit bandartig abgeflachten Sprossen); Bltn. eingschl., einhäusig oder zweihäusig, radiär, selten zygomorph, oft stark reduziert, Krbl. frei, selten verwachsen, z. T. fehlend, ♂ Bltn. mit 1 bis zahlr. Stbl., Filamente frei oder verwachsen, ♀ Bltn. mit 3blättrigem Frkn., bei der Reife oft in drei 1samige Teilfr. zerfallend; Fr. ist eine Kapsel, selten Beere oder Steinfr.; häufig Milchsaft in Milchröhren (Wolfsmilchgewächse!). Etwa 300 Gattungen mit etwa 7500 Arten, Verbreitung kosmopolitisch, vor allem in den Tropen und Subtropen.

1. Bltn. mit kleinen, grünen Krbl., kleiner als die Kbl. ***Andráchne*** 49–1
– Bltn. stets ohne Krbl. . . . . ***Securínega*** 49–2

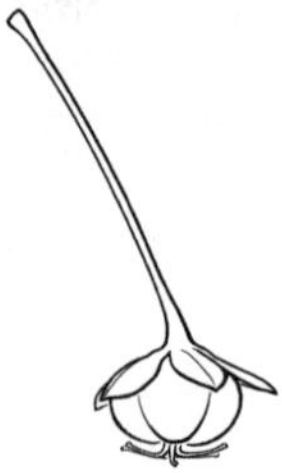

49/1

Andrachne colchica, Frucht

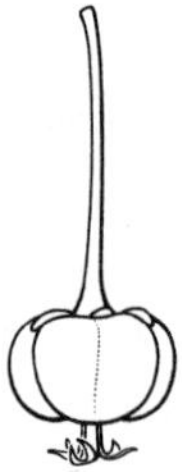

49/2

Securinega suffruticosa, Frucht

1. *Andráchne* L.

Niedrige Sträucher, Halbsträucher oder Kräuter; Bl. wechselst., ganzrandig, mit kleinen Stipeln; Bltn. eingschl., klein, gelbl.grün, ♂ Bltn. in achselst. Büscheln, ♀ Bltn. einzeln, Kbl. 5–6 frei oder verwachsen, Krbl. 5–6 Stbl. 5–6, Gr. 3, 2spaltig; Fr. ist eine Kapsel. 19 Arten in Nordamerika, Asien, Afrika und Südeuropa.

1. Junge Zw. kahl; Bl. eif., 0,8–2 cm lang, etwa halb so breit, beidersts. kahl, grün, ganzrandig; Bl.rand etwas verdickt; Fr. bräunl., kugelig, 6 mm ∅ *(49/1)*; VII–VIII. Sk – Nhw-3 (Kolchis).
A. cólchica Boiss.

– Junge Zw. anfangs schwach behaart, später kahl; Bl. verkehrt-eif. bis elliptisch, 1,2–2 cm lang, 0,8–1,2 cm breit, beidersts. kahl oder sehr schwach behaart, obersts. glänzend grün; Fr. fast kugelig, etwa 8 mm ∅; VII–VIII. Sk – Nw-2.
A. phyllanthoídes (Nutt.) Muell.-Arg.

2. ***Securínega*** COMM. ex JUSS.

Sommergrüne Sträucher; Bl. wechselst., ganzrandig; Bltn. eingschl., klein, grünl., in achselst. Büscheln, Kbl. 5–6teilig, Krbl. fehlen, ♂ Bltn. mit 5–6 Stbl., ♀ Bltn. mit 3 Gr.; Fr. ist eine Kapsel. 20 Arten in temperierten und warmen Gebieten der Erde.

Sparriger Strauch, bis 2 m hoch; Zw. dünn, braun; Bl. elliptisch bis längl.-eif., 2–5 cm lang, 0,8–2,5 cm breit, Bl.rand fein gewellt, Bl. obersts. dunkelgrün, untersts. hellgrün bis blaugrün, Bl.stiel 3 mm lang; Fr. ist eine rundl. Kapsel, 5 mm ∅ *(49/2)*; VII–VIII. Sk – Ns-4. (*S. ramiflóra* (AIT.) MUELL.-ARG.).

S. suffruticósa (PALL.) REHD.

Ordnung: ***Thymelaeáles,*** Seidelbastartige

50. Familie: ***Thymelaeáceae,* Seidelbastgewächse**

Sträucher, seltener Bäume oder Stauden und Kräuter; Bl. wechsel- oder gegenst., einfach und ganzrandig, Stipeln fehlend; Bltn. zwittrig oder eingschl., radiär, in Ähren, Dolden oder Trauben, Bltn.hülle einfach, 4–5zählig, Sepalen meist krbl.artig, zu einer langen Röhre verwachsen, oben mit freien Zipfeln, Krbl. fehlend oder als Schuppen an der K.röhre inseriert, Stbl. meist 4–5 oder 8–10, in der Kelchröhre inseriert, Diskus meist vorhanden, Frkn. oberst., Gr. 1; Fr. eine Kapsel, Nuß, Beere oder Steinfr. 50 Gattungen mit 500 Arten, weltweit verbreitet, vor allem in Afrika.

1. Gr. sehr kurz oder fast fehlend, Narben breit kopfig, Stbl. mit kurzen Staubfäden, die K.röhre nicht überragend, K.zipfel deutlich ausgebildet . . . . ***Dáphne*** 50–1

2. Griffel dünn und fädig, Stbl. mit langen Staubfäden, gleich den Griffeln die K.röhre deutlich überragend, K.zipfel nur undeutlich . ***Dírca*** 50–3

1. ***Dáphne*** L., **Seidelbast, Steinrösl**

Sommer- oder immergrüne Sträucher; Bl. wechselst., selten gegenst.; Bltn. zwittrig, in end- oder seitenst. kurzen Trauben oder Dolden, K.röhre glockenf. oder zylindrisch, mit 4 ± spreizenden krbl.artigen Zipfeln; Fr. eine einsamige Steinfr.; alle Pfl.teile sind sehr giftig! Ca. 50 Arten in Eurasien.

1. Bltn. in endst. Dolden **4**

– Bltn. in 3–5bltg. seitenst. Dolden **2**

2. Bltn. vor dem Bl.austrieb erscheinend, meist zu 2–3 achselst. an vorj. Sprossen, fast sitzend, purpurrosa oder purpurlila, K.röhre außen anliegend seidig behaart, 6 mm lang, Bltn. 1,2 cm ∅; Fr. 1 cm ∅, scharlachrot; Bl. sommergrün, längl.-lanzettl., 3–8 cm lang, kahl, unterst. graugrün *(50/1)*; II–IV. G!! Sk – N-3.
Gemeiner S., Kellerhals, *D. mezéreum* L.

'Álba', Bl. weiß, Fr. gelb.

– Bltn. in den Bl.achseln stehend, Pfl. immergrün **3**

50/1: Daphne mezereum

3. K.zipfel eif.-zugespitzt, ⅓ bis ½ so lang wie die kahle K.röhre, Bltn. grünl.-gelb, in 5–10bltg., zuletzt überhängenden Trauben, Gr. so lang wie die Narbe; Fr. schwarz; Bl. bis 12 cm lang und 3 cm breit, verkehrt-eif. bis lanzettl., lederig, dunkelgrün; III–V. G!! Sk # ∧ – M/Nhm-3. **Lorbeer-S., *D. lauréola*** L.

– K.zipfel schmal, ⅔ bis ¾ so lang wie die K.röhre, Bltn. gelbl.weiß bis grünl., Dolden lang, Bltn. kurz aber deutlich gestielt, meist zu 1–2(–3), Gr. länger als die Narbe; Bl. verkehrt-eif. bis längl. verkehrt-eif., 3–8 cm lang; IV–V. G!! Sk # ∧ – Nhm-3 (Anatolien). **Pontischer S., *D. póntica*** L.

4 (1). Bl. immergrün **8**

– Bl. sommergrün (mitunter halbimmergrün) **5**

5. Bltn.kn. rosa, entfaltete Bltn. weißl., stark duftend, außen ± dicht und fein behaart, Bltn. im Spitzenbereich der Zw. in zahlreichen, vielbltg. endst. und seitl. stehenden Dolden; Bl. bis 4 cm lang und 1,2 cm breit, an den Kurztrieben fast rosettig stehend, in milden Wintern ± bleibend; V. G!! Sk. (*D. caucásica* × *cneórum*). ***D.* × *burkwōōdii*** Turrill

– Bltn. auch im Knospenstadium weiß, K.röhre außen seidig behaart **6**

6. Bl. beidseitig behaart, längl. bis verkehrt-eif. oder spatelig, 1–4 cm lang, an den Zw.enden gehäuft; Bltn. zu 6–15 in endst. köpfchenartigen Dolden, K.röhre 8–10 mm lang, Bltn. 1,5 cm ∅, weiß; Fr. rötl.; V–VI. G!! Sk – Nhg-3. **Alpen-S., *D. alpína*** L.

– Bl. kahl **7**

7. Bltn. in köpfchenartigen Dolden zu 6–10, duftend, weiß, außen behaart, sehr kurz gestielt, K.röhre ca. 1 cm lang, schwach behaart, Bltn. ca. 1,8 cm ∅, Frkn. kahl; Bl. schmal-längl., 3–6 cm lang, 7–8 mm breit, oberst. dunkelgrün, unterst. bläul.; Fr. eif., gelbrot; V–VI. G!! Sk – Bhg-3 (Altai). **Altai-S., *D. altáica*** Pall.

– Bltn. in köpfchenartigen Dolden zu 15–20, duftend, K.röhre ca. 1 cm lang, dicht behaart, Bltn. ca. 1,8 cm ∅; Bl. lanzettl., bis 7 cm lang und 1,5 cm breit, oberst. frischgrün, unterst. bläul.; Fr. schwarz; V–VI. G!! Sk – Nw-3 (Kaukasus). **Kaukasischer S., *D. caucásica*** Pall.

var. ***axilliflóra*** Keissler (*D. axilliflóra* (Keissler) Pobed.), Frucht rot; Bltn. an Seitenzw. auch einzeln achselst.

8 (4). Bltn. gelbl.weiß, in 10–20bltg., endst., köpfchenartigen Dolden, K.röhre schmal, 1–1,5 cm lang, Bltn. 1,2 cm ∅, duftend; Bl. kahl, an den Zw.enden stehend, verkehrt-eif. bis längl. verkehrt-eif., 3,5–5 cm lang; Frkn. behaart, Fr. weißl.; IV–V. G!! Sk # – Nh-3 (SO-Europa). **Königsblume, *D. blagayána*** Freyer

– Bltn. rosa **9**

9. Bl. untersts. gleich den jungen Sprossen dicht behaart, 1,5–5 cm lang, 0,5–1,2 cm breit; köpfchenartige Dolden 10–15bltg., K.röhre und Frkn. dicht behaart, K.röhre 8–12 mm lang, Bltn. 8–10 mm ∅; IV–VI. G!! Sk # ∧ – Ms-3. (*D. collína* SM.).

Berg-S., *D. serícea* VAHL

– Bl. kahl, nicht über 5 mm breit **10**

10. Frkn. und K. kahl; Bl. 1,6–1,8 cm lang, Bltnst. 8–12bltg., K.röhre längsgestreift; Fr. orangerot; VI–VII. G!! Sz # – Ng-3.

Gestreifter S., *D. striáta* TRATT.

– Frkn. und Kelch behaart **11**

11. Bl. kaum über 1 cm lang, an den Sproßenden büschelig gehäuft; Bltnst. 3–5bltg., K.röhre 9–15 mm lang, K.zipfel 3–5 mm lang, breit-eif., stumpf; Fr. grünbraun; VI–VII. G!! Sz # – Nhg/BGh-3 (S-Alpen). **Felsen-S., *D. petrǣa*** LEYBOLD

– Bl. über 1,5 cm lang, an den Zw. gleichmäßig verteilt; Bltnst. 6–10bltg., K.röhre 6–10 mm lang, K.zipfel 4–6 mm lang, längl.-eif., stumpf; Fr. gelbbraun; IV–V. G!! Sz # – Nhg-3.

Rosmarin-S., *D. cneórum* L.

'Májor', Wuchs kräftiger, mehr buschig; Bltn. größer.

var. ***verlótii*** (GREN. & GODR.) MEISSN., Bl. schmaler, lineal-lanzettl., 1,5–2,5 cm lang, nur 2–3 mm (statt 3–5 mm wie bei der Normalform) breit; K.zipfel lanzettl.

2. *Dírca* L., Lederholz

Sommergrüne Sträucher; Endknospe fehlend; Bl. wechselst.; Bltn. vor dem Laubaustrieb erscheinend, zwittrig, zu 2–3 achselst. an vorj. Zw., Krbl. fehlend, K.röhre trichterf., K. nur kurz, nicht spreizend, Stbl. 8, die K.röhre gleich dem Griffel überragend. 2 Arten in N-Amerika.

Zw.abschnitte scheinbar tütenf. ineinandergesteckt, Zw. sehr biegsam mit glatter, zäher Rinde, kahl; Bl. eif. bis elliptisch, 3–7 cm lang, obersts. hellgrün, untersts. bläul., anfangs behaart; Bltn. sehr kurz gestielt, hellgelb, 6–8 mm lang; Fr. elliptisch, 8 mm lang, hellgrün bis rötl.; III–IV. G!! Sk – Nh-2.

D. palústris L.

Ordnung: ***Bicórnes***

51. Familie: ***Actinidiáceae,* Strahlengriffelgewächse**

Bäume, Sträucher oder Lianen; Bl. wechselst., einfach, gesägt oder gekerbt, Stipeln fehlend; Bltn. zwittrig oder eingschl. in Zymen, radiär, Bltn.hülle doppelt, 5zählig, Stbl., Frbl. und Griffel zahlreich, Frkn. gefächert; Fr. eine Beere oder Kapsel. 3 Gattungen mit 320 Arten vom tropischen und östl. Asien bis N-Australien und im tropischen Amerika.

Actinídia LINDL., **Strahlengriffel**

Sommergrüne Lianen; Mark der Zw. häufig gefächert; Bl. deutl. gestielt; Bltn. zwittrig, polygam oder eingschl., auch zweihäusig verteilt, Frkn. oberst., vielfächerig, Gr.äste sternf. ausgebreitet; Fr. eine vielsamige Beere *(51/3)*, eßbar, Samen klein. 40 Arten von O-Asien bis zum Himalaja bzw. Java.

1. Bl. untersts. weißl. filzig, auf den Rippen rötl. behaart, herz-eif. oder rundl., 8–12 cm lang, obersts. dunkelgrün, kahl *(51/1)*; junge Zw. und Bl.stiele bräunl.-filzig; Bltn. gelbl.-weiß, die ♂ zu mehreren, die ♀ einzeln, 3–5 cm ∅; Fr. eif., behaart, 3–5 cm lang; VI. L – Nhw-4 (China).
Chinesischer S., Kiwipflanze, *A. chinénsis* PLANCH.

– Bl. untersts. kahl oder nur auf den Rippen behaart; Fr. kahl . . . **2**

2. Staubbeutel gelb; Bl. ± mattgrün, dünn **4**

– Staubbeutel dunkelpurpurn; Bl. glänzend-grün, zieml. derb . . . **3**

3. Bl. untersts. grün, auf den Rippen oft borstig, 8–12 cm lang, breit-eif., plötzl. zugespitzt *(51/2)*, borstig und scharf gesägt; Stiel 3–8 cm lang, gerötet; Bltn. zu 3 oder mehr, etwa 2 cm ∅, Krbl. weiß mit bräunl. Grundfleck; Fr. 2–2,5 cm lang, gelbgrün; VI. L – Nh-4.
Scharfzähniger S., *A. argúta* (SIEB. & ZUCC.) PLANCH. ex MIQ.

– Bl. untersts. blaugrün, 6–10 cm lang, längl. bis breit elliptisch, kurz sägezähnig, bis auf die Achselbärte untersts. kahl, mit feinem, grünem Adernetzmuster; Stiel 2–5 cm lang; ♂ Bltn. zu mehreren, ♀ einzeln, weiß, 2–2,5 cm ∅; Fr. 2,5–3 cm lang, rötl., VI. L – Nhw-4 (China).
Schwarzmänniger S., *A. melanándra* FRANCH.

4. Mark der Zw. nicht gefächert (bei allen anderen Arten gefächert); Bl. breit-eif. bis längl.-eif., am Grund ± abgerundet bis schwach herzf., 8–15 cm lang, obere Bl.hälfte, namentlich bei ♂ Pfl., oft silberweiß gefärbt („Silberwein"), Bl.stiel meist nicht über 3 cm lang; Bltn. ca. 1,5 cm ∅, weiß, Kbl. breit-eif.; Fr. 2–3 cm lang, gelb; VI–VII. L – Nh-4.
Vielehiger S., *A. polýgama* (SIEB. & ZUCC.) MAXIM.

– Mark der Zw. gefächert; Bl. breit-eilängl., am Grund meist herzf., 10–15 cm lang, lang zugespitzt, obere Bl.hälfte obersts. häufig weiß oder rosa gefärbt, Bl.stiel meist über 3 cm lang *(51/4)*; Bltn. 10–15 mm ∅, weiß, Kbl. längl.; Fr. gelbgrün, ca. 15 mm lang; V. L – Nh-4. **Kolomikta S., *A. kolomíkta*** (Rupr. & Maxim.) Maxim.

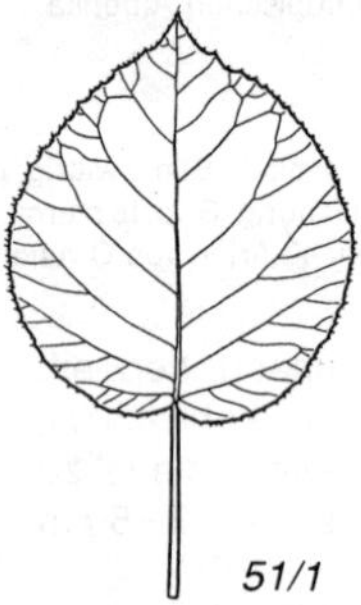

51/1

Actinidia chinensis

51/2

A. arguta

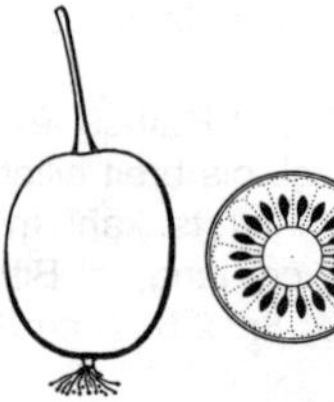

51/3

A. arguta, Frucht und Fruchtquerschnitt

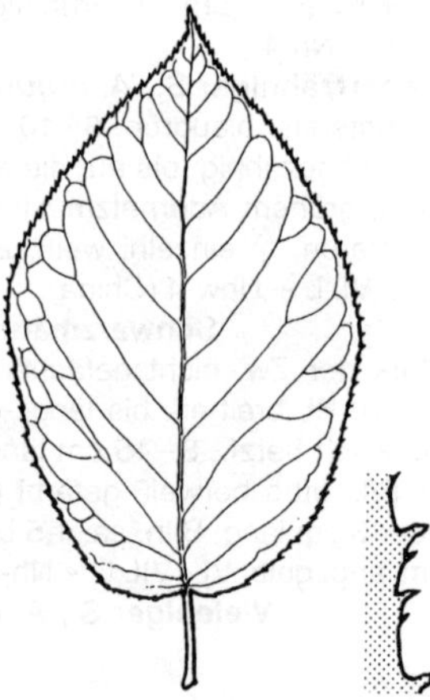

51/4

A. kolomikta

52. Familie: ***Clethráceae*, Zimterlengewächse**

Bäume und große Sträucher; Bl. wechselst., ungeteilt, gesägt, auf der Bl.unterseite (zumindest auf den Adern) oft Sternhaare; Bltn. weiß, in 6–20 cm langen Trauben oder Doppeltrauben, K. tief 5lappig, Krbl. 5, frei (die *Clethráceae* stellen innerhalb der *Bicórnes* die ursprünglichste Familie dar mit noch nicht verwachsenen Krbl.), Stbl. 10–12; Fr. eine 3klappige Kapsel. Nur 1 Gattung mit etwa 50 Arten, von denen nur einige sommergrüne Arten bei uns aushalten. Das zerrissene Areal (N- und S-Amerika, S- und O-Asien, Madeira) läßt auf ein hohes Alter der Familie schließen. Ⓚ

Cléthra L., **Zimterle**

1. Bl. kahl oder fast kahl, verkehrt-eif., 4–11 cm lang, zugespitzt, scharf gesägt, mit 7–10 Seitenaderpaaren *(52/1)*; Bltn. duftend; Fr.kapsel eif., 3 mm lang, aufrecht *(52/2)*; VII–IX. Sg – Nhw-2. (*C. paniculáta* AIT.). **Erlenblättrige Z., *C. alnifólia*** L.

'Rósea', Bltn. hellrosa.

– Bl. untersts. deutl. behaart, zumindest auf den Nerven **2**

2. Bl. untersts. dicht weißfilzig, verkehrt-eif., 4–11 cm lang, oberhalb der Mitte gesägt; Bltn. duftend; Fr.kapsel flachkugelig, 4 mm lang; VIII–IX. Sg ∧ – Nhw-2. **Filzige Z., *C. tomentósa*** LAM.

– Bl. untersts. nicht dicht weißfilzig, meistens nur auf den Nerven behaart **3**

3. Bltn. meistens in einfachen, dicht behaarten Trauben, Stb.fäden an der Basis behaart (bei den anderen Arten kahl); Bl. unterhalb der Mitte am breitesten, allmähl. lang zugespitzt, 8–20 cm lang; Fr.kapsel 5 mm lang, nickend; VII–IX. Sg – NGh-2. **Berg-Z., *C. acumináta*** MICHX.

– Bltn. meistens in Doppeltrauben, Stb.fäden kahl; Bl. in der Mitte am breitesten, 6–12 cm lang, scharf gesägt, 10–15 Seitenaderpaare *(52/3)*, anfangs beidersts. behaart; Fr.kapsel rundl., 4 mm ⌀; VII–IX. Sg – Nh-4 (Japan; M-, O-China; Taiwan). **Japanische Z., *C. barbinérvis*** SIEB. et ZUCC.

52/1

52/2

C. barbinervis

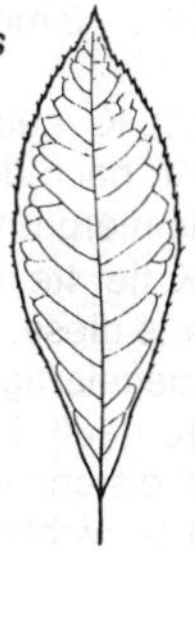

52/3

Clethra alnifolia *C. alnifolia,* Frucht

53. Familie: ***Ericáceae*, Heidegewächse**

Sträucher und Zwergsträucher, seltener Kleinbäume oder Stauden; Bl. wechselst., seltener gegenst. oder wirtelig, einfach, manchmal nadelf. mit rinniger Vertiefung auf der Unterseite; Bltn. meist radiär, Krbl. 5–4, meist verwachsen (Ausnahmen z.B. *Lédum* und *Leiophýllum*), Stbl. 10–8(–5), Stb.beutel öffnen sich meistens an der Spitze mit 2 Poren (Ausnahme z.B. *Loiselēūria*, bei der die Stb.beutel in Längsrichtung aufspalten), Frkn. meist 5–4fächerig, ober- oder unterst.; Fr. eine vielsamige Kapsel oder (oft eßbare) Beere. Ca. 100 Gattungen und 2700 Arten, in den humiden bis semihumiden Teilen der Extratropen und der tropischen Gebirge, meist auf sauren Böden und in Symbiose mit Mykorrhizapilzen.

1. ***Rhododendroídeae*** (Gattungen 1–9): Krbl. entw. völlig frei *(Lédum, Leiophýllum – 53/13)* oder miteinander ± trichterförmig verwachsen mit freien Zipfeln *(Kálmia – 53/14, Loiselēūria, Rhododéndron – 53/1, Rhodothámnus)* oder krugf. bis glockig miteinander verwachsen mit sehr kurzen Zipfeln *(Daboécia, Menziēsia, Phyllódoce – 53/15);* Stb.beutel stets ohne hornf. Anhängsel; Frkn. oberst., Fr. eine septicide Kapsel (Kapsel, die an den Verwachsungsflächen der Frbl. aufspringt – scheidewandspaltig). – Ab S. 53–3.

2. ***Arbutoídeae*** (Gattungen 10–21): Stb.beutel mit hornf. Anhängseln *(Andrómeda, Arctostáphylos, Cassíope, Chamaedáphne, Enkiánthus, Gaulthéria, Pernéttya, Píeris – 53/18, Zenóbia)*, z.T. mit, z.T. ohne Anhängsel *(Leucóthoë)* oder ohne Anhängsel *(Lyónia, Oxydéndrum)*; Frkn. oberst., Fr. eine lokulicide Kapsel (Kapsel, die an der Rückenseite der Frbl. aufspringt – fachspaltig) *(Andrómeda, Cassíope, Chamaedáphne, Enkiánthus, Leucóthoë, Lyónia, Oxydéndrum, Píeris, Zenóbia)*, eine Kapsel, die von fleischig werdenden Kbl. umhüllt wird und daher beerenartig erscheint *(Gaulthéria – 53/21)*, eine Beere *(Pernéttya)* oder eine beerenartige Steinfrucht *(Arctostáphylos)*. Ab S. 53–16.

3. ***Vaccinioídeae*** (Gattung 22): Krbl. meistens glockig-krugf. miteinander verwachsen, nur bei *Vaccinium oxycóccus* und *V. macrocárpon* tief 4teilig; Frkn. unterst., K. mit dem Frkn. verwachsen, Fr. eine Beere. – Ab S. 53–22.

4. ***Ericoídeae*** (Gattungen 23–25): 4 Krbl. röhrig miteinander verwachsen, nach dem Verblühen am Bltn.stiel verbleibend, trockenhäutig werdend und die Fr.kapsel umschließend; Frkn. oberst., Fr. eine Kapsel; Bl. nadel- oder schuppenf. – Ab S. 53–23.

1. Fr. eine echte Beere oder durch den fleischig werdenden K. beerenartig **22**
– Fr. eine Kapsel mit trockenem K. **2**
2. Krbl. miteinander verwachsen **4**
– Krbl. nicht miteinander verwachsen *(53/13)* **3**
3. Bl. 2–5 cm lang, untersts. filzig behaart, aromatisch duftend; Bltn. in dichten endst. Schirmtrauben. . . . . **Lédum** 53–3
– Bl. 3–8 mm lang, untersts. kahl; Bltn. in endst. Büscheln. . . . . ***Leiophýllum*** 53–14
4 (2). Kr. nach dem Blühen abfallend **7**
– Kr. nach dem Blühen trockenhäutig, nicht abfallend; Bl. nadelf., immergrün **5**
5. K. tief 4teilig und deutl. länger als die Kr. *(53/25)*, ebenso gefärbt wie diese; Bl. kreuzgegenst., an nichtblühenden Zw. dicht dachziegelartig sich deckend. . . . . ***Callúna*** 53–23
– K. deutl. kürzer als die Kr., meistens so gefärbt wie diese; Bl. meistens wirtelig angeordnet und abstehend **6**
6. Kbl. nicht miteinander verwachsen; Bl. wirtelig zu 3–4 ***Eríca*** 53–24

– Kbl. miteinander verwachsen, K.röhre etwas länger als die 4 K.zipfel; Bl. an derselben Pfl. teils gegenst., teils wirtelig, teils schraubig . . . . ***Bruckenthália*** 53–25

7 (4). Fr.kapsel in der Mitte der Fächer aufspringend (Trenngewebe im Rückenteil der Fruchtblätter – loculicid) **14**

– Fr.kapsel in den Scheidewänden aufspringend (an den Verwachsungsstellen der benachbarten Fruchtblätter – septicid) . . **8**

8. Kr. breit glockig mit 10 hohlen sackartigen Ausstülpungen zur Aufnahme der noch nicht stäubenden Stbl. *(53/14)* . ***Kálmia*** 53–14

– Bltn. ohne solche sackartigen Ausstülpungen **9**

9. Bl. gegenst., 3–8 mm lang, eingerollt . . . . . ***Loiseleūria*** 53–14

– Bl. wechselst., manchmal gebüschelt **10**

10. Kr. kugelig-glockig bis urnenf., Stbl. in der Kr.röhre eingeschlossen *(53/15)* **12**

– Kr. radf. oder breit-glockig bis trichterf., Stbl. nicht eingeschlossen **11**

11. Kr. etwas zygomorph *(53/1)*, Stbl. 5–20 . . ***Rhododéndron*** 53–3

– Kr. strahlig, radf., Stbl. 10 . . . . ***Rhodothámnus*** 53–14

12 (10). Bl. untersts. weißfilzig behaart, schmal-elliptisch, 6–12 mm lang; Bltn. 4zählig, in verlängerten endst. Trauben . . . . . ***Daboécia*** 53–15

– Bl. untersts. nicht weißfilzig, nur schwach behaart **13**

13. Bl. elliptisch, 2–5 cm lang, 1–2,5 cm breit . . . . ***Menzīésia*** 53–13

– Bl. linealisch, 4–15 mm lang, unter 2 mm breit . ***Phyllódoce*** 53–15

14 (7). Bl. schuppig oder pfrieml., 3–5 mm lang . . . ***Cassíope*** 53–16

– Bl. länger als 5 mm **15**

15. K. 5teilig, die Lappen deutl. übereinandergreifend **21**

– K. 5lappig oder 5teilig, die Lappen sich klappig berührend oder getrennt **16**

16. Stb.beutel ohne grannenartige Anhängsel **20**

– Stb.beutel mit grannenartigen Anhängseln **17**

17. Anhängsel der Stbl. zurückgebogen *(53/18)*; Bltn. in endst. Doppeltrauben, Kr. urnenf.; Bl. immergrün, gekerbt . . . ***Píeris*** 53–17

– Anhängsel aufgerichtet oder aufsteigend **18**

18. Junge Zw. und Bl. auffallend weißbläul. bereift . . . ***Zenóbia*** 53–17

– Junge Zw. und Bl. ohne auffallenden Reifüberzug **19**

19. Bl. immergrün, 2–8 mm breit; Kr. urnenf.; Samen eif., viele in jedem Fach . . . . ***Andrómeda*** 53–17

– Bl. sommergrün, über 8 mm breit; Samen 3–5kantig, wenige in jedem Fach . . . . ***Enkiánthus*** 53–16

20 (16). Bl. 10–15 cm lang; Fr.kapsel kegelf., behaart . . . . ***Oxydéndrum*** 53–19

– Bl. 3–8 cm lang; Fr.kapsel kugelig bis eif., kahl, mit dicken Nähten . . . . ***Lyónia*** 53–18

21 (15). Bl. beidersts. dicht mit rostbraunen Schuppenhaaren, immergrün; Bltn. in endst. beblätterten Trauben . . . . **Chamaedáphne** 53–19
– Bl. ohne rostbraune Schuppenhaare, immer- oder sommergrün; Bltn. in achsel- oder endst. Trauben . . . . **Leucóthoë** 53–19
22 (1). Fr.kn. unterst.; Fr. eine dünnhäutige, saftige oder mehlige Beere; Bl. immer- oder sommergrün . . . . **Vaccínium** 53–22
– Frkn. oberst. **23**
23. K. fleischig werdend und die Fr.kapsel einschließend *(53/21)*, eine oft farbige Beere vortäuschend, immergrün . **Gaulthéria** 53–20
– Fr. eine beerenartige Steinfrucht oder eine Beere **24**
24. Teppichbildender Spalierstrauch; Bl. ganzrandig oder fein gezähnt; Bltn. zwittrig . . . . **Arctostáphylos** 53–22
– Aufrechter Kleinstrauch; Bl. jedersts. mit 4–6 scharfen Zähnen, in eine dornige Spitze auslaufend; Bltn. funktionell oft eingschl. **Pernéttya** 53–21

Unterfamilie: *Rhododendroídeae*

1. *Lédum* L., Porst

Immergrüne Sträucher; Bl. wechselst., ganzrandig, kurz gestielt, untersts. filzig behaart, stark aromatisch duftend; Krbl. nicht miteinander verwachsen. Etwa 10 Arten in kühlen Gebieten der Nordhemisphäre. G! Ⓚ

1. Bl. linealisch, 5–9mal so lang wie breit, am Rande stark umgerollt, untersts. rostrot-filzig, stark riechend; Bltn. weiß, selten rötl., Stbl. 10; Samen geflügelt; V–VII. Sk – B/PN-3.
Sumpf-P., *L. palústre* L.
– Bl. eif. bis längl., etwa 2–4mal so lang wie breit; Stbl. 5–8; sonst wie vor. Sk – B/PN-2 (nördl. N-Amerika). (*L. latifólium* Jacq.).
Labrador-P., *L. groenlándicum* Oed.
'Compáctum', gedrungen wachsend, bis 50 cm hoch; Bl. kürzer und breiter; Bltn.dolden kleiner.

2. *Rhododéndron* L., Rhododendron, Azalee

Immergrüne oder sommergrüne Sträucher, vereinzelt auch Bäume; Bl. wechselst., an den Zw.enden meistens gehäuft, ganzrandig, ungeteilt; Bltn. in aufrechten Schirmtrauben, z.T. auch einzeln, Krbl. im allgemeinen 5 *(53/1)*, aber auch 6–10, miteinander verwachsen, Bltnkr. meistens schwach zygomorph, röhren-, trichter-, glocken- oder radf., 5–20 Stbl. (meistens doppelt so viele wie Krbl.), Frkn. mit 5–20 Fächern; Fr.kapsel in den Scheidewänden von oben her aufspringend (septicid). Mit etwa 1000 Arten die artenreichste Gehölzgattung, von tropischen Regenwäldern bis in die boreale Zone vorkommend, Hauptverbreitung im Himalaya und S-China, Malaysien, Neu-Guinea, Japan, N-Amerika, W-Asien, M- und S-Europa.
In Deutschland dürften sich gegenwärtig etwa 100 Wildarten in Kultur befinden, die Zahl der gärtnerischen Kultur-Formen und Hybriden beträgt ein Vielfaches davon. Blätter und Pollen bei einigen Arten schwach giftig (G!); viele Arten Ⓚ

Von den Wildarten wurden in die Bestimmungstabelle nur solche aufgenommen, die von Baumschulen verbreitet werden und die infolge ihrer Winterhärte als mehr oder weniger gesicherte Gartenpflanzen anzusehen sind; Arten, die nur in botanischen Sammlungen gelegentl. oder selten zu finden sind, wurden nicht berücksichtigt.
Von den Hybriden und sonstigen Kulturformen konnten nur einige gut charakterisierte Gruppen Erwähnung finden.

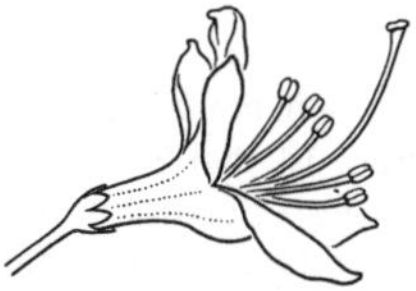

53/1

Rhododendron, Blüte

1. Bl. sommergrün, behaart (selten immer- bzw. wintergrün, dann borstig behaart); Stbl. 5–10, Frkn. gewöhnl. borstig, selten kahl **26**
– Bl. immergrün, kahl oder behaart (selten sommergrün, dann schülfrig durch Schuppen – Lupe!); Stbl. 5–20, Frkn. kahl, schülfrig oder behaart, aber nicht borstig **2**
2. Bltn. einzeln oder zu wenigen aus seitl. Kn., an den Zw.enden gebüschelt, Bl. meist nur sommergrün **25**
– Bltn. zu mehreren oder vielen aus einer Endkn., selten mit seitl. Nebenkn.; Bl. immergrün **3**
3. Bl. schülfrig durch Schuppen (Lupe!), manchmal unter 5 cm lang; Frkn. schülfrig **17**
– Bl. nicht schülfrig, kahl oder untersts. behaart, stets länger als 5 cm; Frkn. kahl, drüsig oder behaart, aber nicht schülfrig; Stbl. 10–20 . . . . **4**
4. Bl. untersts. wollig oder filzig behaart **11**
– Bl. untersts. kahl oder mit Spuren einer Behaarung auf der Mittelrippe **5**
5. Kr. rein gelb, schalenf., etwas fleischig, Frkn. und Gr. drüsig; Bl. 5–10 cm lang, 2–5 cm breit, obersts. dunkelgrün, untersts. blaugrün; V. Sk ∧ – BGh-4 (Yünnan, SO-Tibet).
Wards R., *R. wárdii* W. W. Sm.
– Kr. nicht rein gelb **6**
6. Bl. elliptisch bis schmal-elliptisch **8**
– Bl. breit-eif. bis rundl. **7**
7. Bl. 2–4 cm lang; Kr. 5(–6)lappig, glockig, 5–6 cm ∅, rein rosa, Bltn. zu 2–5, hängend, 10 Stbl., Frkn. und Gr. mit vereinzelten gestielten Drüsen; Bl. obersts. frischgrün, untersts. blau- bis weißgrün, mit vereinzelten Haaren, Bl.stiel bis 1,2 cm lang, oft

gerötet, drüsig; IV. Breitkugeliger Sk ∧ – Nhg-4 (SW-China).
Williams R., *R. williamsiánum* REHD. et WILS.

– Bl. 4–10 cm lang; Kr. 7lappig, breitglockig, 5–6 cm ∅, karminrosa, Bltn. zu 7–10, 14 Stbl., Frkn. drüsig, Gr. kahl; Bl. obersts. matt hellgrün, untersts. bläul.grün; IV. Dichter, runder Sk – BGh-4 (W-China). **Rundblättriger R., *R. orbiculáre*** DECNE.

8 (6). Kr. 5lappig, 10 Stbl. **10**

– Kr. 7lappig, 14 Stbl. **9**

9. Bl. 10–20 cm lang, 3–8 cm breit, obersts. matt dunkelgrün, untersts. hell blaugrün, Bl.stiel 2–3 cm lang, obersts. oft rötl.; Bltn. zu 6–12 in lockeren Schirmtrauben, 7–9 cm ∅, duftend, hellrosa, Frkn. und Gr. drüsig; V. Sg – Nh-4 (O-, M-China).
Fortunes R., *R. fortúnei* LINDL.

– Bl. 5–10 cm lang, 2–3,5 cm breit, obersts. anfangs flockig behaart, bald kahl, untersts. blaugrün mit vereinzelten kleinen Drüsen; III. Sk – Nh-4 (M-, W-, NW-China).
Bergruhm-R., *R. oreodóxa* FRANCH.

10 (8). Frkn. drüsig behaart, Kr. breit-glockig, lilapurpurn, olivgrün gesprenkelt, Lappen breit-rundl., ∅ 6 cm; Bl. elliptisch bis längl., 6–15 cm lang, 3–5 cm breit, stumpf zugespitzt, Basis abgerundet *(53/2)*, obersts. glänzend dunkelgrün, untersts. hellgrün; V. Sg – BGh/Nhg-2. **Catawba-R., *R. catawbiénse*** MICHX.

Zu dieser Art ist eine große Anzahl von Sorten zu zählen, die allgemein unter dem Namen „Catawbiense-Hybriden" bekannt sind.

– Frkn. fein drüsig, Kr. glockig, violett bis violettrosa, grünl.bräunl., gesprenkelt, Lappen schmaler 3eckig, 5 cm ∅; Bl. elliptisch-längl., 8–15 cm lang, 3–5 cm breit, an beiden Enden spitz *(53/3)*, dunkelgrün, untersts. heller; V. Sg ∧ – Nh-3 (Kaukasus).
Pontischer R., *R. pónticum* L.

R. 'Cunningham's White' ist wahrscheinlich *R. caucásicum* PALL. × *R. pónticum L. 'Álbum'*, läßt im Blatt *R. pónticum* klar erkennen; die langgestielten Bltn. sind weiß mit gelbgrüner Sprenkelung; Ende IV, Anfang V. Sm.

11 (4). Kr. 7lappig, 5–6 cm ∅, Stbl. 14, rosa, Gr. kahl, Bltn. zu 10–15 in Schirmtrauben; Bl. längl.-lanzettl., 10–15 cm lang, 1,5–3 cm breit, obersts. glänzendgrün, untersts. hell- bis rostbraun filzig, oft dicht wirtelartig gedrängt stehend; Zw. anfangs filzig. IV. Sk – BGh/Nhg-4 (Japan).
Metternichs R., *R. metterníchii* SIEB. et ZUCC.

Nahe verwandt:
R. yakushimánum NAKAI (*R. metterníchii* var. *yakushimánum* (NAKAI) OHWI.), Bl. nur 5–10 cm lang, 2,5–3 cm breit, Rand stark eingerollt; Bltn. zunächst zartrosa, später rein weiß; V. Sk – BGh-4 (Japan, Insel Yaku Shima).
'Morgenrot', breiter, kompakter S, Bltn. erst rot, dann rosa.

– Kr. 5lappig **12**

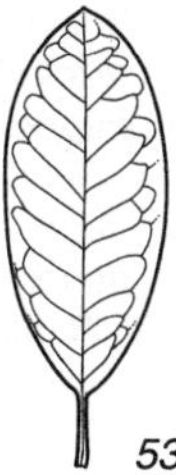

53/2

Rhododendron catawbiense

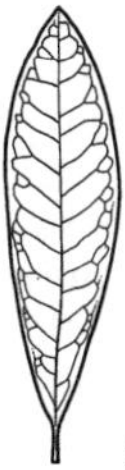

53/3

R. ponticum

12. Bl. schmal-lanzettl., 7–17 cm lang, 1–2,5 cm breit, Rand zurückgerollt, unterst. anfangs weißl., später bräunl. filzig; Bltn. meist zu 6, Kr. glockig-trichterf., zartrosa, ∅ 4 cm; Zw. mehrere Jahre bräunl. filzig bleibend; VI. Dicht rundl. Sk – Nhg-4 (Japan). **Makinos R., *R. makínoi*** Tagg

– Bl. breiter **13**

13. Bl. unterst. nur mit dünner Haarschicht **16**

– Bl. unterst. dick wollig behaart **14**

14. Frkn. kahl, Kr. weiß bis purpurrosa, obere Lappen dunkler punktiert, 5 cm ∅, Bltn. zu 8; Bl. elliptisch, 7–15 cm lang, 3–6 cm breit, an der Basis etwas herzf., oberst. glänzend dunkelgrün, kahl, unterst. dicht rostbraun filzig, Bl.stiel 1–2,5 cm lang, oft rötl.; IV–V. Sg – PGh-4 (Himalaya). **Glockenblütiger R., *R. campanulátum*** D. Don

– Frkn. weißfilzig behaart oder drüsig **15**

15. Bl. verkehrt-eilängl., 6–15 cm lang, 2–3,5 cm breit, Spitze ± abgerundet, Basis keilf., im Austrieb weißfilzig, später oberst. kahl, unterst. dicht hellbraunfilzig; Bltn. zu 10–12 in lockeren Dolden, Kr. glockig-trichterf., 4 cm ∅, Rand der Lappen gekraust, purpurrosa, Stbl. 10, Frkn. weißfilzig, K.zipfel 0,6–2 mm lang; V. Breitwüchsiger Sk – BGh-3 (Kaukasus). **Smirnows R., *R. smirnówii*** Trautv.

– Bl. längl., 10–18 cm lang, 4–7 cm breit, zugespitzt, nicht abgerundet, oberst. tiefgrün, kahl, unterst. hellbraunfilzig; Bltn. zu 20–30 in lockeren Doldentrauben, Kr. 3,5 cm breit, blaßrosa, Stbl. 10–12, Frkn. drüsig, Gr. kahl, K.zipfel 4–8 mm lang; VI. Sk ∧ – BGh-3 (Kaukasus). **Ungerns R., *R. ungérnii*** Trautv.

16 (13). Bl. eilängl., 5–10 cm lang, oberst. kahl, etwas runzelig, unterst. rostbraun behaart; Bltn. zu 7–10, breitglockig, 5 cm breit mit ausgerandeten rundl. Lappen, rosa bis gelbl.-weiß, grünl. gesprenkelt, Frkn. rostig-filzig; V. Sk – BGh/Nhg-3 (Kaukasus). **Kaukasus-R., *R. caucásicum*** PALL.

– Bl. längl.-eif., 10–24 cm lang, 4–7 cm breit, zugespitzt, Basis keilf., obersts. dunkelgrün, untersts. mit kurzer Behaarung, selten kahlend; Bltn. zu 16–24, Kr. glockig, 3,5–4 cm ∅, rosa bis purpurrosa oder weiß, gelbgrün gesprenkelt, außen am Grund drüsig; VI–VII. Sg – Nh-2. **Riesen-R., *R. máximum*** L.

17 (3). Bltn. 2,5–5 cm ∅ **24**

– Bltn. 1–2,5 cm ∅ **18**

18. Kr.röhre trichterf. oder glockig, höchstens so lang oder kürzer als die Kr.zipfel **21**

– Kr.röhre zylindrisch, länger als die Kr.zipfel **19**

19. Gr. etwa 3mal so lang wie der Frkn., Stbl. etwas aus der Röhre herausragend, Kr. etwa 2,5 cm ∅, rosarot, Kbl. etwa ½ so lang wie der Frkn., Bl. elliptisch, 2,5–6 cm lang, untersts. dicht braunschülfrig, an der Basis manchmal anfangs gewimpert; VI. Sk. (*R. hirsútum* × *R. mínus*).
Myrtenblättrige Alpenrose, *R. 'Myrtifólium'*

– Gr. kaum doppelt so lang wie der Frkn., Kr. etwa 1,5 cm ∅ . . . **20**

20. Bl. abstehend langhaarig gewimpert, elliptisch-längl., 1–3 cm lang, obersts. glänzend frischgrün, etwas runzelig, vereinzelt mit Drüsenschuppen besetzt, untersts. hellgrün mit zerstreuten Drüsenschuppen *(53/4)*; Bltn. zu 3–10 in endst. Schirmtrauben, Kr. hellrosa, außen mit gelbl. Drüsenschuppen, K.zipfel 4 mm lang, gewimpert; je nach Höhenlage V–VII. Sk – PGh-3 (Alpen u. a.).
Behaarte Alpenrose, *R. hirsútum* L.

– Bl. nicht gewimpert, eif. bis elliptisch-lanzettl., 2–4 cm lang, dunkelgrün, etwas runzelig, untersts. völlig mit zuerst gelbgrünen, später rostbraunen Drüsenschuppen bedeckt *(53/5)*; Zw. rostig beschuppt; Bltn. zu 6–12, Kr. dunkelrot, außen mit vereinzelten gelbl. Drüsenschuppen, K.zipfel 1,5 mm lang, gewimpert; je nach Höhenlage VI–VIII. Sk ∧ – PGh-3 (Alpen).
Rostblättrige Alpenrose, *R. ferrugíneum* L.

R. × ***intermédium*** TAUSCH *(R. ferrugíneum* × *R. hirsútum)*, gelegentl. zwischen den Elternarten in den Alpen auftretend.

21 (18). Bltn. in etwa 3 cm breiten, vielbltg., dichten Trauben, Kr. weiß, etwa 1 cm ∅, Lappen ausgebreitet; Bl. elliptisch-lanzettl., 2–3,5 cm lang, allmähl. in den Bl.stiel verschmälert, obersts. kahl, untersts. dicht mit rostbraunen Schuppen besetzt; Zw. braunschülfrig; VI. G!! Sk – N-4 (N-, W-, O-China).
Kleinblütige Alpenrose, *R. micránthum* TURCZ.

– Bltn. nicht weiß **22**

22. Bltn. zu (1–)2–4, Kr. 1,5 cm ∅, violettpurpurn bis veilchenblau, Stbl. lang herausragend; Bl. eilängl., 8–12 mm lang, mit aufge-

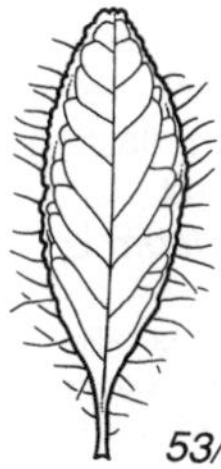
53/4

Rhododendron hirsutum

53/5

R. ferrugineum

53/6

R. impeditum, beblätterter Sproß

setzter, knorpeliger Spitze, obersts. dunkelgrün, untersts. hellgrün, beidersts. dicht braun beschülfert *(53/6)*; V (VI). Sz ∧ – PGh-4 (SW-China).

Veilchenblauer R., *R. impedítum* Balf. f. et W. W. Smith

Aus einer Kreuzung mit *R. augustínii* Hemsl. ging hervor:
R. 'Blue Tit', ähnl. wie *R. impedítum*, doch Bltn. meist zu 3–4, lavendelblau; Bl. bis 2 cm lang.

– Bltn. zu 5–8; Kr. 2–2,5 cm ∅; Bl. 2–3 cm lang, beidersts. schülfrig **23**

23. Gr. kahl, Bltn. hellila bis purpurrosa, breitglockig, Stbl. unterschiedl. lang, Stb.beutel dunkelrotbraun; Bl. etwas gewölbt, obersts. dunkelgraugrün, untersts. bleichgrün; V. Sk – PGh-4 (SW-China).

Grauer R., *R. hippophaeoídes* Balf. f. et W. W. Smith.

– Gr. an der Basis behaart; Bltn. dunkelviolett, mit weißem Schlund (bedingt durch viele Haare im Schlund und an der Basis der Stbl.), Stbl. braun; Bl. obersts. dunkelgrün, untersts. durch viele Schuppen rotbraun; V. Sk – PG-4 (Yünnan).

Rötlicher R., *R. russátum* Balf. f. et Forr.

24 (17). Kr.röhre so lang oder kürzer als die Zipfel, außen nicht schülfrig, Kr. breit-trichterf., 3–4 cm breit, hell purpurrosa, Stbl. kürzer als Kr., Bltn. zu 5–10; Bl. schmal-elliptisch, 5–8 cm lang, beidersts. rostfarbig schülfrig; wird oft als var. von *R. mínus* angesehen; V–VI. Sk – Nhg-2.

Carolina-R., *R. caroliniánum* Rehd.

– Kr.röhre länger als die Zipfel, außen schülfrig, Kr. trichterf., 2,5–3 cm breit, purpurrosa, Bltn. in Trauben zu 5–10; Bl. elliptisch, 4–10 cm lang, beidersts. zieml. gleichmäßig zugespitzt, obersts. dunkelgrün, kahl, untersts. bräunl. schülfrig mit gelbl. Mittelrippe; VI. Sk – Nhg-2. (*R. punctátum* Andr.).

Kleiner R., *R. mínus* Michx.

25 (2). Bl. an den Spitzen abgerundet, 2–4 cm lang, elliptisch bis längl.-eif., dunkelgrün, spärl. drüsig beschuppt, unterst. heller und dichter schülfrig, zieml. dünn, z.T. bis zum Frühjahr bleibend; Bltn. einzeln aus seitenst. Kn. an den Zw.spitzen, flachglockig, 2,5–3,5 cm ∅, purpurrosa; (II) III–IV. Sk – B/Nk-4.

Dahurischer R., *R. daúricum* L.

var. ***sempérvirens*** Sims., Bl. ± #; Bltn. dunkler purpurn.

R. × ***prǣcox*** Carr. (*R. ciliátum* × *R. daúricum*), # oder wintergrün; Bl. elliptisch, 3–5 cm lang, Rand zerstreut gewimpert, obersts. glänzend dunkelgrün, beidersts. locker schülfrig; Bltn. zu 1–3, breit trichterf., 4 cm breit, hellpurpurlila; K.zipfel gewimpert; III–IV, auch schon II.

– Bl. beidendig spitz, elliptisch-lanzettl., 3–7 cm lang, frischgrün, untersts. hellgrün, beidersts. locker schülfrig, sehr dünn, stets nur sommergrün *(53/7)*; Bltn. einzeln, an den Zw.enden zu 3–6 gehäuft, Kr. trichterf., 3–4 cm ∅, purpurrosa, außen weichhaarig; III–IV, auch schon II. Sk – Nh-4.

Stachelspitziger R., *R. mucronulátum* Turcz.

26 (1). Aus den Endkn. entwickeln sich nur Bltn., Bl. dagegen aus besonderen seitenst. Kn. unterhalb der Endkn.; Bltn. zu mehreren bis vielen **32**

– Aus den Endkn. entwickeln sich gleichzeitig Bltn. sowie Laubzw.; Bltn. zu 1–3, selten mehr **27**

27. Zw. kahl oder weichhaarig; Bl. an den Zw.enden rosettig gehäuft, einzeln nur an kräftigen Langtrieben; Stbl. 8–10 . . . . . **30**

– Zw. mit abgeflachten, angedrückten Borstenhaaren; Bl. stets einzeln, # oder manchmal auch nur sommergrün; Stbl. 5–10 . . **28**

28. Zw. mit nur wenigen angepreßten Haaren neben vielen abstehenden, oft drüsigen Haaren; Kn.schuppen klebrig; Bl. elliptisch-lanzettl., 3–6 cm lang, beidersts. mit langen grauen bis rostfarbenen Haaren *(53/8)*, Kurztriebbl. kleiner; Bltn. zu 1–3, weiß oder zartrosa, breit-trichterf., 5 cm ∅, Stbl. (8–)10; V. Immer- oder halbimmergrüner, vielzweigiger Sk – Nh-4 (Japan). (*R. ledifólium* (Hook.) G. Don, *Azálea mucronáta* Bl.).

Porstblättrige A., *R. mucronátum* G. Don

R. mucronatum stammt aus japanischen Gärten und ist wahrscheinlich eine Hybride aus *R. ripense* Makino und *R. macrosepalum* Maxim.

– Zw. dicht mit angedrückten borstigen Haaren besetzt **29**

29. Schuppen der Bltkn. nicht klebrig; Bl. elliptisch-lanzettl., 1–2,5 cm lang, halbimmergrün, obersts. glänzend dunkelgrün, untersts. nur auf der Mittelrippe striegelhaarig; Bltn. zu 2–3, Kr. trichterf., 2,5–3,5 cm ∅, verschiedenartig rot, 5 Stbl.; IV–V. Dicht verzweigter Sk – Nhw-4 (Japan). (*Azálea obtúsa* Lindl.).

Stumpfblättrige A., *R. obtúsum* (Lindl.) Planch.

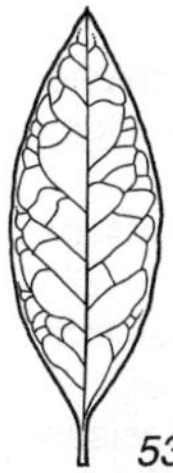

53/7

Rhododendron mucronulatum

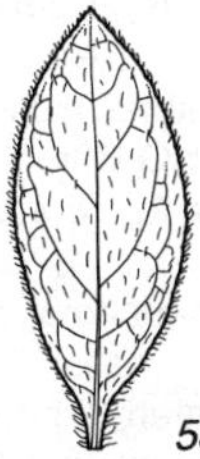

53/8

R. mucronatum

53/9

R. reticulatum

'Amoēnum', Kr. scheinbar doppelt, da K. auch purpurrosa gefärbt, Stb.beutel purpurn.

Kurume-Hybriden: aus Japan eingeführte Sorten in sehr verschiedenen Bltn.färbungen, wie z.B.
'Hatsugiri' und
'Hinodegiri'.
Ähnl. ist:
R. kaēmpferi PLANCH. (*R. obtúsum* var. *kaēmpferi* (PLANCH.) WILS.), Bl. 2–6 cm lang, leuchtend grün, beidersts. striegelhaarig, dünn und nur sommergrün; Bltn. orange, rosa bis rot, 3–5 cm breit. Sk – Nhw-4 (Japan).

– Schuppen der Bltnkn. klebrig; Bl. schmal elliptisch-lanzettl., 3–7 cm lang, obersts. spärl., untersts. dichter striegelhaarig; Bltn. zu 1–3, Kr. gefüllt, hell lilarosa, dunkelpurpurn gesprenkelt, 4–5 cm ∅; V. Meist nur sommergrüner Sk – Nhg-4 (Korea). (*Azálea yodogáwa* GRIGNAN.). **Yodogawa-A., *R. yedoénse*** MAXIM.

var. ***poukhanénse*** (LEVL.) NAKAI, ist die dazugehörige Wildform aus Korea mit einfachen Bltn.

30 (27). Bl. zu 2–3 an den Zw.enden, ± rhombisch, 4eckig bis breit-eif., 3–6 cm lang, obersts. mit eingesenkten Seitenadern, ± verkahlend, untersts. bleich oder bläul., auf den Adern behaart, fein netzaderig *(53/9)*; Bltn. zu 1–2(–4), vor dem Laubaustrieb, Kr. purpurrosa, ± ungefleckt, 5 cm ∅, Stbl. 10, ungleich lang; IV–V. Sommergrüner Sk – Nhg-4 (Japan). (*R. rhómbicum* MIQ.). **Netzadrige A., *R. reticulátum*** D. DON

– Bl. zu 4–5 an den Zw.enden wirtelartig stehend *(53/10)*, breitelliptisch bis verkehrt-eif. **31**

31. Kr. weiß, grün gesprenkelt, etwa 4 cm ∅, Stbl. 10, mit grünl. Stb.fäden; Bl. 3–5 cm lang, gewimpert *(53/10)*, häufig rot gerandet, frühzeitig kahlend, Stiele sehr kurz, lang wimperhaarig; V. Sommergrüner Sk ∧ – Nhg-4 (Japan).

Fünfblättrige A., *R. quinquefólium* BISS. et MOORE

– Kr. rosa, rotbraun gesprenkelt, 6–8 cm ∅, duftend, Stbl. 10, ungleich lang; Bl. verkehrt-breiteif., 5–10 cm lang, bald kahlend, untersts. hellgrün, Stiele sehr kurz, nicht gewimpert; V. Sommergrüner Sk – Nhg-4 (Korea, NO-China).
Schlippenbachs A., *R. schlippenbáchii* MAXIM.

32 (26). Stbl. 5, Kr. trichterf. **36**

– Stbl. 5–10; Kr. breit-glockig, manchmal mit 1–3 bis fast zum Grunde geteilten Kr.zipfeln **33**

33. Bltn. zu 3–6; Kr. 2lippig, die untere Lippe bis fast zur Basis in 2 schmale Lappen geteilt, die obere mit 3 kurzen eif. Lappen, 1,5–2 cm lang, purpurviolett, Stbl. 10, so lang wie die Kr.; Bl. elliptisch-längl., 2–5 cm lang, obersts. konvex, stumpf blaugrün, untersts. locker flaumig, Ränder etwas eingerollt; Zw. anfangs gelbrot; IV–V, vor dem Laubaustrieb. Sk – Bh/Nhk-2. (*Rhodóra canadénsis* L.). **'Rhodora', *R. canadénse*** (L.) TORR.

– Kr. nicht so tief geteilt **34**

34. Stbl. 5–7; Bltn. zu 5–8; Kr. kreisel-glockenf., 2lippig, 2,5–3 cm lang, hellrosa, orange gesprenkelt; Bl. entfernt stehend, elliptisch-längl., 5–12 cm lang, Rand gewöhnl. etwas gewellt, gewimpert, beidersts. nur auf der Mittelrippe behaart *(53/11)*; IV–V, vor dem Laubaustrieb. Sk – Nhg-2 (S-Appalachen).
Vaseys A., *R. váseyi* GRAY

– Stbl. 10, Kr. nicht gesprenkelt, Bl. zu 5 fast wirtelig am Zw.ende . **35**

35. Bl. verkehrt-eif. bis verkehrt-lanzettl., 4–12 cm lang, wimperig-feingesägt, obersts. spärl. behaart, untersts. grau weichhaarig; Bltn. zu 3–5, breitglockig, rosarot, 5 cm ∅, zugleich mit dem Laubaustrieb; V. Sk – Nhg-4 (Japan).
Albrechts A., *R. albréchtii* MAXIM.

– Bl. elliptisch bis schmal-elliptisch, 3–6 cm lang, fein gesägt, kaum gewimpert, beidersts. nur auf der Mittelrippe behaart, sonst kahl, netzadrig; Bltn. zu 1–2, Kr. breitglockig, rosarot, 4–5 cm ∅, vor oder mit dem Laubaustrieb; IV–V. Sk – Nhg-4 (Japan). **Nikko-A., *R. pentaphýllum*** MAXIM.

36 (32). Kr. weiß bis dunkelrosa, ohne oder nur mit 2 kleinen gelben Flecken am Grunde des oberen Kr.lappens **40**

– Kr. gelb bis orangerot, wenn weißl. oder rosa, dann mit großem gelbem Fleck am Grunde des oberen Kr.lappens **37**

37. Kr. weit trichterf., außen nicht drüsig, der gelbe Fleck durch hellere Aderung in schmalere Tüpfel geteilt **39**

– Kr. trichterf. mit zylindrischer Röhre, außen drüsig, der gelbe Fleck nicht in Tüpfel aufgelöst **38**

38. Bl. längl.-lanzettl., 6–12 cm lang, fein gewimpert und gezähnt; junge Zw. drüsig behaart; Bltn. zu vielen in Schirmtrauben, stark duftend, Kr.röhre schmal zylindrisch, Zipfel ± ausgebreitet,

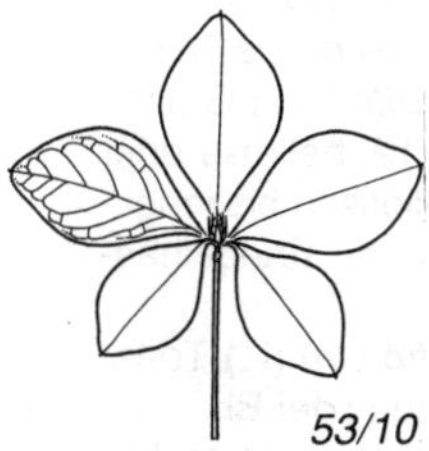

53/10

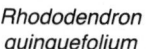

Rhododendron quinquefolium

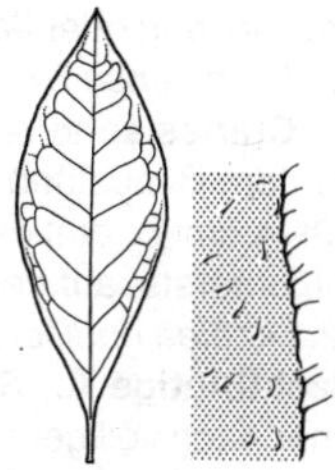

53/11

R. vaseyi

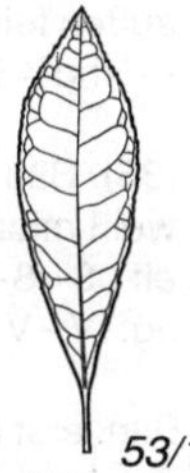

53/12

R. japonicum

gelb, Stb.fäden weit herausragend, kürzer als der Gr.; V. Sg – Nh-3 (Klein-Asien, Kaukasus, O-Europa). (*R. flávum* (HOFFMGG.), G. DON f., *A. póntica* L.).

Pontische A., *R. lúteum* SWEET

Genter-Hybriden (auch als 'Azalea-pontica-Hybriden' bezeichnet) Sammelname für eine große Anzahl von Kreuzungen zwischen *R. lúteum* und nordamerikanischen Arten wie *R. calenduláceum, R. nudiflórum* und *R. viscósum*. Die Bltn.farben variieren zwischen weiß, gelb, lachsrosa, karmin und zinnober. **Rustica-Hybriden:** Sammelname für Kreuzungen zwischen gefülltblühenden Genter-Hybriden und *R. japónicum*, sehr variable Bltn.farben.

– Bl. breit-elliptisch, 4–8 cm lang; junge Zw. behaart; Bltn. gewöhnl. zu 5–7, fast duftlos, Kr.röhre sich oberhalb der Mitte allmähl. erweiternd, gelb bis orange, Stb.fäden weit herausragend, so lang oder etwas kürzer als der Gr.; V. Sg – Nh-2. (*Azálea calendulácea* MICHX.).

Flammen-A., *R. calenduláceum* (MICHX.) TORR.

R. × ***mortiéri*** SWEET (*R. calenduláceum* × *R. nudiflórum*), Bl. kahlend; Bltn. ± rosa mit orangefarbigem Fleck.

39 (37). Bl. untersts. nur auf den Adern behaart, obersts. anliegend borstenhaarig, verkehrt-eif. bis eilängl., 4–10 cm lang, gewimpert *(53/12)*; Bltn. zu 6–12, orangerot oder lachsrot bis ziegelrot, Stbl. kürzer als Kr., 5–6 cm ∅, vor dem Bl.austrieb; IV–V. Sk – Nhg-4 (Japan). (*R. mólle* SIEB. et ZUCC., *Azálea japónica* GRAY).

Japanische A., *R. japónicum* (GRAY) SURINGAR

Móllis-Sorten: (*R. japónicum* × *R. mólle*), Sammelname für eine große Anzahl Hybriden, ausgezeichnet durch die großen Bltn. in leuchtenden Farben von weiß bis scharlachrot.

– Bl. untersts. weich behaart bleibend, obersts. kahlend, längl.-lanzettl., 6–15 cm lang, gewimpert und oft Ränder zurückgebogen; Bltn. zu vielen, Kr. 5–6 cm ∅, goldgelb, grünl. gesprenkelt, außen fein behaart, Stbl. so lang oder länger als Kr.; IV–V. Sk ∧ – Nhg-4 (M-, S-China). (*R. sinénse* SWEET, *Azálea móllis* BL.).

Chinesische A., *R. mólle* (BL.) G. DON

40 (36). Bltn. vor oder mit dem Bl.austrieb, zu 6–12, hellrosa oder weiß mit rosa Röhre, 3–4 cm ∅, duftlos; Bl. elliptisch bis längl.-eif., 3–8 cm lang, kahl, untersts. auf der Mittelrippe striegelhaarig; IV–V. Sk – Nhw-2. (*Azálea nudiflóra* L.).

Nacktblütige A., *R. nudiflórum* (L.) TORR.

– Bltn. erst im Frühsommer nach völliger Entwicklung der Bl. . . . **41**

41. Zw. kahl, selten mit wenigen, vereinzelten Haaren, jung oft bereift; Bl. verkehrt-eif. bis längl.-lanzettl., 3–8 cm lang, obersts. frischgrün, untersts. oft blaugrün, beidersts. fast kahl oder kahl, fein wimperzähnig, getrocknet aromatisch duftend; Bltn. zu 3–6, stark duftend, Kr.röhre 2,5–3 cm lang, zur Spitze wenig erweitert, länger als die Kr.zipfel, außen drüsig-zottig, Stbl. doppelt so lang wie die Röhre, K.zipfel 3–6 mm lang, drüsig gewimpert; VI–VII. Sk – Nhw-2.

Süßduftende A., *R. arboréscens* (PURSH) TORR.

– Zw. striegel- oder rauhhaarig; Bl. eielliptisch bis verkehrt-längl.-lanzettl., 2–6 cm lang, meist nur untersts. auf der Mittelrippe rauhhaarig; Bltn. zu 4–9, Kr.röhre 1,5–2,5 cm lang, zur Spitze etwas erweitert, etwa 1,5mal so lang wie die Kr.zipfel, außen drüsig-zottig, Stbl. etwas länger als die Zipfel, K.zipfel etwa 1 mm lang, borstig gewimpert; sich durch Bodenausläufer ausbreitend; VI–VII. Sk – Nhw-2. (*Azálea viscósa* L.).

Sumpf-A., *R. viscósum* (L.) TORR.

3. *Menzīésia* SM., Menziesie

Sommergrüne, kleine Sträucher; Bl. wechselst., ganzrandig, gestielt, oft am Zw.ende dichter beisammen stehend, 2–5 cm lang, 1–2,5 cm breit; Bltn. 4–5zählig, glockig, zu mehreren in Büscheln an den Enden vorj. Zw., Stbl. in der Kr.röhre eingeschlossen. Etwa 10 Arten in N-Amerika und NO-Asien. Ⓚ

1. Jungtriebe mit gestielten Drüsen; Kr.röhre zylindrisch, 9–12 mm lang, mattweiß mit rosa; Bl. elliptisch, 2–5 cm lang, obersts. anliegend rotbraun behaart, drüsig gewimpert, untersts. schwach behaart; V–VI. Sk – N-1.

Rostige M., *M. ferrugínea* SM.

– Jungtriebe drüsenlos (wohl aber etwas behaart); Kr.röhre glokkenf., 6–7 mm lang, gelbl.weiß mit rötl. Saum; Bl. obersts. anliegend behaart, untersts. auf dem Mittelnerv mit einigen Borsten; V–VI. Sk – Nhg-2. **Borstige M., *M. pilósa*** (MICHX.) JUSS.

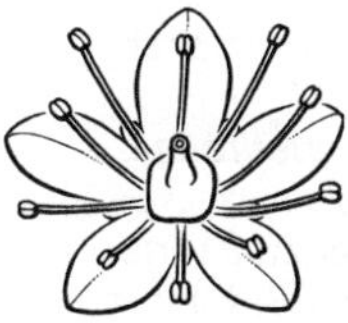

53/13

53/14

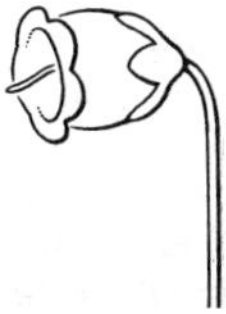

53/15

Leiophyllum buxifolium

Kalmia, Blüte

Phyllodoce, Blüte

4. ***Leiophýllum*** (PERS.) HEDW. f., **Sandmyrte**

Monotypische Gattung, die mit ihren getrennten Bltnbl. *(53/13)* und den immergrünen, lederigen Bl. an *Lédum* erinnert; Bl. wechsel- oder gegenst., 4–10 mm lang, sehr kurz gestielt, obersts. glänzend dunkelgrün, untersts. heller, schwärzl. gepunktet; Bltn. in der Kn. bronzerot, später rosaweiß, Stbl. doppelt so lang wie Bltnkr.; V. Sz Ⓚ – Nh-2.

L. buxifólium (BERG.) ELL.

5. ***Loiselēūria*** DESV., **Gemsheide, Alpenheide**

Monotypische Gattung.

Bl. immergrün, lederig, gegenst., gedrängt angeordnet, eif., 4–8 mm lang; Bltn. in 2–5bltg. Schirmtrauben, rosa bis weiß, 5 mm lang, Stbl. kürzer als Kr.; VI–VII. Sp Ⓚ – PN/PG-1/2/3/4. (*Azálea procúmbens* L., *Chamaecístus procúmbens* (L.) KUNTZE). **L. procúmbens** (L.) DESV.

6. ***Rhodothámnus*** REICHENB., **Zwergalpenrose**

Bl. immergrün, wechselst., fast sitzend, 8–12 mm lang, am Rande auffällig borstig gewimpert; Bltn. endst. zu 1–3, lang gestielt, Kr. hellrosa, 2–3 cm ∅, Kr.röhre kurz, Kr.zipfel relativ lang; VI–VII. Sz – Nhg-3 (Alpen). (*Rhododéndron chamaecístus* L.). **R. chamaecístus** (L.) REICHENB.

Nahe verwandt: ***R. sessilifolius*** P. H. DAVIS. Nhg-3 (N-Anatolien).

7. ***Kálmia*** L., **Lorbeerrose, Kalmie**

Bl. teils wechselst., teils gegenst. oder wirtelig, immergrün oder laubabwerfend; Bltn. in endst. oder achselst. Schirmrispen oder Schirmtrauben, Kr. breitglockig bis schüsself., 5 Bltnbl. mit Aussackungen *(53/14)*, in denen die Antheren bis zu ihrer Reife festgehalten werden, die gebogenen Filamente reagieren dann auf Berührungsreiz und strecken sich plötzl., wobei die Antheren aus den Aussackungen herausgerissen werden und stäuben. Etwa 8 Arten in N-Amerika. G! Ⓚ

1. Bltn. seitenst., etwa 1 cm ∅, tief rosarot bis rot, in Schirmtrauben; Bl. 2–6 cm lang, längl.-lanzettl., kaum über 1 cm breit, stumpfl. oder abgerundet; V–VII. Sk – Bh/Nhk-2.
Schaf-L., *K. angustifólia* L.

– Bltn. endst. **2**

2. Bis 50 cm hoch mit 2kantigen Zw.; Bl. gegenst. oder zu 3 wirtelig, längl.-lanzettl., 2–3,5 cm lang, untersts. blau-weiß; Bltn. in Schirmtrauben, 1–1,5 cm ∅, rosapurpurn; V–VI. Sz – Bh-2. (*K. gláūca* Lodd. ex. Ait.). **Poleiblättrige L., *K. polifólia*** Wangenh.

– Bis über 3 m hoch; Bl. wechselst., elliptisch-lanzettl., 5–10 cm lang, obersts. dunkelgrün, untersts. gelbl.grün; Bltn. in drüsig behaarten Schirmrispen, Kr. napff., 2–2,5 cm ∅, außen klebrig, rosa bis rot *('Rúbra')* mit purpurnen Punkten; V–VI. Sg – Nh-2.
Breitblättrige L., *K. latifólia* L.

8. *Phyllódoce* Salisb., Moosheide

Heidekrautähnl. Zwergsträucher; Bl. immergrün, linealisch, fein gezähnt, wechselst.; Kr. krug.- oder glockenf. mit 5 Zähnen; 10 Stbl. Etwa 8 Arten, arktisch-alpin. Ⓚ

1. Kr. krugf. (mit verengter Öffnung), 8–10 mm lang, purpurn, beim Trocknen bläul. werdend, K. drüsig behaart; Bl. 4–8 mm lang, obersts. glänzend dunkelgrün; IV–V. Sz – PN/PG-3. (*P. taxifólia* (Pall.) Salisb.). **Bläuliche M., *P. caerúlea*** (L.) Bab.

– Kr. breitglockig (mit erweiterter Öffnung) *(53/15)*, 7–9 mm lang, purpurrosa, K. kahl; Bl. 6–15 mm lang, obersts. glänzend grün; V–VI. Sz – PG-1.
Krähenblättrige M., *P. empetrifórmis* (Sm.) D. Don

9. *Daboécia* D. Don, Irische Heide, Glanzheide

Heidekrautähnl. Zwergsträucher; Bl. immergrün, dicht angeordnet, wechselst., drüsig behaart; Bltnst. aufrecht, traubig. 2 Arten im atlantischen W-Europa und den Azoren. Ⓚ

Bl. 6–12 mm lang, elliptisch, obersts. glänzend dunkelgrün, untersts. weißfilzig; Bltn. nickend in 7–14 cm langen Trauben, bauchig krugf., 8–12 mm lang, purpurrosa; VI–IX. Sz ∧ – Nhm-3 (W-Europa). (*Daboécia polifólia* (Juss.) D. Don, *Menzíēsia polifólia* Juss.). ***D. cantábrica*** (Huds.) K. Koch

Unterfamilie: ***Arbutoídeae***

10. ***Enkiánthus*** Lour., **Prachtglocke**

Sommergrüne Sträucher; Bl. wechselst., an Triebenden oft wirtelartig gehäuft, elliptisch, meist fein gesägt, 3–7 cm lang, 1–3,5 cm breit; Bltn. hängend in Schirmtrauben; Kr. glockig oder krugf., 10 eingeschlossene Stbl. 10 Arten von Japan bis zum Himalaya. Ⓚ

1. Bltn. vor Bl.entfaltung, weiß, urnenf., mit 5 sackartigen Anschwellungen an der Basis, etwa 8 mm lang, in 3–10bltg. kahlen Schirmtrauben; Bl. elliptisch-verkehrt-eif., 2–5 cm lang, fein scharf gesägt, glänzendgrün, untersts. auf den Adern behaart; Fr.kapsel längl.-eif., 8 mm lang; IV–V. Sk – Nhw-4 (Japan). (*E. japónicus* Hook. f.). **Frühe P., *E. perulátus*** (Miq.) Schneid.

– Bltn. nach Bl.entfaltung; Fr.kapsel 5–7 mm lang **2**

2. Kr. weiß (bei f. *rubens* Mak. tiefrot), Saum unregelmäßig spitzzähnig, Bltnst. 10–12bltg.; Bl. verkehrt-eif., 2–4 cm lang, stumpf gesägt, untersts. auf dem Mittelnerv behaart; V. Sg – Nhg-4 (Japan). **Nickende P., *E. cérnuus*** (Sieb. et Zucc.) Mak.

– Kr. gelbl. bis hellorange, rot geadert (fast weiß bei f. *albiflórus* Mak.), glockig, Saum ganzrandig, in 10–20bltg. Schirmtrauben, Bl. elliptisch, 3–7 cm lang, grannenartig gezähnt *(53/16)*, obersts. und untersts. mit borstiger Behaarung; V. Sg – Nhg-4 (Japan). **Glockige P., *E. campanulátus*** (Miq.) Nichols.

53/16

Enkianthus campanulatus

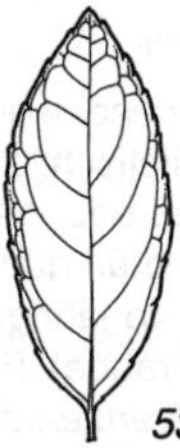

53/17

Zenobia pulverulenta

11. ***Cassíope*** D. Don, **Schuppenheide**

Immergrüne Zwergsträucher oder Sträucher; Bl. 3–5 mm lang, schuppig oder pfrieml., meistens dem Sproß fest angedrückt, dicht dachziegelig in 4 Reihen angeordnet; Bltn. einzeln, breit glockenf., weiß oder rosa. Etwa 10 Arten, arktisch-alpin, Nordhemisphäre. Ⓚ

1. Bl. kreuzweise gegenst., daher deutl. 4reihig, dem Sproß eng anliegend; Bltn.stiele bl.achselst. **2**

– Bl. wechselst., nicht deutl. 4reihig, ± abstehend; Bltn.stiele endst., Bltn. weiß oder hellrosa, Gr. am Grunde stark verdickt; VI–VII. Sz – PN-1/2/3/4. **Moosige S., *C. hypnoídes*** (L.) D. DON

2. Bl.rand dicht fransig gewimpert, Bl. 5 mm lang; Bltn. an behaarten Stielen, breitglockig, 8 mm lang, weiß, innen am Grunde gerötet; V. Sz – PG-4 (SO-Tibet).
Wards S., *C. wárdii* MARQUAND

– Bl.rand nicht gewimpert, Bl. 4 mm lang; Bltn. glockig, 5–6 mm lang, weiß bis hellrosa; V. Sz – PN-1/2/3/4.
Vierkantige S., *C. tetragóna* (L.) D. DON

12. *Andrómeda* L., Rosmarinheide

Immergrüne Zwergsträucher mit weitkriechenden Ausläufern, kahle Zw. bogig aufsteigend; Bl. immergrün, 1,5–3,5 cm lang, stark eingerollt, obersts. dunkelgrün, untersts. hell blaugrün; Bltn. nickend, kugelig-urnenf., rosaweiß, in 2–8bltg., endst. Schirmtrauben. 2 Arten in M- und N-Europa, N-Asien, N-Amerika.

1. Bl. untersts. kahl; V–VII. Sz ⓚ – Bh/PN-2/3/4.
Kahle R., *A. polifólia* L.

– Bl. untersts. dicht weißfilzig behaart; V–VI. Sz – Bh/PN-2.
Behaarte R., *A. glaucophýlla* LINK

13. *Zenóbia* D. DON, Zenobie

Monotypische Gattung.

Zw. bogig abstehend, weißbläul. bereift; Bl. sommergrün oder wintergrün, eif. bis längl.-elliptisch, 2–7 cm lang, schwach gekerbt bis ganzrandig *(53/17)*, untersts. oder beidersts. weißl. bereift; Bltn. glockig, weiß, 6–8 mm lang, nickend an dünnen Stielen, in achselst. Büscheln an den obersten 10–20 cm vorjähriger Zw. (die blühenden Zw.enden erwecken den Eindruck einer Traube); Fr.kapsel rundl., 5klappig; V–VI. Sk ⓚ – Nhw-2. (*Andrómeda pulverulénta* BARTR.).
Bestäubte Z., *Z. pulverulénta* (BARTR.) POLLARD

14. *Píeris* D. DON, Weißglockenstrauch

Bl. immergrün, wechselst., schwach gekerbt bis gesägt; Bltn. in end- oder seitenst. Doppeltrauben, im Herbst schon weitgehend ausgebildet, K. 5lappig, Kr. krugf.; Bl. schwach giftig. etwa 10 Arten in N-Amerika und O-Asien. G! ⓚ

1. Junge Zw. striegelhaarig; Bl. elliptisch-lanzettl., 3–8 cm lang, gewimpert, untersts. bräunl. drüsenpunktig; Bltn. nickend, in aufrechten, dichten, 5–10 cm langen Doppeltrauben, Kr. weiß,

53/18

Pieris floribunda, Staubblatt

53/19

P. japonica

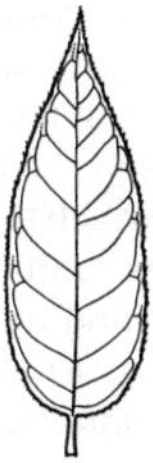

53/20

Leucothoë fontanesiana

mit 5 auffälligen, bauchigen Kanten, 5–6 mm lang; IV–V. Sk – Nhg-2. (*Andrómeda floribúnda* PURSH).

Vielblütiger W., *P. floribúnda* (PURSH) BENTH. et HOOK. f.

– Junge Zw. kahl; Bl. an den Zw.enden gehäuft, längl.-lanzettl., 3–8 cm lang, stumpf gesägt *(53/19)*, nicht gewimpert, untersts. zerstreut mit feinen schwärzl. Drüsenpunkten; Bltn. nickend in ausgebreitet-überhängenden, zieml. lockeren, 6–12 cm langen Doppeltrauben, Kr. weiß, nur schwach kantig, 6–8 mm lang; III–V. Sg – Nhw/Mh-4 (Japan). (*Andrómeda japónica* THUNB.). **Japanischer W., *P. japónica*** (THUNB.) D. DON

'Pygmǣa, Wuchs gedrungen, niedrig bleibend, Bl. kleiner.
'Variegáta', Bl. zieml. klein, weißrandig.
'Splendens', Bl. im Austrieb braunrot.
'Forest Flame' (*P. japónica* × *P. formósa* (WALL.) D. DON var. *forréstii* AIRY SHAW), auffälliger rötl. Austrieb ist spätfrostgefährdet.
'Purity', eine sehr frostharte Sorte, die später austreibt und später blüht.

15. *Lyónia* NUTT., Lyonie

Immergrüne oder laubabwerfende Bäume und Sträucher; Bl. wechselst., kurzgestielt; Bltn. krugf. oder glockig in achselst. Trauben oder endst. Doppeltrauben, jeder Bltn.stiel mit 2 kleinen Brakteen an der Basis, Antheren ohne apikale Hörnchen. Etwa 30 Arten in O-Asien, N- und M-Amerika. Ⓚ

1. Bltn. in endst. 6–16 cm langen Trauben oder Doppeltrauben; Kr. weißl., rundl.-urnenf., 3–4 mm lang; Bl. sommergrün, elliptisch bis längl.-lanzettl., 3–7 cm lang, fast ganzrandig, untersts. auf den stark hervortretenden Adern behaart; V–VII. Sg – N-2. (*Vaccínium ligustrínum* L., *Andrómeda racemósa* LAM. non L.).

Rispige L., *L. ligustrína* (L.) DC.

– Bltn. in seitenst. Trauben; Bl. ganzrandig **2**

2. Zw. scharfkantig; Bl. immergrün, elliptisch bis längl., 3–8 cm lang, glänzend grün, Rand eingerollt; Bltn. in beblätterten Bltn.ständen, Kr. eikegelf., 6–8 mm lang, weiß bis rosa; IV–V. Sk ∧ – Nhw/Mh-2. (*Andrómeda lúcida* LAM., *Xólisma lúcida* (LAM.) REHD.). **Glänzende L., *L. lúcida*** (LAM.) K. KOCH

– Zw. rund; Bl. sommergrün, elliptisch-längl., 3–6 cm lang, etwas lederig und netzartig; Bltn. nickend, in unbeblätterten Bltn.ständen, Kr. etwa 1 cm lang, weiß oder rosa; V–VI. Sk – N-2. (*Andrómeda mariána* L., *Xólisma mariána* (L.) REHD.). **Marien-L., *L. mariána*** (L.) D. DON

16. *Chamaedáphne* MOENCH, Torfgränke

Monotypische Gattung.

Von der nahestehenden *Leucóthoë* durch die dicht mit rostfarbigen Schuppen besetzten Bl. und Jungtriebe unterschieden; Bl. eilanzettl., wintergrün bis immergrün, 1–4 cm lang, kurz gestielt, sehr schwach gezähnt (zumindestens in der oberen Bl.hälfte); Bltn. weiß, nickend, 6–8 mm lang, in einseitswendigen, beblätterten, endst. Trauben von 4–10 cm Länge; IV–V. Sz ⓚ – PN/B-1/2/3/4. (*Andrómeda calyculáta* L.). ***C. calyculáta*** (L.) MOENCH

17. *Oxydéndrum* DC., Sauerbaum

Monotypische Gattung.

Bl. sommergrün, säuerl. schmeckend (Name), wechselst. elliptisch-längl., 10–20 cm lang, obersts. glänzend grün, untersts. heller, kahl oder nur am Mittelnerv behaart, Bl.stiel 8–15 mm lang; Bltn. weiß, 6–8 mm lang, in 10–25 cm langen Doppeltrauben; VII–VIII. Bk ⓚ – Nhw-2. ***O. arbóreum*** (L.) DC.

18. *Leucóthoë* D. DON, Traubenmyrte

Immergrüne oder sommergrüne Sträucher; Bl. wechselst., kurz gestielt, meist gesägt; Bltn. in achsel- oder endst. Trauben, 5 K.zipfel sich dachziegelartig überlappend. Etwa 45 Arten in O-Asien, N-, M- und S-Amerika. ⓚ

1. Bl. sommergrün, längl.-elliptisch, 2–7 cm lang, gesägt, untersts. ± behaart; Bltn. in aufrechten oder abspreizenden, 3–8 cm langen Trauben an kurzen Seitenzw., Kr. zylindrisch, 8–9 mm lang, weiß oder rosa; Fr.kapsel rundl., 4 mm breit; V–VI. Sk – Nhw-2. (*Andrómeda racemósa* L., *Lyónia racemósa* (L.) D. DON). **Sommergrüne T., *L. racemósa*** (L.) GRAY

– Bl. immergrün; Bltn. in dichten seitenst. Trauben **2**

2. Bl. lang zugespitzt, eilanzettl., 6–15 cm lang, regelmäßig eng gesägt, glänzend dunkelgrün, 1–1,5 cm lang gestielt *(53/20)*; Bltn.trauben 4–7 cm lang; Bltn. eif.-zylindrisch, weiß, 6 mm lang, Kn. gerötet; V. Sk – Nhg-2. (*L. catesbāéi* auct. non (WALT.) GRAY, *L. walteri* (WILLD.) MELVIN).

Catesbys T., *L. fontanesiána* (STEUD.) SLEUM.

– Bl. plötzl. zugespitzt, elliptisch-lanzettl., 5–10 cm lang, entfernt gesägt, glänzendgrün, untersts. spärl. behaart; Bltn.trauben achselst., 2–7 cm lang, Bltn. wie bei voriger Art, Kn. jedoch grünl.; V. Sk – Nhw-2. (*Andrómeda axilláris* LAM.).

Achselblütige T., *L. axilláris* (LAM.) D. DON

19. *Gaulthéria* L., Rebhuhnbeere

Bl. immergrün, kurz gestielt, wechselst., gesägt; Kr. krug- oder glockenf., Frkn. oberst., K. 5lappig, nach dem Verblühen größer und fleischiger werdend *(53/21)*, die Fr.kapsel umschließend und so eine Beere vortäuschend. Etwa 200 Arten in N- und S-Amerika, O-Asien, Australien und Neuseeland. Ⓚ

1. Pfl. mit niederliegenden und aufstrebenden, kahlen Zw.; Bl. verkehrt-eif. bis elliptisch, kahl, glänzend, 2,5–5 cm lang; Bltn. einzeln blattachselst., weiß oder etwas rötl. überlaufen, 4–6 mm lang; Fr. hellrot; VI–VIII. Sz – N-2.

Niederliegende R., *G. procúmbens* L.

– Pfl. aufrecht, 30–50 cm hoch **2**

2. Zw. etwas hin und her gebogen, zottig behaart; Bl. eif. bis kreisrund, kahl, 5–10 cm lang *(53/22)*; Bltn. in verlängerten, bl.achselst., drüsenhaarigen Trauben, weiß oder rosa, 8–12 mm lang; Fr. blauschwarz; V–VII. Sz – N-1.

Shallon-R., *G. shállon* PURSH

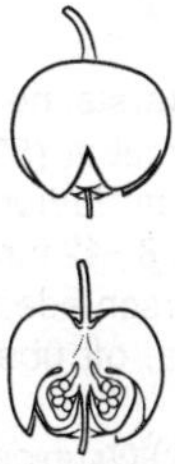

53/21

Gaultheria, Frucht und Fr. Längsschnitt

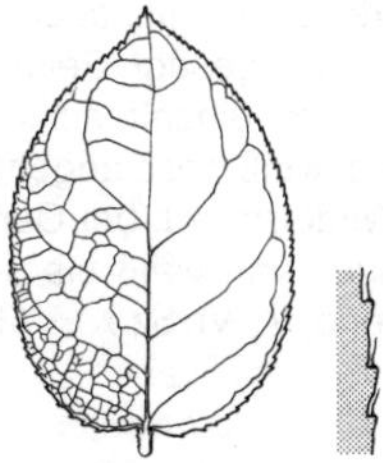

53/22

G. shallon

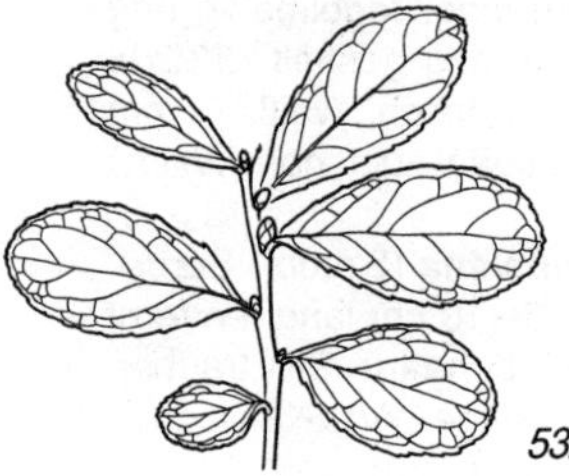

53/23

Gaultheria miqueliana,
Sproß mit Blättern

53/24

Pernettya mucronata,
Sproß mit Blättern

– Zw. gerade, jung behaart; Bl. an den Enden der Zw. gehäuft, breit-elliptisch, 1,5–3,5 cm lang, drüsig gesägt *(53/23)*; Bltn. weiß, nickend, in 2–5blütigen Trauben an den Zw.enden; Fr. 6 mm ∅, weiß bis rosa; VI–VII. Sz – Bh/PG-4. (*G. pyroloídes* Hook. et Toms ex Miq., p.p.).

Miquels R., *G. miqueliána* Takeda

× ***Gaulnéttya wisleyénsis*** Marchant, Gattungshybride aus *Gaulthéria shállon* und *Pernéttya mucronáta.*

20. *Pernéttya* Gaudich., Torfmyrte

Bl. immergrün, wechselst., ganzrandig oder gezähnt; Bltn. meist einzeln, achselst.; Frkn. oberst.; Fr. eine kugelige Beere, Kbl. bei der Fr.reife entweder fleischig werdend und die untere Beerenhälfte umhüllend (ähnl. wie bei der nahe verwandten *Gaulthéria*) oder trokkenhäutig bleibend. (Wegen der bei vielen Arten fleischig werdenden Kbl. wird die Gattung *Pernéttya* neuerdings mit der Gattung *Gaulthéria* zusammengefaßt, wobei der Gattungsname *Gaulthéria* Priorität besitzt.) Etwa 30 Arten in M- und S-Amerika, Neuseeland und Tasmanien. G! Ⓚ. Nur eine Art verbreitet.

Bl. derblederig, eilanzettl., obersts. glänzend grün, untersts. heller, stachelspitzig, gesägt, Seitenadern kaum wahrnehmbar *(53/24)*; 2häusig, Bltn. einzeln achselst., nickend an kurzen Stielen, Kr. 5 mm lang, weiß, rosa angehaucht; Fr. eine Beere, 8–12 mm ∅, bei der Wildform rot, bei Gartenformen in den verschiedensten Färbungen von weiß bis dunkelpurpurn und lila, oft über Winter bleibend; V–VI. Sz ∧ – Ah/PS-5.

P. mucronáta (L. f.) Gaudich.

21. *Arctostáphylos* ADANS., Bärentraube

Spaliersträucher; Bl. wechselst., lederig; Bltn. urnenf., mit 5 kurzen Lappen, in endst. Trauben oder Büscheln; beerenartige Steinfr. mit 4–10 (meist 5) Steinkernen. Etwa 50 Arten in der Nordhemisphäre.

1. Bl. scharf gezähnt, in der basalen Hälfte zottig gewimpert, verkehrt-eif., 3–4 cm lang, im Herbst sich rötl. verfärbend, aber erst im folgenden Frühjahr abfallend; Bltn. in endst. 2–5bltg. Trauben, grünl.weiß; Fr. anfangs rot, reif glänzend schwarzblau; IV–VI. Sp – PN/PG-1/2/3/4. (*Arctóus alpína* (L.) NIEDENZU).
Alpen-B., *A. alpína* (L.) SPRENG.

– Bl. ganzrandig, immergrün; reife Fr. rot oder dunkelbraun **2**

2. Reife Fr. glänzend rot; Bl. vorne abgerundet, verkehrt-eif., zur Basis keilf. in den kurzen Bl.stiel verjüngt, am Rande feinflaumig, obersts. glänzend dunkelgrün, untersts. glänzend hellgrün, 1–3 cm lang; Bltn. zu 4–8 in endst. kurzen Trauben, Kr. weiß mit rosa Saum, 4–6 mm lang; IV–V. Sp – B-2/3/4.
Rotfrüchtige B., *A. úva-úrsi* (L.) SPRENG.

– Reife Fr. dunkelbraun; Bl. plötzl. scharf zugespitzt; IV–V. Sp – PG-1 (Sierra Nevada). **Nevada-B., *A. nevadénsis*** GRAY

Die unter diesem Namen bei uns in Kultur befindl. Bärentraube dürfte keine echte Nevada-B. sein, sondern eine aus N-Amerika eingeführte Sorte von *A. úva-úrsi.*

Unterfamilie: *Vaccinioídeae*

22. *Vaccínium* L., Heidelbeere, Preißelbeere

Laubabwerfende oder immergrüne Sträucher und Halbsträucher mit wechselst. Bl.; Bltn. meist in Trauben, Kr. glockig oder krugf., wie der K. 4- oder 5teilig, 8–10 Stbl.; aus dem unterst. Frkn. geht eine saftige oder mehlige Beere hervor, gekrönt von dem bleibenden Kelch. Ⓚ. Ca. 200 Arten in der Nordhemisphäre und in tropischen Gebirgen.

1. Sproß am Boden kriechend, dünn; Bl. höchstens 17 mm lang; Bltn. an langen fadenf. Stielen; Kr. hellrot, tief 4teilig, mit zurückgeschlagenen Zipfeln; Beere rot **6**

– Aufrechte, kleine oder größere Sträucher; Kr. krug- oder glokkenf., 4–5lappig **2**

2. Nicht über 0,6 m hohe S. **4**

– 1–3(–4) m hohe S. **3**

3. Bl. elliptisch bis schmal elliptisch, 3–8 cm lang, ganzrandig (bis fein gesägt), obersts. kahl, untersts. auf den Nerven schwach behaart; Bltn. 6–10 mm lang, weiß oder rosa; Fr. dunkelblau, bereift, 7–10 mm ∅ (bei Kultursorten z.T. größer), eßbar; V. Sk/Sg – Nh-2.
Amerikanische Strauchheidelbeere, *V. corymbósum* L.

Zahlreiche Sorten (z. B. *'Bluecrop', 'Berkeley', 'Ama'*) als „Garten- oder Kulturheidelbeeren" angebaut.

– Bl. elliptisch bis eif., 3–10 cm lang, fein gesägt, oberststs. dunkelgrün, auf den Nerven schwach behaart, unterststs. heller, behaart; Bltn. 8 mm lang, weißlich, z. T. mit rosa und violetten Tönen; Fr. dunkelpurpur, 6–8 mm ∅; V–VI. Sk/Sg – BGh/Nhg-3 (Kaukasus). **Kaukasus-Strauchheidelbeere, *V. arctostáphylos*** L.

4. Zw. scharfkantig, grün; Bl. feingesägt, sommergrün; Kr. grünl., rötl. überlaufen, K. undeutl.; Beere blauschwarz, mit rotem Saft; IV–V. HS – Bh/Nhk-3.
Heidelbeere, Blaubeere, *V. myrtíllus* L.

– Zw. rundl. 5

5. Bl. unterststs. mit eingedrückten bräunl. Punkten (Lupe!), matt hellgrün, Bl.rand etwas umgerollt, ganzr. oder schwach gekerbt, Bl. #; Bltn. weiß oder rötl., in endst., dichten, hängenden Trauben, Stb.beutel unbegrannt, Kr. 4spaltig; Beere rot; V–VIII. HS – PN/B – 1/2/3/4. **Preißelbeere, *V. vítis-idǣa*** L.

– Bl. unterststs. ohne Punkte, blaugrün, stark netzaderig, sommergrün; Bltn. weiß oder rötl., in 1–4bltg. Trauben, Stb.beutel 2grannig, Beere blauschwarz, mit farblosem Saft; V–VI. SZ – PN/B-1/2/3/4. **Rauschbeere, Moorbeere, *V. uliginósum*** L.

6 (1). Bl. 3–8 mm lang, zugespitzt, am Rande stark umgerollt; Bltn.stiele an den Zw.enden, 2–4 cm lang, Fr. 7–10(–12) mm ∅; V–VI. HS # – Bh/Nhk-1/2/3/4. (*Oxycóccus palústris* Pers.).
Gemeine Moosbeere, *V. oxycóccos* L.

ssp. ***oxycóccus,*** Bl. im mittleren Teil am breitesten, Bltn.stiele behaart, Fr. kugelig.
ssp. ***microcárpum*** (Turcz.) A. Blytt, Bl. im unteren Teil am breitesten (dreieckig-eif.), Bltn.stiele kahl oder fast kahl, Fr. birnenf.

– Bl. 6–17 mm lang, stumpf, am Rande wenig umgerollt; Bltn.stiele entspringen weit unterhalb der Zw.enden, 1–3 cm lang; Beere 1–2 cm ∅; V–VI. HS # – Bh/Nhk-2. (*Oxycóccus macrocárpus* (Ait.) Pursh).
Großfrüchtige Moosbeere, *V. macrocárpon* Ait.

Unterfamilie: ***Ericoídeae***

23. ***Callúna*** Salisb., **Besenheide**

Monotypische Gattung mit 4teiligem K. und 4teiliger Kr., im Gegensatz zur nahe verwandten *Eríca* ist der auffallend violettrosa gefärbte K. länger als die gleichfarbige Kr. *(53/25)*, K. 5–6 mm lang, häutig und nach der Blüte bleibend, Bltn. in einseitswendiger, 5–20 cm langer Traube; Bl. längl.-eif., 1–3 mm lang, 4zeilig angeordnet, dachziegelartig sich überdeckend; VII–IX. Sz # ⓚ – Nh-3. **C. *vulgáris*** (L.) Hull

Ist in den Gärten in einer großen Anzahl von Sorten zu finden, die sich in Wuchs, Bltn.farbe, Bltn.füllung u. a. unterscheiden.

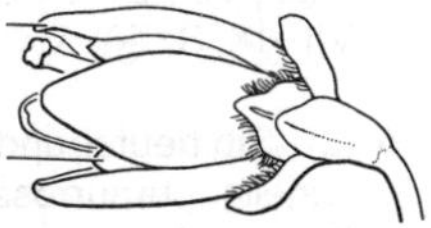

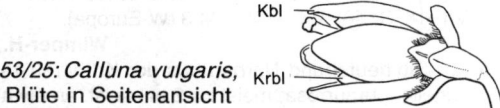

53/25: Calluna vulgaris,
Blüte in Seitenansicht

24. *Eríca* L., Heide

Immergrüne Sträucher oder kleine Bäume mit nadelf., zu 3–4(–6) wirtelig stehenden Bl.; Bltn. einzeln oder in vielbltg. Bltnst., K. fast bis zum Grunde 4teilig, kürzer als die krugf. bis zylindrische Kr.; Fr. eine vielsamige, 4klappige Kapsel. Über 500 Arten vorwiegend in S-Afrika, Hochgebirge Afrikas, S- und M-Europa, Kanaren.

1. Bltnkn. entwickeln sich an diesj. Zw. und blühen ohne Verzögerung auf **3**

– Bltnkn. sind im Herbst voll entwickelt, blühen aber erst nach längerer Ruhepause vom Nachwinter an auf **2**

2. Zw. niederliegend-aufgerichtet, fast kahl; Stb.beutel fast ganz aus der längl.-eif. Kr.röhre herausragend, purpurn (oder braun, wenn Bltn. weiß), Bltn. rosarot (bei Gartenformen von weiß bis purpurn variierend), in fast einseitswendigen Trauben; Bl. nadelartig, 4–8 mm lang, in dichten, 3–4blättrigen Wirteln stehend; II–IV. Sz – Nhg/BGh-3 (Alpen). (*E. herbácea* L.).

Schnee-H., *E. cárnea* L.

Zahlreiche wertvolle Gartensorten wie: *'Springwood White', 'Pink Beauty', 'Winter Beauty'* (dunkelrosa), *'Vivellii'* (dunkelrot).

– Zw. aufrecht, junge Zw. deutl. behaart; Stb.beutel nur etwa ½ aus der Kr.röhre herausragend, dunkelbraun, Bltn. fleischfarbig mit breiter Mündung, in längeren, zusammengesetzten Trauben; IV–V. Sk ∧∧ – M/Nhm-3 (SW-Europa). (*E. mediterránea* auct. non L., *E. purpuráscens* L.).

Purpur-H., *E. erigéna* R. Ross

In mehreren Sorten in Kultur mit silbrigweißen bis purpurnen Bltn., die vielleicht auch als Hybriden zwischen den beiden letzten Arten zu betrachten sind (***E.*** × ***darleyénsis*** Bean). ∧.

3 (1). Bl. und K. kahl **5**

– Bl. und K. deutl. lang drüsig bewimpert **4**

4. Bltn. in endst., 4–12bltg., kopfigen Schirmtrauben, Antheren mit Anhängsel, Bltn. längl.-eif., rosa (bei *'Álba'* weiß), 6–7 mm lang; Bl. zu (3–)4 wirtelst., 4–5 mm lang, Bl.rand nach unten umgerollt; VII–IX. Sz ⊕ – Nhm-3. **Glocken-H., *E. tetrálix*** L.

– Bltn. in endst., 5–12 cm langen Trauben, Antheren ohne Anhängsel, Bltn. krugf., rosarot, 8–10 mm lang; Bl. zu 3(–4) wirtelst., eif., 2–4 mm lang; Bl.rand etwas nach unten gebogen; VII–IX. Sz ⓚ ∧∧ – Nhm/M-3 (W-Europa).
Wimper-H., *E. ciliáris* L.

5 (3). Stb.beutel und Narben aus der Kr. herausragend, Bltn. ± kugelig, purpurrosa, meist zu 2 achselst. an etwa 8 mm langen Stielen, 8–16 cm lange, ± zylindrische Trauben bildend; Bl. 4–10 mm lang, zu 4–5 wirtelig; VII–IX. Sz ⓚ ∧ – M/Nhm-3 (SW-Europa). **Cornwall-H., *E. vágans*** L.

In den Gärten in mehreren Sorten mit verschieden gefärbten Bltn. von weiß bis dunkelrot.

– Stb.beutel nicht aus der Kr. herausragend (wohl aber die Narbe) **6**

6. Bltn. weiß, glockenf., 3 mm lang, in Trauben, die zu großen bis zu 40 cm langen, rispenartigen Bltnst. zusammengesetzt sind; Bl. fast nadelf., zu 3–4 in Wirteln, 3–6 mm lang, Bl.ränder umgerollt, die Bl.unterseite vollständig verdeckend; Jungtriebe stark behaart. Sk ⓚ ∧∧ – M-3.
Spanische Baum-H., *E. arbórea* L. var. ***alpína*** Dieck.

– Bltn. rosa oder violettrot **7**

7. Bl. zu 4(–6) im Wirtel, Bl.ränder umgebogen, Bl.unterseite z. T. sichtbar; Bltn. rosa, 4–6 mm lang, zu 4–8 in endst. Schirmtrauben; Jungtriebe fein behaart; Zw. steif aufrecht, sehr regelmäßig verzweigt; VII–VIII. Sk ∧∧ – Ms-3. (*E. strícta* Willd., *E. multicaúlis* Salisb.). **Steife H., *E. terminális*** Salisb.

– Bl. zu 3 im Wirtel, Bl.ränder stark umgerollt, die Bl.unterseite vollständig verdeckend; Bltn. violettrot, 6 mm lang, zu 4–8 in endst., bis zu 7 cm langen Schirmtrauben; Jungtriebe kurz behaart; Zw. niederliegend-aufsteigend; VII–VIII. Sk ⓚ ∧ – Nhm-3 (W-Europa). **Grau-H., *E. cinérea*** L.

'Coccinea', Bltn. dunkelrot.
'Splendens', Bltn. karminrot.

25. *Bruckenthália* Reichenb., Pfeilblattheide

Monotypische Gattung.

Nahe verwandt mit *Eríca* und *Callúna* und ähnl. aussehend, unterschieden von den beiden Gattungen durch die miteinander verwachsenen K.bl. *(53/26)* sowie die an der Basis miteinander verwachsenen und der Kr. angehefteten Stbl.; junge Zw. flaumig behaart; Bl. sehr dicht stehend, wirtelig, gegenst. und wechselst., 3–5 mm lang, stachelspitzig, am Rande umgerollt, mit Drüsenhaaren besetzt; Kr. rosa, glockenf., 3 mm lang mit 4 Zipfeln, K. gefärbt wie Kr., mit 4 gezähnten Lappen, halb so lang wie die

Kr., Bltn. in 2–3 cm langen Trauben; VI–VIII. Sz # ⓚ – Nhg-3 (Karpaten, Balkan). ***B. spiculifólia*** (SALISB.) REICHENB.

53/26: Bruckenthalia spiculifolia, Blüte in Seitenansicht

54. Familie: ***Empetráceae,*** **Krähenbeerengewächse**

Zwergsträucher, Bl. untersts. tief gefurcht, linealisch; Bltn. zwittrig oder eingschl., Krbl. nicht verwachsen; nur 1 Stbl.kreis (bei *Clethráceae* und *Ericáceae* 2 Stbl.kreise), Stb.beutel öffnen sich durch Längsspalten (bei *Clethráceae* und *Ericáceae* meistens durch apikale Poren); Fr. eine beerenartige mehrkernige Steinfr. In Betracht kommt nur 1 Gattung mit ca. 6 Arten in kälteren Gebieten der N- und S-Hemisphäre.

Émpetrum L., **Krähenbeere**

Von *Eríca*-ähnl. Aussehen; Bl. wechselst., oft scheinwirtelig, nadelartig, 4–6 mm lang, nach unten umgerollt, so daß untersts. mit tiefer Längsfurche; Bltn. unscheinbar, einzeln, an den Zw.enden gehäuft, K. und Kr. getrennt, (2–)3blättrig, Bltn.bl. blaßrot bis purpurn; Steinfr. mit 6–9 Steinen *(54/1)*; V–VI. Sp # ㉿ – PN/B-1/2/3/4.

Schwarze K., Rauschbeere, *E. nígrum* L.

1. Bltn. meist getrenntgschl.; Jungtriebe rötl., niederliegende Zw. bis 120 cm lang, sich bewurzelnd; Bl. 3–5mal so lang wie breit.
ssp. ***nígrum*** (*E. nigrum* L.)

– Bltn. meist zwittrig; Jungtriebe grünl., niederliegende Zw. bis 50 cm lang, keine Wurzeln treibend; Bl. 2–4mal so lang wie breit; Wuchs mehr aufrecht; tetraploid, kräftiger wachsend und reichlicher fruchtend als vorige. (*E. hermaphrodítum* (Lange) Hag.).
ssp. ***hermaphrodítum*** (Lange) Böch.

54/1

Empetrum nigrum, Frucht

Ordnung: ***Ebenáles***

55. Familie: ***Styracáceae*, Storaxbaumgewächse**

Bäume und Sträucher; Bl. wechselst., ungeteilt, meist mit Stern-, Büschel- oder Schuppenhaaren; Bltn. 4–5zählig, meist in Trauben oder Rispen, Krbl. nur wenig miteinander verwachsen, Zahl der Stbl. meist doppelt so groß wie die der Krbl. 12 Gattungen mit ca. 160 Arten in Amerika, SO-Asien und im Mittelmeergebiet.

1. Frkn. unterst.; Fr. trockene oder fleischige, ungeflügelte oder ungerippte Steinfr. . . . . ***Stýrax*** 55–2

– Frkn. oberst.; Fr. geflügelt oder gerippt **2**

2. Kr. 4zipflig; Fr. 4- oder 2flügelig. . . . . ***Halésia*** 55–1

– Kr. tief 5teilig; Fr. 10rippig und borstig behaart oder 5flügelig und feinfilzig . . . . ***Pteróstyrax*** 55–2

1. ***Halésia*** Ellis ex L., **Schneeglöckchenbaum, Silberglocke**

Bl. gestielt, gesägt; Zw. mit quergefächertem Mark; Kr. glockenf., weiß ± tief eingeschnitten (4teilig oder 4lappig), hängend (ähnl. wie Schneeglöckchen); Steinfr. mit 4 oder 2 Flügelsäumen. 3 Arten im östl. N-Amerika, 1 Art in O-China.

1. Bl. breit oder rundl.-eif., 7–14 cm lang, abrupt zugespitzt; Kr. bis fast zum Grunde 4teilig, 2 cm lang, Stbl. meist 8, bis zur Hälfte verwachsen, fast so lang wie die Kr.; Fr. 2flügelig; V. Sg/Bk – Nw-2. **Zweiflügeliger S., *H. díptera*** Ellis

– Bl. ± eif. oder elliptisch *(55/1)*, 5–12 cm lang, allmähl. zugespitzt; Kr. nur im vorderen Drittel eingeschnitten, Stbl. meist 12–16, nur am Grunde verwachsen, kürzer als die Kr.; Fr. 4flügelig *(55/2)* **2**

2. Kr. 1,2–1,8 cm lang; Fr. mit Flügeln 4 cm lang; Borke älterer Äste mit kleinen Schuppen; IV–V. Sg – Nhw-2. (*H. tetráptera* Ellis). **Carolina-S., *H. carolína*** L.

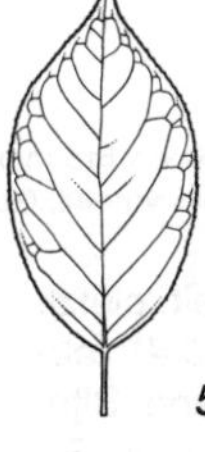

55/1

Halesia carolina

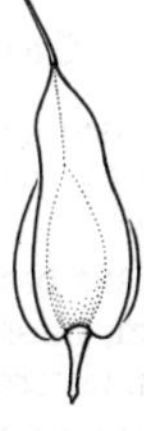

55/2

H. carolina, Frucht

– Kr. 1,8–2,5 cm lang; Fr. mit Flügeln 5–6 cm lang; Borke älterer Äste mit großen platanenähnl. Schuppen; IV–V. Bm – Nhw-2. (*H. carolína* var. *montícola* REHD.).

Berg-S., *H. montícola* (REHD.) SARG.

'Rósea' mit blaßrosa Bltn.

2. *Pteróstyrax* SIEB. et ZUCC., Flügelstorax

Bl. gestielt, gesägt; Bltn. in großen Rispen an kurzen Seitentrieben, 10 Stbl. aus der Kr. herausragend (bei *Halésia* Stbl. in der Kr. eingeschlossen). Etwa 5 Arten in O-Asien.

1. Fr. 10rippig, mit etwa 2 mm langen, steif abstehenden Borsten besetzt, etwa 1 cm lang *(55/3)*; Bl. eilängl., 8–20 cm lang, beidendig zugespitzt, runzelig, untersts. graugrün, spärl. sternhaarig; Bltn. rahmweiß, duftend, in 12–25 cm langen sternhaarigen, hängenden Rispen; VI. Sg/Bk – Nh-4.

Borstiger Flügelstorax, *P. híspida* SIEB. et ZUCC.

– Fr. 5flügelig, mit kurzen Haaren besetzt, etwa 12 mm lang; Bl. 6–11 cm lang, kurz zugespitzt, Basis keilf.; Schirmrispen, 8–15 cm lang, aber breiter als bei voriger Art; V. Sg – Nhg-4 (Japan).

Doldiger Flügelstorax, *P. corymbósa* SIEB. et ZUCC.

55/3

Pterostyrax hispida, Frucht

3. *Stýrax* L., Storaxbaum

Bl. kurzgestielt; Bltn. weiß, in Trauben oder Büscheln, K. glockenf., schwach 5zähnig, Kr. tief 5(–8)lappig, Stbl. doppelt so viele wie Kr.lappen; ungeflügelte Steinfr. von eif. Gestalt *(55/6)*; etwa 130 Arten.

1. Bl. rundl. bis breit-eif., 8–16 cm lang und 5–14 cm breit, plötzl. zugespitzt, oberhalb der Mitte fein grannig gezähnt *(55/4)*, lebhaft grün, untersts. dicht sternhaarig; Stiel 5–10 mm lang; Bltn. 2 cm ∅, duftend, in 10–20 cm langen, hängenden Trauben; Fr. 2 cm lang; V–VI. Sg/Bk – Nh-4.

Obassia-S., *S. obássia* SIEB. et ZUCC.

– Bl. breit-elliptisch bis elliptisch-längl., an Langtrieben bis 9 cm lang und 3,5 cm breit, an Seitentrieben meist viel kleiner, entfernt drüsig gezähnt bis fast ganzrandig *(55/5)*, anfangs sternhaarig, bald kahlend bis auf Achselbärte; Bltn. 2 cm ∅, zu 3–6, hängend an kurzen Seitenzw., 2–3,5 cm lang gestielt; Fr. bis 1,5 cm lang *(55/6)*; VI–VII. Sg/Bk – Nh/Mh-4.
Japanischer S., *S. japónica* Sieb. et Zucc.

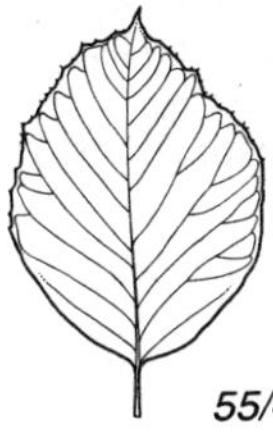
55/4

Styrax obassia

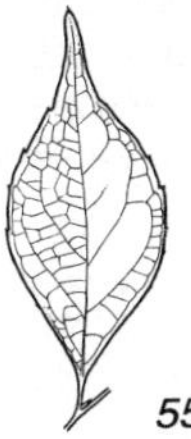
55/5

S. japonica

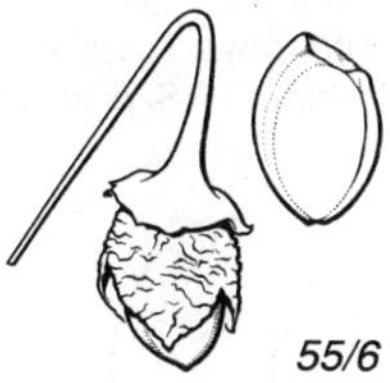
55/6

S. japonica, Frucht und Samen

56. Familie: ***Symplocáceae,*** **Rechenblumengewächse**

Bäume und Sträucher; Bl. wechselst., oft derb und lorbeerartig, glänzend, Nervatur wie bei den *Styracáceae* unterssts. deutl. hervortretend, aber ohne Sternhaare; Bltn. meist 5zählig, in Trauben oder Rispen, Stbl. zahlreich, in mehreren Kreisen, Stb.beutel kugelig bis oval (bei *Styracáceae* linealisch), 2–4 Frbl.; Steinfr. mit z.T. gefächertem Steinkern. 1 Gattung mit ca. 400 vorwiegend tropischen Arten.

Sýmplocos Jacq., **Rechenblume**

Bl. eielliptisch bis verkehrt-eilängl., 3–7 cm lang, obersts. sattgrün, kahl und runzlig, unterssts. deutl. geadert und meist mit einfachen Haaren; Bltn. weiß, duftend, 1 cm ∅, mit etwa 30 Stbl., in 4–8 cm langen Rispen; Fr. elliptisch, etwa 1 cm lang, leuchtend blau *(56/1)*; V–VI. Sk ⓚ ∧ – Nhw/Mh-4 (Japan). (*S. crataegoídes* Buch.-Ham.). ***S. paniculáta*** (Thunb.) Miq.

56/1

Symplocus paniculata, Frucht

57. Familie: ***Ebenáceae,*** **Ebenholzgewächse**

Vorwiegend Bäume; Bl. wechselst., ungeteilt; Bltn. 3–7zählig; Fr. eine Beere. 6 Gattungen mit ca. 450 Arten vorwiegend in den Tropen und Subtropen.

Diospýros L., **Dattelpflaume, Kakipflaume, Persimone**

Bltn. 4(–5)zählig, ein- oder zweihäusig, ♀ Bltn. einzeln stehend, ♂ in Büscheln zu 3; Fr. eine saftige Beere mit dem auffällig vergrößerten 4(–5)zipfeligen K. an der Basis *(57/1)*. Bäume und Sträucher in den Tropen und Subtropen, nur wenige laubabwerfende Arten in den gemäßigten Zonen der Nordhemisphäre. Etwa 400 Arten.

1. Bl. 8–20 cm lang, 4–9 cm breit, obersts. glänzend dunkelgrün; Bltn. gelbl.weiß; Fr. tomatenf., 5–8 cm ∅, K. zur Fr.reife bis auf 5 cm ∅ vergrößert; VI. Bk ∧∧ – M/Nw-4, in O-Asien und im Mittelmeergebiet als Fr.baum angepflanzt.
Kakipflaume, *D. káki* Thunb.

– Bl. unter 12 cm lang, unter 5 cm breit; Fr. ∅ unter 4 cm 2

2. Bl.stiel 10–22 mm lang, Bl. obersts. glänzend grün, untersts. heller, kahl bis auf einige Haare auf der Mittelader; Bltn. grüngelb; Fr. orange, 2–3,5 cm ∅, eßbar, süßl.; V–VI. Bm – Nw-2.
Persimone, *D. virginiána* L.

– Bl.stiel 6–12 mm lang, Bl. obersts. glänzend dunkelgrün, untersts. blaugrün, anfangs stärker behaart, zuletzt nur mit vereinzelten Haaren auf der Bl.fläche; Bltn. grünl.weiß, rot überhaucht; Fr. gelbl.braun bis rötl.braun, blau bereift, 1,5–2 cm ∅, Geschmack fade; VI. Bm – Nw-3/4. **Lotospflaume, *D. lótus*** L.

57/1

Diospyros lotus, Frucht

Unterklasse: ***Rosidae***

Ordnung: ***Rosales***

58. Familie: ***Rosaceae,* Rosengewächse**

Gehölze oder Stauden, seltener Kräuter; Bl. meist wechselst., einfach oder zusammengesetzt, meist mit Stipeln; Bltn. radiär, normal mit K. und Kr. und 5zählig, Stbl. meist viele, Frbl. 1 bis viele, frei, seltener unvollst. miteinander verwachsen; Bltn.achse häufig zu einem Bltn.becher vertieft, dieser entweder offen und die Frkn. meist von oben sichtbar (mittelst.), oder geschlossen, so daß ein komplexer unterst. Frkn. entsteht. Fr. sehr vielgestaltig, oft Saftfr., viele Arten daher wichtige Obstpfl. Etwa 100 Gattungen und 3000 Arten, überwiegend in den nördl. und südl. Extratropen. Nach dem Bau von Gynözeum und Fr.unterscheidet man 4 auch sonst gut umgrenzte Unterfamilien:

1. ***Spiraeoideae:*** Frbl. 1–8, in offenem Bltn.becher *(58/2)*, jedes meist mehrsamig und bei der Reife zu einem Balgfrch. werdend; Gehölze, selten Stauden; Bl. oft ohne Stipeln (Gattungen 1–9, S. 58–6).
2. ***Prunoideae* (Steinobstgewächse):** Frbl. 1, ausnahmsweise auch 2–5, in offenem Bltn.becher *(58/3)*, der nach dem Verblühen oft großenteils abfällt, Fr. meist 1samige Steinfr.; Gehölze mit einfachen Bl. (Gattungen 10–12, S. 58–22).
3. ***Rosoideae:*** Frbl. viele, selten wenige bis 1, bei der Reife zu 1samigen Nüßchen, selten Steinfrch. werdend, Bltn.achse entweder abgeflacht bis kegelf. vorgestreckt *(58/1)* oder als offener bis geschlossener Bltn.becher *(58/4)* ausgebildet; Frch. oft zusammen mit der Achse eine auffallend geformte Sammelfr. bildend (vgl. *Rubus 58/6; Rosa*); Gehölze, Stauden oder Kräuter; Bl. oft zusammengesetzt (Gattungen 13–19, S. 58–37).
4. ***Maloideae* (Kernobstgewächse):** Frbl. 5–2 (selten 1), in einen ± geschlossenen, fleischigen Bltn.becher eingesenkt und mit diesem verwachsen *(58/5)*; Fr. eine Apfelfr., in der die 1- bis vielsamigen Frbl. entw. ein pergamentartiges bis ledriges Kerngehäuse bilden (Kernapfel, *58/7, 58/8*) oder durch Verholzung zu Steinkernen werden (Steinapfel, *58/9*); Gehölze mit meist einfachen Bl. (Gattungen 20–32, S. 58–56).

Der folgende Gattungsschlüssel basiert überwiegend auf zur Blütezeit leicht erkennbaren Merkmalen.

1. Bl. einfach (höchstens gelappt oder eingeschnitten) **8**
– Bl. zusammengesetzt **2**
2. Bl. 5zählig gefingert . . . . ***Rúbus*** 58–39
– Bl. 3zählig oder gefiedert **3**
3. Frbl. nicht einzeln sichtbar, sondern in dem als unterst. Frkn. erscheinenden Bltn.becher verborgen, nur die Gr. oder Narben sichtbar *(58/4, 58/5)* **7**
– Frbl. von oben in der Blüte deutl. sichtbar **4**
4. Frbl. viele, sehr klein, am flachen bis kegelf. vorgewölbten Ende der Bltn.achse stehend *(58/6)*; Blch. 3–13 . . . . **6**
– Frbl. 5, im schüsself. Bltn.becher stehend *(58/2)*; Bltnst. vielbltg., pyramidale Rispen; Blch. 9 bis über 20 . . . . **5**
5. Ganze Pfl. stark harzig-klebrig, aromatisch riechend; Blch. tief fiederschnittig bis nochmals gefiedert . . . ***Chamaebatiária*** 58–8
– Pfl. nicht harzig-aromatisch; Blch. scharf gesägt, aber nicht fiederschnittig . . . . ***Sorbária*** 58–7

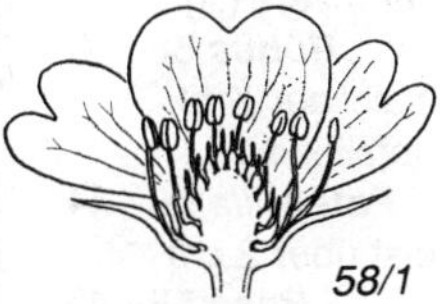

58/1

Potentilla, Blüte

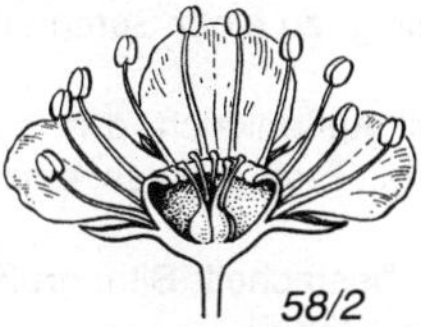

58/2

Spiraea decumbens, Blüte

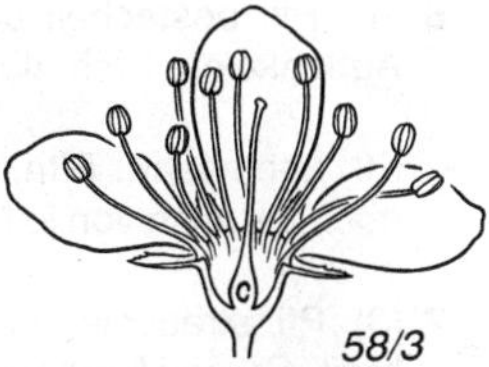

58/3

Prunus spinosa, Blüte

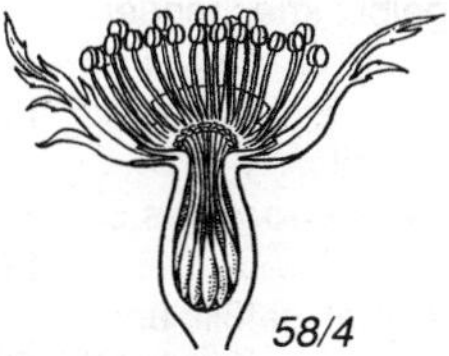

58/4

Rosa canina, Blüte

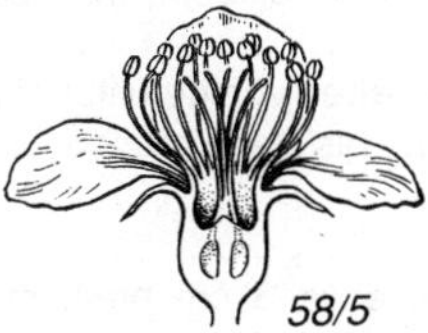

58/5

Malus sylvestris, Blüte

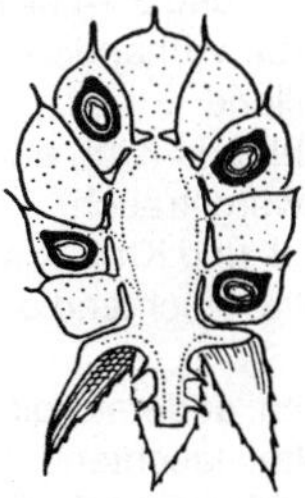

58/6

Rubus, Frucht

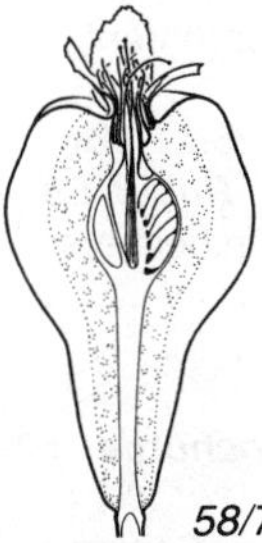

58/7

Cydonia oblonga, Frucht

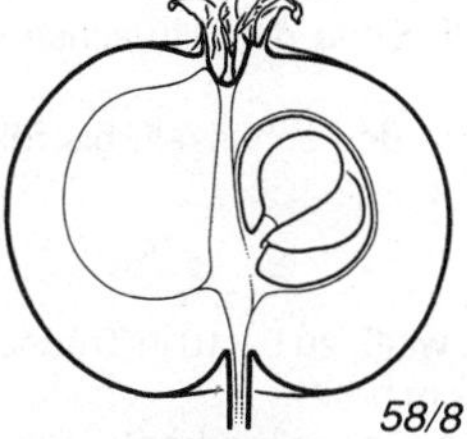

58/8

Malus sylvestris, Frucht

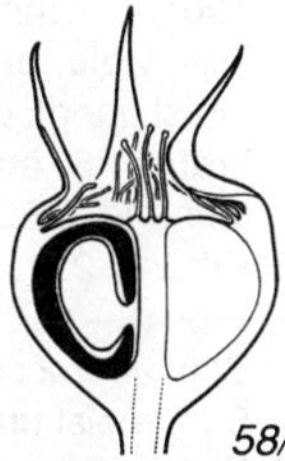

58/9

Mespilus germanica, Frucht

(Abb. *58/1–58/9* jeweils Längsschnitte)

6 (4). Pfl. bestachelt oder stachelborstig; Bltn. mit 5 Kbl., ohne Außenkelch; Frch. fleischig, zu einer Sammelfr. *(58/6)* vereinigt **_Rúbus_** 58–39

– Pfl. unbewehrt; Bltn. mit Außenkelch, d. h. außerhalb der Krbl. noch 2 Kreise von je 5 Kbl.; Frch. trocken, einzeln abfallend . . . **_Potentílla_** 58–44

7 (3). Pfl. strauchig, meist bestachelt; Bltn. groß, meist über 2 cm breit, Gr. und Narben viele *(58/4)*. . . . . **_Rósa_** 58–45

– Pfl. meist baumf., stachellos; Bltn. klein, meist unter 1,5 cm breit, Gr. 3–5 *(58/5)* . . . . **_Sórbus_** 58–69

8 (1). Bl. gegenst.; Krbl. 4, groß, weiß. . . . . . . **_Rhodótypos_** 58–38

– Bl. wechselst.; Krbl. nicht 4 . . . . **9**

9. Krbl. fehlend; neben den 5 grünen Kbl. zahlreiche lange weiße Stbl. und 2–4 dicht behaarte Frbl. vorhanden . . . **_Neviúsia_** 58–37

– Krbl. vorhanden, allerdings manchmal sehr klein oder früh abfallend **10**

10. Kbl. und Krbl. etwa 8; Bltn. einzeln, weiß bis gelbl.; kriechender Zwergstrauch. . . . . **_Drýas_** 58–45

– Kbl. und Krbl. 5, abgesehen von gefüllten Bltn. **11**

11. Bltn. leuchtend orange- bis ziegelrot, 2,5–5 cm breit. . . . . . . **_Chaenoméles_** 58–57

– Bltn. andersfarbig **12**

12. Bltn. leuchtend gelb, etwa 3 cm breit, manchmal gefüllt und größer, Frbl. 5–8, in flachem Bltn.becher . . . . . . **_Kérria_** 58–38

– Bltn. weiß bis rosa oder purpurn, wenn ± gelb, dann unter 2 cm breit und Frbl. nur 1 . . . . **13**

13. Frbl. 1–5, ihre Frkn. mit dem fleischigen Bltn.becher zu einem komplexen unterst. Frkn. verwachsen *(58/5)*, später eine Apfelfr. bildend (**_Maloideae_**) **29**

– Frbl. 1 bis viele, Bltn.achse kegelf., flach, becherf. oder röhrenf., aber nicht mit den Frbl. verwachsen **14**

14. Frbl. viele, am kegelf. Ende der Bltn.achse stehend *(58/1)*; Bl. meist handf. gelappt . . . . **_Rúbus_** 58–39

– Frbl. 1–5, am Grunde des schüsself. bis röhrenf. Bltn.bechers stehend *(58/2, 58/3)* **15**

15. Frbl. 1–2 . . . . **22**

– Frbl. (3–)5 . . . . **16**

16. Bltn. über 2 cm breit, weiß, zu 5–10 in Trauben . **_Exochórda_** 58–6

– Bltn. meist unter 1,5 cm breit **17**

17. Bltnst. Rispen (nicht Doppeltrauben!), Schirmrispen, Schirmtrauben oder Dolden; Bl. meist gezähnt, gesägt oder gelappt . . **19**

– Bltnst. gestreckte Trauben, diese einzeln oder zu mehreren (doppeltraubig) am Ende beblätterter Triebe, Bltn. oft eingeschl.; Bl. blaugrün, ganzrandig **18**

18. Bl. kurz gestielt; Trauben einzeln, überhängend, 5–10bltg. *(58/47)*; Fr. Steinfrch. . . . . **Osmarónia** 58–22
– Bl. sitzend; Trauben zu mehreren, aufrecht, bis über 20bltg.; Fr. Balgfrch. . . . . **Sibiraēa** 58–21
19 (17). Bltnst. vielbltg., pyramidale Rispen *(58/18, 58/40)* **21**
– Bltnst. Schirmrispen, Schirmtrauben oder Dolden *(58/19, 58/20)* **20**
20. Bl. handf. gelappt, jung mit Stipeln, diese später meist abfallend und neben dem Bl.stiel jedersts. eine Narbe hinterlassend; Bltn. in Schirmtrauben; reife Frch. aufgeblasen, aus dem Bltn.becher herausragend *(58/13)* . . . . **Physocárpus** 58–8
– Bl. von Anfang an ohne Stipeln; Bltn. in Schirmtrauben, Schirmrispen oder Dolden; reife Frch. nicht aufgeblasen . **Spiraēa** 58–10
21 (19). Rispen meist sehr dicht (Achsen zwischen den Bltn. oft nicht sichtbar), steif aufrecht; Bltn. rot, rosa oder auch weiß, dann aber Frbl. nicht auffallend langhaarig; Frch. mehrsamig, sich öffnend . . . . **Spiraēa** 58–10
– Rispen zieml. locker (Achsen zwischen den Bltn. meist gut sichtbar), oft etwas überhängend; Bltn. weiß (selten schwach rosa überlaufen), Frbl. mit auffallenden langen Haaren besetzt; Frch. einsamig, sich nicht öffnend . . . . **Holodíscus** 58–21
22 (15). Bltn. über 2 cm breit . . . . **Prúnus** 58–23
– Bltn. unter 2 cm breit **23**
23. Bltn. in vielbltg., endst. Rispen, 4–5 mm breit, weiß; niedrige Sträucher . . . . **Stephanándra** 58–10
– Bltn. nicht in Rispen, meist größer **24**
24. Bltn. in Schirmtrauben, sitzenden Dolden oder einzeln **26**
– Bltn. in gestreckten Trauben **25**
25. Bltn. meist weiß, Krbl. und Stbl. deutl. sichtbar und auffallend; größere Sträucher bis Bäume . . . . **Prúnus** 58–23
– Bltn. rötl., rosa oder weißl., ihre Gestalt und Farbe hauptsächl. durch den glockigen bis röhrigen Bltn.becher bestimmt, Krbl. und Stbl. sehr klein; niedrige Sträucher . . . . **Nēillia** 58–9
26 (24). Bltn. zu 2–7 in sitzenden Dolden oder einzeln **28**
– Bltn. in Schirmtrauben **27**
27. Bl. ± handf. gelappt; Bltn. meist mehr als 10; Balgfr. . . . . **Physocárpus** 58–8
– Bl. nicht handf. gelappt; Bltn. meist weniger als 10; Steinfr. . . . . **Prúnus** 58–23
28 (26). Mark der Zw. voll; Gr. am Frkn. endst. . . . . . **Prúnus** 58–23
– Mark der Zw. gekammert; Gr. seitl. am Frkn. ansetzend . . . . . **Prinsépia** 58–22
29 (13). Bltn. in Schirmrispen (selten Rispen), Schirmtrauben, sitzenden Dolden oder einzeln **31**
– Bltn. in gestreckten Trauben **30**

30. Bltn. 1–3 cm breit, Krbl. verkehrt-eif. bis längl., mindestens 2mal so lang wie breit, Gr. meist 5; Trauben deutl. länger als breit . . . ***Amelánchier*** 58–77

– Bltn. 10–12 mm breit, Krbl. rundl., Gr. meist 2; Trauben etwa so lang wie breit, ihre Achsen auffallend warzig . . . . ***Photínia*** 58–76

31 (29). Bltn. meist unter 2 cm breit, oft in vielbltg. Schirmrispen, aber auch zu wenigen bis einzeln **37**

– Bltn. meist über 2 cm breit, in wenigbltg. Schirmtrauben, sitzenden Dolden oder einzeln **32**

32. Bltn. gewöhnl. zu mehreren (selten einzeln an stark gestauchten Kurztrieben) **34**

– Bltn. stets einzeln am Ende beblätterter, nicht gestauchter Triebe, 2,5–5 cm breit, Gr. 5 . . . . **33**

33. Bltn. weiß, Kbl. länger als die Krbl., nicht zurückgeschlagen, Frkn. mit 1–2 Samenanlagen in jedem Fach *(58/9)* . . . . ***Méspilus*** 58–87

– Bltn. rosa (selten ± weiß), Kbl. zurückgeschlagen, Frkn. mit zahlreichen Samenanlagen in jedem Fach *(58/7)* . ***Cydónia*** 58–56

34 (32). Bltn. zu wenigen (selten einzeln) an stark gestauchten, meist blattlosen seitl. Kurztrieben, 3–5 cm breit, hellrosa bis dunkelrot, Gr. 5, Frkn. mit zahlreichen Samenanlagen in jedem Fach *(58/7)*; meist dornige Sträucher . . . . ***Chaenoméles*** 58–57

– Bltn. in Schirmtrauben bis sitzenden Dolden am Ende beblätterter Kurztriebe, 2–4(–5) cm breit, Gr. 2–5, Frkn. mit höchstens 2 Samenanlagen in jedem Fach *(58/8, 58/9)* **35**

35 (34, 46). Gr. am Grunde verwachsen *(58/5)*, Bltn. weiß bis rosa oder purpurn, ohne Fischgeruch, Staubbeutel meist gelb . . . . ***Málus*** 58–58

– Gr. bis zum Grunde frei *(58/134)*, Bltn. meist weiß, oft nach Fisch riechend, Staubbeutel oft violett **36**

36. Gr. unten von einem ringf. Wulst umgeben *(58/134)*, Fr.fächer je mit 2 gleichartigen, fertilen Samenanlagen; Fr. ein Kernapfel *(58/8)*, nie rein rot; Bl. gleichmäßig gesägt bis ganzrandig, nie gelappt . . . . ***Pýrus*** 58–67

– Gr. ohne solchen Ringwulst, Fr.fächer je mit 1 fertilen Samenanlage, daneben oft noch eine kleinere, sterile; Fr. ein Steinapfel *(58/9)*, oft rot; Bl. oft gelappt . . . . ***Crataégus*** 58–88

37 (31). Bl. sommergrün **42**

– Bl. immergrün **38**

38. Bltn. zu 1–3(–5); Bl. ganzrandig, 0,5–3(–4) cm lang; Pfl. niedrig, kriechend oder aufsteigend-übergebogen . ***Cotoneáster*** 58–81

– Bltn. zu vielen, selten nur 4–10, in Schirmrispen, Rispen oder Schirmtrauben **39**

39. Pfl. ± stark dornig; Bl. 2–7 cm lang, kerbig gesägt oder ganzrandig . . . . **Pyracántha** 58–80
– Pfl. nicht dornig **40**
40. Bl. scharf grannig gesägt, 10–18 cm lang . . . . . **Photínia** 58–76
– Bl. ganzrandig, 2–12 cm lang **41**
41. Gr. 5, im unteren Teil verwachsen *(58/5)*; Bl. frischgrün, glatt, ± kahl . . . . **Stranvǣsia** 58–75
– Gr. meist 2–3, frei; Bl. obersts. meist dunkelgrün oder runzlig, untersts. kahl bis filzig-flockig behaart . . . . . **Cotoneáster** 58–81
42 (37). Bl. gezähnt, gesägt, gekerbt oder gelappt **44**
– Bl. ganzrandig; Gr. frei **43**
43. Bltn. über 1,5 cm breit . . . . **Pýrus** 58–67
– Bltn. 6–12 mm breit . . . . **Cotoneáster** 58–81
44 (42). Bltn.stiele dicht mit auffallenden Warzen besetzt; Bltn. 10–12 mm breit, Gr. meist 2, am Grunde verwachsen . . . . . . **Photínia** 58–76
– Bltn.stiele ohne auffallende Warzen **45**
45. Bl. obersts. auf der Mittelrippe mit auffallenden dickl., dunkelroten bis schwarzen, anliegenden Haaren, nie gelappt; Bltn. etwa 1 cm breit, Gr. 5 . . . . **Arónia** 58–74
– Bl. ohne solche Haare auf der Mittelrippe, oft gelappt **46**
46. Bltn. in Schirmtrauben, ± sitzenden Dolden oder einzeln, meist über 1,5 cm breit **35**
– Bltn. in Schirmrispen, oft unter 1,5 cm breit **47**
47. Pfl. nie dornig; Bltn. 8–17 mm breit, Gr. frei oder am Grunde verwachsen, Fr.fächer mit je 2 fertilen Samenanlagen; Fr. ein beerenf. Kernapfel *(58/8)* . . . . **Sórbus** 58–69
– Pfl. meist dornig; Bltn. 1–2 cm breit, Gr. stets frei, Fr.fächer mit je 1 fertilen Samenanlage, daneben oft noch eine kleinere, sterile; Fr. ein Steinapfel *(58/9)* . . . . **Cratǣgus** 58–88

Unterfamilie: *Spiraeoideae*

1. *Exochórda* Lindl., Radspiere

Große sommergrüne Sträucher; Bl. einfach, eif. bis elliptisch, oft ganzrandig, 3–10 cm lang *(58/10)*; Bltn. zu 5–10 in Trauben, 2,5–4 cm breit, Krbl. weiß, ± genagelt, Kbl. und Stbl. sehr klein, Bltn.becher breit schüsself., Frbl. 5; reife Frch. holzig, aufrecht, durch einen Achsenfortsatz verbunden, sich in 2 Klappen öffnend *(58/11)*. 4 Arten in M- und O-Asien.

1. Stbl. 15, zu je 3 über der Ansatzstelle eines Krbl., Krbl. plötzl. in den kurzen Nagel verschmälert, untere Bltn.stiele in der Traube bis 5 mm lang; Fr. 8–10 mm hoch; V. Sg – N-4 (China). (*E. grandiflora* Lindl.). **Chinesische R., *E. racemósa*** (Lindl.) Rehd.

58/10

Exochorda racemosa

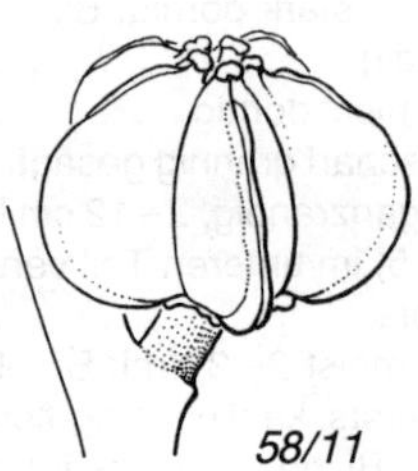

58/11

E. racemosa, Frucht

E. × ***macrántha*** (LEMOINE) SCHNEID. (*E. racemosa* × *korolkowii*): Stbl. etwa 20, Bltn. kürzer gestielt, sonst wie *E. racemosa.*

– Stbl. 20–30, Krbl. allmählich verschmälert, Bltn. alle fast sitzend; Fr. über 1 cm hoch **2**

2. Bl. der Langtriebe wenigstens z. T. mit Stipeln, Bl.stiele 5–15 mm lang; Stbl. etwa 25; Fr. etwa 1,5 cm hoch; V. Sg – Ns-3/4. (*E. albertii* REG.). **Turkestanische R., *E. korolkówii*** LAV.

– Bl. alle ohne Stipeln, Bl.stiele 1,5–2,5 cm lang, oft rötl., ebenso der Bltn.becher; Stbl. 20–30; Fr. 1–1,3 cm hoch; V. Sg – N-4 (China). **Dahurische R., *E. giráldii*** HESSE

Var. ***wilsónii*** (LINDL.) REHD.: Bltn. bis 5 cm breit, Bl.stiele 10–20 mm lang, nicht rötl.

2. *Sorbária* (SER. ex DC.) A. BR., Fiederspiere

Sommergrüne Sträucher; Bl. mit Stipeln, groß, unpaarig gefiedert mit 9–23 Blch.; Bltnst. vielbltg., 10–30 cm lange, endst. Rispen, Bltn. 5–10 mm breit, weiß, Stbl. 20–50, oft länger als die Krbl.; Frbl. 5. 7 Arten in N- und O-Asien.

1. Blch. unter 15 mm breit, einfach oder fast einfach gesägt, 4–8 cm lang, kahl, zu 15–21; Rispen aufrecht, 20–25:10–15 cm, kahl; Bltn. 1 cm breit, Gr. am Frbl. endst., zurückgebogen; junge Zw. auffallend rotbraun; VII–VIII. Sk/Sg – Ns-4. **Afghanische F., *S. aitchisónii*** HEMSL.

– Blch. über 15 mm breit, scharf doppelt gesägt **2**

2. Gr. unterhalb der Spitze des Frkn. stehend, abspreizend; Fr.stiele zurückgebogen; Rispen locker mit abstehenden Seitenzw., 20–30:15–20 cm, Bltn. 6 mm breit; Blch. 4–10 cm lang, oft untersts. sternhaarig, zu 13–17; Pfl. sehr breitwüchsig; VII–VIII. Sg – N-4. **Baum-F., *S. arbórea*** SCHNEID.

Ähnl. ist ***S. tomentósa*** (LINDL.) REHD. mit ± nickenden Rispen; Sg ∧ – NGm-4 (Himalaja).

– Gr. am Frbl. endst.; Fr.stiele aufrecht; Rispen zieml. dicht mit ± aufrechten Zw., 10–20 cm lang **3**

3. Stbl. 40–50, etwa doppelt so lang wie die Krbl.; Blch. mit etwa 20 Seitennervenpaaren, unterst. meist kahl, eilanzettl., 5–10 cm lang; Pfl. sich durch unterirdische Ausläufer weit ausbreitend, sehr früh austreibend; VI–VII. Sk – B/N-3/4.
Sibirische F., *S. sorbifólia* (L.) A. BR.

– Stbl. etwa 20, nur wenig länger als die Krbl.; Blch. mit mindestens 25 Seitennervenpaaren, unterst. oft behaart, längl., oft sichelf. gebogen, 5–8 cm lang; VII. Sk/Sg – Nh-4 (M-China).
Chinesische F., *S. assúrgens* VILM. & BOIS

3. *Chamaebatiária* MAXIM., Harzspiere

Monotypische Gattung.

Sommergrüner Strauch, alle Teile dicht klebrig-drüsig und aromatisch duftend; Bl. mit Stipeln, 5–10 cm lang, schmal-eif., gefiedert, die Blch. tief fiederschnittig bis nochmals gefiedert *(58/12)*, unterst. und an der Rhachis mit auffallenden Sternhaaren; Bltnst. bis 15 cm lange, unten frondose, endst. Rispen, Bltn. weiß, etwa 15 mm breit, Stbl. etwa 60, Frbl. 5, behaart; Frch. etwa 5 mm lang, aufrecht, bei der Reife V-förmig aufspringend; VI–VII. Sk – Ns/a/BGs-1. ***Ch. millefólium*** (TORR.) MAXIM.

4. *Physocárpus* (CAMB.) MAXIM., Blasenspiere

Sommergrüne Sträucher mit auffälliger Streifenborke; Bl. einfach, handnervig und 3–5lappig *(58/14)*, bis 10 cm lang, mit meist hinfälligen Stipeln; Bltnst. vielbltg. Schirmtrauben am Ende beblätterter Kurztriebe; Bltn. weiß bis blaßrosa, 8–15 mm breit, Stbl. 20–40, Frbl. 1–5; reife Frch. aus dem flach schüsself. Bltn.becher herausragend *(58/13)*, meist aufgeblasen und bei Druck knackend. 14 Arten in der Nemoralen Zone N-Amerikas und O-Asiens, meist in Auenwäldern.

1. Frbl. gewöhnl. 2 (selten 3 oder 1), sternhaarig **3**

– Frbl. 4–5 (selten 3), sternhaarig oder kahl **2**

2. Bltn. etwa 1 cm breit, Frbl. und Frch. kahl; Frch. doppelt so lang wie die Kbl. *(58/13)*; Bl. rundl.-eif., 3–7(–10) cm lang, Lappen kerbig gesägt, unterst. ± kahl; V–VI. Sg – N-2.
Virginia-B., *P. opulifólius* (L.) MAXIM.

'Lúteus': Bl. anfangs leuchtend gelb, zuletzt bronzegelb.

– Bltn. etwa 1,5 cm breit, Frbl. und Frch. dicht sternhaarig; Frch. oft nur wenig länger als die Kbl.; Bl. eif., 5–10 cm lang, Lappen zugespitzt, doppelt gesägt *(58/14)*, unterst. locker behaart; VI. Sg – N-4. **Amur-B., *P. amurénsis*** (MAXIM.) MAXIM.

58/12

Chamaebatiaria millefolium

58/13

Physocarpus opulifolius, Frucht

58/14

P. amurensis

3 (1). Gr. spreizend, Krbl. und Kbl. oft rosa überlaufen; reife Frch. aufgeblasen; Bl. breit-eif., 1,5–3,5(–5) cm lang, Lappen eingeschnitten-gesägt, meist ± kahl; VI. Sk – Ns-1/2. **Colorado-B., *P. monógynus*** (Torr.) Coult.

– Gr. parallel-aufrecht; reife Frch. abgeflacht; Bl. eif.-rundl., 2–6(–8) cm lang, Lappen seicht doppelt gekerbt-gezähnt, unterstes. meist sternhaarig; VI. Sk/Sg – N-1. **Oregon-B., *P. malváceus*** (Greene) Ktze.

5. *Neíllia* D. Don, Traubenspiere

Sommergrüne Sträucher mit überhängenden Zw.; Bl. mit deutl. Stipeln, einfach, eif., doppelt gesägt und oft schwach gelappt *(58/15)*, 4–10 cm lang; Bltnst. meist endst. Trauben; Bltn. weißl. bis rötl., 8–15 mm lang, ihre Form und Farbe hauptsächl. durch den glockigen bis röhrigen Bltn.becher bestimmt, an dessen oberem Ende Kbl. und Krbl. als kleine Anhängsel erscheinen; die 10–30 Stbl. und 1–2 Frbl. im Innern der Bltn.röhre verborgen. Etwa 12 Arten in den Gebirgen von Korea bis zum Himalaja.

1. Bltn. 5–8 mm lang, Bltn.röhre glockig, so lang wie oder wenig länger als die Kbl., behaart, rötl.-bräunl., Krbl. rosa; Trauben 3–6 cm lang, dicht, Bltn.stiele 3–5 mm lang; V–VI. Sk – Nh-4 (W-China). **Rote T., *N. affínis*** Hemsl.

– Bltn. 1–1,2 cm lang, Bltn.röhre zylindrisch, mindestens doppelt so lang wie die Kbl., außen ± kahl, weißl.-rosa, Krbl. weißl.; Trauben 4–8 cm lang, zieml. locker, Bltn.stiele 4–7 mm lang; V–VI. Sk – N-4 (M-China). **Blasse T., *N. sinénsis*** Oliv.

N. thibética Franch. unterscheidet sich durch kleinere, etwa 8 mm lange Bltn. mit deutl. behaarter Bltn.röhre; V–VI. Sk – Nh-4 (W-China).

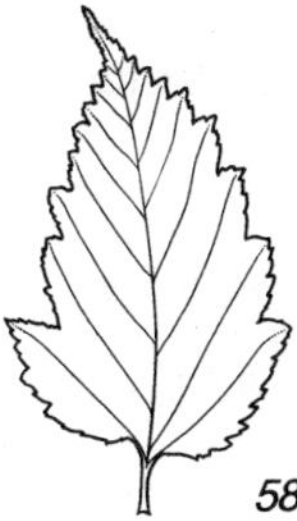
58/15
Neillia sinensis

58/16
Stephanandra incisa

58/17
S. tanakae

6. ***Stephanándra*** SIEB. & ZUCC., **Kranzspiere**

Sommergrüne, überhängende, zierl. Sträucher; Bl. mit auffallend laubigen, bleibenden Stipeln, einfach, eif., meist 3lappig, Lappen doppelt gesägt bis eingeschnitten; Bltn. in endst. Rispen, weiß, 4–5 mm breit, mit 10–20 Stbl. und 1 Frbl. in flachem Bltn.becher. 4 Arten im nemoralen O-Asien.

1. Bl. 2–6 cm lang, mit 4–7 Seitennervenpaaren, grob und unregelmäßig tief eingeschnitten gesägt *(58/16)*, Bl.stiel 4–8 mm lang; Bltnst. 2–6 cm lang; Stbl. 10; VI. Sk – Nh-4 (Japan, Korea). (*S. flexuosa* SIEB. & ZUCC.)
Kleine K., *S. incísa* (THUNB.) ZAB.

'Críspa': Bl. kleiner, kraus-runzlig, Zw. bogig nach unten gekrümmt, Pfl. insgesamt nicht über 50 cm hoch; zuw. als Bodendecker gepflanzt.

– Bl. 4–10 cm lang, mit 6–10 Seitennervenpaaren, zieml. gleichmäßig fein doppelt gesägt *(58/17)*, Bl.stiel 1–1,5 cm lang; Bltnst. 5–10 cm lang; Stbl. 15–20; VI–VII. Sk – Nhg-4 (Japan).
Große K., *S. tánakae* (FRANCH. & SAV.) FRANCH. & SAV.

7. ***Spiraea*** L., **Spierstrauch**

Sommergrüne, meist kleinere Sträucher; Bl. einfach, ohne Stipeln, meist ± eif., manchmal gelappt, fiedernervig oder mit 3–5 parallelen Hauptnerven; Bltn. weiß bis rot, selten über 1 cm breit, zu vielen in Rispen, Schirmrispen, Schirmtrauben oder Dolden *(58/18, 58/19, 58/20)*, Stbl. 15–60, Frbl. meist 5, Bltn.becher schüsself. bis kurz-glockig, am oberen Rand meist in einen oft gelb gefärbten, durchgehenden oder gelappten Drüsenring übergehend *(58/2)*. Über 80 Arten vor allem in der Nemoralen und Borealen Zone, häufig in Trockengebieten, nach S bis in den Himalaja und die mexikanischen Gebirge.
Viele Arten bilden in der Natur geographische Rassen aus, über deren Abgrenzung und taxonomischen Rang oft keine Einigkeit besteht. Seit langem in gärtnerischer Kultur, sind sie außerdem stark hybridisiert worden, so daß eine kaum überschaubare Fülle von Formen entstanden ist. Es darf daher nicht erwartet werden, daß sich jedes Exemplar nach dem Schlüssel eindeutig zuordnen läßt.

1. Bltnst. Rispen oder Schirmrispen *(58/18, 58/19)*, entweder an seitl. Kurztrieben oder endst. an Langtrieben, Bltn. weiß bis rot (Untergattung ***Spiraéa***) **21**

– Bltnst. Schirmtrauben *(58/18)* oder Dolden (manchmal an Stelle der untersten Bltn. ebensolche Bltnst. 2. Ordnung), stets an seitl. Kurztrieben, Bltn. stets weiß (Untergattung ***Nothospirǣ́a***) **2**

2. Bltnst. Schirmtrauben, d. h. die Stiele der meisten Bltn. entspringen an der Bltnst.achse deutl. voneinander entfernt *(58/20)*, am Grunde mit Laubbl. **8**

– Bltnst. Dolden, entweder sitzend oder kurz gestielt, mit oder ohne Laubbl. am Grunde **3**

3. Bl. mindestens im oberen Drittel gesägt oder gezähnt (nur die am Grunde der Bltnst. manchmal nicht); Stbl. ⅓ bis ½ so lang wie die Krbl. **5**

– Bl. ganzrandig oder nur an der Spitze mit wenigen Zähnen; Stbl. ½ bis genau so lang wie die Krbl. **4**

4. Bl. schwach behaart bis kahl, oft 3nervig, schmal elliptisch bis verkehrt-eilanzettl., 1–1,2 cm breit und mindestens 3mal so lang; Bltnst. alle ± sitzend und ohne Laubbl., Bltn. etwa 6 mm breit, Stbl. etwas kürzer als die Krbl.; IV–V. Sk – Ns/a-3.
Hartheu-S., *S. hypericifólia* L.

Ssp. ***obováta*** (Waldst. & Kit.) Dostál: Bl. verkehrt-eif. (höchstens 2½mal so lang wie breit) *(58/21)*, Stbl. so lang wie die Krbl. Nsm-3 (S-Europa).

– Bl. ± graufilzig, längl.; Bltnst. teils sitzend, teils bis 2 cm lang gestielt und mit kleinen Laubbl., Stbl. kürzer als die Krbl.; V. Sk. (*S. hypericifolia* × *cana*). ***S.* × *cinérea*** Zab.

58/18

Spiraea douglasii, Blütenstand mit Blättern

58/19

S. betulifolia, Blütenstand mit Blättern

58/20

S. chamaedryfolia, Blütenstand mit Blättern

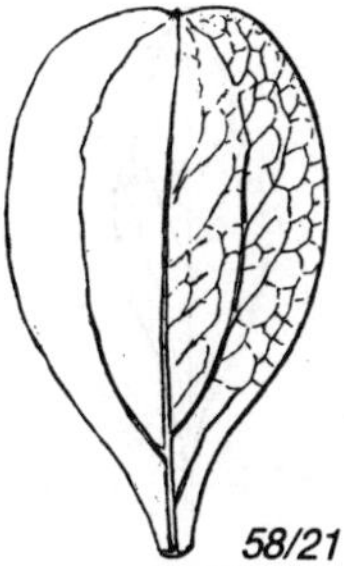

58/21

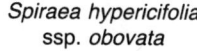

Spiraea hypericifolia ssp. *obovata*

58/22

S. thunbergii

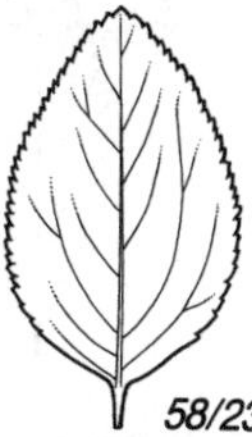

58/23

S. prunifolia

5 (3). Bltnst. mindestens teilweise gestielt und mit Laubbl. am Grunde, 4- bis vielbltg. **7**

– Bltnst. alle sitzend, ohne voll ausgebildete Laubbl. am Grunde, 3–6bltg. **6**

6. Bl. schmal-lanzettl., 4–6 mm breit, scharf gesägt *(58/22)*, wie die Bltn.stiele kahl; IV–V. Sk – N-4.

Thunbergs S., *S. thunbérgii* Sieb. ex Bl.

– Bl. breit-eif., 1,6–1,8 cm breit, gezähnt *(58/23)*, untersts. meist leicht behaart, ebenso die Bltn.stiele; IV–V. Sk/Sg – N-4.

Pflaumen-S., *S. prunifólia* Sieb. & Zucc.

Bei uns meist die Form *'Pléna'* mit gefüllten Bltn.

7 (5). Bl. oft zugespitzt, scharf gesägt *(58/24)*, frischgrün, längl.-verkehrt-eif. bis lanzettl., 2–4 cm lang; sehr häufig gepflanzter, dünnzweigiger, sehr reich blühender Strauch; V. Sk. (*S. multiflora × thunbergii*). **Braut-S., *S. × argúta*** Zab.

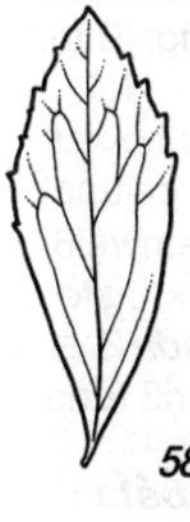

58/24

Spiraea × arguta

58/25

S. crenata

58/26

S. chinensis

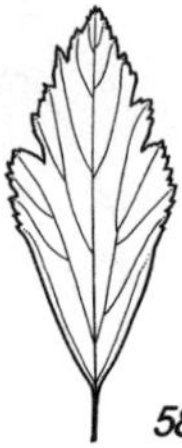

58/27

Spiraea × *blanda*

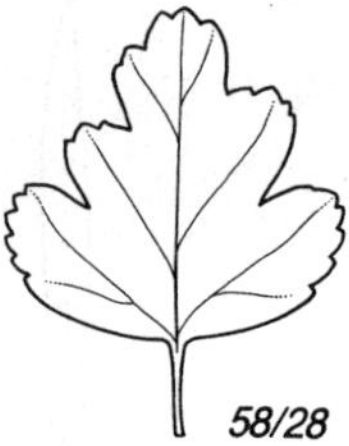

58/28

S. trilobata

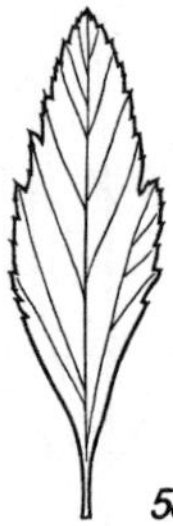

58/29

S. cantoniensis

– Bl. kaum zugespitzt, gekerbt, graugrün, sonst ähnl. voriger. (*S. crenata* × *hypericifolia*). **S.** × ***multiflóra*** Zab.

8 (2). Kbl. zur Fr.zeit zurückgeschlagen oder waagerecht abstehend **15**

– Kbl. zur Fr.zeit ± aufrecht **9**

9. Krbl. deutl. länger als die Stbl. **11**

– Krbl. so lang wie oder kürzer als die Stbl. **10**

10. Bl. mit 3 vom Grunde bis zur Spitze durchlaufenden, gleichstarken Hauptnerven, oberhalb der Mitte gekerbt, verkehrt-eif. bis lanzettl. *(58/25)*, 2–3,5 cm lang, graugrün; Gr. am Frbl. meist endst.; V–VI. Sk – Ns-3. **Kerb-S., *S. crenáta*** L.

– Bl. nur z.T. undeutl. 3nervig, nur an der Spitze jederstS. mit 1–3 Zähnen, 2,5–5 cm lang; Gr. meist unterhalb der Spitze des Frkn. stehend; V–VI. Sk. (*S. crenata* × *media*). **S.** × ***pikoviénsis*** Bess.

11 (9). Bl., Bltn.stiele und Frbl. kahl **13**

– Bl. untersts., Bltn.stiele und Frbl. behaart **12**

12. Bl. breit-eif., 3–5 cm lang, doppelt gesägt und meist schwach fiederig gelappt *(58/26)*, untersts. dicht gelbl.-graufilzig; Bltn. trübweiß, etwa 1 cm breit; Gr. am Frbl. endst.; V–VI. Sk – N-4. **Chinesischer S., *S. chinénsis*** Maxim.

– Bl. eif., bis über 6 cm lang, eingeschnitten fiederig gelappt *(58/27)*, untersts. jung weißfilzig, später grau; Bltn. reinweiß, 1,2–1,5 cm breit; Gr. meist unterhalb der Spitze des Frkn. stehend; V–VI. Sk. (*S. cantoniensis* × *chinensis*). **S.** × ***blánda*** Zab.

13 (11). Bl. an der Spitze abgerundet, seicht 3lappig, im Umriß rund *(58/28)*, 1,5–3 cm lang; V–VI. Sk – Ns-4. **Dreilappiger S., *S. trilobáta*** L.

– Bl. meist ± spitz, länger als breit, Basis ± keilf. **14**
14. Bl. schmal-eif., 3–5,5 cm lang, etwa 2½mal so lang wie breit *(58/29)*; Frch. etwas kürzer als die aufrechten Kbl.; Bltn. manchmal gefüllt; VI. Sk ∧ – N-4. **Kanton-S., *S. cantoniénsis*** Lour.
– Bl. eif., 2–3,5 cm lang, etwa 1½mal so lang wie breit *(58/30)*; Frch. etwas länger als die Kbl.; häufig angepflanzt, auch als Hecke; V–VI. Sk/Sg. (*S. cantoniensis* × *trilobata*).
Belgischer S., *S.* × *vanhoūttei* (Briot) Zab.
15 (8). Zw. rund oder wenig kantig; Bltn.stiele kahl oder behaart . . **17**
– Zw. ± scharfkantig, oft hin und her gebogen; Bltn.stiele stets kahl **16**
16. Krbl. kürzer als die Stbl.; Kn. lang zugespitzt, auffällig abstehend; Bl. eif., 4–6 cm lang, außer am Grunde eingeschnitten doppelt gesägt *(58/20)*; Bltnst. flach, Bltn. etwa 8 mm breit; V–VI. Sk/Sg – N/B-3/4. **Gamander-S., *S. chamaedryfólia*** L.
Var. ***ulmifólia*** (Scop.) Maxim. (*S. ulmifolia* Scop.): Pfl. in allen Teilen größer; Bltnst. halbkugelig.
– Krbl. länger als die Stbl.; Kn. kurz, wenig auffällig; sonst wie vorige; V. Sk. (*S. chamaedryfolia* × *trilobata*).
S.* × *schinabéckii Zab.
17 (15). Gr. unterhalb der Spitze des Frkn. stehend **20**
– Gr. am Frbl. endst. **18**
18. Kbl. schon zur Blütezeit ganz zurückgeschlagen; Bl. ganzrandig oder etwa von der Mitte an grob gesägt; Pfl. grau behaart; V–VI. Sk. (*S. cana* × *chamaedryfolia*). ***S.* × *gieseleriána*** Zab.
– Kbl. zur Blütezeit aufrecht oder abstehend mit zurückgekrümmter Spitze **19**
19. Bl. 2–3,5 cm lang, graugrün, unterststs. dicht filzig behaart, ganzrandig oder selten mit 1–2 Zähnen; Bltnst. grauhaarig, Bltn. ± gelbl.-weiß; IV–V. Sk – Ns-3.
Graufilziger S., *S. cána* Waldst. & Kit.
– Bl. im Mittel 4–5 cm lang, unterststs. kahl, im oberen Drittel meist grob gesägt; Bltnst. kahl, Bltn. reinweiß; V. Sk. (*S. chamaedryfolia* × *media*). ***S.* × *oxýodon*** Zab.
20 (17). Zw. rund, nicht gestreift; Bl. deutl. gestielt, über der Mitte jederststs. mit 2–4 großen Zähnen (an Bltn.trieben auch ganzrandig), 3–5,5 cm lang *(58/31)*, behaart oder kahl; Bltnst. kahl; Krbl. so lang wie oder etwas kürzer als die Stbl.; V. Sk – B/N-3/4.
Mittlerer S., *S. média* Fr. Schmidt
– Zw. fein gestreift; Bl. sehr kurz gestielt oder sitzend, ganzrandig oder mit wenigen Zähnen an der Spitze, 3–4 cm lang, meist behaart; Bltnst. behaart; V. Sk. (*S. cana* × *crenata*).
S.* × *infléxa Zab.

58/30

Spiraea × vanhouttei

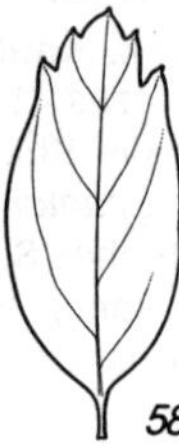

58/31

S. media

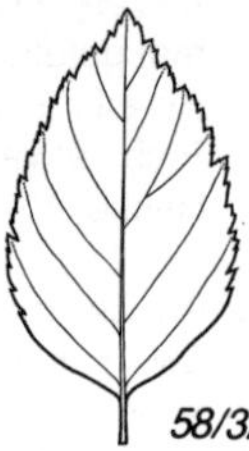

58/32

S. bella

21 (1). Bltnst. Rispen (mindestens so lang wie breit, *58/18, 58/40)* **38**
– Bltnst. ± abgeflachte Schirmrispen *(58/19)* **22**
22. Bltnst. endst. an diesj., aufrechten (bei *S. decumbens* niederliegenden) Langtrieben **29**
– Bltnst. an seitl. Kurztrieben entlang der vorj., meist bogig übergeneigten Langtriebe **23**
23. Bltn. zwittrig, stets ± weiß **25**
– Bltn. weiß bis rosa, zweihäusig, ♂ mit langen, die Krbl. überragenden Stbl. und verkümmerten Frbl., ♀ mit kurzen sterilen Stbl. und aus dem Bltn.becher herausragenden Frbl. **24**
24. Zw. deutl. kantig; Bl. vom unteren Drittel an gesägt *(58/32)*, obersts. kahl, untersts. auf den Nerven behaart; Bltn. etwa 5 mm breit, blaßrosa bis rosa; V–VI. Sk – NG-4 (Himalaja).
Schöner S., *S. béllа* Sims
– Zw. rund; Bl. erst oberhalb der Mitte gesägt, obersts. schwach, untersts. dicht behaart; Bltn. 6–8 mm breit, weißl. mit rötl. Anflug; V–VI. Sk – NG-4 (Himalaja). (*S. fastigiata* Wall. ex Schneid.). **Aufrechter S., *S. amœ̄na*** Spae
25 (23). Winterkn. spitz; Zw. kantig; Bl. 1–2 cm lang, breit-eif., an der Spitze kerbig gezähnt, beidersts. grau; Bltnst. halbkugelig, 3–5 cm breit, Bltn. gelbl.-weiß; VI–VII. Sk – NG-4 (Himalaja).
Grauer S., *S. canéscens* D. Don
– Winterkn. ± stumpf; Bl. bis über 3 cm lang (oder wenn kleiner, dann Zw. nicht kantig), ± elliptisch, Basis keilf. **26**
26. Bl. ganzrandig, nur ausnahmsweise zur Spitze mit einzelnen Zähnen **28**
– Bl. mindestens im oberen Drittel gesägt oder gekerbt, ± behaart **27**
27. Bl. *(58/33)* an Bltn.trieben 2–4, an Langtrieben 4–7 cm lang; Bltnst. 2,5–4 cm breit, Bltn. 3–5 mm breit; Frch. ± kahl; VI. Sk/Sg – N-4 (W-China). **Sargents S., *S. sargentiána*** Rehd.

58/33

Spiraea sargentiana

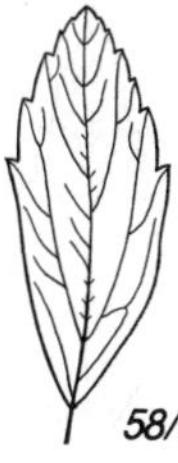

58/34

S. henryi

58/35

S. veitchii

– Bl. *(58/34)* an Bltn.trieben 3–6, an Langtrieben 5–9 cm lang; Bltnst. 5–7 cm breit, Bltn. 5–7 mm breit; Frch. behaart; VI. Sg – N-4. **Henrys S., *S. hénryi*** HEMSL.

28 (26). Bl. *(58/35)* 2–4 cm lang, obersts. frischgrün, kahl, untersts. bläul.-grün, leicht behaart; Bltnst. 3–6 cm breit, behaart, Bltn. 4–5 mm breit; Frch. kahl; VI–VII. Sg – N-4. **Veitchs S., *S. vẽitchii*** HEMSL.

– Bl. 3–6 cm lang, obersts. mattgrün, behaart, untersts. graugrün, wollig; Bltnst. 3–5 cm breit, kahl, Bltn. etwa 6 mm breit; Frch. obers. behaart; VI. Sg – N-4. **Wilsons S., *S. wilsónii*** DUTHIE

29 (22). Pfl. niederliegend bis aufsteigend; Bltn. *(58/2)* weiß, 5–7 mm breit, Stbl. etwa so lang wie die Krbl.; Bl. elliptisch, 1–3 cm lang, doppelt gesägt *(58/36)*, Bl. und Achsen ± kahl; VI. Sp – Nhg-3 (SO-Alpen). **Kärntner S., *S. decúmbens*** W. KOCH

Ssp. ***tomentósa*** (POECH) DOSTÁL (*S. lancifolia* HOFFMEGG.): Bl. lanzettl., fein gezähnt, untersts. wie die Achsen behaart.

– Pfl. aufrecht; Bltn. weiß bis rot, Stbl. meist wesentl. länger als die Krbl. **30**

30. Achsen des Bltnst. kahl oder höchstens jung mit einigen langen Haaren; niedrige Pfl. mit unterirdischen Ausläufern, insgesamt kahl bis schwach behaart; Bl. elliptisch bis rundl.-eif., 2–7 cm lang, stumpf, unregelmäßig gekerbt bis doppelt gesägt *(58/19)*; Bltnst. ± flach, Bltn. weißl., selten leicht rosa überlaufen, 4–8 mm breit; Frch. kahl bis schwach behaart; V–VII. Sz/Sk – B/N-1/2/4. **Birken-S., *S. betulifólia*** PALL.

Die oft unterschiedenen Varietäten var. ***lúcida*** (DOUGL.) HITCHC. (W-Nordamerika) und var. ***corymbósa*** (RAF.) WATS. (*S. corymbosa* RAF.; O-Nordamerika) sind geographische Rassen, die kaum durch eindeutige Merkmale abtrennbar sind.

– Achsen des Bltnst. bleibend behaart; Bltn. weiß bis rot **31**

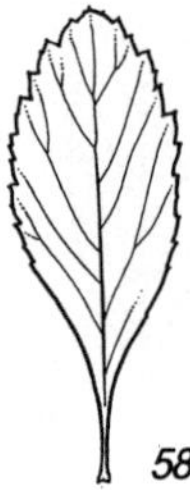

58/36

Spiraea decumbens

58/37

S. japonica

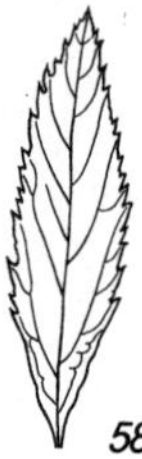

58/38

S. × *bumalda*

31. Drüsenring nur durch einige Lappen am oberen Rand des Bltn.bechers angedeutet oder fehlend; Bltn. 3–6 mm breit, meist hellrosa, selten weiß; Frch. kahl, reif auseinanderspreizend; Zw. rund; Bl. eif. bis längl.-eif. *(58/37)*, 2–8 cm lang; VII–VIII. Sk – N-4. **Japan-S., *S. japónica*** L. F.

Von häufig gepflanzten Kultursorten sind zu nennen:
'Atrosanguínea': Bltn. dunkelrosa, Austrieb rötl.
'Bulláta' (*S. bullata* MAXIM.): Sz; Bl. nur 1–3 cm lang, dickl., oberstss. blasig-runzlig aufgetrieben; Bltn. dunkelrosa, Drüsenring fehlend, Frbl. verkümmert.
'Macrophýlla': Bl. bis 14 cm lang und 7 cm breit, etwas blasig aufgetrieben.

– Drüsenring deutl. entwickelt, auf dem ganzen Rand des Bltn.bechers ± durchgehend; Bltn. fast stets größer **32**

32. Frkn. und Frch. ± überall behaart **37**

– Frkn. und Frch. kahl oder nur oberstss. (innen) spärl. behaart . . **33**

33. Bltn. hell- bis dunkelrosa **35**

– Bltn. weiß, selten mit leicht rötl. Anflug **34**

34. Zw. steif aufrecht, die kräftigeren stark kantig; Bltn. weiß, Krbl. etwa ¾ so lang wie die Stbl.; Bl. meist einfach gesägt, längl., 6–7 cm lang; in Japan seit langem in Kultur, Ursprung unbekannt; VII–VIII. Sz/Sk. **S. albiflóra** (MIQ.) ZAB.

– Zw. ± schlaff, hin und her gebogen, fein gestreift; Bltn. weiß oder leicht rötl. überlaufen, Krbl. etwa ½ so lang wie die Stbl.; Bl. meist doppelt gesägt; VII–VIII. Sk. (*S. corymbosa* × *japonica*). ***S.* × *fóxii*** ZAB.

35 (33). Zw. rundl., ungestreift; Pfl. bis über 1,5 m hoch; Bl. grob gesägt, nur am Rande und auf der Mittelrippe behaart; Bltn. dunkelrosa, Gr. meist aufrecht; VII–VIII. Sk. (*S. japonica* × *superba*). ***S.* × *margarítae*** ZAB.

– Zw. deutl. gestreift; Pfl. meist unter 1 m hoch **36**

36. Bltnst. eine einzelne endst. Schirmrispe, Bltn. hellrosa; Fr.kelch zurückgeschlagen, Frch. ± parallel zueinander, Gr. bogig aufrecht; VII–VIII. Sz/Sk. (*S. albiflora* × *betulifolia*).
S. × ***supérba*** (FROEB.) ZAB.

– Bltnst. meist aus mehreren, traubig angeordneten Schirmrispen zusammengesetzt, Bltn. meist rosa bis purpurrot; Fr.kelch waagerecht abstehend, Frch. in der oberen Hälfte ± auseinanderspreizend, Gr. meist seitwärts gebogen; VII–VIII. Sz/Sk. (*S. albiflora* × *japonica; S.* × *pumila* ZAB.).
Niedriger S., *S.* × ***bumálda*** BÜRVENICH

In mehreren Sorten in Kultur, z. B.:

'*Anthony Waterer*': Austrieb rötl.; Bl. *(58/38)* oft gelbbunt; Bltn. karminrot.
'*Froebélii*': Austrieb braunrot; Bltn. purpurrot.
'*Críspa*': Bl. stark gewellt und am Rande tief zerschlitzt *(58/39)*; Blt. dunkelpurpurn.

37 (32). Bl. eingeschnitten doppelt gesägt, untersts. auf den Nerven dicht gelbl.-filzig, Mittelnerv am Grunde hellbraun; Bltn. hell- bis dunkelrosa; VI–VII und IX–X. Sk. (*S. amoena* × *japonica*).
S. × ***reviréscens*** ZAB.

– Bl. doppelt gesägt, aber kaum eingeschnitten, untersts. auf den Nerven nur leicht behaart, Mittelnerv am Grunde grünl.-weiß; Bltn. fleischfarben; VI–VII. Sk. (*S. albiflora* × *amoena*).
S. × ***concínna*** ZAB.

38 (21). Rispe deutl. länger als breit *(58/18)* **46**
– Rispe etwa so lang wie breit *(58/40)* (sämtl. Hybriden zwischen Arten mit Rispen und solchen mit Schirmrispen) **39**
39. Bl. im Mittel unter 5 cm lang, höchstens 2mal so lang wie breit . . **45**
– Bl. im Mittel über 5 cm lang **40**
40. Bl. untersts. kurz filzig behaart **43**
– Bl. untersts. kahl oder nur auf den stärkeren Nerven behaart . . **41**
41. Bl. höchstens 2mal so lang wie breit, eif. oder verkehrt-eif.; Bltn. weiß oder rötl.-weiß; Bltnst. wenig behaart; Fr.kelch waagerecht abstehend; VII. Sk. (*S. betulifolia* × *latifolia*). **S.** × ***nótha*** ZAB.
– Bl. etwa 3–4mal so lang wie breit; Bltn. rosa **42**
42. Bl. wenigstens im unteren Drittel ganzrandig, oft erst von der Mitte an gesägt; Bltnst. kurz filzig; Kbl. schon zur Blütezeit zurückgeschlagen; VII–VIII. Sk. (*S. albiflora* × *salicifolia*).
S. × ***syringiflóra*** LEMOINE

– Bl. nur am Grunde ganzrandig, sonst scharf doppelt gesägt; Bltnst. fein behaart; Kbl. aufrecht abstehend; VII–VIII. Sk. (*S. japonica* × *salicifolia*). **S.** × ***semperflórens*** ZAB.

43 (40). Frbl. behaart, Gr. etwas unterhalb der Spitze stehend; Gr. der Frch. weit auseinanderspreizend; Bltn. tiefrosa; VII–VIII. Sk. (*S. amoena* × *douglasii*). **S.** × ***rúbra*** ZAB.

58/39

Spiraea × *bumalda* 'Crispa'

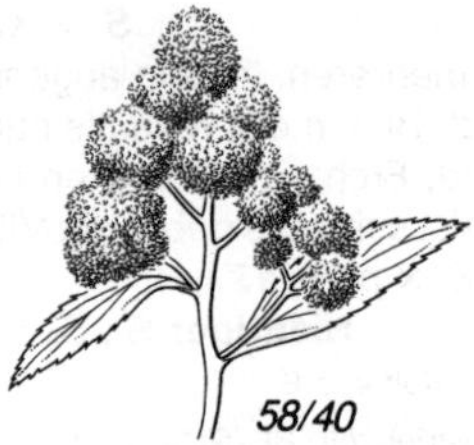
58/40

S. × *sanssouciana*, Blütenstand

58/41

S. alba

– Frbl. kahl, Gr. endst. **44**

44. Bl.basis keilf.; Bltn. rosa, in dichtbltg., zusammengesetzten Rispen *(58/40)*; VII–VIII. Sk. (*S. douglasii* × *japonica*). ***S.*** × ***sanssouciána*** K. KOCH

– Bl.basis ± abgerundet; Bltn. dunkelrosa; sonst wie vorige; VII–VIII. Sk. (*S. betulifolia* × *douglasii*). ***S.*** × ***pachýstachys*** ZAB.

45 (39). Bl. untersts. graufilzig; Bltn. hellrosa; Fr.kelch zurückgeschlagen, Frch. behaart; VI–VII. Sk. (*S. canescens* × *douglasii; S.* × *pruinosa* ZAB.). ***S.*** × ***brachýbotrys*** LANGE

– Bl. untersts. hellgrün, fast kahl; Bltn. weiß oder rosa; Fr.kelch aufrecht oder abstehend, Frch. fast kahl; VI. Sk. (*S. canescens* × *latifolia*). ***S.*** × ***fontenāýsii*** LEBAS

46 (38). Bl. untersts. deutl. behaart bis filzig; Drüsenring fehlend . . **50**

– Bl. untersts. ± kahl **47**

47. Bltn. deutl. rosa (wenn ausnahmsweise weiß, dann ohne Drüsenring) **49**

– Bltn. weiß, selten mit schwach rötl. Tönung, stets mit Drüsenring auf dem Rande des Bltn.bechers **48**

48. Bltnst. ± dicht weichhaarig; Bl. 3–6 cm lang und etwa ¼ bis ⅓ so breit *(58/41)*; Bltn. stets weiß, Kbl. meist stumpf; VII–VIII. Sk – N-2. **Weißer S., *S. álba*** DU ROI

– Bltnst. kahl oder fast kahl; Bl. 3–7 cm lang und etwa ⅓ bis ½ so breit *(58/42)*; Bltn. ± weiß, aber mit rötl. Drüsenring und manchmal schwach rötl. überlaufen, Kbl. meist spitz; VII–VIII. Sk – Nh-2. **Breitblättriger S., *S. latifólia*** (AIT.) BORKH.

49 (47). Drüsenring fehlend; Bl. etwa von der Mitte an gesägt **51**

– Drüsenring vorhanden; Bl. fast von der Basis an gesägt *(58/43)*, 4–7 cm lang; Bltnst. dicht, meist schmal zylindrisch, Bltn. rosa;

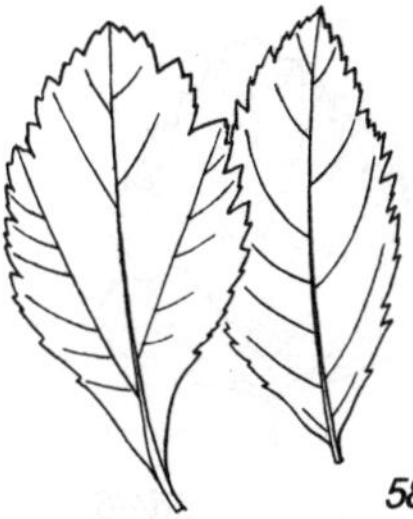

58/42

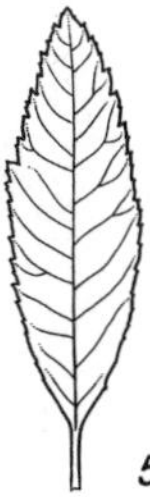

58/43

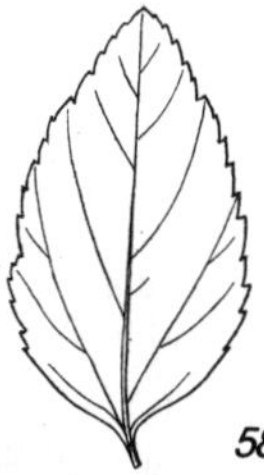

58/44

Spiraea latifolia *S. salicifolia* *S. tomentosa*

Pfl. mit unterirdischen Ausläufern, oft aus Anpflanzung verwildernd; VI. Sk – B/N-3/4. **Weiden-S., *S. salicifólia*** L.

50 (46). Zw. und Bl. unterssts. dicht gelbl.-filzig; Frch. dicht behaart; Bl. 3–7 cm lang, eif., spitz, einfach bis doppelt gesägt *(58/44)*; Rispen bis 20 cm lang, mit auffällig langgezogenem Endabschnitt; Bltn. rosa, selten weiß. VII–VIII. Sk – N-2. **Gelbfilziger S., *S. tomentósa*** L.

– Zw. und Bl. unterssts. grau- bis weißfilzig (oder ausnahmsweise kahl); Frch. ± kahl **51**

51 (49, 50). Bl. stumpf oder mit kurzer Spitze, nur in der oberen Hälfte gesägt bis fast ganzrandig, elliptisch *(58/18)*, 3–10 cm lang, unterssts. weißfilzig (oder kahl in Varietäten); Rispe dicht, schmal, Bltn. hell- bis dunkelrosa; VI–VII. Sk – N/BG-1. **Oregon-S., *S. douglásii*** Hook.

Von der typischen Form, die im Küstengebiet von Oregon vorkommt, abweichende geographische Rassen:

Var. ***menziésii*** (Hook.) Presl (*S. menziesii* Hook.; Gebirgsraum östl. der Küstenketten): Bl. ± kahl; Bltnst. und Bltn.becher behaart.

Var. ***roseáta*** (Rydb.) Hitchc. (Trockengebiete in Oregon und Idaho): Bl., Bltnst. und Bltn.becher kahl.

– Bl. spitz, alle mindestens vom unteren Drittel an gesägt **52**

52. Bl. vom unteren Drittel an gesägt, 3–3,5 cm breit, unterssts. weißgraufilzig; Rispe kegelf.; VII. Sk. (*S. douglasii* × *latifolia*). ***S.* × *macrothýrsa*** Dipp.

– Bl. ± vom Grunde an gesägt, 1,8–2,2 cm breit, unterssts. dünn filzig, wenig heller als obersts.; Rispe schmal kegelf.; VI–VII. Sk. (*S. douglasii* × *salicifolia*). ***S.* × *billárdii*** Hérincq

58/45

Sibiraea altaiensis

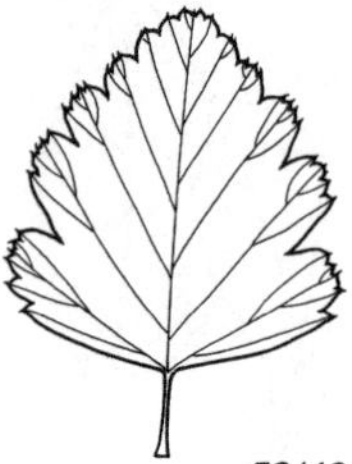

58/46

Holodiscus discolor

8. ***Sibiraea*** Maxim., **Blauspiere**

Sommergrüne, niedrige Sträucher; von den 2 Arten in Eurasien nur folgende in Kultur:

Zw. rund, dickl., rotbraun, aufsteigend bis aufrecht, wenig verzweigt; Bl. längl.-verkehrt-eif., 5–15 cm lang, zur Basis allmählich verschmälert, sitzend, ohne Stipeln, ganzrandig *(58/45)*, kahl und auffallend blaugrün; Bltnst. endst., aufrechte, 6–12 cm lange Doppeltrauben, Bltn. (grünl.)-weiß, 6–10 mm breit, oft eingschl., mit etwa 25 Stbl. und/oder 5 Frbl.; IV–V. Sk – Nsg-3/4 (*S. laevigata* (L.) Maxim.)

S. altaiénsis (Laxm.) Schneid.

Die Abtrennung der kleinen Populationen in Kroatien als var. ***croática*** (Degen) Schneid. ist nicht gerechtfertigt.

9. ***Holodíscus*** (K. Koch) Maxim., **Schaumspiere**

Meist sommergrüne, oft überhängende Sträucher; Bl. ohne Stipeln, einfach, eif., grob gesägt bis eingeschnitten oder fiederig gelappt; Bltn. in endst., bis 20 cm langen Rispen, weiß bis schwach rosa, 4–5 mm breit, mit 15–20 Stbl. und 5 auffallend lang behaarten Frbl.; Frch. einsamige Nüßchen. Etwa 12 Arten im Gebirgsraum von W-Kanada bis Kolumbien.

1. Bl. 3–10 cm lang, meist seicht fiederig gelappt, die Lappen gesägt *(58/46)*, untersts. ± grau bis weißl. kraus-wollig, Bl.stiel bis 1,5 cm lang; Bltnst. 10–20 cm lang, ± übergeneigt, Bltn. gelbl.- bis rosaweiß; VII–VIII. Sk/Sg – N-1.

Wald-Sch., *H. díscolor* (Pursh) Maxim.

'Cárneus': Sorte mit zartrosa Bltn.

– Bl. 1–2 cm lang, grob gesägt, untersts. kahl bis dicht behaart mit ± geraden Haaren, Bl.stiel 2–4 mm lang, Bl. oft an seitl. Kurztrieben gebüschelt; Bltnst. 3–10 cm lang, oft ± aufrecht, Bltn. gelbl.-weiß; VII–VIII. Sk – Ns/a-1.

Wüsten-Sch., *H. dumósus* (Hook.) Heller

Unterfamilie: ***Prunoideae***

10. ***Osmarónia*** Greene, **Oregonpflaume**

Monotypische Gattung.

Sommergrüner Strauch, sehr früh austreibend; Zw. kahl, rötl.-braun, mit gekammertem Mark; Bl. längl.-elliptisch bis verkehrt-eif., 5–12 cm lang, kurz gestielt, ganzrandig *(58/48)*, blaugrün, kahl oder untersts. leicht behaart, Stipeln hinfällig; Bltnst. geschlossene, 5–10bltg. Trauben am Ende beblätterter Triebe *(58/47)*, früh vom obersten Seitentrieb zur Seite gedrängt; Bltn. grünl.-weiß, duftend, 8–10 mm breit, eingeschl. (Pfl. dann zweihäusig) oder polygam, Stbl. 15, in 3 Reihen, davon 1 auf dem Rand, 2 im Innern des schüsself. Bltn.bechers (in ♀ Bltn. verkümmerte Rudimente); Frbl. 5 (selten weniger), diese entwickeln sich zu 8–10 mm langen, in Form und Farbe kleinen Zwetschen ähnelnden, bitteren Steinfrch., die an der Basis gemeinsam vom wulstigen Rand des abgefallenen Bltn.bechers umgeben sind; Fr.stiele rot; III–IV. Sg – N-1. (*Oemleria cerasiformis* (Torr. & Gray) Landon).

O. cerasifórmis (Torr. & Gray) Greene

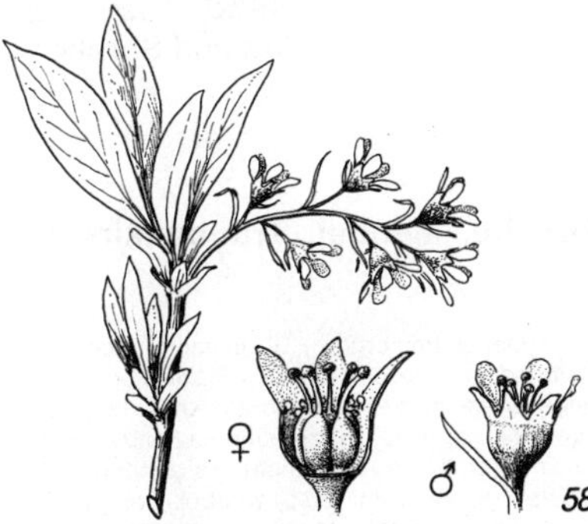

58/47

Osmaronia cerasiformis, Blütenstand

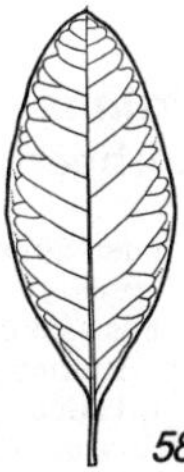

58/48

O. cerasiformis

11. ***Prinsépia*** Royle, **Dornkirsche**

Sommergrüne, sehr früh austreibende Sträucher mit bl.achselständigen Dornen; Mark gekammert; Bl. lanzettl. bis elliptisch, 3–10 cm lang, ganzrandig oder gesägt, oft an Kurztrieben gebüschelt, Stipeln klein, bleibend; Bltn. zu 1–3 in sitzenden Dolden (oder in Trauben bei hier nicht behandelten Arten), etwa 1,5 cm breit, Krbl. genagelt, Stbl. meist 10; Frbl. 1, Gr. nahe der Basis des Frkn. stehend; Steinfr. ± rot, ± rundl., 1–1,5 cm lang, eßbar. Etwa 4 Arten von der Mandschurei bis zum Himalaja. (*Plagiospermum* Oliv.).

1. Bltn. gelbl., ihre Stiele etwa 1 cm lang; Zw. hell graubraun; Dornen 6–10 mm lang, gekrümmt; Bl. 5–9 cm lang, lang zugespitzt *(58/49)*, am Rande bewimpert, hellgrün; III–IV. Sk/Sg – N-4.
Mandschurische D., *P. sinénsis* (OLIV.) OLIV. ex BEAN

– Bltn. weiß, ihre Stiele 3–5 mm lang; Zw. hellgrau; Dornen bis 1,2 cm lang, ± gerade; Bl. 3–6 cm lang, stumpf bis spitz *(58/50)*, kahl, obersts. dunkelgrün, untersts. blasser; III–IV. Sk – N-4.
Chinesische D., *P. uniflóra* BATAL.

58/49: Prinsepia sinensis, Blatt und Sproßdorn

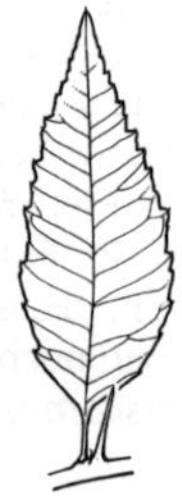

58/50: P. uniflora, Blatt und Sproßdorn

12. *Prúnus* L., Pflaume, Kirsche, Mandel, Traubenkirsche, Lorbeerkirsche

Bäume oder Sträucher, meist sommer-, seltener immergrün; Bl. einfach, fiedernervig, meist ± gesägt, Stipeln hinfällig oder bleibend, am oberen Ende des Bl.stiels oder an der Spreitenbasis oft 2 oder mehrere auffällige Drüsenhöcker (extraflorale Nektarien); Bltnst. Trauben, Schirmtrauben oder Dolden, gewöhnl. an seitl. Kurztrieben stehend, diese mit oder ohne Laubbl., oder im Extremfall zu einem seitl. am vorj. Langtrieb sitzenden Bltn.büschel bzw. einer Einzelblüte reduziert *(58/51–58/54)*; Bltn. *(58/3)* weiß bis rot, meist ansehnl., oft mit oder vor dem Laubausbruch erscheinend, Stbl. 15 bis viele, Frbl. 1 (bei gefüllten Bltn. manchmal 2–3), mit endst. Gr., Bltn.becher schüsself. bis glockenf. oder röhrig, nach dem Verblühen meist abfallend; Steinfr., Fr.fleisch häufig eßbar, Same aber oft wegen des Gehaltes an Blausäure abspaltendem Amygdalin giftig. Etwa 200 Arten in der Nemoralen, Borealen und Meridionalen Zone; die Untergattung *Laurocerasus* in tropischen Gebirgsstufen nach S bis S-Brasilien und Neuguinea reichend.
5 Untergattungen, die gelegentl. auch als eigene Gattungen angesehen werden. Viele Arten sind als Obst- und Ziergehölze wichtig; daher gibt es eine große Zahl schwer zu erfassender Kultursorten.

1. Bltn. zu wenigen (2–7, selten 10) in kurzen Trauben, Schirmtrauben, Dolden, oder einzeln *(58/52–58/54)* **7**
– Bltn. in verlängerten, mindestens 12bltg. Trauben *(58/51)* . . . **2**

2. Bl. sommergrün; Trauben am Grunde oft mit Laubbl., Bltn. weiß (rosa in einer Sorte von *P. padus*) (Untergattung ***Pádus*, Traubenkirsche**) **4**

– Bl. immergrün, kahl; Trauben am Grunde unbeblättert, Bltn. stets weiß (Untergattung ***Laurocérasus*, Lorbeerkirsche**) . . . **3**

3. Bl.stiel 10–25 mm lang, rot; Bl. weich-lederig, längl.-eif., 6–12 cm lang, Rand gewellt und deutl. gesägt *(58/58)*; Bltnst. locker, 15–25 cm lang, Bltn. 8–12 mm breit; Fr. etwa 8 mm lang, dunkelpurpurn; VI. G! Sg/Bk # ∧ ∧ – Mh-3 (SW-Europa).
Iberische L., *P. lusitánica* L.

– Bl.stiel 5–10 mm lang, gelbgrün; Bl. derb-lederig, längl. bis verkehrt-eilängl., 5–15, in Kultursorten bis 25 cm lang, Rand nicht gewellt, oft etwas umgebogen, ganzrandig oder nur schwach

58/51

Prunus virginiana, Blütenstand

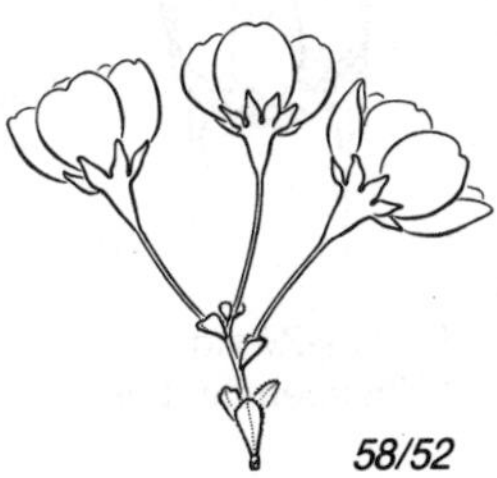

58/52

P. serrulata, Blütenstand

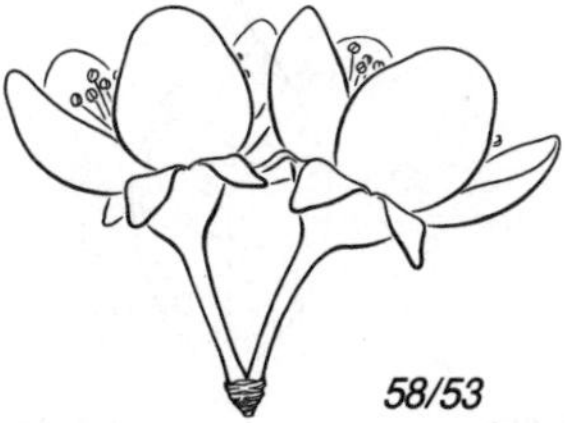

58/53

P. domestica, Blütenstand

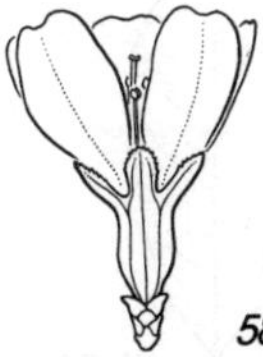

58/54

P. tenella, Blütenstand (einblütig)

58/55

Pflaumenzweig ohne Endknospe

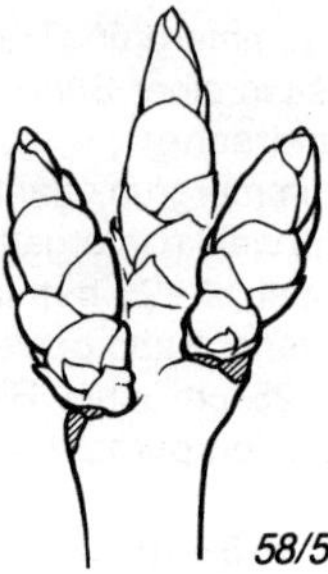

58/56

Kirschzweig mit Endknospe

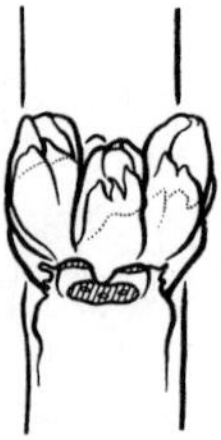

58/57

Prunus-Zweig mit
3-Knospen-Gruppe

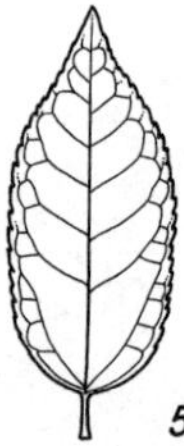

58/58

Prunus lusitanica

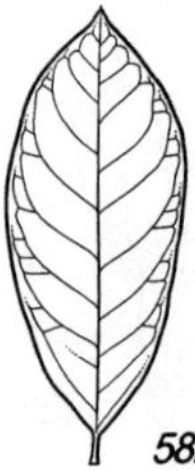

58/59

Prunus laurocerasus

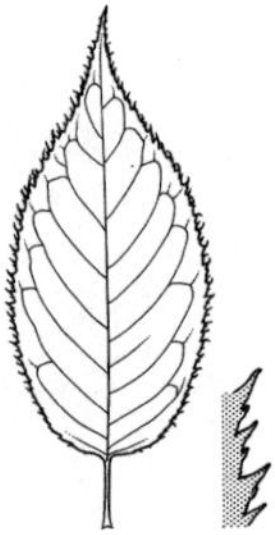

58/60

P. maackii

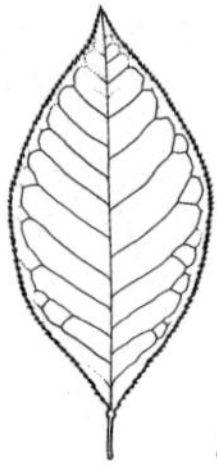

58/61

P. padus

gesägt *(58/59)*; Bltnst. dicht, 5–12 cm lang, kürzer als die Bl.; Bltn. etwa 8 mm breit; Fr. etwa 8 mm lang, ± schwarz; V. G! Sg/Bk # (∧) – Nhm-3 (SO-Europa bis Kaukasien).

Pontische L., *P. laurocérasus* L.

Von den zahlreichen, in Bl.größe, Wuchsform und Winterhärte unterschiedenen Sorten seien genannt:

'Otto Luyken': Sk, breitwüchsig, dicht belaubt; Bl. bis 10 cm lang, zieml. schmal, dunkelgrün.

'Schipkaénsis Macrophýlla': Bis 3 m hoch, locker, raschwüchsig; Bl. 8–14 cm lang, am Rand auf ganzer Länge gesägt; sehr reich blühend; besonders winterhart.

4 (2). Trauben am Grunde ohne Laubbl. (selten einzelne stark verkleinerte vorhanden), zieml. dicht, 4–8 cm lang, ± behaart, Bltn. etwa 1 cm breit; Fr. schwarz, 5 mm dick, Stein runzlig; Bl. längl.-eif., 3–10 cm lang, meist zugespitzt, scharf gesägt *(58/60)*, untersts. drüsig punktiert, Bl.stiel 1–2 cm lang; Borke auffallend glänzend braungelb, dünn abrollend; V. Bk – Nhk/Bh-4.

Amur-T., *P. mā̄ackii* Rupr.

– Trauben am Grunde oft mit gut ausgebildeten Laubbl.; Bl. elliptisch bis verkehrt-eif. oder längl., 5–15 cm lang **5**

5. Bltn.becher innen dicht behaart, nach dem Verblühen abfallend; Bltn. meist über 1 cm breit, duftend, Krbl. längl., etwa doppelt so lang wie die Stbl.; Trauben oft überhängend; Fr. glänzend schwarz, 6–8 mm dick, Stein grubig gefurcht; Bl. stumpfgrün, obersts. durch vertiefte Nerven etwas runzlig, fein scharf gesägt *(58/61)*; junge Zw. und Bl. ± kahl; IV–V. Bk – Bh/Nhk-3/4. (*Padus avium* Mill.). **Auen-T., *P. pádus*** L.

In Gebirgslagen M-Europas findet sich ssp. ***petrā̄ea*** (Tausch) Holub, **Berg-T.:** Sk/Sg, junge Zw. und Bl. untersts. bleibend behaart; Trauben meist aufrecht. Auffallende Sorte: *'Coloráta':* Bltn. rosa; Austrieb kupferfarbig bis purpurn überlaufen, Nerven und Unterseite der erwachsenen Bl. rot.

– Bltn.becher innen kahl (höchstens mit einigen langen Haaren am Grunde); Bltn. meist 7–10 mm breit, Krbl. rundl., so lang wie oder nur wenig länger als die Stbl.; Trauben meist aufrecht oder abstehend; Stein ± glatt **6**

6. Bl. obersts. stumpfgrün, feinspitzig gezähnt *(58/62)*; Bltn.becher nach dem Verblühen abfallend; Fr. etwa 8 mm dick, rot (in Formen auch gelb oder schwarz); Pfl. sich stark unterirdisch ausbreitend; V. Sg – Bh/N-2. **Virginische T., *P. virginiána*** L.

– Erwachsene Bl. obersts. glänzend, derb, fast lederig, mit kleinen eingekrümmten, knorpeligen Zähnen *(58/63)*; Bltn.becher bis zur Fr.zeit bleibend; Fr. 8–10 mm dick, dunkelrot bis schwarz; in N-Deutschland auf Sandböden oft eingebürgert und schon als Strauch reich fruchtend; V–VI. Sg/Bm – N-2.

Späte T., *P. serótina* Ehrh.

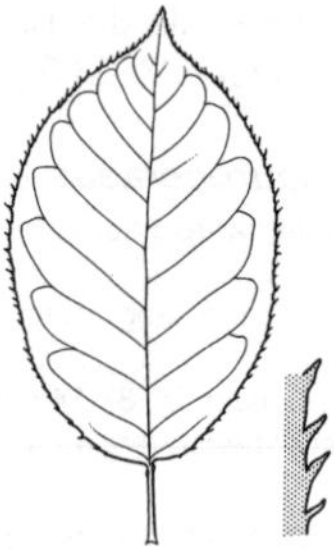

58/62

Prunus virginiana

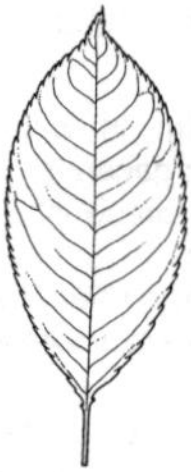

58/63

P. serotina

'Cartilaginea': Bl. auffallend groß und derb, bis über 15 cm lang, lorbeerkirschenartig.

7 (1). Langtriebe ohne Endkn. (neben der obersten, scheinbar endst. Kn. ist das Ende der Hauptachse als kleiner, blind endender Vorsprung zu sehen *(58/55)*; Bl. in Knospenlage oft gerollt; Bltn.triebe ohne verlängerte Achse und ohne voll ausgebildete Laubbl., d. h. Bltn. in sitzenden Dolden *(58/53)* oder einzeln, gestielt oder ungestielt; Fr. rundl. oder längl., meist über 1,5 cm lang, oft bereift, Stein ± abgeflacht (Untergattung ***Prúnus*, Pflaume, Aprikose**) **32**

– Langtriebe mit deutl. Endkn. *(58/56)*; Bl. in Knospenlage stets gefaltet; Bltn. in kurzen Trauben, Schirmtrauben, ± sitzenden Dolden oder einzeln **8**

8. Frkn. und Fr. auf ganzer Fläche dicht behaart (± kahl sind die über 4 cm dicken Fr. einer Sorte von *P. persica*); Seitenkn. mindestens an starken Langtrieben meist zu 3 aus einer Bl.achsel *(58/57)*, die mittlere davon einen Laubtrieb, die seitl. laubbl.-lose Bltn.triebe liefernd; Bltn. zu 1–3, oft ± sitzend *(58/54)* (Untergattung ***Amýgdalus*, Mandel, Pfirsich, Kirschmandel**) **24**

– Frkn. kahl oder höchstens am Gr.ansatz leicht behaart; Fr. saftig, meist rundl., meist unter 2 (selten bis 2,5) cm dick; Bltn. stets deutl. gestielt *(58/52, 58/53)* (Untergattung ***Cérasus*, Kirsche**) **9**

9. Seitenkn. oft zu 3 entsprechend wie unter **8** beschrieben; Bltnst. sitzende Dolden (zuw. 1bltg.), am Grunde meist nur mit braunen Kn.schuppen, dazu zuw. einige verkleinerte Laubbl.; Bl. kahl; Kleinsträucher **23**

– Seitenkn. gewöhnl. einzeln; Bltn.triebe oberhalb der Kn.schuppen oft mit zwar schuppenf. bis zungenf., aber weichen, grünen

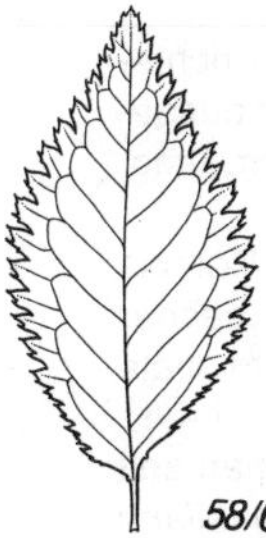

58/64

Prunus incisa

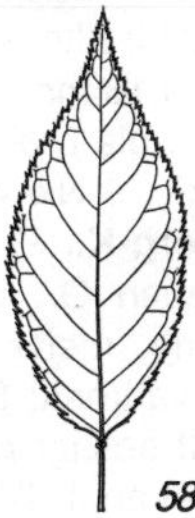

58/65

P. subhirtella

58/66

P. sargentii

bis rötl. Hochbl., die gelegentl. z.T. die Form verkleinerter Laubbl. annehmen können; häufig Bäume **10**

10. Kbl. zur Blütezeit zurückgeschlagen (wenn z.T. abstehend, dann Krbl. kürzer als Stbl.), Bltn. weiß **17**

– Kbl. zur Blütezeit aufrecht bis abstehend, Bltn. rosa, rötl., weißl. oder gelbl., oft gefüllt, Krbl. länger als Stbl.; Bltnst. Schirmtrauben bis sitzende Dolden *(58/52)*, mit gesägten Hochbl. (**Japanische Blütenkirschen**; fließende Artübergänge, zahllose Kultursorten und komplizierte Nomenklaturprobleme lassen nur eine grobe Aufschlüsselung zu) **11**

11. Bl. einfach oder doppelt, aber zieml. gleichmäßig und kaum eingeschnitten gesägt (wenn ± eingeschnitten, dann Bltn. rosarot) **13**

– Bl. grob und unregelmäßig eingeschnitten doppelt gesägt, zugespitzt; Bltn. meist zu 2–3 in sitzenden Dolden, weiß oder blaßrosa **12**

12. Bl. *(58/64)* 3–6 cm lang, zieml. derb, dunkelgrün, Bl.stiel bleibend behaart, 2 oder mehr auffallende randl. Drüsenhöcker meist im untersten Teil der Spreite; Bltn. meist vor den Bl. erscheinend, nach unten gerichtet, weiß bis blaßrosa, 1–2 cm breit, Krbl. ausgerandet, Bltn.becher kahl, röhrig-glockig, wie die Kbl. weinrötl.; III–IV. Sg – Nhg-4 (Japan).
März-K., *P. incísa* Thunb.

– Bl. 5–10 cm lang, weich, frischgrün, Bl.stiel meist kahl, meist mit 2 Drüsenhöckern etwas unterhalb der Spreitenbasis; Bltn. mit den Bl. erscheinend, blaßrosa, 2–3 cm breit, Krbl. knitternd, Bltn.becher kahl, schmal glockig, grün bis bräunl.; IV–V. Sg/Bk – Nhk/Bh-4 (Japan). **Kurilen-K., *P. nippónica*** Matsum.

13 (11). Bltn. ± mit den Bl. erscheinend, 3–5 cm breit **15**

– Bltn. vor den Bl. erscheinend, etwa 2 cm breit, zu 1–5 in sitzenden Dolden, seltener in kurzen Schirmtrauben **14**

14. Bltn.becher, Bltn.stiele und Gr. kahl; Bltn.becher glockig-trichterig, etwa 4 mm lang, Bltn.stiele bis 18 mm lang, Krbl. tief ausgerandet, weiß bis blaßrosa; Bl. eif. bis breit-eif., 5–10 cm lang, einfach bis doppelt gesägt; IV. Bk ∧ – Nw-4 (M-China).
Berg-K., *P. conradínae* KOEHNE

– Bltn.becher, Bltn.stiele, meist auch Gr. behaart; Bltn.becher trichterig-röhrig, etwa 5 mm lang, meist weinrötl., Bltn.stiele meist unter 10 mm lang, Krbl. blaßrosa; Bl. eif. bis längl.-eif., 3–8 cm lang, einfach bis doppelt gesägt *(58/65)*. In Japan seit langem in Kultur, Ursprung unbekannt; IV. Bk. (*P. miqueliana* MAXIM.). **Higan-K., *P. subhirtélla*** MIQ.

'Autumnális': Bltn. halbgefüllt, oft schon im Herbst sich öffnend.
'Pléna': Bltn. gefüllt, in Kn. rosa, offen weißl.
'Péndula': Zw. auffällig herabhängend.

15 (13). Bl. zieml. grob doppelt gesägt (Zähne 1. Ordnung bis 4 mm breit) mit spitzen, aber kaum begrannten Zähnen, elliptisch bis eif., zugespitzt, 7–12 cm lang, meist kahl, Nervatur wenig regelmäßig *(58/66)*; Bltn. 3–4 cm breit, rosarot, zu 2–5 in sitzenden Dolden mit ± weinroten Hochbl., Bltn.stiele und Bltn.becher meist kahl; Austrieb bronzefarbig, Herbstfärbung leuchtend orange bis karminrot; IV–V. Bk/Bm – Nhk/Bh-4.
Sachalin-K., *P. sargéntii* REHD.

Var. ***pubéscens*** (TATEW.) OHWI: Bl. untersts., Bltn.stiele und Bltn.becher behaart.

– Bl. zieml. fein einfach bis doppelt gesägt mit gleichmäßigen, meist grannig zugespitzten Zähnen, elliptisch bis eif. und auffallend zugespitzt, Nervatur oft sehr regelmäßig mit ± parallelen, in gleichen Abständen stehenden Seitennerven **16**

16. Bltn.becher zylindrisch, meist unter 4 mm breit, ± weinrot, wie der Bltn.stiel und Gr. behaart, Bltn. 3–3,5 cm breit, weißl. bis blaßrosa, meist einfach, zu 4–6 meist in kurzen Schirmtrauben mit unscheinbaren, blaß grünl. Hochbl.; Bl. 6–12 cm lang, kahl oder untersts. auf den Nerven schwach behaart; japanische Kulturform, Ursprung unbekannt; IV–V. Bk/Bm.
Yoshino-K., *P. yedoénsis* MATSUM.

'Shidare Yoshino', Zw. auffällig herabhängend, Bltn. weiß.

– Bltn.becher trichterig, an der Öffnung oft über 5 mm breit, wie der Bltn.stiel und Gr. kahl (behaart bei *'Takasago'*), Bltn. 3–5 cm breit, meist halb bis ganz gefüllt (dann oft mit mehreren, mißgebildeten Frbl.), rosa, rot, weißl. oder gelbl., zu 3–7 in fast sitzenden bis zieml. verlängerten Schirmtrauben mit meist auf-

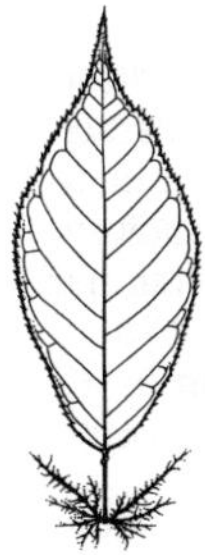

58/67

Prunus serrulata
'Kanzan'

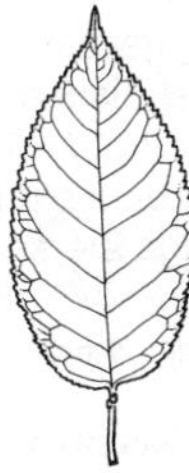

58/68

P. avium

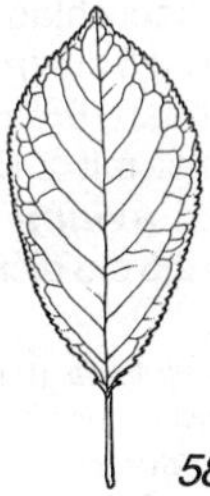

58/69

P. cerasus

fälligen, grünen bis rötl. Hochbl. *(58/52)*; Bl. 6–15 cm lang, meist kahl, Zähne oft bis 2 mm lang begrannt *(58/67)*; Sammelart, in der zahlreiche japanische Kultursorten zusammengefaßt werden; möglicherweise zugehörige Wildformen gibt es in den Gebirgen Japans, Koreas und Chinas; IV–V. Bk.

Grannen-K., *P. serruláta* LINDL. **aggr.**

Bei uns häufig vorkommende, auffallende Sorten:
'Amanogawa': Bltn. hellrosa, halb gefüllt, etwa 3 cm breit; Wuchs steif aufrecht ähnl. einer Säuleneiche.
'Gioiko': Bltn. elfenbeinfarben bis grünl.-gelbl., halb gefüllt bis fast einfach, etwa 4 cm breit, Bltnst. hängend, bis 7bltg. und 10 cm lang.
'Kanzan' (oft fälschl. *'Hisakura'* genannt): Bltn. dunkelrosa, dicht gefüllt, fast kugelig, etwa 5 cm breit; dickzweigiger Baum mit sparriger, ausladender Krone.
'Kiku-Shidare-Sakura': Bltn. hellrosa, dicht gefüllt, 3–3,5 cm breit; Zw. fast senkrecht herabhängend.
'Shirofugen': Bltn. in der Kn. rosa, offen weiß, gefüllt, Bltnst. hängend, sehr spät blühend; Zw. überhängend.
'Takasago' (*P. sieboldii* (CARR.) WITTM.): Bltn. blaßrosa, 3–4 cm breit, halb gefüllt; Bl., Bl.stiele, Bltn.stiele und Bltn.becher bleibend weich behaart.

17 (10). Bltnst. kurze Trauben bis längl. Schirmtrauben, Stiele der Einzelbltn. kürzer oder nur wenig länger als die gemeinsame Bltnst.achse, Bltn. 5–10; Fr. dunkelrot bis schwarz **22**

– Bltnst. sitzende Dolden oder, wenn Schirmtrauben, dann die Stiele der Einzelbltn. viel länger als die Bltnst.achse, Bltn. 1–5; Fr. hell- bis dunkelrot **18**

18. Kn.schuppen und Hochbl. der Bltn.triebe vor oder während der Blütezeit abfallend; Borke auffallend ± glänzend rotbraun, dünn abrollend **21**

– Kn.schuppen und Hochbl. bis nach dem Verblühen bleibend; Fr. kugelig **19**

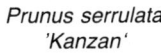

19. Hochbl. der Bltn.triebe alle ± zungenf., nicht laubbl.artig, zurückgeschlagen; Bltnst. sitzende Dolden mit 2–4 Bltn., diese 2,5–3,5 cm breit, bis 5 cm lang gestielt; Bl. zieml. dünn, unterstş. behaart, 6–15 cm lang, Bl.stiel bis 5 cm lang, am oberen Ende meist mit 2 Drüsenhöckern *(58/68)*; Fr. süß, bei der Wildform (var. ***ávium***) unter 1 cm dick, dunkelrot; viele Fruchtsorten mit bis 2,5 cm dicken Fr.; auch einige Ziersorten; IV–V. Bm – N-3.
Süß-K., ***P. ávium*** (L.) L.

Var. ***juliána*** (L.) SCHÜBL. & MARTENS, **Herz-K.**: Fr. meist schwarz, weichfleischig, sehr saftig, Saft dunkelrot.

Var. ***durácina*** (L.) SCHÜBL. & MARTENS, **Knorpel-K.:** Fr. gelb bis rot, fest, knorpelig, Saft farblos.

'Péndula': Zw. bogig herabhängend.

'Pléna': Bltn. gefüllt, hängend.

– Hochbl. z. T. als kleine Laubbl. ausgebildet, aufrecht; Bl. ± derb, oberstş. glänzend, kahl, Bl.stiel oft ohne Drüsenhöcker; Fr. sauer **20**

20. Bl. 6–12 cm lang, meist zugespitzt *(58/69)*; Pfl. meist über 2 m hoch; Bltn. zu 2–4 in sitzenden Dolden, etwa 2,5 cm breit, bis 3,5 cm lang gestielt; Krbl. nicht ausgerandet; Fr. 1,5–2 cm dick; auch hier mehrere Frucht- und Ziersorten; IV–V. Sg/Bk – Ns-3.
Sauer-K., ***P. cérasus*** L.

Var. ***cérasus*, Baum-Sauerk.:** Baumf. mit aufrechten Zw.; Fr. sauer, hellrot, glasig, mit ungefärbtem Saft, Stein sich nicht vom Stiel lösend (Glaskirsche, Amarelle).

Var. ***frutéscens*** NEILR., **Strauch-Sauerk.:** Meist strauchig mit Wurzelsprossen, Zw. überhängend; Bl.stiel meist drüsig; Fr. dunkelrot, sauer, mit färbendem Saft (Schattenmorelle, Ostheimer Weichsel).

Var. ***austéra*** (L.) JANCHEN: Wuchs wie var. *cerasus;* Fr. süßsauer, mit färbendem Saft, Stein sich vom Stiel leicht lösend (Süßweichsel, Morelle).

'Pléna': Bltn. halb gefüllt.

'Semperflórens', Allerheiligen-K.: Bltnst. leicht traubig; vom Mai bis zum Herbst blühend und fruchtend.

– Bl. 3–5 cm lang, oft stumpf; Pfl. kaum über 1 m hoch, sich durch Wurzelsprosse ausbreitend; Bltnst. oft etwas schirmtraubig, mit 2–4 Bltn., diese etwa 1,5 cm breit, bis 2,5 cm lang gestielt, Krbl. ausgerandet; Fr. 7–9 mm dick, dunkelrot, mit spitzem Stein; V. Sk – Ns/a-3. **Steppen-K.**, ***P. fruticósa*** PALL.

'Péndula': Zw. sehr dünn, herabhängend; diese wie die Normalform gelegentl. als Kronenbäumchen auf Süßkirschenstämme veredelt.

21 (18). Krbl. längl., aufrecht, wesentl. kürzer als die bis über 1 cm langen Stbl., früh abfallend; Bltn. zu 1–3, ihre Stiele 2–3 cm lang, abwärts gerichtet; Bl. schmal-elliptisch, 4–9 cm lang, plötzl. lang zugespitzt, gleichmäßig scharf gesägt *(58/70)*; Fr. eif., 1–1,3 cm lang; Pfl. sehr dekorativ wegen der spiegelnd-glän-

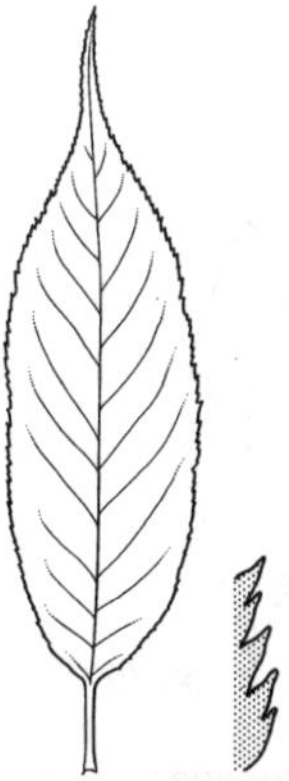

58/70

Prunus serrula

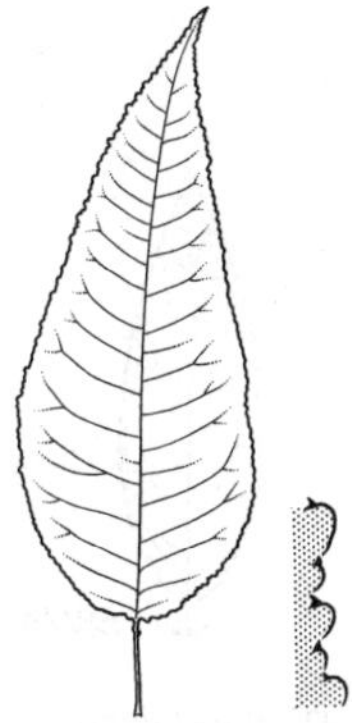

58/71

P. pensylvanica

58/72

P. mahaleb

zenden, mahagonibraunen Borke; IV–V. Bk – NGh-4 (SW-China). **Mahagoni-K., *P. sérrula*** FRANCH.

– Krbl. rundl., ausgebreitet, etwa so lang wie die 4–7 mm langen Stbl.; Bltn. zu 2–5, ihre Stiele 1–2 cm lang; Bl. eif. bis längl.-eif., 6–11 cm lang, von der Mitte an allmählich zu einer langen Spitze verschmälert, ± gleichmäßig fein kerbig gesägt *(58/71)*, Bl.stiele rot, Herbstfärbung gelb bis orangerot; Fr. rundl., 6 mm dick; Borke nicht so schön wie bei voriger; IV–V. Bk – B/Nk-1/2. **Feuer-K., *P. pensylvánica*** L. F.

22 (17). Bltn.triebe meist mit einigen bleibenden, kleinen Laubbl. ähnl. Hochbl.; Bl. breit-eif. bis rundl., 3–6 cm lang, meist kurz zugespitzt, kerbig gesägt, Stiel 1–2 cm lang *(58/72)*; Bltn. etwa 15 mm breit, duftend; Fr. eif., 6–8 mm lang, schwarz; Wuchs sparrig; V. Bk – Ns-3. **Weichsel-K., *P. máhaleb*** L.

– Bltn.triebe meist ohne laubbl.ähnl. Hochbl.; Bl. ± elliptisch, 3–8 cm lang, spitz bis abgerundet, fein kerbig gesägt, Stiel 5–12 mm lang; Bltn. etwa 1 cm breit; Fr. rundl., 8–12 mm dick, dunkelrot bis schwarz, sehr bitter; Zw. glänzend rotbraun; V. Sg/Bk – Ns-1. **Bitter-K., *P. emarginàta*** (DOUGL.) WALPERS

23 (9). Bl. unterts. blaugrün, verkehrt-eif. bis verkehrt-eilanzettl., Basis schmal keilf., 4–10 cm lang, im oberen Teil zieml. dicht angedrückt gesägt, zur Basis hin entfernter gesägt bis ganzrandig *(58/73)*; Bltn. zu 2–5, weiß, etwa 1 cm breit; Fr. purpurschwarz, etwa 10 mm dick, herb; V. Sk – N-1/2. **Sand-K., *P. púmila*** L.

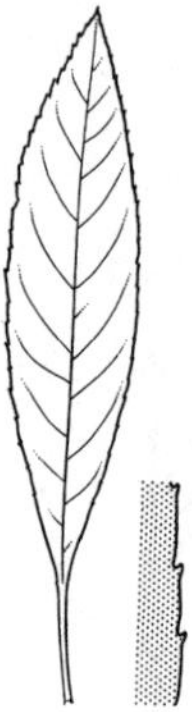

58/73 *Prunus pumila*

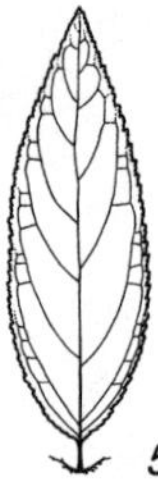

58/74 *P. glandulosa*

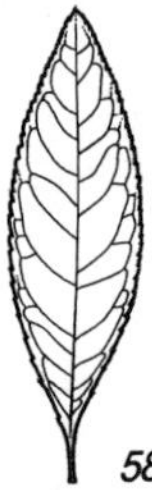

58/75 *P. tenella*

Var. ***depréssa*** (Pursh) Bean: Zw. flach niederliegend, Sp.
Var. ***bésseyi*** (Bailey) Gleas. (*P. besseyi* Bailey): Ebenfalls Sp; Bltn. etwa 1,5 cm breit; Fr. 1,5 cm dick, wohlschmeckend.

– Bl. unterststs. nicht blaugrün, elliptisch bis längl.-lanzettl., 3–8 cm lang, von der Basis an gleichmäßig dicht drüsig gesägt *(58/74)*; Bltn. zu 1–2, weiß bis rosa, 1–2 cm breit; Fr. dunkelrot, 1–1,2 cm dick; IV–V. Sk – N-4. **Drüsen-K., *P. glandulósa*** Thunb.
'Albipléna': Bltn. weiß, gefüllt, etwa 2,5 cm breit.
'Sinénsis': Bltn. rosa, gefüllt.

24 (8). Bltn.becher breit glockig, etwa so lang wie breit, Bltn. zu 1–2 **28**
– Bltn.becher glockig bis röhrig, mindestens um die Hälfte länger als breit, Bltn. ± sitzend, zu 1–3; Kleinsträucher **25**

25. Bl. kahl, lanzettl. bis schmal verkehrt-eif., 3–7 cm lang, Basis schmal keilf., scharf gesägt *(58/75)*; Bltn. *(58/54)* zu 1–3, rosarot, 2 cm breit; Fr. eif., 2 cm lang, gelbgrau, filzig, fest, ungenießbar; Pfl. sich durch Wurzelsprosse ausbreitend; IV–V. Sk – Ns/a-3. (*Amygdalus nana* L.). **Zwerg-M., *P. tenélla*** Batsch
'Álba': Bltn. weiß.
– Bl. unterststs. bleibend behaart bis filzig; Bltn. zu 1–2; Fr. nicht über 1 cm dick, rot, saftig, meist nur schwach behaart (**Kirschmandeln**) **26**

26. Bl. elliptisch bis lanzettl., 3–6 cm lang, spitz, Basis keilf., fein scharf gesägt, unterststs. grauweiß filzig; Bltn. zu 1–2, rosa, etwa 1 cm breit; Fr. rundl., 8 mm dick; V. Sk – Nsm-3 (Anatolien).
Graue Kirschmandel, *P. incána* (Pall.) Batsch
– Bl. eif. bis rundl., ± kurz zugespitzt, Basis oft abgerundet, grob, meist doppelt bis eingeschnitten gesägt; Bltn. oft einzeln **27**

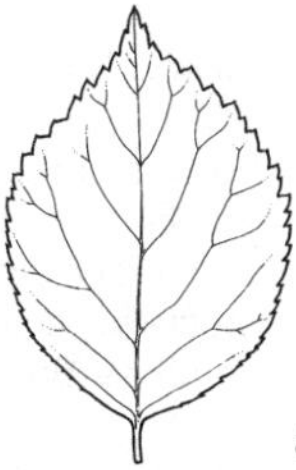

58/76

Prunus tomentosa

58/77

P. triloba

27. Bl. 1–3 cm lang, obersts. kahl, untersts. graufilzig bis schwach behaart; Bltn. vor den Bl. erscheinend, rosa, 12–15 mm breit; Fr. eif., 5 mm dick; Pfl. meist unter 1 m hoch; IV–V. Sz/Sk – NGs-3. **Niedrige Kirschmandel, *P. prostráta*** LABILL.

– Bl. *(58/76)* 3–7 cm lang, beidersts. weichhaarig; Bltn. mit den Bl. erscheinend, weiß, in der Mitte oft rosa getönt, etwa 15 mm breit; Fr. rundl., etwa 1 cm dick, eßbar; Pfl. bis über 2 m hoch; IV. Sk – N-4. **Japanische Kirschmandel, *P. tomentósa*** THUNB.

28 (24). Bltn.stiele länger als der Bltn.becher, etwa 1 cm lang, deutl. sichtbar; Bl. breit verkehrt-eif., 3–6 cm lang, grob doppelt bis eingeschnitten gesägt, vorn oft ± 3lappig *(58/77)*; Bltn. vor oder mit den Bl. erscheinend, rosa, röschenartig gefüllt, 2,5–3 cm breit, oft mit bis zu 10 Kbl. und mehreren Frbl.; Fr. rundl., 1–1,5 cm dick, rötl., dicht behaart, selten ausgebildet; Kulturform aus China, meist durch Veredlung auf Zwetsche hochstämmig gezogen; IV–V. Sk/Sg. **Mandelbäumchen, *P. tríloba*** LINDL.

Var. ***símplex*** (BUNGE) REHD.: Bltn. einfach, 2–2,5 cm breit; Wildform; Ns-4.

– Bltn.stiele kürzer als der Bltn.becher, zwischen den Kn.schuppen verborgen, oder ganz fehlend; Bl. fein gesägt bis ganzrandig; Bltn. vor den Bl. erscheinend **29**

29. Zw. und Bl. untersts. weißfilzig; Bl. elliptisch bis eif., 2–4 cm lang, undeutl. gesägt bis ganzrandig; Bltn. rosa, 2–2,5 cm breit; Fr. eif., etwa 1,5 cm lang, weißfilzig, dünnfleischig; IV. Sk/Sg ∧ – Ms/Nsm-3 (Anatolien). (*P. orientalis* KOEHNE).
Silber-M., *P. argéntea* (LAM.) REHD.

– Zw. und Bl. ± kahl; Bl. lanzettl. bis schmal elliptisch, 6–15 cm lang, zugespitzt, gesägt; Bltn. rosa bis ± weiß **30**

30. Kbl. ganz kahl; Bl. im unteren Drittel am breitesten, allmählich sehr lang und fein zugespitzt, Bl.stiel 10–15 mm lang; Bltn. einzeln, 2,5 cm breit; Fr. rundl., 2–3 cm dick, gelbl.-feinfilzig,

dünnfleischig; III–IV. Sk/Sg – N-4.
Davids Pfirsich, *P. davidiána* (CARR.) FRANCH.

– Kbl. mindestens am Rande behaart **31**

31. Bl.stiel 8–15 mm lang, meist kürzer als die halbe Bl.breite, Bl. oberhalb der Mitte am breitesten; Bltn. meist einzeln, 2,5–3,5 cm breit, Kbl. außen wollig behaart; Fr. rundl., 5–7 cm dick, filzig, Fleisch weich und saftig, Stein tief gefurcht; in vielen Fruchtsorten in Kultur; daneben auch Zierformen; III–IV Sg/Bk – Ns-4. (*Persica vulgaris* MILL.).
Kultur-Pfirsich, *P. pérsica* (L.) BATSCH

Var. ***nucipérsica*** (BORKH.) SCHNEID., **Nektarine:** Fr. kahl.
'Dúplex': Bltn. rosa, gefüllt.
'Purpúrea' ('Atropurpurea'): Bl. rot bis bronzefarbig.

P.* × *amýgdalo-pérsica (WEST.) REHD. (*P. persica* × *dulcis*): Fr. pfirsich-ähnl., aber zieml. trockenfleischig.

– Bl.stiel 15–25 mm lang, so lang oder länger als die halbe Bl.breite, Bl. unterhalb der Mitte am breitesten *(58/78)*; Bltn. meist zu 2, 3–5 cm breit, Kbl. nur am Rande filzig behaart; Fr. längl.-eif., abgeflacht, 3–6 cm lang, filzig, Fleisch trocken-lederig, bei der Reife klappig aufspringend und den wenig gefurchten Stein freigebend; in wärmeren Gebieten in mehreren Fruchtsorten angebaut; (II–)III–IV. Bk ∧ – Nsm-3. (*Amygdalus dulcis* MILL., *P. amygdalus* BATSCH).
Kultur-M., *P. dúlcis* (MILL.) D. A. WEBB

Var. ***dúlcis*, Süße M.:** Same süß schmeckend.
Var. ***amára*** (DC.) BUCHH., **Bitter-M.:** Same bitter schmeckend, G!!
Var. ***frágilis*** (BORKH.) BUCHH., **Krach-M.:** Schale des Steinkerns dünn, brüchig.

32 (7). Frkn. und Fr. kahl; Bltn. deutl. gestielt, zu 1–5 *(58/53)*, weiß (selten im Verblühen oder bei Kultursorten rosa); Bl. in Knospenlage gerollt oder gefaltet (**Pflaumen**) **35**

– Frkn. und Fr. behaart; Bltn. ± sitzend, zu 1–2, weiß bis rosa; Fr. rundl.; Bl. in Knospenlage gerollt, Bl.stiele oft rötl. (**Aprikosen**) **33**

33. Bl.stiel drüsenlos; Bl. eif., 5–8 cm lang, allmähl. lang zugespitzt, Basis gestutzt bis abgerundet; Bltn. erst hellrosa, dann weiß, etwa 3 cm breit; Fr. 2 cm dick, gelb, an der Sonnenseite rötl., dünnfleischig, kaum eßbar; IV. Sg/Bk – Ns/a-4.
Sibirische Aprikose, *P. sibírica* L.

– Bl.stiel gewöhnl. mit 2 Drüsenhöckern **34**

34. Bl. rundl.-eif., 5–10 cm lang, meist plötzl. zugespitzt, Basis abgerundet bis schwach herzf. *(58/79)*; Bltn. rötl. bis weiß, etwa 2,5 cm breit; Fr. etwa 3 cm dick, weichfleischig, gelb mit roten Flekken; als Obstbaum angebaut; IV. Bk – Ns-4. (*Armeniaca vulgaris* LAM.). **Kultur-Aprikose, Marille, *P. armeníaca*** L.

– Bl. breit-eif. bis eif., 4–10 cm lang, zugespitzt, Basis breit keilf.; Bltn. schneeweiß (in Sorten auch rosa oder gefüllt), bis 3 cm

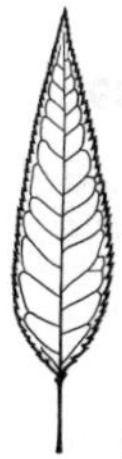

58/78

Prunus dulcis

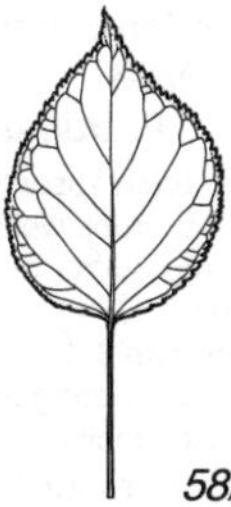

58/79

P. armeniaca

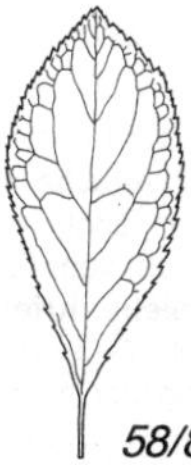

58/80

P. spinosa

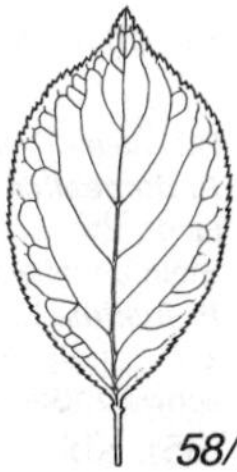

58/81

P. domestica

breit, duftend; Fr. 2–3 cm breit, gelbl. bis grünl., roh kaum genießbar (in China zur Bereitung des sog. Pflaumenweins benutzt); III–IV. Bk. ∧ – Nw-4 (China).
Schnee-Aprikose, *P. múme* Sieb. & Zucc.

35 (32). Bltn. zu 2–5; Bl. in Knospenlage gefaltet **38**

– Bltn. zu 1–2 (selten 3); Bl. in Knospenlage gerollt **36**

36. Bltn. 1–1,5 cm breit, meist einzeln, vor den Bl. erscheinend, Bltn.stiele kaum über 5 mm lang, kahl; Bl. 2–5:1–2 cm, kerbig gesägt *(58/80)*; Fr. aufrecht, rundl., 1–1,5 cm dick, schwärzl., blau bereift, herb; Pfl. sparrig verzweigt, meist sehr stark dornig, sich durch Wurzelsprosse stark ausbreitend; IV. Sk/Sg – N-3.
Schlehe, Schwarzdorn, *P. spinósa* L.

'Pléna': Bltn. gefüllt.

– Bltn. 1,5–2,5 cm breit, Bltn.stiele 5–25 mm lang; Pfl. oft nicht dornig **37**

37. Bltn.stiele kahl; Bltn. meist einzeln, vor oder mit den Bl. erscheinend; junge Zw. kahl, glänzend grün; Bl. 4–8:2–5 cm, unterstS. auf den Nerven ± behaart; Fr. rundl., 2–3 cm dick, gelb oder rot, süß und saftig, aber wenig haltbar; oft als Unterlage für Kulturpflaumen benutzt; IV–V. Bk – Ns-3 (Vorderasien).
Kirsch-P., *P. cerasífera* Ehrh.

'Pissárdii' ('Atropurpúrea'), **Blut-P.:** Bltn. weiß bis blaßrosa, öfter zu 2, Bltn.stiele, K., Bl. und junge Zw. dunkelrot, Fr. blutrot; in allen Teilen etwas größer als die Normalform; sehr häufiger Zierbaum.

'Cisténa': Ähnl. voriger, aber junge Bl. mehr leuchtend rot; Bltn. weiß mit roten Stbl.; Wuchs mehr strauchig.

– Bltn.stiele behaart; Bltn. *(58/53)* meist zu 2 (selten 3), zusammen mit den Bl. erscheinend; junge Zw. kahl bis filzig, nicht glänzend, oft rötl.; Bl. *(58/81)* 4–10:2–6 cm, unterstS. dicht behaart bis fast

kahl; Fr. je nach der Sorte sehr verschieden geformt und gefärbt; Pfl. oft mit Wurzelsprossen; IV–V. Bk – Ns-3.
Kultur-P., *P. doméstica* L. **aggr.**

Die vielen Fruchtsorten werden meist in 2 Kleinarten zusammengefaßt:
P. doméstica L. s.str., **Zwetsche, Haus-P.:** Bltn. grünl.-weiß, 1,5–2 cm breit; junge Zw. oft ± kahl; Fr. längl., 4–7,5 cm lang, purpurrot bis blauschwarz, Stein abgeflacht, sich leicht vom Fleisch lösend.
P. insitítia L., **Haferschlehe, Krieche:** Bltn. reinweiß, 2–2,5 cm breit; junge Zw. ± filzig; Fr. ± rundl., 2–5 cm dick, rot, grünl. oder gelbl., seltener blauschwarz, Stein kaum abgeflacht, sich vom Fleisch meist nicht lösend.

38 (35). Kbl. und Bl. drüsig gesägt (Zähne in einer Drüse endend); Bl. ± breit-elliptisch, 7–10 cm lang, untersts. ± behaart, Bl.stiele mit Drüsenhöckern; Bltn. zu 3–4, weiß, im Verblühen rosa, 2–3 cm breit, Kbl. obersts. kahl, untersts. meist behaart; Fr. längl., 2–3 cm lang, gelb bis rot; V. Bk – N-2.
Kanada-P., *P. nígra* Ait.

– Kbl. ganzrandig oder gezähnt; Bl. scharf gesägt, aber Zähne ohne Drüsen; Fr. rundl. **39**

39. Junge Zw., Bltn.stiele sowie Kbl. beidersts. behaart; Bltn. zu 2–3, 1,2–1,5 cm breit; Bl. eif. bis elliptisch, 4–7 cm lang, spitz, Bl.stiel meist mit Drüsenhöckern; Fr. etwa 1,5 cm dick, dunkelrot, bereift; IV–V. Sk – Nhw-2. **Strand-P., *P. marítima*** Marsh.

– Kbl. obersts. behaart, untersts. wie junge Zw. und Bltn.stiele kahl; Bltn. zu 2–5, 2–3 cm breit, unangenehm duftend; Bl. elliptisch bis längl., 6–10 cm lang, zugespitzt, Bl.stiel ohne Drüsenhöcker; Fr. 2–3 cm dick, rot, selten gelb; V. Bk – N-2.
Virginische P., *P. americána* Marsh.

Unterfamilie: ***Rosoideae***

13. ***Neviúsia*** Gray, **Schneelocke**

Monotypische Gattung.

Sommergrüner Strauch; Zw. hellbraun, teils 2kantig, fein behaart; Bl. eif., 3–7 cm lang, zugespitzt, doppelt gesägt bis seicht fiederig gelappt *(58/82)*, hellgrün, untersts. angedrückt behaart, Bl.stiel bis 1 cm lang, Stipeln klein, linealisch; Bltn. zu 3–8 in Trauben bis Dolden, meist am Ende beblätterter Kurztriebe, 1,5–2,5 cm breit, ohne Krbl., durch die Farbe der zahlreichen langen Stbl. weißl. wirkend; Kbl. grün oder anfangs weißl., gesägt, kleinen Laubbl. ähnelnd; Frbl. 2–4 in offenem Bltn.becher, mit langen Gr., Frkn. dicht behaart; Frch. 4–5 mm lang, anliegend weißhaarig; V–VI. Sk – Nhw-2 (Alabama). ***N. alabaménsis*** Gray

58/82

Neviusia alabamensis

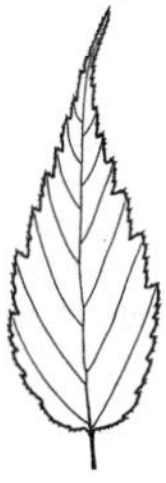

58/83

Kerria japonica

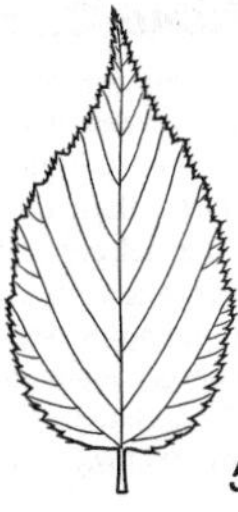

58/84

Rhodotypos scandens

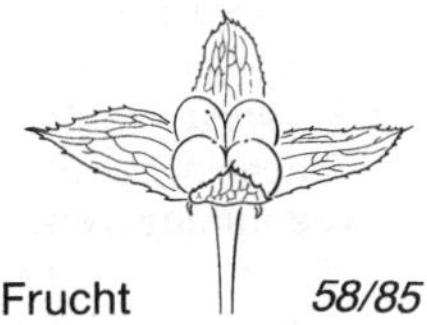

Rh. scandens, Frucht 58/85

14. ***Kérria*** DC., **Goldkerrie, Ranunkelstrauch**

Monotypische Gattung.

Sommergrüner Strauch mit kurzen unterirdischen Ausläufern; Zw. kahl, bis ins 2. Jahr und z. T. länger glänzend grün bleibend, mit dickem weißem Mark; Bl. *(58/83)* eif. bis eilängl., 3–6 cm lang, zugespitzt, doppelt gesägt, frischgrün, untersts. leicht behaart, Bl.stiel bis 1,5 cm lang, Stipeln klein; Bltn. einzeln oder zu wenigen meist am Ende beblätterter Kurztriebe, etwa 3 cm breit, leuchtend gelb, Frbl. 5–8, in offenem Bltn.becher; Frch. 4–5 mm lang, schwarzbräunl., selten ausgebildet; V–VI. Sk – Nhg-4. ***K. japónica*** (L.) DC.

'Pleniflóra': Bltn. röschenartig gefüllt, bis 4,5 cm breit; Pfl. in allen Teilen kräftiger als die Normalform, viel häufiger angepflanzt als diese.

15. ***Rhodótypos*** Sieb. & Zucc., **Schneekerrie**

Monotypische Gattung.

Sommergrüner Strauch; Zw. braun, ± kahl; Bl. *(58/84)* gegenst., eif., 4–10 cm lang, leicht zugespitzt, scharf doppelt gesägt, obersts. dunkelgrün, untersts. heller und ± anliegend behaart, Bl.stiel bis 5 mm lang, Stipeln klein, zottig behaart; Bltn. einzeln endst., 4zählig, 3–5 cm breit, reinweiß, Frbl. meist 4, in offenem Bltn.becher; Frch. *(58/85)* etwa 8 mm lang, glänzend schwarzbraun, vom bleibenden K. umgeben; V–VI. Sk – Nhw-4. (*Rh. kerrioides* Sieb. & Zucc.). ***Rh. scándens*** (Thunb.) Mak.

16. ***Rúbus*** L., Himbeere, Brombeere

Stauden oder meistens sommer- bis immergrüne Sträucher, oft mit unterirdischen Ausläufern oder Wurzelsprossen, häufig mit Stacheln; Zw. oft kurzlebig, im ersten Jahr als Schößlinge ihr volles Längenwachstum abschließend, im 2. Jahr an seitl. Kurztrieben Bltn. erzeugend, vom 3. Jahr an nur noch schwach sich weiter verzweigend oder bald absterbend; Schößlinge aufrecht oder bogig überhängend und dann manchmal mit der Spitze den Boden berührend und einwurzelnd, oder auch auf ganzer Länge liegend und wurzelnd; Bl. gelappt, gefingert oder gefiedert, mit Stipeln; Bltn. in Rispen, Schirmrispen, Trauben oder einzeln endst., weiß bis rosa, Frbl. viele, auf dem meist kegelf. Ende der Bltn.achse stehend *(58/1)*; Frch. Steinfrch., sich gemeinsam als Sammelfr. ablösend *(58/6)*, meist saftig und eßbar. Über 400 Arten, in den Extratropen weit verbreitet, sowie in tropischen Gebirgen.

1. Bl. gefiedert, gefingert oder 3zählig (dann aber Blch. nicht schmal lanzettl.); Zw. ± bestachelt **6**

– Bl. nicht zusammengesetzt, aber meist ± tief handf. gelappt (3zählig mit schmal lanzettl. Blch. bei einer Form von *R. henryi*) **2**

2. Bl. sommergrün, weich, höchstens locker behaart; Zw. ohne Stacheln, mit streifiger Borke (Untergattung ***Anoplóbatus*, Blumenhimbeeren**) **4**

– Bl. immergrün, derb, untersts. ± weißfilzig; Zw. mit kleinen gekrümmten Stacheln oder Stachelborsten, mindestens jung dicht behaart (Untergattung ***Malachóbatus*, Immergrüne Himbeeren**) **3**

3. Pfl. bis 6 m hoch windend; Bl. 10–15 cm lang, meist tief 3lappig *(58/86)*, die Lappen 2–3 cm breit, zugespitzt (oder die Bl. z.T. ungelappt, seltener 5lappig), Rand entfernt fein gesägt, Bl. obersts. glänzend dunkelgrün, Stipeln ganzrandig bis gezähnt; Bltn. in drüsigen Trauben, etwa 2 cm breit, rosa; Fr. schwarz, 1–1,5 cm lang; VI. L # ∧ – Nhw-4 (M-China).

Kletter-H., *R. hénryi* Hemsl.

Var. ***bambusárum*** (Focke) Rehd.: Bl. 3zählig mit schmal lanzettl. Blch. *(58/87)*.

– Pfl. kriechend; Bl. ± rundl., 2–4 cm breit, mit 3 (seltener 5) seichten, abgerundeten Lappen, Basis tief herzf., Rand kraus, grob gekerbt *(58/88)*, Bl. obersts. dunkelgrün, stark runzlig, Stipeln breit, tief handf. eingeschnitten; Bltn. zu 1–2, etwa 1,5 cm breit, weiß, meist unter den Bl. verborgen; Fr. rot, 1,5 cm lang; V–VI. Sp # ∧∧ – BGm/PG-4 (Taiwan).

Kriech-H., *R. calycinoídes* Hayata

4 (2). Bl. 3–8 (meist unter 6) cm breit, rundl., mit 3, seltener 5 meist abgerundeten, doppelt gesägten Lappen; Bltn. meist einzeln, rein weiß, etwa 5 cm breit; Fr. halbkugelig, rot bis bräunl., bis 1,5 cm dick; Zw. ± übergeneigt; Sk – Ng-1.

Colorado-H., *R. deliciósus* Torr.

– Bl. meist weit über 10 cm breit, ahornähnl., Lappen spitz bis zugespitzt; Bltn. zu mehreren in kurzen Schirmtrauben oder -rispen; Zw. aufrecht **5**

58/86

Rubus henryi

58/87

R. henryi var. bambusarum

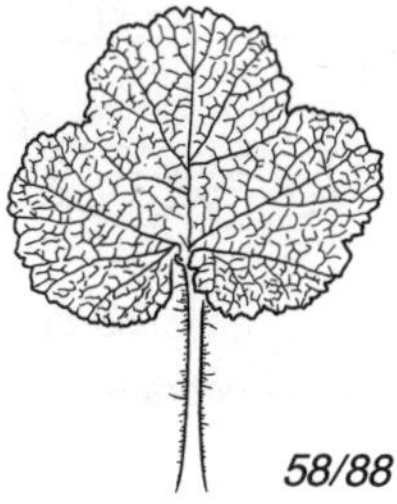

58/88

R. calycinoides

5. Bltn. rosarot, 4–5 cm breit, Kbl. meist dicht mit dunklen Drüsenhaaren bedeckt; Bltnst. oft mit mehr als 10 Bltn.; Bl. *(58/89)* 10–30 cm breit, Lappen 3–5, ± lang zugespitzt; Fr. rot, flach, 1–2 cm breit, ungenießbar, Frch. oft einzeln abfallend; VI–VII. Sk – Nh-2. **Zimt-H.,** ***R. odorátus*** L.

– Bltn. weiß (selten blaßrosa überlaufen), etwa 4 cm breit, Kbl. grauhaarig, ohne oder mit wenigen Drüsenhaaren; Bltnst. meist mit 3–7 Bltn.; Bl. 6–25 cm breit, Lappen meist 5, spitz bis kurz zugespitzt; Fr. rot, halbkugelig, 1,5–2 cm breit, eßbar; VI–VIII. Sk – N-1. **Nutka-H.,** ***R. parviflórus*** NUTT.

6 (1). Bl. mindestens teilweise 5zählig gefingert, seltener alle 3zählig, dann aber Bl. untersts. nicht weiß und Bltn. nicht rosa; Fr. blau bis schwarz oder schwarzrot, sich einschließl. des Bltn.bodens ablösend, meist wohlschmeckend; Bltnst. meist vielbltg. Rispen (Untergattung ***Rubus*****, Brombeeren**) **15**

– Bl. 3zählig oder gefiedert (wenn ausnahmsweise 5zählig gefingert, dann Zw. mit auffälligen roten Drüsenborsten oder weiß bereift); Fr. rot bis schwarz oder gelb, sich unter Zurücklassung des Bltn.bodens ablösend (Untergattung ***Idaeóbatus*****, Echte Himbeeren**) **7**

7. Bl. untersts. grün, 3zählig, Blch. eif., 4–9 cm lang *(58/90)*; Bltn. zu 1–3, rosa bis rot, 2,5–3 cm breit, duftend, Krbl. wesentl. länger als die Kbl., ausgebreitet; Fr. gelb bis rot, eßbar; V–VI. Sk – N-1. **Lachs-H.,** ***R. spectábilis*** PURSH

– Bl. untersts. weißfilzig oder -bereift, oft mehr als 3zählig; Krbl. zieml. klein, meist kürzer als die Kbl. und oft aufrecht . . . **8**

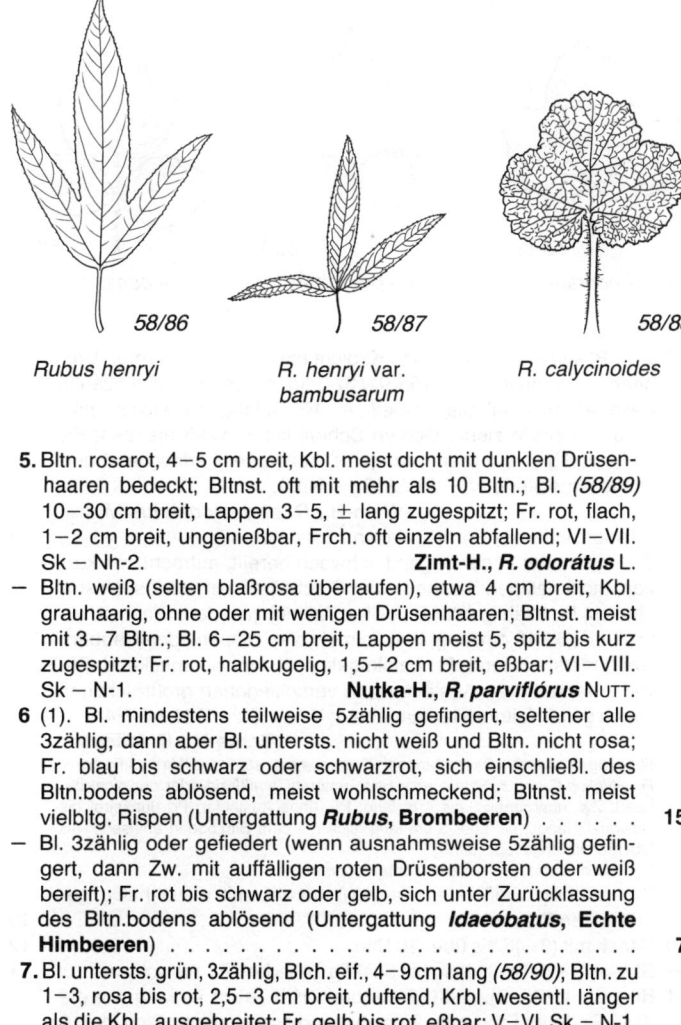

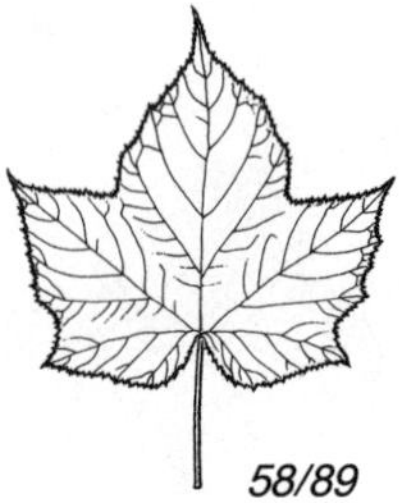

58/89

Rubus odoratus

58/90

R. spectabilis

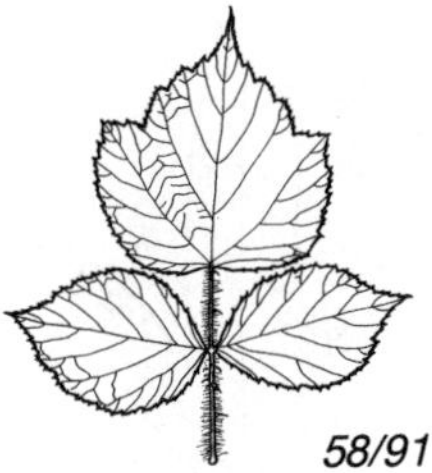

58/91

R. phoenicolasius

8. Zw., Bl.stiele, Bltn.stiele und K. dicht mit auffallenden roten Drüsenborsten besetzt; Bl. *(58/91)* 3zählig, gelegentl. auch 5zählig gefingert, Blch. eif. bis breit-eif., 4–10 cm lang, zugespitzt; Bltn. zu 6–10 cm in zieml. dichten Schirmrispen, weiß bis rosa; Fr. halbkugelig, 1 cm breit, orangerot, saftig, sehr erfrischend und wohlschmeckend; VI–VII. Sk/Sg – Nh-4.

Wein-H., *R. phoenicolásius* MAXIM.

– Pfl. nicht in dieser Form auffallend drüsenborstig **9**

9. Zw. nicht oder in der Jugend schwach bereift, aufrecht, mit kurzen, nicht hakigen Stacheln oder Stachelborsten, oder auch stachellos; Bl. 3zählig oder 5-, selten 7zählig gefiedert, Blch. eif. bis breit-eif., 5–10 cm lang; Bltn. in mehrbltg. Rispen oder Trauben, weiß, meist nickend; Fr. halbkugelig, rot, wohlschmeckend; Pfl. mit unterirdischen Ausläufern; in verschiedenen großfrüchtigen (auch gelb) Kultursorten angebaut; V–VI. Sk – B/N-1/2/3/4.

Echte H., *R. idaēus* L.

R. × ***loganobáccus*** BAILEY (angebl. *R. idaeus* ssp. *strigosus* (MICHX.) FOCKE × *R. vitifolius* CHAM. & SCHLECHT.): Blch. unterst. weißfilzig oder nur dicht behaart; Zw. übergeneigt, bis 4 m lang; Pfl. ohne Ausläufer; Fr. dunkelrot bis schwärzl., längl., bis über 3 cm lang, sich mit dem Bltn.boden ablösend; als Obstgehölz angebaut. Sk/Sg.

Vgl. auch *R. idaeus* × *caesius* unter letzterer.

– Zw. auffällig weiß oder blauweiß bereift, mit meist hakig gekrümmten Stacheln **10**

10. Bltnst. mit (3–)6 bis über 10 Bltn. **12**

– Bltn. zu 1–5; Bl. 3zählig bis 5zählig gefiedert; Fr. nie schwarz . . **11**

11. Bltn. zu 1–2(–3), weiß, 2 cm breit, Krbl. etwa so lang wie die Kbl., Gr. kahl; Fr. rundl., 2 cm dick, goldgelb, eßbar; Blch. 4–10 cm lang, Bl.-stiel und Rhachis bestachelt; V–VI. Sk/Sg ∧ – NGm-4 (Himalaja). **Gold-H., *R. biflórus*** BUCH.-HAM.

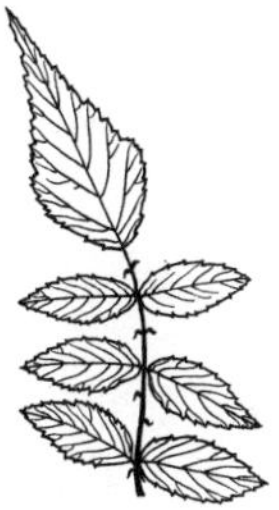
58/92
Rubus cockburnianus

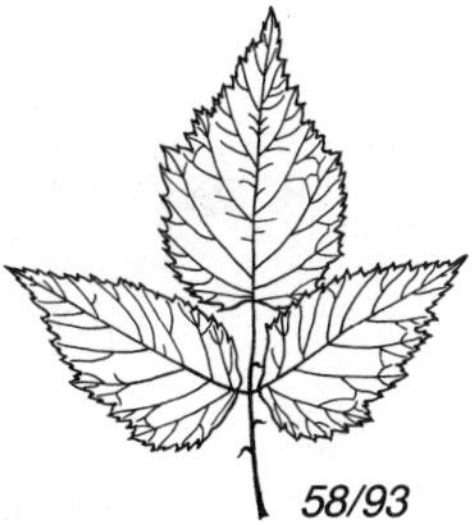
58/93
R. leucodermis

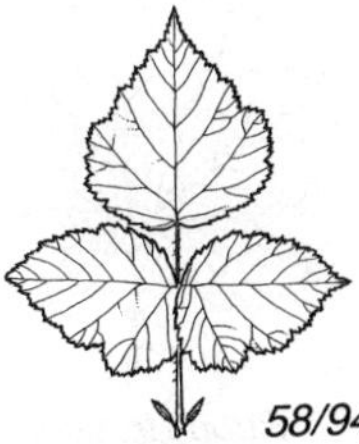
58/94
R. caesius

– Bltn. zu 1–5, nickend, rosa, Krbl. kürzer als die Kbl., Gr. behaart; Fr. rundl., rot, behaart, ungenießbar; Blch. 5–10 cm lang, das Endblch. oft bis 15 cm und 3lappig, Bl.stiel stachelborstig; VI. Sk – Nhw-4 (M-China). **Haar-H., *R. lasiostýlus*** FOCKE

12 (10). Bl. 3zählig, selten 5zählig gefingert; Bltn. weiß, zu 6–10; Fr. schwarz, eßbar **14**

– Bl. 5–9zählig gefiedert; Bltn. rötl. **13**

13. Krbl. nach innen geneigt, den Stbl. anliegend, sehr klein, rosa; Bltn. in 3–7 cm breiten Schirmtrauben; Fr. sehr klein, rundl., rot oder schwarz; Bl. 5–7zählig gefiedert, Blch. elliptisch bis eif., 3–7 cm lang, Mittelrippen, Rhachis und Bl.stiel bestachelt; V–VI. Sk/Sg – N-4. **Korea-H., *R. coreánus*** MIQ.

– Krbl. aufrecht bis abspreizend, den Stbl. nicht anliegend, rosapurpurn; Bltn. in 10–12 cm langen Rispen; Fr. ± schwarz; Bl. *(58/92)* 7–9zählig gefiedert, Blch. eif. bis lanzettl., 3–6 cm lang, das Endblch. bis 10 cm, Bl.stiel und Rhachis bestachelt; Zw. bogig übergeneigt; VI. Sk/Sg – N-4. (*R. giraldianus* FOCKE)
Tangutische H., *R. cockburniánus* HEMSL.

14 (12). Stacheln aller Triebe gekrümmt und seitl. abgeflacht; Bl. *(58/93)* obersts. gelbl.-grün, Blch. 6–10 cm lang, Bl.stiel und Rhachis bestachelt; Krbl. deutl. kürzer als die Kbl.; Fr. etwa 12 mm dick; V–VI. Sk – N-1.
Oregon-H., *R. leucodérmis* DOUGL. ex TORR. & GRAY

– Stacheln der Bltn.triebe gerade und kaum abgeflacht; Bl. obersts. dunkelgrün, Blch. 5–8 cm lang, Bl.stiel bestachelt; Krbl. kaum kürzer als die Kbl.; Fr. etwa 10 mm dick; V–VI. Sk/Sg – N-2.
Schwarze H., *R. occidentális* L.

15 (6). Bl. alle 3zählig *(58/94)*, sommergrün, Blch. bis 9 cm lang, beidersts. hellgrün, meist leicht behaart; 1j. Zw. (Schößlinge) be-

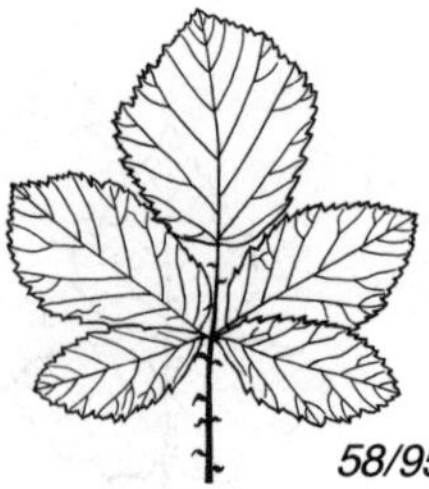

58/95

Rubus fruticosus

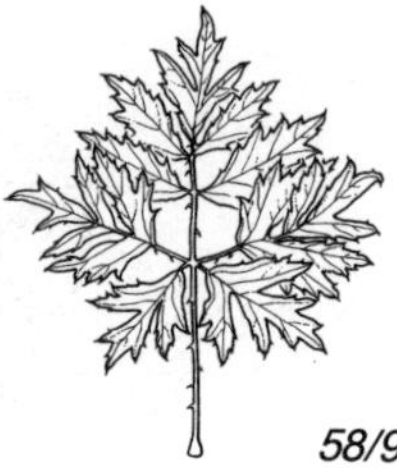

58/96

R. laciniatus

reift, rund, zieml. dünn (selten über 5 mm dick), mit kurzen dünnen Stacheln, meist niederliegend oder kletternd; Bltn. weiß, etwa 3 cm breit; Fr. auffallend hellbläul. bereift, mit wenigen (meist unter 20), zieml. großen Frch.; VI–VIII. Sk/Sp – N-3.

Kratzbeere, *R. caésius* L.

***R. caesius* × *idaeus*:** Pfl. mit dem Habitus von *R. caesius*, aber in allen Teilen kräftiger; Blch. untersts. oft etwas weißl.; Fr. rot, meist weder mit noch ohne Bltn.boden ablösbar, häufig ganz fehlschlagend; Naturhybride, zuw. in Nähe der Elternarten auftretend.

– Bl. z.T. oder sämtl. 5zählig gefingert *(58/95)*, oft wintergrün, obersts. meist dunkelgrün, untersts. hellgrün und kahl bis dicht weißfilzig; 1j. Zw. nicht bereift, meist kantig und über 5 mm (zuw. bis 3 cm) dick, oft aufrecht bis bogig übergeneigt, Stacheln sehr unterschiedlich; Bltn. weiß oder rosa; Fr. unbereift, glänzend schwarz oder schwarzrot, mit vielen (meist über 20), zieml. kleinen Frch.; VI–VIII. Sk/Sg – N/M-3.

Echte B., *R. fruticósus* L. aggr.

Sehr vielgestaltiges Aggregat, in dem weit über 1000 meist apomiktische und großenteils polyploide Kleinarten beschrieben worden sind; diese werden von neueren Autoren in die 2 Sektionen Rubus (= Eufruticosi, eigentliche Brombeeren) und Corylifólii (Zwischenformen mit *R. caesius*) zusammengefaßt. Für die Bestimmung der ca. 100–150 einigermaßen gut faßbaren Wildsippen in Mitteleuropa geeignete Spezialliteratur: Weber, H. E., 1972: Die Gattung Rubus im nordwestlichen Europa. Phanerogamarum Monographiae VII (Verlag Cramer, Lehre). – Weber, H. E., 1985: Rubi Westfalici. Abh. Westfäl. Mus. Naturk. (Münster) 47(3).

Als Obstgehölze mit besonders wohlschmeckenden, 12 bis über 15 mm dicken Fr. häufiger gepflanzte Sippen:

'Theodor Reimers' (*R. armeniacus* Focke; Selektion aus dem Verwandtschaftskreis *R. díscolor* Weihe & Nees s. l.): Bl. untersts. weißfilzig; Bltn. rosa; sehr starkwüchsige Pfl. mit über 5 m langen und bis 3 cm dicken Schößlingen, stark bestachelt (auch an den Bl.stielen). Oft verwildernd.

'Thornfree': Pfl. stachellos; Bl. untersts. hellgrün; Bltn. rosa.

R. laciniátus (West.) Willd., Schlitzblatt-B.: Blch. tief fiederig zerschlitzt *(58/96)*, untersts. meist schwach behaart; Bltn. weiß bis rosa; Zw. kantig, bogig übergeneigt, bis über 4 m lang, mit hakigen Stacheln; Kulturpfl. unbekannten Ursprungs, oft verwildernd.

'Thornless Evergreen': stachellose Mutante von voriger.

Ferner ***R. linkiánus*** Ser., Gefüllte B.: Bltn. weiß, gefüllt, etwa 2,5 cm breit; Blch. untersts. weißfilzig; Stacheln hakig; Fr. meist nicht entwickelt; Zierpfl. unbekannten Ursprungs.

Vgl. auch *R. loganobaccus* unter *R. idaeus*.

17. *Potentílla* L., Fingerstrauch

Meist Stauden (Fingerkräuter), nur wenige sommergrüne Kleinsträucher; Bl. gefingert, 3zählig oder (bei unseren Arten) gefiedert, mit Stipeln, diese mindestens im unteren Teil flügelartig dem Bl.stiel angewachsen; Bltn. in Rispen oder viel- bis wenigbltg. Thyrsen, meist 5zählig, gelb, weiß oder rot, mit doppeltem Kelch (alternierend mit den Kbl. die gleiche Zahl von Außenkbl.), Frbl. viele, an flacher bis schwach kegeliger Bltn.achse *(58/1)*; Frch. trockene, einzeln abfallende Nüßchen. Über 300 Arten in den ganzen nördl. Extratropen, in tropischen Gebirgen südl. bis Perú und Neuguinea.

1. Krbl. länger als die Kbl., beim Verblühen abfallend, gelb, bei Formen auch weiß oder orangerot, Außenkbl. so lang wie die Kbl.; Bltn. 1,5–3(–4) cm breit, zu wenigen bis vielen in zieml. dichten, end- oder seitenst. Dichasien, seltener einzeln; Bl. *(58/97)* 5-, selten 3- oder 7zählig gefiedert, Blch. elliptisch bis linealisch, 1–2,5(–6) cm lang, ganzrandig, Rand umgebogen; Pfl. oft über 1 m hoch; V–IX. Sk – B-1/2/3/4. **Nordischer F., *P. fruticósa*** L.

Von den zahlreichen Formen seien genannt:

Var. ***davúrica*** (Nestler) Ser.: Sz; Blch. etwa 1 cm lang, untersts. blaugrün, fast kahl; Bltn. weiß, 2–3 cm breit.

Var. ***mandshúrica*** Maxim.: Sz/Sp; Blch. beiderssts. grauseidig behaart; Bltn. weiß, 2,5 cm breit.

'Fárreri': Sz; Blch. 5–8 mm lang; Bltn. goldgelb, 2–3 cm breit.

'Friedrichsénii': Blch. bis 3 cm lang, untersts. weißl.; Bltn. hellgelb, 2,5–3 cm breit.

'Friesengold': Blch. bis 4 cm lang; Bltn. goldgelb, 2,5 cm breit.

'Jackman': Blch. meist 7, bis 6 cm lang, untersts. blaugrün; Bltn. goldgelb, 3,5–4 cm breit.

'Vilmoriniána: Blch. untersts. weißfilzig; Bltn. rahmweiß.

– Krbl. kürzer als oder höchstens so lang wie die Kbl., bis zur Fr.reife bleibend, nicht gelb, Außenkbl. nur etwa halb so lang wie die Kbl.; Bltnst. locker, 3–10bltg.; Blch. scharf gesägt; Pfl. meist nicht über 1 m hoch **2**

2. Pfl. aufrecht, bis 1 m hoch; Blch. *(58/98)* 7–9(–13), 2–4 cm lang, obersts. glänzend dunkelgrün, untersts. auffallend weißfilzig; Bltn. etwa 3 cm breit, weißl. oder rosa überlaufen; VI–VIII. Sk – Ns/a-3/4. **Dsungarischer F., *P. salesoviána*** Steph.

– Pfl. kriechend bis aufsteigend, unter 50 cm hoch; Blch. 5–7, 2–6 cm lang, obersts. hellgrün, untersts. blaß blaugrün, meist

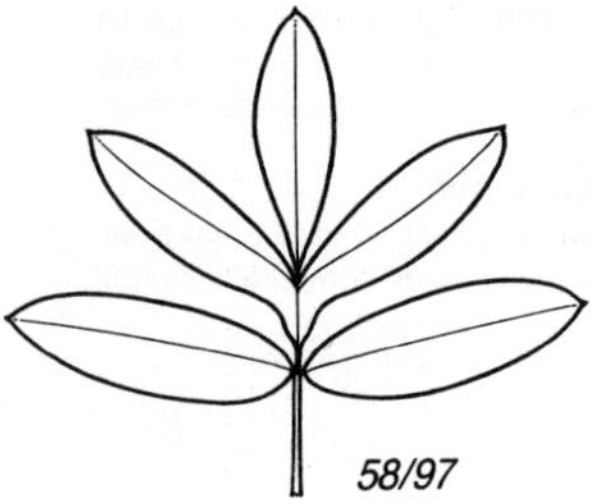

58/97

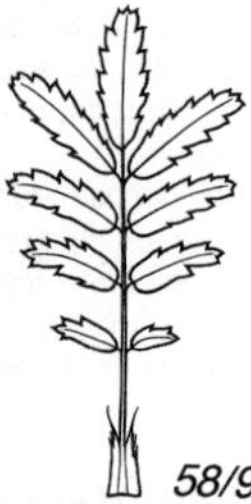

58/98

58/99

Potentilla fruticosa *P. salesoviana* *Dryas octopetala*

behaart, aber nicht weißfilzig; Bltn. 2–3 cm breit, braunrot, Endbltn. manchmal bis 7zählig; VI–VIII. Sz – Bh/Nk-1/2/3/4 (meist in Sümpfen). (*Comarum palustre* L.).
Sumpfblutauge, *P. palústris* (L.) Scop.

18. *Drýas* L., Silberwurz

Immergrüne, kriechende Zwergsträucher; Bl. einfach, elliptisch bis eif., 1–3 cm lang und bis 1 cm breit, obersts. dunkelgrün, untersts. ± weißfilzig, Rand grob gekerbt, meist umgebogen, Stipeln am Bl.stiel angewachsen; Bltn. einzeln, lang gestielt, 2–4 cm breit, weiß bis gelbl., meist 8zählig (auch 7–10zählig), Frbl. viele, an kaum kegelf. Bltn.achse; Frch. Nüßchen mit zu einem langen, der Windverbreitung dienenden Federschweif ausgewachsenen Gr. Etwa 3 Arten in der Arktis und in alpinen Gebirgsstufen der Nordhalbkugel.

1. Bltn. weiß, aufrecht, Krbl. ausgebreitet, Stbl. kürzer oder so lang wie die Kbl., diese schmal längl.; Bl.basis meist schwach herzf. *(58/99)*; V–VII. Sp # – PN/PG-2/3/4. **Alpen-S., *D. octopétala*** L.

D.* × *suendermánnii Sünderm. (*D. octopetala* × *drummondii*): Bltn. in der Kn. gelb, offen weiß, nickend, aber Krbl. ausgebreitet.

– Bltn. gelbl., oft nickend, Krbl. meist ± aufrecht, Stbl. länger als die Kbl., diese ± eif.; Bl.basis meist breit keilf.; V–VI. Sp # – PG-1. **Alaska-S., *D. drummóndii*** Richards. ex Hook.

19. *Rósa* L., Rose

Sommergrüne, selten immergrüne Sträucher, oft mit Wurzelsprossen; Zw. bestachelt, aufrecht, bogig überhängend, seltener kletternd oder kriechend; Bl. unpaarig gefiedert, mit Stipeln, diese meist im unteren Teil flügelartig dem Bl.stiel angewachsen; Bltn. in Rispen, Schirmrispen, Schirmtrauben oder einzeln, 5zählig (selten 4zählig), Stbl. zahlreich; Frbl. zahlreich, in einem großen, krugf. Bltn.becher, dessen Mündung durch die vielen Gr. verschlossen wird *(58/4, 58/100, 58/101)* (Bltn.becher dadurch als unterst. Frkn. erscheinend); in der Sammelfr. (Hagebutte) bildet der rote bis schwarze Bltn.becher das Fr.fleisch, das die zahlreichen Nüßchen umschließt. Etwa 100–200 Arten in der Meridionalen, Nemoralen und Borealen Zone, in tropischen Gebirgen südl. bis Mexiko, Abessinien und Philippinen.

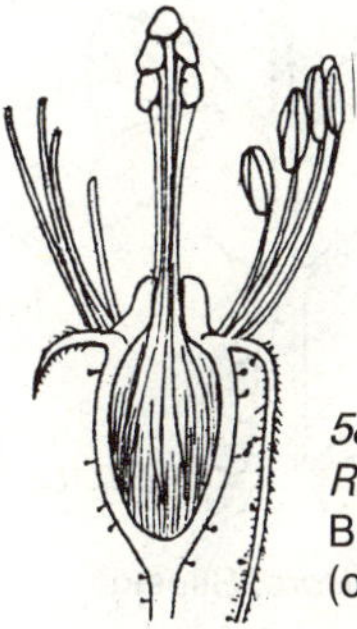

58/100
Rosa setigera,
Blüte längs
(ohne Krbl.)

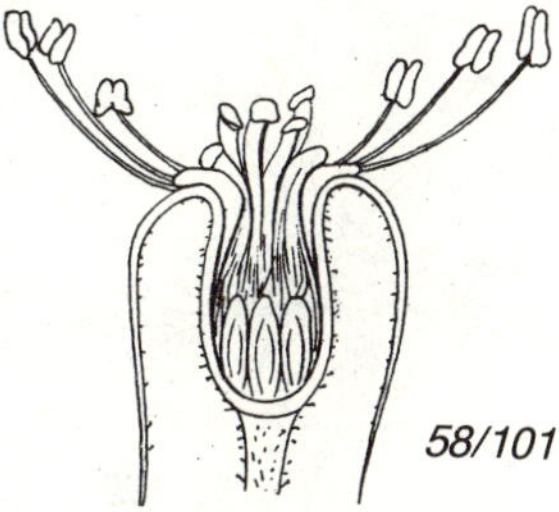

58/101
R. sericea, Blüte
längs (ohne Krbl.)

Neben den oft taxonomisch schwierigen Wildarten gibt es Hunderte von Kultursorten (Gartenrosen), die meist durch Kreuzungen entstanden sind, ohne daß der Ursprung heute noch exakt feststellbar ist. Sie müssen hier außer Betracht bleiben; ihre Vielfalt ließe sich kaum in einen Schlüssel zwängen, und außerdem kommen laufend neue hinzu.
Die Blattbeschreibungen im Schlüssel beziehen sich auf die mittleren Bl. an Langtrieben.

1. Bltn. meist 4zählig, weiß **26**
– Bltn. 5zählig (bzw. gefüllt) **2**

2. Gr. den Rand des Bltn.bechers ± nicht überragend, meist nur die verdickten Narben sichtbar, die die Öffnung des Bltn.bechers als flaches bis halbkugeliges Polster verschließen *(58/4)* **12**
– Gr. den Rand des Bltn.bechers überragend (mindestens halb so weit wie die inneren Stbl.), zwischen diesem und den ± verdickten Narben deutl. sichtbar *(58/100, 58/101)* **3**

3. Gr. mindestens unterwärts zu einer Säule vereinigt *(58/100)*, Bltn. meist in mehr- bis vielbltg. Rispen oder Schirmrispen, selten einzeln **5**
– Gr. deutl. voneinander frei *(58/101)*, behaart **4**

4. Bltn. oft unter 5 cm breit, einzeln am Ende seitl. Kurztriebe; Blch. 5–17, nur selten über 3 cm lang **25**
– Bltn. groß, 5–10 cm breit, meist gefüllt, weiß, gelbl., rosa oder rot, ± duftend, einzeln, zu wenigen oder in großen Schirmrispen am Ende von Langtrieben; Kbl. nach dem Verblühen zurückgeschlagen; Bl. wintergrün, Blch. 3–7, bis 8 cm lang, oberseits glänzend dunkelgrün, kahl; Zw. oft glänzend, locker mit kräftigen, hakigen Stacheln besetzt; Stacheln, Bl.stiel und Rhachis oft rötl., manchmal auch Bl. rot überlaufen; VI–XI. Sk (#) ∧ – Mh-4. **Edel-R., *R. índica* L. aggr.**

Aus China und Indien in einer Reihe von Kultursorten eingeführt, über deren taxonomische Gruppierung keine Einigkeit besteht. Sie sind die wichtigsten Stammeltern der Edelrosen; Kreuzungen mit weiteren Arten (z. B. *R. multiflora, wichuraiana, moschata, gallica, foetida*) ergaben Remontantrosen, Tee-Hybriden, Lutea-Hybriden u. a.

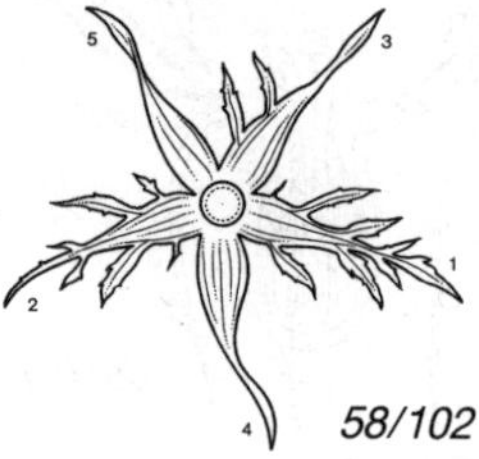

58/102

Rosa canina, Kelch

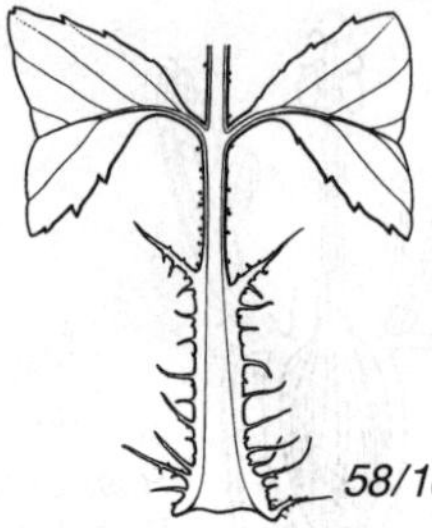

58/103

R. multiflora, Stipeln

Als Kleinarten werden oft herausgehoben:
R. odoráta (ANDR.) SWEET, **Tee-R.:** Zw. ± übergeneigt; Blch. 5–7; Bltn. 5–10 cm breit, weiß, gelbl. bis hellrosa, stark duftend, nur gefüllt.
R. chinénsis JACQ., **China-R.:** Zw. ± aufrecht; Blch. 3–5; Bltn. etwa 5 cm breit, rosa bis rot, wenig duftend.

5 (3). Zw. am Boden kriechend oder übergebogen und mit Hilfe der Stacheln kletternd (Spreizkletterer); Gr.säule mindestens so lang wie die inneren Stbl.; reife Fr. ohne K. **7**
– Zw. aufrecht oder etwas übergeneigt, aber nicht kletternd **6**
6. Gr.säule dicht behaart, meist so lang wie die inneren Stbl.; Bltn. etwa 3 cm breit, rosa, mit Stachelborsten an Bltn.becher und -stiel, Kbl. mit einem laubigen Anhängsel an der Spitze, aber nicht fiederig gelappt; Bltnst. wenigbltg., unter jeder Blüte ein Kranz von 2–3 spreitenlosen Hochbl.; Blch. 5–9, kahl, 8–15 mm lang; Stacheln meist an den Knoten gepaart, gerade, bis über 1 cm lang, scharf stechend; Fr. eif., orangerot, bis 1,5 cm lang, K. bleibend; VI. Sk – N-4 (W-China).
Kragen-R., *R. multibracteáta* HEMSL. & WILS.
– Gr.säule kahl, meist kürzer als die inneren Stbl.; Bltn. 3–5 cm breit, weiß bis hellrosa, ohne Stachelborsten, äußere Kbl. fiederig gelappt; Bltnst. meist mit vielen (bis über 10) Bltn.; Blch. 5–7, kahl bis ± behaart, 1,5–5 cm lang; Stacheln zerstreut, hakig; Fr. eif., bis 1,5 cm lang, rot, reif meist ohne K.; VI. Sk/Sg – Nm-3 (W-Europa). **Griffel-R., *R. stylósa*** DESV.
7 (5). Stipeln auffallend kammf. fiederschnittig *(58/103)*; Bltn. zu vielen (bis weit über 20) in großen, pyramidalen Rispen, weiß, selten schwach rosa überlaufen, 1,5–2 cm breit; Fr. rundl., 5 mm dick, orange bis rot; Blch. meist zu 9 *(58/104)*, 1,5–3 cm lang; Zw. zunächst aufrecht, bald sich überneigend und kletternd, bis über 3 m lang; VI–VII. Sk/Sg/L – Nh-4 (Japan). (*R.*

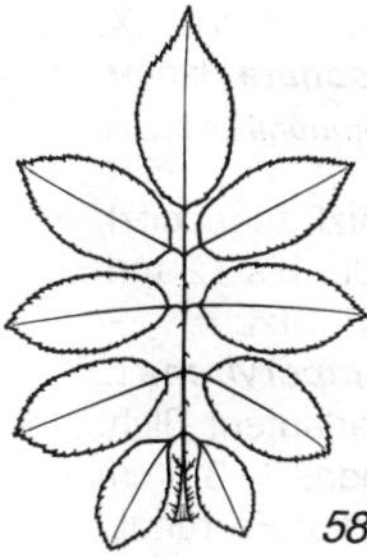
58/104
Rosa multiflora

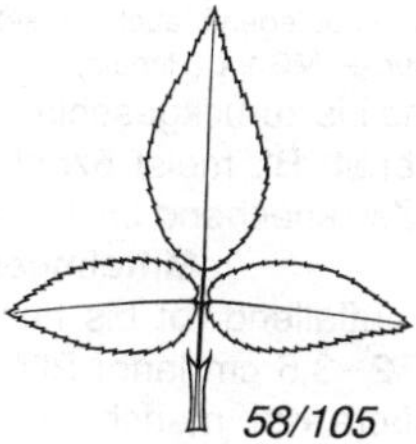
58/105
R. setigera

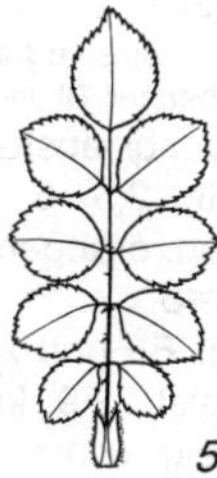
58/106
R. wichuraiana

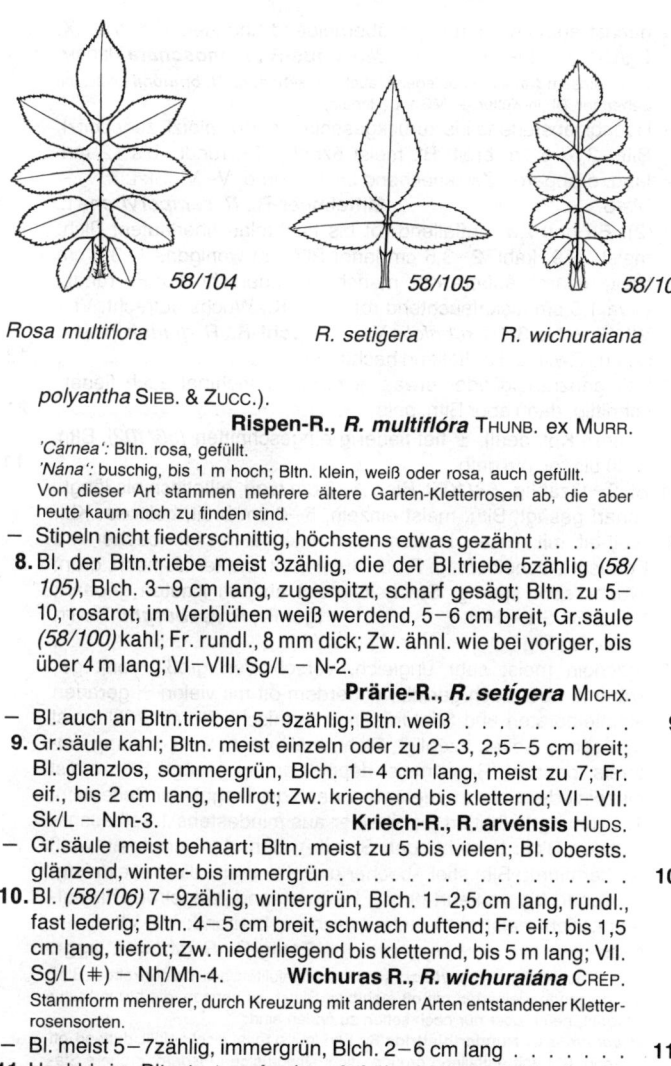

polyantha SIEB. & ZUCC.).

Rispen-R., *R. multiflóra* THUNB. ex MURR.

'Cárnea': Bltn. rosa, gefüllt.
'Nána': buschig, bis 1 m hoch; Bltn. klein, weiß oder rosa, auch gefüllt.
Von dieser Art stammen mehrere ältere Garten-Kletterrosen ab, die aber heute kaum noch zu finden sind.

– Stipeln nicht fiederschnittig, höchstens etwas gezähnt 8

8. Bl. der Bltn.triebe meist 3zählig, die der Bl.triebe 5zählig *(58/105)*, Blch. 3–9 cm lang, zugespitzt, scharf gesägt; Bltn. zu 5–10, rosarot, im Verblühen weiß werdend, 5–6 cm breit, Gr.säule *(58/100)* kahl; Fr. rundl., 8 mm dick; Zw. ähnl. wie bei voriger, bis über 4 m lang; VI–VIII. Sg/L – N-2.
Prärie-R., *R. setígera* MICHX.

– Bl. auch an Bltn.trieben 5–9zählig; Bltn. weiß 9

9. Gr.säule kahl; Bltn. meist einzeln oder zu 2–3, 2,5–5 cm breit; Bl. glanzlos, sommergrün, Blch. 1–4 cm lang, meist zu 7; Fr. eif., bis 2 cm lang, hellrot; Zw. kriechend bis kletternd; VI–VII. Sk/L – Nm-3. **Kriech-R., R. arvénsis** HUDS.

– Gr.säule meist behaart; Bltn. meist zu 5 bis vielen; Bl. oberststs. glänzend, winter- bis immergrün 10

10. Bl. *(58/106)* 7–9zählig, wintergrün, Blch. 1–2,5 cm lang, rundl., fast lederig; Bltn. 4–5 cm breit, schwach duftend; Fr. eif., bis 1,5 cm lang, tiefrot; Zw. niederliegend bis kletternd, bis 5 m lang; VII. Sg/L (#) – Nh/Mh-4. **Wichuras R., *R. wichuraiána*** CRÉP.

Stammform mehrerer, durch Kreuzung mit anderen Arten entstandener Kletterrosensorten.

– Bl. meist 5–7zählig, immergrün, Blch. 2–6 cm lang 11

11. Hochbl. im Bltnst. ± aufrecht, oft früh abfallend; Kbl. allmähl. lang zugespitzt, Bltn. 3–5 cm breit, nach Moschus duftend; Bl. 5–7-, selten 9zählig, kahl; Fr. eif., 1 cm lang, orange; Zw. zunächst aufrecht, dann sich überneigend und kletternd; VII–IX. Sg/L # ∧ – M-3/4. **Moschus-R., *R. moscháta*** HERRM.

Unter diesem Namen ist gelegentl. auch die sehr ähnl. ***R. brunónii*** LINDL. mit behaarten Bl. in Kultur. – MGh-4 (Himalaja).

– Hochbl. abstehend bis zurückgeschlagen; Kbl. plötzl. zugespitzt, Bltn. 2,5–5 cm breit; Bl. meist 5zählig; Fr. rundl., bis 12 mm lang, orangerot; Zw. kriechend bis kletternd; V–VI. Sk/L # ∧ – Ms-3. **Mittelmeer-R., *R. sempérvirens*** L.

12 (2). Bl. und Zw. auffallend rot bis hechtblau überlaufen; Blch. meist 7–9, kahl, 2–3,5 cm lang; Bltn. zu wenigen, 3–3,5 cm breit, rosarot, äußere Kbl. manchmal fiederschnittig; Fr. rundl., etwa 1,5 cm dick, leuchtend rot, ohne K.; Wuchs aufrecht; VI–VII. Sk – Ng-3. (*R. rubrifolia* VILL.). **Hecht-R., *R. glaúca*** POURR.

– Bl. und Zw. nicht auffallend hechtblau **13**

13. Kbl. ganzrandig oder etwas gezähnt (manchmal auch fiederschnittig, dann aber Bltn. gelb) **21**

– Äußere Kbl. deutl. ± tief fiederig eingeschnitten *(58/102)*, Bltn. weiß bis rot, nie gelb **14**

14. Bl. 9–17zählig *(58/107)*, Blch. 1–3 cm lang, elliptisch bis längl., scharf gesägt; Bltn. meist einzeln, 5–6 cm breit, hellrosa, Kbl. breit-eif. mit kurzen, breiten Abschnitten; Bltn.stiel, -becher und Fr. dicht stachelborstig; Fr. 3–4 cm breit, breiter als hoch, grün; Wuchs sehr sparrig; Stacheln meist an den Knoten gepaart; V–VI. Sk/Sg – N-4. **Igel-R., *R. roxbúrghii*** TRATT.

– Bl. 3–9zählig **15**

15. Stacheln meist sehr ungleich, verschieden groß, meist gekrümmt, aber auch gerade, außerdem oft mit vielen ± geraden Stachelborsten und Stieldrüsen untermischt; Bl. *(58/108)* meist 3–5zählig (selten 7zählig), Blch. ± elliptisch, 2–8 cm lang, unterseits. behaart, Rand meist doppelt drüsig gesägt; Bltn. meist einzeln oder wenn zu mehreren, dann die Tragbl. der Seitenbltn. 1. Ordnung laubbl.artig (mit einer aus mindestens 1 voll ausgebildeten Blch. bestehenden Spreite); Bltn. 4–7 cm breit, weiß bis karminrot; Bltn.stiel, -becher und Kbl. meist dicht stieldrüsig; Fr. rundl. bis verkehrt-birnf., 1–2 cm lang, ziegelrot; Pfl. aufrecht, sich meist stark unterirdisch ausbreitend; VI–VII. Sk – N-3. **Essig-R., *R. gállica*** L. **aggr.**

Neben der Wildform (***R. gállica*** L. s.str.) mit ungefüllten, hell- bis dunkelrosa Bltn. sind folgende Kleinarten mit oft mehrbltg. Bltnst. zu nennen, die nur in Kultur bekannt, heute aber nur noch selten zu finden sind:

R. centifólia L., **Hundertblättrige R.:** Bltn. meist rosa, dicht gefüllt, duftend, oft nickend, Kbl. mit auffallend großen, dicht stieldrüsigen Fiedern; größere Stacheln sehr kräftig; hierzu die meist unter 1 m hohe *'Muscósa'*.

R. damascéna MILL., **Damaszener R.:** Bltn. gefüllt, meist duftend; Bl. meist nur einfach und nicht drüsig gesägt; größere Stacheln sehr kräftig, oft rot; Stachel-

58/107

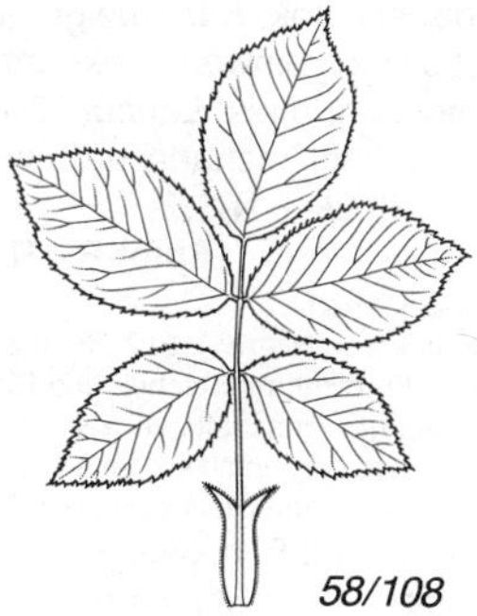

58/108

58/109

Rosa roxburghii *R. gallica* *R. canina*

und Drüsenborsten relativ wenige; hierzu die Sorten *'Versícolor'* **(York-und-Lancaster-R.),** Bltn. rot und weiß gestreift; und *'Trigintipétala'* **(Öl-R.),** Bltn. rosa, 8 cm breit, sehr stark duftend, in SO-Europa zur Gewinnung von Rosenöl angebaut.

R. álba L., **Weiße R.:** Bltn. gefüllt, weiß oder blaßrosa überlaufen, 6–8 cm breit, Bltn.becher meist ± kahl; Bl. nicht drüsig gesägt; Stacheln oft sichelf. gekrümmt; Stachel- und Drüsenborsten oft wenige oder manchmal fehlend.

R. turbináta AIT., **Frankfurter R.:** Bltn.triebe oft ± unbestachelt, Stacheln sonst z.T. sehr kräftig, Stachelborsten oft fehlend; Blch. oft 7, bis über 8 cm lang; Bltn. meist einfach, rosa bis purpurn, bis 8 cm breit, Bltn.becher schwach stieldrüsig bis kahl; Fr. bis über 2 cm lang, vom K. gekrönt.

– Stacheln ± gleichartig, kaum mit Stachel- und Drüsenborsten gemischt; Bl. meist 5–7zählig; Bltn. meist in mehrbltg. Schirmrispen, die Tragbl. der Seitenbltn. oft als spreitenlose Hochbl. ausgebildet (solche können auch bei fehlenden Seitenbltn. unterhalb der Endblüte vorhanden sein) **16**

16. Stacheln ± stark hakig gebogen, ihre Basis scheibenf. verbreitert; Blch. untersts. drüsig oder drüsenlos **19**

– Stacheln gerade oder nur schwach gekrümmt; Blch. untersts. drüsig (mindestens auf den Nerven) **17**

17. Blch. beidersts. kahl, untersts. auffällig netznervig mit einzelnen Drüsen (selten auch Haaren) auf den Nerven, 2,5–4 cm lang, zieml. derb; Bl.- und Bltn.stiele meist drüsenborstig; Bltn. blaß- bis dunkelrosa, 5–7 cm breit; Kbl. nach der Blüte zurückgeschlagen, vor der Fr.reife abfallend; Fr. rundl., etwa 12 mm dick, rot; VI–VII. Sk/Sg – N-3. (*R. marginata* auct. non WALLR.).

Rauhblatt-R., *R. jundzíllii* BESS.

– Blch. untersts. dicht behaart bis filzig und drüsig, obersts. ± graugrün **18**

18. Stacheln völlig gerade, schlank; Bltn.zweige gerade; freie Spitzen der Stipeln meist sichelf. einwärts gekrümmt; Blch. 1–6 cm lang; Tragbl. der Seitenbltn. meist Laubbl.; Bltn. 3–5 cm breit, hell- bis dunkelrosa; Fr. rundl., scharlachrot, von den aufgerichteten Kbl. gekrönt; VI–VII. Sk – N-3.

Apfel-R., *R. villósa* L. aggr.

In M-Europa vorkommende Kleinarten:

R. villósa L. s.str. (*R. pomifera* J. HERRM.): Blch. 3–6 cm lang und bis 3 cm breit; Bltn.stiel, -becher und Fr. dicht mit Stachel- und Drüsenborsten besetzt; Fr. bis über 2 cm dick, gelegentl. wirtschaftl. verwendet.

R. móllis SMITH: Blch. 1–3,5 cm lang und bis 2 cm breit; Bltn.stiel, -becher und Fr. nur mit wenigen Drüsen- und ohne Stachelborsten; Fr. 1–1,5 cm dick.

– Stacheln schwach gekrümmt; Bltn.zweige zickzackartig hin und her gebogen; freie Spitzen der Stipeln meist abstehend; Blch. 2–4 cm lang; Bltn. etwa 4 cm breit; Fr. eif., 1–2 cm lang, rot; VI–VII. Sk – N-3. **Filz-R., *R. tomentósa* SMITH aggr.**

In M-Europa vorkommende Kleinarten:

R. tomentósa SMITH s.str.: Bltn. blaßrosa, Bltn.stiel bis 4mal so lang wie der Bltn.becher; Pfl. lockerwüchsig, mit verlängerten, oft bogig überhängenden, zieml. dicken Zw.; Stacheln am Grunde verbreitert; Kbl. nach der Blüte abstehend, vor der Fr.reife abfallend.

R. scabriúscula SMITH: Zw. zieml. dünn; Stacheln am Grunde nicht verbreitert, oft gepaart; Kbl. nach der Blüte aufgerichtet und bis zur Fr.reife bleibend; sonst wie vorige.

R. sherárdii DAVIES: Bltn. rot, Bltn.stiel höchstens so lang wie der Bltn.becher; Pfl. dicht, kurzästig; Kbl. aufgerichtet, bleibend.

19 (16). Bl. untersts. mit zahlreichen, oft unter der Behaarung versteckten Drüsen, stark apfelartig duftend, obersts. behaart oder kahl, Blch. 1–3(–5) cm lang, elliptisch bis verkehrt-eif.; Bltn. meist zu 1–4, 3–5 cm breit; Fr. rundl. bis eif., 1–1,5 cm dick, orange bis rot oder bräunl.; VI–VII. Sk/Sg – N-3.

Wein-R., *R. rubiginósa* L. aggr.

Die in M-Europa vorkommenden Kleinarten zeigen die für Aggregate oft typische Überkreuzung und Vernetzung von Merkmalen:

R. rubiginósa L. s.str. (*R. eglanteria* L.): Basis der Blch. rundl.; Bltn.stiel und -becher stieldrüsig, Bltn. lebhaft rosa, Gr. behaart bis wollig; Kbl. nach der Blüte ± aufrecht, bis zum Beginn der Fr.reife bleibend, Fr.stiel etwa so lang wie die Fr.; Pfl. kurzästig, gedrungen.

R. micrántha BORR. ex SMITH: Basis der Blch. rundl.; Bltn.stiel und -becher stieldrüsig, Bltn. weißl. bis blaßrosa, kaum über 3 cm breit, Gr. ± kahl; Kbl. nach der Blüte zurückgeschlagen, bald abfallend; Fr.stiel länger als die Fr.

R. agréstis SAVI: Basis der Blch. keilf.; Bltn.stiel und -becher kahl, Bltn. weißl. bis blaßrosa, Gr. ± kahl; Kbl. zurückgeschlagen, bald abfallend; Fr.stiel länger als die Fr.

R. ellíptica TAUSCH (*R. inodora* FRIES): Basis der Blch. keilf.; Bltn.stiel und -becher kahl, Bltn. weiß bis fleischfarbig, Gr. behaart bis wollig; Kbl. aufrecht, die reife Fr. krönend; Fr.stiel so lang wie die Fr.

– Bl. duftlos, untersts. ohne oder mit Drüsen, kahl oder behaart . . **20**

20. Hochbl. groß, die bis etwa 1 cm langen Bltn.stiele umhüllend; Bltn. 4–5 cm breit, rosarot, Narbenpolster zieml. breit (Öffnungskanal des Bltn.bechers breiter als hoch), dicht zottig behaart; Blch. 2–4 cm lang, grau- bis blaugrün; Kbl. nach der Blüte aufgerichtet, ± bis zur Fr.reife bleibend; Fr. tiefrot; VI–VII. Sk – N-3. **Graue R., *R. dumális* BECHST. aggr.**

Mitteleuropäische Kleinarten:

R. dumális BECHST. s.str. (*R. vosagiaca* DESPORTES, *R. glauca* VILL. non POURR., *R. afzeliana* FRIES ex LILJEBL.): Blch. beidersts. kahl; Zw. oft rötl.; Bltn.stiele kahl; Fr. rundl., 1–2 cm dick.

R. cǽsia SMITH ex SOW. (*R. coriifolia* FRIES): Blch. zieml. starr, untersts. ± dicht angedrückt behaart; Zw. grün; Bltn.stiele und -becher manchmal stieldrüsig und behaart; Fr. oft birnf., bis 2,5 cm lang.

Weitere Kleinarten, vor allem in S-Europa, zeigen auch Merkmalsüberkreuzungen mit der folgenden; es erscheint daher auch berechtigt, beide Aggregate zusammenzufassen.

– Hochbl. mindestens die längeren, bis 2 cm langen Bltn.stiele nicht umhüllend; Bltn. 4–5 cm breit, weiß bis hellrosa, Narbenpolster zieml. schmal (Öffnungskanal des Bltn.bechers höher als breit), behaart oder kahl; Blch. *(58/109)* 1,5–4 cm lang, grün oder blaugrün; Kbl. *(58/102)* nach der Blüte zurückgeschlagen, bald abfallend; Fr. rundl. bis eif., 1–2 cm lang, rot; VI. Sk/Sg – N-3. **Hunds-R., *R. canína* L. aggr.**

Häufige mitteleuropäische Kleinarten:

R. canína L. s.str.: Stacheln meist länger als die Breite ihrer Basis; Blch. dünn, beidersts. kahl, ebenso Bl.stiel, Rhachis, Bltn.stiel und -becher.

R. corymbífera BORKH. (*R. dumetorum* THUILL.): Stacheln wie bei voriger; Blch. dünn, untersts. mindestens auf den Nerven behaart, aber ohne Drüsen; Bltn.stiel und -becher meist behaart, aber nicht stieldrüsig.

R. obtusifólia DESV. (*R. tomentella* LÉMAN): Stacheln meist nicht länger als die Breite ihrer Basis; Blch. dickl., meist beidersts. angedrückt weichhaarig, untersts. ± drüsig, Bl.stiel und Rhachis dicht behaart; Bltn.stiel und -becher kahl oder stieldrüsig bis stachelborstig; Bltn. meist nur bis 4 cm breit; Sk.

21 (13). Bltn.becher, meist auch Bltn.stiel und Kbl. kahl oder nur ausnahmsweise mit wenigen Drüsen- oder Stachelborsten; Frbl. im Innern des Bltn.bechers am Grunde und an den Wänden stehend; Kbl. nach dem Verblühen aufgerichtet, bis zur Fr.reife bleibend (wenn abfällig, dann Bltn. unter 3,5 cm breit) **25**

– Bltn.becher, -stiel und Kbl. meist deutl. drüsenborstig; Frbl. im Bltn.becher nur am Grunde stehend; Bltn. rosa; Kbl. abspreizend oder zurückgeschlagen, vor der Fr.reife abfallend **22**

22. Zw. mit geraden Stacheln und meist auch ± vielen Stachelborsten; Blch. 1–3(–4) cm lang, Stipeln flach; Pfl. meist unter 1 m hoch, sich stark unterirdisch ausbreitend **24**

– Stacheln ± hakig und oft unter den Knoten gepaart, Stachelborsten meist fehlend; Blch. 2–6 cm lang, ± elliptisch, zu 5–9; Pfl. bis über 2 m hoch **23**

23. Die dem Bl.stiel angewachsenen Teile der Stipeln nach oben stehend, zwischeneinander eine Furche bildend; Blch. fein gesägt (Zähne meist unter 1 mm lang), nicht glänzend; Bltn. zu mehreren, 4–5,5 cm breit; Fr. rundl., etwa 8 mm dick, rot, glänzend; *Pfl.* sich unterirdisch ausbreitend; VI. Sk/Sg – N-2. (*R. carolina* GRAY non L.). **Sumpf-R., *R. palústris*** MARSH.

– Stipeln flach ausgebreitet; Blch. grob gesägt (Zähne bis 2 mm lang), obersts. glänzend; Bltn. einzeln bis wenige, 5–7 cm breit; Fr. rundl., 1–1,5 cm dick, rot; Pfl. sich kaum unterirdisch ausbreitend; VI–VII. Sk – Nh-2. (*R. lucida* EHRH.). **Virginische R., *R. virginiána*** MILL.

24 (22). Blch. (5–)7–9, elliptisch bis längl., obersts. stark glänzend, dunkelgrün, im Herbst leuchtend orange bis karminrot; Zw. gewöhnl. dicht mit Stachelborsten bedeckt, dazwischen längere Stacheln ± unregelmäßig verteilt; Bltn. zu 1–3, 4–6 cm breit, duftend; Fr. flach-rundl., etwa 1 cm dick, hell- bis dunkelrot; VI. Sk – Bh/Nhk-2. **Glanz-R., *R. nítida*** WILLD.

Neuerdings oft gepflanzt, auch in Sorten mit stark reduzierter Bestachelung und rötl. Zweigen (z.B. *'English Hedge'*).

– Blch. (3–)5–7, elliptisch bis breit-elliptisch, nicht glänzend; Stachelborsten und Stacheln sehr locker stehend; Bltn. meist einzeln, etwa 5 cm breit, äußere Kbl. gelegentl. mit einzelnen Fiedern; Fr. rundl., etwa 8 mm dick, rot; VI–VII. Sk – N-2. (*R. humilis* GRAY). **Carolina-R., *R. carolína*** L.

25 (21). Bltnst. 1- bis vielbltg., zwischen dem obersten Laubbl. und der Endblüte meist mit spreitenlosen Hochbl. **29**

– Bltn. einzeln am Ende beblätterter seitl. Kurztriebe, ohne Hochbl. zwischen dem obersten Laubbl. und der Blüte (wenn ausnahmsweise mehrbltg., dann Seitenbltn. aus den Achseln von Laubbl.); Bltn. meist weiß oder gelb **26**

26 (1, 4, 25) Bltn. meist 4zählig, weiß, 2,5–3,5 cm breit; Blch. 7–17, ± elliptisch, 1–3 cm lang, untersts. seidig behaart bis kahl; Zw. mit größeren, stark abgeflachten, unter den Knoten oft gepaarten Stacheln, außerdem meist mit Stachelborsten; Fr. birnf., bis 1,5 cm lang, hellrot; Wuchs sparrig; VI. Sg – NGh-4. **Omei-R., *R. serícea*** LINDL.

Var. ***pteracántha*** BEAN (*R. omeiensis* ROLFE f. *pteracantha* (FRANCH.) REHD. & WILS.), **Stacheldraht-R.:** Stacheln im Austrieb blutrot, ihre Basen in Längsrichtung der Zw. flügelartig verbreitert *(58/110)*, oft ineinander übergehend; häufig gepflanzt.

– Bltn. 5zählig; Stacheln schlank **27**

27. Bltn. weiß bis blaßgelb, selten etwas rosa überlaufen, 3–5 cm breit; Fr. schwarz oder schwarzbraun, rundl., 1–1,5 cm dick; Blch. 5–9(–11), elliptisch bis rundl., 1–2 cm lang, kahl bis drü-

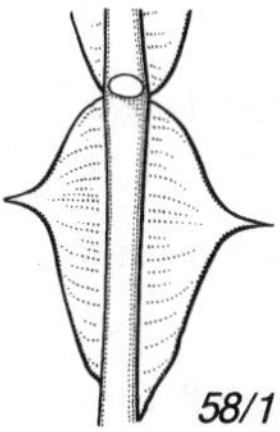
58/110

Rosa sericea var. *pteracantha,* Stacheln

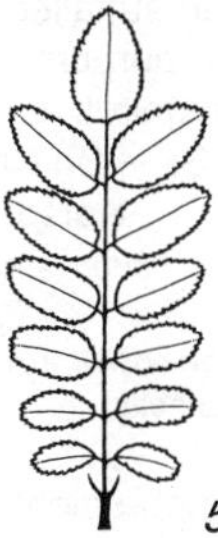
58/111

R. hugonis

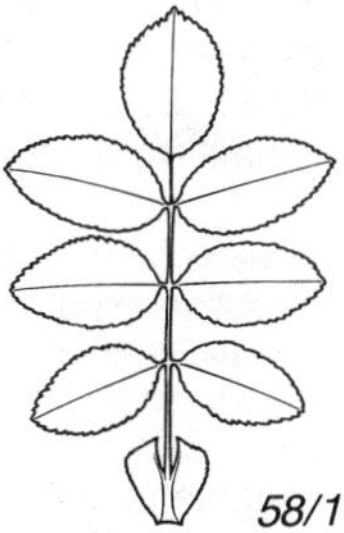
58/112

R. rugosa

sig behaart; Zw. dicht mit Stachelborsten und geraden bis schwach gekrümmten Stacheln besetzt; Pfl. bis etwa 1 m hoch, aufrecht, sich stark unterirdisch ausbreitend; V–VI. Sk – N-3. (*R. spinosissima* L.). **Dünen-R., *R. pimpinellifólia*** L.

Var. ***altáica*** (WILLD.) THORY: Bltn. gelbl.weiß, 8–10 cm breit; Pfl. weniger bestachelt.

Var. ***híspida*** (SIMS) KOEHNE: Bltn. blaßgelb, 6–7 cm breit; Pfl. bis 2 m hoch. Außerdem Kultursorten mit gefüllten, weißen, gelben oder rosa Bltn.

– Bltn. rein gelb; Fr. orange bis rot; Stacheln sehr wenige, nur der Grund starker Langtriebe manchmal dicht mit Stacheln und Borsten besetzt; Pfl. breitwüchsig, bis über 2 m hoch **28**

28. Blch. (5–)7–13, elliptisch bis rundl., 8–20 mm lang, fein gesägt *(58/111)*, meist kahl; Bltn. hellgelb, etwa 5 cm breit; sehr reich blühend; Fr. flach-rundl., etwa 1,5 cm dick, dunkelrot; V. Sg – N-4 (M-China). **Father Hugos R., *R. hugónis*** HEMSL.

Sehr ähnl. und wahrscheinl. nicht artverschieden ist ***R. xánthina*** LINDL.: Bltn. 4 cm breit, oft gefüllt; auch Langtriebe stets ohne Stachelborsten.

R.* × *pteragónis KRAUSE (*R. hugonis* × *sericea pteracantha*): In der Bestachelung dem zweiten, sonst dem ersten Elter ähnelnd.

– Blch. 5–9, eif. bis verkehrt-eif., 1,5–4 cm lang, scharf doppelt gesägt, untersts. meist behaart und drüsig; Bltn. dunkelgelb, 5–7 cm breit, ± unangenehm duftend, äußere Kbl. manchmal fiederschnittig, Bltn.becher manchmal mit einzelnen Stachelborsten; Fr. rundl., etwa 1 cm dick, rot; VI. Sg – Nsg-3/4. (*R. lutea* MILL.). **Gelbe R., *R. fōētida*** J. HERRM.

'Bícolor' (*R. punicea* MILL.), **Kapuziner-R.:** Bltn. außen gelb, innen orange- bis ziegelrot; an der Entstehung gelber und orangefarbener Gartenrosen beteiligt.

29 (25). Zw., Bl.stiele und Bl. *(58/112)* untersts. dicht weichhaarig; Zw. dick, meist ± dicht mit Stacheln und Stachelborsten besetzt; Blch. zu 5–9, elliptisch, 2–5 cm lang, dickl., obersts. runzlig, glänzend dunkelgrün, Stipeln auffallend breit; Bltn. einzeln oder zu wenigen, 6–10 cm breit, purpurn, rosa oder weiß; Fr. flach rundl., 2–2,5 cm breit, ziegelrot, zieml. weichfleischig, wirtschaftl. verwertbar; V–VIII. Sk – Bh/Nh-4.

Kartoffel-R., *R. rugósa* THUNB.

In vielen, auch gefüllt blühenden Sorten angepflanzt, manchmal auch zur Fruchtgewinnung.

R. × ***paúlii*** REHD. (*R. rugosa* × *arvensis*): In Wuchsform und Bltn.farbe dem zweiten, sonst dem ersten Elter ähnelnd.

– Zw. ± kahl **30**

30. Langtriebe, teils auch Bltn.triebe dicht mit geraden, nadelf. Stacheln und Stachelborsten besetzt; Blch. zu 5–7, meist verkehrt-eif., 1,5–5 cm lang, obersts. stumpfgrün, untersts. meist blaugrün und behaart; Bltn. meist einzeln, etwa 5 cm breit, tiefrosa, duftend; Fr. rundl. bis birnf., 1,5–2 cm lang, purpurn; Pfl. sich unterirdisch ausbreitend; V–VI. Sk – B-1/2/3/4.

Nadel-R., *R. aciculáris* LINDL.

– Stacheln locker verteilt, manchmal fast fehlend; Stachelborsten höchstens am Grunde kräftiger Langtriebe auftretend **31**

31. Stacheln meist hakig und an den Knoten gepaart; Blch. 3–7, beidersts. behaart **35**

– Stacheln ± gerade, gepaart, ungepaart oder fast fehlend **32**

32. Blch. meist unter 3 cm lang; Stacheln an den oder unterhalb der Knoten oft gepaart; Bltn. fast stets einzeln **34**

– Blch. 2–6 cm lang, verkehrt-eif.; Stacheln kaum gepaart, im oberen Teil der Pfl. oft ganz fehlend **33**

33. Blch. zu (5–)7–11(–13), scharf doppelt gesägt; Bltn. zu 1–5, rosarot, etwa 4 cm breit; Fr. flaschenf., ziegelrot, bis 3 cm lang, meist hängend; V. Sk/Sg – BGh-3. (*R. alpina* L.).

Berg-R., *R. pendulína* L.

– Blch. zu 5–7(–9), einfach gesägt *(58/113)*; Bltn. zu 1–8, dunkelrosa bis weißl., 4–6 cm breit; Fr. rundl. bis eif., kaum über 1 cm dick, rot, aufrecht; V–VI. Sk – B/Nk-2.

Labrador-R., *R. blánda* AIT.

34 (32). Blch. 5–9, breit verkehrt-eif. bis rundl. *(58/114)*, meist unter 1,5 cm lang, kahl, blaugrün; Bltn. etwa 3 cm breit, rosa; Fr. rundl., etwa 1 cm dick, orangerot, K. vor der Reife abfallend; junge Zw. stark blau bereift; Pfl. breitwüchsig; V–VI. Sg – N-4 (W-China). **Willmotts R., *R. willmóttiae*** HEMSL.

– Blch. 7–13, rundl. bis elliptisch *(58/115)*, 1–3(–4) cm lang, die obersten oft auffällig größer als die untersten, untersts. meist auf der Mittelrippe behaart; Bltn. 4–6 cm breit, blutrot; Fr. flaschenf., 5–7 cm lang, tief orangerot; V–VII. Sk/Sg – Nh-4 (W-China).

Blut-R., *R. moyésii* HEMSL. & WILS.

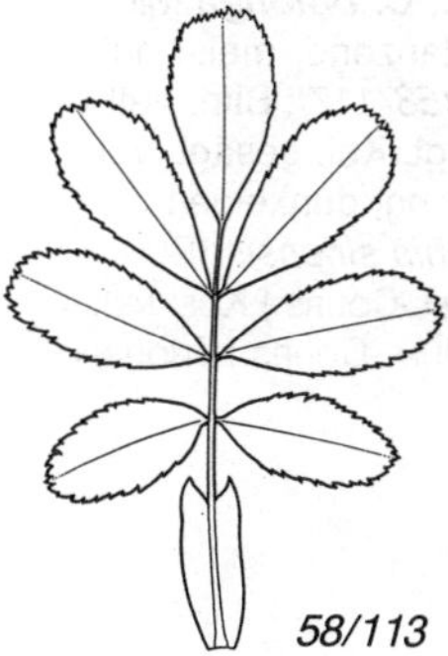

58/113

Rosa blanda

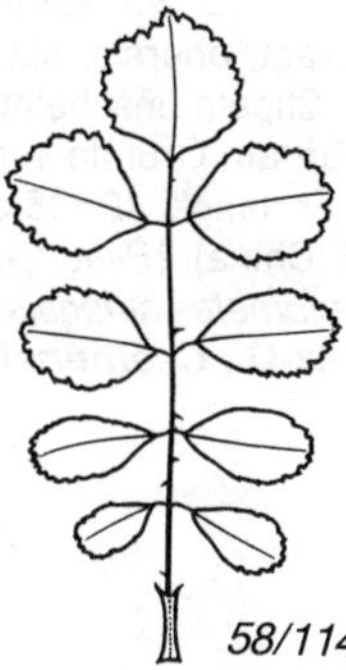

58/114

R. willmottiae

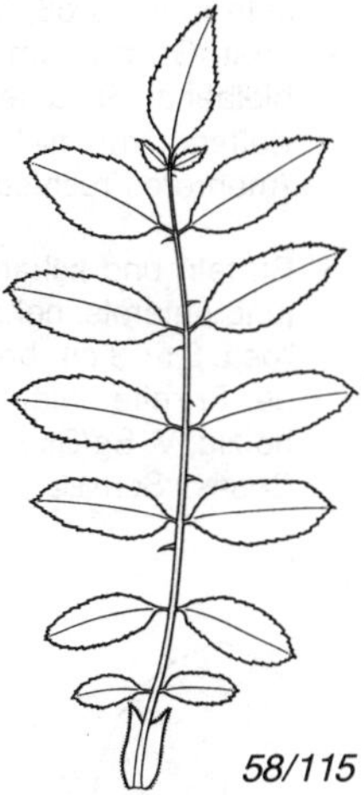

58/115

R. moyesii

35 (31). Der dem Bl.stiel angewachsene Teil der Stipeln schmal, flach liegend; Blch. 1–3 cm lang; Bltn. mehrere bis viele, etwa 4 cm breit, rosa, Kbl. unterst. sowie manchmal auch Bltn.becher und -stiel behaart; Fr. rundl., 8–12 mm breit; V–VI. Sk/Sg – NG-1. **Kalifornische R., *R. califórnica*** CHAM. & SCHLECHTEND.

– Der dem Bl.stiel angewachsene Teil der Stipeln breit, nach oben gefaltet; Blch. 1,5–4 cm lang; Bltn. einzeln bis wenige, etwa 5 cm breit, karminrot bis purpurn, Kbl. unterst. sowie Bltn.becher und -stiel kahl; Fr. flachrundl., 1,2–1,5 cm breit, scharlachrot; V–VI. Sk – Bh/Nhk-3. (*R. cinnamomea* auct. non L.).
Zimt-R., *R. majális* HERRM.

Unterfamilie: ***Maloideae***

20. ***Cydónia*** MILL., **Quitte**

Sommergrüne Sträucher bis Kleinbäume, an stärkeren Ästen oft mit auffallend flach abblätternder Schuppenborke; Bl. eif. bis längl., 5–10 cm lang; Bltn. einzeln endst. an beblätterten Zw., rosa bis weiß, Kbl. zurückgeschlagen, Stbl. etwa 20, Gr. 5; Fr. rundl. bis längl., groß, gelb, mit vielen Samen in jedem Fach *(58/7)*. 2 Arten in M- und O-Asien.

1. Bl. ganzrandig, oberst. stumpfgrün, unterst. wie die Bl.stiele, jungen Zw., Bltn.stiele und Kbl. bleibend dicht filzig behaart, Sti-

peln meist groß, laubig *(58/116)*; Bltn. rosa bis weiß, 4–5 cm breit, Gr. bis zum Grunde frei, Kbl. ganzrandig, bis zur Fr.reife bleibend; Fr. apfel- oder birnf., 4–12 cm lang, gelb, ± filzig, duftend, roh nicht genießbar, aber gekocht wohlschmeckend (mehrere Fruchtsorten); V. Sg/Bk – Ns-3. (*C. vulgaris* PERS.).
Echte Q., *C. oblónga* MILL.

– Bl. fein und scharf gesägt, obersts. stark glänzend, meist nur jung untersts. behaart, Stipeln unscheinbar *(58/117)*; Bltn. hellrosa, 2,5–3 cm breit, Gr. am Grunde vereinigt, Kbl. gesägt, vor der Fr.reife abfallend; Fr. längl., 10–15 cm lang, dunkelgelb, ± holzig; V. Sg/Bk – N-4 (China). (*Pseudocydonia sinensis* (DUM.-COURS.) SCHNEID., *Chaenomeles sinensis* (DUM.-COURS.) KOEHNE).
Holz-Q., *C. sinénsis* (DUM.-COURS.) THOUIN

58/116

Cydonia oblonga

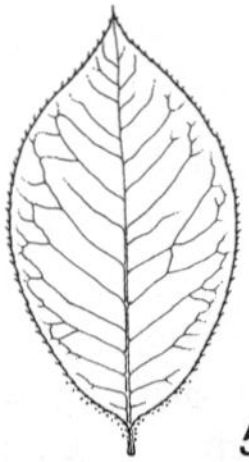

58/117

C. sinensis

21. *Chaenoméles* LINDL., Zierquitte

Sommergrüne, meist dornige Sträucher; Bl. eif. bis längl., gesägt oder gekerbt, 3–12 cm lang, oft mit großen, laubigen Stipeln; Bltn. zu wenigen in kurzen, meist blattlosen Bltn.trieben seitl. an älteren Langtrieben, oft vor den Bl. erscheinend, Bltn.stiel meist kürzer als der Bltn.becher, Kbl. ganzrandig, aufrecht, Stbl. etwa 20, Gr. 5, am Grunde vereinigt; Fr. reif ohne K., rundl. bis längl., mit vielen Samen in jedem Fach. 2–3 Arten im nemoralen O-Asien.

1. Pfl. niedrig-breitwüchsig, unter 1 m hoch; junge Zw. zottig-rauh, im 2. Jahr warzig; Bl. breit-eif., 3–5 cm lang, spitz bis stumpfl., kerbig gesägt, kahl; Bltn. 2,5–3 cm breit, orange- bis ziegelrot; Fr. rundl., oft breiter als hoch, 3–4 cm breit, gelb, meist orange gepunktet, mit intensivem Wohlgeruch, Fleisch dünn und fest, aber gekocht (auch als Würze) verwendbar; IV–V. Sz/Sk – Nh-4 (Japan). (*Ch. maulei* (MAST.) SCHNEID.).
Japanische Z., *Ch. japónica* (THUNB.) LINDL. ex SPACH

Var. ***alpína*** Maxim.: Sp/Sz; Bl. 1–2,5 cm lang, eif. bis rundl.
Ch. × ***supérba*** (Frahm) Rehd. (*Ch. japonica* × *speciosa*): Hierher gehören die meisten der zahlreichen heute angebotenen Kultursorten; sie kombinieren die Merkmale der Eltern in unterschiedl. Weise, am häufigsten sind niedrigwüchsige Formen mit großen orange- bis dunkelkarminroten Bltn.

– Pfl. aufrecht, bis über 2 m hoch; junge Zw. glatt und kahl; Bl. *(58/118)* eif. bis längl., 3–8(–12) cm lang, zugespitzt, scharf gesägt, meist kahl, obersts. glänzend; Bltn. 3,5–5 cm breit, rosa bis dunkelrot (aber ohne Orangeton), seltener weiß, gelegentl. halb gefüllt; Fr. meist längl., bis über 7 cm lang, gelbgrün bis olivbräunl., Fleisch wie bei voriger, aber schwächer duftend; III–V. Sk/Sg – Nh-4 (China). (*Ch. lagenaria* (Loisel.) Koidz.).
Chinesische Z., *Ch. speciósa* (Sweet) Nakai

Var. ***cathayénsis*** (Hemsl.) Rehd. (*Ch. cathayensis* (Hemsl.) Schneid.): Bl. mehr lanzettl., bis 12 cm lang, oft wintergrün; Bltn. weiß bis blaßrosa; Fr. bis über 15 cm lang und etwa halb so dick; Sg ∧.
Var. ***wilsónii*** Rehd.: Bl. untersts. rostbraun behaart; Bltn. lachsrosa; Pfl. bis 6 m hoch; sonst wie vorige; Sg.

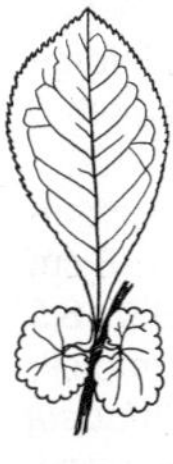

58/118

Chaenomeles speciosa

22. *Málus* Mill., Apfel

Sommergrüne (selten immergrüne), meist rundkronige Kleinbäume oder Großsträucher, manchmal dornig; Bl. einfach, meist ± elliptisch, manchmal fiederig gelappt bis eingeschnitten, Rand ± gesägt; Bltn. *(58/5)* in mehrbltg. Dolden oder Schirmtrauben, weiß bis rosa oder karmin- bis weinrot, 1,5–5 cm breit, Krbl. meist rundl., Stbl. 15–50, Staubbeutel meist gelb, Gr. 2–5, am Grunde vereinigt; Fr. ein rundl. Kernapfel, 0,5 bis über 10 cm dick, Fleisch meist ohne Steinzellen. Etwa 25 Arten hauptsächl. in der Nemoralen Zone.
Die Äpfel haben nicht nur als Obst-, sondern auch als Zierbäume große Bedeutung. Während die zahlreichen Obstapfel-Sorten fast sämtlich in den Verwandtschaftskreis von *M. pumila* gehören, ist die Taxonomie der Zieräpfel äußerst verworren. Die meisten Sorten stammen aus den 3 schon von Natur aus schwierigen Aggregaten *M. pumila, baccata* und *toringo*. Durch gärtnerische Selektion und Hybridisierung sowohl innerhalb als auch zwischen diesen 3 Aggregaten, die vor allem in Ostasien schon seit Jahrhunderten betrieben wurde,

sind die Unterschiede zwischen den Wildsippen oft völlig aufgehoben worden. Der Bestimmungsschlüssel ist deshalb so gefaßt, daß in den meisten Fällen wenigstens eine Zuordnung zu den Aggregaten möglich sein sollte (einzelne Sorten werden nicht genannt, hierfür sei auf Spezialliteratur verwiesen, z. B. Krüssmann 1976).
Für die Bestimmung sind fast immer reife Früchte notwendig. Sind diese nicht vorhanden, so versuche man innerhalb der beiden Teilgruppen (Punkt 3 bzw. 13) mit dem zweitwichtigsten Merkmal, der Blattgestalt, weiterzukommen. Eine Identifizierung allein nach blühenden Zweigen ist in den meisten Fällen unmöglich.

1. Erwachsene Bl. bräunl.-rot bis dunkel(oliv)grün, Austrieb auffallend bronzefarbig oder purpurn; Bltn. bleibend rosaviolett bis dunkelpurpurn; Fr. dunkelrot, Fleisch rosa bis weinrot; 1j. Triebe dunkelrot bis schwärzl.: **„Blutäpfel"** **20**

– Erwachsene Bl. normal grün (zuw. mit roten Nerven), Austrieb grünl. oder nur leicht rötl./bräunl. überlaufen; Bltn. weiß bis rosa; Fr. verschiedenfarbig **2**

2. Reife Fr. ohne K., dieser vorher als Ganzes unter Zurücklassung einer ± runden Narbe *(58/119)* abgefallen (zuw. erst kurz vor der Fr.reife, also vollreife Fr. untersuchen!); Fr. meist unter 1,5 cm dick (dicker und mit z. T. bleibendem K. bei einigen Hybriden) **13**

– K. auch auf der vollreifen Fr. stets vorhanden (höchstens infolge Vertrocknung Teile einzelner Kbl. abbröckelnd); Fr. 1 bis über 3 cm dick **3**

3. Alle Bl. tief 3spaltig (bis über ¾ der Spreitenhälfte eingeschnitten), die Lappen oft nochmals eingeschnitten *(58/120)*, 5–8 cm lang, oberststs. glänzend, zieml. kahl, Herbstfärbung rot; Bltn. 3,5 cm breit, weiß; Fr. ellipsoidisch, gelbl. bis rot, 1,5–2,5 cm dick; V–VI. Bk – Nsw-3 (Bulgarien bis Syrien). (*Eriolobus trilobata* (Poir.) Roem.). ***M. trilobáta*** (Poir.) Schneid.

– Bl. nur seicht gelappt (kaum über ⅓ der Spreitenhälfte eingeschnitten) oder ungelappt **4**

4. Fr. (1,5–)2–3 cm dick oder mehr (bei Hybriden zuw. kleiner, dann aber nicht punktiert) **6**

– Fr. 1–1,5 cm dick, rundl. bis eif., rot oder gelb, mit zahlreichen auffälligen weißen Punkten **5**

5. Bl. unterststs. kahl oder ganz schwach behaart, mit 8–10 Seitennervenpaaren, elliptisch bis längl.-eif., 6–15 cm lang, fein doppelt (oft grannig) gesägt, lang zugespitzt; Bltn. weiß, 2 cm breit; Fr. rot oder gelb; V. Bk – Nh-4 (M- und W-China).
M. práttii (Hemsl.) Schneid.

– Bl. unterststs. filzig, mit 5–8 Nervenpaaren, eif., 6–12 cm lang, spitz bis zugespitzt *(58/121)*, doppelt gesägt oder zuw. schwach gelappt; Bltn. weiß, 1,5 cm breit; Fr. rot, mit zurückgeschlagenem K.; V. Bk – Nh-4 (SW-China).
Yünnan-A., *M. yunnanénsis* (Franch.) Schneid.

58/119

58/120

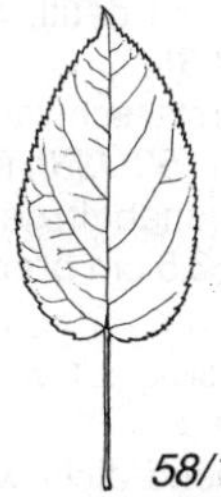

58/121

58/122

Malus hupehensis, Frucht *M. trilobata* *M. yunnanensis* *M. prunifolia*, Frucht

Var. ***veitchii*** Rehd.: Bl. mehr breit-eif., die meisten deutl. seicht gelappt; Bltn. 1,2 cm breit.

6 (4). Zumindest die Bl. der Langtriebe seicht gelappt oder deutl. doppelt gesägt, ihre Seitennerven (wenigstens in der oberen Bl.hälfte) meist direkt in die Spitze der Lappen bzw. Zähne 1. Ordnung verlaufend *(58/124, 58/125)* **10**

– Alle Bl. einfach gesägt oder gekerbt, ohne Spur einer Lappung (auch nicht an Langtrieben) und ohne Beziehung zwischen den sich bogig aufzweigenden Seitennerven und der Randgestaltung **7**

7. Fr.-K. auf einem kragenartigen Ringwulst (freier Teil des Bltn.bechers) sitzend *(58/122)*, Fr. rundl. bis eif., 1,5–2 cm dick, gelb oder rot; Bl. elliptisch bis eif., 5–10 cm lang, kahl oder untersts. auf den Nerven behaart; Bltn. etwa 3 cm breit, weiß (in Var. auch rosa); V. Bk – Kulturpfl. aus China, evtl. hybridogen.

Kirsch-A., *M. prunifólia* (Willd.) Borkh.

Var. ***rinki*** (Koidz.) Rehd. (*M. ringo* Sieb. ex Carr.): Bl. unterst. feinfilzig behaart; Bltn. rosa; Fr. 1,5–3,5 cm dick, wachsgelb.

M. × ***scheidéckeri*** Späth ex Zabel (*M. prunifolia* × *floribunda*): Bl. unterst. leicht behaart; Bltn. bleibend rosa, halbgefüllt, 4–5 cm breit; Fr. rundl., etwa 1,5 cm dick, gelb.

– K. direkt auf dem ± abgerundeten oder eingesenkten (genabelten) Fr.-Gipfel sitzend (ohne Ringwulst) **8**

8. Fr. am Grunde abgerundet, mit verdicktem Stielende, rundl., etwa 2 cm dick, schwefelgelb; Bl. ± elliptisch, 5–8 cm lang, oberst. kahl, glänzend, unterst. schwach behaart; Bltn. 4–5 cm breit, beim Aufblühen dunkel-, später hellrosa, oft gefüllt; V. Bk – Nur aus Kultur bekannt, wohl in China entstanden.

Pracht-A., *M. spectábilis* (Ait.) Borkh.

– Fr. am Grunde meist deutl. genabelt, d.h. um den Stielansatz herum vertieft *(58/8)* 9

9. Bl. kahl oder unterstS. schwach auf den Nerven behaart, ± elliptisch, 3–8 cm lang *(58/123)*; Fr. *(58/8)* bis 2,5 cm dick, am Gipfel abgerundet oder genabelt, gelbgrün, oft glänzend, herb und sauer; Bltn. *(58/5)* 3–3,5 cm breit, weiß, außen meist rosa; V. Bk – N-3. **Holz-A., *M. sylvéstris*** (L.) Mill.

Treffen diese Merkmale nur z.T. zu, dann vgl. auch die unter der nächsten Art aufgeführten Hybriden.

– Bl. unterstS. bleibend dicht weichhaarig bis filzig, elliptisch bis eif., (1,5–)4–12 cm lang; Fr. am Gipfel meist genabelt (d.h. K. in einer Vertiefung stehend), 2 bis über 10 cm dick, grün, gelb, rot oder bräunl.; Bltn. weiß bis rosa oder zumindest außen rosa überlaufen, meist 4–5 cm breit, Gr. am Grunde meist behaart; IV–V. Bk – Ns-3. **Obst-A., *M. púmila*** Mill. **aggr.**

Hierher gehören mehrere südosteuropäische und westasiatische Sippen von kontroverser Taxonomie, durch deren Vermischung die Kulturäpfel entstanden sind. Hier seien die folgenden 5 Kleinarten (bzw. Unterarten, Varietäten je nach Auffassung) erwähnt; hinzu kommen noch Hybriden mit anderen Arten.

M. praécox (Pallas) Borkh.: Sg/Bk, oft dornig; Fr. gelb, rundl., 2–2,5 cm dick, mit ebenso langem Stiel. – S-Rußland, Ukraine.

M. dasyphýlla Borkh. (*M. pumila* var. *tomentosa* Koch): Pfl. oft dornig; Fr. etwa 4 cm dick, gelb mit roter Backe, meist sauer; Gr. kahl. – SO-Europa.

M. púmila Mill. s. str. (*M. pumila* var. *paradisiaca* (L.) Schneid.), **Paradies-A.:** Sg, oft dornig; Bl. meist nur 1,5–3 cm lang; Fr. 3–5 cm dick, grünl., süß.

M. doméstica Borkh., **Kultur-A.:** Bl. oft auch oberstS. behaart; Fr. meist über 5 cm dick, süß; Bltn.stiele dickl., behaart; hierher die meisten Fruchtsorten, ferner u.a. die Ziersorte *'Translúcens'* mit gefüllten Bltn.

M. niedzwetzkyána Dieck, **Kirgisischer Blut-A.:** Pfl. mit Blutapfel-Merkmalen (vgl. unter 1); Fr. rundl., 2–4 cm dick; sonst wie *M. domestica.* – Turkestan. Wildform, die als Elternart der Blutapfel-Hybriden gilt.

M. × ***magdeburgénsis*** Hartwig (*M. pumila* × *spectabilis*): Fr. rundl., 3 cm dick, gelbgrün mit roter Backe; Bltn. leuchtend rosa, mit 5–12 Krbl.; Bl. unterstS. nur schwach behaart.

M. × ***purpúrea*** (Barbier) Rehd. (*M. niedzwetzkyana* × *atrosanguinea*; inkl. *M. eleyi* Hesse): Blutapfel; Bl. oberstS. kahl, meist glänzend, unterstS. nur schwach behaart, zuw. einzelne Langtrieb-Bl. mit 1 oder 2 seichten Lappen; Bltn. 2,5–4 cm breit, Bltn.stiele dünn, 2,5–3 cm lang; Fr. rundl. bis eif., 1,2–2,5 cm dick, meist glänzend, herb.

10 (6). Fr. am Gipfel abgerundet, nicht genabelt, rundl., 2–3 cm dick, stumpf gelbgrün mit zahlreichen bräunl. Punkten, z.T. mit roter Backe, behaart, mit Steinzellen im Fleisch; Bltn. rein weiß (ohne Rosa), Staubbeutel gelb; Bl. *(58/124)* elliptisch bis eif., kurz zugespitzt, 7–12 cm lang, an Kurz- und Langtrieben in Form und Größe nur wenig verschieden, unterstS. filzig behaart, im Herbst orange bis scharlachrot; V. Bk – Nh-4 (Japan). **Woll-A., *M. tschonóskii*** (Maxim.) Schneid.

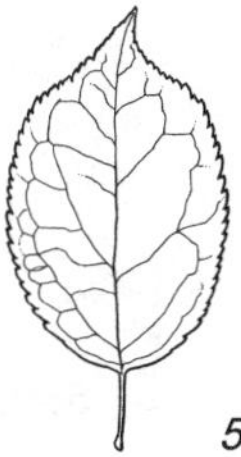

58/123

Malus sylvestris

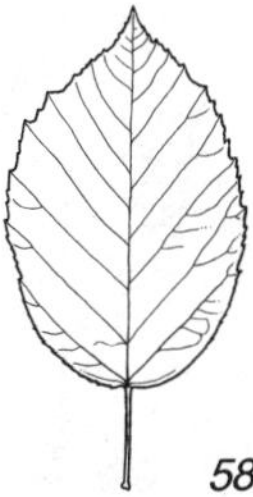

58/124

M. tschonoskii

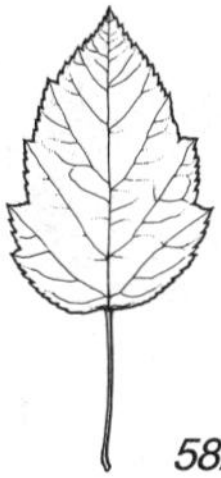

58/125

M. coronaria

– Fr. am Gipfel meist genabelt (K. in einer Vertiefung stehend), eif. bis rundl. oder breiter als hoch, glänzend gras- bis gelbgrün (ohne Punkte), kahl, mit wachsartigem Überzug und parfümartigem Duft; Bltn. weiß bis rosa, duftend, Staubbeutel rosa bis rot; Bl. der Kurztriebe meist deutl. kleiner und weniger gegliedert als die der Langtriebe; Pfl. oft dornig **11**

11. Bl. unterststs. bleibend dicht behaart bis filzig, eif. bis längl., 5–10 cm lang, derb, mit eingesenkten Nerven, meist gelappt; Fr. längl. bis rundl., 2,5–3 cm breit, manchmal kantig, gelbgrün; Bltn. etwa 4 cm breit, mit dicken, filzigen Stielen und filzig behaartem K.; V–VI. Bk – Ns-2. **Prärie-A., *M. ioénsis*** (Wood) Britt.

– Erwachsene Bl. unterststs. kahl oder höchstens auf den Nerven behaart; Bltn.stiele und K. meist rasch verkahlend **12**

12. Bl. breit-eif. bis elliptisch, spitz, Basis gestutzt oder schwach herzf., an Langtrieben bis über 12 cm lang und meist gelappt *(58/125)*, an Kurztrieben kleiner und nur doppelt gesägt; Fr. 2–4(–5) cm breit, flach-rundl., zur Spitze oft gerippt, gelbgrün; Bltn. 3–4 cm breit; V–VI. Bk – N-2. **Kronen-A., *M. coronária*** (L.) Mill.

– Bl. der blühenden Kurztriebe schmal elliptisch bis schmal längl., 3–7:1–3 cm, derb, oft stumpfl., Basis keilf., unregelmäßig grob kerbig gesägt bis fast ganzrandig, die der Langtriebe größer und teilweise seicht gelappt; Fr. 1,5–2,5 cm breit, rundl. bis flach-rundl., grün bis gelbgrün; Bltn. etwa 2,5 cm breit; V–VI. Sg – Nhw-2. **Schmalblättriger A., *M. angustifólia*** (Ait.) Michx.

13 (2). Alle Bl. ungelappt, auch die starker Langtriebe **19**

– Mindestens einzelne Bl. gelappt **14**

14. Alle Bl. gelappt mit jederststs. 3–4 Seitenlappen *(58/126)*, diese zieml. gleichmäßig, selten bis über $\frac{1}{3}$ der Spreitenhälfte eingeschnitten, rundl. bis spitz, Bl. unterststs. weiß- bis graufilzig, breit

58/126

Malus florentina

58/127

M. kansuensis

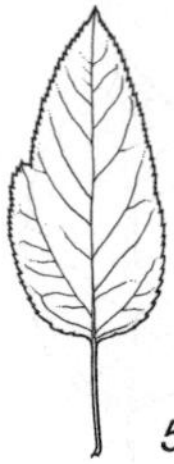

58/128

M. fusca

eif., 3–8 cm lang, am Grunde gestutzt oder schwach herzf.; Fr. rundl. bis ellipsoidisch, 10–15 mm lang, glänzend rot; Bltn. 15–20 mm breit, weiß; V–VI. Sg/Bk – Nsw-3 (M-Italien bis NW-Anatolien). Neuerdings zuw. als Hybride *M. sylvestris* × *Sorbus torminalis* angesehen (× *Malosorbus florentina* (ZUCCAGNI) BROWICZ). **Florentiner A.,** ***M. florentína*** (ZUCCAGNI) SCHNEID.

– Bl.lappen jedersts. nur 1–2 (selten 3), die oberen deutl. kleiner als die unteren, mindestens an blühenden Kurztrieben auch ungelappte Bl. vorhanden **15**

15. Fr. mit 4–5 Fächern (entsprechend der Zahl der Gr.; nur in seltenen Ausnahmefällen 3 und dann Gr. am Grunde behaart) **17**

– Fr. mit 3 Fächern (nur sehr selten 4); Gr. völlig kahl **16**

16. Gelappte Bl. breit-eif. bis eif., die stärker gelappten bis etwa zur Mitte der Spreitenhälfte eingeschnitten, ahornähnl., ihre Lappen zugespitzt *(58/127)*, Bl. 4–8 cm lang, am Rande scharf, fast grannig gesägt, obersts. dunkler frischgrün, untersts. blasser mit auffallendem Adernetz, schon zur Blütezeit bis auf die Hauptnerven weitgehend kahl, letztere wie der Bl.stiel oft rot; Fr. rot oder gelb, weißl. punktiert, ellipsoidisch bis rundl., 1–1,5 cm lang; Bltn. 1,5 cm breit, weiß; V. Bk – Ns-4.
Kansu-A., ***M. kansuénsis*** (BATAL.) SCHNEID.

– Gelappte Bl. (wie die ungelappten) eif. bis schmal-eif., Lappen (oft nur einseitig vorhanden) sehr seicht (kaum über ⅓ der Spreitenhälfte eingeschnitten) und kaum zugespitzt *(58/128)*, Bl. 4–10 cm lang, am Rande kerbig gesägt, obersts. stumpf dunkelgrün, untersts. graugrün und anfangs filzig behaart, später oft verkahlend; Fr. gelb bis purpurrot, ohne Punktierung, ellipsoidisch, 1–1,6 cm lang; Bltn. 2–2,5 cm breit, weiß bis rosa; V–VI. Sg/Bk – Ns-1. **Oregon-A.,** ***M. fúsca*** (RAF.) SCHNEID.

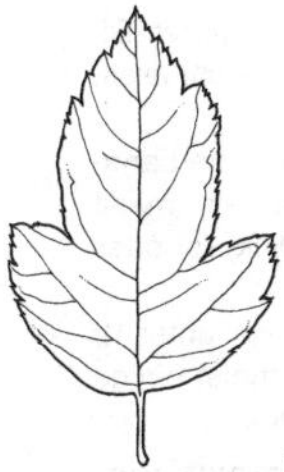

58/129

Malus sargentii

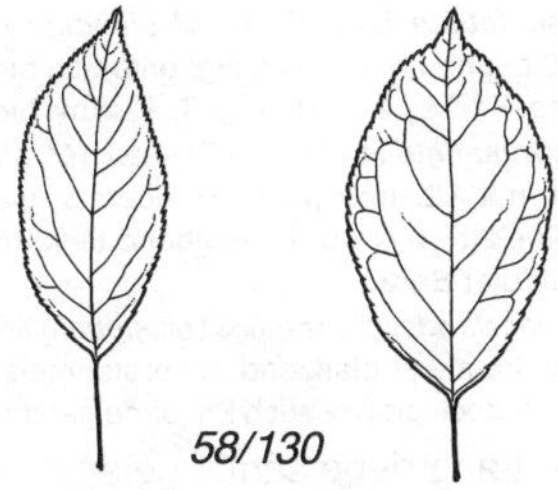

58/130

M. floribunda

17 (15). Bl. meist nur an Langtrieben gelappt (einzelne, viele oder alle), gewöhnl. mit 1 Paar Lappen, die meist nicht über die Mitte der Spreitenhälfte eingeschnitten sind *(58/129)*, darüber zuw. noch ein zweites, kleineres Paar (Achtung, Johannis- bzw. Sommertriebe können stark abweichen!), die Bl. der blühenden Kurztriebe meist ungelappt und oft sehr klein, Form allgemein breit-eif. bis schmal-elliptisch, 2–9 cm lang, leicht behaart bis fast kahl, Randzähnung variabel; Bltn. 2–3 cm breit, weiß bis dunkelrosa, Gr. am verwachsenen Basalteil wollig behaart (dies oft an der Fr. noch erkennbar); Fr. rundl., 0,5–1,2 cm dick, Farbe variabel; V. Sg/Bk – Nh-4 (Japan, Korea). (*M. sieboldii* (Reg.) Rehd. s. l.).
Japan-A., *M. toríngo* Sieb. ex de Vriese **aggr.**

Zu diesem schwierigen Formenkreis gehören u. a. die folgenden 4 Kleinarten, die z. T. (die beiden ersten) in der Heimat Japan nur als Varietäten oder überhaupt nicht unterschieden werden, bzw. (die beiden anderen) alte, wild nicht bekannte Kulturformen evtl. hybridogenen Ursprungs sind; anzuschließen sind einige neuere Hybridsippen.

M. sargéntii Rehd.: Bl. der Langtriebe meist sämtl. gelappt mit 1 Lappenpaar *(58/129)*, zuw. auch an Kurztrieben einzelne gelappte, Rand scharf gesägt, Herbstfärbung orange; Bltn. etwa 2,5 cm breit, weiß, auch in der Kn. höchstens zartrosa überlaufen; Fr. etwa 1 cm dick, dunkelrot, leicht bereift; Sk/Sg, oft dornig.

M. siebóldii (Reg.) Rehd. s. str.: Meiste Bl. der Langtriebe gelappt, dabei oft mit 2 Lappenpaaren, die der Kurztriebe kaum, Rand scharf gesägt, Herbstfärbung gelb oder rot; Bltn. etwa 2 cm breit, in Kn. rosa, später weiß; Fr. 5–8 mm dick, rot bis gelbbräunl.

M. zúmi (Matsum.) Rehd. (*M. sieboldii* × *mandshurica?*): Auch an Langtrieben nur wenige Bl. gelappt mit 1 Lappenpaar, Bl.rand kerbig gesägt bis (bes. an Bltn.trieben) fast ganzrandig; Bltn. 2,5–3 cm breit, in Kn. rosa, dann weiß; Fr. 1–1,2 cm dick, rot; Bk.

M. floribúnda Sieb. ex van Houtte (*M. sieboldii* × *baccata?*): Gelappte Bl. nur sehr wenige oder zuw. ganz fehlend, die Langtrieb-Bl. *(58/130)* dann nur scharf doppelt gesägt; Bltn. 2,5–3 cm breit, in Kn. karminrot, später rosa bis fast weiß; Fr. 6–8 mm dick, gelb oder rot.

M. × ***sublobáta*** (DIPP.) REHD. (*M. sieboldii* × *prunifolia*): Einzelne Langtrieb-Bl. mit 1–2 Lappen, anfangs filzig, unterstс. bleibend behaart; Bltn. bis 4 cm breit, blaßrosa; Fr. 1,5–2 cm dick, gelb, K. zuw. bleibend; Bk.

M. × ***atrosanguínea*** (SPÄTH) SCHNEID. (*M. sieboldii* × *halliana*): Einzelne Langtrieb-Bl. mit 1 Lappenpaar, Bl. obersts. glänzend dunkelgrün, unterstс. meist kahl; Bltn. 2,5–3 cm breit, bleibend tiefkarminrot; Fr. etwa 1 cm dick, rot oder gelb mit roter Backe.

M. × ***moerlándsii*** DOORENBOS (*M. sieboldii* × *purpurea*): Blutapfel (vgl. unter 1); Bl. obersts. meist glänzend, unterstс. meist kahl, an Langtrieben meist einige gelappt, jedoch gibt es auch Pfl. ohne gelappte Bl.; Fr. 0,7–1,5 cm dick.

– Bl. der Langtriebe sämtl. gelappt, die der Kurztriebe meist zum größten Teil ebenfalls, Lappen der am stärksten gegliederten Bl. weit über die Mitte der Spreitenhälfte eingeschnitten (*58/128, 58/129*); Gr. kahl; Pfl. oft dornig . . . .

18. Bl. 3–8 cm lang, eif. bis längl.-elliptisch, meist mit 2(–3) Lappenpaaren, tiefste Einschnitte etwa bis 5/6 der Spreitenhälfte gehend *(58/131)*, erwachsen unterstс. meist nur auf den Nerven behaart; Bltn. 2–2,5 cm breit, weiß; Fr. rundl. bis ellipsoidisch, 0,8–1,5 cm dick, meist gelb mit roter Backe; V. Bk – N-4 (W-China). (*M. transitoria* var. *toringoides* REHD. in SARG.).

China-A., *M. toringoídes* (REHD.) HUGHES

– Bl. 2–4 cm lang, breit-eif. bis lanzettl., mit 1(–2) Lappenpaar, tiefste Einschnitte fast bis zur Mittelrippe gehend *(58/132)*, erwachsen unterstс. meist auch auf der Fläche filzig behaart; Bltn. 1,5–2 cm breit, weiß; Fr. ähnl. voriger, meist hellrot; V. Sk/Sg – Ns-4 (NW-China).

Weißdorn-A., *M. transitória* (BATAL.) SCHNEID.

19 (13). Fr. mit 3 (selten 4) Fächern (entsprechend der Zahl der Gr.), rundl. bis ellipsoidisch, etwa 1 cm dick, gelbgrün mit roter Backe; Bl. derb, fast lederig, eif. bis längl., 5–10 cm lang, scharf gesägt, Bl.stiel selten über 2,5 cm lang; Bltn. 3,5–4 cm breit, weiß (Kn. rosa), duftend, Kbl. dreieckig, nicht länger als der Bltn.becher; V. Bk – Nhw-4. (*M. theifera* REHD.).

Tee-A., *M. hupehénsis* (PAMP.) REHD.

– Fr. mit 4–5 Fächern (sehr selten 3), meist rundl., 0,6–1,5 cm dick, Farbe variabel; Bl. 3–12 cm lang, meist nicht auffallend derb, Form, Randgestaltung und Behaarung variabel; Bltn. 2–4 cm breit, weiß und/oder rosa, an langen dünnen Stielen, Kbl. meist lang zugespitzt und länger als der Bltn.becher; IV–V. Sg/Bk – N/Bh-4. **Beeren-A., *M. baccáta*** (L.) BORKH. **aggr.**

Ähnlich wie *M. toringo* ist dies ein komplizierter Formenkreis mit zahlreichen Sippen, über deren Taxonomie keine Einigkeit herrscht. Von den im folgenden genannten Kleinarten (bzw. Varietäten etc.) sind die 3 ersten Wildformen, die vierte eine Kulturform; angeschlossen sind einige (angebliche?) Hybriden, von denen aber nur die erste gut abtrennbar ist.

58/131

Malus toringoides

58/132

M. transitoria

58/133

M. baccata s. str.

M. baccáta (L.) Borkh. s. str.: Bl. 3–8 cm lang, eif. bis längl.-elliptisch, am Grunde oft keilf. *(58/133)*, auffallend dünn, kerbig bis scharf gesägt, untersts. kahl, Stiel kahl und oft bis 5 cm lang; Bltn. 2–4 cm breit, weiß; Fr. 0,8–1 cm dick, meist gelb mit roter Backe. – NO-China, SO-Sibirien.

M. mandshúrica (Maxim.) Kom.: Bl. 4–10 cm lang, breit-eif. bis elliptisch, am Grunde meist abgerundet, kurz oder lang zugespitzt, meist scharf gesägt oder im unteren Teil fast ganzrandig, untersts. leicht behaart, Stiel behaart, bis 3,5 cm lang; Bltn. 3–4 cm breit, weiß, außen rosa, stark duftend; Fr. 1–1,5 cm dick, meist dunkelrot; IV. Bk/Bg – Ussurigebiet bis N-Japan.

M. róckii Rehd.: Ähnl. vorigem, Bl. bis 12 cm lang, Bltn. nur 2,5 cm breit, Fr. mehr eif., gelb mit rot. – W-China.

M. halliána Koehne: Bl. 3–6 cm lang, eif. bis elliptisch, Grund meist keilf., derb, stumpf gesägt, untersts. kahl, Stiel leicht behaart, nur etwa 1 cm lang , Stiel, Nerven und junger Austrieb meist rot; Bltn. 3–3,5 cm breit, bleibend tiefrosa, nickend, oft halb gefüllt; Kbl. eif., stumpf, nicht länger als der Bltn.becher; Fr. verkehrt-eif., 0,5–1,5 cm dick, rotbraun. Kulturpfl. aus China, Ursprung unbekannt.

M. × ***adstríngens*** Zab. (*M. baccata* aggr. × *pumila* aggr.): In den Merkmalen zwischen den Elternsippen stehend; Bl. untersts. weichhaarig; Bltn.stiele behaart, kurz und dick; Fr. rundl., (2–)4–5 cm dick, teils mit, teils ohne K. Umfaßt unterschiedl. Formen, manche davon infolge Beteiligung von *M. niedzwetzkyana* mit Blutapfel-Merkmalen (vgl. unter 1).

M. × ***arnoldiána*** (Rehd.) Sarg. (*M. baccata* × *floribunda*): Sehr ähnl. *M. floribunda* (vgl. unter 16), von ungelappten Formen dieser Art kaum zu trennen; Bl. scharf ungleichmäßig bis doppelt gesägt; Bltn. etwa 4 cm breit, in Kn. karminrot, dann rosa bis weiß, Gr. 3–4; Fr. bis 1,5 cm dick, gelb; Sg.

M. × ***micromálus*** Makino (*M. baccata* × *spectabilis*): Bl. 5–10 cm lang, Form ähnl. wie bei *M. baccata* s. str., aber zieml. derb; Bltn. 4–4,5 cm breit, bleibend rosa; Fr. rundl., Basis genabelt, 1–1,5 cm dick, gelb oder rot; K. zuw. bleibend.

M. × ***robústa*** (Carr.) Rehd. (*M. baccata* × *prunifolia*): Bl. 8–11 cm lang, eif., gekerbt, untersts. oft leicht behaart; Bltn. 3–4 cm breit, weiß bis rosa; Fr. rundl. bis ellipsoidisch, 1–3 cm dick, gelb oder rot, oft bereift, teils mit, teils ohne K., wohlschmeckend.

20 (1). Reife Fr. mindestens z. T. ohne K. **22**

– Reife Fr. stets mit K. **21**

21. Fr. 2–4 cm dick, am Gipfel oft genabelt, wohlschmeckend; Bl. untersts. dicht weichhaarig ***M. niedzwetzkyána,*** vgl. unter 9

– Fr. 1,2–2,5 cm dick, meist nicht genabelt, herb; Bl. untersts. nur schwach behaart **M. × purpúrea,** vgl. unter 9

22 (20). Fr. 0,7–1,5 cm dick, fast immer ohne K.; Langtrieb-Bl. meist z.T. etwas gelappt **M. × moerlándsii,** vgl. unter 17

– Fr. (2–)4–5 cm dick, teils mit, teils ohne K.; Bl. nie gelappt **M. × adstríngens,** vgl. unter 19

23. *Pýrus* L., Birne

Sommergrüne, selten halbimmergrüne Bäume oder Großsträucher, manchmal dornig; Bl. einfach, rundl. bis lanzettl., oft gesägt oder gezähnt; Bltn. in mehrbltg. Dolden oder kurzen Schirmtrauben (Bltnst.achse immer kürzer als die Bltn.stiele), oft vor den Bl. erscheinend, 2–4 cm breit, weiß, oft nach Fisch riechend, Stbl. 20–30, Staubbeutel meist rot bis violett, Gr. 2–5, voneinander frei, am Grunde oft von einem Ringwulst umgeben *(58/134)*; Fr. ein rundl. bis birnf. Kernapfel, nicht unter 2 cm lang, bei unseren Arten vom K. gekrönt, gelb oder braun, Fr.fleisch mit Steinzellen. Etwa 20 Arten in Eurasien, vorwiegend in den trockneren Teilen der Nemoralen Zone. Außer den Obstbirnen nur wenige Arten selten als Zierbäume angepflanzt. (Nach den Nomenklaturregeln ist die eigentl. orthographisch falsche, aber von Linné benutzte Schreibweise *Pyrus* anstatt des klassisch richtigen *Pirus* gültig.)

1. Bl. am ganzen Rande auffallend fein und scharf lang-grannig gesägt, ± breit-eif., 5–10 cm lang, elegant ± lang zugespitzt, Basis abgerundet bis schwach herzf. *(58/135)*, im Austrieb untersts. leicht bis filzig behaart, später ± kahl, Stiel bis über 5 cm lang; Bltn. 3–3,5 cm breit, Bltn.stiele bis 3 cm lang, früh verkahlend, Gr. am Grunde behaart; Fr. ± rundl., 3–4 cm dick, grüngelb, vom K. gekrönt; IV–V. Bk/Bm – N-4. **Amur-B., *P. ussuriénsis*** Maxim.

P. pyrifólia (Burm. f.) Nakai, **China-B.:** Sehr ähnl., aber Bl. oft etwas schmäler und am Grunde breit keilf.; Gr. kahl; Fr. ohne K., braun, hell punktiert, etwa 3 cm dick oder in Fruchtsorten größer, eßbar; in O-Asien und N-Amerika öfter als Obstbaum angepflanzt, in Europa kaum.

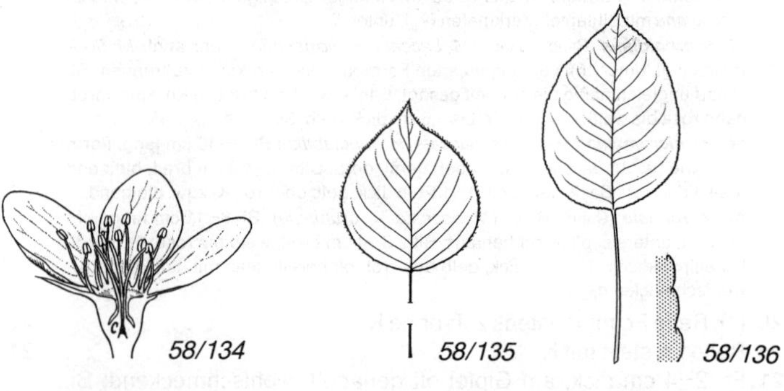

Pyrus, Blüte — *P. ussuriensis* — *P. communis*

58/137

× *Sorbopyrus auricularis*

58/138

Pyrus salicifolia

58/139

P. elaeagrifolia

– Bl. ganzrandig, gekerbt oder gesägt, aber nicht grannig **2**

2. Bl. meist höchstens 1½mal so lang wie breit, rundl., elliptisch oder eif., 2,5–8 cm lang, ± zugespitzt, Basis herzf. bis breit keilf. *(58/136)*, mindestens im oberen Teil meist deutl. fein gesägt, jung ± behaart, erwachsen ± kahl, obersts. glänzend; Bltn. 2–3 cm breit, nach Fisch riechend; Fr. je nach Sorte unterschiedl.; IV–V. Bk/Bm – Ns-3.

Gewöhnliche B., *P. commúnis* L. aggr.

Hierin sind zu unterscheiden:

P. communis L. s.str. (*P. pyraster* (L.) BURGSD., *P. achras* GAERTN.), **Holz-B.:** Pfl. oft dornig; Bl. rundl. bis eif., 2,5–7 cm lang; Fr. rundl. bis birnf., dünnstielig, 2–3,5 cm lang, gelb bis braun, kaum genießbar.

P. domestica MED., **Kultur-B.:** Pfl. dornenlos; Bl. eif. bis elliptisch, 5–8 cm lang; Fr. birnf., dickstielig, bis über 8 cm lang, grün bis gelb oder bräunl., auch rotbackig, wohlschmeckend; in vielen Fruchtsorten angebaut.

× ***Sorbópyrus auriculáris*** (KNOOP) SCHNEID. (*P. communis* × *Sorbus aria*): Bl. *(58/137)* breit eif. bis rundl., 6–10:5–7,5 cm, ± unregelmäßig gesägt, obersts. dunkelgrün, untersts. graugrün spinnwebig-filzig, Stiel bis 5 cm lang; Bltn. etwa 2 cm breit, zu 5 bis vielen in Schirmtrauben bis -rispen; Fr. birnf., etwa 2,5(–4) cm lang, gelbgrün bis gelbrötl., mehlig; selten in botanischen Gärten; V. Bk/Bm.

– Bl. mehr als 1½mal so lang wie breit, ganzrandig oder ± schwach gekerbt, jung beidersts. ± weißfilzig **3**

3. Bl. meist unter 1,5 cm breit, schmal lanzettl. *(58/138)*, 3–9 cm lang, ganzrandig, erwachsen obersts. kahl und glänzend, untersts. bleibend behaart; Bltn. etwa 2 cm breit, Basis der Gr., K. und Bltn.stiele weiß-wollig; Fr. birnf., 2–3 cm lang, dickstielig, grün, hart; Pfl. oft dornig; IV–V. Bk – Ns-3.

Weiden-B., *P. salicifólia* PALL.

– Bl. im Mittel über 1,5 cm breit **4**

4. Erwachsene Bl. beidersts. ± kahl, eif. bis längl., 2,5–7 cm lang, dickl., ganzrandig oder etwas gekerbt, obersts. glänzend; Bltn. 2–2,5 cm breit; Fr. rundl. bis kurz birnf., 1,5–3 cm dick, gelbbraun, Stiel dickl.; Pfl. oft dornig; IV–V. Sg/Bk – Ns-3. (*P. amygdaliformis* Vill.). **Mandel-B., *P. spinósa*** Forsk.

Var. ***pérsica*** (Pers.) Bornm.: Bl. mehr breit verkehrt-eif., bis 6 cm lang; Fr. flach rundl.

– Erwachsene Bl. untersts. ± weißfilzig bleibend; Bltn. 2–3 cm breit **5**

5. Bl. lanzettl. bis schmal-elliptisch *(58/139)*, 3,5–8:1,2–2,5 cm, ganzrandig, auch obersts. oft weiß behaart bleibend; Gr. etwa bis zur Mitte behaart; Fr. rundl. bis birnf., 2,5–3 cm lang und 2 cm dick, grün; Pfl. oft dornig; V. Sg/Bk – Ns-3 (Anatolien). **Ölweiden-B., *P. elaeagrifólia*** Pall.

– Bl. elliptisch bis verkehrt-eif., 5–9:3–4 cm, ganzrandig oder schwach gekerbt, erwachsen obersts. meist nur schwach behaart oder kahl; Gr. nur am Grunde behaart; Fr. rundl. bis birnf., 3–5 cm dick, gelbgrün mit roten Punkten, überreif eßbar; Pfl. dornenlos; V. Bk – Ns-3 (SO-Europa). **Schnee-B., *P. nivális*** Jacq.

24. *Sórbus* L. (incl. *Micromeles* Decne.), Mehlbeere, Eberesche

Sommergrüne Bäume und Sträucher mit oft auffallend großen, längl. Winterkn.; Bl. unpaarig gefiedert oder einfach, dann oft fiederig gelappt, Rand gesägt, 3 bis über 20 cm lang, im Austrieb untersts. meist behaart, später oft kahl; Bltn. in vielbltg. Schirmrispen, weiß oder rosa, unter 2, oft unter 1 cm breit, Stbl. 15–20, Frbl. 2–5, manchmal ihr oberster Teil frei und aus dem Bltn.becher herausragend, Gr. frei oder am Grunde vereinigt; Fr. ein kleiner, meist rundl. Kernapfel, nur selten über 2, oft unter 1 cm dick, rot, gelb, bräunl. oder weiß, meist mehlig und wenig schmackhaft. Etwa 80 Arten in der gesamten Borealen Zone sowie in der Nemoralen Zone Eurasiens.

1. Bl. durchgängig bis zur Spitze gefiedert, Endblch. etwa so groß wie die seitl.; Bltn. weiß **(Ebereschen)** **10**

– Bl. einfach, oft fiederig gelappt, seltener im unteren Teil gefiedert, dann aber immer mit einem der Größe mehrerer Blch. entsprechenden Endabschnitt **(Mehlbeeren)** **2**

2. Bl. im unteren Teil gefiedert, im oberen fiederig gelappt *(58/140)*, bis über 10 cm lang; Bltn. weiß, 10–15 mm breit; Fr. rundl., rot, 8–12 mm dick; V–VI. Bk – N-3. **Bastard-M., *S. hýbrida*** L. **aggr.**

Als Kleinarten, über deren wahrscheinl. hybridogene Entstehung unterschiedl. Ansichten bestehen, können unterschieden werden:

S. hýbrida L. s.str.: Bl. ± eif., oben breit abgerundet, stumpf, mit etwa 8–10 Paaren von Seitennerven, davon 6–8 im gelappten Teil, die übrigen am Grunde 1–2 Blch.paare bildend.

S. meiníchii (Lindeb.) Hedl.: Bl. im Umriß ähnl. voriger, aber nur die obersten 1–4 Nervenpaare im gelappten Oberteil, die übrigen 4–6 Blch.paare bildend.

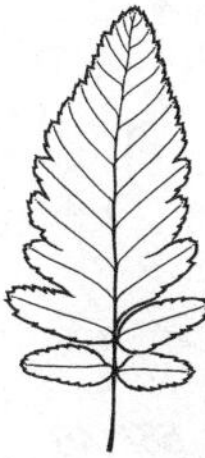

58/140

Sorbus thuringiaca

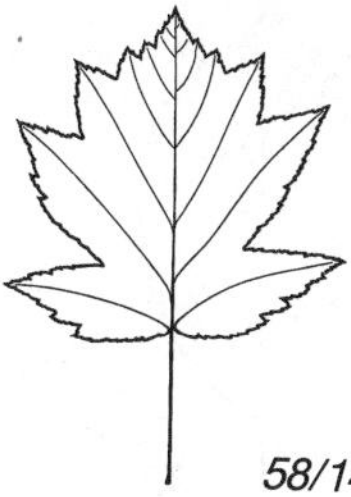

58/141

S. torminalis

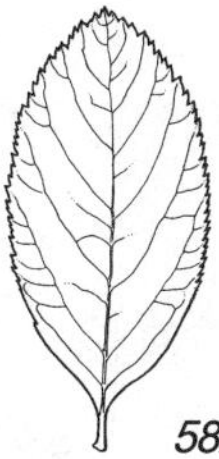

58/142

S. chamaemespilus

S. thuringíaca (ILSE) FRITSCH: Bl. in der oberen Hälfte allmähl. zum stumpfen Ende hin verschmälert, mit insgesamt 10–14 Nervenpaaren, Fiederpaare am Grunde 1–4 *(58/140).*

– Bl. ungelappt oder gelappt, auch an der Basis nicht gefiedert . . **3**

3. Bl. unterststs. bleibend weiß- oder graufilzig **6**

– Erwachsene Bl. unterststs. kahl oder schwach behaart, nicht weiß- oder graufilzig **4**

4. Bl. jederststs. mit 3–5 auffallenden 3eckigen, spitzen Lappen (die unteren manchmal bis zur Mitte der Spreitenhälfte eingeschnitten), Seitennerven bis in die Lappenspitzen verlaufend, Bl. im Gesamtumriß breit-eif. *(58/141)*, 5–10 cm lang, bis 8 cm breit, im Herbst gelb bis orange, Bl.stiel 2–5 cm lang; Bltn. 1–1,5 cm breit, weiß, Gr. 2; Fr. rundl. bis längl., 12–15 mm dick, bräunl., hell punktiert; V–VI. Bm/Bg – Ns-3.

Elsbeere, *S. torminális* (L.) CRANTZ

– Bl. ungelappt, Rand gesägt bis doppelt gesägt **5**

5. Bltn. rosa bis rötl., Krbl. aufrecht, Bltn. dadurch unter 1 cm breit, Gr. 2, Bltn.stiele weißfilzig; Fr. mit K., rundl. bis längl., 1–1,3 cm lang, rot bis braunrot, eßbar; Bl. elliptisch bis längl., 3–7 cm lang, gesägt *(58/142)*, unterststs. ± blaugrün; VI–VII. Sk/Sg – PGh-3. **Zwerg-M., *S. chamaemréspilus*** (L.) CRANTZ

S. hostii mit oft etwas gelappten Bl. vgl. unter *S. mougeotii.*

– Bltn. weiß, 1–1,5 cm breit, Gr. meist 2, Bltn.stiele ± kahl; Fr. ohne K., eif., 7–10 mm lang, weinrot bis gelbl., oft bläul. bereift; Bl. ± eif., 5–10 cm lang, kurz zugespitzt, gesägt bis doppelt gesägt, mit 6–10 Paaren oft auffällig paralleler Nerven *(58/143)*; Herbstfärbung orange bis scharlachrot (erst spät auftretend); Zw. rotbraun, glänzend; V–VI. Bk/Bm – Nhg-4. (*Micromeles alnifolia* (SIEB. & ZUCC.) KOEHNE).

Erlen-M., *S. alnifólia* (SIEB. & ZUCC.) K. KOCH

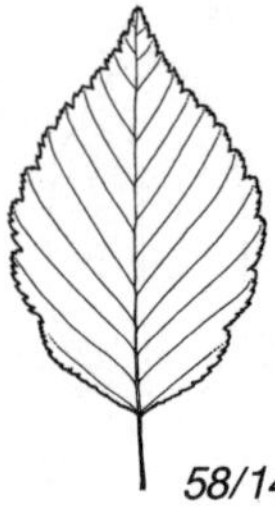

58/143

Sorbus alnifolia

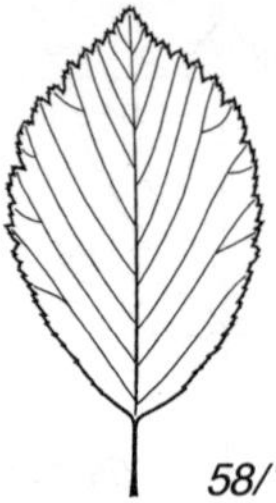

58/144

S. aria

58/145

S. latifolia

Var. ***submóllis*** Rehd. (*S. zahlbruckneri* auct. non Schneid.): Bltn.stiele und Bl. unterst. ± weichhaarig.

6 (3). Bl. seicht fiederig gelappt, Seitennerven in die Spitzen der Lappen verlaufend, untersts. grau-, gelbl.- oder weißl.-filzig . . . **8**

– Bl. gesägt bis doppelt gesägt, außer an Langtrieben kaum gelappt, untersts. auffallend dicht schneeweiß filzig (wenn mehr graugrün, vgl. *Sorbopyrus* unter *Pyrus communis*); Bltn. weiß, Bltnst. oft weißfilzig **7**

7. Seitennerven der Bl. meist nicht in die Bl.zähne laufend, Bl.stiel bis 1 cm lang, Bl. eif. bis elliptisch, zugespitzt, 5–8 cm lang, unter 5 cm breit; Bltn. etwa 1 cm breit, Gr. 3; Fr. ohne K., elliptisch, etwa 1,3 cm lang, rot; Zw. dünn, bogig überhängend; V–VI. Sg/Bk – Nhw-4. (*Micromeles folgneri* Schneid.).
Chinesische M., *S. fólgneri* (Schneid.) Rehd.

– Seitennerven der Bl. meist in die größeren Bl.zähne laufend, Bl.stiel 1–2,5 cm lang, Bl. *(58/144)* verschieden geformt, 5–15:4–8 cm; Bltn. 1,2–1,7 cm breit, Gr. 2–3; Fr. mit K., längl., 1–1,5 cm lang, orange- bis scharlachrot; V. Sg/Bk/Bm – N-3.
Echte M., *S. ária* (L.) Crantz **aggr.**

Diese und die 2 folgenden Sippen sind sehr vielgestaltig und reich an Übergangsformen; es werden bis über 100 für den Nichtspezialisten kaum faßbare Kleinarten unterschieden, deren Zuordnung zu den einzelnen Aggregaten oft rein subjektiv ist. Näheres hierzu vgl. in: Kárpáti, Z., 1960: Die *Sorbus*-Arten Ungarns und der angrenzenden Gebiete. Feddes Repertorium 62:71–331.

Gelegentl. gepflanzte Kultursorten sind:

'Áurea' mit goldgelben Bl.

'Lutéscens', Bl. im Austrieb gelbgrün.

'Magnífica', Wuchs steif aufrecht, als Alleebaum geeignet.

'Majéstica', Bl. und Fr. auffallend groß.

S. aria × *Pyrus communis* vgl. unter letzterer.

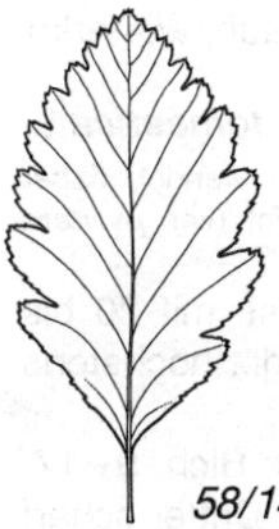
58/146

Sorbus intermedia

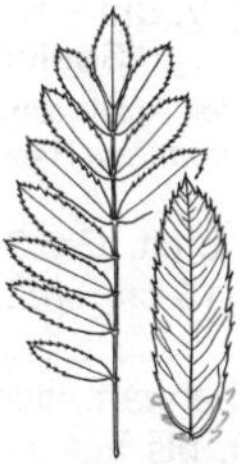
58/147

S. domestica, Blatt und Blättchen

58/148

S. aucuparia, Blatt und Blättchen

8 (6). Bl. höchstens um ein Viertel länger als breit, ± rundl., 7–9 cm lang, Lappen ± 3eckig, seicht, jedersts. meist nur 4 oder weniger deutl. ausgebildet *(58/145)*, Bl. untersts. grau- bis gelbl.-filzig; Bltn. 1,5 cm breit oder mehr, weiß; Fr. rundl., 10–14 mm dick, gelb- bis rotbraun, punktiert; V. Bk/Bm – Nh-3.

Rundblättrige M., *S. latifólia* (LAM.) PERS. **aggr.**

– Bl. mindestens um die Hälfte länger als breit, Lappen ± eif., jedersts. oft 5 und mehr deutl. sichtbar **9**

9. Bl. bis doppelt so lang wie breit, längl.-elliptisch, 7–12 cm lang, jedersts. mit 8–12 Seitennerven bzw. Lappen, untersts. hellgrau- bis weißl.-filzig; Bltn. meist weiß, 10–15 mm breit, Gr. 2–3; Fr. ± rundl., 10–13 mm dick, rot; V–VI. Bk – Nhg-3.

Berg-M., *S. mougeótii* SOY.-WILL. & GODR. **aggr.**

Die Kleinart ***S. hóstii*** (JACQ.F.) K. KOCH mit blaßrosa Bltn. und nur schwach gelappten Bl. wird als Übergang zu *S. chamaemespilus* angesehen.

– Bl. etwa um die Hälfte länger als breit, elliptisch bis verkehrt-eif., 6–10 cm lang, jedersts. mit 6–9 Seitennerven bzw. Lappen *(58/146)*, untersts. graufilzig; Bltn. weiß, etwa 12 mm breit, Gr. 2; Fr. elliptisch, 1,2–1,5 cm lang, ± orangerot, gelbfleischig; V–VI. Bk – Nhk-3. (*S. scandica* (L.) FRIES, *S. suecica* (L.) KROK & ALMQ.).

Schwedische M., *S. intermédia* (EHRH.) PERS.

'Brouwers': Pfl. mit geradem durchgehendem Leittrieb; relativ industriefest, als Straßenbaum geeignet.

10 (1). Blch. 17–29, je 1,5–3,5 cm lang, Bl. oft mit leicht geflügelter Rhachis; Gr. 5; Fr. glasig weiß oder rosa **16**

– Blch. 7–17, je 2–10 cm lang **11**

11. Bltn. etwa 1,5 cm breit, Gr. 5; Bltnst. mit 6–12 Bltn., breit pyramidal, bis 10 cm breit; Fr. 2–3 cm lang, gelbgrün bis bräunl., rotbackig; Blch. (11–)15–17, längl., 3–8 cm lang, gleichmäßig gesägt *(58/147)*; Borke größerer Äste schuppig-rauh; Winterkn. grünl., wenig behaart, klebrig; V. Bm – Ns-3.

Speierling, *S. doméstica* L.

Die Fr. werden mancherorts bei der Apfelweinbereitung verwendet; daher in mehreren Sorten mit apfelf. (var. ***pomífera*** HAYNE) bzw. birnf. (var. ***pyrífera*** HAYNE) Fr. angebaut.

– Bltn. meist nicht über 1 cm breit, Gr. 2–4; Bltnst. mit 20 bis vielen Bltn., zieml. flach, bis 15 cm breit; Fr. rundl., höchstens 1,5 cm dick, ± leuchtend rot 12

12. Winterkn. ± dicht weißfilzig behaart, nicht klebrig; Blch. 9–17, längl.-lanzettl., 2–6 cm lang, bis auf das untere Drittel scharf gesägt *(58/148)*, obersts. dunkelgrün, untersts. bläul., anfangs behaart; Bltn. etwa 1 cm breit; Fr. bis 1 cm dick, orange- bis scharlachrot; V–VI. Bk/Bm – Bh/Nhk-3.

Nordische E., *S. aucupária* L.

Mehrere Zier- und Fruchtsorten sind in Kultur, z.B.:
'Edúlis' (var. *moravica* ZENGERL, var. *dulcis* KRAETZL), **Süße E.:** Fr. bis 1,5 cm groß, süßl. schmeckend; Blch. 4–7 cm lang; angebl. in Mähren wild gefunden, früher gelegentl. wegen der Fr. angebaut; eine ähnl., aus Rußland stammende Sorte ist *'Róssica'*.
'Dirkénii': Bl. im Austrieb goldgelb, später vergrünend.
'Xanthocárpa': Fr. orangegelb.
'Péndula': Zw. herabhängend (meist hochstämmig veredelt).
'Fastigiáta': Wuchs steif aufrecht, ähnl. einer Säuleneiche.

– Winterkn. braun, kahl oder locker behaart, klebrig 13

13. Blch. (11–)15(–17), obersts. blaugrün, untersts. blaß, eif. bis längl., 3–7 cm lang, spitz oder kurz zugespitzt, Rand gesägt mit nach oben gebogenen Zähnen, Rhachis und Mittelrippen meist rötl.; Bltnst. meist bis zur Fr.zeit behaart bleibend; Bltn. 8–10 mm breit; Fr. bis 1 cm dick; Winterkn. meist locker ± braun behaart; V. Sg/Bk – Bh/Nhk-2.

Labrador-E., *S. decóra* (SARG.) SCHNEID.

– Blch. obersts. heller oder dunkler frischgrün (höchstens untersts. blaß blaugrün), ± lang zugespitzt, Rhachis oft etwas grünl. geflügelt; Bltnst. zur Fr.zeit meist kahl; Winterkn. oft glänzend, kahl oder spärl. behaart 14

14. Blch. 3,5–5 cm lang, zu (9–)13, eif. bis lanzettl., scharf gesägt *(58/149)*, obersts. glänzend, Herbstfärbung leuchtend mahagonirot; Bltnst. zur Blütezeit meist weißl.-bräunl. behaart; Krbl. zurückgeschlagen; Fr. 6–10 mm dick, oft orangerot; V. Sg/Bk – B/N-4. **China-E., *S. serótina*** KOEHNE

– Blch. bis über 7 cm lang, zu 11–17; Bltnst. meist schon zur Blütezeit kahl 15

15. Blch. 11–17, längl. bis lanzettl., 4–10 cm lang, meist mehr als 4mal so lang wie breit; Bltn. 5–6 mm breit, Krbl. ± längl.; Fr.

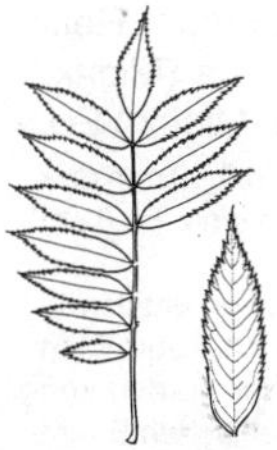

58/149

Sorbus serotina,
Blatt und Blättchen

58/150

S. koehneana,
Blatt und Blättchen

4–6 mm dick, Fr.stand sehr dicht, das Achsengerüst von den vielen kleinen Fr. weitgehend verdeckt; V–VI. Bk – Bh/Nhk-2.
Kanada-E., *S. americána* MARSH.

– Blch. 11–15, elliptisch bis längl., 3–8 cm lang, höchstens 4mal so lang wie breit; Bltn. 8 mm breit, Krbl. ± rundl.; Fr. 6–8 mm dick, Fr.stand locker, das Achsengerüst zwischen den Fr. gut sichtbar; V. Bk – BG/Nhg-4 (Japan, Korea).
Japan-E., *S. commíxta* HEDL.

16 (10). Blch. erst oberhalb der Mitte gesägt (an Bltn.zw. manchmal auch nur an der Spitze), längl.-elliptisch, 1,5–2,5 cm lang, kahl; Bltnst. locker, 5–10 cm breit, rostbraun behaart, Bltn. etwa 6 mm breit; Fr. rundl., etwa 8 mm dick, erst rötl., zuletzt blaß rosa; VI. Sg/Bk – Nhg-4 (W-China).
Rosafrüchtige E., *S. vilmorínii* SCHNEID.

– Blch. fast von der Basis an scharf gesägt, längl.-lanzettl. *(58/150)*, 1,5–3,5 cm lang, jung leicht behaart; Bltnst. 4–8 cm breit, meist ± kahl, Bltn. etwa 1 cm breit; Fr. rundl., 6–7 mm dick, weiß, an rötl. Stielen, lange haftend; V–VI. Sg – Nh-4 (M-China).
Weißfrüchtige E., *S. koehneána* SCHNEID.

25. *Arónia* MED., Apfelbeere

Sommergrüne Sträucher mit spitzen, auffallend weinroten Winterkn.; Bl. einfach, elliptisch bis verkehrt-eif., 2–8 cm lang, meist kurz zugespitzt, fein kerbig gesägt, obersts. auf der Mittelrippe mit dickl., schwarzroten Haaren, Herbstfärbung leuchtend rot; Bltn. zu 10–20 in Schirmrispen, etwa 1 cm breit, weiß oder blaß rosa, Stbl. meist 20, purpurn, Gr. 5, am Grunde vereinigt und behaart; Fr. ein 5–12 mm dicker, rundl. Kernapfel. 2 Arten im nemoralen O-Nordamerika.

1. Bl. schon zur Blütezeit untersts. kahl, Bltn.stiele und Kbl. meist noch mit wenigen bis vielen langen, bald verschwindenden Haaren; Fr. 6–12 mm dick, glänzend schwarz, bald nach der Reife abfallend; V–VI. Sk/Sg – N-2. (*Sorbus melanocarpa* (MICHX.) HEYNH.). **Kahle A., *A. melanocárpa*** (MICHX.) ELL.

Var. ***melanocárpa:*** Sk, meist unter 1 m hoch, Bl. 2–6 cm lang, Fr. 6–8 mm dick. Var. ***grandifólia*** (LINDL.) SCHNEID.: Sg bis über 3 m, Bl. 4–8 cm lang, Fr. 8–10 mm dick; BG-2 (S-Appalachen).

'Néro' (*A. mitschurinii* SKVORCOV & MAJTULINA): In der Sowjetunion entstandene, tetraploide Fruchtsorte mit etwa 12 mm dicken, sehr saftigen, kaum glänzenden Fr., die zur Herstellung von Marmelade usw. verwendet werden können. In O-Deutschland seit den 70er Jahren in Kultur; in westdeutschen Baumschulen neuerdings unter dem Namen „Schwarze Colorado-Beere" angeboten.

– Bl. *(58/151)* untersts., Bltn.stiele und Kbl. zur Blütezeit dicht filzig, bis zur Fr.zeit ± stark behaart bleibend; Fr. 4–10 mm dick, rot bis schwarzpurpurn, kaum glänzend, oft lange haftend; V–VI. Sk/Sg – N-2. (*Sorbus arbutifolia* (L.) HEYNH.). **Filzige A., *A. arbutifólia*** (L.) PERS.

Var. ***arbutifólia:*** Fr. 4–7 mm dick, leuchtend rot.
Var. ***atropurpúrea*** (BRITT.) SCHNEID. (*A. prunifolia* (MARSH.) REHD., *A. floribunda* (LINDL.) SPACH): Fr. 8–10 mm dick, dunkelrot bis schwarzpurpurn.

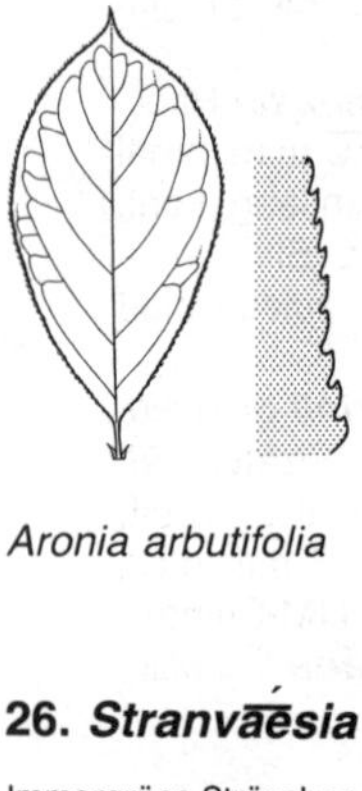

58/151

Aronia arbutifolia

58/152

Stranvaesia davidiana

26. *Stranváesia* LINDL., Lorbeermispel

Immergrüne Sträucher oder Bäume mit einfachen Bl.; von den etwa 5 Arten im meridionalen bis nemoralen O-Asien bei uns nur die folgende winterhart und in Kultur.

Zw. seidig behaart bis kahl; Bl. *(58/152)* lederig, elliptisch bis lanzettl., nach beiden Seiten verschmälert, 6–12 cm lang, ganzrandig, kahl oder Rand, Mittelrippe und der oft rötl. Bl.stiel etwas behaart, obersts. frischgrün, die älteren oft im Frühjahr nach Ausbildung einer kirschroten „Herbstfärbung" abfallend; Bltn. in vielbltg. Schirmrispen, weiß, etwa 8 mm breit, Stbl. 20, Staubbeutel rot, Gr. 5, etwa bis zur Mitte vereinigt;

Fr. ein etwa 6–8 mm dicker, rundl., orangeroter Kernapfel; VI. Sg # ∧ – Nhgm-4 (W-China). ***S. davidiána*** DECNE.

Var. ***unduláta*** (DECNE.) REHD. & WILS.: Sk, breitwüchsig; Bl. 3–8 cm lang, mit gewelltem Rand; Fr. etwa 6 mm dick.

'Lútea': Wie vorige, aber Fr. orangegelb.

27. *Photínia* LINDL., Glanzmispel

Immergrüne oder sommergrüne Sträucher bis Bäume; Bl. einfach, bis 20 cm lang; Bltn. weiß, klein, in (Schirm-)Rispen bis (Schirm-)Trauben, Stbl. etwa 20, Gr. 2 (selten 3–5), am Grunde vereinigt, Frkn. oft nur in ihrer unteren Hälfte mit dem Bltn.becher verwachsen; Fr. ein kleiner, meist roter Kernapfel. Etwa 40 Arten im meridionalen, weniger im nemoralen O-Asien.

1. Bl. immergrün, schmal verkehrt-eif. bis längl., 10–18 cm lang, kurz zugespitzt, Basis meist keilf., scharf grannig gesägt *(58/153)*, kahl, obersts. glänzend dunkelgrün; Bltn. 6–8 mm breit, zu vielen in bis über 15 cm breiten, kahlen Rispen, Bltn.stiele nicht warzig; Fr. rundl., 5–6 mm dick, rot; VI–VII. Sg # ∧∧ – Mh-4 (S-China). **Kahle G., *Ph. serruláta*** LINDL.

– Bl. sommergrün, breit bis schmal verkehrt-eif., 3–8 cm lang, kurz zugespitzt, Basis keilf., Bl. fein und scharf gesägt *(58/154)*, obersts. frischgrün und kahl, untersts. heller blau- bis graugrün, ± behaart; Bltn. 1–1,2 cm breit, zu 5–20 in etwa 3–5 cm langen und ebenso breiten, oft etwas behaarten Trauben, Bltn.stiele auffallend dicht korkwarzig; Fr. elliptisch, etwa 8 mm lang, leuchtend rot; V–VI. Sg – N-4. (*Pourthiaea villosa* (THUNB.) DECNE.). **Warzen-G., *Ph. villósa*** (THUNB.) DC.

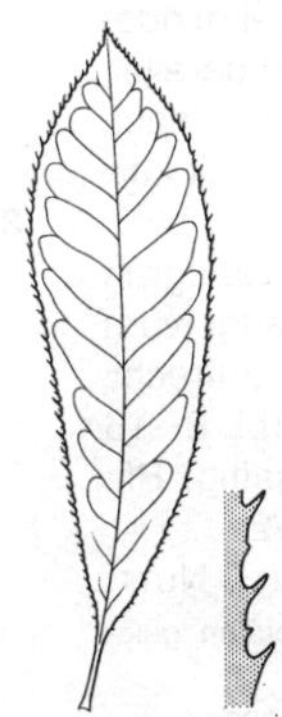

58/153

Photinia serrulata

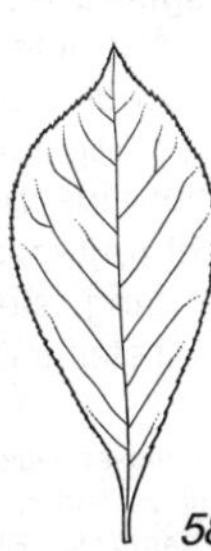

58/154

Ph. villosa

Var. ***villósa:*** Bl. bis zur Fr.reife untersts. ± dicht behaart bleibend.

Var. ***laévis*** (THUNB.) STAPF: Bl. (oft schon zur Blütezeit) untersts. bald kahl oder nur auf den Nerven behaart; Fr. bis über 1 cm lang.

28. *Amelánchier* MED., Felsenbirne

Sommergrüne Sträucher bis Bäume mit zieml. großen, oft spitzen und ± rot gefärbten Winterkn., z.T. mit unterirdischen Ausläufern; Bl. einfach, rundl. bis längl.-eif., 2–10 cm lang, Rand meist gesägt oder gekerbt, Knospenlage (bei unseren Arten) gefaltet, Bl. untersts. anfangs meist ± dicht behaart, später oft verkahlend; Bltn. zu (2–)8–15(–20) in ± verlängerten Trauben (diese am Grunde gelegentl. schwach rispig verzweigt), 1–3 cm breit, weiß (manchmal rötl. überlaufen), Krbl. verkehrt-eif. bis lanzettl., Stbl. meist 20, Gr. meist 5, oberster Teil der Frkn. meist nicht mit dem Bltn.becher verwachsen; Fr. ein rundl. Kernapfel, im Innern durch Bildung zusätzl. Scheidewände 10 einsamige Fächer enthaltend, 5–15 mm dick, ± rot bis blauschwarz, meist eßbar. Etwa 25 Arten in der Nemoralen Zone, die meisten in N-Amerika. In botanischen Gärten gelegentl. noch weitere Formen, die oft Übergänge zwischen den hier genannten Arten bilden.

1. Gr. den Rand des Bltn.bechers nicht überragend, völlig getrennt; Krbl. schmal-lanzettl., 1–1,3 cm lang, außen zottig behaart; Bltnst., junge Zw. und Bl. untersts. dicht weißfilzig, später oft ± verkahlend; Bl. rundl. bis eif., 2,5–5 cm lang, Spitze meist abgerundet, meist von der Basis an gesägt; Fr. blauschwarz, bereift, eßbar; Pfl. ± aufrecht, lockerwüchsig; IV–V. Sk/Sg – Nsg-3. (*A. vulgaris* MOENCH, *A. rotundifolia* (LAM.) DUM.-COURS.).
Echte F., *A. ovális* MED.

– Gr. weit aus dem Bltn.becher herausragend, im unteren Teil meist ± vereinigt **2**

2. Bl. dicht und fein gesägt (6–12 Zähne je cm), Seitennerven nur selten direkt in die Bl.zähne laufend **4**

– Bl. ± regelmäßig grob gesägt (2–5 Zähne je cm), dabei mindestens im oberen Teil die Seitennerven zieml. dicht und parallel, direkt in die Bl.zähne laufend; zur Blütezeit Bl. oft schon flach ausgebreitet; Frkn.gipfel stets wollig behaart; Pfl. meist mit kurzen Ausläufern **3**

3. Bl. schon zur Blütezeit untersts. ± kahl, erwachsen blaugrün und völlig kahl, rundl. bis breit-elliptisch, 2–5 cm lang, vorn abgerundet bis gestutzt *(58/155)*; Bltnst. 2–8 cm lang, aufrecht, dicht (unterste Bltn.stiele meist unter 15 mm lang); Krbl. 6–16 mm lang, stets weiß; Fr. 8–15 mm dick, süß und saftig; Pfl. meist steif aufrecht und vielstämmig; V. Sg/Bk – N/B-1/2.
Erlen-F., *A. alnifólia* (NUTT.) NUTT.

Von dieser vielgestaltigen Art sind bei uns nur folgende Varietäten gelegentl. zu finden:

Var. ***alnifólia:*** Bltnst. 2–5 cm lang, Krbl. verkehrt-eif., 6–10 mm lang.

Var. ***semiintegrifólia*** (HOOK.) HITCHC. (*A. a.* var. *florida* (LINDL.) SCHNEID., *A. florida* LINDL.): Bltnst. 4–8 cm lang, Krbl. lanzettl., 1,2–1,6 cm lang.

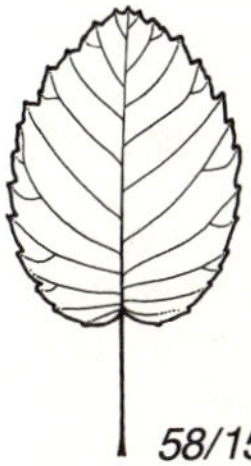

58/155

Amelanchier alnifolia

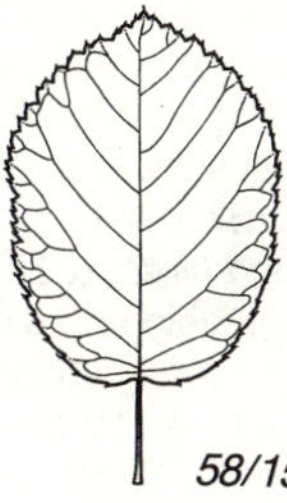

58/156

A. spicata

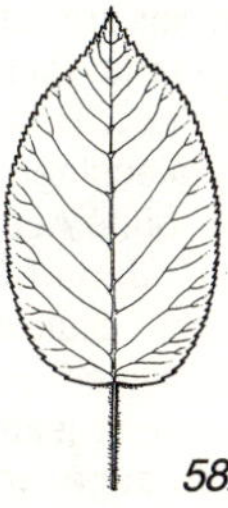

58/157

A. asiatica

– Bl. zur Blütezeit untersts. dicht wollig-filzig, erwachsen grün und ± kahl oder an der Mittelrippe noch etwas behaart, längl. bis rundl., 3–6 cm lang, vorn abgerundet bis spitz oder schwach zugespitzt; Bltnst. 4–8 cm lang, ± übergeneigt, locker (unterste Bltn.stiele bis 2,5 cm lang), Krbl. lanzettl., 11–22 mm lang, oft rötl. überlaufen; Fr. 6–8 mm dick, schwarzpurpurn, eßbar; Pfl. breitwüchsig; V. Sg – Nhk-2.

Vermont-F., *A. sanguínea* (PURSH) DC.

4 (2). Frkn.gipfel und Gr.basis kahl oder fast kahl; Bltnst. übergeneigt; Pfl. breitwüchsig, oft baumf., ohne unterirdische Ausläufer **6**

– Frkn.gipfel und Gr.basis bleibend dicht wollig behaart; Bltn. oft nach Fisch riechend **5**

5. Bl. an der Spitze meist abgerundet (aber mit Stachelspitze), elliptisch bis breit verkehrt-eif. oder rundl. *(58/156)*, 3–6 cm lang, kahl (zur Blütezeit hellgrün und untersts. meist noch gelbl. flockig-filzig), Herbstfärbung unscheinbar gelb bis braunfleckig; Winterkn. dunkel weinrot; Bltnst. aufrecht, dicht; Krbl. verkehrt-eif., 6–10 mm lang, weiß; Fr. 8–10 mm dick, mit aufrechtem K., blauschwarz, unangenehm schmeckend; Pfl. durch kurze unterirdische Ausläufer vielstämmig, Wuchs steif aufrecht, bis 8 m hoch; in N-Europa häufig eingebürgert; genaue Heimat in O-Nordamerika nicht bekannt; IV–V. Sg – N-2.

Besen-F., *A. spicáta* (LAM.) K. KOCH

A. stolonífera WIEG.: In fast allen Merkmalen sehr ähnl., aber Sk, sich durch längere Ausläufer weit ausbreitend; Bl. im Austrieb und im Herbst oft mit mehr rötl. Farbtönen; neuerdings gelegentl. angepflanzt; IV–V. – Nk-2.

– Bl. deutl. zugespitzt, eif. bis längl.-elliptisch *(58/157)*, 4–8 cm lang, kahl oder untersts. leicht behaart (zur Blütezeit meist dicht weißl. bis gelbl. seidig-filzig), Bl.stiele und Hauptnerven oft rötl., Herbstfärbung leuchtend orangegelb bis -rot, aber oft erst im

November auftretend; Winterkn. auffallend leuchtend rot; Bltnst. übergeneigt, locker; Krbl. schmal verkehrt-eif. bis lanzettl., 1–1,6 cm lang, in der Kn. oft rot überlaufen; Fr. 6–8 mm dick, mit zurückgeschlagenem K., blauschwarz; Pfl. breitwüchsig, oft baumf., ohne Ausläufer; V. Sg/Bk – N-4.

Japan-F., *A. asiática* (SIEB. & ZUCC.) ENDL. ex WALP.

6 (4). Bl. zur Blütezeit noch sehr klein und dicht zusammengefaltet, dicht weiß wollfilzig, nicht rot überlaufen, erwachsen unterststs. meist leicht behaart, eif., 4–10 cm lang, etwa von der Mitte an zugespitzt, Basis herzf.; Bltnst. zieml. dicht (unterste Bltn.stiele 8–17 mm lang); Krbl. linealisch, 1–1,8 cm lang; Fr. 6–10 mm dick, mit zurückgeschlagenem K., rotbräunl., trocken und geschmacklos; sehr selten in Kultur; IV–V. Sg/Bk – Nw-2.

Schnee-F., *A. arbórea* (MICHX. F.) FERN.

– Bl. (ebenso Achsen) im Austrieb ± kupferrot überlaufen, zur Blütezeit sich entfaltend oder schon flach ausgebreitet und unterststs. kahl oder weißl. seidenhaarig; Bltnst. locker **7**

7. Bl. zur Blütezeit meist in Entfaltung begriffen, etwa halb ausgewachsen, unterststs. weißl. seidenhaarig, erwachsen elliptisch bis längl.-elliptisch, 4,5–8,5 cm lang, erst im oberen Drittel verschmälert, Basis ± abgerundet *(58/158)*, Bl.stiel meist bleibend behaart, Herbstfärbung sehr einheitl. leuchtend (gelb bis) orange- bis ziegelrot; Bltnst. verlängert mit (6–)8–10(–16) Bltn., unterste Bltn.stiele meist 13–24 mm lang; Krbl. 9–14 mm lang; Fr. mit aufrechtem K., etwa 1 cm dick, purpurrot bis blauschwarz, wohlschmeckend; die am häufigsten angepflanzte Art (meist unter falschen Namen; auch in Selektionen mit bis 2 cm langen und stärker rot überlaufenen Krbl.), früher auch wegen der Fr. gepflanzt und in NW-Mitteleuropa häufig eingebürgert; genaue Heimat in O-Nordamerika nicht bekannt; IV–V. Sg/Bk – N-2. (*A. canadensis* auct. non (L.) MED., *A. grandiflora* REHD.?, *A. confusa* auct. non HYLANDER).

Kupfer-F., *A. lamárckii* F.-G. SCHROEDER

Die echte ***A. canadénsis*** (L.) MED. hat etwa die Wuchsform von *A. spicata*, dieser ähneln auch Farbe und Behaarung der jungen Bl. sowie die Gestalt der Bltnst. und Bltn.; mehr an *A. lamarckii* erinnern die erwachsenen Bl. (allerdings nur 3–5,5 cm lang und mehr längl.), der kahle Frkn.gipfel und die Fr.; nur sehr selten in botanischen Gärten; IV–V. Sg – Nh-2.

– Bl. zur Blütezeit meist schon ganz entfaltet, bis zu ¾ ausgewachsen, unterststs. kahl, erwachsen ± eif., 4–6 cm lang, etwa von der Mitte an verschmälert, Basis oft herzf. *(58/159)*, Herbstfärbung meist ± kirschrot, zieml. ungleichmäßig; Bltnst. dunkel purpurn überlaufen, oft fast schirmtraubig mit nur 5–9 Bltn., unterste Bltn.stiele 1,5–3,3 cm lang; Krbl. 1–2,2 cm lang; Fr. mit

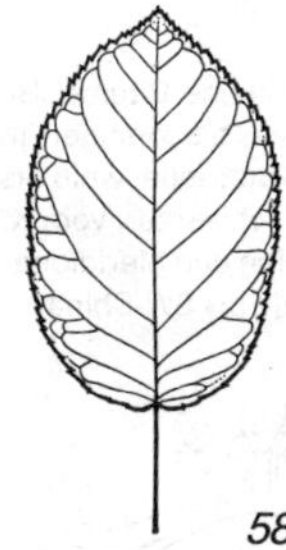
58/158

Amelanchier lamarckii

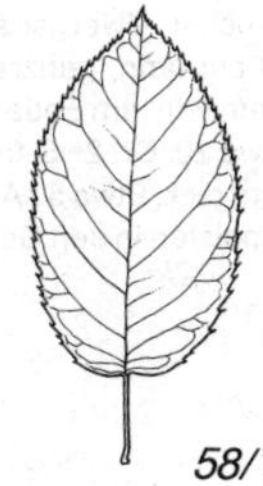
58/159

A. laevis

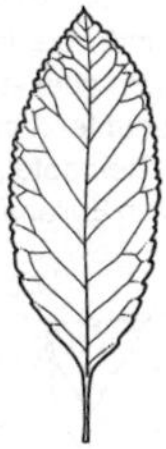
58/160

Pyracantha coccinea

zurückgeschlagenem K., sonst wie bei voriger; neuerdings öfter gepflanzt (auch in einer abweichenden Form mit niedrigem, aber bäumchenf. Wuchs und überhängenden Zw.); IV. Sg/Bk – Nhk-2. **Kahle F., *A. laévis*** WIEG.

29. *Pyracántha* M. J. ROEM., Feuerdorn

Immergrüne, dornige Sträucher; Bl. einfach, elliptisch bis längl., 2–7 cm lang, gesägt bis ganzrandig; Bltn. zu 10 bis vielen in 2–4 cm breiten Schirmrispen, weiß, 7–10 mm breit, Stbl. 20, Frbl. 5; Fr. ein vom K. gekrönter Steinapfel, rundl., 5–8 mm dick, meist auffallend rot gefärbt. Etwa 6 Arten in der Meridionalen Zone von Taiwan bis zum Himalaja sowie im Mittelmeergebiet.

1. Bltnst. behaart; Bl. elliptisch bis verkehrt-lanzettl., 2–4 cm lang, ± spitz, Basis keilf., Bl. dicht kerbig gesägt *(58/160)*, untersts. kahl oder anfangs leicht behaart, Bl.stiel 2–5 mm lang, behaart; Fr. meist 5–7 mm dick, leuchtend rot bis gelb, lange haftend; V–VI. Sk/Sg ⧺ ∧ – Ms/Nsm-3. **Mittelmeer-F., *P. coccínea*** M. J. ROEM.

Von den zahlreichen Kultursorten sind am häufigsten:
'Kasan': Starkwüchsig (bis 4 m hoch); Fr. groß, orangerot; Bl. z. T. nur wintergrün, wenig glänzend.
'Praécox': Breitwüchsig, bis etwa 2 m hoch; Bl. glänzend dunkelgrün, relativ hart gegenüber Abgasen.
'Soleil d'Or': Sp; Bodendecker; Fr. gelb.

– Bltnst. kahl; Bl. ähnl. wie bei voriger, 3–7 cm lang, oft ganzrandig, unterststs. blaugrün, anfangs bräunl. behaart, Bl.stiel 3–8 mm lang; Fr. 6–7 mm dick, leuchtend scharlach- bis karminrot; V–VI. Sg ⧺ ∧ – Mh/Nhm-4 (SW-China). **China-F., *P. atalantioídes*** (HANCE) STAPF

P. rogersiána (JACKS.) BEAN (*P. crenulata* (ROXB.) ROEM. var. *rogersiana* JACKS.) mit kleineren, an der Spitze meist abgerundeten Bl. ist kaum winterhart; Sg ⧺ ∧ ∧ – MGh-4 (Himalaja).

30. ***Cotoneáster*** MED., **Zwergmispel**

Immergrüne bis sommergrüne Sträucher, Zwergsträucher oder selten kleine Bäume; Bl. einfach, rundl. bis lanzettl., 0,5–10 cm lang, ganzrandig; Bltn. zu vielen bis wenigen in Schirmrispen oder -trauben, selten einzeln, am Ende beblätterter seitl. Kurztriebe, weiß bis rosa, meist unter 1 cm breit, Stbl. etwa 20, Gr. 2–5, frei; Fr. ein roter bis schwarzer, vom K. gekrönter Steinapfel, meist unter 1 cm dick. Etwa 50 Arten in der Nemoralen und Meridionalen Zone von Europa bis China, die meisten in den Gebirgen vom Himalaja bis SW-China.

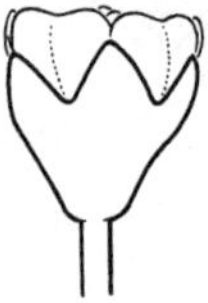

58/161

Cotoneaster, Blüte mit aufrechten Kronblättern

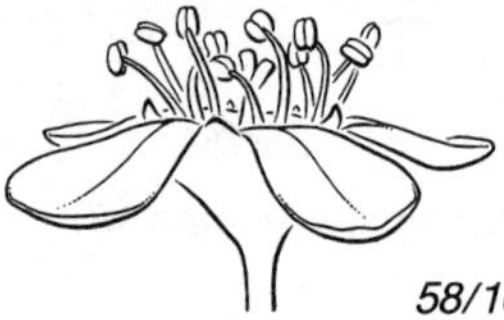

58/162

Cotoneaster, Blüte mit ausgebreiteten Kronblättern

1. Krbl. aufrecht, sich nicht ausbreitend *(58/161)*, ± verkehrt-eif., meist rosa; Bltn. dadurch zieml. unscheinbar; Fr. rot oder schwarz **10**

– Krbl. ausgebreitet *(58/162)*, rundl., gewöhnl. weiß, Bltn. auffallend; Fr. rot (in Sorten auch gelb) **2**

2. Bl. sommergrün; Staubbeutel gelb; Bltn. in Schirmrispen oder kurzen Rispen **8**

– Bl. immer- oder mindestens wintergrün, unterste. meist blaugrün; Staubbeutel violett **3**

3. Bltn. zu vielen (selten nur 3–10) in Schirmrispen, 6–8 mm breit, Gr. 2–3; Bl. elliptisch bis elliptisch-lanzettl., (2–)3–12 cm lang, an beiden Enden spitz; Fr. 5–9 mm dick, rot (selten gelb); VI. Sp – Sg # ∧ **Weiden-Z., *C. salicifólius*** FRANCH. **aggr.**

Hierher gehören neben einigen natürl. Kleinarten und Varietäten zahlreiche Kultursorten. Diese sind z.T. aus Kreuzungen mit den nahe verwandten, bei uns kaum winterharten *C. frígidus* WALL. ex LINDL., *C. henryánus* (SCHNEID.) REHD. & WILS. und evtl. noch weiteren Arten hervorgegangen und werden oft als *C.* × *watéreri* EXELL zusammengefaßt; doch ist weder die Abgrenzung dieser Hybridsippe noch die Zuordnung der einzelnen Formen eindeutig möglich.

C. floccósus (REHD. & WILS.) FLINK & HYLMÖ (*C. s.* var. *floccosus* REHD. & WILS.): Bl. *(58/163)* 3–8:1–2 cm, oberste. glänzend grün und durch eingesenkte Nerven runzlig, unterste. wie die Bl.stiele und jungen Zw. meist bleibend flockig-filzig behaart; Bltn. 6–8 mm breit; Fr. rundl., etwa 5 mm dick, orangerot; Pfl. mit elegant bogig übergeneigten Zw.; Sg – NGhm-4 (SW-China).

C. rugósus PRITZEL ex DIELS (*C. s.* var. *rugosus* (PRITZEL) REHD. & WILS.): Bl. bis 3,5 cm breit, oberste. nicht glänzend; Fr. eirundl., etwa 6 mm lang; sonst wie vorige; Sg – Nhm-4 (M-China).

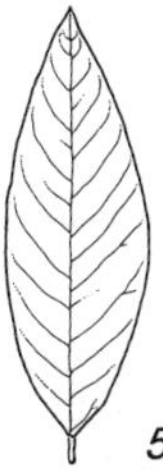

58/163

Cotoneaster floccosus

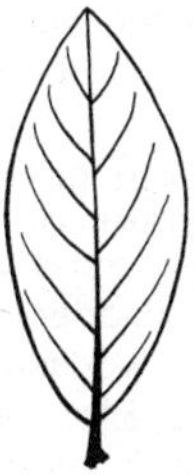

58/164

C. 'Cornubia'

'Aldenhaménsis': Ähnl. *C. floccosus,* aber Fr. bis 7 mm dick und purpurrot.
'Cornúbia': Bl. *(58/164)* 7–10:2,5–4 cm, obersts. stumpfgrün und nicht runzlig; Bl. untersts., Bl.stiele und junge Zw. oft früh ± verkahlend; Bltn. etwa 8 mm breit; Fr. rundl., 7–9 mm dick, leuchtend rot; Pfl. zieml. grobzweigig; Sg.
'Exburiénsis': Bl. 8–12:2–3 cm, obersts. glänzend und runzlig, untersts. bald kahl; Fr. gelb; Sg.
'Pérkeo': Sk bis 1 m, sonst wie *C. floccosus.*
'Péndulus': Sp (manchmal auch hochstämmig veredelt und dann Zw. herabhängend); Bl. 4–7:1,5–2,5 cm, obersts. glänzend, nicht runzlig; Fr. zahlreich, 6–8 mm dick.
'Herbstfeuer': Sp ähnl. vorigem, aber Bl. obersts. runzlig, Fr. zu 5–12.
'Parkteppich': Sp; Bl. 2–3:0,7–1 cm, Fr. zu 6–10, sonstige Merkmale wie *C. floccosus.*
'Gnom': Sp ähnl. vorigem, aber Bl. nur 2 cm lang und 5 mm breit; Fr. zu 3–6, 3–4 mm dick.

– Bltn. zu 1–3; Bl. meist unter 3 cm lang; Pfl. meist unter 1 m hoch **4**

4. Bl. (1–)1,5–3(–4) cm lang, elliptisch bis elliptisch-längl., vorn stumpf oder ausgerandet, aber mit Stachelspitze, obersts. glänzend, untersts. erwachsen kahl; Bltn. meist einzeln, etwa 1 cm breit, Gr. meist 5; Fr. rundl., 6–7 mm dick, leuchtend korallenrot; Zw. meist weit kriechend und wurzelnd; V–VI. Sp # – Nhg-4 (M-China). **Teppich-Z., *C. dámmeri*** Schneid.

Var. ***radícans*** Dammer ex Schneid.: Bl. nur 1–1,5 cm lang, meist ausgerandet, obersts. etwas runzlig; Bltn. zu 1–2.
'Eichholz': Dicht schließender, nicht über 15 cm hoher Bodendecker.
'Coral Beauty': Bis etwa 60 cm hoch; Bl. auffallend dunkel; Fr. lange haftend.
'Skogsholmen': Sehr starkwüchsige Selektion mit bis über 1 m hoch bogig übergeneigten Trieben.

– Bl. höchstens 2 cm lang, meist viel kleiner; Zw. meist bogig aufsteigend-übergeneigt **5**

5. Bl. schmal-elliptisch bis längl., 6–15:2–5 mm, spitz, obersts. meist matt dunkelgrün, untersts. bleibend dicht anliegend weichhaarig; Bltn. meist einzeln, etwa 1 cm breit, außen rosa überlaufen; Fr. elliptisch, bis 9 mm lang, leuchtend rot; Zw. meist an den

Spitzen wurzelnd und erneut bogig weiterwachsend; V–VI. Sz/Sk # – BG/PG-4 (SO-Tibet).

Bogen-Z., *C. conspícuus* MARQUAND

Ähnl. ist ***C. integrifólius*** (ROXB.) KLOTZ (*C. microphyllus* var. *thymifolius* (BAKER) KOEHNE): Bl. schmal verkehrt-eif. bis längl., 5–10 mm lang, vorn stumpf und oft ausgerandet; Bltn. zu 1–3, etwas rötl. – BG/PG-4 (Himalaja).

– Bl. eif. oder verkehrt-eif. bis rundl.; Fr. rundl. 6

6. Bl. erwachsen untersts. kahl, obersts. nicht glänzend, 6–12 mm lang; Bltn. meist einzeln, etwa 6 mm breit, außen rosa überlaufen; Fr. etwa 6 mm dick, leuchtend rot; Wuchs zieml. dicht; VI. Sz/Sk # – BG/PG-4 (Himalaja). (*C. pyrenaicus* auct. non GANDOG.). **Gedrungene Z., *C. congéstus*** BAKER

– Bl. unterstsn. bleibend locker striegelhaarig, obersts. glänzend dunkelgrün 7

7. Bl. 5–8(–10) mm lang, verkehrt-eif. bis elliptisch (selten schmal elliptisch), vorn oft stumpf bis ausgerandet; Bltn. meist einzeln, etwa 1 cm breit; Fr. etwa 6 mm dick, scharlachrot; V–VI. Sz/Sp # – BG/PG-4 (Himalaja).

Kleinblättrige Z., *C. microphýllus* WALL. ex LINDL.

'Cochleátus': Bl. bis etwa 10 mm lang.
'Ruby' (*C. prostratus* BAKER emend. HURUZAWA): Bl. eif., 8–15 mm lang, stumpf oder spitz, Mittelrippe oft rötl.; Übergangsform zur folgenden, oft fälschl. unter dem Namen der kaum in Kultur befindl. *C. rúbens* W. W. SMITH angepflanzt.

– Bl. 8–20 mm lang, breit elliptisch oder eif. bis rundl.; Bltn. zu 1–3, etwa 1 cm breit; Fr. etwa 8 mm dick, stumpf rot; Pfl. zieml. wirr bogig verzweigt; V–VI. Sz/Sk # – BG/PG-4 (Himalaja). (*C. prostratus* auct. non BAKER?).

Rundblättrige Z., *C. rotundifólius* WALL. ex LINDL.

8 (2). Bl. unterstsn. rasch verkahlend, im Austrieb oft bräunl. überlaufen, erwachsen blaugrün, breit-eif. bis eif., 2–5 cm lang; Bltnst. zieml. locker, 10–20bltg., ± kahl; Bltn. 10–12 mm breit, weiß (selten schwach rosa), K. und Bltn.becher kahl; Fr. eif. bis rundl., etwa 8 mm dick, leuchtend kirschrot, sehr zahlreich; Zw. übergeneigt; V. Sg – Ns-3/4.

Vielblütige Z., *C. multiflórus* BUNGE

Var. ***calocárpus*** REHD. & WILS. (*C. calocarpus* (REHD. & WILS.) FLINK & HYLMÖ): Bl. länger, mehr eilängl.; Fr. etwa 1 cm dick.

– Bl. unterstsn., Bltnst. und K. bleibend behaart; Bltnst. dicht, höchstens 12bltg. 9

9. Bl. unterstsn. locker grauhaarig, rundl., eif. oder elliptisch, vorn stumpf, spitz oder leicht zugespitzt, 1,5–3,5 cm lang; Bltn. zu 6–12, etwa 1 cm breit; Fr. rundl., etwa 8 mm dick, leuchtend rot, die beiden Steinkerne fest zusammenhängend, nur mit dem Messer trennbar (durch dieses Merkmal der vorigen naheste-

58/165

Cotoneaster bullatus

58/166

C. lucidus

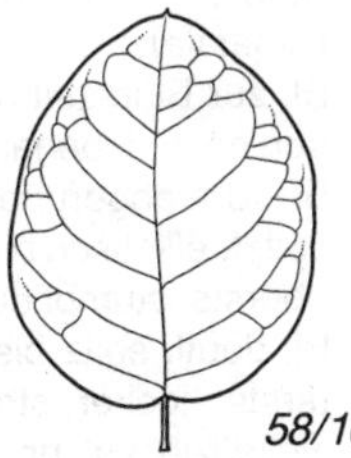

58/167

C. tomentosus

hend); Herbstfärbung gelb; V–VI. Sk – Nh-4 (M-China).
Hupeh-Z., *C. hupehénsis* REHD. & WILS.

– Bl. untersts. meist dicht weißfilzig, kreisrund bis eif., vorn oft stumpf, aber mit Stachelspitze, meist 1,5–3 cm lang; Bltn. meist zu 3–10 in zieml. dichten Bltnst., etwa 8 mm breit; Fr. rundl., etwa 8 mm dick, stumpf rot, die beiden Steinkerne leicht trennbar; V–VI. Sk/Sg – Ns-3/4.
Dichtblütige Z., *C. racemiflórus* (DESF.) K. KOCH **aggr.**

Sehr vielgestaltig, oft in zahlreiche (bis über 40) Kleinarten aufgeteilt, deren Merkmale sich vielfach mit der vorigen Art überlappen; der einzige eindeutige Unterschied gegen diese liegt in der Trennbarkeit der Steinkerne.

10 (1). Bl. gewöhnl. nicht über 3 cm lang **19**

– Bl. meist 3–5 cm lang oder länger **11**

11. Bl. 3–5(–6) cm lang, obersts. meist nicht runzlig **13**

– Bl. (3,5–)4–10 cm lang, eif. und meist deutl. zugespitzt *(58/162)*, obersts. durch eingesenkte Nerven ± stark runzlig, untersts. bleibend locker behaart bis verkahlend; Bltn. zu 5–20 in Schirmrispen, ± rosa, sehr unscheinbar, Gr. 4–5; Fr. rundl. bis eirundl., 6–8 mm lang; große, breitwüchsige Sträucher . . . . .

12. Fr. leuchtend rot; Bl. *(58/165)* 3,5–8 cm lang, stark runzlig, nicht glänzend, untersts. meist locker behaart bleibend; V–VI. Sg – N-4 (W-China). **Runzel-Z., *C. bullátus*** BOIS

– Fr. schwarz; Bl. 4–10 cm lang, oft nur leicht runzlig, obersts. oft ± glänzend, untersts. oft nur auf den Nerven behaart bleibend; V–VI. Sg – Nhg-4 (W-China).
Moupin-Z., *C. moupinénsis* FRANCH.

13 (11). Bl. meist schon zur Blütezeit beidersts. kahl, erwachsen auffallend blaugrün, ± elliptisch, 2–6 cm lang, nicht runzlig, spitz oder stumpf (an Langtrieben gelegentl. etwas zugespitzt); Bltnst. kahl, locker, 5–20bltg., Bltn. rosarot, zieml. auffällig; Fr.

rundl., 7–8 mm dick, leuchtend rot; V–VI. Sk/Sg – NGs-4 (NW-Himalaja). **Rosarote Z., *C. róseus*** EDGEW.

– Bl. zur Blütezeit untersts. behaart bis filzig, meist auch erwachsen noch ± behaart **14**

14. Bl. vorn abgerundet-stumpf, seltener z. T. spitz, aber nicht zugespitzt, elliptisch bis eif., untersts. bleibend dicht behaart bis filzig, obersts. stumpf dunkelgrün **17**

– Bl. deutl. spitz bis zugespitzt (mindestens an Langtrieben), untersts. locker striegelhaarig oder ± verkahlend (wenn dicht weißfilzig, vgl. unter **22** bei *C. franchetii*) **15**

15. Bl. *(58/166)* obersts. glänzend dunkelgrün, elliptisch, 2–5 cm lang, spitz, aber nur selten zugespitzt; Bltn. zu 5–10, Gr. 3–4; Fr. schwarz, ± rundl., 8–10 mm dick; V–VI. Sk – B/Ns-3 (W-Sibirien). **Glanz-Z., *lúcidus*** SCHLECHTEND.

– Bl. obersts. nicht glänzend, elliptisch bis eif.; Gr. 2; Fr. elliptisch . **16**

16. Fr. schwarz, etwa 1 cm lang; Bl. teils spitz, teils zugespitzt, 2–5 cm lang; Bltn. meist zu 1–5; V–VI. Sk/Sg – Ns-4. (*C. pekinensis* ZAB.). **Peking-Z., *C. acutifólius*** TURCZ.

– Fr. leuchtend rot, 8–10 mm lang; Mehrzahl der Bl. meist zugespitzt, 3–5(–6) cm lang; Bltn. meist zu 3–7; V–VI. Sg – NG-4 (Himalaja). **Spitzblättrige Z., *C. acuminátus*** LINDL.

17 (14). Bltn.becher und Kbl. dicht filzig behaart, Bltn. zu 3–12, Gr. 3–5; Fr. ziegelrot, rundl., 7–8 mm dick; Bl. *(58/167)* 3–6 cm lang, untersts. dicht weiß- bis graufilzig; V–VI. Sk – Ns-3. (*C. nebrodensis* (GUSS.) K. KOCH).
Filz-Z., *C. tomentósus* (AIT.) LINDL.

– Bltn.becher und Kbl. kahl oder nur schwach behaart, Gr. 2–4; Bl. untersts. zieml. locker filzig **18**

18 (17, 20). Fr. rot, rundl., etwa 6 mm dick; Bltn. zu 1–3(–4); Bl. 2–4 cm lang; V. Sk – Nsg-3. **Felsen-Z., *C. integérrimus*** MED.

– Fr. schwarz, rundl., 6–7 mm dick; Bltn. zu 3–8(–15); Bl. 2–5 cm lang; V. Sk – Ns-3. (*C. melanocarpus* LODD. ex. SCHNEID.).
Schwarze Z., *C. níger* (THUNB.) FRIES

19 (10). Erwachsene Bl. untersts. höchstens locker striegelhaarig (Behaarung die Farbe der Bl.unterseite und des Nervennetzes nicht verdeckend), 5–30 mm lang; Bltn. zu 1–4 . . . . **23**

– Erwachsene Bl. untersts. dicht weiß- bis gelb- oder graufilzig, die Farbe der eigentl. Bl.unterseite kaum sichtbar **20**

20. Bltn.becher und K. kahl oder nur schwach behaart **18**

– Bltn.becher und K. dicht behaart, Behaarung mindestens teilweise bis zur Fr.zeit bleibend; Zw. ± überhängend **21**

21. Bl. ± elliptisch, vorn abgerundet oder z. T. spitz, aber nie zugespitzt, 2–3 cm lang, untersts. graugelb filzig; Bltn. zu 3–10. Gr.

meist 2; Fr. verkehrt-eif., 6–8 mm lang, leuchtend rot; V–VI. Sk – N-4 (China). **Zabels Z., *C. zabélii*** SCHNEID.

– Bl. meist eif., alle mit deutl. Spitze oder (mindestens an Langtrieben) zugespitzt **22**

22. Bl. meist nur an den Langtrieben zugespitzt, an den Bltn.trieben nicht, 1–2,5 cm lang, sommergrün, untersts. gelb- bis graufilzig; Bltn. zu 3–7, Gr. 3–5; Fr. rundl., etwa 6 mm dick, scharlachrot; V–VI. Sk – Nhg-4 (W-China). **Diels' Z., *C. dielsiánus*** PRITZ.

– Bl. oft auch an den Bltn.trieben zugespitzt, 2–3 cm lang, etwas lederig und halbimmergrün, die dicht gelb- bis silbrig-filzige Unterseite auffallend mit der etwas glänzenden, dunkelgrünen Oberseite kontrastierend; Bltn. zu 5–11, Gr. meist 3; Fr. eif., 6–7 mm lang, orangerot; V–VI. Sk (#) ∧ – Mhg-4 (SW-China). **Franchets Z., *C. franchétii*** BOIS

Pfl. mit etwas größeren Bl. (bis etwa 4 cm lang) und rundl., 8–10 mm dicken Fr. sind gelegentl. unter den Namen ***C. sterniánus*** (TURRILL) BOOM und ***C. wárdii*** W. W. SMITH in Kultur.

23 (19). Bl. nur 5–15 mm lang oder auch bis 20(–25) mm, dann aber Pfl. kaum über 50 cm hoch **25**

– Bl. 10–30 mm lang; Pfl. aufrecht, bis mindestens 2 m hoch . . . **24**

24. Bl. rundl.-eif. bis verkehrt-eif., meist kurz zugespitzt, nur schwach glänzend, ± halbimmergrün; junge Zw. bleibend dicht weißl. bis gelbl. filzig; Bltn. ± weiß, Gr. 3–4; Fr. elliptisch bis verkehrt-eif., etwa 7:5 mm, rot; Pfl. zieml. steif aufrecht; VI. Sk/Sg (#) – MGh-4 (Himalaja). **Steife Z., *C. simónsii*** BAKER

– Bl. elliptisch, spitz, seltener ± stumpf, auch an Langtrieben meist nicht zugespitzt, obersts. deutl. glänzend, sommergrün mit meist dunkelroter Herbstfärbung; junge Zw. meist rötl., diese Farbe durch die bleibende striegelige Behaarung nicht verdeckt; Bltn. rosa, Gr. meist 2; Fr. elliptisch, 8–10:6–7 mm, dunkelrot; Pfl. breitwüchsig; neuerdings häufig angepflanzt und sich leicht einbürgernd; V–VI. Sk – N-4 (China). **Sparrige Z., *C. divaricátus*** REHD. & WILS.

25 (23). Pfl. durchgehend mit auffallend 2zeiliger (fischgrätenartiger) Verzweigung; Bl.ränder flach; Bl. oft halbimmergrün oder mit sehr spät eintretender rötl. Herbstfärbung **27**

– Pfl. unregelmäßig verzweigt, höchstens stellenweise 2zeilig, niedrig; Bl.ränder oft gewellt **26**

26. Pfl. mit ± wirren, bogig aufsteigend-übergeneigten Zw., bis etwa 50 cm hoch; Bl. rundl. bis breit-eif., (8–)10–20(–25) mm lang, oft kurz zugespitzt, Rand meist auffallend gewellt, Herbstfärbung braunrot; Bltn. zu 1–3; Fr. rundl., 7–12 mm dick, orangerot, schon im August reifend; V–VI. Sz – Nsg-4 (W-China). (*C.*

adpressus var. *praecox* (VILM.) BOIS & BERTH.).
Nanshan-Z., *C. prǣcox* (BOIS & BERTH.) VILM.-ANDR.

– Pfl. meist ± niederliegend und wurzelnd, kaum 25 cm hoch; Bl. eif. bis verkehrt-eif., 5–12(–15) mm lang, spitz, stumpf oder etwas ausgerandet; Bltn. zu 1–2; Fr. eirundl., 6–7 mm dick, rot; V–VI. Sp – Ng-4 (W-China). **Spalier-Z., *C. adpréssus*** BOIS

'Little Gem': Sehr klein, Wuchs rundl.-kissenf.; nicht blühend.

27 (25). Zw. *(58/168)* aufsteigend bis horizontal ausgebreitet, sich bis etwa 1 m über den Boden erhebend; Bl. rundl. bis breit-elliptisch, 5–15 mm lang, spitz, obersts. erwachsen meist kahl und ± glänzend, im Herbst rötl.; Bltn. zu 1–2, rosa; Fr. rundl. bis elliptisch, 5–6 mm lang, leuchtend rot; V–VI. Sz/Sk – Ng-4 (W-China). **Fächer-Z., *C. horizontális*** DECNE.

Var. ***perpusíllus*** SCHNEID.: In allen Teilen kleiner; Bl. nur 5–8 mm lang.
'Saxátilis': Ebenfalls in allen Teilen kleiner; Zw. dem Boden aufliegend.

– Zw. aufrecht, bis etwa 2 m hoch; Bl. rundl. bis breit-eif., 8–12 mm lang, ganz kurz scharf zugespitzt, obersts. meist mit bleibenden Haaren und kaum glänzend; Bltn. meist einzeln, weiß oder schwach rosa überlaufen; Fr. verkehrt-eif., 6–10 mm lang, scharlachrot; V–VI. Sk – NG-4 (Himalaja).
Zweizeilige Z., *C. dístichus* LANGE.

58/168: Cotoneaster horizontalis, Zweig

31. *Méspilus* L., Mispel

Monotypische Gattung.

Sommergrüner Strauch oder kleiner Baum; Bl. *(58/169)* breit längl. bis längl.-lanzettl., 6–12 cm lang, kurz zugespitzt, Rand ± fein gesägt, Bl. obersts. dunkelgrün und leicht behaart, untersts. feinfilzig; Bltn. einzeln am Ende beblätterter Triebe, nach der Bl.entfaltung erscheinend, weiß, 4–5 cm breit, Stbl. 25–40; Fr. *(58/9)* kreiself., 2–3 cm dick, braun, mit 5

Steinkernen, von den ± aufrechten Kbl. gekrönt, Fr.fleisch hart, erst nach Frosteinwirkung teigig werdend und eßbar; V–VI. Sg/Bk – Nsm-3.

M. germánica L.

'Macrocárpa': Reich tragende Fruchtsorte, Fr. 3–4 cm dick.
In botanischen Gärten sind gelegentl. als Kuriositäten zu finden:
+ ***Crataegomespilus dardárii*** SIMON-LOUIS: Pfropfbastard zwischen *M. germanica* und *Crataegus monogyna;* Bl. wie bei *Mespilus;* Bltn. zu wenigen in Schirmtrauben, etwa 1,5 cm breit; Fr. mispelartig, etwa 2 cm breit, mit 1–3 Steinkernen; Pfl. ± dornig; V–VI. Sg/Bk.
+ ***C. d.*** var. ***asnierésii*** (SCHNEID.) REHD.: Gleicher Herkunft, aber mehr *Crataegus*-ähnl.; Bl. mindestens an Kurztrieben mit 1–2 Paaren abgerundeter Lappen; Bltn. zu 3–12, etwa 1 cm breit; Fr. etwa 1 cm breit; V–VI. Sg.
× ***Crataeméspilus grandiflóra*** (SMITH) E. G. CAMUS (*M. germanica* × *Crataegus oxyacantha*): Bl. *(58/170)* 3–7 cm lang, elliptisch bis verkehrt-eif., im oberen Drittel leicht gelappt; Bltn. zu 1–3, etwa 2,5 cm breit; Fr. rundl.-eif., bis 1,5 cm breit, rötl., mit zurückgeschlagenen Kbl.; V–VI. Sg/Bk.

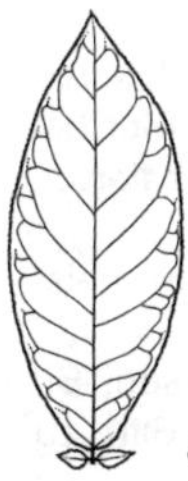

58/169

Mespilus germanica

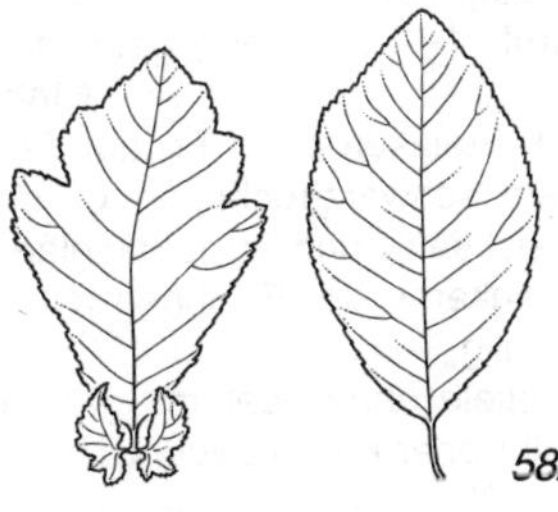

58/170

× *Crataemespilus grandiflora*

32. *Cratǣgus* L., Weißdorn

Sommergrüne, selten halbimmergrüne Großsträucher oder Kleinbäume, meist mit Kurztriebdornen; Bl. einfach, gesägt und oft fiederig gelappt oder eingeschnitten, 2–12 cm lang, manchmal mit großen, bleibenden Stipeln; Bltn. in Schirmtrauben oder -rispen, selten einzeln, am Ende meist beblätterter Kurztriebe, weiß (in Kultursorten auch rosa), 1–2,5 cm breit, Stbl. 5–25, Frbl. 1–5; Fr. ein Steinapfel, rot, gelb, braun oder schwarz, ± eßbar, aber oft mehlig oder hartfleischig. Zahlreiche Arten, hauptsächl. in den trockneren Teilen der gesamten Nemoralen Zone, davon etwa 90 in Eurasien; in N-Amerika wurden bis zu 1100, kaum voneinander abgrenzbare Kleinarten unterschieden. Der folgende Schlüssel kann nur ein Notbehelf für die ungefähre Einordnung einiger häufiger angepflanzter Formen sein; in botanischen Gärten sind oft viele weitere zu finden.
Vgl. auch die Gattungsbastarde mit *Mespilus germanica* unter letzterer.

1. Bl. alle deutl. gelappt oder eingeschnitten und mit Buchtnerven (Seitennerven, die von der Mittelrippe unmittelbar bis zum Grunde der Buchten verlaufen, *58/176*) **15**

– Bl. der blühenden Kurztriebe oft nur gesägt bis doppelt gesägt oder seicht gelappt, dann aber ohne Buchtnerven (Bl. stärkerer Langtriebe sind oft abweichend und für die Bestimmung nicht brauchbar) **2**

2. Bltn. zu 6 bis vielen **4**

– Bltn. zu 1–4, etwa 1–2 cm breit; vorjährige Zw. sehr dicht feinhöckerig, mit vielen schlanken Dornen; Bl. verkehrt-eif. mit keilf. Basis **3**

3. Bl.stiele mit dicken, purpurroten, später fast schwarzen Drüsenhöckern, Bl. 2–7 cm lang, meist vorn etwas gelappt; Bltn. zu (1–)2–4, etwa 1,8 cm breit; Fr. rundl., etwa 1,2 cm dick, grünl.-gelb oder gelb und rotbackig; V–VI. Sg/Bk – Nhw-2.

Gelbfrüchtiger W., *C. fláva* Ait.

– Bl.stiele ohne Drüsenhöcker, Bl. 1,5–4 cm lang, ± grob kerbig gesägt; Bltn. meist einzeln, etwa 1,5 cm breit; Fr. rundl. bis birnf., 1–1,5 cm lang, gelb oder grüngelb; VI. Sg – N-2.

Einblütiger W., *C. uniflóra* Münchh.

4 (2). Steinkerne der Fr. auf der Innenseite tief gefurcht (nur bei dem schwarzfrüchtigen *C. douglasii* flach furchig), Fr.fleisch meist saftig und Fr. außen glänzend **10**

– Steinkerne der Fr. innen mit ebenen Flächen; Fr.fleisch meist mehlig **5**

5. Bl.stiele ohne oder mit ganz vereinzelten kleinen Drüsen, Bl. nicht oder nur undeutl. gelappt, Basis ± schmal keilf.; Bltn. zu 10–20 . . . . **8**

– Bl.stiele mit einigen dicken, schwarzen Stieldrüsen, Bl. stets deutl. seicht gelappt; Gr. 3–5 . . . . **6**

6. Bl. (ebenso Kbl.) beidersts. kahl, rautenf. bis ± rundl., 3–5 cm lang, seicht gelappt, Basis keilf. *(58/171)*, lang gestielt; Dornen 4–9 cm lang; Bltn. 1,5–2 cm breit, Stbl. 5–10, Gr. unterhalb der Spitze der Frkn. stehend; Fr. 12–13 mm dick, ziegelrot; V. Sg/Bk – N-2. **Rundblättriger W., *C. chrysocárpa*** Ashe

Die Beschreibung trifft auf die var. ***phoenícea*** E. J. Palmer zu, die bei uns allein in Kultur ist, meist unter dem illegitimen Namen *C. rotundifolia* Moench.

– Bl. mindestens jung etwas behaart, Basis breit- keilf. bis gestutzt **7**

7. Bl. obersts. anfangs deutl. behaart, später beidersts. ± kahl, rundl. oder breit-eif. bis rautenf., 2–7 cm lang; Zw. nur jung etwas behaart, bald kahl; Dornen 2,5–5 cm lang; Bltn. zu 7–12, etwa 1,5–1,8 cm breit, Stbl. 10, Gr. an der Spitze der Frkn. sitzend; Fr. rundl., etwa 1,2 cm dick, scharlachrot; V. Sg/Bk.

Scharlach-W., *C. coccínea* L.

→ Klostergarten BBG

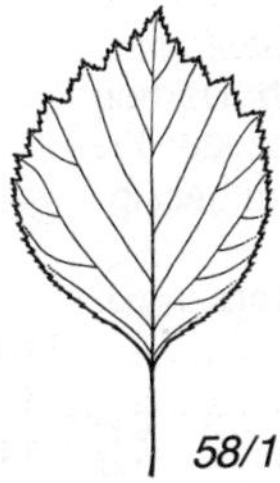
58/171

Crataegus chrysocarpa

58/172

C. crus-galli

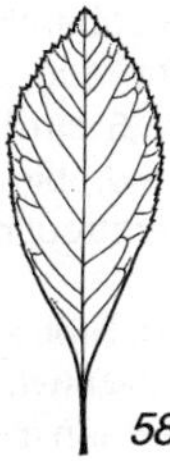
58/173

C. × lavallei

Diese Sippe nordamerikanischer Herkunft war schon im 18. Jahrhundert in Europa in Kultur und ist auch nach europäischem Material beschrieben worden. Über ihre natürl. Verbreitung in N-Amerika ist nichts bekannt; der Name *C. coccinea* war dort zeitweise für 2 andere Arten (*C. intricáta* LANGE, *C. pedicelláta* SARG.) in Gebrauch, wurde dann aber verworfen, da die europäischen Beschreibungen auf beide nicht zutrafen. Für die bei uns kultivierte Sippe ist er jedoch korrekt.

– Bl. untersts., vor allem auf den Nerven, bleibend weichhaarig, eif. bis breit-eif., 6–10 cm lang; Zw. oft länger behaart bleibend; Dornen 3–8 cm lang, oft spärl.; Bltn. bis zu 20, bis 2,5 cm breit, Stbl. 20, Gr. unterhalb der Spitze der Frkn. sitzend; Fr. rundl., 1,2–1,8 cm dick, scharlachrot; V. Sg/Bk – Ns-2.

Weichhaariger W., *C. móllis* (TORR. & GRAY) SCHEELE

C. submóllis SARG.: In allen Teilen sehr ähnl., aber nur 10 Stbl. – N-2.

8 (5). Bl. (wie die ganze Pfl.) kahl, verkehrt-eif. bis spatelf., 2–5 cm lang, erwachsen fast lederig, Basis lang am Bl.stiel herablaufend *(58/172)*; Dornen bis 6 cm lang; Bltn. etwa 1,5 cm breit, Stbl. etwa 10, Gr. meist 2; Fr. rundl., etwa 1 cm dick, rot, mit aufrechtem K.; VI. Sg/Bk – N-2.

Hahnensporn-W., *C. crus-gálli* L.

– Bl. untersts. bleibend behaart, mindestens auf den Nerven; Gr. 3–5 . . . . **9**

9. Bl. obersts. glänzend dunkelgrün, lederig (wie immergrün aussehend), im Herbst bronzerot, elliptisch bis längl., 5–12 cm lang, grob gesägt *(58/173)*; Dornen bis 5 cm lang, spärl. bis fehlend; Bltn. etwa 2 cm breit, Stbl. (5–)15–20; Fr. elliptisch, 1,5–2 cm lang, orangegelb bis -rot, punktiert, mit aufrechtem K., sehr lange haftend; V. Bk. (*C. carrierei* VAUV. ex CARR.; angebl. *C. crus-galli* × *pubescens* (H. B. K.) STEUD.).

Leder-W., *C.* × *lavalléi* HÉRINCQ ex LAVALLÉE

C.* × *grignonénsis MOUILLEF. wurde ebenfalls als Bastard *C. crus-galli* × *pubescens* angesehen; Bl. eif., jedersts. mit 2–4 Lappen, kerbig gesägt, Konsistenz wie bei voriger; Fr. rundl., etwa 1,5 cm dick, braunrot, punktiert.

– Bl. oberststs. nicht glänzend, rundl.-verkehrt-eif. bis spatelf., 4–7 cm lang, im oberen Teil oft undeutl. gelappt *(58/174)*; Dornen 3–6 cm lang, dick, spärl.; Bltn. 1,5–2 cm breit, Stbl. 20; Fr. rundl. bis birnf., (1–)1,5–2 cm lang, meist gelb und rotbackig, zerstreut punktiert; V–VI. Bk – N-2.

Punktierter W., *C. punctáta* JACQ.

10 (4). Stbl. etwa 20 . . . . **13**

– Stbl. etwa 10 . . . . **11**

11. Dornen 4–10 cm lang **14**

– Dornen nicht über 4 cm lang **12**

12. Fr. scharlachrot, bis 1,2 cm dick; Bl. verkehrt-eif. bis fast rundl., bis 8 cm lang, scharf gesägt *(58/175)*, oberststs. glänzend dunkelgrün, im Herbst gelb bis orangerot, unterststs. auf den Nerven behaart; Bltn. zu vielen; VI. Sg. (Angebl. *C. crus-galli* × *succulenta*). **Pflaumen-W., *C.* × *prunifólia*** (LAM.) PERS.

– Fr. schwarz, kurz elliptisch, etwa 1,2 cm lang; Bl. breit elliptisch bis verkehrt-eif., 3–8 cm lang, vorn oft mit etwa 5 seichten Lappen, oberststs. etwas glänzend; Bltn. zu 8–12, 1–1,3 cm breit; V. Sg/Bk – N-1. **Oregon-W., *C. douglásii*** LINDL.

13 (10). Kbl. meist kürzer als der Bltn.becher, wie dieser kahl; Bl. deutl. gelappt, breit-eif. bis rhombisch-eif., 4–8 cm lang, oberststs. dunkelgrün, meist kahl; Dornen spärl., bis 3 cm lang, dick; Bltnst. kahl, Bltn. etwa 1,5 cm breit; Fr. rundl., etwa 1 cm dick, leuchtend blutrot; V. Sg – Ns-4.

Blut-W., *C. sanguínea* PALL.

– Kbl. deutl. länger als der Bltn.becher und/oder Kbl. und Bltn.becher dicht behaart; Bl. nicht oder kaum gelappt, nur grob doppelt gesägt **14**

14 (11, 13). Bl. oberststs. glänzend dunkelgrün, lederig, unterststs. erwachsen ± kahl oder nur auf den Nerven behaart, breit-elliptisch bis verkehrt-eif., 5–8 cm lang; junge Zw. ± kahl; Dornen 3–5 cm lang (länger in der Var.); Bltn. etwa 1,8 cm breit, Bltn.becher und K. höchstens schwach behaart; Fr. rundl., herabhängend, 1–1,6 cm dick, rot, saftig; VI. Sg – N-2.

Saft-W., *C. succulénta* SCHRAD. ex LINK

Var. ***macracántha*** (LODD.) EGGLEST. (*C. macracantha* LODD. ex LOUD.): Dornen 4–10 cm lang; Stbl. 10; Fr. nur 8–10 cm dick.

– Bl. oberststs. stumpf ± gelbgrün, unterststs. bleibend behaart, elliptisch bis längl.-verkehrteif., 5–12 cm lang; junge Zw. filzig; Dornen oft spärl., bis 4 cm lang; Bltn. etwa 1,2 cm breit, Bltn.becher und K. dicht weichhaarig; Fr. birnf., aufrecht, etwa 1 cm lang, gelbrot bis ziegelrot, saftig; VI. Sg – N-2. (*C. tomentosa* DU ROI).

Filz-W., *C. calpodéndron* (EHRH.) MED.

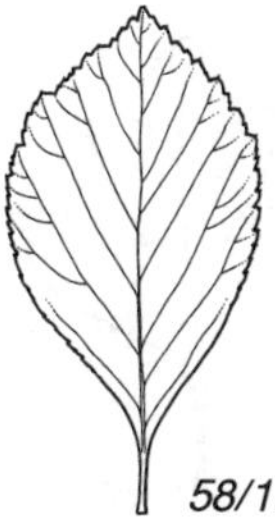

58/174

Crataegus punctata

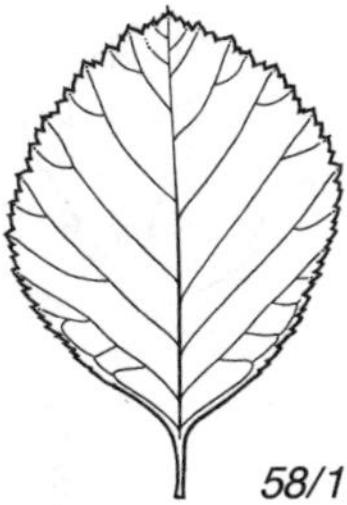

58/175

C. × *prunifolia*

58/176

C. pinnatifida

15 (1). Gr. und Steinkerne 1–2 (selten 3); Bltn. etwa 1,5 cm breit; Fr. rot (hierzu auch rosa- und gefülltbltg. Sorten) **20**

– Gr. und Steinkerne 5, seltener 4 . . . . **16**

16. Fr. ± schwarz **19**

– Fr. rot oder gelb; Bl.basis stets keilf. **17**

17. Junge Zw. kahl oder spärl. behaart; Bl. 3eckig-eif., 5–10 cm lang, beiderst s. mit 3–4 gelegentl. bis fast zur Mittelrippe eingeschnittenen Lappen *(58/176)*, unterst s. kahl oder auf den Nerven behaart; Bltn. etwa 1,5 cm breit; Fr. rundl. bis kurz-eif., etwa 1,5 cm dick, dunkelrot, hell punktiert; V. Sg – N-4.
Fieder-W., *C. pinnatífida* Bunge

– Junge Zw. behaart bis filzig; Bl. nur 2–5 cm lang, tief eingeschnitten **18**

18. Bl. rhombisch-eif., jederst s. mit 2–3 am Rande drüsig gesägten Lappen *(58/177)*, beiderst s. zottig behaart; Bltn. zu 5–8, 2–2,5 cm breit; Fr. rundl., 2–2,5 cm dick, gelb bis orangerot; VI. Sg/Bk – Ns-3. **Rainfarn-W., *C. tanacetifólia*** (Lam.) Pers.

– Bl. verkehrt-eif., jederst s. mit 2–4 an den Enden scharf gezähnten, aber nicht drüsigen Lappen, oberst s. graugrün behaart, unterst s. filzig; Bltn. zu 5–10, 1,5–2 cm breit; Fr. flach rundl., 1,5–2 cm dick, orange- bis ziegelrot, behaart; VI. Sg/Bk – Ns-3. (*C. orientalis* Pall. ex Bieberst.). **Balkan-W., *C. laciniáta*** Ucria

19 (16). Spitzen der Frkn. kahl; Bl. 3eckig-eif., 4–9 cm lang, jederst s. mit 4–5 scharf gesägten Lappen, unterst s. wie die jungen Zw. dicht filzig; Bltn. etwa 1,5 cm breit, erst weiß, im Verblühen rötl.; Fr. rundl., etwa 1,2 cm dick, glänzend schwarz, weichfleischig; V–VI. Sg/Bk – Ns-3.
Schwarzer W., *C. nígra* Waldst. & Kit.

58/177

Crataegus tanacetifolia

58/178

C. laevigata

58/179

C. monogyna

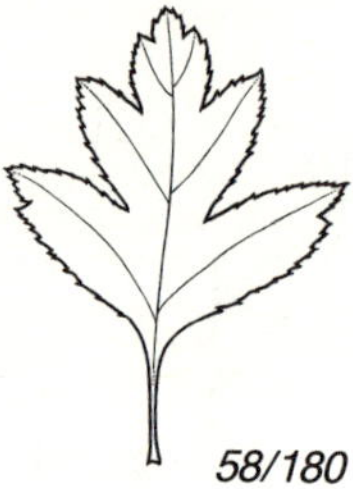

58/180

C. curvisepala

– Spitzen der Frkn. behaart; Bl. breit-eif., 2–6 cm lang, jederssts. mit 2–3 oft nur an der Spitze grob gesägten Lappen, untersts. wie die jungen Zw. locker behaart, später manchmal verkahlend; Bltn. 1,2–1,5 cm breit, weiß bleibend; Fr. elliptisch, etwa 1,2 cm lang, schwarzpurpurn, matt, festfleischig; V–VI. Sg/Bk – Ns-3. **Fünfgriffliger W., *C. pentágyna*** WALDST. & KIT. ex WILLD.

20 (15). Gr. und Steinkerne 2 (selten 3); Bl. jedersts. mit 1–2 wenig auffallenden, abgerundeten, seicht (meist viel weniger als bis zur Mitte der Spreitenhälfte) eingeschnittenen Lappen, diese kerbig gesägt *(58/178)*; Kbl. breit dreieckig, kaum über 2 mm lang; Fr. 8–12:6–10 mm; V. Sg/Bk – N-3. (*C. oxyacantha* L. em. JACQ.; vgl. auch unter 21).
Zweigriffliger W., *C. laevigáta* (POIR.) DC.

– Gr. und Steinkern 1 (höchstens in Endbltn. zuw. 2); Bl. jedersts. mit 1–3 deutl., ± spitzen, tief (oft bis über die Mitte der Spreitenhälfte) eingeschnittenen Lappen **21**

21. Kbl. breit bis schmal 3eckig, stumpf, kaum über 2 mm lang; Bl.lappen höchstens an der Spitze mit einigen groben Zähnen *(58/179)*; Stipeln ganzrandig oder mit wenigen 3eckigen, drüsenlosen Zähnen; Fr. 8–11:7–11 mm; V. Sg/Bk – N-3.
Eingriffliger W., *C. monógyna* JACQ.

– Kbl. schmal lanzettlich bis linealisch, bis 4 mm lang; Bl.lappen fein und scharf (oft bis zu ihrer Basis) gesägt *(58/180)*; Stipeln auffallend drüsig gezähnt; Fr. 9–15:5–10 mm; V. Sg/Bk – N-3.
Langkelch-W., *C. curvisépala* LINDMAN

Die Aufschlüsselung der 3 vorstehenden Arten (die die mitteleuropäischen Wildsippen umfassen) folgt der Bearbeitung von LIPPERT 1978 (Ber. Bayer. Bot. Ges. 49:165–198). Man darf jedoch nicht erwarten, jedes Exemplar eindeutig

zuordnen zu können, da alle drei durch Hybridschwärme miteinander verbunden sind. Ob und wie weit solche Hybriden durch Apomixis konstant geworden sind, ist umstritten. Eine Zusammenfassung der 3 Arten zu einer übergeordneten Sammelart, ***C. oxyacántha*** L. **aggr.,** erscheint nicht abwegig.
Nur diesem Aggregat zuordnen lassen sich die als **Rotdorn** bekannten, rötl. und gefüllt blühenden, meist baumf. gezogenen Gartensorten *'Rúbra Pléna'* (Bltn. rosa) und *'Paúlii'* (Bltn. leuchtend karminrot). Weniger häufige Kultursorten sind: *'Rósea'* (Bltn. einfach, rosa); *'Punícea'* (Bltn. einfach, karminrot); *'Candidopléna'* (Bltn. gefüllt, weiß); *'Gireoúdii'* (Bl. der Sommertriebe rosa/weiß marmoriert); *'Xanthocárpa'* (Fr. gelb).
Bastarde mit *Mespilus germanica* vgl. unter dieser.

Ordnung: ***Saxifragales***

59. Familie: ***Escalloniaceae,*** **Eskalloniengewächse**

Meist immergrüne Sträucher oder Bäume; Bl. meist wechselst. (bei unseren stets), einfach, ohne oder mit hinfälligen Stipeln; Bltnst. meist geschlossene, end- oder seitenst. Rispen oder Trauben, selten Dolden; Bltn. meist radiär, Kbl. und Krbl. 5 (selten 3–9), Stbl. ebenso viele (selten die doppelte Zahl), Frbl. 2–3(–7), mindestens im Frkn.bereich verwachsen; Bltn.achse als schüssel- bis röhrenf. Bltn.becher ausgebildet, dieser mit dem Frkn. in unterschiedl. Ausmaße verwachsen, Frkn. also ober-, mittel- oder unterst.; Fr. meist eine vielsamige Kapsel. 24 Gattungen mit etwa 200 Arten, meist in der Australen Zone und in tropischen Gebirgsstufen; nur 3 Gattungen erreichen die nördl. Extratropen.
Ebenso wie die beiden folgenden wurde diese Familie früher zu den *Saxifragaceae* gerechnet; doch herrscht über die Notwendigkeit der Aufteilung dieser heterogenen Gruppe heute Einigkeit.

1. Frkn. oberst. *(59/1)*, Krbl. schmal längl., spitz; Bl. sommergrün, deutl. gestielt . . . . ***Ítea*** 59–1

– Frkn. unterst. *(59/2)*, Krbl. verkehrt-eif. oder genagelt, vorn abgerundet; Bl. immergrün, seltener sommergrün, dann aber sitzend ***Escallónia*** 59–2

1. *Ítea* L., Rosmarinweide

Sträucher oder kleine Bäume; etwa 10 Arten, davon die meisten im meridionalen und oreotropischen SO-Asien, immergrün und nicht winterhart; bei uns nur die folgende Art selten in Kultur.

Sommergrüner Strauch mit dünnen, rutenf. Zw.; Bl. elliptisch bis längl., 4–10 cm lang, nach beiden Enden verschmälert, fein und scharf gesägt, meist beiderstS. kahl, Stiel 5–10 mm lang *(59/3)*, Herbstfärbung leuchtend rot; Bltn. in aufrechten, 5–15 cm langen Trauben am Ende beblätterter Zw., weiß, duftend, 5zählig; Krbl. 4–6 mm lang; Frbl. 2, bis zu den Narben hinauf verwachsen, Frkn. frei auf dem Grunde des zieml. flachen Bltn.bechers stehend; Fr. eine vielsamige, etwa 8 mm lange, behaarte Kapsel *(59/1)*; VI. Sk㊍ – Nhw-2. ***I. virgínica*** L.

59/1

Itea virginica, Frucht

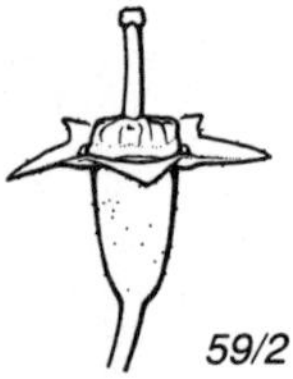

59/2

Escallonia virgata, Frucht

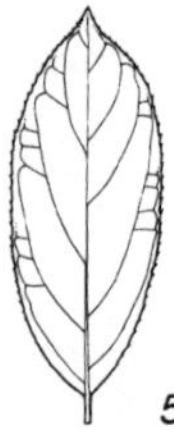

59/3

Itea virginica

2. ***Escallónia*** Mutis ex L. f., **Eskallonie**

Immergrüne, selten sommergrüne Sträucher oder kleine Bäume, oft mit Harzdrüsen; Bl. gestielt oder sitzend, meist grob gesägt; Bltn. in geschlossenen Rispen oder Trauben am Ende beblätterter Zw., weiß oder rot, 5zählig, Krbl. oft genagelt *(59/5)*, Frbl. 2–3, bis zu den Narben hinauf vereinigt sowie mit dem röhrigen bis schüsself. Bltn.becher verwachsen (Frkn. also unterst., *59/2*); Fr. eine vielsamige Kapsel. 50–60 Arten im australen und andinen Süd- und Mittelamerika, bei uns nur wenige im Freiland einigermaßen aushaltend.

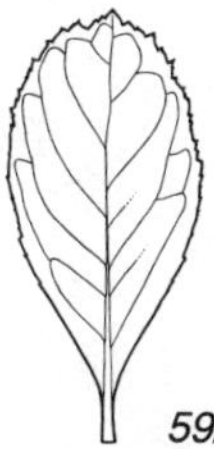

59/4

Escallonia rigida

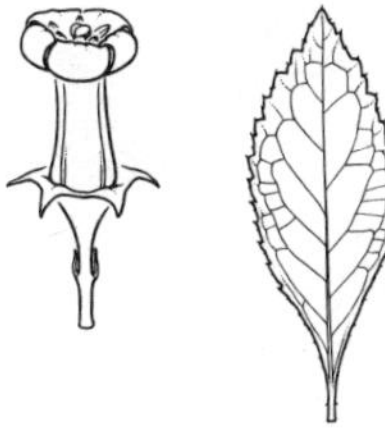

59/5

E. rubra,
Blüte und Blatt

1. Bl sommergrün, verkehrt-eif., 1–2 cm lang, mit keilf. Grunde sitzend, beidersts. kahl, obersts. glänzend, oberhalb der Mitte fein gesägt; Bltn. zu (1–)5–9 in seitenst. Trauben, weiß, etwa 1 cm breit, Krbl. verkehrt-eif., ungenagelt; Zw. gelbbraun, kahl, übergeneigt; V–VI. Sk Ⓚ ∧ – Ah-5. (*E. philippiana* (Engl.) Mast.). **Weiße E., *E. virgáta*** (Rúiz & Pav.) Pers.

– Bl. immergrün, untersts. meist drüsig; Bltn. weiß oder rot **2**

2. Krbl. weiß bis rosa, 8–10 mm lang, undeutl. genagelt, die Nägel keine Röhre bildend, die Platten nicht zurückgerollt; Bltn. zu 6–10 in Trauben an beblätterten Kurztrieben (am Ende von Langtrieben auch mehr rispig); Bl. schmal verkehrt-eif., 1–2,5 cm lang, vorn spitz bis stumpf, sitzend, kerbig gesägt *(59/4)*, obersts. kahl, untersts. zerstreut drüsig; Zw. ebenfalls zerstreut drüsig und sehr kurz weichhaarig; VI–VII. Sk # ∧ ∧. (*E. virgata* × *rubra*). **Bastard-E., *E.* × *rigida*** Phil.

Von den vielen in England beliebten Kultursorten bei uns gelegentl. zu finden: *'Donard White'*: Bltn. in der Kn. rosa, dann reinweiß; Pfl. meist unter 1 m hoch.

– Krbl. rosarot, genagelt, die Nägel mit ihren Rändern ± verklebt und eine etwa 1 cm lange Röhre bildend (scheinbar verwachsen), die Platten 4–5 mm lang und zurückgerollt *(59/5)*; Bltn. zu 5–25 in frondosen Rispen oder Trauben am Ende von Langtrieben; Bl. schmal verkehrt-eif., 2–5 cm lang, spitz, in einen 2–7 mm langen Stiel verschmälert, einfach bis doppelt gesägt, obersts. kahl und glänzend, untersts. ebenso wie der Bltn.becher und meist auch die Zw. mit dickstieligen, aromatisch duftenden Harzdrüsen besetzt; Zw. außerdem oft weichhaarig; VI–IX. Sk # ∧∧ – Ah-5. **Rote E., *E. rúbra*** (RÚIZ & PAV.) PERS.

60. Familie: ***Hydrangeaceae,*** **Hortensiengewächse**

Sträucher oder Kleinbäume, auch mit Haftwurzeln kletternde Lianen, selten Stauden; Bl. sommer- oder immergrün, meist gegenst. (bei unseren stets), einfach (manchmal etwas gelappt), ohne Stipeln; Bltnst. geschlossene Rispen, Schirmrispen oder Trauben; Bltn. radiär (in größeren Bltnst. manchmal die randl. steril und dann z. T. zygomorph, *60/12, 60/19*), Kbl. und Krbl. 4–5(–12), Stbl. meist doppelt bis mehrfach so viele wie Krbl., gelegentl. bis weit über 50; Frbl. (2–)3–5(–12), im unteren Teil zu einem gefächerten Frkn. vereinigt, Gr. oft frei; Bltn.achse becherf., meist mit dem Frkn. verwachsen, dieser also unterst., nur selten ± oberst.; Fr. eine mehr- bis vielsamige Kapsel (selten Beere). 17 Gattungen mit etwa 170 Arten, meist in den Waldgebieten der wärmeren Nemoralen Zone, wenige in meridionalen, oreotropischen und australen Gebieten.

1. Bltn. sehr zahlreich (oft weit über 50) in Rispen oder Schirmrispen, meist unter 1 cm breit (abgesehen von vergrößerten sterilen Bltn., die oft am Rand des Bltnst. stehen und in Kultursorten allein vorhanden sein können); Pfl. aufrecht oder mit Haftwurzeln kletternd **5**

– Bltn. zu wenigen (selten bis über 25) in Trauben, Schirmtrauben oder Rispen, oder einzeln, meist über 1 cm (bis über 5 cm) breit; Pfl. nie kletternd **2**

2. Bl. immergrün, ganzrandig; Bltn. 5–7 cm breit, (4–)5(–6)zählig, Stbl. viele . . . . ***Carpentéria*** 60–2

– Bl. sommergrün; Bltn. meist nicht über 5 cm breit **2**

3. Bltn. 4zählig, Stbl. 12 bis viele *(60/2)*; Zw. markig. . . . . ***Philadélphus*** 60–2

– Bltn. 5zählig, Stbl. 10 . . . . **4**

4. Frkn. ± oberst.; Zw. markig; Bl. untersts. locker wollhaarig. . . . ***Jamésia*** 60–6

– Frkn. unterst. *(60/8)*; Zw. hohl; Bl. meist mit angedrückten Sternhaaren . . . . ***Deutzia*** 60–7

5 (1). Bltn. 7–10zählig *(60/11)*, Bltnst. ohne sterile Bltn. . . . . . . ***Decumária*** 60–9

– Bltn. 4–5zählig, Bltnst. meist mit vergrößerten sterilen Bltn. . . . **6**

6. Sterile Bltn. radiär mit 3–5 etwa gleich großen, kronblattähnl. Kbl. *(60/12)*, manchmal auch fehlend; Gr. 2–5, mindestens im oberen Teil frei . . . . ***Hydrangéa*** 60–10

– Sterile Bltn. zygomorph mit nur 1 auffallenden, stark vergrößerten Kbl. *(60/19)*; Gr. bis an die 4–5 Narben hinauf verwachsen . ***Schizophrágma*** 60–13

1. ***Carpentéria*** Torr.

Monotypische Gattung.

Immergrüner Strauch mit meist 4kantigen Zw.; Bl. etwas lederig, kurz gestielt, schmal elliptisch bis längl.-lanzettl., 4–12 cm lang, ± ganzrandig *(60/1)*, obersts. frischgrün, untersts. durch dicht anliegende feine Behaarung weißl.-blaugrün; Bltn. zu wenigen in endst. Trauben bis Schirmtrauben, weiß, duftend, 5–7 cm breit, 5zählig (die Endbltn. auch 4- oder 6zählig), Stbl. zahlreich (bis über 100), Frkn. oberst.; VI–VII. Sk # ∧∧ – Ms-1. ***C. califórnica*** Torr.

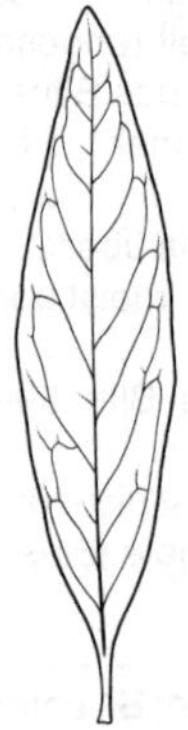

60/1: Carpenteria californica

2. ***Philadélphus*** L., **Pfeifenstrauch**

Meist sommergrüne (unsere sämtl.) Sträucher; Zw. markerfüllt, oft mit auffallender Streifenborke; Bl. meist kurz gestielt, eif. bis längl., meist entfernt gezähnt oder gesägt; Bltn. *(60/2)* zu wenigen (selten bis etwa 20) in Trauben, Rispen, Schirmrispen oder einzeln am Ende beblätterter Triebe, meist weiß, 1,5–5 cm breit, 4zählig, Stbl. 12–40(–90), Frkn. halb bis ganz unterst., Gr. 4, mindestens im oberen Teil frei. Etwa 70 Arten, vor allem in den wärmeren Teilen der Nemoralen Zone.
Durch intensive Hybridzüchtung, bei der besonders V. Lemoine in Nancy hervorgetreten ist, sind in den letzten 100 Jahren zahlreiche Kultursorten entstanden, die nur provisorisch zu einigen Hybridsippen zusammengefaßt werden können, deren Eltern oft nicht mehr exakt zu ermitteln sind. Da hierdurch auch die Abgrenzungen zwischen den Wildarten verwischt wurden, ist die Bestimmung schwierig, und man darf nicht erwarten, daß sich jedes Exemplar eindeutig zuordnen läßt. Auf die Nennung einzelner Hybridsorten haben wir bewußt verzichtet.

1. Krbl. an der Basis rosa bis purpurn, Bltn. daher weiß mit einem roten Augenfleck in der Mitte, 3–5 cm breit, ± duftend, zu 1–3; Bl. eif., 1–5:0,5–2,5 cm, ganzrandig oder jedersts. mit 1–2 Zähnen; hybridogener Formenschwarm von unbekanntem Ur-

60/2

Philadelphus spec., Blüte

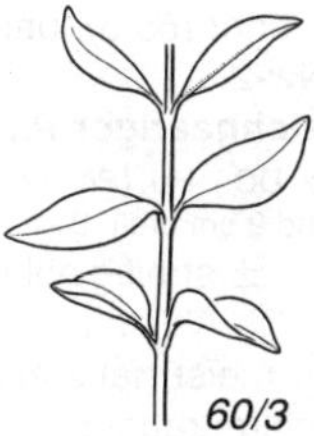

60/3

Ph. microphyllus, Sproß mit Blättern

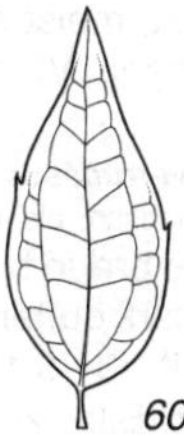

60/4

Ph. × *lemoinei*

sprung; VI–VII. Sk.

Augen-P., *Ph. purpúreo-maculátus* Lemoine

– Bltn. ohne roten Augenfleck in der Mitte, reinweiß oder gelbl.-weiß (gelegentl. außen schwach rosa überlaufen) **2**

2. Bl. in der Mehrzahl über 3 cm (bis 10 cm) lang **4**

– Bl. unter 3 cm lang (höchstens an starken Langtrieben gelegentl. etwas länger); Bltn. reinweiß, Gr. kürzer als die Stbl.; Borke älterer Zw. streifig abblätternd **3**

3. Bltn. einzeln oder zu 3, sehr stark duftend, 2–2,5 cm breit, Bltn.becher meist auf den Kanten etwas behaart; Bl. 10–20:5–8 mm, spitz bis stumpf, ganzrandig *(60/3)*, obersts. glänzend, untersts. blaugrün und meist striegelhaarig; VI. Sk – Ns-1. **Kleinblättriger P., *Ph. microphýllus*** Gray

– Bltn. meist in 3–7bltg. Trauben, schwach bis stark duftend, (1,5–)2,5–4 cm breit, Bltn.becher kahl; Bl. 15–25(–40):5–12(–18) mm, kurz zugespitzt, ganzrandig oder meistens mit 1–3(–4) Zähnen jederststs. *(60/4)*, untersts. kahl oder auf den Nerven behaart; VI. Sk. (*Ph. microphyllus* × *coronarius*).

Ph.* × *lemōinei Lemoine

4 (2). Gr. einschließl. der Narben ± bis zur Spitze verwachsen; Bltn. rahmweiß, 2–3 cm breit, duftlos, meist zu 3, Bltn.becher und -stiel behaart; Bl. 3–8:1,5–5 cm, zugespitzt, gesägt, untersts. dicht grauhaarig; Borke streifig; Winterkn. in den Bl.achseln deutl. sichtbar; VI. Sk – Nhw-2.

Grauhaariger P., *Ph. hirsútus* Nutt.

– Narben frei; Winterkn. in der Basis des Bl.stiels verborgen . . . **5**

5. Bltn.becher und Kbl. untersts. kahl, selten spärl. behaart **10**

– Bltn.becher und Kbl. untersts. reichl. behaart **6**

6. Borke älterer Zw. grau, nicht streifig abblätternd; Bltn. duftlos, 3–4 cm breit, schüsself., rahmweiß, zu 5–9(–11) in Trauben; Bl. eif. bis breit eif., 4–8:3,5–6,5 cm, zugespitzt, Basis ± abge-

rundet, meist entfernt gezähnt *(60/5)*, untersts. dicht grau striegelhaarig; VI–VII. Sg – Nw-2.
Weichhaariger P., *Ph. pubéscens* LOIS.

Var. ***verrucósus*** (SCHRAD. ex DC.) HU (*Ph. verrucosus* SCHRAD. ex DC.): Bl. elliptisch, bis 15 cm lang und 9 cm breit, Basis meist breit keilf.

– Borke braun bis graubraun, ± streifig abblätternd; Bltn. schwach bis stark duftend **7**

7. Bl. eif., 3–5:1,5–2,5 cm, meist ganzrandig, unters. spärl. behaart; Bltn. zu 3–5 in Schirmtrauben, 3–3,5 cm breit, einfach und sternf. oder gefüllt; junge Zw. spärl. behaart; VI–VII. Sk. (*Ph. lemoinei* × ?). ***Ph.* × *polyánthus*** REHD.

– Bl. 4–8:2–4,5 cm, gezähnt bis gesägt, untersts. meist dicht (selten spärl.) behaart; Bltn. zu (3–)5–11 in Trauben **8**

8. Bltn. stets gefüllt, 4–5 cm breit; Bl. eif., Basis abgerundet; junge Zw. spärl. behaart, bald kahl; VI. Sk. (*Ph. lemoinei* × ?).
Ph.* × *virginális REHD.

– Bltn. einfach, schüsself. bis flach, 2,5–3 cm breit; junge Zw. meist deutl. behaart **9**

9. Behaarung des Bltn.bechers locker, die eigentl. Oberfläche sichtbar; Gr. etwa bis zur Mitte verwachsen, Stbl. 25–30; Bl. untersts. nur spärl. behaart **16**

– Bltn.becher dicht weißl. behaart, die eigentl. Oberfläche verdeckt; Gr. oft bis weit über die Mitte verwachsen, Stbl. 30–35; Bl. elliptisch-eif. bis längl.-eif., untersts. dicht grau behaart, Basis meist breit-keilf.; VII (am spätesten blühende Art). Sg – Nw-4 (W-China). **Später P., *Ph. incánus*** KOEHNE

10 (5). Gr. so lang wie oder kürzer als die längsten Stbl. **12**

– Gr. deutl. länger als alle Stbl.; Bl. ganzrandig bis schwach gezähnt, untersts. achselbärtig, sonst kahl; Borke braun, abblätternd **11**

11. Bltn. schalenf., mit abgerundeten Krbl., 4–5 cm breit, duftlos, zu 1–3; Bl. eif., 3–9:2,5 cm, zugespitzt, Basis ± abgerundet; VI–VII. Sk/Sg – Nhw-2. **Duftloser P., *Ph. inodórus*** L.

Var. ***grandiflórus*** (WILLD.) GRAY (*Ph. grandiflorus* WILLD.): Bltn. 4,5–5,5 cm breit, im Umriß quadratisch; Bl. bis 11 cm lang, bis 7 cm breit.

– Bltn. sternf., mit spitzen Krbl., etwa 3 cm breit, duftend, zu 3–7 bis vielen in Trauben oder Rispen; Bl. elliptisch-längl., 3–8:1–3 cm, Basis keilf. *(60/6)*; Zw. zierl. übergeneigt; Ursprung unbekannt; VI. Sk/Sg. **Stern-P., *Ph. falcóneri*** SARG.

12 (10). Borke bereits an 2j. Zw. in großen Streifen sich ablösend; Bltn. kaum sternf. **14**

– Borke 2j. Zw. meist noch geschlossen oder mit Rissen, die zum Abblättern kleiner, schuppenf. Stücke führen; Bltn. deutl. sternf. **13**

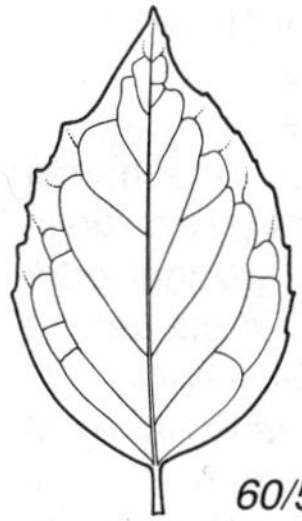

60/5

Philadelphus pubescens

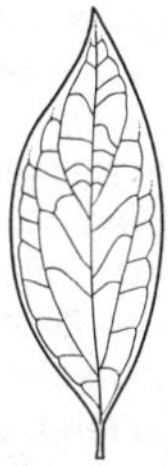

60/6

Ph. falconeri

13. Bl. eif., 2,5–7:1–4 cm, spitz, Basis abgerundet, ganzrandig oder entfernt gezähnt (Bl. an Langtrieben mit großen, abstehenden Zähnen), untersts. vorwiegend auf den Nerven behaart und achselbärtig; Bltn. zu (5–)7–11, nicht oder schwach duftend, 3–4,5 cm breit; VI–VII. Sk/Sg – N-1.

Oregon-P., *Ph. lewísii* Pursh

Var. ***gordoniánus*** (Lindl.) Koehne (*Ph. gordonianus* Lindl.) mit angebl. größeren und stärker behaarten Bl. ist höchstens mit Hilfe statistischer Verfahren abzutrennen.

– Bl. eif. bis eilanzettl., 4–10:2–5 cm, 1–2,5 cm lang zugespitzt, Basis abgerundet, Rand gezähnt (Bl. an Langtrieben mit vorwärts gerichteten Zähnen), untersts. gleichmäßig dicht behaart; Bltn. zu (3–)5–7, stark duftend, 1,5–2,5 cm breit; V. Sk – NG-4 (Himalaja). **Filz-P., *Ph. tomentósus*** Wall. ex Royle

14 (12). Bltn. (3–)4–6 cm breit, einfach oder gefüllt, nicht oder schwach duftend, zu 3–9 in Schirmtrauben oder -rispen, die 4 Gr. nur am Grunde verwachsen; Bl. eif., 4–10 cm lang, entfernt gezähnt, untersts. kahl oder an den Nerven behaart; VI. Sk. (*Ph. lemoinei* × ?). ***Ph.* × *cymósus*** Rehd.

– Bltn. 2–3,5 cm breit, zu 5–9(–11) in Trauben, Gr. mindestens bis zur Mitte verwachsen **15**

15. Bl. der Bltn.triebe 2,5–5:1,5–2,5 cm (die der Langtriebe bis 9 cm lang), längl.-eif., lang zugespitzt, ganz kahl oder untersts. schwach achselbärtig; Bltn. duftend, zu 5–9, Krbl. flach ausgebreitet, Gr. etwa auf ¾ ihrer Länge verwachsen; junge Zw., Bl.stiele, Bl.nerven und Bltn.becher oft purpurn überlaufen, manchmal auch die Krbl. in der Kn. außen purpurn gestreift; VI. Sk – N-4 (M-China). **Peking-P., *Ph. pekinénsis*** Rupr.

Var. ***brachýbotrys*** Koehne (*Ph. brachybotrys* Koehne ex Vilm. & Bois): Bltn. meist zu 5, Bl. untersts. striegelhaarig.

– Bl. der Bltn.triebe 4–8:2–4,5 cm (die der Langtriebe bis 12 cm lang), eif. bis längl.-eif., zugespitzt; Gr. etwa bis zur Mitte verwachsen; Pfl. ohne purpurn überlaufene Teile **16**

16 (9, 15). Bltn. nicht oder nur schwach duftend, einfach, meist zu 5–7, Kbl. und Bltn.becher oft schwach behaart, Bltn.stiele dicht behaart, die unteren etwa 5 mm lang; Bl. gezähnt oder fast ganzrandig, unterst. oft ohne Achselbärte, nur auf den Nerven spärl. behaart; junge Zw. meist behaart; VI. Sk – N-4.
Mandschurischer P., *Ph. tenuifólius* RUPR. ex MAXIM.

– Bltn. sehr stark duftend, einfach oder gefüllt, zu 5–11, Kbl. und Bltn.becher kahl, Bltn.stiele meist kahl, die unteren 5–10 mm lang; Bl. deutl. gezähnt, unterst. achselbärtig, sonst kahl oder entlang der Nerven schwach behaart; junge Zw. meist kahl; V–VI. Sg – Nw-3. **Europäischer P., *Ph. coronárius*** L.

'Áureus': Bl. im Austrieb goldgelb, später gelbgrün; wird neuerdings zu dem nahe verwandten ***Ph. caucásicus*** KOEHNE gestellt, der sich durch behaarte Gr. unterscheidet.

3. *Jamésia* TORR. & GRAY

Monotypische Gattung.

Sommergrüner Strauch; Zw. anfangs dicht weißwollig, im 2. Jahr mit abblätternder Borke, markig; Bl. gestielt, eif. bis elliptisch, 2–6 cm lang, scharf gesägt mit auffallend in die Zähne verlaufenden Nerven *(60/7)*, oberst. runzlig, unterst. dicht grau- bis weißwollig; Bltn. zu 10–20 in dichten endst. kurzen Trauben bis Schirmtrauben oder Rispen, weiß oder auch rosa überlaufen, 1–1,5 cm breit, duftend, 5zählig, Stbl. 10, Frkn. ± oberst., Gr. 3–5, frei; VI. Sk – Ng-1. ***J. americána*** TORR. & GRAY

60/7: Jamesia americana

4. *Deútzia* Thunb., **Deutzie**

Sommergrüne Sträucher mit hohlen Zw.; Bl. gestielt, eif. bis lanzettl., meist unregelmäßig kerbig gesägt, meist mit angedrückten Sternhaaren; Bltn. *(60/8)* zu wenigen bis etwa 25 in Trauben, Rispen oder Schirmrispen am Ende beblätterter Triebe, weiß, rosa oder purpurn, 1–2,5 cm breit, 5zählig; Stbl. 10, Staubfäden meist im unteren Teil auffällig breit geflügelt, die Flügel unterhalb des Staubbeutels oft jedersts. in einen abstehenden Zahn auslaufend; Frkn. unterst., Gr. 3–5, frei. Etwa 50 Arten meist im nemoralen O-Asien, 2 in den Gebirgen Mexikos.
Auch diese Gattung wurde seit Lemoine sehr stark hybridisiert, für sie gilt das gleiche wie für *Philadelphus* (s. S. 60–2).

1. Krbl. in der Kn. mindestens teilweise dachziegelig angeordnet, d. h. mit den Rändern übereinander greifend; Bl. untersts. grün mit zerstreuten 4–9strahligen Sternhaaren **10**
– Krbl. in der Kn. sämtl. klappig liegend, d. h. mit ihren nach innen gebogenen Rändern aneinander stoßend **2**
2. Bltnst. Schirmtrauben bis -rispen (meist breiter als lang oder höchstens ¼ länger als breit); Krbl. meist zieml. abspreizend und die 1,5–2 cm breiten Bltn. daher ± sternf. **7**
– Bltnst. ± verlängerte Trauben, Thyrsen oder Rispen; Krbl. oft zieml. aufrecht und Bltn. dadurch ± glockig **3**
3. Bl. untersts. mit 10–15strahligen Sternhaaren (starke Lupe!) . . **6**
– Bl. untersts. locker mit 3–6strahligen Sternhaaren besetzt oder ± kahl **4**
4. Bltn. stets reinweiß, etwa 1–1,5 cm breit, in längl. aufrechten Bltnst. etwa 6–10:2–3 cm im Umriß, Kbl. etwa so lang wie der Bltn.becher; Bl. längl.-eif. bis -elliptisch, 3–7 cm lang, lang zugespitzt; V–VI. Sz/Sk – Nhg-4 (Japan).
Zierliche D., *D. grácilis* Sieb. & Zucc.

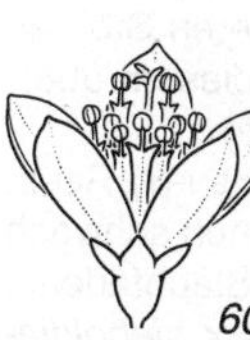
60/8
Deutzia spec., Blüte

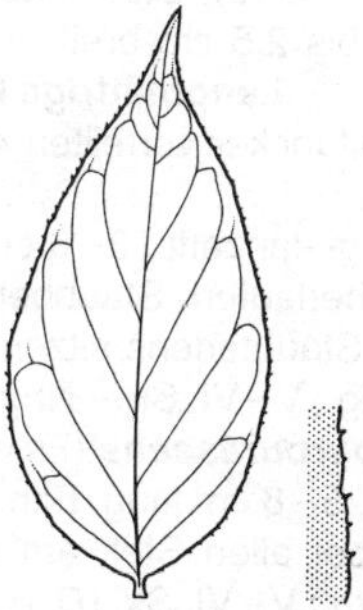
60/9
D. scabra

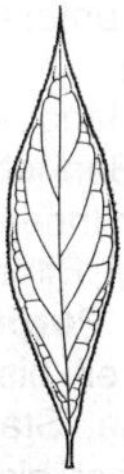
60/10
D. longifolia

– Bltn. innen meist weiß, aber außen rosa bis rot überlaufen, mindestens 2 cm breit, Bltnst. aufrecht, weniger lang im Vergleich zur Breite **5**

5. Kbl. lanzettl., länger als der Bltn.becher, Gr. meist länger als die Stbl.; Bl. längl.-eif. bis eilanzettl., bis 10 cm lang; VI–VII. Sk *(D. gracilis × purpurascens).* ***D.*** × ***rósea*** (LEMOINE) REHD.

– Kbl. dreieckig, rötl., nicht länger als der Bltn.becher, Gr. nicht länger als die Stbl.; Bl. eif. bis längl.-eif., 3–5 cm lang; VI–VII. Sk (*D. rosea × sieboldiana* MAXIM.). ***D.*** × ***cárnea*** (LEMOINE) REHD.

6 (3). Kbl. kürzer als der Bltn.becher, Bltn. 1–2 cm breit, weiß oder außen rosa überlaufen, einfach oder gefüllt, Gr. meist 3; Bltnst. 6–12 cm lang; Bl. eif. bis längl.-eif., 3–8(–12) cm lang *(60/9)*, beidersts. auffällig rauh, untersts. grün; VI–VII. Sg – Nhw-4 (Japan). **Rauhe D.,** ***D. scábra*** THUNB.

'Candidíssima': Bltn. dicht rosettenartig gefüllt, in der Kn. außen rosa überlaufen, später reinweiß.

'Pléna': Wie vorige, aber Bltn. außen bleibend rosa.

– Kbl. etwa so lang wie der Bltn.becher, Bltn. oft über 2 cm breit, weiß, gefüllt, Gr. meist 4; Bltnst. 4–8 cm lang; Bl. längl.-eif., 4–6(–8) cm lang, untersts. graugrün; VI. Sk/Sg. *(D. scabra × vilmoriniae).* ***D.*** × ***magnífica*** (LEMOINE) REHD.

7 (2). Bltn. rein weiß, Kbl. kaum länger als der Bltn.becher; Bl. längl.-lanzettl., 4–8 cm lang, zugespitzt, obersts. rauh, untersts. dicht mit 8–12strahligen Sternhaaren bedeckt, längs der Nerven außerdem mit langen einfachen Haaren; V–VI. Sk – Nhw-4 (M-China). **Vilmorins D.,** ***D. vilmoríniae*** LEMOINE

– Bltn. mindestens außen rosa bis rot, Kbl. oft deutl. länger als der Bltn.becher **8**

8. Bl. untersts. durch dicht aneinanderschließende 8–12strahlige Sternhaare ± graugrün, längl.-eif. bis schmal lanzettl., 5–8(–12) cm lang *(60/10)*; Bltn. innen weiß, außen rosa bis purpurn, gelegentl. bis 2,5 cm breit; V–VI. Sk – NGh-4 (SW-China). **Langblättrige D.,** ***D. longifólia*** FRANCH.

– Bl. untersts. grün mit locker verteilten 4–7strahligen Sternhaaren **9**

9. Bl. längl.-eif. bis längl.-lanzettl., 3–6 cm lang; Bltn. innen weiß, außen lebhaft rot überlaufen, Staubbeutel der inneren Stbl. an der Innenseite des Staubfadens sitzend und von diesem überragt; Bltnst. 4–10bltg.; V–VI. Sk – Nhg-4 (W-China). **Purpur-D.,** ***D. purpuráscens*** (FRANCH. ex L. HENRY) REHD.

– Bl. eif. bis längl.-eif., 5–8 cm lang; Bltn. oft auch innen schwach rosa, Staubbeutel bei allen Stbl. am Ende des Staubfadens; Bltnst. bis über 15bltg.; V–VI. Sk. (*D. purpurascens × sieboldiana* MAXIM.). ***D.*** × ***elegantíssima*** (LEMOINE) REHD.

10 (1). Krbl. in der Kn. alle dachziegelig angeordnet, Bltn. weiß, sternf., etwa 1,2 cm breit, Kbl. kürzer als der Bltn.becher, Stbl. oft ohne Zähne; Bltnst. eine 4–7 cm breite Schirmrispe; Bl. eif. bis elliptisch-lanzettl., 3–8 cm lang; VI. Sk – N-4.
Kleinblütige D., *D. parviflóra* BUNGE

– Krbl. in der Kn. teils dachziegelig, teils klappig angeordnet, Stbl. mindestens teilweise mit Zähnen; Bltnst. Schirmrispe bis Rispe . **11**

11. Bltn. weiß, 1,5–2 cm breit, Kbl. dreieckig, viel kürzer als der Bltn.becher; Bltnst. eif. bis pyramidale, 3–8 cm lange Rispe; Bl. elliptisch-lanzettl., 3–6(–10) cm lang; V. Sk. *(D. parviflora × gracilis).* ***D.* × *lemóinei*** LEMOINE ex BOIS

– Bltn. außen rötl., etwa 2 cm breit, in Schirmrispen **12**

12. Kbl. längl., deutl. länger als der Bltn.becher, purpurn, Bltn. innen weiß, außen rosa bis purpurn; Bl. längl.-eif., 3–4 cm lang; V–VI. Sk. *(D. lemoinei × purpurascens).* ***D.* × *maliflóra*** REHD.

– Kbl. eif., etwa so lang wie der Bltn.becher, Bltn. innen weiß mit rosa Tönung, außen karminrosa; Bl. längl.-eif. bis eilanzettl., 3–6 cm lang; VI. Sk. *(D. parviflora × purpurascens).*
D.* × *kalmiiflóra LEMOINE

5. *Decumária* L., Sternhortensie

Von den 2 Arten (die zweite in M-China) ist nur die folgende selten in Kultur.

Mit Haftwurzeln hoch kletternde Liane; Bl. sommergrün bis ± wintergrün, gestielt, eif. bis elliptisch, 3–10 cm lang, kurz zugespitzt, meist entfernt gesägt, obersts. glänzend; Bltn. *(60/11)* in vielbltg., rundl., 5–10 cm breiten Rispen bis Schirmrispen, weiß, duftend, 7–10 mm breit, Kbl. und Krbl. je 7–10, Stbl. 20–30, Frkn. ± halb unterst., Gr. bis zu den 7–10 Narben hinauf verwachsen; V–VI. L ∧ – Nhw-2. ***D. bárbara*** L.

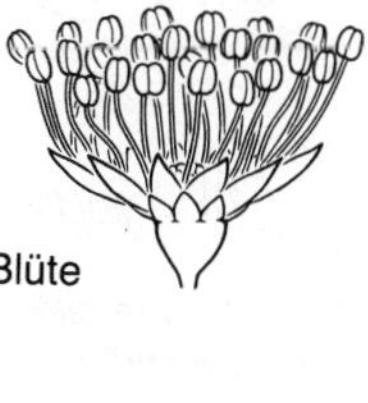

60/11: Decumaria barbara, Blüte

6. *Hydrangéa* L., Hortensie

Sommergrüne (so alle unsere Arten), selten immergrüne Sträucher oder Lianen; Zw. oft mit papierdünn abblätternder Streifen- oder Ringelborke; Bl. gestielt, rundl. bis längl., manchmal fiederig gelappt; Bltnst. vielbltg., endst. Rispen oder Schirmrispen; Bltn. weiß, rosa oder blau, meist in fertile und sterile differenziert, die Mehrzahl fertil und klein (unter 1 cm breit), Kbl. und Krbl. 4–5, Stbl. meist doppelt so viele, Frkn. halb bis ganz unterst., Gr. 2–5, im oberen Teil meist frei; die sterilen Bltn. *(60/12)* meist am Rande des Bltnst., durch den stark vergrößerten K. (bis über 3 cm breit) als Schauorgane wirkend, selten fehlend, oder aber in Kultursorten alle Bltn. so geformt und Bltnst. ballf. Etwa 20 Arten vor allem in der Nemoralen Zone O-Asiens und O-Nordamerikas; in Amerika über die Anden bis ins australe S-Chile reichend.
Mehrere Sippen bilden vielgestaltige, unübersichtliche Komplexe, über deren taxonomische Ordnung bisher wenig Einigkeit herrscht; sie werden hier als Aggregate behandelt.

1. Pfl. mit Haftwurzeln bis über 10 m hoch kletternd (wenn hierzu keine Gelegenheit, Zw. wirr durcheinander wachsend und einen dichten, halbkugeligen, bis 2 m hohen Busch bildend), ältere Zw. mit auffällig schichtweise abblätternder Borke; Bltnst. 15–25 cm breite Schirmrispen; sterile Randbltn. etwa 3 cm breit; fertile Bltn. weiß, Krbl. an der Spitze kapuzenf. verbunden und als Ganzes abfallend, Stbl. 15–20; Bl. breit-eif. bis rundl., 5–10 cm lang, kurz zugespitzt, gleichmäßig scharf gesägt *(60/13)*, ± kahl, obersts. glänzend dunkelgrün; VI–VII. L – Nhg-4 (Japan, Korea, Taiwan) (*H. anomala* D. DON ssp. *petiolaris* (SIEB. & ZUCC.) MCCLINTOCK).
Kletter-H., *H. petioláris* SIEB. & ZUCC.

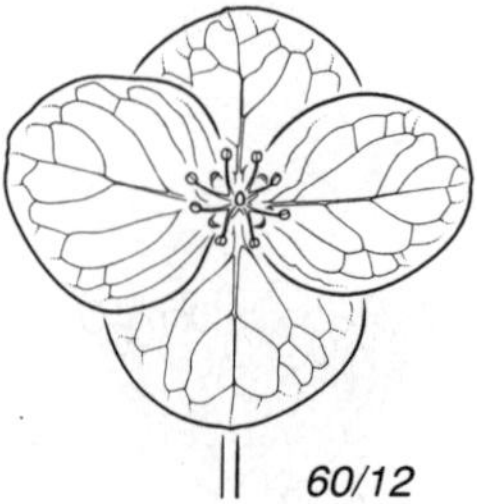

60/12

Hydrangea quercifolia, sterile Randblüte

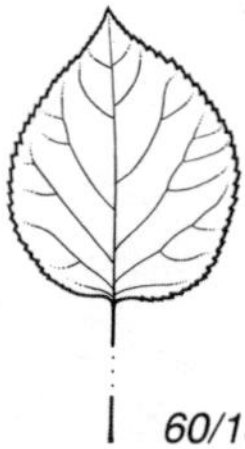

60/13

H. petiolaris

60/14

H. quercifolia

– Pfl. aufrecht (Sk oder Sg), nie kletternd; Krbl. voneinander frei, Stbl. 10 . . . . **2**

2. Bl. deutl. fiederig gelappt mit 2–3 eif. bis dreieckigen, spitzen Lappen jedersts. *(60/14)*, 8–20 cm lang und bis 17 cm breit, obersts. runzlig, untersts. ± dicht spinnwebig-filzig und mit auffallend hervortretenden Nerven; Bltnst. rispig bis fast rundl.-schirmrispig, 10–30 cm lang, mit gleichmäßig verteilten sterilen Bltn., diese erst weiß, nach dem Verblühen rötl. und 3–4 cm breit werdend; fertile Bltn. weiß; VII–IX. Sk – Nhw-2.
Eichen-H., *H. quercifólia* Bartr.

– Bl. nie gelappt, nur gesägt **3**

3. Bltnst. eine pyramidale, 15–25 cm lange Rispe, sterile Bltn. gleichmäßig verteilt, etwa 3 cm breit, weiß, später rosa, fertile Bltn. weiß; Bl. elliptisch bis eif., 5–15 cm lang, obersts. fast kahl, untersts. borstig behaart; Pfl. aufrecht-ausgebreitet, wenigstämmig; VIII–IX. Sg – N-4. **Rispen-H., *H. paniculáta*** Sieb.

'Grandiflóra': Rispen fast nur mit großen sterilen Bltn.

– Bltnst. abgeflachte bis halbkugelige Schirmrispen, sterile Bltn. ± am Rande stehend **4**

4. Bltnst. bzw. seine Äste vor dem Aufblühen knospenartig von einigen großen rundl., weißen oder bläul., später abfallenden Hochbl. umhüllt, 8–15 cm breit; sterile Randbltn. 1,5–3 cm breit, weißl., seltener rosa oder bläul., fertile Bltn. meist rosa; Bl. elliptisch bis längl.-eif., 10–20 cm lang, beidersts. dicht anliegend weichhaarig; VII–IX. Sk ∧ – Nhg-4 (Japan).
Hüllblatt-H., *H. involucráta* Sieb.

– Bltnst. vor dem Aufblühen nicht umhüllt **5**

5. Frkn. halb unterst., Fr.kapsel daher mit den Kbl. (bzw. ihren Resten) etwa in der Mitte **7**

– Frkn. unterst., Fr.kapsel oben abgeflacht mit den Kbl. auf dem Rande **6**

6. Zw. dick, bleibend dicht behaart; Bltnst. flach, 10–30 cm breit, fertile Bltn. rosa, violett oder blau, selten weiß, sterile weiß bis rosa, 2–6 cm breit; Bl. breit-eif. bis schmal-eif. oder lanzettl., 5–35 cm lang, untersts., oft auch obersts. dicht weich oder rauh behaart; Samen geflügelt; VII–IX. Sk/g – Nh-4.
Rauhe H., *H. áspera* D. Don **aggr.**

H. áspera D. Don s.str. (incl. *H. villosa* Rehd.): Bl. *(60/15)* schmal-eif. bis lanzettl., 5–25 cm lang, untersts. dicht grauweiß behaart mit abstehenden, etwas rauhen Haaren, Basis keilf. bis rundl., Bl.stiel bis 5 cm lang. NGh-4 (SW-China bis Himalaja).

H. strigósa Rehd.: Bl. eif. bis lanzettl., 7–30 cm lang, obersts. kahl oder leicht behaart, untersts. dicht grauhaarig mit anliegenden, geraden Haaren, Basis meist rundl., Bl.stiel bis 5 cm lang; sterile Bltn. oft rosa. NGh-4 (S-China).

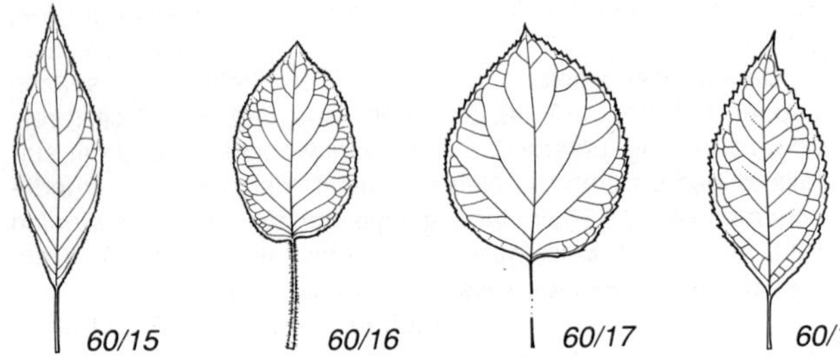

60/15 *60/16* *60/17* *60/18*

Hydrangea aspera s. str. *H. sargentiana* *H. arborescens* *H. heteromalla*

H. sargentiána Rehd.: Bl. *(60/16)* breit-eif. bis längl.-eif., 15–35 cm lang, obersts. samtig behaart, untersts. ebenso wie die Zw. mit dickl., borstig-rauhen, 2–5 mm langen, abstehenden, anfangs rosaroten Zottenhaaren besetzt, Basis rundl. bis herzf., Bl.stiel bis 10 cm lang; sterile Bltn. meist weiß. Sg – Nh-4 (M-China).

– Zw. schlank, jung oft etwas behaart, aber bald verkahlend; Bltnst. flach bis konvex, 5–15(–20) cm breit, fertile Bltn. weiß, sterile weiß bis grünl.weiß (selten schwach rosa), etwa 2 cm breit, oft wenige oder fehlend; Bl. breit eif. bis elliptisch oder längl.-eif. *(60/17)*, 5–18:3–12 cm; Samen ungeflügelt; VI–IX. Sk – N-2. **Wald-H., *H. arboréscens*** L. **aggr.**

H. arboréscens L. s.str.: Bl. untersts. grün, ± kahl; sterile Bltn. häufig fehlend. Hierzu *'Grandiflóra':* Bltn. ± alle steril, Bltnst. ein grünl.weißer, 12–18 cm breiter flacher Ball.

H. cinérea Small (*H. arborescens* ssp. *discolor* (Ser.) McClintock): Bl. untersts. dicht, aber nicht geschlossen grauhaarig; sterile Bltn. meist wenige.

H. radiáta Walter: Bl. untersts. geschlossen weißfilzig; sterile Bltn. meist zahlreich, 2–3 cm breit. Nhw-2.

7 (5). Fertile Bltn. weiß, sterile weiß oder im Verblühen rosa; Bltnst. flach gewölbt, 10–30 cm breit; Zw. mindestens anfangs, meist bleibend deutl. behaart; Bl. eif. bis längl.-eif. *(60/18)*, 8–20:3–12 cm, obersts. ± kahl, untersts. meist ± stark behaart; VII. Sg – N-4. **China-H., *H. heteromálla*** D. Don **aggr.**

H. heteromálla D. Don s.str.: Bl. untersts. weißfilzig; Borke 2jähriger Zw. olivbraun, geschlossen, korkwarzig. NGh-4 (Himalaja bis SW-China).

H. xanthonéura Diels: Bl. untersts. behaart bis kahl; Borke 2jähriger Zw. braun bis grau, geschlossen, korkwarzig. Nh-4 (W-China).

H. bretschnéideri Dippel: Bl. untersts. behaart (aber nicht weißfilzig); Borke 2jähriger Zw. kastanienbraun, in dünnen Schichten abblätternd; sterile Bltn. im Verblühen meist rosa. N-4 (N-China).

– Fertile Bltn. rosa bis blau, sterile weiß, rosa oder blau; Bltnst. flach, 5–20 cm breit, oder ballf. mit nur sterilen Bltn.; Zw. oft von

Anfang an kahl; Bl. breit-eif. bis längl., 5–20 cm lang, obersts. glänzend frischgrün, kahl oder nur ganz schwach behaart; VI–VIII. Sk – Nh-4 (Japan, Korea).

Japan-H., *H. macrophýlla* (THUNB.) SER. **aggr.**

H. macrophýlla (THUNB.) SER. s.str.: Bl., Zw. und Bltnst. ganz kahl; Zw. und Bl. dickl.-fleischig; Bl. breit-eif. bis elliptisch, 8–20 cm lang; Bltnst. 15–20 cm breit. Hierzu die am häufigsten gepflanzte Sorte *'Otaksa'* mit großen, ballf., sterilen Bltnst.; ferner *'Mariésii'*, innere Bltn. fertil, von einem doppelten Kranz rötl. bis hellblauer steriler Bltn. umgeben; viele weitere Sorten. ∧.

H. serráta (THUNB.) SER. (*H. acuminata* SIEB. & ZUCC.): Bl., junge Zw. und Bltnst. oft schwach angedrückt behaart; Zw. schlank; Bl. dünn, elliptisch bis lanzettl., 5–15 cm lang; Bltnst. 5–15 cm breit. Hierzu einige Sorten mit nicht ballf. Bltnst., so *'Rosálba'*: fertile Bltn. rosa bis bläul., von 6–7 sterilen umgeben, diese weiß bis karminrosa.

7. *Schizophrágma* SIEB. & ZUCC., **Spalthortensie**

Von den 3 ostasiatischen Arten ist nur die folgende gelegentl. in Kultur.

Mit Haftwurzeln hoch kletternde Liane; Zw. mit längsstreifig abblätternder Borke; Bl. *(60/20)* rundl. bis breit-eif., kurz zugespitzt, 5–12 cm lang, entfernt grob gesägt, fast kahl, untersts. blaßgrün bis weißl., Bl.stiel 3–7 cm lang, rötl.; Bltnst. vielbltg. flache Schirmrispe; Bltn. weiß, die randl. steril und zygomorph mit einem großen, eif., etwa 3 cm langen, als Schauorgan dienenden Kbl. *(60/19)*, die übrigen fertil und radiär, 4–8 mm breit, 4–5zählig, Stbl. 10, Frkn. ± unterst., Gr. bis an die 4–5 Narben verwachsen; VII. L – Nhg-4 (Japan). ***Sch. hydrangeoídes*** SIEB. & ZUCC.

60/19

Schizophragma hydrangeoides, vergrößertes Kelchblatt an steriler Randblüte

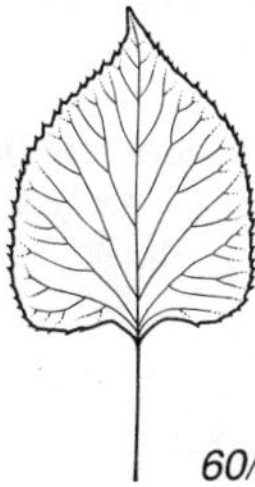

60/20

Sch. hydrangeoides

61. Familie: ***Grossulariaceae*, Stachelbeergewächse**

Enthält nur die folgende Gattung.

Ríbes L., **Johannisbeere, Stachelbeere**

Sommergrüne (unsere Arten sämtl.), selten immergrüne Sträucher; Zw. oft mit Stacheln, diese manchmal gleichmäßig verteilt, öfter an den Knoten gehäuft oder allein an diesen; Bl. wechselst., gestielt, einfach, aber fast immer handf. 3–5lappig, Basis meist schwach herzf., mit hinfälligen, selten bleibenden Stipeln; Bltnst. offene, viel- bis wenigbltg. Trauben, gelegentl. doldig gestaucht oder auf 1 Blüte verarmt; Bltn. meist 5zählig, zieml. klein, ihre Gestalt und Farbe vorwiegend durch Bltn.becher und Kbl. bestimmt; Bltn.becher meist über den unterst., aus 2 Frbl. verwachsenen Frkn. hinaus verlängert, glockig bis röhrenf. oder auch radf. ausgebreitet *(61/1, 61/2, 61/3)*, Krbl. sehr klein; Stbl. 5, Gr. 2, unterschiedl. weit verwachsen; Fr. eine rundl., seltener elliptische, vielsamige Beere, meist von den Resten des Bltn.bechers gekrönt *(61/4)*, eßbar (doch nicht immer wohlschmeckend). Etwa 150 Arten, meist in den Waldgebieten der Nemoralen und Borealen Zone, sowie im andinen und australen Südamerika. Viele Arten sind Zwischenwirte des Blasenrostes und sollten daher möglichst nicht in der Nähe von 5nadligen Kiefern aus der *Strobus*-Verwandtschaft gepflanzt werden.

1. Bltnst. vielbltg. Trauben oder sitzende Dolden (selten mit weniger als 5 Bltn.), Bltn.stiele gegliedert (d.h. mit einer Einschnürung *(61/8, 61/10)*, an der zur Blütezeit zuw. noch 2 kleine Vorbl. sitzen); Zw. oft nicht bestachelt; Fr. ± rundl. **(Johannisbeeren)** . **8**

– Bltnst. kurze, 1–4bltg. Trauben, Bltn.stiele nicht gegliedert *(61/2)*; Bltn.becher glockig bis röhrig *(61/2, 61/3)*, Kbl. stets länger als breit, oft zurückgeschlagen; Zw. fast stets bestachelt **(Stachelbeeren)** **2**

2. Bltn. orangerot, zu 1–2; Fr. bis 1,5 cm lang, purpurn, borstig; Bl. dünn, 2–3 cm breit, meist 5lappig; Stacheln bis 1 cm lang, zu 1–3 zusammen; IV–V. Sk – Ns-1.
Arizona-S., *R. pinetórum* Greene

– Bltn. weiß, grünl. oder rötl.-bräunl. **3**

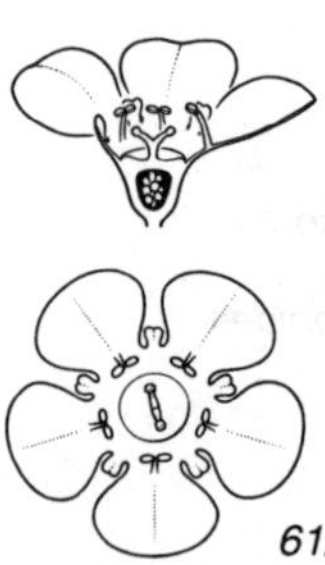
61/1
Ribes rubrum, Blüte

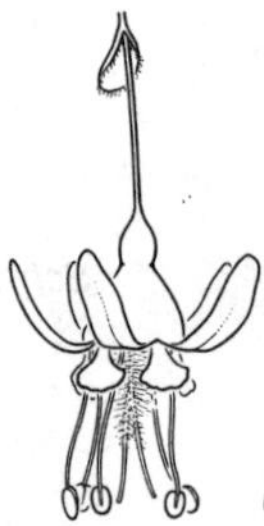
61/2
R. divaricatum, Blüte

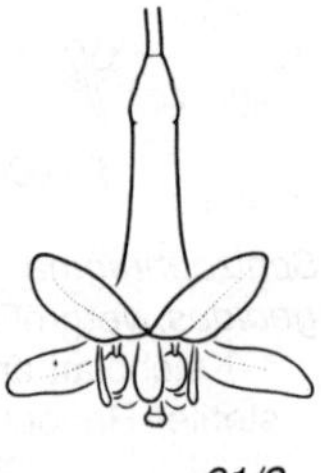
61/3
R. aureum, Blüte

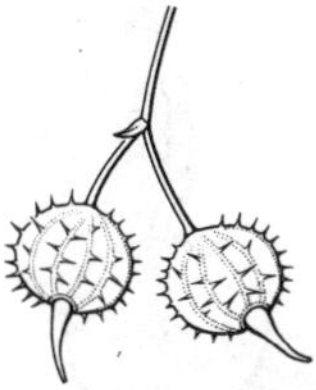

61/4

Ribes cynosbati, Frucht

61/5

R. oxyacanthoides

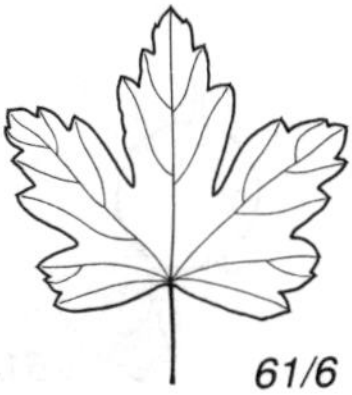

61/6

R. divaricatum

3. Gr. und Innenseite des Bltn.bechers kahl; Bltn. grünl.-weiß, zu 1–2, Frkn. und Fr. kahl oder drüsig-borstig; Fr. schwarz, glänzend, 6–8 mm dick; Bl. tief 3–5teilig, 0,5–2 cm breit; Zw. mit etwa 1 cm langen Stacheln an den Knoten, Internodien oft borstig; V. Sk – Ng-1. **Colorado-S., *R. leptánthum*** A. GRAY

– Gr. mindestens in der unteren Hälfte deutl. behaart, oft auch die Innenseite des Bltn.bechers **4**

4. Frkn. und Fr. kahl; Fr. rundl., etwa 1 cm dick, dunkelviolett bis blauschwarz *(61/7)* **6**

– Frkn. deutl. behaart, drüsig oder stachelborstig *(61/4)*; Fr. ebenso oder auch verkahlend, rundl. bis elliptisch **5**

5. Frkn. und Fr. stachelborstig *(61/4)*; Bltn. zu 1–3, grün, Kbl. und Stbl. kürzer als der Bltn.becher; Fr. etwa 1 cm dick, braun bis weinrot; Bl. 3–5lappig, 3–5 cm breit; Stacheln zu 1–3 zusammen, schlank, etwa 1 cm lang, oder fehlend; V. Sk – N-2.
Hunds-S., *R. cynósbati* L.

– Frkn. behaart und/oder drüsenhaarig oder -borstig, aber nicht stachelig; Bltn. zu 1–3, grünl. bis rosa, seltener bräunl. überlaufen, Kbl. etwa so lang wie der Bltn.becher; Fr. bis über 1 cm dick, grün, gelb oder rot, wohlschmeckend; Bl. 3–5lappig, 2–6 cm breit; Stacheln meist 3 zusammen, steif, etwa 1 cm lang, oder fehlend; V. Sk – N-3. **Garten-S., *R. grossulária*** L. **aggr.**

R. grossulária L. s.str.: Pfl. kräftig bestachelt; Frkn. und Fr. weichhaarig und drüsenborstig; zu dieser und der folgenden gehören die meisten Kultursorten.

R. reclinátum L.: Pfl. fast stachellos; Frkn. und Fr. mit weichen Drüsen- und drüsenlosen Haaren; Fr. rot; Zw. auffallend bogig gekrümmt; nur in Kultur bekannt.

R. uva-críspa L.: Pfl. kräftig bestachelt; Frkn. weichhaarig, drüsenlos; Fr. zuletzt oft kahl, bei Wildpfl. rundl., erbsengroß, gelbl.; häufigste Wildform.

6 (4). Stbl. etwa so lang wie die 2–2,5 mm langen Krbl., Bltn. grünl.-weiß, zu 1–2, sehr kurz gestielt, Bltnst. oft kürzer als die Stiele

61/7

Ribes divaricatum, Frucht

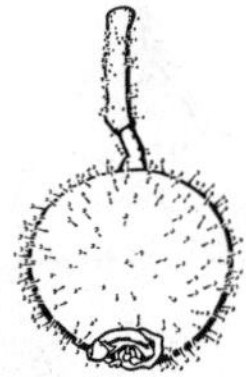

61/8

R. lacustre, Frucht

der benachbarten Bl.; Bl. meist 5lappig, 1,5–4 cm breit *(61/5)*, unterst. drüsig; Zw. mit je 1–5 kräftigen Stacheln an den Knoten sowie zahlreichen Stachelborsten; V. Sk – B-1/2.
Manitoba-S., *R. oxyacanthoídes* L.

Das nahe verwandte ***R. irríguum*** DOUGL. unterscheidet sich durch fehlende Stachelborsten und mehr lockere, etwas längere Bltnst.; V. Sk – B/N-1.

– Stbl. mindestens doppelt so lang wie die Krbl., Bltn. zu 1–4, Bltnst. locker, meist länger als die Stiele der benachbarten Bl.; Zw. meist ohne Stachelborsten 7

7. Bltn. schneeweiß (selten leicht rosa überlaufen), Stbl. dicht nebeneinander gerade vorgestreckt, Staubfäden behaart; Bl. 3–5lappig, 2–4 cm breit; Stacheln 1–3 zusammen, 7–15 mm lang; IV–V. Sk – N-1. **Schnee-S., *R. níveum*** LINDL.

R. niveum ist die auffälligste in einer Gruppe sehr ähnl., schwer zu unterscheidender ost- und west-nordamerikanischer Arten.

– Bltn. *(61/1)* grünl.-bräunl., Stbl. nicht dicht nebeneinander, Staubfäden kahl; Bl. meist 3lappig, 2–6 cm breit *(61/6)*; Stacheln 1–3 zusammen, 1–2 cm lang, oft zurückgekrümmt; Fr. *(61/7)*; V. Sk – N-1. **Oregon-S., *R. divaricátum*** DOUGL.

8 (1). Zw. mit 3–7 größeren, 5–10 mm langen Stacheln an den Knoten und zahlreichen Stachelborsten an den Internodien; Bltnst. 8–20bltg., überhängend, Bltn. grünl.-gelb bis rötl. oder bräunl., Bltn.becher flach schüsself.; Fr. 6–8 mm dick, dunkelviolett, drüsenborstig *(61/8)*; Bl. 2–6 cm breit, meist 5lappig, Lappen grob eingeschnitten gesägt; V. Sk – Bh/Nk-1/2.
Stachel-J., *R. lacústre* (PERS.) POIR.

– Zw. stachellos oder höchstens mit 2 kleinen Stacheln an den Knoten 9

9. Bltn. eingschl. (aber oft mit Rudimenten des anderen Geschlechts), Pfl. zweihäusig; Bltnst. oft aufrecht; Fr. scharlachrot, kahl 18

– Bltn. zwittrig 10

10. Freier (oberhalb des Frkn. befindl.) Teil des Bltn.bechers röhrig oder glockig *(61/2, 61/3)*, oft viel länger als breit; Bltnst. meist hängend 13

– Freier Teil des Bltn.bechers flach teller- bis radf. *(61/1)*; Fr. rot, bis 8 mm dick (in Kultursorten auch größer und gelb bis weiß) . . 11

11. Frkn. und Fr. drüsenborstig; Bltn. weiß bis rosa, zu 8–12, Bltnst. aufsteigend bis aufrecht; Bl. 5–7lappig, 3–8 cm breit, dünn, mit auffallendem (stinktierähnl.) Geruch; Zw. meist niederliegend und wurzelnd; IV–V. Sk/Sp – Bh/Nk-1/2.
Stinktier-J., *R. glandulósum* GRAUER

– Frkn. und Fr. kahl, Fr. wohlschmeckend; aufrechte Sträucher 12

12. Stbl. so lang wie die zurückgeschlagenen Kbl. und dadurch auffällig sichtbar, Bltn. gelbl.-grün, Bltnst. lang und schmal herabhängend, bis 12 cm lang und mit bis zu 50 Bltn.; Bl. rundl., bis 10 cm breit, seicht und stumpf 3(–5)lappig, untersts. bleibend lokker grauhaarig; V. Sk/Sg – N-3 (SO-Europa).
Troddel-J., *R. multiflórum* KIT. ex ROEM. & SCHULT.

– Stbl. kürzer als die ausgebreiteten Kbl., nicht auffallend, Bltn. *(61/1)* grünl. bis bräunl., Bltnst. hängend oder abstehend, mit 10–20 Bltn.; Bl. bis über 10 cm breit, 3–5lappig, Lappen stumpf bis spitz, untersts. oft ± kahl oder nur auf den Nerven etwas behaart; IV–V. Sk – Nh-3. **Rote J., *R. rúbrum*** L. **aggr.**

R. rúbrum L. s.str. (*R. vulgare* LAM., *R. sylvestre* MERT. & KOCH): Bltn.becher radf., innen mit 5eckigem Ringwulst, Theken der Staubbeutel durch ein breites Konnektiv getrennt; Bl. bis 8 cm breit, Basis tief herzf.; hierzu die meisten rot- und gelbfrüchtigen Gartenjohannisbeeren; manche Sorten gehen möglicherweise auf Kreuzungen mit *R. multiflorum* und *R. petraeum* zurück.

R. spicátum ROBSON (*R. rubrum* sensu JANCZ. non L., *R. schlechtendalii* LANGE): Bltn.becher schalenf., ohne Ringwulst, Theken der Staubbeutel aneinanderstoßend; Bl. bis 12 cm breit, Basis flach herzf.

13 (10). Bl. untersts. mit auffallenden goldgelben (später bräunl.), harzigen Drüsenflecken, 3–5lappig; Fr. schwarz 17

– Bl. untersts. ohne gelbe Drüsenflecken, aber oft mit klebrigen Drüsenhaaren, sonst kahl oder behaart 14

14. Frkn., Fr., junge Zw. und meist auch die Bl. mit ± klebrigen Drüsenhaaren 16

– Frkn. und Fr. kahl, junge Zw. und Bl. kahl oder behaart, aber kaum drüsenhaarig 15

15. Bltn. grünl.bräunl., zu 10–25 (wenn nur zu 3–6, siehe unter 17), Bltn.becher kurz glockig; Fr. rot, 6–8 mm dick; Bl. 7–10 cm breit, meist mit 3 breiten, spitzen Lappen, obersts. ± runzlig, untersts. meist an den Nerven behaart; IV–V. Sk – Nhg-3.
Berg-J., *R. petrǣum* WULF.

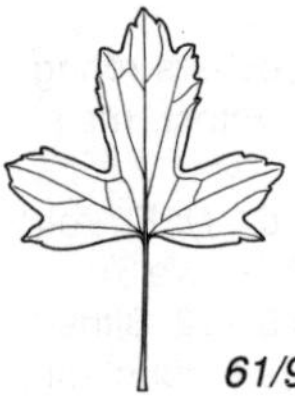

61/9

Ribes aureum

61/10

R. sanguineum, Frucht

– Bltn. leuchtend gelb (im Verblühen oft rötl. werdend, besonders die Krbl.), duftend, zu 5–15, Bltn.becher lang röhrig *(61/3),* bis fast doppelt so lang wie die Kbl., diese aufrecht bis abstehend; Fr. schwarz, etwa 8 mm dick; Bl. rundl., 3–6 cm breit, mit 3–5 rundl. Lappen *(61/9),* dickl., glatt, ± kahl; Zw. ± kahl; Pfl. sich durch unterirdische Ausläufer ausbreitend; IV–V. Sk/Sg – N-1. **Gold-J., *R. āūreum*** PURSH

Oft als Unterlage für hochstämmige Stachelbeeren benutzt; manchmal dient hierzu auch das nahe verwandte ***R. odorátum*** WENDL., mit folgenden Unterschieden: Kbl. meist zurückgerollt, kaum halb so lang wie die Bltn.röhre, Bltn. zu 5–10; junge Zw. behaart; Bltn., Bl. und Fr. etwas größer als bei voriger; IV–V. Sk – Ns-2.

R. × ***gordoniánum*** BEATON (*R. odoratum* × *sanguineum*): Bltn. gelb, ± rot überlaufen; auch sonst in den Merkmalen zwischen den Eltern stehend; unfruchtbar; IV–V. Sk/Sg.

16 (14). Bl. unterststs. dicht graufilzig, dazwischen drüsenhaarig, 3–10 cm breit, 3–5lappig, oberststs. runzlig, mit deutl. Geruch; Bltn. zu 10–20, rosarot (in Kultursorten auch dunkelrot bis blaßrosa), Bltn.becher röhrig-glockig, 3–5 mm lang; Fr. schwarz, blau bereift, 7–9 mm dick, lange haftend *(61/10)*; IV–V. Sk/Sg – Nm-1. **Blut-J., *R. sanguíneum*** PURSH

– Bl. unterststs. nur schwach drüsenhaarig, 1–4 cm breit, mit 3(–5) seichten, breiten Lappen; Bltn. zu 3–8, weiß bis rosa oder grünl.-weiß, Bltn.becher röhrig, 6–8 mm lang; Fr. rot, 6–7 mm dick; IV–V. Sk – Ns/a-1. **Wüsten-J., *R. céreum*** DOUGL.

17 (13). Bl. nur unterststs. drüsenfleckig, 5–10 cm breit, sehr stark riechend; Bltn. grünl.-rötl., zu 5–10, ihre Tragbl. weniger als halb so lang wie die Bltn.stiele, Frkn. drüsenfleckig, oft auch behaart; Fr. bis über 1 cm dick, eßbar; IV–V. Sk/Sg – B/N-3. **Schwarze J., *R. nígrum*** L.

Neben mehreren Fruchtsorten gibt es auch Formen mit tief geschlitzten Bl., so *'Apiifólium'* (Bl. tief 3lappig, die Lappen fiederschnittig); *'Heterophýllum'* (ebenso, aber Lappen unregelmäßig tief eingeschnitten).

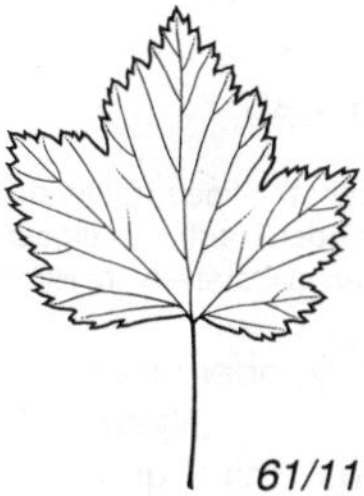

61/11

Ribes americanum

61/12

R. diacanthum

***R.* × *nidigroláría*, Bastard-J.** („*Josta*"; künstl. allopolyploider Bastard zwischen *R. nigrum* und der Stachelbeere *R. divaricatum*): Pfl. ohne Drüsenflecke, ± geruchlos; Bltn. zu 3–6; sonst ähnl. *R. nigrum,* aber in allen Teilen kräftiger, Fr. purpurschwarz, 15–18 mm dick. Als Obstgehölz angebaut.

– Bl. *(61/11)* beidersts. drüsenfleckig, 3–8 cm breit, schwach riechend; Bltn. blaßgelbl., zu 6–15, ihre Tragbl. meist länger als die Bltn.stiele, Frkn. ohne Drüsenflecke, kahl; Fr. 6–8 mm dick; IV–V. Sk – B/Nk-1/2. **Kanada-J., *R. americánum*** MILL.

18 (9). Bltn. in sitzenden Dolden, die ♂ zu 4–9, die ♀ zu 2–4, tiefgelb, becherf., duftend; Fr. 8–12 mm dick, erst im Oktober reifend; Bl. 3–5lappig, 3–6 cm breit, kahl; IV–V. Sk ∧ – N-4. **Dolden-J., *R. fasciculátum*** SIEB. & ZUCC.

– Bltn. in vielbltg. aufrechten Trauben, gelbl. grün, radf.; Fr. unter 8 mm dick **19**

19. Zw. unbestachelt; Bl. rundl.-eif., 3–5 cm breit, deutl. 3–5lappig, nicht glänzend; ♂ Bltnst. 3–6 cm lang, ♀ kleiner; Pfl. breitwüchsig-übergeneigt, sehr früh austreibend; IV. Sk – Nhg-3. **Alpen-J., *R. alpínum*** L.

'Āureum': Austrieb gelb, später vergrünend; schwachwüchsig.

'Púmilum': sehr dichtzweigig, meist unter 1 m hoch; Bl. kleiner als bei der Normalform.

– Zw. meist mit 2 feinen Stacheln an den Knoten (gelegentl. auch einige noch kleinere an den Internodien); Bl. verkehrt-eif., 2–3,5 cm lang, schwach 3lappig oder nur grob doppelt gesägt *(61/12)*, oberstS. glänzend; ♂ Bltnst. 2–3 cm lang, ♀ 1–2 cm; Pfl. aufrecht; IV–V. Sk – BG/Ns-4. (*R. saxatile* PALL.). **Tienschan-J., *R. diacánthum*** PALL.

Ordnung: ***Cornáles,*** Hartriegelartige

62. Familie: ***Nyssáceae,*** **Tupelogewächse**

Sommergrüne Bäume; Bl. wechselst., ganzrandig oder gezähnt, Stipeln fehlend; Bltn. zwittrig oder eingschl., in end- oder seitenst. Köpfchen, Dolden oder Trauben, vielgestaltig; Fr. eine ein- oder mehrsamige Steinfr. 3 Gattungen mit 11 Arten in Ostasien, im Himalaja, im Malayischen Archipel und N-Amerika.

1. Bl. am Grunde keilf. oder abgerundet, ganzrandig oder spärlich gezähnt; Bltnst. ohne auffällige Brakteen . . . . . . ***Nýssa*** 62–2

– Bl. am Grunde herzf., gesägt bis gezähnt; Bltnst. mit 2 großen Brakteen . . . . ***Davídia*** 62–1

1. ***Davídia*** BAILL., **Taschentuchbaum**

Monotypische Gattung.

Junge Zw. kahl; Kn. groß, rot, glänzend; Bl. breit-eif. mit herzf. Grund, 8–15 cm lang, bis 8 cm breit, gesägt-gezähnt, Zähnchen grannenartig zugespitzt, deutlich geadert, obersts. frischgrün, untersts. seidig behaart *(62/1)*; Bltnst. lang gestielt, am Ende beblätterter Kurztriebe, mit 2 fast gegenst. großen gelben, später weißen, lang zugespitzten bis 16 cm langen und 8 cm breiten Hochbl.; Bltn. ohne Bltn.hülle, Stbl. pinself. angeordnet; Steinfr. 3–3,5 cm lang, ellipsoid *(62/2)*, purpurbraun, bereift, Steinkern gefurcht, 3–5samig; V–VI. Bk/Bm – Nhg-4 (W-China).

D. involucráta BAILL.

var. ***vilmoriniána*** (DODE)WANGERIN, Bl. untersts. bläulich oder gelbl. grün, kahlend; Zw. olivbraun; bei uns wohl nur die Varietät in Kultur.

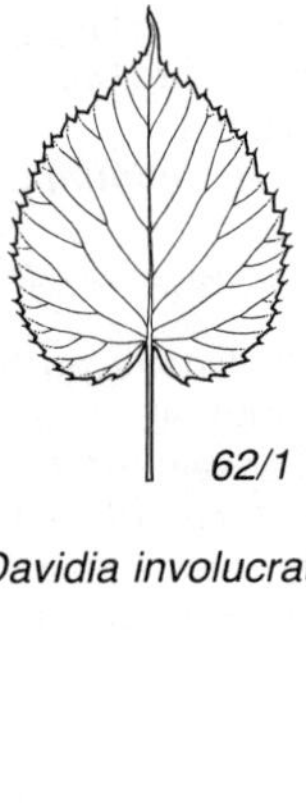

62/1

Davidia involucrata

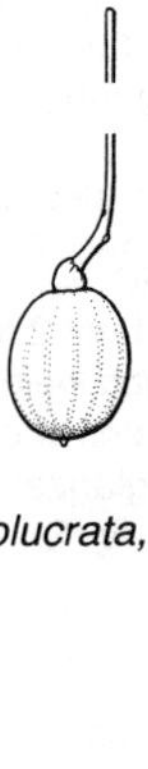

62/2

D. involucrata, Frucht

2. *Nýssa* L., Tupelo

Bl. wechselst., ganzrandig oder entfernt gezähnt; Bltn. unscheinbar, klein, grünl. weiß, polygam oder eingschl., zweihäusig verteilt, ♂ Bltn. zu mehreren beisammen, Bltn.hülle doppelt, 5zählig, klein, ♀ Bltn. sitzend, meist zu 1–2, seltener zu mehreren, oft mit sterilen Stbl.; Fr. eine 1samige Steinfr. mit geripptem oder geflügeltem Steinkern. 6 Arten in N-Amerika, Asien und im Malayischen Archipel.

1. Bl. bis 2,5 cm lang gestielt, verkehrt-eif. oder elliptisch, 5–12 cm lang, meist ganzrandig, obersts. glänzend, untersts. bläul., auf den Adern behaart *(62/3)*; Bltn. meist polygam, in kleinen wenig- (♀) oder mehrblütigen (♂) Köpfchen; Fr. eif., 8–12 mm lang *(62/4)*, schwarzblau; Herbstfärbung scharlachrot; V–VI. Bm ㉿ – Nw-2. (*N. multiflóra* WANGENH.). **Wald-T., *N. sylvática*** MARSH.

– Bl. 4–4,5 cm lang gestielt, eif. bis längl., 10–16 cm lang, ganzrandig oder weitläufig gezähnt, obersts. glänzend, untersts. bläulich, ± dicht weichhaarig; ♀ Bltn. einzeln mit 2–4 kleinen Hochbl. am Grunde; Fr. 2–2,5 cm lang, purpurn; Herbstfärbung rotblau; V. Bm ∧ – Nhw-2. (*N. uniflóra* WANGENH.). **Wasser-T., *N. aquática*** L.

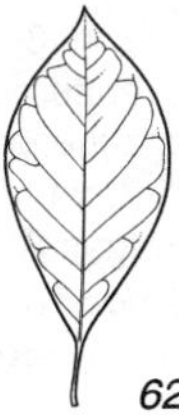

62/3

Nyssa sylvatica

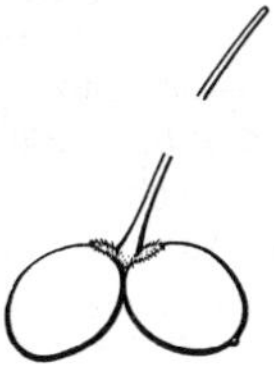

62/4

N. sylvatica, Fruchtstand

63. Familie: ***Cornáceae,*** **Hartriegelgewächse**

Bäume oder Sträucher, zuweilen Stauden; Bl. gegen- oder wechselst., einfach, Stipeln nur selten ausgebildet; Bltn. radiär, meist zwittrig, in Zymen, Rispen oder Köpfchen, Bltn.hülle doppelt, gleich den Stbl. 5–4zählig, freiblättrig, Frbl. 2–4, verwachsen, Diskus deutlich ausgebildet, meist lappig, Frkn. unterst.; Steinfr. mit 1–4 Steinkernen. 12 Gattungen mit 100 Arten, weltweit verbr. mit Ausnahme von N-Afrika und Australien.

1. Bltn. oder Bltnst. auf der Bl.oberfläche erscheinend; Bl. wechselst., Stipeln vorhanden . . . . ***Helwíngia*** 63–5
– Bltnst. end- oder seitenst., nie auf Blättern; Bl. meist gegenst., Stipeln fehlend **2**
2. Bltn. in endst. Rispen, eingschl., Pfl. zweihäusig; Bl. immergrün ***Aúcuba*** 63–1
– Bltn. in Dolden, Schirmrispen oder Köpfen, meist zwittrig; Bl. meist sommergrün . . . . ***Córnus*** 63–1

1. *Aúcuba* Thunb., Aukube

Pfl. zweihäusig; Zw. dick, gabelig verzweigt; Bl. gegenst., immergrün, Stipeln fehlend; Bltn. klein, unscheinbar in endst. Rispen, Bltn.hülle und Stbl. 4zählig, Diskus fleischig, Gr. kurz und dick, Frkn. einfächerig; Steinfr. elliptisch. 4 Arten im Himalaja und Ostasien.

Bl. 1–5 cm lang gestielt, eif.-elliptisch bis längl.-elliptisch, 8–20 cm lang, lederig, beidseitig glänzend, zugespitzt, entfernt ± grob gesägt; Bltn. 7–8 mm ∅, Krbl. eif.-längl., kurz zugespitzt, purpurbraun, ♂ Bltnst. 5–10 cm lang, ♀ Bltnst. 1–2 cm lang; Fr. 1,2–1,5 cm lang, kahl, scharlachrot, mit 1 einsamigen Steinkern; V–VI. Sk # ∧ ∧ – Mh/Nh-4 (Japan). ***A. japónica*** Thunb.

In den Gärten werden mehrere Formen, darunter auch buntblättrige angepflanzt. *'Variegáta'*, Bl. dicht mit ungleich großen gelben Flecken versehen.

2. *Córnus* L., Hartriegel, Kornelkirsche

Sommergrüne, selten immergrüne Sträucher oder Bäume; Bl. meist gegen-, seltener wechselst., ganzrandig, ± mit Gabelhaaren bekleidet; Bltnst. eine endst. Schirmrispe, gelegentl. ein Köpfchen, zuw. mit auffälligen Hochbl., Bltn. zwittrig, 4zählig, klein, oft weiß, Gr. mit kopfiger Narbe; Fr. eine Steinfr. mit einem (meist) zweisamigen Steinkern. 45 Arten, vorwiegend in der Nemoralen bzw. Meridionalen Zone.

1. Bltn. gelb oder grünl.gelb, in kleinen Dolden oder dichten Köpfen, von 4–6 Hochbl. umgeben; Steinkern längl.-elliptisch . . . **14**
– Bltn. weiß, in Schirmrispen oder Rispen, ohne Hochbl.; Steinkern der Fr. rundl. **2**
2. Bl. gegenst. **4**
– Bl. wechselst., Zw. ± auffällig etagenf. angeordnet **3**

63/1

Cornus rugosa

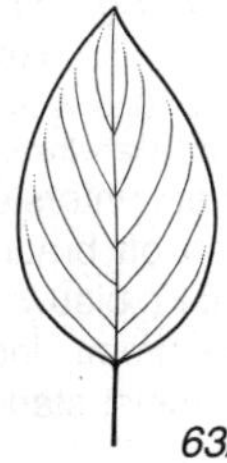

63/2

C. occidentalis

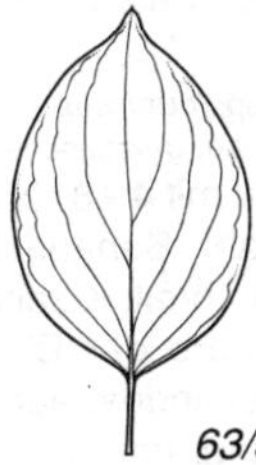

63/3

C. sanguinea

3. Bl. breit-eif. bis elliptisch, 7–12 cm lang, plötzl. kurz zugespitzt, Basis gerundet, mit 5–9 Paar Seitennerven, untersts. bläul., mit geraden, parallelen Haaren; Schirmrispen 6–12 cm ∅; Fr. blauschwarz; Zw. braun, bereift; V–VI. Sg/Bk – Nh-4.

Pagoden-H., *C. controvérsa* Hemsl.

– Ähnlich vorigem, doch Bl. mit keilf. Basis, 5–6 Paar Seitennerven, untersts. hellgrün, Gabel- und einfache Haare unregelmäßig angeordnet; Schirmrispen 4–6 cm ∅; Fr. blauschwarz; Zw. grün, nicht bereift; V–VI. Sg/Bk – Nh-2.

Wechselblättriger H., *C. alternifólia* L. f.

4 (2). Haare der Bl.unterseite gerade, angedrückt oder nur längs der Mittelrippe abstehend, Bl. zuw. fast kahl **9**

– Haare der Bl.unterseite kraus, zuw. wollig, nicht dicht anliegend . **5**

5. Gr. unter der Narbe auffallend keulenf. verdickt; Bl. untersts. grün oder gelbl.grau (nur bei *C. oblíqua* auch etwas weißl.) . . . **7**

– Gr. unter der Narbe nicht auffallend keulenf. verdickt; Bl. untersts. ausgesprochen weißl., reich behaart **6**

6. Bl. rundl. bis rundl.-elliptisch, plötzl. zugespitzt *(63/1)*, die größeren mit 6–8 Paar Seitennerven; 5–12 cm breit; K.zähne kurz; Fr. hellblau, 5–6 mm ∅, mit kugeligem, rippenlosem Steinkern; VI. Sg – N-2. (*C. circináta* L'Herit.).

Rundblättriger H., *C. rugósa* Lam.

– Bl. eif., allmählich zugespitzt *(63/2)*, im Mittel mit 6–7 Paar Seitennerven, 4–10 cm lang, bis 7,5 cm breit; K.zähne sehr kurz; Fr. weiß, mit abgeflachtem, ± deutl. geripptem Steinkern; VI. Sg – N/BG-1. (*C. pubéscens* Nutt. non Willd. ex Schult.).

Weichhaariger H., *C. occidentális* Cov.

7 (5). Bl. mit 3–4 Paar Seitennerven *(63/3)*, nur ausnahmsweise 5, eif., untersts. ± kraushaarig, Behaarung der Nerven nicht bräunl.; Schirmrispen 4–8 cm breit, K.zähne sehr kurz; Fr.

schwarz, weiß punktiert; V–VI. Sg – N-3.
Roter H., *C. sanguínea* L.

ssp. ***austrális*** (C. A. Mey.) Jáv. in Soó & Jáv., Bl. unterstS. neben einfachen, gekräuselten Haaren auch mit Gabelhaaren.

– Bl. mit 4–8 Paar Seitennerven, unterstS. zuletzt nicht selten fast kahl, Behaarung der Nerven oft bräunl.; Schirmrispen 14–17 cm breit, K.zähne verlängert; Fr. blau **8**

8. Haare der Bl.unterseite gekrümmt, locker abstehend, zuletzt, zumindest auf den Nerven, meist stark gebräunt, Bl. 5–12 cm lang, unterstS. ± grünl.; Fr. 6–7 mm ∅, schmutzig dunkelblau bis blauweiß, Steinkern unregelmäßig gefurcht; VI–VII. Sg – Nh-2. **Seidenhaariger H., *C. amómum*** Mill.

– Haare der Bl.unterseite gerade und anliegend, nur ausnahmsweise bräunl., Bl. 5–8 cm lang, unterstS. gelbl.grau oder, besonders die jüngeren, weißl.; Fr. 5–6 mm ∅, trübblau, mit unregelmäßig gefurchtem Steinkern; VI. Sg – N-2. (*C. purpúsii* Koehne). **Schiefer H., *C. oblíqua*** Raf.

9 (4). Bl. mit 3–4 Paar Seitennerven, selten auch 5, mehr als doppelt so lang wie breit, bis 10 cm lang, lang zugespitzt, unterstS. ± grau bis graugrün *(63/4)*; Bltn. in fast halbkugeligen Rispen; Fr. weiß, 5 mm ∅, Fr.stiele rötl.; VI–VII. Sg – N-2. (*C. paniculáta* L'Herit.). **Rispen-H., *C. racemósa*** Lam.

– Bl. mit 5–8 Paar Seitennerven, nur an kleineren Bl. zuw. 4 . . . **10**

10. Bl. unterstS. grünl. oder gelbl.grau, nicht auffallend von der Oberseite verschieden **8**

– Bl. unterstS. weißl., von der Oberseite auffallend verschieden; Zw. im Winter ± leuchtend gefärbt **11**

11. Jüngste Zw.spitzen dicht weiß samtartig behaart, 2j. Zw. trübrot; Bl. 6–16 cm lang; Bltnst. 5–6 cm ∅; Fr. weiß oder schwach bläul., 8–10 mm ∅, Steinkern nicht höher als breit; V–VI. Sg – Nhk/Bh-2. **Baileys H., *C. bāíleyi*** Coult. & Evans

– Jüngste Zw.spitzen nicht deutl. weiß samtartig behaart **12**

12. Strauch nur bis 0,5 m hoch, dicht verzweigt; Bl. dicht gedrängt stehend, schwärzl.grün, 2,5–5,5 cm lang, lanzettl., unterstS. grauweißl.; Fr. schmutzig bläul.weiß; VI–VIII. Sk – N-4 (?).
Zwerg-H., *C. héssei* Koehne

– Höhere Sträucher **13**

13. Zw. meist aufrecht, blut- oder korallenrot, bereift; Bl. eif.-elliptisch, 4–8 cm lang, kurz zugespitzt, am Grund gerundet; Fr. weiß oder bläul., Steinkern länger als breit, beidendig zugespitzt; V–VI. Sg – Nhk/Bh-4. (*C. tatárica* Mill.).
Tatarischer H., *C. álba* L.

'Sibírica', Wuchs etwas schwächer als die Art; Zw. im Winter leuchtend korallenrot.

'Kesselríngii', Zw. dunkelpurpurn, fast schwarz.

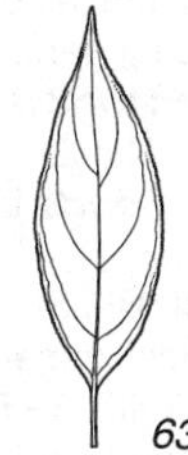

63/4

Cornus racemosa

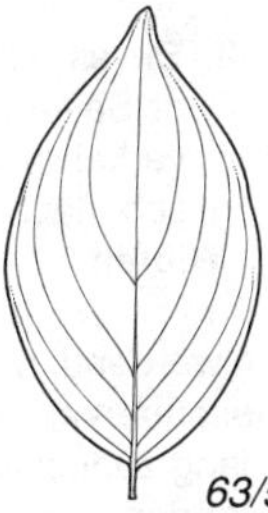

63/5

C. mas

63/6

C. florida, Blütenstand

'Elegantíssima', Bl. weißrandig.
'Spaēthii', Bl. goldgelb panaschiert.

– Zw. mehr ausgebreitet und überhängend, sonnensts. purpurrot; Bl. schlank zugespitzt, bis 20 cm lang; Fr. weiß, rundl., Steinkern nicht länger als breit, nicht oder nur unten zugespitzt; V–VI. Sg – Nhk/Bh-2. (*C. álba* WANGH. non L., *C. stolonífera* MICHX.).
Weißer H., *C. sericea* L.

'Flavirámea', Zw. im Winter gelbgrün, im Sommer grün.
var. ***coloradénsis*** (KOEHNE) SCHNEID., Zw. bogig überhängend, an den Spitzen wurzelnd, rotbraun; Bl. schmaler als bei der Art.

14 (1). Bltn.köpfchen grünl.gelb mit großen, krbl.artigen weißen oder rosa Hochbl., diese die Bltn. weit überragend *(63/6)* . . **16**

– Bltn.köpfchen gelb, Hochbl. gelbl.grün, die Bltn. nicht überragend, Bltn. vor den Bl. erscheinend **15**

15. Bl. eielliptisch, 4–10 cm lang, beidersts. fast gleichfarbig, untersts. glänzend, zerstreut behaart, ohne deutl. Achselbärte, mit 4–5 Paar Seitennerven *(63/5)*; Fr. elliptisch, 1,5–2 cm lang, scharlachrot, säuerl., eßbar; Borke nicht oder nur wenig abblätternd; II–IV. Sg/Bk – Nsw-3. **Kornelkirsche, *C. mas.*** L.

– Bl. ähnl. vorheriger Art, 5–12 cm lang, obersts. dunkelgrün, glänzend, untersts. heller, mit 6–7 Paar Seitennerven und markanten, braunen Achselbärten *(81)*, Herbstfärbung bronzerot; Fr. 15 mm lang; Borke braun, in ± großen Platten abblätternd; III–IV. Sg/Bk – N-4. **Japanische K., *C. officinális*** SIEB. & ZUCC.

16 (14). Hochbl. meist 6, nur vereinzelt 5 oder 4, eilängl., 5–8 cm lang, weiß oder zartrosa; Bl. eiellipitisch, 8–12 cm lang, kurz zugespitzt, am Grund breit-keilf., anfangs beidseitig anliegend behaart, zumindest obersts. verkahlend; Fr. elliptisch, 1 cm lang, orangerot; V. Sg/Bk – Nm-1.
Nuttalls Blüten-H., *C. nuttállii* AUDUB.

– Hochbl. 4 . . . . **17**

17. Junge Zw. hellgrün, bereift; Bl. eif.-elliptisch, 6–14 cm lang, plötzl. zugespitzt, mit 5–7 Paar Seitennerven; beidseitig gabelhaarig; Hochbl. in 2 Paaren, verkehrt-eif., 3–5 cm lang *(63/6)*, weiß; Fr. elliptisch, 1 cm lang, scharlachrot; V. Sg/Bk – Nw-2.
Blüten-H., *Dogwood, C. flórida* L.

'Rúbra', Hochbl. rosa bis rötl.

– Junge Zw. grün, bald braun werdend, fast unbereift; Bl. eif., 5–9 cm lang, mit 4–5 Paar Seitennerven, untersts. ± dicht gabelhaarig; Hochbl. längl.-eif., lang zugespitzt, am Grund keilf., 3–5 cm lang, weiß; Fr. miteinander verwachsen, Fr.stand rundl., rötl., fleischig, bis 2,5 cm ∅, Steinkerne ellipt., 6 mm lang, glatt; VI. Sg/Bk – Nh-4. **Japanischer Blüten-H., *C. kōūsa*** HANCE

var. ***chinénsis*** OSBORN, Bl. größer, heller gefärbt; Hochblätter 5–6 cm lang, breiter.

3. *Helwíngia* WILLD.

Sommergrüne, zweihäusige, kurze Ausläufer treibende Sträucher; Bl. wechselst., Stipeln fädig; Bltn. in der unteren Blatthälfte auf der Mittelrippe in kleinen Faszikeln aufsitzend, unscheinbar, grünl., K. rückgebildet, Krbl. und Stbl. 3–5, Diskus deutl. ausgebildet; Steinfr. mit 1–4 Steinkernen. 4 Arten im Himalaja und O-Asien.

Zw. grünl., Bl. eif. bis elliptisch, 3–10 cm lang, 2–6 cm breit, am Rand grannig gesägt *(63/7)*, Stiel 2–4 cm lang; Bltn. bleichgrün, 3–4 mm lang gestielt; Steinfr. kugelig, schwarz, glänzend, 6–7 mm ∅, mit 2–4 Steinkernen; V. Sk – Nh-4 (Japan).
H. japónica (THUNB.) F. G. DIETR.

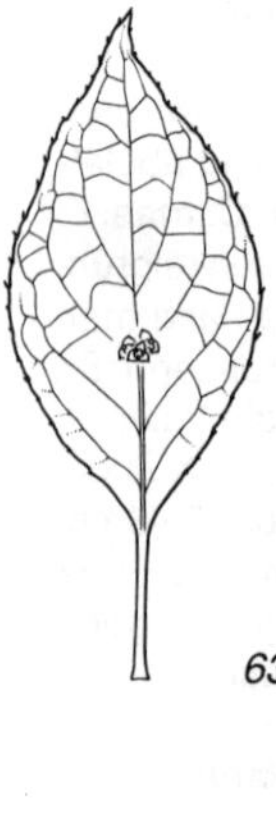

63/7: Helwingia japonica, Blatt mit Blüten

64. Familie: ***Alangiáceae***

Einzige Gattung:

Alángium LAM.

Sommer- oder wintergrüne Bäume und Sträucher; Bl. wechselst., einfach, oft ± tief gelappt, Stipeln fehlend; Bltn. in meist armblütigen, achselst. Thyrsen, zwittrig, radiär, Kbl. 4–10, miteinander verwachsen, klein, Krbl. 4–10, Zipfel rückwärts eingerollt, Stbl. 4–40, Frbl. 1–2; Fr. eine einsamige Steinfr. 20 Arten, vorwiegend tropisch in O-Asien, Malaysia, Australien und Afrika.

Bl. sommergrün, 10–20 cm lang, 3–5(–7)lappig *(64/1)*, breit eif. mit herzf. Grund, Lappen ganzrandig, bis ½ der Spreitenlänge, längl.-eif. bis 3eckig, geschwänzt zugespitzt, anfangs behaart, obersts. verkahlend, untersts. mit zahlreichen kleinen Achselbärten, handnervig, Bl.stiel 3–7 cm lang; Bltn. gestielt, 2–2,5 cm lang, schmal, weiß, duftend, Thyrsus 1–4blütig; Steinfr. eif., 6–8 mm lang, dunkelblau; VI–VII. Sg/Bk ∧ – Nh-4.
A. platanifólium (SIEB. & ZUCC.) HARMS

var. ***trílobum*** (MIQ.) OHWI (var. *macrophýllum* (S. & Z.) WANG.), Bl.lappen nur bis zu ⅓ der Spreitenlänge.

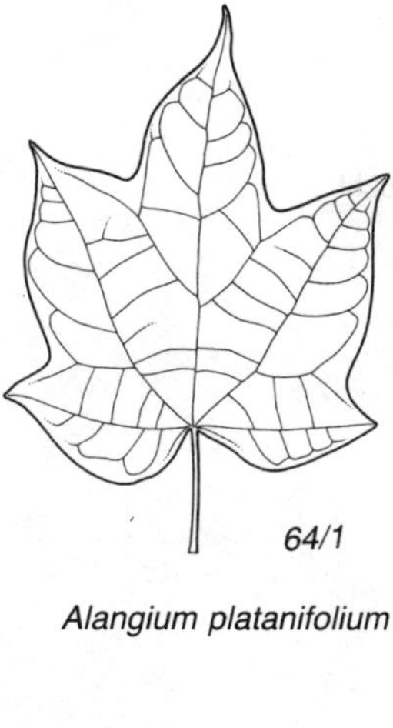

64/1

Alangium platanifolium

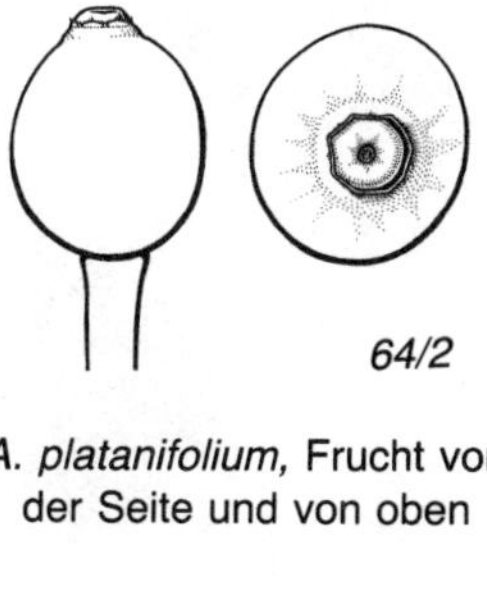

64/2

A. platanifolium, Frucht von der Seite und von oben

Ordnung: ***Myrtáles***, Myrtenartige

65. Familie: ***Punicáceae*, Granatapfelgewächse**

Einzige Gattung:

Púnica L., **Granatapfelbaum**

Sommergrüne Sträucher oder kleine Bäume; Bl. einfach, ganzrandig, gegen- oder wechselst., an den Kurztrieben rosettig, Stipeln rückgebildet; Bltn. ansehnlich, bl.achselst., zwittrig, radiär, Bltn.hülle doppelt, 5–8zählig, Kbl. 3eckig, bis zur Fr.reife bleibend, Krbl. frei, Stbl. zahlreich; Frbl. 9, verwachsen, Frkn. gefächert; Fr.wand lederig, Fr. mit zahlreichen, kantigen Samen mit saftreicher Außenschale. 2 Arten in Vorderasien und auf Sokotra.

Zw. z.T. dornig endend, 4kantig bis schwach geflügelt, kahl; Bl. kurz gestielt, 2–8 cm lang, längl.-eif. bis lanzettl., zugespitzt, kahl obersts. glänzend; Bltn. fast ungestielt, zu 1–3, Krbl. 2–3 cm lang, geknittert, scharlachrot, etwas heller als der Bltn.becher, dieser 1,5 cm lang; Fr. 6–8 cm ∅, rötlichgelb bis bräunl.; V–VI. Sk ∧ – Ms/Nsm-3 (Vorderasien). ***P. granátum*** L.

'Nána', in allen Teilen kleiner; Bl. lineal-lanzettl. bis lanzettl.

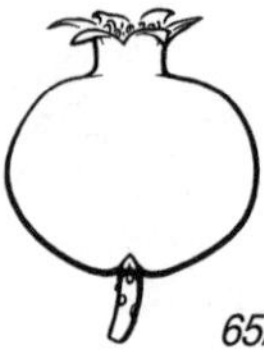

65/1: Punica granatum, Frucht

66. Familie: ***Onagráceae,*** **Nachtkerzengewächse**

Meist Kräuter oder Stauden, seltener Holzgewächse; Bl. gegenständig oder quirlig, einf., Stipeln hinfällig oder fehlend; Bltn. zwittrig, radiär, einzeln bl.achselst. oder in Ähren, Trauben bzw. Rispen, Bltn.hülle doppelt, 4zählig, mit röhren- oder glockenf. Bltn.becher, Stbl. 2, 4 oder 8, Frbl. 4, zu einem unterst. Frkn. verwachsen; Fr. eine Nuß oder vielsamige Kapsel bzw. Beere. 20 Gattungen mit 650 Arten, weltweit verbreitet, vorwiegend in Amerika.

Fúchsia L., **Fuchsie**

Zwergsträucher, Sträucher oder kleine Bäume mit einfachen, gezähnten Bl.; Nebenbl. klein, hinfällig; Bltn.becher und Kelch häufig rot, Kbl. vielfach abspreizend, Stbl. meist 8, mit dem Griffel die Krbl. meist weit überragend; Fr. eine saftreiche Beere. 100 Arten in Mittel- und S-Amerika, Neuseeland und Tahiti.

Bl. eilängl., 3–5,5 cm lang, oft etwas purpurn getönt, Bl.rand gezähnt *(66/1)*, Stiel gerötet; Bltn. einzeln, schlank und schmal, hängend *(66/3)*, K. rot, Kr. purpurn; im Winter meist bis zum Grund zurückfrierend aber stets kräftig neu austreibend; VI–IX. HS ∧∧ – Ah-5. ***F. magellánica*** LAM.

In Kultur sind vor allem die beiden nachfolgenden Sorten mit größerer Winterhärte:

'Grácilis', Bl. überwiegend gegenständig; Bltn.becher und K. karminrot, Kr. purpurn.

'Riccartónii', Bl. überwiegend in 3zähligen Quirlen; Bltn.becher tiefrot, Kbl. breiter, Kr. purpurviolett, Bltn. länger gestielt.

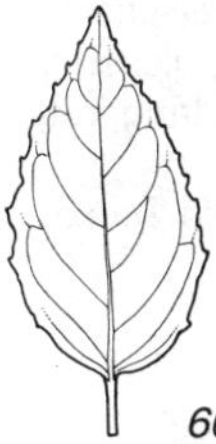

66/1

Fuchsia magellanica

66/2

F. magellanica 'Riccartonii', Frucht

66/3

F. magellanica 'Gracilis', Blüte

Ordnung: ***Elaeagnáles,*** Ölweidenartige

67. Familie: ***Elaeagnáceae,* Ölweidengewächse**

Bäume oder Sträucher, oft bewehrt; oberirdische Pflanzenteile ± dicht mit Schuppen- oder Sternhaaren (Schülferhaaren) bekleidet; Bl. wechsel- oder gegenst., einfach, ganzrandig, Stipeln fehlend; Bltn. einzeln, in Trauben oder Ähren, zwittrig oder eingschl., oft zweihäusig verteilt, radiär, Krbl. fehlend, mit ± langer Kelchröhre, diese später fleischig und maßgeblich an der Fr.bildung beteiligt, Frkn.oberst.; Fr. 1samig, beeren- oder steinfr.ähnlich. 3 Gattungen mit 65 Arten auf der Nordhemisphäre.

1. Bl. gegenst.; Bltn. eingschl., zweihäusig verteilt . . . . ***Shephérdia*** 67–3
– Bl. wechselst. **2**
2. Bltn. eingschl., zweihäusig verteilt, ♂ Bltn. mit tief 2teiliger Bltn.hülle und 4 Stbl., ♀ Bltn. kurz gestielt, Kelchröhre mit 2 kleinen Lappen; Bl. linealisch bis lanzettl. . . . . ***Hippóphaë*** 67–2
– Bltn. zwittrig oder polygam, jede mit 4 Stbl. und (zuw. verkümmerten) Frkn., Bltn.hülle glockig oder trichterf. mit 4teiligem Saum . . . . ***Elaeágnus*** 67–1

1. ***Elaeágnus*** L., **Ölweide**

Sommer- oder immergrüne Sträucher oder Bäume, oft dornig; Bl. wechselst.; Bltn. einzeln oder zu mehreren achselständig, zwittrig oder polygam, K.röhre 4zipfelig, Stbl. 4; Fr. steinfruchtartig mit einem elliptischen, gerieften Steinkern *(67/1, 67/2)*. 45 Arten in Eurasien und Nordamerika.

1. Bl. sommergrün; Blütezeit im Frühjahr **3**
– Bl. immergrün, lederig; Blütezeit im Herbst **2**
2. Zw. und Bl. unterssts. silbrigweiß, obersts. dunkelgrün, elliptisch, 6–8 cm lang; Bltn. zu 4–6, etwa 1 cm lang, duftend, nickend, außen silbrig- und braunschuppig; Fr. ellipsoid, 1,5 cm lang, rot, schuppig; Pfl. dornlos; IX–XI. Sg # ∧ ∧ – Mh-4.
Großblättrige Ö., *E. macrophýlla* Thunb.

67/1

Elaeagnus angustifolia,
Frucht und Steinkern

67/2

E. multiflora,
Frucht und Steinkern

– Zw. braun; Bl. untersts. grauweiß beschuppt, untermischt mit braunen Schildhaaren, oberst. glänzend dunkelgrün, elliptisch-längl., 5–10 cm lang, Rand wellig und oft kraus; Bltn. zu 1–3, etwa 12 mm lang, duftend, hängend, K.röhre über dem Frkn. plötzl. zusammengezogen, silbrigweiß; Fr. anfangs braun, vollreif rot; Pfl. bedornt; X–XI. Sg # ∧∧ – Mh-4 (Japan). **Dornige Ö., *E. púngens*** THUNB.

In Kultur in verschiedenen Formen, besonders mit gelbbunten Bl.

3 (1). Junge Zw., Kn. und Bl. silberschuppig, ohne bräunl. Schüppchen oder (var. *orientális* (L.) KTZE.) die Bl. untersts. dicht sternhaarig, weich; Bl. schmal, etwa 8–25 mm breit; Gr. am Grunde von einem Auswuchs der K.röhre umgeben; Fr. hellgelb *(67/1)*; VI. Bk – Na-3/4. **Schmalblättrige Ö., *E. angustifólia*** L.

– Junge Zw. und Kn. nicht selten auch die Bl. untersts. braunschuppig oder doch mit eingesprengten bräunl. Schüppchen; Gr. am Grunde nicht umschlossen **4**

4. Bl. beidersts. silberschuppig, bis etwa 4,5 cm breit; Bltn. zu 3–1, 1–3 mm lang gestielt, zylindrisch, mit spreizenden Zipfeln, außen silbrig, innen goldgelb; reife Fr. trocken, silbrig; Pfl. Ausläufer bildend; V–VII. Sg – Na/s/B-1/2. (*E. argéntea* PURSH). **Silber-Ö., *E. commutáta*** BERNH. ex RYDB.

– Bl. höchstens in der Jugend oberst. schuppig, später grün; reife Fr. saftig, ± rot **5**

5. K.röhre etwa 2mal so lang wie die Zipfel, Bltn.stiele 4–6 mm lang, kürzer als die fast doldig stehenden, nickenden Bltn.; Fr. 8–9 mm lang, kugelig, nicht hängend; Bl. untersts. silbrig, meist mit reichlich eingesprengten braunen Schüppchen; Pfl. oft dornig; V–VI. Sg – N-4. (*E. críspa* THUNB.). **Doldige Ö., *E. umbelláta*** THUNB.

– K.röhre kaum länger als die Zipfel, Bltn.stiele fast so lang wie oder länger als die Bltn., 1,5–2,5 cm, Bltn. zu 1–2, weiß, im Verblühen gelb; Fr. 12 mm lang, eif., hängend *(67/2)*, sehr sauer; nur erste Bl. des Neutriebes mit braunen Schüppchen, folgende Bl. untersts. mit wenigen oder fehlenden braunen Schüppchen; Pfl. dornenlos; IV–V. Sg – Nh-4 (Japan). (*E. edúlis* CARR., *E. lóngipes* GRAY). **Reichblütige Ö., *E. multiflóra*** THUNB.

2. *Hippóphaë* L., Sanddorn

Sommergrüne, dornig bewehrte Sträucher oder Bäume; Bl. wechselst., kurz gestielt, schmal; Bltn. eingschl., zweihäusig verteilt, in kurzen Trauben, achselst. an vorjährigen Zw., ♀ Bltnst.achsen zu Dornen auswachsend, ♂ Bltn. sitzend, Kbl. 2, die 4 Stbl. bogenf. bedeckend, ♀ Bltn. kurzgestielt, K.röhre mit 2 kleinen Zipfeln; Fr. beerenähnlich *(67/3)*. 3 Arten in Eurasien.

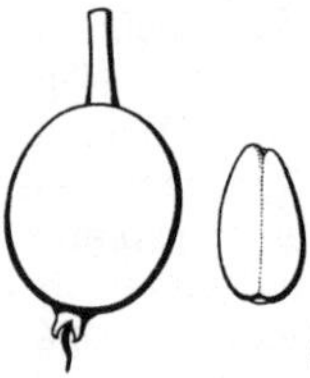
67/3

Hippophaë rhamnoides, Frucht und Samen

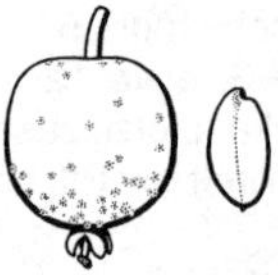
67/4

Shepherdia argenta, Frucht und Samen

1. Bl. im Mittel 5–7 mm breit, obersts. mit zerstreuten Schüppchen, untersts. silberweiß, mit undeutl. Seitennerven; Fr. orangerot, seltener gelb; Pfl. meist stark dornig; III–V. Sg/Bk – Ns/a-3/4. **Gemeiner S., *H. rhamnoídes*** L.

– Bl. 6–15 mm breit, obersts. ohne Schüppchen, grün, untersts. dicht weißgrau zottig-filzig, mit zerstreuten braunen Schüppchen; Fr. orangerot; III–V. Sg/Bk – Nsg-4 (Himalaja). **Weidenblättriger S., *H. salicifólia*** Don

3. *Shephérdia* Nutt., Büffelbeere

Sommer- oder immergrüne Sträucher; Bl. gegenst., gestielt; Bltn. eingschl., zweihäusig verteilt, fast sitzend in kurzen achselst. Ähren, ♀ Bltn. oft auch einzeln, ♂ Bltn. mit 8 Stbl., K.röhre 4zipfelig, ♀ Bltn. zu steinfr.ähnlichen Früchten reifend *(67/4)*. 3 Arten in Nordamerika.

1. Bl. beidersts. silberschuppig; Zw. meist dornig; Fr. orangerot, 4–6 mm ∅; III–IV. Sg – Ns/a-2. **Silber-B., *S. argéntea*** (Pursh) Nutt.

– Bl. obersts. grün, untersts. silbrig, mit zahlreichen rotbraunen Schüppchen; Zw. dornenlos; Fr. gelbl.rot, 4–6 mm ∅; III–IV. Sg – B/N-1/2. **Kanadische B., *S. canadénsis*** (L.) Nutt.

Ordnung: ***Leguminósae,*** Hülsenfrüchtler

68. Familie: ***Mimosáceae,* Mimosengewächse**

Bäume oder Sträucher, seltener Halbsträucher oder Kräuter; Bl. meist doppelt gefiedert, bisw. zu flächigen Blattstielen (Phyllodien) reduziert; Bltn. in Köpfchen, Ähren oder Trauben, klein, meist radiär, Bltn.hülle doppelt, 5zählig, Kbl. verwachsen, Krbl. frei oder ± röhrenf. verwachsen, Stbl. zahlreich, lang, Frbl. 1, oberst.; Fr. eine mehrsamige Hülse *(68/1)*. 60 Gattungen mit 2000 Arten, überwiegend tropisch und subtropisch.

Albízia DURAZZ., **Seidenakazie**

Raschwüchsige, laubwerfende Bäume oder Sträucher; Bl. doppelt gefiedert, Blch. zahlreich, klein; Bltn. in achselst. Ähren oder Köpfchen, Kr. klein, die Krbl. zur Hälfte miteinander verwachsen; Hülse groß, riemenf. Mehr als 100 Arten in den Tropen und Subtropen der Alten Welt.

Breitkroniger Strauch oder Baum; Zw. kahl, kantig; Bl. 20–30 cm lang, lang gestielt, mit 10–25 Fiedern, jede mit 40–60 Blch., Blch. sichelf.-längl., schief, 6–10 mm lang, unterst. entlang der Mittelrippe behaart; Bltn. in achselst. Köpfchen an den Zw.enden, hellrosa, Stbl. bis 4 cm lang; Fr. 15 cm lang; VII–VIII. Sg/Bk ∧ ∧ – T/M/Nm-3/4. ***A. julibríssin*** DURAZZ.

'Ernest Wilson' hat sich als besonders winterhart und damit auch als in M-Europa kulturwürdig erwiesen.

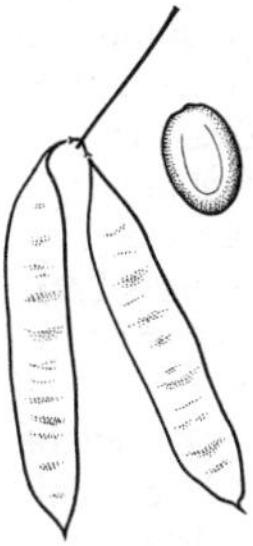

68/1: Albizia julibrissin, Früchte und Samen

69. Familie: ***Caesalpiniáceae***

Bäume oder Sträucher, seltener Halbsträucher oder Kräuter; Bl. einfach oder doppelt gefiedert, auch ungeteilt; Bltn. meist zygomorph, auffällig oder unscheinbar, Bltn.hülle doppelt, 5zählig, K.bl. meist frei, Stbl. 10, frei, Frbl. 1; Fr. eine Hülse. 150 Gattungen mit rund 2200 Arten, vorwiegend in den Tropen und Subtropen.

1. Bl. einfach, nierenf. *(69/4)*; Bltn. an mehrjährigem Holz erscheinend . . . . ***Cércis*** 69–3

– Bl. einfach oder doppelt gefiedert **2**

2. Bl. alle doppelt gefiedert, Blch. 5–8 cm lang, ganzrandig; Baum stets ohne Dornen . . . . ***Gymnócladus*** 69–2

– Bl. am gleichen Baum sowohl einfach als auch doppelt gefiedert, Blch. unregelmäßig gekerbt; Stamm und Äste meist mit verzweigten Dornen . . . . ***Gledítsia*** 69–1

1. *Gledítsia* L., Gleditschie

Sommergrüne, meist dornig bewehrte Bäume; Dornen verzweigt; Bl. einfach oder doppelt gefiedert, an Kurztrieben rosettig genähert, Stipeln klein; Bltn. unscheinbar in Trauben, polygam, Krbl. länger als der Kelch, fast gleich; Hülse stark abgeflacht, oft unregelmäßig gekrümmt, sich zur Reife kaum oder nicht öffnend, lange am Baum bleibend (Wintersteher), Samen abgeflacht, hartschalig. Ca. 11 Arten in Asien, N- und S-Amerika und im tropischen Afrika.

1. Dornen im Querschnitt rund; Bl. meist einfach gefiedert, Blch. 8–16, 3–5 cm lang, gekerbt, stachelspitzig, obersts. gelbgrün, untersts. netzaderig, beidersts. etwas behaart; Bltn. 3–5 mm lang gestielt, in schwach flaumhaarigen Trauben; Hülse fast gerade, 12–25 cm lang, Wände holzig, gewölbt, fein grubig punktiert; VI–VII. Bk/Bm Nw-4 (China). (*G. hórrida* WILLD.).
Chinesische G., *G. sinénsis* LAM.

– Dornen ± abgeflacht, wenigstens an der Basis; Hülsen lederig, stark abgeflacht, bis 40 cm lang, meist blasig verdreht **2**

2. Blch. längl.-lanzettl., gewöhnl. zugespitzt, bis 3,5 cm lang, leicht kerbig gesägt, an einfach gefiederten Bl. zu 20–30, doppelt gefiederte Bl. aus 8–14 Fiedern 1. Ordn. bestehend; Bltn. sehr kurz gestielt, in schlanken, 5–7 cm langen Trauben; Hülsen bis über 40 cm lang, etwas sichelf. und längs verdreht *(69/1)*; VI. Bm/Bg – Nw-2. **Amerikanische G., *G. triacánthos*** L.

'Bujótii' ('Péndula'), Zw. dünn herabhängend, Blch. kleiner.
f. **inérmis** WILLD., dornenlos, sonst von normalem Wuchs.
'Skyline', schmalkronige Selektion.

– Blch. anders; Hülsen nicht über 30 cm lang; Stämme stark bedornt, Dornen bis 15 cm lang **3**

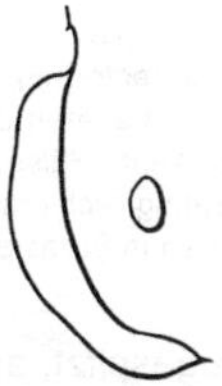

69/1

Gleditsia triacanthos,
Frucht und Samen

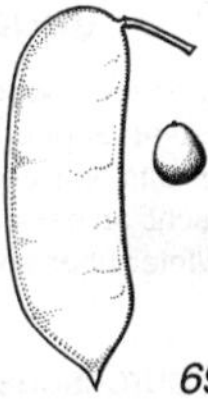

69/2

Gymnocladus dioicus,
Frucht und Samen

3. Blch. eilängl., stumpf oder ausgerandet, 2–4,5 cm lang, fast ganzrandig, obersts. glänzendgrün; einfach gefiederte Bl. mit 16–24 Blch., schmal eif., kahl oder fast kahl, häufig doppelt gefiedert, Blch. dann nicht über 2,5 cm lang; Bltn. fast sitzend, in 6–8 cm langen Trauben; Hülsen 20–25 cm lang, blasig verdreht; junge Zw. rotbraun; VI–VII. Bm – Nhw-4 (Japan).
Japanische G., *G. japónica* Miq.

– Blch. einfach gefiederter Bl. 10–20, eif. bis elliptisch, gekerbt, 2–5 cm lang, doppelt gefiederte Bl. mit 6–8 Fiedern 1. Ordn., Spindeln und Blch.stiele behaart; Bltn. fast sitzend, Trauben 5–10 cm lang; Hülse gebogen, ca. 20 cm lang, dünn. VI–VII. Bk/Bm – Nw-3 (Kaukasien)
Kaspische G., *G. cáspica* Desf.

2. *Gymnócladus* Lam., Geweihbaum

Sommergrüne Bäume mit kräftigen Zweigen; Bl. doppelt gefiedert, Blch. ganzrandig, Stipeln klein, hinfällig; Bltn. unscheinbar in endst. Rispen oder Trauben, polygam oder eingschl., meist zweihäusig verteilt, Krbl. länger als der Kelch; Hülse etwas abgeflacht *(69/2)*, Innenwand zur Reife aufgelöst, von schmierseifenartiger Konsistenz. 5 Arten in O-Asien und N-Amerika.

Junge Zw. anfangs behaart, weißblau bereift; Winterkn. klein, zu mehreren übereinander, Endkn. fehlend; Bl. 30–75 cm lang mit 3–7 Fiederpaaren, Blch. kurz gestielt, eif. bis elliptisch-eif., 5–8 cm lang, zugespitzt, am Grund abgerundet oder keilf., untersts. anfangs behaart; ♀ Bltnst. bis 25 cm lang, die ♂ bedeutend kleiner, Bltn. ca. 1,2 cm lang, grünl.weiß; Hülse mehrsamig, 10–15 cm lang, rotbraun, bereift, Samen 1,5 cm lang, schwach abgeflacht, rotbraun; VI. Bg – Nw-2. *(G. canadénsis* Lam.).
G. dioïcus (L.) K. Koch

3. *Cércis* L., Judasbaum

Sommergrüne Sträucher oder Bäume mit kahlen Zw.; Bl. einfach, ± nierenförmig, ganzrandig, lang gestielt, Stipeln hinfällig; Bltn. in kl. Doldentrauben an 2j. und älteren Zw., auch stammblütig, Bltn. vor den Bl. erscheinend, schmetterlingsf., K. glockenf.; Hülse länglich, stark abgeflacht, an der Bauchseite schwach geflügelt *(69/5)*, mehrsamig, sich erst spät öffnend, den Winter über an der Pflanze bleibend (Wintersteher). 7 Arten in Eurasien und N-Amerika.

1. Bl. mit durchscheinendem weißem Knorpelrand, zugespitzt, am Grunde tief herzf.; Bltn. 1,5–2 cm lang, zu 5–12, lebhaft rosenrot; V. Sg – Nw-4 (M-China).
Chinesischer J., *C. chinénsis* BUNGE

– Bl. ohne weißen Knorpelrand **2**

2. Bl. zugespitzt, am Grunde seicht herzf. oder fast abgestutzt, untersts. am Grunde behaart *(69/3)*; Bltn. 10–12 mm lang, zu 3–8, hellpurpurn; V. Sg. – Nw-2.
Kanadischer J., *C. canadénsis* L.

– Bl. vorn abgerundet, ohne Stachelspitze, am Grunde tief herzf. *(69/4)*, beidseitig kahl; Bltn. etwa 2 cm lang, zu 4–10, rosenrot; V. Sg/Bk ∧ – Ms/Nsm-3.
Gemeiner J., *C. siliquástrum* L.

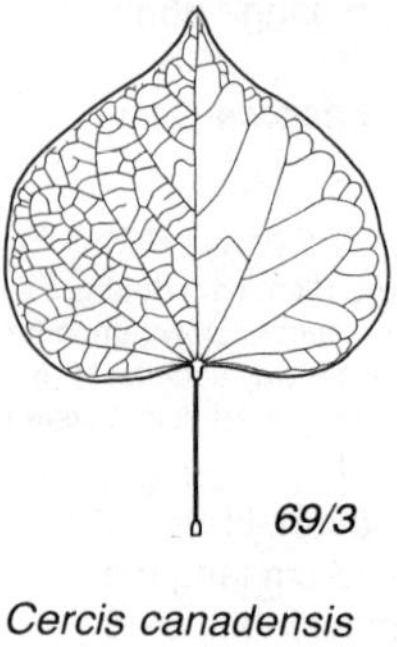
69/3
Cercis canadensis

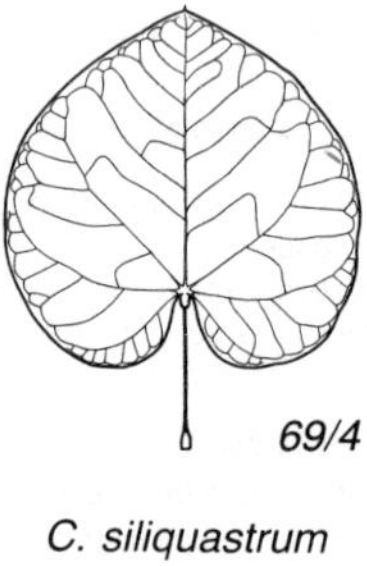
69/4
C. siliquastrum

69/5
C. siliquastrum, Frucht

70. Familie: ***Papilionáceae,*** **Schmetterlingsblütler**

Sommer- oder wintergrüne Bäume, Sträucher, Halbsträucher, Stauden oder Kräuter; Bl. gefiedert, gefingert oder 3zählig, selten einfach, Stipeln vorhanden, bleibend oder hinfällig, zuw. verdornend; Bltn. zwittrig, meist zygomorph, in Trauben, Ähren oder Köpfchen, seltener einzeln, Bltn.hülle doppelt, 5zählig, Kbl. verwachsen mit ± deutlichen Zähnen, zuw. 2lippig, Krbl. ungleich: die Fahne (Vexillum) meist aufrecht stehend, 2 seitl. Flügel (Alae), 2 untere, ± miteinander verbunden bilden das Schiffchen (Carina); Stbl. 10, vom Schiffchen umhüllt, entweder alle zu einer geschlossenen oder 9 zu einer oben offenen Röhre verwachsen, auf der das freie Stbl. aufliegt, Frbl. 1, oberst., in der Stbl.röhre liegend; Fr. viel- bis 1samig, eine Hülse, Gliederhülse, Nuß oder Flügelnuß. Rund 400 Gattungen mit 9000 Arten, weltweit verbreitet.

1. Bl. zusammengesetzt, 3zählig, gefingert oder gefiedert, Pfl. aber nicht mit Sproßdornen und blauen Bltn. **8**

– Bl. einfach, nur gelegentl. an sehr kräftigen Sprossen und jungen Pfl. auch 3zählig oder Strauch mit gefiederten Bl., Sproßdornen und blauen Bltn. **2**

2. Pfl. dornenlos **6**

– Pfl. mit Dornen **3**

3. Bl., außer bei Sämlingspfl., stets ohne Bl.spreite, als Bl.dornen oder schuppig ausgebildet; alle Sprosse als Dornen endend *(70/2)* . . . . ***Úlex*** 70–12

– Bl. stets mit wohlausgebildeter Spreite, jedoch oft nur kurzlebig . **4**

4. Niedriger, 10–30 cm hoher, dicht verzweigter Kugelstrauch; Bl. nur an jungen Sproßspitzen; Bltn. blau-violett . . ***Erinácea*** 70–11

– Pfl. von anderer Wuchsform, wenn gedrungen, dann größer; Bltn. gelb oder blau **5**

5. Bl. unpaarig gefiedert, Bltn. blau . . . . . . ***Sophóra davídii*** 70–4

– Bl. einfach oder 3zählig, Bltn. gelb . . . . ***Genísta*** 70–9

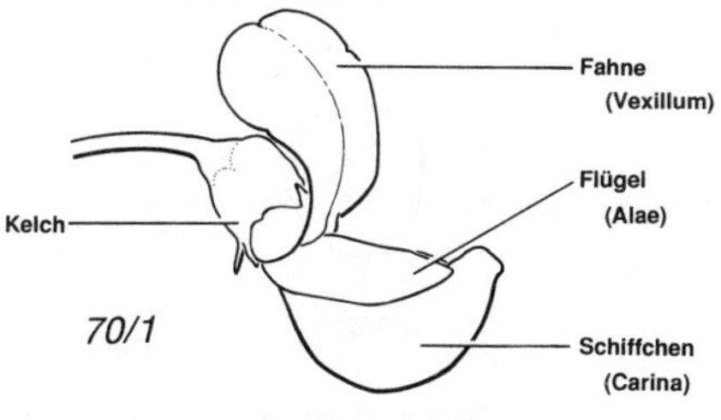

70/1

Colutea arborescens, Blüte

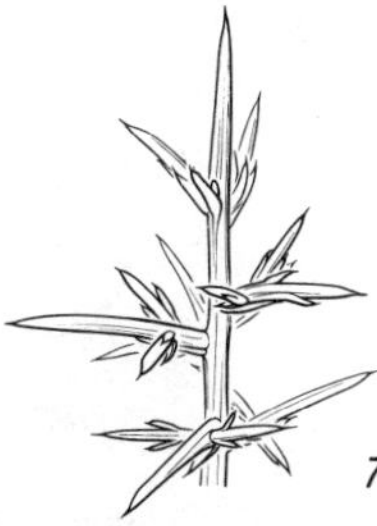

70/2

Ulex europaeus, Sproßspitze

6 (2). Über 1 m hoher Rutenstrauch mit grünen, stielrunden, fein gestreiften, kahlen Zweigen, meist bl.los, da Bl. nur kurzlebig; Bltn. 2–2,5 cm groß, K. einlippig, oben aufgespalten . . . . . . **Spártium** 70–11
– Pfl. anders; K. 2lippig **7**
7. Oberlippe des K. mit 2 kurzen Zähnen; Samen mit schwieligem Nabelwulst *(70/3)* . . . . **Cýtisus** 70–6
– Oberlippe des K. tief 2spaltig; Samen ohne Nabelwulst *(70/4)* . . **Genísta** 70–9
8 (1). Bl. aus 4 oder mehr Blch. zusammengesetzt, gefingert oder gefiedert **15**
– Bl. stets 3zählig **9**
9. Windende Liane; Bl. sehr groß, lang gestielt . . . . **Puerária** 70–20
– Pfl. nicht windend **10**
10. Blch. gezähnt *(70/5)* . . . . **Onónis** 70–19
– Blch. ganzrandig **11**
11. Blch. 2–8 cm lang, bis über 2 cm breit **13**
– Blch. 1–2(–3) cm lang, kaum über 1 cm breit **12**
12. Bl. wechselst., Blch. ± eif.; Samen mit Nabelwulst *(70/3)* . . . **Cýtisus** 70–6
– Bl. gegenst., Blch. linealisch-lanzettl., jeder Bl.achsel ein unverzweigter, pfrieml. Kurztrieb entspringend; Samen ohne Nabelwulst . . . . **Genísta radiáta** 70–10
13 (11). Mittleres Blch. deutlich länger gestielt als die seitl. *(70/6)*; Bltn. purpurn oder rosa; Fr. einsamig . . . . . . **Lespedéza** 70–19
– Blch. ± gleichlang gestielt; Bltn. gelb, nur bei einer Propfhybride purpurn; Fr. mehrsamig **14**
14. Bl. mit bleibenden Stipeln, die Winterkn. zwischen sich einschließend; Bltn. in aufrechten, 3–7 cm langen Trauben . . . . **Pettéria** 70–11
– Bl. ohne Stipeln; Bltn. in hängenden Trauben . . . . **Labúrnum, + Laburnocýtisus** 70–6

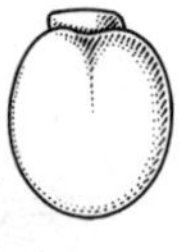

70/3

Cytisus hirsutus, Samen mit Nabelwulst

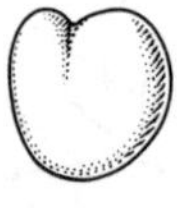

70/4

Genista pilosa, Samen ohne Nabelwulst

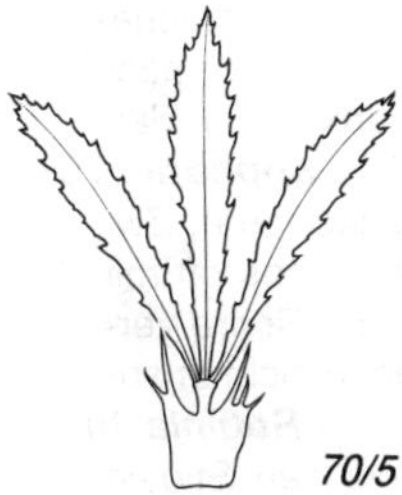

70/5

Ononis fruticosa

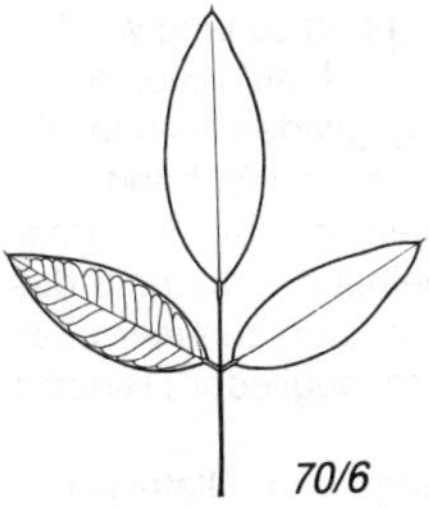

70/6

Lespedeza thunbergii

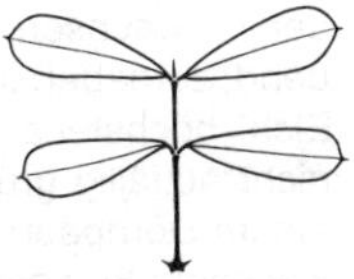

70/7

Halimodendron halodendron

15 (8). Windende Liane mit unpaarig gefiederten Bl.; Bltn. in langen hängenden Trauben . . . . **Wistéria** 70–13
– Aufrecht wachsende Pfl. **16**
16. Bl. 5zählig gefingert, sitzend; Bltn. in Köpfchen . **Dorýcnium** 70–19
– Bl. 4zählig gefingert oder gefiedert, gestielt **17**
17. Bl. paarig gefiedert oder gefingert, Bl.spindel zwischen dem obersten Blch.paar in eine feine Spitze auslaufend *(70/7)* **27**
– Bl. unpaarig gefiedert, Endbl. also vorhanden **18**
18. Endblch. ± lang gestielt **20**
– Endblch. ± ungestielt **19**
19. Bl. mit 11–25 Blch. . . . . **Calóphaca** 70–18
– Bl. mit 7–9 Blch. . . . . **Coronílla** 70–18
20 (18). Bltn. mit nur 1 Krbl. (ohne Flügel und Schiffchen) . . . . . . **Amórpha** 70–13
– Bltn. mit 5 Krbl. **21**
21. Pfl. über 1,5 m hoch werdend **23**
– Pfl. nur bis ca. 1,5 m hoch werdend, unbewehrt; Bltn. rosa oder rot **22**
22. Bl. durchscheinend punktiert, Blch. 17–35; Fr. gegliedert, leicht bestachelt . . . . **Hedýsarum** 70–18
– Bl. nicht durchscheinend punktiert, Blch. 5–21; Fr. ungegliedert, rundl.-längl. . . . . **Indigófera** 70–12
23 (21). Winterkn. nackt, zu mehreren übereinander stehend, in einem rotbraunen Haarbüschel verborgen und anfangs von den Bl.stielbasen verdeckt; Bl. 20–40 cm lang . . . . . **Cladrástis** 70–5
– Winterkn. nicht so **24**
24. Winterkn. deutl. sichtbar **26**
– Winterkn. nicht sichtbar, im Frühjahr aus den Bl.-narben hervortretend **25**

25. Blch. stets mehr als doppelt so lang wie breit, am Grunde abgerundet *(70/8)*, unterststs. ± bläul.; Stbl. nur am Grunde miteinander verwachsen; Fr. gegliedert; Rinde lange dunkelgrün bleibend, zerrieben unangenehm riechend . . . . . . ***Sophóra*** 70–4

– Blch. höchstens doppelt so lang wie breit, unterststs. grün; Zw. nicht auffällig grün bleibend, unterhalb des Bl.ansatzes oft mit einem Dornpaar; Staubfäden zu einer oben offenen Röhre verwachsen; Fr. flach, nicht gegliedert; Rinde zerrieben nicht unangenehm riechend . . . . ***Robínia*** 70–14

26 (24). Kn. wollig, anfangs vom Blattstielgrund und den Stipeln etwas verdeckt; Bltn. gelb oder rötl. gelb, in achselst. Trauben; Fr. aufgeblasen, dünnwandig . . . . ***Colútea*** 70–15

– Kn. kahl, mit glänzenden Schuppen bekleidet; Bltn. weiß, in dichten, aufrechten, endst. Trauben; Fr. abgeflacht ***Mā́ackia*** 70–5

27 (17). Junge Zw. und Blch. dicht anliegend seidig behaart, graugrün, später ± verkahlend; Blch. meist 4, die Paare entfernt voneinander stehend *(70/7)*, Bl.spindeln verdornend; Bltn. rosa bis purpurn . . . . ***Halimodéndron*** 70–16

– Blch. nicht dicht anliegend seidig behaart, unterststs. grün oder grau, Bl. mit 2–18 Blch., oft in Kurztrieben rosettig stehend, Bl.spindel häufig verdornend und bleibend; Bltn. gelb, an den Kurztrieben; Sproßsystem meist augenfällig in Lang- und Kurztriebe gegliedert . . . . ***Caragána*** 70–16

1. *Sophóra* L., Perlschnurbaum

Sommer- oder wintergrüne Bäume und Sträucher, selten Stauden; Bl. wechselst., unpaarig gefiedert, Blch. gegenst., Stipeln klein, pfrieml.; Bltn. in einfachen, doppelten oder mehrfach verzweigten Trauben, endst. an Lang- oder Kurztrieben, K. glockig, mit 5 kleinen Zähnen, Stbl. frei oder Staubfäden nur am Grunde verwachsen; Fr. mehrsamig, zwischen den Samen eingeschnürt, meist geschlossen bleibend. Mehr als 25 Arten, vorwiegend in den Tropen und Subtropen; nördl. bis N-Amerika und O-Asien, südl. bis Chile und Neuseeland.

1. Breit- und rundkroniger, unbewehrter Baum; Blch. 7–17, eif., 2,5–7 cm lang *(70/8)*, oberststs. dunkelgrün, unterststs. bläul., dicht angepreßt behaart; Bltn. gelbl.weiß, 1–1,5 cm lang, in bis 30 cm langen, mehrfach verzweigten Trauben, eine große Rispe vortäuschend; Fr. 5–8 cm lang; VIII–IX. Bm/Bg – Nw-4.

Japanischer P., *S. japónica* L.

'Columnáris', Wuchs aufrecht säulenf.

'Péndula', Zw. malerisch hin- und her gewunden abwärts wachsend.

– Dornig bewehrter Strauch; Bl. 3–6 cm lang, Blch. 13–19, längl.-elliptisch, 6–10 mm lang, bis 3 mm breit, ± kurz stachelspitzig, unterststs. fein seidig behaart; Bltn. blauviolett bis blaßblau oder fast weiß, 1,5–2 cm lang, in endst. Trauben an seitl. Kurztrieben; Fr. 3–6 cm lang, seidig behaart, 1–6samig; IV. Sg – Ns-4 (W-China). (*S. viciifólia* HANCE).

Wickenblättriger P., *S. davídii* (FRANCH.) SKEELS

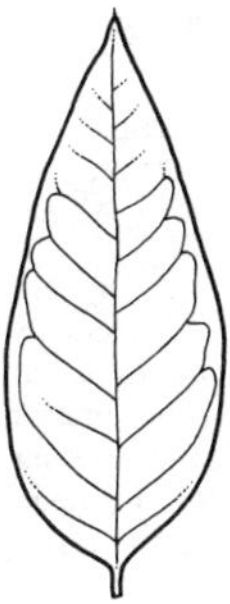

70/8: Sophora japonica, Blättchen

2. *Mā́ackia* RUPR. & MAXIM.

Sommergrüne Bäume oder Sträucher; Winterkn. mit Kn.schuppen; Bl. gegen- oder wechselst., unpaarig gefiedert; Bltn. weiß, in dichten, aufrechten Trauben, K. glockenf., 5zähnig; Hülse längl.-linealisch, abgeflacht, 1–5samig. 10 Arten in O-Asien.

Bl. 20–30 cm lang, Blch. 7–11, längl.-eif. bis elliptisch, 5–8 cm lang, zugespitzt, am Grunde gerundet, kahl; Bltn. ca. 8 mm lang, in 10–20 cm langen, dichten Trauben, mehrere Trauben beieinander stehend; Hülse 3,5–5 cm lang; VII–VIII. Bk/Sg – N-4.

M. amurénsis (RUPR. & MAXIM.) K. KOCH

var. ***bṻergeri*** (MAXIM.) SCHNEID., Blch. stumpf, unterststs. behaart. Japan.

3. *Cladrástis* RAF., Gelbholz

Sommergrüne Bäume; Winterkn. nackt, anfangs von den Bl.stielbasen verdeckt, in einem rotbraunen Haarbüschel verborgen; Bl. wechselst., unpaarig gefiedert, Blch. wechselst., kurz gestielt, ganzrandig; Bltn. weiß, selten rötl., in endst. Doppeltrauben, K. glockenf., 5zähnig, Stbl. frei oder fast frei; Hülse schmal-längl., dünn, stark abgeflacht, 3–6samig. 4 Arten in N-Amerika und O-Asien.

1. Bltn. 2,5–3 cm lang, in überhängenden, bis 40 cm langen Doppeltrauben; Blch. 7–11, breit-eif. bis elliptisch, 7–10 cm lang, Endbl. lang gestielt, breiter als die seitl., Blch.oberststs. frischgrün, fast kahl, unterststs. graugrün, besonders an den Nerven behaart; Hülse 7–8 cm lang, hellbraun; Pfl. nicht regelmäßig jedes Jahr blühend; VI. Bk – Nhw-2.

Amerikanisches G., *C. lútea* (MICHX.f.) K. KOCH

– Bltn. etwa 1,2 cm lang, in reichverzweigten, aufrechten, bis 30 cm langen Doppeltrauben, weiß oder rosa; Blch. 9–13, längl.-lanzettl., 5–10 cm lang, untersts. graugrün, besonders entlang der Mittelrippe rostbraun behaart; Pfl. sehr spät austreibend; Fr. 5–6 cm lang; VI–VII. Bk/Bm – Nw-4 (M-China).
Chinesisches G., *C. sinénsis* HEMSL.

4. *Labúrnum* MED., Goldregen

Sommergrüne Bäume oder Sträucher; Winterkn. rundl.-eif., mit Kn.schuppen; Bl. wechselst., lang gestielt, 3zählig, Blch. ganzrandig, elliptisch bis elliptisch-verkehrt-eif., fast sitzend, Stipeln fehlend; Bltn. gelb, in langen, schlaff hängenden Trauben, achselst. an Kurztrieben, K. glockenf., schwach 2lippig, Staubbl. alle miteinander verwachsen; Fr. abgeflacht, zwischen den Samen schwach eingeschnürt, mehrsamig; alle Pfl.teile stark giftig! 3 Arten von S-Europa bis W-Asien.

1. Zw. angedrückt behaart, desgl. anfangs die Bl.unters.; Bltn. goldgelb, ca. 2 cm lang, in bis 30 cm langen Trauben, K. mit kurzer Ober- und etwas längerer Unterlippe; Fr. seidenhaarig, oben scharfkantig, aber nicht geflügelt; V–VI. G!! Sg/Bk – Ng-3.
Gemeiner G., *L. anagyroídes* MED.

– Zw. kahl; Bl. zuw. anfangs spärl. behaart, bald verkahlend; Bltn. gelb, ca. 1,5 cm lang, in 15–40 cm langen, dichten Trauben, K. mit etwa gleichlangen Lippen; Fr. kahl, an der Oberkante bis etwa 2 mm breit geflügelt; blüht etwas später als vorige Art; V–VI. G!! Sg/Bk – Nhg-3.
Alpen-G., *L. alpínum* (MILL.) BERCHT. & J. PRESL

L.* × *watéreri (KIRCHN.) DIPP. (*L. alpínum* × *anagyroídes*), Bl. unterst s. und Bltn.trauben spärl. behaart; Trauben bis 40 cm lang. G!!
'Vóssii', starkwüchsig; Trauben bis 50 cm lang. G!!
+ ***Laburnocýtisus adámii*** (POIT.) SCHNEID., Pfropfhybride *Cýtisus purpúreus* + *Labúrnum anagyroídes*, ist habituell *L. anagyroídes* sehr ähnl., doch sind die Bl. kleiner und die Bltn.trauben kürzer; Bltn. gewöhnl. hellpurpurn, daneben öfter einzelne Trauben mit gelben Bltn. wie *Labúrnum* oder seltener mit Bltn. wie bei *C. purpúreus*. G!!

5. *Cýtisus* L., Geißklee

Sommer- oder immergrüne, unbewehrte Sträucher; Bl. wechselst., 3zählig, seltener einfach, Spreite oft nur sehr klein; Stipeln klein oder fehlend; Bltn. gelb oder weiß, selten rötl., in seitl. oder endst. Trauben bzw. Köpfchen, K. 2lippig mit kurzen Zähnen, die beiden oberen frei oder verwachsen, Stbl. alle verwachsen; Hülse abgeflacht, 2–mehrsamig, Samen mit Nabelwulst; alle Pfl.teile giftig! Mehr als 50 Arten, die meisten im Mittelmeergebiet.

1. K. glockenf., der röhrige Teil nicht länger als die Lippen, Bltn. gelb oder andersfarbig 8

– K. röhrenf., der röhrige Teil länger als die Lippen, Bltn. weiß, gelb oder rot **2**

2. Bltn. zu 1–4 seitl. an vorj. Zw. aus den Bl.achseln entspringend, niemals am Ende diesj. Triebe **5**

– Bltn. an den Enden diesj. Triebe kopfig genähert **3**

3. Bltn. weiß, etwa 2 cm lang, Fahne außen seidig behaart, Bltn. zu 3–10; Fr. anliegend behaart, 2–3 cm lang; Zw. aufrecht oder aufsteigend, anliegend und abstehend behaart; Blch. 2–3 cm lang, 7–10 mm breit, längl.-verkehrt-eif., beidseitig angedrückt behaart, vor allem untersts.; VI–VII. G! Sz – Ns-3. (*Chamaecýtisus álbus* (HACQ.) ROTHM.).

Weißblütiger Kopf-G., *C. álbus* HACQ.

var. ***pállidus*** REHD., Bltn. gelbl.

– Bltn. gelb **4**

4. Junge Zw. und Bl.stiele abstehend rauhhaarig; Blch. an Bltn.sprossen bis etwa 15 mm breit, beidseitig ± abstehend behaart; Bltn. lebhaft gelb, die meist kahle Fahne 2–2,5 cm lang, sehr oft mit einem braunen Fleck; Hülse 2–3,5 cm lang, abstehend behaart; V–VII. G! Sk – Ns-3. (*Cýtisus capitátus* SCOP.; *Chamaecýtisus supínus* (L.) LINK).

Kopf-G., *C. supínus* L.

– Junge Zw. und Bl.stiele ± anliegend seidig behaart; Blch. bis etwa 6(–10) mm breit, obersts. ± angedrückt behaart, seidig schimmernd; Bltn. lebhaft gelb, Fahne 1,5–2,2 cm lang, ohne braunen Fleck; Fr. anliegend seidig behaart, 2–3 cm lang; VII–VIII. G! Sk – Ns-3. (*Chamaecýtisus austríacus* (L.) LINK).

Österreichischer G., *C. austríacus* L.

5 (2). Bltn. purpurn, seltener fleischfarben oder weiß, etwa 2 cm lang, meist zu 1–4 beieinander, Bltn.stiel kürzer als, selten so lang wie die K.röhre; Bl. meist kahl; Zw. höchstens anfangs etwas behaart; Fr. kahl, 1,5–2,5 cm lang; V–VI. G! Sz/Sk – Ns-3 (SO-Europa). (*Chamaecýtisus purpúreus* (SCOP.) LINK).

Purpur-G., *C. purpúreus* SCOP.

– Bltn. gelb mit oft braun gefleckter Fahne; Fr. wenigstens an den Rändern rauhhaarig **6**

6. Junge Zw. abstehend behaart; Bltn.stiele etwa halb so lang wie der abstehend rauhhaarige K.; Hülse 2,5–4 cm lang, 5–8 mm breit, ringsum lang abstehend behaart; V–VI. G! Sz/Sk – Ns-3. (*Chamaecýtisus hirsútus* (L.) LINK). **Zottiger G., *C. hirsútus*** L.

– Junge Zw. ± anliegend behaart, verkahlend **7**

7. Zw. niederliegend oder aufsteigend, ± dicht anliegend behaart; Bl. 1–1,5 cm lang, 4–6 mm breit, obersts. dunkelgrün, untersts. graugrün, anliegend behaart; K. angedrückt behaart; Kr. gelb, Fahne 1,5–2 cm lang; Fr. 2–3 cm lang, 6–8 mm breit, mit

weißen, anliegenden Haaren; V–VI. G! Sz/Sk – Ns-3. (*Chamaecýtisus ratisbonénsis* (SCHAEFF.) ROTHM.).
Regensburger G., *C. ratisbonénsis* SCHAEFF.

– Zw. mehr aufrecht, verlängert, halbanliegend behaart; Blch. 2–2,5(–3) cm lang, ca. 1 cm breit; K. ± abstehend behaart, Kr. gelb, Fahne mit braunen Flecken; Fr. 2–2,5 cm lang, 5–6 mm breit, ± deutl. anliegend behaart; V–VI. G! Sk – Ns-3 (SO-Europa). *(Chamaecýtisus gláber* (L.f.) ROTHM.; *Cýtisus elongátus* WALDST. & KIT.). **Langästiger G., *C. gláber*** L.f.

8 (1). Bltn. zu 1–3 achselst. entlang der vorj. Zw. **10**

– Bltn. in endst. Trauben **9**

9. Trauben reichbltg., Bltn. etwa 1 cm lang; Fr. ca. 3 cm lang; Bl. alle gestielt, Blch. 1–3 cm lang, bis 1 cm breit, untersts. wie die Bltn.stiele, K. und Fr. angedrückt behaart; VI–VII. G! Sk – Ns-3. (*Lembótropis nígricans* (L.) GRISEB.).
Schwarzer G., *C. nígricans* L.

– Trauben 4–8(–12)bltg., Bltn. leuchtend gelb, ca. 1,2 cm lang; obere Bl. sitzend, untere bis 5 mm lang gestielt, Blch. rundl. bis 3eckig, zugespitzt, 8–20 mm lang; Pfl. in allen Teilen kahl; Fr. 3–4 cm lang; V–VI. G! Sk – Nsm-3.
Italienischer G., *C. sessilifólius* L.

10 (8). Aufrechte, bis über 1 m hohe Rutensträucher **13**

– ± niederliegende Zwergsträucher **11**

11. Bl. einfach, längl., 8–20 mm lang, untersts. weichhaarig; Bltn. zu 1–3, leuchtend gelb, 1–1,5 cm lang; Fr. 2 cm lang; Zw. oft wurzelnd; V–VI. G! Sz – Nsm-3.
Niederliegender G., *C. decúmbens* (DUR.) SPACH

– Bl. 3zählig, teils auch einfach **12**

12. Blch. verkehrt-eif. bis längl., etwa 8 mm lang, zottig behaart; Bltn. zu 1–3, goldgelb, Fahne 8–12 mm lang; Fr. 2–2,5 cm lang, ± zottig behaart; IV–V. G! Sz ∧ – Ns-3 (S-Frankreich).
Ardoines G., *C. ardoínii* FOURN.

– Blch. linealisch, behaart, zuw. einfach; Bltn. rahmweiß bis schwefelgelb; V. G! Sz. (*C. ardoínii* × *multiflórus*).
Kew-G., *C.* × *kewénsis* BEAN

13 (10). Gr. länger als das Schiffchen, spiralig eingerollt, Bltn. zu 1–2, goldgelb, Fahne kreisf., 2 cm ∅; Blch. eilanzettl., 1–2 cm lang, untersts. seidenhaarig, meist hinfällig, an den Langtrieben häufig bis zum Winter bleibende, einfache Bl.; Fr. 4–5 cm lang, an den Rändern behaart; Zw. 5kantig, grün, anfangs behaart, beim Trocknen schwarz werdend; V–VI. G! Sk ⓚ – Nm-3. (*Sarothámnus scopárius* (L.) WIMM. ex KOCH).
Besenginster, Besenpfriem, Bram, *C. scopárius* (L.) LINK

'Andreánus', Bltn. goldgelb mit rotbraunen Flügeln.
'Plénus': Bltn. gefüllt.
In Kultur befinden sich zahlreiche gärtnerische Züchtungen mit ein- oder mehrfarbigen Bltn. in gelb, rosa, rot oder braun. Sie sind insbesondere durch Bastardierung mit anderen Arten wie z. B. *C. multiflórus* entstanden. Auf sie kann hier nicht eingegangen werden.

– Gr. kürzer als das Schiffchen **14**

14. Bltn. rein weiß, zu 1–3, 1 cm lang gestielt; K. 5 mm lang, seidig behaart, Fahne 10–12 mm lang; Fr. 1,5–2,5 cm lang; Zw. 5kantig, gestreift, jung behaart; Bl. unten 3zählig, an den oberen Sproßabschnitten einfach, kurz gestielt bis sitzend, hinfällig, Blch. bis 10 mm lang, linealisch-lanzettl., silbrig behaart; V–VI. G! Sk ∧ – Ms/Nsm-3. (*Cýtisus álbus* (LAM.) LINK, non HACQ.)
Vielblütiger G., *C. multiflórus* (L'HERIT.) SWEET

– Bltn. schwefel- oder goldgelb, Bltn. zu 1–2 . . . . **15**

15. Bltn. schwefelgelb, etwa 1 cm lang, unangenehm riechend; Bl. meist einfach, lanzettl., 8–20 mm lang, seidig behaart, hinfällig; Zw. etwas überhängend, dünn, graugrün; IV–V. G! Sk. (*C. multiflórus* × *púrgans*). **Elfenbeinginster, *C.* × *prǣcox*** WHEELER

– Bltn. goldgelb, Fahne 10–12 mm lang, am Ende der Zw.; Zw. rundl., gestreift; Bl. der Bltn.zw. einfach, an den unteren Zw. 3zählig, sitzend, Blch. längl.-lanzettl. bis linealisch-lanzettl. oder spatelf., 6–12 mm lang, untersts. behaart; IV–VI. G! Sk ∧ – Ms/Nsm-3. **Abführender G., *C. púrgans*** (L.) BOISS.

6. *Genísta* L., Ginster

Bewehrte oder unbewehrte, sommer- oder halbimmergrüne Sträucher mit grünen Zw.; Bl. meist wechselst., einfach bis 3zählig, Blch. ganzrandig, oft kurzlebig, Stipeln fehlend oder klein; Bltn. meist gelb, in Köpfen bzw. end- oder seitenst. Trauben, die seitl. oft gestaucht und armbltg., selten einzeln, K. 2lippig, die Oberlippe tief 2teilig, die untere 3zähnig, Stbl. alle verwachsen; Hülse 1–mehrsamig, Samen ohne Nabelwulst. Rund 100 Arten in Europa, dem Mittelmeergebiet und W-Asien. Alle Pfl.teile giftig!

1. Pfl. wenigstens in den unteren Teilen mit Dornen **6**

– Pfl. ohne Dornen **2**

2. Zw. breit 2schneidig geflügelt, Flügel glänzend, an den Sproßknoten unterbrochen; Bl. einfach, 5–20 mm lang, bis 7 mm breit, obersts. verkahlend, untersts. behaart; Bltn. goldgelb, in endst. eif. bis fast kugeligen Trauben, Kr. 10–12 mm lang; Fr. bis 2 cm lang und 5 mm breit, behaart; V–VI. G! Sz – Nh-3. (*Chamaespártium sagittále* (L.) GIBBS).
Flügel-G., *G. sagittális* L.

– Zw. nicht geflügelt **3**

3. Strahlig verzweigter Strauch; Bl. und achselst. Kurztriebe gegenst., Bl. 3zählig, Blch. längl.-lanzettl., 5–20 mm lang, 2–4 mm breit, untersts. behaart, meist kurzlebig; Bltn. in 3–10bltg. Köpfchen, gelb, 12–15 mm lang; Hülse 12–14 mm lang, dicht anliegend behaart; V–VII. G! Sk – Ns-3.
Strahlen- oder Kugel-G., ***G. radiáta*** (L.) Scop.

– Pfl. nicht strahlig verzweigt; Bl. stets wechselst. **4**

4. Bltn. goldgelb, in gedrungenen 1–3bltg. Trauben, seitl. an vorj. Zw., Kr. etwa 1 cm lang, Fahne und Schiffchen außen dicht seidenhaarig; Fr. behaart, bis 2,5 cm lang; Bl. im Mittel 3–10 mm lang, 1,5–3,5 mm breit, anliegend seidig behaart, später obersts. fast kahl, stets einfach; Pfl. ± lockerwüchsig, Zw. rundl.-gerieft bis schwach kantig, knotig, niederliegend bis niederliegend-aufsteigend; V–VI. G! Sz – N-3.
Heide-G., Behaarter G., ***G. pilósa*** L.

– Fahne und Schiffchen kahl; Zw. nicht knotig, ± deutlich kantig, nicht niederliegend **5**

5. Bl. 1–5 cm lang, 3–15 mm breit, kahl bis behaart; Bltn. in vielbltg., gestreckten bl.achsel- oder endst. Trauben an diesj. Zw., leuchtend gelb bis goldgelb, Fahne 8–15 mm lang; Zw. grün, ± glänzend, kantig, aufsteigend bis aufrecht; VI–VIII. G! Sk – N-3.
Färber-G., ***G. tinctória*** L.

– Bl. 5–10 mm lang, 1–3 mm breit, ± kahl; Bltn. in kurzen, dichtbltg. Trauben, seitl. an vorj. Zw., goldgelb; Zw. bogig gekrümmt aber nicht schlaff, deutl. 4kantig, graugrün, oft bläul. bereift; V–VI. G! Sz/Sk – Ms-3 (Vorderasien).
Lydischer G., ***G. lýdia*** Boiss.

6 (1). Bltn. zu 2–12 in endst. Doldentrauben am Ende diesj. beblätterter Triebe, goldgelb, ca. 12 mm lang; Bl. 6–10 mm lang, 3–5 mm breit, lanzettl., untersts. behaart; aus allen Bl.achseln bis 1 cm lange verdornte Kurztriebe kommend, nur Bltn.sprosse unbewehrt, anfangs dicht abstehend behaart; V–VII. G! Sz ∧ – Ms/Nsm-3. **Spanischer G.,** ***G. hispánica*** L.

– Bltn. in Trauben **7**

7. Junge Zw. abstehend behaart; Bl. grasgrün, am Rande rauhhaarig, 1–2 cm lang, 4–5 mm breit, elliptisch bis lanzettl.; Bltn. lebhaft gelb, 7–8 mm lang, Tragbl. pfrieml., viel kürzer als die Bltn.stiele; Fr. behaart, 1 cm lang; Sproßdornen bis 1,5 cm lang; V–VII. G! Sz/Sk ⓚ – Nh-3. **Deutscher G.,** ***G. germánica*** L.

– Pfl. völlig kahl; Bl. blaugrün, 5–10 mm lang, 2–3 mm breit, elliptisch bis lanzettl.; Bltn. goldgelb, 6–8 mm lang; Tragbl. laubblattartig, länger als die Bltn.stiele; Fr. 1 cm lang; Sproßdornen bis ca. 1 cm lang, wie bei voriger Art seitl. an den Langtrieben; V–VI. G! Sz/Sk ⓚ – Nhm-3. **Englischer G.,** ***G. ánglica*** L.

7. ***Spártium*** L., **Binsenginster**

Monotypische Gattung.

Zw. stielrund, fein gestreift, grün, kahl; Bl. einfach, meist nur kurzlebig, lanzettl., 1–2,5 cm lang, 2–5 mm breit, blaugrün; Bltn. in lockeren, endst. Trauben, 2–2,5 cm lang mit großer ± zurückgebogener Fahne, duftend; Hülsen braun, 5–10 cm lang, 7 mm breit, weißl. behaart; V–IX. Sk ∧∧ – Ms/Nsm-3. ***S. júnceum*** L.

8. ***Pettéria*** K. B. Presl

Monotypische Gattung.

Zw. ± stielrund, anfangs angedrückt behaart, später verkahlend; Winterkn. nackt, seidig behaart, von den bleibenden, sehr kleinen Stipeln geborgen; Bl. 3zählig, 1,5–4 cm lang gestielt, Blch. fast sitzend, verkehrteif. bis elliptisch, an der Spitze gerundet, ganzrandig, 2,5–6 cm lang, bis 2 cm breit *(70/9)*, anfangs beidseitig anliegend locker behaart, oberst. dunkelgrün, ± verkahlend, unterst. heller, entlang der Mittelrippe bleibend behaart; Bltn. gelb, duftend, ca. 2 cm lang in aufrechten, endst., 4–7 cm langen, 10–20bltg. Trauben, K. kurz 2lippig, angedrückt behaart; Hülse 3–4 cm lang, kahl, mehrsamig; V–VI. Sk ∧ – Nsm-3 (SO-Europa). ***P. ramentácea*** (Sieb.) K. B. Presl

70/9: Petteria ramentacea

9. ***Erinácea*** Adans., **Igelginster**

Monotypische Gattung.

Zw. grün, rundl., sehr fein gestreift und angedrückt silbrig behaart, in lange, stechende Dornen auslaufend; Bl. nur am Ende junger Zw., einfach, zuw. 3zählig, schmal-lanzettl., 5–10 mm lang, behaart, sehr kurz gestielt; Bltn. zu 1–3 achselst. an vorj. Zw., ca. 2 cm lang, 5 mm lang gestielt, K. 1 cm lang, röhrig, nach der Blüte aufgeblasen, Kr. blauviolett, 16–20 mm lang; Hülse bis 2 cm lang, drüsig-behaart, 4–6samig; V–VI. Sz ∧ – Ms/Nsm-3. (*E. púngens* Boiss.). ***E. anthýllis*** Link

10. *Úlex* L., Stechginster

Reich und dicht verzweigte, dornig bewehrte Sträucher; Zw. anfangs gerillt-gerieft; alle Verzweigungen in scharfen Dornen endend; Bl. wechselst., Bl.spreiten nur bei jungen Pfl. ausgebildet, sonst zu Bl.dornen oder Schuppenbl. reduziert, Stipeln fehlend; Bltn. zu 1–2 achselst. an Lang- und Kurztrieben, an den Sproßenden in Trauben, unterhalb des K. 2 kleine Vorbl. (Brakteolen), K. 2lippig, bis zum Grund gespalten, dünnhäutig, gelb, bis zur Fr.reife bleibend und die 1–6samige, kleine Hülse bergend, Stbl. alle verwachsen; Samen mit Nabelwulst. 20 Arten in W-Europa.

Zw. grün, behaart *(70/2)*; Bltn. einzeln, goldgelb, 15–18 mm lang, K. gelb, wie die Vorbl. grau bis rotbraun behaart; Fr. 1,5 cm lang, rauhhaarig; IV–VI(–IX). G! Sk – M/Nm-3 (W-Europa). ***U. europǣus*** L.

11. *Indigófera* L., Indigostrauch

Sommergrüne Sträucher, Halbsträucher oder krautige Pfl., Sprosse mit Gabelhaaren bekleidet; Bl. wechselst., gewöhnl. gefiedert, seltener 3zählig oder einfach, Blch. ganzrandig, Stipeln klein, borstig oder pfrieml., mit dem Bl.stiel verwachsen; Bltn. in achselst. Trauben, K. schief, 5zähnig, Stbl. alle miteinander verwachsen; Hülse unterschiedl. gestaltet, sich öffnend, innen gefächert. Ca. 700 Arten, vor allem in den Tropen.

1. Blch. 13–21, eilängl., 1–1,5 cm lang, beiderssts. angedrückt behaart *(70/10)*; Bltn. in 7–17 cm langen, aufrechten, bl.achselst. Trauben, purpurrosa, Fahne etwa ½ cm lang; Zw. leicht gerillt; VII–IX. Sk ∧ – NGs-4 (Himalaja). (*I. gerardiána* Wall. ex Bak.). **Himalaja-I., *I. heterántha*** Wall. ex Brandis

– Blch. 5–13, beiderssts. behaart **2**

2. Bltn. 1,5–2 cm lang, rosa, in dichten, bis 12 cm langen bl.achselst. Trauben; Blch. 7–11, rundl., 1–3 cm lang, beidseitig spärl. behaart; VI–VII. Sk ∧ – N-4. **Kirilows I., *I. kirilówii*** Maxim. ex Palib.

– Bltn. 8 mm lang, lilarosa, in 5–12 cm langen bl.achselst. Trauben; Blch. 5–9, elliptisch bis längl., 1–3 cm lang, untersts. graugrün behaart; VI–VII. Sk – Ns-4. **Potanins I., *I. potanínii*** Craib

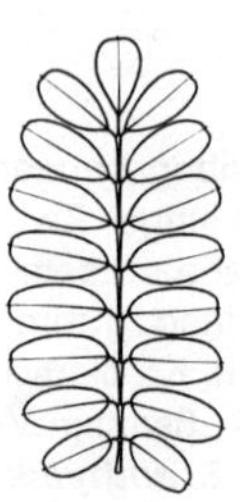

70/10: Indigofera heterantha

12. *Amórpha* L., Bleibusch

Sommergrüne Sträucher, seltener Halbsträucher oder krautige Pfl.; Bl. wechselst., unpaarig gefiedert, Stipeln pfriemf., hinfällig; Bltn. klein, in endst. Trauben oder Doppeltrauben, K. bleibend, glockenf., mit 5 Zähnen, oft drüsig, Kr. nur aus der Fahne bestehend (Flügel und Schiffchen fehlen); Stbl. daher gut sichtbar, 9 miteinander verwachsen; Fr. kurz, meist geschlossen bleibend, 1samig. 20 Arten in Nordamerika, südl. bis Mexiko.

1. Bl.stiel kurz, aber deutlich ausgebildet, unterstes Blch.paar 1 cm oder mehr von der Sproßachse entfernt, Blch. 11–25, eif. bis elliptisch, 1,5–4 cm lang, stachelspitzig; Bltn. in langen schmalen Doppeltrauben, purpurblau bis braunrot, Staubbeutel lebhaft gelb; Fr. leicht gekrümmt, 7–9 mm lang; VI–VIII. Sg – Ns-2.
Gemeiner B., *A. fruticósa* L.

– Bl.stiel stark verkürzt bis fehlend, unterstes Blch.paar daher dicht an der Sproßachse stehend **2**

2. Pfl. dicht grauweiß-filzig; Blch. 19–45, längl.-elliptisch, 7–15 mm lang, Bl. 5–12 cm lang; Bltn. blau, in 5–15 cm langen, endst. Doppeltrauben, Staubbeutel orangerot; VI–VII. Sk – Ns/a-2. **Weißgrauer B., *A. canéscens*** Pursh

– Zw. und Bl. kahl oder fast kahl; Bl. 3–10 cm lang, Blch. 13–19, elliptisch, 5–12 mm lang, untersts. gepunktet; Bltn. duftend, purpurn, in endst., einfachen Trauben; VI–VII. Sk – Na/s-2. (*A. microphýlla* Pursh). **Duft-B., *A. nána*** Nutt.

13. *Wistéria* Nutt., Blauregen

Sommergrüne, windende Lianen; Bl. wechselst., unpaarig gefiedert, Blch. ganzrandig, Stipeln linealisch, hinfällig; Bltn. in end- oder seitenst., lang überhängenden, reichbltg. Trauben an Kurztrieben, K. glockenf., mit 5 ungleichen Zähnen, Flügel groß, ± zurückgeschlagen, am Grunde mit 2 Schwielen oder Anhängseln, 9 Stbl. miteinander verwachsen, 1 frei; Hülse groß, mehrsamig, zwischen den Samen ± deutl. verengt; Samen und Bl. giftig! 6 Arten im östl. N-Amerika und in O-Asien.

1. Frkn. und Fr. kahl; Blch. 9(–15), längl.-elliptisch, 3–7 cm lang, anfangs behaart; Bltn. purpurviolett, in 15–35 cm langen, zieml. dichten Trauben, Bltn.stiele nicht länger als der K., Flügel lang geöhrt; Fr. 7–12 cm lang, etwas gedreht; Pfl. linkswindend; VI–VII. G! L – Nw-2.
Amerikanischer B., *W. macrostáchya* (Torr & Gray) Nutt.

– Frkn. und Fr. samtig; Bltn.stiele länger als der Kelch **2**

2. Blch. 7–13, eilängl. bis eilanzettl., 5–10 cm lang, plötzl. zugespitzt, gewimpert, anfangs angepreßt seidenhaarig, später verkahlend; Bltn. in 15–30 cm langen, zieml. dichten Trauben, blauviolett, etwa 2,5 cm lang, etwas duftend, alle Bltn. einer Traube etwa gleichzeitig blühend, Bltn. lange vor den Bl. erscheinend; Pfl. linkswindend; V–VI. G! L – Nhw-4 (M-China).

Chinesischer B., *W. sinénsis* (SIMS) SWEET

'Álba', Bltn. weiß.

– Blch. 11–19, elliptisch bis eilängl., 4–8 cm lang, zugespitzt, anfangs angedrückt behaart, verkahlend; Bltn. violett oder violettblau, in lockeren, bis 50 cm langen Trauben, Bltn. sich allmählich vom Grund der Traube zur Spitze hin sich entfaltend, niemals alle gleichzeitig blühend; Pflanze rechtswindend; V–VI. G! L – Nhw-4 (Japan).

Japanischer B., *W. floribúnda* (WILLD.) DC.

'Macróbotrys', Blch. bis 10 cm lang, Trauben über 1 m lang hängend.

14. *Robínia* L., Robinie

Sommergrüne Bäume oder Sträucher, oft Wurzelsprosse bildend; Winterkn. nackt, anfangs vom Bl.stiel geborgen, später aus den Bl.narben hervorbrechend; Bl. wechselst., unpaarig gefiedert, Stipeln oft als Dornen ausgebildet; Bltn. in hängenden Trauben, K. glockig, schwach 2lippig, 5zähnig, 9 Stbl. zu einer oben offenen Röhre verwachsen; Fr. stark abgeflacht, zwischen den Samen ± eingeschnürt, mehrsamig, sich 2klappig öffnend; bei einigen Arten sind Rinde und Samen giftig! 20 Arten in Nordamerika, südl. bis Mexiko.

1. Zw. und Bltnst.achsen borstig, drüsig oder klebrig **3**

– Zw. kahl oder nur schwach behaart, jedoch nicht drüsig oder klebrig **2**

2. Bäume mit im Alter tief längsrissig-gefurchter Borke; Zw. kahl oder anfangs etwas behaart; Stipeln zu ± großen Dornen ausgebildet, besonders an Schößlingen, Blch. 7–19, elliptisch oder eif., 2,5–4,5 cm lang, nur anfangs untersts. etwas behaart; Bltn. in 10–20 cm langen, dichten Trauben, 2 cm lang, weiß mit gelbem Fleck am Grund der Fahne, stark duftend; Hülse 5–10 cm lang, glatt, V–VI. G! Bm/Bg – Nw-2.

Gemeine R., *R. pseudoacácia* L.

'Bessoniána', Krone locker, rundl.-eif.; Dornen meist fehlend; wenig blühend.

'Erécta' ('Monophýlla Fastigiáta'), Wuchs säulenf., Bl. mit nur 1 oder wenigen Blch., Endblch. stets vergrößert.

'Microphýlla' (var. *angustifólia* KOEHNE), Blch. klein und zierl.; Pfl. fein verzweigt, schwachwüchsig.

'Pyramidális', Wuchs schmal säulenf., Dornen fehlend.

'Rectíssima', „Schiffsmastenakazie", Baum mit langem und geradem Schaft.

'Umbraculífera', Zw. eine dichte rundl. oder schirmf. Krone bildend; Dornen fehlend, selten blühend.

'Unifolíola', Endblch. stark vergrößert, seitl. Blch. nur 2 oder 4, oder ganz fehlend.

– Große Sträucher; Zw. kahl mit dünnen Stipeldornen; Blch. 9–11, längl.-lanzettl., 2–3,5 cm lang, zugespitzt, kahl; Bltn. rosa, 2–2,5 cm lang, in 5–8bltg. Trauben, Traubenachse und

Bltn.stiele schwach drüsig-behaart; Hülse bis 5 cm lang, dicht mit purpurnen Drüsenhaaren bedeckt; V–VI. Sg – Nhg-2.
Kelseys R., *R. kélseyi* HUTCHINS.

3 (1). Junge Zw. dunkelrotbraun, wie die Bl.stiele und Bltnst.achsen dicht drüsig-klebrig; Stipeldornen klein, oft fehlend, Blch. 13–25, eif., bis 4 cm lang, unterstS. behaart; Bltn. in 5–8 cm langen Trauben, 2 cm lang, rosa, mit gelbem Fleck auf der Fahne, Kelch gerötet; Hülse spärl. drüsig-borstig; VI u. VIII. Bk/Bm – Nhw-2. (*R. glutinósa* SIMS). **Klebrige R., *R. viscósa*** VENT.

R. × ***ambígua*** POIR. (*R. pseudacácia* × *viscósa*), an vorige Art erinnernd; Zw. nur schwach klebrig; Bltn. hellrosa.

'BéIIa Rósea', Bltn. größer, tiefrosa; Zw. stärker klebrig.

– Zw. borstig oder drüsig, aber nicht klebrig **4**

4. Zw. anfangs drüsenhaarig, mit Stipeldornen, aber nicht borstig; Blch. 15–21, elliptisch, 2–3,5 cm lang, unterstS. anfangs seidig behaart; Bltn. in dichten, vielbltg. Trauben, etwa 2 cm lang, blaßrosa; Hülse bis 10 cm lang, drüsenborstig; VI–VIII. G! Sg/Bk – Ns-1/2. (*R. luxúrians* (DIECK) SCHNEID.).
Üppige R., *R. neomexicána* A. GRAY var. ***luxúrians*** DIECK

R. × ***hóldtii*** BEISSN. (*R. neomexicána* var. *luxúrians* × *pseudacácia; R.* × *coloradénsis* DODE), ähnl. voriger Art, aber Blch. bis 5 cm lang; Bltn. rosa, Trauben weniger dicht, meist länger.

'Britzénsis': Bltn. fast weiß.

– Zw., Traubenachsen und Bl.stiele borstig; Blch. 7–15 . . . . **5**

5. Blch. 7–13, rundl., 2–3,5 cm lang, ± kahl; Bltn. zu 3–6 in kurzen Trauben, 2,5 cm lang, purpurrosa, ohne Duft, K. und die 5–8 cm lange Hülse dicht drüsig-borstig; Pfl. Wurzelsprosse bildend, in Kultur meist auf *R. pseudacácia* veredelt; V–VI u. VIII–IX. Sk – Nhw-2. **Borstige R., *R. híspida*** L.

'Macrophýlla', Pfl. kaum borstig; Blch. und Bltn. etwas größer.

– Blch. 9–15, elliptisch bis längl.-eif., 2–5 cm lang, zugespitzt oder stumpf, stachelspitzig, unterstS. anfangs behaart; Bltn. rosa bis blaßrot, 2–2,5 cm lang; Hülse 5–7 cm lang, dicht borstig; Pfl. Wurzelsprosse bildend; VI. Sk – Nhg-2.
Fruchtbare R., *R. fértilis* ASHE

15. *Colútea* L., Blasenstrauch

Sommergrüne Sträucher; Winterkn. rundl.-eif. mit wolligen Kn.schuppen, anfangs vom Bl.stiel und den kleinen Stipeln geborgen; Bl. wechselst., unpaarig gefiedert; Bltn. in langgestielten, seitenst., wenigbltg. Trauben, K. glockenf., schwach 2lippig, K.zähne fast gleich, 9 Stbl. miteinander verwachsen; Hülse mit pergamentartiger Wand, stark aufgeblasen, sich nicht oder nur mit einem kleinen Spalt an der Spitze öffnend; Samen klein, zahlreich. Bl. und Fr. giftig! Mehr als 20 Arten von S-Europa bis zum Himalaja.

1. Frkn. und Fr. an der Spitze der Rückenseite offen; Blch. dickl., meist 7–9, beidseitig hell blaugrün, 8–16 mm lang, breit, verkehrt-eif. bis rundl.; Bltn. 10–15 mm lang, orangefarben bis rötl.-braun, in 2–5bltg. Trauben; Fr. etwa 3,5 cm lang, häufig violettpurpurn getuscht; VI–IX. G! Sk – Ns/a-3.
Orientalischer B., *C. orientális* MILL.

– Frkn. und Fr. geschlossen **2**

2. Blch. 9–13 cm, frischgrün, dünn, untersts. heller und etwas behaart, 1,5–3 cm lang, breit-elliptisch bis verkehrt-eif.; Bltn. *(70/1)* gelb, 1,5–2 cm lang, in 6–8bltg. Trauben; Fr. 6–8 cm lang, grünl. oder rötl.; V–VIII. G! Sg – Ns-3.
Gewöhnlicher B., *C. arboréscens* L.

– Blch. 11–13, blaugrün; Bltn. rotbraun oder tief orangefarben; Fr. 6–7 cm lang; VI–VIII. G! Sg. *(C. arboréscens × orientális).*
Bastard-B., *C.* × *média* WILLD.

16. *Halimodéndron* FISCH. ex DC., Salzstrauch

Monotypische Gattung.

Bl. wechselst., paarig gefiedert, anfangs anliegend, seidig behaart, Bl.spindel bleibend und verdornend, Blch. 4(–8), 1,5–3,5 cm lang *(70/7)*, grau oder blaugrün, Spitze gerundet oder stachelspitzig, Stipeln pfrieml., verdornend; Bltn. zu 2–3 in 3–4 cm gestielten, seitenst. Trauben, hellpurpurn oder lila, 1,5–1,8 cm lang, K. behaart, bleibend, 9 Stbl. miteinander verwachsen; Hülse eif. bis längl., etwas aufgeblasen, 1,5–3 cm lang, kurz geschnäbelt, zuletzt braungelb, mehrsamig; VI–VII. Sk/Sg – Na-3. (*H. argénteum* (LAM.) FISCH. ex DC.). ***H. halodéndron*** (PALL.) SCHNEID.

17. *Caragána* FABR., Erbsenstrauch

Sommergrüne Sträucher, seltener kleine Bäume; Winterkn. mit Kn.schuppen; Sproßsystem meist augenfällig in Lang- und Kurztriebe gegliedert; Bl. wechselst., an Kurztrieben rosettig genähert, paarig gefiedert, Blch. ganzrandig, Bl.rhachis und die kleinen Stipeln oft verdornend und bleibend; Bltn. einzeln oder zu mehreren an Kurztrieben, K. röhrig oder glockenf., Zähne fast gleich groß, 9 Stbl. miteinander verwachsen; Hülse linealisch, zuw. aufgeblasen, mehrsamig. 80 Arten von O-Europa bis O-Asien, Hauptverbreitung in den semiariden Regionen der Nemoralen Zone Asiens.

1. Bl. wenigstens zum Teil mit 6 oder mehr Blch. **5**

– Bl. mit 4 Blch. **2**

2. Blch. in 2 entfernten Paaren, keilf. bis verkehrt-eif., 1–3,5 cm lang, mit vortretender Nervatur, Stipeln meist dornig, Bl.stiel und Rhachis zuw. stehenbleibend und verdornend, ca. 2 cm lang;

70/11

Caragana frutex, Flügel einer Blüte

70/12

C. aurantiaca, Flügel einer Blüte

70/13

C. pygmaea, Flügel einer Blüte

Bltn. hellgelb, rötl.-violett überlaufen, 2–3 cm lang; V. Sk – Na-4. (*C. chamlágu* LAM.). **Chinesischer E., *C. sínica*** (BUC.) REHD.

– Blch. an der Spitze des Bl.stieles fingerf. zusammengedrängt . . **3**

3. Blch. 1,5–2,5 cm lang, verkehrt-eif. bis längl.-verkehrt-eif., Stipeln oft verdornend; Bltn. gelb, 2–2,5 cm lang, Öhrchen der Flügel höchstens ½ so lang wie der Nagel *(70/11)*; Fr. zylindrisch, ca. 3 cm lang; V. Sk – Ns/a-3.
Busch-E., *C. frútex* (L.) K. KOCH

– Blch. 7–15 mm lang **4**

4. Blch. 7–14 mm lang und 1–2 mm breit, verkehrt-lanzettl., Bl.stiel und Rhachis verdornend, 5 mm lang, Stipeln verdornend; Bltn. orangegelb, bis 2 cm lang, Öhrchen der Flügel ⅔ so lang wie der Nagel *(70/12)*; V–VI. Sk – Na-3/4.
Orangeblütiger E., *C. auranticaca* KOEHNE

– Blch. 8–15 mm lang, 2–3 mm breit, linealisch bis verkehrt-lanzettl., Bl.stiel und Rhachis meist verdornend, 5–8 mm lang, Stipeln verdornend; Bltn. gelb, 2 cm lang, Öhrchen der Flügel sehr klein, nur etwa ⅕ so lang wie der Nagel *(70/13)*; V–VI. Sk – Na-4. **Zwerg-E., *C. pygmaéa*** (L.) DC.

5 (1). Bl.stiel und Spindel im Herbst bleibend, dornig, 3–4 cm lang, Blch. 4–8, keilf., 10–15 mm lang, nur unterstst. etwas behaart, Stipeln ± stechend; Bltn. gelb, 2–2,5 cm lang; IV–VI. Sk – Na-4. **Dorniger E., *C. spinósa*** (L.) DC.

– Bl.stiel und Spindel im Herbst mit den Blch. abfallend **6**

6. Blch. meist zu 8–10, 1–2,5 cm lang, elliptisch bis verkehrt-eif., abgerundet und stachelspitzig, anfangs beiderseits. lang behaart, oberst. verkahlend, unterst. spärl. behaart oder kahl, Stipeln nur selten verdornend; Bltn. gelb, 1,5–2 cm lang; V–VI. Sg – Ns/a-3/4. **Gemeiner E., *C. arboréscens*** LAM.

'Lorbérgii', Blch. schmal-linealisch, bis 3 cm lang und 5 mm breit.

'Péndula', Zw. abwärts wachsend; gewöhnl. als Hängebaum hochstämmig veredelt.

– Blch. 12–18, verkehrt-eif., 3–8 mm lang, anfangs fein seidig behaart, Stipeln meist stachelig; Bltn. rötl.gelb, 2 cm lang; V–VI. Sk – Na-4. **Kleinblättriger E., *C. microphýlla*** LAM.

In Botanischen Gärten sind noch weitere Arten zu finden wie z.B. *C. ambígua* STOCKS ex HOOK., *C. boísii* SCHNEID., *C. jubáta* POIR., *C. maximowicziána* KOMAR. und *C. tangútica* MAXIM., von denen mehrere durch die verdornten, bleibenden Bl.spindeln sehr auffällig sind.

18. *Calóphaca* FISCH., Schönhülse

Sommergrüne Sträucher, Halbsträucher oder Stauden; Bl. wechselst., unpaarig gefiedert, Stipeln mit dem Bl.stiel verwachsen, oft häutig; Bltn. in achselst. Trauben, K. röhrenf., mit 5 fast gleichen Zähnen, 9 Stbl. miteinander verwachsen; Hülse längl., 1–2samig. 5 Arten von O-Europa bis in die semiariden Regionen der Nemoralen Zone Asiens.

1. Bl. mit 11–17 Blch., Blch. rundl.-oval, 8–15 mm lang, stachelspitzig, unterst. behaart; Bltn. zu 4–6 in langgestielten Trauben, leuchtend gelb, bis 2,3 cm lang; Hülse 2–3 cm lang, drüsig behaart; VI–VII. Sk – Na-3. **Wolga-S., *C. wolgárica*** (L. f.) FISCH.

– Bl. mit 17–25 Blch., Blch. bis 2,5 cm lang; Bltn. in 10–16bltg. Trauben, gelb, bis 2,8 cm lang, sonst sehr ähnl. voriger Art; VI–VII. Sk – Na-3. **Großblütige S., *C. grandiflóra*** REGEL

19. *Coronílla* L., Kronwicke

Kräuter, Stauden oder sommer- bzw. halbwintergrüne, kahle Sträucher; Bl. wechselst., unpaarig gefiedert, selten einfach oder 3zählig, Blch. ganzrandig, Stipeln klein oder bl.artig, frei oder mit dem Bl.stiel verbunden; Bltn. in achselst. langgestielten Dolden, K. glockig, ± 2lippig, K.zähne fast gleich, Krbl. lang genagelt; Fr. eine rundl. oder 4kantige, nicht eingeschnürte Gliederhülse, zur Reife in 1samige Abschnitte zerfallend. 20 Arten im Mittelmeergebiet und Europa.

Dolden 2–5bltg., 2–5 cm lang, gestielt, Bltn. nickend, gelb, 1,5–2 cm lang, Fahne oft rot gezeichnet; Fr. ca. 5 cm lang; V–VIII. Sk ∧ – Nsm/Ms-3. **Strauch-K., *C. émerus*** L.

20. *Hedýsarum* L., Süßklee

Kräuter oder Stauden, selten Sträucher; Bl. wechselst., unpaarig gefiedert, Stipeln frei oder mit dem Bl.stiel verwachsen, zuw. fehlend; Bltn. in achselst. Trauben, K. glockenf., K.zähne fast gleich, 9 Stbl. miteinander verwachsen; Fr. eine abgeflachte, oft bestachelte Gliederhülse, in 1samige Abschnitte zerfallend. Rund 80 Arten, vor allem im gemäßigten Eurasien.

Pfl. locker-sparrig mit graugelben Zw.; Bl. mit 17–35 Blch., graugrün, eif. bis verkehrt-eif., 8–15 mm lang; Trauben locker, aufrecht, bis 20 cm lang, Bltn. purpurn, bis 2 cm lang; Fr. 1–2samig, dicht mit kurzen Stacheln besetzt; VI–IX. Sk – Na-4 (Mongolei). ***H. multíjugum*** MAXIM.

21. *Lespedéza* MICHX., Buschklee

Kräuter, Stauden, Halbsträucher oder sommergrüne Sträucher; Bl. 3zählig, selten einfach, Blch. ganzrandig, Stipeln frei, oft hinfällig; Bltn. in achselst. Trauben oder Köpfen, K. mit fast gleichen Zähnen, 9 Stbl. miteinander verwachsen, Krbl. zuw. fehlend; Fr. abgeflacht, eif. bis elliptisch, 1samig, geschlossen bleibend. Rund 100 Arten in N-Amerika, Asien und Australien.

1. Blch. breit-eif. bis verkehrt-eif., vorn ± ausgerandet; Endbl. im Mittel 4 cm lang; Trauben 3–6 cm lang, Bltn. violett bis karminrot, etwa 1 cm lang, K.zähne kürzer bis fast so lang wie die K.röhre; VII–IX. Sk/Sg – N-4.
Zweifarbiger B., *L. bícolor* TURCZ.

– Blch. zugespitzt, Endblch. im Mittel 8 cm lang *(70/6)*; Trauben 8–20 cm lang, Bltn. etwa 12 mm lang, purpurn, K.zähne länger bis doppelt so lang wie die K.röhre; VII–IX. Sk ∧ – Nh-4 (Japan). (*L. siebóldii* MIQ.).
Thunbergs B., *L. thunbérgii* (DC). NAKAI

22. *Dorýcnium* MILL., Backenklee

Stauden, Halbsträucher oder Sträucher, sommer- oder wintergrün; Bl. wechselst., oft sitzend, 5zählig, Rhachis meist sehr kurz oder fehlend, Stipeln frei, sehr klein; Bltn. in achselst. Köpfchen, K. glockenf., K.zähne gleich oder ungleich, 9 Stbl. miteinander verwachsen; Fr. längl. bis eirundl., 1–vielsamig. 15 Arten, vorwiegend im Mittelmeergebiet.

Niederliegend-aufstrebender Halbstrauch; Sprosse anliegend, seidenhaarig; Bl. linealisch, 8–20 mm lang; Bltn. an den Zw.enden in 10–12bltg. Köpfchen, etwa 6 mm lang, weißl. mit bläul. Schiffchen; Fr. rundl., einsamig, 3–5 mm lang; V–VI. Sz ∧ – Ms/Nw-3. (*D. suffruticósum* VILL.).
Fünfblättriger B., *D. pentaphýllum* SCOP. ssp. ***pentaphýllum***

23. *Onónis* L., Hauhechel

Kräuter, Stauden oder sommergrüne Sträucher; Sprosse behaart, oft drüsig-behaart; Bl. 3zählig, selten gefiedert, Blch. gezähnt, Stipeln mit dem Bl.stiel verwachsen; Bltn. in achsel- oder endst. Trauben, K. tief 5teilig, Stbl. miteinander verwachsen; Hülse 2–mehrsamig. 75 Arten im Mittelmeergebiet und von Europa bis M-Asien.

Blch. sitzend, verkehrt-eif. bis längl. spatelf., bis 2,5 cm lang, kahl, unregelmäßig scharf gesägt-gezähnt *(70/5)*, graugrün, Stipeln 2–4zähnig; Bltn. hellrosa mit dunkleren Streifen, 1–2 cm

lang, in drüsig-behaarten Doppeltrauben, K. rötl., drüsig behaart; Hülse 2–2,5 cm lang, behaart; VII–VIII. Sk ∧ – Ms-3.
Strauchige H., *O. fruticósa* L.

24. ***Puerária*** DC.

Krautige oder holzige Lianen, Sprosse linkswindend oder kriechend; Bl. 3zählig, Blch. ganzrandig oder 2–3lappig; Bltn. in dichten achselst. Trauben, K. mit ungleichen Zähnen, Fahne geöhrt und genagelt; Hülse abgeflacht, vielsamig. 35 Arten, vor allem im tropischen Asien; 1 Art in Japan.

Mittelblch. rhombisch-eif., bis 18 cm lang, seitl. Blch. eif., etwas kleiner, beidseitig weichhaarig; Bltn. violettpurpurn, 1,5 cm lang, in 10–20 cm langen Trauben; Hülse 5–9 cm lang, 6–8 mm breit; Sprosse linkswindend oder am Boden kriechend; IX–X. L ∧ – Nw-4. (*P. thunbergiána* (SIEB. & ZUCC.) BENTH.; *P. trilobáta* (HOUTT.) MAKINO). ***P. lobáta*** (WILLD.) OHWI

Ordnung: ***Sapindáles,*** Seifenbaumartige

71. Familie: ***Staphyleáceae,*** **Pimpernußgewächse**

Bäume oder Sträucher; Bl. gegenst., 3zählig oder unpaarig gefiedert, Stipeln vorhanden, hinfällig; Bltn. zwittrig oder eingschl., radiär, in end- oder seitenst. Rispen, Bltn.hülle doppelt, 5zählig, Frkn. oberst.; Fr. eine Kapsel, Schließfr. oder Balgfr. 7 Gattungen mit ca. 50 Arten, vorwiegend in den gemäßigten Zonen der N-Hemisphäre.

Staphyléa L., **Pimpernuß**

Sträucher oder Bäume; Bl. mit 3–7 meist feingesägten Blch.; Bltn. weiß, in endst. Rispen, Kbl. kronblattartig, weiß oder hellrosa, Stbl. 5, Frbl. 2–3; Fr. eine blasige, pergamenthäutige, 2–3zipfelige Kapsel, Samen glatt, rundl.-eif. 10 Arten in Eurasien und Nordamerika.

1. Bl. alle mit 3 Blch. **3**

– Bl. wenigstens zum Teil aus 5 Blch. zusammengesetzt **2**

2. Bl. der Bltn.zw. oft sämtlich 3zählig, die der Laubtriebe 5zählig, Endblch. der 5zähligen Bl. häufig fast sitzend; Rispen aufrecht bis nickend, Bltn. weiß, 12–15 mm lang, Kbl. ± spreizend; Fr. meist länger als dick, 4–5,5 cm lang, 2–3zipfelig, Samen 8 mm lang; V–VI. Sg – Nhw-3 (Kaukasien).
Kolchische P., *S. cólchica* STEV.

'Coulombiéri', in allen Teilen größer, Fr. 8–10 cm lang.

– Bl. 5–7zählig, Endblch. der 5zähligen Bl. gestielt; Rispen hängend, Bltn. weiß, 10–12 mm lang, Kbl. stark spreizend, oft beidseitig rosa überlaufen; Fr. rundl., 2,5–3 cm ∅, nur kurz 2–3zipfelig *(71/1)*, Samen 1 cm lang, gelbbraun; V–VI. Sg – Nw-3.
Gemeine P., *S. pinnáta* L.

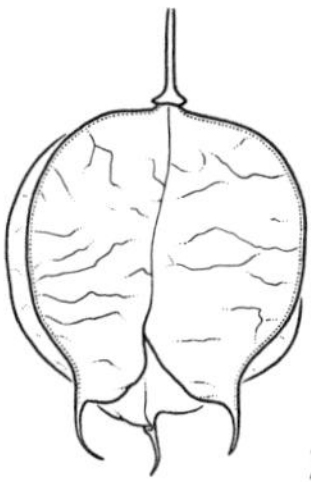

71/1

Staphylea pinnata, Frucht

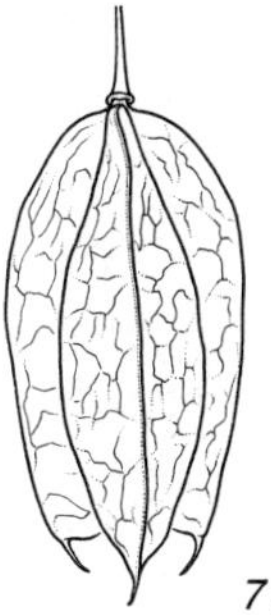

71/2

S. trifolia, Frucht

3. Endblch. spitz-keilf. in den (oft fehlenden) Stiel verschmälert; Bltnst. aufrecht, Bltn. weiß, ca. 7 mm lang; Fr. kaum 3 cm lang, etwa so lang wie breit, Samen 5 mm lang, gelblich; VI. Sk ∧ – N-4. **Japanische P., *S. bumálda*** (THUNB.) DC.

– Endblch. am Grund abgerundet oder breit-keilf., stets lang gestielt; Bltnst. überhängend, Bltn. weiß, etwa 8 mm lang, K. glokkig, grünl.-rötl., Fr. bis 5 cm lang und 3 cm breit, meist lang 3zipfelig *(71/2)*, Samen 5 mm lang, gelblich; V–VI. Sg – Nw-2. **Amerikanische P., *S. trifólia*** L.

72. Familie: ***Sapindáceae,* Seifenbaumgewächse**

Bäume und Sträucher, seltener Kräuter oder Lianen; Bl. meist wechselst. und gefiedert, Stipeln meist fehlend; Bltn. meist klein, vorwiegend in Rispen, zwittrig oder eingschl., oft zygomorph, häufig mit Diskus, Bltn.hülle doppelt, meist 5zählig, Stbl. 10 oder 8, Frbl. meist 3, verwachsen, oberst.; Fr. eine Kapsel, Spaltfr., Nuß oder Beere. 150 Gattungen mit rund 2000 Arten, überwiegend tropisch und subtropisch.

1. Bl. doppelt gefiedert oder Blch. eingeschnitten und gelappt; Bltn. gelb, in großen Rispen, nach den Bl. erscheinend . . . . ***Koelreutéria*** 72–1

– Bl. einfach gefiedert, Blch. gesägt; Bltn. vor oder mit den Bl. erscheinend, weiß, in Trauben . . . . ***Xanthóceras*** 72–2

1. ***Koelreutéria*** Laxm., Blasenesche

Sommergrüne Bäume; Rispen endst., K. 5lappig, Krbl. 4, genagelt, Stbl. 8; Fr. eine dünnwandige, blasige, sich fachspaltig öffnende Kapsel mit 3 Samen *(72/3)*. 8 Arten in China, Taiwan, Fiji-Inseln.

Bl. eif., bis 35 cm lang, Blch. 7–15, eif.–eilängl., 3–8 cm lang, unregelmäßig kerbig-gesägt, am Grund oft eingeschnitten gelappt *(72/1)*; Bltn. 10 mm ∅, in lockeren, breiten, bis 35 cm langen Rispen; Kapsel 4–5 cm lang, Samen schwarz, erbsengroß; VII–VIII. Bk - Nw-4. ***K. paniculáta*** Laxm.

var. ***apiculáta*** (Rehd. & Wils.) Rehd., Bl. bis über 40 cm lang und 20 cm breit, z. T. doppelt gefiedert, Blch. bis 13 cm lang und 7 cm breit, eif., unregelmäßig lappig gesägt *(72/2)*; Bltnst. bis über 40 cm lang.

72/1

Koelreuteria paniculata, Blättchen

72/2

K. paniculata var. *apiculata,* Blättchen

2. ***Xanthóceras*** BUNGE, **Gelbhorn**

Sommergrüne Sträucher oder Bäume; Bl. unpaarig gefiedert, Blch. sitzend, gesägt; Bltn. polygam, in Trauben, Stbl. 8; Fr. eine sich fachspaltig öffnende, dickwandige Kapsel, Samen groß, dunkelbraun *(72/4)*. 2 Arten in Nordchina.

Bl. 15–25 cm lang, Blch. 9–17, schmal-elliptisch bis lanzettl., 3–5 cm lang, scharf gesägt, dunkelgrün; Bltn. in 10–25 cm langen Trauben, etwa 2–3 cm ∅, weiß, Krbl. zart, faltig, in der Mitte mit einem sich von grünlichgelb nach rot verfärbenden Fleck; Fr. 4–6 cm ∅, Samen rundlich, 1 cm ∅, dunkelbraun; IV–V. Bk – Ns-4. ***X. sorbifólium*** BUNGE

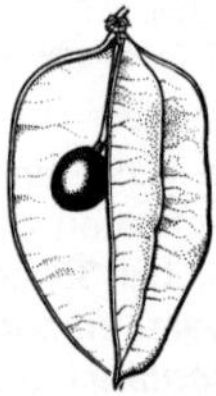

72/3

Koelreuteria paniculata,
Frucht (⅓ entfernt)

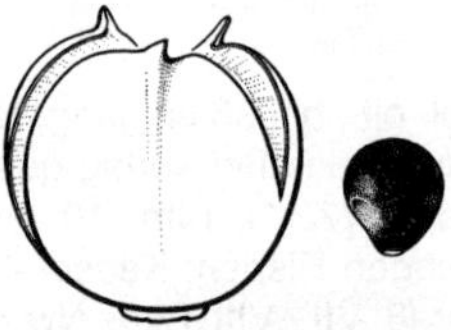

72/4

Xanthoceras sorbifolium,
Frucht und Samen

73. Familie: ***Hippocastanaceae,*** **Roßkastaniengewächse**

Von den 2 zugehörigen Gattungen (mit etwa 25 Arten) ist bei uns nur die folgende winterhart.

Áesculus L., **Roßkastanie**

Sommergrüne Bäume und Sträucher; Bl. gegenst., ohne Stipeln, 5–9zählig gefingert, Blch. 8–35 cm lang, am Rande gesägt, Herbstfärbung meist gelb; Bltn. *(73/1)* in großen, aufrechten, dichten, endst. Rispen, oft leicht zygomorph, weiß, gelb oder rot, Kbl. 5, meist glockig bis röhrig verwachsen, Krbl. 4–5, genagelt; Stbl. 5–8; Frbl. 3, verwachsen, Frkn. gefächert mit 2 Samenanlagen je Fach, Gr. und Narben verwachsen; Fr. eine 3klappig aufspringende, bräunl. oder grüne Kapsel, einen bis mehrere sehr große, glänzend braune Samen enthaltend. 20–25 Arten in den mild-humiden Teilen der Nemoralen Zone, meist in Gebirgen; in Europa nur reliktär.

1. Pfl. strauchig, sich durch unterirdische Ausläufer ausbreitend (alte Pfl. können bis 10 m breit werden); Bltnst. lang zylindrisch, 20–30 cm lang, oft weit über 100bltg.; Bltn. abends duftend (durch Nachtschmetterlinge bestäubt), Krbl. weiß, etwa 1 cm lang, Stbl. 3–4 cm lang, waagerecht vorgestreckt, Staubbeutel rot; Fr. verkehrt-eif., 1–3 cm lang, bräunl., warzig, selten ausgebildet *(73/2)*; Blch. 5–7, sitzend oder sehr kurz gestielt, 8–20 cm lang; Winterkn. nicht klebrig; VII–VIII. Sg – Nhw-2.
Schwärmer-R., *A. parviflóra* Walt.

– Pfl. baumf. oder strauchig, ohne Ausläufer; Bltnst. längl.-eif., mit etwa 20–60 Bltn.; Krbl. farbig oder rotfleckig, Stbl., wenn länger als die Krbl., ± bogig gekrümmt **2**

2. Blch. 5–7, sitzend *(73/3)*; Winterkn. klebrig; Stbl. länger als die 4–5 zieml. gleich großen, ± abspreizenden Krbl. **8**

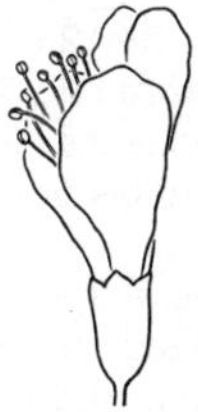

73/1

Aesculus sylvatica, Blüte

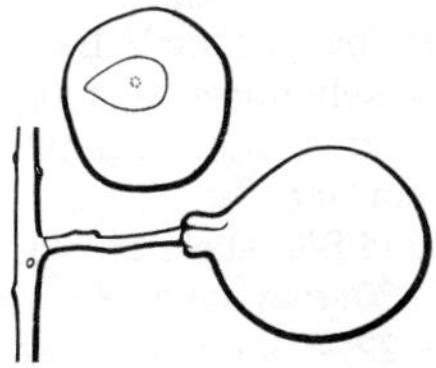

73/2

A. parviflora, Frucht und Same

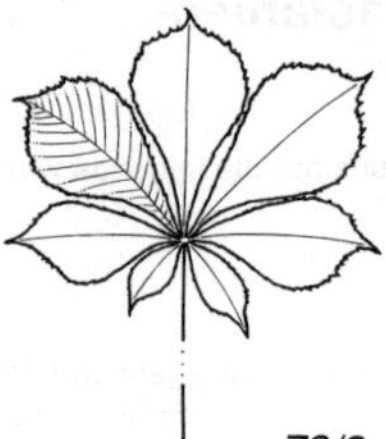

73/3

Aesculus hippocastanum

73/4

A. pavia

– Blch. meist 5, mindestens die mittleren deutl. gestielt *(73/4)*; Winterkn. nicht klebrig; Stbl. länger bis kürzer als die 4 oft ungleich großen Krbl., Bltn. gelb bis rot; Fr. meist bräunl. **3**

3. Krbl. am Rande zottig behaart, aber nicht drüsig; Bltnst. 10–15 cm lang **6**

– Krbl. am Rande drüsig bewimpert **4**

4. Krbl. abspreizend, die aufwärts gebogenen Stbl. daher frei sichtbar; Fr. oft etwas bestachelt **8**

– Krbl. sehr ungleich, wie die Stbl. vorgestreckt (kaum abspreizend), die längeren meist so lang oder wenig kürzer als die Stbl.; Fr. nie bestachelt, rundl. bis verkehrt-eif., 3–6 cm lang **5**

5. K. und Krbl. leuchtend rot; Bltnst. 10–15 cm lang; Blch. 8–14:2–6 cm, unregelmäßig und oft doppelt gesägt *(73/4)*, untersts. kahl oder wenig behaart; VI. Sg (baumf. nur durch Veredlung auf andere Arten!) – Nhw-2. (*Pavia rubra* LAM.).

Echte Pavie, *A. pávia* L.

– K. und Krbl. auf gelbem Grunde ± stark rot überlaufen; Bltnst. 15–20 cm lang; Blch. 8–18:4–8 cm, fein kerbig gesägt, untersts. fein samtig bis filzig; V–VI. Sg/Bk – Nhw-2. (*A. pavia* var. *discolor* TORR. & GRAY). **Gelbrote Pavie, *A. díscolor*** PURSH

6 (3). Krbl. zieml. gleich, alle deutl. kürzer als die Stbl., hell grünl.-gelb; Fr. bestachelt, verkehrt-eif., 3–5 cm lang; Blch. 8–12 cm lang, fein gesägt; V. Bk – Nhw-2. **Ohio-R., *A. glábra*** WILLD.

– Krbl. sehr ungleich, mindestens die längeren nicht kürzer als die Stbl., gelb oder gelb mit rot; Fr. nicht bestachelt; Blch. bis über 15 cm lang **7**

7. K. und Bltn.stiele drüsig; Krbl. sattgelb, ohne Rot, die längeren 20–30 mm lang; Fr. rundl. bis längl., 5–7 cm lang; Blch. 10–22:4–9 cm, fein gesägt, ihre Stiele bis 7 mm lang, Herbstfärbung orange; hoher, schmalkroniger Baum; V. Bg – Nhg-2. (*A. octandra* MARSH.). **Appalachen-R., *A. fláva*** AIT.

Pfl. mit obigen Merkmalen, aber ± rot überlaufenen Bltn. werden meist als Bastarde mit *A. pavia* angesehen (*A.* × *hýbrida* DC.); außerdem soll es noch weitere, schwer zuzuordnende Kreuzungen zwischen amerikanischen Arten geben.

– K. und Bltn.stiele nicht drüsig; Krbl. hellgelb und mindestens am Grunde rot geadert oder überlaufen, die längeren bis 40 mm lang *(73/1)*; Fr. rundl., 2–4 cm dick; Blch. 8–20:3–7 cm, etwas ungleichmäßig gesägt, ihre Stiele bis 15 mm lang; Pfl. meist strauchig; V–VI. Sg/Bk – Nhw-2. (= *A. neglecta* LINDL.?).

Strauch-R., *A. sylvática* BARTR.

'Erythroblásta': Bl. im Austrieb karminrosa, später vergrünend.

8 (2, 4). Bltn. fleischrosa bis rot, Bltnst. 12–20 cm lang; Fr. rundl., 3–4 cm dick, mit oder ohne einige weiche Stacheln, selten ausgebildet; Blch. meist 5, die mittleren oft etwas gestielt, 10–20 cm lang, derb und dunkelgrün, oft etwas wellig, Rand scharf doppelt gesägt; Winterkn. oft nur wenig klebrig; V. Bm. (*A. pavia* × *hippocastanum*; meist auf letztere veredelt).

Rote R., *A.* × *cárnea* HAYNE

'Briótii': Bltn. leuchtend blutrot, Bltnst. über 20 cm lang.

– Bltn. weiß oder gelbl.weiß, rot und/oder gelb gefleckt; Blch. oft 7; Winterkn. stark klebrig **9**

9. Blch. 10–25 cm lang, meist im obersten Drittel am breitesten und dann plötzl. kurz zugespitzt, untersts. hellgrün, Rand von der Basis an einfach, im oberen Teil meist doppelt gesägt bis leicht buchtig gelappt *(73/3)*, Bl.stiel glatt, nicht gefurcht; Bltnst. 20–30 cm lang, Bltn. etwa 2 cm breit, Krbl. 5, weiß, rot und gelb gefleckt; Fr. rundl., bis 6 cm dick, grün, dicht bestachelt; V. Bg – Nhg-3 (SO-Europa). **Balkan-R., *A. hippocástanum*** L.

'Baumánnii': ('Plena'), Bltn. gefüllt, weiß; meist steril.

'Umbraculífera': Zwergform, in allen Teilen kleiner, Wuchs kugelig und sehr dicht; Sk, meist hochstämmig veredelt.

'Laciniáta': Monstrosität mit kleinen (oft unter 10 cm), unregelmäßig schmal und tief zerschlitzten Blch.

– Blch. 20–35 cm lang, wenig oberhalb der Mitte am breitesten und dann langsam verschmälert, untersts. ± blaugrün, Rand erst etwa vom 2. Drittel an fein kerbig gesägt, nie buchtig gelappt, Bl.stiel warzig, obersts. gefurcht; Bltnst. 15–25 cm lang, Bltn. etwa 15 mm breit, Krbl. 4, gelbl.weiß, rot gefleckt; Fr. birnf., etwa 5 cm dick, bräunl., stachellos; VI. Bg – Nhg-4.

Japan-R., *A. turbináta* BL.

74. Familie: ***Aceraceae*, Ahorngewächse**

Sommergrüne (alle unsere Arten), selten immergrüne Bäume und Sträucher; Bl. gegenst., ohne Stipeln, meist einfach und handf. gelappt, seltener ungelappt, 3zählig oder unpaarig gefiedert; Bltn. *(74/1, 74/2, 74/3)* meist nicht über 1 cm breit, radiär, 5-, seltener 4zählig, normal mit K. und Kr. und einem auffälligen extra- oder intrastaminalen Diskus, Stbl. 10 bzw. 8, Frbl. 2 (an Endbltn. auch 3), verwachsen, Narben aber frei; Bltnst. geschlossene Rispen, oft zu Schirmrispen oder Trauben abgewandelt. Verbreitet sind Reduktionserscheinungen in der Blüte, wie Verlust der Krbl., Verlust eines Stbl.kreises, vor allem aber Eingeschlechtigkeit *(74/2, 74/3)*, die einzelne Bltn. innerhalb eines Bltnst., ganze Bltnst. oder schließl. ganze Pfl. (Zweihäusigkeit) erfassen kann, z.T. besteht dabei ein Zusammenhang mit dem Übergang zur Windbestäubung. Frkn. 2fächerig, die beiden Fächer mit je 2 Samenanlagen, von denen sich aber nur 1 entwickelt; Fr. eine flache Spaltfrucht *(74/4, 74/5, 74/6, 74/7)*, bei der Reife in 2 einsamige, geflügelte Nüßchen zerfallend. 2 Gattungen mit etwa 150 Arten, überwiegend in den Waldgebieten der Holarktis.

1. Bl. unpaarig gefiedert mit 7–15 Blch.; Teilfrch. ringsherum geflügelt *(74/4)* . . . . ***Dipterónia*** 74–1

– Bl. einfach, 3zählig oder 5–7zählig gefiedert (selten gefingert); Teilfrch. einseitig geflügelt *(74/5, 74/6, 74/7)* . . . . . ***Ácer*** 74–2

1. ***Dipterónia*** Oliv.

Sommergrüne, kleine Bäume; von den 2 Arten im nemoralen China ist bei uns nur die folgende selten in Kultur.

Bl. 20–30 cm lang, gefiedert; Blch. meist 9–13, kurz gestielt, die obersten ± sitzend, längl.-eif., 4–8 cm lang, scharf gesägt, die untersten manchmal ± 3zählig, ± kahl; Bltn. in endst., vielbltg., kahlen Rispen, klein (etwa 3 mm breit), weißl., eingschl., 5zählig, ♂ mit 8 Stbl.; Teilfrch. breit eif. bis rundl. *(74/4)*, mit dem ringsherum laufenden Flügel 2–2,5 cm breit, hellbraun; Winterkn. nackt; VI. Sg/Bk – Nhg-4 (W-China).
D. sinénsis Oliv.

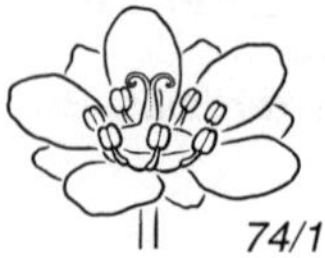

II *74/1*

Acer pensylvanicum, ⚥ Blüte

II *74/2*

A. pensylvanicum, ♂ Blüte

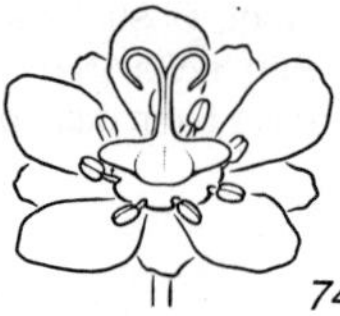

II *74/3*

A. pensylvanicum, ♀ Blüte

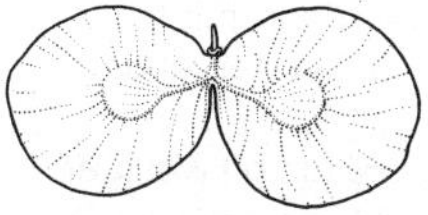

74/4

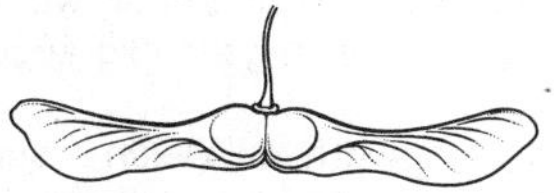

74/5

Dipteronia sinensis, Frucht

Acer campestre, Frucht

2. *Ácer* L., Ahorn

Merkmale die der Familie; von *Dipteronia* nur durch einseitig geflügelte Teilfrch., bedeckte Winterkn. und weniger zusammengesetzte Bl. unterschieden. Etwa 150 Arten, ganz überwiegend in den humiden und semihumiden Teilen der Nemoralen Zone mit besonderer Häufung in den Gebirgen; in tropischen Gebirgen nach S bis Guatemala und Java vordringend.

Die Blattformen der Ahornarten sind sehr charakteristisch und wurden deshalb dem Schlüssel zugrunde gelegt. Sie können aber doch innerhalb der Art und auch des Individuums stark variieren (man vermeide, Bl. von starkwüchsigen Langtrieben und Stockausschlägen zur Bestimmung zu benutzen). Deshalb sind auch die übrigen für die Abgrenzung wichtigen Merkmale berücksichtigt, z. B. Form der Bltnst., Bltn.farbe, von der Fr.flügeln gebildeter Winkel *(74/5, 74/6, 74/7),* Zahl der Knospenschuppen.

1. Bl. 3–11zählig gefiedert oder gefingert **38**
– Bl. einfach, oft ± tief gelappt oder eingeschnitten, aber nicht zusammengesetzt **2**

2. Bl. *(74/8)* ungelappt, fiedernervig mit etwa 20 Paaren sehr gleichmäßiger, dicht paralleler, gerade in die Bl.zähne verlaufender Seitennerven, *Carpinus*-ähnl., 8–12 cm lang, längl.-verkehrt-eif., zugespitzt, scharf doppelt gesägt, mit sehr kurzem, oft schief angesetztem Stiel, im Herbst gelbbraun; Bltn. zu 10–20 in Trauben, zweihäusig, 4zählig, grünl.gelb, oft ohne Krbl.; Fr.flügel etwa rechtwinklig zueinander und nach innen gebogen; V. Sg/Bk – Nhg-4 (Japan).
Hainbuchen-A., *A. carpinifólium* SIEB. & ZUCC.

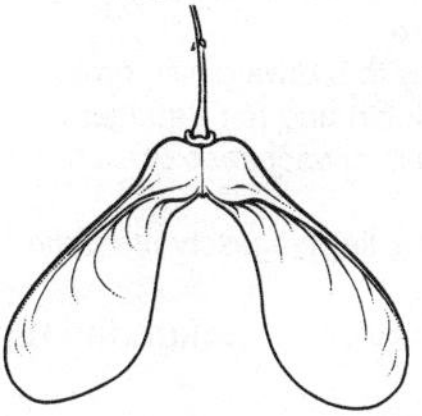

74/6

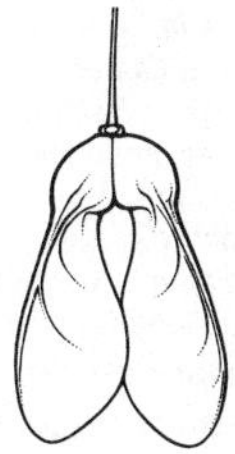

74/7

Acer pseudoplatanus, Frucht

A. monspessulanum, Frucht

– Bl. deutl. handf. gelappt oder, wenn ungelappt, dann mit höchstens 10, weniger regelmäßig angeordneten Seitennervenpaaren 3

3. Bl.rand gesägt, d. h. mit vielen ± spitzen Zähnen, die oft weniger als 5 mm voneinander entfernt sind und nicht als Lappen 2. Ordnung erscheinen (am Mittellappen jedersts. mindestens 4–5 solche Zähne, oft viel mehr), Bl. gelegentl. ungelappt 17

– Bl.rand nicht gesägt, d. h. die 3–7 Bl.lappen ganzrandig bis leicht wellig oder mit einigen großen, stumpfen bis spitzen Vorsprüngen, die als Lappen 2. Ordnung erscheinen und oft 1 cm und mehr voneinander entfernt sind (am Mittellappen jedersts. höchstens 2–4 solche Sekundärlappen); Bltn. gelbl.-grünl.; Winterkn. mit 4 und mehr sichtbaren Schuppen 4

4. Bl.lappen stumpf, spitz oder auch zugespitzt, dann aber die äußersten Spitzen nicht haarfein; Bl.stiel mit oder ohne Milchsaft . 9

– Bl.lappen (mindestens die 5–7 primären) lang in eine am Ende haarfeine Spitze ausgezogen (bei älteren Bl. kann diese z. T. abgebrochen sein); Bl. kahl, nur untersts. an der Basis achselbärtig; Bl.stiel in seiner Basis mit einem Tropfen Milchsaft, oft länger als die Spreite; Bltn. in Schirmrispen, zusammen mit den Bl. erscheinend (**Spitzahorne**) 5

5. Mittellappen normaler Bl. *(74/9)* jedersts. mit mindestens 2, ebenfalls haarfein zugespitzten Sekundärlappen, ebenso meist auch die beiden obersten Seitenlappen; Bl. 10–18 cm breit, im Herbst meist gelb; Fr.flügel stumpfwinklig bis fast waagerecht zueinander; IV–V. Bg – N-3.
Europäischer Spitz-A., ***A. platanoídes*** L.

Von den zahlreichen Kultursorten werden besonders oft angepflanzt:
'Schwédleri': Bl. im Austrieb blutrot (ebenso die jungen Zw. und Bltnst.achsen), später dunkelgrün.
'Reitenbáchii': Austrieb oliv- bis kupferfarben, erwachsene Bl. dunkelrot.
'Faassens Black': Bl. sehr dunkel rot, fast schwarz, obersts. stark glänzend.
'Drummóndii': Bl. ± graugrün, weiß berandet.
'Globósum': Bk. mit dichter, flach-runder Krone, schwachwüchsig.
'Emerald Queen': Pfl. mit schmal säulenf. Krone.
'Lorbérgii' ('Palmatifidum'): Bl. bis fast zur Basis in 5 etwa gleich große, übereinander greifende Lappen geteilt; Zw. oft stark hin und her gebogen.
'Disséctum': Ähnl. vorigem, aber Austrieb bräunl., erwachsene Bl. dunkelgrün; schwachwüchsig.
'Laciniátum', **Vogelklauen-A.:** Bl. unregelmäßig tief eingeschnitten, die Lappen krallenartig nach unten gekrümmt.

– Mittellappen der Bl. jedersts. mit höchstens 1 Sekundärlappen oder ganz ungelappt 6

6. Bl. *(74/10)* 5lappig, mit keilf. bis gestutzter Basis, die Nerven der beiden untersten schmalen, meist ganzrandigen Lappen von der Bl.basis an auffallend sichelf. nach auswärts gebogen, die 3

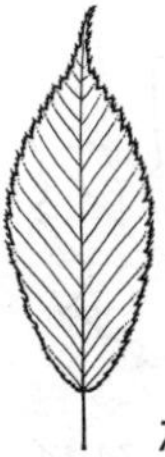
74/8

Acer carpinifolium

74/9

A. platanoides

74/10

A. truncatum

oberen Lappen ebenfalls schmal und ganzrandig oder jedersts. mit einem Sekundärlappen; Bl. 6–10 cm breit, Bl.-stiel auffallend dünn, bis doppelt so lang wie die Spreite; Fr.flügel rechtwinklig bis schwach stumpfwinklig zueinander; V. Bk – N-4 (N-China). **Chinesischer Spitz-A., *A. truncátum*** Bunge

– Bl. 7lappig oder 3–5lappig, dann aber die Nerven der untersten Lappen ± gerade, Bl.basis ± herzf. 7

7. Bl. *(74/11)* 5lappig, die 3 oberen Lappen in Größe und Gestalt einander sehr ähnl. und meist jedersts. mit einem stumpfen Sekundärlappen, die beiden untersten erhebl. kleiner; Bl. 8–15 cm breit; Fr.flügel waagerecht; junge Zw. stark bereift; Wuchs schmal, fast säulenf.; V. Bm – NGh-3 (S-Italien). **Kalabrischer Spitz-A., *A. lobélii*** Ten.

– Bl. 7–9lappig oder z.T. auch nur 3–5lappig, dann aber alle Lappen ganzrandig; Fr.flügel stumpf- bis rechtwinklig zueinander 8

74/11

Acer lobelii

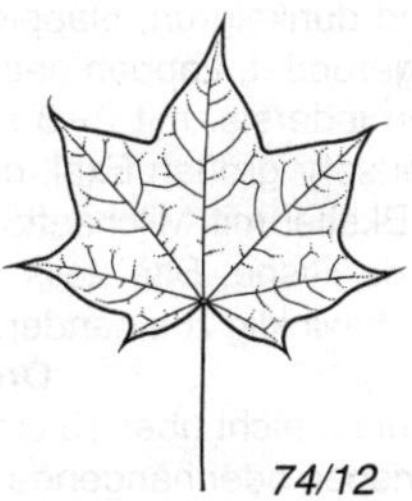
74/12

A. cappadocicum/mono

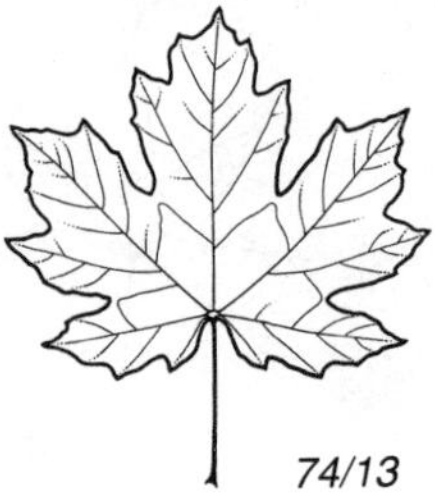

74/13

Acer macrophyllum

74/14

A. saccharum

8. Zw. noch im 2. Jahr grün oder rötl., glatt und glänzend; Bl. *(74/12)* meist 7lappig, die 5 oberen Lappen einander zieml. ähnl., nur ausnahmsweise mit Sekundärlappen, die 2 untersten sehr viel kleiner oder manchmal ganz fehlend; Bl. 8–14 cm breit, im Herbst goldgelb; Fr.flügel 2–4mal so lang wie die Fr.fächer; V. Bm – Nhg-3 (Vorderasien). (*A. laetum* C. A. MEYER). **Kolchischer Spitz-A., *A. cappadócicum*** GLED.

'Rúbrum': Bl. im Austrieb leuchtend rot, später normal grün; viel häufiger als die Normalform.

– Zw. schon im ersten Herbst grau oder bräunl., mit Korkwarzen und nicht glänzend; Bl. sehr variabel (entw. wie bei vorigem, *74/12,* oder die 5 oberen Lappen jedersts. mit einem haarfein zugespitzten Sekundärlappen, oder 3–7 einander sehr ähnl., sämtl. ganzrandige Lappen), 8–15 cm breit; Fr.flügel höchstens doppelt so lang wie die Fr.fächer; V. Bm – N-4. (*A. pictum* auct. non THUNB.). **Japanischer Spitz-A., *A. móno*** MAXIM.

9 (4). Bl. *(74/13)* sehr groß, bis über 20(–30) cm breit, obersts. glänzend dunkelgrün, 5lappig, die Buchten zwischen den Lappen abgerundet, Lappen nach vorn allmähl. verschmälert, die 3 mittleren jedersts. mit 2–3 stumpfen bis spitzen Sekundärlappen (bei sehr großen Expl. diese z.T. noch mit Lappen 3. Ordnung), Bl.stiel mit Milchsaft; Bltnst. eine verlängerte, walzenf., hängende Rispe; Bltn. teils ♂, teils zwittrig, duftend; Fr.flügel etwa rechtwinklig zueinander, Fr.fächer borstig behaart; V. Bg – Nm-1. **Oregon-A., *A. macrophýllum*** PURSH

– Bl. gewöhnl. nicht über 15 cm breit; Bltnst. aufrechte Rispen bis Schirmrispen oder hängende Büschel **10**

10. Bl. gewöhnl. nicht über 10 cm breit, wenn bis 15 cm, dann Buchten zwischen den Lappen spitz, oder Bl.lappen nicht zugespitzt,

74/15

Acer nigrum

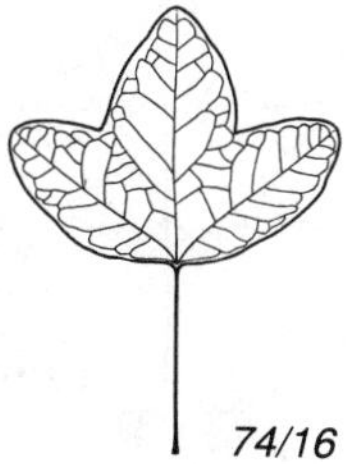

74/16

A. monspessulanum

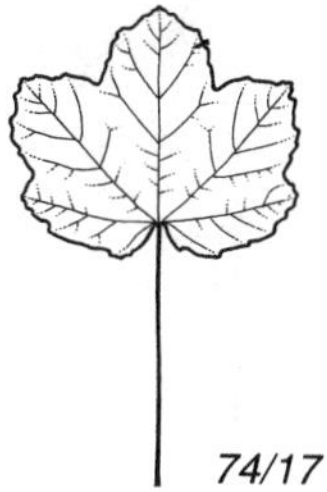

74/17

A. opalus s. str.

oder Bl.stiel mit Milchsaft; Bltnst. aufrecht bis überhängend, am Ende beblätterter Zw. **12**

– Bl. 8–15 cm breit, mit 3–5 meist schmal zugespitzten Lappen, Buchten abgerundet, Bl.stiel ohne Milchsaft; Bltnst. herabhängende büschelige Schirmrispen, z. T. aus laubbl.losen Seitenkn., ± vor den Bl. erscheinend; Fr.flügel spitzwinklig bis rechtwinklig zueinander (**Zuckerahorne**) **11**

11. Bl. *(74/14)* untersts. weißl.grau und kahl, zieml. dünn, Bl.lappen 5, die 3 oberen etwa gleich groß und jedersts. mit 2–3 spitzen bis zugespitzten Sekundärlappen, die beiden unteren viel kleiner, Herbstfärbung leuchtend orangerot (bei uns nur bei besonders günstiger Herbstwitterung gut ausgebildet); Borke alter Stämme dunkelgrau und nur schwach gefurcht; IV. Bg – Nh-2.
Echter Zucker-A., *A. sáccharum* MARSH.

– Bl. *(74/15)* untersts. stumpfgrün und bleibend behaart, zieml. derb, die 3 oberen Bl.lappen meist mit kleinen, stumpfen oder ganz ohne Sekundärlappen, die beiden unteren sehr klein, meist stumpf oder ganz fehlend, Herbstfärbung gelb; Borke alter Stämme fast schwarz und auffallend tief gefurcht; IV. Bg – N-2.
Schwarzer Zucker-A., *A. nígrum* MICHX. F.

12 (10). Bl. 6–15 cm breit, Mittellappen jedersts. mit meist mehr als 3 Sekundärlappen, diese spitz 3eckig, in der Form einander sehr ähnl., in der Größe nach oben langsam abnehmend, die Buchten zwischen ihnen spitz; Bltnst. aufrechte, eif., bis pyramidale Rispen **28**

– Bl. 3–12 cm breit, Mittellappen ohne oder mit 1–3(–4) Sekundärlappen, diese und/oder die Buchten zwischen ihnen meist stumpf oder abgerundet; Bltnst. aufrechte bis überhängende Schirmrispen **13**

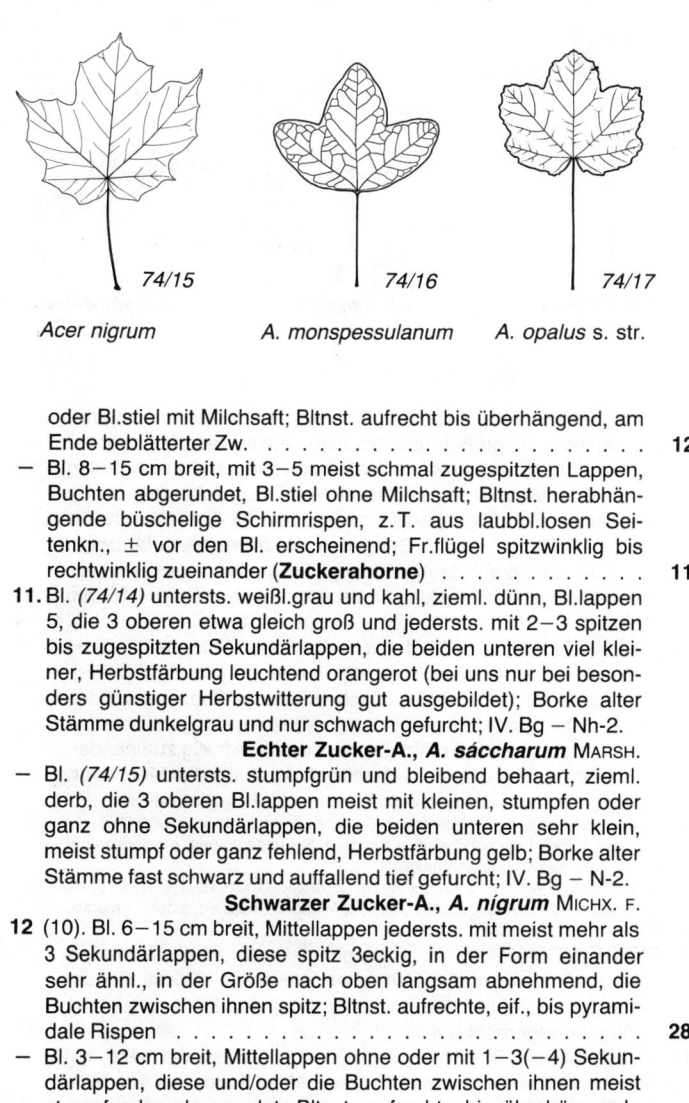

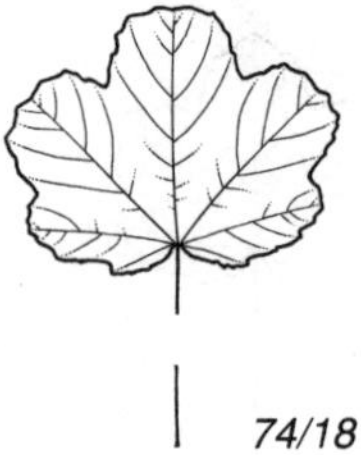

74/18

Acer obtusatum

74/19

A. miyabei

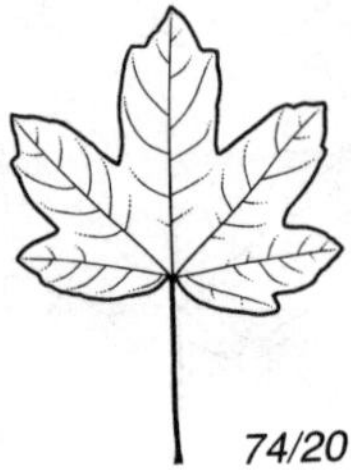

74/20

A. campestre

13. Normale Bl. *(74/16)* 3lappig, 3–6 cm breit (an starken Langtrieben manchmal größer und 5lappig), etwas lederig, obersts. glänzend grün, Lappen dreieckig bis eif., ganzrandig oder selten mit 1–2 schwach wellig angedeuteten Sekundärlappen; Bltnst. überhängend; Fr.flügel parallel zueinander *(74/7);* V. Bk – Ns-3.
Burgen-A., *A. monspessulánum* L.

– Bl. in der Mehrzahl deutl. 5lappig (die beiden untersten Lappen allerdings sehr viel kleiner als die übrigen), 5–12(–15) cm breit **14**

14 (13, 27). Bl.stiel ohne Milchsaft in der Basis; Bl.lappen so lang wie oder kürzer als breit, vorn abgerundet bis kurz stumpf dreieckig, jedersts. mit etwa 3–4 flachen Sekundärlappen oder diese zu einer geschweiften Zähnung reduziert; Bltn. vor oder mit den Bl. erscheinend; Fr.flügel spitz- bis rechtwinklig zueinander; IV–V. Bm – Nhw-3. **Schneeball-A., *A. ópalus*** Mill. **aggr.**

Von den 5 unterschiedenen Kleinarten kommen bei uns gelegentl. vor:
A. ópalus Mill. s.str. (*A. opulifolium* Chaix, *A. italum* Lauth): Bl. *(74/17)* 6–10 cm breit, Lappen stumpf dreieckig mit deutl. Sekundärlappen, erwachsen untersts. kahl; Bltnst. überhängend.
A. obtusátum Waldst. & Kit. ex Willd. (*A. neapolitanum* Ten.): Bl. *(74/18)* bis 12 cm breit, Lappen abgerundet, Sekundärlappen kaum erkennbar, untersts. bleibend behaart; Bltnst. ± aufrecht.

– Bl.stiel mit Milchsaft; Mittellappen meistens deutl. länger als breit, nach vorn verschmälert, ohne oder mit 1–2 deutl. Sekundärlappen jedersts.; Bltn. mit oder nach den Bl. erscheinend; Fr.flügel waagerecht *(74/5)* **15**

15. Fr.fächer flach; Bl. *(74/19)* 8–15 cm breit, Basis tief herzf. mit sich meist überlappenden Rändern; Mittellappen bis zur Mitte des Bl. oder darüber hinaus eingeschnitten, zu seiner Basis hin

74/21

Acer × zoeschense 'Annae'

74/22

A. tataricum

74/23

A. ginnala

verschmälert, jedersts. meist mit 2(–3) deutl. Sekundärlappen; Bl.stiele und -nerven grün; V. Bk – Nh-4.
Miyabes A., ***A. miyábei*** MAXIM.

– Fr.fächer gewölbt; Bl. 5–12 cm breit, Basis herzf. mit meist nicht überlappenden Rändern; Mittellappen unterschiedl. geformt, oft nur mit einem oder ganz ohne Sekundärlappen **16**

16. Bl.stiele und -nerven grün, Bl. erwachsen hellgrün (außer bei Kultursorten), ihre Form sehr variabel, am häufigsten *(74/20)* die 3 größeren Bl.lappen an ihrer Basis am breitesten und nach vorn langsam verschmälert, ohne oder z.T. mit 1 Sekundärlappen (doch kommen auch Bl. vor, die denen der vorigen oder der folgenden Art sehr ähnl. sind), Herbstfärbung meist gelb; V. Bm – N-3. **Feld-A.,** ***A. campéstre*** L.

'Compáctum': Sehr dichte, rundwüchsige Zwergform, Sg.
'Posteléns'e': Bl. im Austrieb goldgelb, später gelbgrün; Bl.stiele hellrot.
'Schwerínii': Bl. im Austrieb blutrot, später schwärzl.grün.

– Bl.stiele und oft auch -nerven dunkelrot, Bl. *(74/21)* erwachsen glänzend dunkelgrün, die 3 größeren Bl.lappen meist schmal zugespitzt und zu ihrer Basis hin verschmälert, jedersts. mit 1(–2) deutl. Sekundärlappen; V. Bk. (*A. × neglectum* LANGE; *A. campestre × lobelii*). **Zöschener A.,** ***A. × zoeschénse*** PAX

Meist in der Sorte *'Ánnae'* angepflanzt mit im Austrieb dunkelroten, später vergrünenden Bl.

17 (3). Bl. mit 7–11 deutl. Lappen, dabei der Mittellappen den ihm benachbarten Seitenlappen sehr ähnl., Bl.umriß ± rundl., Bl. meist unter 10 cm lang, Rand fein gesägt; Bltnst. wenigbltg. Schirmrispen; Fr.flügel stumpfwinklig zueinander bis waagerecht (**Fächerahorne**) **35**

– Bl. mit 3–5 (ausnahmsweise auch 7) Lappen oder ungelappt . . **18**

18. Rinde der Zw. mehrere Jahre ± grün (bzw. rötl.) und glatt bleibend und etwa vom 2. Jahr an mit auffälligen weißen (bis hellgrauen) Längsstreifen; Winterkn. mit nur 2 sichtbaren Schuppen, meist rötl.; Bltnst. Trauben; Bltn. oft eingschl. mit ♂ und ♀ in getrennten Bltnst., aber einhäusig; Bl. ungelappt oder 3–5lappig, zugespitzt, Rand grob gesägt; Sg/Bk (**Streifenahorne**) **31**

– Mehrj. Zw. ohne auffällige Längsstreifen **19**

19. Bl. stets handf. 3–5lappig, im Umriß breit eif., rundl. oder breiter als lang, größte Seitenlappen dem Mittellappen in Gestalt und Größe ähnl. oder, wenn wesentl. kleiner, dann Bl. nicht länger als breit **21**

– Bl. eif., deutl. länger als breit, etwa 6–10:4–8 cm, entw. ± ungelappt, oder deutl. gelappt und dann die beiden größten Seitenlappen meist im unteren Drittel des Bl. ansetzend und weniger als halb so lang wie der Mittellappen; Bltn. klein, weiß, duftend, in aufrechten, breit eif., vielbltg. Rispen, nach den Bl. erscheinend; Fr.flügel in spitzem Winkel zueinander, fast parallel; Sg/Bk (**Steppenahorne**) **20**

20. Normale Bl. *(74/22)* meist ungelappt oder mit 1–2 undeutl., rundl.-stumpfen Seitenlappen (an starken Langtrieben und Jungpfl. aber auch deutl. 3lappig und dann von der folgenden Art schwer zu unterscheiden), vorn stumpf bis spitz, obersts. stumpfgrün, untersts. mindestens an der Basis und auf den Nerven bleibend behaart; Herbstfärbung gelb bis orangerot, meist weniger intensiv als bei der folgenden; V. Sg/Bk – Ns-3.

Tatarischer Steppen-A., *A. tatáricum* L.

– Bl. sämtl. gelappt, im Normalfall *(74/23)* 3lappig mit deutl. zugespitzten Lappen, oft aber mit zusätzl. Sekundärlappen an Mittel- und Seitenlappen, obersts. glänzend grün, untersts. erwachsen kahl oder mit wenigen Haaren auf den Nerven; Herbstfärbung leuchtend orange- bis karminrot; V. Sg/Bk – N-4.

Mongolischer Steppen-A., *A. gínnala* Maxim.

21 (19, 39). Bl. völlig kahl (auch untersts. an der Basis und auf den Nerven), im Umriß rundl., 6–10 cm breit, 3–5lappig oder auch 3zählig gefingert, Lappen ± spitz oder kurz zugespitzt, Rand scharf grob gesägt, Bl.stiel rot; Bltn. zu 6–15 in Schirmrispen, grünl.gelb, zweihäusig oder polygam; Fr.flügel recht- bis spitzwinklig zueinander; Winterkn. mit 2 (selten 4) sichtbaren Schuppen, wie die jungen Zw. dunkelpurpurn; V. Sg/Bk – N-1.

Kahler A., *A. glábrum* Torr.

Var. ***glábrum:*** Bl. *(74/24)* meist unter 8 cm breit, seicht bis tief 3lappig oder 3zählig gefingert, Rand sehr unregelmäßig gesägt; im binnenländischen Teil des Gesamtareals.

74/24

Acer glabrum var. *glabrum*

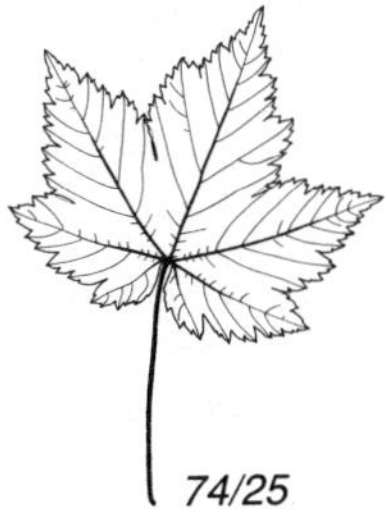

74/25

A. glabrum var. *douglasii*

74/26

A. spicatum

Var. ***douglásii*** (HOOK.) DIPPEL: Bl. *(74/25)* bis über 10 cm breit, zieml. seicht 3–5lappig (nie gefingert), *Ribes*-ähnl., Rand zieml. regelmäßig gesägt; im küstennahen Teil des Areals.

– Bl. unterststs. mindestens auf den Nerven und an der Basis (Achselbärte) ± behaart bleibend (wenn ausnahmsweise kahl, dann Bl. unterststs. auffallend blaugrün bis weißl. und Winterkn. mit mehr als 4 sichtbaren Schuppen), nie gefingert **22**

22. Bl.lappen stumpf bis kurz zugespitzt, oder lang zugespitzt und Bl. dann unterststs. deutl. blaugrün bis weißl.; Winterkn. meist mit mehr als 4 sichtbaren Schuppen **25**

– Bl.lappen lang und schmal zugespitzt, Bl. unterststs. nicht blaugrün oder weißl., meist unter 12 cm breit; Winterkn. mit 2 (selten 4) sichtbaren Schuppen; Bltn. meist gelbgrün; Sg/Bk **23**

23. Bl. *(74/26)* oft länger als breit, etwa 7–12:6–10 cm, 3(–5)lappig, unregelmäßig grob doppelt gesägt (meist 2–3 Zähne pro cm), unterststs. stumpfgrün, oberststs. oft runzlig, im Herbst orangerot; Bltn. polygam, in aufrechten, dichten, walzenf. Rispen mit Laubbl. am Grunde; Fr.flügel etwa rechtwinklig zueinander; V. Sg/Bk – Nhk-2. **Vermont-A., *A. spicátum*** LAM.

– Bl. meist breiter als lang, 5–9 cm breit, 5(–7)lappig, zieml. gleichmäßig fein einfach bis doppelt gesägt (bis über 5 Zähne pro cm) **24**

24. Bl. 5–7lappig, bei 5lappigen der Mittellappen meist nicht über 1,5 cm breit, oft rot, oberststs. glatt, unterststs. oft schon zur Blütezeit fast kahl; Bltn. rot, in Schirmrispen **35**

74/27

Acer argutum

74/28

A. saccharinum

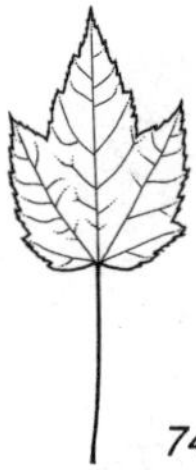

74/29

A. rubrum

– Bl. *(74/27)* 5lappig, nur ausnahmsweise mit 2 unbedeutenden zusätzl. Lappen an der Basis, Mittellappen 1,5–2,5 cm breit, hellgrün, obersts. oft etwas runzlig, untersts. jung behaart; junge Zw. hellrot; Bltn. zweihäusig, gelbgrün, in Trauben, diese bei den ♀ Pfl. mit 2 Laubbl. am Grunde, bei den ♂ unbeblättert; Fr.flügel waagerecht; IV–V. Sg/Bk – Nhg-4.
Feinzähniger A., *A. argútum* Maxim.

25 (22). Bl. *(74/28)* untersts. auffällig silbergrau bis -weiß, 7–14 cm breit und etwa ebenso lang, tief 5lappig (meist bis über die Mitte eingeschnitten), die Lappen ± lang zugespitzt und mit großen, entfernt scharf gesägten Sekundärlappen, Herbstfärbung meist gelb; Bltn. gelbl. bis rötl., windbestäubt, lange vor den Bl. erscheinend, kurz gestielt, in seitl., am Grunde von Knospenschuppen umgebenen, laubbl.losen Büscheln; Fr.flügel stumpfwinklig zueinander; Zw. überhängend; IV. Bg – Nh-2 (meist in Auenwäldern). (*A. dasycarpum* Ehrh.).
Silber-A., *A. saccharínum* L.

Häufig angepflanzte Kultursorten:
'Wiéri' (var. *laciniatum* (Carr.) Pax): Bl.lappen, besonders an Sommertrieben, sehr lang und schmal; Zw. sehr stark überhängend.
'Lutéscens': Bl. im Austrieb orange, später gelb.
'Pyramidále': Zw. nicht überhängend, Wuchs breit aufrecht bis fast säulenf.

– Bl. untersts. ± blaugrün, nicht silbergrau bis -weiß **26**

26. Bl. *(74/29)* 3–5lappig, oft länger als breit, etwa 6–10:5–8 cm, Mittellappen ± lang zugespitzt, Seitenlappen meist schmal 3eckig, nicht bis zur Mitte eingeschnitten, Rand entfernt und unregelmäßig fein, z.T. auch doppelt gesägt, untersts. deutl. blaugrün, Herbstfärbung intensiv rosa- bis kirschrot; Bltn. wie bei vorigem, aber leuchtend rot; Fr. oft schon bei Laubausbruch entwickelt, dunkelrot, Fr.flügel spitzwinklig zueinander; III–IV. Bg – N-2. **Rot-A., *A. rúbrum*** L.

'Columnáre: Wuchs breit säulenf.; Bm.

'Tomentósum': Bl. meist 5lappig, *A. saccharinum* ähnelnd, untersts. filzig behaart; Sg.

– Bl. stets breiter als lang und 5lappig (wenn ausnahmsweise 3lappig, dann sehr breit im Vergleich zur Länge und Lappen nie zugespitzt, vgl. unter *A. pseudoplatanus*); Bltn. gelbgrün, Bltn.triebe mit Laubbl. **27**

27. Bl.rand kerbig oder geschweift gezähnt, d. h. die Zähne und/oder die Buchten zwischen ihnen stumpf; Bltnst. Schirmrispe **14**

– Bl.rand grob einfach bis doppelt gesägt (sowohl die etwa dreieckigen Zähne als auch die Buchten spitz); Bltnst. hängende oder aufrechte Rispen, nach Laubausbruch erscheinend (**Bergahorne**) **28**

28 (12, 27). Bl.lappen tief (bis über die Bl.mitte) eingeschnitten, viel länger als breit, zu ihrer Basis hin verschmälert; Rispen aufrecht, eif. bis pyramidal (wenn walzenf. und hängend, liegen Kultursorten von *A. pseudoplatanus* vor) **30**

– Bl.lappen nicht bis über die Bl.mitte eingeschnitten, breit-eif., an ihrer Basis am breitesten **29**

29. Bl. *(74/30)* 8–16(–20) cm breit, untersts. meist nur längs der Hauptnerven behaart; Rispe walzenf., hängend, 6–12 cm lang; Fr.flügel etwa rechtwinklig zueinander *(74/6)*; Winterkn. eif.; V. Bg – Nh/BGh-3. **Echter Berg-A., *A. pseudoplátanus*** L.

Von den vielen Kultursorten werden häufig gepflanzt:

'Purpuráscens': Bl. untersts. rosa- bis purpurrot, obersts. dunkelgrün.

'Leopóldi': Bl. sehr dicht hellgelb bis weiß und grün gefleckt, im Austrieb kupferrosa.

'Negénia': Krone dicht, regelmäßig kegelf., mit durchgehendem Leittrieb.

'Worleei': Bl. im Austrieb orange, später goldgelb, im Laufe des Sommers vergrünend, Bl.stiel rot.

Seltener sind Sorten mit tief eingeschnittenen oder 3lappigen Bl.

A. × ***hýbridum*** Bosc (*A. pseudoplatanus* × *monspessulanum*): Bl. 3lappig, 5–10 cm breit, Umriß etwa wie bei *A. monspessulanum,* aber gesägt ähnl. *A. pseudoplatanus;* Bltnst. kurze, überhängende Rispe; V. Bk.

74/30: Acer pseudoplatanus

74/31

Acer velutinum

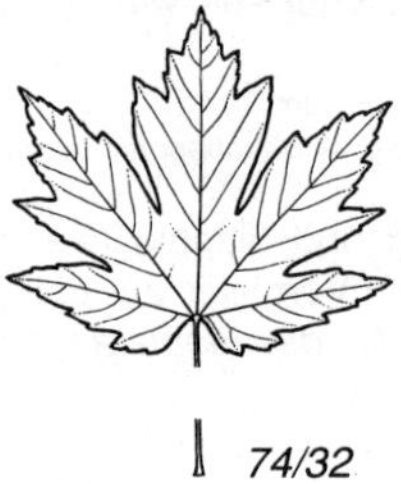

74/32

A. heldreichii

74/33

A. trautvetteri

– Bl. *(74/31)* sehr groß, 15–20(–30) cm breit, untersts. oft weichhaarig; Rispe eif., aufrecht, bis 8 cm lang; Fr.flügel stumpfwinklig zueinander bis fast waagerecht; Winterkn. zugespitzt; V. Bg – Nhg-3 (Kaukasien). **Persischer Berg-A., *A. velutínum*** Boiss.

Var. ***velutínum:*** Bl. 15–20 cm breit, untersts. weichhaarig, Bl.stiel rot; Fr.flügel stumpfwinklig.

Var. ***vanvolxémii*** (Mast.) Rehd.: Bl. 18–25(–30) cm breit, untersts. nur entlang der Nerven behaart; Fr.flügel fast waagerecht.

30 (28). Bl.lappen *(74/32)* bis fast zur Bl.basis eingeschnitten, Bl. 8–12(–14) cm breit; Fr.flügel stumpfwinklig zueinander, Fr.fächer kahl; V. Bm – Nhg-3 (SO-Europa).

Griechischer Berg-A., *A. heldréichii* Orph. ex Boiss.

– Bl.lappen *(74/33)* nur etwas über die Mitte (bis etwa ⅔ zur Basis) eingeschnitten, Bl. 10–16 cm breit; Fr.flügel spitzwinklig bis fast parallel zueinander, Fr.fächer meist etwas behaart; V. Bm/Bg – Nhg/BGh-3 (Kaukasus).

Kolchischer Berg-A., *A. trautvétteri* Medv.

31 (18). Bl. breit eif., breit verkehrt-eif. oder rundl., mit 2 auffallenden spitzen bis zugespitzten Seitenlappen unter- oder oberhalb der Mitte, außerdem an der Basis oft noch 2 kleinere Lappen; Bltnst. 10–25bltg.; Bltn. gelbl. bis grünl.gelb **33**

– Bl. eif. bis längl.-eif., ungelappt oder mit 2 undeutl., nicht zugespitzten Seitenlappen unterhalb der Mitte **32**

32. Bl. *(74/34)* 5–8 cm lang, ± eif., meist mit 2 undeutl. stumpfen Lappen unterhalb der Mitte, blaugrün, kahl, Basis gestutzt bis schwach herzf., Stiel 1,5–2 cm lang; Bltnst. 5–8bltg., aufrecht; Bltn. gelbl.weiß; Fr.flügel ± waagerecht, Flügelnüßchen 2–2,5 cm lang; Zw. rötl.; V. Sg/Bk – Nhg-4 (Japan).

Weißdorn-A., *A. crataegifólium* Sieb. & Zucc.

– Bl. *(74/35)* 8–16 cm lang, eif. bis längl.-eif., meist völlig ungelappt, seltener jedersts. mit 1–2 undeutl. Lappen, lang zuge-

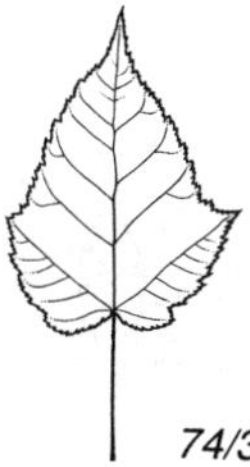

74/34

Acer crataegifolium

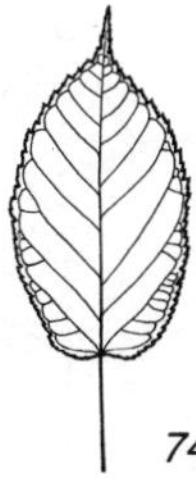

74/35

A. davidii

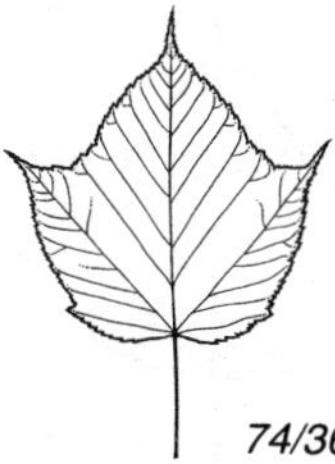

74/36

A. capillipes

spitzt, unterst s. jung auf den Nerven bräunl. behaart, Basis leicht herzf., Stiel bis 5 cm lang; Bltnst. 10–25bltg., hängend; Bltn. gelbl.; Fr.flügel stumpfwinklig zueinander, Flügelnüßchen 2,5–3 cm lang; V. Sg/Bk – Nhg-4 (China).

Davids Streifen-A., *A. davídii* Franch.

33 (31). Bl. *(74/36)* untersts. von Anfang an kahl, im Austrieb rötl., 6–12 cm lang, die Seitenlappen oft unterhalb der Blattmitte, erwachsen oberst s. dunkel-, unters. hellgrün, Bl.stiel bleibend rot (oft auch die Hauptnerven), 3–5 cm lang, Herbstfärbung leuchtend (gelb bis) orange bis karminrot, lange bleibend; Bltnst. hängend; Fr.flügel fast waagerecht, Flügelnüßchen 1,5–2 cm lang; Zw. meist rötl.; bei weitem der schönste der Streifenahorne; V. Sg/Bk – Nhg-4 (Japan).

Rotstieliger Streifen-A., *A. capíllipes* Maxim.

– Bl. untersts. mindestens jung auf den Nerven rostbraun behaart, erwachsen beidersts. ± hellgrün, Bl.stiel nicht rot; Flügelnüßchen etwa 2 cm lang **34**

34. Junge Zw. weißl. bereift; Bl. *(74/37)* 6–12 cm lang, die Seitenlappen in oder etwas oberhalb der Mitte, abstehend, Herbstfärbung blaßgelb bis -rosa; Bltnst. behaart, aufrecht; Fr.flügel spitzwinklig zueinander; V. Sg/Bk – Nhg-4 (Japan).

Rosthaariger Streifen-A., *A. rufinérve* Sieb. & Zucc.

Der sehr ähnl. ***A. grósseri*** var. ***hérsii*** Rehd. unterscheidet sich durch hängende Bltnst., unbereifte Zw. und stumpfwinklige Fr.flügel; ***A. grósseri*** Pax hat nur schwach gelappte Bl. und ähnelt mehr *A. davidii*; V. Sg/Bk – Nhg-4 (M-China).

– Zw. nicht bereift; Bl. *(74/38)* 12–18 cm lang, die Seitenlappen weit oberhalb der Mitte und nach vorn gerichtet, Herbstfärbung hellgelb; Bltnst. kahl, hängend; Fr.flügel stumpfwinklig zueinander; V. Sg/Bk – Nhk-2.

Amerikanischer Streifen-A., *A. pensylvánicum* L.

74/37

Acer rufinerve

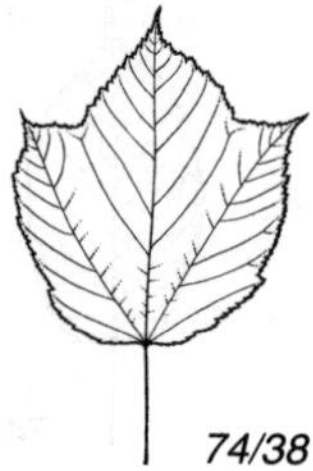

74/38

A. pensylvanicum

74/39

A. palmatum var. *palmatum*

35 (17, 24, 38). Bl.lappen 5–7 (selten 9), lang schwanzartig zugespitzt *(74/39)*, meist bis über die Bl.mitte eingeschnitten (in Kultursorten z.T. bis fast zur Basis und Bl. gefingert erscheinend), Bl.stiel meist schon zur Blütezeit ± kahl, Bl. 6–10 cm breit, oft rot; Bltn. purpurn, Frkn. kahl; Teilfr. mit Flügel ca. 10–20 mm lang; V. Sg/Bk – Nh-4 (Japan, Korea).

Echter Fächer-A., *A. palmátum* THUNB.

Die zahlreichen, in der Heimat seit Jahrhunderten bekannten Kultursorten lassen sich 4, z.T. auch wild vorkommenden Varietäten zuordnen:

Var. ***palmátum:*** Bl. überwiegend 5-, daneben 7lappig, 5–8 cm breit, Lappen längl.-eif., Rand oft zieml. ungleichmäßig gesägt; hierzu: *'Atropurpúreum'*, Bl. bleibend dunkelrot; *'Versícolor'*, Bl. hellgrün, mit weißen Flecken, diese im Austrieb rosa.

Var. ***heptálobum*** REHD. (var. *septemlobum* K. KOCH non sensu THUNB., var. *amoenum* (CARR.) OHWI): Bl. *(74/40)* 7- (selten 5- oder 9-)lappig, bis 10 cm breit, Lappen längl.-eif., Rand meist gleichmäßig gesägt; hierzu: *'Rúbrum'*, Bl. im Austrieb tiefrot, später dunkelgrün; *'Reticulátum'*, Bl. gelbgrün, Rand und Nerven dunkelgrün; *'Osakazuki'*, Bl. grün, Herbstfärbung leuchtend orange- bis karminrot.

Var. **linearílobum** MIQ.: Bl. *(74/41)* fast bis zur Basis eingeschnitten, Lappen 5–7, linealisch, undeutl. gesägt bis fast ganzrandig; hierzu: *'Atrolineáre'*, Bl. bleibend dunkelrot.

Var. ***disséctum*** (THUNB.) MIQ.: Bl. *(74/42)* bis fast zur Basis eingeschnitten, Lappen 5–7, im Umriß längl.-eif., tief fiederschnittig mit schmalen, bis fast zur jeweiligen Mittelrippe reichenden Sekundärlappen; hierzu: *'Ornátum'*, Bl. bleibend dunkelrot; *'Friderici-Guillélmi'*, Bl. sehr fein zerteilt, Färbung wie bei *'Versicolor'*.

– Bl.lappen 7–11, kurz zugespitzt, oft nicht bis über die Bl.mitte eingeschnitten (wenn über die Bl.mitte oder fast bis zur Basis, dann Frkn. und junge Fr. dicht behaart), Bl.stiel kahl bis bleibend behaart, Bl. (außer in Herbstfärbung) nie rot **36**

36. Bl. *(74/43)* 5–8 cm breit, (7–)9–11lappig, bis zur Bl.mitte oder etwas darüber eingeschnitten, Bl.stiel und Zw. jung weißl. be-

74/40

Acer palmatum var. *heptalobum*

74/41

A. palmatum var. *linearilobum*

74/42

A. palmatum var. *dissectum*

haart, später oft verkahlend; Bltn. gelbl., Frkn. dicht weißl. behaart; Teilfr. mit Flügel 15–20 mm lang; V. Sg/Bk – Nhg-4 (Japan). **Siebolds Fächer-A., *A. sieboldiánum*** Miq.

– Bl. größer, die größeren stets über 8 cm breit, 7–9(–11)lappig, die Einschnitte (außer bei Kultursorten) nur etwa ⅓ bis ½ der Bl.länge erreichend **37**

37. Stiel der Bl. *(74/44)* zur Blütezeit dicht weißl. behaart, erwachsen locker behaart bis kahl; Bltn. 8–10 mm breit, Kbl. dunkelrot, Krbl. ± rosa, Frkn. dicht weißl. behaart; Teilfr. mit Flügel 20–25 mm lang; Herbstfärbung leuchtend rot; V. Sg/Bk – Nhg-4 (Japan). **Thunbergs Fächer-A., *A. japónicum*** Thunb.

'Aconitifólium': Bl. *(74/45)* fast bis zur Basis in 7–11 tief fiederschnittige Lappen geteilt.

'Aureum': Bl. bleibend gelb, rotstielig; Sk/Sg. (Neuerdings auch als Form von *A. shirasawanum* Koidz. angesehen.)

74/43

Acer sieboldianum

74/44

A. japonicum

74/45

A. japonicum *'Aconitifolium'*

74/46

Acer circinatum

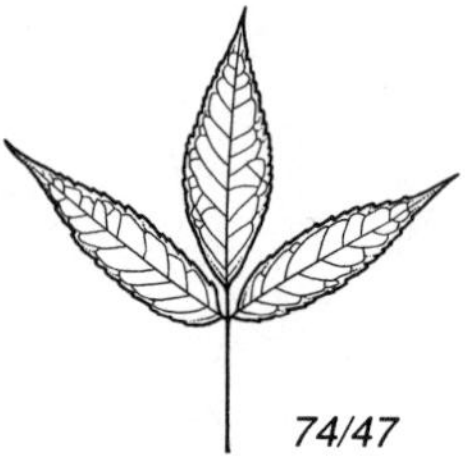

74/47

A. mandshuricum

74/48

A. griseum

– Stiel der Bl. *(74/46)* schon zur Blütezeit kahl oder mit nur vereinzelten langen Haaren; Bltn. 6–9 mm breit, Kbl. rot, Krbl. weiß, Frkn. kahl; Teilfr. mit Flügel 30–35 mm lang; Herbstfärbung orange; V. Sg/Bk – N-1. **Wein-A., *A. circinátum*** Pursh

38 (1). Bl. sämtl. 5–11zählig gefingert **35**

– Bl. gefiedert oder 3zählig **39**

39. Bl. meist nicht alle 3zählig, die übrigen nur 3lappig; Blch. der 3zähligen Bl. alle ohne deutl. Stiel **21**

– Bl. alle zusammengesetzt, dabei mindestens das mittlere Blch. deutl. gestielt **40**

40. Bl. gefiedert oder 3zählig und alle Blch. deutl. gestielt; Bltn. zweihäusig, in Trauben an laubbl.losen seitl. Bltn.trieben **43**

– Bl. 3zählig, nur das Endblch. deutl. 5–10 mm lang gestielt, die seitl. sitzend oder mit undeutl., etwa 2 mm langem Stiel; Bltn. gelbgrün, in 3–5bltg. Schirmrispen am Ende beblätterter Kurztriebe; Herbstfärbung rot **41**

41. Bl.stiel und Bl. *(74/47)* untersts. ± kahl, Blch. längl.-elliptisch bis längl.-eif., 6–10 cm lang, zugespitzt, Rand gesägt, Bl.stiel rot, bis 8 cm lang; Fr.flügel stumpfwinklig zueinander, Fr.fächer kahl; V. Sg/Bk – Nhg-4 (Mandschurei).

Mandschurischer A., *A. mandshúricum* Maxim.

– Bl.stiel und Bl. untersts. (mindestens auf den Hauptnerven) bleibend weich behaart, ebenso die Fr.fächer; Bl.stiel 2–4 cm lang **42**

42. Junge Zw. rasch verkahlend; Bl.stiele locker aber deutl. wollhaarig, Blch. *(74/48)* dünn, untersts. auffallend hell blaugrün, schmal verkehrt-eif., 3–6 cm lang, ± seicht fiederig gelappt mit 2–4 Lappen jedersts. (die untersten äußeren Lappen der Seitenblch.

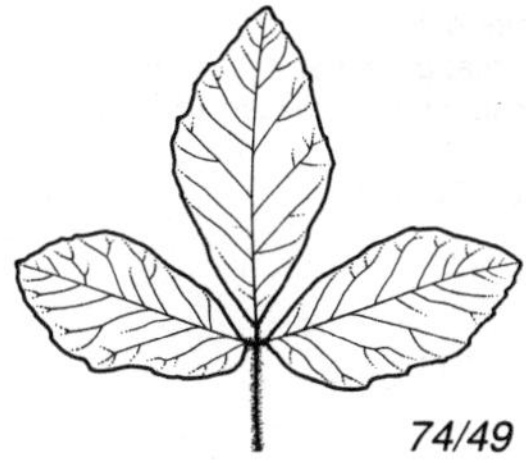

74/49

Acer nikoense

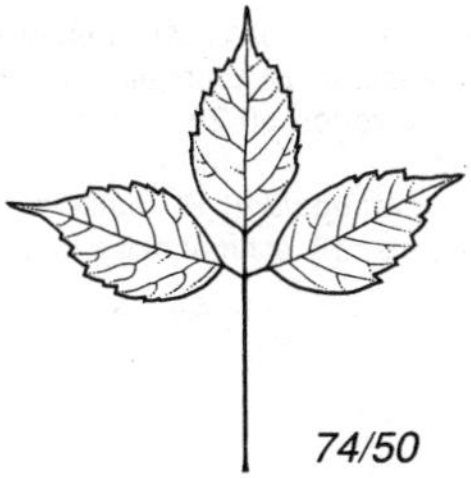

74/50

A. cissifolium

oft sehr groß und gelegentl. fast als zusätzl. Paar kleinerer Blch. erscheinend); Fr.flügel etwa rechtwinklig zueinander; Borke älterer Zw. glatt, zimtbraun, in papierdünnen Streifen abrollend; V. Sg/Bk – Nh-4 (China). **Zimt-A., *A. gríseum*** (FRANCH.) PAX

– Junge Zw. ebenso wie die Bl.stiele sehr dicht bräunl. behaart, Blch. *(74/49)* dickl., fast lederig, untersts. graugrün, elliptisch bis eif., 5–12 cm lang, Rand kerbig gezähnt mit bis zu 10 deutl. Zähnen jederst s. oder fast ganzrandig; Fr.flügel recht- bis spitzwinklig zueinander, stark nach innen gebogen; V. Bk – Nhg-4 (Japan). **Nikko-A., *A. nikoénse*** (MIQ.) MAXIM.

43 (40). Blch. *(74/50)* stets 3, alle etwa gleich groß, verkehrt-eif., 4–8 cm lang, zugespitzt, Rand scharf grob gesägt, untersts. ± kahl, Bl.stiel dünn, oft etwa so lang wie die Gesamtspreite, Herbstfärbung gelb, seltener rot; Bltnst. aufrecht, mit den Bl. erscheinend, Bltn. grün, 4zählig, mit Krbl., Frkn. kahl; Fr.flügel spitzwinklig zueinander; V. Bk – Nhg-4 (Japan). **Jungfern-A., *A. cissifólium*** (SIEB. & ZUCC.) K. KOCH

– Blch. *(74/51)* 5(–7), oder 3 und dann das mittlere gewöhnl. wesentl. größer als die seitl. und oft 3lappig, Blch. eif. bis längl.-eif., 5–10 cm lang, zugespitzt, Rand unregelmäßig grob, teils doppelt gesägt, untersts. kahl bis behaart, Bl.stiel meist wesentl. kürzer als die Gesamtspreite, Herbstfärbung blaßgelb; Bltnst. hängend, vor Laubausbruch erscheinend, Bltn. gelbl., 5zählig, ohne Krbl., Frkn. behaart; Fr.flügel spitz- bis stumpfwinklig zueinander; junge Zw. meist bereift, ± kahl; IV. Bm – N-1/2 (meist in Auenwäldern). **Eschen-A., *A. negúndo*** L.

Var. ***califórnicum*** (TORR. & GRAY) SARG.: Junge Zw. und Bl.stiele samtfilzig, Bl. untersts. bleibend weichhaarig. – N-1.

'Odessánum': Bl. im Austrieb bronzefarbig, später gelb.
'Variegátum': Bl. unregelmäßig breit weiß (jung rosa) gerandet; Pfl. neben den panaschierten oft Zw. mit rein grünen und solche mit rein weißen Bl. erzeugend.
'Aureovariegátum': Bl. dunkelgrün mit goldgelben Flecken.
'Élegans': Bl. schmal hellgelb gerandet.

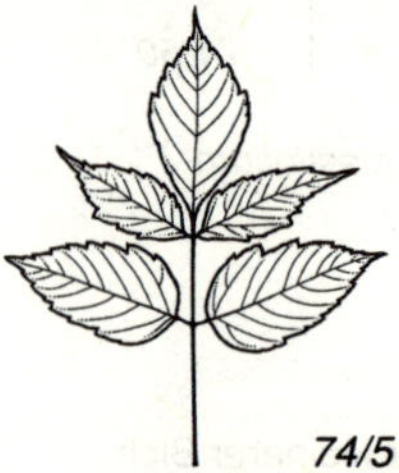

74/51: Acer negundo

75. Familie: ***Anacardiáceae,*** **Sumachgewächse**

Sommer- oder immergrüne Bäume und Sträucher mit Harzgängen; Bl. meist wechselst., einfach, gefingert oder gefiedert, Stipeln fehlend oder hinfällig; Bltn. in Rispen oder Thyrsen, sehr vielfältig, radiär, zwittrig oder eingschl., Pflanzen oft zweihäusig, Bltn.hülle meist doppelt, freiblättrig, 3–5zählig, Frbl. 1–5, frei oder verwachsen; Fr. eine Steinfr., Nuß oder Kapsel; zahlreiche Nutz- aber auch Giftpfl. 80 Gattungen mit 600 Arten, vor allem in den Tropen und Subtropen, nur wenige Gattungen bis in die gemäßigten Breiten vordringend.

1. Bl. einfach; Fr.stand mit flaumig behaarten Fr.stielen ***Cótinus*** 75–1

– Bl. zusammengesetzt; Fr.stände nicht flaumig . . . . . ***Rhus*** 75–2

1. *Cótinus* MILL., Perückenstrauch

Sommergrüne Sträucher oder Bäume; Bl. wechselst., lang gestielt, einfach und ganzrandig; Bltn. polygam oder eingschl., gelbl., in großen, endst. Rispen, Krbl. 5, länger als K. und Stbl., Frkn. oberst., Stiele, auch der sterilen Bltn. bleibend und flaumig behaart; Fr. eine kleine trockene Steinfr. 3 Arten in Nordamerika bzw. von SO-Europa bis O-Asien.

1. Bl. oval bis verkehrt-eif., 3–8 cm lang, am Grund gerundet, kahl, ± bläul. bereift, Stiel 2–5 cm lang, meist gerötet *(75/1)*; Bltn. 3 mm ∅, in dünn gestielten, zur Fruchtzeit schließlich 15–20 cm langen und fast ebenso breiten Rispen, K. bis zur Fr.reife bleibend; Fr. mit netzartiger Oberfläche, abgeflacht; VI–VII. Sg/Bk – Ns-3. **Gemeiner P., *C. coggýgria*** SCOP.

var. ***purpúreus*** REHD., Bl. im Austrieb rot, später grün, Fr.stände purpurrot.
'Rubrifólius', Bl. vom Austrieb bis zum Herbst rot.
'Royal Purple', ähnlich vorheriger Form.

– Bl. eif. bis elliptisch, am Grund keilf., 5–12 cm lang, 1–5 cm lang gestielt, untersts. anfangs seidenhaarig; Fr.stand 10–15 cm lang; VI–VII. Sg/Bk – Ns-2. (*C. americánus* NUTT.). **Amerikanischer P., *C. obovátus*** RAF.

75/1: *Cotinus coggygria*

2. *Rhus* L., Sumach

Sommer- oder immergrüne Sträucher, Bäume oder mit Wurzeln ± kletternde Sträucher; Bl. wechselst., 3zählig oder unpaarig gefiedert, selten einfach, teilweise mit intensiver Herbstfärbung; Bltn. klein, unscheinbar, polygam oder eingschl. und dann meist zweihäusig, in end- oder seitenst. Rispen, Bltn.hülle doppelt, meist 5zählig, freiblättrig, Stbl. 5, dem Diskus aufsitzend; Frkn. oberst., zu einer einsamigen Steinfr. auswachsend, am Grunde mit bleibendem Kelch. Etwa 250 Arten, vor allem in den Tropen und Subtropen beider Hemisphären. Viele Giftpflanzen. Giftwirkungen bei manchen Arten schon durch einfache Berührung!

1. Bl. 3zählig **7**

– Bl. unpaarig gefiedert **2**

2. Bl.spindel breit geflügelt *(75/2)*; Blch. 7–13, eif. bis eilängl. 6–12 cm lang, grob kerbig gesägt, untersts. dicht bräunl. behaart; Bltn. gelbl.weiß, in 15–25 cm langen, breiten endst. Rispen; Fr. orange-rot, dicht behaart; Zw. gelbl., kahl; VIII–IX. Sg/Bk – Nw-4.
Gallen-S., *R. chinénsis* Mill.

– Bl.spindel nicht geflügelt **3**

3. Bltnst. seitenst.; Blch. ganzrandig, Bl. an den Zw.enden gedrängt stehend; Fr. weiß bis gelbl., kahl **5**

– Bltnst. endst.; Blch. gesägt; Fr. rot, behaart **4**

4. Junge Zw. kahl, ± blau bereift; Blch. 11–31, 5–12 cm lang, untersts. blaugrün; Herbstfärbung scharlachrot; Bltn. grünl., in 10–25 cm langen, dichten, flaumhaarigen Rispen; Fr. scharlachrot, klebrig-flaumhaarig; VII–VIII. Bk – N-2.
Kahler S., Scharlach-S., *R. glábra* L.

'Laciniáta', Blch. fiederschnittig.

– Junge Zw. dicht samthaarig; Blch. ähnlich voriger Art, untersts. hellgraugrün, anfangs behaart, z.T. nicht verkahlend, Herbstfärbung orange bis scharlachrot; Fr. scharlachrot, dicht behaart; Rispen dicht; VI–VII. Sg/Bk – N-2. Essigbaum
Hirschkolben-S., *R. týphina* L.

'Dissécta', Blch. stark fiederschnittig *(75/3)*.

'Laciniáta', Blch. tief eingeschnitten gezähnt; Bltnst. mit mehreren, tief eingeschnittenen Hochbl. durchsetzt.

R.* × *pulvináta Greene (*R.* × *hýbrida* Rehd.) ***R. glábra*** × ***týphina***, in der Behaarung der Zw. und Bl. zwischen den Eltern stehend.

5. Bl. untersts. kahl, bläul., Blch. 7–13, elliptisch bis längl.-elliptisch, 4–10 cm lang, lang zugespitzt, an der Basis keilf., mit 8–12 Paar Seitennerven; Bltn. in 8–20 cm langen, lockeren Rispen; Fr. rundl., abgeflacht, 5–6 mm ∅, hell graugelb; VI–VII. G!! Sg – N-2. **Kahler Gift-S., *R. vérnix*** L.

– Bl. untersts. behaart, zumindest auf den Nerven; Zw. wenigstens anfangs behaart **6**

6. Blch. bis 16 cm lang und 7 cm breit, eilängl., lang zugespitzt, anfangs untersts. behaart, bis auf die Mittelrippe verkahlend, mit 8–16 Paar Seitennerven; Bltn. in lockeren, 15–25 cm langen,

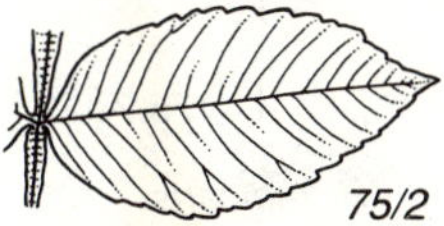

Rhus chinensis, Blattspindel mit Blättchen

R. typhina 'Dissecta', Blättchen

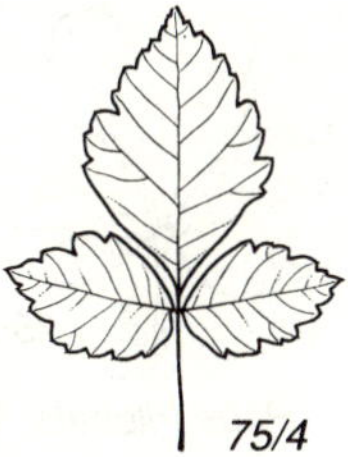

R. aromatica

überhängenden Rispen, achselst., an den Zw.enden gehäuft (so scheinbar endst.!), blaß- bis grüngelb; Fr. 6–8 mm ∅, breiter als hoch, strohgelb; VI–VII. G!! Bk/Bm – N-4 (China). (*R. vernicífera* DC.). **Lack-S., Lackbaum, *R. verniciflua*** Stokes

– Blch. bis 12 cm lang und 4 cm breit, eif. bis eilängl., obersts. locker, untersts., zumindest auf den Nerven, dichter behaart, mit 18–25 Paar, deutlich hervortretenden Seitennerven; Bltn. in lockeren, 8–18 cm langen Rispen mit abstehenden Seitenzw., meist bräunl. behaart; Fr. ca. 1 cm ∅, breiter als hoch, stumpf, gelbbraun; VI. Bk – Nw-4. **Wald-S., *R. sylvéstris*** Sieb. & Zucc.

7 (1). Bltn. in lockeren, seitenst. Rispen; Fr. weiß, kahl **9**

– Bltn. in kurzen und dichten Ähren; Fr. rot, behaart **8**

8. Bl. anfangs beidseitig behaart, später obersts. ± verkahlend, Blch. 2,5–7 cm lang, grob kerbig-gesägt *(75/4)*; Bltn. gelbl., in 1–2 cm langen Ähren, seitenst. an vorj. Zw.enden; Fr. rundl., 6 mm ∅; vor dem Laubaustrieb blühend; Pfl. niederliegend-aufstrebend; IV–V. Sk – N-2. **Duftender S., *R. aromática*** Ait.

– Bl. nur anfangs etwas behaart, bald kahl, Blch. 1,5–2,5 cm lang, verkehrt-eif. bis elliptisch, Mittelblch. mit schmal-keilf. Grund und oft ± dreilappig *(75/5)*, grob kerbig; Bltnst. wie bei voriger Art aber Bltn. mehr grünl.; Pfl. niederliegend-aufstrebend; IV–V. Sk – Ns-1/2. **Stink-S., *R. trilobáta*** Nutt.

9 (7). Am Boden kriechender, aufrechter oder mit Luftwurzeln kletternder Strauch *(75/6)*; Blch. eif. bis rhombisch, 5–12 cm lang, zugespitzt, am Grund gerundet, ganzrandig oder spärl. buchtig gesägt (stärker gesägt bei var. *rydbérgii* Rehd.), obersts. kahl und glänzend, untersts. ± behaart *(75/7)*; Bltn. grünl.weiß in

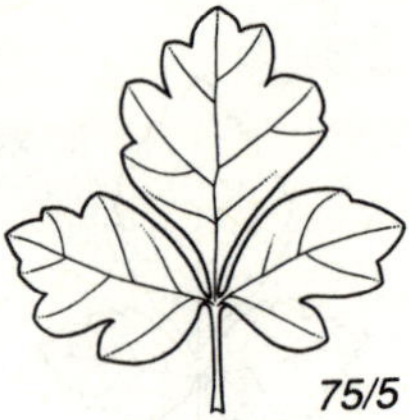

75/5

Rhus trilobata

75/6

R. radicans,
Klettersproß mit Wurzeln

75/7

R. radicans

3–6 cm langen Rispen; Fr. kahl, selten kurzhaarig, grauweiß; VI–VII. G!! Sk/L – N-2. **Kletternder Gift-S., *R. radícans*** L.

– Aufrechter oder etwas kriechender Strauch, sehr ähnl. voriger Art; Blch.breit rhombisch-eif., ± spitz und lappig gesägt, bis 10 cm lang und 7 cm breit, unterstς. behaart *(75/8)*; Fr. meist behaart, gelbl.- bis grünl.weiß, warzig; VI–VII. G!! Sk – Nw-1/2. **Behaarter Gift-S., *R. toxicodéndron*** L.

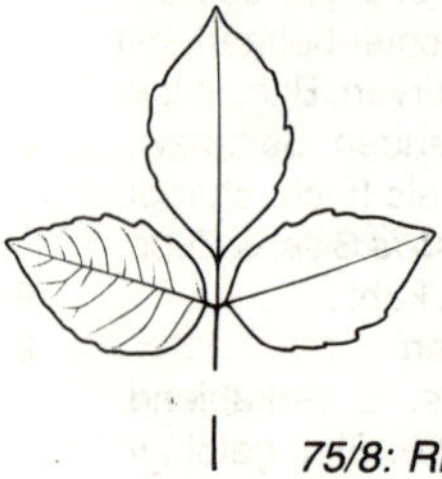

75/8: Rhus toxicodendron

76. Familie: ***Simaroubáceae***

Bäume und Sträucher; Bl. wechselst., gefiedert, selten einfach, Stipeln fehlend; Bltn. klein, zwittrig oder eingschl., in Rispen, Bltn.hülle doppelt, 3–7zählig, Stbl. zahlreich, frei; Frbl. 4–6, ± vereint, oberst., Diskus deutlich ausgebildet; Fr. vielgestaltig; 28 Gattungen mit 150 Arten, vorwiegend in den Tropen.

1. Blch. 7–15; Bltn. in seitenst. kleinen Rispen; Sammelfr. mit Steinfrch. . . . . ***Picrásma*** 76–1
– Blch. 13–23; Bltn. in großen, endst. Rispen; Sammelfr. mit ringsum geflügelten Nüßchen . . . . ***Ailánthus*** 76–1

1. *Picrásma* Bl., Bitterholz

Sommergrüne Bäume; Bltn. polygam, Kbl. bis zur Fr.reife bleibend, Stbl. 4–5; Frbl. 5–2, frei, zu rundlichen Steinfrch. auswachsend. 6 Arten, überwiegend tropisch, W-Himalaja bis Japan, Malaysia, Fiji-Inseln.

Rinde der Zw. sehr bitter, rötl.-braun mit auffälligen gelben Lentizellen; Bl. 25–35 cm lang, Blch. 7–15, oft fast sitzend, eif. bis längl.-eif., 4–10 cm lang, zugespitzt, am Grund breit keilf. bis rund, schief, kerbig gesägt, obersts. glänzend grün, untersts. anfangs entlang der Mittelrippe behaart; Bltn. grünl., 8 mm ∅, in lockeren, 8–15 cm breiten Rispen; Frch. rundl.-eif., 6–7 mm lang, rot; V–VI. Sg/Bk – N-4. (*P. ailanthoídes* Planch.).
P. quassioídes (D. Don) Benn.

2. *Ailánthus* Desf., Götterbaum

Sommergrüne Bäume; Bl. unpaarig gefiedert, Blch. 13–41, nahe dem Grund mit einigen Zähnen, die untersts. in großen Drüsen enden; Bltn. polygam; Krbl. 5–6, Stbl. 10, Frbl. 5–6; Frch. geflügelt *(76/2)*. 10 Arten in O- und S-Asien und N-Australien.

Bl. 45–60 cm lang, Blch. gestielt, eilanzettl., lang zugespitzt, 7–12 cm lang, fein gewimpert, ganzrandig bis auf 1–2, seltener

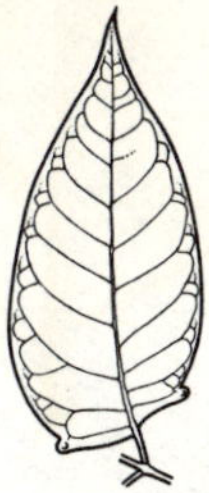

76/1

Ailanthus altissima, Blättchen

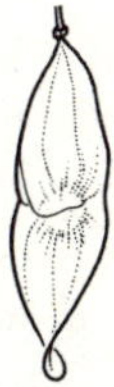

76/2

A. altissima, Früchtchen

3–4 grobe Zähne nahe der Basis mit unterst s. je 1 Drüse *(76/1)*, kahl, unterst s. bläulich, nur an jungen Pfl. behaart; Bltn. grünl.-gelb in 10–20 cm langen Rispen, unangenehm riechend; Frch. 3–4 cm lang, zur Reife manchmal leuchtend rot gefärbt *('Erythrocárpa')*; Stammrinde fein weiß gestreift, junge Zw. fein behaart; VI–VII. Bg – Nw-4 (China). (*A. glandulósa* DESF.).

A. altíssima (MILL.) SWINGLE

In Sammlungen sind gelegentlich einige unbedeutende Formen zu finden sowie einige nah verwandte, kaum abweichende Arten.

77. Familie: ***Meliáceae*, Zederachgewächse**

Bäume und Sträucher, seltener Halbsträucher oder Kräuter; Bl. wechselst., gefiedert, selten einfach, Stipeln fehlend; Bltn. meist zwittrig, in Rispen, Trauben oder Dolden, Bltn.hülle doppelt, 4–5zählig, K. klein, vielgestaltig; Krbl. frei, Stbl. zahlreich, meist verwachsen, Frkn. oberst.; Fr. eine Kapsel, Steinfr. oder Beere, Samen oft geflügelt. 50 Gattungen mit 1400 Arten, vorwiegend in den Tropen.

Tōōna (ENDL.) M. J. ROEM., **Surenbaum**

Sommer- oder immergrüne Bäume; Bl. paarig gefiedert; Bltn. klein, zwittrig; Fr. eine sich 5klappig öffnende Kapsel *(77/2, 77/3)*, Samen geflügelt. 15 Arten, vorwiegend im tropischen Asien und Australien.

Borke längsrissig, sich in langen Streifen lösend; junge Zw. fein behaart; Bl. lang gestielt, 25–50 cm lang, Blch. 10–22, kurz gestielt, längl.-eif. bis lanzettl., 8–15 cm lang, zugespitzt, entfernt schwach gezähnt oder fast ganzrandig *(77/1)*, obersts. kahl und hellgrün, untersts. bleichgrün und entlang der Nerven behaart oder kahl; Bltn. in 30–40 cm langen, überhängenden Rispen, weiß, duftend, 5 mm lang; Kapsel eif., 2–2,5 cm lang, Samen 12–13 mm lang; VI. Bm – Nhw-4 (M-China).

T. sinénsis (A. JUSS.) ROEM.

Von dem äußerlich sehr ähnlichen *Ailánthus* durch die fehlenden Drüsen an der Basis der Blch. und den nicht vorhandenen unangenehmen Geruch leicht zu unterscheiden.

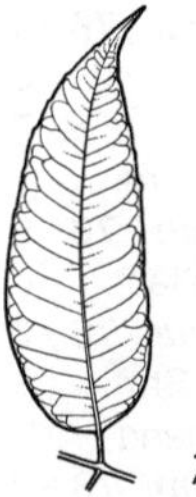

77/1

Toona sinensis, Blättchen

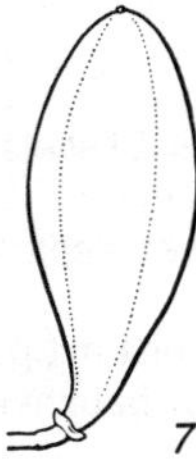

77/2

T. sinensis, Frucht geschlossen

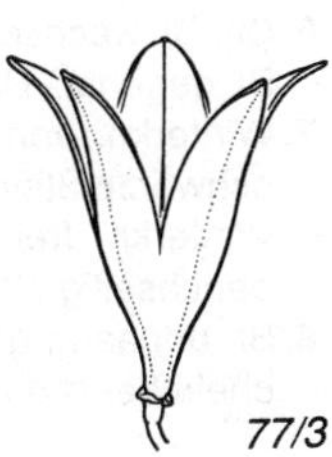

77/3

T. sinensis, Frucht geöffnet

78. Familie: ***Rutáceae*, Rautengewächse**

Bäume und Sträucher, seltener krautige Pflanzen, oft bewehrt; reich an ätherischen Ölen, daher ± intensiv duftend; Bl. meist wechselst., einfach oder zusammengesetzt, durch das Vorhandensein von Öldrüsen durchscheinend punktiert; Bltn. sehr vielgestaltig, radiär, zwittrig, zuw. auch eingschl. und zweihäusig verteilt, zumeist mit vielgestaltigem Diskus, Bltn.hülle doppelt, meist freibl., 5zählig, Stbl. meist frei, 10 bis zahlreich, Frbl. ± weit miteinander verwachsen, 4–5, oder mehr; Fr. eine Steinfr., Beere, Nuß oder Kapsel, Frch. steinfr.- oder balgartig. 150 Gattungen mit rund 1600 Arten, weltweit verbreitet, vorwiegend im tropischen und subtropischen Afrika und Australien.

1. Bl. zusammengesetzt **3**
– Bl. einfach, ungeteilt **2**
2. Bl. sommergrün; Pfl. zweihäusig, Bltn. klein, grünl., die ♀ meist einzeln, die ♂ in Trauben; Frch. sich bauchspaltig öffnend **_Oríxa_** 78–3
– Bl. immergrün; Bltn. zwittrig oder polygam, weiß, in dichten, endst. Rispen; Fr. eine Steinfr. . . . . **_Skímmia_** 78–5
3 (1). Bl. unpaarig gefiedert **6**
– Bl. 3zählig **4**
4. Bl. gegenst., immergrün . . . . **_Choīsya_** 78–4
– Bl. wechselst., sommergrün **5**
5. Zw. abgeflacht, dornig, grün; Bltn. einzeln achselst., weiß, vor dem Blattaustrieb; Fr. eine große, vielsamige Beere . . . . **_Poncírus_** 78–6
– Zw. rund, dornenlos, anfangs zerstreut behaart, im 2. Jahr rotbraun; Bltn. klein, grünl.weiß, in Rispen; Fr. eine ringsum geflügelte Nuß . . . . **_Ptélea_** 78–4
6 (3). Bl. wechselst., Sträucher **8**
– Bl. gegenst., Bäume **7**
7. Winterkn. von der Basis des Bl.stiels umschlossen; Fr. eine schwarze Steinfr. mit 5 Steinkernen . . . . **_Phellodéndron_** 78–5
– Winterkn. frei in der Bl.achsel sichtbar; Frch. sich vor allem bauchseitig öffnend . . . . **_Evódia_** 78–3
8. Bl. unpaarig gefiedert; Zw. meist mit paarig angeordneten Stacheln besetzt *(78/1)*; Frch. sich bauch- und rückenseitig öffnend **_Zanthóxylum_** 78–2
– Bl. doppelt fiederschnittig zerteilt; HS oder Sk mit Kapselfr. **_Rúta_** 78–4

1. *Zanthóxylum* L., Stachelesche

Sommer- oder immergrüne Bäume und Sträucher; Bl. wechselst., unpaarig gefiedert, selten 3zählig, Blch. sehr kurz gestielt oder fast sitzend, seitl. einander gegenüber stehend, ganzrandig oder gesägt; Bltn. klein, in Rispen oder in achselst. Büscheln, polygam oder eingschl. und zweihäusig, Bltn.hülle einf. oder doppelt, Krbl. klein, gelbl. oder grünl., ♂ Bltn. mit Frbl.rudimenten, ♀ Bltn. mit 5–1 freien, meist deutl. gestielten Frbl.; Frch. zur Reife sich 2klappig öffnend, Samen schwarz, rundl., glänzend. 30 Arten, vor allem in den Tropen und Subtropen.

1. Bltn. gelbgrün, vor dem Blattaustrieb an vorjährigen Zw. in achselst. Büscheln; junge Zw. behaart, Stacheln ca. 1 cm lang *(78/1)*; Blch. 5–11, 3–6 cm lang, zugespitzt, ganzrandig oder gesägt, untersts. behaart; Fr. schwärzl.; IV–V. Sg/Bk – Nw-2.
Amerikanische S., *Z. americánum* Mill.

– Bltn. an jungen Sprossen nach dem Bl.austrieb erscheinend; Zw. kahl oder nur schwach behaart **2**

2. Zw. kahl, Stacheln am Grund breit abgeflacht, bis 2 cm lang; Bl.spindel breit geflügelt, Blch. 3–5, eif.-lanzettl., 3–12 cm lang, Endblch. am größten, kahl, fein gezähnt; Bltn. gelbl., in 3–5 cm langen Rispen; Fr. rot, warzig; VI. Sg – N-4. (*Z. planispínum* Sieb. & Zucc.).
Flügelstachelige S., *Z. alátum* Roxb. var. ***planispínum*** (Sieb. & Zucc.) Rehd. & Wils.

– Zw. schwach behaart oder kahl, Stacheln kräftig, 6–20 mm lang, Basis sehr breit; Bl.spindel ungeflügelt aber gleich der Blch.mittelrippe stachelig, Blch. 7–11, 1,5–5 cm lang, eif., kerbig gesägt; Bltn. gelbl., in 4–5 cm breiten Rispen oder Schirmrispen; Fr. rot; VI–VII. Sg/Bk – N-4 (China).
Täuschende S., *Z. símulans* Hance

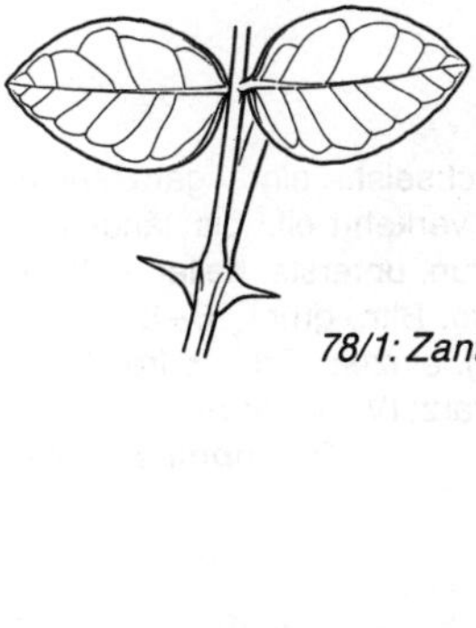

78/1: Zanthoxylum americanum, Sproß mit Stachelpaar

2. ***Evódia*** J. R. & G. Forst., **Stinkesche**

Sommer- oder immergrüne Bäume und Sträucher; Bl. gegenst., unpaarig gefiedert, Blch. ± ganzrandig; Bltn. klein, eingschl., zumindest bei unseren Arten einhäusig und in endst. Rispen oder Schirmrispen, Bltn. in allen Teilen 4–5zählig; Frbl. ± frei, 2samig, sich zur Reife vor allem bauchseitig öffnend, Samen schwarz, glänzend, eif. 45 einander zum Teil sehr ähnliche (und daher schwer bestimmbare) Arten, von Ostasien bis Polynesien und Australien.

1. Bl. und Zw. nur anfangs behaart, später ± kahl; Bl. bis 25 cm lang, Blch. (5)7–9, eif. bis längl.-eif., lang zugespitzt, 6–12 cm lang, Basis schief, breit keilf. bis rundl., obersts. kahl und glänzend, untersts. blaßgrün, kahl, entlang der Mittelrippe schwach behaart, auch die seitl. Blch. deutlich gestielt; Schirmrispe breit pyramidal, 8–18 cm ∅, ± kahl; Schnabel der Frch. ca. 2 mm lang; VII–VIII. Bk/Bm – Nw-4 (M-China).
Hupeh-S., *E. hupehénsis* Dode

– Seitl. Blch. kurz gestielt bis fast sitzend; Zw. und Bl. stärker behaart **2**

2. Blch. 5–9, längl.-eif. bis eilanzettl., 5–9 cm lang, Basis gerundet oder verschmälert, Bl. ± stark untersts. behaart, später beidseitig kahl; Schirmrispen 5–6 cm ∅; Fr. behaart, 5–6 mm lang; VII–VIII. Bk – Nw-4 (M-China). **Henrys S., *E. hénryi*** Dode

– Blch. 7–11; Bltnst. 8–16 cm ∅ **3**

3. Blch. 5–10 cm lang, längl.-eif., lang zugespitzt, fein gekerbt, mit langen, zottigen Haaren auf der Mittelrippe, hellgrün; Schirmrispe 10–16 cm breit, flaumhaarig; Frch. 6–8 mm lang; VII–VIII. Bk – N-4. **Koreanische S., *E. daniéllii*** (Benn.) Hemsl.

– Blch. 6–10 cm lang, längl.-eif. bis lanzettl., sehr lang zugespitzt bis geschwänzt, beidseitig weich behaart; Zw. bleibend samthaarig; Schirmrispe schwach kegelf., fein und dicht behaart, 10–16 cm ∅; Frch. 4–5 mm lang; VII–VIII. Bk/Bm – Nw-4 (W-China). **Samthaarige S., *E. velutína*** Rehd. & Wils.

3. ***Oríxa*** Thunb.

Monotypische Gattung.

Sommergrüner, 2häusiger Strauch; Bl. wechselst., einf., ganzrandig, durchscheinend punktiert, 5–15 cm lang, verkehrt-eif. bis längl.-eif., stumpf endigend *(78/2)*, obersts. glänzend grün, untersts. heller, entlang der Nerven etwas behaart, Bl.stiel ca. 10 mm; Bltn. grünl., 6–8 mm ∅, 4zählig, ♂ Bltn. in 8–10bltg. Trauben, ♀ Bltn. einzeln, Frbl. ± frei; Frch. sich 2klappig öffnend, einsamig, Samen schwarz; IV–V. Sk/Sg – Nhw-4.
O. japónica Thunb.

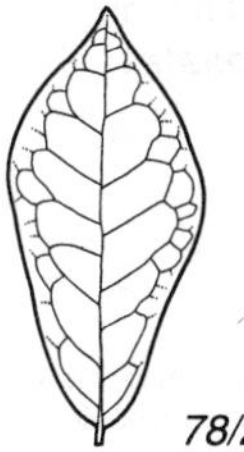

78/2: Orixa japonica

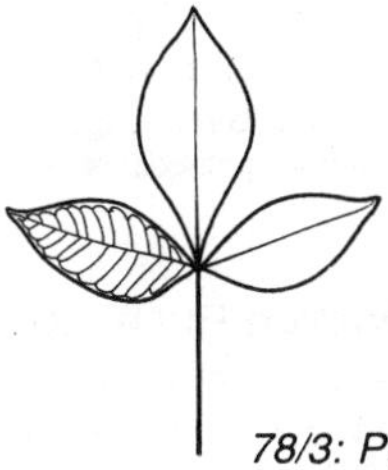

78/3: Ptelea trifoliata

4. *Chōisya* H. B. K., Orangenblume

Immergrüne Sträucher; Bl. gegenst., 3zählig bis mehrfach fingerf., Blch. ganzrandig, durchscheinend punktiert; Bltn. ansehnlich, in end- oder seitenst., wenigbltg. Zymen, Frbl. am Grunde miteinander verwachsen; Frch. zur Reife 2klappig aufspringend. 6 Arten im südl. Nordamerika und Mexiko.

Bl. 3zählig, 2–5 cm lang gestielt; Blch. 3–7 cm lang und bis 2 cm breit, längl.-verkehrt-eif., lederig, kahl, obersts. glänzend grün, untersts. heller; Bltn. in 3–6bltg. Zymen an der Spitze der Zweige, weiß, duftend, 2,5–3 cm ∅, 5zählig; IV–V. Sk # ∧∧ – MG-1 (Mexiko). ***C. ternáta*** H. B. K.

5. *Rúta* L., Raute

Immergrüne Sträucher oder Halbsträucher; Bl. wechselst., einfach bis 3fach fiederschnittig, die Abschnitte längl.-verkehrt-eif., durchscheinend punktiert; Bltnst. ein Thyrsus oder eine Rispe, Bltn.hülle doppelt, seitl. Bltn. 4zählig, Endblüten 5zählig, Stbl. 8 oder 10, Krbl. gelbl., ganzrandig, gezähnt oder bewimpert; Fr. eine mehrsamige Kapsel; Sprosse gerieben streng duftend. 7 Arten, vorwiegend im Mittelmeergebiet.

Halbstrauch mit doppelt fiederteiligen Bl.; Bl. 6–12 cm lang, blaugrün, kahl, Bltn. fast 2 cm ∅, Krbl. kapuzenf. eingekrümmt mit gefranstem Rand; VI–VIII. HS # ∧ – Ms/Nsm-3. ***R. gravéolens*** L.

6. *Ptélea* L., Kleeulme

Sommergrüne Sträucher oder kleine Bäume; Bl. wechselst., meist 3zählig, Blch. ± ganzrandig mit durchscheinenden Punkten; Bltnst. eine endst. Rispe oder Schirmrispe, Bltn. polygam, Bltn.hülle doppelt, wie die Stbl. 4–5zählig, die beiden Frbl. verwachsen; Fr. eine stark abgeflachte, breit geflügelte 2samige Nuß. 10 Arten in Nordamerika und Mexiko.

Bl. 3zählig, Blch. ei-elliptisch, 6–12 cm lang, beidendig verschmälert, ganzrandig oder undeutl. gekerbt, obersts. glänzend dunkelgrün, untersts. heller und meist kahl *(78/3)*; Bltn. grünl.-weiß bis gelbl.grün, 1–1,5 cm ∅, in 5–8 cm breiten kurzen

Rispen; Fr. rundl., 2–2,5 cm ∅, noch lange nach der Reife an der Pflanze bleibend; Vl. Sg/Bk – N-2. ***P. trifoliáta*** L.

var. ***móllis*** TORR. & GRAY, junge Zw. und Bl. unterststs. dicht behaart.

'Āurea', Bl. intensiv grüngelb bis gelb.

7. *Phellodéndron* RUPR., Korkbaum

Zweihäusige, sommergrüne Bäume; Winterkn. von den Basen der Bl.stiele umschlossen; Bl. gegenst., unpaarig gefiedert, Blch. durchscheinend punktiert; Bltn. gelbl.grün, klein und unscheinbar in endst. Rispen oder Schirmrispen, Bltn.hülle doppelt, 5–8zählig, Kbl. viel kleiner als die Krbl., Stbl. 5–6, in den ♀ Bltn. als Staminodien, Frbl. 5, verwachsen; Fr. eine Steinfr. mit 5 kleinen, einsamigen Steinkernen, schwarz; Borke korkig. 10 Arten in Ostasien.

1. Bl. unterststs. weichhaarig, Blch. 9–13(–15), eilängl., 6–10 cm lang, an der Basis sehr ungleichseitig, lang zugespitzt, dunkelgrün, unterststs. deutl. behaart; Bltnst. dicht, 5–7 cm ∅, behaart, Bltn. gelbl.grün; Fr. ca. 1 cm ∅; Borke dunkelbraun, dünn und nur schwach gefurcht; Vl. Bk – Nhg-4 (Japan). (*P. amurénse* var. *japónicum* (MAXIM.) OHWI).
Japanischer K., *P. japónicum* MAXIM.

– Bl. unterststs. kahl oder nur mit wenigen Haaren entlang der Mittelrippe, blau- oder bläul.grün **2**

2. Blch. gewimpert, 5–13, eilanzettl., 5–10 cm lang, geschwänzt zugespitzt, oberststs. glänzend dunkelgrün; Bltn. in 6–8 cm breiten, flaumhaarigen Rispen; Fr. ca. 1 cm ∅, gerieben streng terpentinartig duftend; Borke dick korkig, tief gefurcht, grau; Vl. Bk/Bm – N-4. **Amur-K., *P. amurénse*** RUPR.

– Blch. nicht oder nur spärl. gewimpert, 7–11, eif. oder eilängl., 6–12 cm lang, lang zugespitzt, oberststs. dunkelgrün; Rispe 6–8 cm hoch und breit, fast kahl; Fr. ca. 1 cm ∅; Borke dünn, dunkelbraun, nur schwach gefurcht und in dünne Platten gegliedert; Vl. Bk/Bm – Nh-4 (Japan). (*P. amurénse* RUPR. var. *sachalinénse* F. SCHMIDT). **Sachalin-K., *P. sachalinénse*** (F. SCHMIDT) SARG.

8. *Skímmia* THUNB., Skimmie

Immergrüne, kahle Sträucher; Bl. wechselst., oft scheinwirtelartig genähert, ganzrandig, kurz gestielt; Bltn. klein, weiß, 4–5zählig, zwittrig, polygam oder eingschl. und zweihäusig verteilt, Bltn.hülle doppelt, Krbl. 3–4mal so lang wie die Kbl., Stbl. 4–5, ♀ Bltn. mit Staminodien, Frbl. 2–5, ganz miteinander verwachsen; Fr. eine rundl. Steinfr. mit 2–4 einsamigen Steinkernen. 10 Arten im Himalaja und O-Asien.

1. Bl. meist längl.-verkehrt-eif., ± plötzlich stumpf zugespitzt, 7–12 cm lang, 2,5–3,5 cm breit, oberststs. hell- oder gelbl.grün, unterststs. gelbgrün *(78/4)*; Bltn. 4zählig, 5–8 mm ∅, Krbl. 4–5 mm lang, schmal, Bltn. eingschl., Pfl. zweihäusig, Rispen 5–8 cm lang; Fr. rundl. bis abgeflacht-rundl., 8 mm ∅, leuchtendrot; IV–V. Sk # – Nhg-4 (Japan).

Japanische S., *S. japónica* Thunb.

– Bl. meist längl.-lanzettl., lang zugespitzt, 7–14 cm lang, 3–4,5 cm breit, obersts. dunkelgrün, untersts. hellgrün; Bltn. zwittrig und 5zählig, Rispen eif., 5–8 cm lang; Fr. verkehrt-eif., 8 mm lang, dunkelrot; IV–VI. Sk # ⓚ. (*S. fortúnei* Mast.).

Reeves S., *S. reevesiána* Fort.

'Rubélla', Bltnst.achsen, Bltn.stiele und Bltn.kn. gerötet; Pfl. stets ♂.
'Variegáta', Bl. weiß gerandet.

S.* × *foremánii Knight (*S. japónica* × *reevesiána*), Bltn. meist 4zählig; Fr. am gleichen Frst. teils rundl., teils verkehrt-eif.; Bl. variabel, ähnl. *S. reevesiána*, gelbgrün, Stiele gerötet; IV–VI. Sk #.
'Rogérsii', Bl. dunkelgrün, Stiele grünl.; Bltn. zwittrig; Fr. flachkugelig.

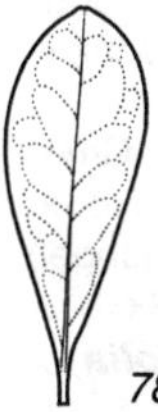

78/4

Skimmia japonica

78/5

Poncirus trifoliata

9. *Poncírus* Raf., Bitterorange

Monotypische Gattung.

Sommergrüner, reich verzweigter, dornig bewehrter Strauch; Zw. stark abgeflacht, etwas gerieft, dunkelgrün, mattglänzend; Dornen 1–3(–5) cm lang, abgeflacht, grün; Bl. wechselst., 3zählig, durchscheinend punktiert, Bl.stiel geflügelt, 8–25 mm lang, Blch. lederig, dunkelgrün, seitl. verkehrt-eif., das mittlere elliptisch, 3–6 cm lang, schwach gekerbt *(78/5)*; Bltn. einzeln, Bl. achselst., 3,5–5 cm ∅, Krbl. 2–2,5 cm lang, verkehrt-eif., weiß, Bltn. duftend, zwittrig; Zitrusfr. 3–5 cm ∅, goldgelb, filzig behaart, vielsamig, ungenießbar; IV–V. Sg ∧ – Nhw/Mh-4. (*Cítrus t.* L.).

P. trifoliáta (L.) Raf.

79. Familie: ***Coriariáceae*, Gerberstrauchgewächse**

Einzige Gattung:

Coriária L., **Gerberstrauch**

Sommergrüne Halbsträucher oder Sträucher, selten Kräuter; Zw. kantig; Bl. quirlig, gegenst. oder wechselst., ganzrandig, Stipeln klein, hinfällig; Bltn. einzeln oder in end- bzw. achselst. Trauben, zwittrig oder eingschl., 5zählig, Bltn.hülle doppelt, Stbl. 10, Frbl. 5–10, frei, oberst., einsamig; Krbl. zur Fr.reife fleischig und die geschlossen bleibenden Frch. umhüllend, so eine Scheinbeere bildend *(79/2)*; giftig. 15 Arten vom Mittelmeergebiet bis O-Asien; Mexico und Chile.

1. Trauben endst., 10–20 cm lang; Bl. 5–9nervig, breit eif. bis eilanzettlich, 2,5–7 cm lang, plötzlich zugespitzt; Bltn. grünl.; Fr. schwarz oder gelb (var. *xanthocárpa* Rehd. & Wils.); VI. HS ∧ – Nh-4 (W-China). **Rispenblütiger G., *C. terminális*** Hemsl.

– Trauben seitenst., kürzer; Bl. eilanzettlich, 3nervig **2**

2. Bl. 6–10 cm lang, 2–3,5 cm breit, frischgrün *(79/1)*; Bltnst. eingschl. ♂ Trauben 2–3 cm lang, ♀ Trauben 8–15 cm lang, Bltn. grünl. oder rötl., vor den Blättern erscheinend; Fr. flachkugelig, hellrot, reif schwarzrot; V. Sk – Nhw-4 (Japan). **Japanischer G., *japónica*** A. Gray

– Bl. 2,5–6 cm lang, graugrün; Bltn. stets grünlich, eingschl. oder zwittrig, Kr. grünl., kürzer als der Kelch, Bltn. in ca. 3 cm langen Trauben; Krbl. zur Reife rotbraun bis schwarz; VI. HS/Sk ∧ – Ms-3. **Europäischer G., *C. myrtifólia*** L.

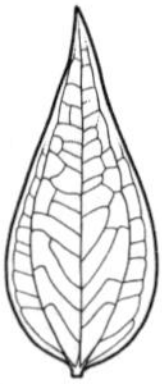

79/1

Coriaria japonica

79/2

C. japonica, Frucht

Ordnung: ***Polygaláles,*** Kreuzblumenartige

80. Familie: ***Polygaláceae,* Kreuzblumengewächse**

Kräuter, Sträucher oder kleine Bäume; Bl. wechsel-, gegen- oder quirlst., einfach, selten mit Stipeln; Bltn. in Trauben, Ähren oder Rispen, zwittrig, zygomorph, schmetterlingsf., Bltn.hülle doppelt, 5zählig, Kbl. frei, die 2 inneren meist flügel- und kronbl.artig, Krbl. unterschiedlich gestaltet, das vordere stets schiffchenartig mit gefranstem Anhängsel, Stbl. meist 8, zu einer oben offenen Röhre verwachsen. Frbl. 5–2. verwachsen, Frkn. oberst.; Fr. eine 2fächerige Kapsel, Nuß oder Steinfr. 19 Gattungen mit 800 Arten, weltweit verbreitet.

Polýgala L., **Kreuzblume**

Kräuter, Halbsträucher oder Sträucher, selten auch Bäume; Bl. wechsel- oder gegenst., Nebenbl. klein oder fehlend; Bltn. in Trauben; Fr. eine 2samige Kapsel; ca. 500 Arten, weltweit verbreitet.

Pfl. unterirdische Ausläufer bildend; Bl. wechselst., lanzettl. bis verkehrt-eif., 1–2,5 cm lang, lederig, kahl, Rand eingerollt, kurz stachelspitzig; Bltn. zu 1–2 achselst., 1,2–1,5 cm lang, Flügel cremefarben, Schiffchen an der Spitze gelb oder violett; Kapsel abgeflacht *(80/1)*; IV–VI. HS # – Nhg-3.
Buchsblättrige K., *P. chamaebúxus* L.

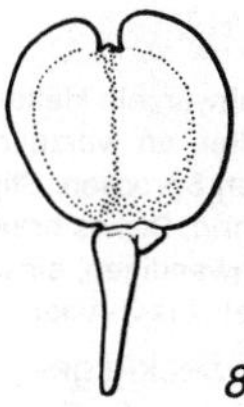

80/1: Polygala chamaebuxus, Frucht

Ordnung: ***Araliáles,*** Aralienartige

81. Familie: ***Araliáceae,*** **Araliengewächse**

Bäume oder Sträucher, seltener Stauden oder Lianen (Wurzelkletterer); Bl. wechselst., einfach, handf. gelappt oder gefingert, Stipeln pfriemlich oder häutig, Bl.stiel am Grund oft scheidig; Bltn. zwittrig, zuw. eingschl., in Dolden oder Doppeldolden, Bltn.hülle doppelt, meist 5–4zählig, freibl., K. klein, unscheinbar, Krbl. längl.-3eckig bis elliptisch, Stbl. 5, kaum länger als die Krbl.; Frkn. unterst., mehrfächrig, Gr. frei oder verwachsen, Diskus meist deutl. ausgebildet, zw. Stbl. und Griffeln; Fr. eine Beere oder Steinfr. 70 Gattungen mit 700 Arten, vorwiegend in tropischen Wäldern, in Ostasien und Nordamerika; mehrere Gattungen bis in die Nemorale Zone vordringend.

1. Am Boden kriechendes oder mit Haftwurzeln kletterndes, selten aufrecht wachsendes, immergrünes Gehölz . . . . . ***Hédera*** 81–1
– Aufrechte, sommergrüne Bäume oder Sträucher **2**
2. Bl. doppelt gefiedert, 80–100 cm lang . . . . ***Arália*** 81–4
– Bl. nicht gefiedert, nur gelappt oder gefingert **3**
3. Bl. 3–5zählig gefingert . . . . ***Eleutherocóccus*** 81–3
– Bl. nur handf. gelappt **4**
4. Stämme, Bl.stiele und Nerven der Bl.spreiten mit borstigen Stacheln besetzt . . . . ***Oplópanax*** 81–3
– Stämme und Zw. mit kurzen, steifen, ± aufwärtsgebogenen Stacheln besetzt . . . . ***Kalópanax*** 81–2

1. *Hédera* L., Efeu

Immergrüne, kriechende oder mit Hilfe von unverzweigten, kurzen Haftwurzeln kletternde Gehölze; Bl. einfach oder gelappt, an einer Pfl. verschieden gestaltet, an wurzellosen Sprossen im Bltnst.bereich weniger gegliedert als an wurzeltragenden Sprossen, Stipeln fehlend; Bltn. zwittrig, in einfachen oder doppelten Dolden, Frkn. 5fächrig, Diskus breit kegelf., den unteren Teil des Gr. umhüllend *(81/1)*; Steinfr. mit 5–2 dünnwandigen, einsamigen Steinkernen. Je nach Auffassung 6 bis 15 Arten von den Kanar. Inseln bis O-Asien.

1. Bl. wurzeltragender, nichtblühender Sprosse deutl. 3–5eckig gelappt, 4–10(–15) cm lang, Bl. im Bltnst.bereich ei-rautenf.; Fr. blauschwarz, erst im nächsten Frühjahr reifend; IX–X. G! L # – N/M-3. **Gemeiner Efeu, *H. hélix*** L.

81/1: Hedera helix, Frucht

In der Bl.form und -größe außerordentlich vielgestaltige Art von der auch zahlreiche buntblättrige Kulturformen angepflanzt werden.
'Arboréscens', durch vegetative Vermehrung von Sprossen aus dem Bltnst.bereich erhaltene, aufrecht wachsende Form.

– Bl. nichtblühender Sprosse breit-eif. bis elliptisch, kaum gelappt, 10–25 cm lang, Spreitengrund herzf. oder gerundet; Fr. schwarz, erst im nächsten Frühjahr reifend; IX–X. G! L # ∧ – Nwm-3 (Kaukasien).
Kolchischer E., *H. cólchica* (K. Koch) K. Koch

In Kultur sind mehrere Formen, auch mit bunten Bl.

2. *Kalópanax* Miq., Baumaralie

Monotypische Gattung.

Sommergrüner, wenig verzweigter Baum; Stamm und Zw. dicht mit breitbasigen Stacheln bekleidet; Bl. wechselst., an den Zw.enden ± rosettig genähert, im Umriß rund, 10–30 cm breit mit 5–7(–9) breit-3eckigen, zugespitzten und gesägten Lappen, Spreitengrund ± herzf. oder gestutzt, Bl. unterststs. achselbärtig und anfangs behaart, heller als oberststs. *(81/2)*, 10–25 cm lang gestielt; Bltn. in endst. Doppeldolden, gelbl.grün, 7–10 mm lang gestielt; Steinfr. schwarzblau, rundl., 4–5 mm ∅, mit 2–3 Steinkernen *(81/4)*; VII–VIII. Bk – Nh-4. (*K. píctus* (Thunb.) Koidz., *K. ricinifólius* Miq.). ***K. septémlobus*** (Thunb.) Koidz.

var. ***maximowíczii*** (van Houtte) Li, Spreite z. T. weit über die Mitte 5–7lappig, Lappen längl.-lanzettl. *(81/3)*.

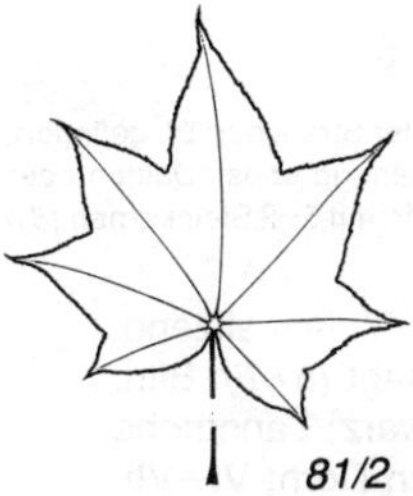

81/2

Kalopanax septemlobus

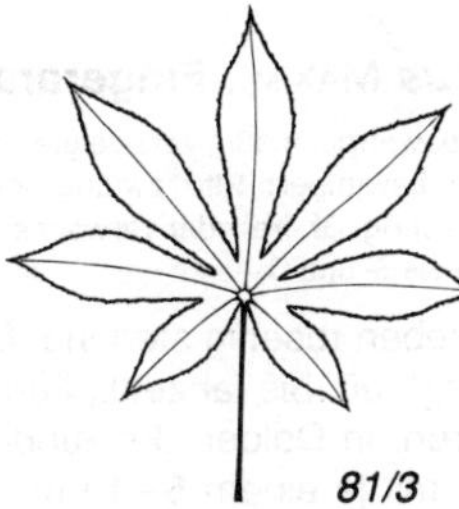

81/3

K. septemlobus var. *maximowiczii*

81/4

K. septemlobus, Frucht

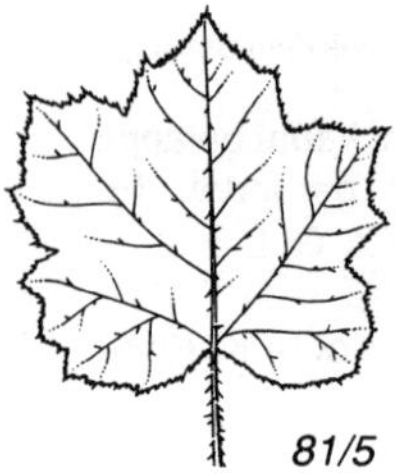

81/5

Oplopanax horridus

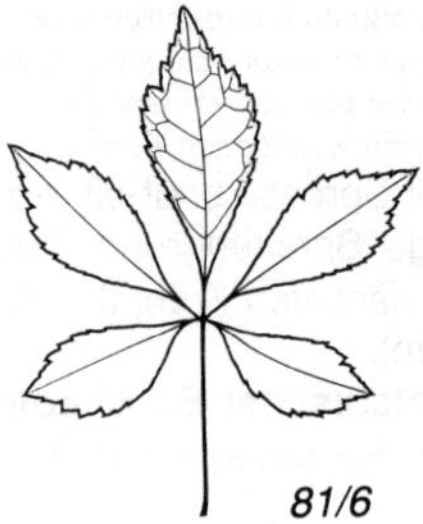

81/6

Eleutherococcus sieboldianus

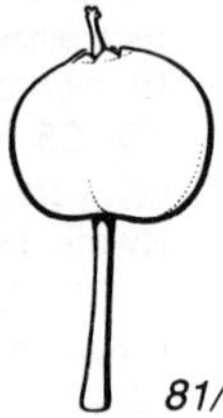

81/7

E. sessiliflorus, Frucht

3. ***Oplópanax*** (Torr. & A. Gray) Miq., **Teufelskeule**

Sommergrüne, kaum verzweigte Sträucher, dicht mit borstigen Stacheln besetzt; Bl. lang gestielt, rundl.-eif., 5–7lappig; Bltn. zwittrig oder ♂, grünl., in langen Doppeldolden. 3 Arten im westl. Nordamerika und O-Asien.

Stämme, Bl.stiele, Bl.nerven beidseitig und Bltnst. dicht mit Stacheln bekleidet; Bl. ei-herzf., 15–25 cm breit, Bl.lappen breit-3eckig, gesägt, untersts. zottig behaart *(81/5)*; Bltnst. 8–15 cm lang; Fr. breit-elliptisch, 8 mm ∅, scharlachrot; VII–VIII. Sg – N-1. (*Echinópanax hórridum* (Sm.) Sm. ex J. G. Cooper).

O. hórridus (Sm.) Miq.

4. ***Eleutherocóccus*** Maxim., **Fingeraralie**

Meist sommergrüne und bewehrte, mäßig verzweigte Bäume oder Sträucher; Bl. gefingert, Blch. gesägt, Stipeln zuw. bewimpert; Bltn. zwittrig oder polygam, in endst. Dolden oder Doppeldolden, Frkn. 5–2fächrig, Gr. frei oder verwachsen; Steinfr. mit 5–2 Steinkernen *(81/7)*. 30 Arten vom Himalaja bis S- und O-Asien.

1. Bl. an den Kurztrieben rosettig stehend, Blch. 5–7, fast sitzend, 2–5 cm lang, längl.-eif. bis lanzettl., kerbig gesägt *(81/6)*; Bltn. 5 mm ∅, gelbl.grün, in Dolden; Fr. rundl., schwarz; Langtriebe unterhalb der Bl. mit je einem 5–10 mm langen Dorn; VI–VII. Sg – N-4 (China). (*Acanthopanax pentaphýllus* (Sieb. & Zucc.) March, *A. sieboldiánus* Mak.).

Siebolds F., *E. sieboldiánus* (Mak.) Koidz.

– Blch. 3 oder 5, kurz gestielt, 6–15 cm lang **2**

2. Zw. dicht mit borstigen Stacheln besetzt; Blch. vorwiegend 5, längl.-elliptisch bis schmal verkehrt-eif., 6–12 cm lang, plötzlich lang zugespitzt, scharf gesägt, untersts. anfangs bräunl. behaart; Dolden meist einzeln, 2,5–4 cm lang gestielt, Bltn. 1–1,5 cm lang gestielt, gelbl.purpurn; Fr. rundl., 6 mm lang; VII. Sg – Nhk-4. (*Acanthopanax senticósus* (RUPR. & MAXIM.) HARMS).

Borstige F., *E. senticósus* (RUPR. & MAXIM.) MAXIM.

– Zw. nicht oder nur wenig bestachelt; Blch. meist 3, längl.-eif., 6–16 cm lang, unregelmäßig gesägt, kurz zugespitzt; Bltn. fast sitzend, dunkelpurpurn; Fr. breit-elliptisch, 10–12 mm lang, Dolden meist zu mehreren; VII–VIII. Sg – N-4. (*Acanthopanax sessiliflórus* (RUPR. & MAXIM.) SEEM.).

Amur-F., *E. sessiliflórus* (RUPR. & MAXIM.) S. Y. HU

In Sammlungen sind noch weitere Arten wie ***E. hénryi*** OLIV., ***E. leucorrhízus*** OLIV. und ***E. setchuénsis*** (HARMS) NAKAI anzutreffen.

5. *Arália* L., Aralie

Schwach verzweigte, dickästige Sträucher oder Stauden, oft bewehrt; Bl. lang gestielt, doppelt gefiedert, gesägt, Stipeln mit dem Bl.stiel verwachsen oder fehlend; Bltn. polygam, in allen Teilen 5zählig, in vielfach verzweigten Dolden, rispenartig. 30 Arten in O- und S-Asien, Malaysien und N-Amerika.

1. Seitennerven der Blch. vor dem Bl.rand umbiegend, Bl. 40–80 cm lang, obersts. meist stachelig, Blch. deutlich gestielt, eif., 5–8 cm lang, gesägt, untersts. bläul., fast kahl; Bltn. klein, weißl., in 20–25 cm breiten, mehrfach verzweigten Dolden; Fr. schwarz, 6 mm ∅; Stämme sehr stachelig, starr und dick; VIII. Sg – Nhw-2. **Herkuleskeule, *A. spinósa*** L.

– Seitennerven der Blch. gerade, sich vor dem Bl.rand teilend und in die Bl.zähne auslaufend, Bl. meist nur ± kurz gestielt **2**

2. Bltnst. eine 2- bis 4fach verzweigte Dolde von der Tracht einer Rispe, 25–40 cm hoch, Einzeldolden behaart; Bl. bis 80 cm lang, nicht oder nur wenig bestachelt, dicht und fein gesägt, untersts. auf der Mittelrippe behaart; Zw. nur wenig bestachelt; VIII–IX. Sg/Bk – Nhw-4.

Chinesischer Angelicabaum, *A. chinénsis* L.

var. ***núda*** NAKAI, Blch. kleiner, untersts. bläul., auf der Mittelrippe nur spärl. behaart.

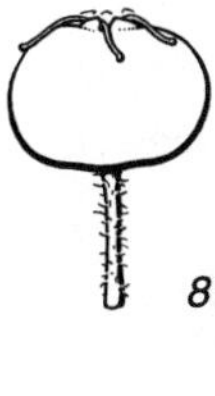

81/8: Aralia elata, Frucht

– Bltnst. ebenso verzweigt aber flacher, 30–45 cm breit, Einzeldolden behaart; Bl. bis 1 m lang, entfernt gesägt, mit breiten Zähnen, untersts. bläul., auf den Nerven ± dicht behaart; Zw. stärker bestachelt; VIII–IX. Sg/Bk – Nh-4. (*A. chinénsis* L. var. *mandshúrica* (MAXIM.) REHD.).

Japanischer Angelicabaum, *A. eláta* (MIQ.) SEEM.

'Aureovariegáta', Blch. gelb gerandet oder gestreift.
'Variegáta', Blch. unregelmäßig weiß gerandet.

Ordnung: ***Celastráles***

82. Familie: ***Aquifoliáceae,* Stechhülsengewächse**

Sommer- oder immergrüne Bäume und Sträucher; Bl. lederig, wechselst., einfach, Stipeln klein und hinfällig; Bltn. klein, unscheinbar, in achselst. Zymen oder einzeln, zwittrig, polygam oder eingschl. und meist zweihäusig, Bltn.hülle doppelt, meist 4zählig, Kbl. ± verwachsen, Krbl. frei oder am Grunde verwachsen, Frkn. oberst, Diskus fehlend; Fr. eine Steinfr. mit mehreren, einsamigen Steinkernen *(82/3)*. 3 Gattungen mit rund 410 Arten, vorwiegend in den Tropen und Subtropen beider Hemisphären.

Ílex L., **Stechhülse, Winterbeere**

Sommer- oder immergrüne Bäume oder Sträucher; Bl. deutl. gestielt, einfach, häufig bestachelt; Bltn. weißl., meist eingschl. und zweihäusig verteilt, selten polygam; Fr. mit meist 4–8 Steinkernen. Ca. 400 Arten.

1. Bl. sommergrün **10**
– Bl. immergrün **2**
2. Bltn. oder Bltnst. in den Bl.achseln diesj. Triebe oder an deren Basis **6**
– Bltn. oder Bltnst. in den Bl.achseln vorj. Triebe **3**
3. Bl. ohne stechende Spitze, längl. bis schmal-lanzettl., 6–12 cm lang, lang zugespitzt, Basis keilf., oberhalb der Mitte gesägt, obersts. stumpfgrün, Stiel 8–12 mm lang *(82/1)*; Bltn. in dichten Zymen; Fr. kugelig, rot, 6–8 mm ∅; V–VI. Sg # – Nhg-4 (W-China). **Farges S., *I. fargésii*** Franch.
– Bl. mit stechender Spitze und gewöhnl. stechenden, ± groben Bl.zähnen, manchmal auch ganzrandig **4**
4. Junge Zw. kahl oder sehr kurz flaumhaarig; Bl. eif. bis elliptisch, 3–9 cm lang, Rand ± stark gewellt, stachelig gezähnt *(82/2)*, als Altersform auch ganzrandig, obersts. glänzend dunkelgrün, untersts. heller; Pfl. zweihäusig, Bltn. meist zu mehreren, gestielt,

82/1

Ilex fargesii

82/2

I. aquifolium

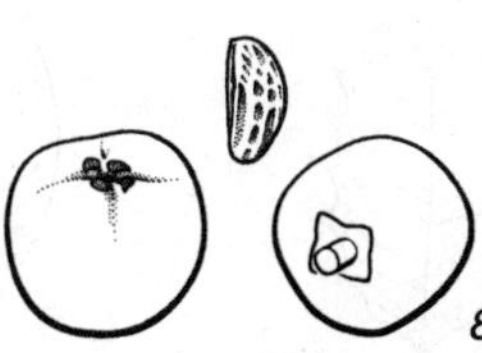

82/3

I. aquifolium,
Früchte und Steinkern

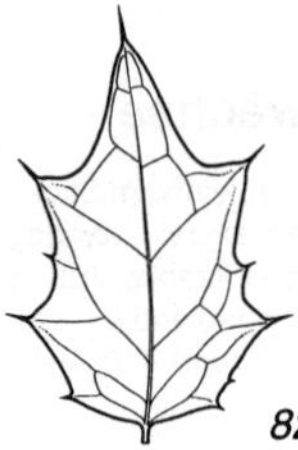

82/4

Ilex pernyi

82/5

I. pernyi var. *manipurensis*

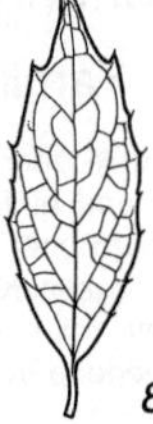

82/6

I. ciliospinosa

weiß, duftend; Fr. rot, kugelig, 7–10 mm ∅; V–VI. G! Sg/Bk # – Nhm-3. **Gemeine S., *I. aquifólium*** L.

In der Blattform und Blattfärbung außerordentlich vielgestaltig.

'Bacciflava', Fr. gelb.

I.* × *altaclarénsis (LOUD.) DALLIM. *(I. aquifólium × perádo),* ähnl. *I. aquifólium* aber Bl. dünner, elliptisch, 6–10 cm lang, Rand kaum gewellt, zahlreicher und regelmäßiger gezähnt. ∧.

– Junge Zw. ± dicht kurzhaarig; Bltn. fast sitzend 5

5. Zw. dicht beblättert; Bl. rhombisch bis fast quadratisch, 1,5–3 cm lang, beidersts. mit 1–3 starren Stachelzähnen, die obersten am größten, abspreizend, aber kleiner als der Endstachel, glänzend dunkelgrün, unterst. gelbl.grün *(82/4)*; Bltn. in dichten Zymen, gelbl.; Fr. eirundl., rot, 6–8 mm lang; V. Sg/Bk # – Nh/Mh-4 (SW-China). **Rautenblättrige S., *I. pérnyi*** FRANCH.

var. ***manipurénsis*** LOES., Bl. etwas größer, mehr eif., mit kleinerem Spitzenstachel *(82/5)*.

– Zw. locker beblättert; Bl. eilängl., 2,5–4 cm lang, entfernt stachelig gesägt, mit kleinen, grannenartigen, nach vorn gerichte-

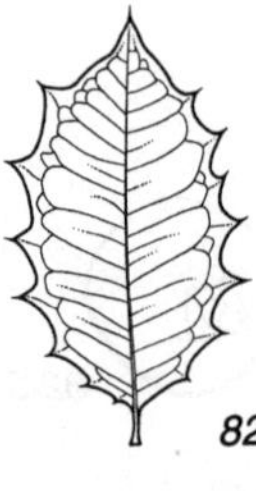

82/7

I. opaca

82/8

I. pedunculosa

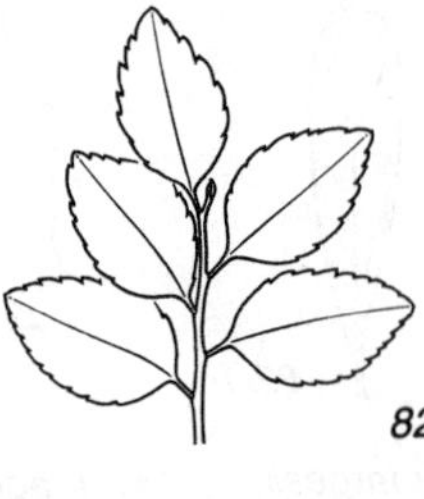

82/9

I. yunnanensis, Sproßspitze

ten Zähnen *(82/6)*; Fr. elliptisch, rot; V–VI. Sg # – Nhg-4 (W-China). **Grannenborstige S., *I. ciliospinósa*** LOES.

6 (2). Bl. mit stechender Spitze, elliptisch, 5–10 cm lang, gewölbt, grob buchtig und stachelig gezähnt *(82/7)* oder seltener ganzrandig, obersts. dunkelgrün, untersts. gelbl.grün, Seitennerven deutl. parallel verlaufend (im Unterschied zu ähnl. Formen von *I. aquifólium*); ♂ Bltn. in gestielten Zymen; Fr. kugelig, rot, 8–10 mm ∅, meist einzeln; VI. Sg/Bk # ⓚ – Nh/Mh-2. **Amerikanische S., *I. opáca*** AIT.

– Bl. ohne stechende Spitze **7**

7. Bl. 1,5–3 cm lang **9**

– Größere Bl. über 3 cm lang **8**

8. Bl. eif. bis elliptisch, 3–7 cm lang, Basis rundl. bis breit-keilf., ganzrandig, zuw. oberhalb der Mitte entfernt anliegend gesägt, obersts. glänzend grün, Stiel 1–2 cm lang *(82/8)*; Bltn. in schlanken, gestielten Zymen; Fr. rundl., leuchtend rot, 6 mm ∅; VI. Sg # ⓚ – Nhg-4 (Japan). **Langstielige S., *I. pedunculósa*** MIQ.

var. ***continentális*** (LOES.) BEAN, Bl. größer, 8–12 cm lang.

– Bl. eilanzettl., 2–5 cm lang, Basis keilf., nur an der Spitze einige Kerbzähne oder ganzrandig, obersts. glänzend dunkelgrün, untersts. dunkler gepunktet (Lupe!), Stiel 3–6 mm lang; Zymen 5–8bltg., ♀ oft einzeln; Fr. kugelig, schwarz, 6–8 mm ∅; VI. Sk # ⓚ – Nhw-2. **Kahle Winterbeere, *I. glábra*** (L.) GRAY

9 (7). Bl. eif. bis eilängl., 1,5–3 cm lang, Basis gerundet, ringsum kerbig gezähnt, obersts. mattglänzend, untersts. anfangs behaart *(82/9)*; ♂ Bltn. zu mehreren, ♀ einzeln; Fr. kugelig, rot, 6 mm ∅, 4–8 mm lang gestielt; Zw. feinfilzig; VI. Sg # – NGh-4 (SW-China). **Yunnan-S., *I. yunnanénsis*** FRANCH.

– Bl. elliptisch bis längl.-lanzettl., 1,5–3 cm lang, Basis keilf., fein kerbzähnig, obersts. glänzend dunkelgrün, untersts. mit dunklen Punkten; Bltn. 4zählig, ♂ Bltn. zu 3–7, ♀ einzeln; Fr. kurz gestielt, kugelig, schwarz, 6 mm ∅; V–VI. Sk # – Nh/Mh-4 (Japan). **Japanische S., *I. crenáta*** THUNB.

'Convéxa', Bl. blasig aufgetrieben.

var. ***microphýlla*** MAXIM., Bl. elliptisch, nur 8–14 mm lang.

10 (1). Bltn. 5–8zählig **12**

– Bltn. 4–5zählig **11**

11. Bl. elliptisch bis eif., 2–5 cm lang, gesägt, obersts. dunkelgrün, untersts. behaart *(82/10)*; Bltn. kurz gestielt; Fr. kugelig, rot, 4–5 mm ∅; VI. Sg ⓚ – Nhg-4 (Japan). (*I. sieبóldii* MIQ.). **Siebolds W., *I. serráta*** THUNB.

– Bl. an den Kurztrieben meist gebüschelt stehend, verkehrt-eilängl., derb, 3,5–7 cm lang, fein kerbig gesägt, obersts. glänzend dunkelgrün, untersts. heller, Mittelrippe behaart; Bltn. an den Kurztrieben in Zymen; Fr. kugelig, orangerot, 7–8 mm ∅; V. Sg/Sk – Nw-2. **Sommergrüne W., *I. decídua*** WALT.

12. Bl. obersts. matt, untersts. behaart, wenigstens auf den Nerven, elliptisch bis längl.-lanzettl., 3,5–7 cm lang, einfach oder doppelt gesägt *(82/11)*; Bltn. kurz gestielt, die ♂ zu mehreren, die ♀ einzeln oder zu wenigen, oft zu zweit; Fr. kugelig, rot, 6 mm ∅; VI–VII. Sg ⊛ – Nh-2. **Rote W., *I. verticilláta*** (L.) GRAY

– Bl. obersts. glänzend, untersts. kahl, höchstens auf den Nerven etwas behaart, eilanzettl. bis lanzettl., 3–6 cm lang, zugespitzt, anliegend gesägt; Bltn. zu 1–2, die ♂ lang gestielt; Fr. rundl. abgeflacht, orangerot, 7–8 mm ∅; V–VI. Sk – Nh-2. **Glatte W., *I. laevigáta*** (PURSH) GRAY

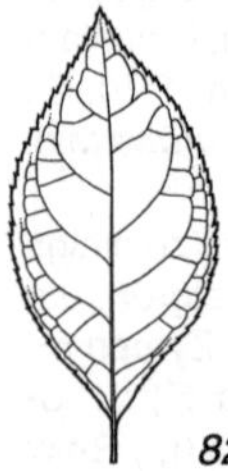

82/10

Ilex serrata

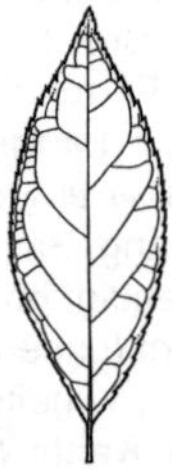

82/11

I. verticillata

83. Familie: ***Celastráceae*, Spindelstrauchgewächse**

Sommer- oder immergrüne Bäume, Sträucher, Lianen und Wurzelkletterer mit einfachen, gegen- oder wechselst. Bl.; Stipeln hinfällig; Bltn. klein und unscheinbar, zwittrig oder eingschl., in Zymen oder Rispen, Bltn.hülle doppelt, 4–5zählig, Kbl. frei oder ± miteinander verwachsen, Krbl. frei, Diskus groß, Stbl. meist 4–5; Frbl. 2–5 mit je 1–2 Samenanlagen, miteinander verwachsen, Frkn. oberst.; Fr. eine Kapsel, Flügelnuß oder Steinfr., Samen oft mit auffällig gefärbtem, den Samen ± umhüllenden Samenmantel (Arillus); viele Arten stark giftig! 85 Gattungen mit rund 1300 Arten von der Nemoralen bis Australen Zone.

1. Fr. eine Nuß mit 3 Flügeln *(83/12)* (geflügelter Frkn. mit Lupe in der Blüte erkennbar) . . . . ***Tripterýgium*** 83–6

– Fr. eine Kapsel **2**

2. Kapsel 1fächerig, sich 2klappig öffnend; immergrüner, kleinblättriger Strauch . . . . ***Pachístima*** 83–6

– Kapsel mehrfächerig **3**

3. Aufrechte oder mit Wurzeln kletternde Sträucher oder Bäume; Kapsel 4–5(nur ausnahmsweise 2–3)fächerig, sich 4–5klappig öffnend, oft ± gerippt oder geflügelt, je Fr.fach mit 1–2, von einem fleischigen, orangefarbenen Samenmantel umgebenen Samen . . . . ***Evónymus*** 83–1

– Windende Lianen; Kapsel 3fächerig, sich 3klappig öffnend, je Fr.fach mit 1–2 Samen, Samenmantel karminrot ***Celástrus*** 83–5

1. *Evónymus* L., Spindelstrauch, Pfaffenhütchen

Sommer- oder wintergrüne, aufrechte, zuw. kriechende oder mit Haftwurzeln kletternde Gehölze; Zw. oft 4kantig, bisweilen mit Korkleisten; Bl. meist gegenst. und kahl; Bltn. in Zymen, meist zwittrig, 4–5zählig, Stbl. und Frkn. einem großen Diskus aufsitzend; Fr. eine 4–5fächerige, oft gerippte oder geflügelte Kapsel, Samen weiß oder schwarz, ± ganz von einem orangefarbenen Arillus umhüllt; die meisten Arten stark giftig. Rund 175 Arten in N- und Mittelamerika, Eurasien und Australien. Verbreitungsschwerpunkt im Himalaja und Ostasien.

1. Bl. wechselst., zuw. quirlig, linealisch, 2–3,5 cm lang, 4–5 mm breit, entfernt gezähnt oder ganzrandig, Rand eingerollt; Bltn. braunpurpurn, 4zählig, 4 mm ∅; Fr. rosenrot, sich 4klappig öffnend; Pfl. niederliegend-aufsteigend; V–VI. G!! Sk – Ns/a-3/4.

Zwerg-S., *E. nánus* Bieb.

var. ***turkestánicus*** (Dieck) Krishtofovich, Bl. 4–7 cm lang, 5–10 mm breit, Rand nicht eingerollt; Wuchs mehr aufrecht.

– Bl. gegenst., meist über 1 cm breit **2**

2. Bl. immergrün, lederig, obersts. glänzend, an der Spitze oft abgerundet; Zw. glatt, ohne Korkleisten; Bltn. 4zählig, grünl.weiß . **13**

– Bl. sommergrün, nicht lederig **3**

3. Zw. dicht mit schwarzbraunen Warzen besetzt, stielrund; Bl. fein, oft nur undeutl. gesägt; Bltn. 4zählig, 6–10 mm ∅, fädig

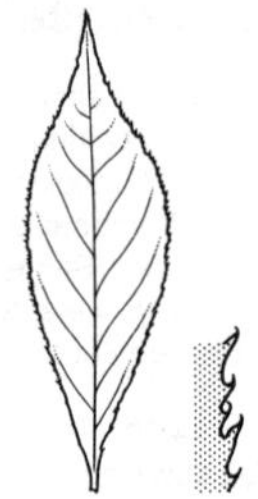

83/1

Evonymus alatus

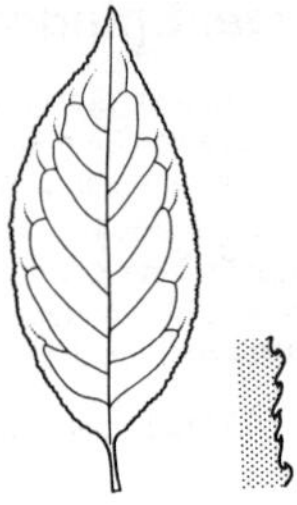

83/2

E. phellomanus

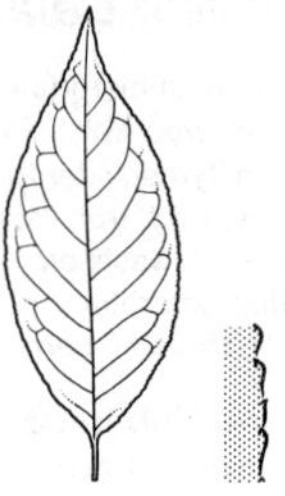

83/3

E. hamiltonianus var. *maackii*

gestielt, Krbl. rundl., gelbgrün, dicht und fein rötl. punktiert, dadurch braunrot erscheinend; Fr. gelbrot, tief 4lappig, Samen schwarz, nicht völlig von einem orangeroten Arillus umhüllt; V–VI. G!! Sk – Ns-3. **Warzen-S., *E. verrucósus*** Scop.

– Zw. nicht warzig **4**

4. Zw. rund oder ± 4kantig, aber nie mit ± flügelartigen Korkleisten **6**

– Zw. mit 2 oder 4 hohen, flügelartigen Korkleisten **5**

5. Bl. eielliptisch, lang oder geschwänzt zugespitzt, 3–6 cm lang, 10–18 mm breit, fein und scharf gesägt, glatt, dunkelgrün, kahl, 1–2 mm lang gestielt *(83/1)*; Bltn. grünl.gelb, 8–9 mm ∅, in 3bltg. Zymen; Fr. in der Regel aus 4, oft jedoch nur 1–3, eif., nur am Grund miteinander verwachsenen Frbl. bestehend, purpurn, Samen braun, Arillus orangerot; Wuchs breit ausladend; V–VI. G!! Sk/Sg – Nh-4. **Flügel-S., *E. alátus*** (Thunb.) Sieb.

– Bl. längl.-eif., 6–10 cm lang, Spreitengrund keilf.-rundl., fein kerbig-gesägt, runzelig, stumpfgrün, bis 10 mm lang gestielt *(83/2)*; Bltn. in 7(–14)bltg. Zymen; Fr. 4kantig, rosa, Samen schwarzbraun, Arillus rot; Zw. oft bogig wachsend; V. G!! Sg – N-4. **Kork-S., *E. phellománus*** Loes.

6 (4). Winterkn. groß, ± spindelf., 5–20 mm lang **10**

– Winterkn. ± kegelf., meist unter 5 mm lang **7**

7. Bltn. grünl., 4zählig, ca. 10 mm ∅, Staubbeutel gelbl.; Zw. rundl. bis 4kantig, zuw. schwach geflügelt; Bl. eielliptisch bis längl., 3–8 cm lang, bis 10 mm lang gestielt, gesägt, obersts. kahl, untersts. ± auf den Nerven behaart; Fr. 4kantig-abgerundet, rosen- bis karminrot; Samen weiß, Arillus orangefarben; V. G!! Sg/Bk – N-3. **Gemeiner S., *E. europǣus*** L.

– Bltn. gelbl. bis weißl., Staubbeutel purpurn **8**

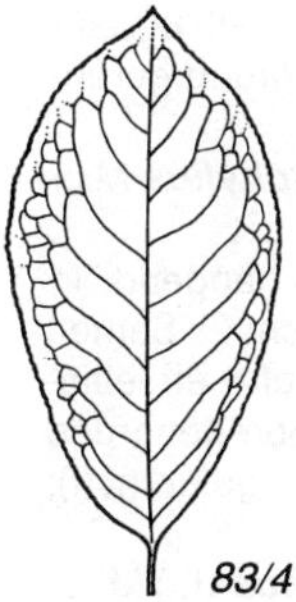

83/4

Evonymus hamiltonianus var. sieboldianus

83/5

E. sanguineus

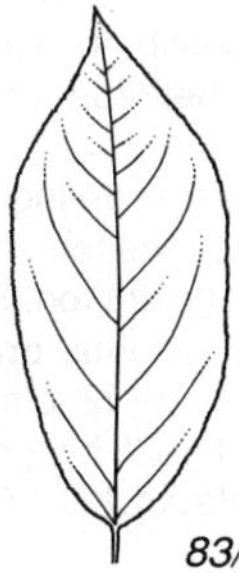

83/6

E. latifolius

8. Bl. bis 2,5 cm lang gestielt, eif. bis elliptisch, Spreite 5–10 cm lang, lang bis geschwänzt zugespitzt, am Grund keilf., regelmäßig gesägt, hellgrün, kahl; Bltn. gelbl.weiß; Fr. tief 4spaltig, hellrosa, Samen weiß bis rötl., Arillus orangefarben; VI. G!! Sg –N-4.

Bunges S., *E. bungeánus* Maxim.

– Bl.stiele nicht über 12 mm lang **9**

9. Bl. elliptisch-lanzettl., 5–8 cm lang, 1,5–3 cm breit, fein gesägt, Bl.stiel 5–8 mm lang *(83/3)*; Bltn. gelbl., 1 cm ∅; Fr. rosa, 4lappig, ca. 8 mm ∅, Samen rötl., Arillus orangefarben; VI. G!! Sg – N-4. (*E. mǟckii* Rupr.).

E. hamiltoniánus Wall. var. ***mǟckii*** (Rupr.) Komar.

– Bl. eilängl., 6–12 cm lang, 3,5–6 cm breit, plötzl. zugespitzt, kerbig-gesägt, Bl.stiel 6–12 mm lang *(83/4)*; Bltn. in vielbltg. Zymen; Fr. tief 4lappig, rosa, ca. 10 mm ∅, Samen rötl., Arillus orangefarben; VI. G!! Sg – N-4. (*E. yedoénsis* Koehne).

E. hamiltoniánus Wall. var. ***sieboldiánus*** (Bl.) Komar.

10 (6). Bltn. 4zählig, rötl., in lockeren, 3–15bltg. Zymen; Fr. abgeflacht, blutrot, ca. 2,5 cm breit, mit 4, 6–8 mm langen Flügeln; Bl. eilängl., 5–10 cm lang, zugespitzt, Spreitengrund gerundet, wimperig-gezähnt *(83/5)*, dunkelgrün, im Austrieb braunoliv; junge Zw. rotbraun; Samen schwarz, Arillus orangerot; zur Blütezeit unangenehm duftend; V. G!! Sg – N-4.

Blut-S., *E. sanguíneus* Loes.

– Bltn. und Fr. meist 5zählig **11**

11. Fr. abgeflacht-kugelig, mit (4–)5 Furchen, bis 1,4 cm ∅, dunkelrot, Samen grau, Arillus rot; Bltn. grünl., braun getuscht, 7 mm

∅, in 7–15 cm langen, locker-hängenden Zymen; Bl. eif. bis eif.-elliptisch, 4–10 cm lang, lang zugespitzt, Spreitengrund gerundet, hellgrün, untersts. netznervig; V. G!! Sg – N-4.

Spitzblättriger S., ***E. oxyphýllus*** Miq.

– Fr. deutl. geflügelt oder kantig **12**

12. Fr. 5-, selten 4flügelig, karminrot, etwa 2 cm ∅, hängend, in langgestielten, 7–15bltg. Zymen; Bltn. grünl., ca. 1 cm ∅; Samen weiß, Arillus orangefarben; Bl. längl.-eif. bis verkehrt-eif.-elliptisch, 6–12 cm lang, regelmäßig fein gesägt, Spreitengrund breit-keilf. bis gerundet *(83/6)*, Bl.stiel 4–6 mm lang, gefurcht (!); Winterkn. bis 1,5 cm lang; V. G!! Sg – Nw-3.

Breitblättriger S., ***E. latifólius*** (L.) Mill.

– Fr. 5kantig, aber kaum geflügelt, karminrot, 10–15 mm ∅, Samen weiß, Arillus orangefarben; Bltn. grünl.gelb, in reichverzweigten, 10–30bltg. Zymen; Bl. eif. bis eilanzettl., 5–12 cm lang, 4–6 cm breit, gesägt, Zähne einwärtsgebogen, Spreite lang zugespitzt, am Grunde keilf. *(83/7)*, Bl.stiel 5–10 mm lang, oben flach (!), nicht gefurcht; Winterkn. bis 2 cm lang, purpurrot; V. G!! Sg – Nh-4. (*E. sachalinénsis* auct. non Maxim.).

Flachstieliger S., ***E. plánipes*** (Koehne) Koehne

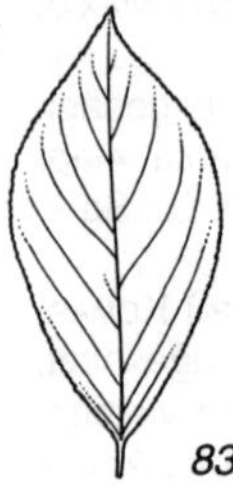

83/7: Evonymus planipes

13 (2). Pfl. niederliegend-aufstrebend oder mit Haftwurzeln an Bäumen, Mauerwerk u. a. kletternd, die Verzweigungen schließlich ± waagerecht abstehend; Bl. elliptisch bis eif.-elliptisch, 2–6 cm lang, zugespitzt oder abgerundet, Spreitengrund breit-keilf. bis rundl., fein bis kerbig gesägt, dunkelgrün, kahl; Bltn. grünl.-weiß, in vielbltg., dichten Zymen; Fr. rundl., ca. 8 mm ∅, weißl.-grün bis rötl., Samen weiß, Arillus orangefarben; VI–VII. G!! Sk/L # – Nh/Mh-4. **Kletter-S.,** ***E. fortúnei*** (Turcz.) Hand.-Mazz.

Sehr vielgestaltige Art, von der zahlreiche Formen und Selektionen in Kultur sind.

Die Zuordnung zu definierten Kultivaren bereitet oft große Schwierigkeiten, zumal sich Jugend- und Altersformen oft recht unähnlich sind.
'Carriérei', Wuchs ± aufrecht, breitbuschig, auch kletternd; Bl. elliptisch bis längl.-elliptisch, 3–5 cm lang, 2–3 cm breit, glänzend-grün, obersts. mit helleren Nerven, untersts. gelbgrün; reich fruchtend, Fr. rötl.
'Colorátus', Zw. lang kriechend, wenig Haftwurzeln bildend; Bl. 3,5–5,5 cm lang, 2,5–3 cm breit, sich im Herbst nach dunkelpurpurn verfärbend, untersts. auch im Sommer ± rötl. bleibend.
'Grácilis', Bl. weiß, gelb oder rosa gerandet bzw. gefleckt.
'Mínimus', kriechend, Bl. kerbig gesägt, stumpfgrün, 6–15 mm lang.
var. ***radicans*** (SIEB.) REHD., kriechend oder mit Haftwurzeln kletternd; Bl. 1–3 cm lang, eif., kerbig-gesägt, dick, obersts. stumpfgrün mit weißen Adern, untersts. einfarbig hellgrün.
'Végetus', Wuchs breitbuschig, aber auch gern kletternd, Zweige dann ± waagerecht abstehend; Bl. breit-eielliptisch bis fast rund, 2,5–4 cm lang, 2,5–3,5 cm breit, einfarbig dunkelgrün, fein kerbig-gesägt; reich fruchtend; Samen weiß, Arillus orangefarben.

– Aufrechter Strauch; Bl. eif. bis schmal-elliptisch, 3–8 cm lang, glänzend-dunkelgrün; Bltn. und Fr. voriger Art sehr ähnl.; VI–VII. G!! Sg # ∧∧ – Mh/Nhm-4.

Japanischer S., *E. japónicus* L. f.

In Kultur sind zahlreiche, vor allem buntbl. Formen, deren Frosthärte jedoch meist geringer als die der Art ist.

2. *Celástrus* L., Baumwürger

Meist sommergrüne Lianen, seltener Sträucher; Zw. mit durchgehendem oder gekammertem Mark, auch hohl; Bl. wechselst., lang gestielt, gesägt oder gekerbt, Stipeln klein; Bltn. unscheinbar, grünl.gelb bis weiß in Zymen oder Rispen, polygam oder eingschl. und zweihäusig verteilt, 5zählig, Frkn. obersts.; Kapsel sich 3klappig öffnend, je Fach 1–2samig, Samen von einem fleischigen, karminroten Arillus umhüllt. Ca. 35 Arten in Nordamerika, O- und S-Asien und Australien.

83/8

Celastrus orbiculatus

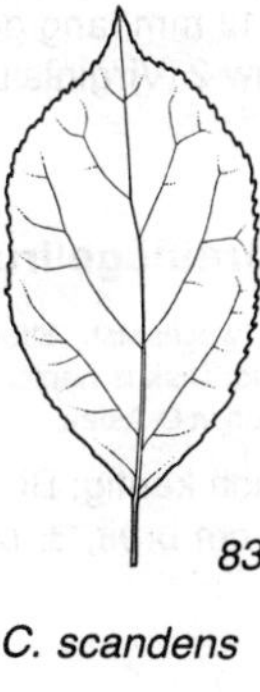
83/9

C. scandens

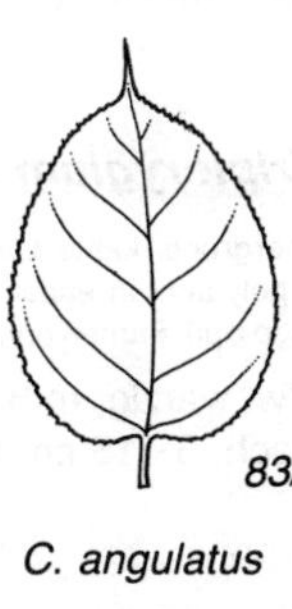
83/10

C. angulatus

1. Bltn. in achselst. Zymen, eingschl., meist zweihäusig verteilt; Pfl. kahl, Zw. stielrund, mit durchgehendem, weißem Mark; Bl. rundl. bis breit-eif., plötzl. kurz zugespitzt, 5–10 cm lang, 3–8 cm breit, kerbig gesägt, Spreitengrund breit-keilf., Bl.stiel 1–2,5 cm lang *(83/8)*; Fr. orangegelb, kugelig, 8 mm ∅; VI. L – N-4.
Rundblättriger B., *C. orbiculátus* Thunb.

– Bltn. in endst. Rispen 2

2. Zw. stielrund mit durchgehendem, weißem Mark; Bl. eif. bis eilängl., gesägt, lang zugespitzt, Spreitengrund breit-keilf., 5–10 cm lang, kahl, Bl.stiel 1–2 cm lang *(83/9)*; Bltnst. 5–10 cm lang; Fr. kugelig, gelb, ca. 8 mm ∅; VI. L – N-2.
Amerikanischer B., *C. scándens* L.

– Zw. kantig, mit gekammertem Mark; Bl. breit-eif. bis rundl.-herzf., 10–18 cm lang, 8–14 cm breit, plötzl. kurzgeschwänzt-zugespitzt, kerbig gesägt, kahl, Bl.stiel 1–2,5 cm lang *(83/10)*; Bltnst. 10–15 cm lang, Pfl. zweihäusig; Fr. kugelig, 1 cm ∅, gelb; VI. L – N-4 (China). **Kantiger B., *C. angulátus*** Maxim.

3. *Pachístima* Raf.

Immergrüne, kahle Sträucher; Zw. 4kantig, fein warzig; Bl. gegenst., klein, gesägt oder ganzrandig, Stipeln klein, hinfällig; Bltn. unscheinbar, zwittrig, 4zählig, in Zymen; Diskus flach, Frkn. halbunterst.; Kapsel lederig, 1fächerig, sich 2klappig öffnend, Samen 1–2, mit weißem, gelapptem Arillus. 5 Arten in der Nemoralen Zone Nordamerikas.

1. Bl. elliptisch bis längl.-eif., 1–3 cm lang, 5–8 mm breit, fein gesägt oder ganzrandig, dunkelgrün, sehr kurz gestielt; Bltn. fleischrot, 4 mm ∅, in 2–3 mm lang gestielten, 1–3bltg. Zymen; Fr. weißl., 4–5 mm lang; Pfl. unterirdisch kriechend; IV. Sk # – N-1. ***P. myrsinítes*** (Pursh) Raf.

– Bl. schmal-längl., 1–2,5 cm lang, 2–4 mm breit, zur Spitze hin fein gesägt, Rand etwas eingerollt, dunkelgrün; Bltn. fleischrosa, ca. 3 mm ∅, in 1–3bltg., 8–12 mm lang gestielten Zymen; Kapsel 4 mm lang; IV. Sz # – Nhw-2 (Virginia u. a.). ***P. cánbyi*** Gray

4. *Triptery̆gium* Hook. f., **Dreiflügelfrucht**

Sommergrüne, kahle Lianen; Bl. groß, wechselst., Stipeln pfrieml., hinfällig; Bltn. klein, weiß, polygam, in endst. Rispen, 5zählig, Diskus napff., Frkn. oberst.; Fr. eine 3flügelige, 1samige Nuß, Samen ohne Arillus. 4 Arten in O-Asien.

Zw. warzig, rotbraun, schwach kantig; Bl. eif., breit-eif. bis elliptisch, 5–15 cm lang, 4–10 cm breit, ± plötzlich zugespitzt bis geschwänzt-zugespitzt, Spreitengrund gerundet, Bl. kerbig gesägt, hellgrün, Bl.stiel 1–2 cm lang *(83/11)*; Bltn. gelbl.weiß, 8 mm ∅, in 10–20 cm langen, 4–6 cm breiten, an der Basis beblätterten Rispen; Fr. 12–15 mm lang, gelbgrün *(83/12)*; VI–VII. L – Nh-4. ***T. regélli*** SPRAGUE & TAKEDA

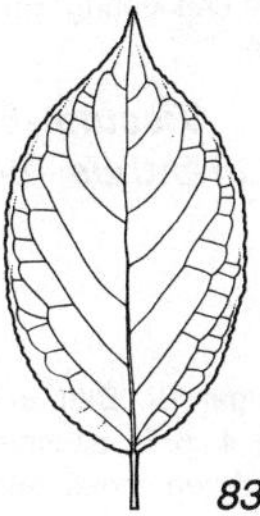

83/11

Tripterygium regelii

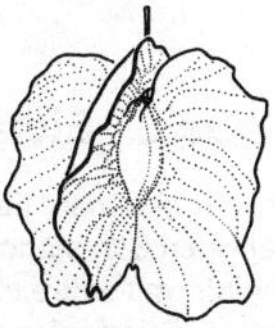

83/12

T. regelii, Frucht

Ordnung: ***Santaláles***

84. Familie: ***Lorantháceae*, Mistelgewächse**

Sommergrüne oder immergrüne Halbsträucher, als Halbparasiten epiphytisch mittels Haustorien auf Nadel- und Laubbäumen lebend; Äste wiederholt gabelig verzweigt; Bl. gegenst., selten wirtelig, ganzrandig, selten schuppenf., Stipeln fehlen; Bltn. zwittrig oder eingschl., 2–3zählig, radiär, selten zygomorph, in zymösen oder racemösen Bltn.ständen, Bltn.hülle 4–6blättrig, Frkn. unterständig; Fr. mit Bltn.achse zu beerenartiger Scheinfr. vereinigt, selten Steinfr., Innenschicht der Bltn.achse verschleimend und klebrig. Etwa 40 Gattungen mit ca. 1400 Arten, überwiegend in der tropischen Zone.

1. Zw. gelbgrün; Bl. lederartig, immergrün *(84/1)* . . . . ***Víscum*** 84–1
– Zw. dunkelbraun; Bl. dünn, sommergrün . . . . . ***Loránthus*** 84–1

1. ***Loránthus*** L., **Eichenmistel**

Halbsträucher mit gegenst., fiedernervigen oder leicht parallelnervigen Bl.; Bltn. in racemösen oder ährigen Bltn.ständen, zwittrig oder eingschl., Bltn.hüllbl. 4–6. Fr. ist eine beerenartige Scheinfr. mit saftreicher, klebriger Mittelschicht. Etwa 500 Arten, meist paläotropisch, nur wenige extratropisch. In Europa nur eine Art vertreten:

Bl. verkehrt-eif.–eilängl., stumpf, 1–5 cm lang, ganzrandig, dunkelgrün, dünn, Bltn. eingschl., ♂ Bltn. in endst. Trauben, ♀ Bltn. in endst. lockeren Ähren; Bltn.achse unterhalb der Bltn. eine den Kelch vortäuschende Wucherung (Calyculus) bildend; Scheinfr. beerenartig, birnf. bis kugelig, gelb, bis 10 mm ∅; Halbparasit, bis 50 cm hoch; Zw. dunkelbraun, vor allem auf *Quércus*-Arten (vor allem *Q. pubéscens,* seltener auf *Q. róbur* und *Q. petrǣ́a*), z.T. auch auf *Castánea satíva;* IV–V, Fr. X–XII. Sk – Ns-3. ***L. europǣ́us*** Jacq.

2. ***Víscum*** L., **Mistel**

Halbsträucher mit gegenst., ± parallelnervigen, selten wirteligen Bl.; Bltn. stets eingschl., in zymösen Bltn.ständen, einzeln oder in Gruppen in den Achseln von Hochbl., Bltn. klein, grünl., gelbl. oder weißl.; Fr. ist eine beerenartige Scheinfr., rot, orange, gelb oder weiß, mit dicker, klebriger Schleimschicht. Etwa 65 Arten, vor allem im tropischen und subtropischen Afrika, einige auch im tropischen und gemäßigten Asien und in Nordaustralien bzw. in Europa.

Bl. verkehrt-eif.–eilängl., stumpf, 2–8 cm lang, gelbgrün, derb; Bltn. unscheinbar, zu 3–5 sitzend in der Achsel kleiner Hochbl.; Scheinfr. beerenartig, kugelig bis birnf., 6–10 mm ∅, weiß, seltener gelbl.; Halbparasit, bis 1 m groß, auf Laubbäumen, seltener auf Nadelbäumen; IV–V, Fr. X–XII. Sk # – N/Bh-3.
Mistel, *V. álbum* L.

ssp. ***álbum,*** Scheinbeere kugelig, meist weiß; Bl. sehr variabel; ausschließl. auf Laubbäumen vorkommend (sehr selten auf *Álnus, Carpínus, Quércus, Úlmus* und *Fráxinus;* auf *Fágus* völlig fehlend).
ssp. ***abiétis,*** Bl. bis 8 cm lang, nicht mehr als 3mal so lang wie breit; Scheinbeere birnf., meist weiß; nur auf *Ábies*-Arten vorkommend.
ssp. ***austríacum,*** Bl. 2–4(–6) cm lang, bis 6mal so lang wie breit; Scheinbeere meist gelb; vor allem auf *Pínus*-Arten, seltener auf *Pícea, Lárix* und *Cédrus.*

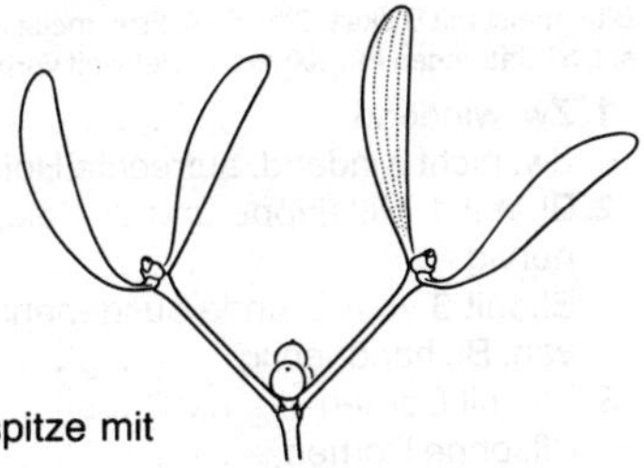

84/1:
Viscum album, Sproßspitze mit Früchten

Ordnung: ***Rhamnáles,*** Kreuzdornartige

85. Familie: ***Rhamnáceae,* Kreuzdorngewächse**

Oft dornig bewehrte, meist sommergrüne Bäume und Sträucher, seltener Lianen und krautige Pfl.; Bl. meist wechselst., einfach, Stipeln vorhanden, klein, unterhalb des Bl.ansatzes oft mit 2 meist ungleichartigen Dornen; Bltn. meist zwittrig, unscheinbar, klein, grünl., gelb oder weißl., in Trauben, Rispen oder Thyrsen, Bltn.hülle einem flachschaligen bis glockigen Achsenbecher entspringend, K. und Kr. je 5–4zählig, Krbl. mitunter fehlend, Bltn. meist mit Diskus, Stbl. 5–4, Frbl. meist 3, verwachsen; Fr. eine Steinfr., Nuß oder Kapsel. 53 Gattungen mit 900 Arten, weltweit verbreitet.

1. Zw. windend . . . . ***Berchémia*** 85–2
– Zw. nicht windend, aufrechte Holzgewächse **2**
2. Bl. mit 1 Mittelrippe und ± vielen Seitennerven, d. h. Bl. fiedernervig . . . . ***Rhámnus*** 85–2
– Bl. mit 3 vom Grunde ausgehenden ± gleich starken Hauptnerven, Bl. handnervig **3**
3. Pfl. mit Dornen **5**
– Pfl. ohne Dornen **4**
4. Achsen des Fr.standes fleischig werdend, ± stark gewunden; höhere Gehölze mit mindestens 10 cm großen Bl. . ***Hovénia*** 85–5
– Achsen des Fr.standes nicht fleischig werdend; kleinere Gehölze, Bl. unter 10 cm groß . . . . ***Ceanóthus*** 85–6
5 (3). Fr. trocken-lederig mit kreisf. Flügelsaum . . . ***Paliúrus*** 85–1
– Fr. ungeflügelt, eine fleischige Steinfr. . . . . . . ***Zíziphus*** 85–2

1. *Paliúrus* Mill., Christusdorn

Sommergrüne Gehölze mit Dornen; Bl. 2zeilig, ganzrandig bis gesägt; Bltn. zwittrig, in Thyrsen; Fr. verholzt, horizontal abgeflacht und ringsum geflügelt *(85/1)*. 8 Arten von S-Europa bis O-Asien.

Sparriger Strauch; Dornen ungleich; Bl. eif. bis eirundl., 2–6 cm lang, fein gesägt oder ganzrandig, dunkelgrün; Bltn. grüngelb; Fr. braungelb, 2–2,5 cm ∅; VI–VII. Sg – Ms/Nsm-3. (*P. austrális* Gaertn.). **Gemeiner C., *P. spina-chrísti*** Mill.

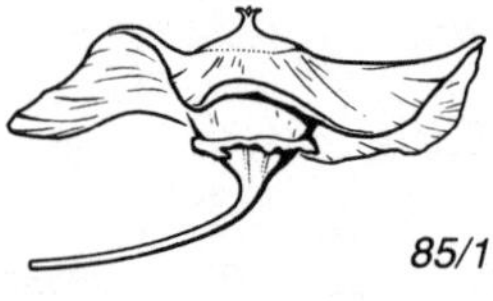

85/1

Paliurus spina-christi, Frucht

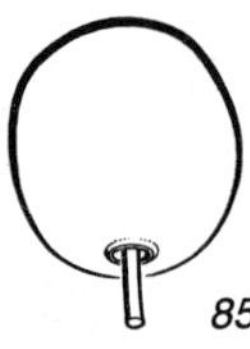

85/2

Ziziphus jujuba, Frucht

2. *Zíziphus* Mill., Judendorn

Sommer- oder immergrüne, dornig bewehrte Gehölze; Bl. wechselst.; Dornen meist ungleich; Bltn. klein, 5zählig, in Zymen; Steinfr. rundl. bis längl. *(85/2)*. 100 Arten, vorwiegend in den Tropen und Subtropen beider Erdhälften.

Dornen sehr ungleich, der eine schlank, bis 3 cm lang, der andere kürzer und gekrümmt; Bl. eilanzettl., 2–6 cm lang, kerbig-gesägt, 1–5 mm gestielt; Bltn. gelb, zu 2–3 achselst., kurz gestielt; Fr. eilängl. *(85/2)*, bis 2,5 cm lang, erst dunkelrot, reif schwärzl., genießbar; IV–V. Sg ∧ – Ns/Ms/a-3/4. (*Z. vulgáris* Lam., *Z. satíva* Gaertn.). **Gemeiner J., *Z. jújuba*** Mill.

3. *Berchémia* Neck. ex DC., Berchemie

Sommergrüne Lianen; Bl. wechselst., ± ganzrandig, Stipeln pfrieml.; Bltn. klein, 5zählig, in end- oder seitenst. Rispen, Frkn. 2fächerig; Fr. eine längl. Steinfr. 12 Arten in S- und O-Asien, O-Afrika und Nordamerika.

1. Rispen schmal, seiten- oder endst., 1–4 cm lang, Bltn. grünl.-weiß; Fr. längl., blauschwarz, 6–8 mm lang; Bl. eielliptisch, 3–8 cm lang mit 9–12 Paar Seitennerven, Rand oft gewellt, Stiel 1 cm lang; VI. L ∧ – Nhw-2. (*Rhámnus scándens* Hill).
Amerikanische B., *B. scándens* (Hill) K. Koch

– Rispen endst., breit, 5–20 cm lang, Bltn. grünl.; Fr. eif., 5–7 mm lang, sich von Rot nach Schwarz färbend, erst im Jahr nach der Blüte reifend; Bl. eif., 3–6 cm lang, kurz zugespitzt, unterststs. bläul., mit 7–8 Paar Seitennerven, Bl.stiel 1–1,5 cm lang; VII–IX. L – Nh-4 (Japan).
Japanische B., *B. racemósa* Sieb. & Zucc.

4. *Rhámnus* L., Kreuzdorn, Faulbaum

Sommergrüne, selten immergrüne Gehölze, oft dornig bewehrt; Winterknospen mit Kn.schuppen (Untergattung *Rhamnus*) oder nackt (Untergattung *Frangula*), mit oder ohne Endknospe; Bl. wechsel- oder gegenst., fiedernervig, Stipeln vorhanden; Bltn. grünl., gelbl. oder weißl., zwittrig, polygam, mitunter zweihäusig verteilt, 5–4zählig, Kr. bisweilen fehlend, Frkn. 2–4fächerig, Gr. 1–4; Steinfr. mit 2–4 einsamigen Steinkernen *(85/5)*. Frucht giftig! Rund 160 Arten, vorwiegend in den gemäßigten Zonen der N-Hemisphäre.

1. Bl. gegenst. oder fast gegenst., zuweilen an Kurztrieben rosettig; Pfl. meist dornig **11**
– Bl. wechselst. **2**
2. Bl. 2–6(–10) mm breit, im Mittel über 5mal so lang wie breit, mit ± deutl. Seitennerven; Bltn. grünl.; Pfl. sparrig verästelt, meist dornig; V. G! Sk – Ns-3 (Anatolien).
Schmalblättriger K., *R. pallásii* Fisch. & Mey.

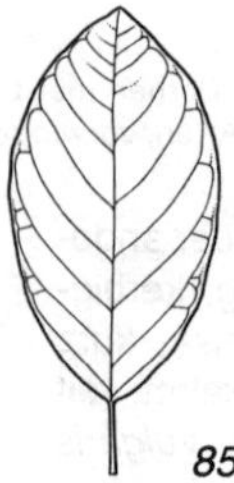

85/3

Rhamnus frangula

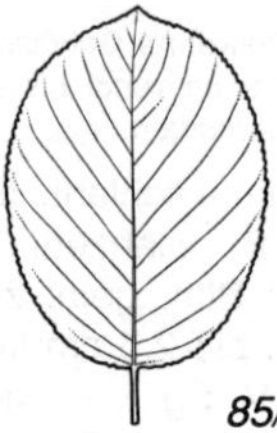

85/4

R. alpina ssp. alpina

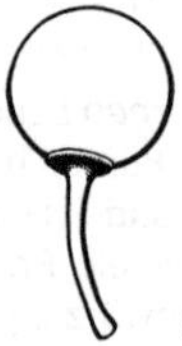

85/5

R. purshiana, Frucht

– Bl. breiter, Seitennerven sehr deutl.; Pfl. dornenlos **3**

3. Mittelrippe der größeren Bl. jedersts. im Mittel mit mehr als 12 Seitennerven, Bl. gesägt **8**

– Mittelrippe der Bl. jedersts. mit höchstens 12 Seitennerven (an besonders großen Bl. bis 14) **4**

4. Bl. selten bis 5 cm lang, mit etwa 6–8 Seitennervenpaaren, fein und stumpf gezähnt oder ganzrandig; Bltn. meist zu 1–3; Fr. zuletzt schwarz; V–VI. G! Sk – Nsg-3 (SO-Europa). (*Frángula rupéstris* (Scop.) Schur). **Felsen-K., *F. rupéstris*** Scop.

– Bl. im Mittel über 5 cm lang **5**

5. Bl. am Rande bis fast zum Grunde fein gezähnt **7**

– Bl. ganzrandig (zuweilen am Rande etwas wellig) oder vorn gekerbt; Bltn. 5zählig **6**

6. Bl. etwa 2–3mal so lang wie breit, beidersts. glänzend, vorn zuw. gekerbt, zuletzt etwas derb, im Herbst gelb; Bltn. zu 2–10 in gestielten Zymen oder einzeln; Fr. schwarz; V–VIII. G! Sg – Nw-2. **Karolina-F., *R. caroliniána*** Walt.

– Bl. im Mittel nicht über 2mal so lang wie breit *(85/3)*, ganzrandig, häufig bleibend; Bltn. in 2–6bltg., achselst. Zymen; Fr. anfangs rot, reif schwarz; V–VII. G! Sg – N/B-3. (*Frángula álnus* Mill.). **Faulbaum, Pulverholz, *R. frángula*** L.

'Aspleniifólia', Bl. linealisch lanzettl., 3–5 mm breit, Rand ± gewellt.

7 (5). Bl. an der Spitze stumpf oder abgerundet, am Grunde abgerundet oder etwas herzf. *(85/4)*, meist mit 9–12 Paar Seitennerven; Bltn. 4zählig, Bltn.bl. vorhanden; V–VI. G! Sk – Ng-3. **Alpen-K., *R. alpína*** L. ssp. ***alpína***

– Bl. zugespitzt, am Grund keilf., mit 6–8 Nervenpaaren; Bltn. 5zählig, Bltnbl. fehlend; V–VI. G! Sk – N-1. **Erlenblättriger K., *R. alnifólia*** L'Herit.

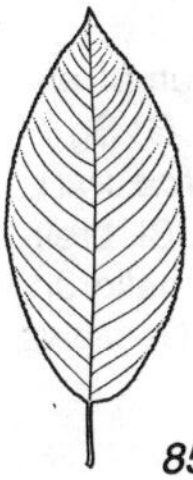

85/6

Rhamnus imeretina

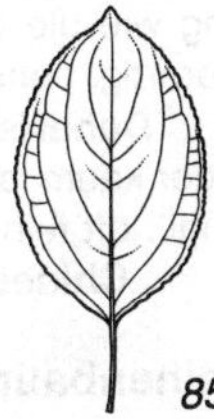

85/7

R. cathartica

8 (3). Bl. untersts. kahl oder nur anfangs auf den Nerven etwas behaart **10**

– Bl. untersts. behaart, auf den Nerven dichter weichhaarig **9**

9. Bl. mit breit abgerundeter oder sehr kurzer, aufgesetzter Spitze, meist über der Mitte am breitesten, mit etwa 12–16 Nervenpaaren; Bltn. 5zählig; V–VI. G! Sg – N-1. (*Frángula purshiána* (DC.) J. G. Coop.). **Purgier-F., *R. purshiána*** DC.

– Bl. deutlich zugespitzt, mit 15–25(–30) Paar Seitennerven *(85/6)*; Bltn. 4zählig; VI. G! Sg – Nhw-3 (Kaukasien). **Kaukasischer K., *R. imeretína*** Booth ex Kirchn.

10 (8). Bl. breit-lanzettl., am ± verschmälerten Grunde gestutzt oder seicht herzf., unterst. ± glänzend-gelbgrün; Bltn. zu 3–7, gelbgrün; Fr. schwarz; V–VI. G! Sk/Sg – Ng-3. **Illyrischer K., *R. alpína*** L. ssp. ***fállax*** (Boiss.) Maire & Petitm.

– Bl. breit-elliptisch, am Grunde abgerundet oder herzf., mit stumpfer, rundl. Spitze ***R. alpína*** s. Nr. 7.

11 (1). Bl. meist nicht über 3 cm lang, mit 2–4 Paar Seitennerven, kahl oder fast kahl; Bltn. 4zählig wie die folgenden; Fr. schwarz. Pfl. niederliegend-aufstrebend; V–VI. G! Sk – Ng-3. **Felsen-K., *R. saxátilis*** Jacq.

– Mehrzahl der Bl. über 3 cm lang; aufrechte Sträucher **12**

12. Bl. am Grunde schmal-keilf., oberhalb der Mitte am breitesten, etwa 5–6 cm lang, ± gelbgrün; Bltn. grünl.; V. G! Sg – Nh-4 (Japan). **Japanischer K., *R. japónica*** Maxim.

– Bl. am Grunde nicht schmal-keilf. verschmälert, in oder unterhalb der Mitte am breitesten **13**

13. Bl. 5–6 cm, an üppigen Sprossen 6–7 cm lang, 1½–2mal so lang wie breit, mit 3–4 Paar Seitennerven *(85/7)*; Fr. schwarz; V–VI. G! Sg/Bk – N-3. **Purgier-K., *R. cathártica*** L.

– Bl. 6–14 cm lang, mit 4–8 Paar Seitennerven **14**

14. Bl.stiele 2–3mal so lang wie die Stipeln, Bl. meist stumpf endend, zuletzt etwas lederartig, sonst wie vorige; V–VI. G! Sg – N-4. **Dahurischer K., *R. davúrica*** PALL.

– Bl.stiele etwas kürzer oder kaum länger als die Stipeln, Bl. breitelliptisch bis schmal-längl., oft fein und scharf gesägt, hellgrün; VI. G! Sg – Nhw-4. **Chinesischer K., *R. útilis*** DECAISNE

5. *Hovénia* THUNB., Rosinenbaum

Sommergrüne Gehölze; Bl. wechselst., ohne Stipeln; Bltn. 5zählig, klein, in seiten- oder endst. Zymen, Krbl. die Stbl. einschließend, Diskus behaart; Fr. beerenartig, meist 3samig mit lederiger Schale, Bltnst.achsen zur Reife ± fleischig verdickt *(85/9)*, Samen etwas abgeplattet, glänzend hellbraun. 5 Arten, vom Himalaja bis Japan.

Bl. breit-eif. bis elliptisch, 10–15 cm lang, 7–9,5 cm breit, zugespitzt, am Grund abgerundet oder herzf., grob gesägt, untersts. kahl oder auf den Nerven behaart, Stiel 3–5 cm lang *(85/8)*, Bltn. grünl.-weiß, 7 mm ∅, in reichbltg. Zymen; Fr. 8 mm ∅; VI–VII. Sg/Bk – Nh-4. ***H. dúlcis*** THUNB.

85/8

Hovenia dulcis

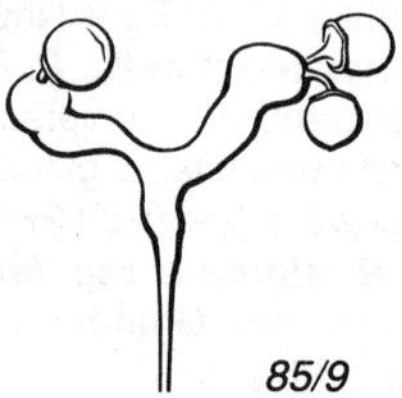

85/9

H. dulcis, Teilfruchtstand

6. *Ceanóthus* L., Säckelblume

Sommer- oder immergrüne Gehölze; Bl. wechselst., mitunter auch gegenst., gesägt oder ganzrandig, vom Grunde an 3nervig, Stipeln klein, hinfällig; Bltn. klein, 5zählig, Dolden zu Ähren oder Rispen vereinigt, Kbl. oft gefärbt, Krbl. kapuzenartig, genagelt; Fr. eine kapselartige, trockene Steinfr., vom bleibenden Bl.becher umhüllt. 55 Arten in Nordamerika.

Zw. schlank; Bl. eif. bis eilängl., 3–8 cm lang, abgerundet bis zugespitzt, fein gesägt, dunkelgrün *(85/10)*; Bltn. weiß, Teilstände zu großen Doldenrispen vereinigt; VI–VIII. Sk – Ns-2. ***C. americánus*** L.

C. × ***deliliánus*** Spach *(C. americánus* × *C. caerúleus)*, in Gärten verbreitete Hybride; unter diesem Namen werden viele der blaublühenden Sorten zusammengefaßt *(85/13)*; ∧.

C. × ***pállidus*** Lindl, hierzu werden die zahlreichen rosa bis purpurrosa blühenden Gartensorten zusammengefaßt; ∧.

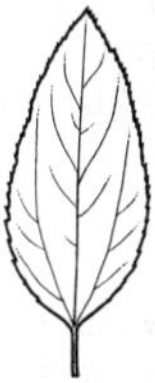

85/10

Ceanothus americanus

85/11

C. americanus, unreife Frucht

85/12

C. americanus, reife Frucht

85/13

C. × *delilianus*

86. Familie: ***Vitáceae,* Weinrebengewächse**

Lianen oder strauchige Holzgewächse; Bl. wechselst., einfach, gelappt, handförmig oder fiederteilig, Stipeln vorhanden; Bltn. in ± reich verzweigten Zymen, den Blättern gegenüberstehend, zwittrig, eingschl., zuw. zweihäusig verteilt, Bltn.hülle doppelt, 5–4teilig, Nektarscheibe (Diskus) zwischen Stbl. und Frkn., ringf. oder gelappt, meist deutl. ausgebildet, Frkn. oberst., 2fächerig; Fr. eine wenigsamige ± saftreiche Beere. 12 Gattungen mit rund 700 Arten, weltweit verbreitet.

1. Borke sich gewöhnl. in langen Streifen ablösend, Zw. ohne Lentizellen; Mark der vorjährigen Zw. braun; Bltn. in verlängerten Zymen, Krbl. an den Spitzen mützenartig verwachsen, beim Aufblühen als Ganzes abfallend . . . . ***Vítis*** 86–1

– Borke sich nicht streifenartig ablösend, Zw. mit Lentizellen; Mark weiß bleibend; Bltn. in doldenartigen Zymen, Krbl. frei, einzeln abfallend **2**

2. Rankenenden ohne tellerf. Haftscheiben; Nektarscheibe der Bltn. schüsself., vom Frkn. deutlich abgesetzt . ***Ampelópsis*** 86–4

– Rankenenden oft mit tellerf. Haftscheiben; Nektarscheibe vom Frkn. nicht oder nur schwach abgesetzt . . ***Parthenocíssus*** 86–5

1. *Vítis* L., Weinrebe

Meist laubwerfende Rankenpflanzen; Sprosse ohne Lentizellen; mehrjährige Zw. mit braunem Mark, an den Knoten unterbrochen; Bl. einf., tief gelappt, seltener handförmig; Bltn. zwittrig, polygam oder eingschl., zuw. zweihäusig verteilt, Krbl. an der Spitze verwachsen, beim Aufblühen als Mütze abfallend; Beere mit 2–4 birnenf. Samen *(86/7)*. Mehr als 60 Arten in Eurasien und Nordamerika.

1. Bl. beiderststs. grün und glänzend, unterststs. kahl oder spärl. behaart, nicht flockig-spinnwebig **5**

– Bl. unterststs. bleibend braun- oder weißflockig-filzig, nicht beiderststs. deutlich grün (nur bei *V. thunbérgii* zuletzt oft kahlend) . . **2**

2. Junge Zw. 5kantig; Bl. meist tief eingeschnitten, im Mittel 6–10 cm breit, Bl.stiele zuletzt rauhhaarig; Bltn. in ausgebreiteten, reichbltg. Ständen; Beere 8–10 mm ∅, schwarz, purpurn bereift; VI–VII. L – N-4. **Thunbergs W., *V. thunbérgii*** Sieb. & Zucc.

– Junge Zw. nicht 5kantig (aber nicht immer ganz stielrund) **3**

3. Ranken (oder dafür Bltnst.) fortlaufend an mehreren Knoten aufeinander folgend; Bl. ungeteilt oder ± gelappt *(86/1)*, unterststs. grau- bis weißfilzig; Bltnst. fast traubenartig, 5–7 cm lang; Beere 1,5–2 cm groß, dunkelviolett, in Kultur auch grün, rot oder weiß, nach Muskat schmeckend; VI. L – N-2.
Fuchs-W., *V. labrúsca* L.

– Ranken an jedem 3. Sproßknoten fehlend **4**

4. Bl. unterststs. (besonders auf den Nerven) bleibend rostrot spinnwebig-filzig, im Umriß rundlich, ± deutlich 3–5lappig *(86/2)*, am

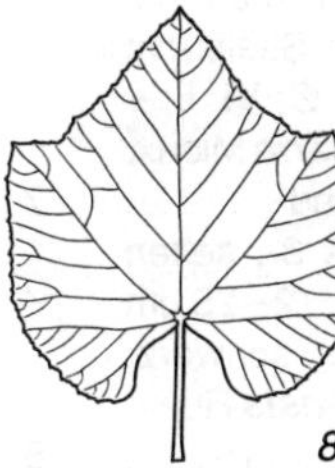

86/1

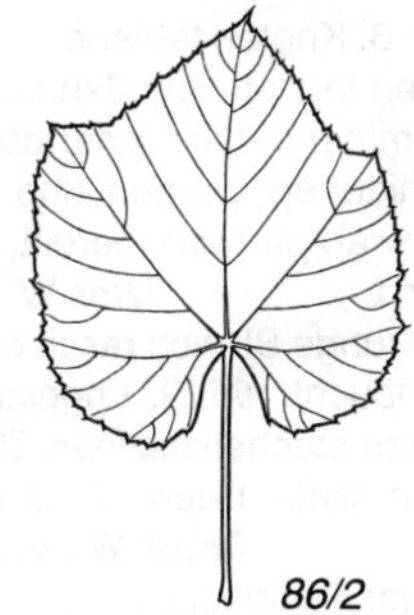

86/2

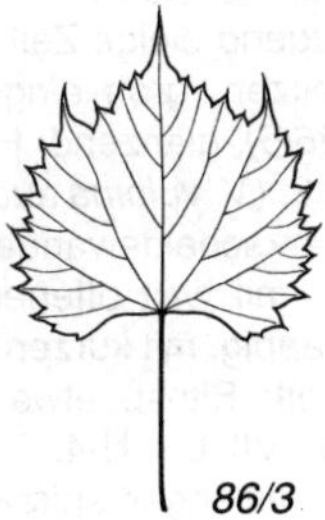

86/3

Vitis labrusca *V. coignetiae* *V. aestivalis*

Rand mit kurzen, stachelspitzigen Zähnen, im Mittel 20–30 cm breit; Bltnst. schmal, 6–12 cm lang, rostrot-filzig; Beere 1 cm ∅, schwarzpurpurn, bereift; VI–VII. L – Bh/Nhg-4.

Rostrote W., *V. coignétiae* PULLIAT

– Bl. untersts. mehr graufilzig, nur längs der Nerven mit rostfarbigen Filzflocken, ungeteilt bis tief 3–5lappig *(86/3)*, 10–30 cm breit; Bltnst. walzenf., 10–25 cm lang; Beere 8–10 mm ∅, dunkelblau, etwas bereift; VI. L – Nw-2.

Sommer-W., *V. aestivális* MICHX.

5 (1). Ranken zart, leicht abfallend, oft an mehreren Knoten fehlend; Bl. klein, 4–10 cm breit, meist breiter als lang *(86/4)*, mit weit offener Stielbucht, obersts. bläul.-grün, glänzend, meist kahl; Zw. ± violett, mit dünnen Scheidewänden an den Knoten; Bltnst. 2–10 cm lang, locker; Fr. 7–14 mm ∅, schwarzpurpurn; VI. L – Nw-2.

Sand-W., *V. rupéstris* SCHEELE

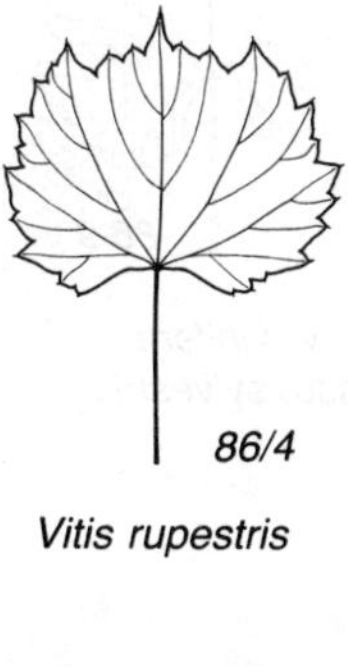

86/4

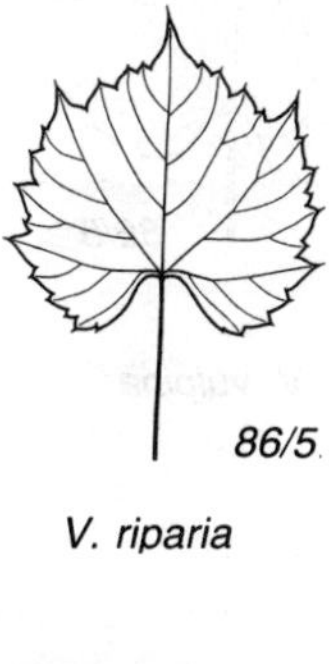

86/5

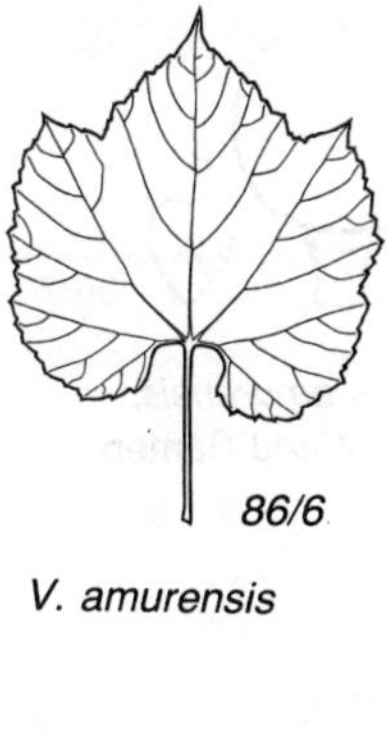

86/6

Vitis rupestris *V. riparia* *V. amurensis*

– Ranken kräftig, an jedem 3. Knoten fehlend **6**

6. Markscheidewände in den letzten Sproßknoten dünn; Bl. in der Jugend einige Zeit zusammengefaltet oder obersts. vertieft, mit spitzen, grob eingeschnittenen Lappen und weiter Stielbucht *(86/5)*, glänzend; Fr. schwarzpurpurn, bereift, 8 mm ∅; VI. L – N-2. (*V. vulpína* auct. non L.). **Ufer-W., *V. ripária*** Michx.

– Markscheidewände dick, junge Bl. sich rasch entfaltend **7**

7. Bl. mit weit offener Stielbucht *(86/6)*, ungelappt bis 3-, selten 5lappig, mit kurzen, breiten stachelspitzigen Zähnen, 12–25 cm breit; Bltnst. etwa 5 cm lang; Beere 7–8 mm ∅, schwarz; VI–VII. L – N-4. **Amur-W., *V. amurénsis*** Rupr.

– Bl. mit enger, spitzwinkliger Stielbucht **8**

8. Bl. ± eif., ungelappt oder kurz 3lappig *(86/8)* grob gesägt, unterststs. zuletzt auf den Nerven rauhhaarig, 7–11 cm breit; Bltnst. 10–20 cm lang; Beere 8–10 mm ∅, schwarz, leicht bereift; VI. L – Nw-2. (*V. cordifólia* Gray). **Duft-W., *V. vulpína*** L.

– Bl. ± kreisrund, meist deutlich 3–5lappig **9**

9. Bltn. eingschl., zweihäusig verteilt; Bl. unterschiedl. tief gelappt, am Grunde herzförmig, unters. kurzhaarig oder zerstr. filzig, Stielbucht oft weit; Bl. im Umriß rundl., 5–15 cm groß *(86/9)*; Beeren blauviolett bis schwarzblau, 5–7 mm ∅, saftarm; VI. L – Nw-3. (*V. sylvéstris* C.C. Gmel.).

Wild-W., *V. vinífera* L. ssp. ***sylvéstris*** (C. C. Gmel.) Hegi

– Bltn. meist zwittrig; Bl. unterschiedl. tief gelappt, zuw. tief und fein eingeschnitten (*'Apiifólia'*, Petersilienwein), untersts. kahl oder behaart; Beere 12–20 mm ∅, verschiedenfarbig, saftreich; VI. L – Nw-3.

Kultur-W., Echte-W., *V. vinífera* L. ssp., ***vinífera***

86/7

Vitis amurensis,
Frucht und Samen

86/8

V. vulpina

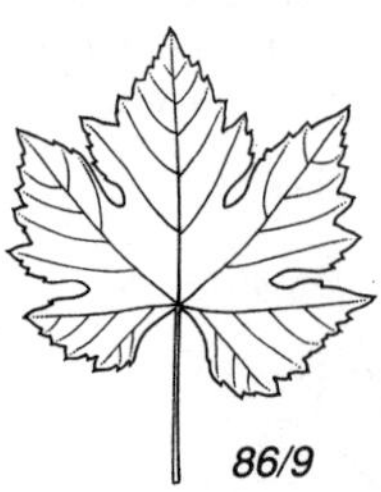

86/9

V. vinifera
ssp. *sylvestris*

2. ***Ampelópsis*** Michx. emed. Planch., **Zaunrebe**

Sommergrüne Rankenpflanzen mit verzweigten Ranken; Rinde mit Lentizellen, Zw. mit weißem Mark; Bl. einfach oder gegliedert, lang gestielt; Bltn. zwittrig, klein, in langen Ständen, meist 5zählig; Frucht eine 1–4samige, ± saftreiche Beere *(86/11)*. Etwa 20 Arten, vor allem im östl. N-Amerika und Ostasien.

1. Bl. einfach oder doppelt gefiedert, 20–30 cm lang, lang gestielt, Blch. eilängl., 5–12 cm lang, grob gezähnt, unterstս. bläul.; Fr. kreiself., 6 mm Ø, schwarz; VI–VII. L – Nw-4 (W-China).
Riesenblättrige Z., *A. megalophýlla* Diels & Gilg

– Bl. nur gefingert oder ± fiederteilig gelappt **2**

2. Bl. gefingert oder sehr tief 3–5teilig mit ± fiederteiligen Mittellappen, Blch. oft tief zerschlitzt *(86/10)*; Bltnst. klein; Beere 6 mm Ø, gelb, vor der Reife oft bläul.; VII–VIII. L – Ns-4.
Sturmhutblättrige Z., *A. aconitifólia* Bunge

– Bl. nur z. T. tief 3–5lappig oder alle seicht gelappt **3**

3. Alle Bl. seicht 3–5lappig, mit meist lang zugespitztem Mittellappen und ± breit abstehenden Seitenlappen; Beere vor der Reife amethystblau oder türkisfarbig, vollreif ± violettblau, selten weiß, 6–8 mm Ø; VII–VIII. L – N-4.
Ussuri-Z., *A. brevipedunculáta* (Maxim.) Trautv.

– Bl. z. T. tief 5lappig oder gefingert, fast kahl, zuw. weißl. bunt *(86/12)*; junge Zw. kahl oder an der Spitze ± locker behaart, sonst wie vorige; VII–VIII. L – N-4 (W-China). (*A. heterophýlla* (Thunb.) Sieb. & Zucc. non Blume).
A. b. var. ***maximowíczii*** (Regel) Rehd.

In Kultur ist meist diese Varietät zu finden.

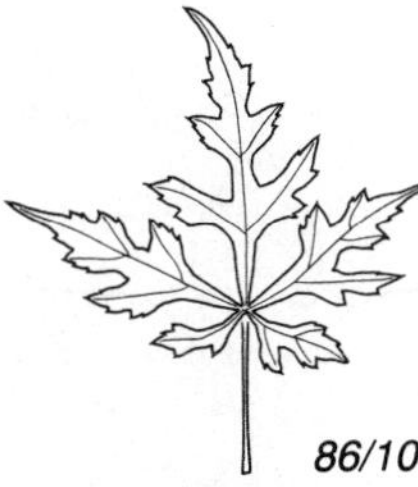

86/10

Ampelopsis aconitifolia

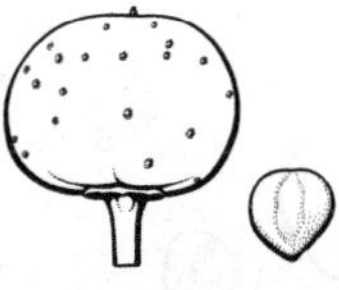

86/11

A. aconitifolia, Frucht und Samen

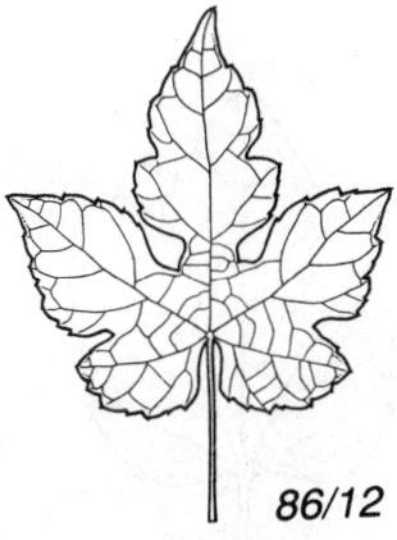

86/12

A. brevipedunculata var. *maximowiczii*

3. ***Parthenocíssus*** Planch., **Jungfernrebe**

Laubwerfende Rankenpflanzen mit ± reich verzweigten Ranken, meist mit markanten Haftscheiben; Zw. mit Lentizellen und weißem Mark; Bl. gelappt oder fingerf. gegliedert, lang gestielt; Bltn. zwittrig, selten auch polygam, klein, grünl.; Fr. eine 1–4samige, dunkelblaue bis schwarze ± saftreiche Beere *(86/14)*. 15 Arten, vor allem in Nordamerika und O-Asien.

1. Bl. teils ungelappt, teils 3lappig *(86/13)* teils 3zählig, glänzend; Ranken sehr kurz, fest haftend; Bltn. gelbgrün, an kurzen, meist 2blättrigen Zweigen; Fr. 8 mm ∅, blauschwarz, bereift; VI–VII. L – N-4. (*Ampelópsis t.* Sieb. & Zucc. *A. vḗitchii robústa* hort.).
Dreispitz-J., *P. tricuspidáta* (Sieb. & Zucc.) Planch.

'Lówii', Bl. nur 2–3 cm lang, einfach oder 3zählig, Rand eingeschnitten gezähnt oder unregelmäßig gelappt.
'Purpúrea', Bl. purpurn, nicht vergrünend.
'Vḗitchii', Bl. kleiner, im Austrieb bronzefarbig, einfach oder 3zählig, Blch. mit 1–3 Zähnen an den Außenseiten.

– Bl. 5–7zählig gefingert *(86/15)* **2**

2. Ranken mit 2–5 sehr verlängerten, windenden Verzweigungen, ohne oder mit schwachentwickelten Haftscheiben *(86/16)*; junge Zw. und Blattknospen im Frühjahr grün; Bl.unterst s. grün, glänzend; Fr. schwarz, etwas bereift, 8 mm ∅; VI–VII. L – N-2. (*P. vitácea* Hitchc.).
Wilder Wein, Gemeine J., *P. insérta* (Kern.) K. Fritsch

– Ranken mit 5–12, regelmäßig 2reihig angeordneten Verzweigungen *(86/17)*; Haftscheiben stets vorhanden; junge Zw. und Bl.kn. im Frühjahr hellrot, ältere Zw. zuw. mit Luftwurzeln; Bl. unterst s. weißl.grün, matt; VII–VIII. L – N-2. (*Ampelópsis q.* (L.) Michx.). **Selbstkletternde J., *P. quinquefólia*** (L.) Planch.

86/13

Parthenocissus tricuspidata

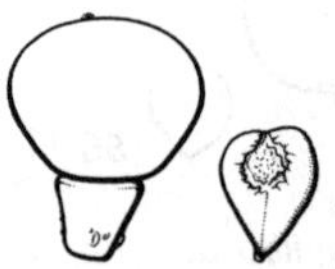

86/14

P. tricuspidata, Frucht und Samen

86/15

P. inserta

f. ***engelmánnii*** Rehd., wie der Typ aber in allen Teilen etwas kleiner; Haftscheiben jedoch sehr kräftig entwickelt.
var. ***hirsúta*** Planch., junge Zw., Bl. und Bltnst. weich behaart, im Austrieb rot.
var. ***murórum*** Rehd. (*Ampelópsis hederácea* hort.), Ranken mit 8–12 Verzweigungen; Blch. derber, kürzer und breiter als beim Typ.
var. ***saint-pāūlii*** Rehd., ähnlich var. *murórum* doch Blch. sehr allmählich in den Stiel verschmälert.

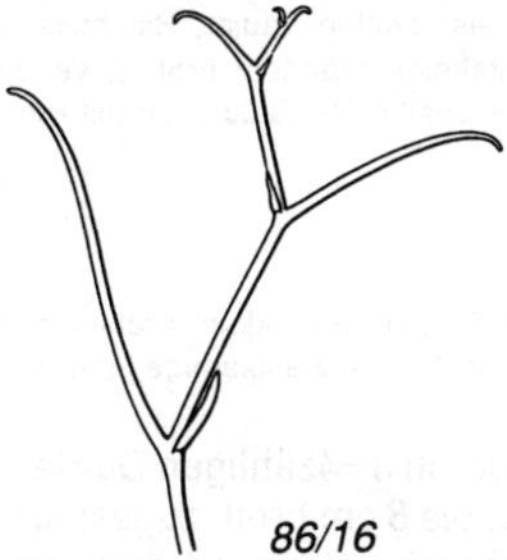

86/16

Parthenocissus inserta, Ranke

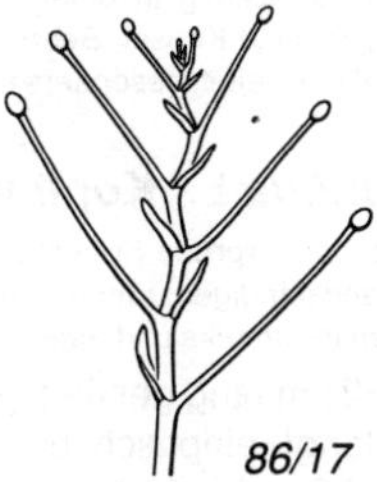

86/17

P. quinquefolia, Ranke

Unterklasse: ***Sympétalae***

Ordnung: ***Contórtae***

87. Familie: ***Rubiáceae,*** **Rötegewächse**

Bäume, Sträucher oder krautige Gewächse; Bl. gegenst., einfach, ganzrandig, Stipeln vorhanden, oft miteinander verwachsen; Bltn. meist zwittrig, radiär, Bltn.hülle doppelt, verwachsenbl., 5–4zählig in unterschiedlich gestalteten Ständen; Frbl. 2, verwachsen, Frkn. unterst.; Fr. eine Kapsel, Beere, Steinfr. oder Spaltfr. 600 Gattungen mit rund 10000 Arten, weltweit verbreitet, besonders in den Tropen.

Cephalánthus L., **Kopfblume**

Sommer- oder immergrüne Sträucher oder kleine Bäume; Bltn. klein, 4zählig, sitzend in achsel- oder endständigen, runden Köpfchen; Fr. zur Reife in 2 einsamige Frch. zerfallend *(87/1)*. 17 Arten in Amerika und Asien.

Bl. 0,5–2 cm lang gestielt, gegenst. oder in 3–4zähligen Quirlen, eif. bis längl.-elliptisch, 6–15 cm lang, bis 5 cm breit, zugespitzt, Bl.rand fein borstig gewimpert, Bl. obersts. glänzend grün, untersts. heller, kahl oder auf der Mittelrippe schwach behaart; Köpfchen 3–6 cm lang gestielt, bis 3 cm breit, Bltn. cremefarben, 2,5–3 cm lang, Gr. die Kr. weit überragend; VII–IX. Sk/Sg – Nw-2.
C. occidentális L.

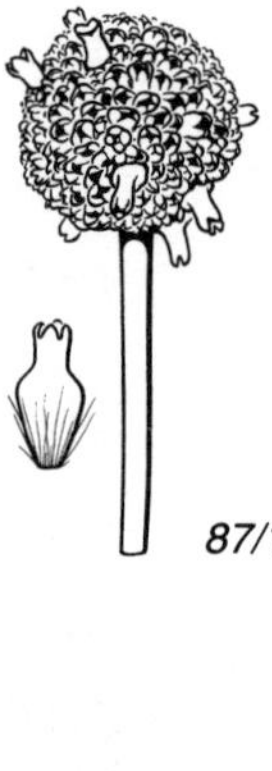

87/1: Cephalanthus occidentalis, Frucht und Fruchtstand

88. Familie: ***Apocynáceae,* Hundsgiftgewächse**

Bäume, Sträucher und Lianen, oft mit Milchsaft. Bl. kreuzgegenst. oder wirtelig, selten wechselst., ganzrandig, Seitennerven 1. Ordnung oft parallel verlaufend; Bltn. 5zählig, zwittrig, radiär, Kr. röhrig oder trichterf., ihre Zipfel in der Kn. gedreht; häufig nur 2 fast chorikarpe Frbl., Fr. dann 2 balgartig aufspringende Teilfr. *(88/3)*. Ca. 200 Gattungen mit über 2000 Arten vorwiegend in den Tropen und Subtropen, nur wenige Gattungen in den gemäßigten Zonen. Vielfach giftige Alkaloide und Glykoside, G!.

Vínca L., **Immergrün**

Vorwiegend immergrüne, kriechende Halbsträucher, nur die Bltn.triebe aufrecht; Bl. ledrig, glänzend, ganzrandig, gegenst.; Kr.röhre innen behaart, blauviolett, seltener rötl. oder weiß. 5 Arten in Europa und Klein-Asien.

1. Bl. 2–5 cm lang, am Spreitengrund allmähl. verschmälert *(88/1)*; Kr. 2,5–3,0 cm ∅; K.zipfel 3 mm lang (kaum halb so lang wie die Kr.röhre), am Rande kahl; III–V, IX. G! HS # – N-3.
Kleines I., *V. mínor* L.

– Bl. 2,5–7 cm lang, am Spreitengrund abgerundet oder fast herzf. *(88/2)*; Kr. 3,5–4,0 cm ∅, K.zipfel 12 mm lang (fast so lang wie die Kr.röhre), am Rande bewimpert; V–IX. G! HS # ∧ – M/Nm-3.
Großes I., *V. májor* L.

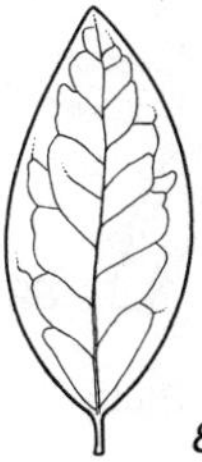

88/1

Vinca minor

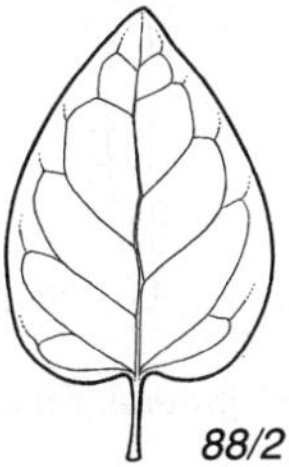

88/2

V. major

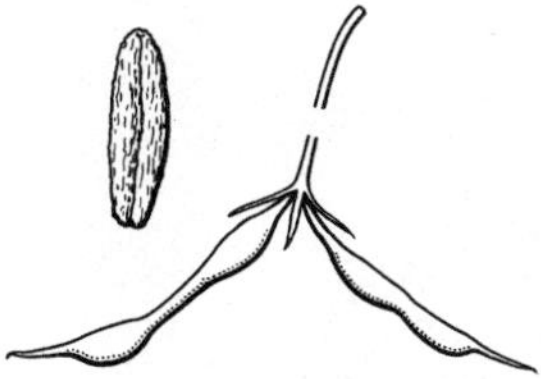

88/3

V. major, Frucht und Samen

89. Familie: ***Asclepiadáceae*, Schwalbenwurzgewächse**

Stauden, seltener Gehölze oder Lianen; Milchsaft; Bl. meistens gegenst., ganzrandig; Bltn. 5zählig, radiär, zwittrig, Krbl. nicht röhrig verwachsen, ± frei. Frbl. 2, chorikarp; Fr. 2 Balgfr., Samen mit einseitigem langen Haarschopf. Ca. 250 Gattungen mit 2000 Arten vorwiegend in den Tropen, die meisten in Afrika. Häufig giftige Glykoside und Alkaloide. G!

Períploca L., **Baumschlinge**

Lianen; Bl. kahl, ganzrandig, gegenst.; Kr. innen bräunl. bis violett, außen grünl., neben den 5 ausgebreiteten Krbl. eine Nebenkrone mit 5 langen, schmalen, fast fadenf., am Ende einwärts gekrümmten Zipfeln; Fr. 10–15 cm lang, 4–6 mm ∅. Etwa 15 Arten in Asien, S-Europa und W-Afrika.

1. Bl. elliptisch bis lanzettl. *(89/1)*, 2,5–5 cm breit; Kr.zipfel ausgebreitet; Sprosse kräftig, bis 15 m hoch windend; VI–VII. G! L ∧ – Nsm-3 (SO-Europa). **Orient-B., *P. grǣca*** L.

– Bl. lanzettl., 1,2–3 cm breit, Kr.zipfel zurückgerollt; Sprosse zarter, bis 10 m hoch windend; VI–VII. G! L – Ns-4 (N-, O-, W-China). **Chinesische B., *P. sépium*** BUNGE

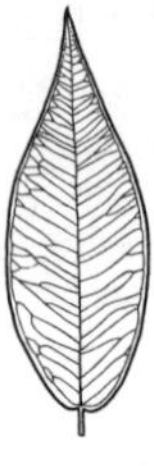

89/1

Periploca graeca

89/2

P. graeca, Frucht

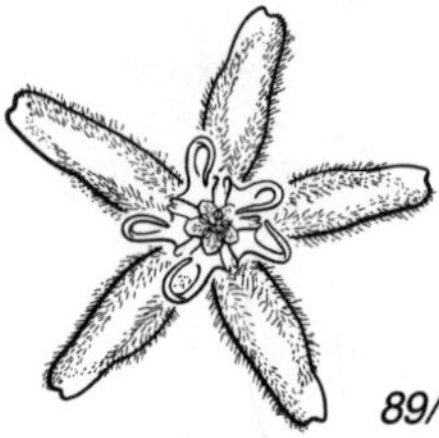

89/3

P. graeca, Blüte

Ordnung: ***Oleáles***

90. Familie: ***Oleáceae,*** **Ölbaumgewächse**

Bäume und Sträucher, selten Lianen; Bl. fast ausschließl. gegenst., einfach, gefiedert oder 3zählig; Bltn. radiär, Krbl. 4 (selten 2, 0 oder 6–12), meist verwachsen, Stbl. 2, Frkn. 2fächerig, oberst.; Fr. eine Kapsel, Flügelnuß, Beere oder Steinfr. Ca. 27 Gattungen und 600 Arten in den tropischen und extratropischen Waldzonen.

1. Fr. eine Kapsel, Steinfr. oder Beere **4**
– Fr. ein geflügeltes Nüßchen **2**
2. Bl. gefiedert, selten einfach, dann grob gesägt oder rundl.; Fr. elliptisch bis linealisch, an der Spitze mit einem langen Flügel; Bltn. krbl.los oder mit 2 oder 4 schmalen Krbl. . . . . ***Fráxinus*** 90–5
– Bl. stets einf., ganzrandig; Fr. diskusartig, ringsum geflügelt . . . **3**
3. Kr. aus 4 getrennten, schmalen Krbl. bestehend ***Fontanésia*** 90–3
– Petalen verwachsen, eine Kr.röhre bildend, mit 4 ± zurückgeschlagenen langen Zipfeln; Mark schwach gefächert . . . . . . ***Abeliophýllum*** 90–5
4 (1). Fr. eine Steinfr. oder Beere **6**
– Fr. eine Kapsel; Bl. einfach, selten 3teilig oder gefiedert **5**
5. Bltn. gelb, vor der Bl.entfaltung sich öffnend, Zipfel in der Kn. sich überdeckend; Zw. hohl oder mit gefächertem Mark; Bl. einf., gelegentl. auch 3teilig, ± gesägt *(90/4)* . . . . . ***Forsýthia*** 90–3
– Bltn. nicht gelb, Zipfel in der Kn. klappig; Zw. mit vollem Mark; Bl. einf. oder gefiedert, ganzrandig . . . . ***Syrínga*** 90–11
6 (4). Bl. gefiedert, selten einfach, gegen- oder wechselst.; Bltn. gelb, seltener rosa oder weiß; Fr. oft 2teilig erscheinend (beide Frbl. haben Samen ausgebildet); Zw. oft 4kantig ***Jasmínum*** 90–2
– Bl. einfach, gegenst.; Bltn. weiß; Fr. nicht 2teilig; Zw. rund **7**
7. Zipfel der Kr. linealisch, mehrfach länger als die Kr.röhre, in der Kn. klappig; Bltn. in hängenden Rispen . . . ***Chionánthus*** 90–16
– Zipfel der Kr. kurz oder Kr. fehlend **8**
8. Bltn. in endst. Rispen; Zipfel der Kr. in der Kn. klappig; Bl. ganzrandig, manchmal ± # . . . . ***Ligústrum*** 90–15
– Bltn. achselst.; Kr. in der Kn. mit sich deckenden Zipfeln oder fehlend **9**
9. Kr. fehlend, Bltn. sehr klein, vor der Laubentfaltung sich öffnend; Bl. sommergrün *(90/19)* . . . . ***Forestiéra*** 90–18
– Kr. vorhanden; Bl. #, ganzrandig oder gesägt **10**
10. Stbl. länger als die Kr.röhre; Fr. kugelig, 3–8 mm ∅ . . . . . ***Phillýrea*** 90–18
– Stbl. so lang oder kürzer als die Kr.röhre; Fr. eif., länger als 1 cm ***Osmánthus*** 90–17

1. *Jasmínum* L., Jasmin

Lianen oder Sträucher; Zw. 4kantig oder drehrund; Bl. gegenst. oder wechselst., gefiedert, 3teilig oder einfach; Bltn. gelb oder weiß, bisweilen auch rötl., meistens duftend; Kr. langröhrig mit 4–9 in der Kn. zusammengedrehten Zipfeln, 2 Stbl.; Fr. eine schwarze Beere, die 2spaltig ist, wenn beide Frbl. Samen ausbilden. Etwa 200 Arten in allen Kontinenten, vorwiegend tropisch und subtropisch.

1. Bl. wechselst., 3zählig, selten einfach, Blch. 8–20 mm lang, gewimpert, # bis wintergrün; Bltn. gelb, in 2–5bltg. Zymen an kurzen Seitenzw.; IV. L/Sg ∧ ∧ – Ms-3 (N-Afrika, W-Asien). **Strauch-J., *J. frúticans*** L.

– Bl. gegenst. **2**

2. Bl. einfach, eif.-lanzettl. 3–5 cm lang *(90/1)*, beidersts. spärl. behaart; Bltn. zu 1–3, rosa bis karminrosa; V. L ∧ ∧ – NGh-4 (SW-China). ***J. beesiánum*** Forrest et Diels

– Bl. 3zählig oder gefiedert **3**

3. Bl. 3zählig *(90/2)*, Blch. 1–3 cm lang; Zw. 4kantig, dunkelgrün; Bltn. einzeln, achselst., gelb, an vorj. Zw., vor den Bl. erscheinend; I–IV. L/Sg ∧ – N-4. **Winter-J., *J. nudiflórum*** Lindl.

– Bl. 3–5fiedrig *(90/3)*, nur vereinzelt auch einfach; Bltn. groß, zartrosa, duftend, zu 3–5 in Zymen; VI. L ∧ ∧. (*J. beesiánum* × *officinále*). **J. × *stephanénse*** Lemoine

Selten andere Arten in Kultur, z. B. ***J. officinále*** L., Bl. 5–7fiedrig, Bltn. weiß, in endst. Zymen; VI–IX. L ∧ ∧ – M/Nm-4 (Persien, Himalaya bis Tibet, SW-China).

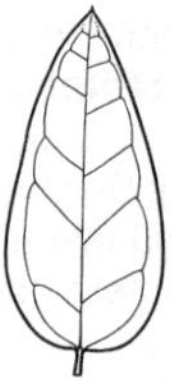

90/1

Jasminum beesianum

90/2

J. nudiflorum

90/3

J. × stephanense

2. *Fontanésia* LABILL., Fontanesie

Laubabwerfende Sträucher; Bl. kurzgestielt, ganzrandig; Zw. 4kantig; Bltn. weißl., in endst. oder achselst. Rispen; Fr. eine runde bis ovale, 6–8 mm lange, rundum geflügelte Nuß. 2 Arten.

1. Bl. 4–10 cm lang, ganzrandig, obersts. frischgrün glänzend; V–VI. Sg – N-4. **Chinesische F., *F. fortúnei*** CARR.

– Bl. 2–7 cm lang, mit fein gesägtem oder rauhem Rand, obersts. stumpfgrün bis graugrün; V–VI. Sg ∧ – Ns/Ms-3 (Kleinasien). **Kleinasiatische F., *F. phillyreoídes*** LABILL.

3. *Forsýthia* VAHL, Forsythie

Laubabwerfende Sträucher mit gekammertem Mark (nur bei *F. suspénsa* hohl) und einfachen, selten 3geteilten Bl.; K. und Kr. 4teilig, Krbl.lappen in der Kn. gedreht und sich überdeckend; Fr. eine Kapsel; die Bltn. zeigen in der Ausbildung des Gr. 2 unterschiedl. Formen: 1. die langgrifflige Form, bei der der Gr. länger ist als die Stbl., so daß also die 2teilige Narbe über den Stb.beuteln steht, und 2. die kurzgrifflige Form, bei der der Gr. so kurz ist, daß die Narben unterhalb der Stb.beutel zwischen den beiden Stb.fäden stehen; da die F. stets vegetativ durch Stecklinge vermehrt werden, kommen die Arten und namentl. die Hybriden fast stets nur in einer Form lang- oder kurzgrifflig, vor, so daß dieses Merkmal bei der Bestimmung mit herangezogen werden kann. Etwa 6 Arten in O- und SO-Asien.

1. Zw. hohl, nur an den Zw.knoten mit vollem Mark, Zw. schwach 4kantig; Bl. eif. bis längl.-eif., gesägt, 6–10 cm lang, oft 3teilig *(90/4)*; Bltn. zu 1–3, meist 10–20 mm lang gestielt, goldgelb, etwa 2,5 cm lang; III–IV. Sg – N-4. **Hänge-F., *F. suspénsa*** (THUNB.) VAHL

   'Decípiens', Bltn. meist einzeln, tiefgelb, langgrifflig.

   var. ***fortúnei*** (LINDL.) Rehd., kräftig aufrecht wachsend, Zw. bogig überhängend; Bltn. mit schmalen, ausgebreiteten, oft gedrehten Lappen; Bl. oft 3teilig oder 3lappig.

   var. ***siebóldii*** ZAB., Zw. sehr dünn, schlaff hängend oder auf dem Boden kriechend; Bltn. mit breiteren, flachen, glockig ausgebreiteten Lappen; Bl. gewöhnl. einfach; Typus der Art.

– Zw. mit gefächertem Mark (bei *F.* × *intermédia* z.T. auch hohl) **2**

2. Mark an den Zw.knoten voll, dazwischen gefächert, selten ± hohl; Bl. eilängl. bis lanzettl. *(90/5)*, an wüchsigen Zw. manchmal 3teilig, 8–12 cm lang; Bltn. gewöhnl. zu mehreren gehäuft, bei den einzelnen Formen 3,5–5,5 cm ∅; IV. Sg. (*F. suspénsa* × *F. viridíssima*). **Hybrid-F., *F.* × *intermédia*** ZAB.

   'Spectábilis', mit dunkelgelben, sehr großen Bltn. (kurzgriffelig).

   'Lynwood', goldgelbe Bltn. bis 5 cm groß, dicht am Zw. verteilt.

   'Goldzauber', Bltn. dunkler als bei 'Lynwood' und Zw. dünner.

   'Spring Glory', gilt als die schönste unter den hellgelben Sorten.

– Mark durchweg gefächert, nur an der Basis von kräftigen Langtrieben manchmal fehlend **3**

90/4

Forsythia suspensa

90/5

F. x intermedia

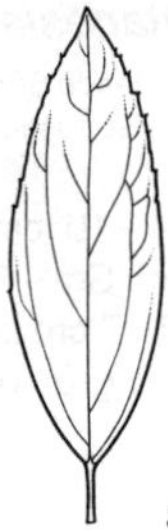

90/6

F. viridissima

3. Zw. olivgrün, steif, stark 4kantig; Bl. elliptisch-längl. bis lanzettl., 8–14 cm lang, meist nur oberhalb der Mitte gesägt oder auch ± ganzrandig, dunkelgrün *(90/6)*; Bltn. zu 1–3, etwa 2,5 cm lang, sattgelb mit grünem Anflug, Lappen schmallängl., langgriffelig; IV–V. Sg – N-4. **Grüne F., *F. viridíssima*** Lindl.

– Zw. rundl. oder fast so; Bl. eif. bis eilanzettl. 4

4. Bl.stiele 8–12 mm lang, Bl. eif. bis breit-eif., 5–7 cm lang, plötzl. zugespitzt, Basis abgeschnitten bis schwach herzf., fein gesägt bis fast ganzrandig, dünn *(90/7)*; Zw. anfangs graugelb; Bltn. einzeln, Bltn.zipfel breit-längl., etwa 1,5 cm lang, hellgelb, meist kurzgriffelig; III–IV., frühester Blüher. Sk – Nh-4 (Korea). **Korea-F., *F. ováta*** Nakai

'Tetragold', mit tiefgelben, bis 3 cm großen Bltn., die früher als bei der Art erscheinen.

– Bl.stiele 4–6 mm lang; Bl. eif. bis eilanzettl., 4–7 cm lang, Basis abgerundet bis breit-keilf., gewöhnl. ganzrandig oder mit wenigen, kleinen Zähnen, dickl.; Zw. grün; Bltn. gewöhnl. einzeln, Bltn.zipfel schmal-längl., etwa 2 cm lang, gelb, gewöhnl. kurzgriffelig. Sk – Nhg-3 (Albanien). **Balkan-F., *F. europǣa*** Deg. et Bald.

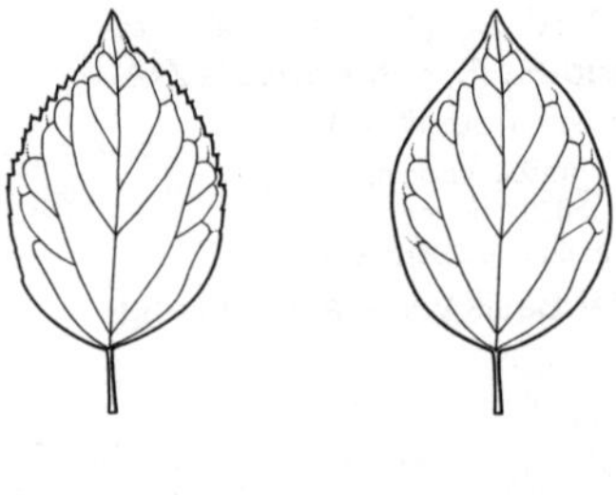

90/7: Forsythia ovata, Blätter

4. ***Abeliophýllum*** NAKAI, **Schneeforsythie**

Monotypische Gattung.

Im Aussehen an *Forsythia* erinnernd; junge Zw. 4kantig, grünl., Mark zuerst schwach gefächert, Zw. später hohl; Bl. ganzrandig, eif., zugespitzt, kurz gewimpert, zerstreut angedrückt behaart, mattgrün, 3–8 cm lang *(90/8)*, Stiel 2–5 mm lang; Bltn. in 2–5 cm langen, fast einseitswendigen, achselst. Trauben, bereits im Herbst vollkommen ausgebildet, aber erst nach dem Winter zu blühen beginnend, Kr.röhre 3–4 mm lang, Zipfel 8–10 mm lang, stark zurückgeschlagen, zartrosa bis weiß, K. 4zipflig, außen purpurn wie auch die Bltnst.achsen; Fr. zusammengedrückt, ringsum geflügelt; III–IV., vor dem Laubaustrieb. Sk ∧ – Nh-4 (Korea). ***A. dístichum*** NAKAI

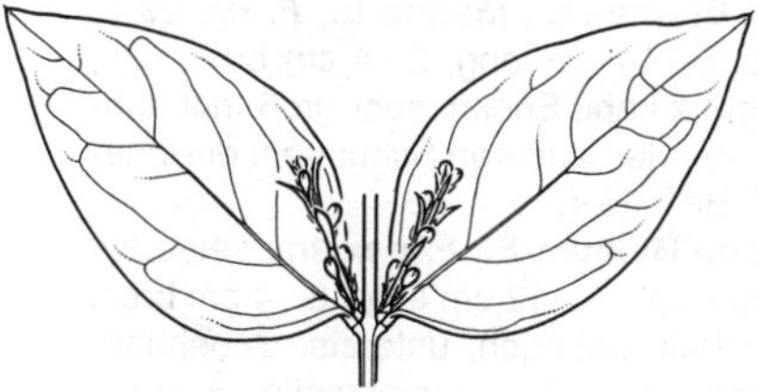

90/8: Abeliophyllum distichum, Sproßabschnitt mit Blättern und Knospenständen

5. ***Fráxinus*** L., **Esche**

Laubabwerfende Bäume, z. T. auch Sträucher; Bl. unpaarig gefiedert (selten nur einfach), gegenst., an langgewachsenen Zw. z. T. auch wechselst.; Bltn. zwittrig oder eingschl., bei der Sektion *Órnus* in endst., am Grunde beblätterten Rispen, bei der Sektion *Fráxinus* in blattlosen, seitenst. Rispen oder Trauben, Stbl. meistens 2, Krbl. entweder 4 (seltener 2 oder 6) oder fehlend; in der Sektion *Órnus* dominiert das Auftreten von Krbl. (Blumeneschen), gekoppelt mit Blüte nach Laubaustrieb und Insektenbestäubung; in der Sektion *Fráxinus* dominiert das Fehlen der Krbl., oft gekoppelt mit Blüte vor Laubaustrieb, Windbestäubung und Zweihäusigkeit; Fr. eine Nuß mit einseitigem, lang ausgezogenem Flügel. Etwa 65 Arten in der Nordhemisphäre, vorwiegend in der gemäßigten Zone.

I. Schlüssel nach generativen und vegetativen Merkmalen

1. Bltnst. lateral aus den Seitenkn., unbeblättert; Endkn. nur mit Laubtrieben; Bltn. stets ohne Krbl. **7**

– Bltnst. terminal aus den Endkn., am Grunde beblättert; Bltn. mit oder ohne Krbl. **2**

2. Bltn. mit K., aber ohne Kr. **6**

– Bltn. mit K. und Kr. **3**

3. Bl. mit Stiel im Mittel 15–30 cm lang mit meist 7(5–9) Blch. . . . **5**

– Bl. mit Stiel im Mittel 10–15 cm lang mit meist 5(3–7) Blch. **4**

4. Blch. deutl. gestielt (3–10 mm), 2–4 cm lang, 1,2–2,5 cm breit, ganz kahl; Bl.stiel und einj. Zw. fein behaart (Lupe!); VI–VII. Sg – Ns-4. **Bunges Blumen-E., *F. bungeána*** DC.

– Blch. sitzend oder fast so, 3–8 cm lang, 1,5–2,5 cm breit, Mittelnerv unten ± behaart; Bl.stiel, Bltnst. und einj. Zw. fein drüsig behaart (Lupe!); Endkn. silbergrau, mit 3–4 Paar Schuppen; V. Bk/Sg – Nhw-4 (Japan). (*F. mariésii* Hook. f., *F. longicúspis* auct. non Sieb. et Zucc.). ***F. sieboldiána*** Blume

nahe verwandt: ***F. lanuginósa*** Koidz. (*F. sieboldiána* var. *koiei* Honda), Endkn. braun, mit 2 Paar Schuppen; V. Bk/Sg – Nhw-4 (Japan, Korea).

5 (3). Blch. deutl. gestielt (2–12 mm), 5–10 cm lang, 1,5–4 cm breit, untersts. längs des Mittelnervs braunfilzig behaart; Endkn. silbergrau bis braungrau mit anliegenden Schuppen; V–VI. Bm – Nsw-3. **Blumen E., Manna-E., *F. órnus*** L.

– Blch. sitzend oder fast so, 8–14 cm lang, 2–4 cm breit, jung untersts. behaart, später ganz kahl; Endkn. sehr groß, mit dunkelbraunen, kragenf. abstehenden äußeren Schuppen, die inneren dickfilzig graubraun; V. Bk – N-4. **Chinesische Blumen-E., *F. paxiána*** Lingelsh.

6 (2). Blch. 5–7, lanzettl. bis ellipt., 5–12 cm lang, 2–4 cm breit, oft lang zugespitzt und sichelf. gebogen, untersts. ± behaart; Endkn. braun, kraus behaart; einj. Zw. stumpfkantig, ± kraus behaart; V. – Bk – Nhg-4 (Japan). (*F. pubinérvis* Blume). **Langspitzige E., *F. longicúspis*** Sieb. et Zucc.

– Blch. 5–7, eif. bis breit-lanzettl., 7–12 cm lang, 3,5–5 cm breit, meist kurz zugespitzt und nie sichelf., Mittelnerv untersts. braun behaart, Behaarung oft zur Spindel übergreifend; Endkn. grau, seltener braungrau, Schuppen am Rand braun behaart; V. Bm – N-4 (NO-, SO-China). (*F. chinénsis* Roxb. var. *rhynchophýlla* (Hance) Hemsl.). **Schnabel-E., *F. rhynchophýlla*** Hance

7 (1). Bltn. und Fr. ohne K., nur bei *F. quadranguláta* mitunter ein winziger, abfälliger K. **14**

– Bltn. und Fr. mit K. **8**

8. Bl. meist einfach, seltener einzelne 3–5zählig, nur 2–5 cm lang; einj. Zw. scharf 4kantig; V. Bk/Sg – Nsw-2. ***F. anómala*** Torr.

– Bl. aus 5–9 Blch. zusammengesetzt **9**

9. Bl.spindel schmal geflügelt, Bl. mit Stiel meist nur 2–10 cm lang mit 5–9 sitzenden Blch.; Kn. mit 2 Paar Schuppen, welche die Kn. nicht decken; IV–V. Sg/Bk – Ns-4 (W-Himalaya). (*F. dimórpha* Coss. et Dur.). **Afghanische E., *F. xanthoxyloídes*** (G. Don) DC.

– Bl.spindel nicht geflügelt, Bl. mit Stiel 10–40 cm lang **10**

10. Bl. mit Stiel nur 10–15 cm lang, Blch. meist 5, dünn, 2,5–7,5 cm lang, 2–3 cm breit, ± gestielt (0–6 mm), in Form und Behaarung sehr veränderl., meist beidseitig behaart, nur bei der var. *coriácea* (S. WATS) REHD. alle Teile kahl und Blch. dick; V. Bk – Nsw-1/2. ***F. velutína*** TORR.

– Bl. mit Stiel 15–40 cm lang mit meist 7 (5–9) Blch. **11**

11. Bl.stiel mit verbreiterter Basis, welche den Zw. halb umfaßt, Blch. 10–15 cm lang, 2,6–4,3 cm breit, Basis ± asymmetrisch; Endkn. auffallend groß (11–14 mm hoch), braun, mit nur 1 äußeren Schuppenpaar; V. Bk – N-4 (China). (*F. spaethiána* LINGELSH.). **Breitstielige E., *F. platýpoda*** OLIV.

– Bl.stielbasis normal, nicht den Zw. halb umfassend **12**

12. Blch. (außer Endblch.) sitzend, 7–14 cm lang, 3–5,5 cm breit; Spindel, Unterseite und einj. Zw. behaart; Fr.flügel bis zum Grunde der Nuß herablaufend; V–VI. Bm – N-1. (*F. oregóna* NUTT.). **Oregon-E., *F. latifólia*** BENTH.

– Blch. gestielt, untersts. ± behaart **13**

13. Blch. untersts. weißl., mit Papillen (Lupe!), 5–12 mm gestielt, 5–18 cm lang, 3–7 cm breit; einj. Zw. stets kahl; Endkn. braun und stumpf, meist breiter als hoch; Bl.stielnarbe die Kn. ± umfassend mit halbmondf. oberen Rand; Fr.flügel die Nuß nur an der Spitze umfassend; V. Bg – N-2. **Weiß-E., *F. americána*** L.

nahe verwandt: ***F. biltmoreána*** BEADLE (*F. americána* var. *biltmoreána* (BEADLE) J. WRIGHT), einj. Zw. stets flaumig behaart; Endkn. braun und zugespitzt; V. Bg – N-2.

– Blch. untersts. grünl., ohne Papillen, 7–10(–14) cm lang, 3–5 cm breit, 0–8 mm gestielt, behaart oder bis auf Mittelrippe unten kahl; einj. Zw. behaart oder kahl; Endkn. braun und spitz, meist höher als breit; Bl.stielnarbe die Kn. nicht umfassend, oberer Rand gestutzt; Fr.flügel bis zur Mitte der Nuß herablaufend; IV–V. Bm – Nw-2. (*F. pennsylvánica* var. *lanceoláta* SARG.). **Grün-E., Rot-E., *F. pennsylvánica*** MARSH.

nahe verwandt: ***F. tomentósa*** MICHX. f. (*F. profunda* (BUSH) BUSH), Blch. 8–17 (–23) cm lang, 4–8 cm breit, 5–13 mm gestielt; IV–V. Bg – N-2.

14 (7). Einj. Zw. scharf 4kantig, oft geflügelt; Blch. 7–11, kurz gestielt (0–3 mm), 6–10 cm lang, 2–3,5 cm breit, untersts. nur Mittelnerv behaart; Endkn. grau bis graubraun, meist dickfilzig; IV–V. Bm – Nw-2. **Blau-E., *F. quadranguláta*** MICHX.

– Einj. Zw. ± rund **15**

15. Bltnst. eine Traube; Kn. braun **18**

– Bltnst. eine Rispe; Kn. schwarz **16**

16. Bl.spindel an den Knoten nur fein behaart, die hier rautenf. geöffnete Furche deutl. sichtbar; Blch. 9–13, sitzend, 4–10 cm lang, 1,2–3,5 cm lang, untersts. ± behaart, Rand meist fein gesägt mit eingebogenen Zähnen, diese zahlreicher als die Seitennerven; IV–V. Bg – N-3. **Gemeine E., *F. excélsior*** L.

'Péndula', Hänge-E., Äste und Zw. bogenf. abwärts wachsend.
'Diversifólia' (F. excelsior 'Monophýlla'), Einblatt-E., Bl. meist nur aus dem oft stark vergrößerten Endblch. bestehend, daneben oft noch ein kleines Fiederpaar, Rand unregelmäßig und tief eingeschnitten.
'Jaspídea', starkwachsend, junge Zw. gelb; Bl. gelbgrün, im Herbst goldgelb.
'Áurea', ebenso, aber schwachwachsend.
'Westhofs Glorie', kompakte Krone mit durchgehendem Leittrieb.

– Bl.spindel an den Knoten auffallend filzig-braun behaart **17**

17. Das 1. Paar Seitenkn. oft deutl. von der Endkn. abgerückt; Blch. 7–11, sitzend, 7–12 cm lang, 2,5–4 cm breit, zerrieben mit Holundergeruch; einj. Zw. rund; IV–V. Bg – N-2. **Schwarz-E., *F. nígra*** MARSH.

– Das 1. Paar Seitenkn. an der Basis der Endkn.; Blch. 7–11, oft ganz kurz gestielt, 5–15 cm lang, 2–4 cm breit, nicht riechend; einj. Zw. stumpf 4kantig; IV–V. Bg – Nhk-4, bei uns spätfrostgefährdet. **Mandschurische E., *F. mandshúrica*** RUPR.

18 (15). Einj. Zw. dicht abstehend behaart; Bl. mit Stiel 12–25 cm lang mit 9–13 Blch., diese oft ganz kurz gestielt (0–2 mm), 3–6 cm lang, 1–1,5 cm breit, beidseitig behaart; IV–V. Bm – Ns-3 (SO-Europa). **Behaarte E., *F. holótricha*** KOEHNE

– Einj. Zw. kahl **19**

19. Blch. 7–11, gestielt (4–15 mm), fast kreisf. bis breit-lanzettl., 2–6 cm lang, 1–4 cm breit, kahl, Rand in der oberen Hälfte unregelmäßig scharf gesägt; IV–V. Bk – Ns/a-3 (M-Asien). (*F. sogdiána* auct. non BUNGE). **Fluß-E., *F. potamóphila*** HERDER

– Blch. sitzend **20**

20. Bl. mit Stiel 6–12 cm lang mit 1–7 kahlen Blch., diese 3–6 cm lang, 1–2 cm breit; fertile Zw. oft mit gestauchten Internodien und Kn. meist zu 3 im Wirtel; V. Bk/Sg – Ns-3 (Vorderasien). (*F. sogdíana* BUNGE). **Syrische E., *F. syríaca*** BOISS.

– Bl. mit Stiel 8–20 cm lang mit 5–13 Blch., diese gewöhnl. schmal-lanzettl. mit keilf. Basis, (2,5–)4–10 cm lang, 1–2,5 cm breit, unterst s. kahl oder nur Mittelnerv behaart, Rand grob und scharf gezähnt, zur Basis hin ganzrandig, Nerven und Zähne meist von gleicher Zahl; Kn. oft zu 3 im Wirtel; Borke alter Stämme grob und tief gefurcht; IV. – Bm – Ns-3. (*F. tamariscifólia* VAHL, *F. oxycárpa* WILLD., *F. parvifólia* auct. non LAM., *F. rotundifólia* auct. non MILL.). **Schmalblättrige E., *F. angustifólia*** VAHL

'Monophýlla', sehr ähnl. *F. excélsior 'Diversifólia'*, aber Zähne des Bl.randes schärfer spitz und mehr auswärts gebogen, außerdem Bltnst. eine Traube und die Borke grob und tief gefurcht.

II. Schlüssel nach vegetativen Merkmalen

(Nach H. Scheller, Mitt. Dtsch. Dendrol. Ges. **69,** 49–162 [1977])

Hinter den Artnamen steht in Klammern die Nummer des Schlüssels I, bei der die betreffende Art näher beschrieben wird.

1. Bl. mit 3–15 Blch. **5**
– Bl. mit meist 1 Blch., seltener 3 . . . . **2**
2. Einj. Zw. im Querschnitt quadratisch . . ***F. anómala*** Torr. (8)
– Einj. Zw. rund **3**
3. Kn. schwarz . . . . ***F. excélsior*** L. *'Diversifólia'* (16)
– Kn. braun **4**
4. Blch. meist unter 10 cm lang . . . . . . ***F. syríaca*** Boiss. (20)
– Blch. über 10(12–18) cm lang . . . .
F. angustifólia Vahl *'Monophýlla'* (20)
5 (1). Blch. sitzend oder fast sitzend **16**
– Blch. deutl. gestielt **6**
6. Blch. meist über 5 . . . . **11**
– Blch. meist 5 . . . . **7**
7. Blch. wenigstens auf der Unterseite längs des Mittelnervs behaart **9**
– Blch. ganz kahl **8**
8. Einj. Zw. fein behaart (Lupe!) . . . . . . ***F. bungeána*** DC. (4)
– Einj. Zw. kahl . . . . ***F. cuspidáta*** Torr.
9 (7). Kn. grau, einj. Zw. kahl . . . . ***F. rhynchophýlla*** Hance (6)
– Kn. braun, einj. Zw. kahl bis behaart **10**
10. Einj. Zw. stumpf 4kantig, diese wie auch Kn. und Bl.stiele ± kraus behaart . . . . ***F. longicúspis*** Sieb. et Zucc. (6)
– Einj. Zw. rund, diese wie auch Kn. und Bl. meist filzig und stärker behaart, aber auch verkahlend oder selten ganz kahl
F. velutína Torr. (10)
11 (6). Blch. meist 7–11, ganz kahl, 4–12 mm lang gestielt, rundl. bis oval, Rand scharf gezähnt . . ***F. potamóphila*** Herder (19)
– Blch. meist 7–9, ± behaart **12**
12. Blch. unten grünl., ohne Papillen **14**
– Blch. unten weißl., mit Papillen **13**
13. Einj. Zw. stets kahl . . . . ***F. americána*** L. (13)
– Einj. Zw. stets behaart . . . . . . ***F. biltmoreána*** Beadle (13)
14 (12). Kn. grau, Blch. oft gewellt, Borke ganz glatt ***F. órnus*** L. (5)
– Kn. braun, Blch. glatt, Borke tief gefurcht **15**
15. Blch. meist unter 10 cm lang und unter 4 cm breit, einj. Zw. kahl oder behaart . . . . ***F. pennsylvánica*** Marsh. (13)
– Blch. meist über 10 cm lang und über 4 cm breit, einj. Zw. stets behaart . . . . ***F. tomentósa*** Michx. f. (13)
16 (5). Rhachis der Bl. geflügelt, Blch. mitunter sehr klein, Rand stumpf gezähnt . . . . . . ***F. xanthoxyloídes*** (G. Don) DC. (9)

– Rhachis der Bl. nicht geflügelt **17**
17. Einj. Zw. scharf 4kantig . . . . ***F. quadranguláta*** Michx. (14)
– Einj. Zw. rund **18**
18. Blch. meist über 5 . . . . **22**
– Blch. meist 5 . . . . **19**
19. Blch. und einj. Zw. ganz kahl . . . . ***F. syríaca*** Boiss. (20)
– Blch. wenigstens unten ± behaart **20**
20. Kn. grau, einj. Zw. und Bl.stiele winzig drüsig behaart (Lupe!) .
F. sieboldiána Blume (4)
– Kn. braun **21**
21. Terminalkn. mit 2 Paar Schuppen . . ***F. lanuginósa*** Koidz. (4)
– Terminalkn. mit 3 Paar Schuppen . . . ***F. velutína*** Torr. (10)
22 (18). Blch. meist (7–)9–15 . . . . **27**
– Blch. meist 5–9 . . . . **23**
23. Bl.stiel am Grunde auffallend verbreitert, den Zw. halb umfassend . . . . ***F. platýpoda*** Oliv. (11)
– Bl.stiel nicht verbreitert **24**
24. Terminalkn. sehr groß, mit kragenf. abstehenden äußeren Schuppen . . . . ***F. paxiána*** Lingelsh. (5)
– Terminalkn. klein, mit anliegenden Schuppen **25**
25. Blch. meist schmal-lanzettl., Basis keilf., Rand entfernt scharf gezähnt, Seitenkn. oft in 3zähligen Wirteln . . . .
F. angustifólia Vahl (20)
– Blch. breit-lanzettl., Basis mehr gerundet, Rand dicht gezähnt bis fast ganzrandig; Seitenkn. stets zu 2 gegenst. **26**
26. Blch. meist 5–7, stets sitzend, kurz zugespitzt, einj. Zw. stets behaart . . . . ***F. latifólia*** Benth. (12)
– Blch. meist 7, meist ± gestielt, seltener sitzend, lang zugespitzt, einj. Zw. kahl bis behaart . . . ***F. pennsylvánica*** Marsh. (13)
27 (22). Kn. schwarz **29**
– Kn. braun **28**
28. Einj. Zw. stets kahl . . . . ***F. angustifólia*** Vahl (20)
– Einj. Zw. stets behaart . . . . ***F. holótricha*** Koehne (18)
29 (27). Rhachis der Bl. an den Knoten nur fein behaart, die hier rautenf. geöffnete Furche deutl. sichtbar, Blch. meist 11 . . . . .
F. excélsior L. (16)
– Rhachis der Bl. an den Knoten auffallend dicht filzig-braun behaart, Blch. meist 9 . . . . **30**
30. Das 1. Paar Seitenkn. oft deutl. von der Terminalkn. abgerückt, Blch. zerrieben nach Holunder riechend, an der Basis mehr gerundet und sitzend, einj. Zw. rund . . . . . ***F. nigra*** Marsh. (17)
– Das 1. Paar Seitenkn. an der Basis der Terminalkn., Blch. an der Basis mehr breit-keilf., oft ganz kurz gestielt, einj. Zw. stumpf 4kantig . . . . ***F. mandshúrica*** Rupr. (17)

6. *Syrínga* L., Flieder

Laubabwerfende Sträucher, seltener Bäume; Bl. gegenst., meist ungeteilt, z. T. auch gefiedert, gestielt; Bltn. in end- oder seitenst. Rispen, meist an vorj. Trieben, Kr. mit einer meist langen Röhre, 4zipfelig, 2 Stbl.; Fr. eine lokulizide Kapsel. Etwa 30 Arten in O-Asien und SO-Europa.

1. Röhre der Kr. nicht oder nur wenig länger als der K., Stb.beutel weit herausragend auf dünnen Stb.fäden *(90/9)* **17**

– Röhre der Kr. viel länger als der K., Stb.beutel nur kurz gestielt, nicht oder nur wenig aus der Röhre herausragend *(90/10)* **2**

2. Bltn.rispen aus seitenst. Kn. am Ende der Zw., Endkn. meist fehlend **9**

– Bltn.rispen aus endst. Kn., am Grunde mit einigen Bl. **3**

3. Bl. untersts. dicht papillös (Lupe!), auffällig glatt und weißl. oder blaugrau, elliptisch, 8–15 cm lang, Stiel 1–1,5 cm lang; Bltn. hellila oder weißl., wenig angenehm riechend, in dichten, zieml. breiten, 8–15 cm langen Rispen; VI. Sg – NG-4 (W-Himalaya).
Himalaya-F., *S. emódi* Wall. ex G. Don

– Bl. untersts. nicht papillös, grün bis bläul.grün **4**

4. Kr.röhre zylindrisch oder fast zylindrisch, Zipfel spreizend *(90/10)* **7**

– Kr.röhre trichterf., oberhalb der Mitte sich allmähl. erweiternd, Zipfel ± aufrecht *(90/11)* **5**

5. Bltn.rispen nickend oder überhängend, fast walzl., 10–25 cm lang, 4–5 cm ∅, Bltn. außen rosa, innen weißl., Kr.zipfel an der Spitze etwas nach innen gebogen; Kn. karminrot, etwa 1 cm lang; V–VI. Sg – Nhw-4 (M-China).
Hänge-F., *S. refléxa* Schneid.

S. × ***prestóniae*** McKelv. (*S. refléxa* × *S. villósa),* diese Hybride entstand in Amerika, wo heute zahlreiche Sorten von ihr im Handel sind; Bltn.rispe lockerer als bei *S. refléxa,* die Seitenästchen abstehend, Kr.röhre schlank trichterf.

– Bltn.rispen aufrecht **6**

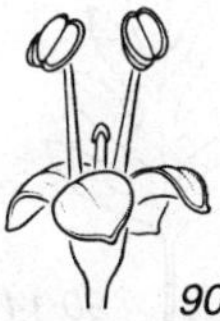

90/9

Syringa amurensis, Blüte

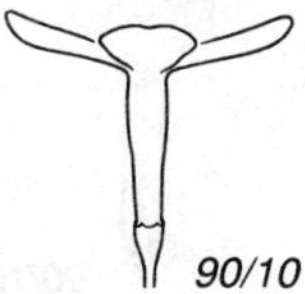

90/10

S. vulgaris, Blüte

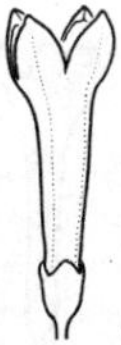

90/11

S. reflexa, Blüte

6. Bl. breit-elliptisch, 6–12 cm lang, fein gewimpert, unterstś. bläul.-grün; Bltn.rispe zieml. schmalpyramidal, 10–18 cm lang, Bltn. lilapurpurn, Stb.beutel kurz über der Mitte der Röhre *(90/12)*; V–VI. Sg – Nh-3 (Karpatenraum).
Ungarischer F., *S. josikǣa* JACQ. f. ex. RCHB.

– Bl. breit-eif., bis 7 cm lang und 4 cm breit, zugespitzt, Grund abgerundet, unterstś. weißl.-grün; Bltn.rispen locker, 15–20 cm lang, Bltn. blaßlila, etwa 12 mm lang, Stb.beutel dicht unterhalb des Schlundes *(90/13)*. Sg – N-4 (W-China).
Tigerstedts F., *S. tigerstédtii* H. SMITH

Unterscheidet sich von der ähnl. *S. sweginzówii* durch den niedrigeren Wuchs, die kürzeren Bltn. und die höher sitzenden Stb.beutel.

7 (4). Stb.beutel in der Kr.röhre verborgen, Bltn. hellrosa, Schlund karmin, Röhre 8 mm lang, duftend, Bltn.rispe locker, 15–20 cm lang, mit 1 Paar kleinerer Bl. oder ohne, oft mit seitl. Nebenrispen; Bl. längl.-eif., 5–10 cm lang, oberstś. dunkelgrün, unterstś. heller; V–VI. Sg – Ns-4 (NW-China).
Sweginzows F., *S. sweginzówii* KOEHNE et LINGELSH.

S. × ***swegifléxa*** HESSE (*S. refléxa* × *S. sweginzówii*), Bltn.rispen ± in der Mitte zwischen den Eltern stehend, Bltn. rosa; Kn. karminrot.

– Stb.beutel etwas aus der Kr.röhre herausragend; Bltn.rispen am Grund mit 2 Bl.paaren **8**

8. Rispe kompakt, 15–25 cm lang, behaart, Bltn. kurz gestielt, rosalila, Kr.röhre etwa 1,2 cm lang; Bl. breit-elliptisch, 5–18 cm lang, beiderstś. zugespitzt, unterstś. bläul., kahl oder mit wenigen borstenartigen Haaren; V–VI. Sg – N-4 (N-China).
Zottiger F., *S. villósa* VAHL

– Rispe locker, behaart, Bltn. wirtelartig angeordnet, lila, Röhre etwa 1 cm lang; Bl. unterstś. meistens dicht und kurz behaart (grau schimmernd); VI. Sg – N-4 (W-China).
Filziger F., *S. tomentélla* BUR. et FRANCH.

90/12

Syringa josikaea, Blüte

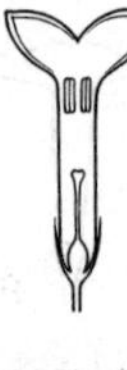
90/13

S. tigerstedtii, Blüte

90/14

S. × *persica 'Laciniata'*

9 (2). Bl. gefiedert, Blch. 7–11, eilanzettl., 1–3 cm lang; Bltn. fast weiß, in 2–5 cm langen Rispen; V. Sk – N-4 (W-China).
Fiederblättriger F., *S. pinnatifólia* Hemsl.

– Bl. einfach oder manchmal teilweise fiedrig gelappt **10**

10. Kr. bis etwa 6 mm ∅; Bl. untersts. wenigstens auf dem Mittelnerv behaart bleibend; Winterkn. ± behaart oder Kn.schuppen am Rand kurz bewimpert **14**

– Kr. etwa 12 mm breit oder breiter, Stb.beutel gelb; Bl. und Winterkn. gewöhnl. kahl **11**

11. Bl. lanzettl., 3–6 cm lang, z.T. auch ± 3lappig, Stiel 5–12 mm lang; Bltn. in lockeren, 5–8 cm langen Rispen, hellila (weiß bei *'Álba'*), duftend, Röhre etwa 1 cm lang, Zipfel spitzeif.; V. Sk. *(S. afghánica × S. laciniáta).* **Persischer F., *S.* × *pérsica*** L.

Ähnl. ist: *S.* × *pérsica 'Laciniáta'*, Bl. z. T. oder alle 3–9lappig oder fiederschnittig *(90/14).*

– Bl. eif. bis rundl.-eif. **12**

12. Bl. rundl.-eif., oft breiter als lang, plötzl. zugespitzt, Grund ± herzf., im Herbst purpurrot verfärbend; Bltn. hell- bis dunkellila, in dichten 6–12 cm langen Rispen, Kr.zipfel spreizend, stumpf, Stb.beutel in der Mitte der Röhre; IV–V. Sg – N-4 (China).
Rundblättriger F., *S. obláta* Lindl.

var. ***giráldii*** (Lemoine) Rehd., Bltn. purpurlila, K. purpurviolett, Rispen 10–15 cm lang, lockerer.
S.* × *hyazinthiflóra (Lemoine) Rehd. (*S. obláta* × *S. vulgáris*), hierzu gehören die als „*Prāēcox*-Hybriden" verbreiteten Züchtungen, die etwa 1 Woche früher als *S. vulgáris* zu blühen beginnen; Rispen meist locker.

– Bl. eif. bis eif.-lanzettl.; Stb.beutel dicht unter dem Schlund . . . **13**

13. Bl. eif. bis breiteif., am Grunde breitkeilig, abgestutzt oder schwach herzf., glänzendgrün; Bltn. in der Wildform lila, stark duftend, Röhre etwa 1 cm lang, Zipfel stumpf, spreizend, Rispen 10–20 cm lang; V. Sg – Ns-3.
Gewöhnlicher F., Garten-F., *S. vulgáris* L.

In den Gärten in zahlreichen Sorten verbreitet, die sich durch die Färbung der Bltn. (von weiß bis tiefpurpurn oder schieferblau) sowie durch einfache oder gefüllte Bltn. unterscheiden.

– Bl. eif.-lanzettl., 4–8 cm lang, zugespitzt, Grund keilf.; Bltn. purpurlila, Röhre 7–8 mm lang, Zipfel eif.; Rispen groß und zieml. locker, kahl, an den Zw.enden oft dicht gehäuft, Zw. bogig übergeneigt; V. Sg. (*S. pérsica* × *S. vulgáris*). (*S. rothomagénsis* (Renault) hort. ex Mordant).
Chinesischer F., *S.* × *chinénsis* Willd.

'Saugeána' (*S. rothomagénsis rúbra* Lodd.), Bltn. lilarot.
'Meténsis', Bltn. blaßlila.

14 (10). Bl. 3–7 cm lang **16**

– Bl. 1–4 cm lang **15**

15. Bl. gewimpert, beidersts. behaart, später etwas verkahlend, untersts. graugrün; Bltn. in 3–8 cm langen, 4–5 cm breiten Rispen, rosalila, Kr.röhre 9 mm lang, K. helmf.; Fr.kapsel 12 mm lang, warzig, oft gekrümmt; V–VI. Sk – Ns-4 (N-China).
Kleinblättriger F., *S. microphýlla* DIELS

'Superba', blüht V–X.

– Bl. nicht gewimpert, beidersts. grün, nur untersts. auf den Nerven behaart, von der Bl.basis her verlaufen nur 2 Nervenpaare parallel zum Bl.rand bis fast zur Spitze; Bltn. in 4–10 cm langen, 6 cm breiten Rispen, purpurviolett, Kr.röhre 13 mm lang; Fr.kapsel 12–20 mm lang, warzig; V–VI. Sk – N-4 (N-China). (*S. velutina* hort.). **Meyers F., *S. méyeri*** SCHNEID.

'Palibin', kleiner und kompakter, Kn. purpurrot; VI.

16 (14). Zw. rund, dicht kurzhaarig; Bl. elliptisch-eif., obersts. dunkelgrün, untersts. heller, dicht zottig behaart; Bltn. purpurviolett, duftend, Röhre 6–8 mm lang, Zipfel eilängl., spreizend, Stb.beutel unterhalb des Schlundes, braun, Rispe 5–10 cm lang, Achsen purpurviolett, kurzhaarig; V–VI. Sk – N-4 (W-, M-China). **Julianes F., *S. juliánae*** SCHNEID.

– Zw. schwach 4kantig, ± kahl; Bl. rundl.-eif., gewimpert, obersts. dunkelgrün, kahl, untersts. dicht behaart; Bltn. lilarosa, heller gesäumt, stark duftend, Röhre 1,2–1,5 cm lang, Zipfel schmal, spreizend, Stb.beutel vom Schlund zieml. entfernt, purpurn, Rispen 7–12 cm lang, zieml. dicht, kahl; (IV)V. Sg – N-4 (N-China).
Wolliger F., *S. pubéscens* TURCZ.

17 (1). Bl. schmal-eif., 2–3,5 cm breit, kahl, Basis meist keilf., obersts. dunkelgrün, Bl.adern wenig hervortretend; Bltn. gelbl.-weiß, in 8–15 cm langen, relativ dichten Rispen; Fr.kapsel leicht zugespitzt; Zw. schlaffer, z.T. leicht überhängend; VI. Sg – N-4 (N-China). **Peking-F., *S. pekinénsis*** RUPR.

– Bl. breit-eif., 3,5–6,5 cm breit, in der Jugend behaart, später fast kahl, Basis meistens abgerundet oder breit-keilf., obersts. frischgrün, netzig geadert; Bltn. gelbl.weiß, wie Liguster duftend, in 12–25 cm langen, relativ lockeren Rispen; Fr.kapsel etwas abgerundet; Zw. steif aufrecht; VI. Bk/Sg – Nhg-4 (N-Japan). (*S. amurénsis* var. *japónica* (MAXIM.) FRANCH et SAV.).
Japanischer F., *S. reticuláta* (BL.) HARA

var. ***mandshúrica*** (MAXIM.) HARA (Amur-F.), Bl. plötzl. lang zugespitzt, Bltn.rispen 10–15 cm lang; Bk/Sg – N-4 (N-China, Korea, Japan).

7. ***Ligústrum*** L., **Liguster**

Immergrüne oder sommergrüne Sträucher oder kleine Bäume; Bl. gegenst., ganzrandig, kurzgestielt; Bltn. klein, weiß, zwittrig, in großen endst. Rispen, Kr. mit kurzer oder langer Röhre und 4 Lappen; 2 Stbl.; Fr. meistens eine schwarze Beere, giftig. Etwa 50 Arten vorwiegend in S- und O-Asien, nur 1 Art in Europa und N-Afrika.

1. Kr.röhre 2–3mal so lang wie der Kr.saum *(90/15)* **4**
– Kr.röhre kürzer oder nur wenig länger als der Kr.saum *(90/16)* . **2**
2. Bl. beidersts. ganz kahl **3**
– Bl. untersts. auf dem Mittelnerv behaart, obersts. stumpfgrün, untersts. hellgrün, 3–7 cm lang; junge Zw. dicht behaart; Bltn. in 6–8 cm langen, behaarten Rispen, Stb.beutel die Zipfel der Kr. überragend; Fr. blauschwarz, 4 mm ∅; VII. Sg ∧ – N-4 (China). (*L. fortúnei* hort.). **Chinesischer L., *L. sinénse*** LOUR.
var. ***stauntónii*** (DC.) REHD., weniger hoch werdend, sparriger; Zw. weniger behaart; Rispen breiter und lockerer.
3. Bl. #, lederartig, breit-eif., 4–10 cm lang, 18–50 mm breit, obersts. schwarzgrün glänzend, untersts. blaßgrün, Rand und Mittelnerv oft gerötet; Bltn.rispe 8–15 cm lang, Stbl. kaum länger als der Saum; Fr. schwarz; VII–IX. Sk ∧ ∧ – Mh-4 (Japan). **Japanischer L., *L. japónicum*** THUNB.
– Bl. sommer- oder wintergrün, schmal-eif. bis lanzettl., 2,5–6 cm lang, 6–17 mm breit; Bltn.rispe 3–6 cm lang, Stbl. die Zipfel der Kr. nicht überragend; Fr. glänzend schwarz; VI–VII. Sg – N-3. **Gewöhnlicher L., Rainweide, *L. vulgáre*** L.
'Atrovírens', sparriger Strauch mit etwas metallisch schimmernden, breitelliptischen, tiefgrünen Bl., die im Herbst tiefbraun werden und größtenteils während des Winters am Zw. bleiben.
'Lodénse', Wuchs sehr dicht, nicht über 50 cm hoch werdend; Bl. schmalelliptisch, tiefgrün, bronzebraun verfärbend.
4 (1). Bl. sommergrün **7**
– Bl. # oder wenigstens wintergrün **5**
5. Bl. nur wintergrün **6**
– Bl. #, eielliptisch, 1–3 cm lang, glänzend dunkelgrün, Stiel 1–2 mm; Jungtriebe behaart; Bltn. reinweiß, in 2–5 cm langer, schmaler Rispe, an der Basis beblättert, Stb.beutel violett; VI. Sk ∧ – Mh-4 (SW-China). (*L. jonándrum* DIELS). **Delavays L., *L. delavayánum*** HARIOT
6. Junge Zw. kahl; Bl. kahl, elliptisch-eif., 3–8 cm lang, obersts. glänzend dunkelgrün, untersts. gelbl.grün; Bltn. rahmweiß, fast sitzend, in 5–10 cm langer, gedrungener kahler Rispe, Stb.beutel so lang wie die Kr.zipfel; Fr. schwarz, 5–7 mm ∅; VII. Sg ∧ – Nhw-4 (Japan, Korea). **Wintergrüner L., *L. ovalifólium*** HASSK.
L. × ***ibólium*** COE ex REHD. (*L. obtusifólium* × *L. ovalifólium*), wintergrün wie *L. ovalifólium*, aber frosthärter, guter Heckenstrauch.

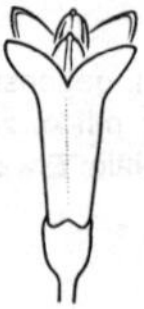

90/15

Ligustrum ibota, Blüte

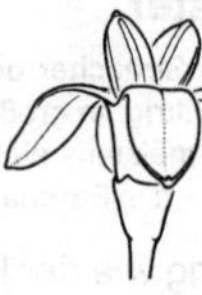

90/16

L. vulgare, Blüte

– Junge Zw. flaumig behaart; Bl. unterststs. auf dem Mittelnerv behaart, elliptisch, 2,5–6 cm lang, Bl.rand bewimpert; Bltn. rahmweiß, in 3–8 cm langen, flaumig behaarten Rispen; Fr. schwarz, bereift, 6–8 mm ∅; VI, VII. Sg – Ns-4 (N-China).

Amur-L., *L. amurense* CARR.

7 (4). Rispen fast kopff., 1–1,5 cm lang, 4–8bltg., Stb.beutel kaum aus der Kr.röhre herausragend; Bl. rhombisch-eif., 2–5 cm lang, gewimpert; Fr. 7–8 mm lang; VI. Sk – Nhg-4 (Japan). (*L. ciliátum* SIEB. ex BL.). **Gewimperter L., *L. íbota*** SIEB. et ZUCC.

– Rispen 2–3,5 cm lang, ± nickend, zu vielen an kurzen Seitenzw., Stb.beutel so lang wie Kr.zipfel; Bl. elliptisch-längl., 2–6 cm lang, unterststs. ± behaart; Zw. behaart; Fr. etwa 6 mm ∅, etwas bereift; VI. Sg – Nh-4. (*L. ibóta* SIEB. non SIEB. et ZUCC.).

Stumpfblättriger L., *L. obtusifólium* SIEB. et ZUCC.

var. ***regeliánum*** (KOEHNE) REHD. (*L. regeliánum* KOEHNE), kaum über 1,5 m hoch; Zw. ± horizontal ausgebreitet; Bl. stärker behaart; Fr. 4–6 mm ∅.

8. *Chionánthus* L., Schneeflockenstrauch

Sommergrüne Sträucher; Bltn. in Rispen, K. und Kr. 4teilig, 2 Stbl., 2häusig, Krbl. 1,5–3 cm lang, 2–3 mm breit, rein weiß, erinnern an Schneeflocken (daher „Schneeblüte"), nur am Grunde verwachsen; Fr. eine 1samige, schwarze Steinfr. 2 Arten.

1. Bl. schmal-elliptisch bis eilängl., 8–20 cm lang, derb, glänzend dunkelgrün, unterststs. heller, ganzrandig *(90/17)*; Bltn.rispen 10–20 cm lang, Bltn.bl. 1,5–3 cm lang, etwa 2 mm breit; Fr. 1,5–2 cm lang, dunkelblau; V–VI. Sg – Nw-2.

Virginischer S., *C. virgínicus* L.

– Bl. verkehrt-eif., 3–10 cm lang; Bltn. in 6–8 cm langen, breiten Rispen an beblätterten Kurztrieben, Bltnbl. 18 mm lang, 3 mm breit; Fr. 1,2–1,5 cm, dunkelblau; VI–VII. Sg – Nhw-4.

Chinesischer S., *C. retúsus* LINDL. et PAXT.

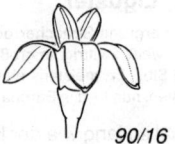

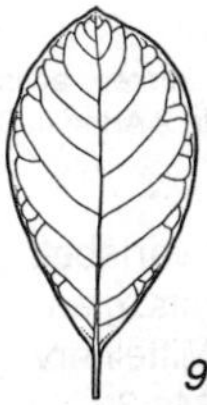

90/17

Chionanthus virginicus

90/18

Osmanthus heterophyllus

9. ***Osmánthus*** Lour., **Duftblüte**

Immergrüne Sträucher, selten Bäume; Bl. derblederig, meist kahl, ganzrandig oder scharf gezähnt; K. und Kr. 4zählig, 2 Stbl., Bltn. meist duftend (Name); Fr. eine ovale, dunkelblaue Steinfr.; unterscheidet sich von der nahe verwandten *Phillýrea* durch die in der Kr.röhre eingeschlossenen Stbl. (bei *Phillýrea* herausragend). Etwa 15 Arten in W-, O- und S-Asien, N-Amerika.

1. Bl. 5–17 cm lang, 2–7 cm breit, eilanzettl., ganzrandig, seltener entfernt gesägt, obersts. glänzend dunkelgrün, untersts. heller grün, Bl.stiel 1–2 cm lang; Bltn. creme–weiß, 6–8 mm ∅; Fr. 10–15 mm lang, purpurschwarz; IV–V. Sg – Nhm-3 (Kolchis). (*Phillyrea decóra* Boiss. et Bal., *Phillyrea vilmoriniána* Boiss. et Bal.) ***O. decórus*** (Boiss. et Bal.) Kasapligil

– Bl. 1–6 cm lang **2**

2. Bl. 2–6 cm lang, elliptisch-längl., Spitze dornig, an beiden Seiten gewöhnl. 1–4 dornige Zähne *(90/18)*, an älteren Pfl. oft ganzrandig, obersts. glänzend dunkelgrün, untersts. gelbl. mit deutl. sichtbaren Adern; Bltn. in achselst. Büscheln, duftend, Kr. fast bis zur Basis geteilt; Fr. blauschwarz, 10–15 mm lang; IX–X. Sg ∧ – Mh/Nhw-4 (Japan, Taiwan). (*O. aquifólium* Sieb. et Zucc., *O. ilicifólius* (Hassk.) Mouillef.).
Stachelblättrige D., *O. heterophýllus* (G. Don) P. S. Green

– Bl. 1–2,5 cm lang, elliptisch-eif., scharf oder undeutl. gezähnt, untersts. mit dunklen Drüsenpunkten (Lupe!); Bltn. weiß, gebüschelt, duftend; Fr. blauschwarz, 10–14 mm lang; IV. Sk ∧∧ – Mh-4 (SW-China). (*Siphonosmánthus delavāýi* (Franch.) Stapf.). **Delavays D., *O. delavāýi*** Franch.

In botanischen Sammlungen sehr selten noch weitere Arten (∧∧):

O. americánus Gray.

O. armátus Diels.

O. serrulátus Rehd.

O. × burkwoódii (Burkw. et Skipw.) P. S. Green (× *Osmárea burkwoódii* Burkw. et Skipw.) (*O. delavāýi* × *O. decórus*), kleiner, immergrüner Strauch mit eielliptischen, ± gesägten, 2–4 cm langen Bl.; selten in botanischen Sammlungen. ∧.

10. *Phillýrea* L., Steinlinde

Immergrüne Sträucher; Bl. ganzrandig oder gesägt, ungeteilt; Bltn. in kurzen, achselst. Trauben, K. und Kr. 4teilig, 2 Stbl.; Fr. eine rundl., meist einsamige Steinfr. 2 Arten in S-Europa und Klein-Asien.

1. Bl. eielliptisch, Basis rundl. oder schwach herzf., sehr variabel, gewöhnl. scharf- oder manchmal undeutl. gesägt, obersts. glänzend dunkelgrün, untersts. heller grün und auf dem Mittelnerv behaart, mit 5–12 Seitenaderpaaren; V–VI. Sk ∧∧ – Ms-3.
Breitblättrige S., *P. latifólia* L.

var. ***média*** (L.) Schneid. (*P. média* L.) mit kleineren, fast ganzrandigen Bl., gilt als eine Altersform.

– Bl. längl. bis lineal-lanzettl., gewöhnl. ganzrandig, untersts. kahl, mit 4–6 Seitenaderpaaren; V–VI. Sk ∧∧ – Ms-3.
Schmalblättrige S., *P. angustifólia* L.

11. *Forestiéra* Poir., Adelie

Ligusterähnl., sommergrüne Sträucher; Bltn. ohne Kr., zweihäusig oder polygam, in der Regel vor dem Laub erscheinend; Steinfr. Etwa 15 Arten in N- und M-Amerika.

Bl. gegenst., eilängl. bis eilanzettl., über der Mitte leicht gesägt, frischgrün *(90/19)*; Bltn. grünl., unansehnl., in seitenst., kurzen Trauben an vorj. Zw.; IV–V. Sk – Nw-2. (*Adélia acumináta* Michx.). **Spitzblättrige A., *F. acumináta*** (Michx.) Poir.

In botanischen Sammlungen selten noch andere Arten wie:
F. ligustrína (Michx.) Poir.
F. neomexicána Gray.

90/19: Forestiera acuminata

Ordnung: ***Solanáles***

91. Familie: ***Solanáceae*, Nachtschattengewächse**

Bäume, Sträucher und Kräuter, auch Lianen; Bl. wechselst., ganzrandig, gezähnt oder fiederteilig; Bltn. einzeln oder meistens in Wickeln, K., Kr. und Stbl. meistens 5zählig, Bltn. fast 2seitig symmetrisch (die Scheidewand des aus 2 Frbl. zusammengesetzten Frkn. verläuft aber schräg zu der durch die verschieden langen Stbl. gegebene Symmetrieebene); Fr. eine Beere oder Kapsel. 85 Gattungen mit 2300 Arten vor allem in den Tropen und Subtropen. Giftige Alkaloide.

1. Niederliegender oder kletternder Halbstrauch; Bltn. in Wickeln, radf., Stbl. über die Kr. emporragend, kegelf. zusammenneigend . ***Solánum*** 91–1

– Aufrechter oder überhängender Strauch; Bltn. einzeln oder zu 2–5 in den Bl.achseln, Kr. röhrenf., Stbl. nicht kegelf. zusammenneigend . . . . ***Lýcium*** 91–1

1. ***Solánum*** L., **Nachtschatten**

Bis etwa 2 m in Gebüschen kletternder Halbstrauch; Bl. eif., die oberen oft spießf. oder 3zählig *(91/1)*; Bltn. violett, Stb.beutel goldgelb; Fr. rote Beere *(91/2)*; VI–VIII. G! HS – N-3. **Bittersüßer N., *S. dulcamára*** L.

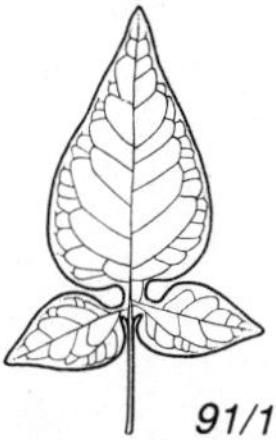

91/1

Solanum dulcamara

91/2

S. dulcamara, Frucht

91/3

Lycium barbarum, Frucht

2. ***Lýcium*** L., **Bocksdorn**

Etwa 100 Arten, vorwiegend Sträucher in nichttropischen Gebieten, bes. S-Amerika; Zw. z.T. verdornend.

1. Bltn. grünl.gelb, mit rötl. Zeichnung, zu 1–2, nickend; Bl. ovallanzettl., 1–5 cm lang, an blühenden Zw. nur bis 2,5 cm lang, blaugrün, etwas fleischig; Fr. scharlachrot, 1 cm ∅; V–VI. G!! Sk – Ns-2. **Blasser B., *L. pállidum*** MIERS.

– Bltn. purpurn bis violett, zu 1–5 (meistens 2–3); Bl. breit-elliptisch bis lanzettl., 2–6 cm lang, glänzend grün oder graugrün; Fr. karmin bis orange, 2 cm ∅ *(91/3)*; V–IX. G!! Sk – Ns-4 (China). (*L. halimifólium* MILL., *L. chinénse* MILL., *L. vulgáre* DUN., *L. europǣum* HORT., non L.).

Chinesischer B., ***L. bárbarum*** L.

In Blattgestalt und Kr. (Kr.röhre und Kr.zipfel) eine sehr variable Art, die von einigen Autoren in mehrere Arten aufgespalten wird.

Ordnung: ***Verbenáles***

92. Familie: ***Verbenáceae,* Eisenkrautgewächse**

Bäume, Sträucher, Lianen und Kräuter; Bl. meistens gegenst. oder wirtelig, einfach oder zusammengesetzt, behaart, reich an ätherischen Ölen; Bltn. 5(–4)zählig, Kr. mit oft langer, zylindrischer, gekrümmter Röhre und 2lippigem Saum; Fr. meistens Steinfr. mit 4–2 Steinkernen. Ca. 100 Gattungen mit 2600 Arten vorwiegend auf der S-Hemisphäre.

1. Bltn. radiär, 4lappig mit kurzer Röhre; die 4 Stbl. gleichlang . . . . ***Callicárpa*** 92–1
– Bltn. zygomorph, Röhre gewöhnl. lang, Stbl. ungleich, 2 längere und 2 kürzere **2**
2. Bl. gefingert *(92/2)*, Stbl. so lang wie die Kr.zipfel. . . . ***Vítex*** 92–2
– Bl. einfach, Stbl. lang aus der Röhre herausragend **3**
3. Bltn. weiß bis rötl.; Bl. 8–20 cm lang *(92/4)*, weich, unangenehm riechend, Fr. beerenartige Steinfr. . . . . . . ***Clerodéndrum*** 92–3
– Bltn. blau; Bl. 3–8 cm lang *(92/6, 92/7)*, gerieben aromatisch duftend . . . . ***Caryópteris*** 92–3

1. ***Callicárpa*** L., **Schönfrucht**

Bl. gegenst., gezähnt, oft sternhaarig; kleine Bltn. in achselst. Zymen, Kr. mit relativ kurzer Röhre und 4lappigem Saum, 4 hervorragende Stbl.; kleine, runde, beerenartige Steinfr., oft auffällig violett gefärbt. Etwa 100 Arten im tropischen und subtropischen Asien, Amerika und Australien.

1. Bl. untersts. ± dicht sternhaarig **3**
– Bl. untersts. drüsig, nur spärl. behaart oder kahl **2**
2. Bl. erst oberhalb der Mitte kerbig gesägt, elliptisch bis verkehrt-eif., 3–8 cm lang, zugespitzt, Basis keilf., untersts. hellgrün; Zw. mit schuppiger Behaarung; Bltn. rosa, mit den Stbl. 5 mm lang, in 1,2–2 cm breiten, kurz gestielten Zymen; Fr. kugelig, 3–4 mm ∅, violettlila; VIII. Sk ∧ ∧ – Nh-4. (*C. purpúrea* JUSS.).
Purpur-S., *C. dichótoma* (LOUR.) K. KOCH
– Bl. fast vom Grund an fein gesägt, elliptisch bis eilanzettl., 6–12 cm lang, lang zugespitzt *(92/1)*; Zw. anfangs flaumig, bald kahl; Bltn. rosa oder weißl., mit den Stbl. 6 mm lang, in 2–3 cm breiten, kurz gestielten Zymen; Fr. 4 mm ∅, violett; VIII. Sk ∧ – Nhw-4 (Japan, China, Korea). **Japanische S., *C. japónica*** THUNB.

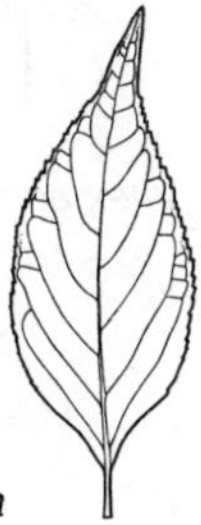
92/1: Callicarpa japonica

3 (1). Bl. untersts. büschelhaarig-drüsig bis kahl werdend, elliptisch-eif., 5–12 cm lang, fein gezähnt; Bltn. lila, mit den Stbl. 7 mm lang, in 2–3 cm breiten, dicht büschelhaarigen, bis 1 cm lang gestielten Zymen; Fr. 4 mm ∅, violett; VII–IX. Sk – Nw-4 (China). (*C. giraldiána* SCHNEID.).

C. bodiniéri var. **giráldii** (HESSE) REHD.

'Profusion', eine Selektion mit reicherem Fruchtbehang.

– Bl. untersts. filzig und drüsig, eilängl., 7–14 cm lang, gekerbt, obersts. behaart; Bltn. hellblau, 3 mm lang, kahl, in dichten, fast sitzenden Zymen; Fr. 4 mm ∅, violett; V–VII. Sk ∧ ∧ – Nw-2.

Nordamerikanische S., *C. americána* L.

2. *Vítex* L., Keuschbaum

Meist tropische oder subtropische Bäume und Sträucher; Bl. gegenst., 3–7fach gefingert. Etwa 250 Arten.

Zw. 4kantig, gerieben aromatisch duftend; Bl. gegenst., handförmig geteilt mit 5–7 lanzettl. bis schmal-lanzettl., 5–10 cm langen Blch., ± ganzrandig, untersts. grau behaart *(92/2)*; Bltn. hellviolett, duftend, 8 mm lang, in 8–18 cm langen Scheinähren, die aus Scheinwirteln zusammengesetzt sind; Fr. kugelig, 3–4 mm ∅ *(92/3)*; VIII–IX. Sk ∧ ∧ – Ms/Nsm-3.

Mönchspfeffer, *V. ágnus-cástus* L.

V. negúndo L. *'Heterophýlla'* ist selten in botanischen Sammlungen zu finden; Blch. meist 5, selten nur 3, gesägt; Bltn. in lockeren 12–20 cm langen Scheinähren. VII–VIII. Sk ∧ ∧ – Ms/Ns-4.

92/2

Vitex agnus-castus

92/3

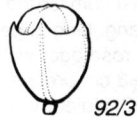

V. agnus-castus, Frucht

3. *Clerodéndrum* L., Losbaum

Vorwiegend sommergrüne Sträucher und Lianen; Bl. einfach, gegenst., gerieben unangenehm riechend; Bltn. in endst. Scheindolden; der 5zipflige K. bleibt bei der Fr.reife erhalten und wird fleischig, auf ihm sitzt die auffällig gefärbte beerenartige Steinfr. Etwa 400 Arten vorwiegend in den altweltl. Tropen. Nur eine Art ± winterhart.

Zw. anfangs feinflaumig behaart; Bl. eif.-elliptisch, 8–15 cm lang, Basis abgestutzt bis breitkeilig *(92/4)*, ganzrandig oder spärl. gezähnt, etwas behaart, unangenehm riechend, Stiel 3–10 cm lang; Bltn. in langgestielten, 12–25 cm breiten, achselst. Zymen, weiß, duftend, etwa 3 cm ∅ mit 5 längl. Zipfeln und weit herausragenden Stbl. und Gr., K. zur Blütezeit grünl.; Fr. eine blaue, beerenartige Steinfr., auf dem vergrößerten, rosa verfärbten, fleischigen K. sitzend *(92/5)*; VIII–IX. Sg ∧ – Mh/Nh-4. ***C. trichótomum*** THUNB. var. ***fargésii*** (DODE) REHD.

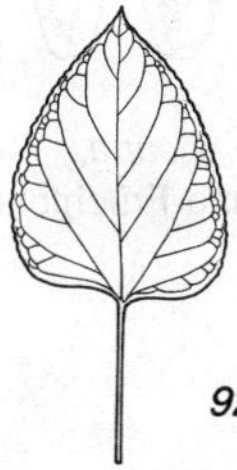

92/4

Clerodendrum trichotomum

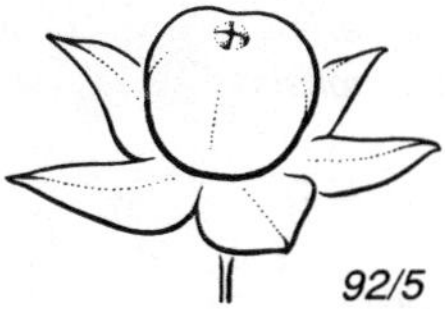

92/5

C. trichotomum,
Frucht mit fleischigem Kelch

4. *Caryópteris* BUNGE, Bartblume

Kleine Sträucher; Bl. gegenst., ± gezähnt, sommergrün; Bltn. in achselst. Thyrsen, K. glokkig, tief 5spaltig, nach dem Verblühen größer werdend, Kr. kurzröhrig mit 5 Zipfeln, ein Zipfel breiter und bartartig gefranst (Name!), 4 weit hervorragende Stbl.; Fr. in vier 1samige Teilfr. (Klausen) zerfallend *(92/8)*. Etwa 10 Arten in O-Asien.

1. Bl. eilanzettl. bis lanzettl., bis 8 cm lang und 2,5 cm breit, Basis abgerundet, im unteren Viertel am breitesten, zur Spitze sich gleichmäßig verschmälernd, ganzrandig oder mit 1–4 groben Zähnen, doch ungleich viel an beiden Seiten *(92/6)*, obersts. dunkelgrün, mattglänzend, unterstss. graugrün, kurzfilzig; Bltn. leuchtend blau in schlanken Thyrsen aus den Achseln der oberen Bl.; Fr. eine Spaltfr. IX–X. Sk. (*C. incána* (THUNB. ex HOUTT.) MIQ. × *C. mongólica* BUNGE). ***C.* × *clandonénsis*** SIMMONDS

'Heavenly Blue', Bltn. intensiv tiefblau, besonders reich und lange blühend.
'Kew Blue', wie *'Heavenly Blue'*, aber Bltn. noch dunkler blau.

– Bl. eif., bis 7 cm lang und 3,5 cm breit, Basis breit-keilig, erst von der Mitte an schmaler werdend, beidersts. mit 3–8 groben Zähnen *(92/7)*, obersts. dunkelgrün, untersts. graufilzig; Bltn. violettblau, in dichten, achselst. Thyrsen; IX–X. Sk ∧ – N-4. (*C. tangútica* MAXIM.).

Graufilzige B., *C. incána* (THUNB. ex HOUTT.) MIQ.

92/6

Caryopteris × clandonensis

92/7

C. incana

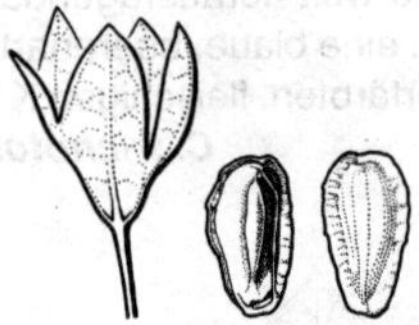

92/8

C. incana, Frucht und Früchtchen

93. Familie: ***Labiátae*, Lippenblütler**

Vorwiegend Kräuter, Stauden und Halbsträucher, nur relativ wenige Sträucher und Bäume; Jungtriebe deutl. 4kantig; Bl. kreuzweise gegenst. (oder wirtelig), reich an ätherischen Ölen (aromatischer Geruch); Bltn. zu mehreren in den Achseln von Hochbl., Scheinwirtel bildend, die zu ährenf. oder rispenf. Bltn.ständen vereint sein können, 5zählig, meistens stark zygomorph, K. (4–) oder 5zähnig, K. und Kr. oft 2lippig, 2 Krbl. bilden die Oberlippe, 3 die Unterlippe, Stbl. 4 oder 2, Frkn. 2fächerig, durch zusätzl. Scheidewand in 4 „Klausen" geteilt; Fr. 4 Nüßchen. 200 Gattungen mit 3500 Arten, fast über die ganze Erde verbreitet, besonders häufig im Mediterrangebiet bis Vorderasien.

1. Kr. deutl. 2lippig **3**
– Kr. nicht deutl. 2lippig **2**
2. Kr. nur mit kräftig entwickelter Unterlippe, Oberlippe sehr klein und tief 2spaltig. ***Teũcrium*** 93–1
– Kr. fast regelmäßig radiär, 4lappig, der obere Lappen etwas ausgerandet, die anderen stumpf; Bltn. in dichten, einseitswendigen Scheinähren . . . . ***Elshóltzia*** 93–5
3 (1). Fruchtbare Stbl. 4 (2 längere und 2 kürzere) **5**
– Fruchtbare Stbl. 2 (2 sterile, stark reduzierte unter der Oberlippe eingefügt) **4**
4. Bl. unterstѕ. stark netzadrig, 1–4 cm lang gestielt; Kr. mit helmartiger Oberlippe . . . . ***Sálvia*** 93–2
– Bl. unterstѕ. nicht auffallend netzadrig, Stiel höchstens 1 cm lang; Kr. mit 4lappiger Oberlippe . . . . ***Peróvskia*** 93–2
5 (3). Bl. klein, höchstens 12 mm lang . . . . ***Thýmus*** 93–3
– Bl. über 12 mm lang **6**
6. Bltn. in langen gestielten Scheinähren; Scheinwirtel in den Achseln kleiner Hochbl.. . . . . ***Lavándula*** 93–2
– Wenigstens die unteren Scheinwirtel in den Achseln von normalen Laubbl. **7**
7. K. mit 5 ungleichen Zähnen, dadurch 2lippig, undeutl. 10adrig, Stb.beutel unter der Oberlippe liegend . . . . . . ***Saturéja*** 93–3
– K. mit 5 gleichartigen Zähnen und 15 stark hervortretenden Adern, zumindest die beiden längeren Stbl. über die Oberlippe hinausragend. ***Hyssópus*** 93–4

1. *Teũcrium* L., Gamander

Bltn. scheinwirtelig in Scheinähren oder köpfchenartigen Bltnst., Unterlippe sehr groß, Oberlippe unscheinbar und tief gespalten, K. 10nervig, mit 5 fast gleich großen Zähnen *(93/1)*. Etwa 160 Arten.

1. Bl. ganzrandig, lineal-lanzettl., 8–20 mm lang, etwas eingerollt, unterstѕ. weißfilzig; Bltn. gelbl.weiß, 1,2 cm lang, in dichten, halbkugeligen köpfchenartigen Bltnst.; VII–VIII. HS – Ns-3.
Berg-G., ***T. montánum*** L.

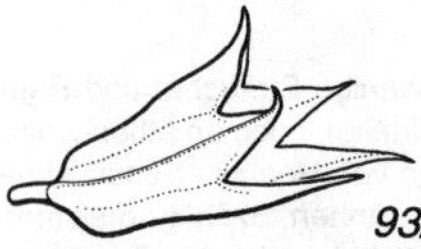

93/1

Teucrium montanum, Frucht

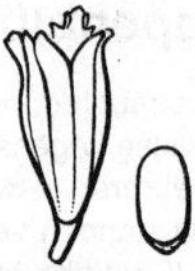

93/2

Lavandula angustifolia, Frucht und Klause

93/3

Salvia officinalis, Frucht und Klause

– Bl. gekerbt, längl.-eif., 8–25 mm lang, untersts. grün bis graugrün, aber nicht weißfilzig; Bltn. rosa bis violett, in endst. Scheinähren; VI–VIII. HS – Ns-3. **Edel-G., *T. chamaédrys*** L.

nahe verwandt:
30–60 cm hoch mit abstehenden behaarten Zw.; Bl. eif., 10–15 mm lang, 7–10 mm breit, obere Hälfte gezähnt; Bltn. purpurrosa, in bis zu 20 cm langen Scheinähren; VII–IX. HS. (*T. chamaédrys* L. × *T. lúcidum* L.).
Bastard-G., *T. × lúcidrys* BOOM

2. *Lavándula* L., Lavendel

Von den etwa 25 sehr aromatisch duftenden Arten nur eine genügend hart:

Pfl. dicht mit Sternhaaren besetzt; Bl. linealisch-lanzettl., 2–4 cm lang, Ränder stark eingerollt, die unteren weißfilzig, die oberen nur graugrün; Bltn. in einer 10–15 cm lang gestielten, unterbrochenen Scheinähre, diese aus 4–10bltg. Scheinwirteln bestehend, Kr. blau bis violett, etwa 1 cm lang, K. grauviolett kurzflaumig *(93/2)*; VII–VIII. HS ∧ – Ms-3. (*L. officinális* CHAIX, *L. véra* DC.). **Echter L., *L. angustifólia*** MILL.

3. *Sálvia* L., Salbei

Die etwa 600 Arten zählende Gattung enthält vorwiegend Stauden, daneben einige Halbsträucher und Sträucher; nur eine Art genügend hart:

Bl. z.T. wintergrün, längl., 3–8 cm lang, anfangs dicht graufilzig, ± verkahlend; Bltn. in langen, unterbrochenen Scheinähren, Wirtel 4–10bltg., Kr. hellviolett, etwa 1,5 cm lang, K. 2lippig *(93/3)*; VI–VII. HS ∧ – Ms/Ns-3.
Garten-S., *S. officinális* L.

'Purpuráscens', Bl. im Austrieb rotviolett, später grauviolett.
'Trícolor', Bl. gefleckt.

4. *Peróvskia* KAREL., Perowskie

Aromatisch duftende Halbsträucher; Bl. gesägt bis fiederschnittig; Bltn. in langen und schmalen unterbrochenen Scheinähren, zu 30–45 cm langen endst. rispenartigen Bltnst. zusammengesetzt, K. röhrig-glockig, stark behaart, zur Fr.zeit aufgeblasen *(93/5)*, Kr. blauviolett.

93/4

Perovskia abrotanoides

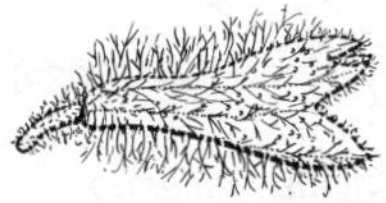

93/5

P. abrotanoides, Frucht

93/6

P. atriplicifolia

1. Bl. fiederschnittig bis doppelt fiederschnittig mit linealischen Abschnitten, 4–6 cm lang *(93/4)*, dicht mit hellen Drüsen besetzt, kurzhaarig; VIII–IX. HS ∧ – Na-3/4.
Fiederschnittige P., *P. abrotanoídes* KAREL.

– Bl. einfach, stumpf gesägt bis gekerbt 2

2. Zw. rundl., silbrig-sternhaarig; Bl. eilanzettl., 3–6 cm lang, ungleichmäßig grob gesägt, etwa 1 cm lang gestielt, beidersts. bedrüst, Rand gewimpert *(93/6)*; Bltn. in 2–6bltg. Scheinwirteln; VIII–IX. HS – NGs/a-4 (Himalaya).
Silber-P., *P. atriplicifólia* BENTH.

– Zw 4kantig, grünl.weiß, fein flaumhaarig; Bl. eilängl., 3–4 cm lang, fast sitzend, ungleichmäßig stumpf gesägt bis gekerbt, obersts. runzlig, Rand stark wellig; VIII–IX. HS – Na-3 (M-Asien). **Runzlige P., *P. scrophulariifólia*** BUNGE

5. *Saturéja* L., Bohnenkraut

Bl. vorwiegend schmal und ganzrandig; Stbl. unter der Oberlippe, K. regelmäßig 5zähnig *(93/7)*. Von den etwa 150 Arten nur eine in Betracht kommend:

Bl. lanzettl., scharf zugespitzt; Bltn. in wenigbltg. Scheinwirteln, weiß, mit rötl. Oberlippe und purpurn gefleckter Unterlippe; VII–VIII. HS – Ns/Ms-3.
Winter- oder Berg-B., *S. montána* L.

6. *Thýmus* L., Thymian

Kleine ganzrandige, stark aromatische Bl. mit Öldrüsen besetzt; Stbl. die Oberlippe überragend, K. 2lippig (Oberlippe 3zähnig, Unterlippe 2zähnig) *(93/8)*, 10–13nervig. Europa, Asien, N-Afrika. Hinsichtl. der Artenzahl schwanken die Angaben zwischen 35 und über 400, dieses beruht auf der Vielgestaltigkeit einzelner Arten, die zur Untergliederung in zahlreiche Kleinarten führte. Hier werden nur einige Vertreter gebracht.

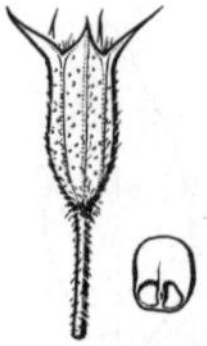

93/7

Satureja montana, Frucht und Klause

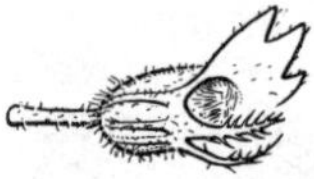

93/8

Thymus vulgaris, Frucht

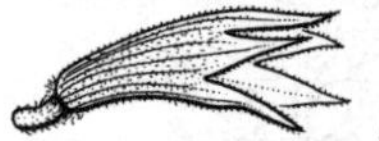

93/9

Hyssopus officinalis, Frucht

1. Sproß aufrecht; Bl. untersts. graufilzig behaart, Bl.rand stark umgerollt (Sektion *Thýmus*) 3

– Sproß niederliegend oder aufsteigend; Bl. untersts. kahl oder behaart, aber nicht graufilzig, Bl.rand wenig umgerollt (Sektion *Serpýlla*) 2

2. Sprosse nur auf den 4 Kanten mit Haarstreifen; lange Ausläufer fehlen; Bl. 8–18 mm lang; VI–IX. HS – N/M-3 (Europa).
Gemeiner T., ***T. pulegioídes*** L.

– Sprosse rundum behaart; lange blütenlose Ausläufer vorhanden; Bl. 5–14 mm lang; V–IX. HS – N-3 (M-Europa).
Sand-T., ***T. serpýllum*** L.

3 (1). Bl. nicht bewimpert, zerrieben aromatisch, aber nicht nach Zitrone duftend, fast sitzend, 6–12 mm lang, 1,5–3 mm breit; Bltn. zu 3–6 in Scheinwirteln, rosa bis violett; VI–IX. HS – Ms-3. **Garten-T.**, ***T. vulgáris*** L.

– Bl. am Grunde spärl. bewimpert, zerrieben auffällig nach Zitrone riechend, Behaarung schwächer als bei voriger Art und Bl. etwas breiter; Bltn. lila; VII–VIII. HS. (*T. vulgáris* × *T. pulegioídes*). **Zitronen-T.**, ***T.* × *citriodórus*** (Pers.) Schreber
'Golden Dwarf', Goldblatt-T.

7. *Hyssópus* L., Ysop

Nur eine Art:

Bl. lanzettl. bis linealisch, 8–40 mm lang, 2–7 mm breit, ganzrandig; Bltn. in einseitswendigen langen Scheinähren, Stbl. über die Oberlippe hinausragend, Kr. 7–12 mm lang, blauviolett, selten weiß, K. 15nervig, ± regelmäßig 5zähnig *(93/9)*; VII–VIII. HS ∧ – Ms/Ns-3 (S-Europa).
Ysop, ***H. officinális*** L.

8. *Elshóltzia* WILLD., Kamminze

Nur eine Art von Bedeutung:

Zw. rund; Bl. längl.-lanzettl., 6–12 cm lang, fein zugespitzt, scharf gesägt *(93/10)*, obersts. glänzendgrün, kahl, untersts. heller, dicht mit gelbl. Drüsen besetzt (Lupe!), kurz gestielt; Bltn. purpurrosa, 7–8 mm lang, Stbl. und Gr. lang herausragend, in 10–20 cm langen, oft rispig gehäuften, einseitswendigen, dichten Scheinähren, K. röhrig, regelmäßig 5zähnig *(93/11)*; IX–X. HS ∧ – N-4 (N-, NW-China).

Chinesische K., *E. stauntónii* BENTH.

93/10

Elsholtzia stauntonii

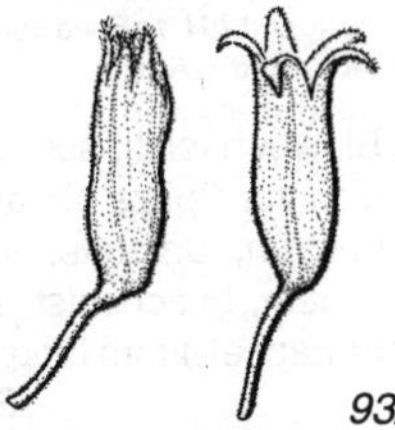

93/11

E. stauntonii, links unreife Frucht, rechts reife Frucht

Ordnung: *Personátae*

94. Familie: ***Buddlejáceae*, Sommerfliedergewächse**

Meistens Sträucher, Bäume, selten auch Stauden; Bl. in der Regel gegenst., oft mit Drüsen und Sternhaaren; Bltn. 4zählig, K. glockig, Kr. röhrig mit 4 Lappen; Fr. eine 2klappige Kapsel. 19 Gattungen mit 160 Arten in den Tropen und Subtropen, vorwiegend in O-Asien, S-Amerika und S-Afrika.

Buddléja L., **Sommerflieder, Schmetterlingsstrauch**

Meistens mit kantigen Zw.; Bl. in der Regel gegenst. (bei *B. alternifólia* wechselst.) mit Sternhaaren; Bltn. radiär oder schwach zygomorph, Stbl. meistens nicht aus der Kr.röhre herausragend *(94/1)*. Etwa 100 Arten in den Tropen und Subtropen, vorwiegend in O-Asien, S-Amerika und S-Afrika.

1. Bl. wechselst., schmal-lanzettl., 3–7 cm lang, 0,7–1,2 cm breit, sich zur Spitze hin allmähl. verschmälernd *(94/2)*, obersts. dunkelgrün, untersts. sternhaarig-weißfilzig; Bltn. in dichten Büscheln, bl.achselst. an vorj. Zw., hellviolett, Röhre 8 mm lang; Fr.kapsel 4 mm lang; VI. Sg – Ns-4.

Schmalblättriger S., *B. alternifólia* MAXIM.

– Bl. gegenst., eilanzettl. bis lanzettl., 10–25 cm lang, 2–5 cm breit, zugespitzt, Spreitengrund keilig, Rand schwach gezähnt *(94/3)*, Bl. obersts. dunkelgrün, anfangs behaart, bald kahl, untersts. ± weiß bis grünl.filzig; Bltn. am Ende diesj. Zw. in 10–30 cm langen, aufrechten oder übergeneigten Rispen, lila, bei Kulturformen von rosa bis purpurn und blau, auch weiß, Kr.röhre etwa 1 cm lang, Schlund orange; Fr.kapsel 6–8 mm lang *(94/4)*; VII–IX. Sg – N-4. (*B. variábilis* HEMSL.).

Schmetterlingsbusch, Sommerflieder, *B. davídii* FRANCH.

var. ***nanhoénsis*** (CHITT.) REHD., Bl. lanzettl., kaum 2,5 cm breit, scharf gesägt, untersts. grünl.filzig; Bltn. hellviolett. Sk – N-4 (China: Kansu).

B. × ***weyeriána*** WEYER (*B. davídii* × *B. globósa* HOPE), im Habitus *B. davídii* nahestehend, Bltn. in rundl., zu endst., dichten Rispen zusammengesetzten Köpfchen, schmutzig gelb bis grauviolett. ∧.

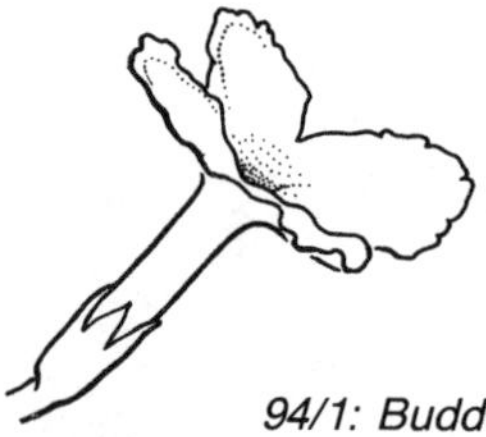

94/1: Buddleja davidii, Blüte

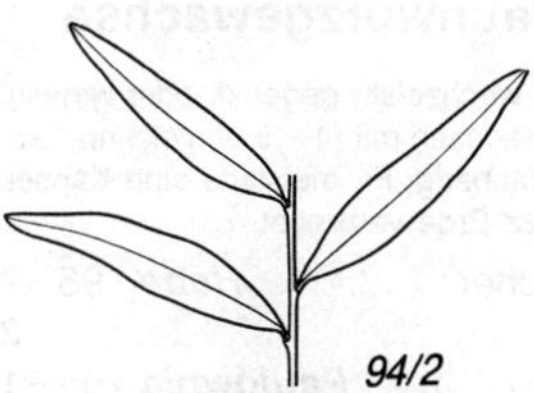

94/2

Buddleja alternifolia, Sproß mit Blättern

94/3

B. davidii

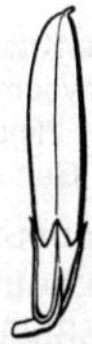

94/4

B. davidii, Frucht

95. Familie: ***Scrophulariáceae,*** **Braunwurzgewächse**

Meistens Kräuter, seltener Bäume und Sträucher; Bl. wechselst., gegenst. oder wirtelig; Bltn. ± zygomorph, K. 4–5zähnig oder -teilig, Kr. verwachsen mit (4–)5 ungleichen Lappen oder 2lippig, Stbl. 5–4–2, Frkn. oberst., meist 2fächerig; Fr. meistens eine Kapsel. Ca. 220 Gattungen mit über 3000 Arten über die ganze Erde verbreitet.

1. Stb.beutel 2; niedrige, immergrüne Sträucher . . . . . ***Hébe*** 95–2
– Stb.beutel 4 . . . . **2**
2. Großblättriger, sommergrüner Baum . . . . ***Paulównia*** 95–1
– Niedrige, sommergrüne Sträucher oder Halbsträucher. . . . . .
Penstémon 95–1

1. *Paulównia* Sieb. et Zucc., Paulownie, Blauglockenbaum

Bl. gegenst., groß, langgestielt, ganzrandig oder schwach 3–5lappig, mit herzf. Grund; K. 5lappig, Kr. trichterf., schwach 2lippig (Unterlippe 3-, Oberlippe 2lappig), 4 Stbl.; Fr. eine ovale, 2klappige, scharf zugespitzte Kapsel mit zahlreichen, schwach geflügelten Samen *(95/1)*. 6 Arten in O-Asien.

Bl. breit-eif. bis eif., 12–25 cm lang, manchmal schwach 3lappig, beidersts. behaart, Stiel 8–20 cm lang; Bltn. hellviolett, 5–6 cm lang in 20–30 cm langen, pyramidalen, rispenartigen Bltnst.; Fr.kapsel eif., 3–4 cm lang; IV–V, unmittelbar vor Bl.entfaltung. Bm ∧ – Nw-4 (M- bis N-China). (*P. imperiális* Sieb. et Zucc.).

Kaiser-P., *P. tomentósa* (Thunb.) Steud.

P. lilácina Sprague (*P. fargésii* Hort., non Franch.), ähnlich, aber Bltn. weiß bis hellblau, Bl. stets ungelappt. Bm ∧ – Nw-4.

2. *Penstémon* Schmidel., Bartfaden

Vorwiegend Stauden und einige kleine Halbsträucher und Sträucher; Bl. gegenst. oder wirtelig, ganzrandig oder gezähnt; K. 5teilig, Kr. röhrig mit 2 Lippen, 5 Stbl. (Name!), davon 4 fertil, 1 steril; Fr. eine Kapsel *(95/2)* mit flügellosen Samen. Etwa 150 Arten im westl. N-Amerika.

Bl. schmal-lanzettl. bis spatelig, 2–4 cm lang, scharf gesägt; Bltn. lilapurpurn in 5–11bltg. Trauben, Kr. röhrig-trichterf., 2lippig, 3–4 cm lang mit 4 fertilen, gebärteten und 1 langen sterilen, kahlen Stbl.; V–VII. Sz ∧ – Ns-1. (*P. scoūleri* Lindl.).

Scoulers B., *P. fruticósus* (Pursh) Greene
var. ***scoūleri*** (Lindl.) Cronquist

P. davidsónii Greene, ähnlich, mit breiteren bis rundl. Bl.; steriles Stbl. kurz, manchmal gebartet. HS ∧ – BG/PG-1.

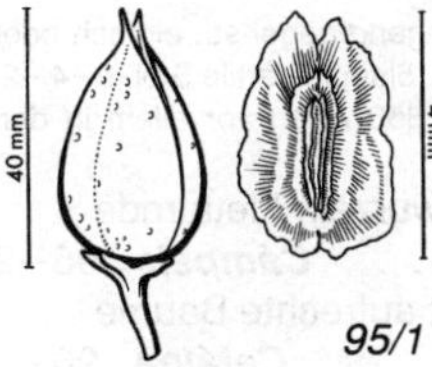

95/1

Paulownia tomentosa,
Frucht und Samen

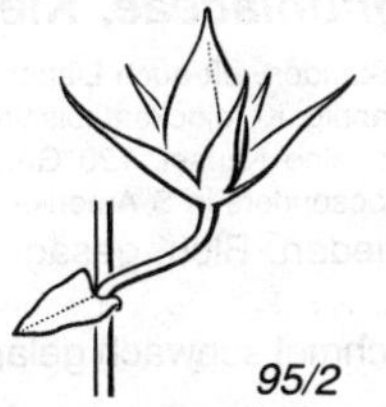

95/2

Penstemon fruticosus
var. *scouleri,* Frucht

95/3

Hebe ochracea,
Frucht

3. *Hébe* Comm. ex Juss., **Strauchehrenpreis**

Immergrüne Sträucher; Bl. gegenst., einfach, lederig oder schuppenf.; Bltn. meistens in achselst. Trauben, Kr. kurzröhrig mit 4(–5) ausgebreiteten Kr.lappen (ähnl. wie bei der nur Stauden enthaltenden Gattung *Verónica*), Stbl. 2; Fr. eine Kapsel *(95/3)*. Etwa 100 Arten in Neuseeland und Australien.

1. Bl. nicht schuppenf.; Bltn. in 1,5–6 cm langen Trauben **3**

– Bl. schuppenf.; Bltn. zu 3–8büschelig am Zw.ende **2**

2. Bl. in voneinander getrennten Paaren, am Grunde nicht miteinander verbunden, grün; Bltn. hellblau; VII. Sz ∧ ∧ –Ah-8. ***H. cupressoídes*** (Hook. f.) Anders.

– Bl. unterhalb der Mitte miteinander verwachsen, dachziegelig genähert, goldbraun bis grüngelb gefärbt; Bltn. weiß; VII. Sz ∧ – Ahg-8. (*H. armstróngii* hort. p. p.). ***H. ochrácea*** M. B. Ashwin

H. héctoris (Hook. f.) Ckn. et Allan., sehr ähnl., doch Bl. grün. Sz ∧ – Ahg/PG-8.

3 (1). Bl. 4reihig, dachziegelig, 8–12 mm lang, gekielt, glänzend dunkelgrün; Bltn. weiß, Trauben 1,5–2,5 cm lang; VII. Sk ∧ ∧ – Ah-8. ***H. buxifólia*** Ckn. et Allan.

– Bl. nicht dachziegelig angeordnet **4**

4. Bl. elliptisch-lanzettl. bis schmal längl., 8–20 mm lang, glänzend dunkelgrün; Bltn. weiß bis rosa, Trauben 2,5–4 cm lang; VI–VII. Sk ∧ ∧ – Ah-8. ***H. anómala*** (Armstr.) Ckn.

– Bl. elliptisch bis verkehrt-eif., bis 2,5 cm lang, stumpf dunkelgrün; Bltn. weiß, Trauben 3–6 cm lang; VII. Sk ∧ ∧ – Ah-8. ***H. travérsii*** (Hook. f.) Ckn. et Allan.

Sehr ähnl. ***H. brachysíphon*** Summerhayes (*H. travérsii* hort., non (Hook f.) CKN. et Allan).

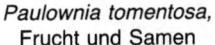

96. Familie: ***Bignoniáceae,*** **Klettertrompetengewächse**

Bäume, Sträucher und Stauden, oft auch Lianen; Bl. vorwiegend gegenst., einfach oder zusammengesetzt; K. 5lappig; Kr. glockenf. bis breit trichterf., 5lappig, fertile Stbl. 5–4–2, oft verschieden lang; Fr. eine Kapsel. 120 Gattungen mit 850 Arten vor allem in den Tropen und Subtropen, besonders in S-Amerika.

1. Bl. unpaarig gefiedert, Blch. gesägt; mit Luftwurzeln kletternde Lianen . . . . ***Cámpsis*** 96–2

– Bl. einfach, manchmal schwach gelappt, groß; aufrechte Bäume oder Sträucher . . . . ***Catálpa*** 96–1

1. *Catálpa* Scop., Trompetenbaum

Sommergrüne Bäume; Bl. gegenst. oder zu 3 wirtelig, langgestielt, groß, eif., ganzrandig oder schwach lappig, meistens mit violetten Drüsen unterst. in den Nervenwinkeln und ± auffälligem Geruch; Kr. glockig mit 5 Lappen, 5 Stbl., davon nur 2 fertil; Fr. eine 10–40 cm lange, 5–15 mm dicke Kapsel (Aussehen wie hängende Bohnenhülsen), flache Samen mit langen Haarbüscheln an beiden Enden *(96/1)*. Etwa 13 Arten in N-Amerika und O-Asien.

1. Bltn. relativ klein, 1,5–2,5 cm lang, grauweiß mit gelb, innen mit violetten Punkten sowie 2 orangegelben, später rotbraunen Streifen; Bl. meistens deutl. 3(–5)lappig, unterst. kurzhaarig, zumindest auf den Nerven; Baumkrone meistens breiter als hoch; VII–VIII. Bm – Nhg-4 (W-China). (*C. kaémpferi* (DC.) Sieb. et Zucc.) **Kleinblütiger T., *C. ováta*** G. Don

– Bltn. länger als 3 cm, weißl.; Bl. meistens nicht gelappt oder nur schwach 1–3lappig **2**

2. Kr. 3–5 cm lang, mit sehr schiefem Saum, innen mit purpurnen Punkten und 2 gelben Längsstreifen; Bl. selten etwas gelappt, kurz zugespitzt, unterst. zieml. reichl. behaart, unangenehm riechend; Fr.kapseln oft zahlreich, 5–7 mm dick, dünnwandig; VI–VII. Bm – Nhw-2. (*C. syringaefólia* Sims).
Gewöhnl. T., *C. bignonioídes* Walt.

'Aúrea', Bl. goldgelb austreibend, später gelbgrün werdend.

C. × erubéscens Carr. (*C. × hýbrida* Späth) (*C. bignonioídes × C. ováta*), Bl. im Austrieb purpurn; Bltn. ähnl. *C. bignonioídes*, doch kleiner.

– Kr. 4–6 cm lang, mit wenig schiefem Saum, innen undeutl. gepunktet; Bl. lang zugespitzt und nicht unangenehm riechend; Fr.kapseln weniger zahlreich, 8–15 mm dick, dickwandig; VI. Bm – Nw-2.
Prächtiger T., *C. speciósa* (Warder ex Barney) Engelm.

In botanischen Sammlungen selten noch zu finden:

C. fargésii Bur., mit rosa Bltn. Nhw-4 (W-China).

C. búngei C. A. Mey., mit weißen, purpurn gefleckten Bltn. und ganz kahlen Bl. N-4 (N-China).

2. *Cámpsis* LOUR., Klettertrompete

Lianen mit Haftwurzeln; Bl. gegenst., unpaarig gefiedert, Blch. gezähnt; Bltn. groß, trompetenf., K. röhrig-glockig, 5lappig, Kr. oberhalb des K. trichterf. erweitert, 5lappig, 4 im oberen Teil zur Mitte der Kr.röhre gebogene Stbl. (daher der Name: kamptein – griechisch – = biegen); Fr. eine 2fächerige Kapsel *(96/2)*. 2 Arten.

1. Röhrenf. Teil der Kr. zieml. lang, schlank, nach oben allmähl. erweitert, Saum bis etwa 3,5 cm breit, Bltn. gelb, scharlach- oder karminrot, K. etwa 1,5 cm lang, bis auf etwa ⅓ der Länge eingeschnitten; Luftwurzeln vorhanden; Blch. untersts. bes. auf den Adern behaart; VII–IX. L – Nhw-2. (*Bignónia radícans* L., *Tecóma r.* (L.) JUSS.).
Amerikanische K., *Cámpsis radícans* (L.) SEEM.

– Röhrenf. Teil der Kr. kürzer, breit trichterf. erweitert, Saum bis 8 cm breit, Bltn. scharlach- bis karminrot, K. etwa 3 cm lang, bis zur Mitte 5spaltig; Luftwurzeln nur wenige oder auch fehlend; Blch. untersts. kahl; VIII–IX. L ∧ ∧ – Nhw-4 (China). (*Bignónia chinénsis* LAM., *Bignónia grandiflóra* THUNB.).
Chinesische K., *C. grandiflóra* (THUNB.) K. SCHUM.

C. × ***tagliabúna*** (VIS.) REHD. (*C. grandiflóra* × *C. radícans*), hält etwa die Mitte zwischen den Eltern; Bltn. in lockeren Rispen, Kr. etwa 8 cm lang, K. viel kürzer als Kr.röhre, etwa zu ⅓ in zugespitzte Lappen geteilt.

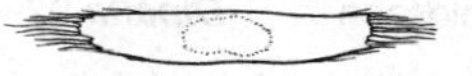

96/1

Catalpa speciosa,
Same mit Haarbüscheln

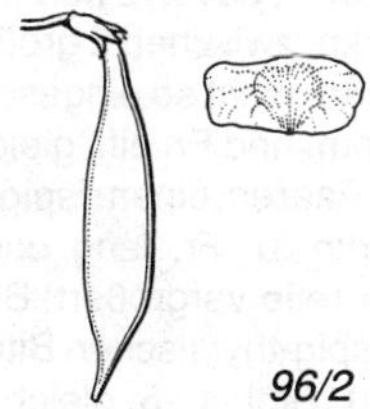

96/2

Campsis radicans,
Frucht und Same

Ordnung: ***Dipsacáles***

97. Familie: ***Caprifoliáceae*, Geißblattgewächse**

Sommer- oder wintergrüne Sträucher und kleine Bäume oder Lianen, seltener krautige Pfl.; Bl. gegenst., meist einfach und ohne Stipeln; Bltn. in Schirmrispen, Rispen, Thyrsen oder Ähren, selten einzeln, zwittrig, radiär oder zygomorph, Bltn.hülle doppelt, verwachsenbl., meist 4–5zählig, K. unscheinbar mit kleinen Zipfeln, Kr. radf. oder röhrenf., oft deutl. gelippt, Stbl. 4–5, in die Kr.röhre eingefügt, Frkn. unterst., meist 2–5fächerig, Fächer oft ungleich entwickelt; Fr. eine Steinfr., Beere, Kapsel oder Nuß. 14 Gattungen mit 450 Arten, vor allem in der Nemoralen Zone der Alten und Neuen Welt und in tropischen Gebirgen, seltener in der Australen Zone.

1. Kr. röhrig oder glockig, oft ± zygomorph, Gr. fädig verlängert **3**

– Kr. zieml. flach, radf., regelmäßig 5zipfelig, Gr. kurz oder fehlend **2**

2. Bl. unpaarig gefiedert; Bltn. klein, in reichbltg. Schirmrispen oder Rispen; Fr. eine 3–5samige Steinfr. . . . . ***Sambúcus*** 97–2

– Bl. einf., zuw. gelappt; Bltn. in Schirmrispen, Kr. bei sterilen Randbltn. oft ± zygomorph; Fr. eine 1samige Steinfr. ***Vibúrnum*** 97–3

3 (1). Flach kriechender Zwergstrauch mit fädigen Sprossen; Bltn. in langgestielten, 2bltg. endst. Bltnst. an kurzen Seitensprossen ***Linnǽa*** 97–31

– Aufrechte oder schlingende Sträucher **4**

4. Stbl. 4–5 oder 5, ± gleichlang **7**

– Stbl. 4, davon 2 kürzer und 2 länger **5**

5. Frkn. zwischen 2 großen Tragbl. eingeschlossen . . ***Dipélta*** 97–28

– Frkn. nicht so eingeschlossen **6**

6. Frkn. und Fr. eif., gleich dem Bltn.stiel dicht borstig behaart; Bltn. in Paaren, einen rispig-thyrsischen Bltnst. bildend ***Kolkwítzia*** 97–28

– Frkn. u. Fr. lang und schmal, nicht borstig behaart; Kbl. zur Fr.reife vergrößert; Bltn. einzeln bl.achselständig oder zu einem rispig-thyrsischen Bltnst. vereinigt . . . . ***Abélia*** 97–30

7 (4). Stbl. 4–5, gleich oder etwas ungleich lang; Kr. radiär, nicht über 6 mm lang, Frkn. 4fächerig, 2 Fächer steril; Steinfr. mit 2 Steinkernen . . . . ***Symphoricárpos*** 97–29

– Stbl. 5, Kr. ± zygomorph, länger als 6 mm, alle Fächer des Frkn. fertil **8**

8. Fr. eine Beere; Bltn. paarig, in gestielten, achselst. Teilbltnst. oder zu mehreren quirlig in ungestielten Teilbltnst. **10**

– Fr. eine Kapsel; Bltn. in 1–mehrbltg. Zymen **9**

9. Bltn. 2lippig, gelb, ca. 1 cm lang . . . . ***Diervílla*** 97–26

– Bltn. nur schwach zygomorph, Kr.saum etwas schief, größer, weiß bis dunkelrot, selten gelb . . . . ***Wéigela*** 97–26

10 (8). Kr. gewöhnl. 2lippig, Frkn. 2–3-, selten 4–5fächerig, Bltn. in Paaren oder Quirlen . . . . **Lonícera** 97–13
– Kr. fast radiär, Bltn. in Quirlen in der Achsel großer, rötl. gefärbter Brakteen, Frkn. 5(–8)fächerig . . . . **Leycestéria** 97–13

1. *Sambúcus* L., Holunder

Sommergrüne Sträucher oder kleine Bäume, seltener krautige Pfl.; Zw. mit großen Lentizellen; Bl. unpaarig gefiedert, Blch. gesägt; Bltn. in reichbltg. Rispen oder Schirmrispen, meist 5zählig, K. sehr klein, 5lappig; K. radförmig, tief gelappt, Stbl. am Grunde der Kr.röhre eingefügt; Frkn. 3–5fächerig; Steinfr. mit 3–5 einsamigen Steinkernen, grüne Fr. giftig! Ca. 25 Arten, vor allem in der Nemoralen Zone Eurasiens und N-Amerikas; einige Arten im tropischen Afrika, S-Amerika, O-Australien und Tasmanien.

1. Bltn. in kugeligen bis längl. Rispen **4**
– Bltn. in Schirmrispen **2**
2. Bl. untersts. blaugrün, kahl, Blch. am Grund stark asymmetrisch *(97/1)*; Bltn. gelbl.weiß; Schirmrispen 5strahlig, 10–15 cm breit; Fr. blauschwarz, stark weißl. bereift; VI–VII. G! Sg – B/N-1. (*S. gla͡uca* Nutt.). **Bereifter H., *S. caerúlea*** Raf.
– Bl. untersts. nicht blaugrün; Fr. nicht weißl. bereift **3**
3. Bl. obersts. seidig glänzend, Blch. meist 7; Schirmrispen 5strahlig, etwas gewölbt, 10–15 cm breit, Bltn. hell gelbl.weiß; Fr. ca. 4–5 mm Ø, schwarzpurpurn, meist 4kernig; VI–VIII. G! Sg – N-2. **Kanadischer H., *S. canadénsis*** L.

'Máxima', Schirmrispen bis 35 cm breit; Bl. größer als bei der Art.

– Bl. glanzlos, Blch. meist 5; Schirmrispen flach, 10–15 cm breit, Bltn. fast weiß; Fr. ca. 7 mm Ø, glänzend schwarz, meist mit 3 Steinkernen; VI–VII. G! Sg/Bk – N-3. **Schwarzer H., *S. nígra*** L.

'Albovariegáta', Bl. weiß panaschiert. weißes Mark, Korkwarzen
'A͡ureomarginSáta', Bl. gelb panaschiert, Rand gelb.
'A͡urea', Bl. goldgelb.
'Laciniáta', Blch. regelmäßig tief eingeschnitten.

97/1: *Sambucus caerulea*, Blättchen

4 (1). Fr. schwarz, 6 mm ∅; Bltnst. breit-eif. bis rundl.-3eckig, 5–7 cm lang und breit, Bltn. gelbl.weiß; Zw. rotbraun; Mark anfangs weißl. bis hellbraun, im 2. Jahr dunkler; Blch. 5–7, längl.-lanzettl., 8–15 cm lang, geschwänzt-zugespitzt, grob gezähnt; VI–VIII. G! Sg – N-1.
Schwarzer Trauben-H., *S. melanocárpa* GRAY

– Blütezeit IV–V; Fr. rot, Mark gelbbraun bis zimtbraun 5

5. Blch. 5(–7), eif. bis lanzettl., lang zugespitzt, 5–8 cm lang, bis 3,5 cm breit, scharf gesägt; Zw. dunkel graubraun, Mark zimtbraun; Rispe eif. bis längl., 5–10 cm lang, bis 6 cm breit; Bltn. gelbl.weiß; Fr. scharlachrot, 4–5 mm ∅; IV–V. G! Sg – B/Nk-3/4.
Roter Trauben-H., *S. racemósa* L.

'Laciniáta', Blch. regelmäßig tief eingeschnitten.
'Plumósa', Blch. tief eingeschnitten mit sehr schmalen Abschnitten.
'Plumósa Áurea', wie vorige, Bl. goldgelb.

– Blch. (5–)7(–11), längl.-eif. bis breit-lanzettl., 5–15 cm lang, bis 4 cm breit, gleichmäßig, ± grob gesägt, beidseitig ± glänzend; Zw. graubraun bis rotbraun, Mark gelbbraun; Rispe eif. bis kugelig, 8–10 cm lang, 4–5 cm breit; Bltn. gelbl.weiß, außen leicht rosa getönt; Fr. scharlachrot, 3–4 mm ∅; IV. G! Sg – N-4.
Japanischer Trauben-H., *S. sieboldiána* BLUME ex GRAEBN.

2. *Vibúrnum* L., Schneeball

Sommer- oder immergrüne Sträucher und kleine Bäume; Winterkn. zuw. nackt; Bl. einf. oder gelappt; Bltn. klein, in Schirmrispen oder Rispen, Kr. rad-, glocken- oder röhrenf., 5lappig, weiß bis rosa, Randbltn. öfter steril mit vergrößerter, zygomorpher Kr., bei Kulturformen auch alle Bltn. steril, der Bltnst. dann ± kugelig; Steinfr. mit einem einsamigen Steinkern. Mehr als 150 Arten, vorwiegend in der Nemoralen Zone Eurasiens und Nordamerikas; in Mittelamerika und SO-Asien auch in der tropischen Zone.

1. Bl. immer- oder wintergrün 23

– Bl. sommergrün 2

2. Bl. gelappt, vom Spreitengrund 2–5 kräftige Nerven ausgehend *(97/22)* 19

– Bl. nicht gelappt, Rand glatt, gezähnt oder gekerbt, Nervatur fiederig 3

3. Junge Zw., Bl. und Bltnst. nicht durch Sternhaare filzig (Lupe!); Winterkn. stets mit 1–2 Paar Kn.schuppen 10

– Junge Zw., Bl. und Bltnst. mit ± dicht filziger Behaarung aus Sternhaaren 4

4. Winterkn. nackt 6

– Winterkn. mit Kn.schuppen 5

5. Winterkn. mit 1 Paar Schuppen; Bl. breit- bis längl.-eif., 4–10 cm lang, 5–7 cm breit, mit 8–12 Paar, fast geraden, bis in die

97/2

Viburnum plicatum

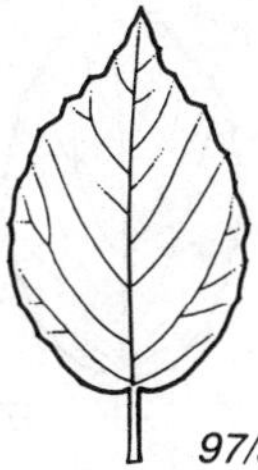
97/3

V. hupehense

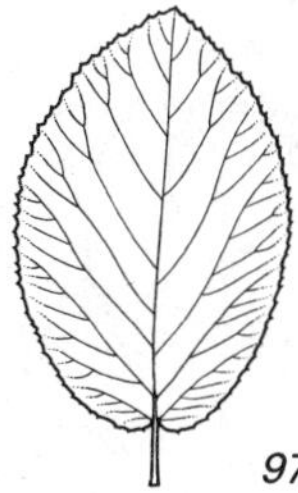
97/4

V. lantana

Bl.zähne verlaufenden Seitennerven, Rand gleichmäßig kerbzähnig, obersts. dunkelgrün, zieml. kahl, untersts. ± sternhaarig *(97/2)*, Herbstfärbung weinrot bis violett; blühende Zw. fast waagerecht stehend; Schirmrispen meist 7strahlig, 6–8 cm ∅, ± kugelig, nur aus sterilen Bltn. bestehend, Bltn. weiß; V–VI. G! Sg – Nhw-4. **Japanischer S., *V. plicátum*** THUNB.

var. ***tomentósum*** (THUNB.) MIQ. (*V. tomentósum* THUNB.), Bltnst. flach, Randbltn. 3–4 cm breit, steril, innere Bltn. viel kleiner, fertil; Fr. erst rot, dann schwarz.

'Mariésii', Zw. ± waagerecht ausgebreitet; Bltnst. und sterile Randbltn. größer; Wuchs gedrungener, kaum fruchtend.

– Winterkn. mit 2 Paar äußerer Kn.schuppen; Bl. breit-eif., 5–7 cm lang, zugespitzt, grob gezähnt, Spreitengrund leicht herzf., Bl. obersts. stumpf dunkelgrün, untersts. blaugrün, sternhaarig *(97/3)*; Schirmrispen 5strahlig, 4–5 cm ∅, Bltn. weiß, Kr. außen behaart; Fr. eif., rot, Pfl. reich fruchtend; VI. G! Sk/Sg – Nhw-4 (M-China). **Hupeh-S., *V. hupehénse*** REHD.

6 (4). Bl. untersts. grün, ± glänzend **8**

– Bl. durch Sternhaare untersts. ± graugrün, nicht glänzend . . . **7**

7. Bl. eif. bis längl.-eif., 5–12 cm lang, Spreitengrund herzf., Rand fein und dicht gezähnt, Seitennerven verzweigt, bis in die Bl.zähne verlaufend *(97/4)*, obersts. dunkelgrün, runzelig, untersts. wollig-sternhaarig, Stiel 2 cm lang; Schirmrispen 7strahlig, 6–10 cm ∅, Kr. trichterf., mit kurzer, breiter Röhre, 6–7 mm ∅, unangenehm riechend; Fr. 8 mm lang, elliptisch, erst rot, dann schwarz, glänzend; V. G! Sg – Ns-3.
Wolliger S., *V. lantána* L.

– Bl. zuw. wintergrün, eif. bis elliptisch, 5–8 cm lang, Spreitengrund gerundet, Rand gezähnelt, Seitennerven nicht bis zum Bl.rand reichend, obersts. dunkelgrün, fast kahl, untersts. sternhaarig, Stiel bis 1 cm lang *(97/5)*; Bltst. rundl., 8–15 cm ∅, Bltn.

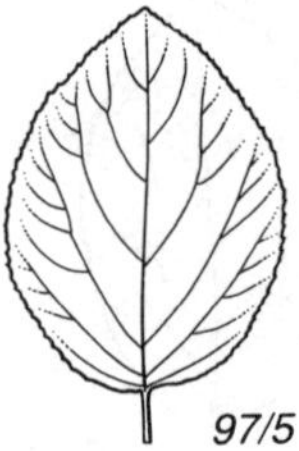

97/5

Viburnum macrocephalum

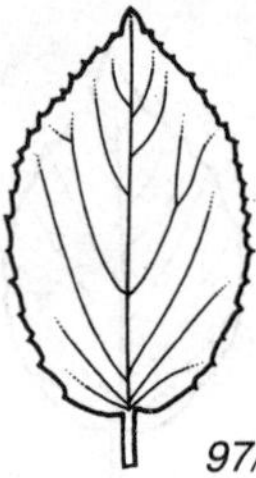

97/6

V. × carlcephalum

97/7

V. carlesii

mit kurzer Röhre, tellerf., sämtlich steril, 3 cm ∅, reinweiß; V–VI. G! Sg – N-4.

Chinesischer S., *V. macrocéphalum* Fort.

Die Wildform mit fertilen Bltn. und sterilen Randbltn. ist nicht in Kultur.

8 (6). Kr.röhre trichterf., kürzer als die ausgebreiteten Kr.zipfel, bis 1,7 cm ∅, Stbl. die Kr. überragend, Bltnst. rispig-schirmrispig, bis über 10 cm ∅; Bl. rundl.-eif., bis 7,5 cm lang und 5,5 cm breit, zugespitzt, grob gezähnt, Behaarung z. T. aus einfachen Haaren bestehend, Bl.stiel 8–10 mm lang *(97/6)*; V–VI. G! Sk. (*V. carlésii* × *macrocéphalum*). ***V.*** **×** ***carlcéphalum*** Burkw.

– Kr.röhre zylindrisch, so lang oder länger als die Kr.zipfel, Bltn. außen anfangs rosa, sehr stark duftend, Stbl. die Kr.röhre nicht überragend **9**

9. Kr.röhre ca. 8 mm lang, gleichmäßig dick, Kr.zipfel rundl., oft stark zurückgeschlagen, Bltnst. 5strahlig, sehr dicht, ± halbkugelig, Stiele der Strahlen ca. 5 mm lang; Bl. breit-eif. bis elliptisch, bis 8 cm lang und 5 cm breit, unregelmäßig gezähnt, untersts. auf den Nerven braun sternhaarig, Stiel 5–7 mm lang *(97/7)*; Fr. elliptisch, blauschwarz, 10 mm lang; IV–V. G! Sk – Nh-4 (Korea). **Koreanischer S., *V. carlésii*** Hemsl.

– Kr.röhre ca. 10–12 mm lang, in der Mitte etwas verengt, Kr.zipfel eif., tellerf. ausgebreitet; Bltnst. 5strahlig, locker, 6–9 cm ∅, Stiele der Strahlen 1–1,5 cm lang; Bl. eif. bis eilängl., bis 9 cm lang und 5,5 cm breit, flach gezähnt, untersts. auffällig braun sternhaarig, Stiel 6–8 mm lang *(97/8)*; IV–V. G! Sk. (*V. bitchiuénse* Mak. × *carlésii*). **Judds S., *V.* × *júddii*** Rehd.

10 (3). Bltn. sich vor der Blattentfaltung öffnend, in 3–5 cm langen, eif. bis breit kegelf. Rispen, Knospen rosa, offene Bltn. weiß, kahl, tellerf., bis 1 cm ∅, Kr.röhre 8 mm lang, Bltn. stark duftend; Bl. längl.-elliptisch, bis 7,5 cm lang und 4 cm breit, 3eckig-gezähnt, mit 5–6 Nervenpaaren *(97/9)*, obersts. grün, Nerven

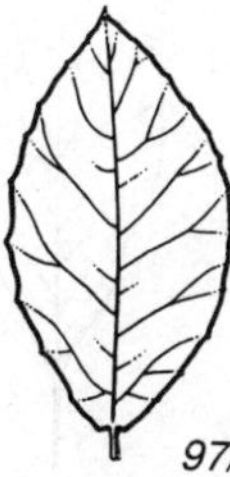

97/8

Viburnum × juddii

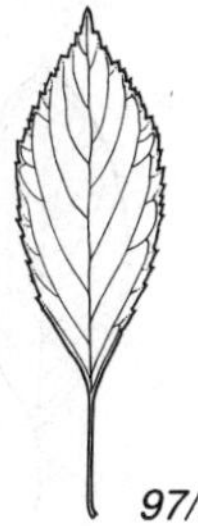

97/9

V. farreri

97/10

V. lentago

tief eingesenkt, untersts. heller, Bl.stiel 1–2 cm lang, gerötet; Zw. rotbraun; (XI) II–IV. G! Sg – N-4. (*V. frágrans* Bunge).

Duftender S., *V. fárreri* Stearn

V.* × *bodnanténse Stearn (*V. fárreri* × *grandiflórum* Wall.) Ähnl. *V. fárreri* aber Bltn.kn. tiefrosa – rosarot, Bltn. etwas größer. (XI)II–IV. G! Sg.

– Bltn. sich erst nach der Bl.entfaltung entwickelnd 11

11. Bl. gezähnt, Seitennerven bis in die Zähne verlaufend 14

– Bl. ± ganzrandig oder gesägt, Seitennerven vor dem Bl.rand abbiegend und miteinander verbunden 12

12. Bl.stiele 1,2–2,5 cm lang, mit ± breiten, wellig-geflügelten Säumen, vor allem untersts. braunschülferig, ebenso die einj. Zw.; Bl. eif., bis 12 cm lang und 5 cm breit, lang zugespitzt, Rand fein aber deutl. gezähnelt *(97/10)*, untersts. auf der Mittelrippe ± braunschülferig; Schirmrispen ungestielt, (3)4(5)strahlig, endst., bis 10 cm ∅; Fr. elliptisch, 12–15 mm lang, blauschwarz, bereift; V–VI. G! Sg/Bk – N-2.

Schafsbeere, Kanadischer S., *V. lentágo* L.

– Bl.stiele nicht so 13

13. Bl. ganzrandig oder unregelmäßig wellig gezähnelt, elliptisch bis eif., 3–10 cm lang *(97/11)*, obersts. dunkelgrün, untersts. braunschülferig; Schirmrispe gestielt, bis 12 cm ∅; Fr. rundl.-eif., 8–10 mm lang, erst rot, dann graublau bis schwarzblau; VI–VII. G! Sg – N/B-2. **Birnblättriger S., *V. cassinoídes*** L.

– Bl. dicht und fein gesägt, nur am Spreitengrund ganzrandig, breit-eif., 3–8 cm lang, 3–3,5 cm breit *(97/12)*, obersts. dunkelgrün, untersts. heller, fast kahl oder nur auf den Nerven schülferig; Bl.stiele der Bltn.sprosse ± geflügelt, rötl.; Schirmrispe sitzend, 5–10 cm ∅; V–VI. G! Sg – Nw-2.

Kirschblättriger S., *V. prunifólium* L.

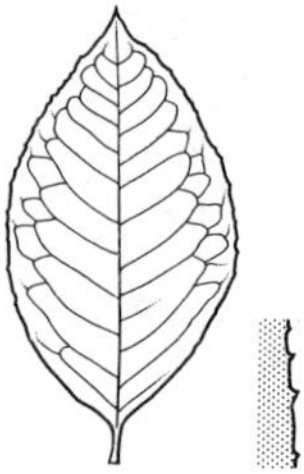

97/11

Viburnum cassinoides

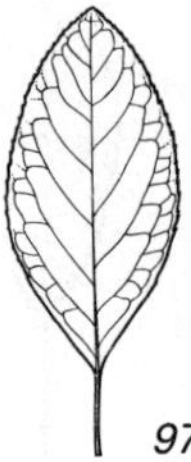

97/12

V. prunifolium

97/13

V. sieboldii

14 (11). Fr. sich von grün über hellrot zu purpurschwarz verfärbend, elliptisch, 1 cm lang; Bl. längl.-elliptisch, bis 15 cm lang und 7,5 cm breit, sehr derb, grob kerbig-gesägt *(97/13)*, obersts. glänzendgrün, runzelig, untersts. frischgrün, auf den Nerven etwas sternhaarig, Spreitengrund lang keilf. bis gerundet, Bl. bei Berührung unangenehm riechend; Bltn. rahmgelb, in 7–10 cm langen und breiten, rundl. Rispen; V–VI. G! Sg – Nhw-4 (Japan). **Stinkender S., *V. sieboldii*** MIQ.

– Fr. nicht so die Farbe wechselnd **15**

15. Fr. rot **17**

– Fr. blauschwarz **16**

16. Fr. kugelig-eif., 6 mm lang; junge Zw. ± kahl; Bl. rundl. bis eif., 3–8 cm lang, kurz zugespitzt, grob gezähnt, mit 6–10 Paar Seitennerven *(97/14)*, obersts. kahl und glänzend, untersts.

97/14

Viburnum dentatum

97/15

V. rafinesquianum

97/16

V. betulifolium

97/17

Viburnum setigerum

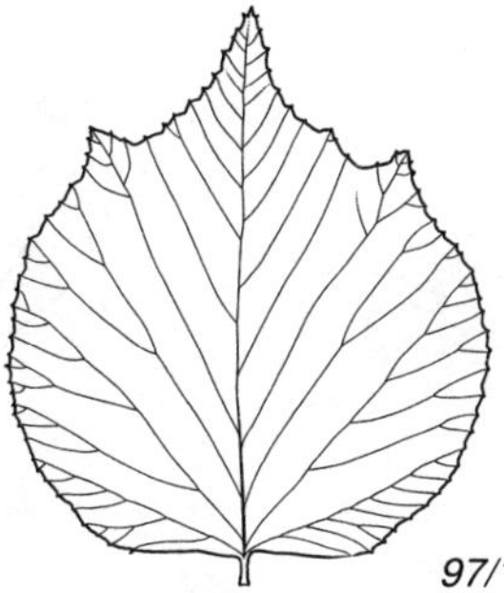

97/18

V. dilatatum

bläul. und achselbärtig; Schirmrispen 5–8 cm ∅, Staubfäden aus der Kr. herausragend; vielgestaltige Art, Bl. kahl bis behaart; V–VI. G! Sg – Nhw-2. **Gezähnter S., *V. dentátum*** L.

– Fr. elliptisch, 7–9 mm lang; junge Zw. kahl; Bl. eif.-elliptisch, 3–5 cm lang, zugespitzt, grob gezähnt, obersts. fast kahl, untersts. dicht weichhaarig, mit 4–6 Paar Seitennerven, Bl.stiel 2–6 mm lang *(97/15)*; Bltnst. 3–6 cm ∅, 1–3 cm lang gestielt, dichtbltg.; V–VI. G! Sk – Ns-2. **Rafinesques S., *V. rafinesquiánum*** Schult.

17 (15). Bl.stiel mit stipelähnl., pfrieml. Anhängseln, Spreite rhombisch-eif. *(97/16)*, 3–8 cm lang, grob gezähnt, am Grund ganzrandig, untersts. hellgrün, spärl. behaart und achselbärtig, mit 4–5 Paar Seitennerven; Schirmrispen locker, 7strahlig, gestielt, 6–15 cm ∅, Staubfäden aus der Kr. herausragend; Fr. rundl.-elliptisch, 6 mm lang, meist am Strauch bleibend und eintrocknend; VI–VII. G! Sg – N-4. **Birkenblättriger S., *V. betulifólium*** Batal.

– Bl.stiele ohne stipelartige Anhängsel **18**

18. Junge Zw. und Bltnst. kahl; Bl. eilängl., 7–12 cm lang, zugespitzt, am breitesten unter der Mitte, entfernt gezähnt, Spreitengrund gerundet *(97/17)*, Bl. obersts. dunkelgrün, untersts. nur auf den Nerven seidig behaart, mit 6–9 Paar Seitennerven; Schirmrispe 5strahlig, 3–5 cm ∅, kurz gestielt, Staubfäden kaum aus der Kr. herausragend; Fr. eif., 8 mm lang; V–VI. G! Sg – Nhw-4 (W-China). **Borstiger S., *V. setígerum*** Hance

– Junge Zw. und Bltnst. behaart; Bl. rundl. bis breit-eif., plötzl. kurz zugespitzt, gewöhnl. über der Mitte am breitesten *(97/18)*, Sprei-

97/19

Viburnum opulus, Blütenstand

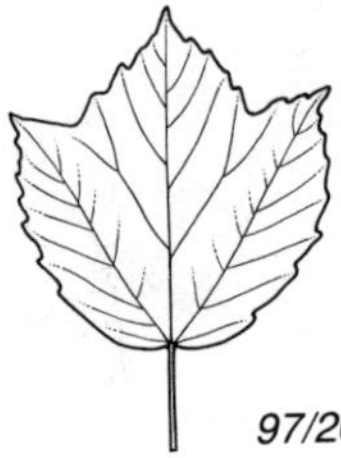

97/20

V. acerifolium

97/21

V. sargentii

tengrund rundl., grob gezähnt, beiderseits behaart, mit 5–8 Paar Seitennerven; reich blühend, Schirmrispen 1–3 cm lang gestielt, 8–12 cm ∅, Staubfäden aus der Kr. herausragend; Fr. breit-eif., 8 mm lang; V–VI. G! Sg – Nhw-4 (Japan).
Breitdoldiger S., *V. dilatátum* THUNB.

'Xanthocarpum', Fr. gelb.

19 (2). Randbltn. oder alle Bltn. eines Bltnst. steril und vergrößert *(97/19)* **21**

– Alle Bltn. eines Bltnst. gleichartig, ohne vergrößerte sterile Randbltn. **20**

20. Bl. rundl.-eif., dreilappig, 5–10 cm lang, grob gezähnt *(97/20)*, obersts. schwach, untersts. dichter behaart und schwarz punktiert; Bltn. gelbl.weiß, in langgestielten, 3–8 cm breiten Schirmrispen; Fr. elliptisch, 6–8 mm lang, blauschwarz; Herbstfärbung scharlachrot; V–VI. G! Sk – Nw-2.
Ahornblättriger S., *V. acerifólium* L.

– Bl. rundl.-3lappig, 6–15 cm lang, Spreitengrund ± herzförmig, Bl. untersts. mit Ausnahme der Achselbärte kahl, ohne schwarze Punkte; Bltnst. ca. 5 cm breit; VI. G! Sg – Nhw-3 (Kaukasien). **Orientalischer S., *V. orientále*** PALL.

21 (19). Staubbeutel purpurn, Schirmrispen bis 10 cm ∅, sterile Randbltn. 3 cm ∅; Fr. rundl., 8–10 mm lang, hellrot; Bl. stets 3lappig, an den oberen Bl. der Mittellappen ± stark verlängert, spitz und ganzrandig, die Seitenlappen abspreizend *(97/21)*, obersts. gelbl.grün, untersts. hellgrün, Bl.stiel 2–3 cm lang, mit 2 Drüsen; V–VI. G! Sk/Sg – Bh/Nhk-4.
Sargents S., *V. sargéntii* KOEHNE

'Flávum', Früchte gelb.

– Staubbeutel gelb; Bl. 3–5lappig, breit-eif., Mittellappen gewöhnl. nicht verlängert und wie die Seitenlappen grob gezähnt **22**

97/22

V. opulus

97/23

V. davidii

97/24

V. henryi

22. Bl. unterstS. gewöhnl. ± behaart, Bl.stiel 1–2 cm lang, oberstS. mit schmaler Furche und einigen großen, in der Mitte vertieften Drüsen an der Spreitenbasis *(97/22)*; Fr. rundl., 8 mm ∅; V–VI. G! Sg – N-3. **Gewöhnlicher S., *V. ópulus*** L.

'Róseum' ('Stérile'), Bltn. alle steril, Bltnst. kugelig, 5–8 cm ∅, Bltn. im Verblühen leicht rosa getönt.

'Nánum', reichverzweigte, kleinblättrige Zwergform, nur bis 0,5 m hoch werdend, selten blühend.

– Bl. unterstS. gewöhnl. kahl, Bl.stiel 1–3 cm lang, oberstS. mit flacher Furche und kleinen, meist gestielten, in der Mitte nicht vertieften Drüsen; Bltnst. 7–10 cm breit, Stbl. etwa doppelt so lang wie die Kr.; Fr. 8–10 mm lang, rundl. bis elliptisch, scharlachrot; V–VI. G! Sg – B/Nk-1/2. **Amerikanischer S., *V. trílobum*** Marsh.

23 (1). Zw., Bl.stiele, Bl. und Bltnst. ± dicht sternhaarig **26**

– Pfl. nicht ± dicht sternhaarig (zuw. ganz selten Sternhaare eingestreut) **24**

24. Bl. vom Spreitengrund an mit 3 etwa gleich starken Nerven, fast bis zur Bl.spitze durchgehend, elliptisch bis längl.-elliptisch, bis 15 cm lang und 7 cm breit, kurz zugespitzt, am Spreitengrund gerundet, oberstS. dunkelgrün, unterstS. gelbgrün, Rand weitläufig schwach gezähnt *(97/23)*, Bl.stiel ca. 1,5 cm lang; Schirmrispe 7strahlig, dichtbltg., 5–10 cm ∅, Bltn. weiß, 5 mm ∅; Fr. klein, dunkelblau; Zw. warzig; V. G! Sk # ∧ – Nhg-4 (W-China). **Davids S., *V. davídii*** Franch.

– Bl. fiedernervig, höhere Sträucher **25**

25. Bl. längl.-elliptisch, bis 12 cm lang und 4 cm breit, Spreitengrund keilf., beiderstS. mit 5–7 schwächeren Seitennerven, seicht aber deutlich gezähnt *(97/24)*, deutlich zugespitzt, oberstS. dunkelgrün, unterstS. graugrün, entlang der Mittelrippe spärlich

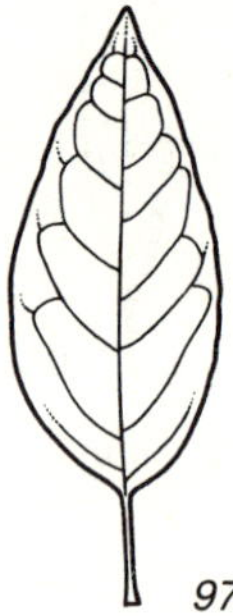

97/25

Viburnum tinus

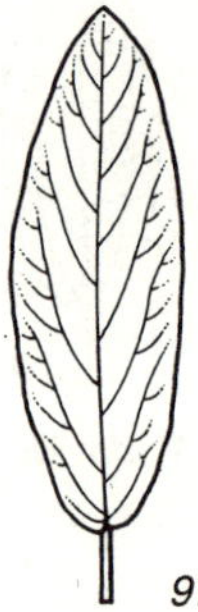

97/26

V. rhytidophyllum

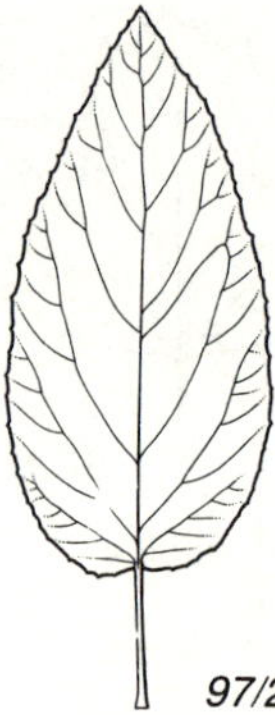

97/27

V. buddleifolium

sternhaarig, Bl.stiel 1–2 cm lang; Bltnst. rispig, breit pyramidal, bis 10 cm lang; Fr. eif., 6 mm lang, anfangs rot, reif schwarz; VI–VII. G! Sk/Sg # – Nhw/Mh-4 (M-China).

Henrys S., *V. hénryi* HEMSL.

– Bl. längl.-eif. bis elliptisch, 3–10 cm lang, 1,5–7 cm breit, ganzrandig, stumpf oder zugespitzt, Spreitengrund breit-keilf. bis gerundet *(97/25)*; Bl. obersts. dunkelgrün mit heller Nervatur; meist kahl, untersts. hellgrün, entlang der Nerven ± behaart, vereinzelt mit Sternhaaren, achselbärtig, Bl.stiel 1–1,5 cm, gleich den jungen Zw. deutlich behaart; Bltnst. eine 5strahlige Schirmrispe, 4–9 cm breit, Bltn.kn. rosa, Bltn. weiß, 4–9 mm ∅; Fr. rundl., 7–8 mm lang, dunkelblau; III–IV. G! Sk # ∧∧ – M-3.

Lorbeer-S., *V. tínus* L.

26 (23). Bl. bis 8 cm lang **28**

– Bl. länger, mindestens doppelt so lang wie breit **27**

27. Bl. längl.-eif. bis eilanzettl., bis ca. 20 cm lang und 8 cm breit, Spreitengrund rundl., oben stumpf, ganzrandig oder undeutl. gezähnt *(97/26)*, Bl. obersts. glänzend dunkelgrün, stark runzelig, untersts. dicht grau- oder gelbl.-filzig, Nervatur stark hervortretend, Bl.stiel 1–3 cm lang; Bltnst. bereits im Herbst ausgebildet, nackt überwinternd, sternhaarig-filzig, zur Blütezeit 10–20 cm breit, 7–11strahlig, Bltn. weiß bis gelbl.weiß, 6 mm ∅; Fr. eif., 8 mm lang; erst rot, dann schwarz; V–VI. G! Sg # – Nhw-4 (M-China). **Runzelblättriger S., *V. rhytidophýllum*** HEMSL.

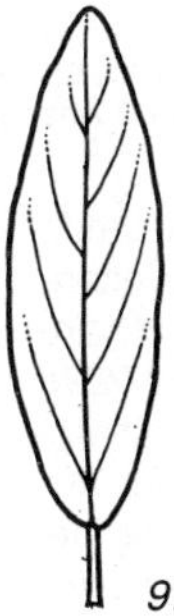

97/28

Viburnum utile

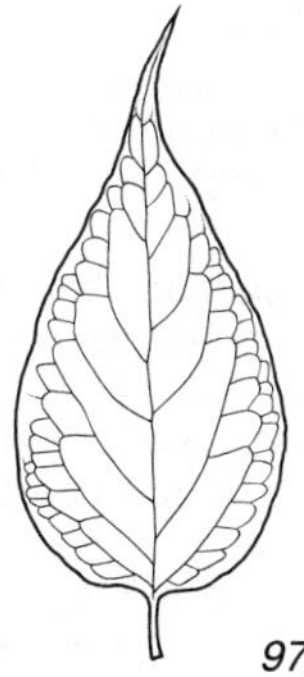

97/29

Leycesteria formosa

V. × ***rhytidophylloídes*** SURINGAR (*V. rhytidophýllum* × *lantána)*, zwischen den Eltern stehend; halbimmergrün, Bl. breiter, heller grün und obersts. weniger runzlig.

– Bl. nur wintergrün, 10–14 cm lang, bis 4 cm breit, längl.-eif.–eilanzettl., zugespitzt, obersts. mattgrün bis graugrün, nicht runzelig, untersts. dicht graufilzig durch Sternhaare, Spreitengrund gerundet bis herzf. *(97/27)*; Bltnst. bis 8 cm ∅, Bltn.knospen rötlich, Bltn. weiß; Fr. erst rot, reif schwarz; IV–V. G! Sk/Sg # ∧ – Nhw-4 (M-China). **Buddlejablättriger S., *V. buddleifólium*** C. H. WRIGHT

28. Bl. lederig, elliptisch bis eilängl., 2–6 cm lang, 1,2–2 cm breit, Spreitengrund gerundet, ganzrandig *(97/28)*, Bl. obersts. glänzend-grün, kahl, untersts. dicht sternhaarig-weißfilzig, Bl.stiel 4–6 mm lang; Bltnst. eine 5strahlige, flachrunde Schirmrispe, 5–8 cm ∅, Bltn. weiß, außen schwach rosa überlaufen; Fr. blauschwarz, breit-elliptisch, 6–8 mm lang; IV–V. G! Sk # ∧ – Nhg-4 (M-China). **Nützlicher S., *V. útile*** HEMSL.

– Bl. nicht lederig, eif. bis eielliptisch, 3–7 cm lang, 1,5–4,5 cm breit, Spreitengrund gerundet bis herzf., Bl. z.T. ganzrandig, z.T. schwach gezähnelt, obersts. glänzend grün, zerstreut sternhaarig, untersts. graugrün, sternfilzig; Bltn. ähnl. *V. carlésii* stark duftend; locker-sparrig wachsend; IV–V. G! Sk #. *(V. carlésii* × *útile).* ***V.*** × ***burkwōōdii*** BURKW. & SKIPW.

'Chenault', Bl. stärker gezähnt, weniger glänzend; 14 Tage früher blühend; im Wuchs weniger sparrig.

3. *Leycestéria* WALL.

Sommer-, selten immergrüne Sträucher; Bl. einfach, gestielt; Bltn. in end- oder seitenst. Thyrsen oder Ähren, K. 5lappig, bleibend, Kr.röhre trichterf., am Grunde bauchig erweitert, Saum ± gleichmäßig 5lappig, Frkn. 5–8fächerig; Fr. eine vielsamige Beere. 5 Arten in S- und O-Asien.

Sprosse kahl, grün und bereift, hohl; Bl. breit-eif. bis längl.-eif., 5–18 cm lang, zugespitzt bis geschwänzt-zugespitzt, Spreitengrund breit-keilf. bis herzf., Bl. ganzrandig oder gezähnt, anfangs fein behaart, später kahl, 5–12 mm lang gestielt *(97/29)*; Bltn. in 3–10 cm langen, überhängenden, end- oder seitenst. Ähren, in der Achsel 1,5–3,5 cm langer, purpurvioletter Tragbl., Kr. 1,5–2 cm lang, weißl. bis purpurn, K.zipfel pfrieml., drüsig bewimpert, ca. ⅓ so lang wie die Kr.; Fr. rundl., 1 cm ∅, purpurrot, drüsig-behaart; VI–IX. Sk ∧ – MG-4 (Himalaja).
L. formósa WALL.

4. *Lonícera* L., Heckenkirsche, Geißblatt

Sommer- oder immergrüne aufrechte Sträucher oder rechtswindende Lianen; Winterkn. mit 1–2 Paar Kn.schuppen, oft mit aufsteigenden Beikn.; Bl. einfach und ganzrandig, selten gelappt, kahl oder mit einfachen Haaren; Bltnst. der strauchigen Arten aus 2bltg., achselst. Zymen an einer ± verlängerten Achse stehend, stets mit 2, meist brakteosen Tragbl. (Vorbl. 1. Ordnung) und fast immer mit 2 Vorbl. 2. Ordnung, im folgenden Text stets nur als Vorbl. bezeichnet, die oft paarweise miteinander verwachsen sind; Bltnst. fast aller windenden Arten aus sitzenden, 3bltg. achselst. Zymen, 6bltg. „Quirle" bildend, zusammengesetzt, die an den Sproßenden kopfig, ähren- oder rispenartig angeordnet sind, K. klein, 5lappig, hinfällig oder bleibend, Kr. radiär oder zygomorph, mit langer, am Grunde oft bauchig oder höcker- bzw. sackartig erweiterter Röhre und 5 Zipfeln, die bei den zygomorphen Bltn. 2lippig (mit 4lappiger Ober- und 1lappiger Unterlippe) geformt sind, Stbl. in der Kr.röhre eingefügt, Frkn. unterst., 2–3(–5)fächerig mit mehreren Samenanlagen, Frkn. benachbarter Bltn. bisweilen ± miteinander verwachsen; Fr. eine wenigsamige Beere bzw. Doppelbeere, meist giftig! Rund 180 Arten, vorwiegend in der Nemoralen Zone Eurasiens und N-Amerikas.

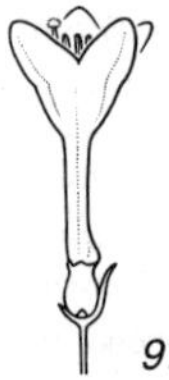

97/30

Lonicera gracilipes, Blüte mit Tragblatt

97/31

L. canadensis, Blüte

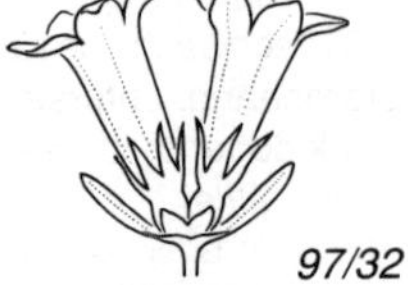

97/32

L. syringantha, Teilblütenstand

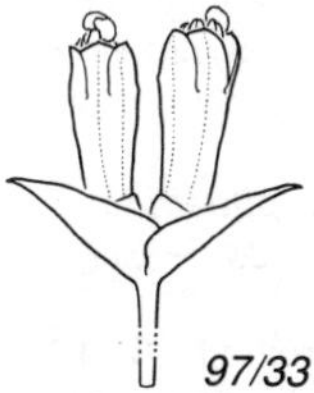

97/33

Lonicera involucrata, Teilblütenstand

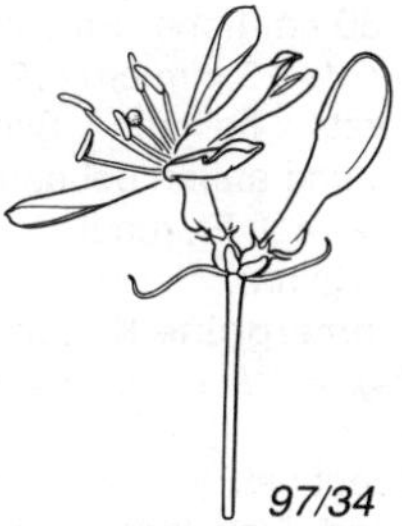

97/34

L. morrowii, Teilblütenstand

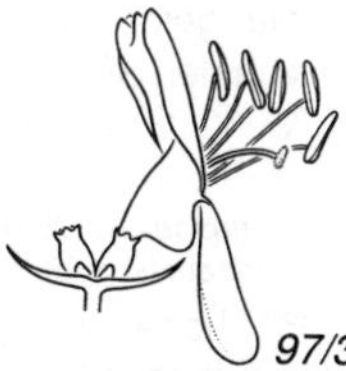

97/35

L. webbiana, Teilblütenstand

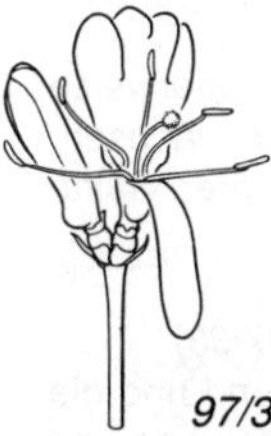

97/36

L. xylosteum, Teilblütenstand

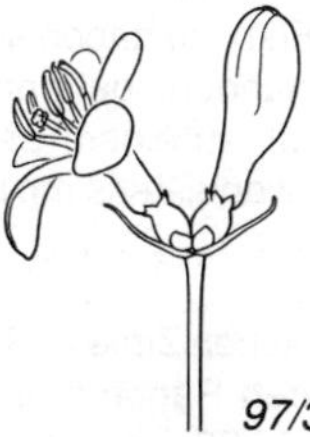

97/37

L. tatarica, Teilblütenstand

97/38

L. alpigena, Teilfruchtstand

97/39

L. maximowiczii, Teilfruchtstand

97/40

L. orientalis, Teilfruchtstand

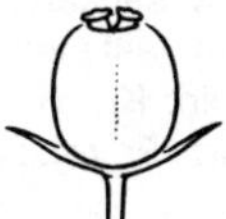

97/41

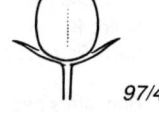

L. caerulea, Teilfruchtstand, umgeben von verwachsenen Vorblättern

1. Bltn. in meist 6bltg. Quirlen, an den Sproßenden zu Ähren oder Köpfchen angeordnet *(97/51–53)*, Lianen (Geißblatt) **42**

– Bltn. paarweise in ± lang gestielten Teilbltnst. *(97/36)*, selten einzeln; aufrechte Sträucher, selten *(L. japonica)* Lianen **2**

2. Bl. sommergrün, selten ± wintergrün, aber nicht dick lederig . . **4**

– Bl. immergrün, klein, lederig **3**

3. Ausgebreiteter, bis ca. 30 cm hoher Strauch; Bl. eif. bis längl.-lanzettl., 5–40 mm lang, 4–15 mm breit *(97/42)*, obersts. glänzend-dunkelgrün, untersts. hellgrün; Bltn.paar kurzgestielt, blaßgelb, Kr.röhre innen und außen behaart, Kr. 7–8 mm lang, von den Stbl. deutlich überragt; Fr. rundl., 6 mm ∅, purpurviolett; V–VI. G! # – Nhg-4 (W-China).

Immergrüne Kriech-H., *L. pileáta* OLIV.

'Yunnanénsis' (L. nítida 'Elegant'), Bl. eif., bis 1,5 cm lang; Zw. ± waagerecht abstehend; Pfl. bis 1 m hoch.

– Pfl. höher, reich kreuzgegenst. verzweigt; Bl. breit-eif., 6–12 mm lang *(97/43)*, glänzend-dunkelgrün; Bltn. und Fr. ähnl. voriger Art; V–VI. G! Sk # ∧ – NGh/Mh-4 (SW-China).

Immergrüne Strauch-H., *L. nítida* WILS.

4 (2). Vorbl. zu einem Becher verwachsen, der die beiden getrennten (!) Frkn. bis zum Ansatz des K. eng umhüllt *(97/41)*, so daß die Bltn.paare nur einen Frkn. zu haben scheinen **40**

– Vorbl., wenn überhaupt vorhanden, getrennt oder paarweise verwachsen, zuw. alle 4 Vorbl. zu einem Becher verwachsen, aus dem dann aber die Frkn. wenigstens mit ihrer oberen Hälfte hervorragen **5**

5. Kr. deutl. 2lippig *(97/34–37)* **19**

– Kr. mit 5 gleichen oder fast gleichen Zipfeln *(97/32, 97/33)* . . . **6**

6. Tragbl. sehr groß, sich mit ihren Rändern überlappend und die Frkn. ganz umschließend *(97/33)*; Kr.röhre am Grunde mit einem deutl. Höcker oder ± sackartig ausgebuchtet **17**

– Tragbl. klein oder groß, sich aber nicht mit ihren Rändern dekkend und die Frkn. umhüllend; K.röhre mit oder ohne Höcker bzw. sackartiger Ausbuchtung **7**

7. Bltn. fast stets einzeln; Tragbl. ungleich groß *(97/30)*; Vorbl. sehr klein; Kr. rosaweiß, mit nach oben erweiterter Röhre, K.zähne kurz; Fr. rot; IV–V. G! Sk – Nhw-4 (Japan).

Feinstielige H., *L. gracílipes* MIQ.

– Bltn. stets paarig; Tragbl. gleichgroß **8**

8. Kr.röhre deutl. kürzer als die Kr.zipfel; Zw. hohl

L. tatárica, s. Nr. 34

– Kr.röhre länger als die Kr.zipfel; Zw. mit Mark **9**

9. Stbl. in der Mitte der Kr.röhre oder noch höher eingefügt, nicht aus der Kr.röhre hervorragend **12**

– Stbl. am Ende der Kr.röhre eingefügt, weit aus der Kr.röhre hervorragend *(97/31)* **10**

10. Kr.röhre schlank und dünn, am Grunde ohne Höcker, rosa, K.zähne verlängert, schmal, Frkn. meist nur am Grunde miteinander verwachsen, etwa doppelt so lang wie die verwachsenen Vorbl.; Tragbl. linealisch; Beeren blaurötl. bis fast weiß; Zw.

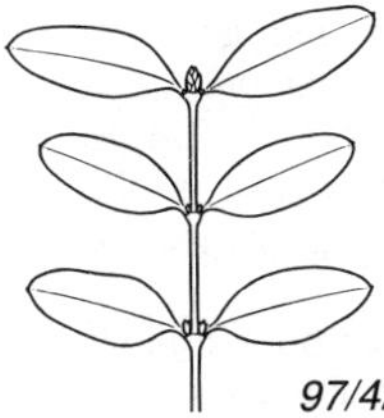

97/42

Lonicera pileata, Sproß mit Blättern

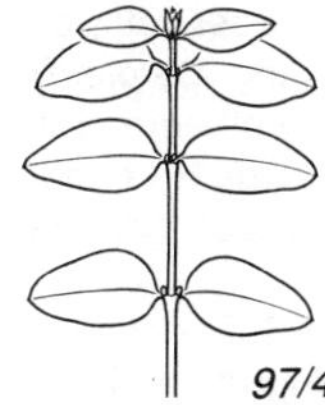

97/43

L. nitida, Sproß mit Blättern

97/44

L. albertii

schlank, niedergestreckt oder überhängend; Bl. graugrün, linealisch, 2–3 mm lang gestielt, 2–3 cm lang, jedersts. mit 0–2 Zähnen *(97/44)*; V–VI. G! Sk – Na-4.

Dornige H., *L. albértii* Regel

– Kr.röhre am Grunde mit Höcker, K. kurz 5zähnig *(97/31)* **11**

11. Bl. 4–8 cm lang, 5–8 mm lang gestielt, Spreite eif. bis längl.-eif., am Grunde gerundet oder herzf.; Bltn.paar 2–2,5 cm lang gestielt, Bltn. gelbl.-weiß, oft rötl. überlaufen, Frkn. der Bltn.paare am Grunde miteinander verwachsen; Vorbl. klein oder fehlend; Tragbl. höchstens so lang wie der Frkn.; Beeren lebhaft rot; IV–V. G! Sk – Nhk-2.

Kanadische H., *L. canadénsis* Bartr. ex Marsh.

– Bl. 2–4 cm lang, Spreite längl.-eif. bis längl.-lanzettl., am Grunde keilf. verschmälert, fast ungestielt; Bltn.paare 1–2 cm lang gestielt, Bltn. weiß oder etwas rötl., 1,2–2 cm lang, trichterf. bis glockig, Frkn. getrennt; Vorbl. etwa ½ so lang wie der Frkn.; Tragbl. die Frkn. weit überragend; Beeren rot; V. G! Sk – Ns-3 (SW-Europa). **Pyrenäen-H., *L. pyrenáica*** L.

12 (9). Gr. die Kr. deutlich überragend, Kr. hellrosa, Stbl. oberhalb der Mitte der schwach trichterf., 1–1,5 cm langen Kr.röhre eingefügt, Frkn. bis zur Mitte miteinander verwachsen; Vorbl. fehlend, Tragbl. pfrieml., ± so lang wie die Frkn.; Bltn.paare 1,5–3 cm lang dünn gestielt, hängend; Beeren kirschrot; Bl. 1,5–3 cm lang, verkehrt-eif. bis elliptisch, am Rand gewimpert, untersts. weißl., keilf. in den kurzen Bl.stiel verschmälert; V–VI. G! Sg – N-4. **Tangutische H., *L. tangútica*** Maxim.

– Gr. die Kr. nicht überragend; Vorbl. meist zu einem die Frkn. umgebenden Becher verwachsen **13**

13. Frkn. völlig getrennt **16**

– Frkn. ganz oder teilweise miteinander verwachsen **14**

14. Bl. längl.-lanzettl., 2–5 cm lang, lang zugespitzt; Bltn.paare 1–2 cm lang gestielt, Kr. weiß oder rötl., ca. 1 cm lang, Saum oft 4zipfelig, Gr. kaum ½ so lang wie die Kr.röhre, Frkn. völlig miteinander verwachsen; Doppelbeeren rot; V–VI. Sg – NG-4 (Himalaja). **Schmalblättrige H., *L. angustifólia*** WALL. ex DC.

– Bl. an der Spitze abgerundet oder sehr stumpf zugespitzt, 0,5–3,5 cm lang **15**

15. Bl. kahl, eif. bis eirund, 1–1,5 cm lang, bis 1 cm breit, obersts. dunkelgrün, untersts. graugrün bis bläul., kahl; Zw. zierl. überhängend; Bltn.paare 1–3 mm lang gestielt, Kr. gelbl.weiß, ca. 10 mm lang, innen lang behaart, außen kahl und oft rosa überlaufen, Röhre etwa doppelt so lang wie die Zipfel, Gr. ½ so lang wie die Kr.röhre; Vorbl.becher ½ so lang wie die völlig miteinander verwachsenen Frkn.; Doppelbeere korallenrot, glänzend, 8–9 mm ∅; V–VII. G! Sk – NG-4 (Himalaja).
Heidelbeer-H., *L. myrtíllus* HOOK. f. & THOMS.

– Bl. untersts. weichhaarig, eif. bis elliptisch, 1–3,5 cm lang; Bltn.paare kurz gestielt, Bltn. rötl.weiß, Gr. so lang wie die Kr.röhre, Kr. ca. 1,5 cm lang; Vorbl. ½ so lang wie die ± ganz miteinander verwachsenen Frkn.; Doppelbeere blauschwarz; VI. G! Sk – BGh-4 (Himalaja).
Flaum-H., *L. tomentélla* HOOK. f. & THOMS.

16 (13). Zw. und Bl. kahl; Bl. elliptisch, 1–2,5 cm lang, Bl.paare ca. 5 mm lang gestielt; Bltn. rötl.weiß bis rosa, bis 1,5 cm lang, Kr.röhre 3–4mal so lang wie die Zipfel; Vorbl.becher ausgerandet *(97/32)*; Beeren scharlachrot; V–VII. G! Sk – Ns-4.
Fliederblütige H., *L. syringántha* MAXIM.

var. ***wólffii*** REHD., reich verzweigt, Zw. teilweise niederliegend; Kr. karminlila.

– Zw. meist behaart, überhängend; Bl. längl.-eif., bis 2,5 cm lang, untersts. wollig behaart bis kahl; Bltn. hellila, Kr. außen behaart, Kr.röhre 2–3mal so lang wie die Zipfel; Vorbl.becher tief geteilt; Beeren lebhaft rot; V–VII. G! Sk ∧ – NG-4 (Himalaja).
Felsen-H., *L. rupícola* HOOK. f. & THOMS.

17 (6). Vorbl. fehlend; Bl. elliptisch bis längl.-eif., 3–8 cm lang, untersts. auf den Nerven und am Rand steifhaarig; junge Zw. mit steifen, glasig-glänzenden Haaren; Bltn.paare 1–1,5 cm lang borsthaarig gestielt, Kr. gelbl.weiß, 2,5 cm lang, Frkn. getrennt; Beeren scharlachrot; V. G! Sk – Ns-4.
Steifhaarige H., *L. híspida* PALL. ex ROEM. & SCHULT.

– Vorbl. groß, paarweise verwachsen, die getrennten Frkn. umhüllend **18**

18. Stbl. den oberen Kr.rand erreichend oder überragend, Kr. 1–1,5 cm lang *(97/33)*, außen dicht drüsig, meist gelb; Beeren glän-

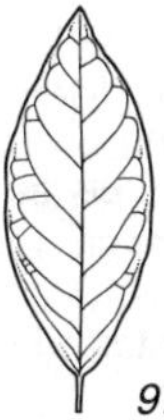

97/45

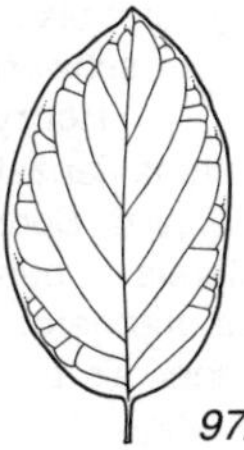

97/46

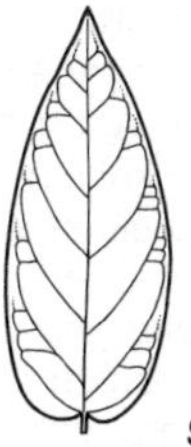

97/47

Lonicera involucrata L. ledebourii L. henryi

zend schwarz, von den zur Reifezeit roten, stark vergrößerten und etwas zurückgeschlagenen Tragbl. umgeben; Bl. 1–1,5 cm lang gestielt, Spreite 5–12 cm lang, längl.-elliptisch bis längl.-lanzettl., kahl oder schwach behaart *(97/45)*; IV–V. G! Sk – N-1.

Behüllte H., *L. involucráta* (RICH.) BANKS ex SPRENG.

– Stbl. die Kr.röhre nicht überragend, kürzer als die Zipfel, Kr. 1,5–2 cm lang, außen drüsig behaart, gelbrot; Beeren dunkelpurpurn, Tragbl. zur Reifezeit rot mit schwarzer Mitte; Bl. längl.-eif. bis eif.-lanzettl., 6–12 cm lang, derb, obersts. dunkelgrün, untersts. heller und bleibend weichhaarig *(97/46)*; V–VIII. G! Sk – NG-1 (Kalifornien).

Ledebours H., *L. ledebóurii* ESCHSCHOLTZ

19 (5). Aufrecht wachsende Sträucher **22**

– Windende oder niederliegende, halbimmergrüne Sträucher . . . **20**

20. Kr. 3–5 cm lang, innen weiß, außen oft purpurn überlaufen, gelb verblühend, Röhre am Grunde ohne Höcker, Bltn.paare 3–10 mm lang gestielt; Tragbl. sehr groß, bl.artig, breit-eif. bis elliptisch; Vorbl. ⅓ bis ½ so lang wie die kahlen Frkn.; Beeren schwarz; Bl. eif. bis längl.-eif., 3–8 cm lang, anfangs beidseitig behaart, obersts. verkahlend, Bl.stiel stark behaart, 4–8 mm lang; VI–VIII. G! L # – N/M-4.

Japanisches G., *L. japónica* THUNB.

'Halliána', Oberlippe tief geteilt, Bltn. weiß, im Verblühen gelb werdend.
var. ***répens*** (SIEB.) REHD. (*L. brachýpoda* DC.), Bl. oft ± gelappt, ungelappte Bl. eilängl., meist rot geadert; Bltn. weiß oder hellpurpurn gezeichnet.
'Reticuláta', Bl. gelb, netznervig; weniger robust als die Art, oft nur kriechend. ∧∧.

– Kr. 1,5–2 cm lang, außen gelb bis rötl. **21**

21. Zw. ± dicht angedrückt und abstehend behaart; Bl. eilanzettl. bis lanzettl., 4–10 cm lang, 1–2,5 cm breit, zugespitzt, Spreitengrund rundl. bis schwach herzf., untersts. an der Mittelrippe behaart, Rand bewimpert *(97/47)*; Bltn.paare 2–10 mm lang gestielt, Kr. 1,5–2 cm lang, gelbrot bis purpurrot, Kr.röhre bauchig, länger als die Kr.zipfel; Fr. schwarz; VI–VIII. G! L (#) – Nhg-4 (W-China). **Henrys G., *L. hénryi*** HEMSL.

– Zw. ± kahl; Bl. lanzettl. bis schmal-lanzettl., 3–6 cm lang, 8–15 mm breit, stumpfl. oder zugespitzt, Spreitengrund keilf. bis gerundet, 3–5 mm gestielt, untersts. ± behaart; Bltn.paare ca. 1,5 cm lang gestielt, Kr. gelb bis orangerot, innen purpurn, 1,5 cm lang, außen kahl, Röhre länger als die Kr.zipfel, trichterf.; Fr. schwarz; VIII–IX. G! L (#) – Nhg-4 (W-China). ***L. alseuosmoídes*** GRAEBN.

22 (19). Vorbl. fehlend oder sehr klein, K.zähne undeutl., Frkn. bis zur Mitte verwachsen **38**

– Vorbl. stets deutl. ausgebildet, zuw. becherförmig verwachsen . **23**

23. Frkn. mindestens bis zur Mitte verwachsen, Kr.röhre kurz, dick . **36**

– Frkn. getrennt oder nur am Grunde verwachsen (Frkn. auseinanderbiegen, Lupe!) **24**

24. Stiele der Bltn.paare höchstens so lang wie Frkn. und K. zusammen, Kr.röhre kaum gehöckert **35**

– Stiele der Bltn.paare länger **25**

25. Kr.röhre am Grunde nicht oder kaum gehöckert, Bltn. niemals gelb oder gelbl. verblühend **34**

– Kr.röhre am Grunde deutlich gehöckert **26**

26. Bltn. rot **31**

– Bltn. gelbl., grünl.gelb oder weiß, beim Verblühen sich gelb verfärbend **27**

27. Oberlippe fast bis zum Grunde geteilt, Kr. daher mit 5 fast gleichen, abstehenden Zipfeln *(97/34)*, Vorbl. (wie bei den folgenden Arten) alle getrennt, etwa so lang wie die Frkn., nebst den Tragbl. und K.zähnen behaart, Bltn. weiß, später gelbl., außen zerstreut weichhaarig, 1,5 cm lang, Bltn.paare 5–15 mm lang gestielt; Fr. blutrot; Bl. längl.-eif. bis elliptisch, 3–5 cm lang, untersts. dicht weichhaarig, bis 5 mm lang gestielt; V–VI. G! Sk – Nh-4 (Japan). **Morrows H., *L. morrówii*** GRAY

– Oberlippe höchstens bis zur Mitte geteilt **28**

28. Bltn.paare 2,5–3 cm lang drüsig-gestielt, Kr. 1,5 cm lang, außen behaart und drüsig, grünl.gelb oder fast weiß, oft purpurn überlaufen; Vorbl. höchstens ½ so lang wie die Frkn. *(97/35)*; Tragbl. drüsig bewimpert, so lang oder etwas länger als die Frkn.; Beeren scharlachrot; Bl. längl.-eif. bis längl.-lanzettl., 5–12 cm lang, lang zugespitzt bis geschwänzt; V–VI. G! Sg – Ns-3/4. **Webbs H., *L. webbiána*** WALL. ex DC.

– Bltn.paare 1–2,5 cm lang gestielt **29**

29. Frkn. kahl, drüsenlos, Kr. 15–18 mm lang, weiß, später gelbl., außen kahl; Vorbl. etwa ⅓ so lang wie der Frkn.; Fr. johannisbeerrot; Bl. eif.-lanzettl. bis lanzettl., 4,5–10 cm lang, allmähl. lang zugespitzt, Spreitengrund breit-keilf. bis gerundet; V–VI. G! Sg – N-4. **Ruprechts H., *L. ruprechtiána*** REGEL

– Frkn. wenigstens im oberen Teil drüsig **30**

30. Bl. breit-elliptisch, stumpf oder kurz zugespitzt, 3–6 cm lang, beidersts. weichhaarig; Bltn.paare 1–2 cm lang gestielt, Kr. 1–1,5 cm lang, gelbl.weiß, zuletzt gelb, behaart, Vorbl. meist ½ so lang wie der Frkn. *(97/36)*, Tragbl. pfrieml., die Frkn. selten überragend; Beeren dunkelrot; V–VI. G! Sg – N-3.
Gemeine H., *L. xylósteum* L.

– Bl. eif.-lanzettl. bis breit-lanzettl., lang zugespitzt, 6–12 cm lang, beidersts. rauhhaarig; Bltn.paare 1,5–2,5 cm lang, Kr. 1,5–2 cm lang, gelbl.weiß, im Verblühen orangegelb, Vorbl. ⅓–½ so lang wie die Frkn., Tragbl. meist von 2–5facher Frkn.länge; Fr. johannisbeerrot, 7–8 mm ∅; V–VI. G! Sg – Nhk/B-4.
Gelbblütige H., *L. chrysántha* TURCZ.

31 (26). Vorbl. alle getrennt **30**

– Vorbl. wenigstens paarweise verwachsen **32**

32. Bltn.paare etwa 1 cm lang gestielt, Kr. 1 cm lang, hellrot, außen kahl, Vorbl. zuw. alle 4 zu einem gelappten Becher verwachsen, ½ so lang wie die Frkn., Tragbl. pfrieml., kaum so lang wie die Frkn.; Beeren schwarz; Bl. längl.-eif. bis elliptisch, 2,5–6 cm lang, frischgrün, mit oft roter Mittelrippe, 3–5 mm lang gestielt; V–VI. G! Sg – Ns-4. **Rotrippige H., *L. nervósa*** MAXIM.

– Bltn.paare 2–4 cm lang gestielt **33**

33. Bl. lang zugespitzt bis geschwänzt, 5–12 cm lang; Stiele der Bltn.paare an der Spitze verdickt. ***L. webbiána*** s. Nr. 28

– Bl. stumpf oder kurz zugespitzt, eilanzettl. bis längl.-elliptisch, 4–7,5 cm lang, Spreitengrund breit-keilf. bis rundl.; Stiele der Bltn.paare 2–3 cm lang, nicht verdickt, Kr. etwa 1 cm lang, trübrot, selten weißl., Tragbl. und Vorbl. etwa ½–¾ so lang wie die Frkn.; Beeren blauschwarz; V–VI. G! Sk – BGh-3.
Schwarze H., *L. nígra* L.

34 (25). Bl. im Mittel 2–3 cm lang, eif. bis elliptisch, kurz zugespitzt, bläul.grün; Bltn.paare 1–2,5 cm lang dünn gestielt, Bltn. wohlriechend, Kr. rosa, seltener weiß, 15–18 mm lang, seitl. Einschnitte der Oberlippe bis zur Mitte oder etwas tiefer reichend, Vorbl. paarweise am Grunde verwachsen, etwa ⅓ so lang wie der Frkn., Tragbl. meist von Frkn.länge; Beeren lebhaft rot; V–VI. G! Sg – Ns/a-3 (M-Asien).
Korolkows H., *L. korolkówii* STAPF

– Bl. 3–6 cm lang, eif. bis eif.-lanzettlich, Spreitengrund oft herzf., kahl *(97/48)*; Bltn.paare 1–2 cm lang gestielt, Kr. 1,5–2 cm lang, dunkelrot bis weiß, die Röhre kürzer als die Zipfel, Oberlippe fast bis zum Schlund gespalten, Vorbl. alle getrennt oder nur am Grunde schwach verbunden, bis ½ so lang wie der Frkn. *(97/37)*; Beeren blutrot, selten gelb; IV–VI. G! Sg – Ns/a-3.

Tatarische H., *L. tatárica* L.

Formenreiche, häufig angepflanzte Art.
'Grandiflóra', starkwüchsig; Bltn. reinweiß, groß.
'Latifólia', Bl. bis 10 cm lang und 5 cm breit; Bltn. leuchtend karminrosa.
L. tatárica ist ein Elter zahlreicher Hybriden, auf die hier nicht eingegangen werden kann.

35 (24). Kr. weiß, gelbl. verblühend, außen behaart, 1–2 cm lang, Kr.röhre dünn, schwach oder ungehöckert, Oberlippe meist bis zur Mitte eingeschnitten, Vorbl. bewimpert, ± paarweise miteinander verwachsen, ½ bis fast so lang wie die Frkn., K. etwa von Frkn.länge; Beeren blutrot; Bl. eif.-elliptisch bis eif.-lanzettl., 5–8 cm lang, lang zugespitzt, 3–5 mm lang gestielt; V–VI. G! Sg – N-4. **Maacks H., *L. mā́ackii*** (Rupr.) Maxim.

var. ***podocárpa*** Franch., Wuchs mehr in die Breite gehend; Bl. stärker behaart; Bltn. kleiner, flaumhaarig.

– Kr. hellgelb, 1,5–2 cm lang, mit kaum gehöckerter Röhre, Oberlippe sehr kurz 4lappig, Vorbl. zu einem Becher von etwa halber Frkn.länge verwachsen, K.zähne und Tragbl. kürzer als die Frkn.; Beeren durchsichtig weiß mit schwarzen Samen; Bl. breiteif. bis elliptisch, 3–7 cm lang, ± lang zugespitzt, Bl.stiel 3–5 mm lang; VI–VII. G! Sk – NGs-4.

Durchsichtige H., *L. quinqueloculáris* Hardw.

36 (23). Bltn.paare 2,5–5 cm lang gestielt, Stiele an der Spitze verdickt *(97/38)*, Kr. gelbgrün, außen trübrot, 1,2–1,8 cm lang, innen lang behaart, Vorbl. etwa ¼ so lang wie der Frkn., Frkn. fast bis zur Spitze miteinander verwachsen; Doppelbeeren 12–13 mm ∅, glänzend rot; Bl. bis 12 cm lang und 5 cm breit, elliptisch bis verkehrt-eif., ± lang zugespitzt, Spreitengrund breit-keilf. bis gerundet, Bl. obersts. dunkelgrün, untersts. heller, kahl oder fast kahl; IV–V. G! Sk – Nhg/BGh-3.

Alpen-H., *L. alpígena* L.

– Bltn.paare 0,5–2,5 cm lang gestielt, Stiele oben nicht verdickt . **37**

37. K.zähne kurz dreieckig *(97/39)*, Kr. violettrot, ca. 1 cm lang, Stbl. so lang oder etwas länger als die Kr.zipfel, Tragbl. etwa ⅓ so lang wie die bis auf ⅔ ihrer Länge verwachsenen Frkn.; Doppelbeeren rot; Bl. elliptisch oder eif., 3–7 cm lang, ± lang zugespitzt, Spreite am Grunde gerundet; V. G! Sk – N/Bh-4.

Maximowiczs H., *L. maximowíczii* (Rupr.) Maxim.

– K.zähne lanzettl. *(97/40)*, Kr. 1–1,2 cm lang, schmutzig-rosa bis violett, Stbl. und Gr. kürzer als die Kr.zipfel, Tragbl. etwa so lang wie die völlig miteinander verwachsenen Frkn.; Doppelbeeren

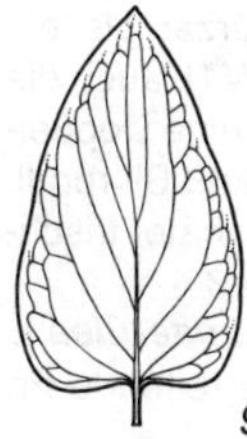

97/48

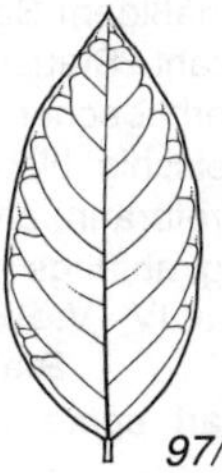

97/49

97/50

Lonicera tatarica *L. × purpusii* *L. iberica*

schwarz; Bl. eif. bis eif.-lanzettl., 4–10 cm lang, lang zugespitzt, Spreite am Grunde gerundet bis breit-keilf.; V–VI. G! Sg – Ns-3 (Vorderasien). **Orientalische H., *L. orientális*** LAM.

38 (22). Bl. 1–2,5 cm lang, verkehrt-eif. bis elliptisch, stumpf, fein behaart oder kahl beidersts.; Bltn.paare 5–15 mm lang gestielt, Kr. etwa 1 cm lang, gelbl.weiß, Oberlippe etwa bis zur Mitte in 4 Zipfel gespalten, Kr.röhre am Grunde stark gehöckert, Frkn. ganz miteinander verwachsen; Doppelbeeren orangerot; V. G! Sk – Ns-4.
Kleinblättrige H., *L. microphýlla* WILLD. ex ROEM. & SCHULT.

– Bl. 3–12 cm lang, am Rande lang und steif behaart, halbwintergrün; Kr. 1,5 cm lang, Kr.röhre am Grunde etwas gehöckert, Bltn. wohlriechend **39**

39. Zw. mit rückwärts gerichteten Borsten besetzt, selten kahl; Bl. längl.-eif. bis lanzettl., 4,5–12 cm lang, allmählich zugespitzt, beidersts. behaart; Bltn. vor oder mit den Bl. erscheinend, Bltn.paare 5–10 mm lang gestielt, Kr. 1,5 cm lang, weiß oder blaßrötl., Frkn. teilw. miteinander verwachsen; Fr. blutrot; II–V. G! Sk (#) – Nhg-4 (W-China).
Standishs H., *L. standíshii* JACQ.

– Zw. kahl oder an üppigen Trieben borstig; Bl. verkehrt-breit-eif., 3–7 cm lang, sehr kurz zugespitzt, nur untersts. auf der Mittelrippe ± steifhaarig; Bltn. vor den Bl. erscheinend, Bltn.paare 5–10 mm lang gestielt, Kr. weiß, oft rosa überlaufen, Frkn. teilw. miteinander verwachsen; Beeren rot; III–IV. G! Sk (#) ∧ – N-4.
Wohlriechende H., *L. fragrantíssima* LINDL. & PAXT.

L. × purpúsii REHD. (*L. fragrantíssima × standíshii*), zwischen den Eltern stehend; Zw. nur an den Sproßknoten borstig behaart; Bl. ähnl. *L. standíshii*, bis 9 cm lang und 4,5 cm breit *(97/49)*, obersts. dunkelgrün, fast kahl, untersts. blaugrün (wie *L. fragrantíssima*), ± kahl; Bltn. rahmweiß, ± kahl, stark duftend, meist aufgerichtet; II–IV. Sk.

40 (4). Kr. trichterf. mit fast regelmäßigem Saum, grünl. bis gelbl.-weiß, 12–20 mm lang, Gr. kahl, Staubbeutel kürzer als die Staubfäden oder gleichlang; Vorbl.becher kahl *(97/41)*, auch die reife Fr. noch einschließend, fleischig, blau bereift, eine Doppelbeere vortäuschend; Sprosse rotbraun, oft mit Beikn.; Bl. rundl. oder eif. bis längl., 2–8 cm lang, anfangs hellgrün, später frischgrün; sehr variable Art; Fr. eßbar; IV–V. Sk – B/BG-3/4.

Blaue H., *L. caerúlea* L.

– Kr. 2lippig, Vorbl.becher behaart, später durch die reifende Fr. gesprengt **41**

41. Bl. eif. bis lanzettl., lang zugespitzt, 6–10, ausnahmsweise bis 20 cm lang, Spreite am Grund abgerundet oder herzf., beidseitig kurz behaart; Bltn.paare kurz gestielt, Kr. gelbl., 1,5–2 cm lang, Kr.röhre ca. 8 mm lang, am Grunde deutl. höckerig, außen dicht drüsig und kurzhaarig, Vorbl.becher mit dem dicht behaarten K.grund fest verfilzt (wie verwachsen), Tragbl. eif., fast bl.artig, länger als die Kr.röhre; Beeren nur gering miteinander verwachsen, rot, 8 mm lang; V–VI. G! Sg – Ns-4.

Ferdinands H., *L. ferdinándii* Franch.

– Bl. rundl.-eif., stumpf, bis 4 cm lang, Spreitengrund herzf. *(97/50)*, unterseits. weichzottig; Bltn. meist nur in 2 Paaren an den Zw.enden, Bltn.paare sehr kurz gestielt, Kr. 10–14 mm lang, gelbl.weiß, gelb verblühend, innen und außen fein behaart, Vorbl.becher nicht mit dem K.grunde verfilzt, Tragbl. meist bl.artig groß; Beeren rot, nicht miteinander verwachsen; VI–VII. G! Sk – Ns-3 (Kaukasien). **Persische H., *L. ibérica*** Bieb.

42 (1). Alle Bl. getrennt, kahl, 4–6 cm lang, 1,5–2 cm breit, 2–5 mm lang gestielt; Bltn. in gestielten, vielbltg. endst. köpfchenf. Thyrsen, Kr. gelbl.weiß, zuw. rötl. überlaufen, 4–5,5 cm lang, 2lippig; Beeren rot; VI–VIII. G! L – N-3.

Wald-G., *L. periclýmenum* L.

'Bélgica', Bltn. außen blaßpurpurn, im Verblühen gelb; Wuchs oft fast strauchartig.

'Quercína', Bl. buchtig gezähnt, eichenblattähnl.

'Serótina', Kr. außen dunkelrot, im Verblühen verblassend; VII–X.

– Wenigstens das oberste Bl.paar am Grunde scheiben- oder schüsselartig verwachsen **43**

43. Kr. kurz 5zähnig, 4–5 cm lang, lebhaft gelb bis scharlachrot, Kr.röhre innen behaart, Stbl. und Gr. die Kr. etwas überragend, Bltn. in entfernten Quirlen; oberstes oder die beiden obersten Bl.paare zu einer fast kreisrunden Scheibe verwachsen; Beeren scharlachrot; V–VIII. G! L # ∧ – Nw-2.

Trompeten-G., *L. sempérvirens* L.

L. × ***brównii*** (Reg.) Carr. (*L. hirsúta* × *sempérvirens*), durch die ± zweilippige Kr. und die zuw. etwas gewimperten Bl. und die spärl.-drüsigen Bltn.stiele unterschieden; in mehreren Formen mit orangeroten bzw. scharlachroten Bltn. in Kultur.

'Dropmore Scarlet', starkwüchsig; Bltn. tief scharlachrot; VI–X.

L. × ***tellmanniána*** Magyar ex Späth (*L. sempérvirens* × *tragophýlla* Hemsl.), Bltn. goldgelb, 4–5 cm lang, gewöhnl. in 2 Quirlen übereinander; Bl. eielliptisch, obersts. frischgrün, untersts. bläul.; V. ∧.

– Kr. tief 2lippig **44**

44. Kr.röhre innen kahl **47**

– Kr.röhre innen behaart **45**

45. Sprosse behaart (wenigstens das Internodium zwischen dem obersten Bl.paar und dem Bltnst. drüsenhaarig); Bl. (besonders die nicht miteinander verwachsenen) am Rande lang behaart, untersts. weichhaarig, verwachsene Bl.paare scheibenf., beidendig zugespitzt; Kr. 2–2,5 cm lang, außen dicht drüsig, rötl.-gelb, Kr.röhre am Grunde schwach bauchig-höckerig, Vorbl. und Tragbl. dicht drüsig; Beeren rot; VI–VII. G! L – Nk-2. (*L. pubéscens* Sweet). **Rauhhaariges G., *L. hirsúta*** Eaton

– Sproßachse ganz kahl, kaum windend; Kr. außen kahl **46**

46. Bl.scheibe (die verwachsenen Bl.) elliptisch, beidendig zugespitzt, Bl. kahl, untersts. bläul.weiß; Bltnst. sitzend oder bis 8 mm lang gestielt, Kr. 1,5–2 cm lang, grünl.gelb, trübrot gestreift, Kr.röhre mit deutl. Höcker, Gr. meist kahl; Beeren rot; V–VI. G! L – Nk/B-2. (*L. glaūca* Hill).

Blaugrünes G., *L. diōica* L.

– Bl.scheibe eif. oder rundl., beidendig gerundet, Bl. untersts. blaugrün und meist kurz weichhaarig; Bltnst. länger gestielt, Kr. 2–3 cm lang, hellgelb, außen oft rötl. überlaufen mit schwach gehöckerter Röhre; Beeren rot; VI. G! L – N-2.

Sprossendes G., *L. prolífera* (Kirchn.) Rehd.

47 (44). Jeder Bltn.quirl eines Bltnst. einem verwachsenen Bl.paar unmittelbar aufsitzend, oft nur 1 Quirl vorhanden **49**

– Teilbltnst. alle gestielt oder nur der unterste einer Bl.scheibe unmittelbar aufsitzend **48**

48. Unterster Bltn.quirl der Bl.scheibe aufsitzend, die übrigen entfernt, oft kopfig gedrängt *(97/51)*, Kr. 4–5 cm lang, gelbl., außen hell- bis dunkelrot, Vorbl. etwa ½ so lang wie die Frkn.; Beeren rot; VI–IX. G! L ∧. (*L. caprifólium* × *etrúsca; L.* × *itálica* Tausch). **Italienisches G., *L.* × *americána*** (Mill.) K. Koch

L. × ***heckróttii*** Rehd. (? *L. americána* × *sempérvirens*), kaum windend; Bl. elliptisch, 3–6 cm lang, untersts. bläul.; Bltn. 3,5–5 cm lang, außen purpurn und etwas drüsig, innen gelbl. und spärl. behaart, Bltn.quirle zu mehreren übereinander, einen verlängerten, ährenähnl. Bltnst. bildend; VI–IX. Sk.

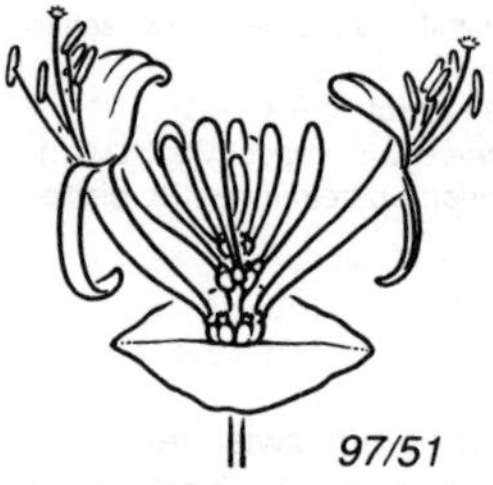

97/51

Lonicera × americana, Blütenstand

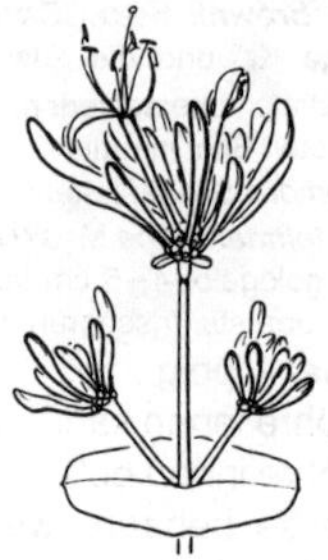

97/52

L. etrusca, Blütenstand

– Bltn. alle in zieml. lang gestielten Köpfchen *(97/52)*, Kr. gelbl., oft rosa überlaufen, Vorbl. etwa so lang wie die Frkn., Beeren rot; Bl. verkehrt-eif. bis elliptisch, 3–8 cm lang, stumpf oder zugespitzt, obersts. kahl, untersts. bläul., ± behaart; VI. G! L ∧∧ – Ms-3. **Etruskisches G., *L. etrúsca*** SANTI

49 (47). Kr. 3–4,5 cm lang, die Kr.röhre 3–4mal so lang wie die Zipfel, Bltn. geruchlos, gelbl.weiß, oft rot überlaufen, Stbl. und der meist behaarte Gr. viel kürzer als die Oberlippe; Beeren rot; Bl. eif. bis elliptisch, zugespitzt oder gerundet und stachelspitzig, sitzend, etwas geöhrt, beidseitig kahl, untersts. bläul., obersts. dunkelgrün und glänzend, obere Bl.paare verwachsen; V–VI. G! L # ∧∧ – Ms-3. **Verschlungenes G., *L. impléxa*** AIT.

– Kr. 4–5 cm lang, die Röhre höchstens 1½mal so lang wie die Zipfel *(97/53)*, Bltn. duftend, weiß bis gelbl.weiß, oft außen etwas rötl., Stbl. und der kahle Gr. etwa so lang wie die Oberlippe; Beeren rötl.; Bl. kurz gestielt, elliptisch bis breit-elliptisch, 4–10 cm lang, stumpf, untersts. bläul., obersts. dunkelgrün, obere Bl.paare verwachsen; V–VI. G! L – Nsm/Ms-3.
Garten-G., Jelängerjelieber, *L. caprifólium* L.

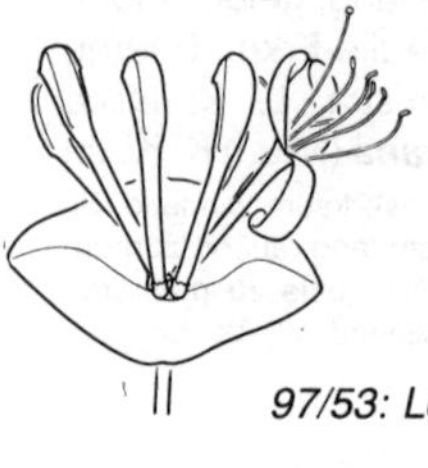

97/53: Lonicera caprifolium, Blütenstand

5. ***Diervílla*** Mill., **Buschgeißblatt**

Sommergrüne, Ausläufer bildende Sträucher; Bl. eif., gesägt; Bltn. in endst. Thyrsen an jungen Langtrieben, die achselst. Zymen (1–)3–vielbltg., Bltn. gelb oder grünl.gelb, K. 5lappig, Zipfel pfriemf., Kr. 2lippig mit trichterf. Röhre, Stbl. und Gr. die Kr. überragend, Frkn. 2fächerig; Fr. vielsamig, vom eingetrockneten K. gekrönt, sich nicht oder nur teilweise aufspaltend. 3 Arten im nemoralen, östl. N-Amerika.

1. Zw. und Bl. kahl 2

– Zw. stielrund, dicht kurzhaarig; Bl. fast sitzend, eif. bis längl.-lanzettl., 4–8 cm lang, lang zugespitzt, Spreitengrund keilf. bis herzf., doppelt gesägt, beidseitig behaart; Zymen mehrbltg., Kr. zitronengelb, die Zipfel ± so lang wie die Kr.röhre; Fr. 6 mm lang; VII–VIII. Sk – Nhg-2. **Bach-B., *D. rivuláris*** Gatt.

2. Zw. ± stielrund; Bl. 5–10 mm lang gestielt, Spreite 4–10 cm lang, längl.-eif., lang zugespitzt, am Grund breit-keilf. bis gerundet, gesägt; Bltn. gelb, seitl. Zymen 1–5bltg., die endst. bis 11bltg.; Kapsel ca. 8 mm lang, mit wenig hervortretenden Kanten; VI–VII. Sk – N-2. **Kanadisches B., *D. lonícera*** Mill.

– Zw. ± 4kantig, wenigstens an den Kanten behaart; Bl. 2–5 mm lang gestielt, Spreite eif.-lanzettl., 6–15 cm lang, zugespitzt, am Grund gerundet oder herzf., deutl. gesägt; seitl. Zymen 3–7bltg., der endst. Teilbltnst. oft mehr als 15bltg., Kr.zipfel kürzer als die Kr.röhre; Kapsel mit scharf hervortretenden Kanten, 10–12 mm lang; VI–VIII. Sk – Nhg-2.
Stielloses B., *D. sessilifólia* Buckley

6. ***Wéigela*** Thunb., **Weigelie**

Sommergrüne Sträucher; Bl. gestielt, einfach, gesägt; Bltn. ± zygomorph, weiß bis rot, Thyrsen endst. an Kurztrieben, die vorj. Zw. entspringen, Zymen 1–3bltg., K. fast bis zum Grund 5zipfelig, z. T. bleibend, Kr. röhrenf.-glockig bis trichterf., Röhre deutl. länger als die 5 Zipfel, Stbl. am Ende der Kr.röhre eingefügt, kürzer als die Kr., Gr. die Kr. oft überragend, Frkn. 2fächerig; Kapsel sich 2klappig öffnend; Samen zahlreich, meist geflügelt. 12 Arten in der Nemoralen Zone O-Asiens. Reine Arten sind bei uns nur sehr selten anzutreffen; in den Gärten sind meist Hybriden angepflanzt.

1. Kr. fast 2lippig, schwefelgelb, innen orange gefleckt, 3–4 cm lang, Bltn. bis 12 mm lang gestielt; Bl. eilängl., 4–10 cm lang, sitzend oder bis 3 mm lang gestielt, ± lang zugespitzt, Spreitengrund keilf.; V–VI. Sk – N-4.
Gelbblütige W., *W. middendorffiána* (Trautv. & Mey.) K. Koch

– Kr. weiß bis dunkelrot ± gleichmäßig 5zipfelig; Bl. ± deutl. gestielt 2

2. K.zipfel breit-dreieckig ± lang zugespitzt, bis zur Hälfte verwachsen *(97/54)*; Samen nicht geflügelt 5

– K.zipfel schmal-linealisch, bis zum Grund getrennt *(97/55)*, Narbe kopfig; Samen deutlich geflügelt 3

3. Junge Zw., Außenseite der Kr. und Frkn. kahl; Bl. breit-elliptisch bis elliptisch, 8–12 cm lang, unterste. nur auf den Nerven behaart; Kr. weißl., innen später dunkel karminrosa, aus engröhrigem Grunde plötzlich stark erweitert, bis 3 cm lang, Gr. nicht hervorragend; V–VI. Sg – Nh-4 (Japan).
Korea-W., *W. coraeénsis* THUNB.

– Junge Zw., Außenseite der Kr. und Frkn. behaart **4**

4. Kr. sich vom Grunde an allmählich erweiternd *(97/55)*, 2,4–4 cm lang, dunkelrot bis fast schwärzl., Gr. die Kr. deutl. überragend, Bltn. einzeln in den Bl.achseln; V–VI. Sg – Nhw-4 (Japan).
Reichblütige W., *W. floribúnda* (SIEB. & ZUCC.) K. KOCH

– Kr. sich in der Mitte plötzl. stark erweiternd *(97/56)*, 2,5–3,5 cm lang, zuerst weißl., dann außen karminrot, Gr. nicht oder nur wenig hervorragend; Bl. elliptisch bis längl.-eif., 5–12 cm lang, beidseitig behaart; V–VI. Sg – Nhw-4 (Japan).
Japanische W., *W. japónica* THUNB.

5 (2). Kr. 3–3,5 cm lang, rosa, trichterf.; Bl. elliptisch bis längl.-eif., 4–6 cm lang, lang oder geschwänzt zugespitzt, obersts. spärl., unterste. ± dicht behaart; V–VI. Sk – Nw-4.
Liebliche W., *W. flórida* (BUNGE) A. DC.

– Bltn. nickend, Kr. 2,5–3 cm lang, purpurrosa, innen gelb, unter der Mitte plötzl. zusammengezogen; Bl. elliptisch bis eif.-elliptisch, 5–8 cm lang, ± lang zugespitzt, obersts. schwach behaart, unterste. dichter weich behaart; V. Sk – Nh-4 (Korea).
Frühblütige W., *W. prāécox* (LEMOINE) BAILEY

97/54

Weigelia florida, Kelch

97/55

W. floribunda, Blüte

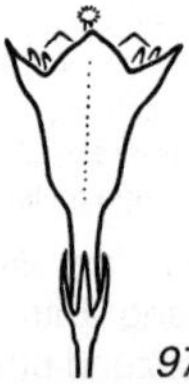

97/56

W. japonica, Blüte

7. *Kolkwítzia* GRAEBN., Kolkwitzie

Monotypische Gattung.

Sommergrüner Strauch; Bl.stiel borstig, 2–3 mm lang, Spreite breit-eif., 3–9 cm lang, lang bis geschwänzt zugespitzt, am Grund gerundet, entfernt schwach grobgezähnt bis fast ganzrandig, gewimpert *(97/57)*, obersts. dunkelgrün, zerstreut behaart, untersts. auf den Nerven rauh behaart; Bltn. in 5–7 cm breiten, rispig-thyrsischen Bltnst. am Ende von Kurztrieben, die vorjährigen Zw. ansitzen, K. mit 5 spreizenden, schmalen Zipfeln, bleibend, Kr. zygomorph, glockenf., 5zipfelig, 1,5 cm lang, rosaweiß, Schlund gelborange, behaart, Stbl. 4, so lang wie die Kr.röhre, Frkn. 3fächerig, die eines „Bltn.paares" miteinander verwachsen; Schließfr. borstig behaart, 6 mm lang, einsamig, lang geschnäbelt und vom trockenen Kelch gekrönt; V–VI. Sk – Nhg-4 (W-China).

K. amábilis GRAEBN.

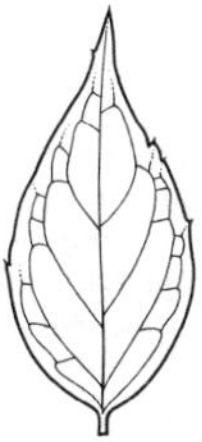

97/57: Kolkwitzia amabilis

8. *Dipélta* MAXIM., Doppelschild

Sommergrüne Sträucher; Bl. kurz gestielt, ganzrandig oder schwach gezähnt; Bltnst. rispig-thyrsisch, am Ende von Kurztrieben die vorj. Zw. ansitzen, seitl. Zymen 1–3bltg., endst. oft mehrbltg., Bltn. zygomorph, K.röhre längl., mit linealischen oder lanzettl. Zipfeln, Kr. deutl. 2lippig, Röhre trichterf.-glockig, außen rosa oder gelb, innen weiß und gelb, Stbl. 4, Frkn. 4fächerig; Fr. eine 2samige Kapsel, von den vergrößerten, schildf. Hochbl. umgeben. 3–4 Arten in der Nemoralen Zone Chinas.

1. Hochbl. schildf., mit der Mitte angewachsen *(97/58)*; Zymen 1–4bltg., Bltn. nickend, duftend, Kr. röhrenf.-glockig, im unteren Teil verschmälert, 3 cm lang, hellrosa, Schlund mit orangegelbem, bis zu den Unterlippenlappen reichendem Mal, Oberlippe 2-, Unterlippe 3lappig; Bl. elliptisch-lanzettl., 5–12 cm lang, lang zugespitzt, meist ganzrandig, verkahlend, Bl.stiel 5–8 mm lang; junge Zw. drüsig behaart; VI. Sg – Nhw-4 (M-China).

Vielblütiges D., *D. floribúnda* MAXIM.

– Hochbl. ohrf., mit der tief herzf. Basis angewachsen *(97/59)*; Bltn. ähnl. voriger Art, jedoch Kr.röhre im unteren Teil breit becherf., nicht verschmälert, Zymen 1–3bltg.; Bl. schmaler, 5–14 cm lang, lang zugespitzt, untersts. auf den Nerven behaart; Zw. flaumhaarig; VI. Sg – Nhg-4 (W-China). **Ohr-D., *D. ventricósa*** HEMSL.

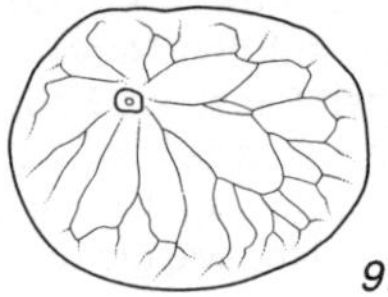

97/58

Dipelta floribunda, Hochblatt

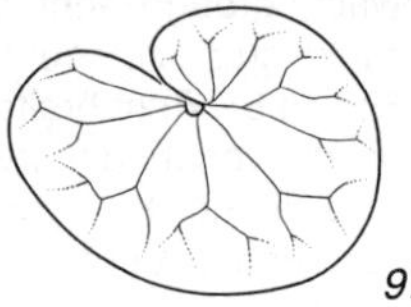

97/59

D. ventricosa, Hochblatt

9. *Symphoricárpos* DUHAM., Schneebeere

Sommergrüne, meist Ausläufer treibende Sträucher; Bl. kurz gestielt, ganzrandig, zuw. gelappt; Bltn. fast radiär, rosarot bis weiß, 4–5zählig, in end- oder seitenst. Ähren, die oft köpfchenartig verkürzt sind, K. mit kurzer, breiter Röhre und kurzen Zipfeln, Kr. glocken- bis trichterf., wie der K. 4–5lappig, Stbl. 4–5, im Schlund der Kr.röhre eingefügt, Frkn. 4fächerig, 2 Fächer steril; Fr. eine 2kernige Steinfr., giftig! 15 Arten, die meisten in Nordamerika, südl. bis Mexico, 1 Art in China.

1. Fr. weiß; Gr. kahl **3**

– Fr. wenigstens einseitig gerötet; Gr. behaart **2**

2. Gr. dicht abstehend behaart; Bl. rundl.-eif. bis elliptisch, 1,5–4 cm lang, untersts. behaart; Bltn. gelbl.weiß bis grünl.rot; Beeren rot, 4–6 mm ∅; VI–VIII. G! Sk – N-2.
Korallenbeere, *S. orbiculátus* MOENCH

'Magic Berry', gedrungener wachsend; Fr. lilarot, schon ab Juli färbend.

– Bl. eif., untersts. bläul., fein behaart, auffällig 2zeilig angeordnet *(97/60)*; Kr.röhre doppelt so lang wie die Zipfel, rosa, Bltn. in Ähren; Fr. rundl., lichtseitig rot, schattenseitig weißl. mit roten Punkten; VI–VIII. G! Sk. (*S. microphýllus* H. B. K. × *orbiculátus*).
Bastard-Korallenbeere, *S.* × *chenaúltii* REHD.

'Hancock', anspruchsloser, niedrig bleibender, breitwüchsiger Bodendecker.

3 (1). Stbl. etwas länger als die Kr., Bltn. weiß bis rötl., 6–10 mm lang, Gr. etwa so lang wie die Stbl.; Beeren weiß, bis 1 cm ∅; Zw. etwas überhängend; Bl. eif. bis längl.-eif., ganzrandig bis wellig gekerbt, zuletzt lederig, an Bltn.sprossen 3,5–8 cm lang (an Langtrieben größer), untersts. bleibend zerstreut behaart; VI–VIII. G! Sk – Ns-1/2.
Wolfsbeere, Westamerikanische S., *S. occidentális* HOOK.

– Stbl. von der Kr. eingeschlossen, Bltn. rötl., 5–6 mm lang, Gr. viel kürzer als die Stbl.; Beeren weiß, 1–1,5 cm ∅; Bl. rundl. bis eif.-elliptisch, 4–6 cm lang, an Langtrieben oft größer und buchtig gelappt *(97/61)*, unterst. kahl oder fast kahl; VI–IX. G! Sk – B/Nk-1/2. (*S. racemósus* MICHX.).

Gemeine S., *S. álbus* (L.) BLAKE

Die bei uns kultivierten bzw. verwilderten Sträucher werden der var. ***laevigátus*** (FERN.) BLAKE zugeordnet. Sie unterscheiden sich jedoch von der Typus-Varietät durch höheren Wuchs, kahle Zw. und Bl. sowie größere Fr.

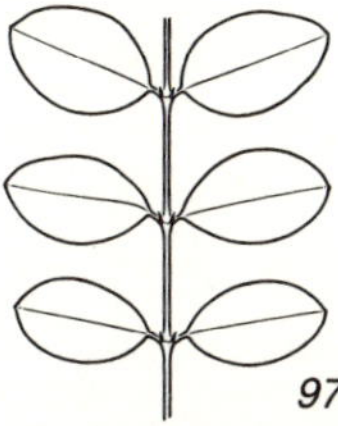

97/60

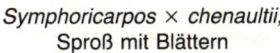

Symphoricarpos × chenaultii, Sproß mit Blättern

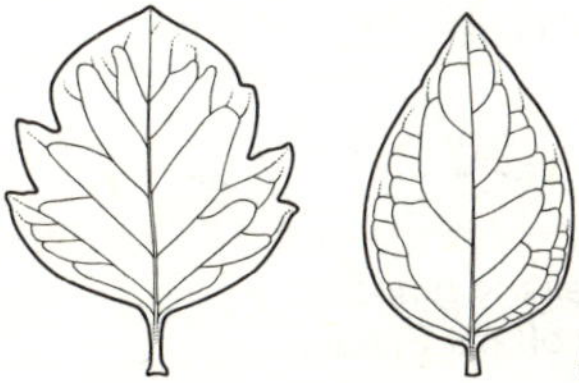

97/61

S. albus, Blätter

10. ***Abélia*** R. BR., **Abelie**

Sommer- oder immergrüne Sträucher; Bl. einf., ganzrandig oder gesägt, kurz gestielt; Bltn. in 1–3(–8)bltg. Zymen, oft paarig, seiten- und endst., einen rispig-thyrsischen Bltnst. bildend, Frkn. 3fächerig, nur 1 Fach fertil, K. 2–5zipfelig, sich bis zur Fr.reife ± vergrößernd, Kr. glockig-trichterf., schwach zygomorph, 5lappig, Stbl. 4; Fr. eine einsamige, lederige Schließfr., vom bleibenden K. gekrönt. 15–40 Arten, vorwiegend in Ostasien, 3 Arten in Mexiko.

1. Kbl. stets 2, Pfl. sommergrün; Zw. schwach behaart; Bl. elliptisch-eif. bis elliptisch-lanzettl., 2–3,5 cm lang, ± lang zugespitzt bis geschwänzt, oberst. grün, nur am Rand behaart, unterst. heller, an der Mittelrippe ± stark behaart; Kr. 1,5–2 cm lang, glockig, zum Grunde trichterartig-röhrig verengt, außen rosa, fein behaart, Oberlippe kahl, Unterlippe lang behaart mit orangegelbem, geflecktem Mal, Kbl. 8–10 mm lang; V–VII. Sk ∧ – Nh-4 (M-China).

Englers A., *A. engleriána* (GRAEBN.) REHD.

– Kbl. an der gleichen Pflanze 2–5, rosa gefärbt; Pfl. halb-immergrün; Bl. eif., ± lang zugespitzt, 1,5–4,5 cm lang, etwa von der Mitte an kerbig gesägt *(97/62)*, oberst. glänzend dunkelgrün, untersts. heller, kahl bis auf die Basis der Mittelrippe; Bltn. schwach zygomorph, Kr. glockig-trichterf., etwa 2 cm lang, Kr.röhre etwas gebogen, am Grunde stark verengt, weiß, rosa getuscht, Zipfel purpurn getönt; VII–X. Sk (#) ∧. (*A. chinénsis* R. BR. × *uniflóra* R. BR.).

Großblütige A., *A.* × *grandiflóra* (ANDRÉ) REHD.

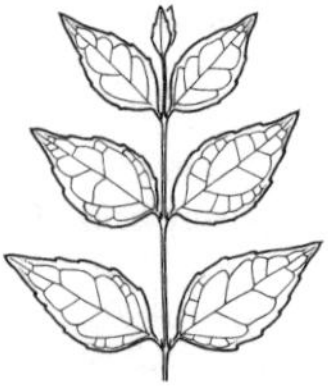

97/62

Abelia × *grandiflora*, Sproß mit Blättern

11. ***Linnaéa*** GRONOV. ex L., **Moosglöckchen**

Monotypische Gattung.

Langtriebe 1 mm ∅, behaart, lang kriechend; Bl. eif.-rundl., 10–14 mm lang, 5–10 breit, am Ende gerundet, mit 2–4 stumpfen Zähnen in der oberen Bl.hälfte, Spreitengrund breit-keilf.-gerundet, beidseitig schwach behaart, Bl.stiel 1–3 mm lang, bewimpert; Bltn. hellrosa, dunkler geadert, endst. an aufsteigenden, seitl. Kurztrieben, Bltnst. meist 2bltg., 3–7 cm lang gestielt, Bltn. nickend, 5–20 mm lang gestielt, Kr. trichterf.-glockig, 7–10 mm lang, 5lappig, Stbl. 4, ungleich lang, der Kr.röhre eingefügt; Fr. eine einsamige trockene Schließfr.; VII–VIII. Sp # Ⓚ – B-1, 2, 3, 4.

L. boreális L.

Ordnung: ***Synándrae***

98. Familie: ***Compósitae,* Korbblütler**

Kräuter, Stauden, Sträucher, seltener Bäume; Bl. wechselst., mitunter auch gegenst., einf. ungeteilt bis gefiedert, Stipeln fehlend; Bltn. in Köpfchen, diese von einer Hochbl.hülle (Hüllkelch) umgeben, Bltn. zwittrig oder eingschl., randst. Bltn. oft vergrößert, Bltn. 5zählig, statt des Kelches meist ein Haarkranz (Pappus), Krbl. verwachsen, röhrig oder zungenf., Stbl. zu einer Röhre vereinigt; Frkn. unterst., zu einer einsamigen Schließfr. (Achäne) ausreifend (*113*, A 37). Rund 1500 Gattungen mit 25 000 Arten, weltweit verbreitet.

1. Bl. einfach; sommergrüne Sträucher . . . . ***Báccharis*** 98–1
– Bl. gefiedert oder fiederschnittig **2**
2. Bltn.köpfchen einzeln, lang gestielt; Bl.spindeln mit 2 bis 4 Reihen kurzer, fast nadelf. Blch. kammf. besetzt; immergrüne HS . . ***Santolína*** 98–2
– Bltn.köpfchen unscheinbar, in rispenf. Ständen; Bl. einfach oder doppelt fiederschnittig; sommergrüne HS . . . . ***Artemísia*** 98–2

1. *Báccharis* L., Kreuzstrauch

Sommer- oder immergrüne Sträucher oder Kräuter; Bl. wechselst.; Köpfchen klein, zu rispen- oder doldenartigen Ständen vereinigt, Bltn. eingschl., zweihäusig verteilt, weiß oder gelb, Köpfchen ohne vergrößerte Randbltn., Hüllbl. schuppenf., sich deckend, Pappus langhaarig. 400 Arten in N- und S-Amerika.

Äste reich verzweigt, kantig-gerieft; Bl. verkehrt-eif. bis längl., stumpfl. oder zugespitzt, keilf. in den kurzen Bl.stiel verschmälert, 2–7 cm lang, ganzrandig oder unregelmäßig entfernt gezähnt *(98/1)*, beidseitig harzig-glänzend; Köpfchen 4–6 mm lang, Bltn. weiß; Fr. 1 mm lang mit 8 mm langem, weißem Haarkranz *(98/2)*; VIII–IX. Sk ∧ – Nw/M-2. ***B. halimifólia*** L.

98/1

Baccharis halimifolia

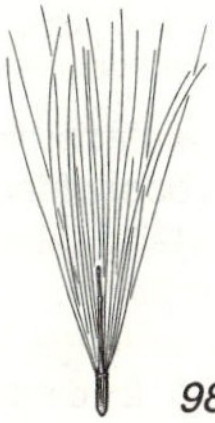

98/2

B. halimifolia, Frucht

2. *Santolína* L., Heiligenblume

Aromatisch duftende, reich verzweigte Sträucher oder Halbsträucher; Bl. immergrün, wechselst., gezähnt, fiederschnittig oder kammf. aufgeteilt; Köpfchen lang gestielt, Hüllbl. mehrreihig, sich dachziegelartig deckend, Bltn. zwittrig, röhrig, ohne vergrößerte Randbltn., gelb oder weiß; Fr. 3–4kantig, ohne Haarkranz *(98/3)*. 10 einander sehr ähnliche und vielgestaltige Arten im Mittelmeergebiet.

1. Bl. grauweißfilzig, 1–4 cm lang, fein fiederschnittig, Abschnitte bis 2 mm lang; Bltn.köpfchen halbkugelig, 1–2 cm ∅, tiefgelb; VII–VIII. HS/Sz # ∧ ∧ – Ms-3.

Graue H., *S. chamaecyparíssus* L.

– Bl. ± grün **2**

2. Bltn. hellgelb, Köpfchen 7–12 mm ∅; Abschnitte der Bl. ± kahl, in 2 Reihen stehend, Bl. 4–6 cm lang; VII–VIII. HS/Sz # ∧ ∧ – Ms-3. (*S. víridis* Willd., *S. rosmarinifólia* L.).

Grüne H., *S. vírens* Mill.

– Bltn. weiß oder gelbl.weiß; Bl. 2,5–3 cm lang; Abschnitte in 2 oder 4 Reihen, 4–5 mm lang; VII–VIII. HS/Sz # ∧ ∧ – Ms-3. (*S. chamaecyparíssus* L. ssp. *tomentósa* (Pers.) Arcangeli).

Gefiedertes H., *S. pinnáta* Viv.

98/3: Santolina chamaecyparissus, Frucht

3. *Artemísia* L., Wermut

Krautige Pfl. oder Halbsträucher und Sträucher, meist aromatisch duftend; Bl. wechselst., Spreite ± stark aufgegliedert; Bltn. unscheinbar in kleinen aufrechten oder nickenden Köpfchen, zu traubigen, rispigen oder köpfchenartigen Ständen vereinigt, Bltn. alle röhrenf. Ca. 400 Arten, vorwiegend auf der Nordhalbkugel, darunter viele Steppenpfl.

1. Bl. gezähnt oder einfach bis mehrfach fiederteilig, Abschnitte stumpf, nicht fädig oder pfriemlich; Pflanze silbrig **3**

– Bl. mehrfach fiederteilig, Abschnitte fädig oder pfriemlich; Pflanze graugrün oder grün **2**

2. Pfl. graugrün; Zw. anfangs flaumhaarig, später verkahlend; Bl. 1–3fach fiederteilig, 2–6 cm lang, Abschnitte ca. 1 cm lang, fädig-pfriemlich *(98/4)*, obersts. kahl, untersts. grau behaart; Köpfchen 3–5 mm ∅, Köpfchenstiel kahl, Hüllbl. behaart, Bltn. gelblich; Pflanze stark duftend; VII–X. HS – Ms-3.

Eberraute, *A. abrótanum* L.

98/4

98/5

98/6

Artemisia abrotanum *A. procera* *A. tridentata*

– Pfl. dunkelgrün; Bl. 5–8 cm lang, meist 3fach fiederteilig, Abschnitte fast fädlich *(98/5)*, untersts. grauhaarig; Hüllbl. kahl; Pfl. nur schwach duftend; VII–X. Sk – Ns/a-3.
Hoher W., *A. procéra* Willd.

3. Bl. sitzend, schmal-keilf., 1–4 cm lang, mit 3–7 Zähnen an der gestutzten Bl.spitze *(98/6)*; Köpfchen 2–3 mm ∅, aufrecht, fast sitzend; VII–IX. Sk # – Na-1.
Dreizähniger W., *A. tridentáta* Nutt.

– Bl. anders **4**

4. Bl. 2–3fach fiederteilig, gestielt, Abschnitte 5–20 mm lang, 1–6 mm breit, stumpf *(98/7)*; Köpfchen in einer reichverzweigten Rispe, 3 mm ∅, nickend, Hüllbl. 2–3 mm lang, Köpfchenstiele behaart; VII–IX. HS – Ns/Ms-3.
Echter W., *A. absínthium* L.

98/7

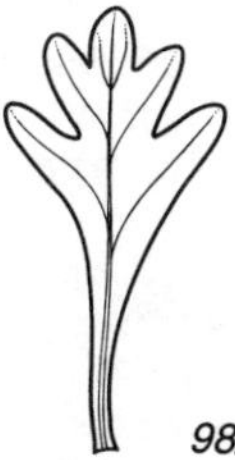
98/8

98/9

Artemisia absinthium *A. stelleriana* *A. stelleriana,* Frucht

– Bl. fiederspaltig oder tief gezähnt, keilf., gestielt, 3–10 cm lang, Abschnitte stumpf *(98/8)*, obere Bl. sitzend und oft ganzrandig; Köpfchen aufrecht oder geneigt, in einer schmalen Rispe vereint, 6–8 mm ∅, Köpfchenstiele kahl; Pfl. mit kriech. Grundachse; VII–IX. HS # – N/B-2/4. **Silber-W.,** ***A. stelleriána*** Bess.

Klasse: ***Monocotyledóneae,*** Einkeimblättrige

Ordnung: ***Liliáles,*** Lilienartige

99. Familie: ***Liliáceae,*** **Liliengewächse**

Ausdauernde Kräuter mit Rhizom, Zwiebel oder Knolle, selten Halbsträucher; Bl. meist grundständig, einfach, ganzrandig, bisweilen schuppenf.; Bltn. zwittrig, selten eingschl., radiär, 3zählig, Bltn.hülle freibl. oder verwachsen, in vielgestaltigen Ständen oder einzeln; Fr. eine Kapsel oder Beere. Ca. 220 Gattungen mit 3500 Arten, weltweit verbreitet.

1. Bl.artige Kurztriebe derb, starr und stechend *(99/2)* . ***Rúscus*** 99–2

– Bl.artige Kurztriebe weich und biegsam, nicht stechend *(99/1)* . . ***Dánaë*** 99–1

1. *Dánaë* MED.

Monotypische Gattung.

Pfl. reich verzweigt, Sprosse grün; bl.artige Kurztriebe der Achsel kleiner, schuppenförmiger Bl. entspringend, eif.-lanzettlich bis ungleichseitig-sichelf., zugespitzt, 5–7 cm lang, 1–1,5 cm breit *(99/1)*, beidseitig glänzend, 1–2 cm entfernt an den biegsamen Seitenzw. sitzend; Bltn. zwittrig, klein, weiß, in kurzen, endst. Trauben, Bltn.hülle 6lappig, Stbl. 6; Fr. eine rote Beere mit 1–2 Samen; VI–VII. HS # ∧ – Nhm-3 (Vorderasien). ***D. racemósa*** (L.) MOENCH

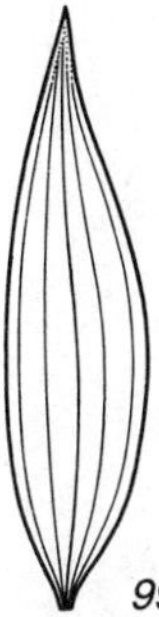

99/1: Danae racemosa, Flachsproß

2. *Rúscus* L., Mäusedorn

Pfl. reich verzweigt, Sprosse grün, bl.artige Kurztriebe der Achsel kleiner, schuppenförmiger Bl. entspringend; Bltn. eingschl., zweihäusig verteilt, an der Unterseite der Flachsprosse sitzend, Krbl. frei, 4–5 mm lang, grünl., Stbl. 3, die Staubfäden zu einer violetten Röhre verwachsen; Fr. eine rote Beere mit 1–4 ± runden, weißen Samen. 7 Arten, Madeira, Mittelmeergebiet bis Persien.

Sprosse aufrecht, einf. verzweigt, dunkelgrün, gerieft; bl.artige Kurztriebe sehr dicht spiralig an den starren Seitenzw. ansitzend *(99/2)*, rhombisch mit starrer, feiner, stechender Spitze, bis 3,5 cm lang und 2,5 cm breit, stumpfgrün, Hälften der nach oben gerichteten Seiten ± löffelartig aufgebogen; Bltn. zu 1–2 in der Mitte der Flachsprosse, 7–8 mm ∅; Beere 10–15 mm ∅; III–IV. HS ⧺ ∧ – Ms/Nm-3. ***R. aculeátus*** L.

R. hypoglóssum L., Flachsprosse dem Hauptsproß entspringend, 8–10 cm lang, bis 3 cm breit, lederig, geschwänzt zugespitzt, aber nicht stechend.

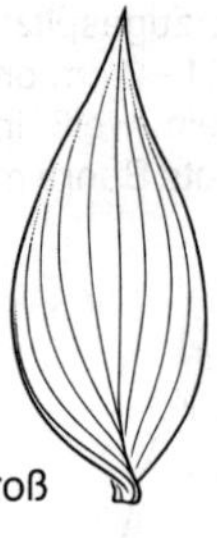

99/2: Ruscus aculeatus, Flachsproß

100. Familie: ***Agaváceae***

Vielgestaltige, immergrüne Rhizompfl. oder Holzgewächse; Bl. dick, linealisch bis lanzettl., ± in eine stechende Spitze auslaufend, grundst. oder an der Spitze der Zw. schopfig stehend; Bltn. zwittrig, radiär, 3zählig, Krbl. am Grund verwachsen, Frkn. ober- oder unterst. 20 Gattungen mit 670 Arten, vorwiegend in den Tropen und Subtropen.

Yúcca L., **Palmlilie**

Stammlose oder kurzstämmige, mitunter auch größere und ± verzweigte Holzgewächse; Bl. rosettig, fest und derb, lang linealisch oder pfriemlich, ± graugrün; Bltn. 3–7 cm lang, ± breit-glockig, nickend, weiß bis gelblich, in bis über 1,5 m hohen Rispen; Fr. eine Kapsel. In M-Europa nicht fruchtend, weil der Bestäuber (Motte *Pronuba*) fehlt. 40 Arten im südl. Nordamerika, Mexico und Westindien.

1. Bl. biegsam, allmähl. zur Spitze hin verschmälert, Spitze ± übergeneigt, bis 70 cm lang und 3 cm breit, Bl.rand mit feinen und ± geraden Fäden; Bltnst. gewöhnlich behaart, Bltn. 5–6 cm lang; VII–VIII. HS # – Nhw-2. **Schlaffe P., *Y. fláccida*** Haw.

'Májor', Bl. etwas breiter, blaugrün, in Kultur häufiger als die Art.

– Bl. steif aufrecht oder schopfig ausgebreitet **2**

2. Bl. linealisch-lanzettl., bis 75 cm lang und 4–5 cm breit, an den Rändern mit zahlreichen, stark gekräuselten Fäden; Bltnst. 1–1,8 m hoch, breit, Bltn. gelbl.weiß, 5–7 cm lang; VII–VIII. HS # – Nw/M-2. **Fädige P., *Y. filamentósa*** L.

– Bl. schmal-linealisch, bis 75 cm lang, 6–20 mm breit, grau bis blaugrün, mit schmalem weißem Rand und nur wenigen Fäden; Bltnst. schmal, kaum verzweigt, 1–1,8 m hoch, Bltn. 6–7 cm lang, grünl.weiß; VII–VIII. HS # – Ns-2.
Blaugrüne P., *Y. gla͡úca* Nutt.

Y.* × *karlsruhénsis Grach. (*Y. filamentósa* × *gla͡úca*) steht zwischen den Eltern; Bl. ca 2 cm breit; Bltnst. über der Mitte verzw.

Ordnung: ***Smilacáles***

101. Familie: ***Smilacáceae*, Stechwindengewächse**

Sommer- oder immergrüne Lianen; Bl. wechsel- oder gegenst., ± lederig; Bltn. meist in achselst. Trauben, Ähren oder Dolden, radiär, 3zählig, eingschl., zweihäusig verteilt, Frkn. oberst.; Fr. eine 1–3samige Beere. 4 Gattungen mit 375 Arten, vorwiegend in den Tropen.

Smílax **L., Stechwinde**

Sommer- oder immergrüne, rankende, oft bewehrte Lianen; Bl. wechselst., einfach, am Grund gerundet bzw. herz- oder herzpfeilförmig, zwischen den bogig aufsteigenden Nerven netznervig, Bl.stiel am Grund mit 2 Ranken; Bltn. klein, in Dolden, Perigon 6zählig, freibl. 350 Arten.

1. Sprosse kantig; Fr. rot **2**

– Sprosse stielrund; Fr. blauschwarz oder schwarz **3**

2. Sprosse unter 5 mm dick, deutl. 4kantig, hin- und hergebogen, ± dicht mit leicht gebogenen Stacheln besetzt; Bl. derb lederig, sehr variabel in Form und Größe, lanzettl. bis 3eckig-eif., bis 10 cm lang und 7 cm breit, Spreitengrund breit-keilf. bis herzpfeilf., Stiel 5–20 mm lang, Bl.rand und Mittelrippe untersts. oft bestachelt, Bl. beidersts. glänzend grün *(101/1)*, obersts. oft weiß gefleckt oder marmoriert; Bltn. grünl.weiß, in achsel- oder endst. Dolden; Fr. 3–4 mm ∅; IX–XI. L # ∧∧ – Ms-3.
Rauhe S., *S. áspera* L.

– Sprosse über 5 mm dick, spärl. bis dicht mit geraden, kräftigen, abgeplatteten Stacheln besetzt, undeutl. 4kantig; Bl. breit-eif. bis herzf., beidseitig kahl, glänzend, Spreitengrund abgeschnitten oder ± herzf., Bl. 5–12 cm lang, bis 9 cm breit *(101/2)*; Bltn.

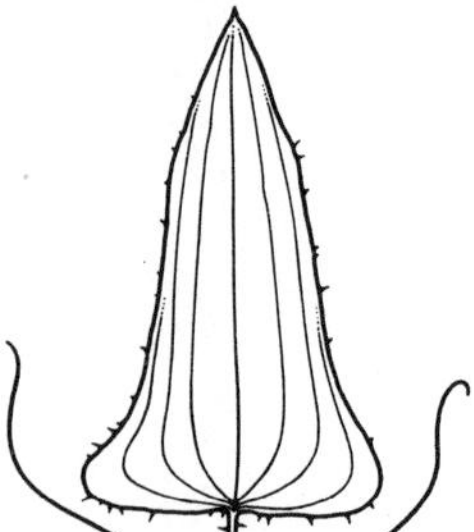

101/1

Smilax aspera

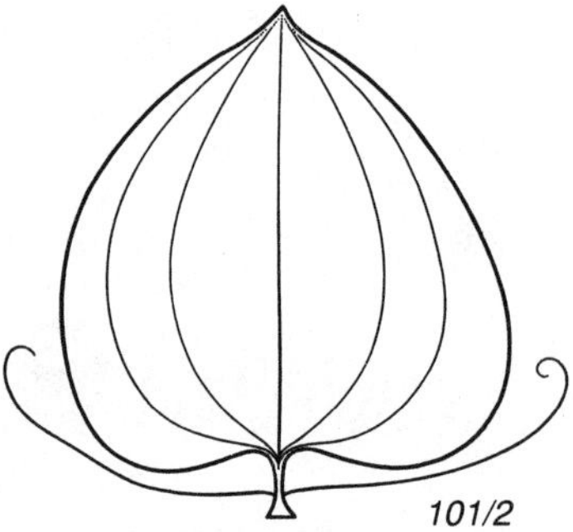

101/2

S. excelsa

in 4–12bltg. Dolden; Fr. 1 cm ∅; V. L ∧ ∧ – Nwm-3 (SO-Europa).
Hohe S., *S. excélsa* L.

3. Wurzelstock kaum kriechend, Pfl. kaum Ausläufer bildend; Stämme, zumindest im unteren Teil, dicht mit schwärzl., geraden Stacheln besetzt; Bl. breit-eif., größere herzf., 7–12 cm lang, 5–9 cm breit, zugespitzt *(101/3)*; Fr.st. 2–5 cm lang gestielt, Fr. schwarz *(101/4)*; VI. L – N-2.
Steifborstige S., *S. híspida* MUEHLENB.

– Wurzelstock stark kriechend, Pfl. Ausläufer bildend; Sprosse nur mit vereinzelten, kräftigen Stacheln; Bl. eif. bis rundl., zugespitzt, 3–12 cm lang und breit, Spreitengrund abgerundet oder herzf.; Frst. 6–12 mm lang gestielt, Fr. blauschwarz; VI. L –N-2.
Gemeine S., *S. rotundifólia* L.

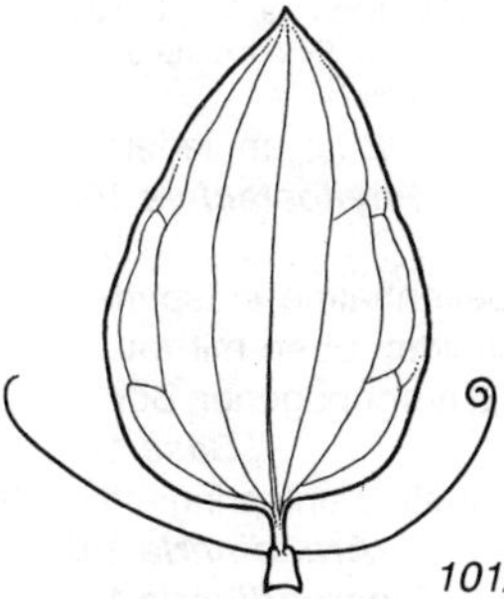

101/3

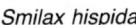

Smilax hispida

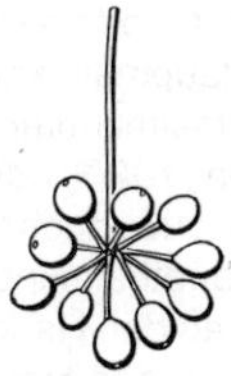

101/4

S. hispida, Fruchtstand

Ordnung: ***Graminàles***

102. Familie: ***Gramíneae,* Süßgräser**

Unterfamilie: ***Bambusoídeae,* Bambusgräser**

Immergrüne Pfl. mit kurzen oder langen Rhizomen; Halme meist ausdauernd und verholzt, verzweigt, hohl, vielknotig, nur im Knotenbereich massiv; Bl.spreiten der Haupthalmbl. verkümmert, die Scheiden meist bald abfallend, Spreiten der Seitenzw. flach, am Grunde stielartig verschmälert und dadurch deutl. von den bleibenden Bl.scheiden abgegliedert, Bl.nervatur würfelartig; Ährchen in Rispen, Trauben oder endst. Köpfchen, 1–vielbltg., mit 2 oder mehreren Hüllspelzen, meist 5–vielnervigen, unbegrannten Deckspelzen sowie 2(–viel)nervigen Vorspelzen, Schwellkörper (Lodiculae) 3, Stbl. 6 oder 3, zuw. mehr; Frbl. 3, Fr. eine trockene Schließfr. (Caryopse), seltener steinfr.- oder beerenartig ausgebildet. Etwa 85 Gattungen, davon 60 mit holzigen Vertretern, vorwiegend in den Tropen.
Da die Bambusgräser meist nur selten blühen (Blühintervall vielfach alle 30–120 Jahre), wird auf Bltn.merkmale in den Bestimmungsschlüsseln verzichtet. Eine exakte und zweifelsfreie Bestimmung ist jedoch nur im blühenden Zustand möglich.

1. Haupthalminternodien ± rinnig abgeflacht *(102/1)*; an jedem Knoten mehrere Seitenhalme entspringend . ***Phyllóstachys*** 102–1
– Haupthalminternodien stielrund *(102/2)* **2**
2. An jedem Haupthalmknoten 1, selten 2 Seitenhalme entspringend; Haupthalmknoten ± verdickt; Bl.scheiden oben mit rauhen, geraden *(102/3)* oder weichen, hin- und hergebogenen Borsten *(102/4)*, zuw. auch fehlend . . . . ***Sàsa*** 102–2
– An jedem Haupthalmknoten mehrere Seitenhalme entspringend **3**
3. Bl.scheiden an den Haupthalmen bleibend . . ***Arundinària*** 102–4
– Bl.scheiden an den Haupthalmen abfallend ***Sinarundinària*** 102–4

1. ***Phyllóstachys*** Sieb. & Zucc.

Meist robuste, dickhalmige Sträucher mit verlängerten Rhizomen; Internodien an einer Seite abgeflacht bis rinnig *(102/1)*; Knoten deutl. verdickt, mit je 2(–3, selten mehr) Seitenhalmen; Bl.scheiden der Haupt- und größeren Seitenhalme abfallend, Oberrand der Bl.scheiden mit bleibenden oder hinfälligen rauhen Borsten; Bltn. in wenigbltg., sitzenden Ährchen mit je 3 Stbl. und Narben. Rund 50 Arten in Ostasien und dem Himalaja.

1. Pfl. stark durch Ausläufer kriechend; Haupthalme bis 2 m hoch, sehr locker stehend, deutl. hin- und hergebogen, im oberen Teil überhängend; Internodien 8–12 cm lang; Bl.scheiden am oberen Rand mit einem Kranz rechtwinklig abstehender, geröteter Borsten; Bl.spreiten 5–10 cm lang, 8–22 mm breit, frischgrün, untersts. bläul.grün mit grünem Randstreifen, beide Bl.ränder glatt. Sk/Sg # ∧ – Nhw-4 (China).
P. viridiglaucéscens A. & C. Riv.
– Pfl. mehr dichtbuschig, erst im Alter (längere) Ausläufer bildend **2**

2. Bl.scheiden der Haupthalme am Rand gewimpert, kürzer als die Internodien; Haupthalme 3–7 m hoch werdend, zuerst grün, später purpurschwarz, dicht bezweigt und beblättert; Seitenhalme abgeflacht bis halbrund; Bl.spreiten 5–15 cm lang, 6–20 mm breit, dünn. Sg # ∧ – Mh/Nhw-4. ***P. nígra*** (LODD.) MUNRO

'Boryána', Halme anfangs grün, später gelbl., fein purpurn punktiert.
'Henónis', Halme anfangs grün, später gelbl., ohne Punkte.

– Bl.scheiden der Haupthalme am Rand nicht gewimpert, so lang oder länger als die Internodien; Internodien an der Stammbasis dicht gedrängt, die oberen bis 15 cm lang; Haupthalme gelbl., bis 3 m hoch, unter den Knoten kropfig angeschwollen; Bl.spreiten 5–12 cm lang, 1–2 cm breit, dunkelgrün, untersts. bläul.; Sk # ∧ – Mh/Nhw-4. ***P. āūrea*** CARR. ex A. & C. RIV.

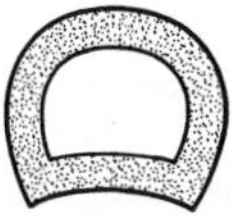
102/1

Phyllostachys, Halmquerschnitt

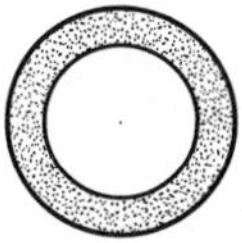
102/2

Sasa, Halmquerschnitt

2. *Sása* MAK. & SHIB.

Niedrigere Sträucher; Rhizome reich verzweigt, lang kriechend; Knoten ± deutl. verdickt; Bl.scheiden auch an den Haupthalmen bleibend; je Knoten mit 1 (selten 2) seitl. Verzweigungen; Bl.scheiden mit oder ohne Öhrchen, am oberen Rand mit rauhen Borsten; Ährchen wenig- bis reichbltg., in aufrechten Rispen, Stbl. 6, selten 3 oder 5, Narben 3. Zahlreiche Arten in O-Asien.

1. Bl.spreiten bis 30 cm lang, kaum über 4 cm breit **3**
– Bl.spreiten 30–50 cm lang, mindestens 5 cm breit **2**

2. Bl.scheiden der Haupthalme stets länger bis doppelt so lang wie die Internodien, ihr oberer Teil sich vom Halm ablösend und einrollend, in eine 2–5 cm lange, abgesetzte, flache Zunge endend; Haupthalme sich erst im 2. Jahr verzweigend; Bl.spreite 30–50 cm lang, 5–11 cm breit, jede Bl.hälfte mit 15–18 Nerven, lichtgrün, untersts. bläul.; Sk # ∧ – Nh-4 (Japan). ***S. tesseláta*** (MUNRO) MAK. & SHIB.

– Bl.scheiden der Haupthalme nicht länger als die Internodien, sehr bald trocken werdend, mit bis 7 cm langer, abstehender oder zurückgebogener Zunge; Bl.spreiten ausgebreitet, oft ± rechtwinklig vom Halm abstehend, bis 30 cm lang, 6–7 cm breit, jede Bl.hälfte mit 10–11 Nerven, frischgrün, untersts. bläul.grün

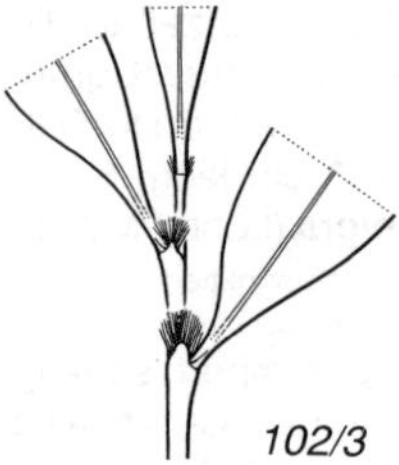

102/3

Sasa pumila, Blätter und Blatthaare

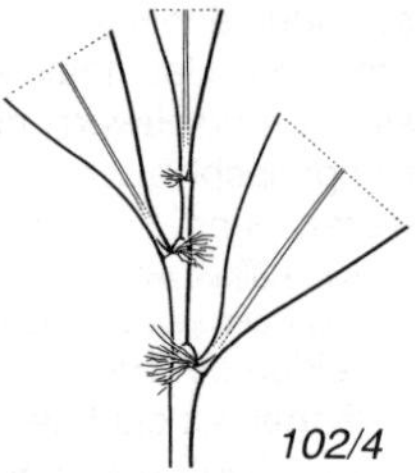

102/4

S. japonica, Blätter und Blatthaare

mit einem grünen Randstreifen; Pfl. stark wuchernd; Sk # ∧ – Nh-4 (Japan). **S. palmáta** (BURBRIDGE) CAMUS

'Nebulósa', Haupthalme braunpurpurn gefleckt.

3 (1). Bl.spreiten 2–6 cm lang, 5–8 mm breit, beidseitig frischgrün, mit 2–3 Paar Seitennerven. Sk # ∧ – Nhw-4 (Japan). (*Pleioblástus dístichus* (MITF.) NAKAI). **S. dísticha** (MITF.) CAMUS

– Bl.spreiten länger und breiter **4**

4. Bl.spreiten mit weißen Streifen, 8–15 cm lang, 8–20 mm breit, ± plötzl. lang zugespitzt; Haupthalme ca. 3 mm ∅, etwas hin- und hergebogen; Bl.scheiden hellbraun mit sehr kleiner, rechtwinklig abstehender Zunge. Sk # ∧ – Nh-4 (Japan). (*Arundinária fortúnei* MITF.; *A. variegáta* MAK.). **S. variegáta** (MIQ.) CAMUS

– Bl.spreiten einfarbig grün **5**

5. Bl.spreiten 7–12 cm lang, 8–15 mm breit, lang zugespitzt, unterstS. zieml. dicht mit feinen, aufrechten Haaren besetzt; Haupthalme 2–2,5 mm ∅, anfangs violett überlaufen; Bl.scheiden der Haupthalme ohne bl.artige Zunge. Sk # ∧ – Nhw/Mh-4 (Japan). (*Arundinária púmila* MITF.). **S. púmila** (MITF.) CAMUS

– Bl.spreiten 8–30 cm lang, 1–4 cm breit, lang und fein zugespitzt, jede Bl.hälfte mit 5–7 Nerven, oberstS. glänzend-grün, unterstS. bläul. bis auf einen bis 8 mm breiten reingrünen Streifen am Rande einer Bl.hälfte, Bl.rand rauh gezähnelt; Pfl. mit weit kriechenden Rhizomen; Haupthalme erst im 2. Jahr verzweigt; Scheiden der Haupthalme bald strohgelb werdend, durch borstige Behaarung rauh; Zunge bis 7 cm lang; Borsten am oberen Scheidenrand weich, hin- und hergebogen *(102/4)*. Sg # ∧ – Mh/Nhw-4 (Japan). (*Arundinária japónica* SIEB. & ZUCC.; *Pseudósasa japónica* (SIEB. & ZUCC.) MAK.). **S. japónica** (SIEB. & ZUCC.) MAK.

3. ***Arundinária*** MICHX.

Niedrige oder bis 15 m hohe Sträucher; Haupthalme stielrund; Rhizome ± lang kriechend, reich verzweigt; Bl.scheiden auch an den Haupthalmen bleibend; je Knoten mehrere seitl. Verzweigungen; Ährchen mehrbltg., in Rispen, Bltn. mit 3 Stbl. und 3 Narben. Zahlreiche Arten in den humiden Regionen der Meridionalen bis Nemoralen Zone O-Asiens sowie in Amerika.

1. Pfl. 1–1,5 m hoch; Haupthalme 2–5 mm ∅, rötl.grün; Bl.spreiten 10–20 cm lang, 1–3 cm breit, grün und goldgelb gestreift, untersts. dicht und weich behaart. Sk # ∧ – Nhw-4 (Japan).
A. viridistriáta MAK. ex NAKAI

var. ***vágans*** (GAMBLE) MAK., Pfl. nur 30–60 cm hoch werdend, dichte Teppiche bildend; Bl. grün.

– Pfl. höher, Haupthalme dicker **2**

2. Bl. an Seitenhalmen mit schmal-längl., lang zugespitzter Spreite, 5–30 cm lang, 1–3 cm breit, obersts. hellgrün, untersts. blaugrün bis grün, am Grunde breit keilf. verschmälert, Bl.häutchen (Ligula) weniger als 1 mm lang; Haupthalme bis 3 m hoch werdend, 1–2,5 cm ∅. Sg # ∧ – Mh/Nh-4 (Japan).
A. simónii (CARR.) A. & C. RIV.

– Bl. an Seitenhalmen lineal-lanzettl. bis breit-linealisch, 15–30 cm lang, 5–25 mm breit, obersts. grün, untersts. heller, am Grunde verschmälert bis gerundet, lang geschwänzt zugespitzt, Bl.häutchen 1–2,5 mm lang; Haupthalme 2–5 m hoch werdend. Sg # ∧ – Mh-4 (S-China). ***A. híndsii*** MUNRO

4. ***Sinarundinária*** NAKAI

Pfl. dichte Horste bildend; Haupthalme stielrund, meist dünn; je Knoten mehrere seitl. Verzweigungen; Bl.scheiden mit weichen, hin- und hergebogenen Haaren; Bltn. mit 3 Stbl. und 3 Narben, Ährchen in rispigen Ständen. Wenige Arten in der humiden Region der Nemoralen Zone O-Asiens.

1. Junge Bl.spreiten blaugrün, 5–8 cm lang, 6–15 mm breit; Bl.scheiden der Haupthalme ¾ so lang wie die Internodien, ohne Zunge, sich bald bräunend; Halm blauweiß bereift, im 1. Jahr steif aufrecht, ab Juni sich verzweigend, im 2. Jahr sich im Spitzenbereich überneigend; Pfl. mit sehr kurzen Ausläufern, dichtbuschig. Sg # – Nhw-4 (W-China). (*Arundinária nítida* MITF.).
S. nítida (MITF.) NAKAI

– Junge Bl.spreiten gelbgrün, 7–12 cm lang, 1–1,5 cm breit; Bl.scheiden der Haupthalme ⅘ so lang wie die Internodien, mit bl.artiger, bis 7 cm langer, zurückgebogener Zunge, strohgelb werdend und sich bald abrollend; Halm darunter schneeig bereift, im 1. Jahr aufrecht, ab Ende Juli sich verzweigend, im 2.

Jahr sich auseinanderneigend, gelboliv bis olivgrün; Pfl. mit kurzen Ausläufern, weniger dicht buschig. Sg # – Nhw-4 (M-China). (*Arundinária murielae* GAMBLE; *Thamnocálamus spatháceus* (FRANCH.) SODERSTROM). ***S. murielae*** (GAMBLE) NAKAI

Weiterführende Literatur

Die vielen in den Buchhandlungen zu findenden kleineren, populärwissenschaftlichen Gehölz-, Pflanzen- und Garten-Farbbilderbücher können hier nicht besprochen werden. Die umfangreicheren der im folgenden erwähnten Werke kann man am besten in botanischen, forst- oder gartenbauwissenschaftlichen Instituten, aber auch in größeren Bibliotheken einsehen.

1. Gehölzbücher

BÄRTELS, A. (1991): Gartengehölze. 3. Aufl. – Stuttgart (Ulmer).

Großformatiges, alphabetisches Lexikon der wichtigsten in M-, W- und S-Europa anbaufähigen Arten und Sorten mit eindrucksvollen Farbfotos, dazu (auf etwa ⅓ der 606 S.) eine allgemeine Einführung zur Gehölzverwendung im Garten mit praktischen Hinweisen.

ELIAS, T. S. (1989): The Complete Trees of North America. Field Guide and Natural History. 2. Aufl. – New York (Times Mirror Magazines, Book Division).

Genaue Beschreibung jeder Gehölzart mit Abbildung(en), Verbreitungskarte und biologischen Angaben. Gattungs- und Artenschlüssel. 948 S.

ESCHRICH, W. (1992): Gehölze im Winter. 2. Aufl. – Stuttgart (Fischer).

Farbige Zeichnungen von Zweigen und Knospen der wichtigsten mitteleuropäischen und einiger exotischer Gehölze in Winterzustand. 137 S.

GODET, J.-D. (1983): Knospen und Zweige der einheimischen Baumarten. – Melsungen (Neumann-Neudamm).

Farbfotos der Knospen und Zweige von 150 mitteleuropäischen und häufig angepflanzten exotischen Gehölzarten, mit bebildertem Schlüssel. 431 S.

HECKER, U. (1985): Nadelgehölze. – München/Wien/Zürich (BLV).

Genaue Beschreibungen der wichtigsten in Mitteleuropa wildwachsenden und häufiger angepflanzten Gymnospermen, mit zahlr. farbigen Fotos und Zeichnungen. 159 S.

KRÜSSMANN, G. (1976/78): Handbuch der Laubgehölze. 2. Aufl. I–III. – Berlin/Hamburg (Parey).

Umfassendes, alphabetisch geordnetes Lexikon ± sämtlicher in M-, W- und S-Europa kultivierten bzw. kultivierbaren Laubgehölzarten. Mit zahlr. Abb. (Zeichnungen, Fotos, Naturdrucke); ohne Bestimmungsschlüssel. (Leider viele Druckfehler.)

KRÜSSMANN, G. (1983): Handbuch der Nadelgehölze. 2. Aufl. von H.-D. WARDA. – Berlin/Hamburg (Parey).

Entspricht vorigem; enthält fast sämtliche rezent existierenden Koniferenarten.

MORGENTHAL, J. (1964): Die Nadelgehölze. 4. Aufl. – Stuttgart (Fischer).

Genaue Beschreibung (mit 456 Fotos und Zeichnungen) aller wesentlichen in Mitteleuropa anbaufähigen Gymnospermen-Arten, mit Schlüsseln. 337 S.

REHDER, A. (1940): Manual of Cultivated Trees and Shrubs Hardy in North America. 2. Aufl. (wird laufend nachgedruckt). – New York (Macmillan).

Größeres Pendant zur „Gehölzflora", neben dichotomen Schlüsseln auch mit genaueren Artbeschreibungen. Enthält wesentlich mehr Arten, daher (obwohl nomenklatorisch etwas veraltet) immer noch wichtiges Nachschlagewerk. 996 S.; keine Abb.

REHDER, A. (1949): Bibliography of Cultivated Trees and Shrubs Hardy in the Cooler Temperate Regions of the Northern Hemisphere. – Jamaica Plain, Mass. (Arnold Arboretum). Nachdruck 1978 (Koeltz, Königstein).
Grundlegendes Nachschlagewerk zur Nomenklatur (mit sämtlichen Synonymen) der bei REHDER 1940 behandelten Arten.

SCHENCK, C. A. (1939): Fremdländische Wald- und Parkbäume. I–III. – Berlin (Parey).
Detaillierte Beschreibung vor allem der Ökologie und vegetationskundlichen Stellung aller größeren bei uns winterharten exotischen Baumarten, insbesondere im Hinblick auf ihre forstliche Verwendbarkeit; mit genauen Klimatabellen für die Herkunftsgebiete.

SCHNEIDER, C. K. (1904/12): Illustriertes Handbuch der Laubholzkunde. I. II. – Jena (Fischer).
Systematisch geordnete exakte Beschreibungen (mit Schlüsseln) sämtlicher seinerzeit bekannten, in Mitteleuropa sicher oder vermutlich winterharten Laubgehölze, mit zahlr. Abb. (Detailzeichnungen diagnostisch wichtiger Teile). Auch heute noch unentbehrliches wissenschaftliches Nachschlagewerk.

VAUCHER, H. (1990): Baumrinden. – Stuttgart (Enke).
Hervorragende Farbfotos der Rinde von ca. 400 meist in Mitteleuropa winterharten, aber auch einiger empfindlicherer Baumarten, alphabetisch geordnet. 255 S.

2. Allgemeine botanische Werke zur Systematik, Nomenklatur, Ökologie und Pflanzengeographie

CRONQUIST, A. (1981): An Integrated System of Classification of Flowering Plants. – New York (Columbia Univ. Press).
Größeres Systematikwerk mit detaillierter Beschreibung aller Angiospermen-Familien, bei den wichtigsten durch Abb. illustriert. Die Großgliederung und Anordnung der Familien, Ordnungen und Unterklassen ist ein Beispiel für moderne Auffassungen; im einzelnen können diese aber sehr differieren. 1262 S.

ENGLER, A., & MELCHIOR, H. (1954/64): Syllabus der Pflanzenfamilien. 12. Aufl. I. Bakterien bis Gymnospermen. II. Angiospermen. – Berlin (Borntraeger).
Klassisches Systematikwerk, mit Beschreibung der charakteristischen Merkmale aller Familien, mit Nennung vieler Gattungen. Ca. 1000 S. mit 400 Abb. (Der Gymnospermen-Teil ist allerdings sehr veraltet.)

ENKE, F., BUCHHEIM, G., & SEYBOLD, S. (1993): ZANDER, Handwörterbuch der Pflanzennamen. 14. Aufl. – Stuttgart (Ulmer).
Nachschlagewerk, Hauptteil alphabetisches Lexikon der Gattungen und Arten vor allem gärtnerisch, landwirtschaftlich und forstlich genutzter Kulturpflanzen, daneben sprachliche Erklärung der lateinischen Pflanzennamen, Verzeichnis botanischer Autoren, u. a. Ca. 800 S.

GREUTER, W., & HIEPKO, P., (Hrsg.) (1989): Internationaler Code der Botanischen Nomenklatur (ICBN, Berlin 1987). – Englera 11. Berlin (Botan. Garten und Museum).
Offizielles Regelwerk der Internationalen Vereinigung für Pflanzensystematik für die Aufstellung und Validierung der lateinischen Pflanzennamen, in der auf dem 14. Internationalen Botanischen Kongreß 1987 in Berlin angenommenen Fassung. 120 S.

HEYWOOD, V. H. (Hrsg.) (1982): Blütenpflanzen der Welt. – Basel (Birkhäuser).

Gibt einen sehr guten, weltweiten Überblick über sämtliche wesentlichen Familien der Angiospermen, mit Beschreibung und Arealkarte für alle und großenteils farbigen Abb. typischer Vertreter für fast alle Familien. 335 S.

KUBITZKI, K. (Hrsg.) (1990): The Families and Genera of Vascular Plants. I. Pteridophytes and Gymnosperms. – Berlin/Heidelberg/New York (Springer).

Enthält auf 110 S. (mit 76 Abb.) detaillierte Beschreibungen der Gymnospermen-Familien mit Aufzählung aller Gattungen nach dem heutigen Stand der Systematik.

LARCHER, W. (1993): Ökophysiologie der Pflanzen. 5. Aufl. – UTB Große Reihe. Stuttgart (Ulmer).

Kurzer, sehr konzentrierter Abriß aller Aspekte der Pflanzenökologie. 400 S., 344 Abb.

MABBERLEY, D. J. (1987): The Plant Book. A portable dictionary of the higher plants. – Cambridge, GB (Cambr. Univ. Press).

Alphabetisches Lexikon der Familien und Gattungen der Farn- und Samenpflanzen, mit genauen Familienbeschreibungen; bei Gattungen nur Familienzugehörigkeit, Artenzahl und Verbreitung angegeben. 707 S.; keine Abb.

MÜLLER-HOHENSTEIN, K. (1981): Die Landschaftsgürtel der Erde. 2. Aufl. – Stuttgart (Teubner).

Kurzlehrbuch mit Darstellung der klimatisch bedingten Vegetationsgliederung der Erde und ihrer menschlichen Nutzung vom allgemein-geographischen Standpunkt aus. 204 S. mit 70 Abb. und Karten.

ROHWEDER, O., & ENDRESS, P. K. (1983): Samenpflanzen. Morphologie und Systematik der Angiospermen und Gymnospermen. – Stuttgart (Thieme).

Kurzlehrbuch, neben der Beschreibung der wichtigsten Familien eine eingehende Darstellung der Morphologie enthaltend. 391 S., 137 Abb.

WALTER, H. (1990): Vegetation und Klimazonen. 6. Aufl. – UTB 14. Stuttgart (Ulmer).

Kurzlehrbuch mit Darstellung der Vegetationsgliederung der Erde und ihrer ökologischen (vor allem klimatischen) Hintergründe (für uns interessante Gebiete allerdings nur wenig behandelt). 382 S., 161 Abb.

WEBERLING, F., & SCHWANTES, H. O. (1992): Pflanzensystematik. 6. Aufl. – UTB 62. Stuttgart (Ulmer).

Kurzlehrbuch, die wichtigsten Einheiten des gesamten Pflanzensystems umfassend, mit Schwerpunkt auf den Angiospermen. 431 S., 118 Abb.

3. Wichtige regionale Floren und Vegetationsbeschreibungen
(insbesondere für die Herkunftsgebiete außerhalb Mitteleuropas)

a) Europa – Mittelmeergebiet – West- und Nordasien

Browicz, K. (1982ff.): Chorology of Trees and Shrubs in South-West Asia and Adjacent Regions. I–IX (wird fortgesetzt). – Warschau/Posen (Wydawnictwo Naukowe).

Detaillierte Verbreitungskarten für Gehölze, die im Bereich von der Balkanhalbinsel bis Afghanistan und Westhimalaja vorkommen, dazu jeweils Textteil mit morphologisch-systematischen und ökologisch-pflanzengeographischen Angaben.

Davis, P. H. (1965–1988): Flora of Turkey and the East Aegaean Islands. I–X. – Edinburgh (Univ. Press).

Große Flora mit Schlüsseln und ausführlichen Artbeschreibungen. Nur wenige Abb. und einige Verbreitungskarten.

Hegi, G. (et al.) (1908–1931): Illustrierte Flora von Mitteleuropa. I–VII. 1. Aufl. (Von mehreren Bänden inzwischen Neuauflagen erschienen). – Hamburg (Parey), früher München (Hanser).

Monumentalwerk, in dem (neben Schlüsseln) alles Wissenswerte über jede in Mitteleuropa wild vorkommende Pflanzenart in monographischer Form dargestellt wird.

Komarov, V. L. (et al.) (1934–1960): Flora SSSR (Flora Unionis Rerumpublicarum Sovieticarum Socialisticarum). I–XXX. – Moskau/Leningrad (Izdatelstvo Akademii Nauk).

Große Flora der ehem. Sowjetunion (in Russisch) mit Schlüsseln und detaillierten Beschreibungen aller Arten, viele Abb. (Seit 1968 erscheint eine englische Übersetzung unter dem Titel „Flora of the U.S.S.R.“, bisher nicht vollständig.)

Mayer, H., & Aksoy, H. (1986): Wälder der Türkei. – Stuttgart (Fischer).

Sehr detaillierte Beschreibung der Waldgesellschaften (mit Artenlisten) und ihres ökologischen Hintergrundes, im ganzen etwas unübersichtlich. 290 S., 84 Abb.

Meusel, H., Jäger, E., et al. (1965–1992): Vergleichende Chorologie der zentraleuropäischen Flora. I–III. – Jena (Fischer).

Grundlegendes Werk, in dem die Verbreitung sämtlicher in Mitteleuropa einheimischer Pflanzenarten (und vieler darüber hinaus) in Arealkarten dargestellt wird, mit eingehender Diskussion der ökologischen Hintergründe und allgemeiner pflanzengeographischer Fragen.

Rubner, K., & Reinhold, F. (1953): Das natürliche Waldbild Europas. – Hamburg/Berlin (Parey).

Forstlich ausgerichtete Beschreibung der Waldvegetation, geordnet nach Wuchsgebieten. 288 S., 96 Abb.

Tutin, T. G., & Heywood, V. H., (Hrsg.) (1964–1980): Flora Europaea. I–V. – Cambridge, GB (Cambr. Univ. Press).

Größere Flora (in englischer Sprache) für ganz Europa in der traditionellen Umgrenzung, nach O bis zum Ural, mit Schlüsseln und Artbeschreibungen; ohne Abb.

WALTER, H. (1974): Die Vegetation Osteuropas, Nord- und Zentralasiens. – Stuttgart (Fischer).
Ökologisch fundierte Vegetationsbeschreibung der gesamten ehem. Sowjetunion. 452 S., 363 Abb.

ZOHARY, M. (1973): Geobotanical Foundations of the Middle East. (In 2 Teilen.) – Stuttgart (Fischer).
Detaillierte Vegetationsbeschreibung des Bereiches von der Türkei und Iran im N bis nach Ägypten und Arabien im S, mit ausführlicher Besprechung der Gehölzarten. 739 S., viele Abb., große farbige Vegetationskarte.

b) Ostasien

GRIERSON, A. J. C., & LONG, D. G. (1983 ff.): Flora of Bhutan. I. II. (noch nicht vollständig). – Edinburgh (Royal Bot. Garden).
Größere Flora mit Schlüsseln und Artbeschreibungen, viele Abb.

LI, HUI-LIN (1963): Woody Flora of Taiwan. – Narberth, Pa. (Livingston).
Größere Flora mit Schlüsseln und ausführlichen Artbeschreibungen für alle auf Taiwan wildwachsenden Gehölzarten. 974 S., viele Abb.

MIEHE, G. (1990): Langtang Himal. Flora und Vegetation als Klimazeiger und -zeugen im Himalaja. – Berlin/Stuttgart (Cramer).
Detaillierte pflanzensoziologische und floristische Beschreibung der Vegetationstypen eines Himalaja-Abschnittes in Nepal nach Höhenstufen einschl. der klimatischen und standortsökologischen Grundlagen. 486 S., viele Abb., Karten und Diagramme.

OHWI, J. (1965): Flora of Japan in English. – Washington D.C. (Smithsonian Institution).
Größere Flora mit Schlüsseln und Artbeschreibungen, allerdings nur wenige Abb. 1067 S.

SCHWEINFURTH, U. (1957): Die horizontale und vertikale Verbreitung der Vegetation im Himalaja. – Bonner Geogr. Abh. 20. Bonn (Dümmler).
Beschreibung der verschiedenen Groß-Vegetationstypen (mit Artenlisten) und ihrer Verbreitung entlang des gesamten Gebirgsmassivs. 372 S., mit farbiger Vegetationskarte.

STEWARD, A. N. (1958): Manual of Vascular Plants of the Lower Yangtze Valley, China. – Corvallis, Oreg. (Oreg. State College).
Exkursionsflora (Schlüssel und kurze Artbeschreibungen) für die Provinzen Kiangsu, Anhwei und Teile von Chekiang, Kiangsi, Hunan und Hupei. 621 S., 510 Abb.

WANG, CHI-WU (1961): The Forests of China. – Maria Moors Cabot Foundation Publ. No. 6. Cambridge, Mass. (Harvard Univ.).
Ökologisch unterbaute Beschreibung der wichtigsten Waldtypen mit ausführlichen Artenlisten. 313 S., 78 Abb., mit Vegetationskarte.

c) Nordamerika

BARBOUR, M. G., & MAJOR, J. (1977): Terrestrial Vegetation of California. – Calif. Native Plant Society, Spec. Publ. No. 9. Davis, Calif.
Umfangreiche Beschreibung der vielseitigen Vegetationstypen des Landes mit ausführlichen floristischen und ökologischen Angaben. 1026 S., viele Abb., große farbige Vegetationskarte.

BRAUN, E. L. (1950): Deciduous Forests of Eastern North America. – New York/London (Hafner). (Nachdruck 1964 ff.)
Detaillierte, sehr anschauliche Beschreibung der natürlichen Vegetationstypen des Kernbereiches der nemoralen sommergrünen Wälder in O-Nordamerika. 596 S., zahlreiche Abb., große Vegetationskarte.

CORREL, D. S., & JOHNSTON, M. C. (Hrsg.) (1970): Manual of the Vascular Plants of Texas. – Renner, Tex. (Texas Research Foundation).
Exkursionsflora mit Schlüsseln und sehr ausführlichen Artbeschreibungen, aber ohne Abb. 1879 S.

CRONQUIST, A., HOLMGREN, A. H., et al. (1972 ff.): Intermountain Flora. Vascular Plants of the Intermountain West, U.S.A. I–VI. – New York (N. Y. Botan. Garden).
Größere Flora (entsprechend GLEASON 1968) für die Staaten Utah, Nevada sowie S-Idaho und SO-Oregon.

FERNALD, M. L. (1950): GRAY's Manual of Botany. 8. Aufl. – New York etc. (American Book Company).
Exkursionsflora für NO-Nordamerika, von Kentucky und Virginia N bis Minnesota, S-Ontario, S-Québec und den kanad. Maritim-Provinzen, mit Schlüsseln und Artbeschreibungen. 1632 S., viele Abb.

FOWELLS, H. A. (1965): Silvics of Forest Trees of the United States. – USDA Handbook No. 271. Washington D.C. (U.S. Dept. of Agriculture, Forest Service).
Beschreibung (insbes. Lebenszyklus, Ökologie, Wuchsleistung) aller forstlich wichtigen Baumarten. 762 S., viele Abb.

FRANKLIN, J. F., & DYRNESS, C. T. (1969): Vegetation of Oregon and Washington. – USDA Forest Service Research Paper PNW-80. Portland, Oreg. (USDA, Pacific Northwest Forest and Range Experiment Station).
Kurzer, klarer Überblick über die Vegetation der genannten Staaten, die natürlichen Standortsverhältnisse vieler wichtiger bei uns gepflanzter Koniferen illustrierend. 216 S., viele Abb., Vegetationskarte.

GLEASON, H. E. (1968): The New BRITTON and BROWN Illustrated Flora of the Northeastern United States and Adjacent Canada. I–III. – New York/London (Hafner).
Größere Flora mit Schlüsseln sowie Beschreibungen und Abb. (Zeichnungen) fast sämtlicher Arten für den Bereich von Virginia W bis Missouri, nach N bis Minnesota, Michigan und S-Kanada S des 47. Breitengrades.

HICKMAN, J. C. (Hrsg.) (1993): The Jepson Manual. Higher Plants of California. – Berkeley/Los Angeles (Univ. Calif. Press).
Moderne Exkursionsflora (ähnlich der von FERNALD 1950). 1400 S. mit zahlreichen Abb. (Strichzeichnungen, mindestens eine Abb. für jede Gattung).

HITCHCOCK, C. L., CRONQUIST, A., et al. (1955–1969): Vascular Plants of the Pacific Northwest. I–V. – Seattle (Univ. Washington Press).
Größere Flora (entsprechend GLEASON 1968) des Staates Washington und der angrenzenden Gebiete S bis zum 44. Breitengrad und O bis zur Hauptkette der Rocky Mountains.

HOSIE, R. C. (1969): Native Trees of Canada. 7. Aufl. – Ottawa (Canadian Forest Service).

Detaillierte Beschreibung aller in Kanada einheimischen Baumarten mit Abb., Verbreitungskarten und Schlüsseln. 380 S.

KEARNEY, T. H., & PEEBLES, R. H. (1960): Arizona Flora. 2. Aufl. – Berkeley/Los Angeles (Univ. Calif. Press).

Exkursionsflora mit Schlüsseln und Artbeschreibungen, aber fast ohne Abb. 1085 S.

KNAPP, R. (1965): Die Vegetation von Nord- und Mittelamerika. – Stuttgart (Fischer).

Sehr komprimierte, informationsreiche Darstellung aller wesentlichen Vegetationstypen (mit Artenlisten) des extratropischen und tropischen Gebietes. 373 S., 169 Abb. und Karten.

LITTLE, E. L. (Hrsg.) (1971–1978): Atlas of United States Trees. I. Conifers and Important Hardwoods. II. Alaska Trees and Common Shrubs. III. Minor Western Hardwoods. IV. Minor Eastern Hardwoods. V. Florida. – USDA Misc. Publ. No. 1146, 1293, 1314, 1342, 1361. Washington D.C. (U.S. Dept. of Agriculture, Forest Service).

Arealkarten sämtlicher in den USA einheimischen Baumarten.

RADFORD, A. E., AHLES, H. E., & BELL, C. R. (1968): Manual of the Vascular Flora of the Carolinas. – Chapel Hill, N.C. (Univ. of N.C. Press).

Moderne Exkursionsflora (ähnlich der von FERNALD 1950) für North und South Carolina. 1183 S., viele Abb. und Arealkarten.

SARGENT, C. S. (1965): Manual of the Trees of North America. (In 2 Teilen.) – New York (Dover Publ.).

Schlüssel und Beschreibungen für alle in Nordamerika (nördlich von Mexiko) wildwachsenden baumförmigen Arten. 934 S., 783 Abb.

SMALL, J. K. (1933): Manual of the Southeastern Flora. (In 2 Teilen.) – New York (Hafner). (Nachdruck 1972.)

Exkursionsflora (ähnlich der von FERNALD 1950) für SO-Nordamerika O des Mississippi von Tennessee und North Carolina südwärts. Nomenklatur z. T. durch extreme Aufspaltung von Gattungen vom Üblichen sehr abweichend. 1554 S., viele Abb.

Sachregister

Namenregister

Gültige wissenschaftliche Gattungsnamen sind fett gedruckt, ungültige Gattungs- und Artnamen (Synonyme) kursiv. Cultivare sind im Register nicht aufgeführt. Deutsche Namen: nur Gattungsnamen. Fettgedruckte Seitenzahlen: Beschreibung der Gattungen.

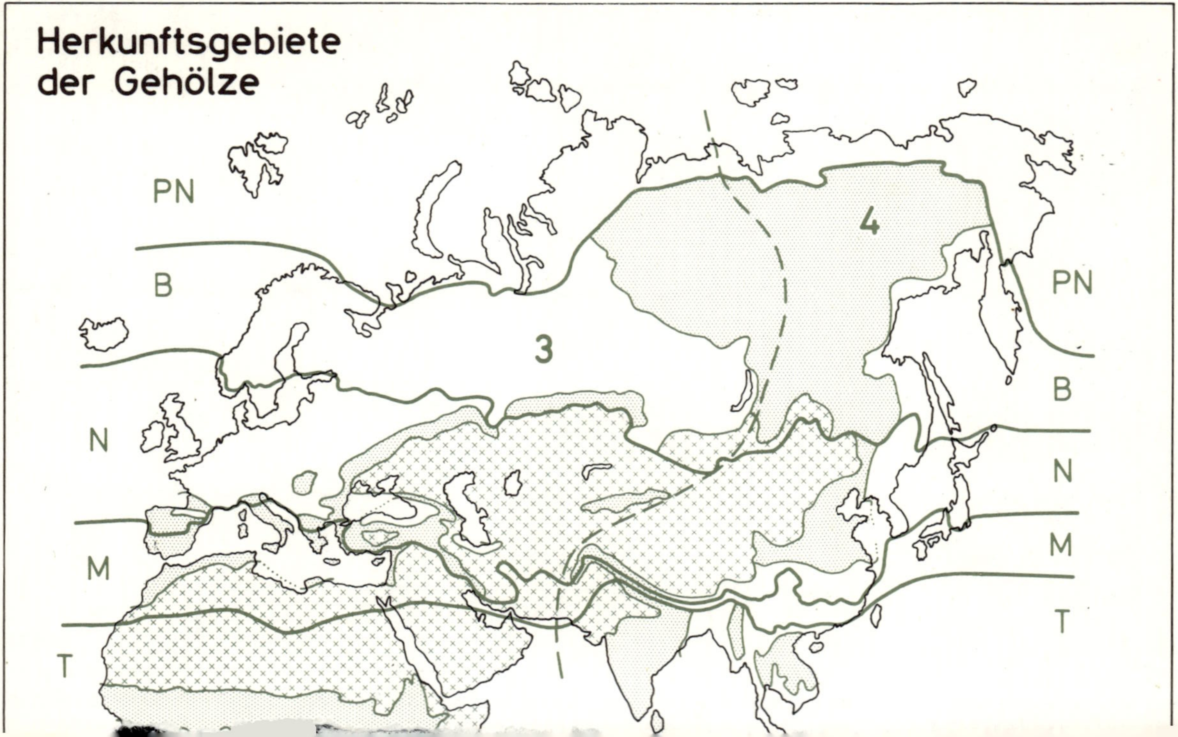
Herkunftsgebiete
der Gehölze
PN
B
N
M
T
3
4
PN
B
N
M
T